피터 럭크만의 주석서

에 스 겔

피터 럭크만 지음

편 집 부 옮김

말씀보존학회

THE BIBLE BELIEVER'S COMMENTARY

THE BOOK OF THE PROPHET

EZEKIEL

By

Peter S. Ruckman, Ph.D.

2001 / Korean by Word of God Preservation Society

Seoul, Korea

이 책을 내면서

에스겔은 유다의 바빌론 포로 때 사역했던 선지자로서, 당시 하나님을 버리고 배교한 유대인들을 강하게 질책하며 마지막 날들을 예언했던 선지자인데, 그의 책 에스겔서는 많은 환상과 그 신비로운 내용으로 말미암아 많은 사람들에게 닫혀져 있었고, 다만 에스겔이 전파한 메시지 가운데 우상 숭배를 책망하고 하나님을 섬기라는 말씀들 정도만 성도들에게 적용되어 오고 있었다.

하지만 실제로 에스겔이 말하고자 하는 것은 배교한 이스라엘로부터 하나님의 영광이 떠나가고 그들이 책망받은 이후에 다시 하나님의 영광이 그들에게 돌아가는 것이다. 그래서 그 배교한 성전의 모습과 비교되는 가운데 천년왕국 성전의 위용 있는 모습이 아주 구체적으로 드러나 있다. 에스겔서의 모든 초점은 그리스도의 재림에 맞추어져 있으며, 그리스도께서 다시 오실 때 위대하게 일어나는 이스라엘과 또 하나님께서 계시는 성전과 그분의 통치가 아름답고도 실제적으로 펼쳐져 있다.

본서 <피터 럭크만의 주석서 에스겔>은 에스겔이 예언한 그 모든 내용들을 실제적이고 문자적으로 해석하여, 하나님의 영광이 어떻게 그들과 함께 있을지를 상세히 설명한다. 또한 대부분의 개혁주의자들이 놓쳐버린 이스라엘의 회복에 관한 진리를 <킹제임스성경>의 명백한 구절들을 통해 명쾌하게 설명해 놓고 있으며, 특별히 대부분의 주석가들이 놓쳐버린 그룹들에 대한 설명을 아주 구체적이고도 실제적으로 제시해 주고 있다. 무엇보다 천년왕국에서의 이스라엘의 위치나 천년왕국 성전의 모습을 지금까지 보았던 어떤 주석보다 더 자세하게 설명하고 있는데, 그리하여 그것이 상징이나 예표가 아닌 실제라는 사실을 분명히 제시한다.

에스겔 주석서는 피터 럭크만 박사가 직접 주석서의 형태로 쓴 것이 아니라, 펜사콜라성경신학원(Pensacola Bible Institute)에서 강의한 녹음 테잎을 번역하여 완성한 것이다. 특별히 본서는 온갖 배교로 점철된 이 나라 교회들에게 절대적으로 필요한 책이다. 이스라엘의 죄악에 대한 모든 책망들은 하나님의 말씀을 거부하는 오늘날 이 땅의 교회들에게 정확하게 적용된다. 교리적인 내용에 있어서도, 성경의 문자적 해석을 거절해 버린 많은 신학자들과 목사들을 부끄럽게 할 것이다. 그러나 하나님의 말씀을 신실하게 공부하는 학생들은, 하나님께서 그분의 백성 이스라엘을 얼마나 신실하게 다루시는지와 그분께서 세우시는 왕국의 위대한 경륜을 분명히 볼 수 있을 것이다. 아무쪼록 이 한 권의 책이 성경을 공부하는 성도들에게 귀한 지침서가 되기를 바라마지 않는다.

2001년 1월

편집인

들어가는 말

에스겔은 전체 48장 1,273절로 된 책이다. 그리고 영어 <킹제임스성경>의 경우 전체가 39,471개의 단어로 되어 있다. "에스겔"(Ezekiel)이란 "나의 힘은 하나님이시라," "내게 있는 하나님의 능력," 또는 "하나님께서 나에게 힘을 주시는도다."라는 뜻이다. 창세기 1:1에서 맨 처음 사용되는 "엘로힘"("Elohim," God)이란 히브리어 단어는 실은 복합형 단어로서, 구약에서 하나님을 지칭하는 가장 보편적인 이름이다. 하나님을 복합형 단어 "엘로힘"이라는 이름으로 지칭하게 된 것은 그분의 신격이 "아버지"와 "아들"과 "성령"의 삼위로 이루어진 분이시기 때문이다. "Ezekiel"이란 단어의 마지막 두 글자 "el"은 하나님을 뜻하는 "엘로힘"(Elohim)의 약자다. 그리고 "Ezeki"는 "나의 힘"이란 뜻이다. 우리가 이제 공부하게 될 에스겔서는 그래서 그 책 이름이 <나의 힘이신 하나님>인 셈이다. 에스겔은 하나님께로부터 『**보라, 내가 네 얼굴을 그들의 얼굴들에 맞서도록 강하게 하였으며 네 이마를 그들의 이마들에 맞서도록 강하게 하였도다. 내가 네 이마를 부싯돌보다도 단단한 금강석같게 하였으니 그들이 반역하는 집이라 할지라도 그들을 두려워 말고, 그들의 용모에 놀라지도 말라.**』(3:8,9)라는 격려와 보장을 받는다.

에스겔의 개인 신상에 대해서는 에스겔 자체의 기록대로 『**부시의 아들 제사장 에스겔**』(1:3)이라는 사실, 결혼을 했었고 아내를 무척 사랑하였었다는 사실(24:16), 그렇지만 그 아내와 사별하고 말았다는 사실(24:18), 그럼에도 불구하고 하나님의 명령에 따라 선지자로서의 사명을 아내가 죽은 다음 날 아침 즉각 실행에 옮겼다는 사실(24:18) 등을 기록상으로 알 수 있을 뿐, 그 외에는 알려진 게 별로 없다. 어떤 주석가들은 그의 혈통이 레위 족속 중에서 사독의 후손이 아니었겠느냐고 짐작하기도 하는데, 제사장이었으므로 레위 족속이었던 것만은 확실하지만, 그 가운데 사독의 후손이었다는 사실은 성경 기록상으로 입증되지 않는다. 천년왕국 시대에 성전을 섬기기 위해서 레위인 중에서 특별히 사독의 자손들이 제사장들이 된다는 점에서 이렇게 추측해 보는 것이겠지만 말이다.

에스겔의 주 활동 무대는 『**크발 강가 칼데아 땅**』(1:3)이었다. 그는 바빌론의 느부캇넷살에 의하여 예루살렘이 마지막 함락되기 몇 해 전에 포로가 되어 바빌론으로 끌려가 바빌론으로부터 유프라테스강 상류 약 100마일쯤 떨어진 크발 강가의 텔아비브에 거류했고, 그곳에 함께 포로로 잡혀와 있던 유다 백성들과 함께 고난을 나누며 타향살이를 하는 가운데 『**그들이 앉아 있는 자리에**』 함께 앉아 있었다. 말하자면, 에스겔은 다니엘과 마찬가지로 자기 나라 밖에서 선지자로서의 사역을 수행하고 있었고, 이런 점에서 그는 이스라엘 역사상 가장 비극적인 시기들 중 한 시기에 하나님의 부르심을 받은 선지자였던 것이다. 에스겔 1:1에서 『**그때 삼십째 해 넷째 달, 그 달 오일에 내가 크발 강가에 사로잡혀간 자들 가운데 있었는데, 하늘들이 열리기에 내가** 하나님**의 환상들을 보았더라.**』라고 언급하고 있는 점으로 미루어 보아 에스겔이 하나님의 부르심을 받아 선지자로서의 사명을 맡게 된 것이 그의 나이 30세 때였다고 볼 수 있는데, 그렇다면 그가 바빌론에 포로로 잡혀온 것이 25세 정도의 한창 나이였다는 뜻이다.

유다의 바빌론 포로 70년 동안 활약했던 선지자들 가운데는 에스겔 말고도 예레미야와 다니엘이 있었는데, 포로기 이전부터 사역을 하고 있던 예레미야의 경우는 사로잡혀가지 않은 채 유다 땅에 그대로 남아 있던 『**극빈층**』(왕하 24:14)에 속하는 백성과 고난을 함께 하며 사역하다가 이들이 이집트로 옮겨갈 때 그들과 함께 따라가 70년 포로기 초기에 거기서 세상을 떠났고, 에스겔보다 먼저 바빌론에 포로로 사로잡혀가 있던 다니엘은 에스겔이 바빌론에 포로로 잡혀왔을 때는 거기서 이미 유명 인사가 되어 있었다. 다니엘의 이름이 에스겔에서 세 번 언급되고 있는데, 두 번은 노아와 욥의 이름과 함께 의로운 사람의 대명사격으로 언급되고 있고(14:14,20), 한 번은 투로 왕에 대한 하나님의 질책 가운데 다니엘이 현명한 사람의 대표자격으로 언급되고 있다. 그래서 에스겔의 사역 기간은 예레미야의 사역 기간 중반기와 다니엘의 사역 기간 초반기에 겹쳐지는 셈이다.

에스겔이 유다 백성과 함께 바빌론에 포로로 잡혀가 있기는 했지만, 그렇다고 그가 유다 백성만을 대상으로 예언한 것은 아니었다. 그는 남왕국 유다와 북왕국 이스라엘, 즉 이스라엘 백성 전체를 대상으로 예언한 것이었다. 에스겔에서 “이스라엘 집”이라는 말이 무려 82회에 걸쳐 나오고 있는 것이 이 사실을 말해 준다(한 번은 “야곱의 집”이라는 표현을 사용하고 있다). 이렇게 볼 때, 에스겔은 이스라엘 전체의 민족적인 죄를 포로기에 태어난 세대를 포함하여 전 민족에게 드러내 보여주는 가운데, 또 한편으로는 이스라엘의 국가적 회복과 이스라엘 민족을 괴롭혔던 이방 민족들에 대한 하나님의 심판을 예언함으로써 백성을 위로하며 격려하고 있는 것이다. 이스라엘의 국가적 회복과 하나님의 백성으로서의 지위 회복이라는 관점에서 에스겔의 예언은 필연적으로 천년왕국 시대까지로 확대될 수밖에 없는데, 실인즉 40장부터 마지막 48장까지는 그 전체가 천년왕국 시대의 성전과 그에 관련되는 규례들을 다루고 있다.

하늘들이 열리면서 하나님의 환상들을 보는 것으로 시작되는 에스겔의 내용은 크게 네 부분으로 나누어 1-3장 부분에서 에스겔에 대한 하나님의 부르심, 4-24장에서 유다에 대한 하나님의 심판, 25-32장에서 이방 민족에 대한 하나님의 심판, 그리고 마지막 33-48장 부분에서 이스라엘의 회복을 다루는 것으로 분류하는 게 보통이다. 그러나 앞으로 에스겔을 공부해 가면서 알게 되겠지만, 이 책에서는 다른 책에서 발견되지 않는 아주 특이한 환상들을 통하여 하나님의 유다른 계시들이 전개되고 있기 때문에 이 책의 내용을 이렇게 네 부분으로 대별하는 것은 사실상 별 의미가 없다. 예를 들면, 28장에서 이방 민족에 대한 하나님의 심판의 일환으로 『**투로 왕**』(the “prince” of Tyrus)에 대한 하나님의 경고가 발해지는 가운데 또 하나의 『**투로 왕**』(the “king” of Tyrus)에 대한 질책이 이어지고 있거니와, 하나는 지상의 이방 통치자 『**투로 왕**』(prince)이지만, 다른 하나는 『**투로 왕**』(king)으로 빗대어지는 마귀가 그 대상이 되고 있다는 점에서, 이 부분을 단순히 "이방 민족에 대한 하나님의 심판"을 다루는 내용으로만 간주해 버리는 것은 하나님의 말씀들을 한층 깊은 안목으로 대하는 데에 도움이 되지 않는다. 이와 같은 예는 33장부터 언급되는 이스라엘의 회복에 대한 이야기 역시 마찬가지인데, 가령 이스라엘의 회복에 대한 예언의 성취가 역사적으로 1948년에 이루어진 이스라엘 국가의 재건으로 완성되었다고 간주해 버리게 되면, 천년왕국 시대에서의 이스라엘의 완전한 민족적 회복은 전혀 내다보지 못하게 되는 것이다.

에스겔은 문자적으로는 철저하게 이스라엘만을 대상으로 하고 있기 때문에 그 어느 부분도 "영적으로 해석하여" 지금 이 시대의 교회 시대에 끌어다 붙일 수가 없는 게 사실이다. 그러나 내용에 따라서는 교회에 대한 "영적 적용"("영적 해석"이 아니고)이 가능하다. 구약 전체가 다 그러하듯, 이 시대의 우리 그리스도인들에게 많은 교훈이 될 뿐만 아니라, 성경에서 이스라엘이 실질적으로 차지하는 참된 민족적 지위에 대해 올바르게 이해함으로써 하나님의 경륜 전체의 참모습을 파악하여 "종교"를 빙자하는 세계적 정치집단들이 이스라엘에 대해 퍼뜨려온 터무니없는 거짓말들에 대해 우리가 그 허구성을 인식하게 해 준다는 점에서도 매우 중요한 의미를 갖는 책이다. 그 외에도, 앞으로 공부해 보면 알겠지만, 다른 책에서는 발견할 수 없고 모든 주석자들이 한결같이 놓쳐버린 아주 특이한 진리들이 담겨 있는지라, 이런 내용들은 시대를 초월하여 지금 이 시대의 교회에도 중대한 의미를 갖는다는 것을 절대 잊어서는 안 된다.

끝으로 40장부터 마지막 48장까지에 걸친 천년왕국 시대의 성전을 묘사하는 부분에 이르러서는 그 정보들이 "지나치게" 상세하고 복잡할 뿐만 아니라 사용되는 용어들 가운데 몇 가지는 우리에게 전혀 낯익지 않은 것들이어서 그 전체적인 그림이 머리에 선명하게 그려지지 않기 때문에 금세 따분해지기가 쉽다. 그래서 성경을 읽는 사람들이 대부분 이런 곳에서는 그냥 넘어가 버리고 마는 게 보통인데, 사실, 이러고도 우리가 "성경을 읽었다."고 말할 수는 절대로 없다. 당신도 성경을 읽으면서 이런 식으로 건너 뛰어 버린 부분이 한 군데라도 있었다면, 그리고 그런 채로 그냥 남겨두고 있다면, 성경은 평생을 두고 당신과 거리가 떨어져 있는 낯선 책으로 남게 되는 법이다. 당신이 정말로 주 예수 그리스도를 믿고 그분을 당신의 구세주로 영접한 성경대로 믿는 참 그리스도인이라면, 그분의 말씀이 한 군데라도 당신에게 낯선 곳이 있어서야 되겠는가?

자, 에스겔 1장 1절로 달려가 보자! 그리고 하나님의 능력이 에스겔에게 어떻게 임하시고, 그 힘이 에스겔에게서 어떻게 발휘되는가를 보자!

차 례

이 책에 인용된 성경 구절은 <한글킹제임스성경>입니다.

에스겔 1장

이제 공부를 계속하면서 여기 1장부터 당장 직면하게 되겠지만, 에스겔이란 책은 그렇게 쉽게 이해되는 책이 아니다. 그런데 성경 말씀을 쉽게 이해하기 어렵다고 여겨지기만 하면 사람들은 그 구절들을 "영적으로" 해석하거나 "상징적인" 것으로 몰아붙이고는 자기 자신의 생각과 상상력을 동원하여 해석하고 적용하려는 버릇이 있거니와, 이런 태도야말로 성경을 더욱더 이해하기 어렵게 만든다. 그래서 걸핏하면 성경을 "영적으로" 해석하기 좋아하는 사람들을 보면 그들이 성경을 주석하다가 여기저기서 자기 스스로 파놓은 함정에 자기가 빠져 허우적거리거나 제 손으로 갖다 놓은 장애물들에 걸려 넘어지는 등, 아주 민망스러울 정도로 자가당착에 빠지기가 일쑤인 것을 우리는 흔히 본다. 성경 구절들이 이해하기 어려우면 어려울수록 그만큼 인간의 생각과 상상력을 배제해야 한다. 그리고 그 구절 자체와 그에 관련되는 다른 구절들을 찾아 말씀 자체가 해석해 주도록 성령의 인도를 받아야 한다. 이것이 성경을 정확하게 이해하는 최선이고도 유일한 방법이다. 따라서 우리는 지금부터 에스겔을 공부하면서 철저하게 이런 자세로 임하게 될 것이다. 그럼에도 불구하고 이 책은 워낙 어려운 부분들이 많다는 것을 유념하라. 이제 살펴보게 될 제1장부터 여간 녹녹치가 않다. 그러나 겁먹을 필요는 없다. 성경은 읽는 사람으로 하여금 어떻게든 이해에 도달하도록 끝까지 도와주는 책이니까 말이다. 당신이 진정으로 하나님의 말씀을 사랑하고 존중하는 사람이라면, 그리고 열정적으로 하나님의 말씀을 읽고 공부하기 원한다면, 당신은 성령님의 인도하심을 받게 될 것이다.

1:1 **그때 삼십째 해 넷째 달, 그 달 오일에 내가 크발 강가에 사로잡혀간 자들 가운데 있었는데, 하늘들이 열리기에 내가** 하나님**의 환상들을 보았더라.**
2 **여호야킨왕의 사로잡힌 지 오 년째, 그 달 오일에**
3 **크발 강가 칼데아 땅에서 주의 말씀이 부시의 아들 제사장 에스겔에게 특별히 임하고 주의 손이 거기서 그에게 있었더라.**

『**그때 삼십째 해 넷째 달, 그 달 오일에 내가 크발 강가에 사로잡혀간 자들 가운데 있었는데, 하늘들이 열리기에 내가** 하나님**의 환상들을 보았더라**』(1절). 이 구절에서 『**삼십째 해**』는 에스겔의 나이를 말하는 것으로 보는 게 보통인데, 확실한 근거는 없지만, 그게 만일 사실이라면, 에스겔의 나이 30이 되던 해가 다음 2절에서 언급되는 『**여호야킨왕의 사로잡힌 지 오 년째**』에 해당한다는 말이 된다. 그렇다면, 여호야킴이 죽고 그 뒤를 이어 왕위에 오른 여호야킨이 바빌론의 느부캇넷살에게 사로잡혀 그의 어머니와 신하들과 함께 포로가 되었을 때 에스겔 역시 그와 함께 사로잡혀 갔던 것을 감안할 때, 에스겔이 사로잡혀 갔던 때가 그의 나이 25세였었다는 계산이 나온다. 그러나 『**삼십째 해**』를 에스겔의 나이로 보지 않고 어떤 사건이 있은 후 30년째 되던 해로 본다면, 이것은 포로기 훨씬 이전의 예레미야 선지자가 활동하던 시대의 어떤 일을 기점으로 설명하는 셈이 된다.

민수기 4장에 보면 회중의 성막에서 일할 사람들을 뽑을 때 나이 제한을 두고 있음을 보는데(민 4:3,23,30), 에스겔이 나이 30세 되던 해에 하나님의 부르심을 받게 된 것을 여기에 관련지어 설명하는 주석자들도 없지 않으나, 에스겔이 "회중의 성막에서" 일하고 봉사할 사람으로 뽑힌 것은 결코 아니었으므로 이런 참조 구절의 안내는 전혀 도움이 안 된다.

구약 선지자들을 구분할 때 보통 "대선지자들"과 "소선지자들"로 구분하고, 이스라엘의 포로 기간과 관련하여 신학에서는 보통 "포로기 이전"과 "포로기" 그리고 "포로기 이후"의 세 기간으로 구분하는데, 에스겔은 이사야와 예레미야 및 다니엘과 함께 "대선지자들"에 포함되고 "포로기"에 사역했던 사람이다. 이사야와 예레미야는 포로기 이전에 활약했던 대선지자들이었고, 다니엘과 에스겔은 포로기 동안에 활약했던 대선지자들이었으며, 포로기 이후에는 스카랴와 말라키 등의 소선지자들이 사역을 했다.

에스겔은 바빌론에 포로로 잡혀와 있는 동안 다른 유대인들과 함께 『**크발 강가에**』 거류하고 있었다. 크발강은 유프라테스강의 지류로서 바빌론 성읍으로부터 북쪽으로 약 100마일쯤 떨어진 크발강 상류에 텔아비브라는 도시가 있었는데, 거기가 바로 에스겔이 "쫓겨난 몸"(an exile)의 신세가 되어 거류하고 있던 곳이었다. 포로라고 해서 어떤 수용소나 감옥에 갇혀 있었던 게 아니라 "주거 제한" 형태로 어느 특정한 지역 내에서만 거주가 허용되었던 것이다. 그러던 어느 날, 그가 서른 살 하고도 넷째 달 5일이 되는 날 그에게 하늘들이 열리고 하나님의 환상들이 계시된다.

여호야킨이 그의 아버지 여호야킴을 계승하여 왕위에 오른 것은 겨우 8살 때였으며, 느부캇넷살왕에게 사로잡혀 갔을 때는 그가 왕위에 오른 지 겨우 석 달 열흘 만이었다(대하 36:5-9). 여호야킨이 바빌론의 포로로 잡혀갔던 연대는 성경학자들에 따라 견해가 조금씩 다르지만, 대략 B.C. 597년에서 600년 사이로 잡는 게 보통이다.

『**여호야킨왕의 사로잡힌 지 오 년째, 그 달 오일에 크발 강가 칼데아 땅에서 주의 말씀이 부시의 아들 제사장 에스겔에게 특별히 임하고 주의 손이 거기서 그에게 있었더라**』(2,3절).

"주의 말씀이 에스겔에게 특별히 임하던" 순간에 대해서 1절은 "하늘들이 열렸다."고 서술하고 있다. 하나님의 음성이 들려올 때면 의례히 이처럼 하늘들이 열렸는데, 가령, 예수 그리스도께서 침례인 요한에게 침례를 받으신 다음 물 속에서 올라오실 때도 하늘이 열렸고(마 3:16,17), 사도 요한이 셋째 하늘에 끌려올라 갔을 때도 하늘들이 열렸으며(계 4:1), 예수 그리스도께서 재림하실 때 역시 하늘이 열린다(계 19:11). 그런가 하면 또 스테판이 순교당하기 직전에도 하늘들은 열렸다. 『**보라, 하늘들이 열리고** 인자**가** 하나님**의 오른편에 서신 것을 보노라**』(행 7:56).

『**주의 손이 거기서 그에게 있었더라.**』(3절)라는 말씀은 하나님께서 에스겔에게 임하셔서 그로 하여금 어떤 일인가를 하도록 사로잡으셨음을 의미하는 구약적인 표현의 하나다. 당신에게도 하나님의 손이 미치면, 당신은 꼼짝없이 그분의 손에 사로잡히게 되어 어느 것 하나라도 당신 마음대로 할 수가 없고 하나님의 뜻에 따라서만 움직이게 된다. 지금 에스겔에게는 이러한 하나님의 "강제력"이 미치게 된 것이었다. 당신도 이따금씩 어떤 사람이 "주님의 장중에 붙잡혀 있다."는 표현을 쓰는 것을 들었을 텐데, 이것은 그가 하나님의 "보호하심 가운데 있다"기보다는 하나님의 강력한 영향력 아래에 있다는 뜻으로 사용할 경우에만 정확하게 사용한 말이 된다.

1:4 **내가 보았더니, 보라, 북쪽에서 회오리바람과 큰 구름과 불덩어리가 나오는데 그 주위에 광채가 있으며 그 가운데 불 한가운데서 나온 것은 황갈색 같더라.**
5 **또 그 가운데서 네 생물의 모습이 나오는데 그들의 생김새는 이러하더라. 그들은 사람의 모습을 가졌으며**
6 **각기 네 얼굴을 가졌고 각기 네 날개를 가졌더라.**
7 **그들의 발은 곧은 발이며, 그들의 발바닥은 송아지의 발바닥 같고 그들은 광택 나는 놋쇠의 색깔처럼 번쩍이더라.**
8 **그들의 사면에 있는 날개 아래에는 사람의 손들이 있고 그들 넷은 얼굴들과 날개들을 가지고 있더라.**
9 **그들의 날개들은 서로 연결되어 있으며 그들이 갈 때면 회전하지 않고 각기 앞으로 곧장 가더라.**
10 **그들의 얼굴 모습을 보면, 그들 넷은 오른편에 사람의 얼굴과 사자의 얼굴을 지녔고, 그들 넷은 왼편에 황소의 얼굴을 지녔으며, 그들 넷은 또한 독수리의 얼굴도 지녔더라.**
11 **그들의 얼굴들은 이러하고 그들의 날개들은 위로 폈으며 각기 두 날개는 서로 연결되어 있고 둘은 그들의 몸체들을 덮었더라.**

『**내가 보았더니, 보라, 북쪽에서 회오리바람과 큰 구름과 불덩어리가 나오는데 그 주위에 광채가 있으며 그 가운데 불 한가운데서 나온 것은 황갈색 같더라.**』(4절). 자, 하늘에서 회오리바람과 큰 구름과 불덩어리가 나오는데 보니까 그 불덩어리 주위는 눈부신 광채로 둘러싸이고 그 중심은 황갈색이다. 이것은 여간 심상치가 않은 환상이 아닐 수 없는데, 이런 것들이 또 『**북쪽에서**』 나오고 있다. 성경에서 『**북쪽**』이 언제나 깊은 뜻이 있다는 것은 당신도 이미 알고 있을 것이다. 이사야 14장에 보면 마귀 루시퍼가 『**북편에 있는**』 무엇인가에 대해 무슨 말인가를 하고 있는 것을 우리는 본다. 『**오 아침의 아들 루시퍼야, 네가 어찌 하늘에서 떨어졌느냐! 민족들을 연약하게 하였던 네가 어찌 땅으로 끊어져 내렸느냐! 이는 네가 네 마음 속에 말하기를 "내가 하늘에 올라가서 내 보좌를** 하나님의 **별들보다 높일 것이요, 내가 또한 북편에 있는 회중**

의 산 위에 앉으리라』(사 14:12,13). 그는 지금 하늘을 올려다보면서, 저 별들의 우주를 지나 '북쪽'으로 가겠다고 하는데, 도대체 "북쪽"에 무엇이 있는 것인가? 이번에는 시편 75편을 보라. 『**내가 어리석은 자들에게 말하기를 "어리석게 행하지 말라." 하였고 악인들에게는 "뿔을 들지 말라." 하였노니 너희 뿔을 높이 들지 말고 굳은 목으로 말하지 말라. 이는 높이는 일이 동쪽에서나 서쪽에서나 남쪽에서 오는 것이 아니기 때문이라.**』(시 75:4-6)라고 말씀한다. 이것은 곧 『**높이는 일이**』 다른 데가 아닌 "북쪽"에서만 나온다는 뜻 아닌가? 동쪽도, 서쪽도, 남쪽도 아니다. 그 다음에 바로 『**오직** 하나님**께서 재판장이시니**』라는 말로 그 다음 절을 잇고 있는 것으로 보아 『**한 사람은 낮추시고 다른 사람은 세우시는**』(시 75:7) 하나님께서는 동쪽도, 서쪽도, 남쪽도 아닌 "북쪽"에 계시다는 뜻이 아니겠는가 말이다. 말하자면 방향을 말하면서 "동서남북" 대신에 "동서남 하나님" 이렇게 말하고 있는 것이다. 따라서 주 예수 그리스도께서 지금 계시는 어딘가로부터 장차 이 땅으로 재림하실 텐데, 그분께서 지금 계시는 그 어디인가가 바로 우주 밖 북쪽에 있는 셋째 하늘인 것이다. 주님께서는 저 우주 너머에 있는 셋째 하늘의 "북쪽"으로부터 지구상에 다시 오실 것이다.

『**북쪽에서 회오리바람과 큰 구름과 불덩어리가 나오는데 그 주위에 광채가 있으며 그 가운데 불 한가운데서 나온 것은 황갈색 같더라.**』 이것은 주 예수 그리스도의 재림의 장면을 그리는 완벽한 그림이다. 지금 에스겔은 하나님께서 보여 주시는 환상들을 보면서 사실은 재림하시는 예수 그리스도의 그림을 바라다보고 있는 것이다. 그리고 에스겔 자신도 그것을 알고 그 광채 앞에서 엎드렸다. 26절로 먼저 가서 28절까지 미리 읽어 보라. 『**그들의 머리 위에 있는 창공 위에는 보좌의 형상이 있는데 사파이어의 모양 같고 보좌의 형상 위에는 그 위로 사람의 모양같이 생긴 형상이 있더라... 비오는 날 구름 속에 있는 무지개의 모양처럼 그 주위의 광채의 모양도 그러하더라. 이것은 주의 영광과 같은 모양이더라. 내가 그것을 보았을 때 엎드렸으며 말씀하시는 한 분의 음성을 들었더라**』(26,28절). 사도행전 1장에 보면, 주님께서 승천하셨을 때도 그분께서는 구름 속으로 사람들의 시야에서 사라지셨다(행 1:9). 그런데, 그분께서 다시 오실 때도 구름 속에 사라지시는 것을 사람들이 본 그대로 다시 오시리라고 천사들이 가르쳐 주었다(행 1:10,11). 그래서 "구름"은 항상 예수 그리스도의 재림과 관련이 있다. 재림하시는 그분의 모습은 『**사람의 모양같이 생긴 형상**』(26절)으로 오시는데, 그때 『**회오리바람과 큰 구름과 불덩어리**』(4절)가 나오고, 그분께서 앉아 계신 『**사**

파이어의 모양』(26절)같은 보좌 주변에는 『**광채가 있으며**』(4절), 그 광채의 중심에는 『**황갈색**』 같은 『**주의 영광**』(28절)이 눈부시게 비치고 있다. 재림하시는 예수 그리스도께서 구름을 타고 오신다는 사실은 주님께서 친히 하신 말씀이었다(막 14:62).

자, 에스겔로 되돌아가 4절을 다시 보자. 『**큰 구름과 불덩어리가 나오는데 그 주위에 광채가 있으며...**』라고 언급한다. 주님께서 주위에 온통 광채로 뒤덮인 큰 구름을 타고 오신다는 것이다. 구름이 광채에 뒤덮이는 것은 그분 자신이 해처럼 빛나는 분이시기 때문에 너무나 당연한 결과다. 마태복음 17장의 변형산 사건을 기억하라. 베드로와 야고보와 요한은 이른바 변형산에서 예수 그리스도의 본디 모습을 잠깐 볼 수 있는 특권을 누렸는데, 그분께서는 얼굴이 『**해처럼**』 빛나셨고, 그 빛 자체가 그분께서 입고 계신 옷이었다. 그런 분께서 모세와 엘리야와 함께 대화하시는 모습을 그들은 똑똑히 보았고, 그런 중에 또 『**빛나는 구름이 그들 위를**』 덮는 광경도 그들은 보았던 것이다(마 17:5).

이처럼 주님의 재림에는 빛나는 구름이 반드시 등장하는 동시에 또 "불"이나 "불길"이 동반된다. 데살로니가후서 1장을 보자. 『**고통을 받는 너희에게는 우리와 함께 안식으로 갚아 주시는 것이라**. 주 예수**께서 그의 능력의 천사들과 함께 하늘로부터 나타나실 때에** 하나님을 **알지 못하는 자들과 우리** 주 예수 그리스도**의 복음에 순종치 아니하는 자들을 불길 가운데서 벌하시리니**』(살후 1:7,8). 그분의 재림에 "불"이 동행하고 있는 것이다. 이사야서 66:15에서도 『**주가 불과 함께 올 것이며**』라고 명백하게 언급한다.

그럼 『**회오리바람**』은 무엇인가? 『**보라, 주가 불과 함께 올 것이며, 회오리바람과 같은 그의 병거들과 더불어 오리니 진노함으로 그의 분노를, 불꽃으로 그의 책망을 나타내리라**』(사 66:15). 이 구절에서도 『**불**』이 주님의 재림에 동반되거니와, 거기에 또 『**병거들**』이 뒤따르는데, 이것은 『**회오리바람과 같은**』 병거들이다. 이처럼 예수 그리스도의 재림과 관련되는 거의 모든 구절에서 우리는 "구름"과 "광채"와 "불"과 "회오리바람"이 동반되는 것을 본다.

여기에 또 "무지개"가 있고 "비"가 있다. "무지개"의 관련 구절로 창세기 9:13을 보자. 『**내가 구름 속에 내 무지개를 두노니 그것이 나와 땅과의 언약의 표가 되리라.**』라고 말씀한다. 그 다음 절에서 무어라고 말씀하는가? 『**내가 구름을 가져와 땅을 덮을 때, 무지개가 구름 속에 보이면... 내 언약을 기억하리니...**』(창 9:14,15) 이것은 하나님께서 노아에게 하신 약속의 말씀이었다. 성경에서 "비"는 죄를 용서하시는 하나님의 자비와 깊은 관련을 갖고, "무지개"는 언약의 표적과 함께 이스라엘의 회복과 깊은 관계를 갖는다.

"비"의 관련 구절로는 시편 68:7-9을 보라. 『**오** 하나님**이여, 주께서 주의 백성들 앞에 나가시어 광야를 질러 행진하실 때 셀라, 땅이 진동하며 하늘들도** 하나님**의 면전에서 떨어지고 시내 산도** 하나님, **곧 이스라엘의** 하나님**의 면전에서 요동하였나이다. 오** 하나님**이여, 주께서는 흡족한 비를 내리시어 주의 유업이 곤비할 때에 주의 유업을 견고하게 하셨나이다.**』

대강 이만하면 당신은 주 예수 그리스도께서 재림하실 때의 장면을 충분히 연상할 수 있을 것이다. 재림하시는 그분께서는 영광의 구름 가운데서 "불"로 죄인들을 심판하실 것이고, "비"로 유대인을 용서하시며, "무지개"로 이스라엘을 회복하실 것이다.

『**또 그 가운데서 네 생물의 모습이 나오는데 그들의 생김새는 이러하더라. 그들은 사람의 모습을 가졌으며**』(5절). 4절에서는 『**북쪽에서 회오리바람과 큰 구름과 불덩어리가 나오는데**』, 그 가운데서 『**네 생물의 모습**』이 또 나온다. 여기서 사람의 모습을 가지고 있다는 것은 어깨라든가, 가슴이라든가, 배, 몸통, 팔, 다리, 발 등 전체적인 형상이 그렇다는 것이다. 실제로 이들은 네 개의 얼굴을 가졌다.

『**각기 네 얼굴을 가졌고 각기 네 날개를 가졌더라**』(6절). 이 네 생물들은 각자 네 개의 얼굴을 갖고 있다. 10절에 보면, 그 가운데 하나는 사람의 얼굴이지만 좌우 양편에 또 사자의 얼굴(오른편)과 황소의 얼굴(왼편)을 갖고 있는 데다가, 후면에는 또 독수리의 얼굴을 갖고 있다. 이처럼 얼굴이 전후, 좌우에 있기 때문에 어느 한 방향으로 가다가 180도 방향을 바꿀 때 몸을 뒤로 돌릴 필요가 없을 것이고, 오른편이나 왼편으로 방향을 바꾸더라도 몸을 좌우로 틀 필요가 없을 것이다.

네 짐승은 또 그룹(출 25:20; 37:9, 왕상 6:27; 8:7, 대하 3:11,13; 5:8)이나 스랍(사 6:2)들처럼 날개를 갖고 있다(천사는 원래 날개가 없다). 이사야 6:2에 보면 스랍이 여섯 개의 날개를 가졌는데, 여기 이 짐승들은 각기 날개가 네 개씩이다. 이 그룹들은 사실 일정한 모습으로 고정돼 있는 게 아니다. 성경의 어느 부분에서는 이들이 각기 두 개의 날개에 두 개의 얼굴만 갖고 있기도 하고, 또 여기서처럼 네 개의 얼굴에 네 개의 날개를 갖고 있기도 하다.

『**그들의 발은 곧은 발이며, 그들의 발바닥은 송아지의 발바닥 같고 그들은 광택나는 놋쇠의 색깔처럼 번쩍이더라**』(7절). 발이 『**곧은 발**』이면 사람의 발처럼 "ㄴ"자 형이 아니라 다리에서 발끝까지 일자형이라는 얘긴데, 그렇다면 발가락 끝으로 걸어다닌다는 얘기다. 사람으로 치자면 엄청나게 굽이 높은 하이 힐을 신고 다니는 모습이라고나 할까. 아니면 무대 위에서 종종 걸음으로 춤을 추는 발레리나의 모습이라고나 할까. 그러니까 그들의 『**발바닥은 송아지의 발바닥**』처럼 굽이 있는 발바닥 같을 수밖에 없는데, 그 발굽이 번쩍이는 『**놋쇠의 색깔**』이다. 번쩍이는 놋쇠의 색깔이라면 이것은 사실상 불빛처럼 빛나고 있다는 뜻이다.

한 가지 유의할 것은 여기서 『**발**』과 『**발바닥**』에 대한 묘사는 나오지만, 그 어디에도 이 생물들이 "걸어다닌다."는 언급은 없다는 점이다. 다음 구절들을 읽으면서 알게 되겠지만, 이 생물들은 언제나 어떤 "바퀴들"과 함께 이동을 한다. 말하자면, "바퀴들"을 세워 놓고는 자신들이 따로따로 돌아다니거나 하는 게 아니라 "바퀴들"과 한 몸이 되어 움직이는 것이다.

『**그들의 사면에 있는 날개 아래에는 사람의 손들이 있고 그들 넷은 얼굴들과 날개들을 가지고 있더라**』(8절). 이 생물들이 네 개의 날개를 갖고 있는데, 그 날개의 위치가 『**사면에 있는**』 아주 특이한 형태로 묘사된다. "사면"이라면 보통 전후, 좌우라는 얘기로 이해되는데, 실제로 이 생물들은 전후, 좌우로 날개를 갖고 있다. 11절에 보면 그 네 개의 날개들 가운데 두 개는 위로 활짝 펼친 모습이고 두 개는 몸을 덮고 있는 형상이다. 그리고 그 네 개의 날개 아래에 각기 『**사람의 손들**』이 있다.

『**그들의 날개들은 서로 연결되어 있으며 그들이 갈 때면 회전하지 않고 각기 앞으로 곧장 가더라**』(9절). 네 생물들의 날개들이 『**서로 연결되어 있으며**』라는 말은 네 생물들이 날개를 활짝 펼쳐 날개 끝이 다른 생물의 날개 끝에 맞닿아 있는 것을 묘사한 것이다. 우리는 이와 유사한 그림을 솔로몬의 성전 지성소 안에 새겨 놓은 두 그룹의 형상에서 발견할 수가 있다. 『**지성소 안에 두 그룹의 형상을 만들어 금으로 입혔더라. 그 그룹들의 날개의 길이는 모두 이십 큐빗이니 한 그룹의 한 날개가 오 큐빗으로 전의 벽에 닿았으며, 다른 날개도 마찬가지로 오 큐빗으로 다른 그룹의 날개에 닿았더라. 다른 그룹의 한 날개도 오 큐빗으로 전의 벽에 닿았고, 다른 날개도 오 큐빗으로 다른 그룹의 날개에 연결되었더라**』(대하 3:10-12). 자, 한 그룹이 길이 5큐빗짜리 날개를 두 개 갖고 있으니까 그것을 활짝 펴면 그 전체 길이가 10큐빗이다. 그런데 지금 지성소에 이런 형상을 한 그룹이 둘이다. 그러니까 그들이 날개를 서로 맞대면 그 전체 길이는 20큐빗이다. 지성소의 너비가 20큐빗이기 때문에(대하 3:8) 이 두 그룹이 날개를 활짝 펼쳐 서로 『**연결**』하면 날개 끝이 지성소 벽에 꽉 차게 맞닿을 것이다. 위의 구절들은 바로 이런 광경을 서술하고 있는 것이다. 이처럼 날개와 날개 사이에 간격이 없이 서로 맞닿아 있는 광경을 『**연결되어 있으며**』라고 서술하고 있는 것이다.

지금 에스겔 1장에서 『**생물**』에 대해 언급하고 있는데, 어째서 슬그머니 『**그룹**』 이야기를 꺼내느냐고 의아해할지도 모르지만, 사실은 이 네 생물들이 네 "그룹들"이다. 에스겔 10장이 그것을 밝힌다. 『**그 그룹들이 올라가는데 이것은 내가 크발 강가에서 보았던 생물이더라**』(10:15).

그런데, 이 네 생물들이 날개를 활짝 펼치고 날아갈 때 보니 날개와 날개 사이가 서로 연결된 채(맞닿은 채) 날아가는데, 『**회전하지 않고**』 움직인다. 비행체가 날아갈 때 방향을 바꾸려면 "회전"하게 되는 게 보통인데, 이 생물들은 그런 식으로 방향을 바꾸는 게 아니라 『**회전하지 않고**』 그 자리에서 방향을 바꾼다. 더구나 이 네 생물들은 마치 한 덩어리처럼 그렇게 움직인다. 이것은 이들 네 생물들이 네 개의 "바퀴들"과 한 몸체를 이루고 있기 때문에 그런 것이다. 이 네 생물이 설 때에는 새들처럼 펼쳤던 두 날개를 드리운다(24절). 그리고 다른 두 날개는 날 때에도 펼치지 않고 몸을 덮고 있다. 그러니까, 『**날개들은 서로 연결되어 있으며**』란 그 생물들이 비행할 경우에 그렇다는 얘기다.

생물들이 비행하면서 회전하지 않는 것은 바퀴도 마찬가지인데, 17절에서 언급되고 있는 『**바퀴**』의 비행 모습을 묘사하면서도 『**회전하지 아니하더라.**』라고 서술하고 있는 것이다. 이 비행체는 분명 우리가 상식적으로 알고 있는 20세기의 여하한 비행체와도 전혀 판이한 것임이 분명하다. 이것은 여간 예사롭지가 않은 비행체인 게 분명한데, 사실 자연계에 국한되어 있는 인간의 과학기술로는 설명될 수 없는 초자연적인 물체라고밖에는 볼 수가 없다. 나중에 『**바퀴**』들을 연구하면서 좀 더 살펴보겠지만, 방향을 바꿀 때 몸을 틀 필요가 없다는 것은 사실상 자연계의 공간 개념이나 시간 개념을 완전히 벗어나 있다는 사실을 말하는 것이다.

구약성경에 보면 그룹들의 경우 날개가 있으되, 그 날개로 비행한다기보다는 다만 날개들을 높이 펴서 언약궤의 자비석을 덮는다든가(출 25:20), 하나님의 보좌 위를 덮는다든가(겔 28:14) 하는 모습만 묘사된다. 여기에 등장하고 있는 생물들이 비행하는 모습을 서술하는 것도 23절에 보면 『**그 창공 아래에는 생물들의 날개들이 서로를 향하여 곧게 펴 있고 각기 두 날개를 가졌는데, 그것들로 그들의 몸 이쪽을 덮었으며 또 각기 두 날개를 가졌는데 그것들로 그들의 몸 저쪽을 덮었더라.**』라고 묘사하고 있다. 말하자면, 날개들을 두 개는 펼치지만 그것을 움직여 나는 것이 아니며, 다른 날개들은 몸을 덮는 데 사용된다. 이것으로 우리는 이러한 영적 존재들이 반드시 날개를 사용하여야만 날 수 있는 존재가 아니란 것을 능히 짐작할 수 있다. 가령, 천사들은 날개가 없지만, 인간이 만든 그 어떤 우주선보다도 더 빠르게 우주 공간을 날아다닌다. 예수 그리스도께서 공중 재림하시면 우리가 초자연적인 새 몸을 입고 휴거될 때도 우리는 날개가 없는데도 빛의 속도보다 더 빠르게 셋째 하늘로 올라갈 것이다. 그룹들의 날개는 비행을 위해서라기보다 무엇인가를 "덮는 데" 주로 사용되고 있다. 에스겔 28장에 보면 반역하기 전의 그룹이었던 마귀에 대한 언급이 나온다. 『**너는 기름부음을 받은 덮는 그룹이라. 내가 너를 그렇게 세웠더니 네가 하나님의 거룩한 산 위에 있었고...**』(겔 28:14) 창세기 1:1 이전의 어느 때까지만 해도 마귀는 원래 하나님께서 창조하셨던 다섯 번째 그룹으로, 하나님의 보좌를 『**덮는**』 그룹이었다.

원래 그룹들은 모두 다섯이었다. 그 가운데 네 그룹들이 지금 크발 강가에 있는 에스겔의 눈앞에 등장하고 있는 것이다. 나머지 한 그룹은 어디로 갔는가? 이 다섯 번째 그룹은 셋째 하늘에서 추방당했다(겔 28:19, 사 14:12). 이 생물들이 날 때, 날개를 사용하지 않더라도 얼마든지 비행할 수 있는 능력을 갖고는 있지만 실제로 이들이 날 때 날개 짓만을 하는 것으로 짐작된다. 3:13에 보면 『**생물들의 날개가 서로 부딪치는 소리와 생물들과 마주 향한 바퀴 소리와 크게 요란한 소리**』라는 언급이 있다.

『**그들의 얼굴 모습을 보면, 그들 넷은 오른편에 사람의 얼굴과 사자의 얼굴을 지녔고, 그들 넷은 왼편에 황소의 얼굴을 지녔으며, 그들 넷은 또한 독수리의 얼굴도 지녔더라**』(10절). 앞에서 이미 언급한 것처럼 이 네 생물들의 머리는 사면이 모두 얼굴들인데, 전면이 『**사람의 얼굴**』, 오른편은 『**사자의 얼굴**』, 왼편은 『**황소의 얼굴**』, 그리고 후면은 『**독수리의 얼굴**』을 갖고 있는 점이 아주 특이하다. 한 생물이 각기 인간의 얼굴과 야생동물의 얼굴, 그리고 가축의 얼굴과 새의 얼굴을 다 함께 갖고 있으니 말이다. 그런 가운데서도 유독 뱀처럼 "기어다니는" 피조물의 얼굴만 쏙 빠져 있는 것도 흥미로운 사실이다. 요한계시록에 보면 요한도 하늘의 보좌 주위에 있는 네 "짐승"을 보았는데, 이들이 각기 "사자" 같고, "송아지" 같으며, "사람과 같은 얼굴"을 갖기도 했고, 또 하나는 "독수리"와 같았다(계 4:7). 그런데 여기 에스겔 1장에서의 네 "생물"들은 각기 하나에 이 네 얼굴들을 복합적으로 갖고 있는 것이다. 이렇게 각기 다른 얼굴 모습들 가운데 "사람의 얼굴"은 누가복음에 빗댈 수가 있고, "사자의 얼굴"은 마태복음, "황소의 얼굴"은 마가복음, 그리고 "독수리의 얼굴"은 요한복음에 빗대어 보는 것도 흥미롭다.

1:12 그들은 각기 앞으로 곧장 가고 그 영이 가려는 곳에 그들이 가며 그들이 갈 때면 회전하지 아니하더라.
13 생물들의 모습을 보면 그들의 생김새는 숯불이 타는 것과 등들의 생김새 같으며 그 불이 그 생물들 사이에서 오르락내리락하더라. 그 불은 빛나며, 그 불에서는 번개가 나오더라.
14 그 생물들이 달려갔다가 돌아오는 것이 번개의 섬광이 나타남 같더라.

이 네 생물들은 앞으로 전진할 때 각기 앞으로 곧장 나아가는데, 그것은 『**그 영**』(12절)의 의지에 따라 일사불란하게 움직이는 한 몸체이기 때문이다. 이것은 고도의 훈련을 거친 네 대의 전투기가 원통형 편대를 이루어 마치 한 대인 것처럼 움직이는 곡예비행과도 같지만, 이 네 생물들은 실은 여기서 네 바퀴들과 함께 한 몸체를 이루고 있다. 네 생물 전체를 완벽한 조화 가운데서 움직이는 것은 어떤 하나의 의지를 가진 하나의 영(the spirit)이다. 조금도 흐트러지지 않은 완벽한 곡예비행을 하는 네 대의 전투기 조종사들도 하나로 집약된 통일된 의지에 의하여 비행기를 조종하기 때문에 마치 한 대가 비행하는 것과 같은 조화를 유지할 수가 있는 것이다. 그런데, 이 "편대비행"이란 것이 앞에서도 언급한 것처럼 네 대가 따로따로 날면서 어떤 통일된 조화를 보이는 그런 것이 아니라 네 대가 실질적으로 한 몸체를 이루고 나는 그런 비행이다. 이것은 다음 15절부터 『**바퀴**』에 대한 언급이 나오면서 그 전체적인 구조를 이해하면 그럴 수밖에 없다는 것을 알게 될 것이다.

『**그들이 갈 때면 회전하지 아니하더라**』(12절). 이것은 아주 특이한 비행 모습이다. 일반적으로 공중을 비행하는 물체라면 방향을 바꿀 때 반드시 『**회전**』하기 마련이다. 그런데 어찌된 영문인지 이 생물들이 비행하는 모습은 전혀 『**회전**』하지 않고 방향을 바꿀 때도 그냥 그 자리에서 홱 방향이 바뀌면서 전광석화처럼 움직인다. 그 회전 없는 움직임이 어찌나 신속했던지 그것은 『**번개의 섬광이 나타남**』과 같다(14절). 이것은 필경 "외계"에서 날아온 "미확인비행물체"(UFO)가 아닐 수 없다. 앞으로 더 읽어 내려 가면서 이 『**생물들**』에 대해서 "수상쩍다"는 생각이 점점 더 깊어지겠지만, 최첨단을 걷는 21세기 현대인의 경험과 감각으로 대하더라도 이 "비행체들"은 공상과학 영화에서나 볼 수 있는 그런 초자연적인 존재들임이 분명하다.

모든 성경 주석자들이 이 부분을 읽으면서 묘사들 하나하나가 도무지 믿어지지 않는지라 허둥대다가 별의별 "영적 해석들"을 다 내놓고 있는 것을 본다. 가령 『**숯불이 타는 것**』이라는 어구 하나를 놓고도 "이스라엘 백성과 같은 완악한 자들을 하나님께서 천사를 통해 징계하실 때 발동하시는 지극히 순수하고 불같이 뜨거운 그분의 의를 상징한다."라든지, 『**그 불에서는 번개가 나오더라.**』는 묘사에 대해서 "불이나 번개 같은 것은 모두가 하나님의 영광을 나타낸다. 하나님의 의가 마침내는 진노의 번개를 쏟아내어 악인들의 머리 위에 떨어질 것인즉, 지금은 그것이 예루살렘에 임하고 있음을 상징하는 것이다."라든지, 또 『**사람의 모습을 가졌으며**』라는 묘사에 대해서는 "말씀이 드러난 모습을 사람의 모습에 빗댄 상징적 표현이다."라고 주석하고 있다. 심지어는 『**오르락내리락하더라.**』는 묘사에 대해서도 "결코 피곤치 않으시고 결코 쉼이 없는 놀라운 성령의 강력한 역사를 묘사한다."고 주석을 내린다. 자, 성경 구절들을 풀어 나가는 데 인간의 상상력에 의존하지 말라. 기록된 그대로, 문자적으로 보고 믿으라.

1:15 이제 내가 그 생물들을 보니, 보라, 그 생물들 곁 땅 위에 한 바퀴가 있는데 네 얼굴과 함께 있더라.

16 그 바퀴들의 생김새와 구조는 벽록색과 같고 그 넷이 한 모습을 가지고 있으며 그들의 생김새와 구조는 마치 바퀴 중간에 바퀴가 있는 것 같고,

17 그들이 갈 때면 그들의 네 면으로 가고 갈 때는 회전하지 아니하더라.

18 **바퀴의 둘레는 매우 높아서 무서우며 네 면 주위에 눈들이 가득하더라.**
19 **생물들이 갈 때면 바퀴들도 그들 곁에서 가고 그 생물들이 땅에서 들리면 그**
바퀴들도 들려서
20 **그 영이 가려는 곳은 어디든지 그 생물들도 그들의 영이 가려는 곳으로 가고**
그 바퀴들도 그들을 따라 들려지니 이는 생물의 영이 바퀴들 안에 있음이요,
21 **저들이 가면 이들도 가고, 저들이 서면 이들도 서고 저들이 땅에서 들리면 그**
바퀴들도 그 곁에서 들려지니 이는 그 생물의 영이 그 바퀴들 안에 있음이라.

『**이제 내가 그 생물들을 보니, 보라, 그 생물들 곁 땅 위에 한 바퀴가 있는데 네 얼굴과 함께 있더라**』(15절). 생물들이 지상에 착륙한 뒤에 보니 그들 『**네 얼굴들**』 곁에 『**바퀴**』가 하나씩 있다. 다음 16절에서 『**바퀴들**』이라고 복수형으로 언급되고 있는 점에 유의하라. 지금 이 바퀴들이 『**생물들 곁**』에 있다고 서술한다. 그런데 이 생물들은 이렇게 바퀴들 『**곁**』에만 있는 게 아니라 바퀴들 "위에" 있기도 한다. 10:2에 보면 『**그가 가는 베옷을 입은 사람에게 일러 말씀하시기를 "너는 그룹 아래 바퀴 사이로 들어가...**』라고 언급하고 있기 때문이다.

『**그 바퀴들의 생김새와 구조는 벽록색과 같고 그 넷이 한 모습을 가지고 있으며 그들의 생김새와 구조는 마치 바퀴 중간에 바퀴가 있는 것 같고,**』(16절).

이것은 두 개의 바퀴가 한 중심 축에 직각으로 어긋매겨 걸쳐 있는 모습인데, 지구로 말하면 적도와 본초자오선의 관계나 자이로스코프(회전의)와도 같다고나 할까, 아무튼 그런 구조일 가능성이 높고, 이게 아니라면, 한 중심 축에 두 개의 바퀴가 수평으로 겹쳐 있는 구조일 것이다.

『**그들이 갈 때면 그들의 네 면으로 가고 갈 때는 회전하지 아니하더라**』(17절). 이 바퀴가 이륙하여 창공에 날 때 보니 『**회전하지**』 않고 그냥 가는데, 『**네 면으로**』 간다. 두 개의 바퀴가 서로 직각으로 어긋매겨 있는 구조이기 때문에 어느 쪽으로 가더라도 항상 정면으로 가는 모습이다. 이것은 생물들도 마찬가지인데, 얼굴이 전후, 좌우 사면에 걸쳐 있기 때문에 앞으로 가고 뒤로 가는 게 따로 없고, 좌로 가거나 우로 가거나 항상 정면으로 가는 셈이다. 『**회전하지**』 않는다는 것은 방향을 바꾸려고 뼹 돌거나 하지 않고 그 자리에서 그대로 방향이 바뀌는 모습을 서술한 것이다.

『**바퀴의 둘레는 매우 높아서 무서우며 네 면 주위에 눈들이 가득하더라**』(18절). 이 바퀴의 원주가 엄청나게 큰 데다가 그 주위에 또 『**눈들이 가득**』한지라 무시무시하게 생겼다. 요한이 셋째 하늘로 들려 올라가 본 보좌 앞의 짐승들은 바퀴들이 없었지만 그 대신 날개가 여섯 개였는데, 눈들이 그 날개의 안쪽에 가득하였다. 그런데, 에스겔의 경우에는 날개에 눈들이 있는 게 아니라 바퀴들 주위에 『**눈들이 가득**』하다. 이 『**눈들**』에 대해서 또 수많은 사람들이 별의별 해석들을 다 하지만, 솔직히 말해서 나는 여기서 UFO 둘레에 동그란 창들이 빙 둘러 있는 광경을 사실적으로 연상하게 된다.

『**생물들이 갈 때면 바퀴들도 그들 곁에서 가고 그 생물들이 땅에서 들리면 그 바퀴들도 들려서**』(19절). 생물들과 바퀴는 마치 한 몸처럼 움직인다. 생물들이 이륙할 때면 바퀴들도 똑같이 이륙한다. 그럴 수밖에 없는 것이, 바퀴들이 생물들과 일체를 이루고 있기 때문이다. 이것은 바퀴와 바퀴 사이에 생물들이 있건, 생물과 생물 사이에 바퀴들이 있건, 또는 바퀴들 위에 생물들이 있거나 간에 이 생물들은 결국 바퀴들과 한 몸을 이루고 있음을 말한다. 열왕기상 7장에서 묘사되는 "부어서 만든 바다"(왕상 7:23)에 대한 서술을 보면, 놋으로 주조된 거대한 물대야의 받침 사면에 돌출 부분이 있고, 그 돌출 부분 사이사이에 사자들과 수소들과 그룹들이 있는(왕상 7:29) 모습으로 묘사되고 있는데, 결국 물대야의 받침대와 생물들이 일체형으로 주조돼 있는 형상임을 알 수 있거니와, 여기 에스겔 1장에서 묘사되는 생물들과 바퀴들이 이와 흡사하다. 실은 이 네 생물들이 "하나의 영"에 의해 움직이고 있는 한 몸이다. 다음 절을 보라.

『**그 영이 가려는 곳은 어디든지 그 생물들도 그들의 영이 가려는 곳으로 가고 그 바퀴들도 그들을 따라 들려지니 이는 생물의 영이 바퀴들 안에 있음이요,**』(20절). 생물들은 자신들의 한 영이 인도하는 대로 움직인다. 생물들과 한 몸체로 된 바퀴들도 마찬가지인데, 그 이유는 『**생물의 영이 바퀴들 안에**』 있기 때문이다. 여기서 "영들"이 아니라 『**영**』이라고 단수로 언급하고 있다는 사실에 주목하라. 생물은 넷이지만 『**영**』은 하나이고, 이 한 『**영**』에 의해 네 생물들이 움직이고 있다. 결국 이 네 생물들은 한 몸인 것이며, 바퀴들도 마찬가지이다.

이상에서 살펴본 네 생물들과 바퀴들의 관계가 10장에서는 그룹들과 바퀴들로 언급되고 있는데, 가령 10:9을 보면, 『**내가 보았더니 보라, 그룹들 곁에 네 바퀴가 있는데 한 바퀴는 이 그룹 곁에 다른 바퀴는 저 그룹 곁에 있으며...**』라고 언급하고 있다. 똑같은 모양의 그룹들과 똑같은 모양의 바퀴들이 정연하게 위치하고 있는지라, 바퀴들과 그룹들이 딴 몸이 아니라 한 몸체를 이루고 있어, 누군가 이들을 부르는 소리를 들어보니까 『**오 바퀴야**』 하고 부르는 것이었다(10:13).

하나님께서 에스겔에게 지금 보여 주시는 이 『**바퀴**』는 분명히 어떤 특별한 용도와 관련이 있는데, 이것은 아마도 주님께서 재림하실 때 타고 오실 "수송기계"인지도 모른다. 물론 주님께서는 요한계시록에 보면 흰 말을 타고 오신다. 그러나 "그의 낫을 땅에 대어 곡식을 거두시는" 장면(계 14장)은 아마겟돈 이전의 일이다. 말하자면, 아마겟돈 전쟁 때는 흰 말을 타고 오실지 모르지만, 그 직전 곡식을 거두시고 악한 포도 열매들을 거두어 포도즙틀에 던져 넣으실 때는 이것을 타고 오시는지도 모른다.

1:22 그 생물의 머리들 위에 있는 창공의 모습은 두려운 수정의 색깔 같아 그들의 머리들 위로 펼쳐졌더라.
23 그 창공 아래에는 생물들의 날개들이 서로를 향하여 곧게 펴 있고 각기 두 날개를 가졌는데, 그것들로 그들의 몸 이쪽을 덮었으며 또 각기 두 날개를 가졌는데 그것들로 그들의 몸 저쪽을 덮었더라.
24 그들이 갈 때에 내가 그들의 날개들의 소리를 들으니 많은 물 소리와도 같고 전능하신 분의 **음성과도 같으며 군대의 소리같이 떠들썩한 음성이더라. 그들이 설 때면 날개를 드리우더라.**
25 그들의 머리 위에 있는 창공으로부터 한 음성이 있더니 그들이 설 때면 날개를 드리우더라.

자, 이번에는 이 그룹들의 머리 위에 펼쳐진 『**창공**』으로 시선을 돌린다. 이 『**창공**』의 색깔이 "푸른색"이 아니라 『**수정의 색깔**』과도 같이 맑고 투명하다. 그럴 수밖에 없지 않은가? 이것은 둘째 하늘과 셋째 하늘의 경계를 이루고 있는 "유리 바다"니까 말이다. 『**보좌 앞에는 수정과 같은 유리 바다가 있고, 그 보좌 가운데와 그 보좌 주위에는 앞뒤로 눈이 가득한 네 짐승이 있더라**』(계 4:6). 이 유리 바다는 꽁꽁 얼어붙어 있는 얼음 층이다. 수정이 얼마나 눈부시도록 투명했던지 아찔할 정도였는지라 『**두려운 수정의 색깔**』이라고 묘사하고 있다.

또 생물들이 바퀴들과 한 몸체로 비행할 때, 두 날개를 펼치기는 하였으되, 날개 짓으로 비상하는 것은 아니고 다만 펼쳐져 있을 뿐이다(24절). 그런데도 『**날개들의 소리**』가 나이아가라폭포의 물소리처럼 굉음을 내기도 하고 벼락치듯 하는 하나님의 음성 같기도 하며, 많은 군대가 행군하는 소리처럼 요란스럽다. 여기서 『**설 때면 날개를 드리우더라.**』(25절)라는 것은 지상에 착륙하는 게 아니라 공중에서 정지하는 것을 말한다. 마치 헬리콥터와도 같이 공중에 정지 비행을 하는데, 이때 보니 생물들이 펼쳤던 날개를 접는다.

1:26 그들의 머리 위에 있는 창공 위에는 보좌의 형상이 있는데 사파이어의 모양 같고 보좌의 형상 위에는 그 위로 사람의 모양같이 생긴 형상이 있더라.

27 내가 보니 그의 허리 모양 위로부터는 그 안을 두르는 불의 모양 같고 황갈색 같으며 그의 허리 모양 아래부터는 내가 보니 불의 모양같이 생겼는데 그 주위에 광채가 나더라.

28 비오는 날 구름 속에 있는 무지개의 모양처럼 그 주위의 광채의 모양도 그러하더라. 이것은 주의 영광과 같은 모양이더라. 내가 그것을 보았을 때 엎드렸으며 말씀하시는 한 분의 음성을 들었더라.

자, 에스겔은 이제 보좌 위에 계신 분을 묘사하고 있다. 한편 요한계시록 4장에서 사도 요한이 영 안에서 셋째 하늘로 들려 올라갔을 때의 광경은 이렇게 묘사되고 있다. 『**또 내가 즉시 영 안에 있게 되었는데, 보라, 하늘에 한 보좌가 놓여 있고 한 분이 그 보좌에 앉으셨는데 앉으신 분의 용모가 벽옥과 홍보석 같으며, 그 보좌를 두른 무지개는 에메랄드같이 보이더라**』(계 4:2,3). 요한은 여기서 보좌의 모양을 묘사하지 않았지만, 에스겔은 그것을 『**사파이어의 모양**』 같았다고 묘사한다(26절). 또 에스겔이 본 바로는 보좌에 『**사람의 모양같이 생긴 형상**』이 있었는데, 요한도 『**한 분이 그 보좌에 앉으셨는데...**』(계 4:2)라고 서술하고 있다.

에스겔은 요한이 셋째 하늘의 보좌를 보았을 때 거기에 앉으신 분의 용모를 서술한 것과는 다른 서술법을 사용하고 있는데, 요한의 경우는 벽옥, 홍보석, 에메랄드 같은 보석들로 색깔을 묘사한 데 반하여(계 4:3), 에스겔은 주로 "불"과 "광채"의 모양으로 색깔을 묘사하고 있다(27절). 물론 요한도 그분의 모습을 불과 빛에 관련하여 묘사한 바가 있다. 『**그 일곱 촛대 가운데에** 인자 **같은 이가 있는데 발까지 닿는 옷을 입고, 가슴에는 금으로 만든 띠를 둘렀더라. 그의 머리와 머리털은 눈처럼 희어서 양모처럼 하얗고, 그의 눈은 불꽃 같더라. 그의 발은 용광로에 달군 듯한 빛나는 놋 같고, 음성은 많은 물 소리와도 같으며**』(계 1:13-15). 결국 요한이 본 그분의 용모나 에스겔이 본 그분의 모습이 서술법은 달라도 거의 동일한 그림이었음을 우리는 본다.

또 "무지개의 모양"은 어떤가?(28절) 사도 요한 역시 보좌를 두른 에메랄드 색깔의 무지개를 보았다(계 4:3). 그런데 이것은 단순히 하나님의 빛나는 영광을 나타내는 것만이 아니다. 『**비오는 날 구름 속에 있는 무지개**』(28절)라는 서술처럼, 성경에서 "비" 또는 "비오는 날"은 이스라엘에 대한 하나님의 용서하심과 자비를 나타낸다. 따라서 이 구절에서 『**그 주위의 광채의 모양도 그러하더라.**』라는 언급은 하나님의 영광의 광채가 이제 에스겔에게 계시될 이스라엘의 회복과 깊은 관계가 있음을 암시하고 있는 것이다.

그러나 사실상 이 구절은 예수 그리스도께서 재림하실 때의 광경이다. 성경은 그분께서 재림하실 때를 묘사하면서 항상 "회오리바람"이나 "구름"이나 "불," "광채" 등이 동반하고 있는 것으로 서술한다(4절). 여기 28절에서도 역시 "광채"와 "주의 영광"이 드러나기 때문이다. 에스겔은 이제 하나님께서 보여 주시는 환상 가운데서 재림하시는 주님을 보고 엎드렸으며, 그분께서 말씀하시는 음성을 듣는다. 자, 이쯤 되면 에스겔이 주님의 재림을 말하고 있는 책이라는 사실을 능히 알 수 있을 것이다. 에스겔을 읽으면서 쓸데없이 구약 시대 언저리에서만 머뭇거리지 말라. 그렇다고 해서 어떤 주석자들처럼 영원 시대로까지 비약하지도 말라.

에스겔 2장

2:1 그가 내게 말씀하시기를 "인자야, 네 발로 일어서라. 내가 네게 말하리라." 하시더라.

2 그가 내게 말씀하실 때에 그 영이 내게로 들어와 나를 일으켜 세우시기에 내가 내게 말씀하시는 분께 들으니

3 그가 내게 말씀하시더라. 인자야, 내가 너를 이스라엘 자손, 나를 반역하던 반역 잘하는 민족에게로 보내노라. 그들과 그들의 조상들이 내게 범죄하여 바로 이 날까지 이르렀느니라.

4 그들은 뻔뻔스럽고 마음이 완악한 자손이라. 내가 너를 그들에게 보내노니 너는 그들에게 말하기를 "주 하나님께서 이같이 말씀하신다." 하라.

5 그들이 듣든지 그만두든지 간에 (이는 그들은 반역하는 집임이라.) 그래도 그들은 선지자가 그들 가운데 있는 것을 알게 되리라.

『**인자야, 네 발로 일어서라. 내가 네게 말하리라**』(1절). 『**인자**』(son of man)라는 호칭은 하나님께서 에스겔을 부르실 때마다 유달리 자주 사용하시는 호칭이다. 그래서 에스겔에서는 "인자야" 하고 부르시는 하나님의 음성이 계속 이어지는데, 무려 93회나 된다. 이에 반해 이사야나 예레미야에서는 단 한 번도 그들을 "인자야" 하고 부르신 적이 없고, 다니엘에서만 딱 한 번 "인자야" 하고 그를 부르신다. 이 땅에 초림하셨던 예수 그리스도께서는 자신을 지칭하실 때 이 『인자』라는 호칭을 즐겨 사용하셨는데, 사실 에스겔을 호칭할 때의 『**인자**』와 그리스도께서 스스로를 호칭하셨던 『인자』 사이에는 그 용례의 의도가 다르다. 하나님께서 에스겔을 상대로 말씀하실 때는 그야말로 "주 하나님"이신 분께서 "인간"을 상대로 가까이 말씀하시는 것이다. 이 말씀을 듣는 에스겔은 어디까지나 "사람의 아들"이었고 "사람"이었다. 단지 하나님께서 그 "사람"에게 말씀하고 계시다는 점에서 하나님의 각별하신 사랑이 그에게 미치고 있음을 나타내고 계신 것이다.

한편 예수 그리스도께서 스스로를 『인자』라고 호칭하신 것은 그분께서 하나님의 아들이시요, 하나님이시지만, 그러면서도 사람의 몸을 입고 오신 완벽한 사람이심을 사람들에게 주지시키고자 하신 것이었다. 역설적이지만, 『인자』라는 호칭을 들을 때마다 우리들은 그분께서 "사람의 아들"이라기보다 "하나님의 아들"이심을 오히려 더 강렬하게 깨닫게 되는 것을 어쩔 수가 없다.

『**그가 내게 말씀하시더라. 인자야, 내가 너를 이스라엘 자손, 나를 반역하던 반역 잘하는 민족에게로 보내노라. 그들과 그들의 조상들이 내게 범죄하여 바로 이날까지 이르렀느니라**』(3절).

에스겔은 자기 안으로 들어오신 성령의 음성에 귀를 기울인다. 『**인자야, 내가 너를... 보내노라.**』 하나님께서 드디어 에스겔에게 선지자로서의 사명을 맡기신다. 하나님께서 사람을 부르시고 사명을 맡기실 때에는 언제나 어디론가 "보내시고" 누구에겐가 "말하게" 하신다. 하나님께서 모세를 부르셨을 때도 그랬다. 『**그러므로 이제 오라, 내가 너를 파라오에게 보내고...**』(출 3:10) 『**너는 이스라엘 자손에게 이같이 말하기를... 하리라 하셨다.' 하라**』(출 3:15-17). 하나님께서 이사야를 부르셨을 때도 마찬가지였고(사 6:9), 주 예수 그리스도께서 열한 제자들에게 사명을 맡기셨을 때도 이러하기는 마찬가지였다(막 16:15).

하나님께서 사람을 부르시는 것은 그분께서 하시고자 하는 바를 다른 사람들에게 전하도록 하시기 위함이다. 모든 그리스도인들이 사실은 이런 목적으로 하나님의 부르심을 받은 사람들이지만, 하나님께서는 또 특정한 개인들을 부르시고 특별한 사명을 부여하신다. 그분의 특정한 목적을 위해서 말이다. 예를 들어 주님께서 사도 바울을 부르신 것은 『**이방인들과 왕들과 또 이스라엘 자손들 앞에서 내 이름을 증거하기 위하여 내가 선택한 그릇**』(행 9:15)이기 때문이었다. 에스겔에게도 그를 부르신 특별한 목적이 있었다.

『**인자야, 내가 너를 이스라엘 자손, 나를 반역하던 반역 잘하는 민족에게로 보내노라.**』 이것이 에스겔이 하나님께로부터 부르심을 받고 부여받은 사명이었다. 하나님께서는 에스겔을 부르시고 그에게 다양한 사명을 맡기신 것도 아니었고, 모호한 일을 맡기신 것도 아니었다. 그분께서는 에스겔을 『**이스라엘 자손**』이라는 아주 명료하고도 구체적인 대상을 지목하여 그들에게 가서 하나님의 말씀을 전하도록 명령하셨다. 예수 그리스도께서도 자신의 사명에 관하여 이렇게 말씀하셨다. 『**나는 이스라엘 집의 잃어버린 양 외에는 보냄을 받지 아니하였노라**』(마 15:24). 주님께서는 또 열두 제자를 보내시면서도 『**다만 이스라엘 집의 잃어버린 양에게로 가라. 가서 전할 때, '천국이 가까이 왔다.'고 말하고**』(마 10:6,7)라고 명령하셨다.

『**그들은 뻔뻔스럽고 마음이 완악한 자손이라. 내가 너를 그들에게 보내노니 너는 그들에게 말하기를 "주 하나님께서 이같이 말씀하신다." 하라**』(4절). 이스라엘 민족은 하나님께서 택하신 백성인 것이 확실하지만, 『**뻔뻔스럽고 마음이 완악한**』 것 역시 확실한 사실이다. 그들의 역사가 그것을 분명하게 말한다. 그러나 그 민족에게는 하나님께서 부르신 선지자들이 있었고, 그들을 통하여 『"**주 하나님께서 이같이 말씀하신다.**"』라는 말을 들을 수 있는 복받은 민족이었다.

『**그들이 듣든지 그만두든지 간에 (이는 그들은 반역하는 집임이라.) 그래도 그들은 선지자가 그들 가운데 있는 것을 알게 되리라**』(5절). 선지자를 통해서 하나님의 말씀이 백성에게 전달되어도 그들은 듣는 척 마는 척 하리라는 것을 하나님께서는 이미 알고 계신다. 이스라엘이 『**반역하는 집**』이라는 것을 알고 계시기 때문이다. 그렇기는 하지만, 에스겔이 하나님의 말씀을 부르짖어 그들에게 전할 때, 그들은 최소한 자기들 가운데 선지자가 있구나 하는 것만은 알게 될 것이다. 그들은 실제로 그랬다. 『**너 인자야, 또 네 백성의 자손이 아직도 담 곁에와 집 문에서 너를 거역하여 말하나니 서로 말하여 각자 자기 형제에게 말하기를 "오라, 내가 청하노니 주께로부터 나오는 말씀이 무엇인지 들어 보자." 하는도다**』(33:30). 이것은 5절의 말씀이 정확하게 성취된 결과이다. 그들은 적어도 그들 가운데 선지자가 있다는 사실만은 인지하고 있었기에 『**주께로부터 나오는 말씀이 무엇인지**』 어디 한번 들어보자꾸나 하는 생각만은 할 수가 있었다. 정작 『**주께로부터 나오는 말씀**』에는 거역하기를 밥먹듯 하면서도 말이다. 그들이 말씀에 귀를 기울이고 그 말씀에 순종하든 말든 그들 사이에 선지자가 있다는 사실을 아는 것만으로도 최소한 그들 사이에 하나님의 말씀이 임하고 있음을 알고 있는 것이다. 이것은 매우 중요하다. 왜냐하면, 그 백성에게 하나님의 심판과 징계가 떨어져도 그들이 뭐라고 핑계를 대고 변명할 수가 없기 때문이다.

이것은 지금 이 시대에도 마찬가지다. 세상 사람들이 복음에 귀를 기울이거나말거나 주 예수 그리스도를 증거하고 복음을 전하는 사람들이 어느 길모퉁이에나 있고, 어느 기차 정거장 광장에나 있다는 사실이 중요하다. 『**세상의 창조 때부터 그분에 속한 보이지 않는 것들이 분명히 보여졌고 심지어는 그분의 영원한 능력과** 신격**까지도 만들어진 것들에 의해 알려졌으므로 그들이 변명하지 못하느니라**』(롬 1:20). "증거"는 변명을 무력하게 만드는 법이다. 그래서 "증인들"은 매우 중요하다. 당신을 거리 설교자로, 복음 전도자로 활동하며 주 예수 그리스도를 증거하고 복음을 전파하는 것은 당신이 죄인들의 혼을 이겨오든 못하든, 당신은 최소한 세상 사람들로 하여금 변명하지는 못하게 만드는 일차적인 사명을 다한 셈이다. 백보좌 심판석에서 그 어떤 죄인도 "어, 나는 예수 그리스도가 누구인지도 몰랐는데요! 복음이 무언지 한 번도 들어보지 못했는걸요!" 하고 하나님께 변명할 수가 없다는 말이다. 만약에 이 죄인의 변명이 사실이라면, 이것은 하나님을 여간 난처하게 만드는 게 아니다. 에스겔 33:30에서 『**주께로부터 나오는 말씀이 무엇인지 들어 보자.**』 하고 이스라엘 백성은 선지자의 입에서 전해지는 하나님의 말씀을 듣기는 들었지만, 『**그것들대로 행하지 아니하니**』(겔 33:31) 선지자는 마치 『**그들에게 아름다운 음성을 지니고 악기를 잘 다룰 수 있는 사람의 아주 사랑스러운 노래같이**』(33:32) 되겠지만, 『**그때에 그들은 선지자가 그들 가운데 있는 것을 알게 되리라**』(33:33). 즉 이스라엘이 『**칼에 쓰러질 것이요**』(33:27), 『**짐승들에게... 먹히게**』(33:27) 되며, 『**이스라엘의 산들이 황폐하게 되어 아무도 지나갈 사람이**』(33:28) 없을 정도로 삭막해질 『**그때에**』야 그들은 "그때 우리들 가운데 선지가 있지 않았던가? 아, 그때 우리가 선지자의 말을 들었어야 했는데! 오, 어찌하여 우리가 하나님의 말씀대로 행하지 않았던고!" 하고 가슴을 치게 될 것이다. 그리고 자신들에게 떨어진 하나님의 징벌에 대해 한마디도 항변할 수 없을 것이고 변명할 엄두도 내지 못할 것이다.

2:6 인자야, 찔레와 가시가 너와 함께 있고 네가 전갈 가운데 거한다 해도 너는 그들을 두려워 말며 그들의 말도 두려워 말라. 그들은 반역하는 집이지만 그들의

말을 두려워 하지 말고 그들의 용모에 놀라지도 말라.
7 **그들이 듣든지 그만두든지 간에 너는 내 말을 그들에게 고할지니 이는 그들이 가장 반역을 잘함이라.**
8 **그러나 인자야, 너는 내가 네게 말한 바를 들으라. 너는 그 반역하는 집처럼 내게 반역하지 말라. 네 입을 벌리고 내가 네게 주는 것을 먹으라.**

『**그들이 듣든지 그만두든지 간에 너는 내 말을 그들에게 고할지니 이는 그들이 가장 반역을 잘함이라**』(7절). 하나님께서는 내 "뜻"을 전하라든가, 내 "메시지"를 전하라고 명하시는 게 아니다. 오직 그분의 "말씀"을 전하라고 명하시는 것이다. "하나님께서 대강 이런 뜻으로 말씀하셨다."라든지, "이것이 하나님께서 전하시는 메시지다."가 아니라 하나님께서 하신 말씀들을 그대로 사람들에게 전해주라는 명령이었던 것이다. 앞으로 계속 읽어보면 알겠지만, 에스겔은 하나님의 이 명령에 여간 충실하게 따르는 게 아니다. 그는 한 번도 "하나님께서 말씀하신 내용의 개요는 이러저러하다."는 식으로 말한 적이 없다.

『**그러나 인자야, 너는 내가 네게 말한 바를 들으라. 너는 그 반역하는 집처럼 내게 반역하지 말라. 네 입을 벌리고 내가 네게 주는 것을 먹으라**』(8절). 하나님의 말씀을 반역하는 백성에게 고하는 사명을 맡은 자가 되레 반역한다는 것은 말도 되지 않는 소리다. 그러나 지금 이 시대에는 이것이 일반화되어 버렸다. 세상이 하나님을 반역하였으되, 그러한 세상에 하나님의 말씀을 정확하고 담대하게 전해야 할 자들이 되레 반역해 버렸고 반역하고 있는 것이다. 왜 그렇게 되었는가? 하나님께서는 에스겔이 그렇게 되지 않도록 그가 입을 벌리고 무엇인가를 받아먹으라고 명령하신다. 그게 무엇인지는 몰라도 그걸 받아먹으면 하나님을 반역하는 일 따위는 하지 않게 될 모양이다. 그게 무엇인지 다음 절을 보라.

2:9 **내가 보았더니 보라, 한 손이 내게 뻗쳐졌는데 보라, 그 안에는 한 두루마리책이 있더라.**
10 **그가 그것을 내 앞에 펴시니 그 안팎에 글이 쓰여졌는데 그 안에는 애가들과 애곡과 화가 쓰여져 있더라.**

『**한 두루마리책이 있더라**』(9절). 에스겔이 입을 벌리고 무엇을 받아먹으라고 하시는가 하고 주님을 쳐다보니까 『**한 두루마리책**』이 있는 게 아닌가!

"두루마리책"이란 무엇인가? 시편 40편에 보면 이것이 주 예수 그리스도에 관하여 기록한 책이란 걸 알 수 있다. 『**그때 내가 말씀드리기를 "보소서, 내가 왔나이다. 나에 관하여 기록한 것이 두루마리책에 있나이다**』(시 40:7). 『**두루마리책**』, 『**나에 관하여 기록한 것**』, 결국 "성경"이라는 얘기다. 하나님께서는 그에게 입을 벌리고 하나님의 말씀을 먹으라고 명령하신다! 그걸 먹어야만 그 반역하는 집처럼 하나님께 반역하지 않게 된다는 것이다. 자, 이쯤 되면 지금 이 시대에 어째서 그토록 수많은 자들이 "반역"하게 되었는지 그 이유를 충분히 알 수 있겠다. 하나님의 말씀을 "받아먹는다"는 것은 하나님의 모든 말씀을 당신의 귀로 듣고 "마음으로" 받는 것(3:10)을 말한다.

『**그가 그것을 내 앞에 펴시니 그 안팎에 글이 쓰여졌는데 그 안에는 애가들과 애곡과 화가 쓰여져 있더라**』(10절). 두루마리책을 펼쳐 그 안팎으로 쓰인 내용들을 먼저 보여 주신다. 그런데 거기에는 『**애가들과 애곡과 화**』가 기록돼 있다! 이 구절에서 문자적으로는 이 『**애가들과 애곡과 화**』가 이스라엘에 대한 것이지만, 성경이란 원래 하나님을 거부하는 세상의 죄와 죄인들에 대해서 『**애가들과 애곡과 화**』를 써놓은 책이다. 거기에는 하나님의 자비와 은총과 복이 가득 차 있으되, 당신이 하나님의 자녀가 되어 그것들을 받아 누릴 경우에나 그것이 당신에게 자비와 은총과 복이 되는 것이지, 당신이 세상의 죄 가운데서 잃어버린 자로 그대로 남아 있으면 그 책은 『**애가들과 애곡과 화**』가 가득 찬 책이 된다. 당신이 이 『**애가들과 애곡과 화**』에서 벗어나려면 당신은 반드시 주 예수 그리스도를 믿고 그분을 당신의 구세주로 영접하여 구원받고 거듭나야만 한다. 그렇지 않으면 유황이 불타는 불못에 영원히 들어가게 된다. 이 불못은 본디 『**마귀와 그의 천사들을 위하여 준비한**』(마 25:41) 것이지 당신을 위해 준비된 것이 아니다. 그러므로 당신이 거기로 가서는 안 된다. 그러나 어쩌랴! 당신이 구원받지 않으면 당신은 그리로 갈 수밖에 없다. 이것이 성경이 말씀하고 있는 당신의 운명이다. 이러할 때 성경은 당신에 대하여 『**애가들과 애곡과 화**』가 쓰여 있는 책이 될 수밖에 없는 것이다.

에스겔 3장

3:1 또 그가 내게 말씀하시기를 "인자야, 네가 본 것을 먹으라. 이 두루마리를 먹고
가서 이스라엘 집에 말하라." 하시기에,
2 내가 내 입을 벌리니 그가 나로 그 두루마리를 먹게 하시고
3 내게 말씀하시기를 "인자야, 내가 네게 주는 이 두루마리를 네 배로 먹게 하고
네 창자를 채우라." 하시기에, 내가 그것을 먹었더니 그것이 내 입에 꿀처럼 달
더라.

『**인자야, 네가 본 것을 먹으라. 이 두루마리를 먹고 가서 이스라엘 집에 말하라**』(1절). 이 구절은 문맥상 앞의 2:10에서 그대로 이어지는 말씀이다. 에스겔은 하나님의 말씀을 먼저 "보았다." 그리고 하나님께서는 그 본 것을 『**먹으라**』고 촉구하시고, 다음으로 『**가서 이스라엘 집에 말하라.**』고 명령하신다. 이처럼 하나님의 일꾼으로 부르심을 받은 사역자들은 하나님의 말씀을 "보고(읽고)," "먹고(소화하여 영양소를 섭취하고)," "말하는(다른 사람들에게 전하는)" 사명을 하나님께로부터 받은 사람들이다. 다시 말해서 성경을 읽지도 않고, 공부하지도 않는 사람, 그러면서도 입을 놀리는 사람은 진짜 사역자가 아니라는 얘기다. 또 성경을 보기는 하되 먹지는 않고 말하는 사람도 가짜이기는 마찬가지다. 성경을 보고 먹었으되, 입을 꾹 다물고 있는 사람도 진짜 사역자가 아니기는 또한 마찬가지다. 성경을 열심히 읽되 하나님께서 섭리로 보존하신 유일한 성경인 <킹제임스성경>을 읽고, 성경을 열심히 공부하되 올바른 성경을 공부하고, 열심히 전하되 하나님의 진리의 말씀들만을 전하라. 당신 이야기를 할 것도 없고, 당신 생각을 말하지도 말고, 오직 하나님의 말씀들만을 토대로 예수 그리스도를 증거하고 복음을 전하라. 그러면 당신은 하나님의 훌륭한 일꾼이요, 하나님께서 사용하시는 진짜 사역자인 것이다.

『**내가 그것을 먹었더니 그것이 내 입에 꿀처럼 달더라**』(3절). 훗날 사도 요한도 똑같은 체험을 하게 된다. 『**그리하여 내가 천사의 손에서 그 작은 책을 가져다가 먹으니, 내 입에는 꿀처럼 다나 먹고 나니 내 배에는 쓰더라**』(계 10:10). 이것은 선지자로 부름을 받아 하나님의 말씀을 다른 사람들에게 전하게 되었다는 사실 자체는 뛸 듯이 기쁜 일이지만, 그 사명을 수행해 가는 동안 거기에는 갖가지 고난들이 뒤따를 수 있다는 말이다.

설사 에스겔처럼 선지자도 아니요, 요한처럼 사도로 부르심을 받은 것이 아니라 보통의 그리스도인으로 부르심을 받은 일반 성도들이라 하더라도 이 말씀은 그대로 적용된다. 당신이 구원받고 하나님의 말씀을 읽기 시작했을 때, 얼마나 그 말씀들이 복되고 은혜로우며 즐거웠던가! 다윗은 이렇게 고백하고 있다. 『**그것들은 금보다, 정녕 많은 정금보다 더 바랄 만하며, 꿀과 벌집보다 더 달도다**』(시 19:10). 『**주의 말씀들이 내 입맛에 어찌 그리 단지요! 정녕, 내 입에 꿀보다 더 다니이다**』(시 119:103). 참된 그리스도인으로 거듭난 사람들은 누구나 하나님의 말씀들을 대할 때마다 이런 체험을 하게 된다. 틈만 나면 성경을 펼쳐들고 시간 가는 줄 모르고 읽는다. 어떤 때는 밤을 새기도 하는가 하면, 30분만 읽는다는 것이 3시간이 넘도록 책을 덮지 못했던 적도 있었을 것이다. 그러나 그처럼 단 하나님의 말씀을 공부하고 터득한 뒤 그 말씀들을 삶 가운데서 실행에 옮기려면 여러 가지 예상하지 않았던 상황들이 벌어진다. 요즘 세상에는 우리 믿음의 선배들이 과거에 당했던 것과 같은 처절한 "박해"까지는 받지 않게 되었지만(그러나 아직도 이에 못지 않은 박해를 가하는 지역이 이 지구상에는 도처에 남아 있다!), 당신이 성경을 이해하면 할수록 당신의 주위 사람들은 점점 더 당신을 이상한 눈초리로 바라다보게 될 것이다.

3:4 그가 내게 말씀하시기를 인자야, 가라. 네가 이스라엘 집에 가서 그들에게 내 말을 고하라.

5 너를 생소한 말이나 어려운 언어를 쓰는 백성에게 보내는 것이 아니라 이스라엘 집에 보내노니

6 네가 그들의 언어를 알아들을 수 없는 생소한 말과 어려운 언어를 쓰는 많은 백성들에게로 보내지 아니하노라. 내가 너를 그들에게 보냈더라면 그들은 반드시 네게 경청하였으리라.

7 이스라엘 집은 네게 경청하지 아니하리니 이는 그들이 내게 경청하지 아니할 것임이요, 이스라엘의 온 집은 뻔뻔스럽고 완고한 마음을 가졌음이라.

8 보라, 내가 네 얼굴을 그들의 얼굴들에 맞서도록 강하게 하였으며 네 이마를 그들의 이마들에 맞서도록 강하게 하였도다.

9 내가 네 이마를 부싯돌보다도 단단한 금강석 같게 하였으니 그들이 반역하는 집이라 할지라도 그들을 두려워 말고, 그들의 용모에 놀라지도 말라.

『**인자야, 가라. 네가 이스라엘 집에 가서 그들에게 내 말을 고하라**』(4절). 하나님께서 에스겔을 이스라엘 집으로 보내셨다. 그리고 하나님의 말씀만을 전하라고 하셨다. 이것이 바로 하나님께서 그분의 일꾼을 보내실 때 하시는 명령이다. 하나님께서 당신을 일꾼으로 불러내실 때에는 반드시 부르시고, 어디론가 보내시되, 그 목적지와 대상까지도 알려 주시고, 반드시 그들에게 고할 것을 명하신다. 고하되, 반드시 하나님의 말씀만을 고할 것을 요구하신다. 이것이 하나님께서 특별한 사명을 당신에게 맡기실 때의 방식이다. 그래서 당신은 하나님께서 부르실 때 거기 있어야 한다. 언제라도 그분의 음성을 들을 수 있는 준비를 갖추고 있어야 한다. 그분께서 어디로 보내시는가 잘 들어야 하며, 무엇을 지시하시는지도 잘 들어야 한다. 그리고 하나님의 명령이 떨어지자마자 목적지로 떠날 채비가 돼 있어야 한다. 에스겔이 그랬다. 24장을 보라. 『**"인자야, 보라, 내가 한 번 때림으로써 네게서 네 눈의 욕망을 제거하노니, 너는 슬퍼하거나 울지도 말고 눈물도 흘리지 말라. 울부짖는 것을 억제하고 죽은 자를 위하여 비탄하지 말고 네 머리에 수건을 두르고 발에 신을 신고 입술을 가리지 말고 사람들의 빵을 먹지 말라." 하시므로, 내가 아침에 백성에게 고하였더니 저녁에 내 아내가 죽었더라. 나는 내가 받은 명령대로 아침에 행하였더라**』(겔 24:16-18). 하나님께서는 에스겔에게서 『**눈의 욕망을 제거**』하시기 위해 가혹하게도 그의 아내를 빼앗아 가셨다. 그리고는 조금도 슬퍼하지 말고 머리에 수건을 질끈 두르고는 신을 신고 그 자리에서 일어서라고 명령하셨다. 아내가 죽은 것이 바로 엊저녁이었다. 하지만 에스겔은 그 다음 날 아침 『**받은 명령대로**』 하나님께서 보내시는 곳으로 떠났다. 하나님의 일꾼은 정말이지 이러해야 한다. 그렇지 않고는 하나님께서는 절대로 그 사람을 일꾼으로 사용하지 않으신다. 예수님께서도 『**죽은 자들로 그들의 죽은 자를 장사지내게 하고, 너는 가서 하나님의 나라를 전파하라.**』(눅 9:60)라고 말씀하시지 않으셨는가? 또 마태가 부르심을 받는 장면에서 어떻게 했는가? 『**그가 모든 것을 버려 두고 일어나서 주를 따라가더라**』(눅 5:28). 베드로도 그랬고, 안드레도 마찬가지였다(마 4:18-20). 심지어 초기 그리스도인들을 박해하던 사울(바울)도 회심한 후에는 "곧바로" 증거하기 시작했다(행 9:20).

『**네가 그들의 언어를 알아들을 수 없는 생소한 말과 어려운 언어를 쓰는 많은 백성들에게로 보내지 아니하노라. 내가 너를 그들에게 보냈더라면 그들은 반드시 네게 경청하였으리라**』(6절). 하나님께서는 이 구절에서 실로 무서운 말씀을 하신다. 지금 에스겔에게 같은 언어를 사용하는 이스라엘 동족에게 가도록 명령을 하시면서 그들이 에스겔의 입을 통하여 나오는 하나님의 말씀에 귀를 기울이지 않을 것이라고 미리 경고를 해 주시는 것이다. 그러면서 만약 그를 낯설고 말도 설은 외국으로 보내신다면 그들이 오히려 귀를 기울일 것이라고 말씀하신다. 당신이 영어를 사용하는 복음 전도자일 경우 미국이나 영국이나 호주나 캐나다처럼 영어를 쓰는 나라로 가서 복음을 전파할 때, 중국이나 인도나 뉴기니아나 아프리카 같은 데서 거두게 될 열매들보다 훨씬 적은 수확을 올리게 될 것이다. 영어를 사용하지 않는 지역에 가서 복음을 전하면 영어권에서보다 훨씬 더 많은 혼들을 예수 그리스도께로 인도할 수 있는 까닭은 그들이 영어권에 사는 사람들보다 그만큼 더 말씀에 굶주려 있기 때문이다. 그들은 당신이 서투른 그 나라 말로 더듬더듬 말할지언정, 사람들은 당신의 말에 열심히 귀를 기울인다. 그러므로 만약 당신이 하나님께로부터 비영어권 나라에 가서 복음을 전파하는 사역자로 부르심을 받았다면 조금도 겁내지 말고 오히려 다행스럽게 생각해야 한다. 그러나 그렇다고 해서 영어를 알아듣지 못하는 사람들 앞에서 영어로 복음을 전파할 생각은 하지도 말라. 그것은 쇠귀에 경 읽기와도 같으니까 말이다. 아무리 서툴더라도 사람들이 알아들을 수 있는 그 사람들의 언어로 복음을 전해야 하고 그 나라 사람이 읽고 이해할 수 있는 그 나라 말로 된 성경을 사용해야 한다. 그러므로 당신이 외국에 선교사로 가게 되었다면 복음 전파에 필요한 최소한의 그 나라 말을 공부하지 않으면 안 된다. 하나님의 말씀들은 어디까지나 "말씀들"이어야지,

"소리"에 불과해서는 아무 소용이 없다. 그것은 말이 아니라 소음일 뿐이다. 외국에 선교사로 파송된 사람이 그 나라 사람들에게 영어나 가르치는 선생으로 전락해서는 안 된다. 그것은 하나님께서 맡겨주신 사명이 아니기 때문이다.

『**이스라엘 집은 네게 경청하지 아니하리니 이는 그들이 내게 경청하지 아니할 것임이요, 이스라엘의 온 집은 뻔뻔스럽고 완고한 마음을 가졌음이라**』(7절). 하나님께서는 이스라엘에게 한두 번 당하신 게 아니다. 오죽했으면 그들 모두가 『**뻔뻔스럽고 완고한 마음**』을 가졌다고 단언해 버리시겠는가? 그래서 아무리 위대한 선지자를 그들에게 보내더라도 그들은 귀를 기울이지 않으리라는 것을 알고 계신다. 이쯤 되면, 포기해 버리실 만도 한데, 하나님께서는 결코 포기하시는 분이 아니시다. 하나님께서는 신실하시다. 한번 하신 약속은 반드시 지키시는 분이고, 한번 세우신 뜻이면 기필코 세우시는 분이며, 한번 세우신 계획을 수정하거나 취소하지 않으시는 분이다. 그들이 『**듣든지 그만두든지 간에... 그래도 그들은 선지자가 그들 가운데 있는 것을 알게 되리라**』(2:5). 그리고 심판을 받게 되는 날에 그들은 변명하지 못하게 될 것이다. 하나님께서는 여러 번에 걸친 징계로 이스라엘을 벌하셨지만 그들은 여전히 하나님의 말씀에 거역했다. 그러나 하나님께서는 최소한 경고라도 발하셔서 그들에게 심판에 대한 최후 통첩이라도 해 주시는 분이시다. 그리하여 『**듣는 자들에게는 듣게**』(27절) 해 주심으로써 심판을 모면할 수 있도록 하신다. 『**그래도 그들은 선지자가 그들 가운데 있는 것을 알게 되리라.**』는 것은 하나님의 경고가 있었음을 알게 되리라는 뜻이다.

『**보라, 내가 네 얼굴을 그들의 얼굴들에 맞서도록 강하게 하였으며 네 이마를 그들의 이마들에 맞서도록 강하게 하였도다**』(8절). 하나님의 말씀을 전하는 선지자에게 이스라엘은 거역하고 저항하며 치받아 올 것이다. 그러나 조금도 겁낼 필요가 없다. 하나님께서 그의 이마를 『**부싯돌보다도 단단한 금강석 같게**』(9절) 하셨기 때문이다. 이것을 알라. 하나님께서 당신을 복음 전도의 일꾼으로 불러내셨을 때, 하나님께서는 당신의 능력이나 힘이나 당신의 재력이나 용기에는 절대로 의존하지 않으신다. 설사 그런 것들을 활용하시기는 할지 몰라도 거기에 의존하지는 않으신다. 하나님께서는 당신이 맡은 사명을 수행하는 데 필요한 모든 것을 공급해 주시고 하나님 자신의 능력으로 당신이 일을 할 수 있도록 하신다. 하나님께서는 용의주도하게 준비하시고 반드시 책임을 지시는 분이다.

3:10 또 그가 내게 말씀하시기를 "인자야, 내가 네게 말하려는 나의 모든 말을 네 마음으로 받고 네 귀로 들으라.
11 가라, 너는 네 백성의 자손들, 사로잡힌 자들에게로 가서 그들이 듣든지 그만두든지 간에 그들에게 고하고 그들에게 이르기를 '주 하나님께서 이같이 말씀하신다.' 하라." 하시더라.
12 그때에 그 영이 나를 들어올리시는데 내가 내 뒤에서 나는 크고 요란한 음성을 들으니 말씀하시기를 "그의 처소에서 나오는 주의 영광을 송축하라." 하더라.
13 나는 또 생물들의 날개가 서로 부딪치는 소리와 생물들과 마주 향한 바퀴 소리와 크게 요란한 소리를 들으니라.
14 그러므로 그 영이 나를 들어올려 멀리 데리고 가시는데 내가 괴롭고 내 영이 화가 났었으나 주의 손이 내 위에 강하게 임하시더라.

이스라엘 백성은 지금 바빌론에 포로로 잡혀와 있다. 에스겔은 다니엘처럼 포로기 동안에 사역한 선지자였다. 하나님을 거역한 이스라엘 백성을 징벌하실 때 하나님께서는 이처럼 늘 이방 민족들을 이용하셨다. 그들에게 이제 하나님께서는 선지자를 보내신다. 그리고 아직도 여전히 뻔뻔스럽고 완고한 그들(7절)에게 『**주 하나님께서 이같이 말씀하신다.**』 하고 경고를 발하신다.

특별히 『**그들이 듣든지 그만두든지 간에 그들에게 고하고**』(11절)라는 말씀은 잘 훈련받은 오늘날의 거리 설교자들이나 복음 전도자들이 다들 잘 이행하고 있는 명령이다. 거리 설교자들은 듣는 사람이 한 사람도 없다 할지라도 거기 그대로 서서 계속 큰 소리로 하나님의 말씀을 외치며, 구원받지 못한 혼은 지옥에 갈 수밖에 없다는 경고를 발해야 한다. 적기가 날아오고 있는데도 도시 사람들이 귀도 기울이지 않을까봐 경보 싸이렌을 아예 울리지도 않는다면 당신은 총살감이다. 당신은 많은 사람들이 운집했다고 해서 특별히 신나 할 것도 없고, 아무도 듣지 않는다고 해서 풀이 죽을 필요도 없다. 덜 훈련된 거리 설교자나 그렇게 한다.

『**그때에 그 영이 나를 들어올리시는데 내가 내 뒤에서 나는 크고 요란한 음성을 들으니 말씀하시기를 "그의 처소에서 나오는 주의 영광을 송축하라." 하더라**』(12절). 구약에서 하나님의 영은 "들어올리는" 일을 자주 하신다. 들어올려서 어디론가 다른 장소로 옮겨 놓는 것이다. 에스겔도 그랬다. 14절을 보라. 『**그 영이 나를 들어올려 멀**

리 데리고 가시는데』. 이것은 물론 초자연적인 현상이었다. 영이 사람을 들어올려 멀리 다른 데로 데리고 가면 그 사람은 순식간에 장소를 옮기게 된다. 어떤 때는 아예 "실종"된 상태가 되기도 한다. 구약 시대 사람들은 이런 일을 예사롭게 생각했다. 엘리야가 하늘로 들려 올라갔을 때도 사람들은 그가 이런 식으로 "실종"된 것으로 받아들였다. 『**그리고 그들이 엘리사에게 말하기를 "이제 보소서, 당신의 종들과 함께 용사 오십 명이 있나이다. 우리가 청하오니 그들로 가서 당신의 선생을 찾게 하소서. 혹시 주의** 영**이 그를 들어올려 어떤 산이나 어떤 골짜기에 던지셨을까 하나이다." 하니 엘리사가 말하기를 "너희는 보내지 말라." 하더라**』(왕하 2:16). 사람들은 주의 영이 엘리야를 어떤 다른 장소로 옮겨 놓았다고 생각한 것이다. 에스겔은 이런 체험을 한 번만 한 것이 아니었다. 8:3을 보라. 『**그가 손의 형체를 내밀어 내 머리 한 타래를 잡고 그 영이 땅과 하늘 사이로 나를 들어올리어** 하나님**의 환상들 안에서 예루살렘으로 나를 이끌어 북쪽을 향해 바라보는 안쪽 대문의 문에 이르니...**』

이러한 예는 신약 시대에도 일어났다. 사도행전 8장을 보라. 『**그들이 물 속에서 올라오자 주의** 영**이 빌립을 데려가시니 그 내시가 그를 다시 보지 못하더라... 그후 빌립이 아소토에 나타나 카이사랴에 이를 때까지 지나가면서 모든 고을에 전파하니라**』(행 8:39,40). 빌립은 조금 전까지만 해도 에디오피아 내시와 함께 예루살렘에서 가자에 이르는 어느 길목의 사막에 있었다(행 8:26). 이것은 꿈도 환상도 아니었다. 이것은 현실적으로 일어났던 물리적인 현상이었지만, 또한 초자연적인 현상이었던 것이다.

또 한 예는 요한계시록에서 제시된다. 『**또 내가 즉시 영 안에 있게 되었는데, 보라, 하늘에 한 보좌가 놓여 있고 한 분이 그 보좌에 앉으셨는데 앉으신 분의 용모가 벽옥과 홍보석 같으며, 그 보좌를 두른 무지개는 에메랄드같이 보이더라**』(계 4:2,3). 사도 요한은 팟모 섬에 유배되어 있는 동안 영 안에서 순식간에 셋째 하늘로까지 이동하였고, 거기서 하나님의 보좌와 거기 앉아 계신 주님을 보았던 것이다. 이것은 빛의 속도보다도 더 빠른 여행이었고, 우주 밖으로까지 나가는 엄청난 거리였다.

하나님께서 누군가를 영적으로 옮기시는 데에는 두 가지 양상이 있는데, 그중 하나는 그의 영을 몸으로부터 분리해내어 그 영을 다른 데로 옮겨가시고, 거기서 무엇인가를 보여 주신 다음 그 영을 본래의 자리로 귀환시켜 주시는 일이다. 사도 바울이 고린도후서 12장에서 언급하고 있는 체험이 바로 이것이다. 그는 몸 안에 있었는지 몸 밖에 있었는지 말할 수는 없지만("모른다"는 것이 아니라 "말할 수 없다"는 것이다.) 분명히 셋째 하늘의 낙원에 끌려 올라갔다 왔다고 말한다(고후 12:2-5). 요한이 체험한 것이나 에스겔이 3장에서 체험한 것 모두가 이런 예에 속한다.

두 번째 양상은 그 사람의 몸채로 다른 곳으로 데려가시는 일이다. 사도행전 8장에서 빌립의 경우가 그러했으며, 부활하신 주님께서도 바로 이런 방식으로 이동하셨다(눅 24장, 요 20장). 에스겔 2장에서의 에스겔의 경우도 마찬가지이다. 또 예수 그리스도께서 다시 오실 때 그리스도 안에서 잠들었던 성도들이나 살아남아 있던 그리스도인들이 지상에서 휴거되면 모두가 이런 식으로 셋째 하늘로 순식간에 이동하게 될 것이다.

『**나는 또 생물들의 날개가 서로 부딪치는 소리와 생물들과 마주 향한 바퀴 소리와 크게 요란한 소리를 들으니라**』(13절). 1장에서 묘사되었던 "생물들"과 "바퀴"가 "요란한 소리"를 내며 창공으로 이륙한다. "날개가 부딪치는 소리"라는 묘사에서 우리는 이 생물들이 날 때 날개짓을 한다는 것을 짐작할 수 있다.

『**그러므로 그 영이 나를 들어올려 멀리 데리고 가시는데 내가 괴롭고 내 영이 화가 났었으나 주의 손이 내 위에 강하게 임하시더라**』(14절). 생물들과 바퀴가 이륙하면서 영이 에스겔을 함께 들어올린다. 이때 에스겔은 『**내가 괴롭고 내 영이 화가 났었으나**』라고 말한다. 하나님의 영이 들어올시는데 자기가 감히 화를 낼 수 있었단 말인가? 이것은 앞에서 언급되었던 2장의 말씀들과 관련해서 읽어야 이해가 된다. 2장과 3장 서반부에서 하나님께서는 에스겔에게 이스라엘 백성에 대하여 『**반역 잘하는 민족**』(2:3)으로 규정하고 하나님에 대한 그 조상들의 범죄, 그리고 그들의 완악함과 뻔뻔스러움에 대하여 말씀하신 다음 그들에 대한 『**애가들과 애곡과 화가 쓰여져**』 있는 두루마리를 보여 주시며 입을 벌리고 그것을 받아먹으라고 명하신다. 에스겔은 하나님의 이 말씀에 수긍하며 동족에 대한 분노와 함께 안타까움과 슬픔을 금할 수 없었을 것이다. 『**애가들과 애곡들과 화**』가 두루마리에 앞뒤로 쓰여 있었다는 것은 이스라엘에 대한 심판이 이미 결정돼 있다는 뜻이다. 그런데도 자신이 하나님의 경고를 그들에게 고할 때 그들이 경청하지 않으리라는 것을 알고 에스겔은 더욱 괴로워했을 것이다. 그런 그들에게 하나님께서는 에스겔더러 가서 『**나의 모든 말을**』 고하라고 명하셨다. 에스겔은 그들의 그런 모습이 괴로웠고 화가 났다. 차마 발이 떨어지지 않는다. 그러나 『**주의 손이 내 위에 강하게**』 임하셨기 때문에 달리 어쩔 도리가 없었다. 하나님의 영이 그를 『**들어올려 멀리 데리고**』 가셨던 것이다. 에스겔은 괴로움과 분노를 억누르고 그들에게로 가서 하나님의 최후 통첩과도 같은 경고를 발하지 않을 수가 없게 되었다.

3:15 그때 내가 텔아비브에 있는 사로잡힌 자들에게로 가니 그들은 크발 강가에 거하는데 내가 그들이 앉아 있는 자리에 앉아 그들 가운데서 놀라서 칠 일을 지내니라.

16 칠 일의 끝에 주의 말씀이 내게 임하여 말씀하시니라.

17 인자야, 내가 너를 이스라엘 집에게 파수꾼으로 세웠나니 내 입에 있는 말을 듣고 내게서 나오는 경고를 그들에게 주라.

18 내가 악인에게 말하기를 "너는 반드시 죽으리라." 할 때에 네가 그에게 경고도 주지 아니하고 그 악인에게 그의 악한 길에서 떠나라고 경고하여 그의 생명을 구하라고 말하지도 아니하면 바로 그 악인은 그의 죄악 가운데서 죽을 것이나 나는 네 손에서 그의 피를 요구하리라.

19 네가 악인에게 경고를 주었는데도, 그가 그의 악에서나 그의 악한 길에서 돌이키지 아니하면 그는 그의 죄악 가운데서 죽을 것이라. 그러나 너는 네 혼을 구하였느니라.

20 또한 의인이 자기 의로부터 돌이켜 죄악을 범하면 내가 그 앞에 방해물을 놓으리니 그가 죽으리라. 이는 네가 그에게 경고를 주지 않았기에 그가 그의 죄 가운데서 죽을 것이며 그가 행한 그의 의는 기억되지 아니할 것이라. 그러나 나는 네 손에서 그의 피를 요구하리라.

21 그렇지만 만일 네가 의인에게 경고하여 그 의인이 범죄하지 아니하고 죄를 행하지 아니하면 그가 경고를 받았기 때문에 반드시 살리라. 너도 네 혼을 구하였느니라.

『**그때 내가 텔아비브에 있는 사로잡힌 자들에게로 가니 그들은 크발 강가에 거하는데 내가 그들이 앉아 있는 자리에 앉아 그들 가운데서 놀라서 칠 일을 지내니라. 칠 일의 끝에 주의 말씀이 내게 임하여 말씀하시니라**』(15,16절). "텔아비브"는 "곡식 이삭의 언덕"이란 뜻이다. 이 도시는 유프라테스강의 지류인 크발 강가에 있다. 강

유역이기 때문에 고대에는 비옥한 땅이었다. 그래서 "곡식 이삭의 언덕"이란 이름이 붙었는지도 모른다. 바빌론에 포로로 잡혀와 있던 유다 사람들은 바로 이곳에 거주 지역이 제한되어 있었다.

에스겔이 영에게 들어올려져 거기로 옮겨진 뒤 유다 백성들과 함께 있게 되었는데, 그는 놀라서 칠 일을 지낸다. "놀랐다"라는 표현은 바로 앞의 "앉아"라는 서술과 함께, 애통하여 땅에 털썩 주저앉은 채 침묵하고 있는 상태를 묘사하는 말인데, 포로로 잡혀와 있는 이스라엘 백성의 참상이 하도 처절하여 에스겔은 말문이 막힌 채 칠 일 동안 털썩 주저앉아 있기만 했던 것이다. 마치 욥의 세 친구들이 욥을 위로하러 왔을 때 욥의 상태를 보고 아무 말도 없이 칠 일을 앉아 있기만 했던 것과 같다(욥 2:12,13). 지금 에스겔의 모습이 그러하다. 이 애통과 침묵 속의 칠 일은 이스라엘 백성이 장차 겪게 될 대환란 기간을 나타내는 구약적 예표들 가운데 하나다.

『**칠 일의 끝에 주의 말씀이 내게 임하여**...』. 대환란을 거친 욥은 결국 하나님께로부터 이전보다 배로 복을 받는다. 『**칠 일의 끝**』은 대환란의 끝을 예표한다. 마태복음 24:13의 『**그러나 끝까지 견디는 자는 구원을 받으리라.**』라는 말씀이 성취되는 시점인 것이다. 여호수아가 여리코를 함락시켰을 때, 하나님께서 지시하셨던 대로 『**주의 궤 앞에서 일곱 양뿔 나팔을 든 일곱 제사장이 계속해서 행진하며 나팔을 불고... 칠일째 되었을 때... 그 성읍을 같은 방법으로 일곱 번**』(수 6:13-15) 돌았고, 백성들이 소리지르니 성벽이 완전히 무너져 내렸으며, 이스라엘은 여리코 성을 정복할 수 있었다. 이 또한 7년 대환란 끝의 이스라엘의 회복을 나타내는 그림이다.

『**인자야, 내가 너를 이스라엘 집에게 파수꾼으로 세웠나니 내 입에 있는 말을 듣고 내게서 나오는 경고를 그들에게 주라**』(17절). 이 구절은 문자적으로는 물론 『**이스라엘 집**』에 해당하는 말씀이지만, 모든 그리스도인들에게 내리시는 하나님의 구령 명령이라고 영적으로 적용할 수 있는 말씀이다. 사실 성경의 구절들은 거의 모두가 직간접적으로 구령에 대한 명령과 관련되고, 우리가 예수 그리스도의 증인이 되며, 증인으로서 그리스도를 증거하고, 죄인들의 혼을 그리스도께로 이겨오기를 요구하고 있다. 복음 전파가 얼마나 중요한가 하는 것을 사도 바울의 말을 통해 보라. 그는 『**너희에게 유익한 것은 무엇이나 숨겨두지 않고 보여 주었으며 또 집집마다 다니며 너희에게 드러나게 가르쳤으니 유대인과 또한 헬라인에게도** 하나님**께 대한 회개와 우**

리 주 예수 그리스도에 대한 믿음을 증거하였노라.』(행 20:20,21)라고 말한 다음, 자기가 이제는 『**그러므로 내가 오늘 너희에게 증거하노니 모든 사람의 피로부터 내가 깨끗하니**』(행 20:26)라고 말하고 있다. 모든 사람의 피로부터 자기가 깨끗하다는 것이 무슨 말인가? 바로 다음 구절, 『**내가 악인에게 말하기를 "너는 반드시 죽으리라." 할 때에 네가 그에게 경고도 주지 아니하고 그 악인에게 그의 악한 길에서 떠나라고 경고하여 그의 생명을 구하라고 말하지도 아니하면 바로 그 악인은 그의 죄악 가운데서 죽을 것이나 나는 네 손에서 그의 피를 요구하리라.**』(겔 3:18)라는 말씀이 이를 잘 설명한다.

존 R. 라이스는 이 점에 대해 아주 강경한 어조로 역설하면서, 복음 전파를 소홀히 함으로써 짓는 여러 가지 죄를 다음과 같이 열거하고 있다.

첫째, 하나님의 중대한 계명에 대한 불순종의 죄를 짓는 것이다. 『**이는 내가 스스로 말한 것이 아니고 나를 보내신** 아버지**께서 내가 말할 것과 이를 것을 명하셨으니 나는 그분의 계명이 영생임을 아노라. 그러므로 내가 말하는 것은 무엇이나** 아버지**께서 나에게 말씀하신 것을 그대로 이르는 것이라**』(요 12:49,50).

둘째, 예수 그리스도를 사랑하지 않는 죄를 짓는 것이다. 『**나를 사랑하는 사람은 내 말들을 지키리니 그러면 나의** 아버지**께서 그를 사랑하실 것이며, 또 우리도 그에게 와서 우리의 거처를 그와 함께 정하리라. 나를 사랑하지 않는 자는 나의 말들을 지키지 아니하느니라**』(요 14:23,24).

셋째, 주님을 따르지 않는 죄를 짓는 것이다. 『**나를 따라오라. 내가 너희로 사람들을 낚는 어부가 되게 하리라**』(마 4:19).

넷째, 주님 안에 거하지 않는 죄를 짓는 것이다. 『**내 안에 거하라. 그러면 나도 너희 안에 거하리라... 나는 포도나무요, 너희는 그 가지들이라. 그가 내 안에 내가 그 안에 거하면 그 사람은 많은 열매를 맺느니라. 이는 나를 떠나서는, 너희가 아무것도 할 수 없기 때문이라**』(요 15:4,5).

다섯째, 현명한 사람이 되라는 명령에 거역하는 죄를 짓는 것이다. 『**의로운 자의 열매는 생명의 나무니, 혼들을 이겨오는 자는 현명하니라**』(잠 11:30).

여섯째, 영적 살인죄를 범하는 것이다. 『**내가 악인에게 말하기를 "너는 반드시 죽으리라." 할 때에 네가 그에게 경고도 주지 아니하고 그 악인에게 그의 악한 길에서 떠나라고 경고하여 그의 생명을 구하라고 말하지도 아니하면 바로 그 악인은 그의 죄악 가운데서 죽을 것이나...**』(겔 3:18).

18절이나 19절에서 『**경고**』란 단어를 하나님께서 사용하고 계신다는 사실에 주목하라. 하나님께서는 당신더러 사람들한테 "주님은 당신을 사랑해요. 자, 우리 교회에 와서 우리 서로 사랑해요." 같은 나부랭이를 지껄이라고 명령하지 않으신다. 하나님께서는 당신더러 "구원받지 않으면 당신은 반드시 지옥에 간다."라고 『**경고**』하라고 명하신다. 구원받지 못한 사람은 이미 정죄된 사람이요, 따라서 하나님의 심판 속에 갇힌 자들이다. 당신이 사실을 그들에게 경고하지 않으면 안 된다.

『**또한 의인이 자기 의로부터 돌이켜 죄악을 범하면 내가 그 앞에 방해물을 놓으리니 그가 죽으리라... 그가 행한 그의 의는 기억되지 아니할 것이라...**』(20절) 이것은 구약적인 범주에서 하시는 말씀이다. 구약적인 의미에서의 "의인"이란 율법의 행위로 의롭게 된 사람을 의미한다. 구약에서 "의인의 의는 그에게 있고 악인의 악도 그에게" 있다(겔 18:20). 구약에서는 의를 행하면 "그가 행한 의 가운데서" 살 수 있게 되어 있다(겔 18:22). 그러나 신약에서는 이런 것을 찾아볼 수가 없다. 신약에서는 "의인"이란 없다. 제아무리 율법적으로 옳은 일을 했다 하더라도 그를 결코 의롭다고 인정하지 않는 게 신약이다. 『**기록된 바와 같이 "의인은 없나니 없도다, 한 사람도 없도다**』(롬 3:10). 바울은 누구더러 "의인"이라고 부른 적이 한번도 없다. 그는 『**율법의 행위로는 그분 앞에 의롭게 될 육체가 없나니 이는 율법을 통해서는 죄의 깨달음이 있음이니라.**』(롬 3:20)라고 단언했다. 신약에서는 오직 하나님께서만 홀로 의로우시다. 신약에서 누군가가 의인이라면 그것은 하나님의 의가 예수 그리스도를 믿음으로 인하여 죄인에게 미쳐서 그 죄인이 의롭다고 간주되는 것뿐이다(롬 3:22-26).

구약에서는 율법에 대한 자신의 의로운 "행위"로 "의인"이 될 수 있지만, 그렇기 때문에 악을 행하면 이전의 "의"는 모두 무효가 되고 다시 "악인"으로 전락하여 구원을 상실하게 된다. 그러나 신약에서는 자신의 의로운 행위가 아니라, 예수 그리스도의 피를 믿는 믿음으로 말미암아 예수 그리스도 안에 있는 구속을 통하여 하나님의 은혜로 의롭게 되고 구원받은 것이기 때문에, 일단 구원받은 그리스도인이 다시 죄를 짓더라도 구원을 상실할 수가 없게 된다. 그리스도인은 하나님의 의로 의롭게 되었기 때문에 그 의가 무효화될 수 없는 것이다.

『**또한 의인이 자기 의로부터 돌이켜 죄악을 범하면 내가 그 앞에 방해물을 놓으리니 그가 죽으리라**』(20절). 자, 이 구절을 영적으로 적용하여, 지금 이 시대에 살고 있는 모든 사람들에게 적용해 보자. 하나님께서는 구원받지 못한 죄인들에게도 그들이 발에 채여 걸려 넘어지도록 하는 갖가지 "방해물"들을 설치해 놓으셨는데, 이 방해물들이 실질적으로 파수꾼 노릇을 한다.

무엇보다도 인간에게는 "양심"이라는 파수꾼이 있다. 아무리 악한 사람일지라도 무엇이 옳고 그른지를 양심으로 알기 마련이다. 비록 하나님을 믿지 않는 사람이라 하더라도 악행을 감행하려면 양심이 찔리는 법이다. 그래서 그는 악한 행동을 드러내놓고 버젓이 행하지는 못하고 누가 행여 볼까 봐 나름대로 은밀히 죄를 행하기 마련이다. 하나님께서는 이처럼 구원받지 못한 죄인들의 길에도 최소한 양심이라는 "방해물"을 파수꾼으로 설치해 놓으셨다. 설사 구령자가 그에게 와서 진리를 증거해 주지 않더라도 죄인은 최소한 이 양심이라는 파수꾼으로부터 옳고 그름에 대한 이야기를 들을 수가 있는 것이다.

하나님께서 죄인들의 길에 세워 놓으신 두 번째 파수꾼은 교회다. 물론 "교회"라면 그리스도의 몸을 일컫는 것이지만, 하다못해 교회 "건물"마저도 죄인들에게는 진리를 증거하는 훌륭한 파수꾼 노릇을 할 경우가 있다. 요즘에는 이런 것을 좀처럼 찾아볼 수가 없게 되었지만, 예전에는 일요일 아침 아랫마을에서 들려오는 교회 종소리가 "댕, 댕, 댕" 계곡으로 울려 퍼지면 10마일도 더 떨어진 윗마을까지 은은히 들려왔는데, 술이 덜 깬 채 몸을 뒤척이던 죄인들은 이 종소리를 듣고 자신들도 모르게 무엇인가를 잠시 침대에 엎어진 채 생각하곤 했고, 어떤 때는 그런 술주정뱅이들도 눈을 비비고 일어나 주섬주섬 바지를 걸쳐 입고는 모자를 질끈 눌러쓴 다음 비척비척 교회를 찾아 아랫마을로 걸어가는 일이 종종 있었다. 교회 "건물"의 종탑이 죄인들에게 지옥을 경고하는 훌륭한 파수꾼 노릇을 한 셈이었다.

죄인들에게는 또 "설교"라는 파수꾼이 있다. 어떤 죄인 하나가 어쩌다가 일요일 아침에 별 할 일도 없고 해서 가까운 교회에 가서 뒷자리에 쪼그리고 앉아 있는데, 목사라는 사람이 성경을 손에 들고 자기에게 내던지기라도 할 듯이 휘둘러대며 "지금 당장 구원받지 않으면 지옥에 간다는 걸 알라!"라고 고래고래 소리를 지르자, 예배가 끝나고 귀가하는 길에 '어떤 총잡이가 내갈긴 총알이 하필이면 자기 머리통을 관통하고 지나가는 바람에 맥없이 길바닥에 쓰러져 지옥에 떨어지는 게 아닌가?' 하고 이 죄인은 자기도 모르게 겁이 더럭 난다. 그래서 설교가 끝난 뒤 초청 시간이 되자 벌떡 자리에서 일어나 강단 앞으로 걸어 나간다. 목사의 설교는 언제나 가장 강력한 진리의 증거자요, 지옥의 경고자며, 가장 영향력이 큰 파수꾼이다.

이번에는 또 "기도"라는 파수꾼이 죄인들 앞에 방해물로 버티고 서 있다. 하나님도 믿지 않고 교회에 다닌 적도 없으며 기도하는 법도 모르는 죄인이 어떤 절박한 상황에 빠지면 별수 없이 "기도"라는 걸 혼자 웅얼거리게 된다. "하나님, 안녕하슈? 재수 없게시리 아주 지독한 곤경에 빠졌는데 말이외다, 하나님, 한 번만 좀 봐주시구레. 이번 일만 어떻게 해결해 주면 내 꼭 교회에 다니겠소이다. 내 약속할 테니 이번 딱 한 번만 봐주시구레. 하나님, 내말 들으셨소? 아멘!" 그래 놓고는 하나님의 다짐을 받아두려는 듯 짬만 나면 힐긋힐긋 하늘을 연신 올려다보며 불안해 한다. 그러고 보니 용케도 바로 그 다음 날이 일요일이다. 그래서 그는 생전 처음으로 교회란 데를 찾아가 맨 뒷자리에 쪼그리고 앉아 고개를 숙인다. 그 역시 그날 주님을 영접하고 만다. 이렇게 해서 그가 어줍잖게 드린 기도가 아주 강력한 파수꾼 노릇을 한 셈이 된다. 그런가 하면 또 구원받게 해달라고 당신을 위해 아침저녁으로 기도하기를 쉬지 않는 아내의 기도 역시 당신의 길에 갖다 놓은 하나님의 방해물이요, 파수꾼이다. 이런 파수꾼들이 모두 하나님께서 죄인들의 길에 설치해 놓으신 방해물들이다. 이 방해물들에 발이 채여 넘어진 죄인들은 하나님께로 발길을 돌리기가 십상이다. 어떤 경우에는 양심이라는 방해물부터 교회 종소리와 목사의 설교와 기도라는 방해물들까지 시리즈로 총동원되어서 죄인 하나를 그리스도께로 인도하기도 한다.

당신이 전도지 한 장을 건네주는 바람에 얼떨결에 받아 호주머니에 구겨 넣었지만, 어쩌다가 그것이 아주 강력한 파수꾼 노릇을 하기도 한다. 코를 풀려고 손수건을 찾다 보니 종이쪽지가 손에 집힌다. 그걸 꺼내 코를 풀려고 보니까 거기에 "당신은 반드시 지옥에 간다."라고 쓰여 있는 게 아닌가! 차마 그걸로 코를 풀 수가 없어 얼른 도로 집어넣었다가 다시 꺼내 읽는다. "하나님께서 세상을 이처럼 사랑하셔서 독생자를 주셨으니..." 그는 그 이튿날 전도지를 나누어주던 곳으로 일부러 찾아가 본다. 그랬더니 어저께 그 사람이 거기 서서 여전히 성경을 들고 설교를 한다. 그는 그날 길거리에 무릎꿇고 앉아 주님을 영접하고야 만다. 이런 일은 지금 이 순간에도 지구상 곳곳에서 실제로 일어나고 있는 일들이다. 보잘것없는 것처럼 보이던 전도지 한 장이 죄인 한 사람을 훌륭하게 걸려 넘어지게 하는 방해물 노릇을 하는 것이다. 알고 보면, 전도지야말로 아주 강력한 파수꾼이다.

하나님께서는 죄인들에게 또 "성경"이라는 방해물을 그 길에 갖다 놓으신다. 여행길에 호텔에 투숙하게 되었는데, 잠이 오지 않아 침대머리에 놓인 성경을 어쩌다가 펼쳐들었더니 거기 『**진실로 진실로 내가 너희에게 말하노니, 나를 믿는 사람은 영생**

을 가졌나니 나는 그 생명의 빵이라. 너희의 조상은 광야에서 만나를 먹고 죽었으나 이것은 하늘에서 내려온 빵이니 그것을 먹는 자는 죽지 아니하리라. 나는 하늘에서 내려온 살아 있는 빵이니 누구든지 이 빵을 먹으면 영원히 살리라. 또 내가 줄 이 빵은…』(요 6:47-51) 그날 밤 그는 하늘에서 내려온 빵을 받아먹는 꿈을 꾼다. 그는 결국 일일이나 한 달 뒤, 아니면 일 년 뒤에라도 하늘에서 내려오는 빵을 받아먹으려고 교회를 찾았다가 주 예수 그리스도를 믿고 그분을 자기의 구세주로 영접하기에 이른다.

하나님께서는 또 사람들 앞에 "성령"이라는 파수꾼을 때때로 보내신다. 구원받지 못한 죄인의 마음속에 양심이 찔리는 것을 느끼게 만드신다든지, 괜히 교회로 발길을 돌리고 싶은 생각이 들게 하신다든지, 앞에서도 언급한 것처럼 하필이면 전도지로 코를 풀려고 하다가 거기 쓰여 있는 성경 구절을 읽게 만드신다든지, 교회 종소리를 듣고 마음이 움직이게 하신다든지, 어쩌다가 성경을 펼쳤는데, 지옥에 대한 경고 구절들이 유난히 마음에 와 부딪히게 하신다든지, 밑도 끝도 없이 알지도 못하는 하나님께 기도를 드려보고 싶은 생각이 들게 하신다든지, 갑자기 아내의 기도에 감동받게 하신다든지 하는 모든 상황들이 실은 성령께서 눈에 보이지 않게 역사하신 결과일 때가 아주 많다. 사실 말이지 나도 어떤 우연한 기회에 성경을 구해 읽게 되었다. 점잖게 말해서 "구해 읽은" 것이고, 실은 자살을 생각하고 있던 참에 "성경을 읽어보지 그래!" 하는 음성이 계속 들려와서 어디선가 너덜너덜 겉표지까지 다 떨어져나간 <킹제임스성경> 한 권을 어떤 주정뱅이네 하숙집에서 훔쳐 읽게 되었다. 그런데, 성경을 펼치는 곳마다 하필이면 내가 지옥에 간다는 구절들만 계속 눈앞에 펼쳐지는 것이었다. 나는 뭐 이 따위 책이 다 있담? 하면서 내동댕이쳤던 게 한두 번이 아니었지만, 결국에는 다시 갖다 읽고, 또 지옥 이야기가 나오길래 내팽개쳐 버렸다가는 또 할 수 없이 집어다 읽고 하기를 수없이 반복하다가 결국 몇 달 뒤에 주 예수 그리스도를 믿고 그분을 내 개인의 구세주로 영접하게 되었다. 성경이야말로 나에게는 아주 효율적이고도 강력한 방해물이었던 셈인데, 그 방해물에 효과적으로 걸려 넘어져 생명을 찾게 하신 것은 전적으로 성령께서 나에게 훌륭한 파수꾼으로 역사하신 결과였다.

마지막으로 뭐니 뭐니 해도 갈보리 십자가야말로 죄인들에게는 가장 큰 『**방해물**』이요, 가장 강력한 파수꾼이다. 누구라도 이 방해물에 걸려 넘어지지 않고 용케(?) 빠져나간 사람이라면 그는 영낙 없이 지옥으로 향해 가야만 한다. 이 세상에 그 누구라도 갈보리의 파수꾼이 외치는 경고를 무시하면 지옥행을 면할 길이 없다. 갈보리에 놓여 있는 이 방해물을 건너뛰고 이 파수꾼의 경고를 무시하려면, 당신은 다른 모든 방해물들을 다 그렇게 건너뛰어 극복해야 하고 다른 파수꾼들을 다 그렇게 무시해 버려야 한다. 당신은 당신의 양심도 무시해 버려야 하고, 교회의 종소리에도 귀를 틀어막아야 하며, 설교 같은 것에는 끄덕도 하지 말아야 하고 기도하고 싶은 마음이 들거나 아내의 기도가 생각나더라도 그런 것은 모두 깔아뭉개 버려야 한다. 전도지쯤이야 코를 휑 풀고 쓰레기통에 쳐넣어야 하고, 복음을 전하는 설교자들한테는 눈길도 주어서는 안 되고, 당신으로 하여금 양심에 귀를 기울이게 하고, 교회 종소리에 마음이 움직이게 하며, 교회란 데를 가고 싶게 만들고, 기도하고픈 마음이 들게 하며, 성경에 관심을 갖게 하고 그러지 않으면 자꾸만 양심에 찔림을 느끼게 만드시는 성령의 인도하심에 강력하게 저항해야만 한다. 이러한 파수꾼들이 당신에게 외치는 지옥의 경고들을 모두 무시해 버리지 않고는 당신은 갈보리의 『**방해물**』을 건너뛸 수가 없고, 그 파수꾼의 마지막 경고를 못 들은 척 할 수가 없게 된다. 당신이 지옥에 가는 데는 이처럼 대단한 강심장이 필요한 것이다. 당신이 지옥에 가는 길목에서 당신은 불가불 갈보리를 거쳐가야 하는데, 거기 서 있는 십자가에 걸려 넘어져 그 앞에 무릎을 꿇어 버리면 당신은 지옥에 가지 않아도 되는 것이고, 눈 딱 감고 그냥 지나쳐 내달아 버리면 당신은 반드시 지옥으로 가야만 한다. 당신은 당신의 죄 가운데서 반드시 죽어야만 하고, 예수 그리스도께서 가신 곳으로 무슨 수를 써도 갈 수가 없게 된다.

3:22 주의 손이 거기서 내 위에 있고 그가 내게 말씀하시기를 "일어나서 평야로 나아가라. 그리하면 내가 거기서 너와 함께 말하리라." 하시기에,

23 내가 일어나서 평야로 나갔더니 보라, 주의 영광이 거기에 있는데 내가 크발 강가에서 보았던 그 영광과 같더라. 내가 엎드렸더니

24 그때에 그 영이 내게 들어와 나를 내 발로 서게 하시고 내게 고하여 말씀하시니라. 가라, 네 집 안에서 문을 잠그라.

25 그러나, 오 너 인자야, 보라, 그들이 네게 줄을 대어 그것들로 너를 묶으리니 네가 그들 가운데서 나가지 못하리라.

26 또 내가 네 혀를 입천장에 붙게 할 것이요, 네가 벙어리가 되어 그들에게 책망

자가 되지 못하리니 이는 그들이 반역하는 집이기 때문이라.
27 **그러나 내가 네게 말할 때, 내가 네 입을 열리니 너는 그들에게 말하기를 "주**
하나님께서 이같이 말씀하신다." 하라. 듣는 자는 듣게 할 것이요, 듣는 것을
그만두는 자는 그만두게 할지니 이는 그들이 반역하는 집임이라.

『**일어나서 평야로 나아가라. 그리하면 내가 거기서 너와 함께 말하리라**』(22절). 여기서 『**평야**』란 창세기 11장에서 언급되는 "시날 평원"에 해당하는 지역이다. 바빌론의 이 평야 지대는 인간이 도시 문명을 건설하고 바벨탑을 세워 하나님께 대적하여 인본주의의 기치를 높이 세웠던 바로 그 반역의 현장이다(창 11:1,2). 에스겔은 여기에서 주의 영광을 본다(23절). 이외에도 에스겔에서 하나님의 영광이 나타나는 곳은 두 번 더 있는데, 한 번은 1:4에서의 크발 강가에서였고, 또 한 번은 10:1-15에서이다.

『**그때에 그 영이 내게 들어와 나를 일으켜 세우시고**』(24절). 에스겔에게 하나님의 영이 들어가셨다. 말하자면, 성령충만해진 상태가 된 셈이었는데, 이것은 신약적인 의미에서의 성령충만과는 좀 다르다. 신약에서는 구원받은 사람에게 그 순간 성령께서 안으로 들어가셔서 영원히 그 안에 거하신다. 그러나 그렇다고 해서 반드시 성령충만해지는 것은 아니고, 그 사람이 모든 점에서 성령님께 의지하여 모든 일에서 그분께서 주관하시도록 할 경우에나 성령충만한 상태인 것이다. 성령이 안에 들어와 거하심에도 불구하고 그분을 무시하고 자기 마음대로 생각하고 움직이면, 성령께서는 그 사람 안에서 꼼짝도 하지 않으시기 때문에 성령께서 안에 계시는데도 전혀 성령충만해질 수가 없다. 구약적으로는 성령이 어떤 사람 안에 들어가셨다가도 다시 나오신다. 이것은 곧 능력의 소멸을 의미하는 것이었고, 성령충만 상태의 소멸이기도 했으며 결국 죽음을 의미하는 것이었다. 죄를 지은 다윗은 이것이 두려워서 『**주의 거룩한 영을 내게서 거두어 가지 마소서.**』(시 51:11) 하고 간구했다. 그런가 하면 또 사무엘이 다윗에게 기름을 부어주자 하나님의 영이 그 날로부터 다윗에게 임하고, 사울에게는 그 대신 악령이 괴롭히기 시작했다(삼상 16:13,14). 하나님의 부르심을 받은 사람들은 자신의 능력으로 사역을 하는 것이 아니라 성령의 능력으로 행한다. 그렇기 때문에 선지자 에스겔에게 하나님의 영이 들어가신 것은 당연한 일이다.

『**네 집 안에서 문을 잠그라**』(24절). 에스겔은 세상의 인간사로부터 완전히 차단된다. 이제는 무엇 하나라도 인정으로 할 수가 없고 세상의 영향력에 따라 움직일 수도 없으며 자기 마음대로 세상을 향하여 무엇을 할 수도 없는 처지가 되어 모든 것을 하나님께서 지시하시는 대로만 움직여야 한다. 이제 그는 문을 걸어 잠근 방에 갇힌 채 하나님께서 지시하시는 말씀들만을 기다리고 있어야 한다. 그는 하나님 안에 갇힌 몸이 된 것이다. 하나님 안에 갇힌 자가 되었다는 것은 하나님의 말씀이 아니면 아무것도 해서는 안되고 하나님의 명령이 아닌 것은 아무것도 자의적으로 행하지 않는 상태에 있는 것을 의미한다.

『**또 내가 네 혀를 입천장에 붙게 할 것이요, 네가 벙어리가 되어 그들에게 책망자가 되지 못하리니 이는 그들이 반역하는 집이기 때문이라**』(26절). 문을 걸어 잠근 방에 가두고 밧줄로 묶은 다음 그것도 부족하여 『**혀를 입천장에 붙게 하여... 벙어리가**』 되게 만드신다. 자의적인 행동에 대한 얼마나 철저한 규제인가! 분명히 『**이스라엘 집에 가서 그들에게 내 말을 고하라.**』(3:5)라고 명령하셨던 하나님이시다. 그런데 여기서는 말도 못하게 벙어리로 만들어 버리신다. 수많은 주석자들이 이 부분에서 하나님의 의도를 엉뚱하게 곡해하고 만다. 어떤 사람은 여기서 에스겔의 입을 틀어막으신 이유가 이스라엘에 대한 하나님의 징계라고 억지 해석을 한다. 이스라엘이 선지자들과 하나님의 말씀을 거부했기 때문에 하나님께서는 그들로부터 선지자들과 말씀들까지 모두 철회하시고자 하셨다는 것이고, 이것은 하나님의 가슴 아픈 심판이었다고 주석을 단다. 그러면서 아모스 8:11,12을 그럴듯하게 인용해 놓는다. 『주 **하나님이 말하노니, 보라, 그 날들이 오리라. 내가 그 땅에 기근을 보내리니 빵의 기근도 아니요, 물로 인한 갈증도 아니라 오직 주의 말씀들을 듣지 못하는 기근이니라. 사람들이 바다에서 바다까지, 북쪽에서 동쪽까지 방황할 것이요, 사람들이 주의 말씀을 찾으려고 이리저리 달릴 것이나 그것을 찾지 못하리라.**』 물론 이 구절들은 이스라엘에 대한 하나님의 혹독한 징계로, 선지자도 없고 하나님의 말씀도 없는 실로 공허하기 짝없는 어떤 기간을 언급한다. 그러나 에스겔 3장에서 선지자를 가두고 묶고 벙어리가 되게 하신 이 장면은 아모스 8장에서 언급하는 징계와는 전혀 상관이 없다. 에스겔에서는 분명히 『**그들에게 내 말을 고하라.**』라고 명령하고 계신다.

어떤 주석자들은 또 여기 26절에서 이스라엘 백성이 워낙 뻔뻔스럽고 완고하기 때문에 아무리 경고를 해도 아무 소용이 없을 터인즉, 하나님께서 아예 에스겔에게 말씀을 내려 주시지도 않으시겠다는 뜻이라고 풀이한다. 정말 어처구니없는 주석이 아닐 수 없는데, 3장 이후 4장부터 하나님께서는 이스라엘 백성에게 전해 줄 말씀들을 에스겔에게 쉬지 않고 내려주신다. 그런 엉터리 주석자들은 당장 다음 절에까지도 시선이 미치지 못하는 아주 지독한 근시안들이다. 멀리 갈 것도 없이 다음 27절을 보라.

『**그러나 내가 네게 말할 때, 내가 네 입을 열리니 너는 그들에게 말하기를 "주 하나님께서 이같이 말씀하신다." 하라. 듣는 자는 듣게 할 것이요, 듣는 것을 그만두는 자는 그만두게 할지니 이는 그들이 반역하는 집임이라**』(27절). 자, 『**그들에게 말하기를...**』이라고 하나님께서 지시를 내리신다. 이스라엘에게 말하라는 것이다. 그러기 위해서 『**네 입을 열리니**』라고 다짐하신다. 벙어리된 것을 풀어 주시겠다는 것이다. 그리고 『**듣는 것을 그만두는 자**』는 내버려 두더라도 『**듣는 자는 듣게 할 것**』이라고 결연하게 말씀하신다. 다만 한 가지, 에스겔더러 『주 **하나님께서 말씀하신다.**』라고 전하라는 것이다! "이스라엘 사람들아, 내 말을 들으라!"가 아니라, "이스라엘 백성이여, 주 하나님께서 말씀하신다!"라고 전하라는 명령이다. 이것은 3장이 끝나는 여기까지만 해도 한두 번 말씀하신 것이 아니다. 2:4에서도 『**그들에게 말하기를 "주 하나님께서 이같이 말씀하신다." 하라.**』라고 명령하셨고, 3:4에서도 『**그들에게 내 말을 고하라.**』라고 명령하셨다. 그리고 3:11에서도 같은 명령을 반복하셨고 3:17에서도 『**내 입에 있는 말을 듣고 내게서 나오는 경고를 그들에게 주라.**』라고 명령하셨다. 심지어는 그렇게 고하지 않으면 그 책임을 물어 에스겔을 죽이겠다고까지 경고하실 정도로 아주 강력하게 주의를 환기시키셨다.

자, 그런데 어째서 3장 말미에서 에스겔을 옴짝달싹도 못하게 묶어서 가두어 두시고 심지어는 말도 못하게 벙어리로 만들어 버리셨던 것일까? 그것은 앞에서도 이미 언급한 바와 같이, 에스겔의 말이 아니라 오로지 주 하나님께서 하신 경고의 말씀만을 그들에게 전하도록 단단히 조치를 취하시기 위함이었다. 하나님의 말씀이 아니면 아예 입을 열지 않는 일종의 사전 연습이기도 했고, 하나님의 말씀이 떨어지기까지는 다른 아무것도 하지 않고 대기해야만 하는 엄격한 기다림의 훈련이었는지도 모른다. 하나님께서는 매사를 이렇게 철저하게 진행하신다. 예수 그리스도께서도 인간의 육신을 입고 사람이 되어 이 땅에 오셨을 때 한 번도 자신의 말씀을 하지 않으셨다. 그분께서는 세상 사람들에 대하여 말씀하고 싶은 것도 많았지만, 오로지 아버지 하나님께로부터 들은 말씀만을 전하셨다(요 8:26,28).

『**듣는 자는 듣게 할 것이요**』라는 표현에 주목하라. 하나님께서는 교회들에게 최종적인 경고를 보내시면서도 요한계시록 2장과 3장에서 『**귀 있는 자는 성령께서 교회들에게 말씀하시는 것을 들을지어다.**』라고 거듭거듭 경고를 보내시고 있고, 13:9에서도 『**누구든지 귀 있는 자는 들을지어다.**』라고 반복하고 있다. 예수 그리스도께서도 도처에서 이런 표현으로 여러 번에 걸쳐 경고하셨음을 우리는 본다. 『**들을 귀 있는 자는 들을지어다.**』라는 말씀은 마태복음 11:15을 필두로 하여 사복음서 가운데서 여덟 번이나 반복되고 있다.

하나님께서는 『**듣는 자는 듣게 할 것이요, 듣는 것을 그만 두는 자는 그만두게 할지니...**』라는 말씀을 하시기 전 에스겔을 향하여 『**오 너 인자야.**』 하고 부르신다. 에스겔은 예수 그리스도의 예표였던 것이다. 에스겔은 예표도 아주 강력한 예수 그리스도의 예표였다. 초림하셨던 예수 그리스도께서 사역하시는 동안 기회 있을 때마다 『**내가 말하는 것은 무엇이나** 아버지**께서 나에게 말씀하신 것을 그대로 이르는 것이라.**』(요 12:50)라고 강조하셨던 이유가 여기에 있었다. 에스겔은 무엇이나 하나님께서 말씀하신 것만을 그대로 전하는 사명을 띤 선지자였고, 그런 점에서 앞으로 오실 주 예수 그리스도의 강력한 모형이었던 것이다. 그래서 하나님께서는 에스겔을 늘 "인자야"라고 부르셨고, 주님께서는 이에 화답이라도 하시듯 자신을 일컬을 때마다 『인자』라고 지칭하셨던 것이다.

에스겔 4장

4:1 인자야, 너는 또한 기와를 가져다가 네 앞에 놓고, 그 성읍, 즉 예루살렘을 그 위에 그리고,

2 그 성읍을 포위하며 성을 향하여 나무 운제를 세우고 성을 향하여 토루를 쌓으며 또 성을 향하여 진을 치고, 주위에 성을 향하여 공격용 망치들을 세우라.

3 또 너는 철판을 가져다가 너와 성읍 사이에 철벽을 세우고 네 얼굴을 그 성을 대적하여 두라. 그러면 그 성이 포위되리니 너는 그 성을 포위할지니라. 이것이 이스라엘 집에 표적이 되리라.

『**인자야, 너는 또한 기와를 가져다가 네 앞에 놓고, 그 성읍, 즉 예루살렘을 그 위에 그리고**』(1절). 하나님께서는 에스겔더러 『**기와**』 한 장을 가져다가 거기에 『**예루살렘**』을 그리고 거기에 또 2절, 3절에서 보듯이 갖가지 공격용 시설물들로 예루살렘 성읍을 완전 포위한 그림을 그려 넣으라고 명하신다. 아무리 세밀하고 작게 그리더라도 이런 것들을 다 그려 넣자면 기와의 크기가 상당히 커야만 할 텐데, 어떤 주석자들은 고고학적 조사에서 출토된 유물들을 근거로 이 『**기와**』가 사실은 햇빛에 말린 벽돌을 말하는 것으로 크기가 가로 한 자에 세로 두 자나 되고 두께가 4인치나 되었다고도 하고, 또 어떤 주석자들은 이 벽돌이 햇빛에 말리기도 했지만 가마에서 구운 것도 있고 심지어는 표면에 도자기처럼 유약 처리를 한 것도 있다고 주장한다. 그리고 이러한 벽돌들 표면에는 성이나 보루를 문양으로 그려 넣기도 했고, 왕의 치적을 나타내는 여러 가지 장면을 그려 넣기도 했다고 한다. 일찍이 이러한 벽돌들이 건물이나 성을 쌓는 데에 이용되었다는 흔적은 고대 메소포타미아의 평원 곳곳에서 출토되는 것이 사실이다. 그러나 이 구절에서 언급하는 『**기와**』가 반드시 그러한 벽돌이라고 단정하기는 어렵다. 때로는 『**기와**』가 바닥재로 사용되기도 했는데, 기본적으로 지붕을 덮는 널이었다. 그러나 꽤 넓직했던 것만은 분명하다. 기와에 이런 그림을 그려 넣는 데에는 아마도 숯을 사용할 수 있었으리라.

『**그 성읍을 포위하며 성을 향하여 나무 운제를 세우고 성을 향하여 토루를 쌓으며 또 성을 향하여 진을 치고, 주위에 성을 향하여 공격용 망치들을 세우라**』(2절). 예루살렘 성읍을 통째로 그려 놓고 그 둘레에 『**운제**』와 『**토루**』를 세워 포위한 상태로 진을 치고 있는 모습과 성을 공격할 망치들을 배치해 놓고 있는 삼엄한 광경을 그려 넣으라고 명하신다. 『**운제**』나 『**토루**』는 견고한 성벽으로 둘러싸인 보루를 포위 공격할 때 공격군이 성벽을 넘어가거나 성벽 너머로 화살이나 돌멩이를 쏘아 넘길 수 있도록 높다랗게 세운 탑 모양의 사다리 공격 무기를 말하는 것으로 보통 거대한 수레위에 세워져 있기 때문에 이동이 가능하도록 만들어져 있었다.

예루살렘 성읍이 완전 포위된 광경을 기와에 그려 넣는다고 해서 예루살렘이 정말로 포위된 것은 물론 아니겠지만, 이스라엘 백성이 이런 그림을 볼 때 섬뜩한 느낌을 받았을 것이다. 이런 점에서 이것은 순전히 상징적인 것이었지만 범죄한 백성에 대한 하나님의 징벌 의지를 나타내 보이기에는 충분한 것이었을 것이다. 그래서 3절에서는 이것을 두고 『**이스라엘 집에 표적이 되리라.**』라고 말씀하신다.

『**또 너는 철판을 가져다가 너와 성읍 사이에 철벽을 세우고 네 얼굴을 그 성을 대적하여 두라. 그러면 그 성이 포위되리니 너는 그 성을 포위할지니라. 이것이 이스라엘 집에 표적이 되리라**』(3절). 이번에는 기와에 그려져 있는 성읍과 그 성읍을 바라다보고 있는 에스겔 사이에 『**철판을 가져다가... 철벽을**』 세우라고 명하신다. 이것은 그림으로 그려 넣는 게 아니라 실물을 가져다가 그렇게 하라는 명령이다. 그리고 에스겔 자신이 마치 공격자인 양 『**그 성을 포위할지니라.**』라고 말씀하시는데, 이것이 『**이스라엘 집에 표적**』이 되어 그들의 죄악에 대한 하나님의 응징을 그들이 상징적으로 알 수 있도록 하시려는 의도로 풀이된다. 하나님께서 『**표적**』으로 보여 주시는 일들은 당장 닥치지 않더라도 장차 닥쳐올 일들을 미리 예고하는 경우가 많은데 이 경우의 『**표적**』 또한 그러한 것이었다.

『**철판**』이란 공격군이 성벽을 완전 포위하고 진을 친 자리에서 성벽 위로 화살을 쏘아 올릴 때 성벽 위에서 날아오는 방어군의 화살로부터 궁수를 보호하기 위한 일종의 방패였다.

4:4 너는 또 왼편으로 누워서 이스라엘 집의 죄악을 그 위에 놓되 네가 그 위에 눕는 날수대로 그들의 죄악을 담당할지니라.
5 내가 그 날수대로 그들 죄악의 연수를 네게 두었나니 삼백구십 일이라. 이렇게 너는 이스라엘 집의 죄악을 담당할지니라.
6 네가 그 날수를 채우거든 너는 다시 네 오른편으로 누워서 너는 사십 일 동안 유다 집의 죄악을 담당할지니라. 내가 네게 하루를 일 년으로 정하였느니라.
7 그러므로 너는 네 얼굴을 예루살렘이 포위된 쪽으로 향하여 두고 네 팔을 걷어 올려 그것에 대하여 예언할지니라.
8 보라, 내가 너를 줄로 동이리니 너의 포위의 날들이 끝날 때까지 너는 이쪽에서 저쪽으로 돌리지 못하리라.

『**이스라엘 집의 죄악을 그 위에 놓되…**』(4절)라는 말은 레위기 16장에서 살아 있는 염소의 머리에 모든 죄악을 얹어서 광야로 보내어 죄과를 없이 하는 의식과 관련하여 이해하는 게 좋다. 『**아론은 두 손으로 살아 있는 염소의 머리에 안수하여 이스라엘 자손의 모든 죄악과 그들의 죄들 가운데 있는 모든 죄과를 고백하고 그 죄들을 그 염소의 머리에 얹어서 적합한 사람의 손을 통해 광야로 보낼 것이요 그 염소가 그들의 모든 죄악을 지고 사람이 살지 않는 땅에 이르면 그는 그 염소를 광야에 놓아 줄지니라**』(레 16:21,22). 이렇게 볼 때, 에스겔은 비유적으로 『**살아 있는 염소**』가 되어 이스라엘의 모든 죄악을 짊어지게 되는데, 그들의 죄악에 대한 하나님의 심판의 날 수가 다음 절에서 주어진다.

여기서 우리가 유념해야 할 것은 이스라엘의 죄악을 『**그 위에 놓되 네가 그 위에 눕는 날수대로 그들의 죄악을 담당**』한다는 사실에서 이스라엘의 죄악이 그 날수가 지난 후에는 용서되고 이스라엘은 결국 회복될 것이라는 사실이 강하게 암시되고 있다는 점이다. 이스라엘은 그들의 죄악으로 인하여 대환란의 고통을 겪어야 하는 하나님의 무서운 징벌을 받게 되겠지만, 그 기간 동안 끝까지 견디는 자들이 구원받고 휴거될 것이요, 예수 그리스도께서 재림하심으로써 회복되고 그분을 왕으로 맞이하여 천년왕국으로 들어가게 될 것이다.

『**내가 그 날수대로 그들 죄악의 연수를 네게 두었나니 삼백구십 일이라. 이렇게 너는 이스라엘 집의 죄악을 담당할지니라**』(5절). 에스겔이 포위된 예루살렘을 향하여 왼편으로 누운 채 비유적으로 이스라엘 집의 죄악을 담당하고 있어야할 기간이 390일, 즉 390년이다. 이 390년의 기간이 무엇을 말하는지 참조해볼 만한 구절이 구약 가운데는 없다. 구약 시대에 예루살렘이 이방 나라의 침공을 받아 390년 동안이나 포위돼 있었던 적은 없다. 그러나 에스겔서의 이 부분에서 이야기하고자 하는 것은 결코 과거 이야기가 아니다. 설사 과거의 어떤 사건을 환기하더라도 이야기의 초점은 이스라엘에게 일어날 미래에 맞춰져 있는 것이다.

『**네가 그 날수를 채우거든 너는 다시 네 오른편으로 누워서 너는 사십 일 동안 유다 집의 죄악을 담당할지니라. 내가 네게 하루를 일 년으로 정하였느니라**』(6절). 하나님께서는 여기서 하루를 일 년으로 정하신다. 그러니까 390일이면 390년이라는 얘기가 된다. 자, 그런데 이번에는 390년이 지난 후 『**오른편**』으로 돌아눕고는 또 40일간, 즉 40년간을 더 죄악을 담당하고 있으라고 명하신다. 390년과 40년을 합쳐서 모두 430년 동안이다. 이것이 무엇을 의미하는지를 알아볼 수 있는 여하한 참조 구절도 구약에서 찾아볼 수가 없다. 어떤 주석자는 이것이 과거 이스라엘이 이집트에서 노예생활을 했던 430년 기간을 뜻한다고 말하지만, 지금 문맥상으로 이미 지나간 과거를 이야기하고 있는 게 아니다. 하나님께서는 지금 에스겔을 통하여 이스라엘에게 장차 일어나게 될 『**표적**』을 보여 주고 계신다(3절). 지금 에스겔에게 이런 일들이 일어나고 있는 시점이 대략 B.C. 595년경이다. 여기에 430년을 더하면 안티오쿠스에 저항했던 마카비 가의 폭동으로 유다가 예루살렘을 되찾고 성전을 정결케 한 후 재봉헌하게 된 B.C. 165년이 된다. 이때까지 팔레스타인은 페르시아와 이집트 간의 끊임없는 전쟁의 와중에서 말할 수 없는 시달림을 당했는가 하면, 시리아가 세 번째 세계 제국인 그리스의 마케도니아에 떨어졌을 때 잠시 안정을 되찾았을 뿐 곧 시리아와 이집트

간의 세력 다툼 사이에 끼어 유다가 시리아의 손아귀에 떨어지기도 했고 또 이집트의 손아귀에 들어가기도 했으며, 결국 다시 시리아의 안티오쿠스 대제에게 정복되어 시리아에 편입되기에 이르렀고, 안티오쿠스에 의하여 예루살렘이 짓밟히고 성전이 형편없이 더러워지는 수모를 당했으며 수많은 사람들이 노예로 전락하는 고통을 당했다. 안티오쿠스는 제단에 돼지를 제물로 바치고 주피터 신을 위한 제단을 쌓았으며 유다의 성전제사가 금지 당하기에 이르는 등, 민족이 이방 민족의 손에 포로가 되어 자신의 땅에 추방되어 뿔뿔이 흩어지는 수치스러운 역사를 겪어야만 했던 것으로 역사는 전한다.

에스겔 4장에서 언급되는 390년과 40년을 합친 430년이 이러한 비극적 기간에 처한 이스라엘의 수난을 말하는 것이라고 단언하기는 어렵지만, 분명한 것은 에스겔에게 지금 이스라엘의 장래가 제시되고 있다는 사실인데, 가깝게는 수난과 고통으로 점철되는 하나님의 심판의 기간이요, 멀게는 이스라엘의 죄가 결국 용서되고 회복되는 미래까지로 이 그림은 확대되고 있다는 점이다.

『**그러므로 너는 네 얼굴을 예루살렘이 포위된 쪽으로 향하여 두고 네 팔을 걷어 올려 그것에 대하여 예언할지니라. 보라, 내가 너를 줄로 동이리니 너의 포위의 날들이 끝날 때까지 너는 이쪽에서 저쪽으로 돌리지 못하리라**』(7,8절). 이스라엘의 역사를 아무리 살펴보아도 에스겔 이전에 예루살렘이 430년 동안이나 포위된 적은 없었다. 이것은 7절에서 말하고 있는 바와 같이 예언이다. 예루살렘이 포위된 채 자신들의 죄악을 담당하고 있는 동안 이스라엘은 포승줄로 단단히 묶여 있어 『**이쪽에서 저쪽으로**』, 즉 왼편에서 오른편으로 돌아누울 수조차 없으리라고 예언된다. 에스겔은 이 장면에서 1인 2역을 감당하고 있는 셈인데, 꽁꽁 묶여 옴짝달싹도 못한 채 죄를 담당하고 있는 이스라엘 집에 비유되고 있는 동시에 여전히 하나님의 말씀을 알리는 "예언자" 역할을 또 수행해야 하는 것이다.

4:9 너는 또한 밀과 보리와 콩과 팥과 조와 귀리를 가져다가 한 그릇에다 담고 그것으로 빵을 만들어 네가 옆으로 눕는 날수대로 삼백구십 일을 먹을지니라.

10 너는 네가 먹을 음식을 무게로 달아서 하루 이십 세켈씩 때를 따라 그것을 먹을지니라.

11 **너는 또한 물도 되어서 마실지니 육분의 일 힌씩 때를 따라 마실지니라.**
12 **너는 그것을 보리 과자처럼 먹되 그것을 그들의 목전에서 사람에게서 나온 똥
으로 구울지니라.**

『**너는 또한 밀과 보리와 콩과 팥과 조와 귀리를 가져다가 한 그릇에다 담고 그것으로 빵을 만들어 네가 옆으로 눕는 날수대로 삼백구십 일을 먹을지니라**』(9절). 각종 잡곡을 섞어서 조악한 빵을 구워 먹어야 한다는 것은 극심한 궁핍 속에서 겪는 식량난을 말한다. 이 구절에서 이스라엘이 극심한 식량난을 겪어야 될 기간이 『**삼백구십 일**』과 『**사십 일**』을 합친 총 430년이 아니라 그냥 『**네가 옆으로 눕는 날수대로 삼백구십 일**』인 이유를 알기는 어렵다. 어떤 주석자들은 이스라엘이 이방의 포로로 잡혀가 있는 동안 이방인들과 뒤섞여 사는 가운데 그들에게 오염되는 것은 불가피한 일로서 이 구절이 "잡곡"을 통하여 그것을 말하는 것이라고 설명하면서 『**사십 일**』은 출애굽 당시의 광야 생활을 의미하기 때문에 포로 기간이 될 수 없으므로 그것을 제하고 포로 기간 390년을 말한다고 설명하기도 하지만, 이스라엘이 390년 동안 이방의 포로로 잡혀가 있던 적은 없었다.

『**너는 네가 먹을 음식을 무게로 달아서 하루 이십 세켈씩 때를 따라 그것을 먹을지니라**』(10절). 음식을 무게로 달아서 잰다는 것은 역시 극심한 식량난을 반영한다. 레위기 26:26에서도 비슷한 말씀이 나오는데, 빵이라면 한 덩어리, 두 덩어리 그냥 떼어 나누어주는 게 상례지만 식량난에 봉착하면 저울에 달아 야박하게 분배되는 것이다. 요한계시록 6장에서도 기근을 가져오는 짐승이 손에 저울을 들고 등장한다(계 6:5).

『**하루 이십 세켈씩 때를 따라 그것을 먹을지니라.**』 무게를 달아 배급되는 식량이 한 끼에 20세켈도 아니고 하루에 20세켈이다. 이것은 요즘으로 치면 ⅞파운드(475그램)에 해당한다. 이것을 하루 세 끼로 나누어 먹어야 한다. 1세켈이면 곡식 낟알로 칠 때 약 220개가 달린다고 한다. 그렇다면 한 끼에 평균 곡식 낟알 1,500개도 못 먹는다는 얘기다.

『**너는 또한 물도 되어서 마실지니 육분의 일 힌씩 때를 따라 마실지니라**』(11절). 물도 마음대로 마실 수가 없다. "힌"의 정확한 용량에 대해서는 구구각각인데, 많게

는 0.9파인트(약 0.4리터, 또는 40ml.), 적게는 0.6파인트(약 0.3리터 또는 30ml.)로 계산된다. 1/6 힌씩이면 많아야 0.06리터(6ml.)밖에 되지 않는다. 그야말로 한 스푼 정도라는 얘기다. 물을 마치 약처럼 먹어야 한다.

『**너는 그것을 보리 과자처럼 먹되 그것을 그들의 목전에서 사람에게서 나온 똥으로 구울지니라**』(12절). 빵이 부드러운 빵이 아니라 딱딱한 과자라면 끼니를 위한 식사라고 하기 어렵다. 그것도 아브라함이 천사들에게 대접한 "고운 가루로 만든 과자"가 아니라 거칠고 맛없고 볼품없는 보리 과자처럼 생겼다. 게다가 또 관례대로 화덕에 구운 게 아니라 똥을 태워 그 불에 굽는데, 그것도 사람에게서 나온 똥을 연료로 써야 한다. 연료가 부족한 사막지대에서는 보통 짐승의 똥을 말려 연료로 사용하는 것이 일반화되어 있기는 했지만, 사람의 배설물까지 사용하지는 않았다. 빵을 굽는 방식도 오븐을 불 위에 올려놓고 굽는 게 아니라 쇠똥 말린 것을 태워 그 뜨거운 재 속에 반죽 덩어리를 넣어 굽는 게 보통이었다. 하지만 사람의 배설물 말린 것을 태워 그 재 속에 반죽 덩어리를 넣어 빵을 굽는다는 것은 아무래도 지나치다. 이것은 여간 더럽고 수치스럽고 충격적인 게 아니다. 게다가 그 보잘것없는 음식을 이토록 수치스런 방법으로 만들어 먹는 게 부끄러워 남모르게 해먹을 수도 없다. 『**그것을 그들의 목전에서**』 해먹어야 한다. 하나님의 백성이라고 자부하던 이스라엘이 더러운 이방 민족들이 보는 앞에서 이 모든 수치스러운 꼴을 다 보여 주어야 한다. 하나님의 징계라지만 너무나 철저하고 처절하다.

4:13 또 주께서 말씀하시기를 "이스라엘 자손들이 내가 그들을 쫓아낸 이방인들 가운데서 그들의 불결한 빵을 이같이 먹으리라." 하시기에,

14 내가 말씀드리기를 "아, 주 하나님이여! 보소서, 내 혼이 더럽혀지지 않았사오니 이는 어려서부터 지금까지 스스로 죽은 것이나 찢긴 것은 내가 먹지 아니하였고 가증한 고기를 내 입에 넣지 아니하였음이니이다." 하였더니,

15 주께서 내게 말씀하시기를 "보라, 내가 사람의 똥 대신에 쇠똥을 주노니 너는 그것으로 네 빵을 준비할지니라." 하시고

16 주께서 내게 말씀하시더라. 인자야, 보라, 내가 예루살렘에서 식량봉을 꺾을 것이요, 그들은 근심하며 빵을 달아서 먹고 놀라며 물을 되어 마실 것이니,

17 **이는 그들이 빵과 물이 부족하여 서로 놀라며 자기들의 죄악으로 인하여 소멸 되어 감이라.**

『**이스라엘 자손들이 내가 그들을 쫓아낸 이방인들 가운데서 그들의 불결한 빵을 이같이 먹으리라**』(13절). 하나님께서는 이스라엘 백성을 택하셔서 거룩하고도 독특한 백성이 되게 하셨다(신 14:2). 따라서 음식에 대한 규례 또한 엄격했다. 그러나 그들은 범죄하였고 하나님을 거역했다. 그들은 타락하여 이방 민족이나 다름없이 되었던 것이다. 이제는 하나님께서 택하신 거룩하고도 독특한 백성으로 구별할 만한 아무 차이점도 찾아볼 수 없게 되었다. 이에 대한 하나님의 징벌은 당연한 것이었고, 『**불결한 빵**』을 이방인들 가운데서 그들이 보는 가운데 수치스럽게 먹는 것도 마땅한 일이다. 사실, 잡곡으로 빵을 구워먹고 사람의 배설물 말린 것을 연료로 사용하는 것은 그래도 약과다. 하나님께서는 이보다 훨씬 더 처절한 징벌도 경고해 놓으셨는데, 바로 『**너희가 너희 아들들의 살을 먹을 것이요 너희 딸들의 살을 먹을 것이라.**』(레 26:29)라는 것이었다.

『**아, 주 하나님이여! 보소서, 내 혼이 더럽혀지지 않았사오니 이는 어려서부터 지금까지 스스로 죽은 것이나 찢긴 것은 내가 먹지 아니하였고 가증한 고기를 내 입에 넣지 아니하였음이니이다**』(14절). 이것은 아마도 에스겔 자신의 개인적인 변명이 될지는 모른다. 그러나 이스라엘 백성 전체를 놓고 볼 때는 이런 변명이 통할 리가 없다. 그들의 혼은 충분히 더럽혀져 있었으니까 말이다. 『**내가 거역하는 백성에게 내 손을 종일 폈나니 그들은 자기 자신의 생각을 좇아 선하지 않은 길에서 행하며 동산에서 희생제를 지내며 벽돌로 만든 제단에서 분향하여 계속해서 내 얼굴에 대고 나를 성내게 하는 백성이니 그들은 무덤들 사이에 거하고 은밀한 장소에서 유숙하며 돼지 고기를 먹고 가증한 것들로 만든 국물을 그들의 그릇에 담고 말하기를 "네 자리에 서 있고 내게 가까이 오지 말라. 나는 너보다 더 거룩함이라." 하느니라. 이런 자들은 내 코의 연기요 종일 타는 불이라**』(사 65:2-5).

에스겔이 하나님께서 먹으라고 명하신 『**불결한 빵**』에 대해 이의를 제기한 것은 훨씬 훗날 베드로에 의해 사도행전 10장에서 비슷한 상황으로 반복된다(행 10:11-15).

『**주께서 내게 말씀하시기를 "보라, 내가 사람의 똥 대신에 쇠똥을 주노니 너는 그**

것으로 네 빵을 준비할지니라." 하시고』(15절). 에스겔의 말을 들으시고 더러운 이방인들의 관례에도 없는 사람의 배설물 연료 대신 그들의 관례대로 『**쇠똥**』으로 연료를 대체해 주신다. 이것은 하나님의 은총이다.

『**주께서 내게 말씀하시더라. 인자야, 보라, 내가 예루살렘에서 식량봉을 꺾을 것이요, 그들은 근심하며 빵을 달아서 먹고 놀라며 물을 되어 마실 것이니,**』(16절). "봉"(the staff)이란 기대어 몸을 지탱할 수 있는 지지대를 말하는 것으로, "식량봉"이란 목숨을 연명하기 위한 지지대와 같은 최소한의 "식량"을 말한다. 그래서 하나님께서 이 식량봉을 꺾어 버리신다면 그들은 굶어죽을 수밖에 없다.

하나님께서는 때때로 이만큼 가혹한 징벌을 내리시기도 한다는 것을 잊지 말라. 이스라엘의 역사 가운데는 자식을 잡아먹어야 할 정도로 처절한 식량난을 겪었던 적이 실제로 있었다(왕하 6:26-29). 이것은 이스라엘이 시리아와 전쟁을 치르면서, 시리아에 포위당한 사마리아에 기근이 들었을 때이다. 이 당시 얼마나 식량난이 극심했던지 『**나귀 머리 하나가 은 팔십 개에 또 비둘기 똥 사분의 일 캅이 은 다섯 개에 팔렸더라.**』(왕하 6:25)라고 성경은 적고 있다. 이것이 B.C. 890년경의 일이었다.

에스겔 5장

5:1 인자야, 너는 예리한 칼을 취하여 삭도로 삼아 네 머리털과 네 수염을 밀어서,
저울에 달아 그 털을 나누었다가,
2 포위하는 날이 차거든 너는 성읍 가운데서 털 삼분의 일을 불로 사르고 너는
삼분의 일을 가지고 그것을 칼로 치고 또 삼분의 일은 바람에 흩으라. 그리하면
내가 그들을 쫓아 칼을 빼리라.
3 너는 또한 그 중에서 얼마를 집어 네 옷자락에 싸고
4 그 중에서 집어 불 가운데로 던져서 불에 태우라. 이는 그 속에서 불이 이스라
엘의 온 집으로 나올 것임이라.

『**예리한 칼을 취하여 삭도로 삼아 네 머리털과 네 수염을 밀어서,**』(1절) 머리털과 수염은 예루살렘의 거주민들이라고 볼 수 있는데, 그래서 머리털과 수염을 민다는 것은 이스라엘 백성이 본토에서 쫓겨나 나라를 잃고 온갖 수치를 당하며 또 죽임을 당하고 이방 나라들에 뿔뿔이 흩어져 버리는 것을 상징한다. 이것은 물론 이스라엘의 죄악에 대한 하나님의 심판이거니와 "예리한 칼을 취하여 삭도로 삼는다"는 말에서 그 심판의 엄중함을 읽을 수 있다. 머리를 민다는 데서 또 우리는 그 애통함이 얼마나 가슴 찢어질 듯한가도 엿볼 수 있다. 욥이 하루아침에 모든 것을 잃고 아들딸들까지 모두 죽임을 당하게 되었을 때 그 애통함을 나타내는 행동의 하나로 머리를 밀었다(욥 1:20).

에스겔은 엄연한 제사장이었다(1:3). 제사장이 머리를 민다는 것은 율법으로 엄격하게 금하고 있는 일이다(레 21:1-5). 아들을 낳지 못하던 한나가 비통한 마음으로 울며 하나님께 드린 기도 가운데 『**그의 머리에 삭도를 대지 아니하겠나이다.**』(삼상 1:11)라는 말도, 제사장이 되게 하여 하나님께 종으로 바치겠다는 뜻이다. 그런데도 하나님께서는 에스겔더러 머리를 밀고 수염을 깎으라고 명하신다. 이스라엘 백성을 심판하고자 하시는 하나님의 의지가 얼마나 결연한가를 읽을 수 있다.

수염을 미는 것은 참을 수 없는 수치를 의미한다. 암몬의 왕 하눈도 다윗이 보낸 위로 사절들을 맞았지만, 다윗의 진의를 의심한 끝에 그들의 수염 절반을 깎아 엄청난 수모를 주어 돌려보냈었다(삼하 10:4,5). 수염이 잘린다는 것은 이처럼 치욕적이다. 하나님께서는 이스라엘에게 주어진 그 모든 은총과 영광을 송두리채 거두어 가시겠다는 준엄한 의지를 나타내고 계신 것이다. 여기서 우리는 예루살렘에 닥칠 황폐함과 이스라엘 백성에게 닥칠 재난이 얼마나 심각할 것인가를 가히 짐작하고도 남는다.

또한, 『**저울에 달아 그 털을 나누었다가**』(1절)라는 표현에서 하나님께서 내리시는 심판의 엄격성과 공의의 철저함을 엿보게 되는데, 머리카락을 저울에 달 정도로 어느 한 사람의 예외도 없이 이스라엘 백성 모두에게 하나님의 공의가 미치도록 하시고자 하는 결연한 의지를 나타내신다.

『**포위하는 날이 차거든 너는 성읍 가운데서 털 삼분의 일을 불로 사르고 너는 삼분의 일을 가지고 그것을 칼로 치고 또 삼분의 일은 바람에 흩으라. 그리하면 내가 그들을 좇아 칼을 빼리라**』(2절). 12절에 보면, 성읍 가운데서 불로 사르게 될 ⅓은 예루살렘이 포위되어 있는 동안 전염병으로 죽고 또 기근으로 진멸될 것이다. 다른 ⅓은 성읍을 포위하고 공격해오는 적들의 칼에 죽임을 당하게 된다. 그리고 바람에 날려보내는 나머지 ⅓은 전염병과 기근과 칼에서는 간신히 살아남았지만 이방 민족들 가운데 뿔뿔이 흩어지게 될 텐데, 그렇다고 안전한 것이 아니라 이번에는 이방 민족들의 손에 그들의 목숨이 달려 있게 된다. 『**내가 그들을 좇아 칼을 빼리라.**』라고 말씀하신 것은 하나님께서 이방 민족들의 손에 칼을 들려주시고 유대인들의 생명을 그들의 손에 맡기시겠다는 뜻이다. 그러나 그들 중 극소수는 예루살렘에 잔존하게 될 것인데, 이는 『**너는 또한 그 중에서 얼마를 집어 네 옷자락에 싸고**』(3절)라는 말씀을 통해 알 수 있다. 하지만 그들마저도 예루살렘이 완전히 괴멸될 때 죽임을 당하게 될 것이다(4절).

이런 끔찍한 일들은 앞서 4:4-6에서 언급되었던 390년과 40년 동안의 극심한 고난 기간에 일어나는 게 아니라 그런 고난을 당하고 나서 또 계속하여 있게 될 일들인데, **『포위하는 날이 차거든』**이라는 언급이 바로 그것을 말한다.

5:5 주 하나님이 이같이 말하노라. 이것이 예루살렘이라. 내가 이것을 민족들과 그 녀를 둘러 있는 나라들 가운데 두었으나

6 그녀가 민족들보다 더 많이 내 명령을 사악함으로 바꾸었고 내 규례를 그녀를 둘러싸고 있는 나라들보다 더 많이 바꾸었으니 이는 그들이 나의 명령과 규례를 거부하고 그것들 안에서 행하지 아니하였음이라.

7 그러므로 주 하나님이 이같이 말하노라. 너희가 너희를 둘러싸고 있는 민족들보다 더 번성한 고로 내 규례를 행하지 아니하고 내 명령도 지키지 아니하며 너희를 둘러싸고 있는 민족들의 공의에 따라 행하지도 아니하였으므로

8 주 하나님이 이같이 말하노라. 보라, 나, 곧 내가 너를 대적하여 민족들의 목전에서 네 가운데서 심판을 행하리라.

9 내가 너의 모든 가증함 때문에 전에도 행하지 아니하였고 앞으로도 더 이상 행하지 아니할 그 같은 일을 네 안에서 행하리라.

10 그리하여 네 가운데서 아비들이 그 아들들을 먹고 아들들이 그들의 아비를 먹으리니 그리하면 내가 네 안에서 심판을 행하여 내가 너의 모든 남은 자들을 사면에 흩으리라.

11 그러므로 주 하나님이 말하노라. 내가 살아 있나니 네가 너의 모든 혐오스러운 것들과 네 모든 가증한 것들로 내 성소를 더럽혔으므로 내가 또한 반드시 너를 소멸시킬 것이요, 내 눈이 아끼지 아니할 것이며 내가 어떤 긍휼도 베풀지 아니하리라.

『이것이 예루살렘이라. 내가 이것을 민족들과 그녀를 둘러 있는 나라들 가운데 두었으나』(5절). 이스라엘은 이집트와 바빌론, 시리아와 앗시리아, 그리고 지중해의 여러 이방 민족 도서 국가들에 둘러싸인 채 세계의 중심을 이룬 거룩한 땅이었다. 하나님께서는 특별히 선택하신 이스라엘 백성을 다른 민족들로부터 분리해 내셔서 이곳으로 인도해 내셨고, 거기에 터를 잡고 살 수 있도록 하셨으며, 솔로몬왕 시대에 이르러서는 주변 광대한 지역에 걸쳐 위세를 떨치고 융성한 상업의 중심지가 되게 하셨다. 이곳은 하나님께서 다른 민족들에게는 주실 수가 없는 땅이었다. 비록 다른 민족들의 끊임없는 침략이 있었고, 오랜 세월 동안 다른 나라에 정복되기도 했었으며 또 앞으로도 언젠가는 악한 세력들이 이 땅에 침공해 오겠지만, 하나님께서는 결코 이 땅을 이민족의 손에 끝내 넘겨주시지는 않으실 것이다. 이 거룩한 땅은 주님께서 재림하시고 천년왕국 시대가 열릴 때 세계의 중심으로서의 본래 위치를 회복하게 될 것이다. 이것이 성경이 도처에서 말씀하고 있는 예루살렘에 대한 사실이다. 그러나...

『**그녀가 민족들보다 더 많이 내 명령을 사악함으로 바꾸었고 내 규례를 그녀를 둘러싸고 있는 나라들보다 더 많이 바꾸었으니**』(6절). 하나님께서는 이스라엘을 세계의 중심이 되게 하셨건만, 이스라엘은 주변의 이방 민족들보다도 더 많이 하나님의 명령과 규례에 거역하여 죄를 지었다. 이스라엘은 바빌론보다도 더, 페르시아보다도 더, 이집트보다도 더 사악해졌다고 하나님께서는 징책하시는 것이다.

『**너희가 너희를 둘러싸고 있는 민족들보다 더 번성한 고로 내 규례를 행하지 아니하고 내 명령도 지키지 아니하며...**』(7절) 이것이 이스라엘이 이토록 타락하게 된 원인이었다. 잠언에서도 『**어리석은 자들의 번영은 그들을 멸망시키느니라.**』(잠 1:32)라고 말씀하듯이, 번성하고 부유해져서 먹고사는 문제가 해결되면 인간은 하나님을 두려워하지 않게 되는 어리석음을 범하는 것이 보통이다. 이스라엘이 그랬던 것이다. 주변의 이방 민족들은 자신들의 잡다한 신들을 섬기는 가운데서도 때로는 주 하나님도 두려워하여 그 법도에 따라 행하였건만(왕하 17장), 이스라엘은 이만큼도 하지 못했다. 『**너희를 둘러싸고 있는 민족들의 공의에 따라 행하지도 아니하였으므로**』(7절).

신명기에 보면 그 유명한 "모세의 노래" 가운데서도 이런 언급이 나온다. 『**그러나 여수룬이 살찌자 걷어찼도다. 네가 살찌고 네가 굵어지고 네가 기름으로 덮이니 그가 자기를 지으신** 하나님을 **버렸고, 자기 구원의** 반석을 **가볍게 여겼도다**』(신 32:15). "여수룬"은 이스라엘을 말하는데(신 33:26), 그들은 배부르자 하나님을 버릴 뿐 아니라 이방 신들에게 나아갔던 것이다. 성경은 그들이 마귀들에게 희생제를 드렸다고 말씀한다(신 32:16,17).

『**주 하나님이 이같이 말하노라. 보라, 나, 곧 내가 너를 대적하여 민족들의 목전에서 네 가운데서 심판을 행하리라**』(8절). 번성케 하시는 분도 하나님이시요, 황폐케 하시는 분도 하나님이시다. 당신이 번성케 되는 것을 기뻐하시는 분도 하나님이시요, 당신이 망하는 것을 기뻐하시는 분도 하나님이시다. 『**주께서 너희에게 선을 행하시고 너희를 번성케 하시기를 기뻐하신 것같이 주께서 너희를 멸하시며 너희를 망하게 하시기를 기뻐하시리라**』(신 28:63). 이것이 바로 하나님의 "공의"라는 것이다. 하나님께서는 공의의 하나님이심을 잊지 말라. 악한 자를 멸하지 않고, 죄인을 망하게 하지 않으신다면, 하나님의 공의는 실종되고 만다. 하나님의 계명에 순종하는 선한 자에게 선을 행하시고 번성케 하시며, 악한 자를 멸하여 망하게 하심으로써 하나님의 공의가 우뚝 설 수 있다면, 하나님께서는 어찌 아니 기뻐하시겠는가?

『**내가 너의 모든 가증함 때문에 전에도 행하지 아니하였고 앞으로도 더 이상 행하지 아니할 그 같은 일을 네 안에서 행하리라**』(9절). 하나님께서 이스라엘에게 내리실 심판은 가혹하기가 전무후무할 것임을 또 예고하신다. 이스라엘이 어떤 민족이었던가? 『**무엇보다도 그들에게 하나님의 말씀들이 맡겨졌음이니라**』(롬 3:2). 하나님께서 자신의 말씀을 위탁하실 정도로 이스라엘은 중요한 민족이었다. 메시야도 그들에게서 나오고 구원도 유대인에게서 나온다(요 4:22). 하나님께로부터 이렇게 엄청난 특권을 부여받은 민족이라면 그들이 하나님을 거역하고 모독하였을 때 받는 징벌은 여느 경우보다 열 배는 더 가혹할 수밖에 없다.

『**그리하여 네 가운데서 아비들이 그 아들들을 먹고 아들들이 그들의 아비를 먹으리니 그리하면 내가 네 안에서 심판을 행하여 내가 너의 모든 남은 자들을 사면에 흩으리라**』(10절). 문자 그대로 아비들이 그 자식들을 잡아먹고 자식들이 아비를 잡아먹는 일들이 하나님의 심판 가운데서 현실로 나타날 것이다. 이런 형국이라면 『**모든 남은 자들**』이 사방으로 뿔뿔이 흩어지게 된다는 것은 뻔한 결과다. 이러한 하나님의 징계는 이미 레위기 26장에서도 예고되어 있던 바였다. 『**이런 모든 일이 있는데도 너희가 내게 경청하지 아니하고 내게 반대하여 행하면... 그리하면 너희가 너희 아들들의 살을 먹을 것이요 너희 딸들의 살을 먹을 것이라**』(레 26:27-29). 과거 그들 역사 가운데 이러한 일들이 실제로 일어났었거니와(왕하 6장), 이 일은 미래에도 있을 것이다. 본문이 예언임을 잊지 말라.

『네가 너의 모든 혐오스러운 것들과 네 모든 가증한 것들로 내 성소를 더럽혔으므로』(11절). 이스라엘이 "혐오스러운 것들"로 어떻게 하나님의 성소를 더럽혔던가에 대한 언급이 말라키 1장에 이렇게 나와 있다. **『너희가 더럽혀진 빵을 내 제단 위에 드리면서 말하기를 "우리가 어떻게 주를 더럽혔나이까?" 하니, 너희가 "주의 상은 멸시할 만하다."고 말함으로써 더럽혔도다. 너희가 눈먼 것들을 희생제로 드린다면, 그것이 악하지 아니하냐? 너희가 저는 것들과 병든 것들을 드린다면, 그것이 악하지 아니하냐?』**(말 1:7,8) 그들은 누룩을 넣고 만든 빵을 제단에 드렸다. 이것은 하나님의 규례에 정면으로 도전하는 행위였다.

"가증한 것들"로 어떻게 하나님의 성소를 더럽혔던가에 대해서는 이사야 66:17에서 이렇게 언급하고 있다. **『스스로 거룩케 하는 자들과 동산 한가운데 나무 뒤에서 스스로 깨끗게 하는 자들은 돼지고기와 가증한 것과 쥐를 먹는 자들이니 그들이 함께 소멸되리라. 주가 말하노라.』** 하나님께서는 겉으로 아무리 거룩한 척하고 경건한 종교인 행세를 하더라도 그들의 더러운 마음속과 은밀히 행하는 더러운 모든 행위들을 하나도 놓치지 않으신다. 성소를 더럽혔다는 것은 비단 부적합한 희생제물들을 바쳤기 때문만은 아니었다. 성소를 더럽혔던 가장 극단적인 예는 성전에 우상 신들을 세워놓고 그들을 섬긴 일이었다(대하 33:2-9).

이것은 모든 그리스도인들이 반드시 명심하고 있지 않으면 안 될 매우 중요한 말씀이다. 그리스도인들은 진리 안에서 기쁜 마음으로 주님을 섬긴다. 그리스도인들은 하나님께 대한 예배도 영과 진리로 드린다. 만약 누가 기쁜 마음으로 주님을 섬기는 게 아니라 의무적으로, 형식적으로 섬기고 예배를 드리면서도 영과 진리로 드리지 않는다면, 그 섬김과 예배는 더럽혀진 것이다. 하나님께서는 이 더럽혀진 섬김과 예배를 **『혐오스런 것들... 가증한 것들』**로 간주하신다. 간주하실 뿐만 아니라 그에 대해 응징하신다. 겉으로는 아무리 경건하고 거룩한 척해도 하나님께서는 **『그가 너희를 외모로 보시겠느냐?』**(말 1:9)라고 힐문하신다. **『내가 너희를 기뻐하지 않으며 내가 너희 손에 있는 제물도 받지 아니하리라.』**(말 1:10)라고 단호히 말씀하신다. 겉으로 경건한 척하면서 속으로는 하나님을 두려워하지 않는 자들은 필연적으로 하나님의 진리 앞에서 하품을 하면서 따분해 하고 하나님의 경고 앞에서 코웃음을 치게 되기 마련이다. **『너희는 또 말하기를 "보라, 이 얼마나 따분한 일인가!" 하며, 그 일에 코웃음 쳤도다』**(말 1:13). 이런 자들에게 하나님께서는 **『내 눈이 아끼지 아니할 것이며 내가 어떤 긍휼도 베풀지 아니하리라.』**(겔 5:11)라고 단호히 말씀하시고, 또 『**주께 더러운 것으로 서원하며 제사를 드리는 속이는 자는 저주를 받으리라.**』(말 1:14)라고 경고해 놓으셨다.

5:12 네 가운데서 삼분의 일은 전염병으로 죽을 것이요, 그들은 기근으로 네 가운데
서 진멸되리라. 또 삼분의 일은 네 주위의 칼에 쓰러지리라. 또 내가 삼분의
일을 사면에 흩어 버리고 그들을 쫓아 칼을 빼리라.
13 그리하여 내 화가 이루게 되리니 내가 내 분노를 그들 위에 있게 하리라. 그러
면 내가 위안 받게 되리라. 내가 내 분노를 그들 안에서 이루면 그들은 나 주
가 열심히 그것을 말하였음을 알게 되리라.
14 또 내가 너를 황폐하게 만들고 너를 둘러싸고 있는 민족들 가운데서 지나가는
모든 사람들의 목전에 비방거리가 되게 하리라.
15 그리하여 내가 성냄과 분노와 열화 같은 책망으로 네게 심판을 행하면 그것이
너를 둘러싸고 있는 민족들에게 질책과 조롱과 교훈과 놀라움이 되리라. 나 주
가 그것을 말하였느니라.
16 내가 기근의 악한 화살을 그들에게 보내면 그것이 그들의 파멸이 될 것이니
내가 너희를 멸하려고 그것을 보내리라. 또 내가 너희에게 기근을 늘려서 너
희의 식량봉을 꺾으리라.
17 그리하여 내가 너희에게 기근과 악한 짐승들을 보내리니 그리하면 그것들이
너를 앗아갈 것이요, 전염병과 피가 너를 지나가리니 내가 칼을 네 위에 가져
오리라. 나 주가 그것을 말하였느니라.

이스라엘에 이러한 심판을 내리시기로 하신 하나님의 의지가 얼마나 단호하셨던지 예레미야 15장에 보면 이렇게 언급되어 있다. 『**모세와 사무엘이 내 앞에 서 있다 할지라도 내 마음이 이 백성에게 향할 수 없나니, 그들을 내 목전에서 쫓아내어 그들로 가게 하라. 만일 그들이 네게 말하기를 "우리가 어디로 가리이까?" 하거든 너는 그들에게 말하라. 주가 이같이 말하노라. 죽을 자는 죽음으로, 칼을 받을 자는 칼로, 기근을 당할 자는 기근으로, 사로잡힐 자는 사로잡힘으로 나아갈지니라**』(렘 15:1,2). 이쯤 되면, 이스라엘에 대한 하나님의 관심과 보살피심과 은총은 완전히 거두어진 셈이다. 이에 대한 하나님의 부르짖으심은 정작 심판을 받게 될 이스라엘의 부르짖음보다 더 처절할 정도다. 『**오 예루살렘아, 누가 너에게 동정을 베풀며 누가 너를 애도하며 누가 네 안부를 물으려고 가겠느냐? 주가 말하노라. 네가 나를 버렸고 네가 뒤로 물러갔도다. 그러므로 내가 너를 대적하여 내 손을 펴서 너를 멸하리라. 내가 돌이키기에 지쳤도다**』(렘 15:5,6).

『**또 내가 너를 황폐하게 만들고 너를 둘러싸고 있는 민족들 가운데서 지나가는 모든 사람들의 목전에 비방거리가 되게 하리라**』(14절). 이스라엘을 세계의 중심이 되게 하신 하나님이셨다. 그리고 주님께서 재림하시고 천년왕국이 열릴 때, 예루살렘을 다시 세계의 중심이 되게 하시겠다고 약속하신 하나님이시다. 그런 하나님께서 『**너를 황폐하게 만들고... 모든 사람들의 목전에 비방거리가 되게**』 하시겠다는 것이다. 예레미야 29장에서도 이와 동일한 경고를 발하셨다. 『**또 내가 칼과 기근과 전염병으로 그들을 박해할 것이며, 그들을 땅의 모든 왕국들로 옮겨지게 넘겨주어 내가 그들을 몰아낸 모든 민족 가운데서 저주와 놀람과 경멸과 모욕이 되게 하리니 이는 그들이 내 말에 경청하지 아니하였기 때문이라**』(렘 29:18,19). 실제로 이스라엘은 지난 2천 년 동안 『**모든 민족 가운데서 저주와 놀람과 경멸과 모욕**』의 대상이 되었다. 멀리 갈 것도 없이 제2차 세계대전 동안 유대인들이 당했던 『**저주와 놀람과 경멸과 모욕**』을 상기해 보라. 이스라엘은 B.C. 606년 이래 적어도 1948년까지는 이런 상황이 반복되는 역사의 과정에 처해 있었다. 그렇다고 이것으로 끝난 것이 아니다.

『**그리하여 내가 성냄과 분노와 열화 같은 책망으로 네게 심판을 행하면 그것이 너를 둘러싸고 있는 민족들에게 질책과 조롱과 교훈과 놀라움이 되리라. 나 주가 그것을 말하였느니라**』(15절). 하나님께서 이 부분에서 이스라엘에게 밝히고 계신 죄의 심판과 징계의 내용들은 사실상 신명기 28장에서 이미 말씀하셨던 경고들이었다. 신명기 28장은 처음 14절까지를 제외하고는 68절 끝까지 하나님의 징계에 대한 경고로 가득 차 있다. 그런데 하나님을 거역하고 계명들을 지키지 아니한 이스라엘에 대하여 하나님께서 이처럼 무서운 심판을 내리시는 목적들 가운데 하나가 『**너를 둘러싸고 있는 민족들에게 질책과 조롱과 교훈과 놀라움이 되리라.**』라고 말씀하고 있다는 데에 주목하라. 하나님께서는 죄의 결과가 얼마나 치명적인가에 대해서 이스라엘을 둘러싼 모든 민족들에게 교훈이 되기를 바라신다. 이스라엘에게 가해지는 하나님의 준엄한 징계를 보고 민족들은 자신들이 저지른 범죄들에 대해 스스로 질책을 받을 것이고 스스로 수치심을 느낄 것이며, 한편 교훈을 얻는 반면에 하나님의 공의에 대해 놀라게 될 것이다. 성경이 기록된 목적들 가운데 하나가 바로 이것이다. 『**모든 성경은** 하나님**의 영감으로 주어진 것으로 교리와 책망과 바로잡음과 의로 훈육하기에 유익하니 이는** 하나님**의 사람이 온전하게 되며, 모든 선한 일에 철저히 구비되게 하려 함이니라**』(딤후 3:16,17). "모든 성경"은 신약뿐만 아니라 구약까지도, 구약뿐만 아니라 신약까지도, 즉 하나님의 영감으로 주어진 것이다. 신약 시대에 사는 우리들이 구약을 읽고 공부하는 것은 거기서 교훈을 얻고 "의로 훈육"되어 유익을 얻기 위함이다.

『**내가 기근의 악한 화살을 그들에게 보내면 그것이 그들의 파멸이 될 것이니 내가 너희를 멸하려고 그것을 보내리라. 또 내가 너희에게 기근을 늘려서 너희의 식량봉을 꺾으리라**』(16절). 『**기근의 악한 화살**』이란 농사에 극심한 피해를 끼치는 가뭄이라든가, 홍수라든가, 우박, 서리 같은 기후적 악조건뿐만 아니라 메뚜기떼라든가, 들쥐, 병충해 등등 농사를 망치는 모든 고약한 조건들을 말한다. 『**화살들을 보내리라.**』라는 표현은 구약에서 하나님께서 자연재해를 통한 재앙을 내리실 때 사용되는 표현이다. 『**내가 그들 위에 재앙을 쌓고, 내가 그들에게 내 화살들을 보내리라**』(신 32:23). 여기서는 『**화살**』이 『**기근의 악한 화살**』로 묘사되고 있지만, 요한계시록 6:2에서는 흰 말을 타고 등장하는 적그리스도가 손에 『**활**』을 들고 있다.

『**그리하여 내가 너희에게 기근과 악한 짐승들을 보내리니 그리하면 그것들이 너를 앗아갈 것이요, 전염병과 피가 너를 지나가리니 내가 칼을 네 위에 가져오리라. 나 주가 그것을 말하였느니라**』(17절). 기근으로 가뜩이나 기아에 허덕이고 있는데 거기에 또 늑대와 여우와 곰과 사자 같은 『**악한 짐승들**』이 출몰한다. 거기에 또 『**전염병**』이 창궐하고 『**피**』비린내 나는 내전이 일어나는 데다가, 그것으로 끝나지 않고 또 침공해오는 외적들의 『**칼**』이 휩쓸고 지나간다. 그야말로 도저히 견디기 어려운 내우외환이다. 이 또한 모세의 노래 가운데서 언급되고 있던 일들이다. 『**내가 그들 위에 재앙을 쌓고, 내가 그들에게 내 화살들을 보내리라. 그들은 굶주림으로 불탈 것이며 불타는 열기와 혹독한 멸망으로 삼켜지리니, 내가 또한 짐승들의 이빨과 티끌 속의 뱀들의 독을 그들에게 보내리라. 밖으로는 칼이, 안으로는 공포가 젊은이와 처녀를 멸할 것이요, 백발의 노인과 더불어 젖먹이도 그러하리라. 내가 말하기를 '내가 그들을 사방에 흩어서 그들의 기억을 인간에게서 끊어지게 하리라.' 하였으나,**』(신 32:23-26)

에스겔 6장

6:1 주의 말씀이 내게 임하여 말씀하시더라.
2 인자야, 네 얼굴을 이스라엘의 산들로 향하여 두고 그들에 대하여 예언하여
3 말하라. 너희 이스라엘의 산들아, 주 하나님의 말씀을 들으라. 주 하나님이 산들 과 작은 산들과 강들과 골짜기들에게 이같이 말하노라. 보라 나, 곧 내가 칼을 너희 위에 가져와서 너희의 산당들을 멸하리라.
4 그리하면 너희 제단들이 황폐케 되고 너희 형상들이 부서지리라. 또 내가 너희 의 살해된 자들을 너희의 우상들 앞에 던지리라.
5 내가 이스라엘 자손들의 시체들을 그들의 우상들 앞에 두고 너희 뼈들을 너희 제단들 주위에 흩어 버리리라.
6 너희의 거하는 모든 처소들에서 그 성읍들이 황폐케 되고 산당들이 폐허가 되리 니 너희 제단들이 황폐케 되고 폐허가 될 것이요, 너희 우상들이 부서지고 끝날 것이며 너희 형상들이 잘려질 것이요, 너희 손으로 만든 것들도 폐하여지리라.
7 살해된 자가 너희 가운데서 쓰러질 것이요, 그리하면 너희는 내가 주인 줄을 알 리라.

『**인자야, 네 얼굴을 이스라엘의 산들로 향하여 두고 그들에 대하여 예언하여 말하라. 너희 이스라엘의 산들아...**』(2,3절) 자, 2장에서 하나님께서는 에스겔을 "반역 잘하는 민족"(2:3) 이스라엘 자손에게로 보내노라고 말씀하셨고, 3장에서는 "뻔뻔스럽고 완고한 마음"을 가진 이스라엘 집에 능히 맞설 수 있도록 에스겔을 강하게 만들어 주셨음을 밝히셨다. 4장에서는 이방 민족들의 공격에 완전 포위된 예루살렘과 극심한 기근으로 식량난에 빠진 이스라엘 자손들의 참상을 예언하셨고, 5장에서는 장차 이스라엘 백성에게 들이닥칠 기근과 전염병과 이방 민족의 침입, 그리고 그들 손에 죽임을 당하고 사로잡혀가 온 민족이 뿔뿔이 흩어질 것을 예고하셨었다. 이제 6장에서는 "이스라엘의 산들"을 바라보고 그들에 대해 예언하라고 명하시는데, 이는 하나님의 심판의 초점이 우상 숭배에게로 옮겨진다는 것을 보여 준다.

이스라엘의 『**산들과 작은 산들과 강들과 골짜기들**』(3절)이라면 지리적으로는 팔레스타인 땅 전역을 말하지만, 이것은 또한 그 땅에 사는 모든 이스라엘 백성뿐 아니라 그 주변의 모든 이방 나라들까지 함축하고 있다. 사실 이스라엘이 우상 숭배로 음행하고 타락한 직접적인 원인이 이들 이방 민족들에게 있었던 것이다.

팔레스타인 땅 전역을 언급하면서 왜 하필이면 "산들과 작은 산들과 강들과 골짜기들"만 거론하는 것일까? 그 까닭은 3절 마지막에서 『**너희의 산당들을 멸하리라.**』라는 말씀으로 설명되는데, 이스라엘 백성은 하나님께로부터 고개를 돌리고 산들과 작은 산들에 있는 "산당"들에 이방 민족들의 잡신들을 만들어놓고 우상 숭배를 했던 것이다. 산들이 있으면 거기에는 골짜기들과 강들이 있기 마련인데, 이스라엘 백성은 "산들과 작은 산들"뿐만이 아니라 이들 "강들과 골짜기들"에서도 우상 신들을 섬겼다. "힌놈 골짜기"(왕하 23:10)는 그 대표적인 예에 속한다. 그러나 들판에는 산당들을 만들지도 않았고, 평원에서 우상 신들에게 제사지내지는 않았다.

『**내가 칼을 너희 위에 가져와서 너희의 산당들을 멸하리라.**』(3절)라고 하나님께서 선언하셨다면, 이것은 문자적으로는 이스라엘 백성에 대한 "최후의 심판"이요, 장차 있게 될 온 세상에 대한 심판의 그림이기도 하다. 왜냐하면 이것은 "이스라엘의 산들"을 더럽힌 우상 숭배의 모든 흔적들을 말끔히 쓸어내고 "거룩한 산들"로서의 본래의 모습을 회복하시겠다는 하나님의 최종적인 의지가 담겨 있기 때문이다. 이를 두고 다윗은 『**그의 기초가 거룩한 산들 가운데 있도다. 주께서는 야곱의 모든 처소보다도 시온의 문들을 더 사랑하시는도다. 오** 하나님의 **도성아, 너에 관하여 영광스러운 것들이 이야기되는도다. 셀라**』(시 87:1-3) 하고 노래했다. 하나님을 멀리하고 거역하고 배격하게 만들었던 모든 우상 신들이 멸망된다는 것은 곧 그것들로 오염되어 있는 세상을 멸하시겠다는 것이나 같다. 하나님의 징책이 일차적으로는 이스라엘을 겨냥하고 있지만, 결국에는 세상에 내한 심판으로 이어지고, 세상에 대한 심판은 또 이스라엘의 회복으로 이어지는 것이 성경적으로 아주 자연스러운 과정이다. 이런 점에서, 5장까지 주로 이스라엘 백성에게 초점이 맞춰져 있던 하나님의 심판과 경고의 예언이 여기 6장에서는 자연스럽게 "산당들"로 확대되고 있다는 사실을 주목하라.

『**그리하면 너희 제단들이 황폐케 되고 너희 형상들이 부서지리라. 또 내가 너희의 살해된 자들을 너희의 우상들 앞에 던지리라**』(4절). 아폴로 신상이니, 비너스 여신 상 같은 고대 우상 숭배의 유적지들에서 발굴해낸 형상들을 놓고 인간들은 "야, 참 아름답다!"고 감탄을 할지언정, 팔이 떨어져 나가고 목이 부러져 나간 그 흉칙한 몰골에서 이들 우상들의 보잘것없는 허구성을 느끼지는 못하는 게 보통이다. 그런 헛된 것들을 신성시하고 섬기던 자들을 멸하고 그 시체들을 『**우상들 앞에**』 던져도 그들이 "진노"하기는커녕 말 한마디도 하지 못하는 아주 형편없는 신들이 바로 우상의 형상들임에도 말이다. 하나님께서는 이것들이 얼마나 헛된 것들인가를 여실히 보여 주시고자 『**내가 너희의 살해된 자들을 너희의 우상들 앞에 던지리라.**』라고 말씀하신다. 그 무력하고 허무하고 속수무책일 수밖에 없는 형상들, 팔이 떨어져 나가고 목이 잘려 머리통은 어디로 날아가 버렸는지도 모르는 우상들 앞에서 그것들을 신이라고 섬겼던 너희가 어디 한번 수치를 느껴보라고 말이다.

사도 바울은 이미 1,950여 년 전에 그리스의 마르스 언덕 한가운데 서서 이러한 우상들을 섬기던 당대의 "지혜자들"이라는 그리스 철학자들에게 부끄러움을 느끼게 해 주었던 사람이다. 『**그러므로 바울이 마르스 언던 한가운데 서서 말하기를 "아테네 사람들이여, 내가 보니 너희는 매사에 너무나 미신적이니라. 지나다니다가 너희가 섬기는 대상을 보았는데 '알지 못하는 신에게'라고 새겨 놓은 제단도 있었노라. 그러므로 너희가 알지 못하면서 섬기는 그 대상을 너희에게 알게 하리라. 세상과 그 안에 있는 만물을 지으신** 하나님은 **하늘과 땅의 주시니 그분은 사람의 손으로 만든 성전들에는 계시지 아니하시며... 우리가** 하나님의 **자손이라면 사람의 기술과 고안으로 주조한 금이나 은이나 돌이** 하나님의 신격**과 같다고 생각지는 말아야 할 것이라. 이 무지의 때에는** 하나님**께서 눈감아 주셨으나 이제는 어디에 살고 있는 어떤 사람에게도 회개하라고 명령하고 계시니라**』(행 17:22-30).

『**내가 이스라엘 자손들의 시체들을 그들의 우상들 앞에 두고 너희 뼈들을 너희 제**

단들 주위에 흩어 버리리라』(5절). 우상들을 섬긴 죄로 이스라엘 자손들을 죽이고 그 시체들을 우상들 앞에 갖다 놓고 뼈다귀들을 제단 주위에 흩어 버렸을 때, "생각이 있는" 신들이라면 어떻게 반격이라도 해오거나, 이렇게 "무엄한 짓"을 한 장본인에게 한마디쯤 항의라도 해야 할 것 아닌가? 그런데도 그들은 박물관 진열장 안에서 머리 깨지고 코 떨어져 나간 몰골에 눈동자도 없고 초점도 없는 멍청이 눈만 크게 뜬 채 아무 말이 없다. 인간들은 이러한 형상들을 보고 수치심을 느낄 줄 알아야 한다. 아름답긴 뭐가 그리 아름답단 말인가? 아름답기로 말한다면야 지금이라도 박물관을 뛰쳐나와 햇빛 찬란한 잔디밭 위에 펼쳐진 저 푸른 하늘의 구름들이 만드는 갖가지 형상들을 만분지일이라도 따를 수 있겠는가?

『**너희의 거하는 모든 처소들에서 그 성읍들이 황폐케 되고 산당들이 폐허가 되리니 너희 제단들이 황폐케 되고 폐허가 될 것이요, 너희 우상들이 부서지고 끝날 것이며 너희 형상들이 잘려질 것이요, 너희 손으로 만든 것들도 폐하여지리라**』(6절). 사도 바울이 사도행전 17장에서 언급한 것처럼 "사람의 기술과 고안으로 주조한 금이나 은이나 돌"같이 인간의 손으로 만든 것들이란 황폐케 되고 폐허가 된 난장판에 부서지고 잘려진 채 나뒹굴다가 끝나는 게 고작이요, 운이 좋아야 박물관 진열장에라도 옮겨가 벌거벗은 채 수치스러운 꼴로 서 있게 된다.

인간이란 참으로 이상한 존재다. 『**하늘들을 휘장같이 펼치셨으며, 그 안에 거할 장막처럼 펴셔서, 통치자들을 없애며, 땅의 재판관들을 헛되게 하시는**』(사 40:22,23) 그 위대하신 하나님께서 계시건만, 그들은 이상한 "형상"을 마련하여 사원 안이나 마당에 움직이지 않게 세워놓고는 그 마리아 여신상 앞에 절을 하고 검지와 장지 손가락 두 개로 V자를 만들어 십자가 "성호"를 그어가며 복을 빈다. 그러면서 그들은 자기네가 "기독교"라고 우겨대고 억지를 부리는 바람에 수많은 멍청이들이 정말 그런 줄만 알고 속아넘어간다. 속지 말라! 성경 어디에 여신을 섬기라고 말하고 있단 말인가? 이스라엘은 바알과 아스타롯 여신을 섬기다가 하나님의 진노를 사게 되었다. 『**그들이 주를 버리고 바알과 아스타롯을 섬겼더라. 주의 진노가 이스라엘에게 격렬해져서 주께서 전에 이스라엘을 약탈했던 자들의 손에 그들을 넘겨주셨으며, 그들 주위의 적들의 손에 그들을 파셨더니...**』(판 2:13,14) 마리아 숭배는 이런 여신 숭배 사상을 그대로 답습하고 있는 가증스러운 이교 신앙이다. 그러나 잊지 말라! 이 모든 우스꽝스러운 속임수들은 『**폐하여지리라**』!

『**살해된 자가 너희 가운데서 쓰러질 것이요, 그리하면 너희는 내가 주인 줄을 알리라**』(7절). 이스라엘 백성 가운데 여기저기서 숱한 자들이 죽어 넘어진다. 그렇게 죽임을 당한 자가 앞에도 널부러져 있고 뒤에도 나뒹굴고 있으며 좌우 어디를 보나 널려 있다. 그제서야 이스라엘은 "아뿔싸! 역시 그분께서 주 하나님이셨구나!" 하고 깨닫게 될 것이다. 몇 안 되는 자들이지만 살아남은 자들이 이렇게 하나님을 알아보게 된다는 것은 여간 희망적인 일이 아니다. 왜냐하면 바로 이것이 실마리가 되어 마침내 이스라엘의 회복이 이루어지기 때문이다. 이를 위해서 하나님께서는 이스라엘을 멸하시면서도 누군가를 남겨 놓으시게 된다. 다음 절을 보라.

6:8 너희가 나라들 속으로 흩어질 때 내가 남은 자를 남기리니 너희에게는 이방 민족들 가운데서 칼을 피할 자들이 있으리라.

9 너희 중 피한 자들은 그들이 잡혀 끌려간 민족들 가운데서 나를 기억하리니 이는 내게서 떠나간 그들의 음탕한 마음과 그들의 우상들을 좇아 음행하는 그들의 눈으로 인하여 내가 상심하였음이라. 그들은 그들의 모든 가증함 속에서 그들이 범한 악에 대하여 자신들을 혐오할 것이라.

10 그러면 그들은 내가 주인 것과 내가 그들에게 이 재앙을 내리리라고 헛되이 말하지 아니하였음을 알게 되리라.

『**너희가 나라들 속으로 흩어질 때 내가 남은 자를 남기리니 너희에게는 이방 민족들 가운데서 칼을 피할 자들이 있으리라**』(8절). 하나님께서는 정말 대단한 분이시다! 하나님께서는 이스라엘의 죄에 대한 응징으로 『**전에도 행하지 아니하였고 앞으로도 더 이상 행하지 아니할 그 같은**』(5:9) 무서운 징계를 내리시기로 결연한 의지를 세우셨음에도 불구하고 『**흩어질 때 내가 남은 자를 남기리니**』라고 또 말씀하신다. 이것이 바로 하나님의 무한하신 자비요, 위대한 계획이다. 이것이 바로 약속을 지키시는 하나님의 신실하심이다. 이스라엘을 멸하시는 가운데서도 『**이방 민족들 가운데서 칼을 피할 자들이 있으리라.**』라고 말씀하신다. 그러니까 이스라엘은 이 지상에서 멸절되는 게 절대로 아니라는 것이다. 이스라엘은 반드시 회복될 것이라는 다짐인 것이다. 에스겔서 가운데는 이처럼 이스라엘의 회복에 관련되는 말씀들이 도처에서 언급되고 있을 뿐만 아니라 책의 결론이 여기에 초점을 맞추고 있다. 『**내가 그들을 민족들**

가운데로 흩어 버리고 나라들 속에 그들을 분산시키면 그때에 그들은 내가 주인 줄 알리라. 그러나 내가 그들 중에 몇 사람을 칼과 기근과 전염병으로부터 남겨 두어 그들이 이르른 이방인 가운데서 그들의 모든 가증함들을 선포하게 하리니 그때에 그들은 내가 주인 줄 알리라』(겔 12:15,16).

『**너희 중 피한 자들은 그들이 잡혀 끌려간 민족들 가운데서 나를 기억하리니 이는 내게서 떠나간 그들의 음탕한 마음과 그들의 우상들을 좇아 음행하는 그들의 눈으로 인하여 내가 상심하였음이라. 그들은 그들의 모든 가증함 속에서 그들이 범한 악에 대하여 자신들을 혐오할 것이라**』(9절). 이스라엘의 남은 자들이 주님을 기억하고 자신들이 범한 악에 대해 스스로를 혐오하게 될 것이다. 말하자면 참회하고 회개한다는 것이다. 이것이 바로 주님께서 그들이 남게 되도록 허락하셨던 목적이었다. 이들이 그러고도 하나님을 기억하지 못하고 자신들이 자행한 범죄에 대해 참회하지 않는다면, 하나님께서는 그런 자들을 왕국의 백성으로 삼으실 수도 없고, 삼으실 이유도 없다.

이 구절은 이 시대의 우리들 교회에도 그대로 적용할 수 있는 말씀이다. 이 시대의 수많은 그리스도인들도 『**그들의 음탕한 마음과 그들의 우상들을 좇아 음행하는 그들의 눈으로 인하여**』 하나님을 상심케 하는 일을 얼마든지 빈번하게 자행하는 게 사실이다. 그러나 그들은 죄를 짓고 또 그 죄를 하나님께 얼른 자백하고 참회할 줄을 안다. 만약 그렇지 않으면 그와 하나님과의 교제는 끊어지고 말지만, 그러한 상태에서 징계를 받고 시련을 거치는 동안 다행히도 다시 하나님께 부르짖는다면, 하나님께서는 그를 회복시키시는 것이다. 이렇게 되는 것은 『**모든 가증함 속에서 그들이 범한 악에 대하여 자신들을 혐오할**』 때 가능하다. 하나님께서 징계하시고 책망하시는 목적이 여기에 있었고, 그 목적이 멋지게 성취된 것이다.

하나님께서 그들의 음탕한 마음과 우상들을 좇아 음행하는 눈 때문에 상심하셨다는 것은 호세아 2,3장에 잘 나와 있다.

6:11 주 하나님이 이같이 말하노라. 너는 손으로 치고 발로 구르며 말하라. 이스라엘 집의 모든 악한 가증함으로 인하여 슬프도다! 이는 그들이 칼과 기근과 전염병으로 쓰러질 것임이라.

12 **먼 데 있는 자는 진염병으로 죽을 것이요, 가까이 있는 자는 칼에 쓰러질 것이며 남아 있어 포위당한 자는 기근으로 죽을 것이라. 이같이 내가 나의 진노를 그들 위에 이루리라.**
13 **그들의 살해된 자들이 그들의 제단 주위의 우상들 사이에, 모든 높은 언덕 위에, 모든 산 정상에, 모든 푸른 나무 아래, 모든 상수리나무 아래, 그들이 자기들의 모든 우상들에게 분향하는 곳에 있을 때 너희는 내가 주인 줄 알리라.**
14 **그러므로 내가 내 손을 그들 위에 펴서 그 땅을 황폐케 하리니 정녕, 그들의 모든 거주지에서 디블랏을 향한 광야보다도 더 황폐케 하리라. 그리하면 그들은 내가 주인 줄 알리라.**

『주 **하나님이 이같이 말하노라. 너는 손으로 치고 발로 구르며 말하라. 이스라엘 집의 모든 악한 가증함으로 인하여 슬프도다! 이는 그들이 칼과 기근과 전염병으로 쓰러질 것임이라**』(11절). 아, 나의 죄로 인하여 하나님의 무서운 징계가 닥쳐오고 있다! 오, 저 『**칼과 기근과 전염병**』을 보라! 내가 어찌 그것들을 피할 수 있으랴! 이렇게만 할 수 있어도 당신은 대단한 예지의 소유자인지라 그러한 무서운 징계의 징후를 알아보고 얼른 잘못을 뉘우치며 죄를 자백하게 된다. 그러나 세상 사람들은 대부분 이렇지가 못하다. 구원도 받지 못한 죄인들이라면야 영적으로 눈먼 자들이니까 그렇다 치더라도, 구원받은 그리스도인들이라는 사람들마저도 시대의 표적들에 무감각하다. 그리스도인들이 세상에 눈을 돌리고 살면 영적 시각은 마비되고 만다. 이러할 때 누군가 『**손으로 치고 발로 구르며**』 설교하는 사람이 있다! 『**이스라엘 집의 모든 악한 가증함으로 인하여 슬프도다! 이는 그들이 칼과 기근과 전염병으로 쓰러질 것임이라**』!

"칼," "기근," "전염병" 이 세 가지는 하나님께서 이 땅에 징계를 내리실 때 사용하시는 가장 보편적인 재앙들이다. "칼"은 크고 작은 전쟁들과 지진들과 화산의 폭발, 원자로 폭발, 비행기 추락 참사, 대형 화재 등등으로 나타나는데, 멀리 뒤돌아볼 필요도 없이 더도 말고 과거 10년 동안만 회상해 보라. 얼마나 많은 전쟁들과 크고 작은 사건 사고들로 점철된 역사였던가! "기근"은 문자 그대로 기근이다. 아프리카대륙처럼 이미 고질화된 굶주림은 그렇다 치더라도, 가뭄과 홍수와 기타 자연재해로 인하여 농사를 망치는 일이 10년 동안만 해도 최소한 세 번에 걸쳐 다섯 군데 이상에서 빈발한다. "전염병"이란 한 가지 질병으로 단기간에 수많은 사람들의 생명을 앗아가는 전염병은 말할 것도 없고, 에이즈처럼 아주 고약한 특정한 사람들만 골라서 생명을 앗아가는 전염병도 있거니와, 쉬쉬하면서 말들을 안해서 그렇지 일반 성병들은 또 얼마나 퍼져가고 있는가? 이 역시 지난 10년 동안만 되돌아보더라도 전 세계 곳곳에서 빈발하거나 유행해 왔던 것을 볼 수 있을 것이다.

사실 알고 보면 개인이건, 부족이건, 민족이건, 국가건 간에 이 지구상에 사는 사람이면 누구나 가장 두려워하는 게 바로 "칼"과 "기근"과 "전염병"이다. 이것 말고 그들이 두려워하는 게 또 어디 있는가? 그런데 참 이상한 것은 "현대인"들은 그 누구도 이런 것들이 하나님의 징계라고 생각하거나 말하는 사람이 하나도 없다는 점이다. 사람들은 이런 참혹한 일을 당하면서도 이런 것들이 모두 사람의 단순한 부주의 탓이거나, 날씨 탓이거나, 단순한 천재지변이거나, 국가 간의 분쟁 탓이거나, 보건 위생상의 약점 때문에 생긴 일들로 간주할 뿐이다. 누구 한 사람이라도 나서서 그것이 하나님의 징계라고 외쳐대기라도 하는 날에는 그 자리에서 정신나간 사람 취급을 당하고 만다. 정작 정신나간 자들은 이 사람이 아니라 자신들인데도 말이다. 세상이 이처럼 온통 뒤죽박죽이 되어 미쳐 돌아가다 보면 정신이 멀쩡한 사람이 미친 사람이고 미친 사람들이 오히려 정상인이 되고 만다.

잊지 말라! "칼"이 임할 때, 자신들을 되돌아보고 하늘을 올려다 보라. 자신들이 무슨 죄를 지었고 하나님께서 왜 응징하시는가를 곰곰이 생각해 보라. 그래야만 가장 효과적으로 그 "칼"이 거두어지게 할 수가 있다. "기근"이 닥쳐왔을 때, 아우성치기 전에 먼저 자신과 자신이 속해 있는 나라와 민족의 죄를 생각해 보도록 하라. 그리고 하늘을 향하여 죄를 자백하고 하나님의 자비를 구하라. 그것이 기근을 물리치는 가장 현명한 방법이다. "전염병"이 창궐하거든 보건 당국을 지탄하기 전에 시민 대중을 향하여 『**모든 악한 가증함으로 인하여 슬프도다**』! 하고 모두의 죄악에 대한 반성을 촉구하며 분노하시는 하나님의 손길을 거두어달라고 간구하라. "칼"과 "기근"과 "전염병," 이러한 하나님의 징계는 절대로 우연히 닥쳐오는 게 아니다.

『**그들의 살해된 자들이 그들의 제단 주위의 우상들 사이에, 모든 높은 언덕 위에, 모든 산 정상에, 모든 푸른 나무 아래, 모든 상수리나무 아래, 그들이 자기들의 모든 우상들에게 분향하는 곳에 있을 때 너희는 내가 주인 줄 알리라**』(13절). "~하면," 또는 "~할 때" 『**너희는 내가 주인 줄 알리라.**』라는 말씀이 여간 희망적인 게 아니다. 모두 멸망하고 다 죽더라도, 그런 가운데서도 누군가는 살아남게 되고, 이 살아남은 자들이 자신들의 하나님이야말로 주인 줄 알게 된다는 것은 여간 다행한 일이 아닐 수 없다. 만일 그렇지 못하고 이스라엘 민족이 죄를 범한 까닭에 하나님의 준엄한 심판을 통하여 모두 다 멸망해 버리고 한 사람도 살아남지 못한 채 씨가 말라버린다면, 하나님께서 그 백성을 특별히 선택하셨던 일 자체가 얼마나 허망한 일이겠으며, 그들로 인하여 질투를 일으키시고 분노하셨던 하나님의 진노 자체가 그 얼마나 무의미하겠는가?

그러나 보라. 다윗은 시편 137편에서 이렇게 노래하고 있다! 『**우리가 바빌론의 여러 강변, 거기에 앉아서 정녕, 우리가 시온을 생각하며 울었도다. 우리가 우리의 하프들을 그곳 가운데 있는 버드나무들에 걸었나니 이는 거기서 우리를 포로로 끌고 간 자들이 우리에게 한 노래를 청하였고 우리를 황폐케 한 자들이 우리에게 기뻐하라고 하면서 말하기를 "시온의 노래 중 한 곡을 우리에게 부르라." 함이었더라. 우리가 타국 땅에서 어찌 주의 노래를 부르리요? 오 예루살렘아, 내가 너를 잊는다면 내 오른손으로 그 기교를 잊게 하라**』(시 137:1-5).

이스라엘은 『**시온을 생각하며**』 울게 될 것이다. 그리고 다시는 『**타국 땅에서... 주의 노래를**』 부르는 비열하고도 비극적인 상황을 다시는 연출하지 않게 될 것이다. 그들은 결코 예루살렘을 잊는 일이 없게 될 것이고, 거기에 계신 하나님을 잊지 않게 될 것이다. 시편 137편은 오늘날의 배교하고 타락한 모든 그리스도인들이 반드시 읽고 또 읽고 마음에 새겨두어야 할 매우 귀중한 구절이다. 마귀에게 사로잡혀 하나님의 말씀을 변개하고 삭제하고 첨가하며 왜곡함으로써 하나님께서 섭리로 보존하신 성경을 배척하고 진리에 대적한 모든 배교자들과 그 추종자들은 『**우리가 바빌론의 여러 강변, 거기에 앉아서 정녕, 우리가 시온을 생각하며 울었도다.**』라는 다윗의 고백을 깊이 음미하고 가슴을 쥐어뜯으며 참회하여야 한다. 배교한 가짜 성경으로 예배를 드리며 교회놀이를 하고 있는 이 땅의 모든 가짜 교회들에 발을 디뎌 놓고 있는 모든 그리스도인들은(만약 거기에 그리스도인들이 있다면) 『**우리가 타국 땅에서 어찌 주의 노래를 부르리요?**』라고 했던 다윗의 각성에 귀를 기울이지 않으면 안 된다. 그들은 『**귀고리와 보석으로 자신을 단장하고 그녀가 연애했던 자들을 따라가며 나를 잊어버리고 바알들에게 분향했던 바알의 날들**』(호 2:13)로부터 하루빨리 돌이키지 않으면 안 된다.

『**그러므로 내가 내 손을 그들 위에 펴서 그 땅을 황폐케 하리니 정녕, 그들의 모든**

거주지에서 디블랏을 향한 광야보다도 더 황폐케 하리라. 그리하면 그들은 내가 주인 줄 알리라』(14절). 이 구절에서도 하나님께서는 『**그리하면 그들은 내가 주인 줄 알리라.**』라는 말씀으로 끝을 마무리하신다.

한번 생각해 보라. 주께서 칼을 그들 위에 가져와서 그들의 산당들을 멸하신다(3절). 그리고 그들의 살해된 자들을 그들의 우상들 앞에 던지신다(4절). 그리하여 그들의 제단들은 황폐케 되고 폐허가 될 것이며, 그들의 손으로 만든 것들도 폐하여지고 만다(6절). 그리고 이스라엘 백성은 모두가 칼과 기근과 전염병으로 쓰러질 것이다(11절). 이처럼 하나님께서 진노를 그들 위에 이루시고(12절), 살해된 자들이 제단 주위의 우상들 사이에, 모든 높은 언덕 위에, 모든 산 정상에, 모든 푸른 나무 아래, 모든 상수리나무 아래, 모든 우상들의 분향하는 곳에 여기저기 나뒹굴게 하심으로써(13절) 그 땅을 황폐케 하신다(14절). 그런데 그 결과가 만약 "그런데도 너희는 내가 주인 줄 모르는도다."가 되었다고 가정해 보라. 얼마나 허망한가! 이렇게 되고 만다면 황폐케 된 그 땅에 혼자 서 있는 패배자는 오직 하나님 한 분뿐이실 게 아니겠는가? 아무리 산당들을 부셔버리고 살해된 자들의 시체를 아무리 우상들 앞에 내던져 놓았다고 한들 우상들은 하나님을 향하여 조롱하고 있을 것 아닌가? 그리고 구사일생으로 살아남은 자들은 자리에서 툭툭 털고 일어나 우상들을 향하여 다시 한번 손을 흔들 게 아닌가?

하나님께서는 일을 이렇게 처리하시는 분이 절대로 아니시다. 갈보리의 십자가를 보라! 이것이 어디 비참한 패배의 처형대였던가? 세상을 구하러 오셨던 구세주의 모든 계획들이 수포로 돌아가고 결국 최후의 죽음을 맞아야만 했던, 갈보리는 그러한 비극의 현장이었던가? 당신과 나는 지금 갈보리의 십자가를 바라보며 거기서 처형되셨던 주 예수 그리스도, 바로 그분께서 당신과 나의 구세주이심을 알게 되지 않았던가? 당신과 나는 지금 갈보리의 십자가를 바라보며 다시 살아나신 그분의 부활을 기억하며 바로 거기서 이 세상의 신이요, 이 세상의 왕인 마귀를 진멸시켜 버리신 주님의 위대한 승리를 보고 있지 않은가? 주 예수 그리스도의 죽으심을 통하여 우리는 그분만이 『**부활이요, 생명**』이신 것을 알게 되었고, 그분을 『**믿는 자는 죽어도 살 것**』과 또 살아서 그분을 『**믿는 자는 누구나 영원히 죽지 아니하리라.**』(요 11:25,26)라는 것을 확신하게 되지 않았던가?

『**디블랏**』은 민수기 33:46의 "알몬디블라다임," 또는 예레미야 48:22의 "벧디블라다임" 등과 같은 지명들의 "디블라다임"과 동일한 도시로서, 사해 남동부의 아라비아 사막에 위치한 모압의 한 도시였던 것으로 풀이하는 게 보통이다. 이 도시를 향해 가자면 황폐한 죽음의 사막을 거쳐야 하기 때문에 『**디블랏을 향한 광야**』라면 그토록 황폐한 땅일 수밖에 없다. 디블랏(디블라다임)을 향한 광야가 황폐한 것은 호세아 1장을 읽어보면 수긍이 갈 것이다. 하나님께서는 호세아 선지자에게 『**음란한 아내를 얻어서 음란한 자식들을 낳으라.**』(호 1:2)라고 명령하셨고, 이에 따라 『**디블라임의 딸 고멜**』에게 장가를 드는데, 고멜은 음란한 창녀였다. 호세아서를 읽다 보면 이 창녀를 하나님께서 어떻게 다루시는지를 보는 동안, 음란한 이스라엘을 하나님께서 어떻게 처리하시고, 끝내는 그들을 『**살아 계신** 하나님**의 아들들**』로 불리게 하시는지를 잘 알 수 있게 된다.

에스겔 7장

7:1 또 주의 말씀이 내게 임하여 말씀하시더라.
2 또, 너 인자야, 주 하나님이 이스라엘 땅에게 이같이 말하노라. 끝, 그 끝이 땅의
네 모퉁이에 이르렀도다.
3 이제 끝이 네게 임하였으니 내가 내 분노를 네게 보내어 네 행위에 따라 너를
심판하고 네게 모든 가증함으로 보응하리라.
4 내 눈이 너를 아끼지 아니할 것이며 내가 불쌍히 여기지 아니하고 다만 내가
네게 보응할 것이며 너의 가증함이 네 가운데 있으리라. 그리하면 너희는 내가
주인 줄 알리라.

『**또, 너 인자야, 주 하나님이 이스라엘 땅에게 이같이 말하노라. 끝, 그 끝이 땅의 네 모퉁이에 이르렀도다**』(2절). 하나님께서는 『**끝**』이 이스라엘 땅 전역에 이르렀다고 선언하신다. 앞의 4,5,6장에서 볼 수 있듯이 지금까지 역사를 통하여 이스라엘에는 이루 헤아릴 수 없을 만큼 빈번한 "칼"이 있었고, "기근"과 "전염병"이 있었으며, 오랜 세월 동안 민족 전체가 이방 나라들에 뿔뿔이 흩어져 살아온 고통의 세월이 장구하게 이어지면서 여러 번의 "끝"들과 또 다른 "시작"들이 반복되는 가운데 도무지 『**그 끝**』(the end)을 모르고 살아왔다. 그런데 이제는 『**끝, 그 끝이... 이르렀도다.**』라고 선포되고 있는 것이다. 그렇다고 해서 "고난의 끝"이 이르렀다, 즉 고난은 이제 "끝났다"는 말은 절대로 아니다. 오히려 이제 그 "고난의 클라이맥스"에 이르렀다는 얘기인 것이다. 이것은 "지금까지 겪은 고난은 고난도 아니다. 이제부터 전개될 재앙들이 진짜니까 어디 두고 보라."고 말씀하고 있는 것이나 마찬가지다. 어찌 생각하면 그 지긋지긋한 고난과 수치와 절망과 인고의 세월을 생각할 때, 차라리 잘 되었다 싶을 것이다. 살아도 죽느니만 못한 삶이라면 차라리 『끝』을 맞아 죽는 게 한결 나을 테니까 말이다. 욥을 보라. 그는 고통을 견디기가 어찌나 힘들었던지 살아 있다는 것 자체를 저주하면서 『**어찌하여 내가 태에서 죽어 나오지 아니하였던가? 어찌하여 내가 배에서 나왔을 때 숨을 거두지 아니하였던가?**』(욥 3:11) 하고 탄식하며 『**내가 내 생명을 싫어하며 내가 항상 살기를 원치 아니하오니 나를 내버려 두소서.**』(욥 7:16) 하고 제발 죽게 해달라고 하나님께 하소연하기에 이르렀던 것을 우리는 본다. 오죽 괴로웠으면 죽는 편이 오히려 조금이라도 위로가 되겠노라고 하나님께 간청했겠는가? 『**그러하오니 그치시고 나를 내버려 두시어 나로 위로를 조금 갖게 하소서**』(욥 10:20).

자, 그런데 이제 『**그 끝**』이 이르렀다고 하나님께서는 이스라엘에 예고하신다. 그러나 차라리 죽는 게 낫다고 아무리 생각했더라도 『**그 끝**』에 벌어지게 될 상황들이 너무나 끔찍하다. 이제 계속 읽어보면 그걸 알게 될 것이다. 얼마나 끔찍하면 주님께서는 『**그와 같은 것은 세상이 시작된 이후로 지금까지 없었으며, 또 결코 없을 것**』(마 24:21)이라고 말씀하시면서 『**만일 그 날들이 단축되지 아니하면 어떤 육체도 구원받지 못하리라.**』(마 24:22)라고까지 경고하시겠는가? 이렇게 무서운 『**끝**』, 대환란이 곧 닥쳐오는 것이다. 이 『**끝**』이 시작되면 얼마나 사태가 다급하게 진전되는지, 뒤도 돌아보지 말고 있던 자리에서 도망쳐야 한다. 『**그때에 유대에 있는 자들은 산들로 도망하라. 지붕 위에 있는 사람은 집 안에 있는 물건을 가지러 내려가지 말고, 들에 있는 사람은 자기 옷을 가지러 돌아가지 말라. 그 날들에는 아이를 밴 자들과 젖 먹이는 자들에게 화 있으리라! 너희는 피난하는 일이 겨울에나 안식일에 일어나지 않도록 기도하라.**』(마 24:16-20)라고 성경은 말씀한다.

물론 이 대환란은 우리들 구원받은 그리스도인들과는 무관하다. 그리스도인들은 대환란이 일어나기 직전 하늘로 끌려 올라가 주님과 함께 있게 될 것이기 때문이다. 이만하면, 우리가 구원받지 못한 죄인들에게 주 예수 그리스도를 믿고 그분을 구세주로 영접하라고 열심히 외치는 까닭이 어디에 있는지 이해할 수 있을 것이다. 성도들은 대환란 직전 모두 휴거되어 셋째 하늘로 올라가 이 지상에 한 사람도 남지 않게 되겠지만, 구원받지 못한 죄인들은 꼼짝없이 남아서 그 끔찍한 재앙들을 겪으며 죽어가야만 한다.

"그 끝"이 언제 올 것이며, "그 끝"이 오면 어떻게 될 것인가?

하나님께서는 선지자 아모스에게 『**여름 과일 한 광주리**』(암 8:1)를 보여 주시면서 이렇게 물으신다.

『**아모스야, 네가 무엇을 보느냐?**』

이에 대해 아모스는 바늘 끝만치도 자신의 "견해"나 추측이나 지식을 첨가하지 않고 그냥 눈에 보이는 대로 천진난만하게 대답한다.

『**여름 과일 한 광주리니이다.**』

그러자 하나님께서 "주석"을 내려 주신다.

『**내 백성 이스라엘에게 끝이 왔도다. 내가 다시는 그들을 지나가지 않으리라. 그 날에는 성전의 노래들이 애곡이 될 것이니라. 주 하나님이 말하노라**』(암 8:2,3).

"여름 과일"을 히브리어로는 "킷츠"(*kitz*)라 하고 "끝"은 "키잇츠"(*keetz*)라고 한다. 하나님께서 아모스에게 "킷츠"를 보여 주시면서 그게 무엇이냐고 물으셨고, 아모스가 "킷츠"입니다 하고 대답하자, 그래 맞았어, 그것이 "키잇츠"란다 하고 말씀하시는 것이다. 이것은 하나님께서 성경에서 종종 보여 주시는 것처럼 유머 감각이 넘치는 말씀이기도 하지만, 『**여름 과일 한 광주리**』를 보고도 『**그 끝**』을 감지할 줄 아는 예리한 시대 감각을 가지라고 촉구하신 말씀이기도 하다.

예수 그리스도께서는 『**그 날과 시간에 관해서는 아무도 모르나니, 심지어는 하늘의 천사들도 모르고, 오직 나의 아버지만 아시느니라.**』(마 24:36)라고 못박으셨다. 그렇지만, 『**무화과나무의 한 비유를 배우라. 그 가지가 유연해지고 잎이 나오면, 여름이 가까운 줄 너희가 아나니, 이와 같이 너희도 이 모든 것을 보면 그 일이 가까이, 곧 문들 앞에 이른 줄 알라.**』(마 24:32,33)라고 또 말씀하신다. 주님께서는 거의 2,800년 전에 아모스에게 보여 주셨던 『**여름 과일 한 광주리**』를 여기서 우리들에게 상기시키시면서 지금 그 『**여름이 가까운 줄**』을 알라고 촉구하고 계신 것이다.

여름은 수확의 계절이다(흔히들 수확의 계절이라면 가을을 연상하지만, 팔레스타인 땅의 주요 농산물이었던 밀과 보리 같은 곡식이나 포도 같은 과일을 생각해 보라). 그렇다면 거두어들여야 할 때다. 『**여름에 거두는 자는 현명한 아들이나, 추수 때에 잠자는 자는 수치를 가져오는 아들이니라.**』(잠 10:5)라고 성경은 말씀한다. 그러면서 『**너 게으른 자여, 개미에게로 가서 그 길들을 살펴보고 지혜롭게 되라. 개미는... 여름에 먹을 것을 마련하며, 추수 때에 양식을 모으느니라.**』(잠 6:6-8)라고 충고한다. 아닌 게 아니라 재림하시는 예수 그리스도께서는 손에 낫을 들고 계신다. 『**또 내가 쳐**

다보니, 보라, 흰 구름이라. 그 구름 위에 인자**와 같은 이가 앉았는데 그분의 머리에는 금 면류관을 썼고 손에는 예리한 낫을 가졌더라**』(계 14:14). 주님께서 왜 낫을 들고 오시는 걸까? 요한계시록 14장을 계속 읽어 보라. 『**그때 다른 천사가 성전에서 나와 구름 위에 앉으신 그분께 큰 음성으로 부르짖기를 "주의 낫을 대어 곡식을 거두소서. 주께서 거두실 때가 되었으니 이는 땅의 곡식이 익었음이니이다."라고 하더라. 그러자 구름 위에 앉으신 이가 그의 낫을 땅에 대어 땅에서 곡식을 거두시더라**』(계 14:15,16). 그러니까, 주님께서는 이 땅을 멸하시기 전에 먼저 대환란 기간 동안에 구원받은 『**곡식**』(성도들)을 데려가신다(이것은 대환란 직전의 휴거와는 다른 대환란 끝 무렵의 휴거다). 그런 다음에 곧 이어서 『**예리한 낫을 대어 땅의 포도송이**』를 거두는데, 『**이는 그 포도들이 다 익었음이라.**』(계 14:18)라고 말씀한다. "포도"는 가장 대표적인 "여름 과일"이다. 따라서 포도가 다 익었다는 것은 곧 여름이 무르익었다는 뜻이다. 그러니까, "여름"은 포도송이가 『**끝**』을 맞아야 할 계절인 『**그 끝**』인 것이다. 그리하여 포도는 수확되고 포도즙틀에 던져지게 된다. 아니나 다를까, 『**그러므로 그 천사가 낫을 땅에 대어 땅의 포도송이를 거두어서** 하나님**의 진노의 큰 포도즙틀에 던져 넣으니라. 그 포도즙틀이 도성 밖에서 짓밟히니 그 틀에서 피가 흘러 나와 말고삐까지 닿고 일천육백 스타디온까지 퍼지더라**』(계 14:19,20).

자, 이 구절에서 『하나님**의 진노의 큰 포도즙틀**』에 던져질 『**포도송이**』들이 어떤 자들을 말하는지는 당신도 충분히 짐작이 갈 것이다(저자의 주석 <요한계시록> 참조). 바로 이것이 『**그 끝**』이다. 『**그 끝**』은 이스라엘 민족이 당할 수난의 절정이기도 하지만, 세상을 미혹하는 마귀와 그를 따르며 진리를 거역하고 또 이스라엘을 괴롭혔던 모든 이방 민족들이 멸망당하고 마는 『**그 끝**』인 것이다. 그러므로 『**그 끝**』은 이스라엘에 대하여 절망과 희망의 분수령이 되는 전환점인 것이다. 이스라엘의 많은 자들, 아니 거의 모두가 살해되겠지만, 이스라엘은 결국 그러한 심판을 반드시 거쳐야만 죄가 용서되고 하나님의 백성으로서의 본래 지위를 회복할 수 있게 된다. 『**그러면 너희는 내가 주인 줄 알리라**』(4절). 그들이 하나님께서 주 하나님이시란 것을 알게 될 때, 그들은 회복된다.

『**이제 끝이 네게 임하였으니 내가 내 분노를 네게 보내어 네 행위에 따라 너를 심판하고 네게 모든 가증함으로 보응하리라**』(3절). 이스라엘과 구원받지 못한 자들에 대한 대환란은 그들의 죄에 대한 하나님의 『**분노**』의 표현이며 『**보응**』이다. 그런 점에서 이것은 하나님의 의의 심판인 것이다.

하나님의 분노가 죄에 대한 보응으로 어떻게 전개될 것인지에 대해서는 "일곱 봉인"이 열리기 시작하는 요한계시록 6장이라든가, "일곱 나팔"이 울리기 시작하는 8장과 9장, 그리고 10장 후반부, 또 "일곱 호리병"이 하나씩 차례대로 쏟아지는 16장 등에서 그림처럼 생생하게 펼쳐지고 있으니 그곳을 한번 읽어보도록 하라. 하나님의 진노의 보응이 계속되는 동안 『**그 고통은 마치 전갈이 사람을 쏠 때의 고통과 같은 것**』(계 9:5)이고, 『**그 날들에는 사람들이 죽음을 구하여도 찾지 못할 것이요 또 죽으려고 애를 써도 죽음이 그들을 피하리라.**』(계 9:6)라고 예고돼 있다. 그리고 요한계시록 19장에서 드디어 예수 그리스도께서 지상 재림하시고 아마겟돈 전쟁을 평정하신 후 "짐승"과 그를 따르던 "거짓 선지자들"이 불못에 산 채로 던져짐으로써 비로소 7년간의 대환란이 막을 내리게 되는 걸 우리는 본다.

『**내 눈이 너를 아끼지 아니할 것이며 내가 불쌍히 여기지 아니하고 다만 내가 네게 보응할 것이며 너의 가증함이 네 가운데 있으리라. 그리하면 너희는 내가 주인 줄 알리라**』(4절). 대환란 기간에 이 땅에 펼쳐지는 하나님의 심판은 그야말로 예외도 없고 인정사정도 없는 철저한 보응인데, 그 보응은 보응으로만 끝나는 게 아니라, 그 재앙 가운데서도 그 보응을 행하시는 분께서 바로 주 하나님이신 것을 알게 되는 사람들이 누군가는 남게 되어 있다는 것이다. 이들이 바로 요한계시록 7장에서 언급되는 144,000명의 『**인장으로 표시를 받은 자들**』(계 7:4-8)이요, 마태복음 24:13에서 언급되는 『**끝까지 견디는 자**』들이며, 요한계시록 14:12에서 언급되는 『하나님**의 계명들과** 예수**의 믿음을 지키는 자들**』인 것이다. 『**끝까지 견디는 자**』들이란 절대로 지금 이 은혜 시대에 살고 있는 그리스도인들이 "선한 행위"로 자신의 구원을 지켜 나간다는 이야기가 아니다. 비록 이 교회 시대에는 구원받지 못해서 대환란을 통과하게는 되겠지만, 이 대환란 시대에 그 엄청난 고난 속에서도 『하나님**의 계명들과** 예수**의 믿음을 지키는 자들**』, 즉 "행위와 믿음으로" 구원받게 될 사람들이 또 나오게 될 텐데, 『**끝까지 견디는 자**』들이란 바로 이런 사람들을 말한다. 지금 이 교회 시대에는 믿음으로만 구원을 받지, 행위로 구원받는 게 아니란 것은 두말할 필요도 없다.

7:5 주 하나님이 이같이 말하노라. 보라 재앙이, 재앙만이 임하였도다.

6 **끝이 왔도다. 그 끝이 왔도다. 끝이 너를 찾나니 보라, 끝이 왔도다.**
7 **오 그 땅에 거하는 자여, 그 아침이 네게 왔도다. 그 때가 왔도다. 고난의 날이**
가까웠으니 산들에서 나는 소리는 아니라.
8 **이제 내가 곧 네게 내 진노를 붓고 내 분노를 네게 이루리라. 내가 네 행위에**
따라 너를 심판하고 네 모든 가증한 일로 네게 보응하리라.
9 **내 눈이 너를 아끼지 아니할 것이요, 내가 불쌍히 여기지 아니하리라. 내가 네**
행위와 네 가운데 있는 가증함에 따라 네게 보응하리라. 그리하면 너희는 내가
치는 주인 줄 알리라.

『**보라 재앙이, 재앙만이 임하였도다**』(5절). 대환란 기간 동안에 임하게 될 재앙들은 한두 가지가 아니다. 첫째 봉인이 열리자 적그리스도가 활을 갖고 나타나더니, 둘째 봉인이 열림과 동시에 전쟁이, 셋째 봉인이 열리면서 기근이, 또 넷째 봉인이 열리면서는 "지옥"을 몰고 온다. 첫째 나팔, 둘째 나팔..., 일곱째 나팔, 그리고 또 첫째 호리병, 둘째 호리병, 셋째, 넷째..., 일곱째 호리병까지. 큰 지진 하며, 진노의 포도주 잔, 모든 섬이 사라지고 산들도 보이지 않게 되는가 하면, 또 무게가 각기 한 달란트나 되는 큰 우박이 하늘로부터 사람들 머리 위에 떨어지는데, 이 재앙이 어찌나 고통스러운 것이었던지 하나님께 욕지거리를 퍼부을 지경이 된다.

이렇게 대환란 기간 동안에 닥치게 될 재앙들이 한두 가지가 아니다. 그런데 여기 5절에서는 『**보라 재앙이, 재앙만이 임하였도다.**』라고 언급하면서 복수형이 아니라 "An evil, an only evil"이라고 단수형으로 표기하고 있다. 이것은 『**끝, 그 끝**』이 이르게 됨으로써 하나님께서 이 땅에 대하여 하실 수 있는 유일한 일이 오직 『**재앙**』을 내리시는 것밖에는 없다는 것을 나타낸 말이다. 다시 말해서 대환란 기간 동안에는 "끝까지 견디는 자" 외에는 모두 죽임을 당한다는 것이다.

『**끝이 왔도다. 그 끝이 왔도다. 끝이 너를 찾나니 보라, 끝이 왔도다**』(6절). 7장은 다른 장에 비해서 서술 형식이나 문장의 형태로 보아 지극히 시적이다. 이런 시적 감흥이 여기 6절에서는 아주 물씬 느껴지는데, 사실 7장에 대해 많은 주석자들이 보통 "만가" 또는 "장송곡"이라는 부제를 달아 준다. 그러나 문제는 이 "만가"가 결코 이스라엘 백성을 위한 "장송곡"이 아니라 마귀와 그 추종자들 및 "끝까지 견디는 자"에 끼지 못하고 마귀에게 굴복하고 만 자들을 위한 것이라는 데에 주목해 두어야 한다.

『**오 그 땅에 거하는 자여, 그 아침이 네게 왔도다. 그 때가 왔도다. 고난의 날이 가까웠으니 산들에서 나는 소리는 아니라**』(7절). 자, 드디어 주 예수 그리스도께서 재림하신다! 요엘 2장에서는 이 때의 광경을 이렇게 묘사하고 있다. 『**너희는 시온에서 나팔을 불고 내 거룩한 산에서 경고의 소리를 내어 그 땅의 모든 거민들로 떨게 하라. 이는 주의 날이 오며 그 날이 가까움이라. 흑암과 암영의 날, 구름과 짙은 어두움의 날이 산들 위에 펼쳐진 아침 같으니, 많고 강한 사람들이라. 이 같은 일은 전에도 없었고, 또 이후, 곧 많은 세대들의 연수에까지도 다시 없으리라. 불이 그들 앞에서 삼키며 그들 뒤에서는 화염이 불타는도다. 그 땅은 그들 앞에서는 에덴의 동산 같으나 그들 뒤에는 황량한 광야 같으니, 정녕, 어떤 것도 그것들을 피하지 못하리라. 그들의 모양은 말들의 모양 같고 그들은 마치 기병들처럼 달리리로다**』(욜 2:1-4).

여기 에스겔 7:7에서 『**오 그 땅에 거하는 자여,**』라고 부르짖는 데 대해 요엘 2장에서는 『**그 땅의 모든 거민들로 떨게 하라.**』라고 호령한다. 또, 『**그 아침이 네게 왔도다.**』라는 에스겔의 선포에 대하여 『**흑암과 암영의 날, 구름과 짙은 어두움의 날이 산들 위에 펼쳐진 아침**』으로 대구를 이루면서 요엘은 그 말을 받는다. 그리고 또, 『**산들에서 나는 소리는 아니라.**』에 대하여는 『**산들 위에 펼쳐진 아침 같으니**』로 받고 있다.

"아침"은 "끝"이다. 『**저녁과 아침이 되니 첫째 날이더라**』(창 1:5). "끝"이기에 또 "시작"이다. 그래서 『**흑암과 암영의 날, 구름과 짙은 어두움의 날**』의 "끝"은 언제나 "아침"이다. 『**새벽별**』(계 2:28; 22:16)이 나타나고 『**얼굴은 해처럼 빛나고 그의 옷은 빛처럼**』 흰 그분께서 오시면 "아침"이 된다. 아침은 그래서 어두움과 밝음의 분수령이다. 아침은 "끝"이고 또 "시작"인 것이다. 아침은 예수 그리스도의 재림을 말한다. 이 세상을 끝내시기 위해 주님께서 오신다. 주님의 재림으로 이 세상이 끝나면 곧 천년왕국의 새 시대가 열린다. 바로 그렇기 때문에 예레미야는 이렇게 언급하고 있는 것이다. 『**슬프도다! 그 날이 크므로 어떤 때도 그와 같지 않나니 그 날은 야곱의 고난의 때라. 그러나 그는 그 고난에서 구원을 받으리라**』(렘 30:7). 즉 이스라엘의 『**고난**』과 『**구원**』이 중첩되고 있는 것을 예레미야는 놓치지 않고 날카롭게 보고 있는 것이다.

또 에스겔에서 묘사되고 있는 이스라엘에 대한 하나님의 심판을 역사적으로 적용해 볼 때, 예레미야의 경우에는 바빌론 포로기 이전에 펼쳐지는 한바탕의 폭풍을 서술하고 있는 반면에 에스겔은 특히 포로기 이후에 몰아닥치는 광풍을 다루고 있다. 바로 이런 점에서도 에스겔에서 언급되는 예언들이 분수령으로서의 『**아침**』 내지

『**끝**』이 갖는 의미가 아주 각별하다고 말할 수 있다.

『**이제 내가 곧 네게 내 진노를 붓고 내 분노를 네게 이루리라. 내가 네 행위에 따라 너를 심판하고 네 모든 가증한 일로 네게 보응하리라**』(8절). 이 구절은 3절과 4절의 반복이다. 다만 하나님의 진노의 심판이 "곧" 시작될 것임을 강조하고 있다. 하나님의 심판은 어느 경우에나 『**네 행위에 따라... 보응**』하는 형식으로 내려지기 마련이다. 이스라엘은 『**가증한 일**』로 하나님께 대적했으므로 하나님께서도 『**가증한 일로 네게 보응하리라.**』라고 말씀하신다. 『**사람이 무엇을 심든지 그대로 거둘 것이기 때문이라**』(갈 6:7. 욥 4:8,9, 시 126:5 참조).

7:10 그 날을 보라. 보라, 그 날이 왔도다. 아침이 나갔으며 막대기는 꽃피었고 교만이 싹텄도다.

11 폭력이 죄악의 막대기에 일어났으니 그들 가운데 아무도, 그들의 무리 중에 아무것도, 그들 소유 중에 어떤 것도 남아 있지 않을 것이며 그들을 위한 울부짖음도 없을 것이라.

12 그 때가 왔고 그 날이 가까이 왔도다. 사는 자도 즐거워하지 말고 파는 자도 슬피 울지 말지니 이는 진노가 모든 무리 위에 있음이라.

13 파는 자가 아직 살아 있다 할지라도 그 팔린 것에 다시 돌아갈 수 없으리라. 이는 환상이 그 온 무리에게 미쳐 그들이 돌아가지 못할 것이요, 아무도 자기 생활의 죄악 가운데서 스스로를 힘있게 하지 못할 것임이라.

14 그들이 나팔을 불어 모든 준비를 다 했다 해도 아무도 전쟁에 나갈 사람이 없나니 이는 나의 진노가 모든 무리 위에 있음이라.

15 밖에는 칼이 있고 안에는 전염병과 기근이 있으니 들에 있는 자는 칼로 죽을 것이요, 성읍에 있는 자는 기근과 전염병이 삼키리라.

『**그 날을 보라. 보라, 그 날이 왔도다. 아침이 나갔으며 막대기는 꽃피었고 교만이 싹텄도다**』(10절). 이 구절은 구약에서 많은 주석자들이 실수를 범하는 "난해 구절"이다. "막대기가 꽃피고 고난이 싹텄다."는 말에서 오류를 범하고 있는 것이다. 어떤 주석자는 이 구절의 『**막대기**』를 이스라엘 백성에 대한 징책의 도구로 설명한다. 민수기

17:2에서의 『**열두 막대기**』에 관련지어, 이스라엘 열두 지파를 대표하는 "막대기들"이 모두 하나님의 선택된 백성으로서의 특권을 향유하는 가운데 자고하고 교만해진 것을 서술한다고 설명하고, 하나님께서 그들의 이 막대기로 오히려 그들을 징벌하는 것이라고 설명해 버린다. 그 결과 이런 주석자들은 11절에서 언급하는 『**죄악의 막대기**』("a rod of wickedness")도 기껏해야 "죄악을 징벌하는 막대기"("the rod to punish wickedness") 정도로 억지 해석을 해야만 하는데, 아닌 게 아니라 그들 스스로도 "본문의 서술이 너무 간결한 데다가 수수께끼 같아서 무슨 말인지 의미가 애매하다."고 실토해 버린다.

그런가 하면 또 어떤 주석자들은 『**막대기는 꽃피었고 교만이 싹텄도다.**』를 해석하면서 이것은 하나님께서 심판을 내리시더라도 갑작스러운 광풍노도처럼 들이닥치시는 게 아니라 복수의 씨를 심은 뒤 시간을 두고 천천히 자라나게 하신 다음 마침내 꽃이 피고 열매를 맺듯이 차근차근 순서를 밟아 목적하셨던 일에 다가가시는 것을 의미한다고 푼다. 이 역시 에스겔을 읽으면서 이스라엘과 이스라엘이 이미 겪었던 과거의 역사적 사실에만 초점을 맞추고 있는 데서 초래된 지극히 근시안적인 해석이다.

칼빈도 이 구절에 대해 "막대기는 칼데아(바빌론)에서 자라고 있건만, 그 '뿌리'(교만)는 유대인에게서 뻗어나간 것이다."라고 해석해 버린다. 말하자면, "징계의 막대기는 유대인의 교만이 자초한 것"이라는 얘기다. 그의 시야 역시 이스라엘과 이스라엘이 이미 겪은 과거의 역사적 사실 언저리에만 맴돌고 있을 뿐이다.

자, 본문은 『**그 날을 보라. 보라, 그 날이 왔도다.**』라고 말씀한다. "그 날"이 언제인가? 대환란 때이다(7절 참조). 표면상으로는 바빌론의 침략을 말할 수도 있지만, 예언적으로는 "야곱의 고난의 때"인 대환란 때이다(렘 30:7). 다니엘 12:1에서 예언돼 있는 『**민족이 생긴 이래로 그 때까지 결코 없었던**』 『**고난의 때**』인 것이다. 본문은 또 『**아침이 나갔으며**』라고 언급하는데, 『**아침**』에 대해서도 7절에서 이미 살펴보았거니와, 이것은 예수 그리스도의 재림을 말한다.

그러면 『**막대기는 꽃피었고 교만이 싹텄도다.**』라는 말은 무슨 말인가? 다음 11절에서는 『**죄악의 막대기**』라고 서술한다. 대환란 기간으로 접어들면서 이윽고 "막대기"는 꽃을 피우게 되고 "교만"이 본격적으로 고개를 들게 될 것이다. 결론부터 말하자면, 이 구절에서 "막대기"는 마귀와 관련된다.

민수기 17장에 보면 "아론의 막대기" 이야기가 나온다. (여기서는 물론 그리스도를 예표하지만) "막대기"라면 기본적으로 죽은 나무다. 그런데 아론의 이 죽은 막대기에 『**움이 돋고 싹이 나서 꽃이 피고... 열매**』까지 열린다(민 17:8). 이것은 예수 그리스도의 부활의 모형이다. 그런데 이사야 10장에서도 "막대기"가 언급되고 있거니와, 여기서는 이것이 마귀를 예표한다. 『**나의 진노의 막대기인, 오 앗시리아인아, 그들의 손에 있는 몽둥이는 나의 분노라**』(사 10:5). 이 막대기는 몽둥이와 함께 사람을 후려치는 도구다(사 10:15,24). 그래서 이사야 10장에서 "막대기"는 적그리스도의 예표가 된다.

그런가 하면 또 예레미야 51장에서도 『**막대기**』가 언급되고 있다. 『**야곱의 분깃은 그들과 같지 아니하나니 이는 그가 만물의 조성자시요, 이스라엘은 그의 유업의 막대기임이라. 만군의 주가 그의 이름이라. 너는 나의 전쟁 도끼요 전쟁의 무기라. 내가 너와 더불어 민족들을 산산조각내며 내가 너와 더불어 왕국들을 멸하리라. 내가 너와 더불어 말과 그 탄 자를 산산조각내며 내가 너와 더불어 병거와 그 탄 자를 산산조각내리라. 내가 또 너와 더불어 남자와 여자를 산산조각내며 내가 너와 더불어 늙은 자와 어린 자를 산산조각낼 것이요, 내가 너와 더불어 청년과 소녀를 산산조각내리라. 내가 또 너와 더불어 목자와 그의 양떼를 산산조각내며...**』(렘 51:19-23) 여기서 "막대기"는 『**전쟁 도끼요 전쟁의 무기**』다. 이 "막대기"는 남녀노소 할 것 없이 닥치는 대로 많은 사람들을 살해하고 심지어는 예수 그리스도를 지칭하는 『**목자**』와 또 『**그의 양떼**』까지도 죽이는 무기가 된다. 그렇다면 이 "막대기" 역시 마귀 내지 적그리스도의 예표가 아닐 수 없다. 이 사실은 그 다음 구절들에서 더욱 분명하게 드러난다. 『**주가 말하노라. 온 땅을 멸하는, 오 파괴시키는 산아, 보라, 내가 너를 대적하노라. 내가 네게 내 손을 펴서 너를 바위들로부터 굴러 내리고 너를 불탄 산이 되게 하리라. 그리하면 사람들이 네게서 모퉁잇돌이나 기초를 놓을 돌을 취하지 아니할 것이며 너는 영원히 황폐하게 되리라. 주가 말하노라.**』(렘 51:25,26). 이 "막대기"에 대하여 주님께서는 『**내가 너를 대적하노라.**』라고 분명하게 선언하신다. 그리하여 마귀가 『**영원히 황폐하게**』 되어 사람들이 그에게서 『**모퉁잇돌이나 기초를 놓을 돌을 취하지 아니할 것**』이다. 언제 말인가? 주님께서 재림하신 뒤에는 말이다.

『**막대기는 꽃피었고 교만이 싹텄도다.**』

이 "막대기"가 적그리스도의 예표란 것을 알았으니 이제 이 구절을 이해하기는 아주 쉬워졌으리라. 대환란 때 등장한 적그리스도의 만행이 이윽고 "꽃피었고," 그의 "교만"이 충분히 싹텄다(계 6,11,12,13,17,18장). 『**그 날을 보라. 보라, 그 날이 왔도다.**』

라는 외침 소리는 바로 이런 상황을 예고하고 있는 것이다.

『**폭력이 죄악의 막대기에 일어났으니 그들 가운데 아무도, 그들의 무리 중에 아무것도, 그들 소유 중에 어떤 것도 남아 있지 않을 것이며 그들을 위한 울부짖음도 없을 것이라**』(11절). 그럴 수밖에 없다. 예수 그리스도께서 재림하셨기 때문이다. 그 짐승과 땅의 왕들과 그들의 군대가 예수 그리스도와 그분의 군대에 대적하여 전쟁을 하려고 다 함께 모였지만(계 19:19), 결국 그 짐승은 잡혀 유황으로 불타오르는 불못에 산 채로 던져진다(계 19:20). 이런 판국에 "그들을 위한 울부짖음"이 있을 리 없다. 오히려 하늘의 새들이 초청받아 왕들과 장군들과 용사들과 말들의 살을 먹는 "만찬"이 벌어질 것이다(계 19:17,18).

『**그 때가 왔고 그 날이 가까이 왔도다. 사는 자도 즐거워하지 말고 파는 자도 슬피 울지 말지니 이는 진노가 모든 무리 위에 있음이라**』(12절). 『**그 때**』, 『**그 날**』이 또 한 번 반복적으로 언급되고 있다. 『**그 날**』에는 하나님의 진노가 모든 무리 위에 있기 때문에 고급 주택을 한 채 아주 싼값으로 샀다거나 고급 자동차를 한 대 샀다고 기분 좋아할 것도 없고 아내에게 줄 값진 선물을 샀다고 즐거워할 것도 없으며, 부동산을 좋은 값에 파는 바람에 돈을 많이 남겼다거나, 골치 썩이던 창고의 재고품들을 깨끗이 정리했다고 해서 신나 할 것도 없다. 바울은 이렇게 말한다. 『**형제들아, 내가 이것을 말하노니 때가 얼마 남지 않았으니 이제부터 아내가 있는 사람들은 없는 것같이 하며 또 우는 사람들은 울지 않는 것같이 하고 기뻐하는 사람들은 기뻐하지 않는 것같이 하며 또 물건을 사는 사람들은 소유하지 않은 것같이 하라. 그리고 이 세상을 이용하는 자들은 다 이용하지 못할 것처럼 하라. 이는 이 세상의 형체가 사라져 감이라**』(고전 7:29-31).

『**파는 자가 아직 살아 있다 할지라도 그 팔린 것에 다시 돌아갈 수 없으리라. 이는 환상이 그 온 무리에게 미쳐 그들이 돌아가지 못할 것이요, 아무도 자기 생활의 죄악 가운데서 스스로를 힘있게 하지 못할 것임이라**』(13절). 레위기 25장에 보면 토지에 관한 법이 나오는데 거기 『**환희의 해**』(레 25:10-17)에 대해 언급되고 있다. 땅을 팔았다고 하더라도 50년 뒤에는 되돌려 받을 수가 있고, 땅을 샀다고 해도 50년 뒤에는 원 주인에게 되돌려 주어야 하는 매우 특이한 법이었다. 따라서 생활이 어려워 고향의 집과 땅을 팔고 객지에 나가 종노릇하며 살게 되었나 하더라도 50년이 지나면 다시 고향으로 돌아가 그 땅과 집에서 다시 살 수가 있었다. 그러나 대환란 기간에는 사정이 딴판이다. 우선 무엇보다도 대환란 기간에 살아남을 자가 많지 않다. 거의 모든 사람들이 목숨을 부지하기 위하여 적그리스도에게 굴복하고 남녀노소 할 것 없이 모두가 짐승의 표를 이마나 손에 받게 될 것인즉, 그렇지 않고는 아무도 먹을 것을 사고 팔 수가 없다(계 13:16-17).

『**그들이 나팔을 불어 모든 준비를 다 했다 해도 아무도 전쟁에 나갈 사람이 없나니 이는 나의 진노가 모든 무리 위에 있음이라**』(14절). 대환란 때 임하는 하나님의 진노는 어느 특정한 무리에게만 국한된 게 아니라 모든 무리 위에 있게 된다. 구원받은 모든 성도들은 이미 대환란 직전에 하늘로 들려 올라가 있기 때문에 이 지상에는 "진노의 자녀"(엡 2:3), "불순종의 자녀"(엡 5:6, 골 3:6)들만 남아 있기 때문·이다. 하나님의 진노가 이처럼 온 세상에 전면적이고도 총체적으로 임하기 때문에 어떤 군대도 그분 앞에 설 수가 없다. "신실과 진실" 또 "하나님의 말씀"이라는 이름으로 불리는 분께서 많은 왕관을 쓰고 흰 말을 타고 오시는데(계 19:11-16) 누가 감히 그 앞에 나설 수 있겠는가?

『**밖에는 칼이 있고 안에는 전염병과 기근이 있으니 들에 있는 자는 칼로 죽을 것이요, 성읍에 있는 자는 기근과 전염병이 삼키리라**』(15절). 요한계시록 6장에 보면 "어린양"(계 6:1)이 "일곱 봉인"을 하나씩 차례로 여는 대로 재앙을 가져오는 적그리스도가 네 번 나타난다. 첫째 봉인이 열리자 활을 든 적그리스도가 흰 말을 타고 나타나 정복하기 시작하더니, 둘째 봉인이 열릴 때는 적그리스도가 땅에서 평화를 제거하는 권세를 갖고 손에는 큰 칼을 든 채 붉은 말을 타고 나타난다. 셋째 봉인이 열리자 이번에는 검은 말을 탄 적그리스도가 손에 저울을 들고 나타나 이 땅에 극심한 기근을 가져오는가 싶더니, 넷째 봉인이 열리자 이번에는 적그리스도가 창백한 말을 타고 나타나는데, 보니까 그 이름이 "사망"이요 "지옥"이 그 뒤를 따른다.

『**밖에는 칼이 있고 안에는 전염병과 기근이 있으니**』. 안팎으로 사면초가인지라 이런 대재앙에 처하면 안에 있어도 죽고 밖에 나가도 죽기는 마찬가지다.

7:16 그러나 그들 가운데서 도피하는 자들은 도피하여 골짜기의 비둘기들처럼 산들 위에 있을 것이요, 모두가 각기 자기의 죄악 때문에 슬피 울리라.

17 모든 손들은 유약하고 모든 무릎들은 물처럼 연약하리라.

18 그들은 또한 굵은 베로 자신들을 맬 것이요, 공포가 그들을 뒤덮을 것이며 수치가 모든 얼굴들 위에 있을 것이요, 그들의 모든 머리들은 대머리가 될 것이라.

19 그들이 자기들의 은을 거리에 던질 것이요, 그들의 금도 버려질 것이라. 그들의 은과 그들의 금이 주의 진노의 날에 그들을 구해 내지 못하리라. 그들은 자기들의 혼들을 만족케 할 수 없을 것이며 그들의 창자를 채우지 못하리니 이는 그것이 그들의 죄악의 방해물이 되기 때문이라.

『**그러나 그들 가운데서 도피하는 자들은 도피하여 골짜기의 비둘기들처럼 산들 위에 있을 것이요, 모두가 각기 자기의 죄악 때문에 슬피 울리라**』(16절). 이런 재앙이 임할 것인즉 주님께서는 산으로 도망치라고 충고하신 바가 있었다. 『**그러므로 너희가 선지자 다니엘을 통하여 말씀하신 멸망의 가증한 것이 거룩한 곳에 선 것을 보리니, (읽는 자는 깨달으라.) 그때에 유대에 있는 자들은 산들로 도망하라**』(마 24:15,16). 실제로 대환란 기간 중 산들로 도피하는 자들이 있게 될 것이다. 그러나 이들은 이스라엘이 과거에 지은 죄를 생각하며 통한으로 가슴을 치며 슬피 울 것이다. 그들은 뭐니 뭐니 해도 재림하시는 주님을 보고 자신들이 십자가에 매달았던 예수 그리스도에 대해 가장 애통하게 될 것이다. 『**그들이 찔렀던 나를 쳐다볼 것이며, 그들이 그를 위하여 애통하리니, 마치 어떤 사람이 자기 외아들을 위하여 애통함같이 할 것이요, 그들이 그를 위하여 비통에 잠기리니 마치 어떤 사람이 자기 첫아들을 위하여 비통에 잠기듯 하리라. 그 날에 예루살렘에 큰 애통이 있으리니, 마치 므깃도 골짜기 하닷림몬의 애통과 같으리라**』(슥 12:10,11).

『**모든 손들은 유약하고 모든 무릎들은 물처럼 연약하리라**』(17절). 산들로 도망은 쳤지만, 자신들의 죄악에 대한 회한과 비통함으로 기운을 차릴 수조차 없는 데다가 눈앞에 펼쳐지는 엄청난 재앙들을 목도하면서 무릎은 부들부들 떨리고 손에서 힘이 모두 빠져나가 극도의 무력감에 빠지게 될 것이다. 물은 그 자체로 형체를 유지하지 못하는 물질이기 때문에 구약에서는 종종 무력감을 나타낼 때 비유로 사용된다. 이렇게 유약하고 연약한 유대인들의 상황을 다윗은 이렇게 묘사하고 있다. 『**그들이 내게 입을 벌림이 마치 찢고 울부짖는 사자 같나이다. 내가 물같이 쏟아졌으며 나의 모든 뼈는 어그러졌고 내 심장은 밀초 같아서 나의 내장 가운데서 녹았나이다. 내 기력이 질그릇 조각같이 말랐으며 내 혀는 잇틀에 붙었나이다. 또 주께서 나를 사망의 진토 속에 두셨나이다**』(시 22:13-15).

『**그들은 또한 굵은 베로 자신들을 맬 것이요, 공포가 그들을 뒤덮을 것이며 수치가 모든 얼굴들 위에 있을 것이요, 그들의 모든 머리들은 대머리가 될 것이라**』(18절). 산들로 도망하여 목숨을 건진 이스라엘의 남은 자들은 비탄과 공포와 수치심으로 말할 수 없이 괴로워하게 될 것이다. 어찌나 애통했던지 『**모든 머리들은 대머리가 될**』 정도다. 5장에서 살펴본 바와 같이 머리를 미는 것은 비탄의 표현이며, "대머리"는 그 결과다. 이사야는 이 장면을 여기 에스겔 7:18과 아주 유사하게 서술하고 있다. 『**그때에 악취가 향기를 대신할 것이요, 끈이 허리띠를 대신하며, 대머리가 숱한 머리털을 대신하고, 굵은 베옷이 값비싼 옷을 대신할 것이며, 그을림이 아름다움을 대신하리라**』(사 3:24). 예레미야 역시 48:37에서 『**각자의 머리가 벗겨졌으며... 허리에는 굵은 베를 둘렀도다.**』 라고 묘사하고 있다. 그들은 로마 총독 빌라도에게 예수 그리스도의 처형을 요구하며 『**그의 피를 우리와 우리 자손에게 돌리라.**』(마 27:25)라고 큰소리를 쳤던 자들이다.

『**그들이 자기들의 은을 거리에 던질 것이요, 그들의 금도 버려질 것이라. 그들의 은과 그들의 금이 주의 진노의 날에 그들을 구해 내지 못하리라. 그들은 자기들의 혼들을 만족케 할 수 없을 것이며 그들의 창자를 채우지 못하리니 이는 그것이 그들의 죄악의 방해물이 되기 때문이라**』(19절). 그런 와중에서 은인들 무엇이며 금인들 무슨 소용이 있겠는가? 『**재물은 진노의 날에 유익하지 않으나, 의는 죽음에서 구해 내느니라**』(잠 11:4). 이것은 실제적 적용에서도 진리이고, 교리적 적용에서도 진리이다. 진노의 날에 하나님의 심판 앞에서 돈으로 구원을 살 수는 절대로 없다. 지난날 하나님을 거역하고 은이나 금으로 형상을 만들어 우상을 숭배하며 "혼들을 만족케" 해보려고 가증스럽고도 헛된 짓을 자행했었지만, 그것이 오히려 죄악이 되어 구원의 "방해물"만 되었거니와, 대환란 기간 초에도 적그리스도 군대의 공격을 받을 때 살아남은 자들이 이러한 죄를 계속하고 있었다. 『**그리고 이러한 재앙으로 죽지 않은 나머지 사람들은 자기들의 손으로 행한 행실을 여전히 회개하지 않고, 마귀들과 보지도 듣지도**

걷지도 못하는 금, 은, 동, 돌과 나무로 된 우상들에게 경배하기를 그치지 아니하며』(계 9:20). 그러나 그 결과는 멸망일 뿐 자신들의 혼을 구하는 데 조금도 도움이 되지 못했다. 그들은 자기들의 혼들을 만족케 할 수 없었던 것이다. 그리고 지난날에는 돈으로 먹을 것을 살 수도 있었지만, 지금은 아무리 돈이 많아도 빵 한 조각 살 수 없는 형편이니 그들의 창자를 채우지 못해 기아에 허덕이게 된다.

7:20 그의 장식의 아름다움으로 말하면, 그가 그것으로 위엄을 삼았으니 그들은 그 안에 그들의 가증함과 혐오하는 것들의 우상들을 만들었으므로 내가 그것을 그들로부터 멀리 떼어놓았노라.

21 내가 그것을 타국인들의 손에 약탈물로 주며 땅의 악인들에게 탈취물로 주리니 그들이 그것을 더럽힐 것이라.

22 내가 또한 내 얼굴을 그들에게서 돌이킬 것이며 그들은 나의 은밀한 장소를 더럽히리니 이는 강도들이 그곳에 들어와서 그곳을 더럽힐 것임이라.

『**그의 장식의 아름다움으로 말하면, 그가 그것으로 위엄을 삼았으니 그들은 그 안에 그들의 가증함과 혐오하는 것들의 우상들을 만들었으므로 내가 그것을 그들로부터 멀리 떼어놓았노라**』(20절). 여기서 『**위엄**』(majesty)은 일차적으로는 예루살렘에 있는 하나님의 성전을 지칭하지만, 그 이면에는 또한 "마귀"의 존재가 투영되고 있다. 마귀는 하나님의 위엄을 훔치려고 발버둥치는 자이기 때문이다. 그는 『**나는 하나님이라, 나는 바다 가운데 있는** 하나님의 **자리에 앉아 있도다.**』(겔 28:2)라고 말할 정도로 그 위엄을 드러내려고 안간힘을 쓴다. 이스라엘 백성은 "위엄" 가운데서 예루살렘의 성전 안을 치장했다고는 하지만, 이제는 『**그 안에 그들의 가증함과 혐오하는 것들의 우상들**』을 만들었다. 이스라엘 백성이 성전 안에 우상들을 만들어 놓고 더럽혔다는 것은 그 성전이 이미 하나님의 성전이 아니라 "그들의" 성소에 지나지 않게 된 것인데, 이를 두고 에스겔 28:18에서 하나님께서는 "내 성소"가 아니라 『**네 성소들**』이라고 언급하시는 것을 본다.

이스라엘은 하나님의 은혜를 저버리고 우상 숭배로 하나님께 반역했다. 그들이 누릴 수 있었던 모든 아름다운 것들은 하나님께서 입혀주신 것들이었다(겔 16:7-12). 그런데 그 결과는 어찌 되었던가? 『**그러나 너는 네 자신의 아름다움을 믿고 네 명성**

으로 인하여 음란한 짓을 하고 지나가는 모든 자들에게 네 음행을 쏟았으니...』(겔 16:15) 하나님께서 이스라엘 백성에게 아름다운 성전을 마련토록 하시고 그것을 하나님의 『**위엄**』 가운데서 갖가지 아름다운 것들로 장식케 하셨던 것은 곧 이스라엘 백성을 영화롭고 아름답게 해 주신 것이었다. 그러나 그들은 그 아름다운 성전에서 우상을 숭배함으로써 더러운 음행을 저질러 스스로를 더럽히고 말았다. 이것은 하나님께서 루시퍼(사 14:12)를 "덮는 그룹"(겔 28:16)으로 창조하시고 그에게 기름을 부어 "권위"를 주셨으며 갖가지 귀한 보석 장식들로 치장해 주셨건만, 그럼에도 불구하고 그는 결국 하나님께 반역하고 말았거니와, 이스라엘의 반역은 곧 마귀의 이런 반역을 그대로 답습한 것이었다. 마귀도 『**네 마음이 너의 아름다움으로 인하여 높아졌고**』(겔 28:17), 이스라엘 역시 『**네 자신의 아름다움을 믿고 네 명성으로 인하여 음란한 짓을**』 하고 말았던 것이다. 그래서 하나님께서는 그들로부터 성전을 빼앗아 가셨던 것이고, 또 앞으로도 빼앗아 가실 것이다.

『**내가 그것을 타국인들의 손에 약탈물로 주며 땅의 악인들에게 탈취물로 주리니 그들이 그것을 더럽힐 것이라**』(21절). 하나님께서는 이스라엘에게서 성전을 빼앗아 그것을 타국인들의 손에 약탈물로 주시어 그것을 더럽히도록 하실 것이다. 또 "멸망의 아들"로 불리는 적그리스도가 하나님의 성전에 앉아 하나님처럼 보여 자신을 하나님이라고 할 것인즉(살후 2:4), 이스라엘의 성전이 이보다 더 치욕적으로 더러워질 수는 없을 것이다.

적그리스도는 대환란 기간 전반기 『**마흔 두 달 동안 그 거룩한 도성을 발 아래 짓밟을 것**』이다(계 11:2). 이 구절들에서 말하는 『**성전**』, 『**거룩한 곳**』, 『**거룩한 도성**』, 즉 에스겔 7:20에서 말하는 『**위엄**』, 또는 21절에서 말하는 『**그것**』은 이 대환란 기간 동안 이 지상에 실제로 존재하는 실제적인 "성전"을 말하는 것이지 "영적인" 어떤 것이나 하늘에 있는 성전을 말하는 게 아니다. 대환란에 들어가기 전 유대인들은 예루살렘 성전을 재건하게 될 것인데, 우리는 이것을 요한계시록 11장에서 알 수 있다. 대환란이 시작됨과 함께 이방인들이 42개월(3년 반) 동안 짓밟게 될 『**거룩한 도성**』(계 11:2)이 예루살렘에 실재하게 될 것이다. 주님께서도 이것을 내다보시고 『**멸망의 가증한 것이 거룩한 곳에 선 것**』을 보게 될 것이라고 마태복음 24장에서 말씀하셨던 것이다.

유대인들은 이 시대가 끝나기 전 예루살렘에 성전을 재건하고 성전 제사를 복원하게 될 것이다. 그리고 이 성전은 대환란 기간 동안 적그리스도와 이방인들에 의하여 철저히 더럽혀지게 될 것이다. 이것이 바로 에스겔 7:21에서 예언되고 있는 내용이다. 여기서 성전이 더럽혀지리라는 예언은 로마 제국에 의한 A.D. 70년의 예루살렘 성전 파괴에 의하여 성취된 예언이 절대로 아니다. 로마 제국의 티투스가 A.D. 70년에 예루살렘을 파괴했을 때는 그 도시를 결코 『**거룩한 도성**』이라고 부른 일도 없거니와, 그 당시 파괴된 헤롯 성전에는 뜰이 네 개 있었지만, 요한계시록 11:2의 성전에는 뜰이 한 개밖에 없다. 요한계시록 11:8에서 이 『**거룩한 도성**』을 『**영적으로는 소돔과 이집트**』라고 불리는데, 유대인들이 예수 그리스도를 거부했다는 점에서 이것은 하나님의 입장에서 볼 때 『**영적으로는 소돔과 이집트**』나 마찬가지기 때문이다. 그러나 대환란이 끝나고 이스라엘의 죄가 용서되고 회복된다는 사실과 관련하면, 이곳은 역시 『**거룩한 도성**』이요, 『**거룩한 곳**』이다.

이 『**거룩한 곳**』, 『**거룩한 도성**』에 대한 예언들이 A.D. 70년에 성취되고 이미 종결되었다고 주장하는 것은 로마카톨릭 및 그들과 손잡고 있는 타락하고 배교한 학자들이나 그렇다고 우겨대며 성경을 왜곡하는 것에 지나지 않는다. 그들은 이 예언이 이미 과거에 성취되었다고 주장함으로써 앞으로 있게 될 어떤 사건을 감추려는 속셈을 드러낸다. 그들은 하나님과 이스라엘의 관계가 A.D. 70년에 완전히 청산되었다고 우겨대고 싶은 것이다. 그래야만 로마카톨릭이 이스라엘의 지위를 계승했노라는 새빨간 거짓말이 성립되기 때문이다. 결국 그들의 속셈은 예수 그리스도의 재림을 어떻게든 감추어 보려는 데 있는 것이다. 예수 그리스도의 재림을 가장 싫어하는 존재가 누구인지 아는가? 마귀다.

『**내가 또한 내 얼굴을 그들에게서 돌이킬 것이며 그들은 나의 은밀한 장소를 더럽히리니 이는 강도들이 그곳에 들어와서 그곳을 더럽힐 것임이라**』(22절). 여기서 『**강도들**』을 "the robbers"라고 정관사 "the"를 붙여서 표기하고 있는 이유를 유념해 두라. 그러니까, 이 『**강도들**』은 아무나 "강도 같은 자들"을 의미하는 게 아니라 어느 특정한 집단을 지칭하고 있는 것이다.

『**나의 은밀한 장소**』라면 곧 지성소를 말한다. 구약 시대에는 보통 제사장들도 들어갈 수 없고 대제사장만이 그것도 일 년에 속죄제를 드리는 날 한 번밖에 들어갈 수 없는 곳이었다. 그런데 강도들이 이곳을 더럽힐 것이다. 하나님께서는 『**네게 모든 가증함으로 보응하리라.**』(3절)라고 이미 선언해 놓으셨다. 이것은 아무리 『**거룩한 곳**』

이고, 아무리 『**거룩한 도성**』이며, 아무리 『**나의 은밀한 장소**』라 할지라도 유내인들이 『**그들의 가증함과 혐오하는 것들의 우상들**』을 그 안에 만들어 놓고 음란한 짓을 했을 때 하나님께서는 이미 그곳을 떠나셨기 때문이다. 오죽하면 그것을 이방인들에게 주었다고 말씀하시겠는가?(계 11:2) 그러므로 이 『**거룩한 곳**』은 이미 하나님께서 계시는 곳이 아니다. 『**나의 은밀한 장소**』가 24절에서는 『**그들의 거룩한 장소**』로 불리고 있다는 점에 주목하라. 이것은 에스겔 28:18에서도 『**네 성소들**』이라고 지칭하는 것과 맥을 같이한다.

7:23 쇠사슬을 만들라. 이는 그 땅이 피 흘리는 범죄들로 가득함이며 그 성읍이 폭력으로 가득함이라.

24 그러므로 내가 이방인 가운데서 가장 악랄한 자들을 데려오리니 그 이방인들이 그들의 집들을 차지할 것이요, 내가 또한 강한 자의 허세를 그치게 하리니 그들의 거룩한 장소들이 더럽혀지게 되리라.

25 멸망이 이르리니 그들이 화평을 찾을지라도 아무것도 없으리라.

26 불행이 불행 위에 더해지고 소문이 소문 위에 더해지면 그들이 선지자의 환상을 찾을 것이나 제사장으로부터는 율법이, 나이 먹은 사람들로부터는 계략이 없어지리라.

27 왕이 애통하고 고관은 황폐함으로 옷입게 될 것이며 그 땅 백성의 손들이 괴로워하리니 내가 그들의 행위에 따라 그들에게 행할 것이요, 그들의 죄과에 따라 그들을 심판하리라. 그리하면 그들은 내가 주인 줄 알리라.

『**쇠사슬을 만들라. 이는 그 땅이 피 흘리는 범죄들로 가득함이며 그 성읍이 폭력으로 가득함이라**』(23절). 보통 포승줄이 아니라 『**쇠사슬을 만들라.**』라고 말씀한다. 이것은 고대 시대 사로잡은 포로들을 노예로 삼기 위해 끌고 갈 때 보통 사용했었는데, 발목에 족쇄를 채우고 쇠사슬로 연결하여 보폭을 넓게 떼지 못하도록 하기도 했고, 목에 족쇄를 채우고 쇠사슬로 앞사람과 뒷사람을 줄줄이 엮기도 했으며, 손목을 뒤로 묶고 쇠사슬로 어깨 위와 가슴팍에 X자로 단단히 엮을 뿐만 아니라, 그 무게 때문에 몸을 자유롭게 움직이지 못하도록 하는 데 사용했다.

이 구절 역시 바빌론에 포로로 잡혀가게 될 이스라엘의 절박한 운명에 1차적으로 적용되지만, 대환란을 전후한 이방 민족들의 침공과 압박, 그리고 적그리스도의 손아귀에 들어간 유대인들의 참담한 미래에 대한 그림을 제공한다. 그들은 하나님께 대하여 중죄인들이다.

『**멸망이 이르리니 그들이 화평을 찾을지라도 아무것도 없으리라**』(25절). 이스라엘은 과거에도 그랬지만 지금도 "화평"을 찾고 있다. 솔로몬은 이집트 왕 파라오와 인척 관계를 맺고 파라오의 딸을 데려다가 첩으로 삼았다(왕상 3:1). 유다의 아사왕은 이스라엘의 바아사왕에게 대항하기 위하여 시리아의 벤하닷왕과 동맹을 맺었고(왕상 15:16-20), 이번에는 이스라엘의 아합이 적국 시리아의 벤하닷과 전쟁을 하여 그를 이겼지만 그와 언약을 맺고 석방한다(왕상 20:31-34). 그러자 얼마 뒤 유다의 아하스는 시리아와 동맹 관계에 있는 이스라엘을 공격하기 위하여 앗시리아와 동맹을 맺는데, 앗시리아의 티글랏필레셀왕에게 보물창고의 은과 금을 예물로 보내며 말했던 동맹 제의가 여간 비굴한 게 아니다. 『**나는 당신의 신하요, 아들이니이다. 올라오셔서, 나를 치려고 일어선 시리아 왕의 손과 이스라엘 왕의 손에서, 나를 구해 주소서**』(왕하 16:7). 그 뒤로도 이스라엘의 호세아는 앗시리아를 치기 위해 이집트에게 추파를 보냈고(왕하 17:4), 유다의 히스키야는 이집트와 화친을 맺었으며(왕하 18:19-24), 요시야는 앗시리아와(왕하 23장), 여호야킴은 이집트와 또 동맹을 맺는다(왕하 23:31-35). 유다와 이스라엘로 분열된 두 집단 간의 갈등에서 비롯된 이러한 이방 민족들과의 조약들은 물론 하나님께서 원하시는 게 결코 아니었다.

이스라엘은 현재도 『**화평**』을 찾아 다른 아랍국들 및 PLO와 타협을 모색하고 있거니와 이 모든 것들이 하나님의 의도와는 반대되는 짓이란 것은 말할 필요도 없다. 이스라엘은 심지어 대환란 기간 중 "통치자"로 나타나는 적그리스도와도 화친 조약을 맺는다. 물론 이 조약은 대환란 중간에 적그리스도에 의해 일방적으로 파기되겠지만 말이다(단 9:27). 그러나 하나님께서는 분명하게 선언하신다. 『**그들이 화평을 찾을지라도 아무것도 없으리라.**』

『**제사장으로부터는 율법이, 나이 먹은 사람들로부터는 계략이 없어지리라**』(26절). 율법 자체는 사라지지 않지만, "제사장으로부터는" 사라진다고 말씀한다! "제사장"(priest)이 누구인가? 로마카톨릭 "신부"의 신분이 무엇인지 아는가? "사제"(priest)다. 개신교의 모든 목사들도 카톨릭의 격식을 추종하며 "제의"를 입고 "사제" 노릇을 한다. 그들은 "목자"가 아니라 근엄하고 경건한 "사제"들인 것이다. 그들은 성경의 권위 위에 자신들의 권위를 높임으로써 하나님의 권위에 도전하였고, 양들에게 하나님의 바른 말씀을 전하지 않고 자신들의 사사로운 의견들을 제시하며 그것을 믿도록 강요한다. 말라키 2:7은 『**이는 제사장의 입술은 지식을 지켜야 하고 사람들은 그의 입에서 율법을 찾아야 함이니, 이는 그가 만군의 주의 사자이기 때문이라.**』라고 말씀한다. 그러나 현실은 거꾸로 돌아가고 있었다. 『**선지자들은 거짓되이 예언하고 제사장들은 그들의 권력으로 다스리며 내 백성은 그렇게 하는 것을 사랑하니 그 마지막에는 너희가 어찌하려느냐?**』(렘 5:31) 오늘날의 사정이 바로 이것을 그대로 반복하고 있는 것이다.

『**왕이 애통하고 고관은 황폐함으로 옷입게 될 것이며 그 땅 백성의 손들이 괴로워하리니 내가 그들의 행위에 따라 그들에게 행할 것이요, 그들의 죄과에 따라 그들을 심판하리라. 그리하면 그들은 내가 주인 줄 알리라**』(27절). 백성을 다스리고 보호하며 굶주리지 않도록 할 책임이 있는 "왕"이 애통해 한다면, 그 왕은 이미 왕이 아니다. 법질서를 확립하고 치안을 유지하며 백성의 안락을 위하여 일함으로써 "고관"은 그 명예를 유지할 수 있건만, 그들이 "황폐함으로 옷입게" 된다면, 그 고관은 이미 명예가 아니라 "수치"로 옷입은 자들이다. 땅의 백성은 그 손으로 열심히 일하며 질서를 지키고 성실하게 살아감으로써 사회 정의를 구현해야 하건만 그 "손들이 괴로워하며" 피폐해졌다면, 이미 그 사회는 총체적으로 황폐해진 사회다. 그러므로 하나님께서는 『**그들의 행위에 따라 그들에게 행할 것**』과 『**그들의 죄과에 따라 그들을 심판**』 할 것을 선언하신다. "왕"이었건, "고관"이었건, "백성"이었건, 하나님을 대적하고 하나님의 진리를 거역하게 되면 그에 상응하는 하나님의 심판은 불가피하다. 이 구절은 문자적으로는 역사적 사실에 적용할 수도 있고, 실제적 교훈이 되기도 하며, 영적으로는 니콜라파의 교리를 실천하는 오늘의 배교한 기독교계에 적용할 수도 있고, 또 "왕"(교황)과 "고관"(사제들)과 "백성"(평신도들)이 따로 엄격하게 구별돼 있는 로마카톨릭에 적용할 수도 있거니와, 교리적으로 이 구절은 대환란의 심판으로, 하나님께서는 이들에게 "그들의 행위에 따라," 또 "그들의 죄과에 따라" 징벌하실 것이다.

에스겔 8장

지금까지 이스라엘에 내려질 하나님의 가혹한 심판에 대한 예언들이 4장, 5장, 6장, 7장에서 일종의 서론처럼 펼쳐지는 가운데, 이스라엘의 과거 범죄 역사를 모티브로 하여 대환란 끝에 이르기까지의 그 장엄한 심판의 그림이 눈앞에 전개돼 왔거니와, 이제 8장부터는 그러한 심판의 불가피성을 입증하는 준엄한 논고가 시작되는데, 이러한 논고는 자그마치 33장 중반까지 계속되는지라, 아마도 이 지구상에서 작성된 그 어떤 기소장도 이처럼 길게 이어졌던 것은 아직 없었을 것이다.

3:12에서 영에게 들어올려져 멀리 크발강 연안의 텔아비브로 이동했던 에스겔은 7장이 끝날 때까지 유다와 이스라엘을 포괄하는 이스라엘 백성 전체에 미칠 하나님의 심판에 대한 예언들을 하나님으로부터 받았는데, 이번에는 여기 8장에서 또 한 번 하나님의 손에 이끌려 이스라엘의 과거 범죄 현장인 예루살렘으로 초자연적인 이동을 하여 11장까지 예루살렘에 있게 된다. 실제적으로는 그 당시 예루살렘에는 아직 바빌론에 끌려가지 않은 자들이 시드키야 치하에서 살고 있는 중이지만, 에스겔이 이 때 예루살렘에서 환상 중에 보는 모든 광경들은 그 당시의 상황들을 훨씬 뛰어넘는 폭넓은 시간적 영역에 걸친 것들이다.

8:1 여섯째 해 여섯째 달, 그 달 오일에 나는 나의 집에 앉아 있고 유다의 장로들은 내 앞에 앉았는데 주 하나님의 손이 거기서 내게 임하시더라.

2 **그때 내가 보았더니 보라, 불의 모양같이 생긴 형상이라. 그의 허리들의 모양 아래로는 불 같고 그의 허리들로부터 위로는 광채 모양 같으며 황갈색 같은데**
3 **그가 손의 형체를 내밀어 내 머리 한 타래를 잡고 그 영이 땅과 하늘 사이로 나를 들어올리어** 하나님의 **환상들 안에서 예루살렘으로 나를 이끌어 북쪽을 향해 바라보는 안쪽 대문의 문에 이르니 그곳은 질투를 유발시키는 질투의 형상의 자리였더라.**
4 **보라, 거기에 이스라엘의** 하나님의 **영광이 있는데 내가 평지에서 보았던 환상 그대로더라.**

『**여섯째 해 여섯째 달, 그 달 오일에 나는 나의 집에 앉아 있고 유다의 장로들은 내 앞에 앉았는데 주 하나님의 손이 거기서 내게 임하시더라**』(1절). 1:2에서 하나님의 말씀이 에스겔에게 임했을 때는 『**여호야킨왕의 사로잡힌 지 오 년째**』 되는 해였는데, 지금은 거기서 1년 반이 더 흘러 『**여섯 째 해 여섯째 달**』이 되는 시점이다. 여호야킨이 바빌론에 포로로 잡혀올 때 함께 사로잡혀 왔던 『**유다의 장로들**』이 지금 에스겔의 집에 모여 있는데, 물론 이 에스겔의 집은 포로들에게 거주 제한지역으로 설정돼 있던 칼데아 땅 크발 강가에 있다. 이때 에스겔은 『**주 하나님의 손**』이 다시 자기에게 임하시는 것을 감지한다.

『**그때 내가 보았더니 보라, 불의 모양같이 생긴 형상이라. 그의 허리들의 모양 아래로는 불 같고 그의 허리들로부터 위로는 광채 모양 같으며 황갈색 같은데**』(2절). 1장에서 북쪽에서 회오리바람과 큰 구름과 함께 주위에 광채로 둘러싸인 채 나타났던 불덩어리가 지금 에스겔의 눈앞에 다시 나타난다. 여기서 묘사되고 있는 이 형상의 모습은 1:27에서 서술되었던 것과 같다.

『**그가 손의 형체를 내밀어 내 머리 한 타래를 잡고 그 영이 땅과 하늘 사이로 나를 들어올리어**』(3절). 여기서 말하는 『**손**』은 1절에서 말하는 『**주 하나님의 손**』이라기 보다는 1:8에서 언급되는 "생물"의 날개 아래에 있는 『**사람의 손들**』을 말한다. 이것이 에스겔의 머리채를 나꿔채는 듯 하는가 싶더니 『**그 영이 땅과 하늘 사이로**』 에스겔을 번쩍 들어올린다. 이것은 에스겔이 몸은 그 자리에 있는 채로 혼만 빠져나가 영적으로 어디론가 이동되었음을 암시한다. 영에 이끌려 에스겔의 혼이 몸에서 빠져나갈 때 그는 마치 머리 한 타래가 잡히는 듯한 느낌을 받았으리라. 이것은 요한계시록 1장에서 요한이 몸은 팟모섬에 그대로 있으면서 혼은 "성령 안에서" 셋째 하늘로 이동하게 되었고 시간적으로는 21세기의 어느 시점까지 초고속으로 날아와 있었던 것과 동일한 현상으로서, 3차원 세계의 시간과 공간 개념을 뛰어넘는 초자연적인 영적 현상이었음은 물론이다. *

『**예루살렘으로 나를 이끌어 북쪽을 향해 바라보는 안쪽 대문의 문에 이르니 그곳은 질투를 유발시키는 질투의 형상의 자리였더라**』(3절). 영적 이동을 하게 된 에스겔은 순식간에 예루살렘으로 와서 『**북쪽을 향해 바라보는 안쪽 대문의 문에**』 이르렀다. 이 대문은 5절에서 『**제단 대문**』이라고도 불린다. 예루살렘 성의 『**북쪽을 향해 바라보는**』 대문이라면, 예수 그리스도께서 갈보리를 향하여 예루살렘 성읍 밖으로 끌려가실 때 통과하셨던 바로 그 대문이다. 그런데 이 대문이 바로 『**질투를 유발시키는 질투의 형상의 자리**』였다고 말한다. 므낫세는 성전 안에 바알의 제단을 쌓고 아세라를 만들어 우상들에게 경배를 드리는 등 하나님께 가증한 음행을 자행함으로써 하나님을 격노케 하였거니와(왕하 21:2-6), 역사적으로만 본다면야 여기 3절에서 이것을 가리키고 있는지도 모르지만, 사실은 그보다도 훨씬 더 광범위한 영역에까지 시야를 넓혀 하나님에 대한 모든 가증한 반역의 이면을 예리하게 들여다보고 있음을 알아야 한다.

하나님께서는 『**질투하는** 하나님』(출 20:5)이시다. 질투하시는 하나님의 『**질투를 유발시키는**』 자라면 마귀다. 바로 이 마귀가 여기 성전 안뜰의 이 『**북쪽을 향해 바라보는**』 대문에 앉아 있다는 것이다. 여기가 바로 요한계시록 2장에서 언급하는 『**사탄의 자리**』가 있는 곳이다. 마귀는 이 "자리"에 앉아 북쪽을 향해 무엇인가를 멀리 바라보고 있다. 이 자리는 "용"이 자신의 능력과 큰 권세와 함께 "짐승"에게 넘겨준 자리다(계 13:2). 이 자리는 또 퍼가모 교회가 거했던 곳이기도 했다(계 2:12,13). 퍼가모 교회라면 교회사에서 A.D. 325년부터 A.D. 500에 이르는 기간으로서 미신적인 종교 조직체인 로마카톨릭교가 등장했던 기간이며 곧 "암흑 시대"가 그 뒤를 잇게 되는 기간이다. "퍼가모"란 "숱한 결혼"이라는 뜻으로 세상과 연합하는 특성을 갖는데, 아닌 게 아니라 로마의 콘스탄틴이 니케아 종교회의에서 기독교를 세상과 연합시킴으로써 교회와 국가를 하나로 만들고 조직했던 종교 체제가 바로 구약에서 모습을 나타냈던 신비의 바빌론 종교를 답습한 것이었음을 생각할 때, 퍼가모 교회가 어째서 "퍼가모"

였던지 충분히 수긍이 간다. 이로써 퍼가모 교회는 세상과 결혼하였고, 발라암의 교리를 받아들여 음행과 우상 숭배를 예배의 일부로 도입하였다(계 2:14).

에스겔은 영적으로 예루살렘으로 이끌려 가서 지난날 이스라엘의 음행과 우상 숭배의 현장을 소급해서 뒤돌아보는 가운데 시야를 더 넓혀 어느새 미래의 퍼가모 교회 시대까지 내다보고 있는 것이다. 그리고 거기서 또 훨씬 더 멀리 대환란 시대까지 훌쩍 날아가서 다섯째 천사가 하나님의 진노의 호리병을 쏟는 현장까지 "시간 여행"을 하게 되는 셈이다. 『**다섯째 천사가 자기 호리병을 짐승의 자리에 쏟으니, 그의 왕국이 흑암에 싸이며 그들이 고통으로 인하여 자기 혀를 깨물고 자신들의 고통과 헌데로 인하여 하늘에 계신** 하나님을 **모독하되 자기들의 행위는 회개치 아니하더라**』(계 16:10,11). 이 『**짐승의 자리**』(the seat of the beast)는 다섯째 천사가 호리병을 쏟아부을 때 혀를 깨물어야 할 정도로 고통스러운 자리가 되고 온몸이 헐게 하는 자리가 되고 만다. 성경에서 "다섯"이라는 숫자는 "죽음"과 관련이 있는 경우가 대부분이다.

『**질투의 형상**』이 과연 어떻게 생겼는지 알고 싶다면 욥기 41장으로 달려가 보는 게 좋다. 여기서 『**리비야단**』이라 불리는 신비로운 존재에 대해 아주 상세히 묘사하고 있는데, ASV건, NASV건, NEB건, RSV건, <확대 성경>이건, 모든 변개된 "현대" 성경들과 학식을 자랑하는 "유명한" 신학자들 및 주석자들이 마치 약속이라도 한 듯 이 존재가 못생긴 한 마리 "악어"(또는 "고래")라고 가르치면서 이 존재의 진면목을 교묘하게 가려놓고 있기 때문에 <킹제임스성경>이 아니고는 도저히 이 자의 정체를 알 도리가 없다. 당신은 "악어"가 재채기만 해도 『**빛이 비치며**』(욥 41:18), 입에서는 『**타는 등불들이 나오며, 불똥이 튀는**』가 하면(41:19), 『**콧구멍에서 연기가 나오니 마치 끓는 솥이나 가마솥에서 나는 것**』 같을 정도이고(41:20), 『**숨결로 숯불을 피우며**』(41:21), 심장은 돌처럼 단단하고(41:24), 그가 일어서기만 해도 용사들이 무서워하며(41:25), 갑옷을 입고 칼이나 창이나 창살을 들이대도 꿈쩍도 하지 않고(41:26), 철도 지푸라기로 여기고 놋쇠도 썩은 나무같이 여기면서(41:27) 『**모든 높은 것들을**』 바라보는, 『**모든 교만의 자식들을 다스리는 왕**』(욥 41:34)이 될 수 있다고 생각하는가? 신학교를 다니지 않고, 헬라어나 히브리어를 배우지 않았어도 이 리비야단이 결코 악어 따위와는 차원이 다른 어떤 무시무시한 존재라는 것을 금방 눈치챌 수 있을 것이다.

자, 그렇다면 이 존재가 어떤 형상을 하고 있는지 욥기 41장을 비롯하여 성경에서 설명하고 있는 대로 내용을 정리해 보자. 이 자는 특수한 『**비늘**』로 덮여 있는 데다가(욥

41:15) 이 비늘이 봉한 것처럼 밀폐된 채 어찌나 촘촘히 연결돼 있던지 바람도 들어가지 못할 정도이고(욥 41:15-17), 바다에 사는 수중 동물이지만(욥 41:31), 코가 있고(욥 41:2,20), 가죽이 있으며(욥 41:7), 목이 있고(욥 41:22), 지나간 자리에 자국을 남긴다(욥 41:30). 이러한 몇 가지 사실만 보고도 이것이 물고기는 절대로 아니고 필경 파충류인 게 분명한데, 사람이 보기만 해도 기가 질려 버리는지라(욥 41:9), 그 앞에 설 수도 없으니(욥 41:10), 싸움할 생각은 아예 상상도 하지 않는 게 좋다(욥 41:8).

이 자는 동양 신화에나 나오는 용처럼 입에서는 불이 나오고, 재채기만 해도 빛이 비치는가 하면, 눈은 아침 햇빛을 반사하는 것처럼 안광이 눈부시고(욥 41:18), 콧구멍에서 연기가 나오며(욥 41:19-21), 살에서 늘어진 지느러미가 달려 있다(욥 41:23). 나는 중국 사람들이 그린 용의 그림을 볼 때마다 그들이 욥기 41장의 묘사를 어쩌면 그렇게 정확하게 그림으로 옮겨다 그렸을까 하고 감탄을 금치 못한다. 자, 이쯤에서 당신은 욥기 41장의 리비야단이 용이란 걸 충분히 이해하게 되었을 것이다. 용은 뱀과 마찬가지로 파충류다. 이것은 짐작이 아니라 성경이 그렇다고 언급하고 있는 사실이다. 『**그 날에 주께서 그의 격심하고 크고 강한 칼로 날쌘 뱀 리비야단을 벌하시리니, 즉 꼬부라진 뱀 리비야단이라. 또 주께서는 바다에 있는 그 용을 살해하시리라**』(사 27:1). 성경이 리비야단을 『**꼬부라진 뱀**』이요, 『**용**』이라고 명백하게 진술하고 있는데도 학자들이나 "현대판" 성경들을 만들어 낸 자들은 한결같이 이것이 "악어"(또는 "고래")라고 주장하는 이유가 무엇인가? 그들은 이 존재의 정체를 가능한 한 감추고 싶어 한다.

바로 그 용에게서 능력과 자리와 큰 권세를 받은 짐승이 예루살렘 성전의 『**북쪽을 향해 바라보는**』 대문에 떡 버티고 있는지라, 그곳을 여기 에스겔 8:3에서 『**질투의 형상의 자리**』라고 이름하고 있는 것이다. 이 자가 다른 대문도 아니고 하필이면 북쪽을 향해 바라보는 대문에 자리를 삼고 있는 것도 실로 범상치 않은 일인데, 그렇다면 필경 그 북쪽에는 무엇인가 중요한 곳임이 분명하다. 그 북쪽에 과연 무엇이 있는 것일까?

8:5 그때 그가 내게 말씀하시기를 "인자야, 이제 북쪽을 향한 길로 네 눈을 들라." 하시기에 내가 북쪽을 향한 길로 내 눈을 들고서 입구에 질투의 형상이 있는 제단 대문을 향해 북쪽을 보았더라.

6 그가 또 내게 말씀하시기를 "인자야, 너는 그들이 무엇을 하는지 보느냐? 이스

라엘 집이 여기서 큰 가증함을 행하므로 내가 나의 성소로부터 멀리 떠나가야 하지 않겠느냐? 그러나 너는 다시 돌이키라. 그러면 네가 더 큰 가증함들을 보리라." 하시고

『**인자야, 이제 북쪽을 향한 길로 네 눈을 들라**』(5절). 성경에서 『**북쪽**』(the north)이라는 단어가 나올 경우 항상 그 단어에 주목해 보는 게 좋다. 다윗은 시편 48:2,3에서 이렇게 노래한다. 『**북편에 있는 위대한 왕의 도성 시온 산은 그 자리잡은 곳이 아름다우며 온 땅의 기쁨이니** 하나님**께서 그 궁전들에서 피난처로 알려지셨도다.**』 아름답고 온 땅의 기쁨인 이 『**북편에 있는 위대한 왕의 도성 시온 산**』을 무척 탐내는 자가 있는데, 그 자가 바로 마귀다. 『**내가 하늘에 올라가서 내가 내 보좌를** 하나님**의 별들보다 높일 것이요, 내가 또한 북편에 있는 회중의 산 위에 앉으리라**』(사 14:13). 마귀가 하나님께 반역하면서 궁극적으로 노렸던 것이 바로 이 "북쪽," 또는 "북편"에 있는 그 무엇이었다.

위에서 인용한 시편 48:2에 의하면, 『**위대한 왕의 도성**』이 이 『**북편**』에 있는데, 마귀가 잔뜩 노리고 있는 이 『**북편**』은 은하계 너머 우주의 끝을 지나 저 높은 곳이다(사 14:12-15). 이 『**북편**』에는 『**시온 산**』이라고도 불리는 거룩한 산이 있고(시 2:6; 24:3; 43:3), 『**수정과 같은 유리 바다**』가 하나님의 보좌 앞에 펼쳐져 있으며(계 4:6; 15:2), 그곳에 『하나님**의 도성인 하늘의 예루살렘**』이 또 있거니와(히 12:22), 여기가 바로 이 교회 시대에 구원받은 성도들이 들어가 살게 될 곳으로 천년왕국 시대가 끝나고 영원 시대로 접어들면서 하늘에서 내려오게 된다(계 15:2). 이만하면 당신은 나침반이 반드시 북극성을 가리키는 이유가 어디에 있는지 짐작이 갈 것이다. 우주에서 "위"라고 말할 때는 언제나 "북쪽"을 가리킨다. 하나님께서는 바로 이 "북쪽"에 계신 것이다.

『**질투의 형상**』이 지금 『**북쪽을 향해 바라보는 안쪽 대문의 문**』(3절)에 자리잡고 있는 것은 당신이 하나님께서 계신 그곳으로 가는 길목을 가로막으려는 것이다. 그런데도 당신이 그 자에게 경배를 드린다면 하나님께서 질투하실 만도 하지 않은가? 그래서 에스겔이 지금 영에 이끌려 와 있는 예루살렘 성전의 『**북쪽을 향해 바라보는 안쪽 대문의 문**』을 두고 『**질투를 유발시키는 질투의 형상의 자리**』라고 언급하고 있는 것은 당연하다.

북쪽의 유리 바다는 얼어 있다(욥 38:30). 그래서 늦가을과 겨울에 서리를 만드는 찬바람은 북쪽에서 불어온다. 『**얼음은 누구의 태에서 나왔느냐? 하늘의 하얀 서리는 누가 낳았느냐? 물이 돌로 된 것처럼 감추어졌고 깊음의 표면은 얼어 있도다**』(욥 38:29,30). 모든 자연 현상들은 결국 하나님께서 조작하시는 대로 움직이고 그 결과를 나타낸다. 『하나님**의 입김으로 인하여 서리가 내리고...**』(욥 37:10) 어디 서리뿐인가? 『**그는 구름들로 하늘을 덮으시며 땅을 위하여 비를 예비하시고 산들 위에 풀을 자라게 하시는도다**』(시 147:8). 『**그가 양털 같은 눈을 내리시고 하얀 서리를 재같이 흩으시며 얼음을 부스러기같이 뿌리시니 그의 추위 앞에 누가 설 수 있으리요? 그가 그의 말씀을 보내셔서 그것들을 녹이시고 그의 바람을 불게 하시니 물이 되어 흐르는도다**』(시 147:16-18).

북쪽의 유리 바다가 얼어 있는 데다가 구름이 물들 밑에서 찢어지지 않는지라(욥 26:8) 주님 말고는 아무나 그곳을 통과할 수가 없다(요 10:2). 구원받은 성도들이 이것을 통과하여 하나님께서 계신 셋째 하늘로 들어가려면, 그리고 천년왕국을 통치하기 위하여 주님을 따라 거기서 다시 나오려면, 이 유리 바다 어딘가에 부득이 문이 열리고 구름이 찢어지지 않으면 안 된다. 그래서 주님께서는 『**나는 양들의 문이라.**』(요 10:7)라고 말씀하셨고, 성경은 또 우리를 위해 몸이 찢기신 『**새롭고 살아 있는 길로 휘장, 곧 그의 육체를 통하여 들어가느니라.**』(히 10:20)라고 말씀하고 있는 것이다.

이렇게 깊고 오묘하면서도 명백한 진리를 성경에서 찾아내려면 하나님의 말씀들을 온전히 간직하고 있는 <킹제임스성경>이 아니고는 불가능하다. 바로 그렇기 때문에 모든 진리들을 당신의 눈에서 가려놓고 당신을 장님으로 만들어 버리기 위하여 마귀는 그렇게 많은 가짜 성경 역본들을 지금까지 계속 쏟아내 왔던 것이고 타락하고 배교한 학자들과 철없는 "유명" 그리스도인들을 시켜 그 쓰레기 같은 책들을 홍보해 왔던 것이다. 당신은 지금 당신 앞에 <킹제임스성경>이 펼쳐져 있다는 사실만으로도 하나님께 감사드려야 할 충분한 이유가 된다.

8:7 그가 나를 뜰의 문으로 이끄시기에 내가 보았더니 보라, 담에 구멍이 있더라.
8 그때 그가 내게 말씀하시기를 "인자야, 지금 그 담을 파라." 하시기에 내가 그 담을 팠더니 보라, 문이 있더라.
9 또 그가 내게 말씀하시기를 "들어가서 그들이 여기서 행하는 악한 가증함들을 보라." 하시기에

10 **내가 들어가서 보았더니 보라, 갖가지 모양의 기어다니는 것들과 가증스런 짐**
승들과 이스라엘 집의 모든 우상들이 사면 담에 그려졌더라.
11 **거기 그들 앞에는 이스라엘 집의 노인들 가운데서 칠십 명이 서 있고 그들 가운**
데는 사판의 아들 야아사냐도 서 있으며 각자가 손에 자기 향로를 가졌는데 향
의 짙은 연기가 올라가더라.
12 **그때 그가 내게 말씀하시기를 "인자야, 너는 이스라엘 집의 노인들이 어두운 곳,**
각기 자기 형상의 방 안에서 행하는 것을 보았느냐? 그들이 말하기를 '주께서
는 우리를 보지 않으시며 주께서는 땅을 버리셨다.' 하는도다." 하시더라.

지금 이 상황은 에스겔이 영적인 환상 가운데서 보고 있는 것으로, 이스라엘의 제사장들이 성전 안에서 남모르게 자행하던 우상 숭배의 은밀성을 나타내기 위한 비유적 서술이다. 이러한 서술에서 우리는 요한복음 3:20에서 『**악을 행하는 자는 누구나 빛을 미워하며 빛으로 오지 아니하나니, 혹 자기의 행위가 책망받을까 함이라.**』라고 하신 주님의 말씀을 머리에 떠올리게 되며, 또 인간이 아무리 은밀하게 숨기더라도 하나님 앞에 드러나지 않을 것이 없다는 진리를 다시 한번 발견하게 된다.

『**내가 들어가서 보았더니 보라, 갖가지 모양의 기어다니는 것들과 가증스런 짐승들과 이스라엘 집의 모든 우상들이 사면 담에 그려졌더라**』(10절). 그들이 방안 사면 벽에 그려 놓은 갖가지 형상들 가운데는 『**기어다니는 것들과 가증스런 짐승들**』이 포함돼 있는데, 문자 그대로 이집트의 벽화를 그대로 따다 놓은 광경이요, 그야말로 현대판 미키마우스에 도날드 덕 같은 동물 만화들이 "시네마스코프"처럼 사면 벽에 빙 둘러 있는 게 여간 장관이 아니다.

『**갖가지 모양의 기어 다니는 것들과 가증스런 짐승들**』의 종류에 대해서는 레위기 11장 전체에 걸쳐 상세히 나열돼 있거니와, 이런 것들을 밝혀 놓는 이유는 『**불결한 것과 깨끗한 것, 먹을 수 있는 짐승과 먹을 수 없는 짐승 사이에 차별**』을 두기 위함이다(레 11:47). 현대의 디즈니랜드 만화들은 한결같이 『**가증스런 짐승들**』만을 골라 주인공으로 삼고 어린이들을 TV 앞에 불러모아 놓고는 "자, 여러분, 절대로 가증스럽지도 않고 불결하지도 않지요? 자, 보세요. 얼마나 귀여운가!" 하고 가르친다. 만화를 통하여 어린이들에게 이런 가증스런 것들만 골라 그것들을 미화시키는 현대 문명 세계의 현대인 어른들에게 있어 『**모든 우상들**』이 무엇인지 아는가? 돈, 주식, 고급 자동차, 스포츠 카, 고급 주택, 고급 맨션 아파트, 요트, 자가용 비행기, 대형 TV 세트, 고급 하이파이 오디오 시스템, 자동 세탁기와 건조기, 자동 접시 세척기, 대형 냉장고, 레저, 외식, 밍크 코트, 다이아몬드, 섹스, 째즈, 로큰롤, 영화, 배우, 가수 등등 이루 헤아릴 수가 없다. 알고 보면 지금 당신 집에는 갖가지 우상들로 가득 차 있고 당신은 사면 팔방에 별의별 우상들로 둘러싸인 채 살고 있는 게 사실이다. 이 시대 현대인들에게 문제를 일으키는 모든 요인들을 잘 분석해 보면 그 99.99%가 이 숱한 우상들로부터 비롯된다는 것을 알 수 있다.

『**거기 그들 앞에는 이스라엘 집의 노인들 가운데서 칠십 명이 서 있고 그들 가운데는 사판의 아들 야아사냐도 서 있으며 각자가 손에 자기 향로를 가졌는데 향의 짙은 연기가 올라가더라**』(11절). 방안에는 이스라엘 집의 노인들 가운데서 "칠십 명"이 서 있다. 말하자면 70명의 장로들인데, 출애굽기 24장에 보면 모세가 산에 올라가 하나님을 뵈올 때 하나님께서 명하신 대로 아론과 나답과 아비후와 이스라엘 장로 70명을 뽑아 그들을 산밑에서 대기토록 명한 다음 혼자서 산에 올라간다(출 24:1,2). 그래서 70명의 장로들은 이스라엘 백성을 대표하는 사람들이다(출 24:13-15).

그런데 모세가 산에서 내려오는 것이 지체되자 산 아래에서는 어떤 일이 벌어졌던가? 『**모세가 산에서 내려오는 것이 지체되는 것을 보고, 백성들이 아론에게로 함께 모여들어 그에게 말하기를 "일어나서 우리 앞에 갈 신들을 우리에게 만들라. 우리를 이집트 땅에서 데리고 나왔던 그 사람 모세로 말하면 그가 어찌되었는지 우리가 알지 못함이라.**"』(출 32:1) 그리하여 아론은 아녀자들로부터 금귀고리를 징발하여 금송아지를 주조해 우상 신을 만들어 놓는데, 그것을 보자 백성들이 한다는 말이 『**오 이스라엘아, 이것들이 너를 이집트 땅에서 데리고 나온 너희 신들이라**』!(출 32:4) 아론은 그 우상 앞에 단을 쌓고 번제를 드리고 또 화목제를 갖다 놓았고, 백성들은 앉아 먹고 마시며 벌거벗고 춤을 추어댄다(출 32:6). 하나님께서는 이때 맹렬한 진노로 이스라엘을 진멸코자 하셨지만, 모세의 간곡한 간구를 들으시고 재앙을 철회하신다.

아무튼 이 장면에서 이스라엘을 대표하는 70명의 장로들이 뽑히는 것을 보게 되는데, 백성들의 타락 앞에서 어찌나 무력하기 짝이 없었던지 이들이 한 일이라고는 단 하나도 없었음에도 불구하고 이것이 계기가 되어 훗날 이스라엘 대공회는 전통적으로 각 회중들을 대표하는 70인의 장로들로 구성되게 된다. 따라서, 여기 11절에서 에스겔이 본 방안의 범행 현장에 서 있는 『**이스라엘 집의 노인들 가운데서 칠십 명**』이란 이스라엘 백성 전체를 대표하는 가운데, 그들의 가증한 음행의 범죄 행위가 총체적인 죄악이었음을 보여 준다. 더구나 거기에는 『**사판의 아들 야아사냐**』까지도 함께 섞여 있는데, 사판이라면 요시야왕이 성전 개혁을 단행하기에 앞서 성전에서 발견한 율법책을 왕 앞에서 읽어 주었던 경건한 서기관이었고, 요시야로 하여금 성전 개혁의 의지를 굳히게 했던 장본이었다(왕하 22:11-13). 말하자면, 사판은 요시야왕의 성전 개혁에 참여하였던 주역들 가운데 한 사람인 서기관이었는데, 그런 사람을 아버지로 둔 그의 아들 중 하나가 은밀한 우상 숭배의 음행 현장에 함께 있다니 기막힐 노릇이다. 끼여 있는 정도가 아니라 그의 신분으로 보아 십중팔구 그는 아마도 70인의 장로들을 대표하는 지도자였을지도 모른다. 그런 자가 앞장서서 가증한 범죄를 조장하고 있는 것이다! 이것은 동서고금을 막론하고 어느 경우에나 마찬가지인데, 하나님께 대적하는 무리들의 앞에는 언제나 "경건하고 박식한" 성경 "학자님들"이 예외 없이 서 있기 마련이다. 교회사에서 하나님의 말씀을 대적하고 진리를 거역하는 배교와 이단의 역사는 알렉산드리아 학파의 "경건하고 박식한" 학자님들로부터 시작되었거니와, 이것은 결코 우연이 아니다.

『**각자가 손에 자기 향로를 가졌는데 향의 짙은 연기가 올라가더라.**』 향을 피우면 연기가 올라간다. 성경에서 연기는 "기도"를 예표한다. 하나님을 거역한 배교자들은 당연히 마귀에게 기도를 한다.

『"**인자야, 너는 이스라엘 집의 노인들이 어두운 곳, 각기 자기 형상의 방 안에서 행하는 것을 보았느냐?**』(12절) 이 가증한 범죄는 『**주께서는 우리를 보지 않으시며 주께서는 땅을 버리셨다.**』는 터무니없는 억지에서 비롯된다. 누가 이런 터무니없는 거짓말을 퍼뜨렸던가? 시편 10편을 보라. 이런 거짓말을 퍼뜨린 장본인은 『**그의 입에 저주와 기만과 사기가 가득하고 그의 혀 아래에는 해악과 허영이**』 있는(시 10:7) 어떤 "**악한 자**"(시 10:2)인데, 이 자는 『**마을들의 잠복처에 앉아 은밀한 곳에서 죄 없는 사람을 죽이며... 자기 굴에 있는 사자같이 몰래 숨어 기다리며 가난한 자를 잡으려고 숨어 기다리다가, 가난한 자를 잡아 자기 그물 안으로**』 끌어넣는 자다(시 10:8,9). 이 자가 자기 마음속으로 『하나님**께서 잊으셨고 그의 얼굴을 숨기시나니 결코 그것을 보지 아니하시리라.**』(시 10:11)라고 말하면서 『**주는 그것을 문책하지 않으시리라.**』(시 10:13)라고까지 생각하며 하나님을 우습게 여기는 자다. 다시 말해서, 마귀인 것이다. 하나님의 눈을 속이고 은밀하게 죄를 범하는 모든 자들은 마귀의 이러한 속임수에 넘어간 자들이다. 이런 자들은 "하나님" 이야기가 나오면 의례 한다는 말이 "웃기지 말어. 하나님이 어디 있어?"라고 말한다. 그들은 『**각기 자기 형상의 방**』을 자신들의 마음속에 은밀히 만들어 놓고 거기에 마귀가 들어와 살게 한다. 이런 자들이 사실은 하나님이 정말 무섭지가 않아서 그런 말을 함부로 지껄이는 게 아니라 무섭기는 무섭되, 그 무서움을 떨쳐 버리려고 이런 생각을 하면서 자위하는 것인데, 이렇게 만드는 자가 바로 『**자기 형상의 방**』 안에 숨어 있는 마귀라는 얘기다.

8:13 그가 또 내게 말씀하시기를 "너는 다시 돌아서라. 그리하면 너는 그들이 행한 더 큰 가증함들을 보리라." 하시더라.

14 그때 그가 나를 북쪽을 향한 주의 집의 대문의 입구로 데려오시더라. 보라, 거기에는 여인들이 탐무스를 위하여 울며 앉아 있더라.

자, 이번에는 성전 바깥뜰로 인도되는데, 이번에도 『**북쪽을 향한**』 대문 입구다. 여자들은 성전 바깥뜰까지도 들어올 수가 없는지라 대문 입구에 앉아 있는데, 하필이면 『**탐무스를 위하여 울며 앉아**』 있다. 탐무스를 위해 울고 있다는 것은 무엇이 애통해서 울고 있는 게 아니다. 이것은 탐무스가 다시 나타나기를 여자들이 울면서 기원하는 옛 의식에 따른 것이다. 탐무스는 바빌론의 신으로서 일 년의 반은 죽어 있다가 나머지 반 동안은 살아 있는 식물신의 성격을 띤 신이었지만, 이 신을 숭배하는 사상은 저녁에 졌다가 아침에 다시 떠오르는 태양신 숭배 사상과도 맥을 같이하고 있다. 탐무스는 미의 여신 아스타롯의 아들이면서 또 남매지간도 되는 묘한 관계였다(일설에는 아스타롯의 남편도 되었다고도 한다). 이게 무슨 뜻인지 궁금하면 고린도전서 5:1을 잘 음미해 보라. 아무튼 탐무스는 불륜과 관계가 깊은 신인데, 시리아와 팔레스타인 지역에서 이 신의 숭배가 성행하였으며 후에 그리스 신화에 들어와 아도니스(*Adonis*) 신이 된다. 아도니스는 그리스 신화 속의 미소년으로 시리아 왕 테이아스, 또는 쿠프로 왕 키니라스와 그의 딸 사이에서 태어난 불륜의 씨인데, 여신 아프로디테의 사랑을 받고 있었지만 이를 질투하던 아레스 신(또는 헤파이스토스 신)이 멧돼지로 변신하여 사냥 나갔던 아도니스를 물어 죽인다. 아도니스가 멧돼지에게 물려 죽으면서 흘린 피에서 아네모네의 꽃이 피고 그의 죽음을 슬퍼하며 아프로디테가 흘린 눈물에서 장미꽃이 피었다는 전설이 여기서 생겨난다. 아프로디테가 그의 죽음을 어찌나 슬퍼했던지 명부의 신들이 아도니스를 반 년 동안은 아프로디테와 지상에서 함께 살도록 허락했다고 한다. 또 다른 전설에 의하면 아프로디테가 아도니스를 상자 속에 감추어 페르세포네 여신에게 잠시 맡긴 사이 페르세포네가 미소년 아도니스에게 반해 사랑에 빠지는 바람에 아프로디테에게 돌려주지 않자 제우스 신이 중재에 나서서 아도니스에게 명하여 반년은 아프로디테와, 나머지 반년은 페르세포네와 지내도록 명령했다고 전하기도 한다. 그리스의 헬레니즘 문화란 게 온통 이런 식이다. 이스라엘의 타락한 여인들이 탐무스가 다시 오기를 기원하며 울면서 의식을 올리는 광경에서 우리는 그 당시 이스라엘 여자들의 우상 숭배가 얼마나 도덕적, 성적 타락과 깊은 관련을 맺고 있었는지를 짐작할 수 있거니와, 하나님께서는 에스겔에게 이러한 타락과 범죄의 현장을 목도하도록 하신다. 하나님께서는 지금 성경을 통하여 21세기 현대인들의 성적 타락 현장을 당신에게 보여 주고 계신 것이다.

8:15 그러자 그가 내게 말씀하시기를 "오 인자야, 네가 이것을 보았느냐? 너는 다시 돌아서라. 그리하면 너는 이것들보다 더 큰 가증함들을 보리라." 하시더라.
16 또 그가 나를 주의 집의 안뜰로 데려오시더라. 보라, 주의 성전의 문에 곧 현관과 제단 사이에 약 이십오 명이 있는데, 그들의 등은 주의 성전을 향하고 그들의 얼굴은 동쪽을 향하였으니 그들이 동쪽을 향하여 태양을 경배하더라.

성전 본 건물의 현관은 동쪽을 향하고 있다. 그래서 성전 안 성소로 들어가려면 "동쪽에서 서쪽으로" 향하도록 돼 있는 것이다. 성경에서 하나님께서 역사하시는 모든 일들이 동쪽에서 서쪽으로 이동하고 진행되고 있음을 우리는 본다. "서쪽에서 동쪽으로" 향하는 것은 결코 선한 진행 방향이 아닌 것이다. 그런데 지금 여기 16절에서 약 25명이 『**동쪽을 향하였으니**』, 즉 서쪽에서 동쪽을 향하였으니 결코 옳은 방향이 아니다. 아니나 다를까, 그들은 『**동쪽을 향하여 태양을 경배**』하고 있다! 성전 현관과 제단 사이라면 유대 백성에게 어려운 일이 닥쳤을 때 흔히 제사장들이 성소를 향하여 엎드려 울며 하나님께 간구를 드리던 장소다(욜 2:17). 그런데 그 자리에 지금 약 스물 다섯 명이 모여서 성소를 등진 채 동쪽을 향하여 태양신에게 경배를 드리고 있는 것이다. 이들은 분명 모든 제사장들을 대표하는 "성소의 고관들"(사 43:28)이었으리라. 역대기상 24장에 보면 아론의 네 아들들 중에서 나답과 아비후는 자식을 못 낳은 채 먼저 죽었고 엘르아살과 이다말이 제사장의 직분을 맡다가 다윗 시대에 이르러 엘르아살의 아들들 중에서 사독, 그리고 이다말의 아들들 중에서 아히멜렉에게 그 직분을 분배하였는데, 그 아들들이 제비로 직분을 나누어 엘르아살 계열에서 16명, 이다말 계열에서 8명, 모두 24명을 뽑아, 이들이 대제사장 밑에서 『**성소의 주관자와 하나님의 전의 주관자**』 노릇을 하도록 하였다(대상 24:2-5). 이렇게 볼 때, 여기 현관과 제단 사이에 서서 태양신에게 경배를 드리고 있는 "약 이십오 명"이란 필경 이들을 말하는 것이리라. 하나님의 성전과 성소를 맡은 주관자들이 지금 주의 집의 안뜰에서 하나님을 등 뒤에 두고 이방신 태양에게 경배를 드리는데, 이제는 "은밀히"도 아니고 아주 버젓이 드러내놓고 그 짓을 하고 있을 정도로 이스라엘의 타락은 총체적이었고 대담해졌던 것이다.

구약에 보면, 태양이나 달과 별들을 숭배하고 이것들을 신으로 삼아 경배하던 풍조는 아주 오래전부터 이방 민족으로부터 유대인들에게 전래되었음을 알 수 있다. 『**또 네가 네 눈을 들어 태양과 달과 별들, 즉 하늘의 모든 군상을 보고 그것들을 경배하고, 그것들을 섬기도록 이끌려서는 안 될지니, 그것들은 주 너의** 하나님**께서 온 하늘 아래 모든 민족들에게 나누신 것이니라**』(신 4:19). 태양신은 이 시대의 현대인들에게도 최대의 우상 신이다. 뉴에이지 운동에 관련되는 모든 유형의 단체들에 소속된 회원들은 자신들이 "빛의 자녀들"이라 자처하면서 그 "빛"의 근원이 바로 태양이라고 여기고 해를 숭배한다. 그들은 그리스도인들이 『**빛의 자녀들**』(요 12:36, 엡 5:8, 살전 5:5)인 것을 그대로 흉내 내고 있는 것이다. 미국의 1달러짜리 지폐에 그려져 있는 피라미드 속의 "외눈깔"("모든 것을 보는 눈")은 바로 이 태양신과 관련이 있다.

8:17 그가 또 내게 말씀하시기를 "오 인자야, 네가 이것을 보았느냐? 그들이 여기서 가증한 것들을 범한 것이 유다 집에 하찮은 것이라 하겠느냐? 이는 그들이 폭력으로 땅을 채웠으며 돌이켜 나를 격분시켰음이라. 보라, 그들이 나뭇가지를 그들의 코에 두었느니라.

18 그러므로 나도 진노로 다루리니 내 눈이 아끼지 아니할 것이요, 내가 불쌍히 여기지 아니하리라. 그들이 내 귀에다 큰 소리로 부르짖는다 해도 내가 그들을 듣지 아니하리라." 하시더라.

『그들이 나뭇가지를 그들의 코에 두었느니라』(17절). 이 구절에 관해서는 주석자들에 따라 해석이 구구한데 이런 말은 성경에서 여기밖에는 나오지 않는지라 참조해 볼 만한 구절이 다른 데는 없지만, 태양신을 숭배하는 자들이 태양을 향하여 경배를 드릴 때 자신들의 입이나 코에서 나오는 더러운 숨결로 태양 빛을 더럽힐 수 없다는 생각에서 입에 나뭇가지를 물고 경배를 드렸던 행위를 서술한 것으로 보인다. 나뭇가지를 보통 입에 무는 것이 관례였지만, 에스겔은 이것을 비웃기 위해 **『코에 두었느니라.』**고 언급하고 있는 듯하다. 문제는 모든 유형의 이방 종교에서 "나뭇가지"나 "나무"를 아주 가까이하는 것을 볼 수 있다는 점인데, 가령, 로마카톨릭교에서는 예수 그리스도를 아직도 나무에 걸어놓고 십자가 처형을 계속하고 있는가 하면, 12월 25일 "크리스마스"라는 이름의 태양신 축제일에 "크리스마스 트리"를 반드시 꺼내놓고 갖가지 장식으로 꾸며 놓는 것도 이런 데서 유래한 것이다.

그들이 나뭇가지를 이처럼 숭상하는 것은 나뭇가지에서 움이 돋고 싹이 난다는 생각에서 비롯된 것이지만, 민수기 17:7에서 보듯이 **『증거의 성막 안 주 앞에』** 놓아두었던 아론의 막대기에 움이 돋고 싹이 나서 꽃이 피고 아몬드 열매들이 열렸던 이적과는 무관하다. 태양신 숭배자들은 나뭇가지에 움이 돋고 싹이 나게 하는 것이 태양이라고 믿고 나뭇가지를 숭상하는 것인데, 이것은 순전히 나무가 생명의 근원이되, 태양 빛이 나무에 생명이 돋게 한다는 자연 숭배 종교를 반영하는 것에 지나지 않는다.

『그들이 폭력으로 땅을 채웠으며』(17절). "가증함"이 하나님에 대적하는 죄라면, "폭력"은 보통 악한 자가 선한 자에게 대적하는 죄를 말한다. 이 지구상에 최초로 자행되었던 폭력은 마귀의 예표인 카인에 의해서였다. 그후 인류가 땅에서 번성하기 시작하고 딸들이 그들에게서 태어났을 때, **『하나님의 아들들』**(창 6:2), 즉 타락한 천사들이 사람들의 딸들을 아내들로 삼고 그들 사이에서 **『거인들』**(창 6:4)이 태어났으며 이들로 인해 사람들의 사악함이 세상에 창대해지고 생각이 악할 뿐인지라 세상에는 각종 폭력이 난무하게 된다. 그리하여 하나님께서는 홍수로 지구를 쓸어버리기로 작정하신다. **『땅도 하나님 앞에 부패하였으니 땅이 폭력으로 가득하였더라... 하나님께서 노아에게 말씀하시기를 "모든 육체의 종말이 내 앞에 이르렀으니, 이는 땅이 그들로 인하여 폭력으로 가득 찼음이라. 보라, 내가 그들을 땅과 함께 멸망시키리라』**(창 6:11-13). 이 지구는 또 한 번의 엄청난 폭력으로 종말을 맞게 될 것이다.

『**그러므로 나도 진노로 다루리니 내 눈이 아끼지 아니할 것이요, 내가 불쌍히 여기지 아니하리라. 그들이 내 귀에다 큰 소리로 부르짖는다 해도 내가 그들을 듣지 아니하리라." 하시더라**』(18절). 자, 드디어 이스라엘의 끔찍한 범죄 현장 조사가 일단락되고 이제는 하나님의 준엄한 심판만이 남아 있다. 하나님께서는 그들을 심판하기로 하신 자신의 의지를 또 한 번 결연하게 다짐하신다. 『**그들이 내 귀에다 큰 소리로 부르짖는다 해도 내가 그들을 듣지 아니하리라.**』

하나님께서는 세상에 대하여 도무지 긍정적으로 대하는 데가 없으시다.

『**나도 진노로 다루리니**』. 부정적이시다.

『**내 눈이 아끼지 아니할 것이요,**』 부정적이시다.

『**내가 불쌍히 여기지 아니하리라.**』 또 부정적이시다.

『**그들을 듣지 아니하리라.**』 끝내 부정적이시다.

말이 그렇지, 한번 생각해 보라. 지금 당신 자신의 그 숱한 죄들을 생각해 보고 나서 어이쿠 싶어서 하나님의 귀에다 대고 큰 소리로 부르짖는다. "하나님, 제가 잘못했습니다! 제발 용서해 주십시오!" 그러나 하나님께서는 당신이 아무리 울며 부르짖으며 간구해도 "듣지 아니하리라."라고 말씀하신다고 생각해 보라. 정말 아찔하지 않은가? 하지만 지금 당신에게는 예수 그리스도께서 흘려 놓으신 피가 있다. 당신은 그 피를 하나님께 보여드리면서 이렇게 말할 수가 있다. "하나님, 예수님의 이 피를 보시고 저의 죄를 용서해 주십시오." 하나님께서는 그 피를 보시는 순간 당신의 죄들로부터 외면해 버리신다. 우리가 구약 시대에 살고 있지 않다는 것이 얼마나 다행한 일인가! 예수 그리스도께서 2천 년 전 갈보리에서 피를 흘려 놓으셨다는 것이 얼마나 복된 일인가! 만약 그렇지 않았더라면 우리들은 『**그러므로 나도 진노로 다루리니 내 눈이 아끼지 아니할 것이요, 내가 불쌍히 여기지 아니하리라.**』는 하나님의 말씀 앞에 부들부들 떨고 있어야만 했을 것 아닌가? 『**주 안에서 항상 기뻐하라. 내가 다시 말하노니 기뻐하라.**』(빌 4:4)라고 바울이 말했던 까닭을 이해할 수 있겠는가? 구원의 위대성이 여기에 있다. 『**너희가 그를 보지 못하였으나 사랑하며, 지금도 그를 보지 못하나 믿고 있으며, 또 말할 수 없이 영광으로 가득 찬 기쁨으로 즐거워하나니 이는 너의 믿음의 결과, 곧 너희 혼들의 구원을 받음이니라**』(벧전 1:8,9).

에스겔 9장

에스겔 9장은 대환란 시대에 있게 될 일들을 묘사하고 있는 생생한 그림이다. 특별히 대환란 시대에 있게 될 "표"에 대한 언급이 여기서 나온다. 대환란 시대에는 각기 다른 두 가지 "표"가 각기 다른 부류의 사람들에게 주어지거니와, 그 하나가 요한계시록 13장에서 언급되는 "짐승의 표"이고, 다른 하나는 요한계시록 7,9,14장에서 언급되는 "하나님의 인장" 또는 하나님의 이름으로 이마에 받는 "하나님의 표"인데, 바로 이것이 여기 에스겔 9장에서 언급되고 있다는 데에 주목해야 한다.

9:1 그가 또 내 귀에다 큰 소리로 부르짖어 말씀하시기를 "성읍을 관할하는 자들도 각자 손에 파괴하는 무기를 들고 나오게 하라." 하시더라.

2 보라, 여섯 사람이 북쪽을 향해 있는 윗 대문 길로부터 오는데 각자 손에 살육하는 무기를 가졌고 그 중에 한 사람은 가는 베옷을 입고 옆에 서기관의 잉크 통을 찼더라. 그들이 들어와서 놋 제단 곁에 섰더라.

3 이스라엘의 하나님의 **영광이 그가 계셨던 그룹에서 올라가 성전의 문지방에 이르니 주께서 가는 베옷을 입고, 옆구리에 서기관의 잉크 통을 찬 사람을 부르시더라.**

4 주께서 그에게 말씀하시기를 "너는 성읍 중간을 통과하라. 예루살렘 중간을 통과하여 그 가운데서 행해지는 모든 가증한 짓들로 인하여 탄식하고 울부짖는

사람들의 이마에 표를 하라." 하시고

『**성읍을 관할하는 자들**』(1절). 이들이 누구인지에 대해서는 주석자들에 따라 설명이 구구한데, 어떤 주석자는 이사야 60:17에서 언급되는 "관원"들과 "감독자"들과 같은 사람들을 지칭한다고도 하고, 또 어떤 주석자는 이미 예루살렘을 장악하고 지배하고 있는 바빌론의 군대 관원들을 말한다고도 주장하는가 하면, 혹자는 하나님의 천사들이라고도 설명한다. 모두 여섯 사람으로 구성된 이들이 누구인지 분명하게 확인하기가 쉽지는 않지만, 앞에서 살펴본 것처럼 남녀노소 할 것 없이 예루살렘의 모든 자들이 총체적으로 타락해 있었던 것으로 미루어, 이들이 이사야 60:17에서 언급되는 예루살렘의 유다 관원들과 감독자들이라고 간주하기는 어렵다. 점령군 바빌론의 군대 관원들로 보는 것도 근거가 빈약하다. 더구나 그들 가운데 한 사람은 『**가는 베옷을 입고 옆에 서기관의 잉크 통을**』 차고 있는 것으로 보아 바빌론 군대와는 분위기가 전혀 어울리지 않는다. 다니엘 4장에서 느부갓넷살왕의 꿈 가운데 『**한 거룩한 이**』와 함께 나타났던 『**파수꾼**』(단 4:13,17,23), 또는 다니엘 10장에서 다니엘의 환상 가운데 『**세마포로 옷입고 그의 허리는 우바스 정금으로 띠를**』(단 10:5) 두르고 나타났던 "사람"들이 하나님의 심판을 실행에 옮기는 사명을 띤 천사들이었음을 상기해 볼 때, 여기에 등장하는 사람들, 즉 『**성읍을 관할하는 자들**』을 천사들로 보는 데에는 전혀 문제가 없다.

성경에서 천사는 언제나 "사람"으로 등장한다. 천사들은 언제나 "사람"이되, 성이 없는 존재가 아니라 언제나 "남성"(a man 또는 men)으로 나타난다. 누가복음 24장에서 사람들이 예수 그리스도의 무덤으로 찾아왔을 때 "빛나는 옷을 입고 무덤에 있었던 두 사람"(two men, 눅 24:4), 사도행전 1장에서 주님께서 승천하시는 모습을 보고 있던 사람들에게 나타났던 "흰 옷을 입은 두 사람"(two men, 행 1:10)은 모두 천사였다. 요한계시록 21장에서도 성벽을 측량하려고 손에 금 갈대를 들고 등장하는 사람이 있는데, 이 "사람" 역시 천사였고 또 "남자"(he)였다. 이처럼 성경 어디에서도 천사는 성이 없는 것도 아니고, 여자도 아니며, 날개도 달리지 않은 사람(남자)으로 등장한다. 그래서 여기 나오는 『**성읍을 관할하는 자들**』도 "사람들"이고 "남자들"이며 또 "천사들"이다. 하나님께서는 이들 천사들로 하여금 『**각자 손에 파괴하는 무기를 들고 나오게**』 하심으로써 진노의 심판을 드디어 실행에 옮기실 참이다.

『**보라, 여섯 사람이 북쪽을 향해 있는 윗 대문 길로부터 오는데, 각자 손에 살육하는 무기를 가졌고, 그 중에 한 사람은 가는 베옷을 입고 옆에 서기관의 잉크 통을 찼더라. 그들이 들어와서 놋 제단 곁에 섰더라**』(2절). 살육 무기를 들고 등장한 이들 여섯 사람 가운데 하나는 그 임무가 다른 사람과는 판이한데, 그는 다니엘에게 나타났던 천사처럼(단 10:5; 12:6,7) "가는 베옷"을 입고 있다. 또 "서기관의 잉크 통"을 차고 있는 모습이 특이한데, 이 "잉크 통"(inkhorn)은 성경에서 여기 에스겔 9장에서 밖에는 나오지 않는다. 이 사람은 하나님의 심판을 집행하며 사람을 살육하는 일보다는 어떤 사람들의 이마에 표를 하는 게 주임무다(4절). 어떤 주석자는 이 사람이 예수 그리스도를 지칭한다고도 주장하지만 지나친 비약이다. 이마에 하나님의 표를 하는 임무라면 천사들로도 충분하고, 실제로 이 일은 천사들에 의해 수행되고 있다(계 7:3).

『**이스라엘의** 하나님**의 영광이 그가 계셨던 그룹에서 올라가 성전의 문지방에 이르니**』(3절). 하나님의 영광이 문지방까지 나오신다. 이것은 지성소를 떠나 문밖으로 나오셨다는 것을 의미한다. 그분께서는 원래 성전의 지성소 안 그룹들 사이의 자비석에 머물고 계신다(삼하 6:1, 시 80:1). 하나님께서 지성소를 떠나 밖으로 나오셨다는 것은 결코 보통 일이 아니다. 이것은 하나님께서 성소를 떠나셨음을 말하고, 성소를 떠나셨다는 것은 곧 이스라엘을 버리셨다는 것을 의미한다. 이스라엘은 우상 숭배로 더럽혀진 성전과 함께 파멸을 면치 못할 것이다. 대환란 때 일어나는 일이 바로 이것이다.

『**너는 성읍 중간을 통과하라. 예루살렘 중간을 통과하여 그 가운데서 행해지는 모든 가증한 짓들로 인하여 탄식하고 울부짖는 사람들의 이마에 표를 하라**』(4절). 대환란 시대의 "짐승"도 사람들의 이마나 손에 표를 한다. 이 "짐승의 표"를 받지 않은 사람들은 아무도 물건을 사거나 팔 수가 없어 꼼짝없이 굶어 죽게 된다(계 13:16-18). 그러나 여기서는 하나님께서 사람들의 이마에 표를 하신다. 그들은 이스라엘의 가증한 범죄에 가담하지 않고 오히려 『**탄식하고 울부짖는 사람들**』인데, 이들은 하나님의 심판을 모면하고 구제될 것이다. 이것은 대환란 기간에 있게 될 일을 나타내는 그림임이 분명하다. 다니엘 12장을 보라. 『**"그때에 미카엘이 일어서리니, 이는 네 백성의 자손을 위하여 일어서는 위대한 통치자라. 또 고난의 때가 있으리니, 그것은 민족이**

생긴 이래로 그 때까지 결코 없었던 것이라. 그 때에 네 백성이 구제될 것이니, 곧 그 책에 기록되어 발견될 모든 자들이라』(단 12:1). 다니엘 12장은 대환란에 대한 유명한 예언의 장이다.

다니엘 12장에서 보듯이 대환란 기간에 『**구제될**』 사람들이 하나님의 인장으로 이마에 표를 받는 장면이 요한계시록에 나온다. 『**또 내가 보니, 다른 천사가 동쪽에서 올라오는데 살아 계신** 하나님**의 인장을 가지고 있더라. 그가 땅과 바다를 손상시킬 권세를 받은 네 천사에게 큰 음성으로 소리질러 말하기를 "우리가 우리** 하나님**의 종들인 그들의 이마에 인장으로 표시할 때까지 땅이나 바다나 또는 나무들을 손상시키지 말라."고 하더라**』(계 7:2,3). 『**그들에게 명령이 내려지기를 땅의 풀이나 또 어떤 푸른 것이나 어떤 나무도 해치지 말고 다만 그들의 이마에** 하나님**의 인장으로 표시받지 아니한 사람들만 해치라고 하더라**』(계 9:4). 『**또 내가 쳐다보니, 보라,** 어린 양**이 시온 산 위에 서 있고 그와 함께 십사만 사천 명이 있는데 그들의 이마에는 그의** 아버지**의 이름이 쓰여 있더라**』(계 14:1).

결국 대환란 기간 동안에는 하나님께 속한 사람들과 짐승에게 속한 자들이 확연히 구별되는데, 이마에 누구의 표를 받았느냐에 따라 한 그룹은 하늘로, 다른 한 그룹은 불못으로 가게 될 것이다. 하나님께서는 짐승에게 굴복하지 아니한 모든 사람들이 하나님의 인장 또는 하나님의 이름을 이마에 다 받을 때까지 심판의 실행을 잠시 유보하신다.

『**너는 성읍 중간을 통과하라. 예루살렘 중간을 통과하여 그 가운데서 행해지는 모든 가증한 것들로 인하여 탄식하고 울부짖는 사람들의 이마에 표를 하라.**』 우리는 이 구절에서 두 가지 아름다운 그림을 본다. 그 하나는 세상이 온통 가증한 것들로 가득 차 있지만 그 가운데서도 『**탄식하고 울부짖는 사람들**』이 있음을 보여 주는 아주 놀라운 그림이고, 또 하나는 이런 사람들을 하나님께서 결코 모른 체하지 않으시고 천사를 시켜 일일이 이마에 표를 써 주시는 장면이다. 더욱 놀라운 것은 『**잉크 통**』을 옆구리에 찬 천사가 이런 사람들을 찾아 나서는데, 은밀한 뒷골목이나 지하실이나 비밀 동굴 같은 데를 뒤지는 게 아니라 『**성읍 중간을 통과**』하여 찾는다. 그들이 숨어사는 게 아니라 가증한 것들이 횡행하는 도심 한 복판에서 탄식하며 울부짖고 있는 것이다. 그야말로 죽음을 각오한 사람들이다. 탄식하고 울부짖되, 제 목숨만 건지려고 남의 눈치를 보면서 숨어사는 게 아니다. 그들은 용기 있는 사람들이요, 담대하게 하나님을 섬기는 사람들이다. 그들은 세상을 "부정적으로" 대하고, 공공연하게 "비판"하며, 탄식하고 울부짖는 바람에 세상 사람들로부터 손가락질받고 지탄받고 조롱을 받는 사람들이다. 그러나 옳았던 사람들은 이들이었고 잘못된 것은 세상이었다. 하나님께서 이런 사람들을 모른 체하실 리가 있겠는가? 오늘날 성경을 들고 거리로 뛰쳐나가 복음을 전하고 거리 설교를 하면서 지옥을 경고하는 구령자들이야말로 바로 이런 사람들이다. 이들은 구원받고 그리스도인들이 되고 나서 남몰래 혼자 구원을 즐기며 숨어사는 사람들이 아니다. 이들은 세상에 대하여 "부정적으로" 대적하면서 비판하고 탄식하며 울부짖는다. 그것이 용감한 그리스도의 증거로 나타나고 담대한 진리 전파로 나타난다.

성경에는 각기 의미가 다른 몇 가지 "표"들이 언급되고 있다. 바울은 갈라디아 6:17에서 이렇게 말한다. 『**이제부터는 아무도 나를 괴롭게 하지 말라. 나는 내 몸에** 주 예**수의 표들을 지녔느니라.**』 이것은 채찍으로 맞고 몽둥이로 맞고 돌로 맞은 자국으로서 바울은 이것을 『주 예수**의 표들**』이라고 일컫는다. 바울은 채찍으로 195대를 맞았고 몽둥이로 세 번 맞았으며 한 번은 돌로 맞았다(고후 11:24,25). 바울은 손에 못 자국은 없었다. 그가 십자가 처형을 당한 것은 아니었기 때문이다. 러시아나 루마니아 같은 공산당 치하에서 억압받고 고문당했던 사람들이 간신히 목숨을 건져 서방으로 망명한 사람들이 종종 웃옷을 벗고 상처투성이가 된 상체를 보이면서 몸에 자국난 고문의 흔적들을 보여 주곤 했는데, 바울의 몸에 지녔던 『주 예수**의 표들**』은 이처럼 몸에 실제로 자국난 신체적인 "표들"이었다.

바울은 또 "영적인 표"를 갖고 있었는데, 이것은 그리스도인으로 거듭난 모든 사람들이 받게 되는 표로서 성령 안에서 새로 태어난 사람만이 받는 "출생의 표"다. 여기에 또 요한계시록에서 보듯이 "짐승의 표"와 하나님의 인장 또는 하나님의 이름이 찍히는 "하나님의 표"가 있다.

9:5 또 내가 듣는데 다른 사람들에게 말씀하시기를 "너희는 그를 좇아가 성읍을 통과하여 치되 너희 눈에 아끼지도 말고 불쌍히 여기지도 말며
6 늙은이나 젊은이나, 처녀나 어린 아이나 여자를 전부 죽이되 표가 있는 사람에게는 접근하지 말며 또 내 성소에서 시작할지니라." 하시니 그들이 성전 앞에

있는 늙은 사람부터 시작하더라.
7 **또 주께서 그들에게 말씀하시기를 "전을 더럽히고 살해된 자들로 뜰을 채우라." 하시고 "너희는 나가라." 하시니 그들이 나가서 성읍에서 죽이니라.**

『**늙은이나 젊은이나, 처녀나 어린 아이나 여자를 전부 죽이되 표가 있는 사람에게는 접근하지 말며 또 내 성소에서 시작할지니라." 하시니 그들이 성전 앞에 있는 늙은 사람부터 시작하더라**』(6절). 남녀노소 가리지 않고 『**전부**』 죽이려면 그야말로 핵폭탄이라도 사용해야 한다. 그러나 『**표가 있는 사람**』은 건드리지 않는다. 어떻게 그렇게 기술적으로 선별할 수 있는지 나는 모른다. 내가 아는 것은 단지 하나님께서 그렇게 하신다면 하신다는 사실과 그렇게 하실 수 있는 분이 바로 하나님이시라는 사실뿐이다.

이 끔찍한 하나님의 복수가 『**성전**』에서부터 시작되되, 그것도 『**늙은 사람부터**』 시작된다. 베드로도 『**이는** 하나님**의 집에서 심판을 시작해야 할 때가 되었음이니 만일 그 심판이 우리에게서부터 먼저 시작되면** 하나님**의 복음에 순종하지 않는 자들의 그 종말은 어떠하겠느냐?**』(벧전 4:17)라고 말한다. 심판은 구원받지 못한 죄인들에게서부터 시작되는 게 아니라 그리스도인들에게서부터 시작된다는 것을 알라. 그리스도인들을 심판해 보고 그들이 올바르지 않고 제대로 되지 않았다고 판단되면 그들부터 호되게 심판하신 다음에야 하나님의 심판이 구원받지 못한 자들에게 방향을 돌린다. 그리스도인들에 대한 심판도 나이가 많이 들 때까지 오래 살면서 그만큼 오랫동안 지도적인 위치에 있었던 『**늙은 사람부터**』 시작하여 50대, 40대, 30대, 20대, 10대 순으로 점점 젊은이들에 대한 심판으로 옮겨간다. 여기서 『**늙은 사람**』이라면 실제적으로는 8:11,12에 나오는 『**이스라엘 집의 노인들 가운데 칠십 명**』을 말한다. 이들은 온 백성을 대표하는 원로 지도자들이니만큼 책임도 그만큼 중하다. 그러므로 먼저 심판을 받아야 하는 것은 당연하다. 지역 교회 내에서 "어른" 대접을 받으면서 회원들 앞에 "경건한 노인"으로 행세했던 이른바 원로들은 정신을 차려야 한다.

『**전을 더럽히고 살해된 자들로 뜰을 채우라**』(7절). 하나님의 전은 이미 가증한 것들로 더럽혀졌고, 하나님께서는 이미 성소를 떠나셨다(3절). 이미 이곳은 하나님께서 계신 "성전"이 아니다. 그러므로 전을 더럽히고 살해된 자들의 더러운 시체로 성전 뜰을 채워도 전혀 문제가 되지 않는다. 성전에서 하나님을 섬기던 제사장들은 원래 죽은 사람의 시체를 만지기만 해도 특별한 성결례를 드려야 했고 그렇지 않으면 하나님의 성전을 더럽힌 것으로 간주하여 죽임을 당했을 정도로 성전의 정결 유지는 엄격했었다(민 19:11-13). 그 거룩한 성전 뜰이 이제는 죄인들의 시체 야적장으로 변한 것이다.

9:8 그들이 사람들을 죽이는 동안 나는 남아서 엎드려 부르짖어 말하기를 "아, 주 하나님이여! 주께서는 예루살렘에 주의 진노를 부으심으로써 이스라엘의 모든 잔류자를 멸하려 하시나이까?" 하였더니
9 그가 내게 말씀하시기를 "이스라엘과 유다 집의 죄악이 심히 크고 그 땅이 피로 가득하며 그 성읍이 위법으로 가득하도다. 이는 그들이 말하기를 '주께서 땅을 버리셨고 주께서 보지 아니하신다.' 함이라.
10 나로서도 내 눈이 아끼지 아니하고 내가 불쌍히 여기지 아니하리라. 그대신 내가 그들의 행위를 그들의 머리 위에 갚으리라." 하시더라.
11 보라, 가는 베옷을 입고 옆에 잉크 통을 찬 사람이 그 일을 보고하여 말하기를 "주께서 내게 명령하신 대로 수행하였나이다." 하더라.

에스겔이 하나님께 간구했지만, 하나님의 심판은 철회되지 않는다. 하나님께서는 이미 『**네 행위에 따라 너를 심판하고 네게 모든 가증함으로 보응하리라.**』(7:3)고 선언해 놓으신 터였다. 이미 때는 늦었다. 『**그때에 그들이 나를 부를 것이나, 내가 대답하지 아니하겠고, 그들이 일찍 나를 찾을 것이나 나를 만나지 못하리니, 이는 그들이 지식을 싫어하며 주를 두려워하기를 원치 아니하였음이라**』(잠 1:28,29).

그들은 『'**주께서 땅을 버리셨고 주께서 보지 아니하신다.**'』(9절)라고 하나님을 멸시했다. 그래서 하나님께서는 땅을 버리시는 것이 어떤 것인지 그들에게 분명히 알려주시는 것이다. 하나님께서는 단지 그들의 행위대로 보응하실 뿐이다. 말하자면, 심은 대로 거두리라는 것이다. 『**그러므로 그들은 자기들의 행위의 열매를 먹고 자신들의 계략들로 배부르리라**』(잠 1:31). 그들은 자신들이 어떤 고약한 씨를 심었는지, 그리고 무슨 더러운 생각을 했는지, 자신들이 받는 심판을 통해 알 수 있을 것이고, 『**주께서 보지 않으신다.**』라고 했던 말이 틀렸다는 것을 알게 될 것이다.

『보라, 가는 베옷을 입고 옆에 잉크 통을 찬 사람이 그 일을 보고하여 말하기를 "주께서 내게 명령하신 대로 수행하였나이다." 하더라』(11절). **『잉크 통을 찬 사람』**의 임무가 무엇이었던가? 그는 하나님의 심판을 모면할 사람들의 이마를 미리 표를 해두는 일이었다. 이제 그 임무를 다 수행했다고 보고를 드린다. 이것은 마치 주 예수 그리스도께서 요한복음 17:4에서 아버지 하나님께 보고 드리는 장면을 연상케 한다. **『내가 땅에서 아버지를 영화롭게 하였으며 아버지께서 내게 하라고 주신 그 일을 완성하였나이다.』**

에스겔 10장

10:1 그때 내가 보니, 보라, 그룹들 머리 위에 있는 창공에는 마치 사파이어 같고 보좌 형상의 생김새 같은 것이 그들 위에 나타났는데,

2 그가 가는 베옷을 입은 사람에게 일러 말씀하시기를 "너는 그룹 아래 바퀴 사이로 들어가 그룹들 사이에서 네 손에 숯불을 채워다가 성읍에다 흩으라." 하시니, 그가 내 목전에서 들어가더라.

3 이제 그 사람이 들어갔을 때, 그룹들은 성전 오른편에 섰는데 구름이 안뜰에 가득하더라.

4 그때 주의 영광이 그룹으로부터 올라와 성전의 문지방 위에 섰는데 성전은 구름으로 찼고 뜰은 주의 영광의 광채로 가득하더라.

『**그때 내가 보니, 보라, 그룹들 머리 위에 있는 창공에는 마치 사파이어 같고 보좌 형상의 생김새 같은 것이 그들 위에 나타났는데**』(1절). 이 구절은 1:26에서도 서술되었던 그대로다. 『**창공**』은 곧 하늘이다. 이것은 우주의 광활하면서도 "텅 빈" 공간처럼 보이지만 이 역시 하나님의 피조물이다. 『하나님**께서 창공을 만드시고**』(창 1:7)라고 성경은 말씀한다. "창공"이라는 뜻의 영어 단어 "firmament"의 어근 "firm"은 "두드려서 단단하게 만들다."란 뜻이다. 사람들은 하나님께서 우주의 천체들을 만드시고 그것들을 여기저기 적절히 배치해 놓으시는 바람에 그 천체와 천체 사이에 텅 빈 공간(expanse)이 저절로 생겼고 이게 바로 『**창공**』인 것으로 생각하지만, 실은 이 공간도 하나님께서 "두드려서 만드신 공간"이란 것을 알아두어야 한다. 창공은 말하자면, 저절로 생긴 것도 아니고 텅 빈 게 아니라 무엇인가로 꽉 차 있다는 얘기다.

사람들은 지구 대기권의 상층권만 벗어나면 진공 상태인지라 우주 공간은 그저 텅 빈 것으로 생각하지만, "진공"이란 공기만 없다는 뜻이지 다른 아무것도 없다는 것은 아니다. 이 공간에는 눈에는 보이지 않지만 광입자들을 위시해서 수없이 많은 미립자들로 꽉 차 있다. 하나님께서 이 『**창공**』을 반드신 까닭은 물들과 물들을 나누어 이것 위에 있는 물들과 이것 아래에 있는 물들로 나누시기 위함이었다(창 1:6,7). ["창공"이나 "물들," "하늘들"에 대해서는 저자의 <창세기> 1:2의 주석을 참조하라.]

『**사파이어**』는 청색의 보석으로 성경에서 흔히 "하늘"을 뜻한다. 『**이스라엘의 하나님을 보니 그분의 발 아래는 마치 사파이어 돌로 포장한 것 같고 그 청명함은 하늘의 본체 같더라**』(출 24:10). 또 다른 보석으로 붉은 색깔을 띤 "루비"는 성경에서 흔히 피를 뜻하는 수가 많다.

여기 1절에서 에스겔이 본 『**보좌 형상의 생김새**』는 실은 셋째 하늘에 있는 하나님의 보좌의 그림이다. 하나님의 보좌는 창공 위 평평한 밑받침으로 된 단 위에 놓여 있는데, 마치 사파이어 같은 빛깔을 띤 이 거대한 단이 창공에 나타났다. 이 거대한 단은 위로 날아오르기도 하고 아래로 내려오기도 하는데, 이 단의 네 귀퉁이에 또 거대한 바퀴들이 있으며, 이 바퀴들 위나 곁에 그룹들이 있다.

『**보좌의 형상 위에는 그 위로 사람의 모양같이 생긴 형상이 있더라.**』(1:26)라는 언급으로 보아 에스겔은 이 보좌에 앉아 계신 하나님의 모습까지 어렴풋이 나마 보았던 것을 알 수 있는데, 온통 눈부신 광채로 휩싸인 보좌인지라 거기에 앉아 계신 하나님의 모습을 환상 속에서 또렷하게 본다는 것은 쉽지 않았을 것이다.

『**그가 가는 베옷을 입은 사람에게 일러 말씀하시기를 "너는 그룹 아래 바퀴 사이로 들어가 그룹들 사이에서 네 손에 숯불을 채워다가 성읍에다 흩으라." 하시니, 그가 내 목전에서 들어가더라**』(2절). 우리는 1장에서 하나님의 보좌가 나타나는 것을 환상 가운데서 보고 있던 에스겔이 다음과 같이 묘사했던 것을 기억한다. 『**내가 보았더니, 북쪽에서 회오리바람과 큰 구름과 불덩어리가 나오는데 그 주위에 광채가 있으**

며 그 가운데 불 한 가운데서 나온 것은 황갈색 같더라』(1:4). 뿐만 아니라 에스겔은 보좌에 앉으신 하나님의 형상을 묘사하는 가운데 이렇게 언급하고 있음을 본다. 『**내가 보니 그의 허리 모양 위로부터는 그 안을 두르는 불의 모양 같고 황갈색 같으며 그의 허리 모양 아래부터는 내가 보니 불의 모양같이 생겼는데 그 주위에 광채가 나더라**』(1:27). 한마디로 하나님의 모습은 온통 광채로 둘러싸인 불 그 자체였다. 이러한 하나님께서 여기 10:2에서 『**가는 베옷을 입은**』 천사에게 『**그룹 아래 바퀴 사이로 들어가 그룹들 사이에서 네 손에 숯불을 채워다가 성읍에 흩으라.**』라고 명령하신다. 이 불은 물론 하나님의 보좌 주변에 있는 불이 아니라 보좌를 떠받치고 있는 단의 네 귀퉁이에 있는 『**그룹 아래 바퀴 사이**』에서 받아오는 불이다.

성경에서 "불"은 성결화를 나타내기도 하지만, 하나님의 심판의 도구가 되기도 한다. 요한계시록 8장에서 첫째 천사, 둘째 천사, 셋째 천사가 나팔을 불 때마다 차례로 불이 떨어져 나무의 삼분의 일이 타버리고 모든 푸른 풀도 타버린다든지(계 8:7), 거대한 산이 불에 타서 바다에 던져지는 것 같다든지(계 8:8), 하늘에서 등불처럼 타는 큰 별이 떨어졌는데 그것이 강들의 삼분의 일과 물들의 원천에 떨어져 물의 삼분의 일이 쑥이 되는(계 8:10,11) 등의 재앙이 땅에서 벌어지는 것을 본다. 그런가 하면 또, 요한계시록 16장에서는 넷째 천사가 호리병을 해에 쏟아 해에게 불로 사람들을 태우는 권세를 주자 "큰 열기로" 사람들을 태워 버리는 것을 본다(계 16:8,9). 하나님께서는 지금 여기 에스겔 10:2에서 그러한 "불"을 그룹들 사이에서 취해다가 성읍에 흩으라고 명하고 계신데, 여기서의 불은 "숯불"이다. 이 숯불은 하나님의 보좌를 떠받치고 있는 단 아래 그룹들 사이에서 취해 오는데, 그룹 아래 바퀴 사이로 들어가 그 숯불을 손에 받아 나온다.

그룹들은 본디 "불의 돌들"과 깊은 관련이 있고 이 불의 돌들과 가까이 있는 것으로 묘사된다. 『**너는 기름부음을 받은 덮는 그룹이라. 내가 너를 그렇게 세웠더니 네가 하나님의 거룩한 산 위에 있었고 네가 불의 돌들 가운데를 위아래로 걸었도다**』(겔 28:14). 이 『**불의 돌들**』(the stones of fire)이 바로 여기서 언급되는 『**숯불**』(the coals of fire)인데, "coals"("석탄들"의 뜻)는 아닌 게 아니라 탄화된 "돌들"이다. 하나님께서는 그룹들과 함께 있는 이 『**불의 돌들**』을 땅에 던져 심판을 행하신다. 『**그의 앞에 있는 광채에서 그의 짙은 구름이 지나가니 우박과 숯불덩이가 내렸도다. 주께서 또한 하늘들에서 천둥을 발하셨고 가장 높으신 분이 음성을 내셨으니 우박과 숯불덩이가 내렸도다**』(시 18:12,13).

『이제 그 사람이 들어갔을 때, 그룹들은 성전 오른편에 섰는데 구름이 안뜰에 가득 하더라』(3절). 자, 천사가 하나님의 명령을 받들어 그룹들에게 숯불을 받으러 성전 뜰 안으로 들어가는데, 그룹들이 **『성전 오른편에』** 서 있다. 성전 전면이 동편을 향하고 있으므로 성전 오른편이라면 남문 쪽을 말한다. 그룹들이 여기에 와 있는 것은 4절에서 보듯 하나님의 영광이 성전 안뜰 남쪽 대문 문지방에 와 계시기 때문이다. 하나님의 영광이 문지방에 눈부시게 임해 있는 데 반하여 성전 **『안뜰』**에는 구름이 가득하다는 것이 무엇인가 대조적인 분위기를 느끼게 한다. **『안뜰』**이야말로 태양신에 대한 경배로 성전이 무참하게 더럽혀지는 가운데 하나님께 대한 노골적인 반역이 자행되던 범죄 현장이었다(8:16). 성경에서 구름은 하나님의 영광을 나타내는 불꽃이나 광채와 대조적인 분위기를 자아내면서 하나님의 구체적인 모습은 인간들에게 가리는 데에 흔히 사용되는 것으로 나타난다. 모세가 호렙산에서 하나님께로부터 계명을 받는 동안 이스라엘 백성이 산 아래에 지키고 서 있었을 때도 그랬다.

『너희가 가까이 나와서 산 아래 서니, 그 산이 하늘 한가운데까지 치솟는 불길에 휩싸여 어두움과 구름과 짙은 흑암으로 덮였었느니라. 주께서 불꽃 가운데서 너희에게 말씀하셨는데 너희가 그 말씀들의 음성만 듣고 모습은 보지 못하였으니, 오직 너희가 음성만 들었느니라』(신 4:11).

『보라, 그분은 장막 위에 그의 빛을 펴시고 바다 밑을 덮으시는도다』(욥 36:30).

『이제 사람들이 구름 속에 있는 밝은 빛은 보지 못해도 바람이 지나가면서 그들을 깨끗게 하는도다. 아름다운 날씨가 북쪽에서 오나니 두려우신 위엄이 하나님**께 있도다』**(욥 37:21,22)

그런가 하면 또 구름은 하나님의 공의와 심판이 행해질 때 성경에서 흔히 언급되기도 한다.

『그가 어둠으로 그의 비밀 처소를 만드셨으니 그를 두른 그의 장막은 검은 물들과 하늘의 짙은 구름이었도다. 그의 앞에 있는 광채에서 그의 짙은 구름이 지나가니 우박과 숯불덩이가 내렸도다』(시 18:11,12).

『구름들과 흑암이 그를 두르고 있으며 의와 공의는 그의 보좌의 처소로다. 불이 그의 앞에서 나가 둘러싼 그의 원수들을 사르는도다』(시 97:2,3). 여기 에스겔 10:3에서도 그룹들이 하나님의 영광을 모시고 밖으로 나와 성전 오른편에 이르자 성전 안뜰에 구름이 가득 찬다. 이것은 성전에 대한 하나님의 심판이 임박했음을 암시한다.

『**그때 주의 영광이 그룹으로부터 올라와 성전의 문지방 위에 섰는데 성전은 구름으로 찼고 뜰은 주의 영광의 광채로 가득하더라**』(4절). 하나님의 영광이 그룹들 위의 단 위에 있는 보좌에서 일어나 『**성전의 문지방 위로**』 옮겨와 계신다. 이것은 이미 9:3에서 언급되었던 내용이다. 이 문지방은 3절에서 보듯이 성전 안뜰을 나서는 남쪽 대문의 문지방을 말한다. 지금 하나님의 영광은 성전 안의 지성소에 계신 게 아니라 성전을 떠나 뜰을 거쳐 성전 뜰의 대문 문지방까지 와 계신 것이다. 하나님께서는 더럽혀진 성전을 떠나시기 위해 이미 성소 밖으로 나와 계시고 지금은 대문 문지방까지 나와 계신 것이다. 그리고 3절에서 보았듯이 성전 안뜰은 구름으로 뒤덮인다.

10:5 그룹들의 날개 소리가 바깥 뜰에까지 들리는데 전능하신 하나님께서 말씀하실 때의 음성 같더라.
6 그가 가는 베옷을 입은 사람에게 명령하여 말씀하시기를 "바퀴 사이와 그룹들 사이에서 불을 취하라." 하시니 그가 들어가서 바퀴들 옆에 섰는데
7 한 그룹이 그룹들 사이에서 손을 내밀어 그룹들 사이에 있던 불을 취하여 가는 베옷을 입고 있는 사람의 손에다 놓으니 그가 그것을 가지고 나가더라.

『전능하신 하나님**께서 말씀하실 때의 음성 같더라**』(5절). 성전 안뜰을 나서서 대문 문지방까지 나온 그룹들이 날개짓을 하자 그 소리가 어찌나 우렁찼던지 성전 바깥뜰에까지 들린다. 하나님께서 가는 베옷을 입은 천사에게 명령하실 때 들어보니 그 음성이 『전능하신 하나님**께서 말씀하실 때의 음성**』이었다. 하나님의 음성은 "많은 물소리"와도 같고, "천둥 소리"와도 같다(계 14:2).

『**바퀴 사이와 그룹들 사이에서 불을 취하라**』(6절). 실은 『**바퀴 사이**』나 『**그룹들 사이**』는 같은 장소다. 바퀴와 그룹은 한 몸이니까 말이다. 가는 베옷을 입은 천사가 그들 사이로 들어가 바퀴들 옆에 서서 불이 전해지기를 기다린다. 그는 여기서 불을 받아 예루살렘 온 성읍에 흩트릴 참이다. 드디어 이스라엘에 대한 하나님의 심판이 임박한 것이다.

10:8 그룹들의 날개 아래 사람의 손의 형체가 그룹들 가운데서 나타났더라.
9 내가 보았더니 보라, 그룹들 곁에 네 바퀴가 있는데 한 바퀴는 이 그룹 곁에
다른 바퀴는 저 그룹 곁에 있으며 바퀴의 생김새는 녹보석의 색깔 같더라.
10 그들의 생김새는 네 개가 한 모습인데 마치 바퀴 하나는 다른 한 바퀴의 중간
에 있는 것 같더라.
11 그들이 갈 때면 네 면으로 가고 그들이 갈 때면 회전하지 아니하고 그 머리가
보는 곳으로 따라가니 그들은 갈 때에 회전하지 아니하더라.
12 그들의 온 몸과 등과 손과 날개와 바퀴들 즉 그들 넷이 가진 바퀴들 사면이
눈으로 가득하더라.

이 그룹들의 모습에 관해서는 에스겔 1:4-25 주석을 참조하라.

10:13 바퀴들에 관해서는 내가 들으니 바퀴들에게 외쳐 부르기를 "오 바퀴야." 하더
라.
14 각기 네 얼굴을 가졌는데 첫째 얼굴은 그룹의 얼굴이고 둘째 얼굴은 사람의
얼굴이며 셋째는 사자의 얼굴이고 넷째는 독수리의 얼굴이더라.
15 그 그룹들이 올라가는데 이것은 내가 크발 강가에서 보았던 생물이더라.
16 그 그룹들이 갈 때면 그 바퀴들도 그들과 함께 가며 그 그룹들이 날개를 올리
고 땅에서 올라갈 때면 바로 그 바퀴들도 그들 곁에서 회전하지 아니하더라.
17 그들이 서면 이들도 서고 그들이 올라가면 이들도 역시 올라가니 이는 생물
의 영이 그들 가운데 있음이라.

『**오 바퀴야**』(13절). 바퀴들도 생물들의 일부이기 때문에 마치 사람을 부르듯 "오 바퀴야." 하고 부른다. 어떤 주석자들은 이것이 바퀴를 불렀다기보다는 "아, 그 빠른 회전이여!"라고 말한 듯한 감탄의 표현이라고 설명하기도 하지만, 나는 그렇게 생각하지 않는다. 이 구절은 바퀴가 살아 있는 존재임을 언급하고 있는 것으로 보는 게 타당하다.

사실 우리들은 지금까지 성경 구절들이 설명하고 있는 내용들을 이해할 수 있는 데까지 최선을 다해 왔지만, 여기서 언급되고 있는 그룹들이나 바퀴들이 원체 초자연적인 존재들이기 때문에 그 구체적인 모습이 여간해서 자세히 머릿속에 그려지지 않는 게 사실이다. 그러나 한 가지 분명한 것은 이런 것들을 여기서 상상으로나 비유적으로 그리고 있는 것이 아니라 셋째 하늘에 실재하는 영적 존재들을 묘사하고 있다는 것과, 우리도 이 다음 셋째 하늘에 가면 이들을 똑똑히 볼 수 있게 되리라는 사실이다.

『**각기 네 얼굴을 가졌는데 첫째 얼굴은 그룹의 얼굴이고 둘째 얼굴은 사람의 얼굴이며 셋째는 사자의 얼굴이고 넷째는 독수리의 얼굴이더라**』(14절). 1:10에서 그룹의 얼굴에 대해 묘사한 내용과 비교해 볼 때, 뭔가 한 가지가 다르게 묘사되고 있다는 것을 눈치 챘는가? 1:10에서는 사람의 얼굴, 사자의 얼굴, 황소의 얼굴, 그리고 독수리의 얼굴이 언급되고 있는 데 반하여 여기 10:14에서는 "황소의 얼굴"이 『**그룹의 얼굴**』로 대체되어 있다. 이것으로 우리는 여기서 『**그룹의 얼굴**』이 곧 "황소의 얼굴"이라는 것을 알 수가 있다. 다시 말해서, 그룹의 원래 얼굴은 황소 얼굴인 것이다. 요한계시록 4:7을 보면, 요한이 셋째 하늘에 올라가 앞뒤로 눈이 가득한 네 짐승을 보았는데, 사자와 송아지, 그리고 사람과 독수리 얼굴들을 갖고 있었다. 『**첫째 짐승은 사자 같고,**』 사자는 야수들을 대표한다. 『**둘째 짐승은 송아지 같으며,**』 송아지 또는 소는 가축을 대표하는 동물이다. 『**셋째 짐승은 사람과 같은 얼굴을 가졌고,**』 이 짐승은 또 인간의 얼굴을 갖는다. 『**넷째 짐승은 날아다니는 독수리 같더라.**』 독수리는 날아다니는 새들을 대표하는 날짐승이다.

그런데 여기서 어떤 동물이 빠졌는가? 파충류를 대표하는 "뱀"이 빠졌다. 그룹 하나가 빠져 있는 것이다. 이 그룹이 어디로 갔는가? 에스겔 28장을 보라. 『**너는 기름부음을 받은 덮는 그룹이라. 내가 너를 그렇게 세웠더니 네가 하나님의 거룩한 산 위에 있었고 네가 불의 돌들 가운데를 위아래로 걸었도다**』(겔 28:14). 이 그룹은 에스겔 28:14까지는 아직 셋째 하늘에 있다. 그는 완벽한 아름다움을 갖춘 그룹으로 "창조된" 존재였다. 그러나 하나님께서 "마귀"를 창조하셨던 것은 아니다. 하나님께서는 "그룹들"을 창조하셨지 "마귀"를 창조하지는 않으셨다. 하나님께서 창조하셨던 그룹들 가운데 하나가 "마귀"로 변한 것뿐이다. 그는 모습이 완전하고 지혜가 충만하며 그 아름다움이 완벽한 그룹으로 창조된 존재였다. 『**인자야, 투로 왕에게 애가를 지어 그에게 말하라. 주 하나님이 이같이 말하노라. 너는 완전한 규모를 확정하는 자라. 지혜가 충만하고 아름다움이 완벽하도다.**』(겔 28:12). (여기서 "투로 왕"은 마귀를 말한

다. 에스겔 28장 주석 참조)

요한계시록에서 보듯이 요한은 다른 네 그룹들만 하나님의 보좌 주변에 둘러서 있는 것을 보았지만, 원래 하나님의 보좌 위에는 그 보좌를 덮은 그룹이 또 있었다. 그것을 에스겔 28:14에서 『**너는 기름부음을 받은 덮는 그룹이라.**』고 증거하고 있는 것이다. 이 그룹이 "황소의 얼굴"을 하고 있었고, 또 뿔들을 갖고 있었다. 요한계시록 12장, 13장, 17장에서 마귀가 뿔들을 갖고 있는 모습으로 등장하는 이유가 여기에 있다. 이처럼 마귀의 실체에 대해서 전혀 혼란됨 없이 일관된 서술로 묘사하고 있는 성경은 오직 <킹제임스성경>뿐이다.

마귀는 날개가 있어 날아다닐 수 있는 다섯 번째 그룹이었고, 뿔이 달린 "뱀"이며, "황소"이고 또 "용"이다. 마귀는 장차 "빛의 천사"를 가장하여 나타날 것이다. 그러니까 마귀는 "황소"와 "용"으로 변신하고, 결코 "천사"는 아니지만 "천사"처럼 가장하여 나타날 것이다. 그는 『**기름부음을 받은 덮는 그룹**』으로 창조되었던 존재다. 천사와 그룹은 다르다. 천사는 날개가 없지만, 그룹은 네 개, 또는 여섯 개의 날개를 갖고 있다. 그가 비록 "천사"를 가장하고 나타날지라도 그의 본색은 "황소"이다. 그가 본래 본색이 황소인 것은 에스겔 1:7에서도 입증된다. 『**그들의 발은 곧은 발이며, 그들의 발바닥은 송아지의 발바닥 같고 그들은 광택나는 놋쇠의 색깔처럼 번쩍이더라.**』 그룹을 어떤 각도에서 보느냐에 따라 그 얼굴이 사자이기도 하고, 사람이기도 하며, 또 독수리의 얼굴을 하고 있을지언정, 그의 발과 발바닥은 여전히 송아지의 것이다. 마귀의 경우는 그 얼굴이 황소이고 몸체는 뱀 같은 파충류이며, 따라서 꼬리는 파충류의 꼬리와 같고, 발과 발바닥은 송아지다. 발바닥이 송아지의 발바닥인지라 그는 갈라진 굽을 갖고 있다. 발이 곧은 것은 굽을 가진 동물의 공통점이다. 그가 "뱀"인 것은 창세기 3:1에 보면 알 수 있다. 마귀는 "주 하나님께서 지으신 들의 어떤 짐승들보다도 간교한 뱀"이었다. 그는 뱀이되, 이 뱀이 다른 어떤 짐승들보다도 더 저주를 받아 배로 기어다니며 평생토록 흙을 먹고 살아야 하는 신세로 전락하게 된다(창 3:14).

이처럼 다섯 그룹들 가운데 첫째로 하나님의 보좌를 덮고 있던 그가 원래는 하나님의 창조물들과 새벽별들과 하나님의 아들들이 그분의 영광을 찬미하는 것을 총지휘하던 존재였지만, 급기야 하나님께 반역하고 하나님의 보좌를 넘보다가 하늘에서 떨어지고 만 것이다(겔 28:16,17). 마귀가 불의 돌들 가운데를 위아래로 걸었다거나(28:14), 하나님에 의해 불의 돌들 가운데로부터 멸망받게 되었다는(28:16) 것은 그가 곧 하나님의 보좌 가까이에 있었다가 거기서 추방당했음을 의미한다. 그 결과로 『**땅**

은 형체가 없고 공허하며 어두움이 깊음의 표면에』(창 1:2) 있는 완전 카오스의 상태로 바뀌고 말았고, 이제 마귀는 하늘에서 쫓겨나 "이 세상의 신"이 되었고(고후 4:4), "뱀"이요 "용"이라고 불리게 되었다(사 27:1).

그는 지금 바다에 있다. 이 바다는 대서양이나 태평양이나 지중해 같은 지구상의 어떤 바다가 아니다. 1492년 크리스토퍼 콜럼버스가 대서양을 건너 아메리카 대륙에 접근하고 있었을 때 갑자기 배가 무엇인가에 붙잡힌 듯 옴짝달싹도 하지 않는 바람에 바다의 용에게 사로잡힌 줄로 알고 선원들이 갑판에서 시퍼런 바다를 들여다보았지만, 바다는 용들로 붉게 물들지 않았다. 콜럼버스가 나중에 본국으로 돌아가 한 말이 이랬다. "여러분에게 한 가지 뉴스가 있는데, '용'에 관한 한 성경이 틀렸다는 사실입니다. 바다 그 어디에도 '용'은 없었습니다." 그 이후로 16세기, 17세기부터 과학자들은 "용" 이야기만 나오면 코웃음을 치게 되었고, 사람들은 "용"이 상상적인 신화적 존재에 지나지 않는다고 믿고 성경을 문자적으로 믿기를 거부하게 되었으며, 성경대로 믿는 사람들을 보고 미신적이라고 비웃게 되었지만, 그들이 믿거나 말거나, 비웃거나 말거나 <킹제임스성경>은 여전히 "용"들이 이 바다에 있음을 증언한다. 이것을 욥기 41장에서는 『**리비야단**』이라 일컫고 있다. 『**거기에 배들이 다니며 그 리비야단이 있으니 주께서 거기서 노닐게 하신 것이니이다**』(시 104:26). 하나님께서는 이 용의 코에다 갈고리를 꿰시고 가시로 턱을 꿰실 것이며(욥 41:1,2), 머리를 부수어 광야의 백성들에게 식물로 주실 것이다. 『**주께서는 주의 능력으로 바다를 가르셨으며 물들 가운데 있는 용들의 머리들을 부수셨나이다. 주께서는 리비야단의 머리들을 산산조각내셔서 광야에 거하는 백성들에게 식물로 주셨나이다**』(시 74:13,14).

리비야단, 즉 하나님께서 셋째 하늘에서 쫓아내어 그 아래 "바다"에서 노닐도록 하신 이 "용"은 지금 창세기 1:1-3의 『**깊음**』, 욥기 41:31,32의 『**깊음**』, 그리고 욥기 38:30의 그 『**깊음**』 속에 있다. 이 바다는 태양계도 훌쩍 뛰어넘는 저 멀리 우주 밖에 있는 "깊음"이고, 하나님께서 계신 셋째 하늘 아래에 있는 그 "깊음"이다. 마귀는 지금 당신의 머리 위 저 태양계 너머 그 바다에 있다. 그 『**깊음**』을 하나님께서 "바다"라고 말씀하시는 바람에 사람들은 지구의 바다들을 들여다보고 헛탕을 친 후 "미신" 운운하고 있는 것이다.

눈을 뜨고 저 우주 바깥을 올려다보라. 저 높이 거대한 『**깊음**』이 있고, 거기 『**구부러진 뱀**』, 붉은 "용"이 용트림하고 있는 게 보일 것이다. 길이가 자그마치 35만 마일에 몸통 굵기가 400마일에 일곱 머리를 갖고 있고 온몸이 치밀하고 단단한 비늘에

덮인 채 붉은색을 띠고 입에서는 후욱 하고 연기를 뿜어대는 저 거대한 용 말이다. 그것이 바로 하늘에서 쫓겨난 다섯 그룹들 중 하나로, "황소"의 얼굴에 송아지의 갈라진 발굽을 가진 마귀다. 이것이 바로 성경이 기술하고 있는 그대로의 마귀다. 당신은 이것을 똑똑히 볼 수 있어야 하고, 이 자에 대해서 설교할 수 있어야 한다. 사람들은 그런 당신을 보고 정신이 이상해졌다고 숙덕거리겠고, 식구들은 당신이 정신병에라도 걸린 줄 알고 방안에 가두어 놓거나 정신병자 요양소에 보내려고 서두르겠지만, 그러거나 말거나 신경 쓸 것 없이 하나님께서 눈앞에 보여 주시는 것을 사실대로 설교하라. 만약 뒷마당에 길이가 열다섯 자쯤 되는 커다란 구렁이가 한 마리 나타나기만 하더라도 당신은 그냥 있지는 못할 것이다. 그것을 보고도 사람들에게 아무 소리도 하지 않은 채 침묵하고만 있겠는가? 당신은 아마도 식구들에게 알리고 이웃 사람들에게 소리를 질러댈 것이며 경찰을 부르고 소방대를 부르느라고 법석을 떨 게 분명하다. 그런데 하물며 이 거대한 용을 보고도 사람들에게 모른 체할 참인가? 당신이 그래도 이것을 보지 못하고 있다면, 당신도 다른 모든 주석자들이나 마찬가지로 눈먼 장님이란 증거다.

내가 알고 있는 한 욥기 41장에서 "용"의 존재를 가장 정확하게 본 사람은 지금까지 마틴 루터 한 사람이었다. 제미에슨이나 포셋이나 브라운, 매튜 헨리, 아담 클라크, 더멜로우, 스코필드, 피터 존, 존 램, 위클리프 주석성경 등등의 한다 하는 모든 주석자들이 여기서 "용"의 실체를 발견하는 데에는 실패하였고, ASV, NASV, NEB, RSV 등등 모든 "현대판" 가짜 성경들을 펴낸 편집자들이 여기서 몽땅 수렁에 빠져 허우적거린 것이야 더 말할 필요도 없다. 오직 마틴 루터만이 욥기 41장의 이 존재에 대해 "이 지구상에는 이와 같은 것이 없나니, 그 엄청난 힘과 막강한 권세로 미루어 이 세상 밖 어딘가에 있는 존재임이 분명하다."라고 언급했다. 그는 성경 주석자는 아니었지만, 설교자로서 활짝 눈이 열려 있던 사람이었다.

이 마귀는 대환란 기간에 빛의 천사를 가장한 적그리스도로 나타날 것인즉, 겉으로 보면 날개도 없고, 머리도 황소 얼굴이 아니며 몸통도 파충류가 아닌 어엿한 33세의 남자 모습으로 등장하겠지만, 결국 요한계시록 19장에서 『**유황으로 불타오르는 불못에 산 채로**』(계 19:20) 던져지게 되는데, 레위기에서 지옥을 예표하고 있는 번제의 제단에 이 소가 불살라지는 것을 본다. 『**만일 그 사람의 헌물이 화목제의 희생제물이고, 그가 수컷이든 암컷이든 간에 그것을 소떼에서 취한 것이면... 아론의 아들들은 그것을 제단 위 불 위에 있는 나무 위, 번제의 희생 위에서 불사를지니라. 그것이 불로 드**

리는 제사요, 주께 향기로운 냄새니라』(레 3:1,5). 이 자가 불로 살라질 때 마귀의 영에 따라 살면서 구원받지 못한 불순종의 자녀로 남아 있던 자들도 함께 하나님의 진노 가운데서 불못에 던져지게 된다.

여기 에스겔 10:14에서는 그룹들이 각기 네 얼굴을 갖고 있는데, 이 각기 다른 얼굴들을 영적으로 적용해 본다면, 『**독수리의 얼굴**』은 요한복음을, 『**사자의 얼굴**』은 마태복음을, 『**사람의 얼굴**』은 "인자"로서의 주님을 언급하는 누가복음을, 그리고 『**황소의 얼굴**』은 "종"으로서의 주님을 그리고 있는 마가복음을 나타낸다. 아무튼 이 초자연적인 존재들은 얼굴도 초자연적이고, 날개를 갖고 있다든가, 바퀴가 달렸다든가 하는 점 등등이 워낙 초자연적이어서 믿기가 어려울 정도지만, 어쨌든 성경이 서술하고 있는 존재이므로 우리는 이런 존재의 실재를 그대로 믿을 뿐이다.

1:4에서 이 그룹들은 『**북쪽에서**』 하나님의 영광이 나타날 때 함께 등장했다. 이것을 에스겔이 바라다보았을 때는 "황소"의 얼굴이 『**왼편에**』 있었다(1:10). 그러니까, 이때 에스겔이 정면으로 마주 본 얼굴은 『**사람의 얼굴**』이었는데, 이 『**사람의 얼굴**』은 남쪽을 향하고 있는 셈이고 따라서 『**황소의 얼굴**』은 동쪽을 향하고 있었던 셈이다. 이 『**황소의 얼굴**』, 즉 『**그룹의 얼굴**』이 여기 10:14에서는 에스겔이 마주 볼 때 『**첫째 얼굴**』로 보이고 있다. 말하자면, 지금 에스겔은 1절에서와는 달리 그룹들의 왼쪽에서 그들을 바라다보고 있음을 알 수 있다. 다시 말해서, 에스겔이 지금은 이 그룹들을 동쪽에서 바라다보고 있는 것이다.

『**그 그룹들이 갈 때면 그 바퀴들도 그들과 함께 가며 그 그룹들이 날개를 올리고 땅에서 올라갈 때면 바로 그 바퀴들도 그들 곁에서 회전하지 아니하더라**』(16절). 그룹들과 바퀴들은 한 몸이기 때문에 함께 움직이는 것은 당연하다. 이 그룹들이 설 때에는 날개를 드리우고(1:25), 땅에서 이륙할 때에는 날개를 펼친다. 그러나 날개를 펼 뿐, 날개짓을 하는 것 같지는 않다(1:23 주석 참조)

『**그들이 서면 이들도 서고 그들이 올라가면 이들도 역시 올라가니 이는 생물의 영이 그들 가운데 있음이라**』(17절). 이들의 모든 통일된 동작은 『**생물의 영**』에 의해 완벽하게 조작된다. 『**생물의 영**』이라면 곧 그룹의 영일 테고, 그룹의 영이라면 곧 하나님의 영, 곧 성령이심을 의미한다.

10:18 그때 주의 영광이 성전의 문지방을 떠나서 그 그룹들 위에 섰더라.
19 그 그룹들이 그들의 날개를 들고 내 목전에서 땅으로부터 올라가는데 그들이
나갈 때면 그 바퀴들도 그들 곁에 있더라. 모두가 주의 전의 동쪽 대문의 입
구에 서 있고 이스라엘의 하나님의 **영광이 그들 위에 덮였더라.**
20 이것은 내가 크발 강가에서 본 이스라엘의 하나님 **아래 있던 그 생물이라. 그**
들이 그룹들인 것을 내가 아노라.
21 각기 네 얼굴을 가졌고 각기 네 날개를 가졌으며 사람의 손의 모습이 그들의
날개 아래 있더라.
22 또 그들의 얼굴 모습은 내가 크발 강가에서 보았던 똑같은 얼굴들이었으며
그 생김새와 그 몸뚱이들도 그러하더라. 그들이 각기 앞으로 똑바로 가더라.

『**동쪽 대문의 입구**』(19절). 에스겔 43:4에 보면 천년왕국 시대가 열릴 때 새로운 천년왕국 성전의 『**동쪽을 향한 대문 길을 통하여**』 하나님의 영광이 다시 돌아오시는 것을 볼 수 있다. 이때 주님께서는 에스겔 선지자를 통하여 이렇게 말씀하신다. 『**인자야, 내 보좌의 자리와 내 발바닥의 둘 자리는 내가 이스라엘 자손 가운데서 영원히 살 곳이라. 이스라엘 집, 즉 그들이나 그들의 왕들도 그들의 음란으로나 그들의 산당들에 있는 그들 왕들의 시체로도 나의 거룩한 이름을 다시는 더럽히지 못하리라**』(겔 43:7). 이스라엘의 가증한 죄악과 음란한 행위로 말미암아 성전을 떠나시고 그들에게 심판을 행하시는 하나님께서는 에스겔 43:2에 이르기까지 다시는 돌아오지 않으신다. 그리고 그때까지 하나님께서는 오랜 세월 동안 이스라엘을 심판하시고 대환란까지 거치도록 하신 뒤에야 이스라엘을 용서하시며 하나님의 백성으로서의 그들의 지위를 완전히 회복하시고 새로운 성전으로 다시 귀환하시게 될 텐데, 그때 다시 동쪽 대문을 통해 들어오실 것이다. 물론 이 때의 성전은 천년왕국 시대의 새로운 성전이다. 사실은 주 예수 그리스도께서 재림하실 때 지상에 착륙하시게 될 올리브산을 바라다 보고 있는 대문이 바로 이 새 성전의 "동쪽" 대문이다.

성전을 나서서 문지방에까지 나오셨던 하나님의 영광이 마침내 『**그룹들 위에**』 임하시더니(18절) 성전을 떠나실 준비를 하신다. 에스겔이 맨 처음 크발 강가에서 보았던 하나님의 환상부터, 우리는 범죄한 이스라엘을 심판하고자 하시는 그분의 의지를 볼 수 있다. 그 심판의 정당성을 보여 주시기 위해 더렵혀진 성전의 모습을 환상을 통해 상세히 드러내 보여 주셨고, 이제는 결국 성전을 떠나시는 모습으로 연결되는 모든 상황들의 일관된 사실성을 이야기하기 위하여 에스겔은 생물들의 모습과 움직임들에 대한 묘사를 다시 한번 더 반복하고 있는 것이다. 이렇게 반복되는 서술을 통하여 에스겔은 이스라엘이 하나님께서 왜 자신들을 떠나셨던가를 마음속에 깊이 새겨두기를 바랐던 것인지도 모른다.

에스겔 11장

11:1 또 그 영이 나를 들어올려서 동쪽을 향해 바라보는 주의 전의 동쪽 대문에 나를 데려오셨는데, 보라, 그 대문 입구에 스물다섯 명이 있더라. 내가 보니 그 중에는 아술의 아들 야아사냐와 브나야의 아들 플라티야가 있으니, 백성의 고관들이라.

2 그때 그가 내게 말씀하시더라. 인자야, 이들은 해악을 꾀하며 이 성읍에 악한 조언을 주는 사람들이라.

3 그들이 말하기를 "때가 가깝지 아니하니 집들을 짓자." 하며 "이 성읍은 가마솥이 되고 우리는 고기가 된다." 하는도다.

『**또 그 영이 나를 들어올려서 동쪽을 향해 바라보는 주의 전의 동쪽 대문에 나를 데려오셨는데, 보라, 그 대문 입구에 스물다섯 명이 있더라**』(1절). 10장에서 성전을 떠나실 차비를 하신 하나님께서는 그룹들과 함께 『**주의 전의 동쪽 대문의 입구**』에 나와 계셨다(10:19). 이때 에스겔은 성전 남쪽 안뜰 언저리에 서 있었다(10:14). 그래서 하나님의 영이 그를 들어올려 지금 와 계신 동쪽 대문으로 그를 데려오신다. 거기서 또 무엇인가를 그에게 보여 주시려는 게 분명하다. 아니나 다를까, 거기 와서 보니 『**그 대문 입구에 스물다섯 명**』이 있는데, 그들은 모두가 『**백성의 고관들**』이다. 말하자면, 백성의 지도자들인 것이다. 이들은 또 대제사장 밑에서 "성소의 주관자와 하나님의 전의 주관자"(대상 24:2-5) 노릇을 하는 자들이었다. 따라서 이들은 이스라엘 백성을 대표하는 원로들이기도 했다. 8:16에서 보니까 성전의 현관과 제단 사이에서 하나님의 성전은 등진 채 "동쪽을 향해서 태양을 경배"하던 자들이 바로 이들이었다. 백성의 지도자들이 이 지경이었으니 그 당시 이스라엘 백성의 타락상이 어떠했던지를 능히 가늠해 보고도 남는다. 하나님께서는 이미 9:6에서 환상을 통하여 심판을 행하시는 광경을 보여 주셨을 때 성전 앞에 있는 늙은 사람부터 시작하시는 과정을 제시하신 바 있다. 이들 가운데는 "아술의 아들 야아사냐와 브나야의 아들 플라티야"가 섞여 있는데, 이들이 실제로 어떤 인물들이었던가를 떠나서 "야아사냐"라든가, "플라티야"라는 이름이 갖는 히브리어의 의미 자체가 무척이나 아이로니컬하다. "야아사냐"는 "하나님께서 들으신다."라는 뜻이며, "플라티야"는 "하나님께서 구원하신다." 라는 뜻이다. 그들이 죄를 뉘우치고 하나님께로 돌이켜 도움을 간구하였더라면 "하나님께서 들으시고 구원해 주셨으련만," 그들은 오히려 하나님의 성전에서 태양신을 경배하는 데 앞장섰던 것이다. 하나님의 영이 에스겔을 이곳 동쪽 대문 입구까지 데리고 와서 그 모든 면면들을 일일이 보여 주시는 데에는 다 그만한 이유가 있었던 것이다. 이스라엘은 하나님의 심판 앞에서 도저히 입을 열어 한마디라도 할 수 있는 처지가 못되었던 것이다. 지금 하나님께서는 자, 잘 보았느냐? 이만하면 너희에게 내리는 내 심판이 부당하다고는 생각하지 못하겠지? 하고 말씀하고 계신 셈이다.

"야아사냐"와 "플라티야"라는 히브리어 이름이 풍기는 묘한 아이러니 외에 우리는 또 16절부터 20절까지 예고되고 있는 이스라엘의 회복에 대한 암시의 뉘앙스를 또 느끼게 된다. 하나님께서는 이스라엘의 가증한 죄악상을 낱낱이 탄핵하시고 그에 대한 가혹한 심판을 선고하시는 가운데서도 『**비록 내가 그들을 멀리 이방인들 가운데로 버렸고 또 비록 내가 그들을 나라들 가운데로 흩었을지라도 나는 여전히 그들이 갈 나라들에서 그들에게 작은 성소같이 되리라.**』(16절)라는 분명한 여운을 남기시는데, 이것은 "하나님께서 들으신다."는 뜻의 "야아사냐"라는 이름과 "하나님께서 구원하신다."는 뜻의 "플라티야"라는 이름이 갖는 여운과 절묘하게 맥이 통한다. "하나님께서 들으신다."는 뜻의 "야아사냐"와 "하나님께서 구원하신다."는 뜻의 "플라티야" 임에도 불구하고 그들은 하나님을 거역했고, 그렇기 때문에 그러한 이름에도 불구하고 하나님께서는 가혹한 심판을 내리시지만, 또 한편으로는 이스라엘이 "야아사냐" 했고, "플라티야" 했기에 하나님께서는 결국 이스라엘을 구원하시고 회복시켜 주시게 되는 것이다.

『그때 그가 내게 말씀하시더라. 인자야, 이들은 해악을 꾀하며 이 성읍에 악한 조언을 주는 사람들이라』(2절). 이들 『**백성의 고관들**』이 어떻게 악을 꾀한 사람들인가는 이미 앞에서 살펴보았거니와, 이 『**해악**』이 하나님께 거역하고 대적하는 죄악이었다면, 이들은 또 악을 꾀하여 백성에게 해를 끼치는 죄를 범한다. 인간이 무엇인가를 "꾀한다"는 것은 그 자체가 하나님에 대한 모반이다. 인간이 하나님을 두려워하고 하나님의 말씀과 뜻에 따르지 않은 채 자신의 머리를 굴린다는 것은 그 자체가 하나님에 대한 경멸이기 때문이다. 하물며 "악"을 꾀한다면, 더 말해서 무엇하랴! 이것이야말로 마귀의 사주를 받은 것인즉, 모든 악은 마귀가 그 근원이다. 지도자들이라면 백성에게 바른 길을 제시하고 잘못을 질책하며 치안과 안전을 도모할 책임을 진 사람들이다. 그런데 이들은 악을 꾀했고, 백성에게 『**악한 조언**』을 주었다. 어떤 조언이었을까? 다음 절을 보라.

『그들이 말하기를 "때가 가깝지 아니하니 집들을 짓자." 하며 "이 성읍은 가마솥이 되고 우리는 고기가 된다." 하는도다』(3절). 이스라엘의 많은 사람들이 이미 포로로 사로잡혀 바빌론으로 끌려가 있고(에스겔도 그들 가운데 하나다.), 예루살렘은 적들에게 완전 포위된 상태로 언제 성벽이 무너져 살육당하고 그들 역시 포로로 사로잡혀 가게 될지 모르는 누란의 위기에 처해 있는 상황이다. 그야말로 이 성읍은 끓는 『**가마솥**』이요, 그 안에 잔존하고 있는 백성은 가마솥 안에서 삶아지고 있는 『**고기**』 신세 그대로다. 예레미야 1장을 보면 하나님께서 예레미야에게 이렇게 물으신다. 『**네가 무엇을 보느냐?**』 이에 대해 예레미야가 대답한다. 『**끓는 솥을 보나이다**』(렘 1:13). 하나님께서는 위기에 처한 예루살렘의 상황을 예레미야에게 『**끓는 솥**』으로 나타내 보여 주셨던 것이다. 그러나 예레미야의 입을 통하여 이 말을 전해들은 예루살렘 백성의 고관들은 그 안에 사는 백성에게 해로운 조언을 주면서 "예루살렘은 마치 쇠로 만든 가마솥처럼 든든하므로 겁낼 것 하나도 없다. 이 성읍에 살고 있는 우리는 마치 솥 안에 있는 고기처럼 안전하다. 자, 그러니 집들을 짓고 아무 일도 없다는 듯 마음을 놓으라."라고 말했던 것이다. 하나님께서는 범죄한 이스라엘을 심판하시기 위하여 그들을 이방 민족의 손에 넘겨주어 칠십 년간 고통을 겪도록 벌써 결정해 놓으신 상태였고, 이미 일부는 바빌론의 느부캇넷살에게 사로잡혀가 있는 처지다.

그런데도 이들은 하나님의 엄중한 경고를 무시한 채 『**때가 가깝지 아니하니 집들을 짓자.**』고 말하면서 백성들을 부추기고, 경각심을 갖지 못하도록 해로운 조언을 했던 것이다. 이들에 대하여 하나님께서는 이렇게 말씀하신다. 『**그러므로 주 하나님이 이같이 말하노라. 피흘린 성읍, 즉 그 안에 녹슨 솥과 거기에서 녹이 없어지지 아니한 솥은 화가 있도다! 제비를 뽑지도 말고 한 조각씩 들어낼지니라**』(24:6). 하나님께서는 그들의 뒤틀린 왜곡과 해로운 조언에 대해 대응하신다. "그래? '끓는 솥'이라고 했더니 너희는 든든한 '가마솥'이라고 해석해? 그것 참 그럴듯하구나. 좋아, '가마솥'이라고 해두자. 하지만 그 '가마솥'이 지금 어떤 상태인지나 아느냐?" 하나님께서는 예루살렘을 『**녹슨 솥**』이라고 말씀하시고, 그런즉 그 안에 들어 있는 『**고기**』를 『**제비를 뽑지도 말고**』 아무나 닥치는 대로 덤벼들어 한 조각씩 건져내 먹으라고 말씀하시는 것이다.

어떤 주석자들은 『**때가 가깝지 아니하니 집들을 짓자.**』(*It is* not near; Let us build houses:)라고 되어 있는 <킹제임스성경>의 본문이 틀렸다고 말하면서, 이 구절은 "Not at hand is the building of houses."(집을 짓는 일은 임박한 일이 아니다.)라든가 "It is not near to build houses."(집을 지을 때가 가깝지 않다.)라고 되어야 한다고 말한다. [한글 개역성경에도 "집 건축할 때가 가깝지 아니한 즉"이라고 되어 있다.] 이렇게 말하는 것은, 예루살렘에 남아 있는 자들이 예레미야 29:4,5의 말씀, 즉 『**내가 예루살렘으로부터 바빌론으로 잡혀가게 했던 사로잡혀간 모든 사람에게 만군의 주, 이스라엘의** 하나님**이 이같이 말하노라. 너희는 집들을 짓고 거기서 거하며 정원을 가꾸어 거기서 나는 열매를 먹으라.**』라는 말씀을 비웃는 것이라는 것이다. 이것은 하나님께서 예레미야 선지자가 바빌론에 이미 포로로 잡혀가 있는 자들에게 보낸 편지 가운데서 하셨던 말씀이다. 바빌론에 사로잡혀가 있는 포로 기간이 앞으로 70년 동안이나 오래도록 지속될 테니까, 속히 해방되어 고향으로 빨리 돌아오리라는 헛된 망상을 버리고 잡혀가 있는 그곳 바빌론에서 집도 짓고 정원도 가꾸어 거기서 나는 열매를 먹으며 마음을 느긋하게 먹고 살아가라고 하신 말씀이었다.

예레미야의 말과 연관시켜 보면 그 주석가들의 말이 맞는 것도 같다. 이 주석가들은, 백성의 고관들이 백성들에게 해로운 조언을 하기를, 예레미야의 말에 따라 집을 짓고 살지 말라, 포로 기간이 그렇게 길지는 않을 것이다, 아직 집을 지을 때가 이르지 않았다고 말하는 것이라고 해석하는 것이다.

그러나 지금 에스겔에서 말하는 고관들은 바빌론으로 잡혀간 사람들 중에 있는 것이 아니다. 그곳에 잡혀가 있는 고관들이라면 "집을 짓고 살라."는 예레미야의 말을 어기고 "집을 지을 때가 안되었다."라고 말하는 것이 해로운 조언일 것이다. 그러나 하나님께서는 지금 "예루살렘 성읍 사람들"에게 해로운 조언을 준 백성의 고관들을 꾸짖고 계신 것이다. 이들은 지금 바빌론에 이미 포로로 잡혀가 있는 사람들에게 "해로운 조언"이건 "유익한 조언"이건, 도무지 그런 충고 따위를 해 줄 만한 여유 있는 처지에 있지를 못한다. 그들은 자기들 발등에 떨어진 불부터 꺼야 할 절박한 처지인데다가 칼데아 지방에 사로잡혀가 있는 사람들과는 너무 멀리 떨어져 있다. 그런 자들이 지금 예루살렘 안에 함께 포위돼 있는 사람들에게 조언이랍시고 『**때가 가깝지 아니하니 집들을 짓자.**』라고 말하고 있는 것이다. 그들은 『**이 성읍**』("this *city*")이라고 말하고 있지, 바빌론의 "그 성읍"이라고 말하고 있지 않다. 멸망을 앞두고 있는 성읍에서 평안하게 집들을 지으라고 말하니 그것은 참으로 『**악한 조언**』일 수밖에 없는 것이다.

오늘날도 이와 마찬가지의 "해로운 조언"들이 많이 있다. "재림은 무슨 재림? 지구 종말이 온다고? 이 세상은 점점 더 살기 좋아지고 삶의 질이 향상돼 가고 있지 않은가!" "우리 손으로 지상 천국을 먼저 건설해 놓아야 주님께서 오신다!" 등과 같은 헛소리들 말이다. 이렇게 말하는 자들이야말로 당신을 속이고, 이 세상을 정말로 끓는 『**가마솥**』으로 만들어가고 당신을 『**고기**』로 삼아 그 안에서 삶으려는 자들이다. 그들이야말로 적그리스도의 길을 예비하고 있는 자들이다. 잊지 말라. 성경은 이렇게 말씀한다. 『**그러나 이것을 알라. 만일 그 집주인이 도둑이 어느 시간에 올 것인지 알았더라면 그가 깨어 있어 자기 집을 뚫는 것을 허락하지 아니하였으리라. 그러므로 너희도 준비하고 있으라. 너희가 생각하지 않은 시간에** 인자**가 올 것이기 때문이라**』(마 24:43,44). 『**이런 일들을 증거하신 분이 말씀하시기를 "반드시 내가 속히 오리라." 하시니라. 아멘. 그러하옵니다.** 주 예수**여, 오시옵소서**』(계 22:20). 마귀의 앞잡이들이 당신의 귀에 대고 속닥거리는 『**악한 조언**』에 절대로 속지 말라. 성경은 당신에게 경고를 보낸다. 『**사랑하는 자들아, 모든 영을 다 믿지 말고 그 영들이** 하나님**께 속하였는지 시험하라. 이는 많은 거짓 선지자들이 세상에 나왔음이니라**』(요일 4:1). 하나님의 진리에 대적하는 거짓말쟁이들을 경계하라.

11:4 그러므로 그들을 대적하여 예언하라. 오 인자야, 예언하라.

5 주의 영이 내게 내리시어 내게 말씀하시더라. 말하라. 주께서 이같이 말씀하시
니라. 오 이스라엘 집아, 너희가 이같이 말하였도다. 내가 너희 마음 속에 생기
는 일들을 일일이 아노라.
6 너희가 이 성읍에서 살육을 많이 하였고 그 살해된 자들로 거리를 채웠도다.
7 그러므로 주 하나님이 이같이 말하노라. 너희가 성읍 가운데 놓아둔 너희의 살
해된 자들, 그들은 고기요, 이 성읍은 가마솥이니라. 그러나 내가 너희를 그 가
운데서 끌어내리라.

『**그러므로 그들을 대적하여 예언하라. 오 인자야, 예언하라**』(4절). 사람들에게 『**악한 조언**』을 함으로써 하나님을 대적하고 진리에서 멀어지게 하는 자들은 예외없이 마귀의 앞잡이들이다. 하나님께서는 이들에게 『**대적하여 예언하라.**』라고 당신에게도 명령하고 계신다. 당신도 이런 자들에게 대적하여 예언하라! 당신이 이런 자들에게 대적하여 예언할 그 "예언들"을 성경에서 찾아내라! 성경은 하나님의 『**예언의 책**』(계 22:19)이다.

『**주의 영이 내게 내리시어 내게 말씀하시더라. 말하라. 주께서 이같이 말씀하시니라. 오 이스라엘 집아, 너희가 이같이 말하였도다. 내가 너희 마음 속에 생기는 일들을 일일이 아노라**』(5절). 하나님께 당신이 숨길 수 있는 것은 정말이지 아무것도 없다. 그분께서는 당신의 마음속까지 훤히 들여다보고 계신 분이시다. 다윗은 이렇게 고백한다. 『**오 주여, 주께서는 나를 살펴보셨으며 또 나를 아셨나이다. 주께서는 나의 앉고 서는 것을 아시며 나의 생각을 멀리서도 이해하시나이다. 주께서는 나의 길과 나의 눕는 것을 샅샅이 아시며 나의 모든 길들을 익히 아시나이다. 보소서, 오 주여, 주께서 모두 아시나니** *알지 못하시는* **내 입의 말은 한마디도 없나이다**』(시 139:1-4). 하나님께 무엇 한가지라도 숨기려고 하기보다는 아예 다 털어놓고 마는 것이 얼마나 더 현명하고 속 시원한 일인지 당신도 아마 잘 알 것이다. 안 그런가?

『**너희가 이 성읍에서 살육을 많이 하였고, 그 살해된 자들로 거리를 채웠도다**』(6절). 하나님께서는 7:23에서도 『**쇠사슬을 만들라. 이는 그 땅이 피 흘리는 범죄들로 가득함이며 그 성읍이 폭력으로 가득함이라.**』라고 말씀하셨다. 『**백성의 고관들**』이 『**해로운 조언**』으로 백성을 속이면서(2절) 『**이 성읍은 가마솥이 되고 우리는 고기가**

된다.』(3절)라고 말한 것은 사실 헛소리가 아니었다. 그들은 백성을 이렇게 속임으로써 성읍 사람들을 그야말로 "가마솥 안에서 끓는 고기" 신세가 되게 하였고, 그들을 죽음으로 몰아갔던 것이다. 이것을 하나님께서는 폭력으로 간주하셨고 살육 행위로 규정하셨던 것이다. 그들은 늦게라도 하나님께로 돌이켜야만 했었다. 『**또 내가 말하였도다. 오 야곱의 우두머리들과 너희 이스라엘 집의 통치자들아, 내가 너희에게 청하노니, 들으라. 공의를 알아야 하는 자가 너희가 아니냐? 너희가 선을 미워하고 악을 사랑하고 그들에게서 가죽을 뜯어내며 그들의 뼈에서 살을 뜯어내고, 너희가 또 내 백성의 살을 먹고 그들에게서 가죽을 벗겨 내는도다. 그들이 백성의 뼈를 부수어 잘게 다지기를 마치 솥과 가마솥 안에 넣을 고기처럼 하는도다**』(미 3:1-3).

11:8 너희가 칼을 두려워하였으니 내가 너희 위에 칼을 가져오리라. 주 하나님이 말하노라.

9 또 내가 너희를 성읍 가운데서 끌어내어 너희를 타국인들의 손에 넘기고 너희 가운데서 심판을 행할 것이니라.

10 너희는 칼에 쓰러질 것이요, 내가 너희를 이스라엘의 접경에서 심판하리라. 그리하면 너희는 내가 주인 줄 알리라.

11 이 성읍은 너희의 가마솥이 되지 아니할 것이며 너희는 그 성읍 가운데서 고기도 되지 아니하리라. 그러나 내가 너희를 이스라엘의 접경에서 심판하리라.

12 그리하면 너희는 내가 주인 줄 알리니 이는 너희가 내 규례대로 행하지 아니하였고 내 명령을 실행하지도 아니하였으며 너희 주위에 있는 이방인의 방법을 따라 행하였음이라.

『**너희가 칼을 두려워하였으니 내가 너희 위에 칼을 가져오리라**』(8절). 이스라엘이 칼을 두려워하였다는 것은 그들이 하나님에 대한 신뢰를 버리고 우상 신들을 섬기게 된 동기의 일부이기도 했다. 그래서 그들은 바빌론이 섬기는 태양신을 그들도 섬겼다(8:16). 바빌론의 침공을 막아보려고 그들은 하나님보다는 바빌론의 신에게 의지했던 것이다. 그들이 칼을 두려워하는 대신 하나님을 두려워했더라면 하나님의 심판을 피할 수 있었을 것이다. 그들이 하나님을 신뢰했더라면 바빌론의 침공을 막을 수 있었을 것이다. 그들이 자신들의 메시아 예수 그리스도를 거부하지 않았더라면, 그들은 이방 민족들 가운데로 뿔뿔이 흩어져 수모를 겪지 않았을 것이고, 앞으로 다가올 대환란을 겪지 않아도 되었을 것이다. 그들은 하나님을 저버린 대가로 너무나 많은 좋은 것을 잃었고, 너무나 많은 악한 것을 얻었다.

『**그리하면 너희는 내가 주인 줄 알리라**』(10절). 이스라엘에 대한 하나님의 심판 의지는 확고하시다. 이스라엘이 이방 민족의 손에 넘겨지는 것은 전적으로 하나님의 의지와 계획에 따른 것이지 우연한 사건이 아니었다. 그러나 하나님께서는 이스라엘이 혹독한 심판을 통하여 『**내가 주인 줄**』 알게 되기를 바라신다는 사실에 주목하라. 선택된 백성으로서의 이스라엘에 대한 하나님의 심판은 궁극적으로 여기에 초점이 맞추어져 있는 것이다. 심판을 언급할 때마다 거기에 따라 다니는 『**그리하면 너희는 내가 주인 줄 알리라.**』라는 단서는 이스라엘의 희망인 것이다.

『**이 성읍은 너희의 가마솥이 되지 아니할 것이며 너희는 그 성읍 가운데서 고기도 되지 아니하리라. 그러나 내가 너희를 이스라엘의 접경에서 심판하리라**』(11절). 그들이 생각하는 대로 예루살렘은 가마솥처럼 견고하지도 못할 것이요, 그 안에 잔존해 있는 자들도 안전하지 못할 것임을 확언하신다. 하나님께서는 그들을 모두 끌어내 바빌론의 손에 넘겨주기로 이미 작정해 놓으셨다. 『**이스라엘의 접경**』이란 바빌론과 마주치는 전선을 의미한다. 말하자면, 예루살렘 성읍 밖으로 끌려나와 바빌론의 칼에 떨어지도록 이스라엘을 심판하시겠다는 것이다.

한편 이 구절은 표면에 나타난 것과는 반대되는 의미를 복선으로 깔고 있기도 하다. 말하자면, 예루살렘이 가마솥처럼 든든하고 안전하다는 해로운 조언에 속고 있는 사람들에게는 "절대로 안전하지 않다."고 경고하고 있는 반면에, 그렇게 속이고 있는 자, 즉 마귀에 대해서는 그 저의를 꿰뚫어보고 계신 하나님께서 "네가 예루살렘을 '가마솥'처럼 만들고 이스라엘 백성을 '고기'처럼 만들려고 악한 생각을 꾀하고 있지만, 그렇게는 안 될 것이다. 내가 반드시 심판을 실행하되, 절대로 내가 그들을 영원히 버리지는 않을 것이다."라고 말씀하고 계신 것이다. 이스라엘의 궁극적인 회복에 대해서는 16절에서 20절까지 명백하게 언급돼 있다.

지금 여기서 언급되고 있는 모든 사실들은 문자적으로 B.C. 594년경에 일어났던 역사적 사실들이요, A.D. 70년 로마 제국의 티투스에 의해서 실현된 예언들이었으며,

그 이후로 오늘날까지 지속된 일들이었고, 앞으로도 대환란 때 또 한 번 더 일어나게 될 예언들이다. 따라서 이 부분을 읽으면서 우리는 이스라엘에 대한 하나님의 심판을 크게 나누어 바빌론의 느부캇넷살, 로마의 티투스, 그리고 대환란, 이렇게 세 가지로 적용할 수 있지 않으면 안 된다. 세 번에 걸쳐 이스라엘 민족을 다루는 이러한 사건들이 모두 예루살렘의 파괴로 나타나는 하나님의 심판에 직접 관련돼 있기 때문이다.

『그리하면 너희는 내가 주인 줄 알리니 이는 너희가 내 규례대로 행하지 아니하였고 내 명령을 실행하지도 아니하였으며 너희 주위에 있는 이방인의 방법을 따라 행하였음이라』(12절). 이스라엘은 분명 구별된 민족이었다. 따라서 **『이방인의 방법을 따라』** 살 수 없도록 된 사람들이다. 그들은 **『주 너의 하나님께서 그 민족들을 네 앞에서 끊으실 때 네가 거기에 가서 그들을 소유하고 차지하여 그들의 땅에 거하게 되면, 너는 네 앞에서 그들이 멸망한 뒤에 그들을 따름으로 올무에 걸리지 않도록 스스로 주의하며 또 너는 그들의 신들을 좇아 묻지 말고, "이 민족들이 자기들의 신들을 어떻게 섬겼는가? 나도 그같이 행하리라."고 말하지 말라.』**(신 12:29,30)라는 하나님의 명령을 단단히 받아둔 백성이다.

이것은 지금 이 시대의 구원받은 모든 그리스도인들에게도 그대로 적용되는 귀한 말씀이다. 그리스도인들은 세상과 구별된 사람들이요, 따라서 구원받지 못한 세상 사람들과는 상관이 없고, **『주위에 있는 이방인의 방법을 따라』** 행할 수가 없게 된 사람들이다. 그리스도인들은 세상의 유행과도 상관이 없고 이방인들의 그 어떤 전통과도 관계를 끊었으며, 한 시대를 풍미하는 여하한 "시대 정신"과도 인연이 없는 사람들이다. 하다못해 옷을 입어도 유행과는 거리가 멀고, 유행하는 헤어스타일에 조금도 신경 쓰지 않으며, 특별히 세상 재미를 즐기고 자시고 할 것도 없고, 증권이나 부동산 투자 따위에는 흥미가 없는 사람들이 그리스도인들이다. 그들은 단지 하나님의 말씀을 통한 영적인 일들과 영적인 세계에만 관심을 갖고 저 높은 하늘 나라만 응시하고 있는 사람들이요, 때를 얻든지 못 얻든지 항상 대비하며 하나님의 말씀만을 전파하고 모든 일에 정신을 차리고 고난을 견디며 전도자의 일을 하면서 하나님께서 맡겨주신 직무를 완수하는 일에만 전념하는 사람들이다. 그들은 바울이 말한 것처럼 선한 싸움을 싸우고 달려갈 길을 마치고 믿음을 지키는 일에만 정진한다. 그리고 주님께서 다시 오시면 그 앞에 나아가 자신을 위해 예비해 두신 면류관을 받아 쓸 날만을 고대하며 살아간다(딤후 4:2-8).

그리스도인으로 거듭난 사람들이 이런 삶을 살게 되는 것은 오직 하나님의 말씀을 가까이하는 데서 나온다. 아무리 거듭났다고 해도 성경을 읽지 않는 사람은 세상 사람들이나 별반 다를 게 없는 삶을 살아가게 되고, 따라서 그런 사람들에게는 그리스도인으로서의 증거가 자리잡지 못하고 믿음이 성장하지 못한다. 그리스도인이 성경을 읽지도 않으면서 『**주위에 있는 이방인들의 방법을 따라**』 살지 않는다는 것은 원천적으로 불가능하다. 왜냐하면, 이방인들의 방법을 따라 살지 않으려면 불가불 "그리스도인들의 방법"을 따라 살아가는 수밖에 없는데, 이것은 오직 성경에서만 제시되고 있기 때문이다. 믿음이 성장한다는 것은 곧 그리스도인들이 "그리스도인들의 방법"을 하나씩 터득하고 이방인들의 방법을 하나씩 버려 나가는 것을 말한다. 이것은 성경을 통하지 않고는 불가능하다.

11:13 내가 예언할 때 브나야의 아들 플라티야가 죽으니라. 그리하여 내가 엎드려 큰 소리로 부르짖어 말씀드리기를 "아, 주 하나님이여! 주께서는 이스라엘의 남은 자를 완전히 끝내시려 하시나이까?" 하였더니,
14 주의 말씀이 다시 내게 임하여 말씀하시기를
15 "인자야, 네 형제들, 즉 네 형제들과 네 친척들과 이스라엘의 온 집 전체는 예루살렘의 거민들이 말하기를 '너희는 주로부터 멀리 떠나라. 이 땅은 우리에게 소유로 주신 것이라.' 했던 자들이라.
16 그러므로 말하기를 '주 하나님이 이같이 말하노라. 비록 내가 그들을 멀리 이방인들 가운데로 버렸고 또 비록 내가 그들을 나라들 가운데로 흩었을지라도 나는 여전히 그들이 갈 나라들에서 그들에게 작은 성소같이 되리라.' 하라.
17 그러므로 말하기를 '주 하나님이 이같이 말하노라. 내가 그 백성으로부터 너희를 모을 것이요, 너희가 흩어진 나라들에서 너희를 불러 모아서 내가 너희에게 이스라엘의 땅을 주리라.' 하라.
18 그리하면 그들이 그리로 갈 것이요, 그들은 모든 혐오스러운 것들과 모든 가증한 것들을 거기서부터 제하여 버릴 것이니라.
19 내가 그들에게 한마음을 줄 것이요, 또 내가 너희 안에 새 영을 넣으리라. 또 내가 그들의 육체에서 돌 같은 마음을 제하고 살 같은 마음을 주어서
20 그들로 내 규례들대로 행하며 내 율례들을 지켜 행하게 하리라. 그리하여 그

들이 나의 백성이 되고 나는 그들의 하나님이 되리라.
21 **그러나 그들의 마음이 혐오스러운 것들과 가증한 것들의 마음을 좇아 행하는**
자들에게는 내가 그들의 행위를 그들의 머리에 보응하리라. 주 하나님이 말하
노라." 하시더라.

하나님께서는 4절에서 에스겔더러 『**예언하라.**』라고 명하셨고, 그가 예언할 말씀들을 주셨다. 에스겔은 하나님께서 일러주시는 대로 예언을 했다. 그때 백성의 고관들 가운데서도 으뜸 격인 『**브나야의 아들 플라티야**』가 죽고 만다. 플라티야라는 히브리어 이름은 "하나님께서 구원하신다," 또는 "남은 자들"이라는 뜻이건만, 구원하시기는커녕 선지자의 예언을 듣기만 했는데도 그대로 죽어 버린다. 이를 보자 에스겔은 하나님의 명령대로 예언을 해놓고도 깜짝 놀란다. 그래서 그는 『**아, 주 하나님이여! 주께서는 이스라엘의 남은 자를 완전히 끝내시려 하시나이까?**』(13절) 하고 하나님께 간청하듯 물어본다.

『**주의 말씀이 다시 내게 임하여 말씀하시기를 "인자야, 네 형제들, 즉 네 형제들과 네 친척들과 이스라엘의 온 집 전체는 예루살렘의 거민들이 말하기를 '너희는 주로부터 멀리 떠나라. 이 땅은 우리에게 소유로 주신 것이라.' 했던 자들이라**』(14,15절). 하나님께서는 이스라엘 백성에게 분명히 이렇게 말씀하신 게 사실이다. 『**그러나 나는 너희에게 말하였노니 너희가 그들의 땅을 이어받을 것이요, 내가 그것을 너희에게 주어 소유하게 하리니, 곧 젖과 꿀이 흐르는 땅이라. 나는 너희를 다른 민족에게서 분리시킨 주 너희 하나님이니라**』(레 20:24). 그러니까 지금 예루살렘의 거민들이 『**이 땅은 우리에게 소유로 주신 것이라.**』라고 주장한 것은 결코 틀린 말이 아니다. 그러나 이들은 성경을 왜곡하고 변개하는 모든 배교자들이나 마찬가지로 성경 구절을 인용할 때 앞뒤 구절들을 싹뚝 잘라내고 말았던 것이다. 하나님께서 젖과 꿀이 흐르는 땅을 이스라엘에게 약속하셨고, 또 그것을 실제로 소유하게 하셨지만, 여기에는 중대한 조건이 한 가지 명시돼 있었다. 위 레위기 20:24의 바로 앞 두 구절을 보라. 『**그러므로 너희는 나의 모든 규례들과 나의 모든 명령들을 지키고 행하라. 그래야 내가 너희를 인도하여 거하게 하는 그 땅이 너희를 토해 내지 아니하리라. 너희는 내가 너희 앞에서 쫓아내는 민족의 풍습대로 행하지 말라. 이는 그들이 이 모든 일들을 행하였으므로 내가 그들을 혐오하였음이라**』(레 20:22,23).

그러나 이스라엘은 명백하게 이러한 조건을 짓밟아 버렸다. 그들은 하나님의 규례들과 명령들을 지키지도 않았고 행하지도 않았으며 하나님께서 쫓아내신 이방 민족의 풍습대로 행하고 말았다. 그들은 『**주로부터 멀리 떠나라.**』고 온 백성들을 부추겼다. 그들이 누구인가? 그들은 모두 에스겔의 형제들이요, 친척들이며, 이스라엘의 온 집이요, 또 예루살렘 거민들이다. 그러므로 『**그 땅이 너희를 토해 내지 않으리라.**』는 약속과는 정반대로 하나님께서는 그 땅이 그들을 토해 내도록 하실 수밖에 없게 된 것이다. 그들에게 베푸시는 하나님의 은총은 이처럼 조건이 선행된 것이었다.

『**비록 내가 그들을 멀리 이방인들 가운데로 버렸고 또 비록 내가 그들을 나라들 가운데로 흩었을지라도 나는 여전히 그들이 갈 나라들에서 그들에게 작은 성소같이 되리라**』(16절). 여기서 우리는 이스라엘에 대한 하나님의 단호한 의지를 엿볼 수 있고, 따라서 이스라엘이 아무리 곁길로 나가더라도 하나님의 손에서 벗어날 수 없음을 본다. 예를 들면, 다니엘과 그의 친구 사드락과 메삭과 아벳느고를 보라. 이들은 바빌론에 포로로 사로잡혀와 있었지만, 『**흠 없고 잘생겼으며 모든 지혜에 능숙하고 지식에 뛰어나며 과학을 이해하며 그들 안에 왕궁에서 설 수 있는 능력을 갖춘**』(단 1:4) 사람들로 인정받아 왕궁에서 특별 대우를 받고 살았다. 그러나 그럼에도 불구하고 그들은 『**왕의 음식으로나 왕이 마시는 포도주로 자신을 더럽히지 않으리라고 마음에 결심하고**』(단 1:8) 살았다. 다니엘은 바빌론에 사로잡혀와 있음에도 불구하고 마음속에 『**작은 성소**』를 차리고 기도하기를 그치지 않았다. 『**그러므로 이제 오 우리** 하나님**이여, 주의 종의 기도와 그 간구를 들으시고, 주를 위하여 주의 얼굴이 주의 황폐한 성소에 비치게 하소서**』(단 9:17).

또 다른 예로 에스더와 모르드캐를 보라. 에스더는 페르시아의 아하수에로왕의 왕후가 되었고, 페르시아에 정복당해 있던 이스라엘의 지도자였던 에스더의 삼촌 모르드캐 역시 『**아하수에로왕의 다음이 되고 유대인 중에서 위대하게**』(에 10:3) 되었거니와, 이들이 이렇게 될 수 있었던 것은 오직 적국의 손에 사로잡혀 있는 처지임에도 불구하고 하나님만을 의지하고 신뢰하는 가운데 이스라엘 백성을 하나님의 백성답게 영적으로 잘 인도하였기 때문이었다. 에스라와 느헤미야 역시 또 좋은 예가 된다. 이들은 이스라엘이 페르시아에 정복되어 있는 동안에도 하나님의 『**작은 성소**』를 지켰기에 코레스왕의 포고령에 의해 예루살렘으로 귀환하여 성전 건축의 기초를 닦을 수가 있었다. 이처럼 하나님께서 선택하신 백성이 어느 곳에 가 있게 되든지 간에 그들 가운데에는 하나님의 『**작은 성소**』가 항상 있기 마련이다.

하나님께서는 유대인들을 아메리카 대륙으로 데려오셨고, 그들 가운데에 자신의 『**작은 성소**』를 마련하셨다. 그것이 미국에서 얼마 동안이나 지속되었는지는 모르겠지만 말이다. 독일에 들어와 600년 가까이 살았던 유대인들 사이에도 하나님의 『**작은 성소**』가 있었고, 러시아에도 역시 『**작은 성소**』는 400년 동안 유지되었다. 유대인들 가운데에 하나님의 『**작은 성소**』가 있어 왔다는 것은 하나님께서 늘 그들의 거처가 되어 주셨다는 의미다. 『**주여, 주께서는 모든 세대에서 우리에게 거처가 되셨나이다**』(시 90:1).

이런 점에서 『**비록 내가 그들을 나라들 가운데로 흩었을지라도 나는 여전히 그들이 갈 나라들에서 그들에게 작은 성소같이 되리라.**』**라**는 말씀은 우리들 그리스도인들에게도 얼마든지 영적으로 적용할 수 있는 실로 아름다운 구절이 아닐 수 없다. 하나님을 거처로 삼고 있다면, 여하한 고난 속에서도 당신은 그리스도인으로서의 순수성과 믿음을 지켜 나갈 수가 있으며, 늘 소망 가운데서 하나님만을 바라보며 살아갈 수가 있다. 『**작은 성소**』란 각 성도들의 마음속에 자리잡고 있는 거룩하신 하나님의 처소요, 성도 역시 그 안에 들어가 사는 거룩한 영적 피난처다. 하나님의 성전은 아무데나 세워지는 게 아니다. 실제적이고 가시적인 성전이라 할지라도 그것이 세워져야 할 곳은 반드시 예루살렘이다. 그리고 영적 성전은 성도들 자신의 몸 안에만 세워진다. 『**너희가** 하나님**의 성전인 것과** 하나님**의 영께서 너희 안에 거하시는 것을 알지 못하느냐?**』(고전 3:16).

『**그러므로 말하기를** '주 **하나님이 이같이 말하노라. 내가 그 백성으로부터 너희를 모을 것이요, 너희가 흩어진 나라들에서 너희를 불러 모아서 내가 너희에게 이스라엘의 땅을 주리라.' 하라**』(17절). 이스라엘의 귀환을 이보다 더 강력하게 시사할 수가 없다. 앞에서도 누차 언급한 바 있지만, 이스라엘의 귀환은 바빌론 포로 70년 만에 역사적으로 이미 실현되었을 뿐만 아니라 19세기 말부터 20세기 중반에 이르기까지 전 세계에 뿔뿔이 흩어졌던 유대인들의 팔레스타인 땅으로의 귀환 역시 역사적으로 성취된 예언이었다.

『**내가 그들에게 한 마음을 줄 것이요, 또 내가 너희 안에 새 영을 넣으리라. 또 내가 그들의 육체에서 돌 같은 마음을 제하고 살 같은 마음을 주어서 그들로 내 규례들**

대로 행하며 내 율례들을 지켜 행하게 하리라. 그리하여 그들이 나의 백성이 되고 나는 그들의 하나님**이 되리라**』(19,20절). 이스라엘의 회복에 대한 하나님의 위대한 계시는 여기에서 그 절정을 이룬다. 이스라엘의 회복은 부분적으로는 우리가 살고 있는 지금 이 시대에 역사적으로 성취돼 왔지만, 궁극적으로는 예수 그리스도께서 재림하실 때 이스라엘의 영적 회복으로 마무리 될 것이다.

자, 그럼 이제부터 성경에서 이스라엘의 회복을 다루고 있는 구절들을 몇 군데 살펴보기로 하자.

먼저 예레미야 31장을 보라.

『**주가 말하노라. 보라 그 날들이 오면 내가 이스라엘 집과 유다 집과 더불어 새 언약을 맺으리니**』(렘 31:31). 새 언약은 "교회"와 맺으시겠다는 게 아니라 『**이스라엘 집과 유다 집과 더불어**』 맺으시겠다고 말씀하신다.

『**주가 말하노라. 내가 이집트 땅에서 손으로 그들을 인도하였던 날에 그들의 조상들과 맺은 언약에 따른 것이 아니니, 비록 내가 그들에게 남편이었지만 그들이 나의 언약을 파기하였도다**』(렘 31:32). 역시 이스라엘을 대상으로 하는 구절임이 명백하다. 이집트 땅에서 인도해 내신 백성이라면 이스라엘밖에는 없다. 하나님께서는 이스라엘의 조상들과 언약을 맺으셨다. 그러나 그 언약은 이스라엘의 불순종과 타락과 배교에 의해서 파기되었다. 하나님께서 이스라엘에 대하여 『**남편**』이었다고 말씀하시는 데에 주목하라. "교회," 즉 그리스도인들의 "남편"이 되실 분은 예수 그리스도시다. 그분께서는 지금 교회의 "신랑"이시요, 교회는 그분의 "신부"다.

『**주가 말하노라. 그러나 이것이 내가 이스라엘 집과 더불어 맺을 언약이 되리니 그 날들 이후로 나는 내 법을 그들 속에 두며 그들의 마음속에 기록하여 나는 그들의** 하나님**이 되고 그들은 나의 백성이 되리라**』(렘 31:33). 이 일은 아직 성취되지 않았다. 이것은 언제가 되었건 예수 그리스도께서 재림하셔야만 이루어질 미래의 일이다. 『**그 날들 이후로**』라고 못박고 있음에 주목하라. 이것은 명백하게 "대환란 기간 이후로"라는 뜻이다. 『**나는 내 법을 그들 속에 두며**』, 아직 이루어지지 않았다. 『**내 법을... 그들의 마음속에 기록하여**』, 아직 성취되지 않았다. 『**나는 그들의** 하나님**이 되고 그들은 나의 백성이 되리라.**』 이것 역시 이스라엘이 하나님을 저버리고 하나님께서 그들을 떠나신 이후로 지금까지 아직 성취되지 않았다.

『**그러면 그들은 각기 자기 이웃과 각기 자기 형제에게 말하기를 "주를 알라."고 더 이상 가르치지 아니하리니 이는 그들 모두가, 즉 그들 가운데 작은 자로부터 큰 자에**

이르기까지 나를 알게 될 것이기 때문이요, 내가 그들의 죄악을 용서할 것이며 그들의 죄를 더 이상 기억하지 아니할 것임이라. 주가 말하노라』(렘 31:34). 역시 장래의 일이요, 이스라엘의 궁극적인 회복의 최종 결과인 영적 회복을 언급하는 말씀이다. 하나님께서 이스라엘의 『**죄악을 용서할 것**』이며, 『**그들의 죄를 더 이상 기억하지 아니할 것**』이라는 사실이야말로 이스라엘의 영적 회복의 대단원이 아닐 수 없다. 이런 상황이라면 그들이 서로를 향해 『**주를 알라.**』고 구태여 권면할 필요가 없을 것이다. 그런 상황에서는 하나님께서 자신들의 『**주**』이심을 모르는 자는 하나도 없을 테니까 말이다.

이 구절은 교리적으로는 물론 이스라엘의 영적 회복에 적용되지만, 그리스도인들에게도 영적으로 적용할 수 있다. 히브리서 기자가 이 구절을 인용하여 『**그 날들 이후로 내가 그들과 세울 언약이 이것이라. 주가 말하노라. 내가 나의 법들을 그들의 마음들 속에 두고 그들의 생각에 그 법들을 기록하리라.**』(히 10:16)고 언급한 것은 이스라엘에 적용되는 구절이지만, 히브리서 10:17,18에서 『**또 그들의 죄들과 불법들을 다시는 기억하지 아니하리라."고 하셨음이라. 이제 이것들을 용서하신 곳에는 더 이상 속죄제가 없느니라.**』고 언급한 것은 그리스도인들에게 적용될 수 있는데, 이것은 속죄제를 완성하신 분이 바로 그리스도이심을 강조하고 있기 때문이다.

자, 이번에는 예레미야 50장으로 가보자.

『**주가 말하노라. 그 날들과 그 때에 이스라엘의 죄악을 찾아도 아무것도 없을 것이며 유다의 죄들을 찾아도 발견되지 않으리니 이는 내가 남겨 놓은 그들을 내가 용서할 것임이니라**』(렘 50:20). 대환란이 끝나면 이스라엘의 죄악은 모두 용서된다. 바울은 로마서 11장에서 이렇게 말한다. 『**형제들아, 너희가 스스로 지혜 있는 체하지 않게 하기 위하여 이 신비를 너희가 모르기를 내가 원치 아니하노니 이는 이방인들의 충만함이 차기까지는 이스라엘의 일부가 완고하게 된 것이라. 그리하여 온 이스라엘이 구원을 받으리라. 기록된 바 "구원자가 시온에서 와서 야곱에게서 경건치 아니한 것을 제거하리라. 이는 내가 그들의 죄들을 없앨 때 그들에 대한 나의 언약이 이것임이니라." 함과 같으니라. 복음에 관하여는 그들이 너희로 인하여 원수가 되었으나 선택에 있어서는 그들의 조상으로 인하여 사랑을 받는 자들이라**』(롬 11:25-28). 이 말씀에 따르면 이스라엘의 죄는 결국 하나님에 의해서 말끔히 제거될 터인즉, 그 이유는 이스라엘이 그만한 자격이 있기 때문이라는 것이다. 이스라엘이 하나님께서 『**선**

택』하신 백성이라는 그 자체만으로 하나님의 『**사랑을 받는 자들**』이라는 것이 바울이 내린 유대인들의 정의다.

이번에는 에스겔 36장으로 가보자.

『**그때 너희 위에 깨끗한 물을 뿌리리라. 그리하면 너희가 깨끗게 되리니 너희 모든 더러움과 너희의 모든 우상들로부터 내가 너희를 깨끗게 하리라**』(겔 36:25). 이것은 대환란이 끝난 다음에나 있을 장래의 일이다. 『**너희 위에 깨끗한 물을 뿌리리라.**』 누구 위에 말인가? 이스라엘 위에 말이다. "갓난아기" 위에가 아니다. 구원도 받지 못한 채 교회에 다니고 있는 "이방인"들도 아니다. 장로교건, 감리교건, 너도나도 에스겔의 이 구절을 근거로 아무한테나 물을 뿌린다. 그렇게만 하면 덮어놓고 죄인들이 『**깨끗게 되리니**』라고 어리석은 생각을 하는 것이다.

『**내가 또 너희에게 새 마음을 주고 너희 안에 새 영을 넣으리라. 내가 너희 육체에서 돌 같은 마음을 제거하고 살 같은 마음을 주리라**』(겔 36:26). 언제 누구에게 말인가? 대환란이 끝나고 천년왕국 시대가 열릴 때 이스라엘에게 말이다. 갓난아기에게 아무리 물을 뿌려 본들 갓난아기가 『**새 마음**』을 받던가? 물만 뿌려준다고 해서 죄인들에게 『**새 영**』이 들어가던가? 머리에 물 몇 방울 뿌린다고 해서 『**돌 같은 마음**』이 제거되던가? 그런다고 과연 사람이 거듭나고 하나님의 나라에 들어갈 수 있다고 성경이 말씀하는가? 많은 사람들이 이 구절을 요한복음 3:5의 "물"과 연결시키고 있지만, 에스겔의 이 구절은 명백하게 이스라엘에게 적용되는 구절이며, 시대적으로는 대환란 끝 무렵에 적용되는 구절들이다. 이스라엘은 하나님을 등지고 우상들을 숭배하는 바람에 더러워지고 마음이 돌같이 되었으며, 그 결과 하나님의 심판이 불가피해졌고, 그 심판은 대환란까지 거쳐야 하는 재앙으로 이어지지만, 그러나 하나님께서는 결국 이스라엘의 죄악을 용서하시고 하나님의 백성으로서의 그들의 지위를 회복시켜 주시게 된다. 그러기 위해 그들에게 『**깨끗한 물**』을 뿌려 주시고 『**새 마음**』을 주시며 또 『**새 영**』을 넣어 주실 것이다. 그런 다음에 이스라엘은 어찌 되는가? 다음 절을 보라.

『**또 내가 나의 영을 네 안에 두어 너희로 나의 규례대로 행하게 하리니 너희가 나의 명령을 준수하고 행하리라**』(겔 36:27). 대환란이 끝나고 천년왕국 시대가 열리면서 율법이 다시 시행되고 이스라엘은 그 율법을 잘 지키게 될 것이다. 이스라엘은 과거와는 다른 모습으로 하나님을 섬기게 된다. 그래서 그들은 하나님의 백성으로서의 면모를 다시 갖추게 될 것이다. 『**너희는 내가 너희 조상들에게 주었던 땅에서 거하리니 너희는 나의 백성이 되고 나는 너희** 하나님**이 되리라**』(겔 36:28).

『**내가 또한 너희를 너희의 모든 더러움으로부터 구원할 것이며 또 내가 곡식을 가져와서 풍성케 하여 너희에게 기근을 두지 아니하리라**』(겔 36:29). 언제? 천년왕국 시대에 말이다. 『**너희**』가 누구인가? 이스라엘이다.

『주 **하나님이 이같이 말하노라. 내가 너희를 너희의 모든 죄악에서 깨끗게 하는 날에 내가 또한 너희로 그 성읍들에서 살게 하리니 폐허에 집을 짓게 되리라**』(겔 36:33). 역시 천년왕국 시대에 말이다. 34절도 천년왕국 시대요, 35절도, 36절도, 37절, 38절도 마찬가지다.

이상에서 살펴 본바와 같이 성경은 이스라엘에 대한 심판과 장래의 회복에 대하여 너무나도 선명하게 예언하고 있고, 지금까지 그 예언들은 정확하게 성취돼 왔으며, 따라서 앞으로도 한 치의 오차도 없이 착착 성취돼 갈 것이다. 이 세상에 그 어떤 책도 성경 외에는 이렇게 예언하고 있는 책은 없다. 성경에서 예언했던 그대로 이스라엘은 러시아로, 중국으로, 미국으로, 유럽으로, 심지어 아프리카로 뿔뿔이 흩어지게 되었고, 예언했던 그대로 다시 팔레스타인 땅으로 모여들어 국가를 세웠으며, 예언했던 그대로 그 땅에서 번성하기 시작했다. 그러나 그들이 팔레스타인 땅으로 귀환하게 된 것은 그들 자신의 능력으로 된 것이 아니라 하나님께서 이방 나라들을 이용하셔서 그들이 유대인들을 몰아내게 하심으로써 이루어졌다. 제1차 세계대전은 그 땅이 유대인을 다시 맞아들일 준비를 갖추게 만든 계기를 마련했고, 제2차 세계대전은 유대인들로 하여금 그 땅으로 돌아갈 준비를 갖추도록 하는 계기를 마련했다고 제임스 맥긴리는 말했거니와, 시대적 통찰이 예리했던 그답게 이 또한 정확한 안목으로 본 것이었다. 이스라엘 민족에게 일어났던 그 모든 사건들이 하나님께서 그렇게 되도록 친히 세계를 움직여 나가셨기 때문에 이루어진 것이다. 이렇게 볼 때, 유대인들은 양들이었고, 하나님께서는 목자셨으며, 이방 민족들은 세퍼드 개 노릇을 했던 셈이다. 미국도 그랬고, 독일도 그랬으며, 이태리도, 스페인도, 영국도, 아무튼 모든 이방 국가들이 이스라엘이라는 양들을 위해서 하나님께서 사용해 오셨던 양떼 몰이 개들이었던 것이다. 사실, 이러한 이방 나라들은 하나님께서 부리시는 세퍼드 개들이 되어 그분께 쓰임을 받아 왔다는 사실에 대해 감사드려야 한다.

이스라엘은 또 앞으로도 성경에서 예언하고 있는 그대로 북방으로부터 쳐들어오는 이방 나라의 침공을 받게 될 것이고, 이것이 대환란으로 이어져 극심한 재앙 가운데 놓이게 될 것이며, 그 재앙이 다 끝나야만 죄악이 용서되고 하나님의 백성으로서의 지위가 회복될 것이다.

11:22 **그러자 그룹들이 날개를 들어올리고 바퀴들도 그들 곁에 있으며 또 이스라엘의** 하나님**의 영광이 그들 위를 덮고 있더라.**

23 **주의 영광이 그 성읍 가운데로부터 올라가서 성읍의 동편에 있는 산 위에 섰더라.**

24 **그후에 그 영이 나를 들어올리셨고,** 하나님의 영**이 환상 가운데서 나를 칼데아에 있는 사로잡힌 자들에게 데려가셨더라. 그리고 내가 보았던 환상은 내게서 올라가더라.**

25 **그리하여 나는 사로잡힌 그들에게 주께서 내게 보여 주셨던 모든 것들을 고하니라.**

『**그러자 그룹들이 날개를 들어올리고 바퀴들도 그들 곁에 있으며 또 이스라엘의** 하나님**의 영광이 그들 위를 덮고 있더라**』(22절). 그룹들이 날개를 들어올려 떠날 차비를 갖추고 하나님의 영광이 그룹들 위에 오르셨다. 지금 예루살렘을 떠나시는 이 『하나님**의 영광**』이 어쩐지 주 예수 그리스도로 느껴진다면, 당신은 성경을 상당히 많이 알고 있는 셈이다. 자, 다음 구절들을 계속 살피면서 이것을 확인해 보라.

『**주의 영광이 그 성읍 가운데로부터 올라가서 성읍의 동편에 있는 산 위에 섰더라**』(23절). 하나님의 영광이 드디어 성전을 떠나시고 성읍 가운데서 하늘로 비상하여 예루살렘 동편의 올리브산 위에 잠시 머무신다. 이제 예루살렘에게는 멸망만이 기다리고 있을 뿐이다. 주 예수 그리스도께서 장차 이스라엘에게 닥쳐올 대환란에 대하여 제자들에게 강론하셨을 때 주님께서는 어디에 계셨던가? 바로 이 올리브산 위에 앉아 계셨다(마 24장). 그러고 보면, 에스겔 11:23의 이 구절에서 에스겔이 환상으로 보고 있는 장면이 마태복음 23장에서 예수 그리스도께서 내려다보시면서 슬퍼하셨던 바로 그 장면을 보고 있는 것이며, 여기서 그가 보고 있는 하나님의 영광은 곧 주 예수 그리스도, 그분이셨던 것임을 분명히 알 수가 있다. 예수 그리스도야말로 주 『하나님의 영광』이 아니신가! 『오 예루살렘아, 예루살렘아, 선지자들을 죽이며 너에게 보낸 사람들을 돌로 치는 자야, 마치 암탉이 자기 병아리들을 날개 아래 함께 모으듯이 내가 얼마나 자주 네 자녀들을 모으려고 하였더냐? 그러나 너희가 원치 아니하였도다! 보라, 너희 집이 황폐하여 버린 바 되리라. 내가 너희에게 말하노니, 이제부터 너희가 '주의 이름으로 오시는 이는 복이 있도다.'라고 말할 때까지 나를 보지 못하리라."고 하시더라』(마 23:37-39). 예수 그리스도께서 갈보리로 향하시면서 그분께서 예루살렘의 동쪽 문으로 나가셨고 그 성읍 동편에 있는 바로 이 올리브산 위에 앉으셔서 장차 멸망하게 될 예루살렘을 멀리 바라다보고 계셨던 것이다. 그분께서 바라다 보셨던 예루살렘의 전면적인 파괴는 A.D. 70년 로마 제국의 티투스에 의한 파괴만이 아니었던 것은 두말할 나위도 없다. 그분께서는 저 멀리 대환란까지 내다보고 계셨던 것이다. 그리고 그에 대해서 제자들에게 강론하셨던 것이다. 그것이 바로 마태복음 24장이다. 에스겔에서 언급되고 있는 예루살렘의 파괴에 대한 예언은 바빌론의 느부캇넷살에 의해서 일차적으로 성취되었지만, 느부캇넷살은 사실 장차 요한계시록 11장에서 나타나게 될 적그리스도의 예표였던 것이다.

요한계시록 11장을 보라. 요한계시록 11장은 대환란의 한중간에 해당하는 부분이다. 『또 내게 지팡이 같은 갈대를 주며, 그 천사가 서서 말하기를 "일어나서 하나님의 성전과 제단과 그 안에서 경배하는 자들을 측량하라. 그러나 성전 밖에 있는 뜰은 남겨 두고 측량하지 말라. 이는 그것을 이방인들에게 주었으며 그들이 마흔두 달 동안 그 거룩한 도성을 발 아래 짓밟을 것이기 때문이라』(계 11:1,2). 자, 여기 하나님의 성전이 있다. 에스겔에 보면, 바로 여기에 예수 그리스도, 그분께서 와 계셨다. 그리고 성전 밖의 뜰은 『이방인들에게 주었으며』 이 이방인들은 성전뿐만 아니라 예루살렘, 『그 거룩한 도성』까지 짓밟게 된다. 느부캇넷살은 물론 『이방인』이었다. 느부캇넷살이 예표가 되고 있는 적그리스도 역시 『이방인』 중에서 등장할 것이다. 『마흔두 달 동안』이면 3년 반이다. 요한계시록의 이 부분은 이처럼 에스겔 11장과의 유기적인 관계 속에서 전개된다.

대환란 끝 무렵에 주님께서 재림하실 때, 그분의 영광이 제일 먼저 임하게 될 곳도 바로 이 올리브산이라는 점에서 에스겔 11:23의 언급은 매우 중요한 의미를 갖는다. 예수 그리스도께서 승천하실 때 사람들이 하늘을 주시하고 있었는데, 그때 흰 옷을 입은 두 사람이 나타나 『너희 갈릴리 사람들아, 어찌하여 너희는 하늘을 쳐다보고 서 있느냐? 너희를 떠나 하늘로 들려 올라가신 바로 이 예수는 너희가 하늘로 가심을 본

그대로 오시리라.』(행 1:11)라고 말했다. 예수 그리스도께서 다시 오실 때 그분께서는 예루살렘 동편의 이 올리브 산에 다시 발을 디디게 되실 것이다. 『**보라, 이스라엘의** 하나님**의 영광이 동편의 길로부터 임하였으니 그분의 음성이 많은 물 소리 같으며 땅이 그의 영광과 함께 빛나더라**』(겔 43:2). 주님께서 재림하셔서 올리브산 위에 서시는 순간 여기에는 대격변이 한바탕 벌어질 것이다. 『**그의 발이 그 날에 예루살렘 앞 동편에 있는 올리브 산 위에 서시리니, 올리브 산은 그 중간이 동쪽과 서쪽으로 갈라져 매우 큰 골짜기가 생길 것이며, 산의 절반은 북쪽으로, 산의 절반은 남쪽으로 옮겨지리라**』(슥 14:4).

『**그후에 그 영이 나를 들어올리셨고,** 하나님**의** 영**이 환상 가운데서 나를 칼데아에 있는 사로잡힌 자들에게 데려가셨더라. 그리고 내가 보았던 환상은 내게서 올라가더라**』(24절). 하나님의 영광이 예루살렘을 떠나시기 위해 성읍 동편에 있는 올리브산 위에 오르셨고, 예루살렘에는 대환란이 시작된다. 이제 하나님의 영은 에스겔을 들어올려 『**칼데아**』, 즉 느부캇넷살의 바빌론으로 데려다 놓으신다. 여기가 바로 에스겔이 1장에서 원래 있었던 자리다. 하나님의 영이 에스겔을 여기로 다시 데려다 놓으시고, 거기에 사로잡혀와 있는 이스라엘 사람들에게 하나님께서 명하셨던 모든 것들을 고하도록 하신다(25절). 바빌론에 포로로 사로잡혀와 크발 강가에 있는 모든 유대인들은 바로 대환란 기간 동안 사로잡혀 있는 유대인들의 모형인 것이다.

에스겔 12장

12:1 주의 말씀이 또 내게 임하여 말씀하시기를
2 "인자야, 너는 반역하는 집 가운데 살고 있도다. 그들은 볼 눈이 있어도 보지
못하고 그들은 들을 귀가 있어도 듣지 못하나니 이는 그들이 반역하는 집임이
라.
3 그러므로 너 인자는 이사할 소지품을 준비하고 그들의 목전에서 낮에 이사하
라. 너는 그들의 목전에서 네 처소에서 다른 처소로 이사하라. 그들이 비록 반
역하는 집일지라도 숙고하리라.
4 그 다음에 너는 그들의 목전에서 낮에 네 소지품을 이사할 소지품처럼 가지고
나와 그들의 목전에서 저녁 때에 나가되 사로잡혀 가는 자들처럼 하라.
5 너는 그들의 목전에서 담을 뚫고 그리로 옮기라.
6 그들의 목전에서 너는 그것을 네 어깨에 메고 땅거미가 질 때에 옮기라. 너는
네 얼굴을 가리고 땅을 보지 말지니 이는 내가 너를 이스라엘 집에 한 표적으
로 삼았음이라." 하시기에,
7 내가 명령을 받은 대로 그렇게 행하여 낮에 내 소지품을 사로잡혀 가는 자의
소지품처럼 가지고 나오고 저녁 때에 내 손으로 담을 뚫었으며 땅거미가 질
때에 그것을 가지고 나가서 그들의 목전에서 내 어깨에 메었더라.

『그들은 볼 눈이 있어도 보지 못하고 그들은 들을 귀가 있어도 듣지 못하나니 이는

그들이 반역하는 집임이라』(2절). 하나님께서는 이스라엘 집을 "반역하는 집"이라고 규정하신다. 그들이 반역하는 집이기에 하나님께서는 그들을 "볼 눈이 있어도 보지 못하고 들을 귀가 있어도 듣지 못하게" 만들어 버리셨다. 이는 일찍이 이사야의 예언에서도 확인된다. 『**그가 말씀하시기를 "가서, 이 백성에게 말하기를 '참으로 너희가 들으나 깨닫지 못할 것이요, 참으로 너희가 보나 알지 못하리라.' 하라. 이 백성의 마음으로 살찌게 하고, 그들의 귀로 둔해지게 하며, 그들의 눈으로 감기게 하라. 그리하여 그들이 눈으로 보지도 못하고, 귀로 듣지도 못하며, 마음으로 깨닫지도 못하고, 회심하지도 못하고, 치유받지도 못하게 하라." 하셨더라**』(사 6:9,10). 정말 놀랍지 않은가? 하나님께서 이사야를 선지자로 세우셨다면, "가서 이 백성의 귀를 열어 듣게 하고 눈을 열어 보게 하라."라고 명령하셨을 법하지 않은가? 그러나 그 반대였다. 왜? 그들은 이미 『**반역하는 집**』이었기 때문이다. 놀랍게도 모세는 이미 그 옛날에 이 사실을 알고 있었다. 『**그러나 주께서는 깨닫는 마음과 보는 눈과 듣는 귀를 오늘까지 너희에게 주시지 않으셨느니라**』(신 29:4). 왜 그러셨을까? 『**반역하는 집**』이었기 때문이었다. 하나님께서는 이스라엘 백성을 향하여 『**눈이 있어도 보지 못하고 귀가 있어도 듣지 못하는 오 어리석고 지각이 없는 백성이여.**』(렘 5:21) 하고 꾸짖으셨다. 예수 그리스도께서 『**많은 것을 그들에게 비유로 일러 말씀**』하셨는데(마 13:3), 제자들이 주님께 『**어찌하여 그들에게 비유로 말씀하시나이까?**』 하고 여쭈어 보았더니(마 13:10), 이에 대해 주님께서는 이사야의 예언을 들어서 『**이는 그들이 보아도 보지 못하고 들어도 듣지 못하며 또 깨닫지도 못함이라.**』(마 13:13)라고 그 이유를 설명해 주신다.

이것은 그리스도인들을 포함한 오늘날의 모든 "현대인"들에게 그대로 적용되는 말씀이다. 당신은 어떤가? 당신은 성경을 읽으면서 하나님께서 들려주시는 말씀들과 그 모든 계시들을 귀로 듣고 눈으로 보며 마음으로 깨닫고 있는가? 당신의 대답이 만약 "아니오."라면, 당신은 그 원인을 즉각 규명해야 한다. 그 원인은 당신이 『**반역하는 집**』이기 때문이다. 당신이 『**반역하는 집**』이기 때문에 성령님께서 당신을 인도하지 않으시고 진리를 조명해주지 않으시는 것이다. 반면에 당신이 성경을 읽으면서 하나님의 말씀을 깨달을 수 있고 진리를 볼 수 있다면, 당신은 대단히 복이 많은 사람이다. 『**그러나 너희 눈은 볼 수 있고 또 너희 귀는 들을 수 있으니 복이 있도다. 진실로 내가 너희에게 말하노니, 많은 선지자들과 의인들이 너희가 보는 것을 보기 원하였으나 보지 못하였고 너희가 듣는 것을 듣기 원하였으나 듣지 못하였느니라**』(마 13:16,17).

『그러므로 너 인자는 이사할 소지품을 준비하고 그들의 목전에서 낮에 이사하라. 너는 그들의 목전에서 네 처소에서 다른 처소로 이사하라. 그들이 비록 반역하는 집일지라도 숙고하리라』(3절). 말하자면 예루살렘의 함락이 임박했다는 것을 행동으로 나타내 보여 주라는 말씀이다. 그러면 사람들이 그것을 보고, 그들이 비록 반역하는 집일지라도 숙고할 것이었다. 즉 생각하는 바가 있을지도 모르잖느냐는 것이다. 하나님께서는 또 그에게 아직 해가 지지 않고 훤한 **『저녁 때에』** 보따리를 싸들고 나가되, **『사로잡혀 가는 자들처럼』** 행동하라고 하셨다(4절). 그들이 조금이라도 지각이 있는 자들이라면, 예루살렘이 곧 무너지고 자신들도 모두 포로로 사로잡혀 가게 될 것을 능히 예견할 것이고, 이것이 자신들의 죄악에 대한 하나님의 심판임을 깨달아 지금이라도 죄에서 돌이켜 하나님께로 향해야만 마땅한 것이다.

또 에스겔은 보따리를 싸들고 떠나되, 대문을 나서서 유유히 길을 떠나는 게 아니라 **『담을 뚫고』** 그리로 나간다(5절). 이것을 보고 예루살렘 거민들이 혹시 바벨론의 느부갓넷살에 의하여 예루살렘 성벽이 뚫리고 마는 장면을 연상하게 될지도 모르기 때문이다. 이것은 사실 심판이 실행되기 전, 끝까지 최후의 기회를 주시는 하나님의 깊으신 배려인 것이다. 자세히 보면, 이 모든 과정 하나하나에서 "지금이라도, 지금이라도..." 하시면서 우리들의 반응을 살피시는 하나님의 모습이 엿보이지 않는가?

『이는 내가 너를 이스라엘 집에 한 표적으로 삼았음이라』(6절). 에스겔에게 이러한 행동을 하도록 명하시는 까닭은 하나님께서 장차 예루살렘에 일어나게 될 일들을 보여 주시기 위해 그를 하나의 **『표적』**으로 삼으셨기 때문이다. 그래서 일부러 사람들이 다 보는 데서 담을 뚫어 예루살렘의 함락을 암시한 다음 포로가 되어 바벨론으로 끌려가는 광경을 연출하도록 지시하시는 것이다. 보따리를 둘러멘 채 **『땅거미가 질 때에』**(6절) 마을을 빠져나가는 광경이 영락없이 끌려나가는 모습 그대로인데, 게다가 또 **『얼굴을 가리고 땅을 보지 말지니』**(6절)라고 지시하신다. 수건으로 얼굴을 가렸으니 땅을 보고자시고 할 것도 없이 더듬더듬 걸어갈 수밖에 없는데, 이것은 마치 중죄인을 꽁꽁 묶어 "용수"까지 씌우고 잡아가는 모습 그대로가 아닌가!

『내가 명령을 받은 대로 그렇게 행하여 낮에 내 소지품을 사로잡혀 가는 자의 소지품처럼 가지고 나오고 저녁 때에 내 손으로 담을 뚫었으며 땅거미가 질 때에 그것을 가지고 나가서 그들의 목전에서 내 어깨에 메었더라.』(7절). 자, 에스겔은 연출자 하나님께서 지시하시는 대로 훌륭하게 "팬터마임" 연극을 무대에 펼쳐 놓는다. 아무리 1인극 "팬터마임"이라고는 하지만 이것은 누가 보아도 고개를 갸웃거릴 수밖에 없는 여간 괴상한 장면이 아닐 수 없다. 아니나 다를까, 이를 본 사람들이 하도 이상하여 『"**네가 무엇을 하느냐**?"』라고 의아해 한다(9절). 그러나 실은 에스겔 자신도 잘 모른다. 그래서 사람들에게 어떻게 설명해 주어야 하는지도 하나님께서 그에게 가르쳐 주신다. 『**이 엄중한** *말*은 **예루살렘에 있는 통치자와 그들 가운데 있는 이스라엘의 온 집에 관한 것이라**』(10절). 사실 에스겔은 이렇게 대답해 놓고도 그게 무슨 뜻인지 잘 몰랐을는지도 모른다. 지금 에스겔은 완전히 멍청이 바보가 된 기분이다. 그러나 연출자가 시키는 대로 무대에서 움직이는 게 배우다. 어리둥절하고 있는 에스겔에게 하나님께서 대사를 하나 더 가르쳐 주신다. 『"**나는 너희의 표적이라. 내가 행하였던 대로 그들에게도 그대로 이루어지리니 그들이 옮겨지고 사로잡혀 가리라.**"』(11절). "옳지, 그랬었구나!" 하고 에스겔은 이해하기 시작한다. 그러나 아직도 잘 알 수 없는 데가 있다. "그런데 어째서 눈을 가리고 땅을 보지도 말라고 하는 것일까?" 하고 그는 무척이나 궁금했을 것이다. 정말이지 연극 쳐놓고는 여간 난해한 게 아니다. 하지만 이것은 연극이 아니라 실제 상황이었다. 다만 실제로 일어나기 전에 먼저 예언적으로 무대에서 연출되었을 뿐이었다.

우리는 성경에서 이 표적이 실제 상황이 되어 벌어지는 장면을 본다. 하나님께서는 이 일이 예루살렘에 있는 "통치자"와 "이스라엘의 온 집"에 관한 것이라고 하셨다(10절). 아닌 게 아니라 얼마 지나지 않아 『**예루살렘에 있는 통치자**』, 즉 시드기야는 두 눈이 뽑혀버리고 땅을 볼 수가 없는 상태로 끌려가게 되었으며, 거민들도 몽땅 바벨론으로 사로잡혀 가게 되었던 것이다(렘 52:8-11).

12:8 아침에 주의 말씀이 내게 임하여 말씀하시니라.
9 인자야, 이스라엘 집, 반역하는 집이 네게 말하기를 "네가 무엇을 하고 있느냐?" 하지 아니하더냐?
10 너는 그들에게 말하라. 주 하나님이 이같이 말하노라. 이 엄중한 *말*은 예루살렘에 있는 통치자와 그들 가운데 있는 이스라엘의 온 집에 관한 것이라.
11 말하라. "나는 너희의 표적이라. 내가 행하였던 대로 그들에게도 그대로 이루어지리니 그들이 옮겨지고 사로잡혀 가리라."

12 **그들 가운데 있는 통치자는 땅거미가 질 때에 그의 어깨 위에 짐을 지고 나갈 것이요, 그들은 그리로 가지고 나가려고 담을 뚫을 것이라. 그는 자기 눈으로 땅을 보지 않으려고 얼굴을 가릴 것이라.**

『**이 엄중한 말은 예루살렘에 있는 통치자와 그들 가운데 있는 이스라엘의 온 집에 관한 것이라**』(10절). 하나님께서는 에스겔을 통하여 보여 주신 이 모든 이상한 행동들이 꾸며낸 연극도 아니고 농담도 아니라는 사실을 단호하게 말씀하신다. 그것은 현실적으로 일어나게 될 실제 상황이다. 앞에서 이미 살펴본 바와 같이 이것은 얼마 후 역사적으로 실현된 사실이다. 바빌론의 느부캇넷살에 의해서 실현되었고, 로마의 티투스에 의하여 실현되었으며, 그 이후로 1918년까지 계속 실현돼 왔던 일이다. 그리고 또 얼마 있으면 적그리스도에 의해서 실현될 것이다.

하나님께서는 지금도 앞으로 있게 될 많은 사건들에 대하여 성경 곳곳에서 분명하게 보여 주고 계신다. 그런데도 사람들은 그것을 믿지 않고, 세상에 대하여, 자기 자신들에 대하여, 지구의 미래에 대하여 "부정적"으로만 이야기하는 성경을 미워하는 반면에, 그들은 그 모든 것들에 대해 "긍정적"으로만 이야기하는 거짓말들을 더 잘 믿는다. 이것은 이미 이 당시에도 그러했다.

예레미야 28장을 보라.

『**같은 해에 유다의 시드키야왕의 치리가 시작되어 제사년 다섯째 달에 주의 전에서 기브온 출신 선지자 아술의 아들 하나냐가 제사장들과 모든 백성들의 면전에서 내게 고하여 말하기를 "만군의 주, 이스라엘의** 하나님**이 이같이 일러 말하노라. 내가 바빌론 왕의 멍에를 꺾었느니라**』(렘 28:1,2). 이것은 물론 새빨간 거짓말이었다. 예레미야가 하나님께서 일러주시는 대로 "부정적인" 이야기들만 이스라엘 백성에게 고하자 영락없이 거짓 선지자가 출현하여 백성들에게 "긍정적인" 이야기를 들려주며 속인다.

『**바빌론의 느부캇넷살왕이 이곳에서 취하여 바빌론으로 가져간 주의 전의 모든 기명들을 내가 만 이 년 이내에 이곳으로 다시 가져오며**』(3절). 조금만 있으면 들통날 거짓말이었지만 사람들에게는 여간 듣기 좋은 소리가 아닐 수 없다. 이것이 거짓말이었다는 사실은 역사적으로 실증되었다. 느부캇넷살왕이 예루살렘에서 전리품으로 가져간 『**주의 전의 모든 기명들**』이 2년 만에 다시 예루살렘으로 귀환하기는커녕 느부캇넷살이 죽고 난 뒤에도 벨사살왕이 잔치를 베풀었을 때 이 기명들로 술을 따라 마셨던 것을 우리는 성경에서 본다(단 5:1,2).

『또 바빌론으로 갔던 유다의 여호야킴왕의 아들 여코냐를 유다의 모든 사로잡혀 간 자들과 함께 이곳으로 다시 데려오리니 이는 내가 바빌론 왕의 멍에를 꺾을 것임이니라. 주가 말하노라." 하더라』(렘 28:4). 절대로 『**주가 말하노라.**』가 아니었다. 이것은 거짓 선지자 하나냐가 하나님의 이름을 도용하여 꾸며낸 거짓말이었다. 만약 하나님께서 예레미야에게서 이렇게 말씀하셨다면, 에스겔이 보따리를 둘러메고 잡혀가는 시늉을 했지만, 실은 그 모두가 "쇼"였다고 하나님 자신이 실토하시는 아주 민망한 꼴이 돼버린다. 인간의 거짓말은 하나님을 민망하게 만든다.

『화평을 예언하는 선지자는 선지자의 그 말이 이루어진 뒤에야 주께서 참으로 보내신 선지자로 알려지느니라』(렘 28:9). 예언이란 예언된 대로 실현되어야 예언이고, 그래야 그 예언을 한 사람이 예언가로 인정받는다. 덮어놓고 미래의 일들에 대해 되는 소리 안 되는 소리를 마구 늘어놓는다고 해서 아무나 다 예언가가 되는 게 아니란 말이다. 이것은 신명기에서 이미 경고되었던 말씀이다. 『**어떤 선지자가 주의 이름으로 말하는데 그런 일이 일어나지도 않고 성취되지도 않았으면 그것은 주께서 말씀하신 것이 아니라 그 선지자가 주제넘게 말한 것이니 너는 그를 무서워 말지니라**』(신 18:22). 하나님께서는 예레미야로 하여금 하나냐에게 가서 이렇게 하나님의 말씀을 전하도록 명하신다. 『**만군의 주, 이스라엘의** 하나님**이 이같이 말하노라. 내가 쇠로 된 멍에를 이 모든 민족들의 목에 놓아 그들로 바빌론 왕 느부캇넷살을 섬기게 하리니 그들이 그를 섬기리라. 또 내가 그에게 들의 짐승들도 주었느니라. 그러자 선지자 예레미야가 선지자 하나냐에게 말하니라. "하나냐야, 이제 들으라. 주께서는 너를 보내지 않으셨는데 네가 이 백성으로 거짓을 신뢰하게 하는도다. 그러므로 주께서 이같이 말씀하시나니 보라, 내가 너를 이 지면으로부터 제해 버릴 것이요, 네가 올해에 죽으리니 이는 네가 주를 대적하는 반역을 가르쳤기 때문이라." 하더라**』(렘 28:14-16). 결국 하나냐는 어찌 되었던가? 『**그러므로 선지자 하나냐가 그 해 일곱째 달에 죽었더라**』(렘 28:17). 이것이 예언이다. 이렇게 사실적으로 실현되어 왔고, 지금도 실현되고 있으며, 또 앞으로도 한 치의 오차도 없이 실현될 예언들을 담고 있는 책, 이것이 바로 성경이다. 성경은 단 한 군데서도 하나님을 거짓말쟁이로 만드는 법이 없다.

『말하라. "나는 너희의 표적이라. 내가 행하였던 대로 그들에게도 그대로 이루어지

리니 그들이 옮겨지고 사로잡혀 가리라."』(11절). 하나님께서는 에스겔이 백성에게 알릴 말들을 일일이 가르쳐 주신다. 하나님께서는 단 한마디도 에스겔 자신의 생각이나 짐작이나 예견을 허락하지 않으신다. 당신이 그리스도인이라면, 당신도 마찬가지다. 당신은 오직 성경을 통하여 하나님께서 하시는 말씀들만을 사람들에게 전해 주어야 한다. 성경은 예언의 책이다. 당신이 전해 주어야 할 가장 시급한 예언은 구원받지 못하면 지옥에 갈 수밖에 없다는 사실이다. 당신은 절대로 자기 의견을 말하면서 자기가 똑똑하다고 잘난 척해서는 안 된다. 당신은 "제 생각에는 말에요..."라는 식으로 겸손한 척하면서 조심스럽게라도 당신의 의견을 하나님의 말씀 앞에 놓아서는 안 된다. 당신은 그리스도인으로서 모든 죄인들에 대하여 하나님의 『**표적**』이 될 수 있어야 한다.

『**그들 가운데 있는 통치자는 땅거미가 질 때에 그의 어깨 위에 짐을 지고 나갈 것이요... 그는 자기 눈으로 땅을 보지 않으려고 얼굴을 가릴 것이라**』(12절). 앞에서 이미 살펴보았듯이 『**통치자**』 시드키야는 한 치도 어김없이 이렇게 되고 말았다.

12:13 내가 또 내 그물을 그의 위에 치리니 그가 나의 덫에 걸리게 되리라. 내가 그를 칼데아인의 땅 바빌론에 데려갈 것이라. 그가 거기서 죽을지라도 그것을 보지 못하리라.

14 또 내가 그를 도우려고 그 주위에 있는 모든 사람들과 그의 모든 군대를 사방으로 흩을 것이며 또 그들을 좇아 칼을 빼리라.

15 내가 그들을 민족들 가운데로 흩어 버리고 나라들 속에 그들을 분산시키면 그때에 그들은 내가 주인 줄 알리라.

16 그러나 내가 그들 중에 몇 사람을 칼과 기근과 전염병으로부터 남겨 두어 그들이 이르른 이방인 가운데서 그들의 모든 가증함들을 선포하게 하리니 그때에 그들은 내가 주인 줄 알리라.

하나님께서 이스라엘과 그 통치자 위에 치시게 될 『**그물**』(13절)이 곧 바빌론이다. 바빌론은 이스라엘을 심판하시기 위해 하나님께서 사용하시는 도구다. 하나님께서는 바빌론 왕 느부캇넷살을 두고 『**내 종**』이라고 부르셨다(렘 25:9). "통치자" 시드키야는 하나님께서 쳐놓으신 그물에 걸려들어 느부캇넷살에게 사로잡혀 바빌론으로 끌려가게 되는데, 두 눈까지 뽑혀 버렸기 때문에 『**그가 거기서 죽을지라도**』(13절) 자기가 죽는 그곳이 바빌론 땅인지조차도 몰랐다는 것은 당연하다.

『**그러나 내가 그들 중에 몇 사람을 칼과 기근과 전염병으로부터 남겨 두어 그들이 이르른 이방인 가운데서 그들의 모든 가증함들을 선포하게 하리니 그때에 그들은 내가 주인 줄 알리라**』(16절). 이스라엘은 결코 하나님의 심판을 면할 길이 없지만, 그러나 우리는 이 구절에 희망을 걸어야 한다. 이 구절은 교리적으로 대환란에 적용되는 말씀이다. 이방 민족들은 "몇 사람"밖에 남지 않은 유대인들을 보고 하나님의 심판이 얼마나 가혹한 것이었나를 확인하게 될 것이요, 그러한 심판을 가져오게 된 그들의 죄가 얼마나 가증한 것이었던가를 알게 될 것이지만, 그보다도 더 중요한 것은 이것을 보는 이방인들이 하나님의 공의가 얼마나 준엄한 것인가를 배우게 된다는 점이다. 그리고 이스라엘의 남은 자들이 하나님께 돌이켜 그분의 백성으로서의 본래 자리로 돌아옴으로써 그들을 통하여 하나님의 영광이 또 한 번 드러나는 것을 보게 될 것이다.

이렇게 볼 때, 죄에 대하여 심판을 가져오는 하나님의 공의는 그분의 영광으로 이어진다는 것을 우리는 알 수 있다. 바로 여기에 하나님께서 궁극적으로는 이스라엘의 죄를 용서하시고 그들의 지위를 회복시켜 주시는 이유가 있는 것이다. 이스라엘은 이미 하나님의 심판으로 끝났고 로마카톨릭이 그들의 지위를 계승한 영적 이스라엘이라고 괴변을 늘어놓는 로마카톨릭의 주장은 바로 이 진리를 거부한 데서 출발한 것이고, 그들이 이 진리를 거부하는 이유는 이스라엘을 통한 하나님의 승리와 영광을 어떻게든지 가려 보려는 저의에서 나온 것이다. 하나님의 영광을 가리고 싶어하는 자라면 그게 누구이겠는가?

이 구절에서도 분명히 보듯이 하나님께서는 절대로 이스라엘과의 관계를 끊으신 것이 아니다. 이스라엘의 대부분이 대환란 기간 동안 죽임을 당하는 것은 사실이다. 그러나 하나님께서는 그들 중 몇 사람을 칼과 기근과 전염병으로부터 남겨 두시겠다고 말씀하시고 그 이유와 목적, 그리고 그 결과까지 이 구절에서 천명하고 계신다. 『**오 유다 집과 이스라엘 집아, 너희가 이방 가운데서 저주가 되었던 것같이,** *이제는* **내가 너희를 구원하리니 너희는 축복이 되리라. 두려워 말라. 오직 너희의 손을 튼튼하게 하라**』(슥 8:13). 하나님께서 남겨두신 이 몇 사람 안 되는 유대인들은 하나님께서 자신들의 주님이신 것을 알게 되고 그분께 의탁하여 살게 될 것이다. 『**그 날에 이스라엘의 남은 자들과 야곱의 집에서 도피한 자들은 더 이상 자기들을 친 자에게 의탁하지 아니하고, 참으로 주, 곧 이스라엘의** 거룩한 분**께 의탁하리라. 남은 자들이, 곧 야곱의 남은 자들이 능하신** 하나님**에게로 돌아오리라**』(사 10:20,21). 이렇게 하여 하나님께서 남겨두신 이스라엘은 천년왕국 시대에 하나님의 증인이 될 것이다. 『**주가 말하노라. 너희는 나의 증인들이요, 내가 택한 나의 종이니 이는 너희가 나를 알고 나를 믿고 내가 그인 것을 알게 하려는 것이라. 내 앞에 지음을 받은** 하나님**이 없었으며, 내 뒤에도 없으리라. 나, 곧 나는 주요, 나 외에는 구주가 없느니라**』(사 43:10,11).

12:17 또 주의 말씀이 내게 임하여 말씀하시니라.
18 인자야, 떨며 네 빵을 먹고 떨림과 근심으로 네 물을 마시며
19 그 땅의 백성에게 말하라. 예루살렘 거민과 이스라엘 땅의 주 하나님이 이같이 말하노라. 그들이 근심으로 빵을 먹고 놀람으로 물을 마시리니 그 땅이 그 안에 거하는 모든 자들의 폭력으로 인하여 그 안에 있는 모든 것으로부터 황폐하게 될 것이라.
20 사람이 사는 성읍들은 황폐케 되며 땅은 폐허가 되리니 그때에 너희는 내가 주인 줄 알리라.

『**또 주의 말씀이 내게 임하여 말씀하시니라. 인자야, 떨며 네 빵을 먹고 떨림과 근심으로 네 물을 마시며**』(17,18절). 자, 다시 하나님의 심판으로 돌아온다. 기근으로 인한 굶주림이 어찌나 극심했던지 『**떨며 빵을**』 먹어야 할 정도요, 물을 마셔도 『**떨림과 근심으로**』 마셔야 될 정도가 된다. 여기서 "떤다," "근심한다."라는 말은 빵 한 조각을 먹고 나면 그것으로 식량이 또 바닥나기 때문에 그 다음 끼니를 또 걱정하지 않으면 안 되는지라, 부스러기 하나라도 떨어뜨리지 않으려고 부들부들 떨면서 조심해서 음식을 먹고, 물 한 모금을 마시고 나면 한 방울도 남지 않게 되어 그 다음에는 어찌할꼬 염려하지 않을 수 없는 처지인지라 단 한 방울이라도 흘리지 않도록 벌벌 떨면서 극도로 주의해 가며 물을 마시는 장면을 서술한다. 요즘도 물질이나 돈을 극도로 아껴 쓰느라고 인색할 정도가 된 사람을 보고 "돈이라면 부들부들 떤다."고 말한다.

『**그 땅의 백성에게 말하라. 예루살렘 거민과 이스라엘 땅의 주 하나님이 이같이 말하노라. 그들이 근심으로 빵을 먹고 놀람으로 물을 마시리니 그 땅이 그 안에 거하는 모든 자들의 폭력으로 인하여 그 안에 있는 모든 것으로부터 황폐하게 될 것이라**』(19절). 심판의 가혹성과 처절한 생활상이 다시 한번 더 강조됨으로써 하나님의 결연한 의지가 또 한 번 단호하게 천명된다.

바빌론 포로와 A.D. 70년의 파괴 등을 통한 하나님의 심판으로 인해 팔레스타인 땅은 문자 그대로 황폐하기 이를 데 없는 불모의 땅이 되고 말았다. 이스라엘 건국 이후 키부츠 집단 농장의 건설과 네게브 프로젝트에 의한 개발로 불모의 땅이 푸른 농지와 마을로 많이 탈바꿈했다고는 하지만, 지금도 그 "거룩한 땅"의 사진을 보노라면 나는 황량한 텍사스 서부 지방을 연상하게 된다. 갈릴리 지방은 아름답다고들 한다. 나도 사진을 보았지만 아닌 게 아니라 아름다운 고장으로 보였다. 하지만 유대 지방이라든가, 사마리아 지방, 그리고 요단강 건너 네게브 지역이라든가, 모압 지방 등은 내가 직접 가보지는 않았지만, 사진을 보면 여전히 돌멩이 투성이인 데다가 풀 한 포기 없이 흙먼지만 풀풀 날리는 불모의 땅 그대로일 뿐인지라, 아무리 보아도 거기가 "거룩한 땅" 같아 보이지는 않는다. 나는 아무리 그곳이 "거룩한 땅"일지라도 미국에서 태어나 미국에서 성장하였고 지금도 미국에 살고 있는 것에 대해 하나님께 감사한다. 나에게 있어서 "거룩한 땅"은 역시 미국이다. "그리스도인에게 있어서는 모든 땅이 '거룩한 땅'이요, 그 모든 곳이 '불타는 가시덤불'이다."라고 밥 존스 시니어는 말했다. 그리스도인으로 거듭난 당신이 살고 있고, 성령이 계시고 성경이 있는 곳이라면 그 어느 곳이나 "거룩한 땅"이다. 영적으로 볼 때는 말이다. 성경에서 말하는 "거룩한 땅"은 지금 영적으로는 "소돔과 이집트" 땅이다. 누군가가 예루살렘에 관광차 방문했다가 "내가 드디어 소돔 땅에 와 있군." 하고 말했더니 관광 안내인이 펄쩍 뛰면서 "오, 거룩한 도시에 와서 그게 무슨 소리요? 당신은 지금 거룩한 땅에 와 있소." 하고 항의하더라는 얘기를 들었다. 하지만 성경에 따르면 그 관광객의 말이 절대로 옳은 것이었다. 이 "거룩한 땅"이 대환란 기간에는 성경에서 어떤 곳이라고 불리는지 아는가? 『**그곳을 영적으로는 소돔과 이집트라고 부르며 우리 주께서 십자가에 못박히신 곳이라**』(계 11:8). 그리스도인들이라는 수많은 사람들이 예루살렘 "성지"를 방문한다고 야단들이고, 예루살렘 거리를 거닐면서 "오, 주님의 발자국 따라 내가 지금 걷고 있네," 하고 감격하면서 노래를 흥얼거린다지만, 사실은 그들이 진짜 거듭난 그리스도인들이라면 영적으로는 "성령의 전"인 자신들의 거룩한 몸을 이끌고 영적으로 그 더러운 "소돔과 이집트" 땅을 걷고 있다는 생각은 누구도 하지 못한다. 그들이 성경을 읽는 사람들이라면 이 생각을 하지 않을 수 없을 것이고, 노래를 흥얼거리더라도 "오, 나는 지금 유다 이스카리옷의 발자국 따라 걷고 있네."라는 가사로 바꾸어 노래를 불러도 불러야 할 것이다.

『사람이 사는 성읍들은 황폐케 되며 땅은 폐허가 되리니 그때에 너희는 내가 주인 줄 알리라』(20절). 요한계시록 11장에서는 이렇게 말씀하고 있다. **『또 내게 지팡이 같은 갈대를 주며, 그 천사가 서서 말하기를 "일어나서** 하나님**의 성전과 제단과 그 안에서 경배하는 자들을 측량하라. 그러나 성전 밖에 있는 뜰은 남겨 두고 측량하지 말라. 이는 그것을 이방인들에게 주었으며 그들이 마흔두 달 동안 그 거룩한 도성을 짓밟을 것이기 때문이라』**(계 11:1,2). 그러니까, 바빌론의 느부캇넷살이나 로마의 티투스에 의한 예루살렘 파괴는 사실상 대환란 기간에 있을 예루살렘 황폐화의 전주곡일 뿐이었다. 요한계시록 11장을 계속 살펴보면 그 땅이 어째서 "소돔과 이집트"라고 불리게 되는지 그 이유를 알 수 있다. 대환란 기간 중 예루살렘 도성에는 두 증인 모세와 엘리야가 출현하여 굵은 베옷을 입고 마흔 두달 동안 예언을 하게 되는데(계 11:3), 이들이 나중에는 적그리스도와 싸워 죽임을 당하고 그 시체가 예루살렘 거리에 사흘 반 동안이나 방치된 채 나뒹굴게 된다(계 11:7). 모세와 엘리야가 그토록 무참한 꼴을 당하는데도 세상 사람들은 오히려 즐거워하고 또 기뻐하며 서로 선물을 보낸다(계 11:9,10). 이 정도면 그 땅이 얼마나 영적으로 황폐한 곳이 되었는지 짐작이 가리라. 이처럼 예루살렘은 대환란 기간에 실제적으로 황폐케 될 뿐만 아니라 영적으로도 "소돔과 이집트"라고 불릴 정도로 황폐케 된다.

12:21 주의 말씀이 내게 임하여 말씀하시니라.
22 인자야, "그 날들이 길어지고 모든 환상이 이루어지지 못했다."고 말하는 너
희가 이스라엘 땅에서 지닌 잠언이 어찌된 것이냐?
23 그러므로 그들에게 말하라. 주 하나님이 이같이 말하노라. 내가 이 잠언이 그
치게 할 것이니 그들이 더 이상 그것을 이스라엘에서 잠언으로 사용하지 아
니하리라. 그러나 그들에게 말하라. 그 날들이 가까웠고 모든 환상의 결과도

가까웠느니라.

24 **이는 이스라엘 집안에 여하한 헛된 환상이나 아첨하는 점술도 더 이상 있지 못할 것임이라.**

25 **나는 주이기에 내가 말하노니 내가 할 말이 이루어질 것이요 더 이상 오래 끌지 아니하리라. 오 반역하는 집아, 이는 너희 날들에 내가 그 말을 하고 그것을 이룰 것임이라. 주 하나님이 말하노라.**

『**주의 말씀이 내게 임하여 말씀하시니라. 인자야, "그 날들이 길어지고 모든 환상이 이루어지지 못했다."고 말하는 너희가 이스라엘 땅에서 지닌 잠언이 어찌된 것이냐?**』(21,22절). "잠언"이란 한두 마디의 짧은 말 가운데에 위대한 진리를 담고 있는 속담 같은 것을 말한다. 성경에도 그 한중간에 "잠언"이라는 제목의 책이 들어 있다. 그러나 "잠언"이란 또한 위대한 진리를 담고 있으면서도, 그릇된 일에 빗대거나 왜곡된 의도로 사용될 경우에는 엉뚱하게 진리를 왜곡하여 사람들을 잘못 인도하게 되는 법이다. 지금 예루살렘 성읍의 거민들 사이에는 이상한 속담이 유행하고 있는 중이다. 『**그 날들이 길어지고 모든 환상들이 이루어지지 못했다.**』는 것이 그것이다. 에스겔은 지금 하나님께서 보여 주시는 환상들을 통하여 이스라엘과 예루살렘에 닥치게 될 하나님의 심판에 대해 예언을 하고 있는 중이다. 당장 여기 12장에서만도 14절, 15절, 16절, 18절, 19절, 20절... 이렇게 예언이 계속되고 있는 중이다. 물론 이 예언들은 멀리는 몇 천 년 뒤의 대환란 시대까지 그 범위가 넓지만(이 당시의 유대인들이 그것을 내다본 것은 물론 아니다.), 가깝게는 당장 임박해 있는 바빌론의 예루살렘 재침공까지 포용하고 있는 예언들이다. 그러나 그들은 속담을 인용하면서 그 예언들을 믿지 않는다. "심판은 무슨 심판이 내려진단 말이냐? 재난은 또 무슨 재난이란 말이냐? 설사 심판이 닥친다 해도 그렇게 가까이 닥칠 리가 없어. 선지자가 본 환상들이 실현되는 것을 우리가 언제 보았던가? 그런 것에 동요할 필요가 없다." "맞았어! 『**그 날들이 길어지고 모든 환상들이 이루어지지 못했다.**』는 속담도 있지 않은가?" 그들은 이렇게 하나님의 말씀에 대적하고 있었던 것이다. 이처럼 이스라엘이 선지자들을 통한 예언들을 믿지 않았다는 것은 성경 여러 곳에서 언급되고 있거니와, 이렇게 하나님의 말씀을 믿지 않는 자들이 의레 나타내는 특징적인 증상이 또 하나 있는데, 그것은 그런 자들일수록 거짓 선지자들의 거짓 예언들은 잘도 믿는다는 점이다.

하지만 이렇게 거짓 예언들이 난무하고 사람들이 하나님의 말씀을 거부하면서 거짓 예언들에만 매력을 느끼게 되면 될수록 진짜 하나님의 사람들은 더욱더 참지 못하게 되어 거리로 뛰쳐나가 하나님의 말씀을 담대히 전하게 되는 것 또한 특징적인 현상이다. 하나님의 부르심을 받았던 구약 시대의 모든 선지자들이 그러했고, 지금 이 시대의 모든 거리 설교자들이나 복음 전도자들 또한 마찬가지다. 세상이 진리를 거부하고 하나님의 말씀을 비방하면 할수록 설교자들은 그들과 맞서 싸우게 되는 법이다. 하지만 그러는 가운데 세상의 저항이 워낙 집요하고 조롱이 원체 거센 바람에 설교자들이 조금이라도 용기를 잃고 뒤로 물러서게 되다가 어느새 세상에 회유되어 아주 변질된 가짜 설교자로 타락하는 사람들도 우리는 주변에서 많이 보아 왔다.

『**"그 날들이 길어지고 모든 환상이 이루어지지 못했다."**』는 속담은 사실 출처가 불명한 잠언인데, 십중팔구 그 당시의 거짓 선지자들 입에서 나온 것일 게다. 그 당시 이사야나 예레미야 및 에스겔 같은 선지자들이 하나님의 말씀들을 백성에게 고할 때마다 그 경고들을 듣는 자들이 "그래? 어디 그게 사실인지 당장 그런 일이 일어나게 한번 해 보여라." 하고 대들었던 것을 우리는 성경에서 엿볼 수가 있다. 『**그들이 말하기를 "그로 하여금 그의 일을 급히 하시게 하여 우리로 보게 하고, 이스라엘의** 거룩한 **분의 조언이 가까이 오게 하여 우리로 그것을 알게 하라." 하는도다.**』(사 5:19)라는 구절이라든지, 『**보소서, 그들이 내게 말하기를 "주의 말씀이 어디 있느냐? 지금 임하게 하라." 하나이다.**』(렘 17:15) 같은 구절들이 그 예다. 선지자를 향한 사람들의 조롱은 날이 갈수록 더 심해진다. "이보게, 그것 보게나! 자네가 그렇게도 목이 터져라 부르짖었지만, 그 일이 아직까지도 일어나지 않고 있잖아? 예루살렘이 함락되고 우리들이 바빌론에 잡혀가게 될 것이라고 그렇게도 목이 터져라 부르짖은 게 벌써 언제인가? 그런데도 아직 예루살렘은 끄떡도 없고 우리도 이렇게 안전하게 잘 지내고 있잖은가?" 에스겔은 지금 바빌론에 사로잡혀와 있고 크발 강가에서 하나님의 영에 의하여 예루살렘에 영적으로 옮겨와 이 모든 환상들을 보고 있는 중이지만, 예레미야는 아직 예루살렘에 남아 있는 중이다. 에스겔은 예레미야의 심정을 충분히 이해하고도 남았으리라.

자유주의 "현대사조"에 동조하고 있는 타락한 "현대" 교회들과 소위 그리스도인이라 자처하고 있는 사람들을 포함하여 모든 현대인들은 『**마지막 날들**』(딤후 3:1)에 대한 성경의 예언들을 조롱하면서 "세상은 점점 더 살기 좋아진다."고 말하기를 주저하지 않는데, 이 현상 자체를 예언하고 있는 것이 바로 성경이다. 『**먼저 알 것은 이것이니 마지막 날들에 조롱하는 자들이 와서 그들의 정욕대로 행하며, 말하기를 "그가 온다는 약속이 어디 있느냐? 조상들이 잠든 이래로 만물은 창조의 시작부터 그대로 있다." 하리니 이는 그들이 이것을 고의로 잊으려 함이라**』(벧후 3:3-5). 이런 자들이 가장 무서워하는 것이 무엇인지 아는가? 『**그가 온다는 약속**』, 바로 이것이다. 그래서 그들은 이것을 『**고의로 잊으려**』 한다고 성경은 통찰하고 있다. 이런 자들은 주 예수 그리스도의 재림을 가장 무서워하기 때문에 이에 대해서는 일체 함구해 버리고 그 대신 『**지극히 높은 곳에서는 하나님께 영광이요, 땅 위에는 화평이요, 사람에게는 호의로다.**』(눅 2:14)라는 말을 구호처럼 외쳐대는 바람에 진짜 그리스도인들을 무색하게 만든다. 그러나 성경은 그런 속임수로 스스로를 속이지 말고 하나님의 말씀이 무서우면 그 무서운 하나님의 말씀을 믿으라고 권고하고 있다. 『**주의 말씀에 떠는 너희는 주의 말씀을 들으라. 너희를 미워하는 너희 형제들이 내 이름으로 인하여 너희를 쫓아내며 말하기를 "주께서 영광을 받으실지니라." 하나, 그가 나타나시어 너희를 기쁘게 하실 것이요, 그들은 수치를 당하게 되리라**』(사 66:5).

『**그러므로 그들에게 말하라. 주 하나님이 이같이 말하노라. 내가 이 잠언이 그치게 할 것이니 그들이 더 이상 그것을 이스라엘에서 잠언으로 사용하지 아니하리라. 그러나 그들에게 말하라. 그 날들이 가까웠고 모든 환상의 결과도 가까웠느니라**』(23절). 헛된 속담으로 자위하면서 하나님의 말씀에 귀 기울이기를 거부하는 자들을 향하여 하나님께서 충고하시는 말씀이다. 뿐만 아니라 『**그 날들이 가까웠고 모든 환상의 결과도 가까웠느니라.**』라고 다짐하신다. 인간이 이러쿵저러쿵 무어라고 말하건, "그날들이 가까웠다."는 것은 성경에서 시종일관하고 있는 아주 기본적인 명제다. 『**뿐만 아니라 우리가 그 때를 아노니 지금은 바로 잠에서 깨어나야 할 시간이로다. 이는 지금이 우리가 믿었던 때보다 우리의 구원이 더 가까워졌음이라. 밤이 많이 지났고 낮이 가까웠느니라. 그러므로 어두움의 행위를 벗어 버리고 빛의 갑옷을 입자.**』(롬 13:11,12)라고 바울은 역설하였다. 바울이 이렇게 말한 것이 벌써 1,900년 이상이나 지났음에도 불구하고 지금까지 탈없이 살아왔지 않느냐고 또 빈정거릴 텐가? 그러나 이것을 알라. 그대가 1,900년 이상 살아왔던 것은 아니지 않는가? 그대는 이제 겨우 잘해야 몇 십 년 살아왔을 뿐 아닌가? 그리고 앞으로 1년 뒤, 아니, 한 달 뒤, 아니 내일, 아니 바로 한 시간 뒤에 그대가 죽게 될지 누가 아는가? 그대가 구원도 받지 못한 채 한 시간 뒤에 죽었다고 치자. 그대는 지옥을 모면할 수 있는 모든 찬스를 놓쳐 버린 것이다. 그런데도 아직 멀었다고 장담할 텐가? 그런데도 그대는 죽지 않는다고 큰 소리 칠 텐가? 그런데도 아무 일도 일어나지 않았지 않느냐고 빈정댈 참인가? 성경에서 주님께서 마지막으로 하신 말씀이 무엇인지 아는가? 『**"반드시 내가 속히 오리라."**』라는 말씀이다(계 22:20). 2천 년 전이나 지금 이 순간이나 주님께서는 여전히 속히 오고 계시다는 것을 모르겠는가? 바울에게도, 요한에게도 속히 오고 계셨던 그분께서는 지금 이 순간 당신에게도 속히 오고 계신다는 사실을 모르겠는가?

『**이는 이스라엘 집안에 여하한 헛된 환상이나 아첨하는 점술도 더 이상 있지 못할 것임이라**』(24절). 당신의 귀를 즐겁게 하는 『**여하한 헛된 환상이나 아첨하는 점술도**』 더 이상 있지 않다는 것은 『**이스라엘 집안**』뿐만 아니라 당신 자신에게도 마찬가지다. 지금까지 많은 거짓 선지자들과 거짓 교사들이 세상에는 있어 왔고, 이제 마지막 때가 되면서 더욱더 많은 거짓 교사들이 우글거리게 되었지만, 그들이 잘못 보았거나, 거짓으로 말했거나, 그들이 말하는 모든 환상과 점괘는 더 이상 맥을 못추게 될 것인즉, 지금이라도 늦지 않았으니 어서 그들의 속임수에서 벗어나 당신 자신의 죄악을 찾아내고 당신 자신의 구원 문제를 서둘러 챙겨 두도록 하라. 『**네 선지자들이 너를 위하여 헛되고 어리석은 것들을 보았으므로 그들은 네 죄악을 찾아내지도 너의 사로잡힘을 돌이키지도 못하고, 다만 거짓 경고들과 추방의 명분만을 너를 위해 보았도다**』(애 2:14). 당신의 귀에 즐거운 소리만 들려주는 자들은 당신이 지옥에 떨어질 명분만을 쌓아가고 있는 중이란 것을 빨리 알아차리는 게 좋다.

『**나는 주이기에 내가 말하노니 내가 할 말이 이루어질 것이요 더 이상 오래 끌지 아니하리라. 오 반역하는 집아, 이는 너희 날들에 내가 그 말을 하고 그것을 이룰 것임이라. 주 하나님이 말하노라**』(25절). 지금 당신에게 다른 이도 아닌 바로 주 하나님께서 말씀하고 계신다. 하나님께서 성경을 통하여 당신에게 하고 계신 말씀들은 반드시 속히 이루어질 것이다. 성경에서 이야기하고 있는 여러 가지 미래의 일들 가운데서 당신에게 개인적으로 가장 중대한 일이 무엇이라고 생각하는가? 그리스도의 재림인가? 아마겟돈 전쟁인가? 천년왕국 시대인가? 아니면 백보좌 심판인가? 그것도 아니면 영원 시대로의 진입인가? 뭐니 뭐니 해도 당신에게 개인적으로 가장 중대한 일은 당신이 장차 지옥을 모면할 것인가의 여부가 아니겠는가? 그것이 언제 결정되는가? 그것은 지금 이 순간에 결정된다. 당신이 지옥에 떨어지느냐 마느냐 하는 것은 아무리 길어봤자 당신이 생존해 있는 그 짧은 시간 안에 결정된다. 그 짧은 시간이 어쩌면 단 5분밖에 남지 않았는지도 모른다고 한번 생각해 보라. 당신이 구원받고 지옥을 모면하느냐 여부는 몇 십 년, 몇 백 년 뒤에 결정되는 게 아니라는 얘기다. 그것은 지금 이 순간에 결정되고 있는 중이다. 이렇게 볼 때, 『**내가 할 말이 이루어질 것이요 더 이상 오래 끌지 아니하리라.**』라는 말씀의 영적 의미를 충분히 실감할 수 있으리라.

12:26 주의 말씀이 다시 내게 임하여 말씀하시니라.
27 인자야, 보라, 이스라엘 집에 속한 자들이 말하기를 "그가 보는 환상은 여러 날 후의 것이며 그가 먼 때를 예언하는도다." 하나니
28 그러므로 너는 그들에게 말하라. 주 하나님이 이같이 말하노라. 내 말들의 어떤 부분도 더 이상 오래 끌지 아니할 것이며 내가 했던 말은 이루어지리라. 주 하나님이 말하노라.

『**내 말들의 어떤 부분도 더 이상 오래 끌지 아니할 것이며 내가 했던 말은 이루어지리라**』(28절). 생각하면 할수록 이 말씀은 실로 무시무시하다. 성경은 이 세상에 대하여 단 한 가지도 "긍정적"으로 언급하고 있는 데가 없다. 그래서 성경을 두고 사람들은 "증오문학"이라고 일컫는다. 성경이 말씀하고 있는 이 지구는 "멸망한다."는 것이 그 결론이다. 성경이 말씀하고 있는 당신의 운명은 구원받지 않으면 지옥에 간다는 것이 절대적인 원칙이다. 그런데 이 모든 말씀들이 『**어떤 부분도 더 이상 오래 끌지 아니할 것이며 내가 했던 말은 이루어지리라.**』라는 것이 이 구절의 선언이다. 하나님께서는 지금 어떤 비유를 들어 말씀하고 계신 것이 아니다. 사람들은 자신들에 대하여 부정적으로 언급하고 있는 말씀들에 대해서는 간단히 시선을 딴 데로 돌려버리거나, 그럴 수 없게 되었을 때는 그 말씀이 비유적이거나 은유적이거나 상징적인 것으로 여겨보려고 애쓰는 법이다. 그 한 예가 에스겔 20장에서도 언급되고 있다. 『**인자야, 네 얼굴을 남쪽으로 향하여 두고 네 말을 남쪽을 향하여 들리게 하며 남쪽 들판의 삼림에 대하여 예언하여 남쪽의 삼림에게 말하기를 "주의 말씀을 들으라. 주 하나님이 이같이 말하노라. 보라, 내가 네 안에 불을 붙이리니 그러면 그 불이 네 안**

에 있는 모든 푸른 나무와 모든 마른 나무를 삼킬 것이요, 타오르는 불꽃은 꺼지지 아니할 것이며, 남쪽으로부터 북쪽에 이르는 모든 얼굴이 그 안에서 태워지리라. 모든 육체는 나 주가 그것에 불붙인 것을 보리니 그것이 꺼지지 아니하리라." 하라』(겔 20:46-48). 이 말씀은 대환란 기간 끝 무렵에 사해 남쪽의 에돔 지역에 나타나게 될 엄청난 불못에 대한 예언이다. 지옥의 소재지까지 알려주는 이 예언이 사람들에게 어찌나 "부정적"으로 들리는 내용이었던지, 에스겔을 통해 이 예언을 듣는 자들이 "아, 그건 다 '비유'로 하는 말일 꺼야." 하면서 예언을 비켜가려고 했다. 이처럼 예언을 문자 그대로 받아들이려 하지 않는 자들이 어찌나 답답하고 안타까웠던지 에스겔은 하나님께 하소연한다. 『"**아, 주 하나님이여! 그들이 나에 대해서 말하기를 '그는 비유를 말하지 아니하는가?' 하나이다.**"』(겔 20:49)

지금 이 시대에 배교한 모든 거짓 교사들이나, 마귀의 앞잡이 노릇을 하는 신학자들이나, 로마카톨릭과 손을 잡은 모든 가짜 교회들이 한결같이 성경을 문자 그대로 받아들이려 하지 않고 어떻게든 "영적으로" 해석하고, "은유적으로" 옷을 입혀 이야기하며, "비유적으로" 둘러서 설명하려고 애를 쓰고, "상징적"이라고 몰아붙이는 가운데 성경대로 믿는 사람들을 오히려 지탄하면서 이들이 "부정적"이고 고지식하다고 비난한다. 그들은 성경을 읽으면서 "말하자면 그렇다는 얘기겠지." 하는 생각이 밑바닥에 깔려 있기 때문에 도무지 한 구절도 있는 그대로 믿을 수가 없게 되어 있는 자들이다. 하나님의 말씀을 믿지 못하면 거기에는 필연적으로 『**헛된 환상**』과 『**아첨하는 점술**』(24절)이 비집고 들어오게 돼 있는데, 오늘날 "기독교"라는 탈을 쓰고 온갖 미신 교리들을 퍼뜨려온 로마카톨릭에 장단을 맞추면서 "교회 놀이"를 하고 있는 모든 종교 집단들 속에 판을 치고 있는 것이 바로 이러한 『**헛된 환상**』과 『**아첨하는 점술**』들이다.

에스겔 13장

13:1 **또 주의 말씀이 내게 임하여 말씀하시니라.**
2 **인자야, 너는 예언하는 이스라엘의 선지자들을 대적하여 예언하되 그들 자신의 마음에서 나오는 대로 '너희는 주의 말씀을 들으라.'고 예언하는 자들에게 말하라.**
3 **주 하나님이 이같이 말하노라. 그들 자신의 영을 따르고 아무것도 보지 못하는 어리석은 선지자들에게 화가 있도다!**
4 **오 이스라엘아, 너의 선지자들은 사막에 있는 여우들 같으니라.**

『**인자야, 너는 예언하는 이스라엘의 선지자들을 대적하여 예언하되**』(2절). 여기서 말씀하는 『**이스라엘의 선지자들**』이란 물론 『**그들 자신의 마음에서 나오는 대로... 예언하는 자들**』을 말한다. 직접적으로는 앞서 12장에서 본 것처럼 『**그 날들이 길어지고 모든 환상이 이루어지지 못했다.**』(12:22)는 "잠언"을 뇌까리면서 바빌론에 의한 예루살렘의 최후 함락은 결코 실현되지 못할 것이라든지, 이미 바빌론으로 사로잡혀가 있는 자들도 곧 귀환하게 될 것이라는 등의 거짓말을 하는 선지자들을 말한다. 하나님의 말씀만을 고하던 예레미야도 이런 거짓 선지자들 때문에 곤경에 처했는데, 그는 감옥에 갇혀 있으면서도 왕에게 거짓을 고하지 않고 끝까지 하나님의 말씀만을 고하는 바람에 그를 시기하는 자들로부터 모함을 받고 감옥에 갇혔다. 『**시드키야왕이 보내서 그를 끌어내어, 자기 궁에서 그에게 은밀히 물어 말하기를 "주로부터 무슨 말씀**

이 있느냐?" 하니 예레미야가 말하기를 "있나이다." 하고 그가 말하기를 "왕은 바빌론 왕의 손에 넘겨지리이다." 하더라』(렘 37:17). 그리고는 시드키야를 향하여 『**바빌론 왕이 당신들과 이 땅을 대적하여 오지 아니하리라고 당신들에게 예언하여 말한 당신들의 선지자들이 지금 어디에 있나이까?**』(렘 37:19) 하고 왕에게 반격한다.

시드키야는 그래도 눈곱만한 양심은 있었던지 예레미야를 지하감옥 밀실에서 꺼내어 감옥의 뜰에 나와 살게 허용하였고 매일 빵 한 조각씩을 그에게 주도록 명령했다(렘 37:21). 하지만 시드키야가 거짓 선지자들을 응징했다는 이야기는 없다. 인간이란 진실이 진실인 것을 알면서도 그 진실이 자신에게 듣기 싫은 소리라면 그 진실에 대해 귀를 틀어막는 법이다. 인간이란 거짓이 거짓인 것을 뻔히 알면서도 그 거짓이 자신에게 기분 좋게 들리는 소리일 때, 그 거짓을 좋아하기 마련이다. 이렇게 볼 때, 인간은 스스로 거짓에 속기를 바라고, 또 거짓에 속아가면서 살아가고 있는 어리석은 존재인 것을 알 수 있는데, 예수 그리스도께서는 인간이 근본적으로 악한 데서 이 어리석음이 나온다고 진단하신다. 『**이것이 정죄라. 즉 빛이 세상에 왔으나 사람들이 빛보다는 오히려 어두움을 더 사랑하니 이는 그들의 행위가 악하기 때문이라. 악을 행하는 자는 누구나 빛을 미워하며 빛으로 오지 아니하나니, 혹 자기의 행위가 책망받을까 함이라**』(요 3:19,20).

『**주 하나님이 이같이 말하노라. 그들 자신의 영을 따르고 아무것도 보지 못하는 어리석은 선지자들에게 화가 있도다!**』(3절). 예수님께서는 이런 자들을 소경이라고 부르셨다. 문제는 이 "소경"이 "소경"을 인도하여 둘 다 구덩이에 빠지고 만다는 것이다(마 15:14).

『**오 이스라엘아, 너의 선지자들은 사막에 있는 여우들 같으니라**』(4절). "여우"라고 말하면, 우리는 간교한 짐승을 금방 연상하게 된다. 성경에서 여우들은 포도밭에 들어와 포도 넝쿨을 망치는 짐승으로 묘사된다(솔 2:15). 한편 이스라엘은 흔히 포도나무에 비유되기도 하고(시 80:8-15), 또 포도원에 비유되기도 한다. 『**이제 내가 나의 지극히 사랑하는 자에게 노래하리니, 그의 포도원에 관하여 나의 사랑하는 자의 노래를 부르리라. 나의 지극히 사랑하는 자는 심히 기름진 산에 포도원을 가졌도다. 그가 울타리를 두르며, 거기서 돌을 주워 내고 최상품 포도나무를 심으며, 그 가운데 망대를 세우고 그 안에 포도즙틀도 만들었도다. 그가 포도가 열리기를 바랐더니 야생 포**

도가 열렸도다... 내가 포도 열리기를 바랐는데 야생 포도가 열림은 어쩐 일이냐? 이제 가라. 내가 내 포도원에게 할 일을 너희에게 말하리라. 내가 거기에서 울타리를 걷어 내어 먹히게 할 것이며, 거기에서 담을 헐어 짓밟히게 하리라』(사 5:1-5). 하나님께서 선지자를 세우시는 목적은 그가 "파수꾼" 역할을 하도록 하기 위함이다. 『**인자야, 내가 너를 이스라엘 집에게 파수꾼으로 세웠나니 내 입에 있는 말을 듣고 내게서 나오는 경고를 그들에게 주라**』(겔 3:17). 그러나 거짓 선지자들은 포도원을 지키는 『**파수꾼**』이 아니라 오히려 포도 넝쿨을 망치는 『**여우들**』이다. 이스라엘은 이미 포도가 열리는 풍요로운 포도원이 아니다. 하나님의 기대를 저버리고 야생 포도가 열리는 바람에 하나님께서 『**담을 헐어 짓밟히게**』 하셨기 때문이다. 야생 포도밖에 열리지 않는 이스라엘은 이미 사막처럼 폐허가 되었다. 그러나 거짓 선지자들은 이런 황량한 폐허에서도 용케도 제가 먹을 것을 잘도 찾아 먹는다. 그래서 이 자들은 영락없이 『**사막에 있는 여우들**』 같다.

영적으로 피폐해진 교회들은 말할 것도 없이 황량한 영적 사막이다. 그런데도 교회놀이를 하는 가짜들은 용케도 그 영적 사막에서 제 뱃속을 참 잘들 섬기고 있다. 그 자들은 『**사막에 있는 여우들**』인 것이다.

13:5 너희는 성벽이 무너진 곳에 올라가지도 아니하였으며 주의 날에 전쟁에 대비하려고 이스라엘 집을 위하여 장벽을 만들지도 아니하였도다.

6 그들은 허망한 것과 거짓된 점괘를 보고 말하기를 "주께서 말씀하셨다." 하였으나 주께서는 그들을 보내지 아니하셨으며 그들은 다른 사람들로 그 말을 확고하게 하기를 바라게 하였도다.

7 너희가 말하기를 "주께서 그것을 말씀하셨도다." 하였으나 나는 말하지 아니하였도다. 너희가 헛된 환상을 본 것이 아니며 너희가 거짓 점괘를 말한 것이 아니냐?

8 그러므로 주 하나님이 말하노라. 너희가 헛된 것을 말하였고 거짓을 보았으니 그러므로 보라, 내가 너희를 대적하노라. 주 하나님이 말하노라.

9 내 손이 헛된 것을 보고 거짓을 점친 선지자들 위에 내리리니 그들은 내 백성의 집회에 있지 못할 것이요, 이스라엘 집의 글에도 기록되지 못할 것이며 이스라엘 땅에 들어가지도 못하리니 그때에 너희는 내가 주 하나님인 줄 알리라.

『**너희는 성벽이 무너진 곳에 올라가지도 아니하였으며 주의 날에 전쟁에 대비하려고 이스라엘 집을 위하여 장벽을 만들지도 아니하였도다**』(5절). 이방 민족의 침입으로 나라가 위태로워지고 백성의 안위가 풍전등화인데 통치자를 비롯한 지도자들이 누구 하나 국방을 튼튼히 하려고 나서는 자가 없다. 이 구절은 물론 2,600년 전의 이스라엘에만 적용되는 단순한 과거 이야기가 아니다. 하나님께서는 22:30,31에서도 이러한 형편을 꾸짖으신다. 『**내가 그들 가운데서 한 사람을 찾으려 했으니 그 사람은 장벽을 쌓아 그 땅을 위하여 내 앞에서 갈라진 틈에 서서 나로 그 성읍을 멸하지 못하게 할 사람이라. 그러나 나는 아무도 찾지 못하였노라. 그러므로 내가 내 분노를 그들 위에 부어서 내 분노의 불로 그들을 소멸하여 그 행위대로 그들의 머리 위에 보응하였도다. 주 하나님이 말하노라.**』 "성벽이 무너진 곳," "갈라진 틈"을 방치하면 그 취약점을 알고 그리로 외적이 쳐들어온다. 그러므로 누군가가 그곳에 서서 강력하게 지키고 있어야 한다. 그런데 아무도 지키는 자가 없다. 그래서 분노하신 하나님께서 오히려 공격해 오셔서 분노의 불을 그들의 머리 위에 쏟으신다. 『**주의 날**』은 이렇게 닥쳐오게 돼 있다.

사람들이 왜 이렇게 해이하게 되는가? 거짓된 "평화주의자들" 때문이다. "이 땅에 평화를!" 하고 외치는 자들에게 속아 모든 사람들이 "평안하다, 안전하다."고 생각하고 두 다리를 쭉 뻗고 눕는다. 이 때 『**주의 날**』이 덮쳐와 갑작스런 멸망이 임하게 된다(살전 5:1-3).

오늘날 "성벽이 무너진 틈"과 "갈라진 곳"에 서서 외칠 사람들은 누구인가? 당신은 그분께서 나타나는 날에 대해 지금 대비하고 있는가? 당신은 진정으로 구원받았는가? 당신은 당장 오늘 밤에라도 주님께서 오신다면 들려 올라가리라고 100% 확신하고 있는가? 당신이 지금 죽는다면 지옥에 가지 않을 자신이 있는가? 당신의 사랑하는 부모 형제, 아내와 남편, 그리고 자식들은 어떠한가? 그들도 당신이 들려 올라갈 때 함께 갈 수 있도록 준비시켜 놓았는가? 만약 아니라면, 당신은 어떻게 할 참인가? 당신을 속이는 자들의 말만 듣고 "성벽이 무너진 곳"과 "갈라진 틈"을 그대로 방치해 둘 것인가? 모세는 그렇게 하지 않았다. 『**그러므로 주께서 그들을 멸망시키리라 말씀하셨으나 그의 택하신 모세가 그의 갈라진 틈에서, 그의 앞에 서서 그의 진노를 돌이켜 그들을 멸하시지 않게 하였도다**』(시 106:23).

『**그러므로 주 하나님이 말하노라. 너희가 헛된 것을 말하였고 거짓을 보았으니 그**

러므로 보라, 내가 너희를 대적하노라. 주 하나님이 말하노라』(8절). 거짓말로 사람들을 미혹하면서 『**헛된 환상**』이나 보고 『**거짓 점괘**』(7절)나 사람들에게 들려주며 "하나님께서 말씀하셨다."고 그분의 이름을 사칭하는 자들에게 하나님께서 하시는 선언은 『**내가 너희를 대적하노라.**』 하시는 것이다.

그들은 철저하게 하나님께로부터 버림을 받게 된다. 『**내 손이 헛된 것을 보고 거짓을 점친 선지자들 위에 내리리니 그들은 내 백성의 집회에 있지 못할 것이요, 이스라엘 집의 글에도 기록되지 못할 것이며 이스라엘 땅에 들어가지도 못하리니 그때에 너희는 내가 주 하나님인 줄 알리라**』(9절).

13:10 그들이 내 백성을 현혹하였으므로, 말하기를 "화평이라." 하였으나 화평은 없었도다. 누군가가 담을 쌓으니 보라, 다른 사람들이 잘 이겨지지 않은 회반죽을 바르는도다.

11 너는 잘 이겨지지 않은 회반죽을 바른 자들에게 그것이 무너져 내릴 것이라고 말하라. 폭우가 내릴 것이라. 또 오 큰 우박아, 너희는 떨어질지며 폭풍은 그것을 부술지어다.

12 보라, 그 담이 무너져 내렸을 때 "너희가 발랐던 회반죽이 어디 있느냐?"고 너희에게 말하지 않겠느냐?

13 그러므로 주 하나님이 이같이 말하노라. 내가 나의 진노 가운데서 폭풍으로 그것을 부수리니 나의 분노 속에 폭우가 있을 것이요, 나의 진노 가운데 있는 큰 우박들이 그것을 소멸하리라.

『**그들이 내 백성을 현혹하였으므로, 말하기를 "화평이라." 하였으나 화평은 없었도다. 누군가가 담을 쌓으니 보라, 다른 사람들이 잘 이겨지지 않은 회반죽을 바르는도다**』(10절). 이 시대에도 사람들을 현혹하는 자들은 그 입에 "평화"라는 말을 달고 다닌다. 이것은 정치하는 사람들이나 종교인들이나 군인들이나 과학자들이나 사회학자들이나 누구 할 것 없이 다 마찬가지다. 그러나 성경은 『**화평은 없도다.**』라고 딱 잘라 말씀한다. 정치인들은 다른 나라와 전쟁을 일으키면서도 "세계 평화를 위해서"라든가, "억압받는 민중을 위해서"라든가, "자유를 쟁취하기 위해서"라는 구호를 내건다. 그들은 핵무기를 비축하고 대륙간 유도탄을 만들면서도 그게 다 세계 평화를 위해서라고 억지를 부린다. "기독교"라는 종교를 위시해서 모든 종교들이 또 이에 뒤질세라 이구동성으로 "평화"를 외치며 이에 호응한다. 종교가 외치는 평화 운동 가운데서 가장 걸작품은 로마카톨릭이 중심을 이루고 은사주의 교회들이 장단 맞춰 주고 있는 "에큐메니컬 운동"이란 것이다. 그들은 『**화평은 없도다.**』라고 말씀하시는 하나님께 "평화는 있다!"라고 외치며 대든다. 그들은 석가모니건, 마호메트건, "종교의 벽을 넘어" 서로 악수하기만 하면 지상 평화가 얼마든지 가능하다고 주장한다.

이런 자들에게 『**성벽이 무너진 곳**』과 『**갈라진 틈**』을 지적하고 갖가지 증거를 들이대며 『**화평은 없도다.**』라고 성경대로 가르쳐 주면, 부랴부랴 날림 공사로 담을 쌓고 『**잘 이겨지지 않은 회반죽**』을 처덕처덕 발라 놓고는 이만하면 끄떡없지 않느냐고 큰소리를 치면서 사람들을 눈가림으로 안심시킨다. 『**그들이 내 백성의 딸의 상처를 조금 고쳐 주고 말하기를 "화평이라, 화평이라." 하나 거기에는 화평이 없도다**』(렘 6:14).

『**너는 잘 이겨지지 않은 회반죽을 바른 자들에게 그것이 무너져 내릴 것이라고 말하라. 폭우가 내릴 것이라. 또 오 큰 우박아, 너희는 떨어질지며 폭풍은 그것을 부술지어다**』(11절). 문자 그대로 대환란을 예고한다. 비가 쏟아지고, 우박이 내리며, 폭풍이 불면 날림 공사로 쌓은 울타리는 금방 맥없이 무너져 내리고 만다. 『**큰 우박**』은 "번개," "음성," "천둥" 및 "지진" 등과 함께 대환란 때의 재앙으로 주로 언급된다. 요한계시록 16장에서 일곱째 천사가 호리병을 공중에 쏟으니 사상 유례없는 지진이 일어나고 모든 섬이 사라지며 산들도 사라졌는가 하면, 『**또 무게가 각기 한 달란트나 되는 큰 우박이 하늘로부터**』 떨어지는 것을 본다(계 16:21). 사도 요한은 셋째 하늘에 올라갔을 때 일곱째 나팔이 울리자 하나님의 성전이 열리는 것을 보았는데, 거기에 이 『**큰 우박**』이 있는 것을 보았다(계 11:19). 하나님께서는 이 땅에서 모든 거짓된 것들을 쓸어버리실 것이다. 13절에서 하나님의 『**진노**』는 마지막 때를 위해 예비된 하나님의 분노를 의미한다. 『**폭풍**』, 『**폭우**』, 『**큰 우박**』, 『**소멸**』 등과 같은 단어들은 모두 대환란과 관계가 있고, 이것들은 하나님의 진노의 표현이다.

13:14 너희가 잘 이겨지지 않은 회반죽으로 바른 담을 내가 헐어서 바닥까지 무너뜨리리니 그 기초가 드러날 것이요, 또 그 담이 무너지므로 너희가 그 가운데

서 소멸되리라. 그러면 너희는 내가 주인 줄 알리라.
15 **내가 담과 거기에 잘 이겨지지 않은 회반죽을 바른 자들 위에 나의 진노를**
이루고 또 너희에게 말하리라. "더 이상 담도 없고 그것을 바른 자들도 없도
다." 하리니
16 **즉 그들은 예루살렘에 관하여 예언한 이스라엘의 선지자들이며 이스라엘을**
위하여 화평의 환상을 본다고 하나 실은 화평이 없도다. 주 하나님이 말하노
라.

그 모든 거짓된 허구의 『**담**』이 바닥까지 무너져 버릴 것이다. 그리고 그 허구의 바탕이 되었던 『**기초가 드러날 것**』이다(14절). 하나님께서는 그들 위에 진노를 이루실 것이다(15절). 지상에 대환란이 임하고 하나님의 진노가 땅에 부어질 때, 인간들이 하나님께 대적하여 인간의 머리와 손으로 만들어 놓은 모든 것들은 그것을 만든 자들과 함께 말끔히 쓸려버릴 것이다. 그러면 『"**더 이상 담도 없고 그것을 바른 자들도 없도다.**"』라는 말이 속담처럼 유행하게 될 것이다. 그 모든 인간의 허구들이 사라지고 나면 지상에는 오직 하나님께서 지으셨던 원래의 창조물들만 남아 있게 될 것이다. 당신이 갖고 있는 재능과 손재주를 이용하여 무슨 일을 이룩해 놓는다고 해도 그것이 근원적으로 하나님께서 하신 일이 아니면 모두가 소멸되고 만다는 얘기다. 하나님과 하나님께서 하시는 일들 말고는 이 세상에 그 어느 것도 영원한 것은 없다.

그리스도인들에게 이 구절들은 "그리스도의 심판석"에 적용될 것이다. 그날 우리가 행한 모든 일들이 드러날 것이고, 어떤 것이 남아 있고, 어떤 것이 무너져 버렸는지 밝히 드러날 것이다(고전 3:11-15).

『**즉 그들은 예루살렘에 관하여 예언한 이스라엘의 선지자들이며 이스라엘을 위하여 화평의 환상을 본다고 하나 실은 화평이 없도다. 주 하나님이 말하노라**』(16절). 거짓된 자들이 속닥거리는 『**화평**』에 속지 말라. 『**실은 화평이 없도다.**』라고 성경은 거듭 확인해 주고 있다. 세상은 당신에게 화평을 주지 못한다. 세상이 주는 화평은 가짜다. 진짜 화평은 오직 주 예수 그리스도를 믿고 그분 안에 거할 때에만 누릴 수 있는 것이요, 그분께서 다시 오시리라는 약속에 소망을 두고 사는 삶만이 진정한 화평이다. 『**내가 너희에게 화평을 남겨 두나니 나의 화평을 너희에게 주노라. 내가 너희에**

게 주는 것은 세상이 주는 것과 같지 아니하니, 너희는 마음에 근심하지 말고, 두려워하지도 말라. 너희는 내가 갔다가 너희에게 다시 온다고 한 말을 들었느니라』(요 14:27,28). 주님께서 주시는 이 평화가 아니라 세상이 주는 평화에 기대다 보면 당신은 많은 손해를 당하게 된다는 것을 절대로 잊지 말라. 이 세상의 평화는 마귀가 주는 가짜 평화다. 적그리스도는 항상 사람들에게 거짓 평화를 선전하는 특성을 갖는다는 것을 한시도 망각하지 말라. 다니엘 8장을 보라. 『**그들 왕국의 나중 때에 범죄자들이 가득 차게 되면 무서운 용모를 하고 난해한 문장들을 깨닫는 한 왕이 일어나리라. 그의 권세가 막강할 것이나 자기 자신의 권세에 의한 것은 아니니 그가 놀랍도록 파괴시킬 것이며 번성할 것이고 마음대로 행하며 강한 자들과 거룩한 백성을 멸하리라. 그의 지혜를 통하여 그가 자기 손에 기술을 늘려서 자기 마음속에 자신을 높이고 평화로 많은 것을 멸하리라**』(단 8:23-25).

이번에는 다니엘 11장을 보라. 『 **또 그의 자리에 한 비열한 사람이 서리니 사람들은 그에게 왕국의 명예를 주지 아니할 것이나 그는 평화롭게 와서 술책으로 그 왕국을 얻을 것이며, 넘쳐나는 군대로 그들이 그 앞에서 넘쳐 흐르게 될 것이나 멸망하게 되리니, 정녕, 언약의 통치자도 그렇게 되리라. 그와 연맹이 체결된 후에 그는 거짓되이 행할 것이니, 이는 그가 올라와서 적은 백성으로 강하게 될 것임이라. 그가 평화롭게 그 지방의 가장 기름진 곳까지 들어가서 그의 조상들이나 그의 조상의 조상들까지도 하지 않았던 짓을 행할것이요, 그는 전리품과 약탈물과 재물들을 그들 가운데 흩을 것이며 또 그가 얼마 동안 요새를 공략할 음모를 미리 꾸미리라**』(단 11:21-24). 적그리스도는 모든 것을 평화로 가장하여 행한다. 그는 전쟁과 살육과 약탈까지도 『**평화롭게**』 행하되, 『**조상의 조상들까지도 하지 않았던**』 무참한 짓을 『**평화롭게**』 자행할 것이라고 성경은 말씀한다. 이러한 적그리스도의 속성을 성경에서 묘사하는 말들이 『**비열한**』, 『**평화롭게**』, 『**술책으로**』, 『**거짓되이**』, 『**음모**』 등등이라는 점을 보라. 가짜 기독교계 내에서 "이 땅에 평화를!" 하고 가장 열심히 외치고 다니는 집단이 어떤 종교 집단인지 당신은 잘 알고 있을 것이다. 이 자는 『**연맹**』을 체결한다. 에큐메니컬 운동에 가담한 모든 "기독교" 집단들이 그 좋은 한 예다. 미국은 이미 이 자와 단단히 『**연맹**』을 맺었고, UN도 이미 그 자의 『**연맹**』 세력이 되었다. 적그리스도는 인류를 멸망시키면서 『**평화롭게**』 모든 것을 진행한다. 적그리스도의 그 가짜 평화에 속아 마음놓고 있다가는 갑작스런 멸망을 피할 수 없게 된다는 것은 말할 것도 없다. 『**그들이 "평안하다, 안**

전하다."고 말할 때에... 갑작스런 멸망이 그들에게 임하리니, 결단코 피하지 못하리라』(살전 5:3).

『**이스라엘을 위하여 화평의 환상을 본다고 하나 실은 화평이 없도다.**』 "이스라엘을 위하여 화평의 환상을 본다."는 말은 그 자체로서 사람들의 귀를 솔깃하게 만드는 말인데, "예루살렘"이란 단어는 원래 "평화를 소유함"이란 뜻이기 때문이다. 히브리어 "샬롬"은 "평안할지어다."라는 인사말이거니와, "예루살렘"의 끝말 "살렘"이 바로 이 "샬롬"과 같은 말이다. 그러니까 그 이름대로라면 "예루살렘"은 화평의 도시여야 격에 맞는다. 그러나 하나님께서는 『**실은 화평은 없도다.**』라고 딱 잘라 말씀하신다. 아닌 게 아니라 역사적으로 한 도시가 예루살렘만큼 많은 전쟁에 휘말린 도시는 이 지구상 그 어디에도 없다. 이 도시는 주 예수 그리스도께서 다시 오셔서 다윗의 보좌에 앉으셔야만 비로소 진정한 평화가 임하게 될 도시이다. 그때에야 이 도시는 전 세계 평화의 중심지가 될 것이다. 하나님께서는 이 지구상에서 단 한 곳의 화평에만 관심을 갖고 계시는데, 그곳이 바로 예루살렘이다. 이곳에 평화가 임하면 지상의 나머지 다른 모든 곳의 평화는 저절로 성취된다. 그래서 우리 그리스도인들은 바로 이 예루살렘의 화평을 위해서 기도해야 한다. 그리스도인인 당신이 만약 "세상의 평화"를 위해서 기도한다면 그것은 시간 낭비다. 시간 낭비일 뿐만 아니라 비성경적이다. 세상의 평화를 위한 기도는 마귀에게나 하는 기도다. 그것은 예수 그리스도의 재림을 부정하고 거부하는 기도이며 그분의 통치를 절대로 바라지 않는 기도이다. "세계 평화"를 부르짖는 무리들은 실은 자신들의 "세계 지배"를 꿈꾸는 자들이고, 예수 그리스도의 재림을 기다리는 모든 신실한 성경대로 믿는 사람들의 소망을 짓밟으려는 자들이다. 그러나 "예루살렘의 평화"를 위해 기도한다면, 그것은 곧 그리스도의 재림을 위해 기도하는 것이다. 오직 그분께서 오셔야만 "예루살렘의 평화"가 성취되기 때문이다. 이스라엘의 평화를 위하여 기도한다는 것은 그분께서 오시기 전에는 결코 거기에 평화가 있을 수 없다는 사실을 알고 있는 사람의 기도다. 『**이스라엘을 위하여 화평의 환상을 본다고**』 말하는 거짓 선지자들을 하나님께서 꾸짖으시는 까닭이 여기에 있다. 그들은 거기에 화평이 없음에도 불구하고 『**화평의 환상**』을 본다고 거짓말하고 백성을 현혹했던 것이다.

참된 세계 평화를 갈망한다면 먼저 예루살렘의 평화를 위해 기도하라. 예루살렘의 평화를 가져오실 주 예수 그리스도의 재림을 위해 기도하라. 『**예루살렘의 화평을 위**

하여 기도하라. 너를 사랑하는 자들은 번성하리로다. 네 성벽들 안에는 화평이, 네 궁전들 안에는 번영이 있을지어다. 내 형제들과 동료들을 위하여 내가 이제 말하리니 화평이 네 안에 있을지어다. 주 우리 하나님의 **집으로 인하여 내가 너의 복을 구하리로다**』(시 122:6-9).

13:17 **마찬가지로 너 인자야, 자기들 마음에서 나오는 대로 예언하는 네 백성의 딸들을 대적하여 네 얼굴을 두고 너는 그들을 대적하여 예언하여**
18 **말하라.** 주 **하나님이 이같이 말하노라. 혼들을 사냥하기 위하여 베개들을 모든 겨드랑이에 꿰매고 머리수건을 모든 키의 머리에 만드는 여자들에게 화가 있으리라! 너희는 내 백성의 혼들을 사냥하려 하느냐? 또 너희는 너희에게 오는 혼들을 살려 두려 하느냐?**
19 **너희는 보리 몇 줌과 빵 몇 조각 때문에 내 백성 가운데서 나를 더럽히고 너희 거짓말을 듣는 내 백성들에게 거짓말을 하여서, 죽어서는 안 될 사람들을 죽이고 살아서는 안 되는 사람들을 살려 두느냐?**

『**자기들 마음에서 나오는 대로 예언하는 네 백성의 딸들**』(17절). 거짓 여선지자들을 말한다. 느헤미야가 성전 재건을 위해 동분서주하고 있을 때 거짓 선지자들이 그를 협박하면서 일을 방해하였는데, 그 가운데 노아댜라는 거짓 여선지자도 끼여 있었다. 느헤미야는 이들 거짓 선지자들을 징계해 달라고 하나님께 기도한다. 『**나의** 하나**님이여, 주께서는 나를 두려움에 처하게 하려 한 토비야와 산발랏과 여선지자 노아댜와 선지자들의 남은 자들을 그들의 이전 행위들에 따라 생각하소서**』(느 6:14).

베드로후서 2장은 그 전체가 거짓 교사들에 대한 경계심을 갖도록 가르치고 있는 매우 중요한 장이다. 여기 보면 거짓 교사들의 첫 번째 특징이 예수 그리스도의 보혈에 의한 구속을 부인한다는 점인데, 많은 사람들이 여기에 미혹되는 것을 엄중히 경고하고 있다. 『**그러나 백성 가운데도 거짓 선지자들이 있었던 것처럼 너희 가운데도 거짓 교사들이 있으리라. 그들은 저주받을 이단들을 비밀리에 불러들여서 자기들을 사신 주를 부인하기까지 하며, 급격한 파멸을 스스로 불러들이느니라. 또한 많은 사람들이 그들의 파멸의 길을 따르리니 그들로 인하여 진리의 길이 비방을 받을 것이라**』(벧후 2:1,2). 이들 거짓 교사들은 "발라암의 교리"를 따르고 『**불의의 삯을 사랑**』

(벧후 2:15)하는 것을 보면 알 수 있다고 성경은 가르치고 있고, 구원받지 못했으며 (벧후 2:17), 겉으로는 매우 학구적이고 공부를 많이 한 학자 내지 지식인인지라 『**헛된 말로 자랑**』(벧후 2:18)하고, 사람들에게 너그러운 척하면서 접근하여 『**자유를 약속**』하지만 실은 마귀에게 정복당한 『**타락의 종들**』이라고 정의를 내린다. 또 『**참된 잠언대로 그들에게 이루어진 것이니 "개는 그 자신이 토해 낸 것으로 다시 돌아가고 또 돼지는 씻고 나서 진창 속에서 뒹군다." 히였도다.**』(벧후 2:22)라고 지탄하면서 거짓 교사들에게 속아넘어간 "남자"를 『**개**』에 견주고 "여자"를 『**돼지**』에 견준다. [『**개는 그 자신이 토해 낸 것으로 다시 돌아가고**』를 영어 <킹제임스성경>에서 "The dog is turned to his own vomit again;"이라고 표기하여 "his"라는 대명사를 통하여 개가 "남자"임을 명기하고 있고, 『**돼지는 씻고 나서 진창 속에서 뒹군다.**』는 "the sow that was washed to her wallowing in the mire."라고 표기하여 "her"라는 대명사를 통해 돼지가 "여자"임을 나타내고 있다. 원래 "sow"는 "암퇘지"란 뜻이기도 하다.] 성경에 보면 하나님께서는 구약 시대에 아주 예외적으로 몇몇 여선지자들을 세우기도 하셨는데, 미리암(출 15:20)과 드보라(판 4:4) 및 훌다(왕하 22:14)가 그들이다.

현재 미국에서 고개를 든 모든 이단 종파들의 절반 이상이 "여성 지도자"가 창시한 것들이다. "크리스천 사이언스"의 매리 에디가 그렇고, "제칠일 안식교"의 엘렌 화이트, "신지 학회"(Theosophy)의 마담 블라밧츠키, "유니티교"의 에미오 캐리 등등이 그 예들이다. 그리고 헬레나 블라밧츠키를 필두로 하여 매릴린 퍼거슨이라든가, 앨리스 베일리 등과 같이 "뉴에이지 운동"의 기수들은 그 90% 이상이 여성들이라는 점도 주목되는 점이다. 신약에서는 "늙은 여인들이 꾸며낸 이야기"를 경계하라고 가르친다(딤전 4:7). 여자들이 그리스도를 증거하고 복음을 전파하며 개인 구령에 나선다고 해서 그것이 하나도 이상할 것은 없다. 여자들이 간증을 하고 찬양을 하는 것은 아름다운 일이다. 그러나 성경은 여자들을 장로나 집사나 감독이나 사도로 세우는 것을 금한다. 이러한 직분들은 모두가 남자가 맡도록 되어 있다. 『**어떤 사람이 감독의 직분을 원하면... 한 아내의 남편이어야 하며**』(딤전 3:1,2)라든가, 『**집사들도 신중하고, 일구이언하지 아니하며, 술에 인박이지 아니하고... 그들의 아내들도 이와 같이 신중하고... 집사들은 한 아내의 남편으로서...**』(딤전 3:8-12) 같은 구절들에서 우리는 그것을 알 수 있다. 바울은 『**나는 여자가 가르치는 것이나 남자에게 권위를 행사하는 것을 허락지 아니하노니 다만 조용할지니라.**』(딤전 2:12)라고 권고한다. 당신은 혹시 여자가 강단에 서서 설교하는 광경을 본 일이 있는가? 아마 그렇다면 그거야말로 배꼽 잡고 웃어야 할 장면으로서 당신의 일생에서 가장 잊히지 않는 광경으로 기억에 남을 것이다.

『**말하라. 주 하나님이 이같이 말하노라. 혼들을 사냥하기 위하여 베개들을 모든 겨드랑이에 꿰매고 머리수건을 모든 키의 머리에 만드는 여자들에게 화가 있으리라! 너희는 내 백성의 혼들을 사냥하려 하느냐? 또 너희는 너희에게 오는 혼들을 살려 두려 하느냐?**』(18절). 이 구절에서 『**베개들을 모든 겨드랑이에 꿰메고**』라는 말은 쉽게 이해할 수 있는 말은 아닌데, 어떤 주석자들은 거짓 여선지자가 자기에게 찾아온 사람들에게 점쳐 주고는 그 점괘가 조금도 틀림이 없다는 것을 자신만만하게 과시하기 위하여 겨드랑이 밑에 베개 같은 "쿠션"을 받치고 비스듬히 기대앉아 아주 마음이 평온하다는 듯이 느긋한 자세를 취한 데서 나온 말이라고 설명하기도 하고, 또 어떤 주석자들은 "베개"가 실은 손목이나 팔꿈치에 끼는 일종의 토시 같은 것으로서 동양의 점술사들이 신통력을 발휘하기 위하여 착용했던 일종의 무속적 도구라고도 설명하는가 하면, 또 어떤 주석자들은 어떤 문제로 근심하며 점술가에게 찾아온 의뢰인들에게 점을 쳐주고 안심시켜 준 다음 마음을 푹 놓고 베개에 겨드랑이를 받치고 편안한 자세를 취하도록 했던 것이라고 설명하기도 하지만, 그 어느 것도 확실한 근거는 없다. 20절에 보면 『**나는 너희가 거기서 혼들을 사냥하여 날아가게 하는 너희의 베개들을 대적하노라. 내가 너희 팔에서 그것들을 찢고**』라는 언급이 나오고, 여기 18절에서도 『**베개들을 모든 겨드랑이에 꿰메고**』라는 표현으로 서술되고 있는 점으로 보아 이것이 『**베개**』 그 자체를 말한다기보다 베개의 겉을 싸서 시치는 일종의 "베갯잇" 모양의 "보빈 레이스"(bobbin lace) 같은 것이 아닌가 짐작된다. "베개"라는 뜻의 영어 단어 "pillow"에는 "베갯잇 모양의 보빈 레이스"라는 뜻도 없지 않다. 그리고 "겨드랑이"란 뜻의 영어 단어 "armhole" 역시 팔을 끼우는 저고리의 겨드랑이 부분을 일컫기도 한다. 이렇게 볼 때, 여기서 언급되는 『**베개**』는 웃옷의 겨드랑이 부분 솔기에 꿰매 단 일종의 베갯잇 모양의 레이스같은 것이 아닌가 추측해 볼 수 있겠는데, 이것은 『**머리 수건**』과 함께 여자 점술가들이 자신의 독특한 직업을 눈에 띄게 나타내는 일종의 장식이 아닌가 싶다. 육군이나 해군 의장대들을 보면 황금빛 끈을 레이스처럼 엮어 어깨에 달고 있다.

『**머리수건을 모든 키의 머리에 만드는 여자들에게**』라는 말 역시 그 정확한 의미를 파악하기가 쉽지 않은 것은 마찬가지인데, 어떤 사람들은 여자 점술가가 자신의 신묘한 예언의 능력을 과시하고 자신을 신비스럽게 보이기 위하여 머리에 썼던 일종의 베일을 말한다고 설명하기도 하고, 또 어떤 주석자들은 이런 점술가들이 일부러 남의 눈에 잘 띄게 하기 위해서 머리에 얹고 다녔던 수건이라고도 설명하는가 하면, 또 어떤 사람들은 점술가가 자기에게 찾아온 의뢰인들의 머리에 씌워서 혼을 빼는 데 이용했던 일종의 무당의 너울 같은 것이었다고도 설명한다. 나는 솔직히 이 『**베개**』나 『**머리수건**』이 정확히 무엇을 말하는지 알 수가 없는데, 다만 거짓 여선지자가 거짓 예언으로 사람들을 현혹시키는 데에 이용했던 도구였거나 아니면 여선지자로서의 직업을 과시하는 장신구의 일종이 아니었나 짐작할 뿐이다.

어쨌든 이 구절은 이처럼 거짓 예언을 일삼던 여선지자들을 저주하고 있는데, 그 이유가 단순한 "혹세무민"만이 아니라 이들이 거짓 예언을 통해서 하나님의 『**백성의 혼들을 사냥하려**』 하는 반면에 자기네들에게 찾아오는 옳지 못한 『**혼들을 살려 두려**』 하는 데 있음을 밝히고 있다. 이 구절을 영적으로 적용하면, 주 예수 그리스도를 구세주로 영접하고 의롭게 되어 하나님의 자녀가 된 사람들에게 거짓말을 하여 그 혼들을 타락시키려 하는 반면에 구원받지 못하고 아직 죄 가운데 있는 악인들의 혼들은 그런 상태를 지속하도록 더욱 고취시키려고 하는 거짓말쟁이들의 악한 의도를 꾸짖고 있는 것으로 볼 수 있다. 22절을 보면 이것이 더욱 분명하게 나타나 있다. 『**내가 슬프게 만들지 않은 의인의 마음을 너희가 거짓말로 슬프게 하였으며 악인에게 생명을 약속함으로써 악인의 손에 힘을 돋우어 그로 그의 악한 길에서 돌아서지 못하게 하였으므로**』. 이들은 "죽어서는 안 될 사람들을 죽이고 살아서는 안되는 사람들을 살려 두는" 자들이다(19절).

『**너희는 보리 몇 줌과 빵 몇 조각 때문에 내 백성 가운데서 나를 더럽히고 너희 거짓말을 듣는 내 백성들에게 거짓말을 하여서, 죽어서는 안 될 사람들을 죽이고 살아서는 안 되는 사람들을 살려 두느냐?**』(19절) 오늘날 오순절파 은사주의자들을 위시하여 모든 거짓 교사들과 가짜 목사들이 구원받은 사람들에게서 구원의 확신을 빼앗고 구원받지 못한 자들은 그냥 그대로 죽음 가운데 있도록 방치하면서 하나님의 뜻을 더럽히는 까닭을 알고 보면 아주 치사하기 짝없는 이유에서 그러는 것인데, 그들은 『**보리 몇 줌과 빵 몇 조각 때문에**』 그런다고 이 구절은 말씀한다. 그 자들은 결국 자기 배를 섬기기 위해서 이런 치사하고 더러운 짓을 자행하는 것이다(롬

16:17,18). 이처럼 예수 그리스도의 이름을 팔아먹고 자기들의 배를 채우는 자들의 종말은 파멸뿐이다(빌 3:19).

13:20 그러므로 주 하나님이 이같이 말하노라. 보라, 나는 너희가 거기서 혼들을 사냥하여 달아나게 하는 너희의 베개들을 대적하노라. 내가 너희 팔에서 그것들을 찢고 혼들, 즉 너희가 사냥하여 달아나게 한 그 혼들로 가게 하리라.

21 또한 내가 너희의 머리수건을 찢고 내 백성을 너희 손에서 구해 내리니 그들은 더 이상 너희 손에 사냥되지 아니하리라. 그러면 너희는 내가 주인 줄 알리라.

22 내가 슬프게 만들지 않은 의인의 마음을 너희가 거짓말로 슬프게 하였으며 악인에게 생명을 약속함으로써 악인의 손에 힘을 돋우어 그로 그의 악한 길에서 돌아서지 못하게 하였으므로

23 너희는 더 이상 거짓됨이나 신묘한 점괘를 보지 못하리니 이는 내가 너희 손에서 내 백성을 구해 낼 것임이라. 그러면 너희는 내가 주인 줄 알리라.

『**그러므로 주 하나님이 이같이 말하노라. 보라, 나는 너희가 거기서 혼들을 사냥하여 달아나게 하는 너희의 베개들을 대적하노라. 내가 너희 팔에서 그것들을 찢고 혼들, 즉 너희가 사냥하여 달아나게 한 그 혼들로 가게 하리라**』(20절). 『**베개들을 대적**』한다든지, 『**너희 팔에서 그것들을 찢고**』라는 표현에서 우리는 경건한 척하면서 사람들을 속이는 "성직자"들이 즐겨 입고 있는 검은 제의를 찢어버린다든지, 불교의 중들이 걸치고 있는 그 가증스런 가사(袈裟) 같은 것을 찢어버리는 장면을 연상하게 된다. 이것은 그들이 겉으로 걸치고 있는 모든 위선적인 가면을 벗겨버리고 그들의 시커먼 속을 만천하에 드러나게 하시겠다는 뜻과도 같은 말이다.

『**또한 내가 너희의 머리수건을 찢고 내 백성을 너희 손에서 구해 내리니 그들은 더 이상 너희 손에 사냥되지 아니하리라. 그러면 너희는 내가 주인 줄 알리라**』(21절). "내 백성"을 문자적으로 이스라엘에 적용할 때, 이 구절은 다시 미래로 달려간다. 여기서도 이스라엘의 구원과 회복이 약속되고 있음을 본다.

『**내가 슬프게 만들지 않은 의인의 마음을 너희가 거짓말로 슬프게 하였으며 악인에게 생명을 약속함으로써 악인의 손에 힘을 돋우어 그로 그의 악한 길에서 돌아서지 못하게 하였으므로**』(22절). 하나님께서도 자신의 자녀들을 종종 『**슬프게**』 하시는 일이 있다. 그러나 자녀들을 누구나 다 슬프게 하시거나 더구나 『**거짓말로 슬프게**』 하시지는 않는다. 당신이 구원받고 하나님의 자녀가 되었지만, 당신은 어떤 일들로 인하여 슬픔을 당할 수가 얼마든지 있다. 욥을 보라. 그는 의인이었지만 엄청난 환난을 당하였다.

한편 하나님께서는 악인에게 생명을 약속하시는 일은 절대로 없다. 하나님께서는 오직 예수 그리스도의 보혈로 말미암아 의롭게 된 자녀들에게만 생명을 약속하신다. 그러므로 우리 그리스도인들은 주 예수 그리스도 안에서 하나님께로부터 생명의 약속을 비롯한 모든 약속을 받아 둔 사람들이다. 『**그분 안에 있는** 하나님**의 모든 약속은 '예'가 되기에 우리는 그분 안에서 '아멘' 하고** 하나님**께 영광을 돌리노라**』(고후 1:20). 바로 그렇기 때문에 우리 그리스도인들이 설사 슬픔을 당하더라도 욥과 마찬가지로 하나님의 이름을 송축한다. 바로 여기에 하나님의 영광이 있는 것이다. 당신에게 어떤 슬픔이 닥쳤을 때, 당신에게 슬픔이 닥치도록 하신 하나님의 의도를 얼른 간파하고 당신에게 혹시 자백하지 못한 죄가 있는지 스스로를 되돌아보는 것은 하나님과의 교제를 회복하는 유일한 길이다. 이렇게 할 때, 당신은 하나님께 영광을 돌리게 된다.

『**너희는 더 이상 거짓됨이나 신묘한 점괘를 보지 못하리니 이는 내가 너희 손에서 내 백성을 구해 낼 것임이라. 그러면 너희는 내가 주인 줄 알리라**』(23절). 문자적으로 적용할 때, 이 구절은 다시 이스라엘의 장래로 달려간다. 그러나 영적으로 적용할 때, 이 구절은 지금 이 시대의 모든 거짓 교사들에게 적용된다. 그들이 아무리 현혹하려고 애를 써도, 그리고 일부 그리스도인들이 설사 미혹을 당하더라도, 하나님께서는 그 구원을 영원히 보장해 주신다. 구원받은 당신의 혼을 마귀의 앞잡이들이 빼앗아갈 수는 없다.

에스겔 14장

14:1 그때에 이스라엘의 장로들 중의 몇 사람이 내게 와서 내 앞에 앉으니,
2 주의 말씀이 내게 임하여 말씀하시니라.
3 인자야, 이 사람들은 자기들의 마음속에 자기들의 우상들을 세워 놓고 그들의 얼굴 앞에 그들의 죄악의 방해물을 놓았으니 그들로 내게 조금이라도 묻게 하랴?
4 그러므로 그들에게 고하고 그들에게 말하라. 주 하나님이 이같이 말하노라. 자기 마음속에 자기 우상들을 세우고 자기 얼굴 앞에 자기 죄악의 방해물을 놓고 선지자에게 나오는 이스라엘 집의 각 사람에게 나 주가 그의 우상의 많음을 따라 나오는 그에게 응답하리니
5 이는 그들이 그들의 우상들로 인하여 모두 나를 배반하였기 때문에 내가 그들 자신의 마음에 있는 이스라엘 집을 취하려 함이라.

『**그때에 이스라엘의 장로들 중의 몇 사람이 내게 와서 내 앞에 앉으니**』(1절). 여기에서 언급되는 『**이스라엘의 장로들**』이란 바빌론에 사로잡혀와 크발 강가의 주거 제한 지역에 살고 있는 이스라엘 백성의 지도급 인사들을 말한다. 이들이 에스겔에게 찾아와 그 앞에 앉아 있는 모습에서 우리는 그들의 얼굴에 깃들어 있는 근심 걱정과 의기소침한 표정을 읽는다. 반면에 다음 3절, 4절에서 보듯이 이들은 마음속에 『**자기들의 우상들을 세워 놓고**』 있는지라, 에스겔에게서 참된 하나님의 말씀을 듣고자 찾아왔다기보다 그와 담론하는 가운데 무엇인가 자신들의 의견을 내세우면서 에스겔과 다투고자 하는 불순한 저의가 깔려 있다는 것도 우리는 엿볼 수 있는가 하면 또 하나님의 말씀에 대적하는 마음가짐으로 하나님의 사람 에스겔 선지자에게 나아와 그의 입에서 나오는 하나님의 말씀을 경청하고자 하는 전형적인 위선자들의 거짓된 모습을 엿보게 된다.

이런 자들은 진리를 가르쳐 주기에 앞서 호통을 쳐서 꾸짖고 쫓아 버리는 게 상책인데, 우리 자신의 생각을 짜내려고 애쓸 필요 없이 하나님께서 말씀하시는 대로만 그들에게 상대해 주면 그만이다. 지금 에스겔이 그렇게 하고 있다. **『몇 사람이 내게 와서 내 앞에 앉으니, 주의 말씀이 내게 임하여 말씀하시니라』**(1,2절).

『인자야, 이 사람들은 자기들의 마음속에 자기들의 우상들을 세워 놓고 그들의 얼굴 앞에 그들의 죄악의 방해물을 놓았으니 그들로 내게 조금이라도 묻게 하랴?』(3절). 이와 같은 위선에 대하여, 마태복음 15장에서 예수 그리스도께서는 서기관들과 바리새인들의 위선을 꾸짖으시면서 이사야 29:13의 예언을 인용하신다. **『너희 위선자들아, 이사야가 너희에 관하여 잘 예언하였도다. 말하기를 '이 백성이 입으로는 나에게 다가오고, 또 입술로는 나를 공경하여도 그들의 마음은 내게서 멀도다. 사람들의 계명들을 교리들로 가르치니, 그들이 나를 헛되이 경배하는도다.'라고 하였느니라."고 하시더라』**(마 15:7-9). 지금 에스겔에 앞에 나아와 있는 자들이 바로 그러했던 것이다. 그런즉 **『그들로 내게 조금이라도 묻게 하랴?』**, 즉 그런 자들에게 내가 한마디라도 진리를 가르쳐 줄 필요가 있겠느냐고 하나님께서는 물으시는 것이다.

14:6 그러므로 이스라엘 집에 말하라. 주 하나님이 이같이 말하노라. 회개하라. 그리고 너희 우상들로부터 너희 자신을 돌이키고 너희 얼굴을 너희의 모든 가증한 것들로부터 돌이키라.

7 이는 이스라엘 집의 각 사람이나 이스라엘 가운데 기거하는 타국인 중 그 누구라도 나로부터 자신을 분리시켜 마음속에 자기 우상들을 세우고 자기 얼굴 앞에 자기 죄악의 방해물을 두고 나에 관하여 묻고자 선지자에게 나오는 자는 나 주가 친히 그에게 응답할 것임이니

8 내가 그 사람을 대적하여 내 얼굴을 두어 그로 표적과 잠언이 되게 할 것이요,

또 내가 그를 내 백성 가운데서 끊으리라. 그러면 너희는 내가 주인 줄 알리라.
9 **만일 선지자가 속아서 어떤 일을 말하였다면 나 주가 그 선지자를 속인 것이니**
내가 내 손을 그에게 펴서 내 백성 이스라엘 가운데로부터 그를 멸할 것이라.
10 **그들은 그들의 죄악의 형벌을 담당하리라. 선지자의 형벌은 그에게 구하는 자**
의 형벌과 같으니라.
11 **이는 이스라엘 집이 다시는 내게서 이탈하지 않게 하고 그들의 모든 죄악들로**
더 이상 더럽혀지지 않게 하여 그들은 내 백성이 되고 나는 그들의 하나님이
되게 하려 함이라. 주 하나님이 말하노라.

『**이스라엘 가운데 기거하는 타국인**』(7절)이란 이스라엘 백성들 가운데 섞여 살고 있던 이방인들이었지만, 모든 규례들을 이스라엘 백성과 똑같이 지킨다는 전제하에서 그들 가운데 들어와 살도록 허용되었던 사람들이다. 레위기 17장에 보면 이러한 타국인들이 똑같이 규례를 지켜야 된다는 명령들이 천명되고 있다.

유대인이 되었건, 이방인이 되었건, 하나님으로부터 『**자신을 분리시켜**』 놓는 과정에는 두 단계가 있는데, 그 첫 단계는 "하나님 안에서" 하나님으로부터 자신들을 분리시키는 과정이고 여기서 더 진전되면 "하나님으로부터 떠나" 하나님으로부터 자신들을 분리시키는 단계에 이른다.

『**내가 그 사람을 대적하여 내 얼굴을 두어 그로 표적과 잠언이 되게 할 것이요, 또 내가 그를 내 백성 가운데서 끊으리라. 그러면 너희는 내가 주인 줄 알리라**』(8절). 마음속에 우상을 세워 놓고 있는 자, "바깥"에서 온갖 쓸데없는 것들을 "안으로" 갖고 들어와 안을 더럽히고 오염시켜 버리는 자, 그런 다음 스스로 안에서 밖으로 나가 버리는 자, 그리하여 하나님께로부터 분리돼 버린 자, 이런 자에게 하나님께서는 『**대적하여 내 얼굴을 두어**』 누가 보아도 그가 모든 사람들의 『**표적**』이 되어 손가락질을 받고 하나님을 배반한 자가 어떤 꼴을 당했는지를 말할 때마다 그를 예로 드는 바람에 속담의 주인공처럼 『**잠언**』이 되어 두고두고 세인의 웃음거리가 되게 만드시겠다고 말씀한다. 가령 민수기 26장에 나오는 코라의 무리 같은 자들인데, 이들은 모세와 아론을 거역하여 싸우다가 『**땅이 그 입을 열어서**』 삼키는 바람에 죽임을 당한 자들로 『**그 때 불이 이백오십 명을 삼켰으니, 그들이 표적이 되었더라.**』(민 26:10)라고 성경은 기록하고 있다. 신명기 28장에 보면 모세가 이스라엘의 장로들과 백성에게 명령하는 가운데 카나안 땅에 들어갔을 때 『**만일 네가 주 너의** 하나님의 **음성에 경청하지 아니하고 내가 오늘 네게 명령하는 그분의 모든 계명들과 그분의 규례들을 지켜 행하지 아니하면 이 모든 저주가 네게 임하고... 모든 민족 가운데서 놀람과 속담과 웃음거리가 될 것**』(신 28:15,37)이라고 경고하고 있다. 하나님의 징계를 받고 어떤 사람이 세상 사람들에게 『**표적**』이 되고 『**잠언**』의 주인공이 될 정도라면, 하나님께서 그에게 행하신 징계가 그만큼 엄청나고 놀라운 것이어서 두고두고 이야깃거리가 될 만한 사건일 텐데, 누구라도 이런 속담거리가 되어 부끄러운 역사의 주인공으로 남기를 좋아할 사람은 없을 것이다. 명예란 인간이 생명과도 바꿀 만큼 소중히 여기는 것으로 하나님께서 지으신 모든 창조물들 가운데서 유독 인간만이 갖고 있는 특이한 속성이다. 그러나 성경은 어리석은 자에게 명예를 주어봤자 오래가지 못하고 또 아무 소용도 없으며 해롭다고 일침을 놓는다. 『**어리석은 자에게는 명예가 적합하지 아니하니, 마치 여름에 눈과 같고, 추수 때에 비 같으니라**』(잠 26:1). 『**어리석은 자에게 명예를 주는 자는 돌을 물매에 매는 자와 같으니라**』(잠 26:8).

『**만일 선지자가 속아서 어떤 일을 말하였다면 나 주가 그 선지자를 속인 것이니 내가 내 손을 그에게 펴서 내 백성 이스라엘 가운데로부터 그를 멸할 것이라**』(9절). 선지자가 누구에게 속아서 거짓말을 하였더라도 그가 거짓 선지자가 되는 것은 마찬가지다. 그런데 이처럼 속아서 거짓말을 하게 된 이 선지자는 마귀에게 속은 것이 아니라 하나님께 속은 것이라고 이 구절은 말씀한다. 이것은 하나님께서 누구를 경유하여 간접적으로 속이신 것이 아니라 하나님께서 직접 속이신 것이다.

수많은 성경 주석자들이 『**나 주가 그 선지자를 속인 것**』이라는 하나님의 말씀을 놓고 너무나 송구스럽고 민망하게 느껴져서 "하나님께서 '직접' 속이시는 게 아니라 사탄과 그의 사역자들을 통하여 간접적으로 속게 하신다."고 자의적인 주석을 달아 놓는다. 그러나 하나님께서는 그렇게 말씀하시는 게 아니라 『**나 주가 그 선지자를 속인 것**』이라고 명백하게 말씀하신다. 물론 하나님께서 누구를 속이시려면 얼마든지 마귀를 이용하실 수가 있다. 그렇다고 그것이 "간접적"이라고 구태여 하나님을 변호하려고 애쓸 필요가 있겠는가? 마귀나 마귀의 사역자들이 사람들을 속이도록 하셨더라도 그것은 하나님께서 "직접" 그렇게 하신 것이다. 하나님께서 그렇다고 말씀하시면 그렇다고 믿으면 그만이다. 인간이 하나님을 변호하려고 시도하는 것 자체가 어쭙잖은 짓이요, 하나님의 권위를 깎아 내리려는 마귀의 시도인 것을 알라. 내가 이렇게 말하면, "하나님에게서 악한 일이 나올 수 있단 말이냐?"고 핏대를 올리는 자들도 있을 것이다. 그러나 문제는 하나님께서 행하시는 어떤 일을 "악한 일"이라고 생각하는 그들의 마음속에 있다. 하나님께서 사람을 속이시는 일이, 그것도 "직접" 그렇게 하시는 일이 어째서 "악한 일"(evil)이란 말인가? 『**능력과 지혜가 그에게 있으며 속는 자와 속이는 자가 그의 것이라. 그는 의논자들이 약탈당하도록 이끄시며 재판관들도 어리석은 자가 되게 하시는도다**』(욥 12:16,17). 그래서 이것이 하나님께서 "악한 일"을 하셨다는 말인가?

분명히 말하거니와 나도 당신도 다른 모든 그리스도인들도 얼마든지 하나님께 속을 수가 있다. 하지만 이것은 운이 나빠서 그렇게 되는 것도 아니고, 공부를 너무 많이 해서 그렇게 되는 것도 아니며, 단지 『**자기들의 마음속에 자기들의 우상들을 세워 놓고**』(3절) 있기 때문에 그렇게 되는 것이다. 그러니까 당신이 하나님께 속기를 원치도 않고 바보가 되는 것도 원치 않는다면, 당신 마음속을 스스로 잘 들여다보아야 한다. 그리고 거기에 눈곱만치라도 당신 자신의 "우상"이 남아 있다면 그것을 얼른 씻어내지 않으면 안 된다.

『**그들은 그들의 죄악의 형벌을 담당하리라. 선지자의 형벌은 그에게 구하는 자의 형벌과 같으니라**』(10절). 하나님께 속은 것도 억울한데, 『**죄악의 형벌**』까지 담당해야 한다니 너무 하지 않느냐고 항변하지 말라. 하나님께서 어째서 그대를 속이셨는가를 반성해 보라. 하나님의 말씀 앞에 나아갈 때, 그대의 마음속에 무엇을 담고 있었던가? 그대의 얼굴 앞에 주 예수 그리스도를 앞장세워 드렸던가? 필경 그대의 마음속에 그대의 자아가 가득 차 있었을 테고, 그대가 지금까지 쌓아온 학문이 가득 차 있었을 것이며, 그대 스스로가 앞장서서 그대의 발걸음을 인도하고 있었을 것이다. 그러니 그대가 그대의 『**죄악의 형벌을 담당**』하는 것은 당연하지 않겠는가?

『**선지자의 형벌은 그에게 구하는 자의 형벌과 같으니라.**』

『**자기들의 마음속에 자기들의 우상들을 세워 놓고 그들의 얼굴 앞에 그들의 죄악의 방해물을**』 놓는 바람에 하나님께 속아 거짓말을 늘어놓게 된 거짓 선지자들은 그에 합당한 형벌을 받는 것이 당연하다고 치더라도, 그 거짓 선지자들을 따르고 그들에게 귀를 기울였던 추종자들이야 또 무슨 죄가 있단 말인가? 설사 죄가 좀 있다손 치더라도 똑같은 형벌을 담당하는 것은 너무 가혹하지 않은가? 그러나 이 구절은 이들이나 그들이나 받을 형벌이 『**같으니라.**』라고 선고한다. 왜 그런가? 거짓 선지자들이나 그들을 추종한 자들이나 그들 마음속에 『**자기들의 마음속에 자기들의 우상들을 세워 놓고 그들의 얼굴 앞에 그들의 죄악의 방해물을**』 놓은 것은 마찬가지요, 주 예수 그리스도를 최우선의 자리에 모셔놓지 않았던 것도 마찬가지인즉, 하나님께서 마찬가지로 속이셨고, 똑같이 바보들로 만들어 놓으셨으며, 그러니 받을 형벌 또한 다를 이유가 하나도 없다. 그래서 하나님께서는 모세를 통하여 이스라엘 백성으로 하여금 거짓 선지자들에게 귀를 기울이지 말도록 일찌감치 경고를 해놓으셨었다(신 13:1-3).

『**이는 이스라엘 집이 다시는 내게서 이탈하지 않게 하고 그들의 모든 죄악들로 더 이상 더럽혀지지 않게 하여 그들은 내 백성이 되고 나는 그들의** 하나님**이 되게 하려 함이라**. 주 **하나님이 말하노라**』(11절). 하나님께서 자신의 백성들을 징계하시고 호된 형벌로 다스리시는 까닭이 이 구절에 명시되고 있는데, 『**다시는 내게서 이탈하지 않게 하고 그들의 모든 죄악들로 더 이상 더럽혀지지 않게 하여 그들은 내 백성이 되고 나는 그들의** 하나님**이 되게 하려 함**』이 바로 그것이다. 이스라엘이 지금은 하나님의 백성이 아니란 말인가? 최소한 잠정적으로는 그렇다. 그들은 『**죄악들로... 더럽혀**』졌고 하나님의 백성된 자리에서 스스로 『**이탈**』하였기 때문에 지금은 하나님의 백성이 아니다. 그러나 그런 상태가 영원히 계속되는 것은 결코 아니라는 것을 이 구절은 또한 분명히 하고 있다. 하나님께서는 이스라엘이 『**다시는 내게서 이탈하지 않게**』 하시고, 『**더 이상 더럽혀지지 않게**』 하시며, 이스라엘이 다시 하나님의 백성이 되도록 하시겠다는 강력한 의지가 여기에 천명되어 있다. 그리하여 하나님께서는 자신이 『**그들의** 하나님**이 되게 하려**』는 의지를 절대로 굽히지 않고 계신다. 언제 그렇게 될 것인가? 이스라엘이 대환란을 거치고 나서 그렇게 될 것이다.

14:12 주의 말씀이 다시 내게 임하여 말씀하시니라.
13 인자야, 그 땅이 심하게 범법함으로써 나를 거슬러 죄를 지으면 내가 내 손을
그 땅 위에 펴서 식량봉을 꺾을 것이요, 기근을 그 위에 보낼 것이며 사람과
짐승을 그 땅으로부터 끊으리라.
14 비록 노아, 다니엘, 욥, 이 세 사람이 그 땅에 있다 할지라도 그들은 그들의
의로 말미암아 자신들의 혼들만을 구해 낼 뿐이라. 주 하나님이 말하노라.

12절부터 14장의 후반부가 전개되면서 민족이 범법함으로써 받게 되는 하나님의 심판이 어떤 것들인가가 상세히 언급된다. 지금부터 언급되는 하나님의 심판은 비단 이스라엘 백성에게만 적용되는 것이 아니라 하나님께 범죄한 백성이면 어느 민족에게나 해당되는 심판이다.

먼저 『**식량봉을 꺾을 것**』이라고 말씀한다. 『**식량봉**』이란 4:16에서 살펴본 바와 같이 생명 유지에 필요한 최소한의 식량을 말한다. 최소한의 식량이야말로 목숨을 부지하기 위한 버팀대가 아닐 수 없다. 하나님께서 이것을 꺾어 버리시면 생명 부지를 위한 마지막 지지대를 상실하게 된다. 『**식량봉**』이 꺾이면 식료품 값이 천정부지로 치솟는다. 어느 나라고 식료품 값이 치솟으면 폭동이 일어나고 약탈행위가 횡행하여 무정부 상태가 되고 내란이 일어나는 게 보통이다.

하나님께서 『**식량봉**』을 꺾으시는 데에는 여러 가지 도구가 있는데, 가령 한발이라든가, 홍수라든가, 태풍이라든가, 병충해 등등이 그것이다. 그러나 현대 사회에서는 이보다 더 무서운 도구가 등장했는데, 그것이 농업인구의 감소 현상이다. 제1차 세계대전 이전까지만 해도 미국의 농업인구는 전체 국민의 33%였는데, 1976년에는 6%밖에 안 된다.

그 다음에 또 『**기근을 그 위에 보낼 것**』이라고 말씀한다. 『**식량봉**』이 꺾이더라도 다음 해 농사가 잘되면 식량 위기가 해소될 수 있지만, 『**기근**』이 겹치면 문자 그대로 아비규환이 된다. 『**기근**』은 전쟁과 전염병과 함께 하나님께서 민족을 징계하실 때 사용하시는 3대 재앙 중 한 가지로서, 가장 견디기 어렵고 고통스러우며 지속적인 특성을 갖는다. 이 지구상에서 만년 기근에 시달리는 나라들이 어떤 나라들인지 잘 살펴보라. 가령 인도 같은 나라들 말이다. 인도 사람들이 섬기는 우상 신들이 천 가지도 넘는다는 것을 생각해 볼 때, 그 땅에 기근이 만성화된 까닭을 능히 짐작하고도 남으리라. 러시아는 기본적으로 농업 국가였다. 그런데 현재 러시아의 가장 고질적인 문제가 식량 부족 현상이다. 이것은 중국도 마찬가지다. 비 때문에 농사를 망치고, 눈 때문에 망치고, 한발 때문에 망치고, 공산주의식 집단 농장 제도가 가져온 형편없는 생산성 때문에 망쳐서, 만년 식량 부족으로 허덕이게 된 것이다. 왜 그렇게 되었는가? 그들은 하나님을 섬기지 않을 뿐만 아니라 하나님을 믿지 못하게 법으로 금하고 있는 나라들이다.

『비록 노아, 다니엘, 욥, 이 세 사람이 그 땅에 있다 할지라도 그들은 그들의 의로

말미암아 자신들의 혼들만을 구해 낼 뿐이라. 주 하나님이 말하노라』(14절). 하나님의 심판 의지가 얼마나 단호하신가를 보라. 그 땅에 노아처럼 하나님의 명령에 순종한 모범적인 사람이 있고, 다니엘처럼 하나님의 사람으로서의 지조를 지킨 사람이 있으며, 거기에 또 욥처럼 시험을 받으면서도 마귀에게 굴복하지 아니한 의인이 있다할지라도, 하나님께서는 이들만 멸하지 않으실 뿐 나머지는 다 멸해 버리시겠다고 다짐하신다!

하나님께서는 특별히 좋아하시는 다섯 사람의 이름을 구약성경 가운데서 거명하시는데, 그들은 모세와 사무엘과 노아, 그리고 다니엘과 욥이다. 이 다섯 사람들 가운데 노아와 다니엘과 욥의 이름이 여기서 거명되고 있고, 모세와 사무엘은 예레미야 15:1에서 그 이름이 거명되고 있다. 『**그러자 주께서 내게 말씀하시니라. 모세와 사무엘이 내 앞에 서 있다 할지라도 내 마음이 이 백성에게 향할 수 없나니, 그들을 내 목전에서 쫓아내어 그들로 가게 하라.**』

이 다섯 사람들 외에 하나님께서 좋아하시는 여섯 번째 사람을 거명하신다면, 열왕기상 11:38이나 14:8 및 열왕기하 19:34로 보아 그는 분명 다윗이 될 것이다. 여기에 또 하나님께서 좋아하셨던 사람을 하나 더 추가하셔서 모두 일곱 사람을 채우신다면 그는 필경 아브라함이 될 것이다(사 41:8). 하나님께서는 아브라함을 "내 친구"라고 부르실 정도로 좋아하신다.

노아와 다니엘과 욥, 그리고 모세와 다윗과 사무엘과 아브라함, 인간이 어떤 삶을 살아가기를 하나님께서는 바라고 계실까 생각해 볼 때, 구약의 이 일곱 성도들이야말로 우리의 귀감이 되는 삶을 살았다고 나는 생각한다. 이것은 내가 옷깃을 여미고 하는 말이다. 일생 동안 믿음 안에서 살아가는 삶, 이것은 아브라함에게서 우리가 배운다. 견디기 어려운 시험을 당하면서도 끝까지 마귀에게 저항하는 삶, 우리는 욥에게서 이것을 배운다. 노아는 세상을 어떻게 극복하는가를 우리에게 설명해 주고 있고, 사무엘은 선지자로서 자신에게 전달된 하나님의 말씀을 정확하게 사람들에게 전해 주는 신실한 설교자 상을 우리들에게 제시하고 있다. 그리고 모세는 얼마나 신실하게 하나님을 섬겨야 할 것인가를 우리에게 가르쳐주고 있고, 육신적인 욕망들을 어떻게 억제할 것인가 하는 것은 우리가 또 다니엘에게서 배운다. 그리고 다윗은 죄를 자백하고 하나님과 지속적인 교제를 유지했다는 점에서 우리의 둘도 없는 귀감이 된다.

14:15 만일 내가 악한 짐승들로 그 땅을 지나가게 한다면 그들이 그 땅을 망쳐서 황폐하게 하리니 그 짐승들 때문에 아무도 지나가는 사람이 없으리라.

16 비록 이 세 사람이 그 땅에 있다할지라도 내가 살아 있는 한 그들은 아들들이나 딸들도 구해 내지 못하고 자신들만 구해 내며 그 땅은 황폐하게 되리라. 주 하나님이 말하노라.

하나님께서 범죄한 백성을 징벌하실 때 이용하시는 3대 재앙이라면 전쟁과 기근과 전염병을 손꼽지만 여기에 한 가지 더 손꼽히는 것이 사나운 들짐승들로서, 이 네 가지 재앙을 하나님께서는 『**나의 네 가지 극심한 심판**』(21절)이라고 부르신다. 레위기 26장에 보면 하나님의 말씀을 경청하지 않고 계명들을 지키지 않으며 규례들을 무시하면서 하나님의 언약을 어겼을 경우 하나님께서 행하실 징계들이 예고되고 있거니와, 『**공포와 폐병과 심한 학질**』(레 26:16)을 일으키고 씨를 뿌려도 적이 쳐들어와 도륙해 가고 그들 손에 죽임을 당하는 형벌이 첫 번째로 언급되고, 그런데도 돌이키지 않으면 그 형벌이 일곱 배나 강화되어 농사를 지어도 『**땅이 그 소산들을 내지 않을 것이요, 그 땅의 나무들이 그 열매를 내지**』(레 26:20) 않는 바람에 심한 기근으로 허덕이게 되는 징계가 두 번째로 언급된다. 그래도 백성의 죄가 여전할 경우 세 번째로 언급되는 징계가 『**들짐승들을 보내리니... 자녀들을 빼앗아 갈 것이요, ...가축을 죽이고**』(레 26:22) 행패를 부리는 바람에 인구가 줄고 마을이 황폐화되어 버리는 형벌로 나타나고 있다. 그리고 네 번째가 전쟁과 굶주림, 다섯 번째가 극심한 식량난으로 자식들을 잡아먹어야 하는 끔찍한 재앙(레 26:29)으로 나타나고 있다. 앗시리아가 이스라엘을 침공하고 이스라엘 백성을 사로잡아 간 뒤 사마리아 지방에 이방 민족들을 이주시켜 살게 하였을 때, 그들이 하나님을 두려워하지 않자 하나님께서 그들에게 사나운 『**사자들**』을 보내시어 사람들을 잡아먹게 하신 것을 열왕기하 17:25에서 본다. 그러나 뒤에서 더 자세히 살펴보겠지만, 여기서 언급하는 『**악한 짐승들**』이란 그러한 들짐승들보다 훨씬 더 무시무시한 초자연적 존재들로서, 대환란 때 나타나 사람들을 괴롭히게 된다.

『**비록 이 세 사람이 그 땅에 있다할지라도**』(16절). 앞에서 이미 살펴본 바와 같이 하나님께서는 노아와 다니엘, 그리고 욥을 그토록 좋아하시고 사랑하셨다.

노아가 어떤 인물이었는지는 당신도 너무나 잘 알고 있으리라. 노아가 살고 있던 시대는 사람들이 어찌나 타락하고 사악해져 있었던지, 하나님께서 『**땅 위에 사람을 지으셨음을 후회**』하실 정도였고, 이로 인하여 하나님께서 마음이 『**비통케**』 되실 정도였었다(창 6:5,6). 그러나 노아만은 전혀 딴판이었다. 성경이 기록하고 있는 노아의 인물평은 이렇다. 『**노아는 의인이요 그 당대에 완전한 사람이었으며** 하나님**과 동행하였더라**』(창 6:9). 노아는 자신이 살고 있는 『**그 당대**』의 세상과는 전혀 다르게 살았고, 그 세상을 완전히 극복하고 있었던 것이다. 이런 의인이 있었음에도 불구하고 하나님께서는 노아와 그의 가족들을 제외한 모든 자들을 홍수로 쓸어 버리셨다.

다니엘은 또 어떤 인물이었던가? 다니엘 1장을 읽어 보라. 그는 포로 신세였지만 바빌론 왕으로부터 특별 대우를 받았는지라 먹는 음식까지도 『**왕의 음식**』과 『**왕의 포도주**』가 허락되었지만, 그는 그런 음식으로 『**자신을 더럽히지 않으리라고 마음에 결심**』했을 뿐만 아니라 그 사실을 당당하게 밝히고 『**내시 장관에게 요청하여 자신을 더럽히지 않겠다고 하였더라.**』라고 성경은 기록하고 있다(단 1:8). 그는 기름진 왕의 음식을 물리치고 그 대신 『**콩죽**』(단 1:16)으로 연명함으로써 자신의 육신적 욕구를 극복해 냈던 것이다. 하나님께서는 이런 그에게 미래의 세계 역사의 모든 비전을 계시해 주셨고, 그것을 예언으로 남겨놓도록 하셨고 예수 그리스도께서도 대환란 시대를 언급하시면서 다니엘의 예언을 거론하신다. 『**그러므로 너희가 선지자 다니엘을 통하여 말씀하신 멸망의 가증한 것이 거룩한 곳에 선 것을 보리니, (읽는 자는 깨달으라.)**』(마 24:15). 이런 다니엘이 나서더라도 하나님께서는 그의 혼만을 구해 주실 뿐 이스라엘에 대한 진노의 심판을 거두실 수가 없다고 단호하게 말씀하신다.

욥에 대해서는 13:22에서 간략하게 알아보았지만, 욥기라는 책이야말로 실로 위대한 책인지라 당신은 이 책을 몇 번이고 읽어야 할 것이다. 욥은 하나님께서 사탄에게 자랑하실 정도로 하나님의 사랑을 받고 있던 인물이었다. 욥에 대한 하나님의 직접적인 인물평이 욥기에 나와 있다. 『**세상에 그와 같은 사람은 아무도 없나니 그는 온전하고 정직한 사람으로** 하나님을 **두려워하고 악을 피하는 자니라**』(욥 1:8). 이런 욥이 나서서 하나님께 간청을 드려도 하나님께서는 그의 혼만을 구해 주실 뿐 이스라엘에 대한 징계는 취소할 수가 없으시다는 것이다.

14:17 또한 만일 내가 칼을 그 땅 위에 가져와서, 말하기를 "칼아, 그 땅을 지나가라." 하여 사람과 짐승을 그 땅으로부터 끊으려고 한다면

18 비록 이 세 사람이 그 땅에 있다 할지라도 내가 살아 있는 한 그들은 아들들
이나 딸들도 구해 내지 못하고 자신들만 구해 내리라. 주 하나님이 말하노라.

이스라엘에 대한 하나님의 준엄한 징계는 하나님께서 사용하시는 모든 재앙들이 총동원 된 가운데 펼쳐지는데, 여기서는 하나님의 『**네 가지 극심한 심판**』 가운데서 『**칼**』, 즉 "전쟁"이 언급된다.

14:19 또한 만일 내가 그 땅에 전염병을 보내고 피로 내 진노를 그 위에 부어 사람
과 짐승을 그 땅으로부터 끊으려고 한다면
20 비록 노아와 다니엘과 욥이 그 땅에 있다 할지라도 내가 살아 있는 한 그들은
아들이나 딸도 구해 내지 못하고 그들의 의로 말미암아 자신들의 혼들만 구
해 내리라. 주 하나님이 말하노라.
21 주 하나님이 이같이 말하노라. 내가 예루살렘에 나의 네 가지 극심한 심판,
즉 칼과 기근과 악한 짐승과 전염병을 보내어 사람과 짐승을 그 땅으로부터
끊는다면 얼마나 더 심하겠느냐?

하나님의 네 가지 극심한 심판들의 유형이 21절 한 구절에서 모두 집약적으로 언급된다. 이 구절이 유대인들에게 닥칠 대환란 시대의 상황을 묘사하고 있다는 것은 두말할 나위도 없다. 대환란 시대에는 『**칼**』, 즉 "전쟁"과 『**기근**』, 즉 혹독한 굶주림과 『**악한 짐승**』, 즉 요한계시록 9장에서 언급되는 괴이하기 짝없는 초자연적 "메뚜기," 그리고 『**전염병**』이 들이닥치게 된다.

"메뚜기"로 불리는 이 『**악한 짐승**』은 소위 마귀론에서 다루어지는 일종의 영적 존재로서 시끄럽고 냄새나고 사람을 귀찮게 괴롭히는 아주 고약한 "요정"(poltergeist) 같은 것인데, 요한계시록 9장에 보면 한 천사가 끝없이 깊은 구렁을 여니 큰 용광로에서처럼 연기가 솟아오르고 그 연기에서 메뚜기들이 땅 위로 나왔는데 땅의 전갈들이 지닌 권세와 같은 권세를 받고, 이마에 하나님의 인장으로 표시받지 못한 사람들만 골라서 해치라는 명령을 받는다. 이 "메뚜기들"은 사람을 죽이지는 않고 다섯 달 동안 고통만 주게 되는데 그 고통이 전갈에 쏘였을 때처럼 어찌나 참기 어려운 고통인지 사람들이 차라리 죽고 싶어할 정도에 이르지만, 죽으려고 애를 써도 죽음이 그들을 피한다. 이 메뚜기들의 생김새 또한 초자연적인 존재들답게 머리에 금 면류관 같은 것을 쓰고 있는 말들 같고, 사람의 얼굴에 머리카락은 여인의 머리카락이요, 이빨은 사자의 이빨과 같이 날카롭고, 철흉배 같은 것을 하고 있는 데다가 날개 소리가 말이 끄는 병거 소리 같고, 꼬리에 쏘는 침이 있다. 이 메뚜기들은 또 왕이 있는데 그의 이름이 히브리어로 "아바돈"이고 헬라어로는 "아폴루온"인데(계 9:1-11), 이 이름의 뜻은 곧 "멸망"이다(살후 2:3, 요 17:12, 계 17장).

14:22 그러나 보라, 거기에는 끌려 나올 남은 자가 남아 있으리니 아들들과 딸들이라. 보라, 그들이 너희에게로 나오리니 그러면 너희가 그들의 행위와 행동을 보게 되고 또 너희는 내가 예루살렘에 가져온 재앙과 내가 그 땅에 가져온 모든 일에 관하여 위로를 받게 되리라.

23 너희가 그들의 행위와 행동을 보면 그들이 너희를 위로하리라. 또 너희는 내가 그 땅에서 행한 모든 일이 까닭없이 행해지지 아니하였음을 알게 되리라. 주 하나님이 말하노라.

대환란 기간에 극심한 재앙들이 연속적으로 펼쳐지는 가운데에도 『**남은 자가 남아 있으리니 아들들과 딸들**』이 있어 그들을 데리고 나오시겠다고 말씀한다. 그런데 앞서 20절에서는 뭐라고 말씀하셨던가? 『**비록 노아와 다니엘과 욥이 그 땅에 있다 할지라도 내가 살아 있는 한 그들은 아들이나 딸도 구해 내지 못하고**』라고 말씀하셨다. 어찌된 영문인가? 대환란 기간 동안에 노아와 다니엘과 욥보다도 하나님께서 더 사랑하시는 훌륭한 의인들이 있기라도 해서 이 세 사람도 구해내지 못했던 이스라엘 백성의 아들딸들이 구원받을 수 있게 되리라는 말인가? 바로 그렇다! 대환란 기간 동안 노아나 다니엘, 그리고 욥보다도 더 의로운 자들이 있게 될 것이다. 대환란 기간 동안의 구원 계획에 대해서 내가 뭐라고 주장해 왔는가? 이 기간 동안에는 믿음과 행위, 이 두 가지가 아니고서는 구원받을 수 없다고 나는 가르쳐 왔다. 대환란 기간 동안에는 율법을 지켜야 하고 또 믿음을 지켜 짐승의 표를 받지 않아야만 구원을 받게 된다. 이것이 바로 내가 말하는 대환란 기간의 "행위와 믿음에 의한 구원"이라는 것이다.

이 기간 동안에 하나님의 율법을 지키고 믿음에서 떠나지 않을 아들들과 딸들이 있게 될 것인즉, 이들이야말로 노아와 다니엘과 욥보다도 더 의로운 사람들이 될 것이다. 노아는 율법이 있기 전 하나님의 은혜 아래에 있었고, 욥 또한 율법 이전의 은혜 하에 있었으며, 다니엘은 율법 아래에 있었다. 노아는 하나님의 은혜로 구원받았다. 『**그러나 노아는 주의 눈에서 은혜를 찾았더라**』(창 6:8). 온전하고 정직한 사람으로 하나님을 두려워하는 사람이었던 욥 또한 하나님의 은혜로 구원받았다. 『**주께서는 어떻게 경건한 자들을 시험에서 구해 내시고 불의한 자들을 형벌에 처할 심판의 날까지 가두실 것을 아시느니라.**』(벧후 2:9)라고 베드로는 말한다. 그러나 대환란 성도들은 하나님의 은혜뿐만 아니라 율법을 지키는 의로운 행위로 구원받은 사람들이기에 그 누구보다도 의로운 사람들이다.

『**너희는 내가 예루살렘에 가져온 재앙과 내가 그 땅에 가져온 모든 일에 관하여 위로를 받게 되리라.**』 대환란이 끝나고 하나님의 심판이 종결된 다음 이스라엘은 회복될 것이다. 그 회복이 끝까지 견뎌낸 『**그들의 행위와 행동**』에 따른 것인즉, 그들과는 달리 가증한 범죄로 하나님을 반역한 자들에 대해 하나님께서 심판하신 것을 놓고 "하나님께서 옳으셨구나!" 하고 깨달음으로써 오히려 위로를 받을 것이요, 그들의 의로운 『**행위와 행동**』으로 이스라엘의 회복이 가능했음을 알고 또한 위로를 받을 것이다.

『**너희가 그들의 행위와 행동을 보면 그들이 너희를 위로하리라. 또 너희는 내가 그 땅에서 행한 모든 일이 까닭없이 행해지지 아니하였음을 알게 되리라. 주 하나님이 말하노라**』(23절). 모든 주석자들이 이 부분에 대한 주석을 거부하거나, 기피하거나, 아니면 엉터리로 설명하고 넘어가는데, 앞서 20절과 22절의 내용이 너무나 대조되기 때문에 그들은 어쩔 줄 모르고 당황한 나머지 그럴 수밖에 없는 처지에 빠진 것이다. 그들은 에스겔을 읽으면서 저 멀리 대환란 시대에 대한 그림을 전혀 보지 못하기 때문에 그렇게 된 것이고, 또 각 시대 별 하나님의 구원 계획이 어떻게 달라지는지를 교리적으로 구별하지 못하기 때문에 더욱더 앞이 캄캄할 뿐이다.

칼빈주의자들은 22절에서조차 『**끌려 나올 남은 자**』에 대해 설명하면서도 "택함받은 남은 자"("*elect remnant*")라는 말로 표현하기를 서슴지 않는다. 그러면서, 이 『**남은 자**』가 결코 의로운 자를 말하는 게 아니라 목숨을 부지하기 위하여 바빌론에 의해 파괴되는 예루살렘을 빠져 나와 절망적인 포로 생활에 합류하게 되는 자들을 말한다고 주석을 달고, 자신들이 예루살렘에 잔존하고 있는 동안 범한 죄들을 되돌아보며

『**그들의 행위와 행동을 보고**』 자신들에게 미친 하나님의 심판이 정당한 것이었음을 인정하고 『**위로를 받게**』 되리라고 엉터리로 설명해 버린다.

『**너희가 그들의 행위와 행동을 보면 그들이 너희를 위로하리라.**』 대환란 기간 동안 처절한 재앙과 적그리스도의 박해를 받으면서도 살아남기 위해 짐승의 표를 이마에 받지 않고 끝까지 믿음을 지키며 율법을 지킨 참으로 의로운 사람들의 행위와 행동을 보면, 그리고 그러한 그들의 믿음과 행위로 인하여 그들 자신도 구원받고 이스라엘도 회복되게 된 것을 보면, 이스라엘은 위로를 받지 않을 수가 없을 것이다. 반면에 자신들의 하나님께 대한 반역과 범죄에 대하여 하나님께서 진노하시고 심판을 내리신 것이 이유가 있었음을 뒤늦게나마 알게 될 것이다.

에스겔 15장

15:1 또 주의 말씀이 내게 임하여 말씀하시니라.
2 인자야, 포도나무가 다른 나무보다 나은 것이 무엇이며 삼림의 나무들 중에 있는 그 가지보다 나은 것이 무엇이냐?
3 거기서 취한 나무로 무슨 일을 할 수 있겠으며 사람들이 거기에서 무슨 그릇을 걸 못 한 개를 취할 수 있겠느냐?
4 보라, 그것은 땔감으로 불에 던져지며 불이 그 양끝을 삼키고 그 중간을 사르리니 그것이 무엇을 만드는 데 적합하겠느냐?
5 보라, 그것이 온전하게 있었을 때에도 무엇을 만드는 데 적합치 못하였거늘 불에 삼켜지고 살라졌을 때에는 무엇을 만드는 데 얼마나 더 적합치 않겠느냐?

포도나무가 다른 나무보다 나은 것이 무엇인가? 민수기 6장을 보라. 나무로 친다면 제 몸 하나 제대로 가누지 못하고 다른 나무를 칭칭 감고 올라가야 되고 그렇지 않으면 땅을 기어야 하는 아주 별 볼일 없는 나무인지라, 땔감이라면 모를까 다른 용도로는 아무 쓸데가 없는 게 바로 포도나무이거니와, "나무"라고 불러주는 것조차 과분한 게 포도나무다.

그런데 이 별 볼일 없는 포도나무에서 나는 포도송이가 또 "금단의 열매"였다.

『**주께서 모세에게 일러 말씀하시기를 "이스라엘 자손에게 고하여 그들에게 말하라. '남자나 여자가 나실인의 서원으로 서원하여 성별하고 자신들을 주께 성별하면,**

그는 포도주와 독주로부터 자신을 성별하고 포도주의 초나 독주의 초를 마시지 말 것이며 포도로 담근 어떤 술도 마시지 말고 날포도나 건포도도 먹지 말지니라. 자기가 성별하는 모든 날 동안은 포도나무에서 나는 것은 씨에서 껍질에 이르기까지 아무것도 먹지 말지니라』(민 6:1-4).

이 구절들에서 보듯이 포도나무는 "금단의 나무"였고 그 열매는 "금단의 열매"였다. 그 열매로 빚은 『**포도주**』는 말할 것도 없고, 그 포도주로 양조된 『**식초**』와 『**날포도**』나 『**건포도**』, 그리고 그 『**씨에서 껍질에 이르기까지**』 포도나무에서 나는 모든 것을 성별된 자들이 마시거나 먹을 수가 없도록 엄격한 규례가 정해져 있었다.

포도 열매가 이처럼 "금단의 열매"로 규정된 까닭이 무엇인가? 포도주가 "피"의 모형이었기 때문이다(막 14:22-25). 예수님께서도 포도주를 들어서 『**새 언약의 피**』를 말씀하셨다. 물론 여기서 말하는 『**포도주**』란 "술"이 아니라 "포도즙"을 말한다. 포도송이를 으깨면 포도즙이 나오는데, 성경에서는 이것을 『**피**』라고 직설적으로 언급한다. 요한계시록 14장을 보라. 『**불을 다스리는 권세를 가진 또 한 천사가 제단에서 나와 예리한 낫을 가진 자에게 큰 소리로 외쳐 말하기를 "너의 예리한 낫을 대어 땅의 포도송이를 거두라. 이는 그 포도들이 다 익었음이라."고 하더라. 그러므로 그 천사가 낫을 땅에 대어 땅의 포도송이를 거두어서** 하나님의 **진노의 큰 포도즙틀에 던져 넣으니라. 그 포도즙틀이 도성 밖에서 짓밟히니 그 틀에서 피가 흘러 나와 말고삐까지 닿고 일천육백 스타디온까지 퍼지더라**』(계 14:18-20, 사 63:1-3 참조).

성경은 모두 세 군데에서 피를 금하고 있다. 그 첫 번째가 창세기 9장에서, 즉 율법 이전에 금해져 있었고(창 9:3-5), 율법 하에서도 금해져 있었으며(레 17:10-12), 율법 이후, 즉 은혜 아래에 있는 신약 시대에도 금해져 있다(행 15:28,29). 포도를 금단으로 규정한 것도 이와 같이 피를 금하신 것과 관련되어 있는 것이다.

재판관기 9장에서는 나무들을 비유로 한 흥미로운 이야기가 우화처럼 소개되고 있다.

『**옛날에 나무들이 그들을 다스릴 왕을 기름부어 세우려고 나가서 올리브 나무에게 말하기를 '네가 우리를 치리하라.' 하였더니 올리브 나무가 그들에게 말하기를 '내게서 나는 기름으로 사람들이** 하나님**과 사람을 영예롭게 하나니 내가 내 기름을 버려두고, 가서 나무들 위에 군림하리요?' 하더라**』(판 9:8,9). 올리브 나무는 무엇을 예표하는가? 이것은 성령을 예표한다. 올리브 나무는 생명의 나무인 것이다.

『**나무들이 무화과나무에게 말하기를 '너는 와서 우리를 치리하라.' 하나 무화과나무가 그들에게 말하기를 '내가 나의 달콤함과 좋은 열매를 버려 두고, 가서 나무들 위에 군림하리요?' 하자**』(판 9:10,11). 무화과나무는 무엇의 모형인가? 무화과나무는 "자기 의"를 예표한다. 그래서 예수 그리스도께서 이 무화과나무를 저주하셨던 것이다(마 21:19).

『**나무들이 포도나무에게 말하기를 '너는 와서 우리를 치리하라.' 하니 포도나무가 그들에게 말하기를 '내가** 하나님**과 사람을 기쁘게 하는 내 포도주를 버려 두고 가서 나무들 위에 군림하리요?' 하더라**』(판 9:12,13). 포도나무는 앞에서 살펴본 바와 같이 "피"의 모형이다. 아담과 이브에게 무엇이 "금단"이었던가? 『**선과 악의 지식의 나무에서 나는 것은 먹지 말라. 네가 거기서 나는 것을 먹는 날에는 반드시 죽으리라**』(창 2:17). 우리는 앞에서 누구든지 피를 먹는 자는 하나님께서 『**반드시 너희 생명의 피를 찾으리니**』, 또는 『**그를 그의 백성 중에서 끊으리니**』라고 말씀하신 것을 보았다. 하나님께서는 창세기 2:17에서 이 "금단"의 명령을 인간의 조상 아담에게 이미 해 놓으셨던 것이다. 『**반드시 죽으리라.**』 어떻게 하면 반드시 죽는다는 말인가? 『**선과 악의 지식의 나무에서 나는 것**』을 먹으면 말이다. 그래서 피와 이 나무의 열매와의 유사성을 살펴볼 때, 『**선과 악의 지식의 나무**』는 바로 "포도나무"였음을 알 수 있다. 물론 창세기 2:17에서 이 나무는 초자연적인 나무를 말한다. 아담은 포도나무, 즉 "피"를 먹지 말라는 명령을 받은 것이었다. 그러나 그는 이것을 먹었고, 그 결과 그의 몸에는 비로소 "피"가 생겼던 것이고, 또 그 결과 영원히 살 수 있는 영생을 놓치게 되었던 것이다.

『**포도나무**』는 "피"를 예표함으로써 금단의 나무가 된다. 이것은 대홍수가 끝난 뒤 방주에서 나온 노아의 경우에 피를 금지하시는 것으로 연결된다(창 9:4-5). 그러나 노아 역시 하나님의 이 명령을 어기고 말았으니, 포도원을 만들고 포도주에 취해 버린 것이다(창 9:20,21). 이로써 노아는 아담과 마찬가지로 "피"를 먹은 셈이다.

노아가 마신 『**포도주**』는 포도즙이 아니라 신명기 32:32,33에서 『**용의 독이요, 독사들의 지독한 독**』이라고 언급하는 "묵은 포도주," 즉 "술"이었음이 분명하다. 이것은 『**독**』이었다. 이 『**독**』이 노아를 망쳤듯이 그 뒤에 수많은 사람들을 망치게 되거니와, 벤하닷을 망쳤고, 나발을 망쳤으며, 롯도 그랬고 벨사살도 망쳤다. 그리고 로마 제국을 쇠잔케 했고, 프랑스와 영국을 파산시켰으며, 또 미국을 병들게 하고 있다. 실로 이 『**독**』은 인간에게서 발견되는 모든 부도덕한 행위들과 밀접한 관계를 갖는다.

성경에서 『**올리브 나무**』와 『**무화과나무**』 및 『**포도나무**』, 이 세 가지는 각기 이스라엘을 상징하는 나무들이다. 예레미야 11장에 보면 하나님께서 이스라엘을 두고 그 이름을 『**아름답고 좋은 열매 맺는 푸른 올리브 나무**』라고 부르셨다(렘 11:16). 그러나 이 올리브 나무는 『**그들이 바알에게 분향함으로 나를 격노케 하여 그들 스스로를 거슬러 행하였음**』으로 인하여 『**그 가지들이 꺾였도다.**』(렘 11:16,17)라고 예레미야는 말한다. 바울은 로마서 11장에서 이스라엘을 『**참올리브 나무**』(롬 11:24)에, 이방인을 『**돌올리브 나무**』(롬 11:17)에 비유하고, 이방인이었다가 믿음으로 구원받아 "교회"가 된 그리스도인들을 참올리브 나무에 "접붙여진" 것으로 설명한다.

"무화과나무" 또한 이스라엘을 상징한다. 예수 그리스도께서는 제자들이 예루살렘 성전의 파괴와 주님의 다시 오실 표적과 세상 끝의 표적이 어떤 것인지 묻는 제자들에게(마 24:3) 대답하시는 가운데, 선지자 다니엘을 통하여 예언된 『**멸망의 가증한 것이 거룩한 곳에 선 것**』(마 24:15)을 보게 될 것과, 『**인자가 권세와 큰 영광으로 하늘의 구름을 타고 오는 것**』(마 24:30)을 보게 될 것, 그리고 『**무화과나무의 한 비유**』를 말씀해 주신다. 『**무화과나무의 한 비유를 배우라. 그 가지가 유연해지고 잎이 나오면, 여름이 가까운 줄 너희가 아나니, 이와 같이 너희도 이 모든 것을 보면 그 일이 가까이, 곧 문들 앞에 이른 줄 알라**』(마 24:32,33).

자, 이번에는 "이스라엘을 상징하는 나무로서의 포도나무"를 보자. ("금단의 나무"로서의 포도나무에 대해서 이미 살펴보았다.) 『**주께서는 이집트에서 포도나무 한 그루를 가져오셔서 이방을 내어쫓으시고 그 포도나무를 심으셨나이다. 주께서 그 앞에 자리를 마련하시고 뿌리를 깊이 내리게 하시니 그것이 땅을 메웠으며 산들이 그 나무의 그림자에 덮였고 그 나무의 줄기들은 훌륭한 백향목들 같았으며 그 나무의 줄기들은 바다까지 뻗쳤고 가지들은 강까지 뻗쳤나이다**』(시 80:8-11). 여기서는 이스라엘이 이집트에서 카나안으로 옮겨 심겨진 것을 이렇게 묘사하고, 에스겔 15장에서와는 딴판으로 『**그 나무의 줄기들은 훌륭한 백향목들 같았으며**』라고 언급한다.

하나님께서 카나안 땅의 이방 민족들을 제압하고 그 땅을 깨끗게 하신 다음 거기에 옮겨 심겨졌던 이스라엘은 분명 이러했고, 솔로몬왕의 통치 기간에는 문자 그대로 그 가지를 지중해와 유프라테스 강까지 멀리 뻗었던 게 사실이다. 이스라엘은 하나님께로부터 이루 헤아릴 수 없는 은총을 받았던 민족이었던 것이다. 그러나 결과는 볼품없고 쓸모가 없는 『**야생포도**』를 맺는 것으로 나타나고 말았다. 이스라엘이 우상숭배로 타락했고 하나님으로부터 발길을 돌리고 말았던 것이다. 『**그가 포도가 열리기**

를 바랐더니 야생 포도가 열렸도다... 내가 내 포도원에 행했던 것 외에 무엇을 더 했어야 했느냐? 내가 포도 열리기를 바랐는데 야생 포도가 열림은 어쩐 일이냐?』(사 5:2,4) 하나님께서는 이 포도원의 포도나무에 포도가 열리기를 기대하시고 『**그가 울타리를 두르며, 거기서 돌을 주워 내고 최상품 포도나무를 심으며, 그 가운데 망대를 세우고 그 안에 포도즙틀도**』(사 5:2) 만들어 놓으심으로써 훌륭한 포도원이 될 수 있는 모든 조건을 갖추어 놓으셨건만, 결과는 딴판이 되고 말았다. 이에 대해 하나님께서는 『**내가 너를 한 고귀한 포도나무, 즉 온전히 올바른 씨로 심었더니 어찌하여 네가 내게 타국 포도나무인 빗나간 식물이 되었느냐?**』(렘 2:21)라고 탄식하셨다. 그리하여 이 포도나무는 『**땔감으로 불에 내어 준 것**』(겔 15:6) 외에 아무 쓸모가 없는 나무로 하나님께서는 단정해 버리신 것이다. 그것으로는 그릇을 걸 만한 못 한 개도 만들 수 없다(3절).

15:6 그러므로 주 하나님이 이같이 말하노라. 내가 삼림의 나무들 가운데서 포도나무를 땔감으로 불에 내어준 것처럼 내가 예루살렘의 거민들도 그렇게 내어 주리라.

7 내가 내 얼굴을 그들을 대적하여 두리니 그들이 이 불에서 나와도 다른 불이 그들을 삼키리라. 내가 내 얼굴을 그들을 대적하여 두면 너희는 내가 주인 줄 알리라.

8 내가 그 땅을 황폐케 하리니 이는 그들이 죄를 범하였음이라. 주 하나님이 말하노라.

숲속의 다른 나무들이라면야 그 나름대로 각기 쓸모가 있으려니와, 포도나무는 그렇지가 못한즉, 땔감으로 아궁이에 던져 넣는 게 걸맞는 것『**처럼**』("As"), 예루살렘에 잔존해 있는 타락한 이스라엘 거민들도 그렇게 『**불에... 내어 주리라.**』라고 경고하신다. 예수 그리스도께서도 자신을 포도나무에, 그리고 우리들을 그 가지로 비유하시고, 우리가 그분 안에 거하지 않으면, 가지『**처럼**』("as") 버려져 말라 버리고 『**사람들이 그것들을 거두어 불 속에 던질 것이요 그것들은 타버릴 것이라.**』(요 15:6)라고 말씀하신다.

예루살렘 거민들을 불에 내어 주시겠다는 하나님의 경고는 문자 그대로 어김없이 실현되었다. 예레미야 52장을 보라. 『**넷째 달, 그 달 구일에 그 성읍 안에 기근이 심하여 그 땅의 백성에게 아무 양식이 없었더라. 그때에 그 성읍이 부서지고 모든 전사들이 도망하여 왕의 동산 옆에 있는 두 성벽 사이 성문 길을 따라 밤에 성읍을 빠져나가서 (그때 칼데아인들은 성읍을 에워 싸더라.) 그들이 평지 길을 따라가니라... 바빌론의 느부캇넷살왕 제십구년 다섯째 달, 그 달 십일에 바빌론 왕을 섬기는 경호대장 느부살아단이 예루살렘으로 와서 주의 전과 왕의 집을 불사르고 예루살렘의 모든 집들과 귀족의 모든 집들을 불로 사르니라**』(렘 52:6,7,12,13). 그러나 이것은 에스겔의 예언이 문자적으로 성취된 역사적 한 단면에 지나지 않는다. 이 예언은 A.D. 70년에도 역사적으로 성취되었고, 그 이후 지금까지도 계속되고 있으며, 앞으로 대환란 기간에 그 대단원의 막을 내리게 될 것이다.

『**내가 내 얼굴을 그들을 대적하여 두리니 그들이 이 불에서 나와도 다른 불이 그들을 삼키리라. 내가 내 얼굴을 그들을 대적하여 두면 너희는 내가 주인 줄 알리라**』(7절). 하나님께서 이스라엘에 대하여 얼굴을 『**대적하여**』 두시는 한 이스라엘은 절망상태에서 벗어날 도리가 없다. 그리하여 그들이 설사 한 가지 난관을 극복하고 『**이 불에서 나와도**』 또 다른 불이 그들을 기다린다. 이것은 이미 역사가 증명했다. 이스라엘의 이러한 재난과 역경은 하나님께서 『**대적하여**』 두신 얼굴을 그들로부터 완전히 거두시기 전에는 걷히지 않을 것이다. 그때가 언제인가? 예수 그리스도께서 재림하셔서 천년왕국을 세우실 때다. 이스라엘에 내려진 하나님의 심판은 대환란을 거쳐야만 완전히 거두어질 것이다. 그때까지 그 땅은 "황폐케" 된다(8절).

에스겔 16장

16:1 **다시 주의 말씀이 내게 임하여 말씀하시니라.**
2 **인자야, 예루살렘으로 자기의 가증함들을 알게 하여**
3 **말하라. 주 하나님이 예루살렘에게 이같이 말하노라. 네 태생과 출생지는 카나**
안 땅이요, 네 아비는 아모리인이요, 네 어미는 힛인이라.
4 **너의 출생을 말하자면 네가 태어난 날에 네 태줄이 잘려지지 않았고 너는 물로**
씻겨져 부드럽게 되지도 않았으며 네게는 소금도 전혀 뿌려지지 않았고 포대
기에 싸이지도 아니하였도다.
5 **이 중 어떤 일을 네게 행하고 너를 불쌍히 여겨 너를 동정해 줄 어떤 눈도 없**
었으니 도리어 네가 태어난 날에 네 생명은 꺼려진 바 되었으며 너는 들판에
버려졌느니라.

『**주 하나님이 예루살렘에게 이같이 말하노라**』(**3절**). 주님께서 음란한 짓을 자행한 이스라엘, 특히 이스라엘의 타락한 여자들에게 말씀하신다.

『**네 태생과 출생지는 카나안 땅이요**』(**3절**). 출생부터가 잘못되었다고 말씀하신다. 유대인들에게 "당신의 태생과 출생지는 카나안 땅이요."라고 말해 보라. 그는 아마 당신과 절교하려고 할 것이다. 그러나 이것은 사실이다.

『**네 아비는 아모리인이요, 네 어미는 힛인이라.**』 조상도 잘못 타고났다. 출생도 잘못되었고, 조상도 잘못되었다면 마귀에게서 났다는 뜻이다. 하긴 이 세상에 태어나는 그 누구도 이렇게 태어나지 않은 사람은 하나도 없다. 성령으로 거듭나기 전에는 누구나 죄인이요, 마귀의 자식이니까 말이다.

예루살렘은 성경에서 “잘못된 여자”에 비유된다. 이 “여자”는 음란하고 가증한 죄를 범했고 하나님을 등졌으며, 자기 눈으로 자신의 가증함을 볼 수도 없을 만큼 눈마저 멀어 버렸는지라, 하나님께서는 에스겔에게 그 “여자”로 하여금 『**자기의 가증함들을 알게 하여 말하라.**』라고 명하신다. 하나님께서는 이 이스라엘의 부끄러운 본래 『**태생과 출생지**』를 먼저 들춰내시면서 과거의 수치를 알게 하시는데, 『**네 아비는 아모리인이요, 네 어미는 힛인이라.**』라고 말씀하신다(3절).

“카나안”은 본디 쿠스와 미스라임, 그리고 풋과 함께 “함”의 아들이었다(창 10:6). 따라서 『**카나안 땅**』은 함족의 땅이다. 노아의 작은 아들 함은 포도주에 취해 수치를 드러낸 채 벌거벗고 잠든 아버지 노아를 범한 바람에, 그 죄로 자기 아들 카나안이 저주를 받아 다른 형제들에게 종들의 종이 되는 신세가 되게 만들고 말았다(창 9:25). 이로써 함족의 씨는 싫든 좋든 다른 족속을 섬기는 종이 되어야 하는 운명을 타고나게 되었다. 이 함족이 사는 땅이 곧 『**카나안 땅**』이었고, 거기에는 카나안의 후손들인 아모리인과 힛인들이 살고 있었다. 구약에서 “카나안 땅” 하면 그것은 곧 우상 숭배에 젖어 있는 이교도들의 땅으로 악명 높은 곳이다.

여호수아는 이스라엘 모든 지파들을 모아놓고 마지막 당부를 하는 자리에서, 그 땅의 신들을 섬기든지 하나님을 섬기든지 택하라고 말한다(수 24:13-15). 이스라엘 백성들은 다른 신들을 섬기지 않겠다고 굳게 서약하지만(수 24:16), 이 서약은 절대로 지켜지지 않았고 오히려 자신들이 정복한 땅의 이방인들이 떠받드는 갖가지 우상 신들을 섬기는 가운데 하나님을 저버렸다. 이렇게만 보더라도 하나님께서 그들에게 『**네 아비는 아모리인이요, 네 어미는 힛인이라.**』고 모욕적인 말씀을 하신 것은 매우 적절한 것이었다. 이사야 1장에서는 『**너희 소돔의 치리자들아, 주의 말씀을 들으라. 너희 고모라의 백성들아, 우리** 하나님**의 법에 귀를 기울이라.**』(사 1:10)라고 그들을 질타하고 있다.

하나님께서는 일찌감치 레위기 18장에서 모세를 통하여 이방 민족들의 갖가지 더럽고 가증스러운 성적 타락 행위들을 일일이 열거하신 다음 그들을 절대로 닮지 말도록 엄중히 경고해 놓으셨다. 『**너희는 이런 것들 중 어떤 것으로도 자신들을 더럽히**

지 말지니라. 이는 내가 너희 앞에서 쫓아내는 민족들이 이런 모든 일들로 더럽혀졌으며 그 땅도 더럽혀졌느니라. 그러므로 내가 그 위에 있는 죄악을 벌하고 그 땅도 스스로 그 거주자들을 토해 내느니라... (너희 앞에 있던 그 땅의 사람들이 이런 모든 가증함을 행하였고 그 땅도 더럽혀졌느니라.) 그 땅이 너희 앞에 있었던 민족을 토해 냈던 것같이 너희가 그 땅을 더럽혀 그 땅이 또한 너희를 토해 내지 않게 하라』(레 18:24-28).

이스라엘이 『**카나안 땅**』 함족의 후손들이 섬기는 우상 신들을 받아들여 하나님을 버림으로써 그들이 『**네 아비는 아모리인이요, 네 어미는 힛인이라.**』는 모욕적인 취급을 당하게 된 것은 적절한 대우거니와, 유대인이 개인적으로 함족 여인들과 관계를 가짐으로써 곤욕을 치르게 된 사례들 또한 성경 곳곳에서 발견된다. 아브라함은 하갈이라는 함족 여인과 관계를 가짐으로써 하나님과의 교제가 13년간이나 단절되었으며(창 16:1-4,15,16; 17:1-8), 롯 또한 함족 아내 때문에 비운을 겪어야 했다(창 12:5-10; 13:10; 19:26). 그런가 하면 또 모세도 마찬가지였고(민 12:1), 다윗(삼하 11:3)도 그러했으며, 삼손(판 14,15장)도 그렇기는 마찬가지였다. 야곱의 아들 에서도 나이 사십 세에 힛인 여인을 아내로 맞아들이는 바람에 부모에게 근심을 안겨 주었는데(창 26:34,35), 에서의 모친 리브카는 이 이방인 며느리 때문에 "내 삶에 짜증이 났다"(창 27:46)고 이삭에게 하소연하기도 했다.

사실상 카나안 땅은 이스라엘이 이집트로 가기 전에는 그들의 조상 아브라함과 이삭과 야곱이 머무르던 땅이었다. 하나님께서는 아브라함의 씨가 여기서 나가 타국인이 되었다가 4대 만에 다시 돌아오게 될 것을 예고해 주신 바 있으시다(창 15:13-16). 하나님의 이 예언은 출애굽으로 정확하게 성취되었고, 이스라엘 백성은 카나안으로 다시 돌아왔으되, 하나님께서 그토록 엄중하게 경고해 두셨건만, 그들은 여기서 타락하고 말았던 것이다. 이렇게 볼 때, 하나님께서 이스라엘에 대해서 『**네 태생과 출생지는 카나안 땅**』이라고 말씀하신 것은 역사적인 사실 그대로였던 것이다. 그러나 그들이 자신들의 조상인 아브라함과 이삭과 야곱의 본보기를 따르지 않고 자신들의 『**태생과 출생지**』에 들어와 살고 있던 이방 민족들의 우상 신들을 섬김으로써 하나님께 배반하고 "뒤로 넘어져" 버렸으며, 하나님께서는 이를 응징하여 『**내가 칼을 칼집에 다시 넣으랴? 내가 너를 네가 지음받은 곳, 네 태생의 땅에서 너를 심판하리라.**』(겔 21:30)고 진노하고 계신 것이다.

『**너의 출생을 말하자면 네가 태어난 날에 네 태줄이 잘려지지 않았고 너는 물로 씻겨져 부드럽게 되지도 않았으며 네게는 소금도 전혀 뿌려지지 않았고 포대기에 싸이지도 아니하였도다**』(4절). 아기가 태어나면 제일 먼저 탯줄을 끊은 다음 물로 씻고 포대기에 싸야 한다. 고대에는 또 아기의 피부를 튼튼히 하기 위해 소금을 뿌렸다. 누구든지 신생아로 이 세상에 태어나 최초로 받게 되는 최소한의 보살핌이 이것이다. 그러나 "바라지 않는" 아기가 태어나면 이런 최소한의 보살핌도 받지 못한 채 곧 유기되고 만다.

『**네가 태어난 날에 네 태줄이 잘려지지 않았고**』. 마귀에게서 출생한 뒤 마귀와 연결된 탯줄이 끊어지지 않은 채 그대로 있었다.

『**너는 물로 씻겨져 부드럽게 되지도 않았으며**』. 마귀에게서 물려받은 더러운 죄가 깨끗게 되지도 않았다. 사람은 누구나 죄 가운데서 태어나 죄를 씻지 않으면 죽게 된다. 그래서 사람의 "출생을 말하자면" 누구나 더럽다. 성경은 여러 군데에서 이 사실을 언급하고 있다. 『**누가 더러운 것 가운데서 깨끗한 것을 가져올 수 있나이까? 아무도 없나이다**』(욥 14:4). 『**사람이 무엇이기에 깨끗하겠느냐? 여인에게서 태어난 자가 의로워질 수 있겠느냐?**』(욥 15:14). 『**어찌 사람이** 하나님**과 더불어 의롭게 될 수 있겠으며 여자에게서 태어난 자가 어찌 깨끗해질 수 있겠느냐?**』(욥 25:4). 『**보소서, 내가 죄악 중에서 조성되었고 죄 중에서 내 어머니가 나를 배었나이다**』(시 51:5).

『**이 중 어떤 일을 네게 행하고 너를 불쌍히 여겨 너를 동정해 줄 어떤 눈도 없었으니 도리어 네가 태어난 날에 네 생명은 꺼려진 바 되었으며 너는 들판에 버려졌느니라**』(5절). 이스라엘은 출생부터가 잘못되었고 차라리 태어나지 않았으면 좋았을 것이라고 말씀한다. 이것은 보통 모진 표현이 아니다. 누가 당신더러 태어나지 말았어야 할 사람이라고 말한다면 당신의 심경은 이루 말할 수없이 참담할 것이다. 반면에 당신이 참을 수 없는 역경에 처했거나 심한 자학에 빠질 때, 당신은 이 세상에 태어나지 말았어야 했다고 스스로 생각하게 될 것이다. 바로 욥이 그러했다. 『**어찌하여 내가 태에서 죽어 나오지 아니하였던가? 어찌하여 내가 배에서 나왔을 때 숨을 거두지 아니하였던가?**』(욥 3:11).

인간이 이 세상에 태어나 자연인 그대로 남아 있게 된다면 누구나 이렇게 더럽고 가련하고 벌거벗은 맨몸인 채 참담한 꼴로 내팽겨쳐진 상태다. 욥은 『**내가 내 어미의**

태에서 맨몸으로 나왔으니...』(욥 1:21)라고 말한다. 당신이 이 세상에 육신적으로 태어났을 때, 당신은 마귀에게서 태어난 것이다. 그렇다고 해서 당신이 출생하는 순간 마귀가 당신을 보살펴 주는 것도 아니요, 당신의 어머니가 당신의 영적 생명을 보살펴 주는 것도 아니다. 한 인간의 혼이 이 세상에 들어왔을 때, 그 어떤 그리스도인도 그의 혼을 위해 기도해 주지도 않았고, 누가 성경을 읽어주지도 않았으며, 그 누구도 하나님께서 당신에게 자비를 베풀어 달라고 기도하지도 않았고, 마귀는 그를 그런 상태에 그대로 묶어둔 채 병들게 하고 죽게 하려는 일만 생각한다. 이 지구상에는 그렇게 태어나 그런 상태로 방치돼 있는 사람들이 50억 명도 넘고 미국에만도 족히 5천만 명 이상이 그러하다. 그러므로 『**너는 들판에 버려졌느니라.**』라는 말씀은 옳은 말씀이다. 이 지구상에 살고 있는 사람들은 그들이 세상에 태어났을 때 곧 세상에 버려진 것이었다. 당신도 그런 사람들 가운데 하나였다.

16:6 내가 네 곁을 지나면서 네 자신의 피로 더럽혀진 너를 보고 네가 피로 젖어 있을 때에 내가 네게 말하기를 "살아라." 하였으며 또 네가 피로 젖어 있을 때에 내가 네게 말하기를 "살아라." 하였느니라.

7 내가 너를 들의 싹처럼 번식케 하였더니 네가 자라고 장대해져서 네가 우아한 장식을 하였으며 네 가슴이 형성되고 네 머리털이 자랐으나 너는 어디서나 벌거벗은 알몸이었느니라.

8 이제 내가 네 곁을 지나며 너를 보았더니, 보라, 네 때가 사랑의 때라. 내가 내 옷으로 네 위에 펴서 네 벗은 몸을 덮어 주며 네게 맹세하고 너와 더불어 언약을 맺어 네가 내 것이 되게 하였느니라. 주 하나님이 말하노라.

그렇게 세상에 태어나 들판에 버려진 당신에게 하나님께서는 『**살아라.**』(6절) 하고 말씀하셨다. 그래서 당신은 주 예수 그리스도를 믿고 그분을 구세주로 영접하였으며, 새 생명으로 새롭게 태어나게 되었다. 주님께서 당신에게 『**살아라.**』 하고 당신을 살려 놓지 않으셨으면, 당신은 『**피로 더럽혀진**』 채 죄 가운데서 죽을 수밖에 없었을 것이다.

『**내가 너를 들의 싹처럼 번식케 하였더니 네가 자라고 장대해져서 네가 우아한 장**

식을 하였으며 네 가슴이 형성되고 네 머리털이 자랐으나 너는 어디서나 벌거벗은 알몸이었느니라』(7절). 역사적으로 볼 때, 이스라엘이 이집트로 들어갈 때 불과 일흔 일곱 명에 불과했으나(창 46:27 주석 참조), 이집트를 나올 때는 2백만 이상으로 번식케 되어 장대해져 한 민족으로서의 면모를 갖추게 되었다. 그러나 그들은 하나님께서 덮어주시지 않으면 여전히 『**벌거벗은 알몸**』이나 다름없이 무력하기 짝이 없고 아무도 돌보는 사람이 없는 백성이었다.

『**내가 내 옷으로 네 위에 펴서 네 벗은 몸을 덮어 주며 네게 맹세하고 너와 더불어 언약을 맺어 네가 내 것이 되게 하였느니라**』(8절). 이 구절은 하나님께서 버림받은 여인처럼 그 누구도 보살펴주지 않는 이스라엘에게 은혜를 베푸시고 그 백성과 『**언약을 맺어**』 아내로 맞아 주셨던 일에 역사적으로 적용된다. 『**너를 지으신 분이 네 남편이니 만군의 주가 그의 이름이며, 너의** 구속주, **이스라엘의** 거룩한 분**이라. 그가** '**온 땅의** 하나님**이라.**' **칭함을 받으리라. 네가 거절 당했을 때 주가, 버림받고 영 안에서 슬퍼하는 여인같이, 젊은 아내같이 너를 불렀노라. 네** 하나님**이 말하노라**』(사 54:5,6). 이 구절은 그러나 교리적으로는 역시 대환란을 거치고 난 후 천년왕국 시대로 들어갈 때의 이스라엘에게 적용된다. 이것은 호세아 2장에서 더욱 분명하게 알 수 있다. 『**그 날에는... 또 내가 너를 내게 영원히 정혼시키리니, 정녕, 내가 너를 의와 공의와 자애와 자비들로 내게 정혼시키리라. 내가 신실함으로 너를 내게 정혼시킬 것이니 네가 주를 알게 되리라**』(호 2:18-20). 이 구절에서 언급하는 『**그 날에는**』이라는 말씀에 주목하라.

16:9 그리하여 내가 너를 물로 씻었고 내가 네게서 네 피를 완전하게 씻어 내고 네게 기름을 부었으며
10 내가 너를 수놓은 것으로 옷입히고 오소리 가죽으로 신 신기고 세마포로 너를 두르고 비단으로 너를 입혔도다.
11 또한 내가 너를 장식으로 단장시켰고 손에는 팔찌를 목에는 사슬을 둘러 주었으며
12 이마에는 보석을, 귀에는 귀고리를 머리 위에는 아름다운 관을 씌워 주었노라.
13 너는 금과 은으로 이같이 단장하였고 네 옷은 세마포와 비단과 수놓은 것으로

만들었으며 너는 고운 가루와 꿀과 기름을 먹었으며 너는 몹시 아름다우며 너는 왕국에서 번영을 이룩하였도다.

14 **너의 아름다움으로 인하여 네 명성이 이방인 가운데로 나갔으니 이는 내가 네게 입힌 나의 우아함으로 인하여 완전하였음이라. 주 하나님이 말하노라.**

『**그리하여 내가 너를 물로 씻었고 내가 네게서 네 피를 완전하게 씻어 내고 네게 기름을 부었으며 내가 너를 수놓은 것으로 옷입히고 오소리 가죽으로 신 신기고 세마포로 너를 두르고 비단으로 너를 입혔도다**』(9,10절). 영적으로 적용하면 이렇다. 주님께서는 당신을 말씀의 『**물로 씻었고**』, 당신에게 『**기름을 부었으며**』, 즉 성령을 주셨으며, 당신을 『**수놓은 것으로 옷입히고 오소리 가죽으로 신 신기고**』, 즉 하나님의 상속자로서 그분의 영광스러운 자녀로서 귀한 존재가 되게 하셨고, 『**세마포로**』 당신을 둘러 당신을 의로운 성도가 되게 하셨다. 『**너희 가운데도 이런 일을 행하였던 자들이 더러 있었으나 너희가** 주 예수**의 이름과 우리** 하나님의 영**으로 씻음을 받았고 거룩하게 되었으며 의롭게 되었느니라**』(고전 6:11).

교리적으로 볼 때, 이스라엘은 대환란을 거친 뒤 천년왕국 시대로 들어가면서 자신들의 지위를 회복하게 될 때 이렇게 될 것이다. 『**그들의 씨가 이방인들 가운데서, 그들의 후손이 백성 가운데서 알려질 것이요, 그들을 보는 모든 사람들은 그들이 주가 복 주신 씨인 것을 인정하리라. 내가 주 안에서 크게 기뻐하겠으며, 내 혼이 내** 하나님을 **기뻐하리니 이는 그가 구원의 의복으로 나를 입혀 주셨고, 그가 나를 의의 겉옷으로 덮어 주시어 마치 신랑이 장식물로 자신을 꾸민 것같이, 신부가 보석으로 자신을 단장함같이 하셨음이라**』(사 61:9,10).

이것은 또한 시편 45편의 예언이 성취되는 광경이다. 『**왕의 딸이 안에서 온갖 영화를 누리나니 그녀의 옷은 금으로 짰도다. 그녀가 수놓은 옷을 입고 왕께로 인도될 것이요, 그녀를 따르는 그녀의 동료 처녀들도 왕께로 인도되리니 그들이 기쁨과 즐거움으로 인도되어 왕궁으로 들어가리이다**』(시 45:13-15). 『**왕국**』은 물론 천년왕국을 말하고, 『**왕**』은 천년왕국을 통치하시는 주님이시다.

『**또한 내가 너를 장식으로 단장시켰고 손에는 팔찌를 목에는 사슬을 둘러 주었으며 이마에는 보석을, 귀에는 귀고리를 머리 위에는 아름다운 관을 씌워 주었노라**』(11,12절). 거듭난 그리스도인들도 휴거되어 그리스도의 심판석에 서게 될 때, 거기서 이런 것들을 받게 될 것이다. 그리고 이스라엘은 천년왕국에서 이러한 모든 아름답고 귀한 것들을 받게 될 것이다.

『**너는 금과 은으로 이같이 단장하였고 네 옷은 세마포와 비단과 수놓은 것으로 만들었으며 너는 고운 가루와 꿀과 기름을 먹었으며 너는 몹시 아름다우며 너는 왕국에서 번영을 이룩하였도다**』(13절). 당신은 결국 천년왕국 시대의 시작과 함께 『**왕국에서 번영을**』 이루게 될 것이다. 이 구절이 역사적으로는 다윗과 솔로몬 치하의 이스라엘에 적용하는 게 가능하지만, 교리적으로는 천년왕국 시대에 적용되고, 또 성령께서는 이 말씀을 통하여 우리들을 미래로 데리고 가신다.

『**너의 아름다움으로 인하여 네 명성이 이방인 가운데로 나갔으니 이는 내가 네게 입힌 나의 우아함으로 인하여 완전하였음이라. 주 하나님이 말하노라**』(14절). 위의 구절들을 영적인 측면에서 보면 그 의미하는 바는 지금의 그리스도인들에게 적용할 수 있는 게 분명하다. 교리적으로 보면, 이스라엘이 타락한 여인이었지만 하나님께서 자비를 베푸시고 복을 주셔서 아름답게 가꾸어 주셨고 부유케 만들어 주셨으며 그 『**명성이 이방인 가운데로**』 나갔다는 사실에서 이 구절들은 대환란을 거친 이스라엘에 적용된다. 우리는 아직까지 이스라엘이 하나님께서 입혀주신 『**우아함으로 인하여 완전하였음**』을 한 번도 본 적이 없으며 그 아름다움으로 인하여 그 명성이 이방인 가운데로 나간 것도 본 적이 없다. 다시 말해서 이스라엘은 아직까지 민족적으로 구원받지 못한 것이다. 이스라엘은 대환란을 거쳐야만 민족적인 구원을 받게 된다.

『**내가 네게 입힌 나의 우아함으로 인하여 완전하였음이라.**』 주 예수 그리스도를 믿고 그분을 구세주로 영접함으로써 하나님의 자녀로 거듭나게 된 당신은 실로 아름답다. 그 아름다움이 어디서 온 누구의 아름다움인지 아는가? 그것은 당신이 당신의 어미로부터, 당신의 아비로부터 물려받은 게 절대로 아니다. 당신이 성령으로 새 사람으로 거듭났을 때, 그 이전 것은 이미 죽어 없어지고 사라졌다. 당신이 거듭나는 순간 당신은 이 『**우아함**』을 주님으로부터 받았다. 주님께서는 그것을 『**내가 네게 입힌 나의 우아함**』이라고 말씀하신다. 그렇기 때문에 당신의 아름다움은 『**완전**』한 우아함이다. 미스 아메리카나 미스 유니버스가 아무리 아름답기로서니 당신의 그 『**완전**』한 우아함에는 천분지 일도 미치지 못한다는 말이다. 당신이 구원받기 전 아직 하나님의 자녀가 아니었을 때는 당신의 어느 구석에서도 이런 아름다움을 찾아볼 수가 없었다.

그러나 이 세상에서 구원받지 못한 한 죄인이 아무리 그 외모가 추하더라도, 아무리 그 마음속이 더럽더라도, 아무리 그 말씨가 고상하지 못하더라도, 주 예수 그리스도께서 자신의 죄들을 위해 죽으셨고 자신에게 영생을 주시기 위해 부활하셨다는 사실을 그가 알게 되고 그분을 믿게 되며 그가 그분을 영접하게 될 때, 그의 모든 추함과 더러움과 비속한 모습들이 단 30분도 채 안 되어서 다 사라져 없어지고 그는 주님의 완전한 우아함으로 옷을 입게 되는 것이다. 당신이 진실로 거듭난 그리스도인이라면, 주님께서 지금 여기 16장에서 당신에게 하시는 말씀들이 정말로 실감나게 받아들여지고 이 구절들을 읽으면서 "아멘! 아멘! 아멘!"을 연발하지 않을 수 없으리라.

다시 보라! 주 하나님께서 당신에게 이렇게 말씀하신다!

『**내가 너를 물로 씻었고... 네게 기름을 부었으며**』, 아멘!

『**내가... 세마포로 너를 두르고 비단으로 너를 입혔도다.**』 아멘! 아멘!

『**또한 내가 너를 장식으로 단장시켰고 손에는 팔찌를 목에는 사슬을 둘러 주었으며 이마에는 보석을, 귀에는 귀고리를 머리 위에는 아름다운 관을 씌워 주었노라.**』 아멘! 아멘! 아멘!

『**내가 네게 입힌 나의 우아함으로 인하여 완전하였음이라.**』 아멘! 주여!

『**주 하나님이 말하노라.**』 하나님께 감사하라! 주님을 찬양하라! 그분께 영광을 돌리라! 주님께서 당신을 구원하셨고, 주님께서 당신을 이토록 아름답게 만들어 주셨다. 당신이 지니게 된 그 아름다움으로 당신은 또 필연적으로 그리스도의 향기를 은은히 풍기게 된다. 그래서 세상 사람들은 당신의 그 완전한 우아함을 보고 당신이 그리스도인인 것을 척 알아본다. 어떤 사람들은 당신의 아름다움에 질투하기도 하고, 그것을 부러워하기도 하며, 그것을 보고 자신들도 하나님의 자녀가 될 수 있는 기회를 갈망하게 되기도 한다. 그 아름다운 주님의 모습을 지니고 주님의 향기를 발산함으로써 당신은 그리스도 안에서 늘 승리하는 삶을 살게 된다. 『**항상 우리를 그리스도 안에서 승리하게 하시고 또 어느 곳에서나 우리로 하여금 그분에 관한 지식의 향기를 나타내게 하시는** 하나님**께 이제 감사하노라. 이는 우리가 구원받은 사람들에게나 멸망하는 사람들에게나** 하나님 **앞에서는 그리스도의 향기이기 때문이라.**』(고후 2:14,15)라고 바울은 고백한다.

당신은 예수 그리스도의 신부이기에 당신이 그토록 아름답고 향기로운 것은 오히려 당연하며, 당신이 그토록 아름답고 향기롭기에 당신은 또 예수 그리스도의 신부가 되기에 합당한 것이다. 그 신랑이 아름다운 당신을 보고 이렇게 노래하신다.

『**오 나의 사랑아,**
너는 티르사같이 아름답고 예루살렘같이 보기 좋으며
깃발들을 든 군대처럼 위엄이 있도다.
너의 눈이 나를 압도하니, 그 눈을 내게서 돌이켜 다오.
너의 머리는 길르앗에서 나타난 염소떼 같고,
너의 이는 씻는 곳에서 올라온 양떼 같으니,
그 중에는 새끼를 낳지 못하는 것이 하나도 없고
각기 쌍둥이를 낳은 것 같도다.
네 뺨은 네 머리타래 안에서 석류 한 쪽 같도다.
왕후가 육십이요 후궁이 팔십이요 처녀들은 셀 수도 없으나
나의 비둘기,
나의 더럽혀지지 않은 자는 오직 하나요,
그녀는 그 어머니의 외동딸이며
그녀를 낳은 어머니의 귀한 사람이라...
아침처럼 비추고,
달처럼 고우며,
해처럼 맑고
깃발들을 든 군대처럼 위엄이 있는 여자는 누구인가?
내가 골짜기의 열매들을 보려고,
또 포도 넝쿨이 무성한지
석류나무가 싹이 났는지 보려고
호도나무 동산으로 내려갔도다』(솔 6:4-11).

당신은 이에 대해 어떤 노래로 화답할 것인가? 어디 한번 간증해 보지 않겠는가?

16:15 그러나 너는 네 자신의 아름다움을 믿고 네 명성으로 인하여 음란한 짓을 하고 지나가는 모든 자들에게 네 음행을 쏟았으니 아름다움이 그들의 것이 되

었느니라.

16 **네가 네 의복을 취하여 여러 가지 색깔로 네 산당을 장식하고 그 위에서 음란 한 짓을 하였으니 그 같은 일은 있어서도 안 되며 그렇게 되어서도 아니 되느니라.**

17 **너는 또한 내가 네게 준 내 금과 은으로 만든 네 아름다운 보석들을 취하여 네 자신을 위하여 남자들의 형상을 만들어 그들과 더불어 행음하였으며**

18 **또 네 수놓은 옷을 가져다가 그들을 덮어 주었으며 내 기름과 향을 그들 앞에 놓았도다.**

19 **내가 너에게 주었던 나의 음식도 내가 너를 먹인 고운 가루와 기름과 꿀도 네가 향기로운 냄새로 그들 앞에 차려 놓았느니라. 과연 그렇게 되었느니라. 주 하나님이 말하노라.**

이 여자는 직업적인 창녀가 절대로 아니다. 그녀는 주님께서 『**맹세하고... 더불어 언약을 맺어**』(8절) 그분의 아내로 삼으신 바 된 주님의 아내이다. 이걸 보면 『**음행**』(fornication)이란 독신녀만이 자행하는 게 아니라 결혼한 여자도 자행하는 짓이다. 이렇게 볼 때, 수많은 영어사전들이 『**음행**』의 정의를 잘못 내려놓았다. 『**음행**』이란 음란한 "행동"을 말하는 것이지 어떤 "관계"를 의미하는 게 아니다. 이것은 마태복음 19장에서 분명하게 정의되고 있다.

이스라엘이 『**자신의 아름다움을 믿고... 음란한 짓을 하고 지나가는 모든 자들에게 음행을 쏟았**』던 예는 성경에서 얼마든지 찾아볼 수 있는지라, 그 사례들을 일일이 열거하기도 힘들 정도다. 그 아름다움이 어디서 온 것인가? 그 모두가 하나님께로부터 온 것이 아니던가?

『**그러나 여수룬이 살찌자 걷어찼도다. 네가 살찌고 네가 굵어지고 네가 기름으로 덮이니 그가 자기를 지으신** 하나님을 **버렸고, 자기 구원의** 반석을 **가볍게 여겼도다. 그들은 이방 신들로 주께 질투를 일으켰으며, 그들은 가증한 것들로 주께 진노를 일으켰도다**』(신 32:15,16).

『**신실한 성읍이 어떻게 창녀가 되었는고!**』(사 1:21).

『**치솟은 높은 산 위에 네가 네 침상을 마련해 놓고 거기까지 올라가서 희생제를 드렸도다... 네가 나보다는 다른 자에게 네 자신을 드러내고 올라갔으며, 네가 네 침상을 넓혀 그들과 더불어 언약을 맺었고, 네가 보았던 그들의 침상을 사랑하였음이**

라. 네가 향유를 가지고 왕에게로 갔으며, 네 향수를 늘리고, 또 네 사자들을 멀리 보내서 스스로를 지옥에까지 낮추었도다』(사 57:7-9).

『**그들의 어미는 창녀짓을 하였고 그들을 임신했던 그녀는 수치스럽게 행하였으니, 이는 그녀가 말하기를 "나는 나와 연애했던 자들을 따라가리라. 그들이 내게 내 빵과 내 물과 내 양모와 내 아마와 내 기름과 내 술을 주는도다." 하였음이라』**(호 2:5).

16:20 또 너는 내게 낳아 준 네 아들들과 딸들을 데려다가 그들에게 희생제물로 드려 삼키게 하였도다. 너의 이 같은 음행이 작은 일이라서

21 네가 내 자녀들을 죽이고 그들을 넘겨주어 그들로 그것들을 위하여 불을 통과하게 하였느냐?

22 네 모든 가증함과 네 음행 가운데서 너는 네 젊은 날들, 곧 네가 벌거벗고 입지 않았으며 또 네 피로 더럽혀졌던 때를 기억하지 못하였도다.

23 네 모든 죄악 후에 (화, 화가 네게 있도다! 주 하나님이 말하노라.)

24 너는 또한 누각을 세웠으며 모든 거리에 너를 위하여 산당을 만들었도다.

25 너는 모든 길머리에다 너의 산당을 세우고 네 아름다움을 혐오스럽게 하여 지나가는 모든 사람들에게 네 다리를 벌려 네 음행을 많이 행하였도다.

26 너는 또 지극히 육신적인 네 이웃 이집트인들과도 음행을 저질러, 네 음란함을 증가시켜 나를 격동시켜 노하게 하였도다.

암몬 자손들은 몰렉(Molech)이라는 형상을 만들고 우상 신으로 섬겼다. 이 우상 신은 "몰록"(Moloch)이라고도 지칭되고(암 5:26, 행 7:43), "밀콤"(Milcom)이라고도 불렸다(왕상 11:5,33, 왕하 23:13). 철로 만든 거대한 형상인 이 우상 신의 머리에는 마치 다섯 번째 그룹(마귀)의 형상처럼 "황소"의 뿔과 같은 것이 달렸고, 가슴팍에 불을 때는 아궁이 같은 것을 만들어 욥기 41장에 등장하는 리비야단처럼 콧구멍에서는 연기가 나오고 입에서는 불길이 나오도록 설계 해놓은 형상인데, 북소리가 둥둥 울리면서 이 형상의 손에 달린 장치를 조작하면 가슴팍의 아궁이가 열리고 이글이글 불타는 입을 벌린다. 그러면 그 안에 어린아이를 희생제물로 던져 넣어 불이 아이를 삼키도록 했다. 이 우상 신을 섬기는 이교도들은 어린 자식들을 제물로 드리기 전 먼저 정결케 한다는 뜻으로 불을 통과하게 한 다음 이렇게 불 속에 던져 넣었다. 이처럼 몰렉의 형상 가슴팍에 불을 때는 아궁이 같은 불구덩이를 만들고 그 안에 사람을 집어넣어 제물로 바치도록 만들어 놓은 장치가 이른바 성경에서 언급하는 "토펫"(Tophet)이라는 것인데, 여기서 유래되어 우상 신들을 위해 불로 희생제를 올리는 장소를 모두 "토펫"이라 부르게 되었다. "토펫"은 원래 "북"(drum)이란 뜻으로 어린아이를 불 속에 던져 넣기 위해 몰렉 형상의 가슴팍 아궁이를 열 때 둥둥 북을 울린 데서 이것을 "토펫"이라 부르게 된 것이다.

성경에서 이것을 율법으로 금지했던 것은 두말할 나위도 없거니와, 그 자녀들이 『**내게 낳아 준 네 아들들과 딸들**』인지라 이것은 당연한 일이었고 더구나 그 어린 자식들을 우상 신들에게 바치는 것을 하나님께서 허용하실 리가 없었다. 『**너는 네 씨 중의 누구도 몰렉에게 주어 불을 통과하게 하지 말 것이며 너는 너희 하나님의 이름을 욕되게 하지도 말지니라**』(레 18:21). 그러나 타락한 이스라엘은 하나님을 버리고 이방 민족들의 갖가지 우상 신들을 섬기는 가운데 이 몰렉에게도 『**아들들과 딸들을 데려다가 그들에게 희생제물로 드려 삼키게**』 함으로써 하나님 앞에서 『**음행**』을 자행하며 하나님의 이름을 욕되게 하였다. 이스라엘의 이 음행은 결코 작은 죄가 아니었기에 하나님께서는 이에 대한 엄중한 징계를 명령해 놓으셨다(레 20:2-5). 그러나 이스라엘은 하나님의 이 준엄한 명령을 짓밟아 버렸고 심지어 솔로몬왕도 그랬다(왕상 11:7,8). 아합이 이방 여인 이세벨을 아내로 맞아들이고 우상 신 바알을 섬겼듯이 솔로몬 역시 수많은 『**타국인 아내들**』을 두더니 우상 신들을 섬기게 되었던 것이다. 이처럼 우상 숭배 행위에는 언제나 여자들이 개입되었고, 여자들로 인해서 더욱 널리 확산되었으며, 여자들로 인해서 깊이 뿌리를 내렸던 것이다. 하나님을 버리고 우상 신들을 섬긴 것 자체도 가증스러운 음행에 해당하지만, 우상 숭배에는 이처럼 여자들이 관계하였기 때문에 거기에는 갖가지 더러운 음행들이 필연적으로 개입될 수밖에 없었다.

사람의 어린 자식들을 불 속에 던져 넣어 우상 신들에게 희생제를 올렸던 토펫은 결국에는 우상을 숭배한 자들을 되레 집어넣는 불못이 되고 말 것이라고 성경은 예고한다(사 30:33, 렘 7:31,32; 19:12,13).

『**너는 또한 누각을 세웠으며 모든 거리에 너를 위하여 산당을 만들었도다**』(24절). 이것은 이스라엘의 모습일 뿐 아니라, 타락한 현대 교회의 모습 그대로이다. 발라암의 교리에 푹 빠져 있는 현대 교회들이야말로 음행을 자행하는 『**누각**』이요, 『**산당**』이다. 은사주의 교회들일수록 큰 건물에 호사스런 실내장식을 꾸며놓고 둥둥 "토펫"(드럼)을 두드려대며 아프리카 음악으로 사람들을 꼬여들이는 『**누각**』이요, 『**산당**』 그대로다. 그들은 아무나 자기네 교회에 찾아오면 대환영을 하면서 "사랑"으로 맞아주지만(25절), 한 달이 지나고 반 년이 지나도, 주 예수 그리스도를 믿고 그분을 구세주로 영접하지 않으면 지옥에 간다는 이야기는 절대로 해주지 않는다. "지옥"이라는 말만 듣고도 기겁을 하고 도망칠까 봐 그들은 구원도 받지 못한 죄인들을 모아놓고 이상한 "예배"를 드린다. 그러니 그 예배가 누구에게 드리는 예배겠는가? 이것이 바로 교회 놀이를 하는 거짓 그리스도인들이 현대의 『**누각**』에서 자행하는 음행인 것이다.

16:27 보라, 그러므로 내가 내 손을 네게 펴서 네 일상 양식을 감소시키고 너를 미워하는 자들의 뜻대로 너를 넘겨주리니, 즉 네 음란한 행위를 부끄럽게 여기는 필리스티아인의 딸들이라.

28 너는 만족하지 아니하였으므로 앗시리아인들과도 음란한 짓을 행하였으며 정녕 너는 그들과 더불어 행음하고서도 여전히 만족할 수 없었느니라.

29 너는 또 카나안 땅에서 칼데아까지 네 음행을 더욱더 많이 행하고서도 너는 그것으로 만족하지 못하였도다.

『**보라, 그러므로 내가 내 손을 네게 펴서 네 일상 양식을 감소시키고 너를 미워하는 자들의 뜻대로 너를 넘겨주리니, 즉 네 음란한 행위를 부끄럽게 여기는 필리스티아인의 딸들이라**』(27절). 아내가 타락하여 바람을 피우면 남편이 그녀에게 벌어다 주는 생활비에 변동이 생기는 것은 당연하다. 하나님께서도 『**네 일상 양식을 감소시키고**』라고 말씀하신다. 아내를 신뢰할 수 없는데 어떻게 모든 가계를 다 맡길 수 있겠는가? 그래도 아내가 잘못을 뉘우치지 않는다면 결국 내쫓는 수밖에 없다. 내쫓되, 네가 지금껏 깔보았지만 오히려 너의 음란한 행위 때문에 자기들이 되레 부끄러워 얼굴이 빨개지고 있는 『**필리스티아인의 딸들**』에게 넘겨주시겠다는 것이다. 이게 무슨 말인가? 아예 창녀촌에 넘겨버리겠다는 뜻이다.

『**네 음란한 행위를 부끄럽게 여기는 필리스티아인의 딸들**』. 필리스티아인은 카슬루힘의 후손들인데, 카슬루힘은 또 미스라임의 여섯째 아들이고, 미스라임은 노아의 둘째 아들 함의 아들이다(창 10장). 그러니까 필리스티아인은 함족이다. 이들은 이집트를 떠나 해안을 따라 북행하여 카나안 땅으로 이주해온 이방 민족으로 당연히 우상 신들을 섬기던 족속이었다. 필리스티아인들은 에돔인들과 모압인들 및 암몬인들과 함께 이스라엘이 가장 미워했고 또 경멸했던 족속이었다. 그들이 이들을 미워했고 또 경멸했던 것은 우상 신들을 섬겼기 때문인데, 그렇게 여기던 필리스티아인의 딸들이 오히려 하나님을 섬기던 유다의 딸들 "예루살렘"을 『**부끄럽게**』 여긴다니, 이것은 견디기 어려운 모욕이지만, 그들이 이들을 미워하고 부끄럽게 여겼던 이유가 『**음란한 행위**』 때문이었다는 데에야 더 할 말이 없다. 우상 신을 섬기던 이방 족속의 여자들이 부끄럽게 여길 정도라면 "예루살렘"의 타락이 얼마나 심각한지를 가늠해 볼 수 있거니와, 필리스티아인의 여자들이 비록 우상 신들을 섬겼을지언정, 이스라엘 여자들처럼 "외도"하지는 않았던 것이다. 그래서 하나님께서는 "예루살렘"을 필리스티아인의 딸들에게 넘겨주겠다고 말씀하신다. 이게 도대체 무슨 뜻인지 아는가? 타락한 그리스도인 여자들을 이슬람교를 믿는 여자들이나 석가모니를 믿는 여승들이나 마귀를 숭배하는 이교도들의 하녀로 전락시켜 그들의 시중을 들게 만들어 버리시겠다는 뜻이다!

『**너는 만족하지 아니하였으므로 앗시리아인들과도 음란한 짓을 행하였으며 정녕 너는 그들과 더불어 행음하고서도 여전히 만족할 수 없었느니라. 너는 또 카나안 땅에서 칼데아까지 네 음행을 더욱더 많이 행하고서도 너는 그것으로 만족하지 못하였도다**』(28,29절). 당신이 하나님께서 에스겔을 통하여 하고 계신 이 말씀을 본문 삼아 종교 통합을 획책하는 자들과 거기에 동조하는 얼간이들, 그리고 그것을 부추기는 모든 뉴에이지 운동가들 및 언론매체들을 상대로 설교한다면, 대단한 명 설교를 할 수 있을 것이다. 26절에서 "예루살렘"은 먼저 지극히 육신적인 그 이웃 이집트인들과 음행을 저질렀다. 그런데 그것으로 『**만족하지 아니하였으므로**』, 이집트와 오랫동안 견원지간이었던 『**앗시리아인들과도 음란한 짓을**』 행하기에 이른다. 이것을 역사적으로 고찰해 보면, 유다의 아하스왕은 『**이스라엘 자손들 앞에서 쫓아내신 이방의 가증함들을 따라 자기 아들로 불을 통과하게**』(왕하 16:3) 하였을 정도로 우상 신 숭배에 극단적으로 푹 빠져 있던 인물이었는데, 시리아와 북이스라엘 연합군이 공격해 왔을 때 힘이 부치자 앗시리아에 구원을 요청하여 시리아의 공격을 막아냈다. 그 뒤 아하스는 앗시리아가 점령하고 있는 시리아의 다마스커스에 갔다가 이번에는 『**다마스커스에 있는 제단을 보고, 그 제단의 양식과 모양을 그 모든 솜씨대로 제사장 우리야에게 보**

내니』(왕하 16:10), 우리야는 아하스가 귀국하기 전에 벌써 이 우상 신의 제단을 완성해 놓는다. 『**왕이 다마스커스에서 돌아와서 그 제단을 보고 그 제단에 나아가 그 위에 제사를 드리더라**』(왕하 16:12). 이것이 『**이집트인들과도 음행을 저질러**』 이미 타락해 있던 여인 "예루살렘"이 또 『**앗시리아인들과도 음란한 짓**』을 행하게 된 경위다. 이로써 서로 숙적 간이었던 이집트와 앗시리아의 서로 다른 우상 신들이 음란한 여인 "예루살렘"과 한 방에서 지내게 된 것이다. 이거야말로 "우리 서로 '사랑'을 나누어요."가 아닐 수 없는 기막힌 장면이다.

자, 로마카톨릭이 그토록 열을 올리는 가운데 진행되고 있는 에큐메니컬 운동을 보자. 본디 이 운동은 소위 "기독교" 내의 분파들, 즉 카톨릭과 개신교가 다시 하나로 통합하자는 운동으로 출발했다. 이 운동은 로마카톨릭보다는 오히려 개신교 쪽에서 먼저 태동하게 되었는데, 1910년의 에딘버러 선교회의를 시발점으로 1948년 세계 교회 협의회(WCC)가 설립됨으로써 본격적으로 가동되기 시작하여 1962년 로마카톨릭 교황 요한 23세가 제2차 바티칸 공회를 소집하고 이른바 "지상의 평화"라는 반성경적인 선언을 발표함으로써 에큐메니컬 운동이 활발해지게 되었다. 여기서 보듯이 이 운동은 원래 "기독교"의 통합 운동으로 출발했다는 점에서 개신교가 로마카톨릭과 음행하기 시작함으로써 『**카나안 땅에서 칼데아까지 네 음행을 더욱더 많이 행하고서도**』(29절) 그것으로 『**만족하지 못**』하고 불교건, 이스람교건, 힌두교건, 가릴 것 없이 세계 모든 종교의 통합운동으로까지 진전되고, 특히 로마카톨릭 측이 여기에 앞장을 섬으로써 『**이집트인들과도 음행**』을 저질렀던 자들이 이번에는 그 숙적들인 『**앗시리아인들과도 음란한 짓**』을 행하기에 이른 것이다. 어쨌거나 이 운동의 기본 정신은 "지상 평화" 건설에 있다는 점에서 세상을 사랑하는 육신적인 자들이 발라암의 교리를 붙들고 전개되는 가운데 "예루살렘"의 음란한 창녀짓을 그대로 재현하고 있는 운동이다. 이에 대해 하나님께서 무어라고 말씀하시는지 다음 구절들을 보라.

『**정녕 너는 그들과 더불어 행음하고서도 여전히 만족할 수 없었느니라. 너는 또 카나안 땅에서 칼데아까지 네 음행을 더욱더 많이 행하고서도 너는 그것으로 만족하지 못하였도다.**』 26절의 『**음란함**』(whoredoms)이나 28절의 『**행음**』(harlot), 그리고 여기 29절의 『**음행**』(fornication)이 모두 같은 범주에 속하는 타락한 성적 "행위"들이다. 『**음란함**』은 성적 타락 행위로 젖어 있는 비윤리적인 생활 전체를 말하고, 『**행음**』은 돈을 받고 몸을 파는 행위 내지 그런 직업적인 창녀들을 찾아가는 행위를 말하며,

『**음행**』이란 타락한 성적 "행위" 자체를 말한다는 점에서 이 모두가 한 줄에 꿰어 있는 단어들인 것이다. 『**음란함**』이건, 『**행음**』이건, 『**음행**』이건, 이것은 사실적이고도 구체적으로 표출되는 적극적인 타락 "행위"이기 때문에 그 영향이 이러한 "행동"을 자행한 장본인 자신에게서 끝나는 게 아니라 그의 남편이나 아내 같은 배우자에게 직접적인 영향이 파급된다는 점에서 다른 범죄와는 판이한 성격을 지닌다. 그래서 성경에서도 가장 결정적인 이혼 사유로 받아들여지는 것이 『**음행**』이다(마 19:9). 바울은 『**음행을 피하라. 사람이 범하는 죄마다 몸 밖에 있지만 음행하는 자는 자기 몸에 죄를 짓는 것이라**』(고전 6:18)라고 음행을 규정한다. 이 구절에서 『**자기 몸**』이란 남편과 아내가 한 몸을 이룬 그 몸을 말한다(마 19:5,6). 다른 범죄 행위들은 이 『**자기 몸**』을 훼손하지는 않지만 『**음행**』이라는 범죄 "행동"만은 남편과 아내가 이루고 있는 그 "한 몸"에 직접적인 손상을 입힌다. 성경은 남편이 이유 없이 아내를 버릴 수 없도록 엄격히 규정하고 있지만, 만약 아내가 음행을 행했다면 그것은 이혼 사유가 된다.

성경에서 이스라엘은 하나님의 "아내"요, 하나님께서는 이스라엘의 "남편"으로 묘사된다. 『**너를 지으신 분이 네 남편이니 만군의 주가 그 이름이며, 너의 구속주, 이스라엘의 거룩한 분이라. 그가 '온 땅의 하나님이라.' 칭함을 받으리라**』(사 54:5). 그러나 하나님의 아내 이스라엘은 이방 신들을 맞아들여 『**행음**』하였고, 우상 신들에게 경배함으로써 『**음행**』을 자행했으며, 그 『**음란함**』이 생활 구석구석에까지 파고들었다. 그런즉 남편이신 하나님께서는 그러한 아내를 버리실 수밖에 없다. 『**너희 어미와 쟁론하고 쟁론하라. 이는 그녀가 내 아내가 아니고 나도 그녀의 남편이 아님이라**』(호 2:2).

물론 이스라엘은 대환란을 거친 후 하나님의 아내로서의 지위를 회복하게 된다. 『**내가 그녀의 입에서 바알들의 이름들을 제거하리니 그들이 다시는 그들의 이름으로 기억됨이 없으리라... 또 내가 너를 내게 영원히 정혼시키리니, 정녕, 내가 너를 의와 공의와 자애와 자비들로 내게 정혼시키리라**』(호 2:17,19).

16:30 주 하나님이 말하노라. 네가 행한 이 모든 일, 즉 오만한 음녀의 행위를 보니 네 마음이 어찌 그리 약한지

31 네가 모든 길 머리에 네 누각을 세우고 모든 거리에다 네 산당을 만들고도 삯을 경멸하니 너는 창녀 같지 않고,

32 마치 자기 남편 대신에 타인들을 끌어들이는 간음하는 아내와 같도다!

33 **그들은 모든 창녀에게 선물들을 주나 너는 네 모든 애인들에게 네 선물들을**
주고 그들에게 삯을 주어 그들로 너의 음란함을 위하여 사방에서 네게 오게
하느니라.
34 **네 음란함에는 다른 여인들과 반대되는 것이 네게 있으니 음란한 짓을 하려**
고 너를 따르는 자가 아무도 없음이며 네가 대가를 받지 않고 대가를 줌이라.
그러므로 네가 다른 음녀들과 반대되는 것이라.

『주 **하나님이 말하노라. 네가 행한 이 모든 일, 즉 오만한 음녀의 행위를 보니 네 마음이 어찌 그리 약한지**』(30절). 음녀일수록 오만한 법이고, 오만할수록 음란하기 마련이다. "오만"은 "음란함"을 감추는 가면이기 때문이다. "음란함"은 자신의 아름다움을 뽐내는 "오만"에서 고개를 들기 때문이다.

『**네 마음이 어찌 그리 약한지**』, 성경은 그 어떤 심리학자도 따라가지 못할 정도로 인간 심리의 움직임 하나하나를 섬세하게 포착한다. 음녀일수록 오만해지는 것은 그녀가 마음이 약하기 때문이다. 음녀에게서 오만의 껍질을 벗겨내면 그 속에 벌거벗고 바들바들 떨고 있는 가련한 여인의 약한 모습이 드러난다. 이것을 숨기기 위해서라도 그녀는 오만의 껍질을 뒤집어쓰고 있어야 하는 것이다. 반면에 마음이 약하기 때문에 자신이 좀 더 아름다워지기를 갈구하고 사실보다 더 아름답다고 상상하게 되며, 그 아름다움의 위력을 시험해 보고 싶어진다. 마음이 약하지 않다면 그런 것 따위에 조금도 신경 쓰지 않는다.

『**네가 모든 길 머리에 네 누각을 세우고 모든 거리에다 네 산당을 만들고도 삯을 경멸하니 너는 창녀 같지 않고, 마치 자기 남편 대신에 타인들을 끌어들이는 간음하는 아내와 같도다!**』(31,32절). 하는 짓은 돈을 받고 몸을 파는 창녀나 영락없이 똑같은데 겉으로는 『**간음하는 아내**』처럼 행동한다. 돈을 받고 몸을 파는 창녀가 여기 하나 있다. 그리고 창녀처럼 음행을 자행하면서도 창녀가 아니라 단순히 『**간음하는 아내**』처럼 행세하는 여자가 여기 또 있다. 이 두 여자를 한자리에 세워놓고 그 중에서 누가 더 가증스러운지 하나를 지목하라면, 당신은 누구에게 손가락을 겨누겠는가?

성경은 『**자기 남편 대신에 타인들을 끌어들이는 간음하는 아내**』를 어떻게 처리할 것인지에 대해 다음과 같이 명령하고 있다. 『**그러나 만일 네가 네 남편 대신 다른 사**

람과 탈선하여, 네 남편 외에 다른 남자와 동침하였으면,'이라고 한 후 제사장은 그 여인에게 저주의 맹세를 하게 하고 그 여인에게 말할지니, '주께서 네 허벅지를 썩게 하고 네 배를 붓게 하실 때, 주께서 너를 네 백성 가운데서 저주와 맹세가 되게 하실 것이라. 저주가 되게 하는 이 물이 네 창자로 들어가서, 네 배를 붓게 하고 네 허벅지를 썩게 하리라' 하면, 그 여인은 '아멘, 아멘' 하고 말할지니라. 그 제사장은 이 저주의 말을 책에다 써서, 그 쓴 물로 그것을 씻겨 내어 그 여인으로 저주를 일으키는 그 쓴 물을 마시게 할지니, 그러면 저주를 일으키는 그 물이 그녀에게로 들어가서 쓰게 되리라』(민 5:20-24).

16:35 그러므로 오 창녀야, 너는 주의 말씀을 들으라.

36 주 하나님이 이같이 말하노라. 이는 너의 더러움이 쏟아져 나오며 네 애인들과 네 가증함의 모든 우상들과 더불어 가진 네 음란한 짓을 통하여 너의 벌거벗음이 드러났고 또 네가 그들에게 주었던 네 자녀들의 피로 드러났기 때문이니

37 보라, 그러므로 내가 네 모든 애인들을 모으리니 네가 더불어 즐겼던 자들과 네가 사랑했던 모든 자들과 네가 미워했던 모든 자들이라. 내가 너를 대적하여 사방에서 그들을 모아 그들에게 너의 벌거벗음을 드러내어 그들로 너의 모든 벌거벗음을 보게 하리라.

38 내가 너를 심판하리니 마치 혼인을 파기하고 피를 흘린 여인이 심판받듯 할 것이며 내가 진노와 질투의 피를 네게 주리라.

39 또 내가 너를 그들의 손에 붙이리니 그들이 너의 누각을 헐고 네 산당들을 파손할 것이요, 그들이 네 옷을 벗기고 너의 아름다운 보석을 취하고, 너를 벌거벗겨 알몸으로 버려 두리라.

40 그들은 또 너를 대적하려고 무리를 데려와서 너를 돌로 치고 칼로 찌르리라.

41 또 그들은 네 집들을 불로 사르며 많은 여인들의 목전에서 네게 심판을 내리리라. 내가 너로 창녀짓을 그치게 할 것이요, 또한 너는 더 이상 삯을 주지 아니하리라.

42 그리하여 내가 너에 대한 나의 진노를 그칠 것이며 내 질투가 네게서 떠나리니 그러면 나는 안정이 되고 더 이상 노하지 아니하리라.

43 이는 네가 어린 시절을 기억하지 못하고 오히려 이 모든 일로 나를 애태우게 하였기 때문이니 보라, 그러므로 나도 네 행위를 네 머리에 돌리리라. 주 하나님이 말하노라. 그리하면 너는 네 모든 가증함들 위에 이 음란함을 행하지 아니하리라.

『**내가 너를 심판하리니 마치 혼인을 파기하고 피를 흘린 여인이 심판받듯 할 것이며 내가 진노와 질투의 피를 네게 주리라**』(38절). 『**피를 흘린 여인**』이란 음란한 여자인 "예루살렘"이 자신들의 어린 자식들을 우상 신 몰렉에게 희생제물로 드려 토펫의 불 속으로 던져 넣은 것을 말한다. "예루살렘"은 자신들의 자식들까지 포함하여 하나님께로부터 받아 누렸던 모든 것들을 이집트인들과 앗시리아인들과 필리스티아인들의 우상 신들에게 갖다 바쳤다. 이에 대해 하나님께서는 "피에는 피"의 원칙에 따라 응징하신다. 구약에서 간음한 여자는 돌로 쳐죽이게 되어 있었다. 역사적으로 보면, 느부캇넷살에게 넘겨주어 죽임을 당하고 포로가 되는 수모를 당하게 하시겠다는 것이었고, 이러한 응징의 예언은 실제로 성취되었고, 지금도 계속되고 있으며, 대환란이 끝날 때까지 지속될 것이다.

『**또 내가 너를 그들의 손에 붙이리니 그들이 너의 누각을 헐고 네 산당들을 파손할 것이요, 그들이 네 옷을 벗기고 너의 아름다운 보석을 취하고, 너를 벌거벗겨 알몸으로 버려 두리라**』(39절). 이렇게 되면 어떤 일이 벌어질까? 하나님께서는 아담 이래로 모든 인간에게 양심이란 것을 주셨다. 하나님께서 인간에게 양심을 주신 까닭은 자신이 죄를 짓고 수치스러운 상황에 빠져 있을 때 하나님을 두려워할 수 있도록 하기 위함이었다. 인간은 누구나 벌거벗겨졌을 때 하나님을 두려워하면서도 그분을 찾게 되거나 적어도 그분께서 찾아와 주시기를 기대하는 법이다. 『**주께서 말씀하시기를 "너희는 내 얼굴을 찾으라." 하셨을 때에 내 마음이 주께 말씀드리기를 "주여, 내가 주의 얼굴을 찾으리이다." 하였나이다. 주의 얼굴을 내게서 숨기지 마시고 주의 종을 노하심으로 버리지 마소서. 주께서 나의 도움이 되셨으니 오 내 구원의** 하나님**이여, 나를 떠나지 마시고 나를 버리지 마소서. 내 아버지와 내 어머니가 나를 버릴 때에도 주께서는 나를 받아 주시리이다**』(시 27:8-10). 그러나 인간의 "이성"과 "지성"에 강조하고 그 가치를 역설하는 자들은 당신으로 하여금 하나님을 두려워하지도, 하나님을 찾으려고도 못하게 만든다.

나는 제2차 세계대전 때 일본군이 미군 포로들을 학대하고 수치심을 주기 위해 벌거벗겨 놓는 것을 사진으로 보았는데, 이런 꼴을 당하는 사람들의 몰골이 처절하기 그지없었다. 그러나 중요한 점은 이런 순간 인간이 하나님의 얼굴을 찾게 된다는 사실이다. 이것은 주 예수 그리스도를 믿고 거듭난 그리스도인이 설사 아니더라도 마찬가지다. 그런 부끄러움과 고통을 당하면서도 하나님의 얼굴을 찾지 못한다면 그의 양심이 단단히 병들어 있다는 증거다. 나는 또 일본군이 포로들을 고문하면서 가죽을 벗겨 죽이는 장면도 사진으로 보았다. 비록 사진이었지만, 나무에 묶인 채 고통으로 일그러진 포로의 얼굴에서 비명 소리가 들려오는 것을 느낄 수 있었고, 그 비명 소리 가운데 하나님을 부르는 소리가 들려오는 듯 했다. 『**그들이 네 옷을 벗기고 너의 아름다운 보석을 취하고, 너를 벌거벗겨 알몸으로 버려 두리라.**』 지금 하나님께서 음란한 "예루살렘"을 이렇게 만들어 놓으시는 까닭은 하나님의 얼굴을 찾고 하나님을 부르는 비명 소리가 그들에게서 들려 오기를 기대하시기 때문이다. 하나님께서는 하다못해 비명 소리로라도 당신이 그분의 이름을 불러 주기를 원하신다.

『**그들은 또 너를 대적하려고 무리를 데려와서 너를 돌로 치고 칼로 찌르리라. 또 그들은 네 집들을 불로 사르며 많은 여인들의 목전에서 네게 심판을 내리리라. 내가 너로 창녀짓을 그치게 할 것이요, 또한 너는 더 이상 삯을 주지 아니하리라**』(40,41절). 죄인들에 대한 하나님의 심판은 바로 여기에 그 궁극적인 목적이 있다. 죄인이 자신의 죄로 말미암아 수치와 고통을 당하고 절망에 빠지게 될 때, 그는 하나님의 얼굴을 찾게 되고 『**창녀짓을 그치게**』 된다. 옷이 벗겨져 알몸으로 적들에게 내던져진 채 돌에 맞고 칼에 찔리며 죽어가고 있는 "예루살렘" 창녀의 모습을 연상하면서 당신은 그들의 입에서 터져 나오는 비명 소리만을 들을 수 있어서는 안된다. 이러한 구절들을 읽으면서 당신은 그들의 비명 소리에 묻어 나오는 또 다른 간절한 음성을 들을 수 있어야 한다. "오, 하나님! 나를 구원하소서!"

『**그들은 또 너를 대적하려고 무리를 데려와서 너를 돌로 치고 칼로 찌르리라. 또 그들은 네 집들을 불로 사르며 많은 여인들의 목전에서 네게 심판을 내리리라.**』 예루살렘은 역사적으로 바빌론의 느부캇넷살에 의하여, 또 A.D. 70년에는 로마의 타이터스에 의하여 이같은 일을 당했다. 그러나 그것으로 다 끝난 것은 물론 아니다. 그들에게는 아직 대환란이라는 더 무서운 고통의 심판이 기다리고 있는 것이다. 그래야만 그들은 진짜로 『**내가 너로 창녀짓을 그치게 할 것이요, 또한 너는 더 이상 삯을 주지**

아니하리라.』는 하나님의 예언이 성취될 수가 있는 것이다.

『**그리하여 내가 너에 대한 나의 진노를 그칠 것이며 내 질투가 네게서 떠나리니 그러면 나는 안정이 되고 더 이상 노하지 아니하리라**』(42절). 어떤 주석자들은 이러한 구절들이 이스라엘에게 하나님의 심판이 철저히 떨어져서 그들이 완전히 파멸해 버려야만 하나님께서 속 시원해지실 정도로 그 진노가 크다는 것을 나타낸다고 설명하는데, 문제는 그 다음에 이어지는 설명이 이상하게 돌아간다는 데에 있다. 그들은 이 구절이 하나님께서 이스라엘에게 철저하게 진노를 퍼부으신 다음에 자신의 질투마저 거두셔서 이스라엘을 영영 떠나 그들의 문제라면 영원히 손을 툭툭 털고 말겠다고 언급하는 것으로 주석해 버리는데, 이렇게 되면 하나님께서는 아주 처절한 복수극만 한바탕 연출하신 다음 칼을 내동댕이치고 그 자리를 떠나고 마시는 셈인데, 그런 하나님이시라면 그 뒷모습에서 당신은 무엇을 보는가? 당신은 하나님께서 그야말로 "상처뿐인 영광"밖에 거두시지 못한 사실상 패자의 모습을 거기서 보게 될 것이다. 이것은 예수 그리스도를 십자가에 매달아 놓은 채 그것을 벽에 걸어 놓고 바라다보면서 측은하여 쯧쯧 혀를 차는 얼간이들과 똑같은 발상이다. 당신의 눈에는 주 예수 그리스도께서 그런 분으로만 비치는가? 당신은 그분이 "불쌍하다"고 여겨지는가?

『**이는 네가 어린 시절을 기억하지 못하고 오히려 이 모든 일로 나를 애태우게 하였기 때문이니 보라, 그러므로 나도 네 행위를 네 머리에 돌리리라. 주 하나님이 말하노라. 그리하면 너는 네 모든 가증함들 위에 이 음란함을 행하지 아니하리라**』(43절). 이 구절은 모든 그리스도인들이 기억하고 있어야 한다. 당신은 거듭나기 전 죄와 죽음 가운데 있던 당신의 옛 모습을 생각해 보고 하나님의 자녀로 거듭난 지금을 비교해 보라. 그런데도 당신은 지금 세상을 사랑하고 세상과 간음하며 하나님과 원수가 되어 하나님을 『**애태우게**』 해드리고 있지는 않은가? 만일 그렇다면 하나님께서는 절대로 애만 태우고 계시는 분이 아니란 것을 기억해 두라. 그분께서는 반드시 『**네 행위를 네 머리에 돌리**』는 분이시다. 왜 그러시는지 모르겠는가? 당신으로 하여금 『**창녀짓을 그치게**』 하고, 하나님께서도 『**안정이 되고 더 이상 노하지 아니**』하시기 위해서다(42절).

16:44 보라, 잠언을 쓰는 자는 누구라도 너에 대하여 이런 잠언을 쓰리니 말하기를

"어미가 그러면 그 딸도 그러하도다." 하리라.

45 너는 자기 남편과 자식들을 싫어하는 네 어미의 딸이요, 너는 자기들 남편들
과 자식들을 싫어하는 네 언니들의 자매라. 너희 어미는 힛인이요, 너희 아비
는 아모리인이라.

46 네 언니는 사마리아니 네 왼편에 거하는 그녀와 그녀의 딸들이요, 네 어린 자
매는 네 오른편에 거하는 소돔과 그녀의 딸들이라.

47 네가 아직 그들의 행위를 따라 행하지 아니하였으며 그들의 가증한 짓들을
따라 행하지 아니하였으나 그것을 아주 작은 것으로 여겨 네 모든 행위에 있
어 네가 그들보다 더 부패하였도다.

48 주 하나님이 말하노라. 내가 살아 있거니와 네 자매 소돔, 즉 그녀와 그녀의
딸들은 너와 네 딸들이 행했던 것처럼 행하지 아니하였도다.

49 보라, 이것이 네 자매 소돔의 죄악이니 자만과 양식의 충분함이라. 게으름의
풍성함이 그녀와 그녀의 딸들 안에 있고 그녀가 가난한 자와 궁핍한 자의 손
에 기운을 돋우어 주지 아니하였도다.

50 또 그들은 교만하였고 내 앞에서 가증한 짓을 행하였기에 내가 잘 보고 그들
을 제거하였느니라.

51 사마리아는 네 죄들의 절반도 범하지 아니하였으나 너는 네 가증한 짓들을
그들보다 많이 행하였고 네가 행한 네 모든 가증함들로 네 자매들을 의롭게
하였도다.

52 네 자매들을 판단했던 너도 그들보다 더 가증하게 범한 네 죄들로 네 자신의
수치를 담당하라. 그들은 너보다 의로우니 정녕 너는 또한 당황하게 되고 네
가 네 자매들을 의롭게 한 것으로 네 수치를 담당할지니라.

지금 이 부분의 구절들은 직접적으로는 여전히 "예루살렘"을 두고 하는 말씀들이다. 16장 전체가 그러하다. 예루살렘은 원래 함족이 살고 있던 이방인들의 도시였다. "예루살렘"을 두고 그 어미가 힛인이고 그 아비가 아모리인이라고 몰아붙인 것은 아주 적절한 표현이었다(3절 참조). 이 성읍에 살고 있는 아모리인들을 위시한 카나안인들이 우상 신들을 섬겼고 20절에서 살펴보았듯이 몰렉의 형상에게 어린아이들을 희생제물로 바치는 이교 신앙이 횡행하고 있었거니와, 타락한 "예루살렘"이 이들의 우상 신들을 받아들여 똑같은 『**음행**』을 자행함으로써 『**자기 남편과 자식들을 싫어하**

는』 여인들로 전락했기 때문에 그 후손들에 대해서도 그러한 『**어미의 딸**』이요, 그러한 『**언니들의 자매**』라고 이 구절은 언급하고 있는 것이다.

『**네 언니는 사마리아니 네 왼편에 거하는 그녀와 그녀의 딸들이요, 네 어린 자매는 네 오른편에 거하는 소돔과 그녀의 딸들이라**』(46절). 예루살렘의 『**왼편**』이라면 북쪽이고 『**오른편**』이라면 남쪽이다. 예루살렘의 성전 전면이 동쪽을 향하고 있기 때문이다.

『**네가 아직 그들의 행위를 따라 행하지 아니하였으며 그들의 가증한 짓들을 따라 행하지 아니하였으나 그것을 아주 작은 것으로 여겨 네 모든 행위에 있어 네가 그들보다 더 부패하였도다**』(47절). 예루살렘의 유다 여인들이 아직은 사마리아 여인들이나 소돔 여인들의 가증한 우상 숭배를 따르지는 않았지만, 이것은 예루살렘이 절대로 덜 타락해서 그런 게 아니라 오히려 반대로 사마리아나 소돔의 여인들보다 더 타락했기 때문에 그랬다. 말하자면 예루살렘 여인들이 자행하고 있던 우상 숭배 행위는 사마리아나 소돔 여인들의 우상 숭배보다 그 가증함이 한술 더 뜬 것이었던 것이다. 더구나 예루살렘이 예루살렘이라는 사실에서 그 가증함이 한층 더 심각하다. 예루살렘은 소돔과는 다른 곳이다. 예루살렘은 사마리아와도 다른 곳이다. 소돔에는 하나님의 성전이 있는 곳이 아니다. 소돔에서는 번제가 드려지는 곳도 아니었다. 소돔에는 다윗의 보좌가 있는 곳도 아니다. 하나님께서 소돔에는 선지자를 보내지도 않으셨다. 소돔은 하나님께로부터 특별히 대우받은 게 하나도 없다. 그러면서도 예루살렘처럼 음란하고 가증한 짓은 하지 않았는데, 그들은 원래부터 섬기던 자신들의 우상 신들을 끝까지 버리지 않았다는 점에서 하나님을 저버린 유다의 여인들보다는 오히려 정조를 지켰으며, 어린아이를 우상에게 희생제물로 드리는 끔찍한 행위는 자행하지 않았다. 이런 일은 롯의 후손들인 암몬인들이 자행했던 짓이고, 오히려 예루살렘이 이런 짓을 배웠다.

이에 반해 예루살렘은 어떤 성읍이었던가? 이곳은 하나님께서 선택하신 도시가 아니던가? 이 도시에서 다윗이 통치했고 솔로몬이 통치하지 않았던가? 여기에는 성전이 있었고, 성전 제단에서 번제가 드려지지 않았던가? 이런 사실들을 감안해 볼 때, 예루살렘의 타락이야말로 하나님께는 소돔의 부패보다 한결 더 심각한 것으로 간주되지 않을 수가 없었던 것이다.

성경에서 "소돔"이라면 부패와 타락, 특히 성적 타락의 대명사가 되는 성읍이다.

그런데 예루살렘 여자들이 소돔의 여자들보다 더 부패하였다니, 도저히 믿어지지 않는다. 그러나 보다시피 성경은 그렇다고 말한다. 『**아, 죄지은 민족이요, 죄악을 짊어진 백성이요, 행악자들의 씨앗이요, 부패한 자손들이여! 그들은 주를 버렸고 그들은 이스라엘의** 거룩한 분을 **성나게 하였으며, 그들은 타락하여 멀리 갔도다.**』(사 1:4) 하고 하나님께서는 이사야를 통하여 탄식하셨다. 『**너희 소돔의 치리자들아, 주의 말씀을 들으라. 너희 고모라의 백성들아, 우리** 하나님**의 법에 귀를 기울이라.**』(사 1:10)라고 이사야는 이스라엘 백성을 향하여 호소한다. 성경은 예루살렘을 영적으로는 "소돔과 이집트"라고 규정하고 있다(계 11:8).

『**사마리아는 네 죄들의 절반도 범하지 아니하였으나 너는 네 가증한 짓들을 그들보다 많이 행하였고 네가 행한 네 모든 가증함들로 네 자매들을 의롭게 하였도다**』(51절). 사마리아는 예루살렘이 범한 『**죄들의 절반도 범하지 아니하였으나**』 앗시리아의 산헤립에 의하여 멸망당하도록 하셨다(왕하 17:5,24).

『**네 자매들을 판단했던 너도 그들보다 더 가증하게 범한 네 죄들로 네 자신의 수치를 담당하라**』(52절). 예루살렘은 소돔과 사마리아가 하나님의 심판을 받고 멸망당했던 것은 하나님을 섬기지 않는 타락한 이방 민족들이기에 당연한 일이라고 생각했다. 그러나 그들보다 더 타락한 예루살렘의 음란한 여자들은 『**그들보다 더 가증하게 범한 네 죄들로 네 자신의 수치를 담당**』하게 될 것을 하나님께서는 선고하신다.

16:53 내가 그들의 사로잡힘, 즉 소돔과 그녀의 딸들의 사로잡힘과 또 사마리아와 그녀의 딸들의 사로잡힘을 다시 데려올 때에 그들 가운데서 네 사로잡힌 자들의 사로잡힘을 다시 데려오리니

54 이는 너로 하여금 네 자신의 수치를 담당하고 네가 행한 모든 일과 네가 그들에게 위로가 된 그 일로 당황하게 하려는 것이라.

55 네 자매들, 소돔과 그녀의 딸들이 그들의 이전 땅으로 돌아가고 사마리아와 그녀의 딸들이 그들의 이전 땅으로 돌아가리니 그때 너와 네 딸들이 너희의 이전 땅으로 돌아오리라.

56 네 교만의 날에 네 자매 소돔을 네 입으로 말하지 아니하였으니

57 이는 네 죄악이 밝혀지기 전 시리아의 딸들과 그녀 주위의 모든 자들, 즉 사
방에서 너를 멸시하는 필리스티아인들의 딸들이 너를 비방하던 때라.
58 네 음란함과 네 가증함들을 네가 담당하였도다. 주가 말하노라.
59 주 하나님이 이같이 말하노라. 네가 언약을 파기함으로 맹세를 멸시하여 행한
대로 내가 너를 다루리라.

『**내가 그들의 사로잡힘, 즉 소돔과 그녀의 딸들의 사로잡힘과 또 사마리아와 그녀의 딸들의 사로잡힘을 다시 데려올 때에 그들 가운데서 네 사로잡힌 자들의 사로잡힘을 다시 데려오리니**』(53절). 예루살렘의 가증한 범죄와 그에 대한 준엄한 응징에도 불구하고 하나님께서는 또 그들의 회복에 대해 언급하시기를 잊지 않으신다. 이 회복은 물론 대환란이 끝난 후 천년왕국 시대에 실현될 것이다. 창세기 18장에서 소돔은 완전히 멸망하고 말았지만, 지금 그곳에 살고 있는 롯의 후손들인 모압인들 역시 회복될 것이다. 『**오 모압아, 네게 화가 있도다! 크모스의 백성이 망하였나니 이는 네 아들들이 사로잡혀갔고, 네 딸들이 사로잡혀갔음이라. 그러나 내가 모압의 사로잡혀 간 자들을 훗날들에 다시 데려오리라. 주가 말하노라. 모압의 심판이 여기까지니라**』(렘 48:46,47). 역사적으로 볼 때, 모압은 아모리인들의 시혼왕에게 사로잡혀 갔었다(민 21:28-30). 물론 이 구절에서 소돔과 사마리아의 회복을 언급하는 것은 복음을 통한 이방인들의 구원과 그들이 받을 천년왕국에서의 유업을 암시한다.

『**이는 너로 하여금 네 자신의 수치를 담당하고 네가 행한 모든 일과 네가 그들에게 위로가 된 그 일로 당황하게 하려는 것이라**』(54절). 하나님께서는 죄에 대한 대가를 반드시 요구하신다. 『**사람이 무엇을 심든지 그대로 거둘 것**』(갈 6:7), 이것이 하나님의 공의다. 『**육신에 심는 자는 육신으로부터 썩은 것을 거두고 성령에 심는 자는 성령으로부터 영생을 거두리라.**』(갈 6:8)는 것, 이것이 하나님의 법이다. 수치를 심었으면 『**수치를 담당**』해야 하는 것이다.

『**네가 그들에게 위로가 된 그 일**』이란 무엇을 말하는가? 예루살렘의 타락상을 보고 그 음란한 행위를 오히려 필리스티아인의 딸들이 부끄럽게 여겼거니와(27절), 그들은 자신들이 증오하는 예루살렘이 그렇게 음란한 짓을 자행하는 것을 보고 얼굴을 붉히면서도 "잘 논다. 하나님의 백성이라는 너희들도 별 수 없구나!" 하고 내심으로는 고소하게 생각했을 게 분명하고, 더구나 그 일로 인해서 예루살렘이 가혹한 형벌에 처해지는 모습을 보고 더욱더 마음속으로 쾌재를 불렀을 터인즉, 이 구절은 바로 이것을 언급하고 있는 것이다. 고통과 시련을 당하는 사람이 다른 사람의 고통과 시련을 목도할 때, 한결 마음에 위로가 되는 법이거니와 더구나 자기가 미워하던 자가 고통을 당하는 것을 보면 속으로 느끼는 위로는 더욱 커진다. 그런가 하면 또 죄를 짓고 나서 갈등에 빠져 있을 때 그 죄에 대한 벌을 받아야만 오히려 속이 편한 법이다. 14:22,23에서는 이것을 언급하고 있었던 것을 우리는 기억한다. 이걸 보면 인간이란 참 묘한 존재다. 살인자가 쫓겨다니다가 경찰에 체포되고 나서 그 심경을 물어 보면, 열이면 열 다 한다는 말이 "이제 마음이 후련하다."는 것이 그들의 정직한 고백이다.

『**네 자매들, 소돔과 그녀의 딸들이 그들의 이전 땅으로 돌아가고 사마리아와 그녀의 딸들이 그들의 이전 땅으로 돌아가리니 그때 너와 네 딸들이 너희의 이전 땅으로 돌아오리라**』(55절). 역시 천년왕국 시대에 이루어질 이스라엘의 회복에 대해 언급한다. 『**소돔과 그녀의 딸들**』, 『**사마리아와 그녀의 딸들**』로 대변되는 이방인들은 주 예수 그리스도를 영접하고 하나님의 자녀가 되면 창세기 1:1 이전의 상태로 돌아가게 될 것이다.

『**네 교만의 날에 네 자매 소돔을 네 입으로 말하지 아니하였으니**』(56절). 예루살렘이 교만에 빠져 하나님을 배반하고 음란한 짓을 자행하고 있으면서도 오히려 『**소돔을 네 입으로 말하지 아니하였으니**』, 즉 소돔 사람들을 오히려 경멸하여 그들을 입에 담는 것조차 수치로 여겨 상대도 하지 않을 정도로 예루살렘은 위선적이었고 그 교만이 가증스러웠음을 지적한다.

『**이는 네 죄악이 밝혀지기 전 시리아의 딸들과 그녀 주위의 모든 자들, 즉 사방에서 너를 멸시하는 필리스티아인들의 딸들이 너를 비방하던 때라**』(56,57절). 하나님을 배반하고 음란한 짓을 자행하던 예루살렘의 위선과 교만이 극에 달하고 있었을 때 아직 하나님의 징벌이 떨어지지 않고 있었는지라, 아직은 이방 민족들에게는 그들의 『**죄악이 밝혀지기 전**』이었지만, 하나님께서는 마침내 시리아와 필리스티아인들을 일으켜 예루살렘을 꾸짖게 되셨다(왕하 16:5,6, 대하 28:18, 사 9:10,11).

『주 **하나님이 이같이 말하노라. 네가 언약을 파기함으로 맹세를 멸시하여 행한 대로 내가 너를 다루리라**』(59절). 이스라엘은 하나님과 언약을 맺은 민족이었다(신 29:12,13). 그러나 이 언약은 이스라엘이 하나님을 배반함으로써 멸시되었고 그들에 의해 파기되었다. 따라서 하나님께서 이에 대해 그들이 행한 대로 보응하겠다고 선언하시는 것은 당연하다.

16:60 그렇지만 나는 너의 어린 시절에 너와 맺은 나의 언약을 기억하며 너에게 한 영원한 언약을 세우리라.

61 그러면 네가 네 자매, 즉 네 언니와 네 동생을 받아들일 때에 너는 네 행위를 기억하고 수치를 느낄 것이라. 내가 그들을 네게 딸들로 줄 것이나 네 언약에 의해서가 아니니라.

62 또 내가 너와 내 언약을 세우리니, 그러면 너는 내가 주인 줄 알 것이니

63 이는 네가 행한 모든 일에 대하여 너를 향해 내가 진정되었을 때 네가 *그 일을* **기억하고 당황하게 되고 네 수치로 인하여 더 이상 네 입을 열지 못하게 하려는 것이라. 주 하나님이 말하노라.**

『**그렇지만 나는 너의 어린 시절에 너와 맺은 나의 언약을 기억하며 너에게 한 영원한 언약을 세우리라**』(60절). 하나님은 정말 대단한 분이시다. 이스라엘은 하나님을 배반했다. 그들은 하나님의 언약을 멸시하고 파기했다. 그들은 모든 것을 기억하지 않았다. 그렇지만 하나님께서는 『**너의 어린 시절에 너와 맺은 나의 언약을 기억**』하고 계실 뿐만 아니라, 그 언약을 토대로 다시 『**한 영원한 언약을 세우리라.**』라고 선포하신다. 하나님께서는 절대로 약속을 어기시는 분이 아니시다. 인간은 절대로 신실하지 않으나 하나님께서는 절대로 신실한 분이시다. 물론 이 언약은 아직 성취되지 않았다. 이것은 천년왕국 시대에서 성취될 일이다(호 2:14-21).

『**그러면 네가 네 자매, 즉 네 언니와 네 동생을 받아들일 때에 너는 네 행위를 기억하고 수치를 느낄 것이라. 내가 그들을 네게 딸들로 줄 것이나 네 언약에 의해서가 아니니라**』(61절). 천년왕국 시대에서 유대인들은 모든 이방인들의 빛이 되고 모든 민족들 가운데서 으뜸이 되어 그들을 구원으로 인도하게 될 것이며 모든 민족들로부터 섬김을 받게 될 것이다(신 28:13). 『**너를 섬기지 아니하는 민족과 나라는 멸망하리니 정녕, 그러한 민족들은 완전히 황폐하리라**』(사 60:12).

이것은 하나님께서 이스라엘과 시내산에서 맺은 언약에 의해서가 아니라 다시 세우시게 될 『**영원한 언약**』에 따른 것이다(60절). 그러나 이스라엘이 다른 민족들을 "낳은 것"은 결코 아니다. 이스라엘은 전혀 아기를 잉태하지도 못했고 낳지도 못했다. 그들은 하나님의 복음을 전파하지 않았고 오히려 거부하고 방해했다. 그런데도 하나님께서는 여기 61절에서 에스겔을 통하여 『**내가 그들을 네게 딸들로 줄 것**』이라고 약속하신다. 이것은 이사야를 통해서도 약속된 바였다(사 54:1-3; 60:1-3).

이때 이스라엘은 사실 지난날들을 기억하며 다른 민족들 앞에서 부끄러워 당황하게 될 것이다. 그러나 성경은 이스라엘이 과거의 수치를 잊게 될 것이라고 말씀한다(사 54:4,5).

우리들 거듭난 하나님의 자녀들은 이미 이렇게 된 사람들이다. 우리들은 이제 지난날의 수치를 기억하지도 않으며 다시는 수치를 당하지도 않고 부끄러움에 처하지도 않고, 두려워할 필요도 없게 된 사람들이다. 주 예수 그리스도께서 갈보리 십자가에서 흘리신 피로 말미암아 우리들은 이미 죄에서 깨끗하게 되었고 하나님의 의를 입고 있는 사람들이다. 우리들은 영적으로는 이미 지금 천상에 앉혀진 사람들이요, 천년왕국 시대에는 실제적으로 유업을 받아 예수 그리스도와 함께 다스릴 사람들이며, 영원 시대에는 새 예루살렘에서 영원토록 주님과 함께 살아갈 사람들이다(갈 4:26-28).

『**이는 네가 행한 모든 일에 대하여 너를 향해 내가 진정되었을 때 네가** *그 일을* **기억하고 당황하게 되고 네 수치로 인하여 더 이상 네 입을 열지 못하게 하려는 것이라. 주 하나님이 말하노라**』(63절). 예수 그리스도께서 재림하시고 다윗의 보좌에 앉으시면 이스라엘은 그분 앞에서 『**당황하게 되고... 입을 열지 못하게**』 될 것이다. 그들은 자신들이 『**행한 모든 일에 대하여**』 생각하게 될 것이고 부끄러워 고개를 들지 못하는 가운데, 그런데도 하나님께서 베푸신 자비와 은총으로 자신들의 눈앞에 펼쳐져 있는 새로운 세계를 바라다보며 깜짝 놀라게 될 것이다. 이것은 그리스도의 심판석 앞에 나아간 모든 그리스도인들 역시 마찬가지일 것이다.

에스겔 17장

17:1 주의 말씀이 내게 임하여 말씀하시니라.
2 인자야, 이스라엘 집에 수수께끼를 내놓고 비유로 고하여
3 말하라. 주 하나님이 이같이 말하노라. 크고 긴 날개와 깃털이 무성하고 다양한 색깔을 갖춘 큰 독수리 한 마리가 레바논으로 가서 가장 높은 백향목 가지를 취하여
4 그 연한 가지들의 끝을 꺾어서 장사하는 땅으로 가져다가 상인들의 성읍에다 두었느니라.

에스겔 17장 1절부터 7절까지는 암스트롱과 "영국 이스라엘파"라는 이단 종파가 붙잡고 늘어지는 구절들인데, 그들은 이 구절들을 근거로 미국과 영국이 성경에서 언급하는 궁극적인 "진짜 이스라엘"이라고 주장하기를 서슴지 않는다. 이들은 이스라엘의 잃어버린 열 지파가 브리튼 섬으로 건너와 영국 왕조를 수립했고, 영국인들이 미 대륙으로 건너가 미국을 세웠기 때문에 미국 또한 이들의 후손이라고 주장한다. 암스트롱은 여기 말고 또 창세기 49장과 신명기 32장, 그리고 에스겔 37:15-19을 근거로 자신의 주장을 뒷받침하려고 애쓴다. 에스겔 37:15-19 부분은 또 조 스미스가 몰몬교를 정당화시키려고 이용하는 구절들이기도 하다.

『홀이 유다에게서 떠나지 않을 것이며 실로가 오실 때까지 입법자가 그의 발 사이에서 떠나지 아니하리니, 그에게 백성의 모임이 있을지어다』(창 49:10). 창세기 49장은 임종을 눈앞에 둔 야곱이 열두 아들들을 모아놓고 그들의 앞날에 대해 실로 장엄한 예언을 해 주고 있는 장인데, 영국의 왕들이 유다의 홀을 이어받은 진정한 왕통이라는 터무니없는 주장을 내세우는 암스트롱의 "영국 이스라엘파"가 바로 이 구절을 이용한다. 유대인들이 B.C. 598년 바빌론에 포로로 사로잡혀감으로써 유다 왕 여호야킴의 아들 코니야(렘 22:24) 이후로 예수 그리스도의 초림 때까지는 다윗의 왕좌는 주인을 잃고 있었거니와, 이 사실을 그대로 수용하면 『**홀이 유다에게서 떠나지 않을 것이며 실로가 오실 때까지 입법자가 그의 발 사이에서 떠나지 아니하리니**』라는 예언이 공수표가 되는 셈이기 때문에 큰 일이라고 생각했던 모양이다. 그래서 그들은 예레미야가 유다 왕국으로부터 야곱의 돌을 몰래 이집트로 옮겨갔고(렘 40-50장) 여기서 다시 왕가의 혈통을 이어받은 공주와 함께 이 야곱의 돌이 영국으로 건너와 영국 왕조의 초석이 되었다고 주장하게 된 것이고, 영국에 살고 있는 자신들이야말로 진짜 이스라엘을 계승하는 후계자라고 주장하기에 이른 것이다. 그러나 이들은 야곱이 죽고 난 뒤 유다 왕국이 수립될 때까지 "홀"이 유다에게서 떠나 있었던 580년간의 공백에 대해서는 아무런 언급도 하지 못한다. 창세기 49장의 이 구절은 유다 지파인 다윗의 손에 "홀"이 일단 쥐어지면 "실로"(예수 그리스도)가 오시기까지 다른 어떤 지파에게도 왕권이 이양되지 않는다는 것을 예언한 것이다.

『**인자야, 이스라엘 집에 수수께끼를 내놓고 비유로 고하여**』(2절). 보통 수수께끼 하면 어렵고 까다로워 머리를 쥐어 짜야 하는 것이지만, 하나님께서 여기서 수수께끼를 내놓으시는 목적은 지극히 평범하다. 하나님께서는 『**이스라엘 집**』의 주의심을 자극하여 자신들이 처해 있는 입장과 처지를 되돌아보게 하시자는 것이다. 말하자면 하나님께서는 지금 『**이스라엘 집**』에게 아주 까다롭고 어려운 수수께끼를 내놓으시고 그에 대한 정답을 당장 찾아낼 수 없도록 하시자는 게 아니라는 얘기다. 솔로몬의 말처럼 모든 기회는 "빠른 자"에게만 오는 것도 아니요, "힘센 자"에게만 오는 것도 아니며, "현명한 자." "명철한 자," "재주 있는 자"에게만 오는 것도 아니므로(전 9:11) 이 수수께끼를 얼마든지 풀 수 있으니 풀어 보라고 제안하시면서, 이스라엘의 처지에 대하여 주의를 환기시키고 계실 따름이다.

『**크고 긴 날개와 깃털이 무성하고 다양한 색깔을 갖춘 큰 독수리 한 마리가 레바논으로 가서 가장 높은 백향목 가지를 취하여**』(3절). 여기서 『**큰 독수리**』는 느부캇넷살의 바빌론을 말한다. 이것은 누구라도 짐작할 수 있는 답이다. 이에 대해서는 약간의 차이는 있지만, 모든 주석자들의 의견이 일치한다. 열왕기하 24장을 보면 분명하다(왕하 24:11,12). 예레미야 48:40에서도 『**그가 독수리처럼 날아와서 모압 위에 그의 날개를 펴리라.**』라고 언급하고 있고, 49:22에서도 『**그가 독수리처럼 올라와서 날며, 그의 날개를 보스라 위에 펼 것이라.**』라고 언급하고 있다.

현재 앗시리아의 유적지에서 발견되는 바빌론의 큰 건물 벽에 이 새가 새겨져 있는 흔적이 남아 있는 것으로 보아 그 당시 독수리가 바빌론을 상징하는 새였다는 사실을 유대인들도 익히 잘 알고 있었을 터인즉, 『**큰 독수리**』라는 말만 듣고도 금방 바빌론을 연상할 수 있었을 것이다. 바빌론이 영토를 넓혀 실로 광대한 국토를 보유했었다는 점에서 『**긴 날개**』를 가진 『**큰 독수리**』였으며, 다른 수많은 민족을 그 광대한 영토 안에 병합함으로써 다양한 민족들과 언어들을 포용하고 있었다는 점에서 『**다양한 색깔**』을 갖춘 『**큰 독수리**』였으며, 부강하였기 때문에 『**깃털이 무성**』하다고 표현되고 있다는 것을 누구라도 쉽게 이해할 수 있다.

영적으로 이 독수리를 미국에 적용할 수가 없는 것은 아니다. 독수리는 미국을 상징하는 새다. 하지만 독수리는 또 독일을 상징하는 새이기도 하고, 머리가 둘 달리기는 했지만 오스트리아나 헝가리 왕국의 문장도 독수리였다는 점에서 주의해야 한다. 하지만 옛 바빌론 이상으로 막강한 영향력과 부강한 힘으로 세계를 지배하고 수많은 민족들과 언어들을 포용하고 있는 현대의 미국이야말로 『**큰 독수리**』가 아닐 수 없는즉, 그 『**큰 독수리**』가 미국을 상징하는 새가 된 것 역시 주목할 만한 일이다. 그러나 그렇다고 해서 오늘의 영국과 미국이 "진짜 이스라엘"이라고 주장하는 것은 지나친 비약이며, 이 독수리가 오늘의 미국을 암시한 것이라고 생각하는 것은 무모한 생각이다.

『**레바논**』은 백향목 같은 목재 산지로 유명한 북부 산악 지대이다. 솔로몬은 여기서 나는 목재로 뗏목을 만들어 지중해로 운반하여 성전과 왕궁을 건축했다(왕상 5:9; 7:2). 그래서 성전이 있는 성읍인 예루살렘을 『**레바논**』이라는 별칭으로 부르기도 했다. 3절에서 예루살렘을 『**레바논**』이라는 별칭으로 부르고 있는 것은 『**큰 독수리**』가 산악 지대에 주로 살면서 출몰하는 것과 어울리기 때문이다.

『**백향목**』은 일종의 삼나무로 1,000년 이상 사는 거목으로서 높이가 60미터에 지름이 5미터가 넘는 것도 있어 큰 건축물을 짓는 데 목재로 많이 이용되는 나무다. 에스겔 31장에서는 앗시리아인을 레바논의 백향목에 비기기도 한다(겔 31:3).

『**가장 높은 백향목 가지**』란 유다 왕과 왕족들 및 고관 신하들을 일컫는데, 바벨론의 느부캇넷살왕에 의하여 포로로 사로잡혀간다. 『**그가 여호야킨을 바벨론으로 잡아갔고, 또 왕의 어머니와 왕의 아내들과 그의 관료들과 그 땅의 권세 있는 자들을 예루살렘에서 바벨론으로 사로잡아갔더라**』(왕하 24:15).

『**그 연한 가지들의 끝을 꺾어서 장사하는 땅으로 가져다가 상인들의 성읍에다 두었느니라**』(4절). 바벨론의 칼데아 지방은 티그리스강과 유프라테스강 및 걸프만을 끼고 있어 다른 나라들과의 교역이 활발하던 곳으로 각처로부터 많은 상인들이 모여들었던 상업의 중심지였다. 이것은 한때 영국이 전 세계 해상권을 장악하고 있었을 때 런던이 세계 무역의 중심지요 금융 도시로서 유명하였던 것과 유사한데, 뉴욕을 중심으로 한 미국 동부 도시들의 상업 발달이 런던과 깊은 관계를 갖고 있었고, 금융의 발달 역시 런던의 금융계 대부 격인 로스차일드가와 관련이 깊다는 점에서 『**장사하는 땅**』을 미국 금융 발달의 모태가 된 영국 런던에 영적으로 적용할 수 있는 가능성에 대한 모종의 암시가 있는 게 아닌가 여겨지기는 하지만, 그러나 이 정도의 암시만으로 영국과 미국이 현대의 "진짜 이스라엘"이라고 주장하는 것은 무리다.

17:5 또한 그는 그 땅의 씨앗을 가져다가 비옥한 밭에다 심었는데 그것을 큰 물가에 심었으니 마치 한 그루의 수양버들처럼 심었느니라.

6 그것이 자라서 작은 키의 퍼지는 포도나무가 되어 그 가지들은 독수리에게로 향하였고 그 뿌리들은 독수리 아래 있었느니라. 그리하여 그것이 포도나무가 되어 큰 가지들을 내고 잔가지들을 내었느니라.

7 또 날개가 크고 깃털이 많은 또 다른 큰 독수리가 있었는데 보라, 이 포도나무는 독수리를 향하여 그 뿌리들을 뻗었고 독수리를 향하여 가지들을 내었는데 이는 그 독수리가 포도가 심긴 밭고랑 가에 물을 주려 함이었느니라.

『**또한 그는 그 땅의 씨앗을 가져다가 비옥한 밭에다 심었는데 그것을 큰 물가에 심었으니 마치 한 그루의 수양버들처럼 심었느니라**』(5절). 이 구절에서 『**그**』는 물론 "큰 독수리"에 비견된 바벨론의 느부캇넷살을 말하고, 『**그 땅**』은 "레바논"이라는 별칭으로 언급되는 예루살렘을 말한다. 느부캇넷살은 예루살렘에서 『**씨앗을 가져다가**』 바빌론의 칼데아 지방 『**비옥한 밭에다 심었는데**』, "영국 이스라엘파" 이단 종파는 이 『**비옥한 밭**』이 바로 영국 브리튼 섬이라고 주장한다.

『**수양버들**』은 시냇가에 자라는 나무로서 가지가 워낙 나긋나긋해서 말 잘 듣는 사람에게 흔히 비견되는데, 바로 시드키야를 말한다. 느부캇넷살의 손으로 왕이 된 시드키야는 바빌론의 비호 하에서 꼭두각시 노릇을 하도록 의도되었던 왕이었기에 마치 『**큰 물가에 심었으니 마치 한 그루의 수양버들처럼**』 심겨진 나무와도 같았다. 그러나 21세에 왕위에 즉위한 그는 치리 9년 만에 바빌론 왕에게 반역하였다가 느부캇넷살에게 타도됨으로써 예루살렘에서의 11년 치리를 마감하였다(왕하 24:20-25:7).

『**그것이 자라서 작은 키의 퍼지는 포도나무가 되어 그 가지들은 독수리에게로 향하였고 그 뿌리들은 독수리 아래 있었느니라. 그리하여 그것이 포도나무가 되어 큰 가지들을 내고 잔가지들을 내었느니라**』(6절). 바빌론의 느부캇넷살에 의하여 시드키야가 봉후로 책봉됨으로써 유다 왕의 권위는 더 이상 『**백향목**』과 같은 거목의 권위를 가질 수가 없게 되었고 『**작은 키의 퍼지는 포도나무**』 신세가 되어 그 기반 자체가 『**독수리 아래**』에 있게 되었고, 매사를 결정할 때 『**독수리에게로 향하**』여 승인을 받아야만 했다. 그러나 느부캇넷살의 권력과 영향력이 워낙 막강하였기 때문에 그에게 비호를 받는 유대 왕 자신은 하기에 따라서는 번성하여 『**큰 가지들**』과 『**잔가지들**』을 낼 수도 있는 자리에 있게 되었다.

『**또 날개가 크고 깃털이 많은 또 다른 큰 독수리가 있었는데 보라, 이 포도나무는 독수리를 향하여 그 뿌리들을 뻗었고 독수리를 향하여 가지들을 내었는데 이는 그 독수리가 포도가 심긴 밭고랑 가에 물을 주려 함이었느니라**』(7절).

여기에 또 다른 『**큰 독수리**』가 등장한다. 3절에서의 『**큰 독수리**』를 영국에 비견한다면, 7절에서의 이 『**다른 큰 독수리**』는 미국에 비견할 수도 있겠다. 그러나 역사적으로는 3절의 『**큰 독수리**』가 바빌론인 데 반하여 7절의 『**다른 큰 독수리**』는 이집트를 말한다. 6절에서 보았듯이 『**포도나무**』는 물론 유다 왕 시드키야를 일컫는다. 시드키야가 이집트를 향하여 『**그 뿌리들을 뻗었고... 가지들을 내었는데**』, 이것은 시드키야가 바빌론의 느부캇넷살왕에게 반역하기 위하여 바빌론과 대적하고 있던 이집트에 추파를 보냈던 역사적 사실과 부합한다. 『**그러나 그가 그의 대사들을 이집트에 보냄으로써 그에게 반역하였으니 이는 그들로 자기에게 말들과 많은 사람들을 주게 하려 함이라.**』고 15절에서도 언급하고 있는데, 이것은 하나님의 뜻에 위배되는 일이었기 때문에 『**그가 번성하겠느냐? 이런 일들을 행한 그가 도피하겠느냐?**』라고 반문하고 있다. 문제는 시드키야왕이 하나님께로 돌이켜 하나님의 도우심을 구하려 하지 않고 또 다른 이방 민족인 이집트에 의존하려고 했던 데에 있었다. 시드키야는 처음부터 하나님께 악한 자였다. 『**그가 여호야킴이 행한 모든 것을 따라 주의 목전에 악을 행하였더라. 예루살렘과 유다에 주의 진노가 임하였으니, 주께서 그들을 그의 앞에서 쫓아내시기까지 시드키야가 바빌론 왕에게 반역하였더라**』(왕하 24:19,20). 왕 자신이 하나님께 악하였기 때문에 제사장들과 백성이 총체적으로 가증한 행위를 자행하게 된 것도 필연적인 결과였다. 『**그가 주 그의 하나님의 목전에 악한 것을 행하여 주의 입으로부터 받아 말하는 선지자 예레미야 앞에서 겸손하지 아니하더라. 그도 자신을 하나님으로 맹세케 하였던 느부캇넷살왕에게 반역하였으나, 그의 목을 굳게 하고 그의 마음을 완고하게 하여 이스라엘의 주 하나님께로 돌이키지 아니하였더라. 또 제사장들의 모든 우두머리와 백성도 이방의 온갖 가증함을 좇아 심히 많이 범죄하여 그분께서 예루살렘에서 거룩하게 하셨던 주의 전을 더럽게 하였더라**』(대하 36:12-14).

17:8 포도나무가 큰 물가 좋은 땅에 심겼으니 이는 그것이 가지들을 내고 열매를 맺으며 아름다운 포도나무가 되게 하려 함이었느니라.
9 너는 말하라. 주 하나님이 이같이 말하노라. 그 포도나무가 번성하겠느냐? 그 독수리가 그 나무의 뿌리를 뽑고 과실을 따서 그 나무로 시들게 하지 않겠느냐? 큰 힘이나 많은 사람이 그것을 뿌리째 뽑지 않을지라도 그 나무가 내는 모든 잎이 마르리라.
10 보라, 그것이 심겨졌으나 번성하겠느냐? 동풍이 그 나무에 닿으면 그것이 완전히 말라 버리지 않겠느냐? 그것이 자란 밭고랑들에서 말라 버리리라.

『**포도나무가 큰 물가 좋은 땅에 심겼으니 이는 그것이 가지들을 내고 열매를 맺으며 아름다운 포도나무가 되게 하려 함이었느니라**』(8절). 이 구절에서도 역시 『**큰 물가 좋은 땅**』을 대서양과 태평양을 끼고 있는 미국에 대한 영적 적용을 가능케 한다.

그러나 실제적으로는 역시 느부갓넷살이 책봉한 유다의 시드키야왕이 진정으로 나라와 백성을 위해서라기보다 자기 개인의 권력을 강화하려는 생각에서 느부갓넷살왕에게 대적하기 위하여 이집트에 원군을 요청함으로써 자기가 『**가지들을 내고 열매를 맺으며 아름다운 포도나무가 되게 하려**』는 책략이었다. 이것은 자기 개인의 영달과 권력 추구에서 나온 쓸데없는 야망에 불과했다.

『**너는 말하라. 주 하나님이 이같이 말하노라. 그 포도나무가 번성하겠느냐? 그 독수리가 그 나무의 뿌리를 뽑고 과실을 따서 그 나무로 시들게 하지 않겠느냐? 큰 힘이나 많은 사람이 그것을 뿌리째 뽑지 않을지라도 그 나무가 내는 모든 잎이 마르리라**』(9절). 예루살렘의 유다 왕 시드키야를 위시하여 제사장들이나 정부 관리들과 백성들 모두에게 지금 문제가 되고 있는 게 무엇인가? 시드키야가 비록 바빌론의 정복자 느부갓넷살왕에 의하여 책봉된 일개 봉후에 지나지 않건만 오히려 그에 반발하여 적에게 대적하고자 시도하였고 또 그런 시도를 성사시키기 위해서 바빌론과 반목하고 있는 이집트와 손을 잡으려고 하는 참이다. 여기에 무슨 문제가 있는 것일까? 하나님께서 보시기에 여기에는 적어도 세 가지 문제점들이 있었다.

첫째, 이스라엘이 바빌론에 의하여 초토화된 원인을 알아야 한다. 우리는 지금까지 에스겔을 읽어 내려오는 동안 하나님께서 에스겔 선지자를 통하여 이스라엘 백성에게 누누이 기근과 전염병과 칼로 심판하시겠다고 경고해 왔음을 보아 왔다. 이스라엘은 하나님을 버리고 이교도들의 이방 신들을 받아들여 우상들을 섬김으로써 하나님께 가중한 범죄를 자행했다. 따라서 그들은 하나님의 심판을 모면할 수가 없게 되었거니와, 하나님께서는 일차적으로 바빌론의 느부갓넷살을 이용하여 그 심판을 이스라엘에게 내리시고자 하신다. 이런 점에서 바빌론의 느부갓넷살은 자신도 모르게 하나님의 뜻을 집행하고 있는 일꾼인 셈이다. 이스라엘은 최소한 이것을 깨달아야 했고, 하나님께 돌이켜 회개하고 용서를 구해야만 했다. 그러나 예루살렘의 왕으로부터 시작하여 백성에 이르기까지 누구 하나 하나님께 용서를 구하는 자가 없다. 그리고 시드키야왕은 자신을 책봉해준 느부갓넷살의 은혜를 저버리고 또 다른 『**큰 독수리**』 이집트를 끌어들임으로써 오히려 반역을 도모하였다. 이것은 느부갓넷살에 대한 배은망덕일 뿐만 아니라 하나님께 대한 모반이기도 했다. 이것이 두 번째 문제점이었다. 셋째, 시드키야가 모반을 꾀하는 것은 백성을 위한 것이 아니라 자신의 영달과 권력을 공고히 하기 위함이었다. 그는 정식으로 승계된 유다의 정통적인 왕이 아니라 바빌론에 의해 책봉된 꼭두각시인 셈이었는데, 오히려 바빌론에게 반기를 듦으로써 왕권에 대한 정통성을 세워보고자 하는 개인적인 야망에 의해서 움직이고 있는 것이다. 이것은 일종의 정치적 부도덕이었고, 하나님께서 그것을 내버려두실 리가 없다. 그래서 하나님께서 여기 9절에서 『**그 포도나무가 번성하겠느냐?**』라고 힐난하고 계신 것이고, 『**그 독수리가 그 나무의 뿌리를 뽑고 과실을 따서 그 나무로 시들게 하지 않겠느냐?**』라고 시드키야의 머지않은 멸망을 예언하고 계신 것이다.

시드키야가 이집트 군대와 동맹을 맺고 바빌론에 대적해 온다 할지라도 바빌론은 『**큰 힘이나 많은 사람**』을 보내지 않고 극히 일부 군사력만 가지고도 그 동맹군을 격파하고 시드키야를 뿌리째 뽑아버릴 수 있을 것이다. 어째서 그런가? 그것이 하나님의 뜻이기 때문이다. 모든 전쟁은 하나님께서 일으키신 것이다. 아무리 막강한 군사력을 갖고 있다 할지라도 하나님께서 대적하시면 승리할 수가 없고, 아무리 약하다 할지라도 하나님께서 싸우시면 승리할 수가 있는 것이 곧 전쟁이다. 지금 예루살렘과 이스라엘 백성은 하나님께서 도우시는 게 아니라 오히려 하나님께서 대적하고 계신다. 지금 하나님께서는 오히려 바빌론의 느부캇넷살왕 편에 서 계신 것이다. 그리고 하나님께서는 지금 한 백성에게 내리시는 심판을 통하여 그 자체가 갖는 교훈뿐만 아니라 미래의 어떤 그림을 모형으로 보여 주고 계신 것이다.

『**보라, 그것이 심겨졌으나 번성하겠느냐? 동풍이 그 나무에 닿으면 그것이 완전히 말라 버리지 않겠느냐? 그것이 자란 밭고랑들에서 말라 버리리라**』(10절). 팔레스타인 땅에서 『**동풍**』은 농작물에 치명적이다. 물론 여기서 『**동풍**』은 바빌론을 의미한다. 바빌론은 실제로 이스라엘 북동쪽에 위치하고 있었다. 이 『**동풍**』이 한번 불어닥치면 『**포도나무**』인 시드키야왕은 그것으로 끝장이다.

17:11 또 주의 말씀이 나에게 임하여 말씀하시니라.
12 이제 반역하는 집에 말하라. 너희는 이것들이 무엇을 의미하는지 알지 못하느냐? 그들에게 이르라. 보라, 바빌론 왕이 예루살렘에 와서 왕과 그 고관들을 잡아 그들을 왕과 함께 바빌론으로 끌어가고
13 왕의 씨 중에서 한 사람을 취하여 더불어 언약을 맺고 그에게서 맹세를 받아 내었으며 또한 그가 그 땅의 힘센 자들을 데려갔으니

14 이는 그 왕국을 낮추어서 스스로 서지 못하게 하려 함이며 오직 그의 언약을 지킴으로써만 서게 하려 함이라.

자, 2절에서 어렵지도 않은 평범한 "수수께끼"를 내신 하나님께서 이제 그 해답을 스스로 설명해 주신다. 본문이 말하고 있는 그대로 바빌론 왕이 여코냐(여호야킨왕)와 그 신하들을 사로잡아가고, 대신 그의 부왕 여호야킴의 아우 시드키야를 유다의 새로운 왕으로 책봉했던 것을 말한다. 3절과 4절에서 언급된 "수수께끼"가 바로 이것이었다.

17:15 그러나 그가 그의 대사들을 이집트에 보냄으로써 그에게 반역하였으니 이는 그들로 자기에게 말들과 많은 사람들을 주게 하려 함이라. 그가 번성하겠느냐? 이런 일들을 행한 그가 도피하겠느냐? 그가 언약을 위반하고서도 구제되겠느냐?

16 주 하나님이 말하노라. 내가 살아 있는 한 그가 그의 맹세를 멸시하고 그의 언약을 위반하였으니 그를 왕 되게 한 왕이 거하는 곳에서, 즉 바빌론 가운데서 왕과 더불어 반드시 죽으리라.

17 많은 사람들을 베어 버리려고 토루들을 쌓고 나무 운제들을 세움으로써 파라오가 그의 막강한 군대와 큰 무리로도 전쟁에서 그를 도와주지 못하리라.

18 보라, 그가 그의 손을 뻗쳐 이 모든 일을 행하였을 때 언약을 위반함으로써 맹세를 멸시하였음을 보나니 그가 피하지 못하리라.

19 그러므로 주 하나님이 말하노라. 내가 살아 있는 한, 그가 나의 맹세를 분명히 멸시하였고 그가 내 언약을 위반하였으니, 내가 그의 머리에다 그것을 갚으리라.

20 또 내가 그에게 내 그물을 펼쳐서 그가 내 올무에 걸리게 할 것이요, 내가 그를 바빌론으로 데려가서 그가 나를 거슬러 범한 그의 죄과에 대하여 거기서 그와 더불어 변론하리라.

21 또 그의 모든 군대와 함께한 그의 모든 도망자들은 칼에 쓰러질 것이며 남은 자들은 사방으로 흩어지리라. 그러면 너희는 나 주가 말하였던 것을 알리라.

『그러나 그가 그의 대사들을 이집트에 보냄으로써 그에게 반역하였으니』(15절). 시드키야는 느부캇넷살왕에게 반역했다. 그래서 **『번성』**할 수도, **『도피』**할 수도 없었고, **『구제』**되지도 못했다. 이에 대한 역사적 사실은 예레미야 52장에 소상하게 기록돼 있다. 시드키야왕 치리 제구년에 바빌론의 느부캇넷살왕이 예루살렘을 치러 와서 그 성읍을 향해 진을 치고 성읍 주위에 보루들을 쌓아 포위 작전을 폈다. 그리하여 예루살렘 성읍이 심한 기근으로 시달리게 되었고 **『그 땅의 백성에게 아무 양식이 없었더라.』**라고 성경은 전한다. 마침내 예루살렘 성읍이 부서지고 시드키야왕은 성읍을 빠져나가 도주하지만 뒤쫓아오는 칼데아인들의 군대에게 여리코 평지에서 붙잡히고 만다. 그러자 그를 따르던 유다 군대가 뿔뿔이 흩어지고 만다. **『그리하여 그들이 왕을 잡아... 바빌론 왕이 그에게 판결을 내리더라. 바빌론 왕이 시드키야의 목전에서 그의 아들들을 죽이고... 시드키야의 두 눈을 빼고 그를 사슬에 묶어 바빌론으로 끌고 가서 그가 죽는 날까지 감옥에 두었더라』**(렘 52:9-11).

『그가 그의 대사들을 이집트에 보냄으로써... 자기에게 말들과 많은 사람들을 주게 하려 함이라.』 시드키야는 느부캇넷살에게 반역하기 위해 이집트로부터 기병대의 지원을 요청한다. 이것이 바로 7절에서 언급되는 **『수수께끼』**의 내용이었다. **『또 다른 큰 독수리』**(7절)는 바로 이집트를 의미한 것이었다. 이처럼 성경은 성경이 해석해 준다. 그런데도 어떤 사람들은 성경을 제대로 읽지도 않으면서 제멋대로 사사롭게 "자기 의견"만을 내세운다. 이런 자들에게 성경은 있으나마나다.

이스라엘 백성은 말을 기르고 크게 번식시키는 것이 금지되어 있었다. **『그러나 왕은 스스로 말들을 많이 번식시키지 말 것이며 그가 말을 번식시킬 목적으로 그 백성을 이집트로 돌려보내지 말지니...』**(신 17:16) 이스라엘이 좋은 말들을 크게 번식시키자면 이집트의 도움이 필요했다. 그래서 말을 번식시키고 기병대를 육성하자면 이집트에 손을 내밀고 그들로부터 기술을 배우고 좋은 종자를 도입해야만 했다. 그러나 하나님께서는 이스라엘이 어떤 목적으로도 이집트로 돌아가는 것을 엄격히 금지하셨는데, 이것은 거듭난 그리스도인들이 세상으로 되돌아가는 것을 금지하고 있는 것에 대한 하나의 모형이기도 했다. 이집트는 성경에서 세상의 예표가 되고 있다. **『그 백성을 이집트로 돌려보내지 말지니, 이는 주께서 너희에게 말씀하시기를, "너희가 이제부터는 그 길로 다시 돌아가지 말라."고 하셨기 때문이라』**(신 17:16, 사 31:1-3 참조).

『주 **하나님이 말하노라. 내가 살아 있는 한 그가 그의 맹세를 멸시하고 그의 언약을 위반하였으니 그를 왕 되게 한 왕이 거하는 곳에서, 즉 바빌론 가운데서 왕과 더불어 반드시 죽으리라**』(16절). 위에서 인용한 예레미야 52장의 역사적 사건들은 이 16절의 예언의 성취였다. 이 예언들이 문자 그대로 성취되었던 기록은 역대기하 36장에서도 재확인된다. 『**예레미야의 입을 통한 주의 말씀이 이루어져 땅이 안식하였으니 땅이 황폐한 동안 안식년을 지켜 칠십 년을 채웠더라**』(대하 36:21).

『**많은 사람들을 베어 버리려고 토루들을 쌓고 나무 운제들을 세움으로써 파라오가 그의 막강한 군대와 큰 무리로도 전쟁에서 그를 도와주지 못하리라**』(17절). 이 당시 시드키야와 동맹을 맺고 바빌론에 대들었던 이집트의 파라오는 "호프라왕"이었다(렘 44:30). 그가 비록 『**막강한 군대와 큰 무리**』를 이끌고 와서 시드키야를 도와 바빌론에 대항하려 하지만, 실제적으로 전쟁에서 그를 도와주지 못한다. 하나님께서 이스라엘을 벌하시기로 작정하신 의도를 그 누구도 꺾을 수가 없었던 것이다.

『**토루들을 쌓고 나무 운제들을 세움으로써**』. 어떤 주석자들은 『**토루**』와 『**운제**』를 시드키야를 도우러 왔던 이집트 왕 파라오가 쌓은 것이라고 설명하지만, 원래 『**토루**』(forts)와 『**운제**』(mounts)는 방어 장비라기보다는 성을 포위 공격하는 군대가 성벽을 돌파하기 위해서 쌓는 공격 장비들이란 점에서 오히려 바빌론 군대가 쌓은 것으로 보아야 마땅하다. 이것은 이미 4장에서 예언된 사실 그대로였다. 4:1,2에서 하나님께서는 에스겔 선지자에게 기왓장에 예루살렘의 모형과 그 성읍이 바빌론 군대에게 온통 포위된 모습을 그려 넣도록 지시하시는 가운데 바빌론 군대가 『**토루**』, 『**운제**』, 『**망치**』 등으로 무장하고 공격해 올 것을 이미 예고해 놓으셨다.

『**그러므로 주 하나님이 말하노라. 내가 살아 있는 한, 그가 나의 맹세를 분명히 멸시하였고 그가 내 언약을 위반하였으니, 내가 그의 머리에다 그것을 갚으리라**』(19절). 시드키야가 바빌론의 느부캇넷살과 맺은 언약과 충성 맹세는 곧 하나님께 한 맹세였고 하나님과 맺은 언약이었음을 분명히 밝힌다. 하나님께서는 약속을 어기는 것을 극히 싫어하시고 위약에 대해서는 반드시 응징하시는 분이시다. 민수기 30장은 그 전체가 이른바 "서원의 법"에 대해 다루고 있는 장인데, 가령 『**어떤 남자가 주께 서원하였거나, 자기 혼을 속박으로 묶기 위해 맹세하였거든, 그는 자기 말을 파기하지**

말고 자기 입에서 나온 오든 것에 따라 행할지니라.』(민 30:2)라고 명령하고 있는 것 등이 그 한 예이다.

결국 하나님께서는 그를 바빌론으로 잡아가 재판하고 판결을 내림으로써(렘 52:9) "그와 더불어 변론"하신다(20절). 예루살렘은 바빌론의 칼날에 완전히 괴멸되고(21절), 남은 자들은 사방으로 흩어지게 된다(21절). 이것은 비단 괴멸된 예루살렘 성읍으로부터의 도주만을 의미하는 게 아니다. 이스라엘 민족은 이 이후로 문자 그대로 전 세계 "사방으로" 흩어지게 되었다. 이들은 예수 그리스도께서 재림하셔서 예루살렘 동편으로부터 성전 안으로 입성하시고 다윗의 보좌에 앉게 되실 때에야 그 "사방에서" 다시 불려 모아질 것이다(막 13:24-27).

유대인들을 온 세상 이방 민족들에게로 흩어놓으시겠다는 하나님의 결의는 결국 바빌론의 느부캇넷살왕에 의하여 시작된 것이다. 그들은 북쪽으로는 멀리 러시아까지, 동쪽으로는 시리아와 아랍지역으로, 그리고 멀리 중국의 상하이까지, 서쪽으로는 이태리와 스페인, 그리고 독일과 프랑스와 영국 등 유럽 전역과 미국까지, 그리고 남쪽으로는 아프리카에 이르기까지 그야말로 『**사방으로**』 흩어지게 되었다.

17:22 주 하나님이 이같이 말하노라. 내가 또한 키가 큰 백향목에서 가장 높은 가지
를 취하여 심을 것이요, 내가 그 어린 가지들 꼭대기에서 연한 가지를 꺾어
놓고 우뚝 솟은 산에 심으리라.
23 이스라엘의 높은 산에 내가 그것을 심으리니 그 나무가 가지들을 내고 열매
를 맺으며, 아름다운 백향목이 될 것이요, 그 아래 각 날개의 모든 새가 거할
것이며, 그 가지들의 그늘 속에 그들이 거하리라.
24 들의 모든 나무들은 나 주가 높은 나무를 낮게 낮췄고 낮은 나무를 높였으며
푸른 나무를 마르게 했고 마른 나무를 무성케 한 줄 알리라. 나 주가 그것을
말하고 행하였느니라.

22절은 다윗의 보좌에 앉으실 메시아의 출현을 예고하고 있다. 처음에 "큰 백향목에서 가장 높은 가지를 취했던" 자는 바빌론의 느부캇넷살이었다(3,4절). 그때는 비록 백향목의 가장 높은 가지였지만, 느부캇넷살이 심었을 때 "수양버들"과 같이 되었던 자는 시드키야왕이었다. 그런데 여기 22절에서 하나님께서는 다시 『**내가 또한 키가 큰 백향목에서 가장 높은 가지를 취하여 심을 것이요**』라고 말씀하신다. 여기서 느부캇넷살이 취했던 시드키야가 적그리스도의 예표였다면, 하나님께서 다시 취하실 "가장 높은 가지"는 곧 예수 그리스도, 그분이시다. 예수 그리스도는 구약에서 『**싹**』이나 『**가지**』로 종종 언급된다(사 11:1; 53:2, 슥 3:8; 6:12, 렘 33:15).

하나님께서는 가장 높은 이 『**가지**』를 취하셔서 『**높고 우뚝 솟은 산**』에 심으시겠다고 예고하신다(22절). 이것은 사무엘하 7:9-14나 역대기상 17:7-14, 또는 시편 89편에서 언급되는 이른바 위대한 "다윗의 언약"을 환기시키는 말씀이다. 주 예수 그리스도께서 재림하셔서 천년왕국을 세우실 때 그분께서는 『**지상의 왕들보다 더 높게**』(시 89:27) 되실 것이요, 『**그의 보좌가 영원히 견고하게**』(대상 17:14) 되실 것이다.

『**이스라엘의 높은 산에 내가 그것을 심으리니 그 나무가 가지들을 내고 열매를 맺으며, 아름다운 백향목이 될 것이요, 그 아래 각 날개의 모든 새가 거할 것이며, 그 가지들의 그늘 속에 그들이 거하리라**』(23절). 이것은 예수 그리스도께서 다윗의 보좌에 앉아 통치하시는 천년왕국 시대의 그림이다. 『**이스라엘의 높은 산**』이란 성경에서 흔히 주님께서 계시는 거룩한 "시온 산"으로 표현된다(시 2:6; 9:11).

『**들의 모든 나무들은 나 주가 높은 나무를 낮게 낮추고 낮은 나무를 높여 주며 푸른 나무를 마르게 하고 마른 나무를 무성케 하는 줄 알리라**』(24절). 『**높은 나무**』란 시드키야로 예표되는 적그리스도를 말하고, 『**낮은 나무**』는 예수 그리스도를 말한다.

구약에서 "푸른 나무"는 흔히 우상 숭배와 관련된 나쁜 뜻으로 많이 사용되며(사 57:5, 렘 2:20, 신 12:2), 또 시편 37:35,36에서는 적그리스도를 『**푸른 월계수**』에 빗대고 있다.

그러나 여기 에스겔 17:24에서는 그런 뜻으로 사용된 게 아니라 오히려 『**푸른 나무**』가 예수 그리스도와, 그리고 『**마른 나무**』가 적그리스도와 연관된다. 그렇게 되면 『**푸른 나무를 마르게 하고 마른 나무를 무성케**』 한다는 것은, 하나님께서 예수 그리스도를 이 땅에 보내시겠으나 갈보리의 십자가에 달려 죽으시게 하실 것이요, 그 다음에는 장차 적그리스도가 나타나 이스라엘에게 극심한 고통을 주는 가운데 극성을 부리도록 하시겠다는 말씀이다.

이와 같은 사용 예로 대표적인 곳이 누가복음 23장이다. 『**그들이 푸른 나무에 이렇**

게 행한 것을 보면 마른 나무에는 무슨 일이 일어나겠느냐?』(31절) 이 말씀은 예수님께서 골고다로 가는 길에서 따라오며 우는 여인들에게 『**예루살렘의 딸들아, 나를 위하여 울지 말고 너희와 너희 자녀를 위하여 울라.』**(눅 23:28)라고 하시면서 하신 말씀이다. 여기서 "예루살렘의 딸들아" 하고 부르시는 장면이 마치 에스겔 16장의 장면들을 연상케 하는데, 주님께서도 『**보라, 그 날이 오면**』, 즉 대환란이 닥치면, 『**그들이 말하기를 '잉태할 수 없는 자와 아이를 낳아 본 적이 없는 태와 빨려 본 적이 없는 젖이 복이 있도다.' 하리라.』**(눅 23:29)라고 말씀하시는 것이다. 『**그때 사람들이 산에게 '우리 위에 무너져 내리라.' 하며, 또 언덕에게 '우리를 덮으라.'고 말하기 시작하리라.』**(눅 23:30)라고 하시는 말씀은 영락없는 대환란의 예언이었다(계 6:16,17).

이처럼 대환란을 예고하시면서 주님께서는 『**그들이 푸른 나무에 이렇게 행한 것을 보면 마른 나무에는 무슨 일이 일어나겠느냐?』**라고 말씀하시는 것인데, 이때 "푸른 나무"는 초림 때 자기들의 땅에 잘 있는 이스라엘을 말하고, "마른 나무"는 재림 직전 적그리스도의 통치 하에서 고난당하는 이스라엘을 말한다. 그래서 이 말씀은 "메시아 왕이신 예수 그리스도께서 유대인들과 함께 계신 동안에도 그들이 이렇게 행하거늘, 그분이 함께 계시지 않는 가운데 적그리스도가 세상을 휩쓸고 있는 동안에는 얼마나 더 끔찍한 일들이 자행되겠느냐?" 하는 것이다. 그래서 여기 에스겔 17장의 "푸른 나무"와 "마른 나무"는 바로 누가복음 23장에서의 경우와 같은 의미로 사용된 것이다.

『**나 주가 말하고 그것을 행하였느니라**』(24절). 예수 그리스도께서 이 땅에 오시려면 아직도 600년을 더 기다려야 한다. 그런데도 하나님께서는 여기서 『**행하였느니라.』**고 과거시제로 말씀하신다. 이처럼 성경은 "미래"를 예언하면서도 마치 "과거"의 역사인 것처럼 말씀한다. 이 세상에서 미래의 역사를 기술하고 있는 책은 오직 성경뿐이다. 이 세상에 그 어떤 책도 감히 미래의 역사를 기록하지는 못한다. 이것은 오직 하나님께서만 하실 수 있는 일이다.

에스겔 18장

18:1 주의 말씀이 다시 내게 임하여 말씀하시니라.

2 너희가 이스라엘의 땅에 관하여 이 잠언을 들어 말하기를 "아비가 신 포도를 먹었더니 그 자식들의 이가 시큰거린다."고 한 것이 무슨 뜻이냐?

3 주 하나님이 말하노라. 내가 살아 있는 한 너희에게는 이스라엘에서 이 잠언을 쓸 경우가 다시는 없으리라.

4 보라, 모든 혼들은 내 것이라. 아비의 혼이 그렇듯이 자식의 혼도 내 것이라. 범죄하는 혼은 죽으리라.

이 당시 이스라엘 백성들 사이에서는 『**아비가 신 포도를 먹었더니 그 자식들의 이가 시큰거린다.**』라는 속담이 꽤나 유행했던 모양이다. 말하자면 자신들에게 닥친 모든 불행과 악운들을 "조상 탓"으로 돌리고 있었던 것이다. 인간에게는 본디 자신의 잘못을 다른 사람에게 돌리는 아주 못된 습성이 뿌리 깊게 박혀 있다. 이것은 인류의 조상 아담과 이브 때부터 그랬다. 『...**내가 네게 먹지 말라고 명령했던 그 나무의 과실을 네가 먹었느냐?" 하시니, 그 남자가 말하기를 "하나님께서 나와 함께 있도록 주신 그 여자가 그 나무의 열매를 내게 주기에, 내가 먹었나이다." 하더라. 주** 하나님께서 **여자에게 말씀하시기를 "네가 행한 이 일이 어찌된 것이냐?" 하시니, 그 여자가 말하기를 "그 뱀이 나를 속여, 내가 먹었나이다." 하더라**』(창 3:11-13). 이러한 잘못된 세상 풍조는 예레미야 31장에서도 간접적으로 지적되고 있다. 『**그 날들에 그들은 "아비**

들이 신 포도를 먹어 그 자녀들의 이가 시큰거린다."고 다시 말하지 아니하리라』(렘 31:29). 말하자면 천년왕국이 펼쳐지고 이스라엘이 회복될 때, 자신들이 입에 달고 다녔던 이 속담이 옳지 않았었구나 하는 것을 깨닫게 되리라는 것이다. 아비가 신 포도를 먹었다면 아비의 이가 시큰거려야지 어째서 자식의 이가 시큰거린단 말인가? 자식이 단 사탕을 많이 먹었으니 자식의 이빨에 충치가 생겨 썩는 게 당연하지 어째서 그 부모의 이가 썩는단 말인가? 하나님께서는 그래서 지금 이게 『**무슨 뜻이냐**?』라고 추궁하시는 것이다.

『주 **하나님이 말하노라. 내가 살아 있는 한 너희에게는 이스라엘에서 이 잠언을 쓸 경우가 다시는 없으리라**』(3절). 이 말씀이 바로 위에 인용했던 예레미야 31:29의 내용이다. 『**그러나 각자가 자기 자신의 죄악으로 인해 죽으리니 신 포도를 먹은 자마다 그의 이가 시큰거리리라**』(렘 31:30). 이 말을 뒤집어서 말한다면, "신 포도를 먹지 아니한 자는 그의 이가 시큰거리지 아니할 터인즉, 마찬가지로 각자가 죄를 짓지 아니하면 각자가 죽지 않으리라."는 뜻이 된다.

근대 형법이 확립되기 전 형사책임의 개별화 원칙이 미처 채택되지 않았던 과거에는 소위 "연좌제"라는 것이 있어 어떤 사람이 중한 죄를 지면 그와 관련이 있는 친족(경우에 따라서는 3족)에게까지 죄를 묻는 억울한 제도가 적용되고 있었다. 이런 시대였다면 이 속담이 틀린 말이 아니었으리라. 그러나 하나님께서는 『**이스라엘에서 이 잠언을 쓸 경우가 다시는 없으리라.**』라고 예고하신다. 잘못된 모든 것이 바로잡히는 시대가 오리라는 것이다. 그것은 예수 그리스도께서 이 땅에 다시 오셔야 가능해진다. 주님께서 오셔서 이 땅을 바로잡으시기 전에는 인간 세상은 온갖 모순과 오류와 불의와 비합리와 비진리로 가득 차 있을 수밖에 없는데, 그 이유는 아주 간단하다. 이 세상의 통치자가 마귀이기 때문이요(요 14:30), 이 세상의 신도 마귀이기 때문이다(고후 4:4).

소위 "조상의 저주"를 떠벌리는 오순절파 은사주의자들은 빈번히 출애굽기 20:5,6을 즐겨 인용한다. 『**너는 그것들에게 절하지 말고 그것들을 섬기지 말지니라. 이는 나 주 너의** 하나님은 **질투하는** 하나님**이니, 나를 미워하는 자들의 삼사 대까지, 그 조상들의 죄악을 그 자손들에게 미치게 하고 나를 사랑하고 나의 계명들을 지키는 자들에게는 수천 대까지 자비를 베푸느니라.**』 여기서 『**너**』는 이스라엘 백성을 말한다. 다시 말해서 하나님께서는 이스라엘을 백성 단위로 묶어 그 민족 집단을 대상으로 우상 숭배를 금지하는 율법을 주시고 이스라엘 백성을 상대로 『**너희는 나에게 제사장들의 왕국이 되며 거룩한 민족이 되리라.**』(출 19:6)라고 말씀하신다. 이런 민족이 하나님을 미워하고 우상 신들을 섬기게 된다면 그 죄악이 후손들에게까지 미치게 되리라고 경고하고 계신 것이다. 이 민족에 속해 있는 유대인 "개인"들이 이러한 율법을 어겼을 때, 하나님께서는 물론 그 개인에게도 죄를 물으시고, 그에 대한 응징을 얼마든지 이스라엘 후손들에게까지 미치게 하실 수는 있겠지만, 지금 여기서 이것이 문제의 핵심이 되고 있는 것은 아니다. 지금 하나님께서는 이스라엘 "민족"에게 율법을 주고 계신 것이고, 그것을 어겼을 때 그 "민족"에게 일어나게 될 일에 대해 경고를 하시는 것이다.

사실 이 경고는 단순한 경고로 끝난 게 아니다. 이스라엘 민족은 우상 신들을 섬겼고, 하나님을 저버렸으며, 그에 대한 하나님의 민족적 응징은 아직까지도 계속되고 있는 중이다. 이렇게 볼 때, 이스라엘 민족은 아닌 게 아니라 "조상의 저주" 아래에 있는 셈이다. 그러나 그들이 저주 아래에 있는 것은 단순히 조상들의 탓이 아니라 조상들 이래로 지금까지 대대손손 계속적으로 민족적 범죄를 자행하며 그 죄악을 누적해 오고 있었기 때문이다. 이스라엘은 하나님께로부터 율법을 받은 이래로 예수 그리스도의 초림과 그 이후까지도 하나님께 대한 민족적 범죄를 지속해 온 게 너무나 분명한 게 사실이다. 그럼에도 불구하고 자신들의 잘못을 회개하지 않고 모든 것을 조상들의 잘못으로만 돌리는 것은 지독한 위선에 지나지 않는다. 이스라엘 백성의 민족적 범죄에 대하여 모든 잘못을 조상들에게 돌리고 자신들은 죄가 없는 것처럼 자처한 위선적인 태도는 주님께서 초림하셨을 당시에도 마찬가지였고, 이것은 서기관들과 바리새인들 같은 종교 지도자들의 경우에 특히 그러했으며, 주님께서는 이런 위선에 대하여 그들을 모질게 꾸짖으셨음을 우리는 본다. 『**위선자인 서기관들과 바리새인들아, 너희에게 화 있으리라! 이는 너희가 선지자들의 묘를 세우고 의인들의 무덤을 꾸미며 말하기를 '만일 우리가 우리 조상의 때에 살았더라면 선지자들의 피를 흘리게 하는 그 사람들에게 가담하지 아니하였으리라.'고 함이 그리하여 너희가 그 선지자들을 죽인 자들의 자손임을 스스로 증거하는 것이라. 그러므로 너희가 너희 조상들의 분량을 채우라. 너희 뱀들아, 독사들의 세대야, 어떻게 너희가 지옥의 저주에서 피할 수 있겠느냐?**』(마 23:29-33).

이스라엘의 민족적인 범죄는 이스라엘의 메시아 왕이 이 땅에 오셨을 때도 계속 누적되어 가고 있었고, 따라서 이스라엘 백성에 대한 하나님의 저주는 계속 이어지고 있었으며, 이제 그들의 죄가 "분량을 채우게" 될 때, 하나님의 궁극적인 심판이 시작될 찰나에 와 있었고, 어떻게 하면 예수 그리스도를 죽일까 하고 기회만 엿보고 있던 그들에 의해서 결국 그 민족적 범죄의 분량이 채워질 즈음에 와 있었던 것이다. 오순절주의자들은 여기서도 "그것 봐라! 예수님 당시의 서기관들과 바리새인들마저도 그 '조상의 저주'가 미치고 있다고 예수님 자신이 말씀하시지 않느냐?"고 대들겠지만, 만약 그런다면 그들은 주님께서 『**뱀들아, 독사들의 세대야**』라고 규정하셨던 위선적인 서기관들과 바리새인들을 변호하는 셈이 되고 만다. 그들이 지옥의 저주에서 피할 수 없게 된 것은 그들의 조상 탓이 아니라 그들 세대야말로 조상들의 분량을 한계점에까지 채울 뱀들이요, 독사들의 세대였기 때문이었다.

이렇게 볼 때, 이스라엘 민족에게 내려진 저주는 범죄의 연속성에서 본다면 "조상의 저주" 아래에 있는 셈이고, 또 이스라엘이라는 민족적 연속성에서 보더라도 그 저주는 아직도 유효하다고 볼 수는 있지만, 아무 잘못이 없는 후손에게 조상의 잘못이 전가됨으로써 그들이 "조상의 저주" 아래에 있다고 말할 수는 없다.

하물며 이것을 오늘 이 시대의 그리스도인들 개인에게 적용한다는 것은 말도 되지 않는다. 왜냐하면 지금 이 교회 시대에 믿음으로 말미암아 하나님의 은혜로 구원받고 거듭난 개인 한 사람 한 사람은 모두가 그리스도의 몸 안으로 들어가 그리스도의 몸의 지체가 된 사람들이기 때문이다. 당신이 거듭난 그리스도인이라면, 당신은 이미 구원받기 전의 옛 사람이 아니라 성령으로 새로 태어난 사람이다. 그런 당신에게 "조상"이니, "조상의 저주"니 하는 따위가 무슨 의미가 있단 말인가? 당신의 "조상"이나 "조상의 저주" 따위에 연루돼 있었던 과거의 당신은 이미 더 이상 존재하지도 않게 되었다는 말이다. 과거의 당신은 이미 죽고 없지 않은가? 지금도 당신이 그런 시시껄렁한 것들과 관련돼 있다면, 당신은 아직도 그리스도인이 아니라는 뜻이다. 하기야, 오순절파 은사주의자들이 상대하는 대부분의 사람들이 아직 구원도 받지 못한 가짜 그리스도인들이니까 그런 사람들을 모아놓고 그들이 "조상의 저주" 운운하는 것은 틀린 말이 아닌지도 모르겠다. 하지만 문제는 여기에 속는 진짜 그리스도인들도 없지 않다는 데에 있다. 당신이 거듭난 그리스도인이기는 하지만 아직 육신을 입고 있기 때문에 세상에 연루되어 지금도 죄를 지을 수는 있다. 그러나 죄를 짓더라도 당신은 주님께 그 죄를 자백하기만 하면 그리스도의 피가 당신의 죄를 씻어준다는 것을 잘 알고 있다. 이 위대한 그리스도의 피의 능력을 알고 있다면, 소위 그리스도인이라는 사람이 "조상의 저주" 운운한다는 것이 얼마나 유치하고 어리석은 생각인가를 금방 깨달을 수 있을 것이다.

오순절파의 은사주의 가짜 목사들은 "조상의 저주"라는 논리를 확대하여 아비가 술을 마시면 그 아들이 술을 배우게 되고 또 그 아들의 아들이 술을 배우게 되어 음주의 저주가 대대손손 이어지게 된다는 식으로 비약하면서, 이것은 마귀의 짓이기에 그 마귀를 "예수 이름으로 결박"해야 한다고 열을 올리지만, 이거야말로 모든 잘못을 "조상 탓"으로 돌리는 데 그치지 않고 한 술 더 떠 "마귀 탓"으로 돌리는 발상인지라, 『**아비가 신 포도를 먹었더니 그 자식들의 이가 시큰거린다.**』는 그릇된 속담을 널리 홍보하는 것이요, "마귀 잘못이지 내 잘못이 아니니다."라는 부정직하고 치사한 변명을 사람들 마음속에 심어놓는 것이다. 그리고 그들은 "예수 이름"을 무슨 부적처럼 사용하는 것이다. 하나님께서는 아비가 술을 마시더라도 자식이 마시지 않으면 그만이고, 자식이 술을 마시면 그게 아비 탓이 아니라 자식 자신의 죄라고 말씀하신다. 『**아들이 합법적이고 옳은 것을 행하고 나의 모든 규례들을 지켜 그것들을 행하면 그는 반드시 살리라**』(19절). 물론 아비가 죄를 지으면 자식도 아비에게서 배워 똑같은 죄를 지을 수 있는 가능성이 매우 높아지는 것은 사실이기 때문에 이런 점에서 아비는 아주 조심해야 된다는 것은 두말할 나위도 없다. 하지만 이것과 "조상의 저주"라는 것과는 전혀 다른 문제다. 당신은 자신의 음주벽을 당신 아버지의 탓으로 돌리지 말라. 그게 나쁘다는 것을 안다면 당신이 끊으면 그만이다. 당신은 이것마저 마귀의 짓으로 돌리고 오순절파 가짜 목사에게 찾아가 마귀를 결박해 달라고 부탁할 참인가? 마귀는 그런 당신을 보고 속으로는 "치사한 놈!" 하고 경멸을 보낼지도 모른다.

또 어떤 은사주의자들은 한 술 더 떠 어떤 질병의 유전성을 예로 들면서 아비가 어떤 유전 질환을 앓으면 자식들이 같은 질병에 걸리게 되는 것 역시 "조상의 저주"에 속한다고 주장하면서 이 역시 후손들에게 저주를 미치게 하는 마귀를 결박함으로써 그 저주에서 벗어나야 한다고 거짓말을 늘어놓고, 여기서도 예외 없이 "예수 이름"을 부적으로 팔아먹는다. 나는 이런 자들이 어째서 미국의 각 도시에 널려 있는 병원에는 찾아다니지 못하는지 모르겠다. 이 자들은 누구 할 것 없이 돈 봉투를 들고 자기네들에게 찾아오는 사람들만을 반갑게 맞아들인다는 점에서 공통점을 갖는데, 이들에게 찾아오는 대부분의 사람들은 갈보리의 십자가와 예수 그리스도의 보혈, 믿음, 거듭남 등등에 대해서는 조금도 관심이 없고 다만 자신의 건강과 세상 부귀에만 집착하는 자들로서, 무당들을 찾아다니는 심정으로 은사주의 가짜 목사들을 찾아다니는 것이다.

『**주 하나님이 말하노라. 내가 살아 있는 한 너희에게는 이스라엘에서 이 잠언을 쓸 경우가 다시는 없으리라**』. 이스라엘 민족이 조상의 죄악으로 말미암아 하나님의 심판을 민족 단위로 받아야 하는 시대는 곧 대환란과 함께 끝나게 될 것이다. 대환란이야말로 이스라엘이 민족적으로 받는 심판의 클라이맥스요, 피날레가 될 것이다. 이 기간 동안 끝까지 견뎌내어 구원받게 되는 유대인들은 그 어떤 민족적 "축복"에 의하여 집단적으로 구원받게 되는 게 아니다. 그들은 한 사람 한 사람이 개별적으로 적그리스도에게 저항하며 "끝까지 견뎌낸" 사람들인데, 이 개인들이 합쳐서 새로운 이스라엘 민족을 구성하게 될 것이고, 하나님께서는 이 새로이 구성되는 이스라엘 민족과 새 언약을 맺게 되신다. 『**주가 말하노라. 보라 그 날들이 오면 내가 이스라엘 집과 유다 집과 더불어 새 언약을 맺으리니... 그 날들 이후로 나는 내 법을 그들 속에 두며 그들의 마음속에 기록하여 나는 그들의 하나님이 되고 그들은 나의 백성이 되리라**』(렘 31:31-33).

『**보라, 모든 혼들은 내 것이라. 아비의 혼이 그렇듯이 자식의 혼도 내 것이라. 범죄하는 혼은 죽으리라**』(4절). 당신의 혼은 하나님의 것이지, 당신 자신의 것도 아니요, 당신 부모의 것도 아니라고 말씀하신다. 당신 아버지는 자기 혼도 자기가 소유하지 못하는 존재인지라, 당신의 혼에 대한 소유권이 없다는 것은 더 말할 것도 없다. 모든 사람은 하나님의 창조물들이기에 모두가 하나님의 소유이고, 따라서 그 처분도 전적으로 하나님께서 관장하신다. 이것은 개인적으로도 그렇고 민족적으로나 국가적으로도 그렇기는 마찬가지다(렘 18:6-10).

개인적인 회개와 마찬가지로 민족적, 국가적 회개의 필요성이 중요한 까닭이 바로 여기에 있다. 하나님께서는 창조주이시면서도 의로운 분이시기 때문에 의로운 자를 악인과 함께, 악인을 의로운 자와 함께 한 그릇에 담고 똑같이 처리하지 않으시는 한편, 또 자비로운 분이시기 때문에 한 곳에 의인들이 있으면 그 의인들을 위하여 그곳의 악인들까지 멸하시는 것을 자제하시는 분이시다. 소돔과 고모라를 생각해 보라. 하나님께서는 열 명의 의인들만 있어도 그 성읍을 멸하지 않으시겠다고 말씀하셨다. 물론 악인들을 끝까지 내버려두시고 모른 체하시는 하나님도 아니시다. 주님께서 비유로 말씀하신 독보리 이야기에서도 우리는 이것을 확인한다. 하나님께서는 곡식과 독보리가 함께 자라게 하시지만, 결국 추수 때에는 이 둘을 분리하시어 곡식은 창고로 들이고 독보리는 모아서 불사르시겠다고 하셨다(마 13:24-30). 이것이 하나님께서 의인과 악인을 별도로 다루시는 방식이다.

『**범죄하는 혼은 죽으리라.**』 혼은 하나님의 소유이기 때문에 죽이고 살리는 것 역시 하나님의 뜻에 달려 있지만, 의로운 혼은 살리시고 악한 혼은 죽이시는 게 하나님의 공의다. "행위"로 구원받던 구약 시대에는 『**범죄하는 혼**』이 지옥에 갔지만, "믿음"으로 구원받는 지금 이 시대에는 자신이 죄인이라는 사실과 주 예수 그리스도께서 자신의 죄들을 위하여 죽으셨고 장사한 지 사흘 만에 부활하셨음을 믿고 그분을 구세주로 영접하기만 하면 『**범죄하는 혼**』이라도 믿음으로 의롭게 되어 죽지 않고 영원한 생명으로 반드시 살게 된다. 당신은 이것을 믿어야 한다.

18:5 그러나 만일 사람이 의로워서 합법적이고 옳은 것을 행하고
6 산 위에서 먹지 아니하며 이스라엘 집의 우상들에게 자기 눈을 들지 아니하고 자기 이웃의 아내를 더럽히지 아니하며, 월경하는 여인에게 가까이 가지 아니하고
7 아무도 억압하지 아니하며 빚진 자에게 저당물을 돌려주고 폭력으로 착취하지 아니하며 굶주린 자에게 자기 빵을 주고, 벌거벗은 자에게 옷으로 입혀 주며
8 고리로 빌려 주지 아니하고 이자도 취하지 아니하며 죄악으로부터 자기 손을 떼고 사람과 사람 사이에 진실한 심판을 내리며
9 내 규례대로 행하고 내 명령을 지켜 진실하게 행한다면 그는 의인이니 그가 반드시 살리라. 주 하나님이 말하노라.

『**그러나 만일 사람이 의로워서 합법적이고 옳은 것을 행하고** 』(5절). 아비가 무슨 죄를 지었고 조상이 어떤 범죄를 자행했을지라도 『**사람이**』, 즉 "자기가" 『**의로워서 합법적이고 옳은 것을**』 행한다면 『**그는 반드시 살리라.**』(9절)라고 말씀한다. 다시 말해서 "조상의 저주" 따위의 억울한 심판으로 덤터기를 쓰는 일은 없다는 말씀이다. 하지만 지금 이 구절들은 여전히 율법 하에 있는 이스라엘 백성을 대상으로 하고 있다는 것을 잊지 말라. 그런 의미에서 5절부터 9절까지는 구약적 의미에서 "의인"이 될 수 있는 도덕적 행동 규범들이 일차적으로 제시되고 있다.

지금 이 시대에 살고 있는 당신은 아무리 의롭고 합법적이며 옳은 것을 행하더라도 주 예수 그리스도를 믿고 그분을 영접하지 않으면 모든 것이 쓸데없는 것이 되고 만다는 것을 잊지 말라. 더구나 이 세상에는 『**의인은 없나니 없도다, 한 사람도 없도다.**』(롬 3:10)라는 것이 하나님께서 보시는 인간관이요, 세계관이다.

『**산 위에서 먹지 아니하며 이스라엘 집의 우상들에게 자기 눈을 들지 아니하고 자기 이웃의 아내를 더럽히지 아니하며, 월경하는 여인에게 가까이 가지 아니하고**』(6절). 『**산 위에서 먹지 아니하며**』란 산당에서 우상 신들에게 희생제를 드리고 그 제물들을 먹는 것을 말한다. 『**우상들에게 자기 눈을 들지 아니하고**』란 우상들을 높이고 숭배하는 행위를 말하지만, 더러운 우상들에게 추파를 던지는 영적 간음 행위를 지칭하는 것으로, 영적으로는 『**음욕을 품고 여자를 바라보는**』(마 5:28) 것과도 같은 행위를 말한다. 지금 여기서 거론되고 있는 갖가지 범죄들은 이 당시 유대인 사회에 가장 보편적으로 팽만해 있던 가증스러운 범죄들이었기에 하나님께서는 그 하나하나를 아주 구체적으로 적시하시면서 이런 행위들을 피함으로써 의인으로 간주될 수 있는 길을 제시하시거니와, 역시 우상 숭배와 성적 타락 행위가 모든 범죄들의 첫손가락으로 꼽히고 있다는 점은 다른 모든 경우와 마찬가지다.

『**아무도 억압하지 아니하며 빚진 자에게 저당물을 돌려주고 폭력으로 착취하지 아니하며 굶주린 자에게 자기 빵을 주고, 벌거벗은 자에게 옷으로 입혀 주며 고리로 빌려 주지 아니하고 이자도 취하지 아니하며 죄악으로부터 자기 손을 떼고 사람과 사람 사이에 진실한 심판을 내리며**』(7,8절). 우상 숭배 행위와 성범죄 다음으로 열거되는 범죄 행위들이 금전적 억압과 착취 행위인데, 사실 이러한 범죄 행위들은 20세기에 들어와서도 근절되기는커녕 오히려 더 확산되고 뿌리가 깊어진 게 사실이다.

『**아무도 억압하지 아니하며**』. "억압"이란 물론 정치적 의미에서의 억압도 있겠지만, 그 근원을 따져보면 대부분의 억압 행위가 "돈"과 관련돼 있다는 것을 우리는 알 수 있다. 당신이 금전적으로 다른 사람에게 의존하고 있는 처지가 아니라면 당신이 그 사람에게 억압받아야 할 아무런 이유가 없어진다. 그러나 금전적 이유건, 정치적 이유건, 그 어떤 이유로도 다른 사람을 『**억압**』할 수는 없거니와, 그 까닭이 4절에 명시돼 있다. 『**보라, 모든 혼들은 내 것이라.**』 당신은 하나님의 소유인 다른 사람의 혼을 함부로 억압할 권리가 없다. 이것은 당신 자신의 혼도 마찬가지다. 당신의 혼도 당신의 것이 아니라 하나님의 것이다. 따라서 자학도 범죄 행위다. 실제로 자학 행위가 범죄 행위로 직접 연결되는 사례들은 얼마든지 찾아볼 수 있는데, 우리는 성경에서 바알의 선지자들이 자해(자학) 행위를 하는 것을 본다. 『**그들이 크게 부르짖고, 그들의 방식대로 칼과 단창들로 몸에 상처를 내되, 피가 흐를 때까지 하더라**』(왕상 18:28). 로마카톨릭을 위시한 다른 종교들에서 소위 "도를 닦는다."는 명분으로 자신의 몸에 상처를 입혀 가면서까지 극도의 자학 행위를 자행하는 것을 흔히 보거니와, 이것은 성경에서 금하고 있는 일들이다. 『**너희는 죽은 자를 위하여 너희의 몸에 어떤 살도 베지 말며, 너희 위에 어떤 표들도 찍지 말라**』(레 19:28). 거듭난 당신의 몸은 이미 당신의 것이 아니라 하나님의 것이다(고전 6:19).

『**빚진 자에게 저당물을 돌려주고**』. 빚을 줄 때, 저당을 잡는 목적은 빚을 갚지 못할 경우 그 저당물을 압류하기 위함인데, 당신이 만약 1만 달러를 은행에서 꾸기 위해 저당물을 잡히려면 적어도 2만 달러 이상의 가치가 나가는 저당물을 제공해야만 한다. 이것은 일종의 착취 행위다. 이 세상의 그 어떤 부와 재산도 모두가 하나님의 것이다. 당신이 다른 사람에게 돈을 꾸어주는 것은 하나님께서 당신에게 맡겨두신 돈을 꾸어주는 것이기 때문에 그것을 빙자하여 『**고리로 빌려**』 준다면 그 또한 부당 이득을 내는 착취 행위다. 율법적으로는 옷을 저당 잡히고 돈을 빌려간 사람이 돈을 갚지 못하더라도 그날 해가 지기 전에 그 옷을 돌려주도록 명하고 있다(출 22:26). 『**이는 그것이 그의 유일한 덮는 것이며 그것이 그의 피부를 가릴 그의 옷임이니 그가 무엇을 입고 자겠느냐?**』(출 22:27)라는 것이 하나님께서 들려주시는 설명이다.

『**폭력으로 착취하지 아니하며**』. 폭력은 그 어떤 이유로도 정당화될 수 없는 게 성경적 규례다. 성경에서 하나님의 허락하심이 없는 가운데 자행된 그 어떤 폭력도 용서된 예는 없다.

『**굶주린 자에게 자기 빵을 주고, 벌거벗은 자에게 옷으로 입혀 주며**』. 이웃에게 해로운 짓을 자행하지 않는 것만으로는 충분치가 않다고 말씀하신다. 하나님께서는 다른 사람에게 악을 행하지 않는 것은 물론 선을 행하도록 당신에게 권고하신다. "구제"는 그리스도인의 가장 기본적인 덕목이다. 그러나 『**굶주린 자에게 자기 빵을 주고, 벌거벗은 자에게 옷으로 입혀**』 주면서 그들에게 복음을 전하고 그들의 혼을 구원하는 일을 무시하는 "기독교 자선 단체들"의 행태는 잘못되어도 아주 크게 잘못된 짓이다. 어떤 사람들은 먼저 빵을 먹여야 혼의 구원 문제를 거론할 수 있지 않느냐고 반론을 제기하지만, 잘못 알고 있는 것이다. 어떤 경우에라도 먼저 죄인의 혼을 이겨오도록 하라. 그런 다음에 빵을 먹여도 먹이도록 하라. 이것이 옳은 순서다.

마태복음 25장에 보면 예수 그리스도께서 영광 중에 왕으로 재림하셔서 모든 민족들을 모아 놓고 마치 목자가 양들을 염소들에서 갈라놓듯이 그들을 갈라놓으시고 양들은 오른 편에, 염소들은 왼편에 세워 놓으신 다음 오른편의 양들에게 『**오라, 나의** 아버지**의 복을 받은 자들아, 세상의 기초가 놓인 이래로 너희를 위하여 준비한 그 왕국을 이어받으라. 이는 내가 굶주렸을 때에 너희가 먹을 것을 주었고, 내가 목마를 때에 마실 것을 주었도다. 내가 나그네였을 때에 대접하였고 또 내가 헐벗었을 때에 입혀 주었으며, 내가 병들었을 때에 문안해 주었고, 내가 감옥에 갇혔을 때에 찾아와 주었음이라.**』라고 말씀하시는 장면이 나온다. 오른편의 "의인들"이 언제 자기네가 주님께 그렇게 해드렸느냐고 의아해 하면서 오히려 반문하자 『**여기 내 형제들 가운데 가장 작은 자 하나에게 한 것이 곧 나에게 한 것이니라.**』라고 말씀하신다(마 25:31-40). 이것은 물론 대환란 기간 동안 적그리스도에게 극심한 박해를 받으면서도 굴복하지 않고 끝까지 견뎌내며 고통을 겪고 있는 유대인들을 은밀히 보살펴 준 의로운 이방인들의 구제 활동에 대한 보상을 언급하고 있는 것이지만, 『**가장 작은 자에게 한 것**』이 곧 주님께 해드린 것이라는 말씀은 우리들 모든 그리스도인들이 귀담아들어야 할 실로 귀한 말씀이다. 그러나 지금 이 시대에는 모든 그리스도인들이 『**가장 작은 자에게**』 가장 먼저 해 주어야 할 시급한 일이 그들의 혼을 구원받게 해 주는 일이다.

『**고리로 빌려 주지 아니하고 이자도 취하지 아니하며**』. 고리대금은 성경에서 금하고 있는 행위다. 그리고 믿음의 형제들끼리는 보통의 이자라도 받고 돈을 꾸어주는 것을 규례로 엄격하게 금하고 있었다. 그러나 형제가 아닌 이방인들에게 돈을 꾸어줄 경우에는 적절한 이자가 허용되었었다. 『**만일 네가 네 곁에 있는 가난한 내 백성 중에서 누구에게 돈을 빌려 주면 너는 그에게 고리대금업자같이 하지 말며 그에게 이자를 지우지도 말지니라**』(출 22:25). 『**너는 네 형제에게 꾸어 주고 이자를 받지 말지니 돈의 이자나 양식의 이자를 받으려고 꾸어 주는 어떤 것의 이자도 취하지 말지니라. 타국인에게는 네가 꾸어 주고 이자를 받아도 되나 네 형제에게는 꾸어 주고 이자를 받지 말지니라. 그래야 주 너의** 하나님**께서 네가 가서 차지하는 땅에서 네가 손을 대는 모든 일에서 너에게 복 주시리라**』(신 23:19,20). 고리대금은 성경을 떠나서라도 악덕으로 간주되는 게 사실이다. 다른 사람의 가난을 이용하여 자신의 부를 쌓는 것이 덕이 될 수 없다는 것은 두말할 필요도 없다.

『**사람과 사람 사이에 진실한 심판을 내리며**』. 이것은 이해관계로 얽힌 두 사람 사이에 분쟁이 있을 경우 어느 한 쪽에 치우침없이 공평하고 도리에 맞는 판정을 내려 분쟁을 해결하도록 종용하는 것을 말한다.

『내 규례대로 행하고 내 명령을 지켜 진실하게 행한다면 그는 의인이니 그가 반드시 살리라. 주 하나님이 말하노라』(9절). 하나님의 법을 마음에 간직하고 계명들을 지키는 사람은 화평 속에서 장수하는 복을 내려주시는 분이 하나님이시다. **『내 아들아, 나의 법을 잊지 말고, 나의 계명들을 네 마음에 간직하라. 그리하면 그것들이 네 날들을 길게 하고 장수하는 것과 화평을 네게 더하리라』**(잠 3:1,2). 물론 9절에서 **『반드시 살리라.』**는 말씀은 궁극적인 구원을 의미하는 것으로, **『내 규례대로 행하고 내 명령을 지켜 진실하게 행하는 자』**를 의인으로 간주하던 구약적 의미에서의 구원을 말한다. 지금 이 은혜 시대에는 구원을 위하여 요구되는 것이 "행위"가 아니라 "믿음"이다. 신약 아래에 있는 우리들에게 구원의 조건으로 "행위"를 요구하는 것은 이단이다. "행위"는 믿음으로 구원받은 그리스도인들이 그리스도의 심판석에서 면류관을 받고 천년왕국에서 영원한 유업을 받는 데에 절대로 필요하지만, 그것으로 구원받는 게 절대로 아니란 사실을 잊지 말라.

18:10 만일 그가 아들을 낳았는데 그 아들이 강도요, 피를 흘리는 자요, 그런 일 중에서 비슷한 것을 누구에게라도 행하며

11 또 자기의 의무는 어떤 것도 행하지 아니하고 오히려 산들 위에서 먹으며 자기 이웃의 아내를 더럽히고

12 가난하고 궁핍한 자를 억압하며 폭력으로 착취하고 저당물을 돌려주지 아니하며 우상들에게 그의 눈을 들고 가증한 일을 행하며

13 고리로 빌려 주고 이자를 받았다면 그가 살겠느냐? 그가 살지 못하리라. 그가 이 모든 가증한 짓을 행하였으니 반드시 죽으리라. 그의 피가 자기에게 있으리라.

앞의 5절부터 9절까지의 본문은 **『반드시 살리라.』**라는 하나님의 약속이 적용되는 의로운 행위들인데, 여기 10절에서 13절까지의 본문은 앞의 본문과 반대하여 **『반드시 죽으리라.』**라는 하나님의 경고가 적용되는 죄악들이다.

10절에서 아들을 낳은 "그"는 문맥적으로, 앞에서 나열한 선한 행위를 한 "의인"을 말한다. 즉 한 사람이 의인인데 악한 자녀를 두었을 경우, 그 아버지의 의로운 행위가 자식에게 전가되지 않는다는 것이다. 모든 사람은 각자 자신의 행위에 따라 각자의 심판이 결정된다. 따라서 조상의 죄악으로 말미암아 그 저주가 자손들에게까지 연장된다는 것은 절대로 성경적 가르침이 될 수가 없다.

18:14 보라, 이제 그가 아들을 낳았는데 그 아비가 행한 그의 온갖 죄들을 보고 숙고하여 그 같은 일을 행하지 아니하고,

15 산들 위에서 먹지도 아니하며 이스라엘 집의 우상들에게 자기 눈을 들지도 아니하고 자기 이웃의 아내를 더럽히지도 아니하며

16 아무도 억압하지 아니하고 저당을 잡지도 아니하며 폭력으로 착취하지도 아니하나 주린 자에게는 자기 빵을 주고 벌거벗은 자에게는 옷으로 입혀 주며

17 가난한 자에게서 자기 손을 떼어 고리나 이자를 받지 아니하며 내 명령을 실행하고 내 규례를 행하였으면 그는 자기 아비의 죄악으로 죽지 아니할 것이며 그는 반드시 살리라.

18 그의 아비로 말하면 잔인하게 억압하고 폭력으로 그의 형제를 착취하며 그의 백성 가운데서 선하지 않은 일을 행하였으니, 보라, 그가 그의 죄악 가운데서 죽으리라.

이것은 또 앞의 문맥과 반대의 경우이다. 앞의 10-13절에서는 의로운 아버지가 악한 아들을 두었을 때 그 아버지의 의와는 관계없이 아들이 자기의 죄악 가운데서 죽었는데, 여기서는 그 악한 자가 또 아들을 낳았는데 그가 의로우면 그 아들은 또한 아비의 죄악과는 관계없이 자기 자신의 의로운 행위로 말미암아 산다는 것이다. 결국 은사주의자들이 운운하는 "조상의 저주" 따위는 전혀 고려할 가치도 없다는 것이 입증된다.

유다의 역사에서 이러한 경우를 우리는 아하스왕과 히스키야왕에게서 본다. 부왕이었던 아하스는 어떤 인물인가? 요담이 죽자 대를 이어 아하스가 나이 20세에 유다 왕으로 즉위하였는데, 그는 악한 왕이었다. 『**그가 예루살렘에서 십육 년을 치리하였으나 그의 조상 다윗과 같이 주 그의** 하나님의 **목전에 옳은 것을 행하지 아니하고 오히려 이스라엘 왕들의 길로 행하였으니 정녕, 주께서 이스라엘 자손들 앞에서 쫓아내신 이방의**

가증함들을 따라 자기 아들로 불을 통과하게 하였으며 또 그가 산당들과 산들 위에서와 모든 푸른 나무 아래에서 제사하고 분향하였더라』(왕하 16:2-4). 또 북이스라엘이 시리아와 연합하여 공격해 왔을 때 앗시리아에 원군을 청했던 그는 앗시리아의 다마스커스를 방문하였다가 거기서 이방 신들을 위한 제단을 보고 거기에 반해 그것을 그대로 따다가 예루살렘에 이방 신의 제단을 쌓고 거기서 우상 신에게 제사를 지내는 등 하나님께 반역 행위를 자행하였다.

그러나 그가 죽자 아들 히스키야가 그 뒤를 잇는데, 그는 선한 왕이었다. 『**그가 그의 조상 다윗이 행한 모든 것을 따라 주의 목전에 옳은 것을 행하였더라**』(왕하 18:3). 히스키야는 아비 아하스와는 정반대였다. 『**그가 산당들을 제거하고 형상들을 부수며 아세라들을 베어내고 모세가 전에 만든 놋뱀을 산산조각내었으니... 히스키야가 이스라엘의 주 하나님을 신뢰하였으니 그의 이후로는 유다의 모든 왕 가운데 그와 같은 자가 없었으며 그의 이전에도 없었더라**』(왕하 18:4,5). 자, 이런 히스키야에게 아비 아하스의 죄가 미쳤던가? 결코 그렇지 않았다. 그는 주와 함께 어디서든지 번영했으며(왕하 18:7, 대하 32:27-30), 앗시리아의 산헤립왕의 위협 속에서도 기도로 승리한다(왕하 19:14-19, 대하 32:21).

18 : 19 그런데 너희는 말하기를 "왜 그 아들이 아비의 죄악을 담당하지 않겠느냐?" 하는도다. 아들이 합법적이고 옳은 것을 행하고 나의 모든 규례들을 지켜 그것들을 행하면 그는 반드시 살리라.

20 범죄하는 혼은 죽으리라. 아들이 아비의 죄악을 지지 아니할 것이며 아비도 아들의 죄악을 지지 아니할 것이니 의인의 의는 그에게 있고 악인의 악도 그에게 있으리라.

21 그러나 만일 악인이 자기가 범한 모든 죄들로부터 돌이켜서 나의 모든 규례들을 지키고 합법적이고 옳은 것을 행하면 그는 반드시 살 것이며 죽지 아니하리라.

22 그가 범한 모든 행악들이 그에게 언급되지 아니하리니 그가 행한 의 가운데서 그는 살리라.

23 악인이 죽는 것을 내가 어찌 조금이라도 기뻐하겠느냐? 주 하나님이 말하노라. 그가 자기 행실에서 돌이켜 사는 것을 기뻐하지 아니하겠느냐?

19절에서 『**"왜 그 아들이 아비의 죄악을 담당하지 않겠느냐?"**』 하고 묻는 자들이 바로 오늘날의 "조상의 저주" 운운하는 사람들이다. 그러나 하나님의 말씀은 분명하다. 『**범죄하는 혼은 죽으리라. 아들이 아비의 죄악을 지지 아니할 것이며 아비도 아들의 죄악을 지지 아니할 것이니 의인의 의는 그에게 있고 악인의 악도 그에게 있으리라**』(20절).

그리고 악인이라도 자기의 죄들로부터 돌이켜서 옳은 것을 행하면 산다는 것(21절), 이것이 바로 하나님의 자비이다. 악인도 죄를 회개하고 돌이키면 "반드시 살 것이다." 당신에게 좋지 않은 일이 일어났다면 그것을 절대로 조상 탓으로 돌리지 말고, 당신에게 죄가 있다면 자백하고 돌이키라. 하나님께서는 다시 그것을 언급하지 않으실 것이다. 『**그가 범한 모든 행악들이 그에게 언급되지 아니하리니 그가 행한 의 가운데서 그는 살리라**』(22절). 하나님께서는 참으로 신실하시다. 당신에게는 주 예수 그리스도께서 갈보리에서 흘리신 보혈이 있다는 것을 잊지 말라. 하나님께서는 자백된 죄에 대해서는 망각해 주시고 오직 당신의 의로운 행위들만을 기억해 주신다. 하나님께서는 악인이 죽는 것까지도 기뻐하지 않으시는 분이다(23절).

18:24 그러나 의인이 돌이켜 자기 의에서 떠나 죄악을 범하여 악인이 행한 모든 가증함대로 행하면 그가 살겠느냐? 그가 행한 그의 모든 의는 언급되지 아니할 것이며 그가 범한 그의 허물과 그가 지은 그의 죄 가운데서 죽으리라.

25 그런데 너희는 말하기를 "주의 길이 공평하지 않다." 하는도다. 이제 들으라, 오 이스라엘 집아, 내 길이 공평치 아니하냐? 너희 길이 불공평한 것이 아니냐?

26 의인이 돌이켜 자기 의에서 떠나 죄악을 범하여 그 안에서 죽을 때 그가 행한 그의 죄악으로 인하여 죽을 것이라.

27 또 악인이 돌이켜 그가 범한 악에서 떠나 합법적이고 옳은 것을 행할 때 그는 자기 혼을 구원하리라.

28 그가 숙고하고 돌이켜 그가 범한 그의 모든 행악들로부터 떠났기에 반드시 살리니 그는 죽지 아니하리라.

29 그런데도 이스라엘 집은 말하기를 "주의 길은 공평치 아니하다." 하는도다. 오 이스라엘 집아, 나의 길이 공평치 아니하냐? 너희 길이 불공평한 것이 아니냐?

30 그러므로, 오 이스라엘 집아, 내가 너희를 심판하리니 각자 자기 행실대로 심판하리라. 주 하나님이 말하노라. 회개하라. 그리고 너희의 모든 범죄로부터 돌이키라. 그리하면 죄악이 너희의 패망이 되지 아니하리라.

하나님의 자비와 공의가 이와 같은데도 『**"주의 길이 공평하지 않다."**』 하는 자들이 있다(25,29절). 그리스도인이 어찌 고난받아야 하느냐고 불평하는 자들이 있다. 그러나 하나님께서는 공평하시다. 그리스도인이 고난받는다면 그것은 하나님의 연단일 수도 있겠으나, 또한 그의 죄 때문일 수도 있다. 만약 당신이 분명히 하나님께 죄를 지었는데도 하나님께서 그 죄를 묻지 않으신다면 오히려 이상하지 않은가? 성경은 분명히 『**주께서 그의 사랑하시는 자를 징계하시고, 그가 받으시는 아들마다 매질하시느니라.**』(히 12:6)라고 말씀한다.

또한 당신이 하나님께 징계를 받을 때, 그것은 오히려 당신에게 어떤 기회를 주시고 계신 것이다. 『**모든 사람들이 참여하는 징계를 너희가 받지 않는다면 너희는 사생아요, 친아들이 아니니라. 또 우리 육신의 아버지가 우리를 징계하여도 존중하였거늘 영들의 아버지께는 더욱 복종하며 살아야 하지 않겠느냐? 그들은 정녕 자기들이 옳다고 생각한 대로 며칠 동안 우리를 징계하였지만, 하나님께서는 우리의 유익을 위하시고 또 우리로 그분의 거룩하심의 참여자들이 되도록 하시느니라. 징계가 당시에는 즐겁지 않고 슬픈 것 같으나 후에 그로 인하여 훈련된 자들에게는 화평한 의의 열매를 맺느니라. 그러므로 맥없이 처진 손과 쇠약한 무릎을 일으켜 세우고 너희 발을 위하여 곧은 길을 만들어 절뚝거리는 다리로 길에서 벗어나지 않고 오히려 고침을 받게 하라**』(히 12:8-13).

그리고 다시 말하거니와, 이것을 잊지 말라. 당신은 지금 은혜 시대에 살고 있다. 갈보리에서 흘리신 그리스도의 보혈은 아직도 당신에게 유효하다. 그 보혈에 의지하여 언제라도 자신의 죄를 씻을 수 있는 길이 당신에게는 열려 있다는 얘기다(롬 5:8-11).

그러나 본문은 여전히 율법 시대에 맞춰져 있다는 것을 잊지 말라. 27절은 『**또 악인이 돌이켜 그가 범한 악에서 떠나 합법적이고 옳은 것을 행할 때 그는 자기 혼을 구원하리라.**』라고 말씀한다. 교회 시대에 살고 있는 우리는 우리의 혼을 우리가 구원하지 못한다. 구약적인 의미에서 악한 "행위"는 옳은 "행위"로 그 대가를 치를 수 있으되, 신약적인 의미에서는 그 대가를 예수 그리스도께서 이미 갈보리에서 피로써 그 값을 치러 놓으셨다. 우리는 그 피에 의존하여야만 한다. 우리를 구원하시는 분은 오직 예수 그리스도, 그분뿐이시다. 우리는 그 어떤 "행위"로도 우리를 구원하지 못한다.

『그가 숙고하고 돌이켜 그가 범한 그의 모든 행악들로부터 떠났기에 반드시 살리니 그는 죽지 아니하리라』(28절). 하나님께서는 당신에게 『**숙고**』하라고 말씀하신다. 모든 죄악은 인간이 『**숙고**』하지 않기 때문에 자행되고, 『**숙고**』하지 않기 때문에 인간은 죄악에서 벗어나지 못한다. 무엇보다도 하나님의 말씀들을 지나치지 말고 숙고하는 습관을 길러라. 당신이 성경을 읽고 늘 하나님의 말씀들을 숙고할 때, 하나님의 영이 당신의 숙고를 도와 옳은 판단을 내릴 수 있도록 인도하신다. 신실하고 경건한 그리스도인이란 『**숙고**』하는 그리스도인을 말한다. 당신은 신실한 그리스도인, 경건한 그리스도인이 되기를 원하는가? 그렇다면 『**숙고**』하라. 하나님의 말씀들을 숙고하고, 당신에게서 눈길을 떼지 않고 계시는 하나님을 숙고하며, 당신 자신을 숙고하라! **『내가 나의 길들을 생각하고 내 발길을 주의 증거들로 돌렸나이다. 내가 주의 계명들을 지키는데 신속하고 지체하지 아니하였나이다』**(시 119:59,60). 당신은 주님 앞에서 언제라도 이렇게 고백할 수 있어야 한다. 『**숙고**』는 회개의 첫걸음이다.

성경에서 유명한 이야기들 가운데 돌아온 탕자 이야기가 있다. 그 탕자가 어떻게 아버지께로 돌아 올 수 있었던가? 그는 『**숙고**』하였다. 그런데 실은 그가 『**숙고**』한 것이 지극히 평범하기 이를 데 없다. **『그때 그가 자신을 돌아보고 말하기를 '내 아버지의 많은 품꾼들은 먹을 것이 풍족하고도 남는도다. 그런데 나는 굶어 죽어 가는도다! 이제 내가 일어나서 내 아버지께로 가리라. 그리고 이렇게 말하리니, 아버지여, 내가 하늘을 거역하여 아버지 앞에 죄를 지었나이다... 나를 품꾼의 하나로 삼아 주소서 하리라.'』**(눅 15:17-19) 탕자는 실존주의 철학자도 아니었고, 니체도 몰랐으며, 키에르케고르이고, 하이데커고, 야스퍼스고, 까뮈고, 싸르트르 따위를 생각한 것이 아니었다. 그는 단지 자신을 돌아보았을 뿐이었고, 『**아버지 앞에 죄를**』 지었다는 사실만을 『**숙고**』했던 것이다. 이 얼마나 평범하고, 그러면서도 이 얼마나 위대한 『**숙고**』였던가!

18:31 너희가 범한 너희의 모든 행악들에서 떠나 새 마음과 새 영을 가지라. 오 이

스라엘 집아, 어찌하여 너희가 죽고자 하느냐?
32 **주 하나님이 말하노라. 내가 죽는 자의 죽음을 기뻐하지 아니하노니 그러므로 너희 자신은 돌이켜서 살라.**

『**새 마음과 새 영**』(31절)은 하나님께서 주신다. 우리는 앞서 11:19에서 『**내가 그들에게 한 마음을 줄 것이요, 또 내가 너희 안에 새 영을 넣으리라.**』는 구절을 살펴보았다. 『**이스라엘 집**』에게 하나님께서 『**새 마음과 새 영**』을 넣어주시는 것은 천년왕국 시대에 그들이 회복될 때의 일이다. 이것은 36:26,27에서도 천명되고 있는 사실이다. 『**내가 또 너희에게 새 마음을 주고 너희 안에 새 영을 넣으리라. 내가 너희 육체에서 돌 같은 마음을 제거하고 살 같은 마음을 주리라. 또 내가 나의 영을 네 안에 두어 너희로 나의 규례대로 행하게 하리니 너희가 나의 명령을 준수하고 행하리라.**』 따라서 『**이스라엘 집**』이 민족적으로 『**새 마음과 새 영**』을 갖는 것은 천년왕국 시대에서나 가능하다. 그때는 하나님께서 그들의 마음을 강제적으로 새롭게 만들어 주시기 때문에 지금처럼 『**돌 같은 마음**』을 갖고 싶어도 가질 수가 없게 된다.

그러나 여기 18:31에서는 『**내가... 넣으리라.**』라고 말씀하시는 게 아니라 『**너희가... 모든 행악들에서 떠나 새 마음과 새 영을 가지라.**』라고 촉구하신다. 바꾸어 말하면, "너희가 모든 행악들에서 떠나면, 내가 너희에게 새 마음과 새 영을 주리라."는 말씀이다. 『**새 마음과 새 영**』을 하나님께로부터 받으려면 먼저 『**모든 행악들에서 떠나**』는 것이 전제되어야 한다는 말이다.

이것은 오늘날 은혜 시대에도 죄인이 자신의 죄인 됨을 자인하는 가운데 예수 그리스도께서 자신의 죄를 위해서 죽으셨음을 믿고 그분께서 자신의 개인적인 구세주이심을 인정함으로써 하나님의 은혜로 구원을 받을 수 있게 되는 것과 같은 맥락이다. 차이점이 있다면, 구약 시대에는 『**모든 행악들에서 떠나**』는 "행위"가 전제되어야 했고, 지금은 "행위"가 아니라 그리스도께서 자신의 죄를 위해 죽으셨음을 믿는 "믿음"이 전제되어야 한다는 점이다. 믿음으로 말미암아 성령으로 거듭난 사람은 자신의 옛 사람이 그리스도와 함께 십자가에 처형되고 그분의 부활과 함께 그리스도의 영으로 새롭게 태어나 새 사람이 된 사람이다. 『**만일 우리가 그의 죽으심의 모양으로 함께 심겨졌다면 또한 그의 부활하심의 모양과 같이 되리라. 우리가 이것을 아나니 곧 우리 옛 사람이 그와 함께 십자가에 못박힌 것은 죄의 몸을 멸하여 더 이상 우리가 죄에게 종 노릇 하지 않게 하기 위함이니라**』(롬 6:5,6). 당신은 그렇게 해서 새 사람이 되었고 죄에 매인 채 죽어 있던 자신이 죄와 사망으로부터 자유롭게 되었다(롬 6:7). 그러나 당신 자신의 옛 사람을 십자가에 처형한 그 "행위"는 당신 자신이 스스로 한 것이 아니다. 그것은 예수 그리스도께서 하신 일이다. 당신은 다만 그리스도께서 당신을 대신해서 그렇게 하셨음을 믿었을 뿐이었고, 그 믿음이 전제가 되어 『**새 마음과 새 영**』을 받아 새 사람으로 "창조"되었다. 그러므로 당신이 그리스도인으로 거듭났다면, 당신은 당연히 옛 사람과의 관계를 단절해 버려야 한다. 『**진리가** 예수 **안에 있는 바와 같이 과연 너희가 그에게서 듣고 또 그에 의해 배웠을진대 이전 행실에 관해서는 기만의 욕망에 따라 썩어진 옛 사람을 벗어 버리고 너희 생각의 영 안에서 새롭게 되어** 하나님을 **따라 의와 참된 거룩함 안에서 창조된 새 사람을 입으라**』(엡 4:21-24).

『**이스라엘 집**』은 대환란을 거치고 천년왕국 시대로 접어들 때 하나님께로부터 『**새 마음과 새 영**』을 받게 되겠지만, 구약 시대에라도 그들 스스로가 『**모든 행악들로부터 떠나**』 하나님께로 돌이켰더라면, 『**새 마음과 새 영**』을 받을 수 있었을 터인즉, 그랬더라면 하나님께로부터 『**어찌하여 너희가 죽고자 하느냐?**』라는 무서운 말씀을 듣지 않아도 될 뻔했다. 그들은 하나님께 돌이켜 주님을 향하여 『**새 마음과 새 영**』을 달라고 부르짖었어야만 했다. 그러나 그들은 불행히도 대환란의 뼈아픈 고통을 통하여 하나님께서 그들에게 내리시는 심판의 절정을 겪어야만 하고, 그러는 가운데 끝까지 견뎌내는 자를 통해 민족적인 회복을 이루어 『**새 마음과 새 영**』을 받을 수 있게 된다. 『**오** 하나님**이여, 내 안에 깨끗한 마음을 창조하시고 내 안에 바른 영을 새롭게 하소서.**』(시 51:10)라고 부르짖었던 다윗의 간구는 결국 천년왕국의 시작과 함께 『**이스라엘 집**』에 응답될 것이다.

『주 **하나님이 말하노라. 내가 죽는 자의 죽음을 기뻐하지 아니하노니 그러므로 너희 자신은 돌이켜서 살라**』(32절). 하나님께서는 결코 진노하시기를 기뻐하지 않으시며, 심판을 내리기를 좋아하지 않으신다. 하나님의 진노와 심판은 사실 『**기이한 역사**』(사 28:21)인 것이다. 하나님께서는 참으실 수 있는 데까지 오래 참으시는 분이시다. 『**주의 약속은 어떤 사람들이 더디다고 생각하는 것같이 더딘 것이 아니라 오직 우리에 대하여 오래 참으시어 아무도 멸망하지 않고 다 회개에 이르게 하려 하심이라.**』(벧후 3:9)라고 성경은 말씀한다.

에스겔 18장의 31절과 32절은 지금 이 시대의 모든 구원받지 못한 죄인들을 향하여 부르짖을 수 있는 아주 위대한 설교인 것이 사실이지만, 『**너희가 범한 너희의 모든 행악들에서 떠나**』라는 구절을 자칫 잘못 적용하면 소위 "행위 구원"을 내비칠 위험성이 있기 때문에 주의하지 않으면 안 된다. 이 시대에 죄인들을 향하여 만약 "악한 행위에서 떠나 선한 행위를 하라. 그리고 새 마음과 새 영을 가지라."고 외친다면, 이것은 이 시대의 구원에 관한 성경적 교리에 정면으로 도전하는 이단적 가르침이 된다. 이 시대에 죄인들에게 요구되는 것은 단지 자신이 죄인이라는 사실을 자백하는 것, 자신의 죄를 위해 예수 그리스도께서 대신 죽으셨다는 사실을 믿는 것, 그리하여 예수 그리스도를 자신의 구세주로 영접하는 것, 이뿐이다. 그 어느 것 하나도 "행위"가 아니라 "믿음"이다. 인간이 "선행"을 쌓음으로써 스스로 의롭게 되어 자신의 힘으로 새 마음을 갖고 새 영을 스스로 넣어 하나님 앞에 자랑스럽게 나아간다는 발상이야말로 마귀적인 생각일 뿐, 이것은 절대로 하나님께서 인정하시지도, 가능하지도 않은 일이다. 만일 이것이 가능하다면, 갈보리 십자가에서 처형당하신 예수 그리스도야말로 바보였음에 틀림이 없고 그것을 믿는 우리들이야말로 천치들이다. 이 시대에 행위 구원을 은근히 강조하고 역설하는 멀쩡한 이단들이 죄인들을 지옥으로 보내고 있다는 사실에 당신은 경계심을 갖지 않으면 안 된다.

에스겔 19장

19:1 또 너는 이스라엘의 통치자들을 위하여 애가를 불러
2 말하라. 네 어미는 무엇이냐? 암사자라. 그 암사자가 사자들 가운데 누워 있고 그 암사자가 젊은 사자들 가운데서 자기의 새끼들을 길렀느니라.
3 그 암사자가 자기의 새끼들 중에서 한 마리를 길렀는데 젊은 사자가 되어 먹이를 잡는 것을 배웠고 사람들을 삼켰느니라.
4 나라들도 그에 관해서 들었으며 그들의 구덩이에서 그가 붙잡혔고 그들이 그를 쇠사슬로 묶어 이집트 땅으로 데려왔느니라.

『**또 너는 이스라엘의 통치자들을 위하여 애가를 불러 말하라. 네 어미는 무엇이냐? 암사자라**』(1,2절). 여기서 『**통치자들**』이란 물론 역사적으로 볼 때, 바빌론의 느부캇넷살왕에게 사로잡혀간 유다 왕국의 여호야킴, 여호야킨, 시드키야 등을 일컫는다. 그들은 이미 바빌론의 느부캇넷살에 의하여 "지금" 쓰라린 운명에 처해 있는지라 "지금" 당장 『**애가**』라도 지어 불러 주어야 할 처지에 빠져 있지만, 여기서 끝나지 않고 장차 "앞으로"도 또 슬픈 운명에 처할 것인즉, "장차" 또 『**애가**』를 지어 불러 주어야 할 처지가 될 것이다. 14절에서 『**이것이 애가요, 애가로 쓰이리라.**』라고 현재시제와 미래시제로 나누어서 두 번 언급하고 있는 까닭이 여기에 있는 것이다.

『**암사자**』란 뒤에 자세히 살펴보겠는데, 문자적으로는 여호아하스의 어머니를 직접 지칭하지만, 간접적으로는 이스라엘을 지칭하고, 교리적 내용으로는 그 이상의 무엇인가에 적용되는 게 분명하다. "사자"를 하필이면 『**암사자**』라고 여성 명사화해서 언급하는 데에는 그만한 이유가 있기 때문인데, 그래야만 이것을 대명사로 지칭할 때 『**그녀**』(she)라고 부를 수 있고, 그래야만 스카랴 5장에 등장하는 『**여인**』과 요한계시록 17장에 등장하는 『**그녀**』에 자연스럽게 연결될 수가 있는 것이다. <킹제임스성경>은 이처럼 성경 66권의 각 책들을 일사불란하게 한 줄로 꿰어 성경 전체가 하나의 유기체를 이루고 있는지라, 전혀 혼란을 일으키지 못하도록 되어 있는 책이다. 3대륙에 걸친 40여 명의 기록자들이 1,500년 동안에 걸쳐 기록한 책들이 이렇게 놀라운 일관성을 견지한다는 것이 하나의 신비에 속하지만, 모든 성경이 『하나님**의 영감으로 주어진**』(딤후 3:16) 책이라는 사실을 기억한다면 오히려 당연한 일이다. 이러한 성경을 변개하고 삭제하며 또 첨가해 가며 이상야릇한 "현대판" 가짜 성경들을 만들어낸 자들을 두고 마귀의 앞잡이들이라고 우리가 지탄하는 이유가 바로 여기에 있는데, 마귀는 <킹제임스성경>이 견지하고 있는 그 놀라운 유기체적 일관성 때문에 하나님의 진리가 사람들에게 고스란히 전달되고 있다는 사실을 생각하면 견딜 수가 없는지라, 어떻게 해서든 사람들이 성경을 읽으면서 혼란을 일으키고 미궁에 빠져 허우적거리게 하기 위해 앞잡이들을 내세워 성경에 메스를 가하도록 만들었던 것이다.

『**그 암사자가 자기의 새끼들 중에서 한 마리를 길렀는데 젊은 사자가 되어 먹이를 잡는 것을 배웠고 사람들을 삼켰느니라**』(3장). 이 구절에서 『**젊은 사자**』가 교리적으로 무엇을 가리키는지에 대해서는 나중에 살펴보기로 하고, 역사적으로만 적용해 보면 요시야왕 다음으로 왕위에 오른 여호아하스왕을 가리킨다. 『**암사자**』란 문자적으로는 여호아하스왕의 어미이며, 나아가서는 이스라엘 자체, 즉 유다 왕국 그 자체를 의미하는 것이다.

『**나라들도 그에 관해서 들었으며 그들의 구덩이에서 그가 붙잡혔고 그들이 그를 쇠사슬로 묶어 이집트 땅으로 데려왔느니라**』(4절). 이 구절의 내용 역시 교리적으로는 다른 무엇인가에 적용되지만, 역사적으로는 열왕기하 23,24장, 또는 역대기하 35,36장에 연결된다. 먼저 역사적으로 어떻게 적용되는지 살펴보기 위해 열왕기하 23장으로 가보자.

이집트 왕 파라오느코가 앗시리아를 치기 위해서 유프라테스 강가까지 진군했는데, 앗시리아와 연합하고 있던 유다의 요시야왕이 파라오느코에게 대들었다가 므깃도에서 화살에 맞아 중상을 입고 살해된다(왕하 23:29, 대하 35:22-25). 이 당시 이집트의 파라오느코는 앗시리아를 도와 공격해 오는 요시야왕에게 자신의 앗시리아 정벌을 상관하지 말라고 종용하였는데, 요시야왕은 그의 말을 묵살해 버렸다가 변을 당한 것이었다. 성경에 의하면, 파라오느코는 하나님께서 움직이셔서 앗시리아를 공격하고 있었던 것으로 돼 있다(대하 35:22). 요시야왕을 잃은 유다는 그 후계자 여호아하스를 왕으로 추대하였으나 파라오느코에 의하여 석 달 만에 폐위되어 이집트로 잡혀가고 만다. 파라오느코는 여호아하스를 폐위시킨 뒤 그의 형제 엘리야킴을 유다 왕으로 추대하고 그의 이름을 여호야킴으로 바꾼다(왕하 23:34, 대하 36:1-4). 그리고 유다 왕국에 전쟁 배상금으로 은 일백 달란트와 금 일 달란트를 요구하게 된다. 이런 이야기 중 여호아하스가 파라오느코에 의하여 이집트로 사로잡혀갔던 사건이 바로 여기 4절을 역사적으로 적용한 내용이다. 『**...그들의 구덩이에서 그가 붙잡혔고 그들이 그를 쇠사슬로 묶어 이집트 땅으로 데려왔느니라.**』

19:5 이제 그 암사자가 기다렸는데 그녀의 소망이 없어진 것을 보고 암사자가 자기의 새끼 중에 또 한 마리를 취하여 젊은 사자를 만들었느니라.
6 그랬더니 그가 사자들 가운데로 오르내리며 젊은 사자가 되어 먹이 잡는 것을 배워 사람들을 삼켰느니라.
7 또 그가 그들의 황폐한 궁전들을 알고 그들의 성읍들을 훼손하였으니 그의 울부짖는 소리로 인하여 땅과 거기 충만한 것들이 황폐케 되었느니라.
8 그때에 민족들이 그 지방들로부터 사방으로 그를 대적하여 그에게 그들의 그물을 펼쳐서 그들의 구덩이에서 그를 잡아서
9 그를 사슬로 채워 감방에 가두고, 바빌론 왕에게로 데려갔느니라. 그들이 그를 감옥으로 데려갔으니 이는 그의 음성이 이스라엘의 산들에 다시는 들리지 않게 하려는 것이라.

이 구절들 역시 열왕기하 23장에서 그 역사적인 근거를 찾아볼 수 있다. 『**파라오느코가 요시야의 아들 엘리아킴을 그의 아버지 요시야의 자리에 왕으로 삼고 그의 이름을 여호야킴으로 바꾸었으며 여호아하스를 잡아갔으니 그가 이집트로 가서 거기서 죽었더라**』(왕하 23:34).

그리고 이어서 열왕기하 24장 1절로 계속 읽어 내려가 보라. 『**여호야킴 시대에 바빌론 왕 느부캇넷살이 올라왔으니, 여호야킴이 삼 년간 그의 종이 되었고 그후 그가 돌이켜 그에게 반역하였더라. 그때 주께서 그를 치시려고 칼데아인들의 부대와 시리아인들의 부대와 모압인들의 부대와 암몬 자손의 부대를 보내시어 유다를 쳐서 멸망시키셨으니 주의 종 선지자들을 통하여 하신 주의 말씀대로 되었더라.**』

이번에는 열왕기하 24:12부터 읽어 내려가 보자. 『**그리하여 유다 왕 여호야킨이 그의 어머니와 그의 신하들과 그의 고관들과 그의 관원들과 함께 바빌론 왕에게 나아가니 바빌론 왕이 그의 치리 제팔년에 그를 붙잡았더라.**』

그래서 앞에서도 언급한 바와 같이 문자적으로는 『**그 암사자**』가 여호아하스의 어머니이다. 그리고 『**자기의 새끼 중에 또 한 마리**』에 해당하는 『**젊은 사자**』란 열왕기하 24:12에서 바빌론의 느부캇넷살왕에게 붙잡힌 여호야킨을 일컫는다. 여호야킨은 여호야킴이 죽은 뒤 왕위에 올라 있었다.

『**또 그가 그들의 황폐한 궁전들을 알고 그들의 성읍들을 훼손하였으니 그의 울부짖는 소리로 인하여 땅과 거기 충만한 것들이 황폐케 되었느니라**』(7절). 바빌론의 느부캇넷살왕이 예루살렘을 정복하고 『**그가 주의 전의 모든 보물과 왕궁의 보물을 끌어내었으며 이스라엘 왕 솔로몬이 주의 성전에 만든 모든 금 기명들을 산산조각내었으니**』(왕하 24:13) 성읍들이 훼손된 것은 당연하였고, 『**모든 예루살렘 거민과 모든 고관들과 모든 힘센 용사 일만 명을 사로잡아갔으며, 또 모든 장인들과 대장장이들을 사로잡아갔으니 그 땅의 백성 중 극빈층 외에는 남은 자가 없었**』을 정도가 되었으니(왕하 24:14), 실로 『**거기 충만한 것들이 황폐케 되었느니라.**』는 표현 그대로였다.

『**그때에 민족들이 그 지방들로부터 사방으로 그를 대적하여 그에게 그들의 그물을 펼쳐서 그들의 구덩이에서 그를 잡아서**』(8절). 앞에서 인용한 열왕기하 24:2을 말한다. 칼데아 부대와 시리아 부대와 모압 부대와 암몬 자손의 부대 등 말이다.

『**그를 사슬로 채워 감방에 가두고, 바빌론 왕에게로 데려갔느니라. 그들이 그를 감옥으로 데려갔으니 이는 그의 음성이 이스라엘의 산들에 다시는 들리지 않게 하려는 것이라**』(9절). 여호아하스가 2절부터 3절을 거쳐 4절까지 언급되고 있는 반면에 그 후 여기 9절까지는 여호야킨이 언급되고 있다. 역사적으로 본다면 말이다.

그럼 교리적으로 어떻게 적용되는지 주의 깊게 살펴보자. 먼저 욥기 4장으로 가보자. 욥기 4장은 재림 구절들이다. 『**그들은 하나님의 입기운에 멸망하고 그의 콧김에 소멸되느니라**』(욥 4:9). 이 구절은 데살로니가후서 2장의 『**그리고 나서 그 악한자가 나타나리니 주께서 그를 자기 입에서 나오는 영으로 소멸하시고 그의 찬란한 오심으로 제거하시리라.**』(살후 2:8)라는 말씀에 직접 연결된다. 불법자가 하나님의 입기운에 멸망하고 콧김에 소멸된다는 표현이 시적인 묘사에 지나지 않는다고 여기지 말라. 성경은 바다의 통로들이 나타나고 세상의 기초가 드러난 것도 하나님께서 내쉬는 콧김에 의해서라고 언급한다(삼하 22:16, 시 18:15). 하나님의 입기운과 콧김의 위력이 가히 어떠한지 짐작하고도 남는데, 내가 이렇게 말하면 어떤 사람들은 코웃음을 치면서 그 말을 액면 그대로 받아들이느냐고 빈정대지만, 그들이야말로 "외계인과의 전쟁"이니, "배트맨"이니 하는 만화 같은 영화라면 사죽을 못쓰면서도 성경이라면 무조건 액면 그대로 믿으려고 들지 않는 자들이다. 대환란 기간 동안 나타나게 될 적그리스도는 이 하나님의 입기운에 의해서 멀리 날아가 버린다. 『**그가 흑암에서 떠나지 못하리니 불꽃이 그의 가지들을 말려 버릴 것이며 그분의 입김에 의하여 그가 멀리 가리라**』(욥 15:30).

자, 그런데 여기 욥기 4장에 다섯 가지 종류의 "사자"들이 등장한다. 욥기 4:10에서 세 종류의 사자들이 등장하고, 11절에서 두 종류가 등장하는데, 한 종류는 "으르렁거리는 사자," 또 한 종류는 "사나운 사자," 그리고 세 번째가 "젊은 사자들," 네 번째는 "늙은 사자," 그리고 마지막으로 "힘센 사자"다. 사자는 다 같은 사자들이지만, 이 다섯 가지 종류의 사자들을 나타내는 히브리어 단어들이 각기 다르다는 데에 주목하게 되는데, 첫 번째 "으르렁거리는 사자"는 "먹이의 공포"라는 뜻을 가진 이름으로, 먹이가 될 짐승을 향하여 으르렁! 하고 포효하며 겁을 주는 사자이고, 두 번째 "사나운 사자"는 "검은 사자"란 뜻으로, 검은색의 고양이과 짐승이다. 그리고 세 번째 "젊은 사자들"은 공격의 대상으로 찍어놓은 먹이를 주시하며 덤불에 몸을 숨기고 납작 엎드려 있다가 기회가 왔을 때 느닷없이 먹이에게 쇄도하는 사자들을 의미하고, 네 번째 "늙은 사자"는 날카로운 발톱을 세운 억센 발로 먹이를 찍어누르고 있는 사자를 뜻하며, 마지막 다섯 번째 "힘센 사자"는 새끼들에게 젖을 물리는 사자라는 뜻의 이름이다. 이렇게 다섯 가지 서로 다른 히브리어 단어로 각각의 사자들을 표기하고 있는 것은 이 다섯 가지 종류의 사자들이 각기 다른 무엇인가를 나타내기 위함이다.

이처럼 욥기 4장에는 여러 가지 각도로 사자들을 조명하고 있거니와, 에스겔서 19

장에 나오는 사자들이 이 사자들과 무관하지 않다. 위에서 언급한 바와 같이 욥기 4장은 재림에 관한 구절들이다.

다니엘 7장에는 또 하나의 사자가 나온다. 『**큰 짐승들 넷이 그 바다에서 올라오는데 서로 다르더라. 첫째는 사자 같고 독수리의 날개가 있는데, 내가 보니 그 날개가 뽑혔고 또 땅에서 들려서 사람처럼 발로 서 있게 되었으며, 또 사람의 마음을 받았더라**』(단 7:3,4). 여기서 "독수리의 날개를 가진 사자"는 역사적으로 페르시아 제국을 일컫는데, 이와 연관해서 다니엘 7장에 나오는 『**짐승들 넷**』은 모두 이방 왕국들로, 하나님의 백성들을 대적하다가 마지막에 예수 그리스도의 왕국 앞에 무너져 버리는 적그리스도의 왕국을 상징한다(단 2:44).

물론 사자라고 반드시 나쁜 사자만 있는 것은 아니다. 요한계시록 5:5에서는 예수 그리스도께서 『**유다 지파의** 사자』로 일컬어지고 있다. 하지만 반면 베드로전서 5:8에서는 마귀가 "삼킬 자를 찾아 두루 다니는" 『**울부짖는 사자**』로 일컬어진다.

자, 앞의 본문의 사자를 다음 본문의 "포도나무"와 연관해서 좀 더 자세히 살펴보자.

19:10 네 어미는 물가에 심겨진 네 피 속에 있는 포도나무 같아서 많은 물 때문에 열매가 많고 가지들이 무성하였느니라.

11 그 나무는 권세 잡은 자들의 홀이 될 튼튼한 가지들을 지녔고 그 키는 빽빽한 가지들 가운데서 높여졌으며 그 나무는 많은 가지들과 더불어 높이 모습을 드러냈느니라.

12 그러나 그 나무는 분노 가운데서 뽑혀져서 땅에 내던져졌고 동풍이 그 열매들을 말렸으며 그 튼튼한 가지들이 부러져서 말랐으니 불이 그것들을 태웠더라.

13 이제 그 나무가 메마르고 갈증나는 땅, 광야에 심겨졌으니

14 불이 그 가지들 중의 한 가지에서 나와 그 열매를 삼키므로 다스릴 홀이 될 튼튼한 가지가 없느니라. 이것이 애가요, 애가로 쓰이리라.

『**네 어미는 물가에 심겨진 네 피 속에 있는 포도나무 같아서 많은 물 때문에 열매가 많고 가지들이 무성하였느니라**』(10절). 성경에서 물이 피로 변한 사건은 두 번 언급되고 있는데, 구약에서 한 번, 신약에서 한 번이다. 구약에서는 나일강의 물이 피로 변한 사건이었고, 신약에서는 요한복음 2장에서 주님께서 물을 포도주로 바꾸신 이적이었다.

성경에서 "피"는 곧 생명을 의미한다(창 9:4). 따라서 『**네 피 속에 있는 포도나무**』란 "네 생명 속에 있는 포도나무," 즉 "많은 자손을 낳은 포도나무"란 뜻이 된다.

이스라엘이 또 『**포도나무**』에 견주어지는 데에 주목하라. 이 포도나무는 『**많은 물 때문에 열매가 많고 가지들이 무성**』하였었지만, 곧 말라버리고 불에 타버리게 된다.

성경에서 『**많은 물**』이란 요한계시록 17:15에서 보듯이 『**백성들과 무리들과 민족들과 언어들**』을 말한다. 여기에 보면, 『**큰 창녀**』가 『**많은 물 위에**』 앉아 있다. 이것은 그 『**창녀**』가 많은 나라들과 민족들과 언어들 위에 군림하고 있음을 말한다. 『**그 여자는 땅의 왕들을 다스리는 큰 도성이라.**』(계 17:18)고 성경은 정의를 내려주고 있다.

『**그 나무는 권세 잡은 자들의 홀이 될 튼튼한 가지들을 지녔고 그 키는 빽빽한 가지들 가운데서 높여졌으며 그 나무는 많은 가지들과 더불어 높이 모습을 드러냈느니라**』(11절). 비록 포도나무지만 대단히 특이한 포도나무임이 분명하다. "나무"로서는 쓸모가 없는 나무들의 대표 격인 포도나무건만, 이 포도나무는 『**홀이 될 튼튼한 가지들**』을 뻗는가 하면, 그 둥치는 키가 커서 다른 나무들 위로 치솟아 오를 정도로 위풍이 당당하고, 또 가지가 무성하다. 역사적으로 볼 때, 솔로몬 시대의 이스라엘을 가히 이렇게 묘사할 수가 있었다. 주석자들은 이것을 역사적으로 시드키야왕에게만 적용하는 게 일반적인데, 좁은 의미에서는 그렇게 적용해도 무리는 없지만, 넓은 의미로는 번영을 누리던 다윗의 왕통 전체에 적용해 볼 수도 있겠다. 역사적으로는 말이다. 그러나 이 구절에서 이 포도나무가 비단 역사적으로만 그렇게 적용되고 끝날 나무가 아니란 것을 우리는 안다. 이 나무는 교리적으로 무엇인가 다른 것에 적용된다. 통찰력이 예리한 사람이라면, 벌써 이것이 무엇인지 퍼뜩 짐작하고 있을 것이다.

『**그러나 그 나무는 분노 가운데서 뽑혀져서 땅에 내던져졌고 동풍이 그 열매들을 말렸으며 그 튼튼한 가지들이 부러져서 말랐으니 불이 그것들을 태웠더라**』(12장). 이 나무는 서서히 말라 가는 게 아니라 일시에 뿌리째 "뽑혀진다." 그리고 그 열매들은 『**동풍**』에 메말라 버린다. 팔레스타인 땅의 "동풍"은 식물에 치명타를 가하는 바람으로 악명이 높다. 예수 그리스도께서 재림하실 때, 그분께서는 예루살렘 도성의 동편 산 위에 내려오신다. 그러면 이 나무는 뿌리째 뽑혀버리고 열매는 메말라 버리며 가지들이 꺾여 말라 버리고 불에 타버린다. 이 나무는 10절에서 『**어미**』라고 불렸던 "여자"다. 이 "여자"는 요한계시록 17장에서 『**창녀**』라고 지칭되는 『**여자**』와 관련된다. 사도 요한은 이 『**여자**』를 보고 『**크게 의아해 하며**』 놀라는데(계 17:6), 그는 "아니 이럴 수가!" 하고 소리칠 뻔했다. 『**그러자 그 천사가 내게 말하기를 "왜 놀라느냐? 내가 그 여자의 신비와 그녀를 태운 일곱 머리와 열 뿔을 가진 그 짐승의 신비를 너에게 말하리라**』(계 17:7). 이 『**여자**』는 요한계시록 18:8에서 불로 태워진다. 『**이로 인하여 그녀의 재앙들이 하루 만에 닥치리니 죽음과 슬픔과 기근이요 또 그녀는 불로 완전히 태워지리니, 이는 그녀를 심판하시는 주 하나님은 강하시기 때문이니라.**』 이쯤 되면, 에스겔 19:12의 장면이 요한계시록 18:8의 그림인 것이 분명해진다. 앞에서도 언급한 것처럼, 바로 이런 점이 <킹제임스성경>이 갖는 유기체적 통일성이요, 일관성이다.

『**이제 그 나무가 메마르고 갈증나는 땅, 광야에 심겨졌으니**』(13절). 요한계시록 19장에서는 그 "짐승"이 불못에 던져지고 만다(계 19:20). 이 짐승은 『**산 채로**』 불못에 던져지는데, 이것이 여기 에스겔 19:13에서 『**심겨졌으니**』라고 서술하고 있는 이유다. 이 나무는 뿌리째 뽑혀지고 가지가 꺾여 메말라 불에 타버리지만, 『**메마르고 갈증나는 땅**』, 즉 "불못"에 옮겨 "심겨지게" 된다. 이 불못의 위치는 『**광야**』인데, 사해 남쪽 에돔 땅 황무지 아래 땅속이 바로 그곳이다. 아, <킹제임스성경>은 과연 얼마나 위대한가? 사용되는 단어 하나하나만 살펴보아도 문장들과 문맥들이 무엇을 의미하는지 분명하기 그지없지 않은가? 이 불못은 『**갈증나는**』 곳이지, "가물이 든"(개역 한글판 성경) 곳이 아니다. 지옥이란 말이다! 『**부자가 지옥에서 고통받는 중에 눈을 들어 저 멀리 아브라함을 보았더니 나사로가 그의 품에 있는지라. 그가 소리질러 말하기를 '아버지 아브라함이여, 저를 불쌍히 여기셔서 나사로를 보내시어 그가 자기 손가락 끝에 물을 적셔 내 혀를 식히게 하소서. 내가 이 불꽃 가운데서 고통을 받고 있나이다.'라고 하니**』(눅 16:23,24).

주석가들은 『**이제 그 나무가 메마르고 갈증나는 땅, 광야에 심겨졌으니**』라는 구절을 설명하면서, 이스라엘 백성이 사로잡혀가 있던 바빌론의 칼데아 지방은 풍토지리상으로는 비옥한 땅이었지만 이스라엘 백성의 영적 상태는 메마른 광야와 같은 땅이었다거나, 비록 지금은 바빌론에 포로로 잡혀가 있지만, 옮겨 심겨졌다는 점에서 하나님의 자비가 표현되고 있다거니 하는 식으로 허튼소리들이 남발되고 있거니와, 이들은 고의적이든, 무의식적이든 마귀의 비극적인 운명과 지옥의 존재를 당신에게 슬쩍 감추어 버리려고 애를 쓰고 있는 것이다.

자, 지금까지의 상황들을 먼저 역사적으로 적용하여 정리해 보자.

역사적으로 볼 때, "이스라엘"은 어미 사자, 즉 『**암사자**』요(2,3절), 또 열매가 많고 가지들이 무성한 『**포도나무**』였다(10절). 이 포도나무는 『**홀이 될 튼튼한 가지들을**』 지녔었는데(11절), 이스라엘은 『**젊은 사자들 가운데서 자기의 새끼들을**』 길렀었다. 그러나 새끼 사자들을 길러내는 족족 타국에 잡혀가는 바람에 이스라엘은 더 이상 새끼 사자를 길러낼 수가 없게 되었고, 마침내 왕통이 끊기고 말았다. 이스라엘은 또 물가에 심겨진 포도나무 같았지만, 외적들에게 뽑혀졌고 그 튼튼한 가지들이 부러지고 말라버리는 바람에 더 이상 권세를 잡은 자들의 홀이 될 만한 가지들을 낼 수가 없게 되었다. 이스라엘은 멸망하고 말았던 것이다. 이것이 지난날 이스라엘의 역사였다. 이렇게 볼 때 역사적으로는 모든 것이 명확하고도 용이하게 설명될 수가 있다.

그러나 여기 그렇게 쉽게 설명될 수 없는 것이 몇 가지가 있다. 가령, 에스겔 20장 끝 부분으로 가보자. 여기에 보면 불에 타는 삼림 이야기가 나오는데, 이 불이 꺼지지 않는 불인지라 지옥의 불을 나타내는 그림인 게 틀림이 없다. 『**인자야, 네 얼굴을 남쪽으로 향하여 두고 네 말을 남쪽을 향하여 들리게 하며 남쪽 들판의 삼림에 대하여 예언하여 남쪽의 삼림에게 말하기를 "주의 말씀을 들으라. 주 하나님이 이같이 말하노라. 보라, 내가 네 안에 불을 붙이리니 그러면 그 불이 네 안에 있는 모든 푸른 나무와 모든 마른 나무를 삼킬 것이요, 타오르는 불꽃은 꺼지지 아니할 것이며, 남쪽으로부터 북쪽에 이르는 모든 얼굴이 그 안에서 태워지리라**』(겔 20:46,47). 하나님께서는 "남쪽의 삼림"에 불을 붙이시는데, 이 불꽃이 삼림의 모든 푸른 나무와 마른 나무들을 삼킬 뿐만 아니라 "모든 얼굴"을 또 태워 버리게 된다. 『**모든 육체는 나 주가 그것에 불붙인 것을 보리니 그것이 꺼지지 아니하리라." 하라**』(겔 20:48). 그러니까, 『**그곳에는 그들의 벌레도 죽지 않고, 불도 꺼지지 아니하느니라.**』(막 9:46,48)라는 말씀대로 이 불은 초자연적인 불이다.

이처럼 에스겔 19장에서 이 불 이야기를 꺼내면, 사람들은 그게 "비유"인 줄로 착각한다. 그러나 사람들의 이와 같은 반응은 에스겔 당시에도 있었다. 『**그때 내가 말씀드리기를 "아, 주 하나님이여! 그들이 나에 대해서 말하기를 '그는 비유를 말하지**

아니하는가?' 하나이다." 하였더라』(겔 20:49). 에스겔이 지옥에 대해서 설교하고 있는데, 사람들은 "아, 비유로 말하고 있군." 하고 말하는 것이다. 이게 바로 현대의 성경 주석가들의 모습이다. 그러면서도 그들은 "비유"보다 더 모호하고 엉뚱하게 "은유적으로" 해석하여, 이 불이 바빌론의 침략을 받은 이스라엘의 시련과 고통을 의미하는 것으로 치부해 버린다. "비유"는 어려운 이야기를 구체적인 사례로 설명하여 쉽게 이해하게 하는 데 도움을 주지만, "은유"는 구체적인 사실을 오히려 안개에 싸이게 만들어 버린다. 에스겔 19장을 주석하면서 수많은 주석자들이 군데군데에서 "은유적으로 나타낸 말이다."라는 부기를 달아 놓고는, 그 "은유"를 해설한답시고 더 모호한 이야기로 색칠해 뭉개버린다.

자, 이번에는 이 구절들의 관련 구절들을 찾아 에스겔 31장으로 가보자. 에스겔 31장에서 우리는 마귀를 발견하게 되는데, 이 마귀가 "나무"로 묘사되고 있거니와, 이 나무는 『**그의 작은 가지들은 떨어졌고 그의 큰 가지들은... 꺽여졌으며 땅의 모든 백성들은 그의 그늘로부터 떠났고 그를 버려**』(겔 31:12) 두게 되어 에스겔 19장에서 한 여인이 『**포도나무**』로 언급되는 가운데 『**분노 가운데서 뽑혀져서 땅에 내던져졌고 동풍이 그 열매들을 말렸으며 그 튼튼한 가지들이 부러져서 말랐으니 불이 그것들을 태웠더라.**』라고 묘사되는 처지와 정확하게 똑같은 신세가 되고 만다. 마귀를 가리키는 에스겔 31장의 "나무"는 처음에는 『**그 나무가 솟아날 때 물이 많으므로 그의 큰 가지들이 무성하고, 그의 작은 가지들이 길어졌도다.**』(겔 31:5)라고 묘사됨으로써 역시 에스겔 19:10,11의 포도나무와 똑같이 묘사된다. 차이가 있다면, 에스겔 19장의 포도나무는 "그녀"(she)라는 여성대명사로 지칭되는 어떤 "여자"라는 점이다.

『하나님**의 동산에 있는 백향목들이 그를 가릴 수 없었으니 전나무들이 그의 큰 가지들 같지 아니하였으며 밤나무들이 그의 작은 가지들만 같지 아니하였고** 하나님**의 동산에 있는 어떤 나무들도 아름다움에는 그와 같지 못하였도다. 내가 그의 작은 가지들을 많게 함으로써 그를 아름답게 하였더니** 하나님**의 동산에 있는 에덴의 모든 나무들이 그를 시기하였도다**』(겔 31:8,9). 이렇던 나무가 결국 어찌 되었는가? 앞에 인용한 31:12처럼 되고 말았다. 그러니까, 『하나님**의 동산**』에는 두 나무가 있는데, 하나는 "여자"를 나타내는 포도나무고, 다른 하나는 에스겔 31장에서 『**레바논의 백향목**』으로 언급되는 이 나무로서 이것은 "남자"를 나타낸다. 그런데 이 두 나무들이 다같이 "많은 물"(겔 19:10; 31:5)과 관련이 있다는 점이 또 공통점이다. 요한계시록 17장을 보자. 『**또 일곱 호리병을 가진 일곱 천사 가운데 하나가 와서 나와 대화하며 말하기를 "이리 오라, 많은 물 위에 앉은 그 큰 창녀의 심판을 네게 보여 주리라**』(계 17:1). "큰 창녀"가 "많은 물" 위에 앉아 있는 것이다. 이 "많은 물"은 『**백성들과 무리들과 민족들과 언어들**』이다(계 17:15).

이 『**큰 창녀**』는 또 다름 아닌 땅의 왕들의 음행 상대다. 『**땅의 왕들도 그녀와 더불어 음행하였고...**』(계 17:2) 또 땅에 사는 자들이 『**큰 창녀**』와 음행한 것을 『**그녀의 음행의 포도주에 취하였도다.**』라고 묘사하고 있는 게 특이한데(계 17:2), 에스겔 19장의 『**네 어미**』가 또 『**피 속에 있는 포도나무 같아서**』(겔 19:10)라고 묘사되고 있다. 그러니까, 『**큰 창녀**』와 『**네 어미**』는 다같이 『**포도주**』, 즉 "피"와 관련이 있다. 그런데 또 『**큰 창녀**』는 『**주홍빛 짐승 위에 앉아 있는데, 그 짐승은 하나님을 모독하는 이름들로 가득하고 일곱 머리와 열 뿔을**』 갖고 있다(계 17:3). 계시록 17장을 계속 읽어 내려가 보라. 『**또 그 여자는 자주색과 주홍색 옷을 입고 금과 보석과 진주로 장식하고 손에는 금잔을 가졌는데 그 잔은 가증스런 것들과 그녀가 행한 음행의 더러운 것들로 가득 찼더라. 그녀의 이마에 한 이름이 기록되어 있는데 "신비라, 큰 바빌론이라. 땅의 창녀들과 가증한 것들의 어미라."고 하였더라. 또 내가 보니, 그 여자가 성도들의 피와 예수의 순교자들의 피에 취하였더라. 그러므로 내가 그녀를 보고 크게 의아해 하며 놀랐노라**』(계 17:4-6).

이쯤 되면 당신도 크게 의아해 하며 놀라지 않을 수 없으리라. 『**일곱 머리와 열 뿔**』을 가진 짐승인 『**그 여자**』는 『**피**』에 취해 있다. 그런데 『**일곱 머리는 그 여자가 앉은 일곱 산**』(계 17:9)이고, 『**열 뿔은 열 왕**』이라고(계 17:12) 성경은 주석을 달아 준다. 그리고 또 성경은 『**그 여자**』가 『**땅의 왕들을 다스리는 큰 도성**』이라고 정의를 내리고 있다.

이렇게 볼 때, 우리는 에스겔 19장에서 『**암사자**』, 『**그녀**』, 『**어미**』로 지칭되는 "여자"가 역사적으로 단순히 적용하였을 경우의 이스라엘의 왕들이나 이스라엘을 뛰어넘는 어떤 존재를 가리킴으로써, 요한계시록 17장에서 언급되는 『**큰 도성**』이요, 『**신비라, 큰 바빌론이라. 땅의 창녀들과 가증한 것들의 어미라.**』라는 그 무엇을 지칭하고 있다는 것을 알 수 있다. 예수 그리스도께서 자신의 신부인 "새 예루살렘"(계 21:2)이라는 도성을 갖고 계신 것처럼, 마귀 역시 자신의 큰 도성인 "큰 바빌론"을 갖고 있는 것이다. 그런데, 이 『**큰 도성**』이 바로 『**일곱 산**』에 있다. 『**일곱 산**』이 어디인가? 바로 로마이다!

당신이 구원받은 사람이라면 당신은 그리스도의 몸 안에 들어가 있다. 그리스도의 몸은 그리스도의 신부다. 신랑이신 그분께서는 지금 저 멀리 우주 밖에 올라가 계신다. 그리스도의 몸이요 신부인 당신은 그분과 결합하기까지 아직 이 땅에 남아 있다. 그런데 여기 또 『**땅의 창녀들과 가증한 것들의 어미**』인 어떤 "여자"가 있다. 말하자면, 당신에게는 어떤 "여자"가 경쟁자로 존재하고 있다는 얘기다. 이 말은, 이 땅에는 구원받은 사람들로 구성되어 주님의 신부가 된 한 "몸"이 있는 반면에 구원받지 못한 사람들로 구성되어 마귀에게 짝이 되기에 합당한 또 다른 한 "몸"이 있다는 얘기다. 마귀론 가운데에 "마녀"(succubus)와 "악마"(incubus)라는 존재가 있는데, 마녀는 물론 여자고, 악마는 남자로 통하는 이 마귀들은 중세 암흑 시대에는 사람들이 실재하는 마귀들로 굳게 믿을 정도로 맹위를 떨치던 존재들이다. 마귀들을 "남 마귀"와 "여 마귀"로 구분해서 생각하는 풍조가 중세 암흑 시대에 생겨난 것은 예수 그리스도께서 그분의 몸인 신부를 갖고 계시듯이 마귀도 자신의 짝인 어떤 "여자"가 있지 않겠느냐는 인간의 생각에서였던 것 같다.

이번에는 스카랴 5장을 살펴보자. 『**그때 나와 말하던 그 천사가 나와서 내게 말하기를 "이제 네 눈을 들어 나오는 이것이 무엇인지 보라." 하기에, 내가 말하기를 "그것이 무엇이니이까?" 하니, 그가 말하기를 "이것은 나가는 에바니라." 하더라. 그가 또 말하기를 "이것이 온 땅에 퍼진 그들의 모양이니라. 보라, 납 한 달란트가 들어올려졌으며, 이것이 에바 가운데 앉은 한 여인이라." 하더라**』(슥 5:5-7).

『**에바**』는 곡식이나 액체의 양을 되는 일종의 됫박이고, 『**납**』이란 일종의 저울추를 말한다. 『**에바**』에 곡식이나 가루를 한 그릇 가득 담아서 그것을 다시 저울에 달아 무게를 재어 어떤 곡물이 다른 곡물에 비해 중량이 어떻게 다른가를 비교해 본다고 가정해 보라. 그러니까 위의 구절은 곡물 대신에 『**한 여인**』이 됫박에 앉아 있는데, 그것을 저울에 달아 보려고 했더니 납으로 된 저울추가 위로 훌떡 들어 올려지는 장면인 것이다.

『**그가 말하기를 "이것은 악한 것이라." 하고 그가 그것을 에바 가운데다 던지고 납 덩어리를 그 입 위에 던지더라. 그때 내가 내 눈을 들어 보니, 보라, 두 여인이 나오고 그들의 날개들에는 바람이 있으니, 이는 그들이 황새의 날개 같은 날개들을 가졌음이라. 또 그들이 땅과 하늘 사이로 에바를 들어올리더라**』(슥 5:8,9).

여기 『**이것은 악한 것이라.**』에서 "이것"이란 에바에 앉아 있는 여인을 말한다. 이 여자는 "악한 여자" 정도가 아니라 "이 여자가 악 그 자체다."라는 말이다. 에바에 여자가 앉아 있으니 그 무게 때문에 에바가 아래로 축 쳐지는 반면에 반대편의 저울추는 번쩍 들려 올라갈 게 뻔하다. 이때 위를 쳐다보니 『**두 여인**』이 또 나타나는데 황새의 날개 같은 날개로 바람을 일으키고 있다. 이 『**두 여인**』이 마귀들이거나 악한 영들이라는 것은 짐작하기 어렵지 않은데, 이들이 『**황새의 날개**』를 가진 것으로 보아 로마카톨릭 화가들이 즐겨 그린 "천사"들은 아마도 "황새 새끼"들이었던 모양이다. 아닌 게 아니라 긴 깃털이 있는 "천사"의 날개들은 황새의 날개 그대로인데, 한결같이 "여성적"인 꼬마들이다. 다시 말해서 로마카톨릭의 "천사들"은 실상 "여자 마귀 새끼들"인 것이다. 로마카톨릭의 어떤 그림을 보면, 이 황새 날개를 가진 "여자 마귀 새끼"가 한 아기를 안아다가 어떤 여자(카톨릭에서는 그게 마리아라고 주장한다.)에게 갖다 주는 장면이 그려져 있는 것도 있는데, 아무리 보아도 괴이하기 짝이 없다.

스카랴 5:8에서 에바에 걸터앉아 있는 여인을 천사가 에바 가운데다 던지고, 납덩어리로 된 저울추를 그 여인의 입 위에 던진다. 그랬더니 9절에서 두 여인이 나타나 그 에바를 공중으로 번쩍 들어올려 어디론지 옮겨간다. 그래서 천사에게 묻는다. 『**이들이 그 에바를 어디로 옮기나이까**?』 그런데 천사의 대답이 얼마나 놀라운가! 『**시날 땅에 그것을 위해 집을 지으려 함이라. 그것이 완성되리니, 거기 그녀의 기초 위에 세워질 것이니라.**』(슥 5:11)는 것이다. 『**시날 땅**』이라면 어디를 말하는가? 바빌론을 말한다. 요한계시록 17장으로 되돌아가 보라.

자, 지금 여기에 "여인들"이 모두 세 명 등장한다. 한 여인은 에바 한 가운데 던져져 있고, 두 여인은 그 에바를 "바빌론"으로 옮겨가고 있다. 이런 얘기를 들으면 사람들은 성경을 가지고 별 얘기들을 다 만들어내고 있다고 코웃음들을 치지만, 자기네들이야말로 킹콩이니, 수퍼맨이니, 배트맨이니, 외계인이니 하면서 별의별 이야기들을 꾸며내고 영화로 만들어 즐기면서도 성경에서 말씀하고 있는 이야기들은 하나도 기록된 그대로 믿으려고 하지 않는다. 지금 나는 이야기를 만들어내고 있는 게 아니라 성경을 읽어주고 있는 중이다. 사람들은 성경을 도무지 기록돼 있는 대로 읽으려고 하지 않는다. 이것은 성경 주석자들이라는 사람들도 마찬가지인데, 가령 한 예로 스카랴 5장에 대한 어떤 주석을 시간이 아깝기는 하지만 재미로 한번 살펴보기로 하자. "에바 속의 여인은 우상 숭배라는 죄악을 일컫는 것으로, 이런 행위가 거룩한 땅 예루살렘으로부터 바빌론으로 옮겨간 뒤에 그곳의 이교도적 관습들이 또 여기에 뒤섞이게 되었다. 에바는 유대인들이 되를 속이는 데에 이용하는 도구가 되었기 때문에 하나님의 심판을 되로 담아 그 대가를 치르도록 하는 도구로 거꾸로 이용될 것이다...” 이런 설명이라면 도무지 핀트가 맞지 않고 방향도 중구난방이다. 또 이런 설명도 있다. “이 여인은 ‘악한 것’(wickedness)을 상징적으로 나타낸 것으로 고대 바벨론 성자들이 남긴 문헌에 기록해 놓은 바와 같이 스카랴가 살고 있던 시절 이스라엘 영적 권세자들의 그릇된 모든 관행들을 비유적으로 나타내고 있으며, 여기에 두 여인을 더 등장시킴으로써 그들의 죄악상을 더욱더 극명하게 드러내고 있거니와...” 나는 이 부분에 대한 서른다섯 명의 주석자들이 쓴 책을 읽어보았는데, 누구라고 할 것도 없이 모두가 다 거기서 거기였다. 어떤 사람은 이것이 이스라엘의 최종적인 멸망과 유대인들의 분산을 예고한 것으로, 그들이 그리스도를 처형하고 복음을 박해함으로써 자신들의 죄악의 분량을 가득 채우게 될 것을 예언한 말이라고 둘러대는가 하면, 또 혹자는 아예 이 부분에 대해서는 언급을 회피하고 슬쩍 넘어가 버리는가 하면, 혹자는 또 “칠흙처럼 캄캄해서 도저히 이해할 수 없는 구절들”이라고 실토하고 넘어가기도 한다.

스카랴 5장에 등장하는 세 여인들은 요한계시록 17장에서 『**큰 창녀**』라든지, 『**그녀**』라든지, 『**땅의 창녀들과 가증한 것들의 어미**』로 언급되는 짐승을 말하는 것으로, 요한계시록 12:3에서는 『**일곱 머리와 열 뿔**』이 있는 『**붉은 용**』이고, 요한계시록 17장에서도 『**일곱 머리와 열 뿔**』을 갖고 있기는 마찬가지이되, 『**자주색과 주홍색 옷을 입고 금과 보석과 진주로 장식하고 손에는 금잔**』을 가진 『**짐승**』이며, 요한계시록 12:9에 의하면 『**그는 마귀라고도 하고 사탄이라고도 하는 옛 뱀, 곧 온 세상을 미혹하던 자**』면서도 눈에 보이는 사람으로 나타나 『**전에 있었다가 지금은 없고**』, 장차 『**끝없이 깊은 구렁으로부터 나와서**』 활동하다가 종국에는 다시 『**멸망으로 들어갈 자**』(계 17:8)와 관련이 있다. 사탄도 삼위일체적 존재로서 아버지 격인 “용”으로 나타나기도 하고, 아들 격인 “짐승”으로 육화하기도 하며, 성령에 상응하는 “거짓 선지자”로 활약하기도 한다는 것을 알아 두라(계 16:13,14).

『**불이 그 가지들 중의 한 가지에서 나와 그 열매를 삼키므로 다스릴 홀이 될 튼튼한 가지가 없느니라. 이것이 애가요, 애가로 쓰이리라**』(14장). 이 구절을 위에서도 인용한 에스겔 20:36과 관련하여 읽으면 그 뜻이 무엇인지 쉽게 알 수 있을 것이다. 어떤 주석자들은 이 구절이 이스라엘의 완전한 멸망을 예고하는 것이라고 간단히 넘어가 버리는데, 지금까지 우리가 살펴본 것처럼 그렇게 얼렁뚱땅 넘어갈 수 있는 부분이 아니다. 성경에서는 장차 오실 예수 그리스도에 대해서 이렇게 서술하기도 한다. 『**이새의 줄기에서 한 막대기가 나오며 그의 뿌리들에서 한** 가지**가 자랄 것이라**』(사 11:1). 이 『**한** 가지』가 바로 여기 14절에서 『**그 가지들 중의 한 가지**』다. 그리스도께서 왕으로 오시면 그분께서는 『**가난한 자를 의로 판단하며 세상의 온유한 자를 위해서는 정직으로 책망하리라. 또 그는 그의 입의 막대기로 세상을 치고 자기 입술의 호흡으로 악인을 죽일 것이라.**』(사 11:4)라고 성경은 말씀하고 있다. 그야말로 욥기 4:9이나 데살로니가후서 2:8에서 살펴본 그대로 실현되는 것이다. 『**그들은** 하나님**의 입기운에 멸망하고 그의 콧김에 소멸되느니라**』(욥 4:9). 『**그리고 나서 그** 악한자**가 나타나리니** 주께서 **그를 자기 입에서 나오는 영으로 소멸하시고 그의 찬란한 오심으로 제거하시리라**』(살후 2:8). 그분께서는 『**한** 가지』이실 뿐만 아니라 『**능력의 막대기**』(시편 110:2)라고도 불리신다. 그분께서 다시 오시면 마귀는 『**다스릴 홀이 될 튼튼한 가지가**』 없는 신세로 전락하는 것은 물론 멸망하고 소멸될 것이다. 그는 이미 갈보리에서 패배하였기 때문에 "지금" 『**애가**』를 듣고 있는 신세요, 장차 주님께서 다시 오셔서 불못에 던지시게 될 때, 다시 한번 더 그를 위한 『**애가**』가 쓰이게 될 것이다. 이것이 여기 이 14절의 내용인 것이다.

에스겔 20장

20:1 일곱째 해 다섯째 달, 그 달 십일에 이스라엘의 장로들 가운데 어떤 사람들이
주께 물으려고 와서 내 앞에 앉으니,
2 그때에 주의 말씀이 내게 임하여 말씀하시니라.
3 인자야, 이스라엘의 장로들에게 고하여 그들에게 말하라. 주 하나님이 이같이
말하노라. 너희가 내게 물으려고 왔느냐? 주 하나님이 말하노라. 내가 살아 있
는 한 내가 너희로 묻게 하지 아니하리라.
4 네가 그들을 판단하려느냐? 인자야, 네가 그들을 판단하려느냐? 그들로 그들
조상들의 가증한 것들을 알게 하여

여호야킴의 아들 여코냐, 즉 여호야킨왕이 바빌론에 사로잡혀간 뒤 여섯째 해 여섯째 달에도 유다의 장로들이 에스겔 선지자의 집에 찾아와 거기 앉아 있었던 것을 우리는 앞에서 보았다(8:1). 이번에는 『**일곱째 해 다섯째 달**』(1절)에 그들이 또 에스겔을 찾아와 『**주께 물으려고**』 그 앞에 턱을 고이고 앉아 있다. 그들이 에스겔을 통하여 하나님께 무엇을 알아보고 싶어하는지는 뻔하다. "우리가 여기 칼데아에 사로잡혀 온 지도 벌써 7년이나 되었는데, 하나님께서는 어쩌실 참인가?" 하는 것이었다.

에스겔 선지자도 답답하기는 이들이나 마찬가지였을 것이다. 그는 1장에서도 『**여호야킨왕의 사로잡힌 지 오 년째**』(1:2), 8장에서도 『**여섯째 해 여섯째 달**』(8:1), 여기 20장에서도 『**일곱째 해, 다섯째 달**』, 24장에서도 『**아홉째 해 열째 달**』(24:1), 29장에서도 『**열째 해 열째 달**』(29:1), 26장에서도 『**열한째 해, 그 달 첫째 날**』(26:1), 이런 식으로 31장에서도, 32장, 40장에서도 이야기를 시작하기 전에 먼저 햇수를 손꼽아 헤아려 보면서 그 답답하고 심정이 하루가 여삼추 같다는 것을 여실히 드러내고 있다. 그러나 하나님께서는 7년은커녕 70년 동안 이스라엘 민족을 바빌론 칼데아 땅에 포로 신세로 붙잡아 두실 참이었다(렘 25:11,12).

그런데 하나님께서 에스겔을 통해 말씀하시는 것은 무엇인가? 『**너희가 내게 물으려고 왔느냐? 주 하나님이 말하노라. 내가 살아 있는 한 내가 너희로 묻게 하지 아니하리라.**』(3절) 하시는 것이다. 하나님의 말씀을 들으려고 모여든 사람들에게 하나님께서 대답하지 않으시겠다고 하시는 이유는, 그들이 조상 대대로부터 저질러 온 죄악에서 돌이키지 않기 때문이다. 누구 한 사람 그 죄들을 뉘우치거나 부끄러워하지 않는다. 그래서 하나님께서는 에스겔에게 『**그들로 그들 조상들의 가증한 것들을 알게 하여**』(4절)라고, 즉 그들에게 책망하라고 말씀하시는 것이다.

본문을 영적으로 적용하면, 우리가 "하나님의 진리를 알고자 하여" 성경을 펼쳐 든다 해도, 우리 가운데 죄악을 품고 있으면 절대로 알려주지 않으신다는 것이다. 생각해 보라. 하나님께서 우리에게 『**내게 물으려고 왔느냐? 주 하나님이 말하노라. 내가 살아 있는 한 내가 너희로 묻게 하지 아니하리라.**』라고 말씀하신다면 어떻게 하겠는가? 하나님의 말씀은 분명하다. 『하나님**의 말씀은 살아 있고 능력이 있어 양날이 있는 어떤 칼보다도 예리하여 혼과 영, 그리고 관절과 골수를 찔러 가르고 마음의 생각들과 의도들을 판별하느니라**』(히 4:12). 이러한 하나님의 말씀 앞에서 우리는 절대로 우리 마음속을 숨길 수가 없다. 그러므로 우리는 성경을 펼치기 전에 먼저 우리 자신을 돌아봐야 한다. 자신을 돌아보고 자신의 『**가증한 것들**』을 먼저 들춰내고 그것들을 하나님 앞에 낱낱이 펼쳐 보여드리며 죄를 자백해야 한다. "주님, 저는 이런 죄를 지었습니다. 주님, 저는 저런 악을 범했습니다. 저의 모든 죄들을 용서해 주시고 그리스도의 보혈로 저를 깨끗이 씻어 주십시오. 그리고 제가 성경을 펼쳐 하나님의 말씀을 읽을 때에 밝히 조명해 주시고 하나님의 진리들을 깨달아 알 수 있도록 성령님의 인도하심을 받게 해 주십시오." 하고 기도해야 한다. 그렇지 않으면 성경은 우리에게 『**내게 물으려고 왔느냐? 주 하나님이 말하노라. 내가 살아 있는 한 내가 너희로 묻게 하지 아니하리라.**』라고 꾸짖게 될 것이다.

우리는 하나님을 두려워할 줄 알아야 한다. 우리는 하나님의 말씀들 앞에서 옷깃을 여밀 줄 알아야 한다. 『**내가 내 마음에 죄악을 생각하면 주께서 내게 듣지 아니하시리라. 그러나 참으로 하나님께서 들으셨으며 나의 기도 소리에 주의를 기울이셨도다. 하나님을 송축하리로다. 그가 내 기도를 물리치지 아니하셨으며 그의 자비도 내게서 거두지 아니하셨도다**』(시 66:18-20). 마음속에 죄가 있으면 하나님께서는 우리를 상대도 하지 않으실 것이다. 그러나 그 죄를 자백하고 하나님께 여쭈면, 하나님께서는 귀를 기울여 들어주실 것이다.

20:5 그들에게 말하라. 주 하나님이 이같이 말하노라. 내가 이스라엘을 택한 날에 야곱 집의 자손에게 내 손을 들어올려 이집트 땅에서 그들에게 나 자신을 알게 하였으며 내가 내 손을 그들에게 들어올렸을 때 말하기를 "나는 주 너희 하나님이라." 하였느니라.

6 내가 그들에게 내 손을 들어올려 그들을 이집트 땅에서 내가 그들을 위하여 찾아내었던 땅, 즉 젖과 꿀이 흐르고 모든 땅들의 영광인 곳으로 인도하리라고 했던 그 날에

7 내가 그들에게 말하기를 "너희 각인은 자기 눈의 가증함들을 내어 버리고 이집트의 우상들로 더불어 너희 자신들을 더럽히지 말라. 나는 주 너희 하나님이니라." 하였으나

8 그들은 내게 반역하였고 내게 경청하려 하지 아니하였으며 그들 각자가 그들의 눈의 가증한 것들을 내버리지 아니하였고 이집트의 우상들을 버리지 아니하였느니라. 그러므로 내가 말하기를 "내가 나의 진노를 그들 위에 부어 이집트 땅 가운데 그들에 대한 나의 분노를 이루리라." 하였노라.

9 그러나 내가 내 이름을 위하여 일하였나니 그들이 거하는 바 이방인 앞에서 내 이름이 더럽혀져서는 안 되기 때문이라. 내가 이집트 땅에서 그들을 인도하여 냄으로써 그들의 목전에서 내 자신을 그들에게 알게 하였도다.

하나님께서는 여기서부터 이스라엘 백성의 죄상에 대하여 상세히 언급하시면서, 그에 대한 하나님의 심판의 정당성을 말씀하신다.

『**내가 이스라엘을 택한 날에**』(5절). 하나님께서 이스라엘을 자신의 백성으로 택하셨지, 이스라엘이 하나님을 택한 것이 아니다. 하나님께서 은혜로 당신을 구원하시고 자녀로 삼아주셨지, 당신이 스스로 그분을 하나님 아버지로 골라잡은 게 아니라는 말이다. 당신은 주 예수그리스도께서 당신의 죄들을 위하여 당신 대신에 갈보리 십자가에 못 박히셨고 장사한 지 사흘 만에 죽은 자들로부터 살아나셨음을 믿었을 뿐이다. 그랬더니 주님께서는 당신을 성령으로 거듭나게 해 주셨고 자신의 아들로 삼아주셨으며 당신으로 하여금 그분을 아버지라고 부를 수 있게 해 주셨다. 물론 당신이 그분을 믿고 영접하기로 결정한 것은 당신의 선택이었지만, 그렇게 되도록 인도하신 분은 역시 하나님이셨다.

『**내가 이스라엘을 택한 날에... 말하기를 "나는 주 너희** 하나님**이라." 하였느니라.**』 출애굽 하기 직전 모세와 아론이 파라오에게 찾아가 이스라엘 백성이 광야에서 하나님의 명절을 지키게 해달라고 요청했다가 거절당하고 오히려 이전보다 훨씬 더 고된 노역이 이스라엘 백성에게 할당되기에 이르자 백성이 모세와 아론을 비난하게 된다. 그리하여 모세는 하나님께 이렇게 말씀드린다. 『**주여, 어찌하여 이 백성이 그처럼 악한 일을 탄원하게 하시나이까? 어찌하여 나를 보내셨나이까?... 주께서는 주의 백성을 전혀 구해 주지 않으셨음이니이다**』(출 5:22,23). 그러자 하나님께서 모세에게 대답하시기를 『**내가 파라오에게 어떻게 행할는지 이제 네가 보리라... 나는 주라. 내가 아브라함과 이삭과 야곱에게** 전능한 하나님**의 이름으로 나타났으나 여호와라는 나의 이름으로는 그들에게 알리지 아니하였느니라. 내가 또한 그들과 더불어 언약을 세워 카나안 땅, 곧 그들이 타국인이 되었던 그들의 순례의 땅을 주기로 하였으며**』(출 6:1-4)라고 말씀하신다. 말하자면 "주 하나님"으로서의 『**여호와**』라는 자신의 이름을 모세에게 처음으로 공개하셨던 것이다.

하나님께서는 "엘," "엘라," "엘로이," "아도나이," "하나님," "주" 등과 같은 기본적인 이름들을 갖고 계신 한편, "전능하신 하나님"이란 뜻의 "엘 샤다이"처럼 복합어로 된 이름을 갖고 계시고, 또 『**주**』(LORD)로 번역되는 "여호와"라는 이름과 "여호와 라파," "여호와 닛시," "여호와 이레," "여호와 사바오스"처럼 "여호와"라는 이름과의 복합어로 된 이름들도 갖고 계신다. "여호와"라는 이름은 영어로는 "Jehovah"라고 표기하기는 하지만, 히브리어로는 네 개의 자음 문자로만(יהוה) 되어 있기 때문에 사실상 영어로는 읽을 수가 없는 이름인데, 다만 히브리어의 맛소라 모음부호로 발음했을 때 "아도나이"가 된다. "여호와"라는 하나님의 이름은 지극히 거룩한 이름인지라 인간이 감히 발음조차 할 수 없을 만큼 성스러운 것을 여기서도 알 수 있거니와, <킹제임스성경>에서는 이것을 『**주**』(LORD)로 옮기고 있다. 이 이름을 하나님께서 인간에게 처음 계시하신 것이 이처럼 출애굽 직전에 모세를 통해서였던 것이다.

『**내가 내 손을 그들에게 들어올렸을 때**』(5절). 그런데 하나님께서 이스라엘에게 『**나는 주 너희** 하나님**이라.**』고 계시하셨을 때 그분께서는 『**손을 들어올려**』 맹세하셨다고 말씀하신다. 하나님께서 손을 들어 맹세하시는 약속은 인간의 맹세와는 그 유가 다르다. 인간이 만든 국가나 갖가지 기구들이 하나님의 맹세를 흉내 내어 자기들 특유의 서약이라는 것을 행하지만, 인간의 서약은 언제나 거짓말일 뿐이다.

하나님께서 『**손을 들어올려**』 서약하셨다는 이야기가 에스겔 20장에서만 5절에서 두 번, 여기 6절에서 또 한 번, 15절, 23절, 28절, 그리고 42절에서 또 한 번, 이렇게 모두 일곱 차례나 나온다. "맹세하다."라는 말을 히브리어로 하면 "일곱을 행하다."란 뜻이 된다. 하나님께서 맹세하신 일은 반드시 하나님께서 행하시는 일이다. 다시 말해서, 하나님께서 "일곱을 행한다."고 말씀하셨다면, 그것은 반드시 하나님에 의하여 실행되는 일이라는 뜻이고, 하나님께서 "내가 행하노라."라고 말씀하셨다면, 그것은 곧 "내가 일곱을 행하리라," 또는 "그 일은 일곱이 되리라."라는 뜻이다. 하나님께서는 모든 일들을 "일곱 체계"에 따라 행하신다. 하나님께서 창조하신 이 세상의 모든 우주 질서도 "일곱 체계"로 이루어져 있다. "일곱"이 지나면 모든 것이 새로 시작된다. 이 세상의 모든 음(소리)도 일곱 가지 음으로 돼 있다. 색깔도 일곱 가지다. 당신의 몸도 일곱 지체를 갖는다. 하나님의 창조사역도 6일간 계속되고 7일째는 쉬심으로써 일곱 체계의 완전한 한 주기를 이루었다.

이 일곱째 날을 안식일로 정하시고 주님과 이스라엘 사이(이방인이나 교회가 아니라)의 표적으로 삼으셨고, 유대인들로 하여금 자신들을 거룩케 하시는 그분께서 주 하나님이심을 알도록 하셨다(겔 20:12). 달수로도 여섯 달 동안 일한 뒤 일곱째 달에는 특별히 세 번의 명절을 두고 장막절, 나팔절 및 속죄일을 지킴으로써 한 주기가 끝나는 이 일곱째 달을 중요한 달로 기리게 하셨고(레 23:15-26), 햇수로도 일곱째 해는 하나님의 안식년으로 정하셔서 부리던 종도 이 일곱째 해에는 놓아주도록 명하셨는가 하면(출 21:1-5, 레 25:1-10), 땅도 6년 동안 농사 지은 뒤 일곱째 해를 안식년으로 정하고 땅을 쉬게 함으로써 자양분이 스스로 회복되도록 하셨다.

당신이 성경을 읽으면서 하나님께서 모든 일을 행하시는 이러한 일곱 체계의 원칙을 발견하게 되면 실로 하나님께서 행하시는 모든 사역의 심오하심에 놀라지 않을 수 없을 것이다. 사람들은 "일곱"이 하나님의 "완전수"라고만 흔히 말할 뿐, 그 "일곱" 체계가 갖는 심오한 의미를 제대로 이해하지는 못하고 있는지라, 성경의 마지막 책인 요한계시록에 "일곱 교회"가 나온다든지, "일곱 봉인," "일곱 호리병," "일곱 나팔," "일곱 천사," 그리고 "일곱 인물" 등등이 등장하고 있다는 데에는 별로 주목하지 못한다. 사정이 이러한즉, 성경에는 또 "일곱 침례"가 있고, "일곱 심판"이 있으며, "일곱 신비"가 있고, 또 "일곱 부활"이 있다는 사실에 이르면 사람들은 어안이 벙벙해질 뿐이다. 하다못해, 일곱 해를 일곱 번씩 지나고 나서 쉰 번째 되는 해를 "환희의 해"로 정하고 그 해를 거룩하게 하여 **『모든 거민들에게 모든 땅에 두루 자유를 공포할지니라.』**(레 25:10)라는 하나님의 규례는 성경에서 읽으면서도 하나님의 "일곱 체계"의 전모에 대해서 아는 사람은 별로 없다. 하나님의 "일곱 체계"에 눈을 뜨게 되면, 성경이 계시하는 하나님의 경륜들에 대한 전체적인 그림이 눈앞에 드러나게 되는지라, 다니엘서에 언급된 복잡한 계산을 하지 않고도 예수 그리스도의 재림에 관해서 "일곱 번째 천 년"을 마음속에 계산해 보면서 당신은 예수 그리스도의 재림에 대한 어떤 확신을 가질 수 있게 된다. 당신은 미래의 역사까지 포함하여 성경이 계시하는 인류의 역사 전체를 하나님의 "일곱 체계"를 통하여 내다볼 수 있게 된다는 얘기다.

인간 세계를 다루시는 하나님의 경륜과 인류의 미래를 포함한 역사 전체를 내다볼 수 있으려면 그래서 이 "일곱 체계"를 토대로 성경을 읽을 수 있어야 한다. 이것을 여기서 모두 다루기에는 너무 벅차다. 솔직히 말해서, 이것은 아무에게나 다 먹여 주기에는 너무 "단단한 음식"이다.

『내가 그들에게 내 손을 들어올려 그들을 이집트 땅에서 내가 그들을 위하여 찾아내었던 땅, 즉 젖과 꿀이 흐르고 모든 땅들의 영광인 곳으로 인도하리라고 했던 그 날에』(6절). 하나님께서는 출애굽기 6:8에서 모세를 통하여 이스라엘 백성에게 이렇게 맹세하셨다. 그때도 이스라엘 백성은 이 말을 귀담아 듣지 않았으니, 하나님의 말씀을 주의 깊게 경청하지 않는 것은 예나 지금이나 여전하다(출 6:9). 맹세하여 말씀하신 분께서 **『나는 주라.』**라고 강조하셨음에도 불구하고 그들은 하나님의 맹세를 가볍게 여겼던 것이다. 이것은 오늘날 그리스도인이라고 자처하는 자들에게 "성경이 이렇게 말씀한다."고 강조하면서 그 성경 구절들을 기록돼 있는 그대로 읽어 주어도 도무지 믿으려고 하지 않는 것이나 마찬가지다.

출애굽 당시 하나님께서 『**젖과 꿀이 흐르고 모든 땅들의 영광인 곳**』을 가리키시면서 그들을 맹세코 그리고 데려가시겠다고 말씀하셨지만, 그들이 거기에 큰 소망을 두지 않은 채 여전히 이집트에 머물러 있기를 바랐던 것은 하나의 미스터리에 속한다. 이집트는 자기네들이 종노릇을 하고 있던 질곡의 땅이었고 『**영의 고통과 혹독한 노예생활로**』 절망에 빠져 있던 곳이었음에도 불구하고 맹세코 그곳에서 건져내 주시겠다는 하나님의 말씀에는 귀를 기울이지 않았으니 말이다. 이것은 오늘날 입으로는 구원받았다고 말하면서도 소망을 하늘에 두지 못하고 이 지긋지긋한 땅에 미련을 두고 사는 어리석기 짝없는 그리스도인들도 이와 하나도 다를 바가 없거니와, 심지어는 "기독교계" 지도자들이라는 자들마저도 "하나님의 나라가 이 땅에 확장되어 간다."고 헛소리를 하는 판이니, 정말이지 알다가도 모를 미스터리가 아닐 수 없다.

하나님께서 여기 20장에서 『**손을 들어올려**』 맹세하신 이야기가 일곱 번 나오고 있다는 사실은 하나님의 "일곱 체계"와 관련하여 생각해 볼 때, 하나님께서 이스라엘에 대하여 하시고자 하셨던 모든 일들이 얼마나 확고한 하나님의 의지를 반영하는 것이었던가를 우리는 알 수 있다.

『**내가 그들을 위하여 찾아내었던 땅**』(6절). 하나님을 향하여 당신이 부르짖을 때, 하나님께서 당신의 기도를 들으시고 당신에게 필요한 것을 당신을 위하여 "찾아내신다"는 사실을 잊지 말라. 그분께서는 아무것이나 손에 집히는 대로 당신에게 "옛다, 이거나 가져라." 하고 당신을 아무렇게나 대하지 않으신다는 말이다. 당신이 하나님께 진실한 마음으로 다가갈 때, 하나님께서는 당신에게 최선의 곳으로 인도하시고 최선의 것으로 주신다(신 8:6-9).

『**내가 그들에게 말하기를 "너희 각인은 자기 눈의 가증함들을 내어 버리고 이집트의 우상들로 더불어 너희 자신들을 더럽히지 말라. 나는 주 너희** 하나님**이니라." 하였으나**』(7절). 이집트는 우상 숭배의 땅이었다. 이스라엘이 이집트에서 우상 숭배 종교에 오염되는 것을 막기 위하여 하나님께서는 그들을 이집트로부터 따로 떼어내시기로 하셨고, 그들이 이집트를 떠난 뒤, 지난날 거기서 물들었던 우상 숭배를 버리도록 계속 경고하셨다. 출애굽기 32장에서 모세가 시내산에 올라가 하나님께서 손가락으로 돌 판에 쓰신 두 증거판을 받아갔고 내려오는 동안 이스라엘 백성이 송아지를 금으로 주조해 만들어 놓고 거기에 번제를 드리고 화목제를 가져와서는 거기서 먹고 마시며 춤춘 것을 보면, 그들은 분명 이집트에서 악한 것을 배워 갖고 나왔던 게 분명하다. 레위기 17장에서도 하나님께서는 모세를 통하여 『**그들은 그들이 음란하게 숭배했던 마귀들에게 그들의 희생제물을 더 이상 바치지 말지니**』(레 17:7)라고 경고하고 계신 것을 본다. 그럼에도 불구하고 이스라엘은 광야 생활 40년 동안 끈질기게도 우상 숭배 행위를 근절하지 못했고, 다른 이방 민족들과 접촉하는 과정에서 오히려 더 많은 우상 신들을 받아들였었다. 여호수아 24장에 보면 여호수아가 죽기 전 유언으로 마지막 당부를 하는 가운데 『**그러므로 이제 주를 두려워하고 성실과 진리로 그분을 섬기라. 너희 조상들이 하수 저편과 이집트에서 섬겼던 신들을 버리고, 너희는 주를 섬기라. 만일 주를 섬기는 것이 너희에게 악하게 보이거든 하수 건너편에서 너희 조상이 섬기던 신들이거나 너희가 거하는 땅의 아모리인의 신들이든 간에 너희가 섬길 자를 오늘날 너희가 택하라. 그러나 나와 내 집은 주를 섬기리라.**』(수 24:14,15)라고 마치 담판이라도 하듯 아주 단호하게 최후 통첩을 하고 있는 것을 우리는 본다.

하나님의 백성으로 택함 받은 이스라엘 백성이 어떻게 하나님을 버리고 우상 숭배를 하게 되었을까 하고 의아해 하는 사람도 없지 않은 게 사실인데, 이것은 우상 숭배 행위의 속성을 잘 이해하지 못하기 때문이다. 7절에서 하나님께서는 『**우상들로 더불어 너희 자신들을 더럽히지 말라.**』고 경고하시면서, 그 전제로 『**자기 눈의 가증함들을 내어 버리고**』라고 말씀하신다는 데에 주목하라. 가령 구원받은 그리스도인이라고 자처하면서도 세상에 미련을 버리지 못하고 있는 사람이라면, 그는 "세상"이라는 잡동사니 우상 신들을 섬기고 있다는 뜻인데, 이것은 이스라엘이 이집트를 탈출하고 나서도 우상 신들을 버리지 못한 것이나 하나도 다를 게 없거니와, 이를 두고 사도 요한은 이렇게 적고 있다. 『**세상도, 세상에 있는 것들도 사랑하지 말라. 누구든지 세상을 사랑하면** 아버지를 **사랑함이 그 안에 있지 아니하니 이는 세상에 있는 모든 것이 육신의 정욕과 안목의 정욕과 생의 자랑이요**, 아버지**께 속한 것이 아니라 세상에 속한 것이기 때문이라**』(요일 2:15,16).

하나님께 속한 것이 아닌데도 그것을 사랑한다면, 그것은 모두가 우상 신들이다. 이집트의 태양신이었던 황소만이 우상 신이 아니라는 얘기다. 그런데 이런 우상들을 사랑하게 되는 것은 육신의 정욕과 생의 자랑, 그리고 『**안목의 정욕**』이라고 말씀한다. 여기 7절에서 언급하고 있는 『**자기 눈의 가증함들**』이 바로 이것이다. 앞서 6:9에서는 『**그들의 우상들을 좇아 음행하는 그들의 눈으로 인하여 내가 상심하였음이라.**』라고 하나님께서는 말씀하셨다. 우상이 문제이기에 앞서 우상들에게 추파를 던지는 사람의 음란한 『**눈**』이 더 문제인 것이다. 그래서 성경에서는 그것을 "음행"이라고 규정하고 있는 것이다. 동산 가운데 있던 이브를 유혹했던 뱀은 『**너희가 그것을 먹는 날에는 너희의 눈이 열려서...**』라고 말했고, 이브가 그것을 볼 때 그것은 "보기에도 즐거웠다"(창 3:3-6). 이때는 아직 열매를 먹기 직전이기는 했지만 마음으로는 이미 마귀의 유혹에 넘어간 뒤였다. 마음이 마귀에게 기울어버린 이브는 자신의 "안목의 정욕"을 충족시키기 위해 열매를 따먹었다. 마귀의 말대로 눈이 더 열리고 싶었던 것이다. 이브는 음행을 저질렀던 것이다. 뱀의 말대로 눈이 더 열린 아담과 이브가 처음 본 것은 벌거벗은 자신들의 모습이었고, 그 수치를 겨우 무화과나무 잎으로 가렸다. 우상 숭배는 이처럼 마귀에게 마음을 빼앗긴 자들이 자행하는 음행이다. 그리고 마귀에게 마음을 주어서 열리게 된 눈은 사실 아무것도 진실을 볼 수 없는 눈이 되고 만다. 진실을 보지 못하는 눈은 하나님을 보고도 두려운 줄을 모르게 된다. 『**그들의 눈 앞에는 하나님을 두려워함이 없도다**』(롬 3:18). 마지막 시대의 교회인 라오디케아 교회의 눈이 바로 이렇게 되었는데, 성경은 이런 자들에게 『**안약을 네 눈에 발라 보게 하라.**』(계 3:18)라고 권고한다.

『**그러나 내가 내 이름을 위하여 일하였나니 그들이 거하는 바 이방인 앞에서 내 이름이 더럽혀져서는 안 되기 때문이라. 내가 이집트 땅에서 그들을 인도하여 냄으로써 그들의 목전에서 내 자신을 그들에게 알게 하였도다**』(9절). 민수기 25장에 보면, 이스라엘 백성들이 싯팀에 거할 때 모압의 딸들과 더불어 음행을 한다(민 25:1). 그뿐 아니라 그들은 모압의 신에게 절까지 하는데(민 25:2), 그래서 하나님께서는 백성의 모든 우두머리들을 잡아다가 그들이 절을 했던 태양을 향하여 목매달도록 명하신다(민 25:3). 이때 벌어진 재앙으로 죽은 자들이 2만 4천 명이나 되며(민 25:9), 그 중 하루에 죽은 사람만 2만 3천 명이었다(고전 10:8). 하나님께서는 『**그들의 목전에서 내 자신을 그들에게 알게**』 하시기 위해 엄청난 재앙을 일으키시고, 이방 민족들이 다 보는 앞에서 이런 재앙을 내리셨다. 그리고 이것은 하나님께서 『**이방인 앞에서 내 이름이 더럽혀져서는 안 되기 때문**』에 그렇게 하셨으며, 『**내가 내 이름을 위하여**』 그렇게 하셨노라고 말씀하시는 것이다.

이스라엘 백성은 이집트 땅에 거하고 있을 때 이집트의 우상들을 섬김으로써 하나님께 반역했고 자신들을 음행으로 더럽혔으며 또 하나님의 이름을 욕되게 했다. 하나님께서는 이방 민족 앞에서 자신의 백성에 의해서 자신의 『**이름이 더럽혀**』지는 것을 참을 수가 없으셨다. 그래서 그들을 이집트 땅에서 일단 꺼내 오셨다. 이것은 이스라엘 민족의 자존심이나 그들의 긍지를 지켜주기 위함이 아니라 그들로 인해서 짓밟히는 하나님 자신의 이름을 지키시기 위함이었다는 얘기다. 그들을 이집트에서 꺼내 광야로 데리고 나왔더니 이번에는 그들이 또 에돔의 모압인들이 섬기는 신들에게 절을 하고 미디안 여자들과 놀아남으로써 또 다시 하나님의 이름을 더럽히는 것이었다. 그래서 재앙을 내리셨고, 이를 통하여 『**그들의 목전에서 내 자신을 그들에게 알게**』 하셨던 것이다.

그렇게 하신 다음 하나님께서는 이스라엘 백성을 타락시킨 이방 민족들을 치신다. 탈출하는 이스라엘 백성을 추격하던 이집트 군대를 홍해 바닷속에 쓸어 넣으셨는가 하면, 그 다음에는 미디안인들을 치셨다. 『**주께서 모세에게 일러 말씀하시기를 미디안인들을 괴롭혀서 그들을 치라.**』(민 25:16,17)라고 명하셨던 것이다.

20:10 그러므로 내가 그들로 이집트 땅에서 나오게 하여 광야로 데려갔으며
11 내가 그들에게 내 규례를 주고 내 명령들을 보여 주었으니 사람이 그것들을 행하면 그가 그것들로 살 것이라.
12 또 나는 그들에게 내 안식일들도 주었으니 나와 그들 사이에 표적이 되게 하고 그들로 내가 그들을 거룩하게 하는 주인 줄 알게 하려는 것이라.
13 그러나 이스라엘 집이 광야에서 내게 반역하였고 그들이 내 규례대로 행하지 아니하였으며 내 명령들을 멸시하였으니, 사람이 그것들을 행하면 그가 그것들로 살 것이라. 또 그들은 나의 안식일들을 크게 더럽혔도다. 그러므로 내가 말하기를 "내가 광야에서 내 진노를 그들 위에 부어 그들을 진멸하리라." 하였도다.
14 그러나 이방인들 앞에서 내 이름을 더럽히지 않으려고 내가 내 이름을 위하여 일하였나니 이방인들의 목전에서 내가 그들을 인도하여 내었도다.

『**사람이 그것들을 행하면 그가 그것들로 살 것이라**』(11절). 이것은 율법을 주신 장면을 말한다. 자신에게 반역한 이스라엘 백성이지만 하나님께서는 그들이 살 수 있는 길을 하나 열어 주셨는데, 그것은 하나님께서 주신 규례들과 명령들을 지켜 행하는 것이었다. 『**그것들을 행하면 그가 그것들로 살 것이라.**』 이 말은 "그것들을 행하지 않으면, 그가 행하지 않은 그것으로 죽으리라."는 말씀이다. 즉 두 개의 길밖에는 없다는 말씀이다. 당신은 예수 그리스도를 영접하면(믿으면) 살고 그분을 거부하면(믿지 않으면) 죽는다. 그분께서는 『**길이요 진리요 생명**』(요 14:6)이시기에 당신이 어떻게 하느냐에 따라 길과 진리와 생명 가운데로 들어갈 수도 있고, 그렇지 못할 수도 있다. 당신에게는 제3의 선택이란 있을 수 없는 것이다(신 30:15-19).

한편 『**행하면**』이라는 말에서 역시 구약적인 "행위 구원"의 원칙이 천명되고 있음에 유의하라. 이 말씀은 교리적으로는 신약 성도에게 적용되지 않는다. 율법을 주신 것은 "그것들을 행하면 살게 하기 위해서"이다. 구약 시대에는 율법을 지키는 것이 절대적이었다. 그러나 신약에서는 "믿으면" 사는 것이다. 당신이 이미 거듭난 그리스도인이라면, 당신은 그것들을 행했기 때문에 구원받은 것도 아니고, 지금 그것들을 행하지 않는다고 해서 구원이 취소되는 것도 아니다. 당신의 구원은 영원히 유효하다. 이것은 예수 그리스도께서 직접 보장하신 일이다(요 10:28, 롬 8:38,39).

『**또 나는 그들에게 내 안식일들도 주었으니 나와 그들 사이에 표적이 되게 하고 그들로 내가 그들을 거룩하게 하는 주인 줄 알게 하려는 것이라**』(12절). 이 구절은 성경 전체를 통하여 가장 중요한 구절들 가운데 하나이므로 주목하지 않으면 안 된다. 이 구절은 우선 『**안식일**』이 주어진 게 "언제"인지를 설명한다. 다시 말해서, 모세 이전에는 그 누구도 안식일을 지키지 않았음을 천명한다. 에스겔 20:12은 제칠일 안식일 예수재림교(안식교) 사람들한테도 가장 중요한 구절이다. 그러나 이 구절은 하나님께서 창세기 2장에서 안식일에 대한 규례를 주셨던 게 아님을 명백하게 밝히고 있다. 아담은 안식일을 지킨 적이 없다. 노아도 안식일을 지킨 적이 없다. 아브라함도 안식일을 지킨 적이 없다. 이삭도, 야곱도, 요셉도 결코 안식일을 지키지 않았다.

『**또 나는 그들에게 내 안식일도 주었으니**』. 누구에게 말인가? 이스라엘에게 말이다. 그리스도인들에게가 아니란 말이다. 이 시대의 교회에게 안식일을 주신 게 아니라 이스라엘에게 안식일을 주셨다는 말이다.

『**나와 그들 사이에 표적이 되게... 하려는 것이라.**』 안식일을 이스라엘에게 왜 주셨는지, 그 목적을 밝힌다. "표적이 되게 하려는" 것, 이것이 목적이었다. 여기에 밑줄을 그어 두라. 안식일은 도덕적 계명이 아니라 하나님과 이스라엘 간의 『**표적**』이었다는 말씀이다. 제칠일 안식일 예수재림교 사람들은 십계명이 도덕적 계명이고 다른 율법들은 의식상의 율법이며, 예수 그리스도께서는 의식상의 율법하고만 함께 죽으셨기 때문에 도덕적 계명인 십계명은 아직도 유효하고, 따라서 그리스도인들은 금요일과 토요일에 집회를 가져야 한다고 주장한다. 한마디로 난센스다. 성경은 안식일이 이스라엘에게 주어진 것이지 그리스도인들에게 주어진 것이라고 말씀하지 않으며, 그것은 또 표적이 되게 하려고 주어진 것이라고 분명하게 말씀하지, 도덕적 명령이라고 말씀하지 않는다. 그것도 이스라엘에게 표적으로 주어진 것이지, 그리스도인들에게 표적으로 주어진 것이라고는 결코 말씀하지 않는다. 이스라엘은 표적을 구한다(고전 1:22-24).

이스라엘 백성은 표적으로 시작된 민족이다. 『**만일 그들이 이 두 표적도 믿지 아니하고 네 음성에도 경청하지 아니하면, 너는 강물을 떠다가 마른 땅 위에 부으라. 네가 강에서 떠온 물이 마른 땅 위에서 피가 되리라**』(출 4:9). 하나님께서 모세를 부르실 때, 모세가 이집트에 가서 백성들에게 말할 때, 또 파라오 앞에서 명할 때, 하나님께서는 그 백성을 "표적"으로 인도하셨다.

표적은 하나님과 이스라엘의 관계성을 나타내기 위해 주어진 것이다. 안식일의 경우도 마찬가지다. 『**너는 또한 이스라엘 자손에게 고하여 말하기를 '너희는 나의 안식일들을 참으로 지킬지니 이는 그것이 너희 대대에 걸쳐 나와 너희 사이에 표적임이라. 이로써 내가 너희를 거룩케 하는 주임을 너희로 알게 하려는 것이라**』(출 31:13). 이스라엘 백성은 안식일을 지킴으로써 거룩하신 하나님을 영예롭게 해드리는 한편, 하나님께서는 이 안식일을 통하여 이스라엘 백성을 거룩하게 해 주셨다. 안식일은 하나님과 이스라엘 사이의 그러한 관계를 나타내는 하나의 표적이었던 것이다. 따라서 유대인들이 이 안식일을 무시하거나 안식일에 따른 규례들을 지키지 않는 것은 곧 그들과 하나님 사이의 관계를 무시하는 행위에서 더 나아가 그들을 다스리시는 하나님을 저버리는 행위에 해당하는 것이었다. 그래서 하나님께서는 이스라엘 백성에게 이 날을 『**참으로 지킬지니**』라고 강조하셨던 것이다. 바로 이 말씀을 에스겔 20:12에서 환기시키고 있는 것이다.

특별히 12절에서 이 안식일을 『**내 안식일**』이라고 언급하시는 것을 보라. 안식일은 본디 『**하나님의 안식일**』(신 5:14)이었다. 이것은 엿새 동안의 창조 사역을 마치신 하나님께서 일곱째 날에 쉬셨기에 그 날을 복 주시고 거룩하게 하셨던 데서 나온 말이다(창 2:2,3). 그런데 하나님께서는 이스라엘 백성을 세상으로부터 특별히 불러내시고 그들을 언약의 백성으로 삼으셨으며 그 "표적"으로 그들에게 『**내 안식일**』을 주셨고, 그날을 지킴으로써 유대인들이 하나님과 자신들의 관계를 기억하게 하셨던 것이다(신 5:15).

"표적"이란 말을 잘 이해하지 못하는 사람들이 있다. 표적은 단순한 이적이 아니다. 표적에는 이적인 사건도 있고, 이적이 아닌 사건도 있지만, 표적 자체가 이적을 말하는 것은 아니다. 표적이란 관계성을 드러내기 위해 주어지는 구체적인 "표"이다. 무슨 말인가?

쉽게 설명하자. 여자가 어떤 남자와 결혼하면 결혼 반지를 받는다. 이 반지는 여느 선물과는 전혀 다른 의미를 갖는다. 이것은 어느 특정한 사람과 결혼했음을 나타내는 "표"(sign)이기 때문이다. 결혼한 사람이 이 반지를 늘 끼고 다니는 것은 어느 특정한 배우자와 결혼 관계에 있음을 "표"로써 스스로 입증하려는 것이고, 더 나아가 그 결혼 관계를 매우 중요시하고 존중한다는 것을 나타내는 "표"가 되기 때문이다. 따라서 어떤 일로 그 배우자와 이혼하게 되었을 때, 반드시 그 반지를 손가락에서 빼기 마련이고, 보통은 그 반지를 준 배우자에게 돌려주기 마련이다. 말하자면 결혼 반지라는 "표"를 제거함으로써 그 결혼이 파기되었음을 알리고, 배우자를 배우자로서 포기하였으며, 따라서 그 결혼을 더 이상 존중하지 않는다는 것을 행동으로 나타낸 것이다.

안식일은 이런 식으로 하나님께서 이스라엘에게 주셨던 "표"(sign)였다. 하나님께서는 이스라엘이 안식일이라는 "표"를 늘 간직함으로써 자신들이 하나님에 의하여 거룩하게 성별된 민족임을 항상 깨우치고 있기를 바라셨고, 자신들을 인도하시는 능력의 하나님께서 다름 아닌 자신들의 주 하나님이신 것을 한시도 잊지 않기를 원하셨으며, 이를 통하여 자신이 스스로 영화롭게 되기를 바라셨던 것이다. 따라서 이스라엘이 안식일을 지키지 않는 행위는 곧 결혼한 여자가 남편과 일방적으로 이혼하고 결혼 반지를 손가락에서 빼어 내버리거나 남편에게 되돌려 주는 행위나 마찬가지였다.

출애굽기 4장에서 우리는 하나님께서 모세에게 『**표적들을 행할지니라.**』라고 명령하신 것을 보는데, 그것은 막대기가 뱀으로 변했다가 다시 막대기로 되돌아온다든지, 강물을 떠다가 마른 땅에 부었더니 피로 변한다든지, 손을 품에 넣었다 꺼냈더니 손에 문둥병이 걸리고 다시 넣었다 꺼냈더니 깨끗이 나았다든지 하는 등의 "이적들"이었다. 왜 그 이적들을 표적이라고 표현하는가? 왜냐하면 이스라엘 자손들은 이런 "이

적들"을 보고 모세의 입을 통해 나오는 모든 말들이 곧 하나님께서 하시는 말씀들이며, 모세가 하고자 하는 모든 일들이 곧 하나님께서 하시고자 하는 일들이며, 자신들에게 하나님께서 함께하신다는 사실을 믿을 수 있기 때문이다. 다시 말해서 그 "이적들"은 바로 하나님을 그들에게 보여 주는 "표"들이었기에, 성경은 그것을 "표적"이라 말씀하시는 것이다.

그러므로 에스겔 20:12에 따라 안식일은 하나님과 이스라엘 간의 관계성을 나타내는 표적인 것이다. 안식일은 그리스도인들과는 전혀 관계가 없는 날이다. 안식일이 "주일"로 변한 것도 아니다. 안식일은 우리 그리스도인들이 교회에 함께 모여 영과 진리로 하나님께 예배드리는 일주일의 첫날과는 그 기원이나 성격이나 배경이 전적으로 다르다. 안식일은 하나님께서 창조 사역을 마치시고 쉬셨던 날로 후에 이스라엘에게 표적으로 주신 날이었으며, 일주일의 첫째 날은 그리스도인들이 예수 그리스도의 부활을 기념하는 날이다. 따라서 안식일은 하나님의 창조 사역의 완성을 기념하는 날이고, 일주일의 첫째 날(일요일)은 그리스도를 통하여 완성된 구속 사역을 기념하는 날이다. 그리고 안식일은 그리스도인들이 아니라 유대인들이 율법으로 지켜야 하는 날 인데 반하여, 일주일의 첫째 날은 성도들이 자발적으로 하나님께 경배하는 기쁜 날이다.

제미에슨이나 포셋, 브라운 같은 주석자들은 안식일에 대한 규례가 "공식적으로"는 시내산에서 맨 처음 정해진 게 사실이지만, 그 이전에도 유대인들 사이에 하나의 관례적 의식처럼 지켜졌었다고 주장하지만, 성경 어디에도 그런 말은 없을뿐더러 안식일이 사람이 정한 날이 아니라 본디 하나님께서 하나님 자신을 위해 정하신 날이었고 그 날을 이스라엘에게 표적으로 주셨다고 언급하는 모든 성경 구절들을 부주의하게 간과한 데서 나온 터무니없는 추측일 뿐이다.

안식일이 "누가" "언제" 처음 알게 하셨는가에 대해 명백하게 밝히고 있는 구절 가운데 또 느헤미야 9:13,14이 있다. 『**주께서 또 시내 산에 내려오시고 그들과 더불어 하늘로부터 말씀하시고 그들에게 옳은 명령들과 참된 율법들과 선한 규례들과 계명들을 주셨으며 그들에게 주의 거룩한 안식일을 알게 하시고 주의 종 모세의 손을 통해 그들에게 법규들과 규례들과 율법들을 명령하셨으며**』. 여기서도 분명하게 이스라엘에게 안식일을 알게 하셨고, 그때가 하나님께서 시내산에서 모세를 통해서였음을 밝히고 있다. 주님께서는 교회 시대의 성도들 그 누구에게도 안식일을 지키라고 명령하신 바가 없다. 그리스도인들은 일주일의 첫날에 집회를 가졌고, 일주일의 첫날에 주의 만찬을 갖고 빵을 떼었으며, 일주일의 첫날에 설교를 들었고, 연보도 일주일의 첫날에 거뒀다. 사도행전에서 바울이 안식일에 설교한 적이 있지만, 그 대상이 유대인들이었지 교회는 아니었다.

『**그러나 이스라엘 집이 광야에서 내게 반역하였고 그들이 내 규례대로 행하지 아니하였으며 내 명령들을 멸시하였으니, 사람이 그것들을 행하면 그가 그것들로 살 것이라. 또 그들은 나의 안식일들을 크게 더럽혔도다**』(13절). 여기서도 "이스라엘 집"이 "안식일을 더럽힌 것"을 책망하고 있다. 왜 그런가? 안식일은 "이스라엘 집과 맺은 표적"이었기 때문이다.

그들은 안식일을 지키지 않으면 하나님의 징벌을 받도록 돼 있었다. 안식일에 나뭇가지를 거둬들이기만 해도 돌로 쳐죽임을 당할 정도로 무서운 날이었다. 민수기 15:32-36을 보라. 『**이스라엘 자손이 광야에 있을 때, 안식일에 어떤 사람이 나뭇가지를 거둬들인 것을 그들이 본지라... 그를 감방에 가두었으니, 이는 그에게 어떻게 조치해야 하는지가 공포되지 않았음이더라. 주께서 모세에게 말씀하시기를 "그 사람을 반드시 죽일지니, 온 회중이 진영 밖에서 그를 돌로 칠지니라." 하시더라. 주께서 모세에게 명령하신 대로, 온 회중이 그를 진영 밖으로 데리고 가서 그를 돌로 쳤더니, 그가 죽으니라.**』 안식일에는 모든 집에서 불을 피워서도 안 되도록 엄격하게 규정돼 있었다(출 35:3). 안식교도들은 토요일에도 여느 때나 다름없이 밥을 지어먹으니까 그들은 하나님의 징계를 받아야 할 판이다. 정말 난센스 중에서도 난센스가 아닐 수 없다. 이런 안식일을 교회 시대에 적용한다면 지금 이 땅에 살아남을 그리스도인은 한 사람도 없을 것이다.

안식교도들이 당신에게 다가와 어째서 안식일을 지키고 토요일에 교회에 가야 하는지 열심히 설명하더라도 당신은 여러 소리 할 것 없이 여기 에스겔 20:12을 탁 펼쳐서 그들에게 읽어주기만 하면 된다. 그들도 이 구절을 금과옥조처럼 여기기 때문에 너무나도 잘 알고 있을 것이다. 그런즉 당신은 "『**그들에게**』가 누구를 말하는지 모른단 말이오? 『**표적이 되게 하고**』가 무슨 뜻인지도 모른단 말이오?" 하고 물어보기만 하면 된다. 그러면 그들은 『**주인 줄 알게 하려는 것**』이라는 부분을 가리키면서 안식일을 지키지 않으면 하나님을 알지 못하게 된다고 당신에게 말할 것이다. 이럴 때, 당신은 허허허! 크게 웃어주기만 하면 된다. 그리고 『**내가 그들을 거룩하게 하는 주**』라는 바로 앞부분을 읽어주고 "자, 『**그들**』이 누구를 말하오?" 하고 물어 보라. 나는 1949년 3월 14일 주님을 만난 이후로 오늘에 이르기까지 단 한 번도 안식일을 지킨 적이 없지만, 나는 지난 수십 년 동안 하나님을 점점 더 잘 알아 왔고 그분께서도 나를 너무나 잘 알아 오셨으며, 주님과 나는 정말이지 다시없는 친구로 살아왔다.

20:15 또한 내가 광야에서 그들에게 내 손을 들어올려 맹세하기를 "내가 그들에게 주었던 땅, 즉 젖과 꿀이 흐르고 모든 땅의 영광인 곳으로 그들을 데려가지 아니하리라." 하였으니
16 이는 그들이 나의 명령들을 멸시하고 내 규례를 따라 행하지 아니하며 오히려 내 안식일들을 더럽혔기 때문이요, 이는 그들의 마음이 그들의 우상들을 좇아갔음이라.
17 그렇지만 내 눈이 그들을 멸망으로부터 남겨 두었고 내가 광야에서 그들을 끝장내지 아니하였노라.
18 그러나 내가 광야에서 그들의 자손들에게 말하기를 "너희는 너희 조상들의 규례들을 따라 행하지 말고 그들의 명령들을 준수하지 말며 그들의 우상들로 너희 자신을 더럽히지 말라.
19 나는 주 너희 하나님**이니 내 규례들을 따라 행하고 내 명령들을 준수하여 그것들을 행하며**
20 또 내 안식일들을 거룩하게 하라. 그 안식일들은 나와 너희 사이에 표적이 되리니 이는 내가 주 너희 하나님**인 것을 너희로 알게 하려 함이라." 하였노라.**

이처럼 하나님께서는 여러 가지 능력과 표적으로 그들을 인도하셨지만, 그들은 하나님의 명령들을 멸시하고 안식일을 더럽히며 우상들을 좇아가 범죄하였기에 하나님께서는 광야에서 그들 중 많은 사람들을 죽이고, 그들을 그 약속의 땅으로 인도하지 않으셨다(15,16절). 하지만 모든 사람들을 죽이신 것은 아니었다. 『**그렇지만 내 눈이 그들을 멸망으로부터 남겨 두었고 내가 광야에서 그들을 끝장내지 아니하였노라**』(17절). 하나님께서는 광야에서 하나님의 명령들을 멸시하고 그분께 반역하였던 세대들만을 그 광야에서 멸하셨고, 그 다음 세대만큼은 용서하시고 약속의 땅으로 들어가도록 허용하신 것이다(시 78:37-40). 물론 그렇다고 그들의 죄를 끝내 묻지 않으시는 것은 아니었다. 하나님께서는 죄에 대하여 반드시 공의로 바로잡으시는 분이기 때문이다(렘 30:11). 그래서 그들은 과거 2천 년 동안 곳곳에 뿔뿔이 흩어져 이방 민족들에게 갖은 수모를 당하는 고난을 겪어야 했고, 앞으로도 또 대환란이 그들을 기다리고 있는 것이다. 그러나 하나님께서는 대환란을 통해서도 그들을 "멸망으로부터 남겨 두시고 그들을 끝장내지 아니하실" 것이다.

『**조상들의 규례들... 그들의 명령들... 그들의 우상들**』(18절). 이집트에서 나온 이스라엘 1세대들은 하나님께서 주신 규례들과 명령들과 율법들과 계명들이 있었음에도 불구하고 그것들을 무시하고 자기네 멋대로 규례들을 만들었고, 하나님의 명령과는 배치되는 명령들을 함부로 내렸으며, 결국 하나님을 버리고 우상들을 섬겼던 것이다. 하나님의 안식일들을 더럽힌 이스라엘 민족이 우상 숭배로 미끄러져 들어간 것은 필연적인 결과일 수밖에 없다. 안식일을 더럽혔다는 것은 곧 하나님을 저버렸다는 뜻이다. 하나님을 저버렸을 때 뒤따르는 범죄가 곧 우상 숭배 행위로 드러나거니와, 이것은 남편을 속이고 남편을 반역한 아내가 결국 음행을 저지른 것과 하나도 다르지 않았다. 이것은 갖가지로 타락하고 배교한 오늘의 "기독교계"가 성경에도 없는 교리들을 자기네들 마음대로 만들어낸 결과가 결국 무엇을 의미하는지 준엄하게 경고하고 있는 말씀이다. 성경은 『**그들의 우상들로 너희 자신을 더럽히지 말라.**』고 당신에게 경고하고 있다.

20:21 그럼에도 불구하고 그 자손들이 내게 반역하여 그들이 내 규례를 따라 행하지 아니하였고 내 명령들을 준수하여 행하지 아니하였으니 사람이 그것들을 행하면 그것들로 살 것이라. 그들이 내 안식일들을 더럽혔기에 내가 말하기를 "내가 내 진노를 그들에게 부어 광야에서 그들에게 내 분노를 이루리라." 하였도다.

22 그러나 이방의 목전에서 내 이름을 더럽히지 않으려고 내가 내 손을 거두고 내 이름을 위하여 일하였으니 이는 내가 이방의 목전에서 내가 그들을 인도하여 냈음이라.

23 내가 또한 광야에서 그들에게 내 손을 들어올려 맹세하기를 "내가 그들을 이방 가운데 흩어 버리고 나라들 속에 그들을 분산시키리라." 하였으니,

24 **이는 그들이 내 명령들을 실행하지 아니하고 오히려 내 규례들을 멸시하였으며 내 안식일들을 더럽혔고, 그들의 눈이 그들 조상들의 우상들을 좇아갔음이라.**

25 **그러므로 내가 또한 그들에게 좋지 않은 규례들과 그들이 살지 못할 명령들을 주었으며**

26 **내가 그들을 그들 자신의 예물들로 더럽혀 그들이 태를 연 모든 자들로 그 예물 속에서 불을 통과하게 하였으니 이는 내가 그들을 황폐케 하여 결국은 그들로 내가 주인 줄 알게 하려 하였음이라.**

본문은 출애굽한 이스라엘 1세대에게 하시는 말씀이 아니라, 광야에서 하나님의 진노 가운데 멸하지 않고 인도함받은 그 후손들에게 하시는 말씀이다. 그들은 하나님의 인도하심을 받았음에도 불구하고 여전히 조상들의 죄악을 좇았다. 『**그럼에도 불구하고 그 자손들이 내게 반역하여 그들이 내 규례를 따라 행하지 아니하였고 내 명령들을 준수하여 행하지 아니하였으니**』(21절).

출애굽 2세대가 하나님의 명령들을 어기고 하나님께 반역했던 사례는 광야 생활이 끝날 무렵 그들이 싯팀에서 모압 여인들과 음행하고 그들의 신들을 섬겼던 것으로 대표된다(민 25:1,2). 이로 인하여 이스라엘 자손이 하나님께로부터 받았던 심판의 경고는 가깝게는 광야에서 죽임을 당하는 것이었고, 멀게는 장차 있게 될 민족의 분산과 이방 민족 가운데서의 극심한 박해에 관한 예고였다(신 28:63-66). 이 경고는 물론 어김없이 이스라엘 민족에게 실행되었거니와, 가령 제2차 세계대전 당시 히틀러에 의해서 6백만 명 이상의 유대인들이 학살되던 때, 그들은 말 그대로 "생명의 보장을 전혀 얻지 못했고," 수없이 "번민"했으며, "밤낮 두려워 했다."

민수기 26장에서는 하나님의 명령에 따라 이스라엘의 새 세대가 가문에 따라 계수되었지만, 『**여푼네의 아들 칼렙과 눈의 아들 여호수아 외에는 한 사람도 남지 않았더라.**』(민 26:65)라고 성경은 기록한다.

그러나 하나님께서는 결코 이스라엘 민족을 『**진멸**』하시지는 않으셨거니와, 많은 자들이 죽임을 당했으나 늘 일부는 남기셔서 『**내가 주 너희 하나님인 것을 너희로 알게 하려 함이라.**』(20절)라는 하나님의 계획이 성취되도록 하셨다. 마귀는 "내 손에 넘기세요. 네? 그들을 내 손에 넘기라니까요? 내가 휩쓸어 버릴 테니 내 손에 넘겨달란

말입니다!" 하고 끈덕지게 하나님께 졸라대지만, 하나님께서는 "가만 좀 있거라. 내가 그들을 완전히 휩쓸어 버릴 수야 없지 않느냐? 누군가 남아서 내가 저들의 주 하나님인 것을 알게 해야 하지 않겠느냐?" 하시면서 마귀의 집요한 요구를 뿌리치신다.

이러한 하나님의 오래 참으심은 열매 맺지 못하는 무화과나무에 대한 주님의 비유에서도 잘 드러나 있다. 『**주께서는 또 이런 비유를 말씀하시더라. "어떤 사람이 자기 포도원에 무화과나무 한 그루를 심은 후에 와서 그 나무에서 열매를 찾았으나 아무것도 얻지 못한지라, 그가 포도원지기에게 말하기를 '보라, 이 삼 년 동안 내가 와서 이 무화과나무에서 열매를 찾으나 얻지 못하니 잘라 버리라. 어찌하여 쓸데없이 땅만 버리느냐?'고 하니 그 포도원지기가 주인에게 대답하여 말하기를 '주여, 금년만 그대로 두소서. 그러면 내가 그 주위를 파고 거름을 주리이다. 만일 열매를 맺으면 좋거니와 맺지 아니하면 그때는 잘라 버리소서.'라고 하였노라."고 하시더라**』(눅 13:6-9).

이런 걸 한번 생각해 보라. 당신은 미식축구 경기를 구경해 본 적이 있는지 모르겠는데, 어떤 선수가 경기 중 플레이가 조금만 미숙해도 관중들이 "우우" 하고 야유를 보내고 "야, 저 녀석 빼버려! 저 얼간이 왜 그냥 두는 거야! 바꿔! 바꾸라고!" 하면서 그 팀의 감독에게 압력을 넣는 걸 당신도 아마 보았을 것이다. 만약 당신이 바로 그 선수라고 생각해 보라. 그때 관중들의 압력에 못이겨 감독이 당신에게 사인을 보내고 다른 선수와 교체하도록 명령을 내리지나 않을까 당신은 가슴이 조마조마해질 것이다. 그러나 감독이 관중들의 야유와 압력에도 불구하고 들은 척도 하지 않고 당신에게 기회를 더 준다면 당신은 죽을힘을 다해서 경기를 멋지게 함으로써 소속팀이 승리하는 데 기여하려고 애쓸 것이다. 이처럼 하나님께서는 마귀의 집요한 요구에도 불구하고 오래 참으시면서 당신에게 기회를 더 주고 계신지도 모른다. 그렇다면 당신은 어떻게 할 텐가? 히브리서 11장에 보면 아벨로 시작해서 에녹과 노아와 아브라함과 이삭과 야곱과 요셉과 모세와 여호수아와 라합과 기드온, 바락, 삼손, 입다, 다윗, 사무엘 등에 이르기까지 지난날 많은 믿음의 영웅들에 대한 언급이 나오고 있는데, 그들은 믿음을 통하여 왕국들을 정복하기도 하고 의를 이루기도 하며, 약속들을 받기도 하고 사자들의 입을 막기도 하였으며 불의 세력을 소멸시키기도 하고 칼날을 피하기도 하며, 연약함 중에 강하게 되기도 하고 전쟁에서 용맹스럽게 되기도 하며, 외적들을 패주시키고 여자들은 그들의 죽은 자들을 다시 살려 받기도 하고 어떤 사람들은 고문을 당하면서도 굳이 면하려 하지 않았다고 말씀하면서 그들이 이런 고통을 감수한 이유가 『**그들이 더 좋은 부활을 얻고자 함이라.**』고 밝히고 있고(히 11:35), 또 어떤 사람들은 잔혹한 조롱과 채찍질의 시련도 받았고, 더욱이 결박당하고 감옥에도 갇혔으며 돌로 맞고, 톱으로 켜지고, 시험을 당하고, 칼로 살해되었으며, 양의 가죽과 염소의 가죽을 쓴 채 유리하며 궁핍과 고난과 학대를 당했는가 하면, 세상은 그들이 살 만한 데가 못되었으므로 그들은 광야와 산속과 동굴과 토굴에서 유리하였다고 언급한다. 바로 이런 믿음의 용사들이 미식축구 경기장에서 사력을 다해서 뛰고 있는 선수들과 마찬가지였는데, 이들의 감독이 다름 아닌 주님이신 것이었다. 이런 선수들을 향해서 마귀는 "우우" 하고 야유를 보내면서 "저 놈을 당장 빼 버려요! 저 놈도 갈아치우라고요!" 하고 주님께 끈질기게 요구하고 있지만, 주님께서는 끝까지 그들이 그라운드에서 쓰러질 때까지 사력을 다하도록 놓아두셨던 것이다. 그 선수들 가운데 하나가 지금의 당신이라고 한번 생각해 보라. 당신은 너무나 힘들어 감독이 당신을 빼주기를 바라면서 감독의 눈치를 살필 텐가, 아니면 죽으면 죽으리라 하고 끝까지 뛸 텐가? 너무 힘들고 고달파서 운동장에 그만 주저앉아 버리고 말 텐가, 아니면 거기서 죽을텐가? 어디 한번 대답해 보라. 더구나 당신이 어떤 선수이던가? 히브리서 11장의 마지막 두 구절을 마저 읽어 보라. 『**이 사람들이 모두 믿음을 통하여 좋은 평판을 얻었으나 그 약속을 받지는 못하였으니**, 하나님**께서는 우리를 위하여 어떤 더 좋은 것을 예비하사 우리가 아니고서는 그들이 온전케 되지 못하게 하셨느니라.**』(히 11:39,40)라고 말씀하고 있다. 그러나 당신이 끝까지 주님의 기대에 미치지 못하면 그 때는 "감독"이신 주님께서도 당신을 운동장에서 빼버리고 마신다는 것을 잊지 말라.

『**그러므로 내가 또한 그들에게 좋지 않은 규례들과 그들이 살지 못할 명령들을 주었으며 내가 그들을 그들 자신의 예물들로 더럽혀 그들이 태를 연 모든 자들로 그 예물 속에서 불을 통과하게 하였으니 이는 내가 그들을 황폐케 하여 결국은 그들로 내가 주인 줄 알게 하려 하였음이라**』(25,26절). 하나님께서는 자신을 반역한 이스라엘 자손을 심판하시기 위해 그들이 『**살지 못할**』, 즉 그들 자신에게 스스로 죽음을 불러올 『**좋지 않은 규례들**』과 『**명령들**』을 주셨는데, 이것은 하나님의 단순한 "분풀이"가 아니라 하나님의 의로우신 응보였고 타당한 보복이었다. 사람들은 흔히 『**좋지 않은**』 것들은 모두가 마귀가 주는 것으로 잘못 알고 있지만, 때로는 하나님께서도 악한 사람들에게 악으로 갚아주신다는 사실을 잊지 말라. 우리는 이와 비슷한 말씀을 앞서 14:9에서 이미 살펴보았다. 『**만일 선지자가 속아서 어떤 일을 말하였다면 나 주가 그 선지자를 속인 것이니 내가 내 손을 그에게 펴서 내 백성 이스라엘 가운데로부터 그**

를 멸할 것이라.』 때로 하나님께서는 사람을 속이셔서 그 속은 자가 백성의 선지자가 되게 만드시기도 한다. 미카 2:11을 보라. 『**영과 거짓으로 행하는 어떤 사람이 거짓말을 하여 이르기를 "내가 포도주와 독주에 관하여 네게 예언하리라." 한다면 그와 같은 자도 이 백성의 선지자가 될 것이라.**』

때로는 하나님께서 『**좋지 않은 규례들과 그들이 살지 못할 명령들을**』 직접 사람들에게 주시지 않더라도, 사람들 스스로가 알아서 악한 규례들과 사람들을 지옥으로 보내는 명령들을 만들어 내어 하나님께 반역을 감행하는데, 이때 하나님께서는 그들을 그들 자신의 악한 규례들과 그들 스스로가 만든 자멸적인 명령들 아래에 그대로 있도록 방치해 두심으로써, 그들이 스스로 파멸하도록 "내버려 두신다." 이 사실이야말로 이 시대의 모든 배교한 교회들이 단단히 유념해 두어야 할 것이다. 이에 대해서는 바울도 명백하게 경고해 둔 바가 있다. 『**이는 하나님을 알되 하나님께 합당한 영광을 돌리지 아니하고 감사치도 아니하며 도리어 그들의 상상들이 허망하여지고 그들의 어리석은 마음이 어두워졌기 때문이니 그들은 스스로 현명하다고 말하나 우둔하게 되었고 썩지 아니하는 하나님의 영광을 썩어질 사람의 형상과 새들과 네 발 달린 짐승들과 기어 다니는 것들과 같은 형상으로 바꾸었도다. 그러므로 하나님께서도 그들을 자기들의 마음의 정욕에 따른 더러움에 내버려 두시어 그들의 몸을 서로 욕되게 하도록 하셨으니 이는 그들이 하나님의 진리를 거짓말로 바꾸어 피조물을 창조주보다 더 경배하고 섬겼음이라. 하나님은 영원토록 찬양받으실 분이로다. 아멘**』(롬 1:21-25).

20:27 그러므로 인자야, 이스라엘 집에 고하여 그들에게 말하라. 주 하나님이 이같이 말하노라. 이것으로 너희 조상들이 나를 모독하였고 저것으로 나를 거역하여 범죄하였도다.

28 내가 그들에게 주기로 내 손을 들어올렸던 그 땅으로 그들을 인도하였더니 그들은 모든 높은 산과 모든 무성한 나무들을 보고 거기에다 제사를 드렸으며 거기에다 격노케 하는 제물을 바치고 또한 거기에 향기로운 냄새를 피우며 제물로 술을 거기에 부었느니라.

29 그때에 내가 그들에게 말하기를 "너희가 다니는 산당이 무엇이냐?" 하였으니 그곳의 이름이 오늘날까지도 바마라 일컫느니라.

30 그러므로 이스라엘 집에 말하라. 주 하나님이 이같이 말하노라. 너희는 너희
조상들의 방식을 따라 더럽혀졌느냐? 너희는 그들의 가증한 것들을 따라 음
란한 짓을 행하느냐?
31 너희가 너희 예물들을 드릴 때 너희가 너희 아들들로 불 속을 통과하게 하였
을 때 너희의 모든 우상들로 너희 자신을 더럽혀서 오늘까지 이르렀도다. 오
이스라엘 집아, 내가 너희로 묻게 하랴? 주 하나님이 말하노라. 내가 살아 있
는 한 나는 너희로 묻게 하지 아니하리라.
32 너희 마음속에 들어온 것을 결코 이루지 못하리니 이는 너희가 말하기를 "우
리가 이방인같이 되고 그 나라들의 족속들같이 되어 나무와 돌을 섬기리라."
함이라.

『**높은 산**』이나 『**무성한 나무들**』(28절)은 성경에서 늘 우상 숭배 행위에 관련되거니와, 이것은 지금도 이교도들의 무속 신앙에 그대로 반영되고 있음을 본다. 하나님께서는 이러한 곳들을 아주 싫어하시는지라 완전히 파괴해 버릴 것을 명령하신다(신 12:2,3).

『**격노케 하는 제물**』(28절)이란 우상 신들에게 제물을 바침으로써 하나님께서 격노케 되셨다는 것은 두말할 나위가 없지만, 그 이전에 우상 신들에게 제물을 바치는 행위 자체가 하나님을 격노케 하는 행위임을 뻔히 알면서도 그런 짓을 자행했다는 의미를 나타낸다. 그들이 우상 신에게는 기분 좋은 제물(offering)로 바쳤지만, 바로 그것이 하나님께 드려진 "격노"(provocation)의 제물이 되었던 것이다.

이것은 지금도 마찬가지여서, 어떤 교파가 성경에도 없는 비성경적인 교리에 따라 의식을 진행하면서 예배를 드릴 때, 그 예배는 마귀를 즐겁게 하는 예배인지라 마귀에게는 기분 좋은 것이겠지만, 하나님께는 불쾌하기 짝없는 예배가 된다는 것을 의미하기도 한다. 성경에 의하면, 우상 숭배 행위는 무지의 소산이 아니라 하나님께 대한 고의적인 모독의 소산이다. "기독교"에 속한 교파라고 자처하는 교회들이 "잘못된 예배"를 드리는 것은 고의적으로 하나님께 신성 모독을 자행하는 범죄이고, 고의적으로 마귀를 기쁘게 하는 가증스러운 행위인 것이다. 로마카톨릭에서 매주 일요일 아침 11시만 되면 어김없이 피의 사육제를 올리는 미사 행위가 그 대표적인 사례에 속하지만, 비록 "개신교" 교회라 할지라도 알아들을 수 없는 소리를 질러대며 이른바 "방언 기도"를 한다든지, 아프리카 리듬에 맞춰 춤을 추어댄다든지 하는 따위와 같은 광란적인 행위는 모두가 마귀에게 경배를 드리는 행위인 것이다. 하나님께서는 그런 예배에 대해 "격노"를 하나님께 제물로 바치는 행위로 간주하신다. 오늘날 얼마나 많은 가짜 교회들이 예배를 통하여 하나님께 "격노"를 제물로 바치고 있는가?

『**제물로 술을 거기에 부었느니라**』(28절). "붓는 제물"이란 피와 연관된다. 다윗은 이에 대해서 "피의 술제물"이라고 말했다. 『**다른 신을 급히 좇는 자들의 슬픔이 커지리니 나는 그들이 바치는 피의 술제물을 바치지 아니하고 그들의 이름들도 내 입술에 두지 아니하리라**』(시 16:4). 그들은 우상 신들에게 제물을 바치면서 잔에 피를 따르고 그것을 마시기도 했으며, 심지어 사람의 피를 우상 신들에게 제물로 바치기도 했다.

『**그곳의 이름이 오늘날까지도 바마라 일컫느니라**』(29절). 『**바마**』는 "무엇에게 다니느냐?"("go what?")란 뜻인데, 이는 산당을 말한다. "바마," 즉 산당은 하나님을 불쾌하게 만드는 곳이었고, 이스라엘 백성의 죄악을 대표하는 이름이 되었다.

이스라엘에 하나님의 성전이 건축되기 이전에는 산당에서 하나님께 제사를 드렸던 기록이 있다. 가령 열왕기상 3:4에 보면 『**왕이 기브온에서 제사를 드리려고 거기로 갔으니 이는 거기에 큰 산당이 있음이더라. 솔로몬이 그 제단에 일천 번제를 드리니라.**』라고 기록돼 있다. 또 사무엘상 9장에서도 사울이 산당으로 올라가려던 사무엘을 만나는 장면이 나온다(삼상 9:12,13). 이때까지도 하나님께 제사를 드리기 위한 제단이 산당에 있었기 때문에, 성전이 세워지기 전에는 예외적으로 그 산당이 하나님께 드리는 제사에 이용되었음을 말한다.

그러나 여기 에스겔 20:29에서 언급하는 산당, 즉 "바마"는 우상 신들을 섬기는 산당들을 일컫는다. 유대인들은 이방 민족의 우상 신들을 섬기러 산당에 가면서도 과거 하나님께 제사를 드리러 산당에 올라갔던 관례를 빙자하여 "산당에 간다."는 말로 자신들의 범죄행위를 슬쩍 변명해 보려고 했었던 것인데, 이에 대해 하나님께서는 그들의 속마음을 들여다보시고 『"**너희가 다니는 산당이 무엇이냐**?"』고 추궁하셨던 것이다. 이것은 당신이 일요일 아침에 어떤 교회에 예배드리러 가는데, 그 교회가 "교회놀이"를 하는 가짜 교회인 것을 훤히 알고 계신 주님께서 당신에게 "어디 가느냐?"고 물으셨을 때, 당신은 "아, 예, 교회에 갑니다." 하고 대답하자, "오, 그래? 무슨 교회냐?" 하고 추궁하시는 것과 똑같다. 그 바람에 당신이 다니는 그 가짜 교회 이름이 나중에는 "바마 교회"라는 별명으로 불리게 될는지도 모를 일이다.

『**너희 마음속에 들어온 것을 결코 이루지 못하리니 이는 너희가 말하기를 "우리가 이방인같이 되고 그 나라들의 족속들같이 되어 나무와 돌을 섬기리라." 함이라**』(32절). 유대인들은 그 민족이 최초로 형성되던 출애굽 당시부터 벌써 이민족의 우상 숭배로 오염되어 있었고, 지속적인 배교로 말미암아 이방 나라들에 뿔뿔이 흩어지게 되는 형벌을 받는다. 이러는 가운데 그들은 하다못해 생존을 위해서라도 마음속으로 『**"우리가 이방인같이 되고 그 나라들의 족속들같이 되어 나무와 돌을 섬기리라."**』는 생각을 해왔을 터이지만, 그러나 그들이 1918년부터 팔레스타인 땅으로 다시 귀환하기 시작하여 1948년에 정식 국가로 회복되었을 때 세계 곳곳으로부터 모여든 그들에게서 이민족의 이방 신들에게 오염되어 있는 흔적은 이상하게도 발견되지 않았다. 지금도 본국으로 돌아가지 않고 미국이나 기타 나라들에 잔류하고 있는 유대인들을 보면 자기들이 살고 있는 이방 나라의 우상 종교에 물들어 있는 사람들은 발견되지 않는다. 가령 중국 같은 동양 지방에서 돌아온 유대인들이 불교나 유교를 숭상하는 흔적을 갖고 있었던 것도 아니고, 회교권에 머물러 있던 유대인들이 마호메트를 섬기는 것은 아니었으며, 러시아에 흩어져 살고 있던 그들이 러시아 정교에 오염돼 있는 것이 아니었다. 그들은 놀랍게도 "유대교"를 고수한 채 하나님의 백성으로 자처하고 한 분 하나님을 섬기고 있는 것이었다.

이것은 먼 옛날 그들의 조상들이 이방 민족들의 우상 숭배에 오염되어 온갖 이방 신들을 섬겼고 그 응보로 역사상 유례없는 민족 분산의 쓰라림을 겪었다는 사실과 비교해 볼 때 사실 여간 놀라운 일이 아니다. 그러나 여기 32절이 우리에게 그 해답을 제공하고 있다. 『**너희 마음속에 들어온 것을 결코 이루지 못하리니**』. 그들은 이방 민족들의 우상들을 섬기고 싶어도 이제는 그렇게 할 수가 없게 되었던 것이다. 어째서? 하나님께서 가로막고 계셨던 것이다. 하나님께서는 이스라엘 민족에게 진노를 부으셔서 그들을 전 세계 구석구석으로 뿔뿔이 흩어놓으셨지만, 그들이 이민족들에게 수십 세기에 걸쳐 핍박과 멸시를 받으면서 고난을 받는 가운데서도 하나님의 다스리심 아래에서 벗어날 수가 없었던 것이다. 다음 구절들을 보라.

20:33 주 하나님이 말하노라. 내가 살아 있는 한 능한 손과 편 팔과 진노를 부음으로써 내가 반드시 너희를 다스릴 것이요,

34 또 내가 능한 손과 편 팔과 진노를 부음으로써 그 백성으로부터 너희를 인도

해 낼 것이며 너희가 흩어져 있는 나라들로부터 너희를 모으리라.
35 **내가 너희를 백성의 광야로 데려오리니 내가 거기서 얼굴을 마주보고 너희와 더불어 변론하리라.**
36 **내가 이집트 땅의 광야에서 너희 조상들과 더불어 변론한 것같이 내가 너희와 더불어 변론하리라. 주 하나님이 말하노라.**
37 **또 내가 너희를 막대기 아래로 지나가게 할 것이요, 내가 너희를 언약의 속박으로 데려와서**
38 **너희 가운데서 나를 거역한 자들과 나를 거슬러 범죄한 자들을 제거하리라. 내가 그들을 그들이 기거하던 나라에서 인도하여 낼 것이나 그들은 이스라엘의 땅에 들어가지 못하리라. 너희는 내가 주인 줄 알리라.**

여기서부터 하나님의 역사는 그 백성을 모으시는 것으로 바뀐다. 그들의 반역에 대한 징벌은 하나님께서 "손을 들어올려" 맹세하셨을 정도로 확고한 것이었지만, 하나님의 의도는 그들을 완전히 버리는 것이 아니었다. 하나님께서는 "그들의 마음 속에 들어온 것을 결코 이루지 못하게" 하실 만큼 그들을 관장하셨으며(32절), 『**내가 반드시 너희를 다스릴 것**』이라는 하나님의 약속 아래에 그들을 두셨다는 것이다(33절). 결국 하나님께서는 『**그 백성으로부터 너희를 인도해 낼 것이며 너희가 흩어져 있는 나라들로부터 너희를 모으리라.**』(34절)고 약속하셨다. 이 약속은 마침내 1918년부터 시작된 팔레스타인으로의 귀환과 함께 성취되기 시작했다.

그러나 34절을 주목하라. 『**내가 능한 손과 편 팔과 진노를 부음으로써... 너희를 인도해 낼 것이며... 너희를 모으리라.**』 그러니까, 유대인들이 "믿음 안에서" 본토로 귀환하는 일 따위는 절대로 없다. 그들은 "믿음 밖에서" 그들의 고토로 귀환하게 된다. 38절을 보라. 『**내가 그들을 그들이 기거하던 나라에서 인도하여 낼 것이나 그들은 이스라엘의 땅에 들어가지 못하리라.**』

『**내가 이집트 땅의 광야에서 너희 조상들과 더불어 변론한 것같이 내가 너희와 더불어 변론하리라. 주 하나님이 말하노라**』(36절). 35절의 『**백성의 광야**』란 팔레스타인 땅을 말한다. 1948년 팔레스타인 땅에는 드디어 이스라엘 국가 창건이 선포됨으로써 그들의 민족적 회복이 공식적으로 시작되었다. 그러나 이는 완전한 회복이 아니었다. 완전한 회복은 대환란을 장차 거친 뒤 천년왕국이 펼쳐질 때에야 완성될 것이다. 그래서 본문은 자연스럽게 대환란에 관한 문맥으로 넘어간다.

『**이집트 땅의 광야**』를 말하는 것은, 대환란 때 유대인들이 다시 광야로 들어갔다가 나와야 한다는 것을 잘 보여 준다. 하나님께서는 이스라엘에 대하여 과거에 하셨던 일을 미래에 또 반복하신다. 호세아 2장을 보라. 『**그러므로 보라, 내가 그녀를 꾀어 광야로 데려가서 그녀에게 위로하여 말하리라. 또 내가 거기에서 그녀에게 그녀의 포도원을 주고 아콜 골짜기로 소망의 문을 삼으리니, 그녀가 거기에서 그녀의 젊은 시절처럼, 또한 그녀가 이집트 땅에서 올라오던 날처럼 노래하리라**』(호 2:14,15). 이스라엘의 "과거" 『**젊은 시절처럼**』, 이스라엘의 "지난날" 『**이집트 땅에서 올라오던 날처럼**』, 이렇게 지난날 "처럼" 장차 대환란을 겪고 난 다음의 "미래"에도 그들을 팔레스타인 『**광야로 데려가서**』 하나님께서는 그제서야 그들을 위로해 주시고 노래를 부를 수 있도록 해 주실 것을 약속하신다. 이스라엘 백성은 그 조상들이 하나님께 반역하였던 것"처럼" 그 후손들도 하나님께 거역하였고, 그 조상들이 하나님의 심판을 받았던 것"처럼" 그 후손들 역시 하나님의 진노 아래에 있게 될 것이며, 그 조상들이 노래했던 것"처럼" 그 후손들도 장차 노래하게 될 것이다. 이처럼 하나님께서는 이스라엘 민족에 대하여 크게 두 번씩 다루시게 되고, 과거처럼 미래에도 "다시" 다루시게 된다.

『**너희 가운데서 나를 거역한 자들과 나를 거슬러 범죄한 자들을 제거하리라. 내가 그들을 그들이 기거하던 나라에서 인도하여 낼 것이나 그들은 이스라엘의 땅에 들어가지 못하리라. 너희는 내가 주인 줄 알리라**』(38절). 명백한 대환란 구절들이다. 대환란 기간 동안 하나님께서는 이스라엘 민족에게서 더러운 요소들을 모두 제거해냄으로써 그 민족을 깨끗하게 하실 것이다. 모든 유대인들이 구원받는 것이 아니라, 유대인들 가운데 대환란을 끝까지 견뎌내는 자들만이 죄를 용서받고 영적으로 회복될 것이다. 그렇지 않은 자들은 모두 솎아내셔서, 이스라엘 민족 가운데 더러운 요소들을 모두 제거해 버리실 것이다. 이들에 대해서 하나님께서는 『**그들은 이스라엘의 땅에 들어가지 못하리라.**』고 말씀하신다. 『**내가 그 삼분의 일을 불로 통과하게 해서 은을 정련하듯이 그들을 정련할 것이며, 금을 단련하는 것처럼 그들을 단련하리라**』(슥 13:9). 그러니까 삼분의 이는 『**끊어지고 죽을 것**』이다(슥 13:8).

『**내가 너희를 막대기 아래로 지나가게 할 것이요**』(37절)라는 말씀은 주께 거룩한 것을 골라 성별해 놓는다는 말이다. 『**소떼나 양떼의 십일조에 관해서는, 막대기 아래**

로 통과하는 것이 무엇이든지 열 번째 것은 주께 거룩한 것이니』(레 27:32).

20:39 오 이스라엘 집아, 너희에 대하여 주 하나님이 이같이 말하노라. 만일 너희가 내게 경청하지 아니하려거든 너희는 가서 각기 자기 우상들을 섬기고 이후에도 역시 그리하라. 그러나 다시는 너희 예물들과 너희 우상들로 나의 거룩한 이름을 더럽히지 말라.

40 주 하나님이 말하노라. 내 거룩한 산과 이스라엘의 높은 산에서 이스라엘의 온 집과 그 땅에 있는 그들 모두가 나를 섬기리라. 거기에서 내가 그들을 기꺼이 받아들일 것이며 거기에서 내가 너희 제물들과 너희 예물의 첫열매들을 너희 모든 거룩한 것들과 더불어 요구하리라.

41 내가 너희를 그 백성들로부터 인도하여 내고 너희가 흩어져 있는 그 나라들에서 너희를 모을 때 나는 너희의 향기로운 냄새와 더불어 너희를 받아들일 것이요, 또 나는 이방 앞에 너희 안에서 거룩하게 되리라.

42 내가 너희를 이스라엘 땅, 즉 내가 내 손을 들어올려서 너희 조상들에게 주기로 한 그 땅으로 너희를 데려올 때 너희는 내가 주인 줄 알리라.

43 거기서 너희는 너희의 길과, 너희가 더럽혔던 너희의 모든 행위들을 기억하고 또 너희는 너희가 범한 너희의 모든 악들로 인하여 너희의 목전에서 너희 자신들을 몹시 싫어하리라.

44 오 너희 이스라엘 집아, 내가 너희의 악한 길이나 너희의 부패한 행위들에 따라서 아니하고 내 이름을 위하여 너희와 더불어 행하면 너희는 내가 주인 줄 알리라. 주 하나님이 말하노라.

『내 거룩한 산과 이스라엘의 높은 산에서 이스라엘의 온 집과 그 땅에 있는 그들 모두가 나를 섬기리라. 거기에서 내가 그들을 기꺼이 받아들일 것이며 거기에서 내가 너희 제물들과 너희 예물의 첫열매들을 너희 모든 거룩한 것들과 더불어 요구하리라』(40절). 대환란을 통과하면서 하나님의 단련을 거쳐 정화된 이스라엘 백성에게는 천년왕국이 시작됨과 함께 율법이 다시 시행되고 하나님의 백성으로서 흠잡을 데 없는 상태에서 시행되는 이 율법에 따라 하나님께 다시 제사를 드리게 될 것이다. 이것은 비단 유대인들에게만 적용되는 게 아니라 타국인들도 마찬가지가 될 것이다. 이사야 56장을 보라. 『**또한 스스로 주께 연합하여 그를 섬기며, 주의 이름을 사랑하고, 그의 종들이 되는 타국인들의 아들들, 곧 안식일을 더럽히지 않고 지키며 나의 언약을 붙잡는 모든 자들을, 내가 나의 거룩한 산으로 인도하여 기도하는 나의 집에서 그들을 즐겁게 해 줄 것이며, 그들의 번제들과 희생제들도 나의 제단 위에 받아들이리니 이는 나의 집이 모든 백성에게 기도하는 집이라 불릴 것임이라. 이스라엘의 쫓겨난 자들을 모으시는 주 하나님이 말하노라. 그에게 모인 사람들 외에도 내가 다른 사람들을 그에게 모으리라**』(사 56:6-8).

『**내 거룩한 산과 이스라엘의 높은 산**』. 천년왕국 시대에 예루살렘에는 새로운 하나님의 성전이 세워지게 될 것이다. 이에 대한 언급은 에스겔서에서 40장부터 48장에 이르기까지 무려 아홉 장이나 할애하고 있을 정도로 중요하게 다루고 있음을 본다. 이에 대해 이사야는 2장에서 이렇게 서술하고 있다. 『**마지막 날들에 주의 전의 산이 산들의 정상에 세워질 것이요, 작은 산들 위에 높아지리니 모든 민족들이 그곳으로 몰려들 것이라. 많은 백성이 가며 말하기를 "너희는 오라, 우리가 주의 산에, 야곱의 하나님의 전에 올라가자. 그리하면 그가 그의 길을 우리에게 가르치실 것이며, 우리는 그의 길에서 행하리니 이는 율법이 시온에서 나오며, 주의 말씀은 예루살렘으로부터 나올 것임이라." 하리라**』(사 2:2,3).

천년왕국 시대의 이스라엘과 이방 민족들 간의 관계에 대해서 서술하고 있는 중요 구절들 가운데 또 이사야 60장이 있다. 『**타국인들의 아들들이 네 성벽을 쌓을 것이며, 그들의 왕들이 너를 섬기리니 이는 나의 진노로 내가 너를 쳤으나 나의 은총으로 네게 자비를 베풀었음이니라. 그러므로 네 성문이 항상 열려 있을 것이며, 주야로 닫히지 아니하리니 사람들이 이방의 군대를 네게로 데려오고, 그들의 왕들을 데려옴이라. 너를 섬기지 아니하는 민족과 나라는 멸망하리니 정녕, 그러한 민족들은 완전히 황폐하리라**』(사 60:10-12). 이에 대해서는 스카랴 8:20-23도 반드시 참조해 보기 바란다.

『**내가 너희를 그 백성들로부터 인도하여 내고 너희가 흩어져 있는 그 나라들에서 너희를 모을 때 나는 너희의 향기로운 냄새와 더불어 너희를 받아들일 것이요, 또 나는 이방 앞에 너희 안에서 거룩하게 되리라**』(41절). 대환란을 거친 이스라엘이 하나님의 백성으로 회복될 때, 그들은 이미 죄들이 용서되고 깨끗하게 된 상태이므로 하나님께 받아들여지는 민족일 뿐만 아니라 하나님께서는 다른 민족들에 대하여 이스라엘 안에서 거룩하게 되실 것이다. 지난날 이스라엘을 괴롭혔던 모든 이방 민족들은 천년왕국 시대에 통치자요 왕이신 예수 그리스도께 경배드리러 예루살렘에 올라오게 될 것인데, 만약 그렇지 않으면 그 나라에 비가 오지 않고 재앙이 내려질 것이다(슥 14:16-18). 뿐만 아니라 천년왕국 시대에는 모든 이방 민족들이 구원받기 위하여 율법을 따라야 하고 유대인들로부터 그 율법을 배우게 될 것인즉, 유대인들은 이런 점에서 모든 이방 민족들의 영적 지도자가 되는 것이고, 예루살렘은 이 지상에서 정치적인 중심지가 될 뿐만 아니라 하나님께 대한 예배의 중심지가 될 것이며, 복의 근원지가 될 것이다(사 2:2,3, 슥 8:20-23, 렘 33:9).

『**거기서 너희는 너희의 길과, 너희가 더럽혔던 너희의 모든 행위들을 기억하고 또 너희는 너희가 범한 너희의 모든 악들로 인하여 너희의 목전에서 너희 자신들을 몹시 싫어하리라**』(43절). 그야말로 지난날 자신들의 죄악을 생각하면 부끄럽고 후회스러운 정도가 아니라 이가 갈릴 정도로 자기 혐오감을 갖게 될 것이다. 이것은 하나님의 은혜로 구원받은 당신과 나도 마찬가지다. 나는 구원받기 전의 내 모습을 생각하면 이가 갈린다. 그러나 지옥에 떨어져 거기서 이를 갈고 있는 것보다야 얼마나 천만다행인가! 오죽했으면 바울은 과거에 자기에게 유익하다고 생각하던 것까지 모두 "배설물"로 여겼겠는가? 『**실로 모든 것을 손실로 여김은** 그리스도 예수 **나의 주를 아는 지식이 가장 고상하기 때문이며 내가 그를 위하여 모든 것을 잃어버리고 그것들을 오히려 배설물로 여김은** 그리스도를 **얻기 위함이요**』(빌 3:8).

『**오 너희 이스라엘 집아, 내가 너희의 악한 길이나 너희의 부패한 행위들에 따라서 아니하고 내 이름을 위하여 너희와 더불어 행하면 너희는 내가 주인 줄 알리라**. 주 **하나님이 말하노라**』(44절). 하나님께서 행하시는 모든 일은 하나님 자신의 이름을 위하여 하신다. 그 이름이 어떤 이름인가! 그 이름은 온 땅에 뛰어나신 이름이요(시 8:1,9), 영원토록 찬양받으실 이름이며(시 9:2; 18:49; 44:8; 45:17; 54:6; 61:8; 92:1; 145:1), 한 번 알면 의지하지 않을 수 없는 이름이고(시 9:10), 우리의 깃발이 되시는 이름이며(시 20:5), 우리가 마귀를 대적하고 원수들을 짓밟을 때 그 이름을 통해서 하는 무서운 이름이고(시 44:5), 세세토록 기억될 이름이며(시 45:17), 우리를 구원하시는 이름이요(시 54:1), 위대하시고 두려운 이름이고(시 61:5; 99:3; 102:15), 노래로 불릴 이름이며(시 66:4), 영광스러운 이름이요, 또 영화롭게 되셔야 할 이름이고(시

79:9; 86:9,12; 115:1), 그 안에서 즐거워할 이름이며(시 89:16), 거룩한 이름이고(시 106:47), 영원히 지속될 이름이며(시 135:13), 의인이 감사를 드리는 이름이고(시 140:13), 향유를 쏟아 놓는 이름이며(솔 1:3), 우리의 혼이 사모하는 이름이다(사 26:8). 이런 이름이기에 하나님께서는 그 이름을 위하여 모든 일을 행하신다. 예수 그리스도께서는 이 땅에 오셔서 『아버지의 **이름**』을 나타내 보이셨고, 또 밝히 알게 하셨으며(요 17:6,26), 자신을 따른 자들을 지키신 것도 『**아버지의 이름으로**』 지키셨다(요 17:12).

20:45 또 주의 말씀이 내게 임하여 말씀하시니라.
46 인자야, 네 얼굴을 남쪽으로 향하여 두고 네 말을 남쪽을 향하여 들리게 하며 남쪽 들판의 삼림에 대하여 예언하여
47 남쪽의 삼림에게 말하기를 "주의 말씀을 들으라. 주 하나님이 이같이 말하노라. 보라, 내가 네 안에 불을 붙이리니 그러면 그 불이 네 안에 있는 모든 푸른 나무와 모든 마른 나무를 삼킬 것이요, 타오르는 불꽃은 꺼지지 아니할 것이며, 남쪽으로부터 북쪽에 이르는 모든 얼굴이 그 안에서 태워지리라.
48 모든 육체는 나 주가 그것에 불붙인 것을 보리니 그것이 꺼지지 아니하리라." 하라.
49 그때 내가 말씀드리기를 "아, 주 하나님이여! 그들이 나에 대해서 말하기를 '그는 비유를 말하지 아니하는가?' 하나이다." 하였더라.

본문에서 『**남쪽**』이란 예루살렘을 기점으로 본 방위다. 또 『**삼림**』이란 앞서 17:24에서도 『**들의 모든 나무들**』과 관련하여 살펴 보았거니와, 『**들의 모든 나무**』(17:24), 즉 『**들판의 삼림**』(20:46)이 우상 숭배와 관련된 이스라엘의 죄악과 관계가 있다는 것을 알게 된다. 예루살렘의 『**남쪽**』은 옛날 불로 멸망해 버린 소돔이 있던 지역으로, 지금은 사해 밑에 가라앉아 버린 평원이다. 이런 지대를 향하여 하나님께서는 에스겔에게 다음과 같이 예언하라고 명하신다. "남쪽으로" 얼굴을 향하고 "남쪽을" 향하여 말이 들리게 하되, "남쪽" 들판의 나무들에 대해 예언하라는 말씀이다.

『**남쪽의 삼림에게 말하기를 "주의 말씀을 들으라. 주 하나님이 이같이 말하노라.**

보라, 내가 네 안에 불을 붙이리니 그러면 그 불이 네 안에 있는 모든 푸른 나무와 모든 마른 나무를 삼킬 것이요, 타오르는 불꽃은 꺼지지 아니할 것이며, 남쪽으로부터 북쪽에 이르는 모든 얼굴이 그 안에서 태워지리라』(47절). 이 지역은 이미 창세기 19장에서 유황 불로 멸망돼 버린 곳이었다. 그런데 하나님께서는 또 거기에 불을 붙이시겠다는 것인데, 그 『**타오르는 불꽃은 꺼지지 아니할 것**』이라고 말씀하신다. 이 말씀은 다음 48절에서도 반복적으로 강조되는데, "꺼지지 않는 불꽃"이 타는 곳이라면 어디겠는가? 그것은 깊은 그 어딘가를 말한다.

마가복음에서 주님께서는 『**그곳에는 그들의 벌레도 죽지 않고, 불도 꺼지지 아니하느니라.**』(막 9:44,46,48)라는 말씀을 세 번이나 반복해서 이야기하신다. 이것은 여기 에스겔 20:46에서 『**남쪽으로**』, 『**남쪽을**』, 『**남쪽**』이라고 세 번씩이나 반복하고 있는 것과 흡사하다. 지옥불은 푸른 나무건, 마른 나무건, 죄와 연루된 모든 것을 삼킬 것이다. 그러고도 그 『**타오르는 불꽃은 꺼지지 아니할 것**』인즉, 구원받지 못한 죄인들의 『**모든 얼굴이 그 안에서 태워**』질 것이다.

『**아**, 주 **하나님이여**! **그들이 나에 대해서 말하기를 '그는 비유를 말하지 아니하는가?' 하나이다**』(49절). 여호와의 증인들과 마찬가지로 밥 존스 대학의 찰스 브로켄샤이어 박사를 위시한 교수단이 누가복음 16장에서 부자와 나사로의 이야기에 나오는 지옥에 대하여 "비유다"라고 말했던 이유가 어디에 있는지, 우리는 이 49절에서 발견하게 된다. 죄인들에게 예수 그리스도를 증거하고 복음을 설교하는 가운데 지옥에 가지 않도록 예수 그리스도를 믿고 그분을 구세주로 영접하라고 권고하면 사람들은 "말이 그렇지 지옥이 어디 있어?" 하고 지옥을 믿으려고 하지 않는다. 오늘날 현대 교회에서는 사람들이 지옥을 싫어한다는 것을 알고 설교에서 지옥에 대한 경고를 빼버렸다. 그 결과 그들은 많은 사람들이 지옥에 가는데도 모른 척하고 만다. 그러나 잊지 말라. 구원받지 못한 혼이 지옥에 간다는 것은 사람이 반드시 한 번은 죽어야 한다는 사실만큼이나 확실하다는 사실을. 죄인에게는 반드시 그 죄에 대한 심판과 형벌을 생략할 수가 없게 되어 있다. 『**악인은 지옥으로 돌려질 것이요**』(시 9:17). 『**한 번 죽는 것은 사람들에게 정해진 것이고 그 뒤에 심판이 정해진 것같이**』(히 9:27). 『**사람이 온 세상을 얻고도 자신의 혼을 잃는다면 무슨 유익이 있겠느냐?**』(막 8:36).

에스겔 21장

21:1 또 주의 말씀이 내게 임하여 말씀하시니라.
2 인자야, 네 얼굴을 예루살렘으로 향하여 두고 네 말을 거룩한 곳들을 향하여
들리게 하며 이스라엘 땅을 대적하여 예언하여
3 이스라엘 땅에 말하기를 "주가 이같이 말하노라. 보라, 내가 너를 대적하며 칼
집에서 내 칼을 뽑아 네게서 의인과 악인을 끊으리라.
4 내가 네게서 의인과 악인을 끊으리니, 그러므로 내 칼이 칼집에서 나가 남쪽에
서 북쪽에 이르기까지 모든 육체를 치리라.
5 이는 모든 육체로 나 주가 내 칼을 칼집에서 뽑았음을 알게 하려 함이니 그
칼이 다시 꽂혀지지 아니하리라." 하라.
6 그러므로 탄식하라, 너 인자야, 네 허리가 끊어지는 듯이 그들의 눈 앞에서 심
히 탄식하라.
7 그러면 그들이 네게 말하기를 "네가 어찌하여 탄식하느냐?" 하리니 너는 대답
하기를 "소문으로 인함이니 그것이 오기 때문이라. 모든 마음이 녹아 내리고
모든 손이 힘이 빠지며 모든 영이 기운을 잃고 모든 무릎이 물처럼 약해질 것
이라." 하라. 보라 그것이 오나니 오고야 말리라. 주 하나님이 말하노라.

『인자야, 네 얼굴을 예루살렘으로 향하여 두고 네 말을 거룩한 곳들을 향하여 들리게 하며 이스라엘 땅을 대적하여 예언하여』(2절). 에스겔 선지자는 예수 그리스도의

예표이다. 특별히 그를 "인자"라고 부르는 것을 통해서 볼 수 있다. 그래서 이 장면은 마치 예수 그리스도께서 예루살렘을 향해 얼굴을 두시고 책망하는 것과도 같다. 실제로 하나님께서는 지금 에스겔을 통하여 이스라엘 땅을 "대적하여" 예언하고 계신 것이다.

창세기 4장 이래로 "땅"에 대한 하나님의 태도는 부정적이셨다. 그것은 카인에 의하여 인류 최초의 살인이 자행되었을 때, 땅은 아벨의 피로 물들었기 때문이다(창 4:9-11). 민수기 35장에서도 살인은 땅을 더럽히는 행위이고, 한번 피로 더러워진 땅은 주님의 보복에 의하여 그 땅을 더럽힌 살인자가 또 피를 흘리게 되지 않고는 다시 깨끗하게 될 수가 없다고 말씀한다. 『**그러므로 너희는 너희가 거하는 땅을 더럽히지 말라. 이는 피로 인해 그 보복이 그 땅을 더럽힘이니, 그 땅은 피를 흘린 사람의 피에 의하지 아니하고는, 그곳에 흘려진 피에 대해 깨끗해질 수 없느니라**』(민 35:33). 민수기에서 벌써 "땅을 더럽히다."라는 말씀이 나온다는 것은 실로 놀라운 사실이다. 성경적인 관점에서 볼 때, 지구 오염의 원흉은 산업 폐기물이 아니다. 이 땅을 더럽히는 것은 하수도에서 나오는 오수나 공장에서 나오는 쓰레기가 아니라 인간이 자행하는 "살인으로 흘린 피"다. 피살자가 흘린 피는 땅을 더럽히고 그 피가 살인자에 대한 피의 복수를 요구하며 땅에서부터 울부짖는다. 피가 피를 부르고, 그 피가 또 피를 부르며, 이 피가 또 피를 부른다. 그리하여 이 땅에는 살인과 전쟁이 끊이지 않는다. 피로 얼룩진 이 땅은 피에 피를 요구하다가 마침내 예수 그리스도의 피까지 요구하게 되었다. 예수 그리스도의 처형을 요구했던 유대인들은 『**그의 피를 우리와 우리 자손에게 돌리라.**』(마 27:25)라고 요구하기에 이르렀고, 아닌 게 아니라 예수 그리스도의 피는 또 유대인들의 피를 요구하게 되었으며, 이로 인하여 유대인들은 혹독한 피의 대가를 지불하지 않으면 안 되게 되었다.

이 21장의 전반부는 "칼"이 핵심 주제이다. 『**심한 살육**』을 위하여 갈렸고 날카롭게 날이 세워진(10절) 그런 칼 말이다. 이스라엘 민족은 예수 그리스도의 피를 요구하면서 『**그의 피를 우리와 우리 자손에게 돌리라.**』고 호언했던 대로 그 피의 대가를 이 칼에 갚게 될 것이다. 이렇게 피로 더럽혀진 땅은 살인자 이스라엘의 피를 요구하게 되었고, 궁극적으로는 살인자 마귀의 피가 아니면 깨끗하게 될 수가 없다. 그리하여 여기 21장에서는 아마겟돈에서 흘리게 될 적그리스도와 그의 군대의 피를 우리가 보게 될 것이다.

『**칼집에서 내 칼을 뽑아 네게서 의인과 악인을 끊으리라**』(3절). 하나님께서 뽑으시는 『**칼**』은 흔히 전염병으로 나타나는 게 보통이다. 『**갓이 다윗에게 가서 그에게 말하기를 "주께서 이같이 말씀하시나이다. '삼 년 간의 기근이든지, 아니면 적 앞에서 석 달간 패하여 네 원수들의 칼에 쫓기든지, 아니면 주의 칼, 즉 전염병이 삼 일 동안 이 땅에 만연하여 주의 천사가 이스라엘 온 지경을 멸할 것인지 너는 택하라.' 그러므로 이제 내가 나를 보내신 분께 무슨 말을 다시 전해야 할지 숙고하소서." 하더라**』(대상 21:11,12). 『**주의 칼**』은 "전염병"이다. 『**주의 칼**』이 나타나면 거기에는 전염병이 만연하여 많은 사람이 죽게 된다.

이스라엘에 대한 하나님의 심판은 민족적인 심판인지라 의인이라고 해서 악인과 구별되어 하나님의 칼을 모면할 수 있는 게 아니다. 그래서 하나님의 칼을 모면하려면 이스라엘 민족에게서 벗어나 이스라엘 민족과 인연을 끊는 게 상책이다. 당신이 유대인이라면 지금이라도 늦지 않았다. 지금이라도 주 예수 그리스도를 믿고 정통 유대교가 되었건, 진보적 유대교가 되었건, 다 벗어 던지고 "교회"에 합류하여 그리스도의 몸으로 들어오라. 그러면 당신은 유대인이지만 이스라엘과의 관계를 단절할 수가 있고, 따라서 하나님의 칼을 모면할 수가 있다. 하나님께서는 세계 인류를 유대인과 이방인, 그리고 "교회"의 세 부류로 나누신다. 그 가운데 하나님의 칼을 모면할 수 있는 유일한 부류는 그리스도의 몸인 교회뿐이다. 당신이 만약 이방인 부류에 속한다면, 당신은 유대인만큼도 살아남을 기회가 희박하다. 그러므로 당신이야말로 지금이라도 당장 "교회"에 합류해야 한다. 당신이 죄인이라는 사실을 솔직하게 시인하고 주 예수 그리스도를 믿고 그분을 당신의 구세주로 영접하라. 그렇게 하기만 하면 된다. 당신이 구원받고 지옥에 가지 않는 방법은 아주 간단하다. 어려운 일은 하나님의 아들께서 당신을 위해 갈보리에서 다 해놓으셨다.

『**내가 네게서 의인과 악인을 끊으리니, 그러므로 내 칼이 칼집에서 나가 남쪽에서 북쪽에 이르기까지 모든 육체를 치리라**』(4절). 하나님의 칼이 한번 뽑혀지면 팔레스타인 전역에서 의인이고 악인이고 가릴 것 없이 그 칼에 멸망당한다. 민족적인 범죄는 민족적인 심판을 불러오기 마련이다. 이스라엘은 하나님께 민족적으로 범죄했고, 민족적으로 하나님의 심판을 받으며, 또 한편, 민족적으로 회복될 것이다. 이스라엘이 민족으로 형성되기 전에는 하나님께서 악인들을 멸하실 때 의인들을 구별하셨고, 심지어는 의인들이 얼마나 있느냐에 따라서는 『**남쪽에서 북쪽에 이르기까지 모든 육**

체를 치리라.』라고까지는 말씀하지 않으신 하나님이시다. 하나님께서 소돔을 멸하실 때 아브라함에게 무어라고 말씀하셨는지를 보라(창 18:23-32). 문제는『**의인**』이 과연 있느냐 하는 것이고, 있으면 얼마나 있겠느냐 하는 것이다. 하나님께서는 롯의 가족을 구출하셨고, 노아의 가족도 구출하셨다.

그러나 이스라엘만은 다르다. 그들은 민족적인 응징과 심판의 대상이다. 물론 하나님께서는 20:17에서도 말씀하셨듯이 대환란 기간 동안에도 이스라엘의 일부를 반드시 남겨 두신다. 9:4-6에서도 이마에 표를 한 사람들만은 남겨 두실 것을 예고하셨다. 그러나 그렇다고 해서 이스라엘에 대한 하나님의 민족적인 심판이 조금이라도 감면되거나 일부에게만 국한되는 것은 결코 아니다. 우리는 앞서 14장에서『**비록 노아, 다니엘, 욥, 이 세 사람이 그 땅에 있다 할지라도 그들은 그들의 의로 말미암아 자신들의 혼들만을 구해 낼 뿐이라.**』고 말씀하셨음을 보았다. 말하자면 이스라엘에 대한 민족적인 심판이 내려질 때, 노아나 다니엘, 욥 같은 의인들도 이스라엘 땅에 내리는 하나님의 심판 자체는 모면할 수가 없고, 다만 그들의『**혼들**』만 구원받게 된다는 것이다.

『**그러므로 탄식하라, 너 인자야, 네 허리가 끊어지는 듯이 그들의 눈 앞에서 심히 탄식하라**』(6절). 이것은 오히려 비명이라고 하는 편이 낫다. 칼이 휙 하고 허리를 가르고 지나갈 때 내는 외마디 비명 소리 같은 탄식이다. 전쟁에서 적의 칼이 바람 소리를 내며 내 허리를 가르고 지나갈 때를 한번 상상해 보라. 상상만 해도 비명 소리가 절로 나올 것이다. 십자군이 휘두르던 칼을 상상해 보라. 바이킹족이 내두르던 칼을 상상해 보라. 한번 휘둘러서 다섯 사람은 족히 단칼에 쓰러뜨리던 그 시퍼렇게 날이 선 칼 말이다. 무게만 해도 10파운드 내지 12파운드나 나가는 그 묵직한 칼을 내려치는 순간 목이 날아가고 몸은 두 동강이가 나면서 피를 내뿜는 그 처절한 장면을 한번 생각해 보라. 스카랴 11장에 보면 적그리스도의 팔과 오른쪽 눈에 칼이 스치고 지나가자 그 팔과 오른 눈이 병신이 되고 만다.『**양떼를 버려 둔 우상 목자에게 화 있으리라! 칼이 그의 팔과 그의 오른눈에 임하리니, 그의 팔은 바싹 마르고 그의 오른눈은 완전히 어둡게 되리라**』(슥 11:17). 이런 장면을 마치 눈앞에 보고 있는 것처럼 탄식하라고 지금 하나님께서는 에스겔을 통하여 이스라엘에게, 아니 모든 죄인들에게 명하고 계신 것이다.

21:8 주의 말씀이 다시 내게 임하여 말씀하시니라.
9 인자야, 너는 예언하여 말하라. 주가 이같이 말하노라. 말하기를 "칼, 칼은 날이 섰고 광택이 나도다.
10 칼이 날이 선 것은 심한 살육을 위함이요, 칼이 갈아진 것은 번쩍이기 위함이니 우리가 즐거워해야 하겠느냐? 그 칼이 내 아들의 막대기를 모든 나무처럼 경멸하는도다.
11 그가 그 칼을 주어 손에 잘 쓸 수 있도록 갈게 하였고 이 칼이 날이 서고 광택이 나니 살육자의 손에 그것을 주었도다." 하라.
12 인자야, 부르짖어 슬피 울지니라. 이는 그것이 내 백성 위에 임할 것이요, 그것이 이스라엘의 모든 고관들 위에 임할 것임이라. 그 칼로 인하여 공포가 내 백성 위에 임하리니 네 허벅지를 치라.

에스겔 21장의 핵심 주제가 바로 『**칼**』이다. 3절에서부터 『**칼**』 이야기가 시작되더니, 4절에서 『**칼**』, 5절에서도 『**칼**』, 9절에서도 『**칼**』, 10절, 11절, 12절, 13절, 14절, 15절, 19절에서도 『**칼**』, 『**칼**』, 『**칼**』, 『**칼**』이다. 그리고 또 28절에서도 『**칼, 칼이 뽑혔으니**』, 30절에서도 『**내가 칼을 칼집에 다시 넣으랴?**』 칼에서 시작하여 칼로 끝나다시피 하는 장이 여기 21장이다.

성경에는 세 가지 서로 다른 『**칼**』이 등장한다. 하나는 "하나님의 말씀"으로서의 『**칼**』이다. 『**살아 있고 능력이 있어 양날이 있는 어떤 칼보다도 예리하여 혼과 영, 그리고 관절과 골수를 찔러 가르고 마음의 생각들과 의도들을 판별**』(히 4:12)하는 칼, 바울이 『성령**의 칼**』(엡 6:17)이라고 부르고 있는 바로 그 『**칼**』 말이다. 그리고 두 번째 칼이 앞서 역대기상 21:12에서 살펴본 바 있는 "전염병"으로서의 『**주의 칼**』이다. 마지막 세 번째 칼은 문자 그대로의 칼이요, 성경에서 가장 많이 언급되는 칼로서 앗시리아의 산헤립이나 바빌론의 느부캇넷살왕이 사용하는 것과 같은 "전쟁"으로서의 『**칼**』이다.

그런데 여기 에스겔 21장에서 언급되는 『**칼**』은 하나님께서 직접 사용하시는 하나님의 『**칼**』인데, 이것은 비단 "전염병"만을 의미하는 칼 이상의 칼이다. 이 칼은 시퍼렇게 『**날이 서고**』 번쩍번쩍 『**광택이**』 난다. 어째서 이처럼 날을 세웠고 광택이 나게 하였는가? 『**심한 살육을 위함이요, 칼이 갈아진 것은 번쩍이기 위함이니**』(10절)라고 말씀한다. 이 칼은 살육을 위해 준비되었다. 이 칼을 보고는 결코 즐거워할 수가 없다(10절).

그런데 이 칼은 『**내 아들의 막대기를 모든 나무처럼 경멸하는**』(10절) 엄청난 칼이다. 이게 무슨 말인가? 하나님께서 『**내 아들**』이라고 말씀하시는 분이라면, 이분은 필경 예수 그리스도시다. 예수 그리스도께서는 『**막대기**』(rod)를 갖고 계신다. 이 『**막대기**』는 보통 막대기가 아니다. 이 『**막대기**』는 종국에는 쇠막대기로서, 요한계시록에서 『**철장**』(the rod of iron)이라 불리는 쇠막대기다(계 2:27; 12:5; 19:15). 예수 그리스도께서는 이 『**철장**』으로 민족들을 다스리시게 된다. 이 엄청난 『**철장**』을 그 『**칼**』이 비웃는다. 이게 도대체 무슨 말씀인가?

이것을 제대로 설명한 주석자는 단 한 사람도 없다. 스코필드도 이 부분에 대해서는 한마디 언급도 없이 침묵해 버렸다. 타락하고 배교한 모든 "현대판" 성경들이 이 부분에서 모두 휘청거린다. 더멜로우 같은 사람은 "에스겔 21:10은 원문을 잘못 옮겨 놓는 바람에 도무지 무슨 뜻인지 알 수가 없다."면서 엉뚱하게도 <킹제임스성경>을 되레 원망하지만, 이것은 아주 궁색한 변명일 뿐, <킹제임스성경>에는 하등의 문제가 없다. 매튜 헨리는 "이 칼이 곧 모든 나무들을 경멸하는 '철장'이다." 또는 "이 칼이 곧 내 아들의 막대기로서 하나님의 백성의 범죄를 징계하고 바로잡는다. 이것은 다른 사람들에게는 '칼'이지만, 내 아들에게는 막대기나 다름없다."라고 말한다. 재미에슨이나 포셋이나 브라운 같은 사람들은 "이 칼이 유다의 보잘것없는 막대기, 즉 유다의 홀을 더 이상 겁내지 않는다는 뜻이다."라고 설명하면서 초점을 비켜 가는 바람에, 마치 바빌론의 느부캇넷살왕이 유다 왕국 따위는 우습게 여기게 되었다는 식으로 넘어가 버렸다. 아담 클라크 역시 여기에 동조한다. 반스 역시 같은 맥락에서 벗어나지 못한다.

『**그 칼이 내 아들의 막대기를 모든 나무처럼 경멸하는도다.**』 지금 이 구절은 마귀의 칼이 예수 그리스도의 막대기를 경멸한다고 말씀하는 것이다. 이게 무슨 말인가? 다음 구절을 보라.

『**그가 그 칼을 주어 손에 잘 쓸 수 있도록 갈게 하였고 이 칼이 날이 서고 광택이 나니, 살육자의 손에 그것을 주었도다**』(11절). 이 칼은 누구에게인가 건네졌고, 그로 하여금 잘 갈아서 예리하게 날을 세우고 번쩍번쩍 광택이 나도록 했다. 이 칼을 받은 것은 『**살육자의 손**』이다. 그렇다면 "살육자"가 누구인가? 그야 물론 마귀다. 마귀는 『**죽음의 세력을 가진 자**』이다(히 2:14).

출애굽기 12장에 보면 하나님께서 이집트인들을 치시려고 두루 다니시는데, 문 기등에 발라 놓은 피를 보시면 『**멸망시키는 자로 너희 집에 들어가서 너희를 치도록 허락하지 않으실 것임이니라.**』(출 12:23)라고 말씀하신다. 그러니까 하나님께서 이집트인들을 치실 때, 『**멸망시키는 자**』를 동원하셨던 것이다. 여기 11절이 바로 같은 맥락이다. 하나님께서 반역한 이스라엘을 칼로 치시되, 그 칼을 『**살육자의 손**』에 주셔서 치게 하신다. 마귀는 하나님께서 사용하시는 아주 유용한 도구이다. 그는 성경에 따르면 『**멸하는 데 익숙한 자**』(32절)다. 범죄한 악인에게 형벌을 내리시고 고통스럽게 하며 죽이기까지 하시는 하나님께서는 그 악역을 이 마귀에게 맡기시는데, 그것은 그가 "살육자"요, "멸하는 데 익숙한 자"며, "죽음의 세력을 가진 자"이기 때문이다. 그런 악역이라면, 그 누구도 마귀를 따를 자가 없다.

21:13 이는 시련 때문이니 만일 그 칼이 그 막대기까지도 경멸하면 어떻게 되겠느냐? 그 막대기가 다시는 있지 아니하리라. 주 하나님이 말하노라.
14 그러므로, 인자야, 너는 예언하라. 그리고 손뼉을 치고 그 칼을 세 번 겹쳐울지니 곧 살해의 칼이요, 밀실에 들어가서 위대한 자들을 살해하는 칼이라.
15 내가 그들의 마음이 기진하고 그들의 넘어짐이 많아지도록 칼끝을 그들의 모든 성문을 향하여 겨누었도다. 아! 그 칼이 빛나고 그 칼이 살육을 위하여 싸매져 있도다.
16 너는 이 길로나 저 길로나 오른편이나 왼편이나 얼굴이 향한 곳이면 어디로든지 가라.
17 내가 또 내 손뼉을 쳐서 내 진노를 쉬게 하리라. 나 주가 그것을 말하였노라.

『**그 칼이 그 막대기까지도 경멸하면 어떻게 되겠느냐?**』(13절) 성경에서 두드러진 두 개의 막대기가 있다면, 모세의 막대기와 아론의 막대기다. 모세의 막대기는 뱀이 되었었고(출 4:2-4), 이집트의 나일강 물을 피로 변하게도 하며 강에 있는 물고기들을 모두 죽여버리고 강물을 온통 썩게 만들어 악취가 풍기게 하기도 했다(출 7:17-24). 이 막대기는 또 땅의 흙을 쳐서 이가 되게 만들었고(출 8:16-18), 하늘을 향하여 뻗쳤을 때 하늘에서 천둥이 치고 우박이 쏟아져 내리게 했으며(출 9:23-25), 이집트 땅에 대고 뻗쳤더니 동풍과 함께 메뚜기 떼가 날아왔고(출 10:13), 바다에 뻗쳤더니 홍해가 갈라졌으며(출 14:21,22), 호렙산에서는 반석을 치자 바위에서 물이 솟았다(출 17:6). 이 막대기는 주로 재앙을 가져왔고, 그리스도를 상징하는 반석을 쳤다. 그래서 모세가 손에 들고 있던 이 기적의 막대기는 실은 마귀를 예표하는 막대기였다.

반면에 민수기 17장에 보면 그 유명한 『**아론의 막대기**』 이야기가 나온다. 『**모세가 증거의 성막 안 주 앞에 그 막대기들을 두었더라. 이튿날, 모세가 증거의 성막으로 들어갔더니, 보라, 레위 집을 위한 아론의 막대기에 움이 돋고 싹이 나서 꽃이 피고 아몬드 열매들이 열렸더라**』(민 17:7,8). 이 『**아론의 막대기**』는 죽었던 막대기였으나 거기에 생명이 부활했던 것이다. 그리하여 이 막대기는 부활하신 예수 그리스도를 예표한다. 아론의 막대기는 하나님의 권위를 위임받은 대제사장의 신분을 나타내는 막대기였고, 그 막대기가 생명을 갖는 나무로 부활함으로써 죽은 자들로부터 부활하신 예수 그리스도께서 대제사장으로 세워지실 것을 모형으로 보여 주었던 것이다(히 4:14).

그러니까 성경에는 두 개의 막대기가 있는데, 하나는 마귀를 예표하는 막대기요, 또 하나는 하나님의 아들이신 예수 그리스도를 예표하는 막대기다. 마귀의 칼은 자신의 막대기는 보살피지만 아들의 막대기에는 대적하고, 반대로 하나님의 말씀, 곧 『**성령의 칼**』(엡 6:17)은 아들의 막대기는 보살피지만 마귀의 막대기에는 대적한다. 그런데 여기 에스겔 21장에서 언급되는 막대기는 예수 그리스도를 나타내는 막대기임이 분명하다. 10절에서 『**내 아들의 막대기**』라고 밝히고 있기 때문이다. 그렇다면 이 "내 아들의 막대기"를 죽이는 "칼"은 곧 마귀의 칼이라는 사실이 분명해진다. 아닌 게 아니라 이 마귀의 칼은 예수 그리스도를 갈보리 십자가에 매달아 못 박는 데 성공했다. 『**그 칼이 내 아들의 막대기를 모든 나무처럼 경멸하는도다**』(10절).

마귀의 칼이 하나님의 아들까지도 십자가에 달아 못 박을 정도로 무서운 위력을 가진 칼이거늘, 이스라엘이 그 앞에서 부들부들 떨어야 하는 것은 두말할 나위도 없다. 그런데 여기서, 『**그 막대기까지도 경멸**』하는 마귀의 칼은 하나님께서 그의 손에 쥐어주신 칼이다. "어떻게 그럴 수가 있느냐, 마귀가 예수 그리스도를 경멸하도록 하나님께서 시키셨단 말이냐?" 하고 놀라는 사람들이 있겠지만, 사실이다. 예수 그리스도께서 갈보리에서 죽임을 당하신 것은 하나님께서 그 아들을 죽게 하신 것이었다. 그렇기 때문에 갈보리의 십자가는 예수 그리스도의 승리였던 것이고, 그렇기 때문에 주님께서는 숨을 거두시면서 『**다 이루었다.**』(요 20:30)고 선언하셨던 것이다. 주님께서는 아버지의 뜻에 저항하지 않으시고 온전히 순종하셨다. 그분께서는 고난받으시고 죽기까지 하심으로써 구원의 근원이 되고자 이 세상에 오셨다(히 5:8). 하나님께 대한 아담의 불순종은 모든 사람을 죽음으로 몰아갔지만, 그리스도의 순종은 많은 사람을 의롭게 하시기 위함이었다(롬 5:19). 이것이 하나님의 뜻이었고, 예수 그리스도께서는 오직 아버지 하나님의 그 뜻을 행하시기 위해 이 세상에 오셨던 것이며, 자신의 죽음을 통하여 죽음을 생명으로 바꾸어 놓으셨던 것이다(히 10:9).

『**그 막대기가 다시는 있지 아니하리라**』(13절). 예수 그리스도께서 재림하실 때까지 이 세상의 통치자는 마귀다(요 14:30). 예수 그리스도께서는 지구가 멸망을 맞이할 때가 되어서야 이 땅에 다시 오셔서 인류 역사를 종결지으실 것이다. 그분께서 천년왕국의 왕으로서 이 땅을 통치하실 때 그분의 손에 들려져 있는 막대기는 더 이상 나무 막대기가 아니라 『**철장**』이다(시 2:9, 계 2:27; 12:5; 19:15). 그때가 되기까지 이 세상은 마귀에게 주어진 것이다.

『**그러므로, 인자야, 너는 예언하라. 그리고 손뼉을 치고 그 칼을 세 번 겹씌울지니 곧 살해의 칼이요, 밀실에 들어가서 위대한 자들을 살해하는 칼이라**』(14절). 한 번으로 끝나지 않고, 두 번, 세 번까지 휘둘러댐으로써 죽이고 또 죽이게 된다. 총이라면 일종의 확인 사살과도 같은 것으로, 살해를 확실하게 해두는 칼놀림이다. 어떤 주석자들은 예루살렘에 대한 바빌론의 공격을 묘사한 것이라고 설명하는데, 처음 시드키야왕이 사로잡혀가 죽더니, 그 다음 두 번째로 예루살렘 성읍이 완전히 함락되었고, 세 번째로 그 성읍에 남아 있던 사람들까지 몽땅 바빌론으로 사로잡혀가게 된 일련의 사건들을 이렇게 묘사한 것이라고 주석한다. 칼을 역사적으로만 적용했을 경우 이렇게 설명해도 무리가 없겠지만, 우리는 이 부분의 구절들을 다루면서 역사적 적용을 뛰어넘은 지가 이미 오래다.

『**밀실**』이라고 해서 특별한 의미가 있는 게 아니라 요즘으로 치자면 아주 깊은 방공호 같은 것을 말한다. 핵전쟁이 벌어지면 미국의 대통령과 고위 관리들 및 작전 사령부가 이 『**밀실**』로 들어가 전쟁을 지휘하게 된다. 이 방공호는 특별히 설계돼 있어서 핵무기의 위력까지도 막을 수 있다고 한다. 열왕기상 20장에 보면, 이스라엘의 공격을 받은 시리아의 벤하닷이 싸움에 참패한 뒤 성읍 안으로 패주하여 골방에 들어가 숨었다(왕상 20:29.30). 이 경우 벤하닷이 숨었던 『**골방**』이 바로 여기 14절에서 말하는 『**밀실**』에 해당한다. 그러나 하나님의 진노의 칼이 뽑혀지면 아무리 든든하게 잘 만든 방공호라도 아무 소용이 없을 것이다.

『**아! 그 칼이 빛나고 그 칼이 살육을 위하여 싸매져 있도다**』(15절). "싸매져" 있다고 해서 헝겊이나 보자기로 칼을 싸맸다는 게 아니다. 짐을 다 싸면 이제 떠날 준비가 다 끝났다는 것을 말한다. 이것저것 생각할 것들은 이미 다 고려해 보았고 이제는 행동으로 옮기는 일만 남았다. 칼이 날카롭게 갈리고 날은 시퍼렇게 세워 놓았다. 이제는 『**살육을 위하여**』 내두르기만 하면 된다.

『**너는 이 길로나 저 길로나 오른편이나 왼편이나 얼굴이 향한 곳이면 어디로든지 가라**』(16절). 어디든 방향을 일단 잡았으면 칼을 뽑아들고 그리로 내닫기만 하면 된다. 여기 기웃 저기 기웃할 것 없이 방향이 정해진 곳으로 집중하여 칼을 내리치기만 하면 된다. 예루살렘을 향한 길이면 『**오른편이나 왼편이나... 어디로든지**』 진격하기만 하면 된다. 바빌론 군대가 북동쪽에서 내려와 작전상 우회하여 남쪽으로부터 예루살렘을 향하여 북진해도 좋고, 북쪽 칼데아로부터 바빌론 군대가 직접 남진해 내려와도 좋다. 일단 공격 방향이 정해지면 그 길로 매진하기만 하면 된다. 어차피 예루살렘은 사방이 포위돼 있다. 이 구절을 단순히 이렇게만 설명해도 별 문제는 없다.

그러나 우리는 19절부터 "두 길 중 한 길을 정하라."는 말씀과 그것을 정하기 위해 점을 치는 장면에 주목하지 않을 수 없다. 따라서 『**오른편**』, 『**왼편**』을 이에 관련지어 북쪽에서 쳐내려오는 군대가 팔레스타인 북쪽 어느 지점에서 오른쪽을 택하여 요단강 서쪽 내륙 지대로 예루살렘을 향하여 남진할 것인가, 아니면 왼쪽을 택하여 요단강 동쪽 시리아와 요르단 땅으로 해서 요단강을 건너 여리코를 통해 예루살렘으로 접근할 것인가 하는 장면과 연결해야 한다.

『**내가 또 내 손뼉을 쳐서 내 진노를 쉬게 하리라. 나 주가 그것을 말하였노라**』(17절). 여기서도 손뼉을 치는 장면이 나온다. 이것은 문맥으로 보아 분노를 나타내는 몸짓인 게 분명하다. 하나님께서는 죄악에 대한 분노의 심판을 집행하셔야만 자신의 진노를 멈추시는 분이시다. 하나님께서는 은총과 자비가 넘치는 하나님이시지만, 공의의 하나님이시기도 하다.

21:18 주의 말씀이 다시 내게 임하여 말씀하시니라.
19 또한, 너 인자야, 너는 바빌론 왕의 칼이 올 두 길을 정하라. 두 길이 다 한

땅에서 나오리니 너는 한 곳을 택하되 성으로 가는 길머리에서 택하라.

20 **한 길을 정하라. 그 칼이 암몬인의 랍밧에 이르거나, 견고한 성읍 예루살렘에 있는 유다에 이르리라.**

21 **이는 바빌론 왕이 두 길 머리, 곧 길이 나뉘는 곳에 서서 점괘를 사용함이니 그가 자기 화살들을 번쩍이게 하여 형상들에게 묻고 간을 들여다 보았더라.**

22 **그의 오른손에는 예루살렘을 향한 점괘가 있으니 군대 대장들을 임명하고 살육하라고 입을 벌리며 소리질러 목청을 높이고 성문들을 향하여 공격용 망치를 정해 놓고 토루를 쌓고 나무 운제를 세우는 것이라.**

23 **그것이 맹세를 서원한 자들에게는 그들의 목전에서 거짓 점괘가 될 것이라. 그러나 그는 그 죄악을 기억하여 그들을 잡으리라.**

24 **그러므로 주 하나님이 이같이 말하노라. 너희는 너희 죄악이 기억되게 하였고 너희의 행악이 드러났으므로 너희의 모든 행위 속에 너희 죄들이 나타나는도다. 이는 내가 말하노니 너희가 기억되었으므로 너희가 그 손에 잡힐 것임이라.**

『**너는 바빌론 왕의 칼이 올 두 길을 정하라. 두 길이 다 한 땅에서 나오리니 너는 한 곳을 택하되 성으로 가는 길머리에서 택하라**』(19절). 여기서부터 『**바빌론 왕**』으로 화제가 바뀐다. 바빌론의 느부캇넷살은 대표적인 적그리스도의 예표다. 금으로 만든 그의 형상만 보아도 그는 적그리스도의 예표가 되기에 충분하다. 『**느부캇넷살왕이 금으로 형상을 만들었으니, 그 높이는 육십 큐빗이요, 너비는 여섯 큐빗이라. 그가 그것을 바빌론 지방에 있는 두라 평원에 세웠더라**』(단 3:1). 높이가 60큐빗에 너비가 6큐빗, 그러니까 "666"의 형상인 셈이다(계 13:18). 이 "짐승"의 숫자를 제시한 것이 요한계시록 "13장 18절"인 것은 우연이 아니다. "13"은 사탄의 숫자요 "18"(6+6+6)은 사탄이 육화한 "짐승"의 숫자를 더한 숫자다. (이 "짐승"의 정체에 대해서는 저자의 <요한계시록 주석> 13장 부분을 읽어보라.)

느부캇넷살은 "용"에 비견되는 것으로도 적그리스도의 예표가 되고, "사자"에 비견된 것으로도 적그리스도의 모형이 된다. 먼저 느부캇넷살을 "용"과 "사자"에 비견한 구약의 구절들을 살펴보자.

『"**바빌론 왕 느부캇넷살이 나를 삼켰으며 나를 짓밟았으며 나를 빈 그릇이 되게 하였으며 그가 용처럼 나를 삼켰으며...**』(렘 51:34)

『**이스라엘은 흩어진 양이라. 사자들이 그를 몰아내는도다. 처음에는 앗시리아 왕이**

그를 삼켰고 마지막에는 바빌론의 느부캇넷살왕이 그의 뼈를 꺾었도다』(렘 50:17).

『**보라, 그가 사자가 요단의 굽이침에서 나옴같이 견고한 처소로 올라오리라**』(렘 50:44).

『**네가 사자와 독사를 밟으며, 젊은 사자와 용도 발로 짓밟으리로다**』(시 91:13).

신약에도 이러한 구절들이 있다.

『**정신을 차리고 깨어 있으라. 이는 너희의 대적 마귀가 울부짖는 사자처럼 삼킬 자를 찾아 두루 다니기 때문이니라**』(벧전 5:8).

『**하늘에 또 다른 이적이 나타났으니, 보라, 커다란 붉은 용 한 마리가 있는데 일곱 머리와 열 뿔이 있고 그 머리들 위에는 일곱 왕관이 있더라... 그 용이 그 아이가 태어나자마자 삼키려고 출산하려는 그 여인 앞에 서 있더라**』(계 12:3,4).

『**또 하늘에 전쟁이 있으니 미카엘과 그의 천사들이 용을 대항하여 싸우고...**』(계 12:7)

하나님께서는 이러한 바빌론 왕을 움직이셔서 예루살렘을 공략하게 만드시고 이스라엘을 고난에 빠뜨리신다. 이것은 대환란 기간 동안 적그리스도가 유대인들을 박해하는 것을 나타낸 그림이다.

『**바빌론 왕의 칼이 올 두 길을 정하라. 두 길이 다 한 땅에서 나오리니...**』 예루살렘을 공략하는 전투 부대장은 바빌론의 느부캇넷살이지만, 모든 전쟁을 총지휘하는 최고 사령관은 하나님이시고, 모든 작전이 그분께로부터 나온다. 이때 에스겔은 최고 사령관으로부터 나온 작전계획을 전투 부대장인 느부캇넷살에게 전달하는 전령과도 같다. 그러나 느부캇넷살의 눈에는 하나님이 보일 리가 없고 전령도 눈에 띌 리가 없다. 그는 모든 작전을 자신이 계획하고 모든 전투를 자신이 총지휘하는 것으로 믿고 있을 게 틀림없다. 그러나 전쟁을 주관하시는 분은 어느 경우에나 하나님이시다.

하나님께서 예루살렘 공략을 위해 마련하신 작전은 우선 바빌론 군대의 공격 가능 루트를 『**두 길**』로 정하고 그 중 한쪽 길을 선택하도록 하시는 것이었다. 그 『**두 길이 다 한 땅에서**』, 즉 바빌론으로부터 나와서 예루살렘으로 통하기는 마찬가지다. 적그리스도가 팔레스타인을 공격해 오는 것도 이 『**두 길**』 중 한 루트가 될 것이다. 그가 처음 어디서 나타나게 될는지 그 위치는 정확히 알 수 없지만, 다니엘 11장에 의하면 『**북쪽**』 어디인 것만은 틀림이 없다. 다니엘 11장에서 그는 『**북쪽 왕**』이라고 불린다.

『**그러므로 북쪽 왕이 와서 토루를 쌓고 가장 견고한 성읍들을 취하리라. 남쪽의 군대들과 그의 택한 백성도 저항하지 못할 것이며 저항할 어떤 힘도 없을 것이라. 그러나**

그를 대적하러 오는 자가 자신의 뜻대로 행할 것이며 아무도 그 사람 앞에 설 사람이 없을 것이라. 그가 영광스러운 땅에 설 것이요 그 땅은 그의 손에 의하여 진멸되리라』(단 11:15,16). 물론 이 『**북쪽 왕**』 적그리스도는 결국 아마겟돈에서 진멸될 것이지만, 동북쪽 어디서 나타나 다마스커스를 거쳐 예루살렘을 향하여 남진하다가 헤르몬 산 어귀쯤에서 길이 갈려 오른쪽, 왼쪽, 어느 길을 택할지 잠시 망설이게 될 것이다.

『**한 길을 정하라. 그 칼이 암몬인의 랍밧에 이르거나, 견고한 성읍 예루살렘에 있는 유다에 이르리라**』(20절). 적그리스도는 거기서 한 길을 정해야 하는데, 하나는 레바논 땅을 거쳐 갈릴리 서쪽으로 해서 이스르엘 계곡을 건너 내륙 지대를 통과하여 예루살렘 북쪽으로 곧바로 쳐내려 가는 길이고, 다른 하나는 시리아 땅을 거쳐 갈릴리 동쪽 야르뭇강을 건너 요르단의 길르앗 산지를 넘고 사해 북단 요단 강을 건너 여리코를 거쳐 예루살렘으로 진격하는 길이다. 이 길을 택하게 되면 『**암몬인의 랍밧**』을 휩쓸고 지나가는 것은 자동적이다.

『**이는 바빌론 왕이 두 길머리, 곧 길이 나뉘는 곳에 서서 점괘를 사용함이니 그가 자기 화살들을 번쩍이게 하여 형상들에게 묻고 간을 들여다 보았더라**』(21절). 그는 두 길 중 어떤 길로 갈지 "점괘"를 통해서 결정하는데, 세 가지 점괘가 제시되어 있다. 하나는 『**화살**』로 알아보는 점이고, 다른 하나는 『**형상들**』에게 물어보는 점이며, 마지막으로 『**간**』을 들여다보는 점이다. 실은 "화살점"에도 몇 가지 서로 다른 방식이 있는데, 가령 화살촉에 갖가지 표식을 해놓은 화살들을 전통에 넣고 흔든 다음 하나를 뽑아 그 화살촉에 무어라고 표시가 돼 있는지 보고 길흉이나 장래 일을 아는 점이 있는가 하면, 어느 길을 택할지 결정할 경우라면 "오른쪽," "왼쪽"이라고 각기 표시된 화살을 두 개만 넣고 어느 하나를 뽑아 결정하기도 했고, 공중에 수직으로 쏘아 올린 화살이 포물선을 그리며 공중에 치솟았다가 땅에 떨어질 때 조금이라도 어느 쪽 방향으로 기우는가를 보고 방향을 정하기도 했다.

이 구절에서는 『**화살을 번쩍이게**』 해서 점을 치는 방식인데, 이게 무슨 뜻인지 잘 이해가 안 된 주석자들은 전통에 화살들을 넣고 흔든 다음 하나를 뽑는 가장 일반적인 "화살점" 방식에 적용하여 "화살을 흔들어서"라고 해석들을 한다. 화살을 번쩍이게 한다는 원래 의미는 화살에 맞은 적에 대한 살상 효과를 크게 하기 위해 칼 갈듯이 화살촉을 날카롭게 "가는" 것을 말한다(렘 51:11). 어떤 일을 결연한 의지로 준비할 때 보통 "칼을 간다."고 말하는 것처럼, "화살을 간다."는 말도 같은 의미를 갖는다. 여기서는 그런 결연한 의지로 세우고 화살촉을 번쩍이게 갈아 그것을 가령 "오른쪽 길"이라고 정하고, 그렇지 않은 화살촉을 "왼쪽"이라고 정해 놓은 다음 이 두 화살을 전통에 넣고 뒤섞은 뒤 하나를 뽑아 번쩍이는 화살이 뽑히면 오른 쪽을 선택하고, 그렇지 않은 화살이 뽑히면 왼쪽을 택하려는 것이었다.

『**형상**』들에게 물어보는 점은 실제로 어떻게 하는 것인지 잘 알려져 있지는 않으나 흔히 집 안에 모셔놓고 섬기던 우상 신의 형상인 "트라빔" 같은 것을 이용하여 어떤 방식으로 점을 쳤던 모양이다. 말도 못하는 형상이 어떻게 미래의 일을 가르쳐 줄 수 있는지 황당한 일이지만, 요즘으로 치자면 점술가들이 수정 알을 들여다보고 "영감적으로" 무엇인가를 알아내는 척하는 것이나 다름이 없었으리라. 『**간을 들여다 보았더라.**』는 것은 우상 신에게 희생제물로 드린 짐승의 간을 들여다보고 거기에 생긴 어떤 반점들을 판독하여 길흉을 점쳤던 것을 말한다.

『**점괘**』라는 뜻의 영어 단어 "divination"은 원래 "앞을 내다보다."란 뜻과 함께 "신적"이란 뜻을 갖는 "divine"에서 나온 단어인데, 신약에서 "divine"은 "신성," "하나님"이란 뜻으로 사용되어 『**하나님을 섬기는 율례**』(ordinances of divine service), 『**그의 신성의 능력**』(his divine power), 『하나님**의 본성**』(divine nature) 등이 그 예들이다. 우리들 그리스도인들은 "divine"에서 파생된 "divinity"("신성," "신격" 등의 뜻)와 함께 또 거기서 파생된 "divination," 즉 "앞을 내다 봄"은 존중하되, "점을 치다," "점쟁이," "점괘"로서의 "divination"은 전혀 존중하지 않는 사람들이다. <킹제임스성경>에서 "요한계시록"을 영어로 "The Revelation of St. John the Divine"이라고 제목을 달고 있거니와, 여기서 "the Divine"은 "(성령의 인도하심을 통하여) 앞날을 내다본 자"라는 뜻이다. 실제로 요한계시록은 사도 요한이 성령 안에서(계 1:10) "본 것들과 현재 있는 일들과 이후에 일어날 일들"(계 1:19)을 기록한 책이다.

『**그의 오른손에는 예루살렘을 향한 점괘가 있으니 군대 대장들을 임명하고 살육하라고 입을 벌리며 소리질러 목청을 높이고 성문들을 향하여 공격용 망치를 정해 놓고 토루를 쌓고 나무 운제를 세우는 것이라**』(22절). 이미 점치는 일은 끝나고 지금 적그리스도의 오른 손에는 예루살렘을 직접 쳐내려 가는 『**점괘**』가 들려져 있다. 이것은 예루살렘을 향한 점괘가 오른쪽 루트를 가리키고 있다는 뜻이다. 즉 갈릴리 바다와 요단강 서쪽 루트를 말한다. 갈릴리 바다 서쪽을 거쳐 이스르엘 평원의 므깃도 계곡, 즉 아마겟돈 언덕으로 쳐내려오는 루트 말이다. 요한도 적그리스도의 군대가 바로 여기로 집결하는 광경을 1,900여 년 전에 바라다보았는데, 다음에 상세히 공부하겠지만, 실은 요한이 본 것은 적그리스도의 재차 공격 장면이었다.

『그가 그들을 히브리어로 아마겟돈이라고 하는 곳으로 모으더라』(계 16:16). **『그 날에 예루살렘에 큰 애통이 있으리니, 마치 므깃도 골짜기 하닷림몬의 애통과 같으리라』**(슥 12:11). 바로 여기 아마겟돈에서 적그리스도는 흰 말을 타고 재림하시는 예수 그리스도와 맞닥뜨리고 비참하게 패배하게 될 것이다. 이때 적그리스도의 군대는 예루살렘을 향하여 곧바로 남진하는 게 아니라 자신들이 택한 길로 지중해 연안을 따라 내려오다가 가자에서 사해 남단을 향하여 동진하고 에돔을 거쳐 모압과 암몬을 짓밟는 루트로 우회하게 되는데, 이것이 실은 다음에서 살펴보게 될 그의 두 번째 공략 루트다.

『그것이 맹세를 서원한 자들에게는 그들의 목전에서 거짓 점괘가 될 것이라. 그러나 그는 그 죄악을 기억하여 그들을 잡으리라』(23절). **『거짓 점괘』**란 하나님께서 그렇게 되도록 속이신 것이다. 누구를 말인가? 느부캇넷살로 예표되는 적그리스도를 말이다. 왜 그를 속이시는가? 그가 **『맹세를 서원』**하고도 그것을 깼기 때문이다. 적그리스도가 누구에게 **『맹세를 서원』**했는가? 이스라엘에 했다. 적그리스도는 이스라엘과 평화협정을 맺는다. 그러나 대환란 중반에 그 협정을 일방적으로 짓밟아 버린다. 다니엘 11장을 보라. **『또 그의 자리에 한 비열한 사람이 서리니 사람들은 그에게 왕국의 명예를 주지 아니할 것이나 그는 평화롭게 와서 술책으로 그 왕국을 얻을 것이며』**(단 11:21). 적그리스도는 평화롭게 온다. **『그와 연맹이 체결된 후에 그는 거짓되이 행할 것이니, 이는 그가 올라와서 적은 백성으로 강하게 될 것임이라. 그가 평화롭게 그 지방의 가장 기름진 곳까지 들어가서 그의 조상들이나 그의 조상의 조상들까지도 하지 않았던 짓을 행할 것이요...』**(단 11:23,24) 적그리스도는 평화롭게 이스라엘의 중심부까지 들어오게 된다. **『이 두 왕의 마음이 서로 해칠 것을 생각하며 그들이 한 상에 앉아서 거짓말을 할 것이라. 그러나 그 일이 형통하지 못하리니, 이는 그 종국이 정해진 때에 이를 것임이라. 그때에 그가 큰 재물을 가지고 자기 땅으로 돌아갈 것이요 그의 마음은 거룩한 언약을 거스릴 것이며 그가 임의로 행동하고 자기 본토로 돌아가리라』**(단 11:27,28). 이렇게 해서 이스라엘과 적그리스도 사이의 평화협정은 파괴되고 말 것이다.

적그리스도는 평화롭게 지내기로 이스라엘에게 맹세를 서원해 놓고도 그것을 어긴다. 적그리스도는 이렇게 평화 협정 위반만 하고 자기 본토로 돌아가는 것으로 끝나는 게 아니다. 『**정해진 때에 그가 돌아와서 남쪽으로 올 것이나 그것이 이전이나 이후만 못하리라**』(단 11:29). 이 구절에 주목하라. 적그리스도의 이 "재차" 남진이 바로 에스겔 21장에서 언급되고 있는 예루살렘 공격 작전이다. 이때 하나님께서는 그에게 『**거짓 점괘**』를 주셔서 그가 다마스커스를 거쳐 헤르몬 산 어귀에서 지중해 연안쪽으로 공격 방향을 잡도록 함정을 파놓으신 것이다. 당신은 이 말에 어리둥절할 것이다. "하나님께서 적그리스도에게 『**거짓 점괘**』를 뽑게 만드셔서 잘못된 길을 택하게 될 것이라고 성경에 기록해 놓았으니 누구보다도 성경을 잘 알고 있는 적그리스도에게 이런 1급 비밀을 누설해도 된단 말인가?" 하고 말이다. 하지만, 그런 것은 당신이 걱정할 필요가 없다. 그런 것을 걱정한다는 것은 전능하신 하나님의 능력을 당신이 믿지 않고 있다는 증거다. 하나님께서는 무슨 일이나 자신의 뜻대로 행하시는 분이시다.

『**그러나 그는 그 죄악을 기억하여 그들을 잡으리라.**』 그러나 어쨌든 적그리스도는 유대인들을 거의 전멸시키다시피 짓밟아 버릴 터인데, 유대인들의 죄악을 망각하실 하나님이 아니시다! 대환란은 이스라엘을 심판하시기 위한 하나님의 계획이다.

구약에서 대환란과 예수 그리스도의 재림에 관련되는 언급을 할 경우 거의 대부분의 구절들이 이처럼 이중으로 복선이 깔려 있다는 것을 잊어서는 안 된다. 하나님께서는 이스라엘 앞에 상을 차려 놓으실 때 반드시 적그리스도를 위한 상도 따로 차려 놓으신다는 것을 잊지 말라. 에스겔 21장의 이 부분을 역사적으로 보면 B.C. 598년경부터 시작되어 B.C. 586년경까지 계속된 바빌론의 예루살렘 공격을 언급하고 있는 것이 사실이지만, 모든 구절들이 교리적으로는 예수 그리스도의 재림에 관련되고 있거니와, 만일 이것을 도외시한다면 당장 25절에서 벽에 부닥치고 만다. 『**너 불량스럽고 악한 이스라엘의 통치자야, 네 날이 이르렀으니 죄악이 끝나리라.**』 바빌론의 공격으로 이스라엘의 죄악이 끝난 것은 결코 아니었다는 사실은 두말할 필요도 없다. 이스라엘의 죄악이 끝나는 시점은 대환란이 끝나는 시점이다. 그들은 하나님의 용서에 의하여 모든 민족적 죄악을 벗어버리게 되는데, 그 시점이 대환란 끝이다. 이 구절이 갖는 이러한 재림 관련 내용을 간파하지 못한 주석자들은 『**네 날이 이르렀으니 죄악이 끝나리라.**』는 말을 바빌론의 침공으로 이스라엘이 끝장나리라는 것을 예고한 말이라고 설명함으로써 성경이 온통 거짓말투성이 책이라는 인상을 남겨 놓는다.

21:25 너 불량스럽고 악한 이스라엘의 통치자야, 네 날이 이르렀으니 죄악이 끝나리라.

26 주 하나님이 이같이 말하노라. 두건을 제거하고 왕관을 벗기라. 이것이 그대로 있지 아니하리라. 낮은 자를 높이고 높은 자를 낮추라.

27 내가 그것을 뒤집어엎고 뒤집어엎으며 뒤집어엎으리니 권리를 가진 그분이 오시기까지는 그것이 다시 없으리라. 그리고 내가 그것을 그에게 주리라.

이 구절은 과거에 일어났던 그 어떤 역사적 사실로도 해명이 불가능한 구절이다. 이 구절을 역사적으로만 무리하게 적용하여 "너 불량스럽고 악한 이스라엘의 통치자 시드키야야, 이제 네가 패망할 날이 이르렀으니 너를 끝장 내리라. 그래야만 네가 더 죄를 짓지 못하고 네 죄악도 끝장 나리라."는 식으로 느부캇넷살의 입장에서 한 말처럼 설명하는 것은 억지다. 『**죄악이 끝나리라.**』(25절)라는 말은 단순히 "죄악을 끝내고 다시는 악을 행하지 않을 것이다."라는 뜻이 아니라, 하나님께서 "죄들을 종결시키겠다."는 말이다. 죄들을 종결시킬 수 있는 분은 오직 주님 한 분뿐이시다. 그게 언제인가? 다니엘 9:24,25을 보라. 『**칠십 주가 네 백성과 네 거룩한 도성에 정해졌나니, 허물을 끝내고 죄들을 종결시키며 죄악에 화해를 이루고 영원한 의를 가져오며 그 환상과 예언을 봉인하고 지극히** 거룩한 이**에게 기름 부으려 함이라. 그러므로 알고 깨달으라. 예루살렘을 복원하고 건축하라는 그 명령이 나오는 때부터** 메시야 통치자 **까지 칠 주와 육십이 주가 될 것이요, 그 거리와 그 성벽이 재건되리니, 곧 고난스런 때들이라.**』

이 구절은 미래의 어떤 일에 대한 실로 중대한 예언의 말씀이 아닐 수 없다. 다니엘의 70째 주는 아주 가까이 다가와 있는 게 사실이지만, 아직 지나가지는 않았다. 앞으로 언젠가 이스라엘은 『**불량스럽고 악한... 통치자**』를 갖게 될 것이다. 그러나 『**네 날이 이르렀으니**』, 이 불량하고 악한 이스라엘의 통치자는 결국 파멸하고 말 것인즉, 그래야만 이스라엘의 『**죄악이 끝나리라.**』라는 예언이 성취될 것이다. 이스라엘의 죄악이 끝나는 시점이 대환란 끝이라는 사실은 이미 앞에서 여러 번 반복해서 언급했다. 그렇다면 이 『**불량스럽고 악한 이스라엘의 통치자**』가 파멸의 날을 맞는 것도 대환란 끝이다. 이 자가 누구인가? 예수 그리스도께서는 이 자를 일컬어 이렇게 말씀하셨다. 『**이제 이 세상의 심판이 이르렀으니 이제 이 세상의 통치자가 쫓겨나리라**』(요 12:31). 이 자는 『**이 세상의 통치자**』다. 주님은 요한복음 14:30에서도 같은 말씀을 하셨다. 따라서 이 『**불량스럽고 악한 이스라엘의 통치자**』는 곧 마귀요, 적그리스도인 것이다.

그렇다면, 마귀가 육화하여 적그리스도로 나타날 때 누가 되었건 그 인물의 조상은 유대인이라는 사실이 여기서 규명된다. 그가 유대인 조상을 가졌기 때문에 이스라엘의 통치자가 되었을 테니까 말이다. 『**죄의 사람 곧 멸망의 아들**』(살후 2:3), 적그리스도는 유대인 혈통이다. 사탄이 사람의 몸을 입고 육화하여 나타난 그 『**불법의 신비**』(살후 2:7)요, 『악한자』(살후 2:8)인 적그리스도는 어떤 형태로든 유대인의 혈통에서 나온다. 대환란 기간에 출현한 그는 사탄으로부터 초자연적인 능력을 부여받은 존재인지라 초인적인 지혜와 통치력뿐만 아니라 위대한 박애주의와 평화주의를 가장하고 있기 때문에 모든 사람들이 숭앙하게 될 것이고, 유대인들은 그를 메시아로 맞아들이는 데 주저하지 않을 것이며, 바로 이런 연유로 해서 적그리스도는 『**이스라엘의 통치자**』가 돼 있는 것이다.

『**주 하나님이 이같이 말하노라. 두건을 제거하고 왕관을 벗기라. 이것이 그대로 있지 아니하리라. 낮은 자를 높이고 높은 자를 낮추라**』(26절). 이스라엘의 민족 분산 이후 성전도, 성전 제사도, 제사장도, 모두 사라졌다. 『**두건**』이 제거된 것이다. 바빌론 포로 70년이 지난 후 남은 자들이 예루살렘으로 귀환하여 성전을 재건하고 제사가 복원되기는 했지만, A.D. 70년 로마의 티투스에 의한 예루살렘 파괴 이후 오늘에 이르기까지 제사장의 『**두건**』은 사라졌고, 이스라엘의 정치적 왕통이 끊긴 것은 그보다도 훨씬 오랜지라 정치적 통치자 자체가 사라졌고 『**왕관**』도 사라졌다.

또 25절의 『**이스라엘의 통치자**』는 이미 그전과 같이 되지 못할 것이다. 이스라엘이 장차 회복되더라도 그들에게 오실 "왕"은 다윗의 씨 예수 그리스도가 되실 것이다. 유대인들이 메시아로 착각하고 잠시 이스라엘의 통치자가 돼 있었던 적그리스도는 가짜였음이 곧 판명될 것이다.

『**낮은 자를 높이고**』. 누구를 말하는가? 예수 그리스도를 일컫는다.

『**높은 자를 낮추라.**』 누구 말인가? 적그리스도 말이다.

따라서 이 구절 역시 역사적으로 적용할 방법이 없다.

『**내가 그것을 뒤집어엎고 뒤집어엎으며 뒤집어엎으리니 권리를 가진 그분이 오시기까지는 그것이 다시 없으리라. 그리고 내가 그것을 그에게 주리라**』(27절). "실로"가

오시기까지는 『**그것이**』, 즉 『**왕관**』이 다시는 없을 것이다. 반면에, "실로"가 오시기 때문에 "홀"이 유다에게서 아주 떠나버린 것은 아니다(창 49:10, 민 24:17). 유다에게서 인간 "왕"은 더 이상 없게 되겠지만, 영원한 "왕"이신 예수 그리스도, 그 『**홀**』은 결코 유다에게서 떠나지 않을 것이다. 그분만이 왕관의 『**권리를 가진**』 분이시다.

이러한 모든 정황으로 보아 이 부분의 구절들은 바빌론의 공격을 받은 이스라엘의 과거 역사를 진술하고 있는 게 아니란 것이 분명하다. 이 구절들은 적그리스도의 출현과, 대환란과, 예수 그리스도의 재림과, 다윗의 보좌를 언급하고 있다.

이 부분의 구절들과 관련하여 적그리스도의 공격에 대해 좀 더 자세히 살펴보자. 우리는 앞에서 적그리스도가 북방 어딘가에 나타나 다마스커스를 거쳐 헤르몬산 어귀 어디쯤에서 예루살렘 공격을 위한 두 갈래 길 중 하나를 점괘를 보고 택한 뒤, 갈릴리 서쪽을 거쳐 이스르엘 평원과 므깃도 계곡을 지나 예루살렘을 향하여 곧바로 쳐내려 오는 것을 보았거니와, 사실은 이것이 그의 1차 공격이었고, 그는 일단 물러났다가 재차 공격해 오리라는 것까지 살펴보았다.

이를 뒷받침하는 근거 구절들이 성경에 몇 군데 있는데, 그 하나가 다니엘 11장이다. 『**이는 북쪽 왕이 돌아올 것이며 전보다 더 큰 무리를 일으키고 또 큰 군대와 많은 부를 거느리고 몇 년 후에 반드시 올 것이기 때문이라**』(단 11:13). 그 다음은 시편 59편에서 다윗이 "다시" 오는 적그리스도를 본다. 『**그들이 저녁 때 돌아와서 개처럼 짖으며 성읍을 돌아다니나이다**』(시 59:6). 산헤립과 느부캇넷살은 적그리스도를 예표하는 모형들 가운데서 가장 눈에 띄는 모형들인데, 마치 사울이 다윗에게 두 번 접근해 왔듯이 산헤립과 느부캇넷살도 예루살렘에 두 번씩 공격해 온다. 이것은 적그리스도가 대환란 기간 동안 팔레스타인에 두 번 공격해 올 것을 예고해 주는 그림이다. A.D. 70년에 있었던 로마 제국의 티투스에 의한 예루살렘 공격은 적그리스도의 두 번째 공격을 보여 주는 그림으로 받아들일 수 있다.

적그리스도의 첫 번째 공격과 두 번째 공격 사이의 시간적 간격이 바로 유대인들이 산으로 도망칠 수 있는 틈이 된다(마 24:15,16). 그 다음 앗시리아의 산헤립왕 역시 예루살렘에 두 번 공격해 온 것을 우리는 열왕기하에서 보는데, 18:13에 그 두 번째 공격이 묘사되고 있다. 이 또한 적그리스도의 두 번에 걸친 예루살렘 공격을 보여 주는 그림이다. 적그리스도가 두 번째 다시 올 때는 열 왕국과 연합하여 쳐내려올 것이다. 『**또 네가 본 그 열 뿔은 열 왕이라. 아직 왕국을 받지는 못하였으나 그 짐승과**

더불어 한 시간 동안 왕들로서의 권세를 받으리라』(계 17:12). 이 열 왕은 다니엘 2장에서 언급되는 바로 그 열 왕들이다. 이들 연합 세력을 몰고 적그리스도가 두 번째 쳐내려오는 공격 루트는 북쪽에서 시돈으로 서진하여 거기서부터 지중해 연안을 따라 투로를 거쳐 칼멜산을 넘고 남진하여 샤론 평야를 거쳐 에크론과 아스클론과 가자 지구를 휩쓸게 된다. 『**모든 필리스티아인들을 약탈하러 오는 날과 투로와 시돈으로부터 남아 있는 모든 돕는 자들을 다 끊어 버릴 날로 인하여, 주가 캅톨 지방의 남은 자들인 필리스티아인들을 약탈하리라. 가자는 대머리가 되었고, 아스클론은 그들의 계곡의 남은 자들과 함께 끊어졌으니 네가 언제까지 네 몸을 베겠느냐**? ...**주가 아스클론과 그 해변을 치라고 명하셨으니 어찌 잠잠하겠느냐**?』(렘 47:4-7).

적그리스도는 2차 공격에서 이스라엘의 지중해 연안만 휩쓰는 게 아니라 가자에서 동쪽으로 방향을 틀어 브엘세바를 넘고 사해 남단을 우회하여 에돔을 짓밟은 뒤 남쪽에서 북진하여 모압으로 쳐올라가 요단강 건너 느보와 헤스본을 유린하게 될 것이다. 『**모압에 대하여 만군의 주, 이스라엘의** 하나님**이 이같이 말하노라. 느보에게 화가 있도다! 이는 그것이 황폐하게 되었음이라. 키랴다임이 수치를 당하여 점령되었고, 미스갑이 수치를 당하여 파괴되었도다. 모압의 칭송이 다시는 없을 것이니 헤스본에서 그들이 그에 대하여 악을 도모하여 "오라, 한 민족이 되지 못하도록 그것을 끊어 버리자." 하였도다. 오 맛맨이여, 너도 베어지게 되리니 칼이 너를 쫓으리로다**』(렘 48:1,2). 예레미야 48장의 이 구절에서도 역시 에스겔 21장에서처럼 『**칼**』이 언급된다.

이번에는 아모스 1장을 보자. 『**그가 말하였도다. 주께서 시온에서부터 포효하시며 예루살렘에서부터 그의 음성을 내시리니 목자들의 처소들은 애통하며 칼멜 산 꼭대기는 마르리라... 다마스커스의 서너 가지 죄과들로 인해 내가 그 벌을 돌이키지 아니하리니... 가자의 서너 가지 죄과들로 인해 내가 그 벌을 돌이키지 아니하리니 이는 그들이 포로 전체를 사로잡아 에돔에 넘겼음이라... 내가 아스돗으로부터 그 거민을 끊을 것요, 아스클론으로부터 홀을 잡은 자를 끊으리라. 또 내가 에크론을 대적하여 내 손을 돌리리니... 투로의 서너 가지 죄과들로 인해 내가 그 벌을 돌이키지 아니하리니 이는 그들이 포로 전체를 에돔에 넘겼으며 형제의 언약을 기억하지 아니하였음이라... 에돔의 서너 가지 죄과들로 인해... 내가 테만에 불을 보낼 것이요, 그 불이 보스라의 궁전들을 삼키리라**』(암 1:2-12). 자, 여기까지 언급되는 동안 지중해 연안의 대표적인 성읍들이 하나씩 거론되었다. 다마스커스에서 시작하여 투로로 이동하면 여기서부터, 칼멜산, 에크론, 아스돗, 아스클론, 가자 등이 지중해 연안이고, 여기서 다시 방향을 동쪽으로 틀어 사해 남단으로 접근하면 에돔의 테만에 이르고 보스라를 짓밟게 된다. 적그리스도의 군대는 거기서 멈추지 않고 모압을 또 짓밟게 되는데, 예레미야 48장을 보라. 『**모압이 파괴되었으니**』(4절), 『**모압에게 날개를 주어 피하여 멀리 가게 하라. 이는 그곳의 성읍들이 황폐하여 거기 거하는 자가 없을 것임이라.**』(9절), 『**모압이 크모스로 인하여 수치를 당하게 되리라.**』(13절), 『**오 아로엘의 거민아,**』(19절), 『**모압이 수치를 당하나니**』(20절), 『**심판이 평야 지방에 임하였으니 홀론과 야하사와 메파앗과 디본과 느보와 벧디블라다임과, 키랴다임과 벧가물과 벧므온과 크리욧과 보스라와 원근에 있는 모압의 땅의 모든 성읍들이라. 모압의 뿔이 잘렸고 그의 팔이 부러졌도다**』(21-25절). 모압은 이때 철저히 황폐하게 되고 말 것이다.

암몬 역시 마찬가지다. 예레미야 49장은 이렇게 시작한다. 『**암몬인에 관하여 주가 이같이 말하노라. 이스라엘에게 아들들이 없느냐? 이스라엘에게 상속자가 없느냐? 그런데 어찌하여 그들의 왕이 갓을 이어받으며, 그의 백성이 갓의 성읍들에서 거하느냐? 그러므로 보라, 주가 말하노라. 그 날들이 오리니 내가 암몬인들의 랍바에서 전쟁의 경고 소리가 들리게 하리라. 또 그곳은 황폐한 무더기가 될 것이며, 그녀의 딸들은 불에 탈 것이요...**』(렘 49:1,2)

에돔 역시 마찬가지다. 예레미야 49:7-22 부분을 읽어보라.

다마스커스도 똑같다. 예레미야 49:23-27 부분을 읽어보라.

다마스커스는 오늘의 시리아 땅이고, 시돈과 투로는 레바논 땅이며, 에돔과 모압과 암몬은 현재 요르단의 땅이다. 이것이 소위 말하는 팔레스타인 전 지역인데, 이 전체 지역이 대환란 기간 동안 적그리스도의 군대에 의하여 쑥밭이 되고 말 것인즉, 실은 이게 모두 그들의 죄과에 대한 하나님의 심판이다. 하나님께서는 그들의 죄악을 결코 잊지 않으시고, 또 이 땅을 심판하기로 하셨던 결정을 결코 철회하지 않으신다.

이렇게 팔레스타인 전역을 유린한 적그리스도의 군대는 결국 아마겟돈에서 예수 그리스도와 최후의 일전을 치르게 되고 여기서 완전히 섬멸되고 만다. 적그리스도가 동원한 2억의 군대가 집결하게 될 아마겟돈은 므깃도 계곡과 같은 곳이지만, "아마겟돈" 자체는 "언덕"이지 "계곡"이 아니다. "Armageddon"(아마겟돈)이란 지명을 나타내는 단어에서 "Ar"는 히브리어로 "언덕"을 나타낸다. 그리고 "mageddon"(마겟돈)은 곧 "므깃도"(Megiddon)를 말한다. "아마겟돈"으로 지명을 나타내면 "언덕"임을 말하고, "므깃도"로 그곳의 이름을 지칭할 경우에는 성경에서 보통 "골짜기"란 단어가 따라 붙는데, 언덕이 있으면 골짜기가 있기 마련이다. 그래서 "아마겟돈 골짜기"

라고 표현하는 것은 맞지 않고 "므깃도 언덕"이라고 말하는 것도 어울리지 않는다. 그러니까 2억의 대군이 아마겟돈 "언덕"에 집결하여 바로 그곳 므깃도 "계곡"에서 섬멸당한다고 보면 된다. 대군의 집결지라면 "언덕"이라는 낱말이 어울리고, 섬멸되는 전쟁터라면 "골짜기"라는 단어가 제격이다. 구약에서는 이곳을 "므깃도 골짜기"라고 표현하고, 신약에서는 "아마겟돈"이라고 표기한다. 이 장소는 신약 지도에도 실재하고 현재도 실재하는 곳으로서 조금도 불분명하거나, "상징적"이거나, "비유적"인 곳이 아니다. 성경에는 이 장소에 대한 언급이 여러 곳에 나온다(계 16:14,16, 슥 12:9,11). 그때 예루살렘을 치러 오는 『**모든 민족들**』이 어떤 민족들인지에 대해서는 에스겔의 뒷부분을 공부할 때 살펴보게 되겠지만, 리비아, 사우디아라비아, 러시아, 터키, 레바논, 이집트 등이 포함될 것이다.

적그리스도는 바로 이 장소에 UN군을 편성하여 집결시키게 된다. 『**너희는 이것을 이방인들 가운데 선포하라. 전쟁을 예비하며 용사들을 깨우고 모든 전사들로 가까이 오게 하며 그들로 올라오게 하라. 너희 보습을 쳐서 칼을 만들고 너희 낫을 쳐서 창을 만들라. 약한 자로 '나는 강하다.'라고 말하게 하라. 너희 모든 이방들아, 모여서 오라. 다 함께 주위에 모이라. 오 주여, 주의 용사들로 그곳으로 내려오게 하소서. 이방으로 깨어서 여호사밧 골짜기로 올라오게 하라. 이는 내가 거기에 앉아서 주위의 모든 이방을 다 심판할 것임이로다**』(욜 3:9-12).

『**므깃도 골짜기**』의 위치는 갈릴리 남쪽 이스르엘 평야의 키손강 바로 남쪽인데, 약 20마일에 이르는 긴 골짜기다. 바로 여기서 적그리스도가 이끄는 2억의 군대가 예수 그리스도에 의하여 포도즙틀의 포도처럼 짓밟혀 섬멸되고, 그들이 흘린 피가 160마일을 말고삐까지 닿게 흘러서(계 14:20) 키손강에서 요단강으로 흘러들 것이다.

21:28 너 인자야, 예언하여 말하라. 주 하나님이 암몬인과 그들의 질책함에 관하여 이같이 말하노라. 너는 말하기를 "칼, 칼이 뽑혔으니, 살육을 위하여 간 것이요, 번쩍거림으로 진멸시키기 위한 것이라.

29 그들이 너에 대하여 헛것을 보며 네게 거짓 점괘를 주면서 살해된 악인들의 목 위로 너를 데려오리니 그의 날이 이를 것이요, 그들의 죄악이 끝날 것이라.

30 내가 칼을 칼집에 다시 넣으랴? 내가 너를 네가 지음받은 곳, 네 태생의 땅에서 너를 심판하리라.

31 **내가 내 분을 네게 쏟으며 내 진노의 불로 네게 불 것이요, 너를 짐승 같은 자들과 멸하는 데 익숙한 자들의 손에 넘기리라.**
32 **네가 불에 연료가 될 것이며 네 피가 그 땅의 한가운데 있게 될 것이라. 네가 다시는 기억되지 아니하리니 이는 나 주가 그것을 말하였음이라." 할지니라.**

『주 **하나님이 암몬인과 그들의 질책함에 관하여 이같이 말하노라. 너는 말하기를 "칼, 칼이 뽑혔으니**...』(28절) 앞에서 이미 살펴본 바와 같이 적그리스도가 팔레스타인의 지중해 연안을 따라 쳐내려와 가자까지 이르러 거기서 다시 동진하여 사해 남쪽의 에돔 땅을 유린하고 사해 남단을 돌아 모압 땅을 짓밟으며 디본, 헤스본까지 이르면 거기서 암몬인들과 또 맞부딪히게 되겠지만, 그는 암몬인들에 대해서도 "이 칼을 보라. 이 칼을 괜히 간 줄 아느냐? 이 칼이 괜히 뽑혀진 줄 아느냐? 이 칼은 살육하기 위하여 갈렸고 또 진멸시키기 위해 뽑혀졌느니라." 하면서 그들을 섬멸하게 될 것이다. 그런 다음 요단을 건너 예루살렘으로 들어올 것이다.

『**그들이 너에 대하여 헛것을 보며 네게 거짓 점괘를 주면서 살해된 악인들의 목 위로 너를 데려오리니 그의 날이 이를 것이요, 그들의 죄악이 끝날 것이라**』(29절). 적그리스도의 군대가 1차 공격 때는 팔레스타인 북쪽 다마스커스에서 헤스본 언저리에 왔을 때 어느 길로 쳐내려갈까 점을 쳤지만, 그때 『**거짓 점괘**』를 뽑아 『**헛것을 보며**』 오른쪽 요단강 서쪽 길을 따라 예루살렘으로 접근하는 바람에 암몬이나 모압 땅을 유린하지 못했지만, 2차 공격 때는 지중해 연안으로 해서 에돔을 돌아 모압을 거쳐 암몬까지 우회하게 되었고 이 경로를 통해 오는 동안 모든 악인들이 살해되었거니와 이제 암몬인들의 시체도 그들의 시체 위에 쌓이게 될 것이다. 적그리스도의 이러한 만행은 실은 그를 동원하여 모든 죄악을 응징하시려는 하나님의 계획이었던 것이다. 죄악이 응징되지 않고는 그 죄악이 종결될 수가 없는 것이다.

『**내가 칼을 칼집에 다시 넣으랴? 내가 너를 네가 지음받은 곳, 네 태생의 땅에서 너를 심판하리라**』(30절). 암몬이라고 해서 뽑은 칼을 도로 집어넣을 줄 아느냐? 너야말로 네가 태어난 땅에서 심판을 받아 멸망하고 말 것이다. 암몬인들은 그 땅에서 모조리 죽임을 당하고 살아남는 자가 없을 것이다. 이스라엘은 하나님의 자비하심으로 죄가 종결되고 회복되겠지만, 에돔이나 모압이나 암몬 자손들에게는 회복이 없다. 그들은 하나님의 심판 아래 끝장나고 말 것이다.

『**내가 내 분을 네게 쏟으며 내 진노의 불로 네게 불 것이요, 너를 짐승 같은 자들과 멸하는 데 익숙한 자들의 손에 넘기리라**』(31절). 적그리스도의 군대야말로 『**짐승 같은 자들과 멸하는 데 익숙한 자들**』이다. 그래서 죄악으로 가득 찬 민족을 섬멸하는 데에 하나님께서 이들을 이용하는 것만큼 효율적인 방법이 또 없을 것이다. 암몬인들은 이들의 손에 넘겨져 『**짐승 같은 자들과 멸하는 데 익숙한 자들**』의 손에 의해 멸망하게 될 것이다. 적그리스도는 하나님께 범죄한 모든 민족들을 심판하는 데에 활용당한 뒤, 그 또한 아마겟돈에서 자신의 죄에 대한 심판을 받게 될 것이다. 그리하여 유황으로 불타오르는 불못에 산 채로 던져지게 될 것이다(계 19:20,21).

『**네가 불에 연료가 될 것이며 네 피가 그 땅의 한가운데 있게 될 것이라. 네가 다시는 기억되지 아니하리니 이는 나 주가 그것을 말하였음이라**』(32절). 암몬인들은 『**다시는 기억되지 아니**』할 정도로 섬멸되고 말 것이다. 그들은 "망각의 민족"이 될 것이다! 얼마나 처절한 심판이었으면 그들이 『**불에 연료**』가 될 것인가!

에스겔 22장

22:1 또 주의 말씀이 내게 임하여 말씀하시니라.
2 너 인자야, 이제 네가 심판하려느냐, 네가 피흘린 성읍을 심판하려느냐? 정녕, 너는 그녀에게 그녀의 모든 가증함들을 보여 줄지니라.
3 그러므로 너는 말하라. 주 하나님이 이같이 말하노라. 그 성읍이 그 가운데서 피를 흘리며 자신을 더럽히려고 자신을 거역하는 우상들을 만드는 그녀의 때가 오나니
4 너는 네가 흘린 네 피에 죄가 되었고 네가 만든 네 우상들로 네 스스로를 더럽혔으며 너는 네 날들이 다가오게 하여 네 연한에까지 이르렀도다. 그러므로 내가 너를 이방에게 질책이 되게 하였고 모든 나라들에 조롱거리가 되게 하였노라.
5 네 가까이 있는 자들과 멀리 있는 자들이 너를 조롱하리니 이는 네가 평판이 나쁘고 많은 괴로움을 당했음이라.

이스라엘에 대한 심판의 말씀들이 특별히 예루살렘을 겨냥하여 펼쳐지는데, 여기 22장에서는 예루살렘을 "여자"로 나타내고 있다. 물론 도시들의 이름을 말할 때 여성형 대명사 "she"로 받는 게 보통이지만, 예루살렘을 여자로 말할 때 그것은 좀 특별하다.

성경에서 에스겔 22장과 23장은 여자들에게 가장 가혹한 장들이다. 물론 구원받지 못하고 죄 가운데 있는 악한 여자들에게는 말이다. 이스라엘 백성을 지칭하면서 특별히 예루살렘이라는 도시를 심판의 대상으로 언급하는 데에는 그만한 이유가 있는데, 이것을 통하여 구원받지 못한 여자들을 암암리에 겨냥하는 부분도 없지 않다. 따라서 에스겔 22장도 그렇지만, 특히 23장에서는 "예루살렘"이라는 단어를 "구원받지 못한 여자"에 적용하여 읽어도 조금도 부자연스럽지가 않다.

『**너 인자야, 이제 네가 심판하려느냐, 네가 피흘린 성읍을 심판하려느냐?**』(2절). 이것은 묻는 말이 아니라 "이래도 심판하지 않을 수 있겠느냐?"라고 심판을 촉구하고 있는 말씀이다. "피로 얼룩진 도시를 그냥 이대로 놔둘 작정이냐?"라고 힐난하고 있는 말씀이다. 이것은 비단 16장에서 살펴보았듯이 "몰렉"이라는 우상 신에게 아들딸들을 제물로 바치는 살인 행위가 예루살렘에 난무했던 사실만을 가리키는 게 아니다. 원래 우상 숭배 사상은 "음행"을 자행하려는 음란한 생각에서 비롯되어 더욱더 많은 음행을 조장하고 이 음행이 또 흔히 폭력을 몰고 온다는 점에서 우상 숭배는 음행뿐만 아니라 폭력과도 필연적인 관계를 갖는다. 우리는 소위 "종교 행위"가 몰고 온 피비린내 나는 전쟁들을 인류 역사에서 수없이 보아 왔거니와, "종교"라는 음행이 엄청난 폭력을 몰고 온 대표적인 사례들 가운데 11세기 말 로마카톨릭이 일으켜 2백 년 동안 다섯 차례나 계속된 잔학한 무법자들의 십자군 전쟁은 말할 것도 없고 그 외에도 아일랜드에서 보는 것처럼 "종교 분쟁"으로 끊임없이 야기되었던 크고 작은 전쟁들, 그리고 그 전쟁들을 통하여 연출되었던 끔찍한 살인 행위의 사례들을 얼마든지 보고 있다. "종교"란 여하한 종류가 되었건 더러운 우상 숭배 사상에서 나오기 때문에 "종교"는 언제나 음행과 폭력을 몰고 다닌다.

『**그러므로 너는 말하라. 주 하나님이 이같이 말하노라. 그 성읍이 그 가운데서 피를 흘리며 자신을 더럽히려고 자신을 거역하는 우상들을 만드는 그녀의 때가 오나니**』(3절). 역사적으로는 지금 하나님께서 B.C. 600년경 에스겔 선지자를 통하여 타락한 예루살렘에 대한 심판을 선고하고 계시는 것이지만, 이것은 오늘날 우리가 살고 있는 도시들을 향한 말씀으로 적용해도 전혀 부자연스럽지 않다.

『**자신을 더럽히려고 자신을 거역하는 우상들을 만드는...**』 잠언 8장에 보면 우매한 인간에게 지혜를 깨닫고 명철을 얻으라고 가르치면서 『**나를 거슬러 죄를 짓는 자는**

자기 혼을 해치는 자니, 나를 미워하는 모든 자들은 죽음을 사랑하는 자들이라.』(잠 8:36)라고 말씀하고 있다. 우상을 만드는 것이 하나님을 거슬러 죄를 짓는 것임은 두 말할 나위가 없거니와, 그것은 또한 "자신을 더럽히려고" 작정한 사람이나 저지르는 짓이고, 이를 통하여 "자기 혼을 해치게" 되는 것이므로, 결국 "자신을 거역하는" 짓일 수밖에 없다. 문명이 깨이고 과학이 발달한 요즘에 누가 우상을 만드느냐고 반문할지 모르지만, 당장 거리로 나가 카톨릭 용품 가게에 한번 들러 보라. 한 개에 50달러 짜리 플라스틱 마리아 인형들을 비롯하여 별의별 우상들이 즐비하게 진열돼 있는 걸 볼 수 있을 것이다.

옛날 사람들은 기껏해야 샤머니즘적인 자연숭배 사상을 갖고 있었을 뿐이지만, 현대인들은 그런 자연 숭배 사상에 더해 돈과 명예와 권력, 술과 마약과 록 음악과 영화 "스타"들, 가수들과 운동 선수들 등의 우상들까지도 숭배하고 있는 것이다.

선지자가 말하는 것은 단지 B.C. 600년경에만 한정되지 않는다. 그 옛날 이스라엘 백성이 우상 숭배 사상에 오염되어 이방 신들에게 『**아들들과 딸들을 데려다가 희생제물로**』(16:20) 드렸던 타락상은 오늘날 현대인들에 의하여 또 다른 유형으로 나타나, 여러 가지 이상한 우상들에게 자신들의 아들들과 딸들을 내던져 희생제물이 되게 하는 양상으로 재현되고 있는 것이다. 당신은 당신의 어린 아들이나 딸이 머리를 길게 기른 히피족 록 가수의 공연장에서 벌어지는 마약 파티에 참가하여 입에 거품을 물고 괴성을 지르며 발작하고 있는 광경을 TV 화면을 통해서 보고 있지 않은가? 그러고도 모른 척하고 있다면 당신은 지금 당신의 아들들과 딸들을 우상에게 희생제물로 바치고 있는 것이다. "자기가 하고 싶은 대로 하게 내버려 두어라." 이것이 오늘날 미국의 현대 교육 이념이고, 이 이념에 따라 부모들이 자식의 생활 태도에 간섭하는 것을 극도로 제한하는 것이 오늘의 신교육이다. 그러면서 그들이 『**자신을 더럽히려고 자신을 거역하는 우상들을 만드는**』 일을 당신이 방조하도록 조장하고 있다는 것을 모르고 있는가? 당신은 그것이 "시대 조류"니까 별도리 없지 않느냐고 발뺌할 참인가?

『**그녀의 때가 오나니**』. 이 말씀은 결코 단순한 예언이 아니다. 이것은 아무 준엄한 심판의 집행이 임박했음을 피부로 느끼게 하는 무서운 말씀이다. 이것은 하나님께서 "이제 나도 참을 만큼 참았노라."라고 선언하고 계신 말씀이다. 이것은 인간이 타락할 만큼 타락하여 이보다 더 더럽혀질 수가 없는 한계에 도달했음을 알린다. 그럼 이제 어떻게 된다는 말인가? 이제는 하나님께서 예고하셨던 심판을 실행에 옮기실 차례다. 『**우리가 음란과 정욕과 술 취함과 방탕과 연락과 혐오스런 우상 숭배를 행하여 이방인들의 뜻을 행한 것은 지난날의 생활로 충분하도다... 만물의 마지막이 가까웠으니 그러므로 너희는 정신을 차리고 깨어 기도하라**』(벧전 4:3,7). 이것은 배교와 타락과 무질서와 폭력과 음행으로 붕괴 직전에 놓여 있는 현재 상황을 바라보며 구원받은 그리스도인들에게 주는 아주 진지한 충고의 말씀이다. 성경은 그 어느 곳에서도 시대 상황을 긍정적으로 이야기하지 않는다. 성경은 예언의 책이다. 이 세상을 향한 성경의 예언들 가운데 어느 것 하나 긍정적으로 내다본 언급은 없다. "세상은 점점 개선되어 더 좋아지고 있다."는 말에 속지 말라. 이것은 마귀의 거짓말이다. 과거 어떤 시대를 되돌아보더라도 세상이 그 이전보다 더 나아진 적은 한 번도 없었다. 이것은 성경이 제시하고 있는 부정적 세계관을 그대로 반영하는 것이다.

『**너는 네 날들이 다가오게 하여 네 연한에까지 이르렀도다**』(4절). 성경에서 "너의 날," "너의 때," 혹은 "네 연한"이라면, 그것은 곧 하나님께로부터 보복을 받는 날이요, 심판의 날이다. 이 구절은 그러한 『**네 날들**』이 『**이르렀도다.**』라고 선언한다. 어떤 주석자는 『**네 날들**』(thy days)은 "날들"이니까 짧은 기간을 나타내고, 『**네 연한**』(thy years)은 "해"니까 긴 기간을 나타내는 말이기 때문에, 예루살렘이 바빌론 군대에게 포위돼 있는 기간은 짧기 때문에 "날들"로 표현할 수 있어도 포로가 되어 사로잡혀가 있는 세월은 "해"로 표현하여 그 기간이 길 것을 예고하고 있는 말이라고 설명하지만, 그 옳고 그름을 떠나 문제는 이러한 주석자들의 시각이 구약의 구절들을 역사적으로만 적용하여 지난날의 어떤 사건만 들여다보는 좁디좁은 시야에서 벗어나지 못한다는 데에 있다. 어떤 구절이 역사적 적용이 가능할 경우 거기서 교훈을 얻고 그 구절이 들려주고자 하는 참뜻이 무엇인지 시야를 넓혀 미래까지 내다볼 줄 아는 안목이 있어야 성령께서는 참조 구절들을 찾아 당신을 이리저리 바쁘게 인도하시게 된다. 역사적으로 적용할 때에도 어떤 경우에는 그 "역사의 영역"을 과거에만 국한시키지 말고 미래로까지 넓혀서 생각하지 않으면 안 될 때가 허다하다. 성경은 "미래의 역사"까지 다루고 있는 책이기 때문이다.

이 구절의 핵심은 『**날들**』이 어떻고 『**연한**』이 무엇인가에 있는 게 아니다. 이 구절에서 『**네 날들이... 이르렀도다.**』라고 말씀하고 있다는 사실이 중요하다. 이것이 핵심이다. 하나님의 심판의 날이 이르렀다는 것이다. 임박한 지구의 종말을 말하고 있으며, 이스라엘 민족에 대한 대환란의 날을 말하고 있다. 이 말씀을 통해 우리는 『**만물의 마지막이 가까웠으니 그러므로 너희는 정신을 차리고 깨어 기도하라.**』(벧전 4:7)라는 말씀과 『**그러므로 깨어 있으라. 어떤 시간에 너희 주께서 오실는지 너희가 알지 못하기 때문이라.**』(마 24:42)라는 말씀까지 내다 봐야 한다. 이 "날들"은 베드로전서 4장이나 마태복음 24장, 또는 데살로니가전서 5장 등에 연결되는 말이다.

물론 구원받고 그리스도의 몸이 된 성도들은 『**네 날들이... 이르렀도다.**』라는 말씀 앞에서 공포를 느낄 필요가 없다. 그들은 『**빛의 자녀들이며 낮의 자녀들**』이요, 더 이상 『**진노의 자녀**』가 아니기 때문이다(엡 2:3). 다만 주님께서 오실 때, 수치스러운 곳에서 부끄러운 짓을 하다가 그분을 민망스럽게 해드리지 않도록 옷깃을 여미고 기다리고 있어야 한다. 그래서 성경은 당신에게 『**정신을 차리고 깨어 기도하라**』, 『**준비하고 있으라**』, 『**정신을 차리자.**』라고 촉구하고 있는 것이다.

22:6 보라, 이스라엘의 고관들이 각자 자기 권세대로 피를 흘리려 네 안에 있었도다.
7 그들이 네 안에서 아비와 어미를 경히 여겼으며 네 가운데서 타국인을 학대하였으며 네 가운데서 아비 없는 자와 과부를 괴롭혔도다.
8 너는 나의 거룩한 물건들을 멸시하였으며 나의 안식일들을 모독하였도다.
9 네 안에는 피를 흘리도록 소문을 옮기는 자들도 있으며 네 안에는 산 위에서 먹는 자들도 있으며 네 가운데서 그들은 음란한 짓을 행하는도다.
10 네 안에서 그들은 자기 아비들의 벌거벗은 것을 드러내었으며 네 안에서 그들이 불결함으로 인하여 따로 떨어져 있는 여자와 관계를 가졌으며
11 어떤 자는 자기 이웃의 아내와 더불어 가증한 짓을 하였고 또 어떤 자는 자기 며느리를 추잡하게 더럽혔으며 네 안의 어떤 자는 자기 누이, 즉 자기 아비의 딸과 관계를 가졌느니라.
12 네 안에서 그들이 피흘리려고 선물을 받았으며 너는 고리와 이자를 취하였고 네 이웃의 것을 강탈함으로 탐욕스럽게 취하였으며 나를 잊었도다. 주 하나님이 말하노라.

『**보라, 이스라엘의 고관들이 각자 자기 권세대로 피를 흘리려 네 안에 있었도다**』(6

절). 공산 국가들이야 더 말할 것도 없거니와, 미국처럼 자유를 표방하는 소위 민주 국가들도 알고 보면 통치자들이 피를 흘리는 데에 자신들의 권력을 최대한으로 활용한다. 앞에서 살펴본 바와 같이 여기서 언급되는 "피흘림"은 우상 숭배와 관련하여 언급되는 말이다. 가령 미국의 공립학교에서 성경이 사라진 것은 로마카톨릭 신자 J.F. 케네디의 명령 때문이었다. 그는 미국의 대통령이 되더니 『**자기 권세대로 피를 흘리려**』 그런 만행을 자행했던 것이다. 성경이 사라진 학교에 다니는 청소년들이 우상들에게 눈을 돌리는 것은 필연적인 결과다. 그들이 엘비스 프레슬리 같은 록 가수들을 우상으로 삼고 대마초 흡연과 LSD 복용을 흉내 내게 된 것은 너무나 당연한 결과다. 미국의 통치자들이 미국의 아들딸들을 우상들에게 희생제물로 바치게 된 이런 비극적인 현상은 결국 『**고관들이 각자 자기 권세대로 피를 흘리려**』 작정하고 있었던 그대로 된 것이다.

『**그들이 네 안에서 아비와 어미를 경히 여겼으며 네 가운데서 타국인을 학대하였으며 네 가운데서 아비 없는 자와 과부를 괴롭혔도다**』(7절). 부모를 공경하는 일은 십계명에 들어 있는 중요한 하나님의 명령이고 이 계명을 지킬 때 성경은 장수를 보장한다(출 20:12). 반대로 이 계명을 어기는 사람은 저주를 받도록 돼 있다(신 27:16). 성경에 따르면, 부모에게 순종하지 않고 오히려 조롱하는 패륜아는 장님이 될 위험이 높은데, 특히 까마귀와 독수리가 눈을 쪼아내고 눈알을 먹어치워 실명하지 않도록 대단히 주의해야 한다(잠 30:17). 이것은 신약에서도 중요한 가르침이며, 부모를 공경하는 것은 땅에서 복을 받는 방법으로 제시되고 있다. 『**네 아버지와 어머니를 공경하라. (이것이 약속 있는 첫째 계명이니) 이는 네가 잘되고 또 땅에서 장수하게 하려 함이니라**』(엡 6:2,3).

그리스도인들은 그리스도 안에서 부모에게 순종하도록 명령을 받고 있는 사람들이다. 『**자녀들아, 주 안에서 너희 부모에게 순종하라. 이것이 옳으니라**』(엡 6:1). 당신이 그리스도인이라면, 당신은 부모에게 순종하되, 『**주 안에서**』 순종해야 한다. 이 말은 당신의 부모가 그리스도인이 되기를 거부한다거나 당신이 그리스도인인 것을 못마땅하게 여긴다면 그런 부모는 공경하지 않아도 괜찮다는 얘기가 결코 아니다. 그렇다고 해서, 당신의 부모가 싫어하기 때문에 당신도 믿음에서 떠나야 한다는 얘기는 더더욱 아니다. 성경은 이에 대해 매우 단호하다. 『**너희가 그리스도와 함께 세상의 유치한 원리에서 죽었을진대 어찌하여 마치 세상에서 살아 있는 것같이 법령에 복종하**

느냐?』(골 2:20). 당신의 부모는 어디까지나 부모이기에 당신은 그들을 공경하고 순종해야 될 의무가 있는 게 사실이다. 그러나 또 한편, 주님께서는 당신의 "주"이시기 때문에 그분을 공경하고 순종해야 될 의무 또한 당신에게 지워져 있다. 주님께 순종하며 믿음을 지키는 일과 당신의 부모를 공경하는 일이 현실적으로 충돌하는 경우는 얼마든지 있지만, 당신은 주님께 순종하는 그 믿음으로 당신의 부모를 공경함으로써 이러한 난관을 극복할 줄 알아야 한다.

당신이 진정으로 부모를 사랑하고 공경한다면, 당신은 그들의 구원을 위해서 쉬지 않고 기도할 게 분명한데, 이러한 당신을 부모가 자랑스럽게 여길 수 있어야 한다. 그렇게 하자면 믿음 가운데 있는 당신에게서 하나님의 자녀로서의 증거가 그들에게 분명하게 확증되어야 한다. 그리고 자신들을 위해서 항상 기도하고 있는 당신의 모습을 보고 있어야 한다. 쉽게 말해서 그리스도인이라고 자처하고 있는 당신에게서 하나님의 자녀로서의 아름다운 면모가 발견되지 않는지라 무엇 하나 당신에게서 배울 게 없다면, 당신의 부모는 절대로 그러한 당신을 그리스도인으로서 존중해 주지 않으려니와 그리스도인이라고 자처하고 있는 당신을 오히려 수치스럽게 여기게 되는지라, 당신은 절대로 성공할 수가 없다는 얘기다. 이것은 당신이 당신의 부모를 공경하고 있는 게 아니다. 그리스도인으로서의 당신이 부모를 공경하는 자세는 세상 사람들이 부모에게 효도하는 것과는 유형이 다르다. 왜냐하면 당신은 그리스도인이기 때문이다. 당신은 이미 이 세상에 속한 사람이 아니라 하늘에 속한 사람이라는 것을 잊지 말라. 당신은 『**세상의 유치한 원리에서**』 이미 죽었다. 그렇기 때문에 당신은 부모를 공경하되, 세상의 법령에 따라 효도하는 것이 아니라 하나님의 법도에 따라 부모에게 순종하고 공경한다. 그것이 당신이 부모에게 순종하되, 『**주 안에서**』 하는 방식이다.

『**네 가운데서 타국인을 학대하였으며**』. 유대인들 가운데 들어와 함께 살고 있는 타국인을 학대하는 것은 이스라엘에게 엄격히 금지된 일이었는데, 성경에 나타난 그 이유를 보면 지극히 "인간적인" 데가 있다. 『**너는 타국인을 학대하거나 압제하지 말라. 이는 너희도 이집트 땅에서 타국인들이었음이라**』(출 22:21). 『**너는 또한 타국인을 압제하지 말라. 이는 너희가 이집트 땅에서 타국인들이었기에 너희가 타국인의 마음을 알기 때문이라**』(출 23:9). 이스라엘이 이집트에 살고 있었을 때 받았던 타국인으로서의 서러움이란 이루 말할 수 없었다. 이스라엘은 이집트에서 노예 생활을 했으므로 학대와 압제는 불가피한 것이었다. 그런 경험을 했던 그들은 그래서 『**타국인의 마음**

을』 이해하고도 남음이 있었으리라. 타국인들에게 이스라엘 백성이 인정을 베풀도록 권장하고 있었다는 사실은 가난한 사람들과 타국인들을 위해서 수확할 때 밭 모퉁이까지 모조리 거두지는 말라든지, 이삭까지 싹쓸이하지는 말라든지, 포도원에 떨어진 포도송이까지 다 줍지는 말라든지 하는 규례들에서 여실하게 드러난다(레 19:9,10).

그 반면에 이스라엘과 함께 사는 타국인들은 자신들의 관습에 따라 살 수 있는 자유도 상당히 허용되고 있었음을 우리는 본다. 가령 그들은 유대인들처럼 남자아이가 반드시 할례를 받아야 하도록 규제돼 있지가 않았다. 『**너와 함께 기거하는 타국인이 주께 유월절을 지키고자 하면 모든 남성은 할례를 받게 한 후 가까이 와서 지키게 할지니라. 그러면 그가 그 땅에서 태어난 자와 같이 될 것이라. 이는 할례받지 못한 사람은 아무도 먹을 수 없음이라**』(출 12:48). 이 구절에서 우리는 타국인이 유대인처럼 유월절을 반드시 지킬 필요도 없었고, 또 남성이면 다 할례를 받아야 하는 것도 아니었음을 알 수 있다. 그런가 하면 안식일을 지켜야 하는 규례는 유대인 가운데 들어와 살고 있던 타국인들에게도 똑같이 적용되었다. 『**그러나 일곱째 날은 주 너의** 하나님**의 안식일이니 그 날에는 너와 네 아들이나 네 딸이나 네 남종이나 네 여종 네 가축이나 네 문 안에 있는 네 타국인까지도 아무 일도 하지 말지니라**』(출 20:10). 『**이것은 너희에게 영원한 규례니 일곱째 달, 그 달의 십일에 너희 땅의 사람이든 너희 가운데 기거하는 타국인이든 너희는 너희 혼들을 괴롭게 하고 아무 일도 하지 말지니라**』(레 16:29). 피를 먹지 말라든지, 죽은 짐승이나 들짐승에게 상해를 입은 가축을 먹었을 경우에는 입고 있던 옷을 빨고 목욕을 하라는 규례 역시 타국인들에게도 유대인들과 똑같이 적용되었다(레 17:12). 이처럼 타국인들은 규례에 의하여 상당한 보호를 받도록 되어 있었음에도 불구하고 유대인들이 『**네 가운데서 타국인을 학대하였으며**』라고 7절은 그 죄를 성토하고 있다.

『**네 가운데서 아비 없는 자와 과부를 괴롭혔도다.**』 남편을 잃은 과부에 대해서는 부모를 잃은 고아들과 함께 대단한 관심을 갖고 보호하도록 되어 있음을 우리는 성경 곳곳에서 본다(출 22:22, 신 10:17,18). 이들에 대한 보호는 심지어 유업이 없는 레위인에 대한 대우와 동일한 수준이었다(신 14:28,29).

오늘날 미국의 교회들이 고아들과 과부들을 위해 과연 얼마나 관심을 갖고 있는가? 엄청난 돈을 들여 으리으리한 교회 건물을 짓고 호사스러운 실내장식에 "안락한" 의자들을 갖추어 놓는 일에 몰두하면서도 그들은 교회 내의 고아들과 과부들에게는 별로 신경을 쓰지 않는다. 오늘날에는 가난한 사람들이 오는 것을 교회가 아예 달가워하지 않는 시대가 되었다. 그들은 부자들의 지갑에만 관심을 갖는다. 가난한 고아나 과부가 내는 25센트 짜리 동전 한 닢 따위는 헌금 액수를 계산하는 데 귀찮기만 하다. 그러나 주님께서는 과부의 두 렙돈이 부자의 큰 돈보다 더 많다고 말씀하셨다(막 12:41-44). 오늘의 부자 교회들은 주님의 돈 계산 방식을 도저히 이해할 수 없다고 고개를 갸웃거린다. "상대적" 가치관으로 온통 오염돼 버린 현대의 모든 타락한 교회들이지만, 돈 계산 방법에 있어서 만큼은 "상대적" 가치를 거부하는 게 참 이상하다. 그들은 25센트보다는 25달러가 더 많고, 25달러보다는 250달러가 "절대적으로" 더 많다고 생각한다. 그러나 주님께서는 가난한 과부의 25센트가 부자들의 2만 5천 달러보다 더 많다고 계산하신다. 주님께서는 돈 계산에 있어서 만큼은 놀랍게도 "상대적" 가치관을 갖고 계신 게 분명하다.

『**너는 나의 거룩한 물건들을 멸시하였으며 나의 안식일들을 모독하였도다**』(8절). 구약에서 『**거룩한 물건들**』(holy things)이라고 하면 대개의 경우 제단에 바쳐지거나 이미 바쳐졌던 예물이나 제물, 또는 제단을 섬기는 데에 사용되던 각종 기명들을 말하는데, 이에 대해서는 여러 가지 까다로운 규례들이 정해져 있었다(출 29:33, 레 5:15; 22:4-6). 그러나 신약 시대에 들어와서는 예수 그리스도께서 희생제물로 단번에 드려지셨기 때문에 이런 제사는 더 이상 드릴 필요가 없게 되었고, 십일조와 기타 연보나 헌금 등이 구약 시대의 제물을 대신하고 있기는 하지만, 구약 시대의 "제물"과는 전혀 다른 개념에 토대를 두고 있다. 구약 시대의 제물들은 "죄"와 관계가 있었지만, 신약 시대의 예물은 "감사"와 관계가 있고, 주님의 것 중에서 그 일부를 되돌려 드림으로써 주님의 사역에 사용되도록 한다는 의미가 있을 뿐이다. "죄"의 문제는 예수 그리스도께서 다 해결해 놓으셨기 때문에 신약에서는 어떤 예물도 죄의 용서와는 관계가 없는 것이다.

『**나의 안식일들을 모독하였도다.**』 제칠일 안식일 예수 재림교 사람들이나 여호와의 증인들이 들으면 좋아하겠지만, 앞서 20장에서 살펴보았듯이 안식일은 이스라엘을 위한 표적이었고, 하나님께서 안식일들을 지키도록 명하셨던 대상은 교회가 아니라 유대인들이었다. 유대인들이 안식일을 모독한 것은 곧 하나님을 모독한 죄에 해당하므로 그에 대한 징계를 모면할 길이 없다. 안식일에 대해서는 20장을 참조하라.

『**네 안에는 피를 흘리도록 소문을 옮기는 자들도 있으며 네 안에는 산 위에서 먹는 자들도 있으며 네 가운데서 그들은 음란한 짓을 행하는도다**』(9절). 야외에 나가 아무데서나 바비큐를 해먹고 자연을 훼손하는 자들도 못된 사람들이지만, 여기서 『**산 위에서 먹는 자들**』은 산에 올라가 우상 신에게 제사를 드리고 나서 거기서 제물을 뜯어먹는 자들로, 하나님께 가증스런 자들이다.

『**네 안에서 그들은 자기 아비들의 벌거벗은 것을 드러내었으며 네 안에서 그들이 불결함으로 인하여 따로 떨어져 있는 여자와 관계를 가졌으며 어떤 자는 자기 이웃의 아내와 더불어 가증한 짓을 하였고 또 어떤 자는 자기 며느리를 추잡하게 더럽혔으며 네 안의 어떤 자는 자기 누이, 즉 자기 아비의 딸과 관계를 가졌느니라**』(10,11절). 레위기 18장에 보면 근친상간을 금하는 규례들이 상세하게 나열되고 있는데, 그에 앞서서 『**너희는 너희가 거하던 이집트 땅의 행실을 따라 행하지 말지니라. 또한 내가 너희를 인도하는 카나안 땅의 행실을 따라서 행하지 말며 또 그들의 율례대로 행하지도 말지니라.**』(레 18:3)라는 경고로 시작하고 있는 것으로 보아, 이집트인들이나 카나안의 이방인들 사이에서는 근친상간이 널리 자행되고 있었고, 이스라엘 민족이 이집트에 거하던 시절 그런 악한 관습에 오염되어 있었다는 것을 알 수 있다. 이스라엘은 하나님께 성별된 민족이었으므로 이방 민족들과 섞여 살던 과거의 그릇된 행실을 당연히 버려야 했고, 성별된 뒤에 타민족들과 접촉하게 되더라도 그들의 나쁜 관습에 다시 오염되지 않음으로써 하나님의 백성으로서의 거룩함을 엄격한 규례로 지켜야 했다.

『**아비들의 벌거벗은 것을 드러내었으며**』라는 말은 옷을 벗고 있는 아비의 하체를 목도하지 말라는 뜻이거니와, 아비가 벌거벗고 있는 채 자식들의 눈에 띄는 것은 아비의 권위에 심각한 손상을 가져올 수 있다는 기본적인 의미와 함께 부모의 성생활을 목도하지 말 것을 경고하는 말이기도 하고, 더 나아가 『**어떤 자가 자기 아버지의 아내를 취하였다는 것**』(고전 5:1)과 같은 음행을 말한다. 여기서는 표면적으로 『**아비들의 벌거벗은 것**』만을 언급하고 있지만, 내용상으로는 "어미의 벌거벗은 것"까지 포함하고 있다. 레위기에서는 『**네 아비의 벌거벗음이나 네 어머니의 벌거벗음을 드러내지 말라.**』(레 18:7)는 언급과 함께 『**네 아비의 아내의 벌거벗음을 드러내지 말라. 그것은 네 아비의 벌거벗음이니라.**』(레 18:8)라고 언급하고 있다. 아비의 벌거벗음을 목격하는 것은 율법 이전에도 금기사항으로 돼 있었음을 우리는 창세기에서 보거니와, 노아의 아들 가운데 함은 이 금기사항을 어기는 바람에 카나안이 저주를 받는다(창 9:20-27). 문제의 발단은 역시 술에 있었는데, 지금도 알코올은 이처럼 저주를 불러오는 중요한 화근 가운데 하나다. 노아는 자신이 취하는 바람에 아들 중 하나를 저주해야 하는 비극적 상황에 빠졌는가 하면, 또 롯은 소돔을 탈출한 뒤 딸들이 먹이는 포도주를 주는 대로 받아 마시다가 대취하는 바람에 인사불성이 되어 딸들에게 강간당하고 마는 불상사의 주인공이 된다(창 19:33-38). 이 경우 롯의 딸들은 "아비의 벌거벗은 것을 드러낸 죄"를 범했던 것이다. 모압과 암몬 자손이 여기서 생겨남으로써 이 두 이방 민족은 두고두고 이스라엘에게 골칫거리가 되었고 끝내는 대환란 때 가서 멸망당하여 종족의 씨가 말라버리는 비극을 맞도록 돼 있는 민족들이다.

『**불결함으로 인하여 따로 떨어져 있는 여자와 관계를 가졌으며**』. 여자가 월경 중일 때의 성행위는 남녀 두 사람 모두 사형으로 다스릴 만큼 엄격하게 금하고 있었다(레 18:19; 20:18).

『**네 안에서 그들이 피흘리려고 선물을 받았으며 너는 고리와 이자를 취하였고 네 이웃의 것을 강탈함으로 탐욕스럽게 취하였으며 나를 잊었도다. 주 하나님이 말하노라**』(12절). 여기서 언급하는 『**선물**』은 선의로 주고받는 순수한 의미의 선물이 아니라 악의가 담긴 선물, 즉 뇌물을 말한다. 『**피흘리려고 선물을 받았으며**』는 신명기 27:25의 『**"뇌물을 받고 죄 없는 사람을 죽이는 자는 저주를 받으리라." 할 것이요, 모든 백성은 말하기를 "아멘."할지니라.**』라는 구절과 연관해서 생각하면 쉽게 이해할 수 있을 것이다. 권력을 잡고 있는 자들이 악한 자들로부터 뇌물을 받고 그들의 경쟁자들을 갖가지 방법으로 압박하거나 견제해 주고 제거해 주는 일은 현대 국가 사회에서도 보통으로 횡행하고 있는 일이거니와, 인류 역사에서 권력과 뇌물은 바늘과 실의 관계만큼이나 밀접한 관계를 가져왔다. 또 고리대금은 합법을 가장한 악랄한 착취 수단의 하나지만, 예외 없이 가난한 사람들을 겨냥하고 있는 게 특징이다. 이러한 범죄들은 모두가 하나님을 잊은 데서 나온다고 이 구절은 말씀한다.

22:13 보라, 그러므로, 네가 취한 부정직한 소득과 네 가운데 있던 네 피에 대하여

내가 내 손으로 쳤노라.
14 **내가 너를 다루는 날에 네 마음이 견디어 낼 수 있으며 네 손이 튼튼할 수 있겠느냐? 나 주가 그것을 말하였으니 그것을 행하리라.**
15 **내가 너를 이방 가운데 흩어 버리고 나라들에 너를 분산시키며 네 더러움을 네게서 소멸하리라.**
16 **너는 이방의 목전에서 네 자신의 유업을 취하리니 그때에 너는 내가 주인 줄 알리라.**

『**보라, 그러므로, 네가 취한 부정직한 소득과 네 가운데 있던 네 피에 대하여 내가 내 손으로 쳤노라**』(13절). 하나님께서는 반드시 보응으로 갚으시는 분이시다. 『**부정한 소득**』, 무고한 사람들이 흘린 『**피**』, 이것을 하나님께서 모른 체 하실 리가 없고 이것을 보응하지 않으실 리가 없다.

『**내가 너를 다루는 날에 네 마음이 견디어 낼 수 있으며 네 손이 튼튼할 수 있겠느냐? 나 주가 그것을 말하였으니 그것을 행하리라**』(14절). 자, 하나님께서 언젠가 범죄자들을 다루신다. 그들이 『**견디어 낼 수**』 있겠는가? 없다. 부들부들 떨리는 그들의 손에 아직도 힘이 남아 있을 수 있겠는가? 없다. 하나님께서 『**다루는 날**』이 오고 있다는 소문만 듣고도 『**모든 마음이 녹아 내리고 모든 손이 힘이 빠지며 모든 영이 기운을 잃고 모든 무릎이 물처럼 약해질 것**』이라고 성경은 말씀한다(21:7).

『**나 주가 그것을 말하였으니 그것을 행하리라.**』 하나님께서는 자신이 하신 말씀을 반드시 실행에 옮기시는 분이다. 그분께서는 절대로 엄포만 놓고 마는 분이 아니시다. 지금까지 그러하셨고 앞으로도 그러하실 것이다.

『**내가 너를 이방 가운데 흩어 버리고 나라들에 너를 분산시키며 네 더러움을 네게서 소멸하리라**』(15절). 하나님께서는 이스라엘에 대해서 이미 이렇게 하셨다. 그들은 1948년 국가로 독립하기까지 실로 장구한 세월 동안 『**이방 가운데**』 흩어져 살며 갖은 모멸과 박해와 고난 속에서 이를 갈며 살아왔다. 그렇다고 그들을 향한 하나님의 다루심이 그것으로 종결된 것은 아니다. 그들에게는 대환란이라는 재앙의 클라이맥스가 또 기다리고 있는 것이다. 그것을 거쳐야만 『**네 더러움을 네게서 소멸하리라.**』는 하나님의 계획이 마침내 성취되어 그들의 죄가 지워지고 그들은 하나님의 백성으로 회복될 것이다.

『너는 이방의 목전에서 네 자신의 유업을 취하리니 그때에 너는 내가 주인 줄 알리라』(16절). 성경에서 **『유업』**(inheritance)이란 "장차 보상으로 받게 될 땅," 또는 "상속하게 될 땅"이란 뜻과 함께 현재 소유하고 있는 자신의 "소유물," 또는 "몫"이란 뜻도 있는데, 이 구절에서는 후자의 뜻이다. 이스라엘은 하나님께 유업이 되는 백성이었다. **『그러나 주께서 너희를 택하셨고 너희를 철 용광로, 즉 이집트에서 이끌어 내시어 오늘날의 너희와 같이 그분께 유업의 백성이 되게 하셨느니라』**(신 4:20). 그래서 하나님께서는 이스라엘을 일컬어 **『나의 유업』**이라고도 말씀하셨는데(사 19:25), 이것은 "나의 소유"라는 뜻이다. 모세가 하나님께 기도하며 이스라엘의 죄를 용서해 달라고 요청하면서 **『주의 유업을 멸하지 마소서.』**(신 9:26)라고 간구했던 것을 본다. **『이는 주의 분깃은 그분의 백성이요, 야곱은 그분의 유업의 몫임이라』**(신 32:9).

그런가 하면 또, 하나님께서 이스라엘의 **『유업』**이라고 표현되기도 했다. **『주는 내 유업과 내 잔의 분깃이시니 주께서 나의 몫을 지키시나이다』**(시 16:5). 땅을 유업으로 받지 못한 레위인들의 경우, 그들에게는 하나님께서 곧 **『유업』**이 되셨다. **『그러므로 레위는 그의 형제들과 더불어 몫이나 유업도 없으니, 주 너의 하나님께서 그에게 약속하신 대로 주가 그의 유업이니라』**(신 10:9).

이스라엘은 하나님께로부터 팔레스타인 땅을 **『유업』**으로 받았다. **『너보다 더 크고 막강한 민족들을 네 앞에서 쫓아내고 너를 인도하여 들여서 그들의 땅을 네게 유업으로 주신 것이 오늘과 같으니라』**(신 4:38).

이스라엘은 땅뿐만 아니라 율법도 자신들의 **『유업』**으로 받았다. **『모세가 우리에게 율법을 명령하였으니, 곧 야곱의 회중의 유업이라』**(신 33:4).

그러나 이스라엘이 하나님께 범죄함으로써 하나님께서 그들로부터 돌이키시고 그 얼굴을 숨기셨으니 이로써 이스라엘은 자신들의 유업인 주 하나님을 놓치게 되었다. 그리고 대신 그들 스스로가 불러들인 "심판"을 **『유업』**으로 받게 되었다. 이것이 바로 여기서 말씀하고 있는 **『너는 이방의 목전에서 네 자신의 유업을 취하리니』**라는 말씀의 뜻이다. 이방 민족들은 하나님의 징벌과 심판을 유업으로 취하게 된 이스라엘 민족에 대해 멸시와 조롱과 질책을 그들의 박해로 표출하게 되었고, 이스라엘은 이방 민족들 가운데 분산된 채 고통의 세월을 보내게 되었던 것이다.

한편 주 예수 그리스도를 믿고 그분을 구세주로 영접하여 하나님의 자녀가 된 이 시대의 그리스도인들이 하나님께로부터 유업을 받게 되었다는 것은 당연한 일이다. 하나님께서는 성도들을 아들의 나라로 옮겨 주셨고 그 나라를 상속받을 수 있는 권리를 부여하셨다. 『**그분께서 우리를 흑암의 권세로부터 구하여 내셔서 그분의 사랑하는** 아들**의 나라로 옮겨 주셨으니 그 안에서 우리가 그의 보혈을 통하여 구속, 곧 죄들의 용서함을 받았느니라**』(골 1:13,14). 그리하여 그 나라를 유업으로 받을 수 있는 하나님의 상속자로 삼아 주셨다. 『**그러므로 너는 더 이상 종이 아니요 아들이니 아들이면 그리스도를 통한** 하나님**의 상속자니라**』(갈 4:7). 성도들은 그리스도를 통하여 그분과 함께 공동 상속자가 되었다(엡 3:6). 그러므로 그리스도인들은 천년왕국에서 땅을 유업으로 받고 주님과 함께 민족들을 통치하게 될 것인즉, 이것은 영광이 넘치는 『**유업**』이 아닐 수 없으며(엡 1:18), 『**영원한 유업**』이 아닐 수 없다(히 9:15). 문제는 지금 이 땅에 살고 있는 동안 유업을 받아 놓지 않으면 죽은 다음 하늘에 올라가 유업을 다시 받을 기회가 없다는 데에 있다. 그리스도인들이 구원받고 나서 이 영원한 유업을 확보하기 위해서 하나님을 섬기며 하나님의 사역을 위하여 부르심을 받고 일꾼으로 열심히 일하는 까닭이 여기에 있다. 그리스도와 함께 공동 상속자가 되었으면 후에 받게 될 그 영광의 유업을 받기 위하여 이 땅에 살고 있는 동안 그리스도의 고난의 유업에 동참하는 것도 당연한 일이다.

22:17 주의 말씀이 내게 임하여 말씀하시니라.

18 인자야, 이스라엘 집이 내게 찌꺼기가 되었으니 그들 모두가 용광로 가운데 있는 놋과 주석과 철과 납이라. 그들은 또 은의 찌꺼기니라.

19 그러므로 주 하나님이 이같이 말하노라. 너희가 모두 찌꺼기가 되었으니 보라, 그러므로 내가 너희를 예루살렘 가운데로 모으리라.

20 그들이 은과 놋과 철과 납과 주석을 용광로 가운데로 모아 그 위에 불을 불어넣어 녹이는 것같이 내가 너희를 나의 성냄과 분노 속에 모아 너희를 거기에 남겨 두고 녹이리라.

21 정녕, 내가 너희를 모아 내 진노의 불길을 너희 위에 불게 하리니 너희는 그 가운데서 녹으리라.

22 은이 용광로 가운데서 녹는 것같이 너희도 그 가운데서 그렇게 녹으리라. 그

리하면 너희는 나 주가 내 분노를 너희 위에 부은 줄을 알게 되리라.

하나님께서는 타락하고 죄악으로 더러워진 『**이스라엘 집**』을 『**놋과 주석과 철과 납**』, 그리고 『**은의 찌꺼기**』에 비유하신다. 은이나 금처럼 값진 것이 못되고 별 볼일 없는 『**놋**』, 광택은 나지만 역시 값으로 치자면 하찮은 『**주석**』, 완고하기만 한 『**철**』, 맥을 추지 못하는 『**납**』 등에 그들을 견주시고, 진짜 은이 아니라 『**은 찌꺼기**』에 그들을 비유하신다. 여기서 언급하는 『**찌꺼기**』(dross)는 은을 제련할 때 제거하는 불순물을 말한다. 이 불순물들이 뒤엉킨 은 광석을 용광로에 넣고 녹여서 더러운 찌꺼기가 위에 뜨면 그것을 제거하여 용광로 밑에 가라앉아 있는 순수한 은을 얻을 수 있다. 이것이 바로 단련이다. 하나님의 말씀들을 두고 성경은 이렇게 『**단련되어 일곱 번 정화된 은 같도다.**』(시 12:6)라고 말씀한다. 이스라엘 집을 『**은 찌꺼기**』에 비유한 것은 그들이 비록 타락하여 하나님께 쓸모없는 백성이 되기는 했지만 아직도 단련의 여지를 남겨 두셨음을 암시한다.

이것을 역사적으로 적용할 때, 바빌론은 이 목적을 위하여 하나님께서 사용하셨던 용광로였지만, 이스라엘이 바빌론이라는 용광로 안에서 단련됨으로써 하나님께서 만족하실 만큼 순수한 은이 되었느냐 하면 결코 그렇지 않았다. 그들은 A.D. 70년 로마 제국의 티투스에 의한 용광로에 의해서도 또 한번 더 단련되었지만, 그래도 여전했다. 그렇다면 하나님께서 이 구절에서 언급하시는 용광로는 어떤 다른 용광로가 또 남아 있음을 말씀하시는 게 분명하다. 그것이 바로 대환란이라는 용광로인 것이다. 이스라엘 민족의 단련을 언급하면서 대환란이라는 용광로를 배제하면, 그것은 어느 경우에나 아무 의미가 없다.

『**은이 용광로 가운데서 녹는 것같이 너희도 그 가운데서 그렇게 녹으리라. 그리하면 너희는 나 주가 내 분노를 너희 위에 부은 줄을 알게 되리라**』(22절). 값나가는 은도 놋이나 주석이나 철이나 납처럼 값없는 것들과 뒤섞어 용해시켜 버리신다. 이미 더러운 찌꺼기로 변해 있기 때문이다. 자, 이 용광로는 바빌론의 느부갓넷살이나 로마 제국의 티투스에 의한 예루살렘 성전 파괴 정도가 아니다. 유대인들을 끔찍하게 살해했던 나치 독일의 아우슈비츠 수용소나, 트레블링카 수용소나, 부텐베르크 수용소나, 작센하우젠의 수용소 따위로 이 용광로를 설명할 수도 없다. 하나님께서 『**용광로**』라고 말씀하시면, 그것은 『**용광로**』이지 수용소가 아니다. 하나님께서 『**불길**』이라고 말씀하셨으면, 그것은 진짜 『**불길**』이지 살인 독가스가 아니다. 하나님의 『**진노의 불길**』로 이글이글 불타는 『**용광로**』라면, 그것은 정말로 불길이 이글거리고 진짜로 줄줄 녹아버리는 어떤 상황을 의미한다. 그것이 바로 대환란의 상황인 것이다.

요한계시록 8장을 보라. 어린양이 일곱째 봉인을 여실 때 하늘에 약 반 시간쯤 정적이 있는가 싶더니(계 8:1), 첫째 천사가 나팔을 붊과 동시에 『**피가 섞인 우박과 불이 따르더라. 그것들이 땅에 쏟아지니 나무의 삼분의 일이 타버리고 모든 푸른 풀도 타버리더라. 둘째 천사가 나팔을 부니, 거대한 산이 불에 타서 바다로 던져지는 것 같더니 바다의 삼분의 일이 피가 되더라... 셋째 천사가 나팔을 부니, 하늘에서 등불처럼 타는 큰 별이 떨어졌는데 그것이 강들의 삼분의 일과 물들의 원천에 떨어지더라**』(계 8:7,8,10). 온통 "불," "불," "불"이 아닌가! 9장을 또 보라. 『**여섯째 천사가 나팔을 불 때... 또 내가 환상 가운데 말들과 그 위에 탄 자들을 보았는데 그들은 불과 제신스의 유황으로 된 흉배를 지녔으며, 말들의 머리는 사자들의 머리 같고 그들의 입에서는 불과 연기와 유황이 나오더라. 이 세 가지, 즉 그들의 입에서 나오는 불과 연기와 유황으로 말미암아 사람들의 삼분의 일이 죽더라**』(계 9:13,17,18). 또 "불," "불," "불" 이야기가 아닌가? 16장을 또 보라. 『**넷째 천사가 자기 호리병을 해에 쏟으니, 해에게 불로 사람들을 태우는 권세가 주어지더라. 그리하여 큰 열기로 사람들을 태우니...**』(계 16:8,9) 또 태우는 "불"이다. 그야말로 땅 덩어리 전체가 용광로가 된 것처럼 "불," "불," "불"이요, 불길이 이글거리는 용광로 그대로의 상황이다.

22:23 주의 말씀이 내게 임하여 말씀하시니라.
24 인자야, 그녀에게 말하기를 "너는 깨끗하지 아니하며 분노의 날에 비도 얻지 못한 땅이라." 하라.
25 그 가운데에 그녀의 선지자들의 음모가 있으니 으르렁거리는 사자가 먹이를 약탈함 같도다. 그들은 혼들을 삼켰으며 보물과 진귀한 것들을 취하였고 그들은 그 가운데에 그녀의 많은 과부들을 만들었도다.
26 그녀의 제사장들은 내 율법을 위반하고 내 거룩한 것들을 더럽혔으며 거룩한 것과 불경한 것 사이에 차이를 두지 않았고 그들은 불결한 것과 정결한 것 사이에도 차이를 보이지 아니하였으며 나의 안식일들로부터 그들의 눈을 감추었으니 내가 그들 가운데서 모독을 받았느니라.

27 **그 가운데에 있는 그녀의 고관들은 먹이를 약탈하는 이리 같아서 부정직한 이익을 취하려고 피를 흘리며 혼들을 멸하였고,**
28 **그녀의 선지자들은 잘 이겨지지 않은 회반죽으로 그들을 발랐으며 허망한 것을 보며 그들에게 거짓 점술을 행하여 주가 말하지 않았을 때도 말하기를 "주 하나님이 이같이 말하노라." 하였느니라.**

24절의 『**그녀**』는 예루살렘이다. 예루살렘이 이번에는 『**땅**』이되, 『**분노의 날에 비도 얻지 못한 땅**』으로 언급된다. 위에서 살펴본 것처럼 하나님의 분노는 "불"로 나타난다. 그리하여 땅 덩어리가 온통 불길에 휩싸인 용광로가 된다. 이럴 때 비라도 오면 얼마나 좋으랴만, 그 땅은 『**비도 얻지 못한**』 저주의 땅이다.

『**그 가운데에 그녀의 선지자들의 음모가 있으니...**』(25절) 자, 이번에는 또 "종교 지도자들"의 음모가 또 있는데, 『**혼들**』과 『**보물과 진귀한 것들**』 같은 재물을 탈취하려는 것이 그 음모의 목적이다. 이들이 "종교 지도자들"이기 때문에 재물도 재물이지만 뭐니 뭐니 해도 사람들의 『**혼들**』을 삼키는 데에 먼저 관심을 갖는 것은 당연한데, 실은 재물을 갈취하는 데에 이보다 더 영리한 방법도 없다. 사람의 혼을 장악하면 그 다음에는 무엇이든지 마음대로 할 수 있다는 것을 누구보다도 잘 아는 자들이 바로 종교지도자들이다. 혼만 장악하면 재물은 말할 것도 없고 그와 더불어 권력까지도 손아귀에 들어온다. 예를 들어 로마카톨릭은 이것을 알고 기독교를 가장하여 사람들의 혼을 삼키고 정치 권력의 기반을 쌓았으며 막대한 부를 축적할 수 있었던 것이다. 이러한 종교지도자들에 대해서 성경은 『**으르렁거리는 사자가 먹이를 약탈함 같도다.**』라고 경고한다. 『**정신을 차리고 깨어 있으라. 이는 너희의 대적 마귀가 울부짖는 사자처럼 삼킬 자를 찾아 두루 다니기 때문이니라**』(벧전 5:8).

『**많은 과부들을 만들었도다**』(25절). 지구상에서 벌어진 크고 작은 수많은 전쟁들의 배후에는 로마카톨릭이 도사리고 있는 경우가 허다했거니와 11세기 말 로마카톨릭 교황 우르반 2세가 진두지휘하여 일으킨 십자군 전쟁은 교황 이노센트 3세의 4차 십자군 전쟁, 5차 소년 십자군 전쟁에 이르기까지 2백 년 동안 수십만 명의 과부들을 양산해 낸 대표적인 사건이다. 이들 종교지도자들은 과부를 만들어낼 뿐만 아니라 또 과부들을 착취하는 일도 전문으로 하는데, 이것은 예수 그리스도께서 이 땅에 오셨을 때도 그러했고 지금도 마찬가지다. 『**위선자인 서기관들과 바리새인들아, 너희에게 화 있으리라! 이는 너희들이 과부들의 집을 삼키며 남들에게 보이고자 길게 기도하기 때문이라. 그러므로 너희는 더 큰 심판을 받으리라**』(마 23:14).

종교지도자들의 횡포에 대해서는 스파냐 선지자도 잘 말하고 있다. 『**더럽고 오염되고 억압하는 성읍에 화 있으리라! 그녀는 그 음성에 복종하지 아니하며, 교훈을 받지 아니하고, 주를 신뢰하지 아니하며, 그녀의** 하나님**께 다가서지 아니하였도다. 그 성읍 안에 있는 그 고관들은 포효하는 사자들이요, 그 재판관들은 저녁 이리들이라. 그들은 뼈를 갉아먹되, 다음 날까지** *남겨두지* **아니하는도다. 그 선지자들은 경솔하고 기만하는 자들이요, 그 제사장들은 성소를 더럽히고 율법을 범하였도다**』(습 3:1-4).

『**내가 그들 가운데서 모독을 받았느니라**』(26절). 하나님을 섬기는 일을 맡은 거룩한 제사장들로부터 하나님께서 『**모독을 받았느니라.**』고 말씀하신다. 하기야 제사장들이 무리 지어 살인 강도 짓을 하던 판이었으니 율법을 위반하고 하나님의 거룩한 것들을 더럽히며 안식일을 지키지 않는 일쯤이야 다반사로 저질렀을 것이다. 『**강도 떼들이 사람을 기다리는 것같이 제사장들의 무리가 하나 되어 길에서 살인하나니, 그들이 추잡한 짓을 행하는도다**』(호 6:9). 하나님께서 이러한 예루살렘에 대하여 준엄한 심판을 예고하시는 것은 너무나 당연한 일이다.

종교지도자들이 하나님을 모독하는 행위는 하나님에 대하여 노골적으로 대항하거나 불순종하는 행동으로 나타나는 게 절대로 아니다. 그들의 모독 행위는 예나 지금이나 위선적인 "경건"과 "종교심"으로 가장되는 게 특징이다. 그들은 악을 자행할 때 언제나 하나님의 이름을 도용한다. 이것은 로마카톨릭이 그 잔학한 십자군 전쟁을 일으키면서도 그것이 하나님의 뜻이라고 사람들이 믿도록 했던 것과도 마찬가지였다. 오늘날에는 사람들을 속여서 돈을 갈취할 때 늘 "예수 이름"을 앞세우는 기법을 활용한다. 그들은 입만 열었다 하면 우선 "할렐루야!" 하고 큰 소리로 외침으로써 가장된 "경건"과 "종교심"을 과시한 다음, "예수 이름"으로 마귀를 쫓고, "예수 이름"으로 병을 고쳐주고, "예수 이름"으로 사업 번창을 빌어주는 것이다. 이것이 하나님의 이름을 모독하는 『음란**한 짓**』이다. 하나님께서는 그런 자들을 향하여 이렇게 선언하신다. 『**그러므로 내가 내 분노를 그들 위에 부어서 내 분노의 불로 그들을 소멸하여 그 행위대로 그들의 머리 위에 보응하였도다**』(31절).

『**그 가운데에 있는 그녀의 고관들은 먹이를 약탈하는 이리 같아서 부정직한 이익을 취하려고 피를 흘리며 혼들을 멸하였고,**』(27절). 권력을 쥐고 있는 자들이 백성의 고혈을 빨아먹으면 하나님께서는 그들에게서 얼굴을 돌리신다. 유다 왕국이 멸망하게 된 것도 권력 계급의 착취와 종교지도자들의 타락이 큰 몫을 차지했다(미 3:1-4).

『**그녀의 선지자들은 잘 이겨지지 않은 회반죽으로 그들을 발랐으며 허망한 것을 보며 그들에게 거짓 점술을 행하여...**』(28절) 앞에서도 언급한 것처럼 종교지도자들의 타락은 늘 위선으로 나타난다. 예수 그리스도께서 서기관들과 바리새인들을 그토록 크게 꾸짖으셨던 것도 그들의 위선 때문이었다. 『**위선자인 서기관들과 바리새인들아, 너희에게 화 있으리라! 이는 너희가 회칠한 무덤들과 같음이라. 그것들은 실로 겉으로는 아름답게 보이나 안에는 죽은 사람의 뼈와 모든 더러운 것으로 가득 차 있도다**』(마 23:27).

22:29 그 땅의 백성들이 억압하여 강탈하며 가난하고 궁핍한 자들을 괴롭혔고 타국인을 부당하게 학대하였도다.

30 내가 그들 가운데서 한 사람을 찾으라 했으니 그 사람은 장벽을 쌓아 그 땅을 위하여 내 앞에서 갈라진 틈에 서서 나로 그 성읍을 멸하지 못하게 할 사람이라. 그러나 나는 아무도 찾지 못하였노라.

31 그러므로 내가 내 분노를 그들 위에 부어서 내 분노의 불로 그들을 소멸하여 그 행위대로 그들의 머리 위에 보응하였도다. 주 하나님이 말하노라.

『**그 땅의 백성들이 억압하여 강탈하며 가난하고 궁핍한 자들을 괴롭혔고 타국인을 부당하게 학대하였도다**』(29절). 자, 권력을 쥔 자들이 백성을 수탈하고 종교지도자들이 부패하고 타락하면 『**그 땅의 백성들이**』 그 뒤를 이어 비행을 덩달아 배우고 자행하게 됨으로써 사회는 총체적으로 썩게 된다. 이것이 하나님을 저버린 민족의 결말이다.

『**내가 그들 가운데서 한 사람을 찾으라 했으니 그 사람은 장벽을 쌓아 그 땅을 위하여 내 앞에서 갈라진 틈에 서서 나로 그 성읍을 멸하지 못하게 할 사람이라. 그러나 나는 아무도 찾지 못하였노라**』(30절). 하나님께서는 어느 나라나 어느 땅을 멸하실 때, 마지막으로 단 한 사람이라도 『**그 땅을 위하여**』 하나님 앞에 무릎꿇고 있는 사람을 찾으신다. 예루살렘에 대해서도 그러하셨다. 『**너희는 예루살렘의 거리를 여기 저기 달려서 이제 보고 알며, 저기 넓은 곳에서 찾으라. 만일 너희가 한 사람이라도 찾을 수 있다면, 공의를 행하고 진리를 구하는 누군가가 있다면, 내가 그 성읍을 용서하리라**』(렘 5:1). 사실은 예루살렘에 그런 사람이 하나 있음을 하나님께서는 발견하셨다. 그것이 곧 예레미야였다. 그러나 그러한 예레미야에 대해서 누구하나 진심으로 그의 말에 귀를 기울이고 따르는 자는 하나도 없었다. 예레미야는 예루살렘을 위하여 하나님의 용서를 구하기보다는 오히려 그들의 죄악상을 하나님께 아뢴다(렘 5:2,3). 그리하여 하나님께서는 예레미야에게 이스라엘을 위하여 기도하지 말라고 명령하신다. 『**그러므로 너는 이 백성을 위하여 기도하지 말라. 그들을 위하여 부르짖거나 기도하지 말라. 이는 그들이 그들의 고난으로 인해 내게 부르짖을 때에 내가 그들을 듣지 아니할 것임이라**』(렘 11:14).

『**그 사람은 장벽을 쌓아 그 땅을 위하여 내 앞에서 갈라진 틈에 서서 나로 그 성읍을 멸하지 못하게 할 사람이라.**』 하나님께서는 당신의 나라를 멸하시기 전에 이런 사람 하나를 찾으신다. 이런 사람이 하나라도 있다면, 하나님께서는 『**그 성읍을 멸하지 못하게**』 되신다. 어떤가? 당신이 바로 그런 사람이 되기를 자청하지 않겠는가? 한번 도전해 볼 만한 일이 아닌가? 당신 한 사람으로 말미암아 하나님께서 분노의 손길을 거두시고 당신의 나라가 멸망을 모면할 수 있다면, 당신은 지금이라도 『**장벽을 쌓아 그 땅을 위하여... 갈라진 틈에 서서**』 하나님을 가로막을 수 있는 사람이 되기를 자청하고 나설 수 있어야 한다. 지금은 성벽이 무너져 내렸고 갈라진 틈이 커다랗게 뻥 뚫려 있는 시대다. 누군가 나서서 이 무너져 내린 성벽에 장벽을 쌓아야 하고 갈라진 틈에 서서 지키지 않으면 언제 위기가 닥칠지 모르는 아주 위태로운 시기에 당신은 살고 있다. 그런데도 사람들은 누구 하나 이것을 걱정하지 않는다. 왜 이렇게 해이해졌는가? 거짓 평화주의자들이 "이 땅에 평화를!" 하고 헛소리를 외치며 사람들이 모두 "평안하다, 안전하다."고 생각하도록 만들어 놓았기 때문이다. 그리하여 이 땅은 하나님의 『**분노의 불**』(31절)을 도저히 모면할 수 없게 되었다. 이것을 모면하는 유일한 길은 하나님의 『**분노의 불**』이 닥치기 전에 이 지상에서 먼저 탈출하는 길뿐이다. 어떻게? 주님께서 오신다. 구원받은 모든 그리스도인들을 데리러 주님께서 오신다! 이 지구가 멸망하기 직전, 주님께서는 자신의 신부를 데리러 오신다. 이것을 사람들에게 알려야 한다. 이것을 알리고 한 사람이라도 더 많은 사람들이 그분을 믿고 구원받아 지구를 탈출할 수 있도록 당신이 나설 때, 당신이야말로 『**장벽을 쌓아 그 땅을 위하여... 갈라진 틈에 서서**』 하나님을 가로막는 바로 그 사람이요, 하나님께서 찾으시는 바로 그 한 사람이다. 『**그러므로 주께서 그들을 멸망시키리라 말씀하셨으나 그의 택하신 모세가 갈라진 틈에서, 그의 앞에 서서 그의 진노를 돌이켜 그들을 멸하시지 않게 하였도다**』(시 106:23). 어찌 모세뿐이겠는가? 당신도 모세가 될 수 있다. 지금이라도 구원의 복음을 들고 죄인들에게로 가라. 그들의 혼을 그리스도께로 이겨오라. 당신은 갈라진 틈에 서서 외쳐야 한다. 당신이 그리스도의 심판석에 나아갔을 때, 『**너희는 성벽이 무너진 곳에 올라가지도 아니하였으며 주의 날에 전쟁에 대비하려고... 장벽을 만들지도 아니하였도다.**』(13:5)라고 주님께서 말씀하실 때, 무어라고 변명할 텐가? 『**무너진 곳**』에 올라가라. 『**갈라진 틈**』에 버티고 서라.

에스겔 23장

23:1 주의 말씀이 다시 내게 임하여 말씀하시니라.
2 인자야, 두 여인이 있었으니, 한 어미의 딸들이라.
3 그들이 이집트에서 음행하였고 그들이 젊을 때에 음행하여 그들의 가슴이 짓
눌렸고 거기서 그들은 그들의 처녀성의 젖꼭지를 멍들게 하였느니라.
4 그들의 이름은 언니가 아홀라요, 동생은 아홀리바라. 그들은 내 사람이며 그들
이 아들들과 딸들을 낳았도다. 그들의 이름은 이러하니 사마리아는 아홀라요,
예루살렘은 아홀리바라.
5 아홀라가 내 사람이었을 때 창녀짓을 하여 그녀가 그녀의 사랑하는 자들, 즉
그녀의 이웃 앗시리아인들에게 홀딱 빠졌으니,
6 그들은 푸른색으로 옷입은 군대 대장들과 관원이며 그들 모두 다 매력 있는
청년들이고 말을 타는 기병들이라.

23장은 이스라엘을 음행한 여자로 다루고 있다는 점에서 16장과 맥을 같이하는데, 여기서 주목할 점은 타락한 예루살렘에 대한 지탄과 경고에서 그치지 않고 세상과 야합한 지금 이 시대의 모든 타락한 교회들과 타락한 “여자” 그리스도인들에 대한 질책과 경고로 받아들이는 실제적 적용이 가능하다는 사실이다. 그래서 에스겔 23장은 잠언 5장이나 7장과 관련하여 읽으면 그 교훈적 의미가 한층 실감 있게 받아들여질 것이다(잠 5:1,3,4,8; 7:1,21-23).

『**인자야, 두 여인이 있었으니, 한 어미의 딸들이라**』(2절). 여기 두 여인이 있는데, "한 어미의 딸들"이니까 자매지간이다. 이것은 북왕국 이스라엘과 남왕국 유다를 말하는 것인데, 『**한 어미의 딸들이라.**』는 말을 통해 그 언니에 그 동생이요, 그 동생에 그 언니라는 식으로 서로 경쟁적으로 음행을 저지르는 이스라엘 백성에 대한 질책의 서곡이 마치 배경 음악처럼 깔려 있음을 느낄 수 있다.

여기 23장에서는 북왕국 이스라엘에 해당하는 사마리아를 "언니"로 설정하여 『**아홀라**』라는 이름으로 지칭하고, 남왕국 유다에 해당하는 예루살렘을 "동생"으로 설정하여 『**아홀리바**』라는 이름으로 부르고 있는데, 『**아홀라**』는 "그녀의 성막"이란 뜻이고, 『**아홀리바**』는 "내 성막이 그녀 안에 있다."라는 뜻이다. 북왕국 『**아홀라**』는 사마리아의 벧엘에 그들 나름대로의 성소를 꾸몄으므로 "그녀의 성막"인 셈이고, 남왕국 『**아홀리바**』는 하나님께서 정하신 성소가 예루살렘에 있었으므로 "내 성막이 그녀 안에 있다."는 말이 조금도 틀리지 않는다.

『**그들이 이집트에서 음행하였고**』(3절). 일반 주석가들은 이 구절을, 이스라엘이 출애굽하기 이전 이집트에서 종살이를 하고 있을 동안 이집트인들의 이방 신들을 받아들여 우상 숭배에 오염되었던 사실에만 한정시킨다(겔 20:6-8, 수 24:14). 실제로 그들은 이집트에 머물고 있을 당시 이미 이집트의 이방 신들에게 오염되어 있었다(겔 23:8,21). 그러나 이집트와 관련된 "창녀짓"은 그보다 훨씬 이후, 솔로몬이 이집트의 파라오와 사돈 관계를 맺고 파라오의 딸을 취하여 아내로 삼아 그녀를 예루살렘으로 데려왔던 사실까지도 지적하는 것이다(왕상 3:1). 하나님께서는 이방신들에게 가는 것을 금하셨지만, 솔로몬은 파라오의 딸 외에도 여러 이방 여인들을 가까이하여, 그들로 인해 우상 숭배의 길을 열어 버렸던 것이다(왕상 11:1-3). 이 일로 인해서 하나님께서는 『**네 아들의 손에서 왕국을 찢으리라.**』라고 경고하셨고(왕상 11:12), 그 경고대로 왕국은 남북으로 분열되었다. 그 두 왕국은 우상 숭배에로 지속적으로 나아갔으며, 결국 각각 "아홀라"와 "아홀리바"로 불려 그들의 음란성에 대해 책망받고 있는 것이다.

또 음란은 본래 1회적인 것이 아니라 다른 음란으로 이어져, 음행이 음행을 낳고 간음이 또 다른 간음으로 이어지기 마련인지라, 이들이 이집트와 음행하였다는 사실은 이미 또 다른 상대들과의 음행을 예고한다.

『**아홀라가 내 사람이었을 때 창녀짓을 하여 그녀가 그녀의 사랑하는 자들, 즉 그녀**

의 이웃 앗시리아인들에게 홀딱 빠졌으니,』(5절). 역사적으로 볼 때 언니인 "아홀라" 즉 사마리아가 앗시리아인들에게 홀딱 빠졌다는 것은 어색하다. 왜냐하면 앗시리아는 항상 북왕국 이스라엘에게 적국이었고 이스라엘을 멸망시킨 왕국이기 때문이다. 오히려 남왕국인 "아홀리바"에게는 앗시리아가 "사랑하는 자들"일 수 있다. 남왕국 유다는 아하스왕 시절 앗시리아와 동맹을 맺고 북왕국 이스라엘을 공격하기도 했고(왕하 16:7), 히스키야 때는 앗시리아의 산헤립 왕을 대적할 때 기도로 그 군대를 전멸시키기도 했지만(왕하 19:16-19,35-37), 다시 "아홀리바"는 요시야왕 시절 이집트의 파라오느코왕이 앗시리아를 공략할 때 앗시리아를 도와 이집트 군대를 맞서 싸우다가 요시야가 죽는 일까지 발생하기도 했다(왕하 23:29).

그러나 이러한 역사적 사실들만 가지고는 누가 누구의 『**사랑하는 자들**』이었고, 누가 누구에게 『**홀딱 빠졌으니**』라고 설명하기는 어렵다. "아홀라"가 되었건, "아홀리바"가 되었건, 이스라엘의 "언니," "동생"은 서로 경쟁적으로 한번은 이 사람에게 홀딱 빠졌다가 다음 번에는 다시 저 사람에 홀딱 빠졌는가 하면, 또 반대로 이번에는 저 사람에게 대적했다가 다음 번에는 이 사람에게 대적하는 등, 그 외교적 줄타기가 도무지 종잡을 수 없었다. 따라서 이 구절은 정치, 군사적으로 판단할 문제가 아니다. 문제는 그들이 이방 나라들과 우호 관계냐 적대 관계냐 하는 것이 아니라, 이방 민족들이 섬기던 우상 신들을 번갈아 가며 무차별적으로 받아들임으로써 영적 음행을 끊임없이 자행했다는 사실이다. 다음 절을 보라.

『**그들은 푸른색으로 옷입은 군대 대장들과 관원이며 그들 모두 다 매력 있는 청년들이고 말을 타는 기병들이라**』(6절). 시리아의 경우 같으면, 『**아홀라**』, 즉 북왕국 이스라엘에 대해서 정치, 군사적으로는 적대국이 되기도 했고 또 우방국이 되기도 했었다. 그러나 앗시리아만큼은 이스라엘과 우호관계를 맺은 적 없이 늘 적대 관계였고, 이스라엘은 끝내 앗시리아의 손에 멸망당하게 된다. 그런데도 5절에서 무어라고 서술했던가? 『**아홀라가 내 사람이었을 때 창녀짓을 하여 그녀가 그녀의 사랑하는 자들, 즉 그녀의 이웃 앗시리아인들에게 홀딱 빠졌으니**』라고 언급한다. 어째서 그럴 수 있었을까? 이것은 정치적, 군사적, 외교적 우호 관계를 말하는 게 아니라 순전히 "영적 음행" 관계를 언급하는 말이기 때문이다. 앗시리아는 분명히 사마리아의 이스라엘, 즉 『**아홀라**』에 대하여 최대 적국이었다. 그렇기는 하지만 『**아홀라**』의 눈에는 앗시리아 군대가 『**모두 다 매력 있는 청년들이고 말을 타는 기병들**』인지라 홀딱 빠질 수밖에 없었던 것이다. "영적"으로 말이다. 이들은 적국이건, 우방국이건, 그런 게 문제가 아니라 그들이 섬기는 이방 신들이 매력적으로 보였고, 그 매력적인 우상 신들에게 추파를 던졌으며, 그들을 맞아 창녀짓을 자행했던 것이다. 앗시리아에 점령당했던 사마리아가 얼마나 많은 종류의 이방 신들로 가득 차게 되었던가에 대해서는 열왕기하 17장에 상세히 기록돼 있다(왕하 17:28-32). 온갖 이방 신들뿐만 아니라 그들은 하나님까지 섬기며 산당에서 희생제를 드렸다고 적고 있다. "아홀라"의 영적 혼음 상태는 이처럼 엉망진창이었고, 이것도 아니고 저것도 아닌 추잡한 혼합 종교 행위가 자행됨으로써 하나님께서는 이것을 『**창녀짓**』이라고 규정하고 계신 것이다.

23:7 그리하여 그녀가 그들과 더불어 음행하였으니 앗시리아의 선택된 모든 자들과 그녀가 홀딱 빠진 모든 자와 그녀가 스스로 더럽힌 그들의 모든 우상들과 음행하였느니라.

8 그녀는 또한 이집트에서 가져온 음란함을 떠나지 아니하였으니 이는 그녀가 젊었을 때 그들이 그녀와 동침하였으며 그들이 그녀의 처녀성의 가슴을 멍들게 하였고 그들의 음란을 그녀에게 쏟았기 때문이라.

9 그러므로 내가 그녀를 그녀의 사랑하는 자들의 손, 즉 그녀가 홀딱 빠진 앗시리아인의 손에 넘겨주었더니

10 그들이 그녀의 벌거벗은 것을 드러내고 그들이 그녀의 아들과 딸들을 빼앗고 칼로 그녀를 죽였느니라. 그리하여 그녀가 여인들 가운데서 유명하게 되었으니 이는 그들이 그녀에게 심판을 내렸음이라.

『**그리하여 그녀가 그들과 더불어 음행하였으니 앗시리아의 선택된 모든 자들과 그녀가 홀딱 빠진 모든 자와 그녀가 스스로 더럽힌 그들의 모든 우상들과 음행하였느니라**』(7절). 앞에서도 언급한 바와 같이 『**아홀라**』는 앗시리아에 짓밟혔지만, 오히려 앗시리아의 우상 신들에게 홀딱 빠져 그들과 음행을 저질렀다. 음란한 여자는 음행 상대가 누구냐를 따지지 않는다. 42절에서는 심지어 『**광야로부터 어중이떠중이들과 사베인들**』과도 음행하였다고 언급한다. 『**사베인들**』은 광야의 무법자요, 도적떼들로 욥의 가축들을 덮친 자들이었다(욥 1:15). 이만하면 그녀의 음란 상태가 어느 정도였는지 짐작하고도 남는다.

『**그녀는 또한 이집트에서 가져온 음란함을 떠나지 아니하였으니**』(8절). 열왕기상 12장에서는 여러보암이 벧엘과 단에 금송아지를 두었는데(왕상 12:28-31), 이 금송아지는 명백하게 이집트의 우상 신 바알의 형상이다. 여로보암은 남왕국 유다와의 종교 차별화를 꾀한답시고 이집트의 우상 신과 창녀짓을 했고 그것을 백성 전체에게 조장했던 것이다. 이스라엘이 바알 신을 섬긴 것으로 말한다면 아합왕을 또 빼놓을 수 없거니와, 그가 저지른 범죄는 『**여로보암의 죄들을 행하는 것이 그에게는 마치 가벼운 것 같았으니**』(왕상 16:31)라고 적고 있을 정도이다.

『**그러므로 내가 그녀를 그녀의 사랑하는 자들의 손, 즉 그녀가 홀딱 빠진 앗시리아인의 손에 넘겨주었더니**』(9절). 결국 사마리아의 『**아홀라**』 이스라엘 왕국은 그녀가 홀딱 빠져 있던 『**사랑하는 자들**』, 즉 앗시리아의 손에 멸망당하고 말았다. 하나님께서 그렇게 만드셨던 것이다. 므나헴왕 시절에는 앗시리아의 풀왕에게 수모를 당했고(왕하 15:19), 페카왕 시절에는 앗시리아의 티글랏필레셀왕에게 치욕을 당했으며, 호세아왕 시절에는 앗시리아의 살만에셀왕의 손에 넘겨져 곤욕을 치렀고 또 멸망당했다.

『**그들이 그녀의 벌거벗은 것을 드러내고 그들이 그녀의 아들과 딸들을 빼앗고 칼로 그녀를 죽였느니라. 그리하여 그녀가 여인들 가운데서 유명하게 되었으니 이는 그들이 그녀에게 심판을 내렸음이라**』(10절). 하나님께서는 악한 자를 심판하실 때 흔히 악한 자를 이용하신다. 『**여인들**』이란 이웃 이방 민족들을 일컫는 것으로 이스라엘 왕국과 유다 왕국을 『**두 여인**』으로 지칭하듯, 이방 국가들 역시 『**여인들**』로 지칭하는 것은 『**아홀라**』와 『**아홀리바**』의 수치를 더욱 대조적으로 표현하기 위함이다. 『**유명하게 되었으니**』는 문자 그대로 유명하게 되었음을 말하는데, 음행하던 여자가 음행 상대인 이방 민족에게 심판을 받았다면, 지금이라도 유명해져서 신문이나 잡지의 가십거리가 되고 많은 사람들의 이야깃거리가 될 수밖에 없다.

이상이 북왕국 이스라엘, 즉 『**아홀라**』의 음란했던 영적 타락의 역사와 그 결과를 간략하게 서술한 것이다. 이제 다음 11절부터는 예루살렘의 남왕국 유다, 즉 『**아홀리바**』의 차례다.

23:11 그녀의 동생 아홀리바가 이것을 보고도 그녀의 무절제한 사랑으로 언니보다 더 타락하여 그녀의 음란함이 언니의 음란함보다 더욱 심해졌느니라.

12 그녀가 자기의 이웃 앗시리아인에게 홀딱 빠졌으니 아주 멋있게 옷입은 군대 대장들과 치리자들이며 말을 타는 기병들이며 그들 모두가 잘생긴 청년들이라.

13 그때 그녀가 더럽혀진 것을 내가 보았으니 그들이 둘 다 한 길을 택했도다.

14 그녀가 그녀의 음란을 더했으니 그녀가 벽에 그려진 사람들, 즉 주홍색으로 그린 칼데아인의 형상들을 보았는데

15 그들은 허리를 띠로 둘렀고 머리는 물들인 긴 천으로 쌌으며 그들 모든 고관들은 그들의 고향 칼데아의 바빌론인들과 닮아 보이더라.

음란한 영적 타락상으로 말한다면 유다는 이스라엘보다 한층 더 심했다(11절). 더구나 유다는 이스라엘의 타락과 그 결말을 똑똑히 보았음에도 불구하고 영적 타락 행위에서 돌이킬 생각을 하지 않았던 것이다. 히스키야의 아들 므낫세의 행위를 보라. 『**그가 주의 목전에 악을 행하여 주께서 이스라엘 자손 앞에서 쫓아내신 이방인의 가증함을 따라 행하였으니 그가 그의 아버지 히스키야가 파괴시킨 산당들을 다시 세우고, 이스라엘의 아합왕이 행한 것과 같이 바알의 제단을 쌓고 아세라를 만들었으며 또 하늘의 모든 군상들을 경배하고 섬겼더라**』(왕하 21:2,3).

더욱이 본문은 "아홀리바"도 앗시리아인에게 홀딱 빠졌다고 말하는데, 그 이유가 그들이 『**아주 멋있게 옷입은 군대 대장들과 치리자들이며 말을 타는 기병들이며 그들 모두가 잘생긴 청년들**』(12절)이라는 데에 있었다는 것으로, 그 언니 "아홀라"의 경우와 똑같았던 것이다(5,6절). 그러므로 비록 정치·군사적으로는 유다가 앗시리아를 물리치기는 했지만, 영적으로 더럽혀진 점에서 『**아홀리바**』는 『**아홀라**』와 조금도 다를 바가 없었고, 그 언니에 그 동생이요, 그 동생에 그 언니였던 것이다(13절). 음란한 영적 음행을 자행하는 점에 있어서는 예루살렘이라고 해서 사마리아보다 더하면 더했지 조금도 나을 게 없었다고 성경은 평가한다.

『**그녀가 그녀의 음란을 더했으니 그녀가 벽에 그려진 사람들, 즉 주홍색으로 그린 칼데아인의 형상들을 보았는데**』(14절). 자, 이번에는 『**아홀리바**』의 음행 상대로, 앗시리아뿐 아니라 『**칼데아인의 형상들**』, 즉 바빌론인들이 가세한다. 『**너는 만족하지 아**

니하였으므로 앗시리아인들과도 음란한 짓을 행하였으며 정녕 너는 그들과 더불어 행음하고서도 여전히 만족할 수 없었느니라. 너는 또 카나안 땅에서 칼데아까지 네 음행을 더욱더 많이 행하고서도 너는 그것으로 만족하지 못하였도다』(겔 16:28,29). 더욱이 아홀리바는 칼데아인들의 벽화만 보고도 음란한 마음을 품었는데, 이는 요즘 여자 아이들이 영화배우나 록가수들의 포스터들을 보고 열광하며 날뛰는 것과도 비슷하다고 하겠다.

23:16 그녀가 자기의 눈으로 그들을 보자 그들에게 홀딱 빠져서 칼데아로 그들에게 사자들을 보내자

17 바빌론인들이 사랑의 침상으로 그녀에게 와서 그들의 음란으로 그녀를 더럽히니 그녀가 그들로 더불어 더럽혀지고 그녀의 마음이 그들로부터 멀어졌느니라.

18 그녀가 그처럼 자기의 음란함을 드러내고 자기의 벌거벗음을 드러냈으니 그 때에 내 마음이 그녀의 언니로부터 멀어졌던 것과 마찬가지로 그녀에게서 멀어졌느니라.

19 그래도 그녀는 자기의 음란한 짓을 더하여 이집트 땅에서 창녀짓하였던 그녀의 젊은 시절을 기억해 내었도다.

20 이는 그녀가 그들의 정부들에게 홀딱 빠졌음이니 그들의 하체는 나귀의 하체 같고 그들의 정수는 말의 정수 같으니라.

21 그리하여 너는 네 젊은 시절의 유방으로 인해 이집트인들에게 네 젖꼭지가 멍들었던 네 젊은 시절의 음란함을 기억하는도다.

『그녀가 자기의 눈으로 그들을 보자 그들에게 홀딱 빠져서 칼데아로 그들에게 사자들을 보내자』(16절). 자, 아홀리바는 마침내 칼데아의 바빌론인들을 벽화로만 보는 것은 자신의 음란한 욕구를 충족하기에 충분치 않다는 결론을 내린다. 그래서 그런 소극적인 음란 행위에서 좀더 능동적이고 대담한 행동으로 발전해야 한다. (말하자면, TV나 잡지만 통해서 스타들을 보고 열광하는 것은 요즘 "계집애들"에게는 너무 시시해진 것이다. 그래서 그들은 스타들이 출연하는 실제 공연장 같은 데에 도시락을 싸들고 나가서 좀더 가까이에서 그들과 접촉하며 열광하고 자신들의 음란한 생각들을 분출해야만 직성이 풀리게 된 것이다.)

칼데아인들의 그림에 매혹된 아홀리바는 마침내 칼데아로 사자들을 보내기에 이른다. 창녀가 돈 들고 찾아오는 손님을 기다리는 수준을 넘어서 돈을 들고 음행 상대를 끌어들이러 "출장 원정"까지 나간 것이다. 『**그들은 모든 창녀에게 선물들을 주나 너는 네 모든 애인들에게 네 선물들을 주고 그들에게 삯을 주어 그들로 너의 음란함을 위하여 사방에서 네게 오게 하느니라... 그러므로 네가 다른 음녀들과 반대되는 것이라**』(겔 16:33,34).

유다가 칼데아(바빌론)에 사자를 보낸 사실에 대해서는 열왕기하나 역대기하에 상세한 기록이 나와 있지는 않다. 그러나 열왕기하 24:1은 『**여호야킴 시대에 바빌론 왕 느부캇넷살이 올라왔으니 여호야킴이 삼 년간 그의 종이 되었고 그후 그가 돌이켜 그에게 반역하였더라.**』라고 말하는데, 그가 『**삼 년간 그의 종이 되었고**』라는 언급이나 『**그가 돌이켜**』라는 표현, 그리고 『**반역하였더라.**』라는 서술에서 우리는 여호야킴이 잠시나마 바빌론의 느부캇넷살에 충성을 맹세하고 있었음을 충분히 상정해 볼 수 있겠다. 그러자면 열왕기하 24:1에서 『**바빌론 왕 느부캇넷살이 올라왔으니**』라는 언급은 느부캇넷살의 군사적인 침공이 아니라 여기 에스겔 23:16에서 언급하는 대로 유다가 『**칼데아로 그들에게 사자를 보내자**』 느부캇넷살이 유다의 동맹 제의를 받아들이고 이집트의 세력을 몰아내기 위해 예루살렘으로 진군했던 것으로 보아야 할 것이다. 이렇게 볼 때, 유다의 여호야킴이 바빌론의 느부캇넷살에게 반기를 들기 이전까지는 두 나라의 동맹관계가 그런 대로 잘 유지되었을 것으로 볼 수 있는데, 그렇게 되면 17절에서 언급되는 『**바빌론인들이 사랑의 침상으로 그녀에게 와서**』라는 서술이 자연스럽게 연결된다.

『**바빌론인들이 사랑의 침상으로 그녀에게 와서 그들의 음란으로 그녀를 더럽히니 그녀가 그들로 더불어 더럽혀지고 그녀의 마음이 그들로부터 멀어졌느니라**』(17절).

자, 『**아홀리바**』가 늠름한 칼데아인 남성들의 그림을 보고 홀딱 반한 나머지 바빌론으로 추파를 던지자 바빌론인들이 『**아홀리바**』에게 와서 그녀의 침상까지 파고들어 음행함으로써 그녀를 더럽힌다. 그러나 곧이어 그녀의 마음은 그들로부터 멀어진다.

음란한 여자의 특성이 바로 이것이다. 이집트와 음행하고 나서 이집트와 멀어지고 이번에는 앗시리아와 음행을 저지르는가 했더니 다음 번에는 또 바빌론으로 음행 상대를 바꾸고, 바빌론과 더불어 스스로를 더럽힌 다음에는 또 바빌론으로부터 마음이 멀어진다. 자, 이집트에서 시리아, 시리아에서 앗시리아, 앗시리아에서 바빌론, 그리고 다시 바빌론에서 다른 상대로 바꿀 참인데, 이때 기억해 낸 것이 지난날의 음행 상대였던 이집트인 것이다. 『**이집트 땅에서 창녀짓하였던 그녀의 젊은 시절을 기억해 내었도다**』(19절). 특히 유다의 왕들은 이집트와 바빌론 사이를 왔다 갔다 하면서 줄타기 외교를 벌였던 것을 우리는 역사에서 본다. 이집트의 파라오느코가 여호아하스를 폐위시키고 그 대신 여호야킴을 왕위에 앉혔지만, 이번에는 여호야킴이 이집트에 반역하여 바빌론을 끌어들였고, 그리고 또 얼마 지나자 이번에는 바빌론에 반역하여 이집트를 끌어들였다. 그리고 시드키야 역시 바빌론에 반역하고 이집트를 끌어들일 생각을 했던 것이다. 그러는 과정에서 이들 유다 왕들은 한 번도 하나님께 돌이켜 하나님을 의지할 생각을 품지 않았다. 이것이 하나님께서 보시기에는 음란한 『**아홀리바**』가 창녀짓을 하기 위해 음행 상대를 바꾸는 것에 지나지 않는 것으로 여겨졌던 것이다.

『**이는 그녀가 그들의 정부들에게 홀딱 빠졌음이니 그들의 하체는 나귀의 하체 같고 그들의 정수는 말의 정수 같으니라**』(20절). 성경은 정말이지 "못 말리는" 책이다. 하지만 그렇다고 해서 성경을 쓰신 하나님을 "상스럽다."고 감히 말할 생각은 말라. 성경은 지금 음란한 여자들을 아주 가혹하고도 신랄하게 꾸짖고 있는 중이다.

『**음행하여... 가슴이 짓눌렸고**』(3절), 『**처녀성의 젖꼭지를 멍들게**』(3절), 『**창녀짓을 하여**』(5절), 『**더불어 음행하였으니**』(7절), 『**동침하였으며**』(8절), 『**처녀성의 가슴을 멍들게**』(8절), 『**음란을 그녀에게 쏟았기 때문**』(8절), 『**벌거벗은 것을 드러내고**』(10절), 『**음란함**』(11절), 『**더럽혀진**』(13절), 『**홀딱 빠져서**』(16절), 『**사랑의 침상**』(17절), 『**음란으로 그녀를 더럽히니**』(17절), 『**더럽혀지고**』(17절) 어떤 사람들은 성적 타락을 적나라하게 서술하는 이런 표현들이 조금도 여과되지 않은 채 성경에 어떻게 그대로 다 옮겨다 놓을 수 있을까 하고 아주 못마땅해 하면서 "이건 지나치게 성적이군요!" "아, 너무 관능적 표현이어서 제대로 읽기가 힘들군요!" 하고 얼굴을 붉히는 척하지만, 성경은 "음란"이면 『**음란**』, "음행"이면 『**음행**』, "창녀짓"이면 『**창녀짓**』이라고 곧이곧대로 정직하고도 자신만만하게 서술하지, 이런 것들을 어정쩡하게 "관능적," "섹스적," "성적" 타락 운운하면서 은근슬쩍 넘어가지 않는다. 성경은 "일반 외과 의사들은 흡연이 건강에 해롭다고 충고함" 같은 어정쩡한 표현을 담배 갑에 인쇄해 놓지 않는다. 성경은 "네가 반드시 죽으리라."라고 써 놓는다. 성경은 온갖 음란한 장면을 버젓이

TV 화면으로 내보내면서도 감미롭고 은은한 배경 음악을 깔아 놓는 그런 낯간지러운 짓을 하지 않는다. 성경은 직설적으로 "음행이다!" "창녀짓이다!" 하고 외친다. 성경은 멋들어진 크리스탈 유리잔에 샴페인을 따라 마시는 음주 장면을 보여 주면서도 로맨틱한 대사로 사람들에게 음주 문화를 확산시키는 그런 얄팍한 술수를 쓰지 않는다. 성경은 그런 장면들을 "더럽고 더럽도다!"라고 사실대로 서술한다. 성경은 007 제임스 본드가 최첨단 소음 권총으로 끔찍한 살인을 자행하는 장면을 연출하면서 사람들로 하여금 "야, 멋진 액션이다!"라고 생각하게끔 유도하지 않는다. 성경은 "네가 흘린 피를 반드시 너에게서 찾으리라!"라고 제임스 본드에게 주저 없이 선언해 버리는 것이다.

아홀리바의 『**정부들**』은 그녀가 보기에 어찌나 성적 매력이 넘쳤던지 그들의 『**하체는 나귀의 하체**』 같이 여겨졌다고 이 구절은 적고 있다. 성경은 아홀리바의 성적 음란을 서술하면서, 그녀가 상대하는 『**정부들**』의 성적 매력을 동물적으로 표현함으로써 그 부도덕성을 부각시키는 것이다.

23:22 그러므로 오 아홀리바야, 주 하나님이 말하노라. 보라, 내가 네 마음이 멀어진 네 사랑하는 자들을 네게 대적하여 일으키리라. 내가 그들을 데려와서 사면에서 너를 대적케 하리니,
23 즉 바빌론인과 모든 칼데아인이요, 프곳과 소아와 코아인과 그들과 함께한 모든 앗시리아인이라. 그들 모두는 매력 있는 청년들이요, 군대 대장들과 치리자들이며 큰 군주들과 명사들로 모두가 말을 타는 자들이라.
24 그들이 전차들과 병거들과 수레들과 함께 작은 방패와 큰 방패를 갖추고 투구를 쓴 백성의 무리와 더불어 사면에서 너를 치러 오리라. 내가 그들 앞에 심판을 두리니 그들이 그들의 심판들을 따라 너를 심판하리라.
25 또 내가 네게 대하여 내 질투를 두리니 그들이 광포하게 너를 다룰 것이며 그들이 네 코와 네 귀를 잘라 갈 것이요, 네 남은 자들은 칼에 쓰러지리라. 그들은 네 아들들과 딸들을 데려갈 것이며 네 잔류물은 불에 삼켜지게 되리라.

자, 아홀리바가 젊은 시절 이집트인들과 자행했던 음란한 짓을 기억하고 현재의 음행 상대인 칼데아인들을 멀리한다. 이에 대해 하나님께서는 지금까지 그녀가 상대하여 음행하였다가 저버린, 그러니까, 그녀의 변덕으로 "퇴짜맞은" 모든 자들을 일으켜 그녀에게 대적해 오도록 하겠다고 경고하신다. 하나님께서 이스라엘 백성에게 가하시는 심판은 아이로니컬하게도 그녀가 과거에 상대했던 『**사랑하는 자들**』을 일으켜 대적케 하시는 것이다. 여기서 놀라운 사실은 유다에 대적해온 이들이 자신들이 하나님의 뜻에 따라 움직이고 있음을 알고 있었다는 사실이다. 예레미야 40장을 보라. 『**예루살렘과 유다로부터 바빌론으로 사로잡혀 가는 모든 사람 가운데 예레미야도 사슬에 묶여 끌려가다가, 경호대장 느부살아단이 라마에서 예레미야를 풀어 준 후, 말씀이 주로부터 예레미야에게 임하였더라. 그러므로 경호대장이 예레미야를 데려다가 그에게 말하기를 "주 너의** 하나님**께서 이 재앙을 이곳에 선포하셨느니라. 주께서는 그가 말씀하신 대로 실행하셨으니 이는 너희가 주를 거역하여 죄를 지었고, 그의 음성에 복종하지 아니하였음이라. 그러므로 이 일이 너희에게 임한 것이니라**』(렘 40:1-3). 이것은 대단한 치욕이 아닐 수 없다. 유다 왕국을 짓밟고 있는 이방 나라는 하나님을 섬기지도 않는 이교도들이다. 하나님을 섬기지도 않는 이교도의 나라 경호대장의 입에서 "하나님의 백성"이라는 이스라엘 백성에게 하나님의 심판 운운하는 소리가 나오고 있으니 말이다. 하나님의 심판은 이처럼 단순한 재앙만이 아니라 거기에 견디기 어려운 치욕이 곁들여진다. 그 치욕도 자신의 지난날 『**사랑하는 자들**』에게 당하는 치욕이니 더욱 견디기 힘들다. 하나님의 사람 예레미야는 죽고 싶은 심정이었으리라.

23절에서 칼데아인은 곧 바빌론인이고, 『**프곳과 소아와 코아인**』도 바빌론 변경에 살고 있던 바빌론 사람들로 보는 게 일반적이지만, 또 한편, 바빌론 군대를 이끌고 있던 각 부대장들 이름으로 보기도 한다. 『**바빌론인과 모든 칼데아인이요, 프곳과 소아와 코아인**』이라는 표현은 바빌론의 전면적이고도 대대적인 침공을 나타내기 위한 서술로 받아들여도 무리가 없다.

23:26 그들은 또한 네 옷을 벗기고 네 아름다운 보석들을 빼앗아 가리라.
27 내가 네 음란함과 이집트 땅에서 가져온 네 음행을 네게서 이처럼 그치게 하여 네가 그들에게 눈을 들지 못하고 다시는 이집트를 기억하지도 못하게 하리라.
28 주 **하나님이 이같이 말하노라. 보라, 내가 너를 네가 미워하는 자들의 손, 즉**

네 마음이 멀어진 자들의 손에 넘기리니
29 그들이 증오함으로 너를 다루고 네 모든 수고한 것을 빼앗아 가고 너를 벌거
벗겨 알몸으로 두리니 네 음행의 벗은 몸, 즉 네 음란과 음행이 드러나리라.
30 내가 이런 일들을 네게 행하리니 이는 네가 이방을 좇아 음행했고 네가 그들
의 우상들로 더럽혀졌기 때문이라.

여자에게서 옷을 벗긴다는 것만큼 수치스러운 형벌도 없다(26,29절). 그리고 여자에게서 아름다움을 깡그리 앗아간다는 것은 견디기 어려운 형벌이다. 그러나 음란한 여자가 음행 상대를 찾아 유혹하며 써먹는 수단이 이런 것이기 때문에 그녀에게서 이런 것들을 제거한다는 것은 응당한 형벌이다. 이러한 형벌은 16장에서도 아주 리얼하게 예고되었음을 우리는 이미 살펴보았다(겔 16:37-41). 이러한 일들 역시 바빌론 군대에 의하여 사실 그대로 어김없이 실현되었다(렘 5:17-23).

『**내가 네 음란함과 이집트 땅에서 가져온 네 음행을 네게서 이처럼 그치게 하여 네가 그들에게 눈을 들지 못하고 다시는 이집트를 기억하지도 못하게 하리라**』(27절). 하나님의 이러한 의도는 계획대로 실현되었음을 우리는 이스라엘의 역사에서 본다. 그들은 바빌론에 포로로 잡혀가 70년의 세월을 보내는 동안 우상 숭배의 가증함을 뉘우치게 되었고 거기서 페르시아 왕국의 치리 때까지 머물러 있다가 포로에서 귀환한 뒤 오늘에 이르기까지 지난 2,700년 동안 우상 신을 섬기는 일만은 그만두게 되었다. 『**이는 이스라엘 자손들이 많은 날들 동안 왕도 없고 통치자도 없고 희생제도 없고 형상도 없고 에봇도 없고 트라빔도 없이 거하다가 그후에 이스라엘 자손들이 돌아와서, 주 그들의** 하나님**과 그들의 왕 다윗을 찾아서, 훗날들에 주와 그의 선하심을 두려워할 것임이라**』(호 3:4,5). B.C. 539년 바빌론을 정복한 페르시아 왕 코레스의 포고령에 따라 B.C. 536년 유대인의 남은 자들 약 5만 명이 팔레스타인으로 귀환하였을 때, 그들이 맨 처음 착수한 일이 성전과 성곽의 재건이었고 복원된 제단에서 하나님께 제사를 드리는 일이었다. 유대인들이 팔레스타인으로 귀환한 뒤 이스라엘의 영적 회복을 위하여 활약하였던 중심 인물은 제사장이며 서기관이었던 에스라였는데, 그는 위대한 성경 연구가였고 서기관이었으며, 율법의 회복을 위하여 헌신의 노력을 기울였던 인물로 성경은 소개하고 있다(스 7:6,10, 느 8:1-8).

페르시아 왕 코레스의 포고령으로 1차 귀환한 뒤, B.C. 519년 다리오왕의 칙령으로

2차 귀환이 이루어지고 다시 아탁세르세스왕의 두 차례에 걸친 칙령으로 유대인의 남은 자들의 팔레스타인 귀환이 이루어졌지만, 정치적으로는 페르시아의 식민 통치를 받고 있는 터였으므로 왕조가 재건된 것은 아니었지만, 다윗 가문의 왕족이었던 스룹바벨(세스바살)이 "틸사다"("총독"이라는 뜻)의 직분으로 유대인의 지도자 역할을 담당했는데, 그는 느부캇넷살이 바빌론으로 탈취해 갔던 예루살렘 성전의 금과 은 기명들을 코레스왕으로부터 넘겨받아 예루살렘으로 가져왔고(스 5:14,15), 예루살렘의 성전 건축은 페르시아의 다리오왕 때 드디어 완공되었다(스 6:14-18).

이렇게 해서 하나님께 드리는 예배가 복원되고 유대인들의 우상 숭배는 일소되었다. 하나님의 신정 통치는 아직 회복되지 않았고, 유대인들은 팔레스타인 땅에서 이방 민족들에게 계속 시달림을 당하면서 살아야 했으며, 메시아를 거부한 이후에도 로마에 의해 다시 한번 큰 파괴를 당해야 했고, 그 후로도 이방 민족들 가운데서 지속적으로 고난을 겪어야 했지만, 바빌론 포로에서 귀환한 유대인들은 그 뒤 오늘에 이르기까지 긴 세월 동안 수많은 곡절을 겪으면서도 유일신 하나님을 섬기는 민족으로 정착함으로써 더 이상의 우상 숭배 행위는 자행하지 않게 되었다. 이로써 『**내가 네 음란함과 이집트 땅에서 가져온 네 음행을 네게서 이처럼 그치게 하여 네가 그들에게 눈을 들지 못하고 다시는 이집트를 기억하지도 못하게 하리라.**』라는 27절의 예언은 성취되었던 것이다.

23:31 네가 네 언니의 길로 행하였으므로 내가 그녀의 잔을 네 손에 주리라.
32 주 하나님이 이같이 말하노라. 너는 깊고 큰 네 언니의 잔을 마시리라. 너는 비웃음을 받고 조롱을 당하리니 그 잔에는 많이 담겼도다.
33 너는 술 취함과 슬픔으로 놀람과 황폐의 잔, 네 언니 사마리아의 잔으로 채워지리라.
34 너는 그것을 마시고 다 빨아 마시고 그 깨어진 조각들을 부수며 네 자신의 가슴을 잡아 뜯으리니 이는 내가 그것을 말하였음이라. 주 하나님이 말하노라.
35 그러므로 주 하나님이 이같이 말하노라. 이는 네가 나를 잊었고 나를 네 등 뒤로 버렸기 때문이니 그러므로 너는 또한 네 음란과 음행을 담당할지니라.

『**네 언니의 잔**』(32절), 그것은 그녀 자신을 파멸시키는 엄청난 위력을 가진 『**깊고**

큰』 멸망의 잔이었다. 그 잔에는 이방 민족들의 온갖 『**비웃음과 조롱**』이 가득 담긴 치욕의 잔이었다. 그 잔이 이번에는 동생 아홀리바에게 건네지는 것이다. 하나님께서 내리시는 이 『**잔**』은 실제적인 몸의 죽음을 가져오는 독약이 담긴 잔이 아니라 하나님의 "심판"을 의미한다. 『**이스라엘의 주** 하나님**이 내게 이같이 말씀하시니라. 너는 내 손에 있는 진노의 포도주 잔을 받아서 내가 너를 보내는 모든 민족들로 마시게 하라. 그러면 그들이 마시고 비틀거리며 미치리니 내가 그들 가운데 보낼 칼을 인함이라. 내가 주의 손에 있는 잔을 가져다가 주께서 나를 보낸 모든 민족들로 마시게 하였으니 즉 예루살렘과 유다의 성읍들과 그 왕들과 그 고관들로 파멸과 경악과 경멸과 저주가 되게 함이 오늘과 같으며 이집트의 파라오왕과 그의 신하들과 그의 고관들과 그의 모든 백성들과... 지상에 있는 세상의 모든 왕국들로... 마시리라... 너희가 반드시 마시리라**』(렘 25:15-28). 이렇게 계속해서 『**마시리라.**』, 『**마시리라.**』, "심판," "심판," "심판"이 이어지고 있다. 이처럼 『**잔**』은 실제적인 몸의 "죽음"을 의미하는 것이 아니라 죄에 대한 "심판"을 의미한다. 또 다른 예를 보자. 『**주의 손에 있는 그의 진노의 잔을 마신, 오 예루살렘아, 깨어라, 깨어라, 일어서라, 네가 비틀거리게 하는 잔의 찌끼에 취했으며 그것을 완전히 짜 내 마셨도다**』(사 51:17). 『**주의 손에 한 잔이 있으니 그 포도주는 붉고 완전히 혼합되어 있도다. 그가 그것을 쏟으시니 지상의 모든 악인들이 그것의 찌끼를 짜 마시리로다**』(시 75:8). 이처럼 성경에서 『**잔**』은 죄에 대한 심판과 관계가 있다. 예수 그리스도께서는 이 『**잔**』을 놓고 이렇게 기도하셨다. 『**오 나의** 아버지**시여, 가능하시거든 이 잔을 내게서 지나가게 하옵소서. 그러나 내가 원하는 대로 하지 마옵시고** 아버지**께서 원하시는 대로 하옵소서**』(마 26:39). 마가복음 14:36에서도, 누가복음 22:42에서도 마찬가지로 기도하셨다. 주님께서 이런 기도를 드리셨던 것은 죽음을 두려워하셨던 게 절대로 아니었다. 그리스도께서는 십자가에 달려 죽으시는 것이 문제가 아니었다. 그분께서는 자신이 죄가 되셔서, 인류의 모든 죄를 짊어지셔서, 죄에 대한 하나님의 심판이 자기 안에서 이루어지도록 하는 그 일에 대해 생각하셨던 것이다. 그분께는 죽음이 문제가 아니라 이 심판이 문제였던 것이다. 이 점에 대해서 존 R. 라이스는 예수 그리스도께서 "죽음"을 두려워하셨던 것으로 설명함으로써 자신의 사사로운 해석을 해놓는 과오를 범했다. (저자의 히브리서 5:7 주석 참조)

『**그러므로 주 하나님이 이같이 말하노라. 이는 네가 나를 잊었고 나를 네 등 뒤로**

버렸기 때문이니 그러므로 너는 또한 네 음란과 음행을 담당할지니라』(35절). 우리는 앞에서 하나님의 심판이 일방적인 것이 아니라 죄인이 행한 대로 갚으시는 보응의 결과임을 성경이 누누이 말씀하고 있는 것을 살펴보았거니와, 여기서 다시 한번 더 그것이 『**네 음란과 음행을 담당**』하는 것임을 재확인한다. 『**그러므로 그들은 자기들의 행위의 열매를 먹고 자신들의 계략들로 배부르리라**』(잠 1:31).

하나님의 "심판"은 "시험"과는 그 의미가 다르다. 하나님께서는 의인을 "시험"하시기는 하지만, "심판"하지는 않으신다. 하나님께서는 악인을 "심판"하시지만, "시험"하지는 않으신다. 『**주께서 의인은 시험하시나 악인과 폭력을 사랑하는 자는 그의 혼이 미워하시는도다. 그가 악인 위에 덫과 불과 유황과 무시무시한 폭풍우를 내리시리니 이것이 그들 잔의 몫이 되리라**』(시 11:5,6). 그러므로 하나님의 심판의 『**잔**』을 마시지 않으려면 당신도 "의인"이 되어야 한다. 어떻게 "의인"이 되는가? 주 예수 그리스도를 믿고 그분을 구세주로 영접하라. 그리고 그리스도인으로 거듭나라. 단지 그것뿐이다. 그러면 당신은 "의인"이 된다. 당신이 아무리 "선행"을 행한다 한들, 당신은 "의인"이 될 수가 없다. 오직 당신의 "믿음"만이 필요하다(롬 3:22-26).

이 시대의 구원받지 못한 모든 현대인의 가장 큰 우상은 "자아"이다. "자아"를 사랑하는 사람이라면 그렇기 때문에 누구라도 『**음란과 음행**』을 저지르는 사람이다. 그러므로 구원받지 못한 사람은 그 누구라도 "나는 음란과 음행을 담당하지 않아도 된다."고 자부할 수 있는 사람은 없다.

23:36 주께서 또 내게 말씀하시더라. 인자야, 네가 아홀라와 아홀리바를 심판하려느냐? 그렇다면 그들의 가증함을 그들에게 선포하라.

37 이는 그들이 간음하였으며 그들의 손에는 피가 있고 그들은 그들의 우상들과 더불어 간음하였으며 그들이 내게 낳아 준 아들들로 그것들을 위하여 불을 지나가게 하여 그들을 삼키게 하였음이니라.

38 더욱이 그들이 이것을 내게 행하였으니 즉 그들이 같은 날 나의 성소를 더럽히고 나의 안식일들을 모독한 것이라.

39 이는 그들이 그들의 우상을 위하여 그들의 자녀를 죽였던 당일에 내 성소에 들어와 그것을 더럽혔음이라. 보라, 그들이 내 집 한가운데서 그같이 행하였도다.

하나님께서 끝끝내 문제 삼으시는 죄는 역시 우상들과 놀아난 "영적 간음"이다(37절). "간음," "음란," "음행," "행음," "창녀짓," "더럽힘," 이런 것들이 하나님께서 가증하다고 여기시는 죄들이다. 여하한 유형의 우상이라도 우상과 놀아난 행위란 모두 이렇게 더러운 것들이다. 이것이 2,700년 전의 일이니까 오늘의 당신과는 무관한 일이라고 생각할 텐가? 그렇지 않다. 인간은 2,700년 전보다 더하면 더 했지 조금도 나아진 게 없다.

여기에 더해 이들은 성소를 더럽히고 안식일들까지 모독했다(38절). 38,39절에서 『**성소**』(sanctuary)는 하나님의 『**내 집**』(mine house)과 같은 것이므로, 그것은 곧 "성전"(temple)이다. 성경은 때때로 성소와 성전을 같이 취급하고 있다. 마태복음 23:35에서 예수님께서는 구약 시대에 흘린 피에 대해 언급하시면서, 『**의인 아벨의 피로부터 너희들이 성전과 제단 사이에서 죽인 바라키아의 아들 사카랴의 피까지니라.**』라고 말씀하셨다. 여기서 밥 존스 대학의 스튜어트 커스터 박사는 <킹제임스성경>을 비평하면서, 『**성전과 제단 사이**』(between the temple and the altar)가 아니라 "성소와 제단 사이"라고 해야 한다고 주장한다. 그러나 사무엘상 1장을 보라. 『**그리하여 그들이 실로에서 먹고, 마신 후에 한나가 일어나더라. 그때 제사장 엘리가 주의 성전 기둥 옆 자리에 앉아 있는데**』(삼상 1:9). 자, 여기 사무엘상 1:9에 『**성전**』(temple)이란 단어가 나오고 있다. 그러나 그때는 아직 『**성전**』이 없던 시절었다. 『**성전**』은 열왕기상 1,2,3장에서 건축되었다. 사무엘상 1장의 『**성전**』은 실은 "성소," 즉 "성막"이었다. 그러나 성경은 이것도 『**성전**』이라는 단어로 표현하고 있다. 결국, "성소," "성전," "나의 집"은 동일한 것이고, 심지어 "성막"도 "성전"이나 같은 것으로 불리고 있는 것이다.

23:40 또 너희는 사자를 보내어 먼 곳으로부터 사람들을 오게 하였으며 보라, 그들이 오니 너는 그들을 위하여 몸을 씻고 눈을 그렸으며 장식품으로 몸을 단장하고

41 품위 있는 침상에 앉아 그 앞에 상을 마련하고 그 위에 내 향과 내 기름을 놓았도다.

42 편히 지내는 무리의 음성이 그녀와 함께 있었으며 또 광야로부터 어중이떠중이들과 사베인들을 데려오니 그들이 저들의 손에 팔찌를 끼워 주고 저들의 머리 위에 아름다운 왕관을 씌웠도다.

43 내가 간음으로 쇠약해진 그 여인에게 말하노라. 이제 그들이 그녀와 더불어 음행하며 그녀가 그들과 더불어 음행하겠느냐?
44 그런데 그들은 그녀에게 들어가기를 창녀짓한 여인에게 들어가는 것같이 음란한 여인들 아홀라와 아홀리바에게 들어갔도다.

음란한 아홀리바의 모습을 보라. 그녀는 눈에 "마스카라"를 하고 "아이 라인"을 그리는 등 온통 눈 화장을 하고, 귀고리에, 목걸이에, 온갖 몸단장을 하고 그들을 침상으로 맞아들인다(40절). 거기에다 상을 마련하고 향과 기름을 놓는다(41절). 이것이 바로 음란한 여인의 특징이다. 직업적인 창녀라면 돈을 받고 음행하지만, 영적 간음을 하는 여자들은 하나님께서 주신 것들을 간음 상대에게 갖다 주고 음행을 자행한다. 그러나 예루살렘은 그렇게 얼굴을 가꾸고 몸단장을 한 채 그녀의 침상으로 칼데아인들을 불러들였지만, 결국 그 음행 상대에 의해 멸시당하고 그들의 손에 멸망당하고 만다. 이에 대해 예레미야도 이렇게 말했다. 『**네가 패망하면 너는 어찌하려느냐? 네가 붉은 옷으로 옷입고 금장식으로 단장하고 화장으로 네 얼굴을 다듬는다 해도 너를 아름답게 만드는 것이 헛되리라. 네 애인들이 너를 멸시하고 네 생명을 찾을 것이라**』(렘 4:30).

42절에서 『**사베인들**』은 광야를 휩쓸고 다니던 도적떼였다. 욥의 소들이 밭을 갈고 나귀들이 풀을 뜯고 있을 때 그것을 덮쳐 강탈해 갔던 자들이 바로 이 『**사베인들**』이었다(욥 1:15). 음란한 여자들과 놀아나는 사내들이란 대개가 『**편히 지내는 무리**』(42절)들인데, 이들은 일도 하지 않고 빈둥대면서 돈 많고 음란한 여자들 주변에 얼씬거리는 그야말로 어중이떠중이들이다. 영적으로는 오늘날 가짜 교회들의 모습과 똑같다. 이러한 자들이 달콤한 말로 사람들, 특히 여자들을 꾀고 교회놀이 하는 데에 없어서는 안 될 사람들인 양 치켜세우면서, 그녀들의 『**손에 팔찌를 끼워 주고... 머리 위에 아름다운 왕관을**』 씌워주는 것이다. 아득히 먼 2,700여 년 전에 이 시대의 가짜 교회들을 어쩌면 이렇게도 정확하게 내다보았단 말인가!

43절에서는 이들이 얼마나 빈번하게 간음을 자행하는지, 그것으로 인해 "쇠약해졌다"고 말한다. 영적 간음이란 결코 한 번으로 끝나는 게 아니다. 간음이 간음을 낳고, 음행이 음행으로 꼬리를 문다. 우리는 앞에서 사마리아의 아홀라나 예루살렘의 아홀리바가 계속해서 음행 상대를 바꾸어가며 음란한 짓을 자행하고 있었던 것을 살펴보았다.

23:45 의로운 사람들이 간음하는 여인들의 행실에 따라서, 피를 흘린 여인들의 행실
에 따라서 그들을 심판하리니 이는 그들이 간음한 여인들이며 그들의 손에는
피가 있기 때문이라.
46 주 하나님이 이같이 말하노라. 내가 그들에게 군대를 데려와서 그들로 옮겨지
게 하고 약탈을 당하게 하리라.
47 그 군대가 그들을 돌로 치며, 칼로 죽일 것이요, 또 그 군대가 그들의 아들들
과 딸들을 죽이며 그들의 집들을 불로 사르리라.
48 내가 그와 같이 그 땅에서 음란을 그치게 하여 모든 여인들로 너희의 음란을
좇아 행하는 것을 배우지 못하게 하리라.
49 그들이 너희에게 너희의 음란을 보응하리니, 너희는 너희 우상의 죄들을 담당
할 것이라. 그리하면 너희는 내가 주 하나님인 줄을 알리라.

여기서 『**의로운 사람들**』(45절)이라고 해서 그들 자신이 의롭다는 것이 아니다. 단지 하나님의 의를 집행하는 데 사용되기 때문에 의로운 사람들이라고 표현될 뿐이다. 심판하시는 분은 하나님이시며, 하나님께서 악한 자를 심판하실 때 악한 자를 동원하셔서 악한 자들끼리 치고 받게 하시는 것에 주목하라. 앗시리아의 산헤립왕이 정말로 "의로운 자"여서 사마리아의 이스라엘 "아홀라"를 치게 하신 것이 아니요, 바빌론의 느부캇넷살이 정말로 "의로운 자"여서 예루살렘의 유다 "아홀리바"를 짓밟게 하신 게 아니었다. 산헤립이나 느부캇넷살이나 모두 성경에서 적그리스도의 예표가 되는 인물들이다. 그러나 하나님께서는 이런 자들을 이용하셔서 음행한 이스라엘과 유다에게 심판을 내리셨고, 장차 대환란 시대에도 적그리스도를 이용하셔서 이스라엘 민족에 대한 심판을 마무리하실 것이다. 산헤립이나 느부캇넷살이 악한 자들이었기에 의로우신 하나님의 심판에 따라 또 멸망하였듯이 적그리스도 역시 이스라엘에 대한 하나님의 심판을 집행하는 데 이용된 다음에는 유황이 타는 불못에 던져지게 될 것이다.

결국 이 말씀에 따라서 이스라엘과 유다 왕국은 앗시리아와 바빌론 군대에 의해서 멸망하고 만다. 47절에서 『**그 군대가 그들을 돌로 치며, 칼로 죽일 것이요**』라고 말할 때, 돌로 쳐 죽이는 것은 음행에 대한 징벌이요, 칼로 죽임을 당하는 것은 흘린 피에 대한 보응이다.

하나님께서는 그들에게 『**그들이 너희에게 너희의 음란을 보응하리니, 너희는 너희 우상의 죄들을 담당할 것이라.**』(49절)라고 말씀하신다. 하나님께서는 이스라엘 민족의 음란한 행위에 대해서 내리실 심판에 대해 얼마나 결연한 의지를 세우고 계신지 모른다. 그 의지가 얼마나 강렬하고 확고했던지 이와 관련하여 성경에서 사용하고 계신 어휘들이 실로 무시무시할 정도다. 가령 24장을 보라. 『**피흘린 성읍, 즉 그 안에 녹슨 솥과 거기에서 녹이 없어지지 아니한 솥은 화가 있도다! 제비를 뽑지도 말고 한 조각씩 들어낼지니라**』(24:6). 한마디로 예루살렘을 가루로 만들어 놓으시겠다는 것이다. 『**나무를 쌓아 올려 불을 붙이고 고기를 삶아 양념을 잘하여 뼈들을 사를지니라**』(24:10). 얼마나 뜨겁게 고았던지 뼈도 추리지 못할 정도로 해 놓으시겠다는 것이다. 이 얼마나 강렬한 용어들인가! 마크트웨인과 사무엘 클레멘트는 이런 말을 했다. "성경을 이해하지 못하면 괴로울 게 하나도 없다. 괴로운 것은 성경을 이해할 때이다." 성경은 죄악에 대하여 어찌나 신랄하고 그에 대한 증오가 어찌나 처절한지, 공포로 부들부들 떨지 않을 수가 없는 책이다. 깨끗한 양심을 가진 사람이라면, 성경을 읽기가 겁이 나는 게 사실이다. 사실 성경에 문제가 있다면, 바로 이게 문제다. 올바른 양심을 갖고는 도저히 아무렇지 않다는 듯이 읽기가 불가능하다는 사실 말이다. 하나님께서는 심판의 결연함을 나타내시면서 심지어 『**내 성소를 내가 더럽힐 것**』(겔 24:21)이라고까지 극언을 서슴지 않으실 정도다. 하나님께서 이렇게 말씀하시는 것은 말씀으로만 끝나는 게 결코 아니라는 것은 역사적인 사실들이 그것을 입증한다. 하다못해 상황을 설명하는 어휘들마저도 어떤 "문학적 서술들"이냐 하면, 절대로 그게 아니다. 성경에서 사용되는 모든 어휘들은 지극히 사실적이고도 직설적인 것이다.

에스겔 24장

24:1 아홉째 해 열째 달, 그 달 십일에 주의 말씀이 다시 내게 임하여 말씀하시니라.
2 인자야, 너는 그 날의 이름, 즉 오늘을 기록하라. 바빌론 왕이 오늘 예루살렘을
치려고 작정하였느니라.
3 너는 반역하는 집에 한 비유를 들어 그들에게 말하라. 주 하나님이 이같이 말
하노라. 솥 한 개를 걸라. 걸고 나서 거기에다 물을 붓고
4 그 안에다 조각들을 모아 넣으라. 곧 모든 좋은 조각과 넓적다리와 어깨 고기
를 좋은 뼈와 함께 솥에 가득 채우라.
5 양떼에서 좋은 것을 취하고 또한 솥 밑에 뼈들을 살라 그것을 잘 끓여서 그
안에 있는 뼈들을 삶을지니라.

『**아홉째 해 열째 달, 그 달 십일**』(1절). 10월 10일, 이방인의 숫자 "10"이 두 번 나오고 있다. 이것은 시드키야왕이 유다 왕국을 치리하기 시작한 날로부터 계산해서 아홉째 해 10월 10일이라는 말인데, 이 날은 바빌론의 느부캇넷살왕이 군대를 이끌고 와서 예루살렘을 향하여 진을 친 날이다. 바빌론의 느부캇넷살왕은 시드키야왕 치리 제구년에 예루살렘에 대하여 최후 공격을 가해 왔다(왕하 25:1). 이 사실은 예레미야 39:1,2에 의해서도 분명하게 뒷받침된다. 이때 공격해 온 바빌론 군대는 예루살렘 성읍을 그렇게 1년 반 동안이나 포위하고 있는 바람에 예루살렘 성내에는 마침내 식량이 고갈되고 만다(왕하 25:2,3).

"기근"은 하나님께서 사용하시는 중요한 심판의 도구들 가운데 한 가지인데, 이번의 "기근"은 또 다른 심판의 도구인 "전쟁"과 함께 임한 것이다. 그런데 이 순간 에스겔은 예루살렘에 있는 게 아니라 이미 먼저 여호야긴왕이 사로잡혀 올 때 함께 포로가 되어, 바빌론의 크발 강가에 다른 이스라엘 포로들과 함께 있다. 그러니까 에스겔은 지금 예루살렘으로부터 천리 길 이상 떨어진 곳에 와 있는 것이다. 그렇게 멀리 떨어져 있는 에스겔이었지만, 바빌론의 느부갓넷살왕이 최후의 예루살렘 공격을 시작하는 바로 그 날 정확하게 그것을 이스라엘 포로들에게 예고하고 있는 것이다.

『**너는 반역하는 집에 한 비유를 들어 그들에게 말하라. 주 하나님이 이같이 말하노라. 솥 한 개를 걸라...**』(3절) 고기를 조각 내어 솥에 넣고 마치 "스튜"를 만들 듯이 끓인다. 바빌론 군대로부터 최후의 공격을 받게 된 예루살렘의 처참한 상황에 대하여 하나님께서는 에스겔더러 고기를 삶는 솥에 비유하여 하나님의 심판을 이스라엘 백성에게 고하도록 명령하신다. 이 솥에 넣어져 쩔쩔 끓여지고 있는 고기는 물론 예루살렘 거민들을 일컫는 말이겠지만, 『**좋은 조각과 넓적다리와 어깨 고기**』는 시드기야왕과 왕족 및 귀족들과 고관들 같은 이스라엘의 지배 계급을 일컫는 것이고, 『**뼈**』는 이스라엘 군대를 일컫는 것으로 설명되기도 한다.

바빌론 군대에 포위된 채 옴짝달싹도 할 수 없게 된 예루살렘은 11장에서도 『**가마솥**』(11:3)에 비유되었었고, 예레미야 1:13에서도 『**끓는 솥**』에 비유되었다. 예레미야나 에스겔 같은 선지자들을 통하여 하나님께서 예루살렘을 솥에 비유하여 그 처절한 상황을 비유로 말씀하시자, 예루살렘 내의 지도층은 이것을 거꾸로 왜곡하여 "아무렴, 솥이고 말고! 예루살렘은 가마솥처럼 견고하지. 그리고 우리들은 그 가마솥 안의 고기만큼이나 안전해."라고 말하면서 백성에게 "해로운 조언"을 해 주었었다(겔 11:2).

24:6 그러므로 주 하나님이 이같이 말하노라. 피흘린 성읍, 즉 그 안에 녹슨 솥과 거기에서 녹이 없어지지 아니한 솥은 화가 있도다! 제비를 뽑지도 말고 한 조각씩 들어낼지니라.

7 이는 그녀의 피가 그녀의 한가운데 있음이라. 그녀가 그 피를 땅에 쏟고 티끌로 덮지 아니하고 바위 꼭대기에 두었으니,

8 이는 분노를 일으켜 복수를 하게 함이요 내가 그녀의 피를 바위 꼭대기에 두고

덮지 못하게 하였음이라.

9 **그러므로 주 하나님이 이같이 말하노라. 피흘린 성읍에 화가 있도다! 내가 불 피울 장작더미를 크게 하리라.**

『**피흘린 성읍, 즉 그 안에 녹슨 솥과 거기에서 녹이 없어지지 아니한 솥은 화가 있도다!**』(6절). 앞에서도 설명하였듯이 하나님께서 위기에 처한 예루살렘을 "끓는 솥"에 비유하시자 예루살렘의 지도층 인사들은 예루살렘이 가마솥처럼 든든하다고 왜곡하여 백성들을 속였다. 그러나 이에 대해 하나님께서는, 그 솥은 속이 온통 녹슬어 버린 솥이라고 말씀하신다. 물론 이것은 더러운 죄악으로 오염된 예루살렘을 두고 하는 말씀이다. 솥이 온통 녹슬었으니 먼저 이 녹을 제거해야만 고기를 삶을 수 있는데, 11절에서는 『**그 솥을 빈 채로 숯불 위에 놓아 그 솥의 놋을 뜨겁게 하고 달궈서 그 더러운 것을 그 속에서 녹게 하며 그 녹이 소멸되게 하라.**』라고 말씀하신다. 빈 솥을 장작불에 뜨겁게 달구면 녹이 녹아 떨어져 나간다. 이렇게 한 다음 물을 붓고 고기를 넣어 삶는다. 이런 과정을 거치는 "솥"의 처지가 얼마나 고통스럽겠는가? 하지만 이것이 바빌론 군대에겐 신나는 고기 파티다. 자, 맛좋은 고기 스튜 요리가 다 되었으니 누가 어떤 것을 건져 먹을지 "제비 뽑아 골라낼 것도 없이" 닥치는 대로 건져 먹으라고 말씀하신다. 누가 꺼내 먹는가? 물론 바빌론 군대가 꺼내 먹는다. 바빌론 군대는 예루살렘의 솥뚜껑을 열고 왕이건, 왕족이건, 고관들이건, 일반 백성이건 이제는 그 고기 조각들을 닥치는 대로 건져먹듯 그렇게 닥치는 대로 잡아갈 판이다.

『**이는 그녀의 피가 그녀의 한가운데 있음이라. 그녀가 그 피를 땅에 쏟고 티끌로 덮지 아니하고 바위 꼭대기에 두었으니,**』(7절). 우상 숭배로 오염된 예루살렘의 이스라엘 백성은 이방 신들에게 자식들을 잡아 제물로 바치는 끔찍한 범죄 행위를 자행하고도 어찌나 뻔뻔스러웠던지 그 수치를 감추려고 하지도 않았다. 그리하여 예루살렘은 온통 그들이 흘린 피로 더럽혀져 있었다. 더구나 먹는 짐승의 피라도 땅에 쏟아 버리고 그것을 반드시 흙으로 덮도록 규례가 정해져 있었다(레 17:13). 이것은 피를 먹지 못하도록 금할 뿐만 아니라 모든 육체의 생명인 피에 대한 최소한의 경의를 갖도록 하기 위함이었다. 그러나 이스라엘 백성은 이 규례를 지키기는커녕 심지어 사람의 피를 흘리고도 내버려두었으며, 나중에는 그 피를 땅이 아니라 『**바위 꼭대기**』에도 흘려 전혀 흡수되지 못한 채 오래도록 그 흔적이 남아 있게 한 것이다. 이것은 하나님과 하나님의 법도에 대해 멸시하는 이스라엘 백성의 도덕적 타락이 극에 달해 있었음을 묘사하는 말이다.

『**내가 불 피울 장작더미를 크게 하리라**』(9절). 예루살렘이 고기를 삶는 "솥"에 비유되었으니 거기에 불을 땔 "장작더미"가 산더미처럼 쌓여야 하는 것은 당연하다. 이 장작더미는 예루살렘을 잔뜩 에워싼 바빌론 군대가 그 역할을 단단히 수행하게 될 것이다.

24:10 나무를 쌓아 올려 불을 붙이고 고기를 삶아 양념을 잘하여 뼈들을 사를지니라.
11 그 솥을 빈 채로 숯불 위에 놓아 그 솥의 놋을 뜨겁게 하고 달궈서 그 더러운 것을 그 속에서 녹게 하며 그 녹이 소멸되게 하라.
12 그녀가 수고로 지쳐 있고, 그녀의 큰 녹이 그녀에게서 벗겨지지 아니하였으니, 그 녹은 불 속에서도 있으리라.
13 너의 더러움 속에 음란함이 있도다. 내가 너를 깨끗게 하였으나 너는 깨끗게 되지 아니하였으니, 내가 나의 진노를 네 위에 놓기까지는 너는 너의 더러움으로부터 다시는 깨끗게 되지 못하리라.
14 나 주가 그것을 말하였으니 그 일이 이루어지리라. 내가 그 일을 이룰 것이라. 내가 돌이키지도 아니하고 남겨 두지도 아니하며 후회하지도 아니하리라. 네 행위와 네 행실대로 그들이 너를 심판하리라. 주 하나님이 말하노라.

고기를 삶되 기왕이면 『**양념을 잘하여**』(10절) 맛있게 삶아야 하고, "뼈들을 불에 사를 정도로"(10절) 강한 불로 뜨겁게, 그리고 오래도록 불을 때야 한다. 또한 녹이 시뻘겋게 녹슨 솥을 그냥 사용하면 음식이 온통 오염돼 버릴 테니 먼저 솥을 정화해야 한다. 그러자면 빈 솥에 불을 잔뜩 때서 녹이 녹아서 떨어져 나가게 해야 한다(11절). 그러나 빈 솥을 뜨거운 불에 달구어도 "예루살렘"이라는 이 여자는 어찌나 녹이 슬었던지, 그 큰 녹은 그녀에게서 벗겨지지 않는다(12절). 그녀에게서 모든 더러움을 다 제거해 낸다는 것은 가망이 없는 것이다.

『**내가 너를 깨끗게 하였으나 너는 깨끗게 되지 아니하였으니, 내가 나의 진노를 네 위에 놓기까지는 너는 너의 더러움으로부터 다시는 깨끗게 되지 못하리라**』(13절). 이스라엘 백성들이 대환란을 거쳐야 하는 까닭이 여기에 있다. 그들은 앗시리아의 산헤립에 의하여 심판을 받았고, 바빌론의 느부캇넷살에 의하여 하나님의 심판을 받았으며, 로마 제국의 티투스에 의하여 또 심판을 받았고, 그 뒤로도 긴 세월 동안 이방 민족들에 의하여 말할 수 없는 고통으로 심판을 받았지만, 『**너는 깨끗게 되지 아니하였으니,**』 자, 그럼, 어떻게 하시는가? 『**내가 나의 진노를 네 위에 놓기까지는... 깨끗게 되지 못하리라.**』라고 하나님께서는 진단하신다. 다시 말해서, 유대인들의 더러움을 깨끗게 할 수 있는 약은 하나님의 『**진노**』뿐인 것이다.

『**나 주가 그것을 말하였으니 그 일이 이루어지리라. 내가 그 일을 이룰 것이라. 내가 돌이키지도 아니하고 남겨 두지도 아니하며 후회하지도 아니하리라. 네 행위와 네 행실대로 그들이 너를 심판하리라. 주 하나님이 말하노라**』(14절). 얼마나 확고하신가! 하나님께서는 심판의 확고함을 일곱 번에 걸쳐 천명하신다. "『**나 주가**』 심판을 『**말하였으니**』," 한 번. "심판이 『**이루어지리라**』," 두 번. "『**내가**』 심판을 『**이룰 것이라**』," 세 번. "『**내가**』 심판을 『**돌이키지도 아니하고**』," 네 번. "심판을 『**남겨 두지도 아니하며**』," 다섯 번. "심판을 『**후회하지도 아니하리라**』," 여섯 번. 그리고 마지막 일곱 번째, 『**너를 심판하리라.**』 이렇게 일곱 번으로 꽉 채워서 다짐하시고 또 다짐하신다. 『**주 하나님이 말하노라.**』 그러니까 이것은 농담도 아니요, 변경이나 취소란 절대로 있을 수가 없다.

24:15 주의 말씀이 또 내게 임하여 말씀하시기를

16 "인자야, 보라, 내가 한 번 때림으로써 네게서 네 눈의 욕망을 제거하노니, 너는 슬퍼하거나 울지도 말고 눈물도 흘리지 말라.

17 울부짖는 것을 억제하고 죽은 자를 위하여 비탄하지 말고 네 머리에 수건을 두르고 발에 신을 신고 입술을 가리지 말고 사람들의 빵을 먹지 말라." 하시므로,

18 내가 아침에 백성에게 고하였더니 저녁에 내 아내가 죽었더라. 나는 내가 받은 명령대로 아침에 행하였더라.

예루살렘의 멸망에 관한 하나님의 확고한 심판 의지가 천명되는 가운데 에스겔 선지자의 아내의 죽음이라는 비극적인 사태에 대한 이야기가 쌍곡선을 이루고 있다. 하나님께서는 예루살렘을 한 번 쳐서 이스라엘의 『**눈의 원하는 바**』(21절)를 말끔히 일소해 버리듯이 에스겔 개인의 『**눈의 욕망**』이 되고 있는 그의 아내를 죽여 없애시겠다고 예고하신다. 21절에서는 예루살렘의 성소에 대해서 『**너희 눈의 원하는 바요, 너희 혼이 아끼는 내 성소**』라고 표현하고 있음을 본다. 이런 점에서 에스겔의 아내의 죽음은 예루살렘의 멸망과 복선을 이루고 있다. 그런데도 슬퍼하지도, 울지도 말고, 눈물 한 방울이라도 흘리지 못하게 하신다! 하나님께서는 하나님의 사람에 대해서도 이토록 가혹하시다. 이것은 하나님께로부터 부르심을 받은 사람에 대한 "연단"일 수는 있겠지만, 시험도 아니고 심판은 더더욱 아니다. 이것은 단지 하나님의 사람, 선지자에 대한 하나님의 매몰찬 다루심일 뿐이며, 하나님의 사람이 일반 사람들과 얼마나 구별되어 있어야 하는가를 보여 주는 한 단면이라고 할 수 있다.

『**울부짖는 것을 억제하고 죽은 자를 위하여 비탄하지 말고...**』(17절) 이 아내는 『**눈의 욕망**』이 될 만큼 사랑스러운 아내였다. 그런 아내가 어느 날 갑자기 세상을 떠났으니 그 슬픔을 억제할 수 없겠지만, 그러나 『**울부짖는 것**』은 금하신다. 그리고 조금도 『**비탄하지 말고**』 죽은 자를 위하여 조곡하지도 말며 애통해 하지도 말라고 명하신다. 하나님께서는 이런 분이시다! 이것은 에스겔 개인에 관계되는 사건이기도 했지만, 앞에서 언급한 것처럼 "예루살렘의 죽음"과 중복되어 그러한 사건이 묘사되는 것이다. 그래서 『**죽은 자**』는 개인적으로는 에스겔의 아내이기도 하지만, 또 한편으로는 예루살렘이기도 하다.

예레미야 16장에서는 "애곡하지 말라."는 말씀이 예루살렘의 멸망에만 관련되어 언급되고 있다. 『**주가 이같이 말하노라. 상가에 들어가지도 말고 가서 울거나 애곡하지도 말라. 이는 내가 이 백성에게서 나의 화평을 제해 버렸음이니, 즉 자애와 자비니라. 주가 말하노라. 큰 자와 작은 자 모두가 이 땅에서 죽으리라. 그들은 묻히지도 못할 것이며 사람들이 그들을 위하여 울지도 스스로를 베지도 그들을 위하여 머리를 밀지도 않으리라**』(렘 16:5,6). 하기야 예루살렘의 멸망을 몸소 목도하고 있는 예레미야의 심경은 아내를 잃은 사람의 그것과 하나도 다를 바가 없었으리라. 더구나 에스겔 24:21에서 언급되듯이 예루살렘의 성소는 어찌나 아름답고 화려했던지 모든 백성에게 『**눈의 원하는 바**』가 되었는지라, 이것은 『**눈의 욕망**』인 아름답고 사랑스러운 아내에 견주어 동일선상에 놓고 묘사하고 있는 것이다.

『머리에 수건을 두르고 발에 신을 신고 입술을 가리지 말고 사람들의 빵을 먹지 말라』(17절). 일반 백성의 경우에는 조문을 나타내거나 애곡의 표시로 머리에 수건을 둘렀지만, 제사장들의 경우에는 반대로 평소에 쓰고 있던 두건을 벗고 애곡을 나타냈다. 그래서 에스겔의 경우에는 제사장의 관례에 준하여 아내가 죽었는데도 평소와 다름없이 수건을 두르고 있도록 명하신다. 또 애곡을 나타낼 때 신발을 벗었는데, 역시 평소와 다름없이 신을 신고 있도록 명하신다. 입술을 가리는 것은 조문객이 얼굴 아래 부분을 수건으로 가리는 관습이 있었는데, 그것도 금하신다. **『사람들의 빵』**이란 가까운 이웃들이 초상집에 위로의 표시로 음식과 **『위로의 잔』**(렘 16:7)을 가져왔었던 관습과 관계가 있는데, 에스겔의 아내가 죽었으니 그에게도 사람들이 이런 것들을 가져왔겠지만, 그것을 먹지 않음으로써 평소와 다름없는 몸가짐을 갖도록 명하신 것이다. 하나님의 사람은 보통 사람들과는 확실히 구분되어야 하는 것이다. 하나님의 부르심을 받은 사람은 한 개인이기에 앞서 하나님의 사역을 감당하는 공인일 뿐만 아니라 무엇보다도 **『백성 가운데 지도자』**요, 『하나님**께 거룩하여야**』 하는 사람이다(레 21:4,6).

24:19 백성이 내게 말하기를 "네가 그렇게 행하는 이러한 일들이 우리에게 무슨 상관이 있는지 우리에게 말해 주지 않겠느냐?" 하기에,

20 내가 그들에게 대답하기를 "주의 말씀이 내게 임하여 말씀하시느니라.

21 이스라엘 집에 고하라. 주 하나님이 이같이 말하노라. 보라, 내가 너희 힘의 뛰어남이요 너희 눈의 원하는 바요 너희 혼이 아끼는 내 성소를 더럽힐 것이며 너희가 남겨놓은 너희 아들들과 딸들이 칼에 쓰러지리라.

22 너희는 내가 행한 대로 행하라. 너희는 너희 입술을 가리지 말고 사람들의 빵도 먹지 말지니라.

23 너희 수건들을 너희 머리 위에 두르고 너희 발에 신을 신으라. 너희는 슬퍼하지도 말고 울지도 말며 다만 죄악으로 인하여 수척한 가운데 서로 바라보고 탄식하라.

전날 밤 아내가 죽은 에스겔이 아침에 행하는 일을 보니 보통 사람의 생각으로는 도저히 이해가 가지 않았을 것이다. 방안에 아내의 시체가 누워 있는 판인데, 그는 날이 밝기가 무섭게 밖으로 나와 사람들에게 이렇게 외친다.

『**너희의 더러움 속에 음란함이 있도다**』(24:13)!

“.....?”

『**내가 너를 깨끗게 하였으나 너는 깨끗게 되지 아니하였으니 내가 나의 진노를 네 위에 놓기 까지는 너는 너의 더러움으로부터 다시는 깨끗게 되지 못하리라**』(24:13)!

“이봐요, 에스겔, 지금 뭐하고 있는 거요? 당신, 머리가 어떻게 된 거 아니오?”

『**나 주가 그것을 말하였으니 그 일이 이루어지리라**』(24:14)!

“허어, 에스겔 선생! 그러지 말고 어서 안으로 들어가요! 부인의 주검 앞에서 애곡도 하지 않을 참이오?”

『**내가 그 일을 이룰 것이라. 내가 돌이키지도 아니하고 남겨 두지도 아니하며 후회하지도 아니하리라. 네 행위와 네 행실대로 그들이 너를 심판하리라. 주 하나님이 말하노라**』(24:14)!

“허, 참! 당신이 이런 짓을 하는 까닭이 도대체 뭐란 말이오? 당신의 아내가 죽었는데도 아랑곳하지도 않은 채 당신이 우리에게 이렇게 외쳐대는 게 무슨 까닭이란 말이오? 『**네가 그렇게 행하는 이러한 일들이 우리에게 무슨 상관이 있는지 우리에게 말해 주지 않겠느냐?**』”

『**주의 말씀이 내게 임하여 말씀하시느니라.**』

“아니, 지금 이 순간에도 말이오? 당신 아내가 죽었는데도 말이오?”

『**이스라엘 집에 고하라. 주 하나님이 이같이 말하노라.**』

“......?”

『**보라, 내가 너희 힘의 뛰어남이요 너희 눈의 원하는 바요 너희 혼이 아끼는 내 성소를 더럽힐 것이며...**』

“쯧쯧쯧!”

『**너희가 남겨놓은 너희 아들들과 딸들이 칼에 쓰러지리라**』(21절).

에스겔은 막무가내로 하나님의 말씀만을 백성에게 고하고 있다.

『**너희 힘의 뛰어남**』(21절). 하나님의 선택된 백성인 이스라엘은 하나님의 능력이 함께 하실 때 그 『**힘의 뛰어남**』이 발휘되며, 하나님의 성소가 그들 가운데 있다는 사실로써 그 『**힘의 뛰어남**』이 상징된다. 그러나 이제 하나님께서는 『**내 성소를 더럽힐 것**』이라고 말씀하심으로써 이스라엘 백성의 『**힘의 뛰어남**』을 말살해 버리실 것을 선언하신다. 하나님께서는 그들의 『**힘의 뛰어남**』을 증오하시게 된 것이다. 『**주 만군의**

하나님**이 말하노라. 주 하나님이 스스로 맹세하기를 '나는 야곱의 탁월함을 증오하며 그의 궁전들을 미워하느니라. 그러므로 내가 그 성읍을 그 안에 있는 모든 것과 함께 넘겨주리라.' 하였노라**』(암 6:8). 이스라엘 백성은 하나님의 성전이 그들에게 있음으로 해서 그것을 가리키며 자신들의 긍지를 나타냈고, 자신들의 『**탁월함**』이 그 성전으로부터 나온다고 생각하고 그것을 신뢰했다. 그러나 그들은 그러면서도 그 성전을 더럽혔고, 그 성전에서 하나님께 반역했다. 그러므로 그 성전은 이미 하나님의 성전이 아니었고, 그것을 가리키며 자신들의 긍지를 드러내고 그 성전을 여전히 신뢰한다는 말은 거짓말이었다. 『**너희는 거짓말을 신뢰하지 말라. 말하기를 "이것이 주의 성전이라. 주의 성전이라. 주의 성전이라." 하는도다**』(렘 7:4).

이스라엘 백성이 뽐내면서 "하나님의 성전"이라고 가리키는 그 성전은 이미 하나님의 성전이 아니요, 그들이 그 성전을 하나님의 이름으로 일컫는 것은 이미 거짓말이 되었다. 따라서 하나님께서 『**내 성소를 더럽힐 것**』이라고 선언하신 것은 마땅한 결정이었고, 이렇게 함으로써 이스라엘 백성의 거짓된 자긍심을 무참하게 짓밟아 버리셔야만 했던 것이다.

『**너희 눈의 원하는 바요 너희 혼이 아끼는 내 성소**』(21절). 앞에서도 언급하였듯이 『**너희 눈의 원하는 바**』는 『**네 눈의 욕망**』(16절)과 같은 말이다. 지붕이 황금으로 덮인 예루살렘 성전은 지극히 아름다웠는지라 이스라엘 백성의 눈을 즐겁게 했고, 그런 아름다운 성전을 가진 자신들을 자랑스럽게 여기도록 하기에 충분했다. 그러나 타락한 백성에 의하여 더럽혀진 하나님 성전은 그것이 아무리 아름다워도 이미 하나님의 성전이 아니다. 그것은 다만 그들의 교만과 육신적 신뢰와 육신적 욕망을 충족시키는 건물에 지나지 않을 뿐, 그들의 영적 신뢰와 영적 존경의 실체가 될 수 없게 되었는지라, 이제는 그것이 더 이상 이스라엘의 영적 건강을 대변하는 건물이 될 수가 없게 되었다. 하나님의 성전은 하나님 앞에서 그것이 거룩하게 섬겨지고 유지될 때에나 거룩한 하나님의 집이 될 수 있었고, 유대인들이 하나님의 백성답게 거룩할 때에나 그들 가운데서 참된 하나님의 성소로 유지될 수 있었다. 백성이 하나님을 거역하고 타락하였다면, 그들에게는 하나님의 거룩한 집이 있을 수 없다. 하나님의 거룩한 집이 우상 숭배로 더럽혀졌다면, 그 성전은 이미 성전이 아닌지라 존재할 가치가 없다. 그래서 하나님께서는 이스라엘 백성의 타락과 함께 『**내 성소**』를 없애버리기로 결정하셨고, 없애 버리셨으며, 이스라엘은 그런 상태로 오늘에 이른 것이다. 그들의 죄가 용서되고 제거된 후 그들이 다시 하나님의 백성으로서의 지위를 회복하게 되는 천년왕국 시대에 그들에게는 새로운 하나님의 성전이 재건될 것이다. 에스겔 40장부터 48장까지 언급되고 있는 새로운 성전이 바로 그 성전이다.

『**너희 수건들을 너희 머리 위에 두르고 너희 발에 신을 신으라. 너희는 슬퍼하지도 말고 울지도 말며 다만 죄악으로 인하여 수척한 가운데 서로 바라보고 탄식하라**』(23절). 에스겔이 말하는 것은, 하나님의 심판을 슬퍼할 게 아니라 그러한 심판이 내려질 수밖에 없게 된 그들의 죄악에 대해 가슴을 치며 탄식하라는 것이다. 이것은 당신의 경우에도 똑같이 적용되는 말씀이다. 당신이 죄를 짓고도 그것을 자백하지 않음으로써 하나님과의 교제가 단절되었고 그 결과 마귀에게 내던져졌다. 그리하여 당신의 개인 신상에 말할 수 없는 재난이 닥쳐왔다. 이러할 때 당신은 어떻게 하는가? 당신이 만약 오순절파 은사주의자들과 놀아난 사람이라면 불행한 일을 당한 것만 놓고 울고불고 하다가 "목사"라는 사람을 찾아가 "예수 이름으로" 마귀를 쫓는 무당놀이를 할 테지만, 성경은 『**다만 죄악으로 인하여 수척한 가운데... 탄식하라.**』고 충고한다. 이게 무슨 말인가? 당신이 지은 죄를 생각하고 그것을 하나님께 고하며 예수 그리스도의 보혈에 의지하여 그 죄를 씻으라는 말씀이다. 그러면 당신은 하나님과의 교제를 회복할 수가 있고, 당신을 괴롭히던 마귀도 하나님께서 적절하게 처리해 주실 것이다. 당신이 진짜 거듭난 성도라면, 당신이 짓는 죄들에 대해서 하나님 앞에 솔직해야 한다. 그렇지 않으면 당신은 자신을 속이는 것이요, 하나님을 거짓말쟁이로 만드는 것이며, 하나님의 말씀이 당신 안에 없다는 증거다(요일 1:8-2:2).

24:24 에스겔이 그처럼 너희에게 표적이 되니, 그가 행한 모든 것대로 너희도 행할지니라. 이 일이 이루어지면 너희는 내가 주 하나님인 것을 알리라." 하였더라.
25 또한 너 인자야, 또 내가 그들로부터 그들의 힘과 그들의 영광의 기쁨과 그들의 눈의 기쁨과 그들의 마음을 둔 그들의 아들들과 딸들을 제거하는 날,
26 바로 그 날에 도피하는 자가 네게 와서 네 귀에 그 일을 들려 주지 아니하겠느냐?
27 그 날에 네 입이 도피하는 자에게 열려서 네가 말하고 다시는 벙어리가 되지 아니하리라. 네가 그들에게 표적이 되리니 그들이 내가 주인 줄을 알게 되리라.

자, 지금 에스겔은 이미 바빌론에 포로로 사로잡혀와 있는 중이다. 그는 거기서 동료 백성에게 하나님의 말씀을 고하며 예루살렘의 멸망을 예고하고 있는 중이다. 바빌론에 사로잡혀와 있는 유대인들은 아직도 예루살렘에 희망을 걸고 있고, 예루살렘의 영광을 생각하며 거기 남아 있는 동포들이 끝까지 버텨서 빠른 시일 내에 자신들을 구해내 주기를 바라고 있다. 그런 그들에게 하나님께서는 에스겔을 통하여 예루살렘이 끝장나리라는 절망적인 사태를 예고해 주신다.

그러한 절망적인 상태는 예루살렘에서 도피한 자의 증언으로 확실해진다. 『**바로 그 날에 도피하는 자가 네게 와서 네 귀에 그 일을 들려 주지 아니하겠느냐?**』(26절). 바로 이 일이 에스겔 33:21에서 이루어진 것이다. 『**우리가 사로잡힌 지 열두째 해 열째 달, 그 달의 오일에 예루살렘에서 도망쳐 온 자가 내게 말하기를 "그 성읍이 강타당했다."고 하더라.**』

『**네가 말하고 다시는 벙어리가 되지 아니하리라. 네가 그들에게 표적이 되리니...**』(27절). 에스겔은 이스라엘 앞에 "표적"이 되었다. 즉 에스겔이 당한 일들이 이스라엘에게 "그렇게 되리라." 하였을 때, 그 일들이 그들에게 일어나는 것을 보면, 그들은 하나님께서 참으로 "주"이신 줄 알 것이다.

이 일은 에스겔 33장에서 『**예루살렘에서 도망쳐 온 자**』의 증언으로 확인되었다. 그러한 처지에 놓인 에스겔이 백성에 대해서 결코 『**벙어리**』가 될 수는 없는 노릇이었다. 『**그 도망친 자가 오기 전날 저녁에 주의 손이 내게 있어 내 입을 여시어 그가 아침에 내게 올 때까지 하셨으니 내 입이 열리므로 내가 더 이상 잠잠치 아니하였도다**』(33:22). 하나님께서는 에스겔이 이스라엘 백성을 책망하지 못하도록 그를 한때 벙어리가 되게 하셨었다(겔 3:26). 그러나 그 모든 일들이 이루어지는 때, 에스겔은 이스라엘 백성에 대하여 하나님의 선지자임이 확실하게 입증되었고, 이것이 이스라엘에게 『**표적**』이 되었으므로 이스라엘 백성은 그의 입에서 나오는 한마디 한마디가 하나님의 말씀들임을 인정하지 않을 수가 없게 되었던 것이다. 『**네가 그들에게 표적이 되리니 그들이 내가 주인 줄을 알게 되리라**』(27절).

에스겔 25장

25:1 주의 말씀이 다시 내게 임하여 말씀하시니라.

2 인자야, 네 얼굴을 암몬인들을 대적하여 두고 그들에 대하여 예언하라.

3 암몬인들에게 말하라. 주 하나님의 말씀을 들으라. 주 하나님이 이같이 말하노라. 내 성소가 더럽혀졌을 때 네가 그것을 향하여, 이스라엘 땅이 황폐하게 되었을 때도 그것을 향하여, 유다 집이 사로잡혀갔을 때도 그들을 향하여 "아하." 하고 말하였도다.

4 그러므로, 보라, 내가 너를 동쪽의 사람들에게 소유로 넘기리니, 그들이 네 안에 그들의 궁전들을 세우고 그들의 처소들을 네 안에 만들 것이니라. 그들이 네 과실을 먹고 그들이 네 젖을 마시리라.

25장은 암몬에 대한 심판으로 시작되는 말씀이다. 그러나 암몬이니 모압, 에돔, 필리스티아 등 이스라엘의 주변 민족들이 이스라엘 백성을 어떻게 괴롭히고 이에 대한 하나님의 심판이 어떻게 예언되는가를 역사적 시각으로만 접근하다 보면 이 장을 통하여 하나님께서 보여 주고자 하신 그림의 100분지 1도 다 못 보게 되므로, 시야를 한껏 넓혀 예수 그리스도의 재림까지 멀리 내다보아야만 한다. 뿐만 아니라 21장에서 자세히 살펴보았듯이 대환란 기간에 팔레스타인을 짓밟아 오게 될 적그리스도의 연합군이 두 번에 걸쳐 공격해 온다는 사실을 또한 염두에 두고 그 그림을 보아야만 여기서 기술되고 있는 전체 모습을 정확하게 파악할 수가 있게 된다.

암몬은 지금의 요르단 북부, 즉 시리아와 접경을 사이에 두고 있는 사해의 북동부 지방에 해당하는 지역으로, 가장 큰 중심 도시는 랍밧(또는 랍바, 지금의 암만)이었는데, 창세기 19장에서 보듯이 소돔을 빠져 나온 롯과 그의 작은 딸 사이의 근친상간으로 태어난 자식의 이름이 암몬이었고 그의 후손이 암몬인들이다.

『내 성소가 더럽혀졌을 때 네가 그것을 향하여, 이스라엘 땅이 황폐하게 되었을 때도 그것을 향하여, 유다 집이 사로잡혀 갔을 때도 그들을 향하여 "아하." 하고 말하였도다』(3절). 이것이 암몬이 심판받는 이유이다. 이들은 하나님의 성소가 더럽혀지고 있을 때, 또 앗시리아의 산헤립과 바빌론의 느부캇넷살에 의하여 이스라엘 집이 황폐케 되고 포로로 사로잡혀갔을 때 이스라엘 백성을 향하여 야유를 보냈으며, 그들이 재난에 봉착한 것을 보고 쾌재를 불렀다. 그러나 그것은 단순한 조롱으로 끝난 것이 아니라, 군사적인 압박으로까지 확대되었다.

성경에 나타난 과거 역사를 보면, 여호야킴왕이 느부캇넷살을 배반했을 때 하나님께서는 바빌론뿐 아니라 유다 주변의 다른 이방 나라들, 즉 시리아 부대와 모압 부대와 암몬 자손의 부대를 동원하셔서 유다를 치셨던 사실이 있다(왕하 24:1,2). 예루살렘은 주변의 이방 민족들로부터 철저하게 조롱당하고 유린되는 치욕을 겪었었다(대하 28:18). 물론 이것은 모두가 **『네 음란함과 네 가증함들을 네가 담당』**(16:58)한 것이라고 말씀하신다. 이스라엘은 하나님의 백성이면서도 이들 이방 민족들이 섬기는 우상 신들을 경배하는 음란 행위를 자행함으로써 그 자신을 더럽혔고 하나님께 가증한 죄를 지었으며, 그 결과로 이방 민족들에게 괴롭힘을 받았던 것이다.

그러나 문제는 이스라엘 백성을 조롱하고 괴롭혔던 이방 나라들이 그 죄 때문에 하나님의 심판이라고 할 만한 심판을 과거 언제 받았었느냐 하면, 그렇지가 않았다는 데에 있다. 적어도 성경에는 그런 기록이 없다. 단지 요세푸스의 역사 기록에 의하면, 예루살렘을 정복한 바빌론의 느부캇넷살은 약 5년 뒤 군대를 이끌고 암몬인들과 모압인들을 정복하였고, 그 후 이집트까지 정복하였던 것으로 전한다. 그래서 대부분의 주석자들은 이들 이방 민족들이 이미 하나님의 응징을 과거에 받았던 것으로 간주해 버린다. 그러나 성경에는 그런 기록이 없다. 역사적으로 따진다면야 이들 이방 나라들이 과거에 세계 제국들에 의하여 정복당했었던 것은 비단 바빌론에 대한 굴복만은 아니었다. 이들은 바빌론뿐만 아니라 그후로도 페르시아 제국에 의해서, 그리고 그리스의 알렉산더와 로마 제국에 의해서 팔레스타인 땅 전역이 차례대로 정복당했을 때도, 이스라엘과 함께 모두가 이들 세계 제국들의 지배를 받는 운명에 놓였던 것이 사실이다.

그러나 지금 에스겔 25장에서 언급되는 하나님의 심판은 과거에 있었던 그러한 세계 제국들에 의한 피정복으로 마무리된 게 절대로 아니다. 이스라엘을 조롱하고 괴롭힌 이들 주변 민족들에 대한 심판 예언은 적어도 앞으로 다가올 미래의 일이며, 이들을 침공하게 될 세력은 실제적으로 과거의 바빌론이나 페르시아나 그리스나 로마와는 전혀 다른 세력일 뿐만 아니라, 팔레스타인에 침공해 오는 군대의 편성 자체가 단일 국가가 아닌 연합군 형태라는 점에서 전혀 다르다. 뿐만 아니라, 이 심판이야말로 그들 모두를 영원히 멸망시키고 마는, 그야말로 최후의 심판이라는 점에서 과거에 세계 제국들에 의해서 한 때 정복당했던 그런 수준의 심판과는 유가 다른 것이다.

4절에 의하면, 장차 암몬인들을 정복해 올 세력은 『**동쪽의 사람들**』이다. 이 동쪽 사람들은 과거에 팔레스타인을 점령했던 바빌론이나 페르시아를 말하는 것이 아니다. 이들은 요한계시록 16:12에서 언급되는 『**동방의 왕들**』과 같은 사람들로서, 대환란 때 적그리스도가 연합군을 형성하여 2억의 군대를 몰고 팔레스타인에 침공해 올 때, 그 군대의 주축을 이루는 중국과 인도와 일본 같은 『**동쪽의 사람들**』이 될 것이다. 그들이 팔레스타인 땅을 유린하고 암몬인들의 땅에 들어와 자신들의 궁전들을 세우고 강압적인 식민통치를 통하여 그 땅의 모든 소산들을 착취하게 될 것이다. 이것이 바로 여기 4절에서 언급하는 암몬인들의 미래 운명이다.

25:5 또 내가 랍바를 낙타의 우리로 만들며 암몬인들을 양떼의 휴식처로 삼으리니, 그러면 너희는 내가 주인 줄 알리라.
6 주 하나님이 이같이 말하노니, 이는 네가 이스라엘 땅에 대하여 손뼉을 치고 발을 구르며 온갖 멸시를 다하여 마음속으로 기뻐하였음이니라.
7 보라, 그러므로 내가 내 손을 네게 펴서 너를 이방 민족에게 전리품으로 넘겨 줄 것이요, 내가 너를 백성으로부터 끊어 버릴 것이며, 또 내가 너를 그 나라들에게서 패망하게 하리라. 내가 너를 멸하리니, 너는 내가 주인 줄 알리라.

『**랍바**』(5절)는 암몬의 수도로, 현재 요르단의 수도 암만이 바로 그곳이다. 암몬인들이 적그리스도의 군대에 의하여 철저히 유린되고 착취당한 끝에 그들의 땅은 황무지처럼 피폐해질 것이고, 심지어 요르단의 수도 랍바까지도 대환란 때 『**낙타의 우리**』로 전락하게 되고, 암몬인들의 땅 전역이 『**양떼의 휴식처**』가 되어 원시적인 목축지대 정도로 쇠퇴하고 말 것이다. 하기야 지금도 국토의 태반이 불모지인 요르단의 산업은 보잘 것이 없다. 최근 인광석 수출이 급속하게 증가하여 이것이 수출액의 반 이상을 차지하게 되었지만, 3백 여만에 불과한 인구도 제대로 먹여 살리지 못하는 실정이다.

6절을 보면, 암몬인들이 하나님께로부터 이런 심판을 받게 되는 까닭은 암몬인들이 유대인들의 피를 흘렸다는 데에 있다기보다는, 이스라엘이 고통을 받고 있을 때 『**손뼉을 치고 발을 구르며 온갖 멸시를 다하여 마음속으로 기뻐하였음**』에 있었다. 암몬인들이 예루살렘에 군사적으로 쳐들어 왔던 일은 과거 여호사밧왕 시대와 여호야김왕 시대에도 있었지만(대하 20:1, 왕하 24:2), 이것은 이스라엘 백성이 고통 가운데 있을 때 그것을 마음속으로 기뻐하였던 것과는 사정이 다르다. 이렇게 볼 때, 암몬인들이 이스라엘의 고난을 기뻐하고 손뼉을 치고 발을 구르면서 온갖 멸시를 다하는 때는 장차 있게 될 미래의 일임을 알 수 있거니와, 이것이 곧 대환란 때의 일인 것이다.

대환란 때, 적그리스도의 공격을 받고 고난 가운데 놓인 이스라엘에 대하여 암몬인들은 아주 기분 좋게 생각할 것인데, 그 대가로 하나님의 심판을 모면치 못하게 될 것이다. 이 지구상의 어느 나라나 민족도 이스라엘에 대하여 조롱하고 멸시하고 이스라엘이 불행해질 때 마음속으로 기뻐했다가는 이렇게 심판받는다는 것이 성경의 가르침이다. 당신이 성경을 잘 이해하고 성경대로 믿는다면 『**내 성소가 더럽혀졌을 때 네가 그것을 향하여, 이스라엘 땅이 황폐하게 되었을 때도 그것을 향하여, 유다 집이 사로잡혀갔을 때도 그들을 향하여**』 절대로 조롱하지 말라. 특히 휴거되지 못하고 지상에 남아 있게 될 이방인들은 적그리스도의 박해로 극심한 고통을 겪고 있는 유대인들에게 최선을 다해서 잘해 주어야 한다. 그렇지 않으면 재림하신 예수 그리스도께서 민족들을 심판하실 때에 "염소"로 분류되어 불못에 던져지고 말 것이다(마 25:31-46).

『**보라, 그러므로 내가 내 손을 네게 펴서 너를 이방 민족에게 전리품으로 넘겨줄 것이요, 내가 너를 백성으로부터 끊어 버릴 것이며, 또 내가 너를 그 나라들에게서 패망하게 하리라. 내가 너를 멸하리니, 너는 내가 주인 줄 알리라**』(7절). 암몬인들은 하나님의 심판으로 멸망함으로써 그제서야 하나님께서 하나님이신 것을 알게 되겠지만, 때는 이미 늦었다. 대환란 때 이스라엘이 고난을 겪고 있을 동안 암몬인들이 기뻐서 『**손뼉을 치고 발을 구르며**』 좋아 날뛴 게 잘못이었다. 그 죄로 그들은 『**이방 민족에게**』 전리품으로 넘겨지고 말 것인데, 적그리스도의 연합국 중 러시아의 손에 들어갈 것이요, 『**백성으로부터 끊어**』 버림을 당할 텐데, 여기서 『**백성**』은 독일을 말한다. 여기서 어째서 러시아와 독일이 적용되는지에 대해서는 에스겔을 좀 더 공부해 가면서 앞으로 차차 설명하겠다.

25:8 주 하나님이 이같이 말하노라. 이는 모압과 세일이 말하기를 "보라, 유다 집이 모든 이방과 마찬가지라." 하기 때문이라.
9 그러므로, 보라, 내가 성읍들로부터 모압 쪽을 열어 주리니 그 변방에 있는 성읍들, 즉 그 나라의 영광 벧여시못과 바알므온과 키랴다임으로부터
10 암몬인들과 함께 동쪽 사람들에게 주어 소유가 되게 하리니, 암몬인들이 민족들 가운데서 기억되지 아니하리라.
11 또 내가 모압 위에 심판을 행하리니, 그러면 그들은 내가 주인 줄 알리라.

이스라엘을 조롱하고 비방하게 될 민족이 암몬인들만은 아니다. 암몬의 남쪽에 있는 모압도 그럴 것이고, 세일의 에돔도 하나님의 백성인 이스라엘을 향하여 자기네들이나 다를 바 없는 『**이방과 마찬가지**』라고 조롱하게 될 것이다. 모압은 롯이 큰딸과 근친상간으로 나은 자식의 후손들이고, 세일 지역은 사해 남쪽의 산악지대로 야곱의 형 에서의 후손들이 들어와 살고 있던 땅이다.

모압이나 에돔 역시 암몬인들과 마찬가지로 역사적으로 볼 때, 이스라엘 백성을 괴롭히고 군사적 압박도 가해왔었다. 특히 유다의 여호사밧왕 시절에 모압과 암몬인들, 그 밖의 족속들이 연합하여 유다를 공격해 왔을 때에는 유다가 상당한 곤경을 겪었던 게 사실이다. 그래서 여호사밧은 이들의 세력을 크게 두려워하여 백성에게 금식을 선포하고 하나님께 돌이켜 기도를 드렸다(대하 20:3,10-12). 그러나 하나님께서 모압과 에돔에 대해 심판을 내리시게 되는 것은 이러한 까마득한 과거의 군사적 침공을 이유로 내세우고 계신 게 아니다. 하나님께서는 8절에서 이들에게 내리게 될 심판의 이유가 그들이 암몬인들과 마찬가지로 이스라엘에 대하여 『**"보라, 유다 집이 모든 이**

방과 마찬가지라."』고 깔보고 조롱한 사실에 있다고 천명하신다. 유다가 우상 숭배로 온통 오염돼 있었던 과거에는 아닌 게 아니라 『**유다 집이 모든 이방과 마찬가지**』였던 게 사실이다. 그러나 유대인들은 결코 이방 민족들과는 마찬가지가 아니다. 그렇다면 이 역시 과거의 이야기가 아니라 장차 대환란 시대의 미래 역사임을 알 수 있다. 모압과 에돔은 암몬과 마찬가지로 적그리스도가 이스라엘에게 고통을 줄 때, 이스라엘을 돕기는커녕 "흥, 하나님의 백성 이스라엘도 별 수 없구먼!" 하고 비아냥거리고 조롱할 것이다. 그렇지만 그게 사실이 아닌지라 그들은 하나님께로부터 큰 심판을 받을 것이다.

『**그러므로, 보라, 내가 성읍들로부터 모압 쪽을 열어 주리니**』(9절). 사해 동쪽에 연해 있는 모압 땅의 일부는 모세가 르우벤 지파에게 유업으로 주었던 땅으로 『**벧여시못과 바알므온과 키랴다임**』이 원래는 르우벤 지파가 건설한 성읍들이었는데(수 13:15-21), 모압으로 보면 서쪽 옆구리에 해당하는 요충들이다.

『**모압 쪽을 열어 주리니**』라는 말은 외적들이 모압의 서쪽 요충들에 해당하는 이 "옆구리"(side)의 성읍들을 찔러 오게 만들겠다는 뜻이다. 적그리스도가 이끌고 있는 연합군은 사해 동쪽의 모압에 쳐들어 올 때, 사해에 연해 있는 모압 서쪽의 이들 요충 도시들을 돌파하여 짓밟고 들어오게 될 것인데, 그 길을 열어 주시는 분이 다름 아닌 하나님이시다.

『**암몬인들과 함께 동쪽 사람들에게 주어 소유가 되게 하리니, 암몬인들이 민족들 가운데서 기억되지 아니하리라. 또 내가 모압 위에 심판을 행하리니, 그러면 그들은 내가 주인 줄 알리라**』(10, 11절). 그리하여 모압도 암몬인들과 똑같은 운명을 걷게 될 터인즉, 암몬이 멸망하여 지상에서 사라지게 되듯이 모압 또한 그렇게 되고 말 것인즉, 모압도 암몬인들처럼 끝내 회복되지 못하고 지상에서 사라지고 말 것이며, 그 이름을 기억하는 자가 하나도 없게 될 것이다. 그런 꼴을 당한 뒤에 하나님께서 『**주인 줄**』 알아봤자 무슨 소용이 있겠는가?

25:12 주 하나님이 이같이 말하노라. 에돔이 복수를 하려고 유다 집을 쳐서 그들이 크게 범죄하였고 그들에게 그 자신이 보복하였도다.

13 **그러므로 주 하나님이 이같이 말하노라. 내가 또한 내 손을 에돔 위에 펴서**
그로부터 사람과 짐승을 끊으리라. 또 내가 에돔을 테만으로부터 황폐하게
하리니, 드단에서 온 그들이 칼에 쓰러지리라.
14 **내가 내 백성 이스라엘의 손을 통해 에돔 위에 내 복수를 하리라. 주 하나님이**
말하노라. 그들이 내 성냄에 따라 또한 나의 분노에 따라 에돔에서 행하리니
그들이 나의 복수를 알게 되리라.

자, 이번에는 사해 남쪽에 위치한 세일 지역의 에돔이 하나님의 심판으로 최후의 길을 걸을 차례다. 에돔의 죄는 12절에서 『**복수를 하려고 유다 집을 쳐서 그들이 크게 범죄하였고**』라고 설명된다. 이 역시 역사적으로만 적용해서 설명하려고 하면 그것을 뒷받침할 만한 근거가 아주 빈약하다. 에돔인들은 에서의 후손들이다. 야곱에게 속아 장자권을 빼앗긴 에서로서는 야곱에 대하여 두고두고 복수심에 불탔을 만했을 것이다. 그러나 고향으로 돌아오던 야곱은 자신의 슬기로운 기지로 에서의 보복을 사전에 차단할 수가 있었다(창 33:3,4,16,18). 그 이후로 야곱의 자손인 이스라엘 백성과 에서의 자손인 에돔 사이에는 그렇게 큰 충돌 없이 지내왔다. 그러나 그 후 약 750년쯤 흐르고 나서 다윗이 국토를 확장하면서 시리아를 치고 모압을 정복하였으며 암몬과 필리스티아와 아말렉 등을 모두 점령하였을 때 에돔까지도 쳐서 이스라엘에 합병해 버린 일이 있었기 때문에 대부분의 주석자들은 이 사실을 근거로 에돔인들이 이스라엘에 대하여 앙심을 품었을 것이라는 데에 의견을 같이한다.

에돔인들이 이스라엘에 대해서 항상 분통을 터뜨렸고 적개심을 품고 있었던 것은 성경 기록으로 보아도 사실이다. "세일"(에돔)은 모압과 암몬인들과 함께 유다에 공격해 왔다가, 그들끼리 서로 싸우는 바람에 유다에게 크게 패한 적도 있다(대하 20:20,22,23). 그 뒤에 또 아하스왕 시절에 한때 앗시리아에 도움을 청한 일이 있었는데, 그 이유가 『**에돔인들이 다시 와서 유다를 쳐서 포로들을 잡아갔음이더라.**』(대하 29:17)라는 것이었다. 에돔인들은 이보다 약 150년 전 유다 왕 여호람 때에 유다의 지배로부터 벗어나려고 반란을 일으킨 일도 있었다(대하 21:8-10). 이렇게 볼 때, 에돔이 이스라엘에 대하여 항상 적개심을 품고 있었던 것은 역사적으로 틀린 이야기가 아니다. 『**주가 이같이 말하노라. 에돔의 서너 가지 죄과들로 인해 내가 그 벌을 돌이키지 아니하리니 이는 그가 칼로 그의 형제를 쫓았고 모든 연민을 버렸으며 항상 그의 분노를 터뜨렸고 그의 진노를 영원히 간직하였음이라**』(암 1:11).

그러나 여기 에스겔 25장에서 에돔에게 심판을 예고하시는 이유는 이보다 다른 데에 있음을 우리는 또 성경에서 발견한다. 그것은 이스라엘의 『**재난의 때**』에, 이스라엘의 『**죄악이 마지막에 이르렀을 때**』에 『**칼의 힘으로 이스라엘 자손의 피를 흘렸기 때문**』(겔 35:5)이다.

자, 그렇다면 이스라엘 자손의 『**재난의 때**』란 언제를 말하는 것이며, 더욱이 이스라엘의 『**죄악이 마지막에 이르렀을 때**』란 언제를 말하는 것인가? 이것은 바로 대환란 때를 말한다. 대환란 때가 아니고서는 이스라엘의 『**죄악이 마지막에 이르렀을 때**』, 즉 이스라엘의 민족적 죄가 종결되는 때란 있을 수 없다. 유대인들이 대환란을 거치고 나야만 하나님께서는 그들 중 끝까지 살아남은 자들을 통하여 그들의 민족적 죄를 용서하시고 그들의 지위가 비로소 회복되기 때문이다(사 40:1,2). 그러니까 에돔인들이 이스라엘 자손의 피를 흘리는 때는 바로 『**야곱의 고난의 때**』(렘 30:7)인 대환란 때인 것이다.

에돔인들은 대환란 때 적그리스도의 편에 서서 유대인들을 대적하게 될 것이다. 『**네가 저쪽 편에 섰던 날, 곧 타국인들이 그의 군대를 사로잡아가고 외국인들이 그의 성문으로 들어가서 예루살렘을 놓고 제비를 뽑았던 그날에 너도 그들 중에 하나 같았느니라**』(옵 1:11). 이 구절에서 『**타국인들**』, 『**외국인들**』처럼 복수형으로 돼 있는 점에 주목하라. 대환란 때 적그리스도가 이끄는 군대는 국제 연합군이다. 그들은 예루살렘을 점령하고 나서 서로 어느 구역을 차지할까를 놓고 제비를 뽑게 될 것이다. 이런 일은 그 어떤 과거에도 없었던 일이다. 이 과정에서 에돔인들은 이스라엘에 대해서 냉담하기만 할 것이고, 예루살렘에서 도망치는 유대인들을 가로막고 남아 있는 유대인들을 붙잡아 적그리스도의 군대에 넘겨줌으로써 피를 흘리게 할 것이다. 『**너는 네거리에 서서 그의 도피하는 자들을 차단하지도 말았어야 했으며 너는 고난의 날에 남아 있던 자들을 넘겨주지도 말았어야 했느니라**』(옵 1:14). 이때가 곧 예수 그리스도께서 유대인들더러 다급하게 산들로 도망치라고 충고하셨던 바로 그 상황이 벌어지고 있는 시점이다(마 24:16-21).

여기서 우리는 에돔에 대해 좀 더 주의해서 생각해 보아야 할 점들이 몇 가지 있다. 에돔의 세일산 지역은 솔로몬왕 시대에는 무역의 중심지가 될 만큼 크게 번영하던 지역이었으나, A.D. 105년경 로마에 의해 정복되어 아라비아 페트라라는 이름으로 에돔의 수도가 되었고, 로마의 세력이 약해지자 아랍인들의 손으로 넘어간 이후 19세기 초에 발견될 때까지 문명 세계에서 완전히 사라져버린 채로 폐허가 되어 있었던 곳이다. 바로 이런 연유로 해서 "에돔"이라고 말할 때 히브리인들에게는 "로마"라는 뜻으로 받아들여지게 되었고, "에돔"은 곧 "로마"와 동의어가 되기에 이르렀다. 따라서 "에돔"이야말로 유대인들에게는 이방 민족이다. 대환란 시대에 이스라엘에 대적해 올 이방 민족들의 이름이 시편 83편에 나열돼 있거니와 "에돔"은 이들 이방 민족들을 대표하고 있는 이름이다. 시편 83편은 그 전체가 재림 관련 구절들로서 다니엘의 70째 주의 상황들을 서술하고 있다. 시편 83편 1절부터 차례로 따라 읽어보자.

『**오** 하나님**이여, 침묵하지 마소서. 가만히 계시지 마소서. 오** 하나님**이여, 조용히 계시지 마소서**』(시 83:1). 다니엘의 70째 주, 즉 대환란의 후반기 삼 년 반 기간에 끝까지 견디면서 살아남게 될 유대인들의 기도가 바로 이것이다.

『**보소서, 주의 원수들이 소동을 일으키며 주를 미워하는 자들이 머리를 들었나이다**』(시 83:2). 적그리스도와 손잡은 연합국 군대가 팔레스타인을 공격해 올 준비를 갖추느라 바삐 움직이고, 유대인들은 이를 놓고 하나님께 고하며 도움을 요청하게 될 것이다.

『**그들이 주의 백성들을 대적하여 간사한 계략을 꾀하며 주께서 숨기신 자들을 대적하여 의논하였나이다**』(시 83:3). 적그리스도가 이끄는 연합국들이 이스라엘을 치기 위해 『**간사한 계략을 꾀하며... 의논**』한다. 이거야말로 국제연합(UN)이 수행할 전공 업무인데, 소위 "에큐메니컬" 운동으로 한 덩어리가 된 거대한 종교 집단이 이 UN을 움직일 것이다. 이로써 로마카톨릭 집단이 1933년 나치 독일의 히틀러와 그를 중심으로 한 카톨릭교도들(하이드리히, 괴벨, 헤스, 힘러, 스탕글 등)을 앞세워 착수하기 시작했던 사업을 완수하려 한다.

『**주께서 숨기신 자들**』이란 대환란 기간 중 하나님께서 페트라(셀라)에 피난시키신 유대인들을 말한다. 구약 시대에 『**부지중에 사람을 죽인 살인자**』가 있을 경우 정식 재판을 받을 때까지 보복자들의 손에서 생명을 보호하기 위하여 도피하게 했던 "도피 성읍"(민 35:11,12)은 바로 이 페트라의 모형이었던 것이다. 유대인들은 예수 그리스도를 죽임으로써 민족적으로 살인죄를 담당하지 않을 수 없게 되었고, 하나님의 판결이 내려질 때까지 "도피성"에 들어가 보호받지 않으면 안 될 처지가 된 민족이다. 적그리스도는 이 "살인자"에게 보복하기 위하여 덤벼들 것이고, 그래서 이스라엘은 하나님께서 마련해 놓으신 "도피 성읍"에 들어가 숨게 될 것이다. 『**내 백성아, 오라, 네 방들에 들어가서 네 문을 닫고, 그 분노가 지나갈 때까지 잠깐 동안 숨으라**』(사

26:20). 이스라엘 백성을 이집트로부터 데려오실 때 하나님께서는 그들을 40년 동안 광야에서 돌보아 주셨거니와, 대환란 때 역시 같은 방법으로 이스라엘 민족을 광야로 도망시키시고 적그리스도의 보복으로부터 보호하시게 될 터인데, 대환란 때의 그 도피 성읍이 바로 에돔의 페트라(셀라)인 것이다.

자, 시편 83편을 계속해서 읽어보자.

『**그들이 말하기를 "오라, 그들을 단절하여 나라가 되는 것을 막아 이스라엘의 이름이 더 이상 기억되지 못하게 하자." 하였나이다. 그들이 한마음으로 함께 의논하였고 그들이 주를 대적하여 공모하오니**』(시 83:4,5). 로마카톨릭 교황이 세계 권력의 정점에 앉아, 전 세계 나라들이 UN의 기치 아래 『**한 마음**』이 되어 머리를 맞대고 『**공모**』한다. 여기까지는 다 좋았는데, 그들은 한 가지 돌이킬 수 없는 대실수를 범하게 되는데, 그것은 『**주를 대적**』하기로 한 결정이다. 이것만은 절대로 피했어야만 했는데, 그들은 그만 적그리스도에게 속아 이런 결정을 내리고 말 것이요, 이로써 그들은 결정적인 파멸의 길을 내닫지 않을 수 없게 된다. 이때 이스라엘도 치명적으로 강타당하겠지만, 유대인들은 결코 "끊어지지는" 않을 것이다. 『**내가 모든 민족들을 모아 예루살렘을 대적하여 싸우게 하리라. 성읍은 함락되고 집들은 강타당하며 여자들이 욕을 당하고, 성읍의 절반이 사로잡혀갈 것이나, 백성의 나머지는 성읍에서 끊어지지 아니하리라. 그때에 주께서 나가 그 민족들을 대적하여 싸우시리니, 전쟁의 날에 싸우셨을 때처럼 하시리라**』(슥 14:2,3).

자, 이제부터 적그리스도의 연합국을 형성하는 이방 민족들의 이름이 하나하나 나열되기 시작한다. 『**곧 에돔의 장막들과 이스마엘인들이며 모압의 장막들과 하갈인들이요, 그발과 암몬과 아말렉이며 투로의 거민들과 함께한 필리스티아인들이요 앗술도 그들과 연합하였으니, 그들이 롯의 자손들을 도왔나이다. 셀라**』(시 83:6-8). 모두 몇 나라인가? 에돔, 이스마엘인, 모압, 하갈인, 그발, 암몬, 아말렉, 투로, 필리스티아인, 그리고 앗술, 이렇게 열 나라다. 이들 나라들은 다윗이 시편을 쓰던 당시의 이방 민족들이 아니다. 왜냐하면 이 문맥은 명백하게 『**셀라**』(페트라) 시대에 관련되기 때문이다. 적그리스도와 손을 잡은 이들 열 개의 이방 나라들은 지금 현재 다른 이름들로 존재하고 있는 나라들이다.

요한계시록 13장에 보면 바다에서 올라온 짐승이 일곱 머리와 열 뿔을 가진 것을 본다(계 13:1). 이 짐승은 "용"(사탄)으로부터 사탄의 능력과 권세를 받는다(계 13:2). 그리고 모든 사람들이 이 짐승에게 권세를 준 "용"에게 굴복하여 경배를 드린다(계

13:4). 그렇다면, 이 짐승의 일곱 머리는 또 무엇인지 시편 83편의 다음 구절들을 계속 읽어보자.

『**미디안인들에게 행하신 것같이, 키손 시냇가에서 시스라와 야빈에게 행하신 것같이 그들에게 행하소서. 그들이 엔돌에서 패망하여 땅을 위한 똥같이 되었나이다. 그들의 귀족들로 오렙과 스엡 같게 하시며 정녕, 그들의 모든 통치자들로 세바처럼, 살문나처럼 되게 하소서. 그들이 말하기를 "우리가** 하나님의 **집들을 우리의 소유로 취하자." 하였나이다**』(시 83:9-12). 미디안인들, 시스라, 야빈, 오렙, 스엡, 세바, 살문나, 이렇게 일곱 나라가 여기서 거명되고 있다. 이들 나라들이 구약에서 어떤 나라들이었던가에 대해서는 역대기상·하를 통하여 짚어보라. 적그리스도의 팔레스타인 2차 공격 때 이와 같이 일곱 나라가 쳐들어오게 될 터인데, 이들 나라들의 이름은 물론 다른 이름들일 것이다. 다윗은 이들 일곱 나라들을 『...**하신 것같이** ...**처럼 하소서.**』라고 말하고 있지, "바로 이들 나라들을 어찌어찌 하소서."라고는 언급하지 않는다. 적그리스도와 연합하여 팔레스타인에 2차 공격을 가해올 나라들은 "미디안인들 같고, 시스라와 야빈 같으며, 오렙과 스엡 같고, 세바처럼, 살문나처럼 생긴" 그런 나라들일 것이다.

이들 『**주의 원수들**』(시 83:2)은 『**동쪽의 사람들**』(겔 25:4)이요, 『**동방의 자손들**』(판 6:3)이며, 『**동방의 왕들**』(계 16:12)이 인솔하게 될 것인데, 그 우두머리는 역시 적그리스도다(판 4:21, 시 7:16; 110:6). 그러나 그 자는 하늘로부터 내려온 분과 대적하지 않으면 안 될 것인즉(판 5:20, 계 19:11), 결국 므깃도 계곡, 즉 아마겟돈에서 멸망당하게 될 것이다(판 5:19, 계 16:16). 그런 다음에야 이 땅은 "안식"에 들어가게 될 것이고, 이 때부터 천년 "안식"이 시작되는 것이다(사 14:7, 판 5:31). 이것이 성경이 계시해 주고 있는 인류 역사의 결말이다.

『**그러므로 주** 하나님이 **이같이 말하노라. 내가 또한 내 손을 에돔 위에 펴서 그로부터 사람과 짐승을 끊으리라. 또 내가 에돔을 테만으로부터 황폐하게 하리니, 드단에서 온 그들이 칼에 쓰러지리라**』(13절). 앞에서 살펴보았듯이, 암몬인들이건, 모압인들이건, 또 필리스티아인이건, 이들 주변 나라들은 대환란 시대에 적그리스도가 인솔하고 팔레스타인에 공격해 올 때, 이스라엘을 멸시하고 천대하며 함께 괴롭힐 나라들이다. 그러나 에돔만은 적그리스도와 함께 쳐들어올 모든 이방 나라들을 의미하는 것이지, 과거 B.C. 600년경 사해 남쪽에 위치했던 바로 그 이방 민족을 가리키는 게 아니다.

이 구절에서 또 하나님께서는 대환란 시대 끝 무렵 『**내 손을 에돔 위에 펴서 그로부터 사람과 짐승을 끊으리라.**』라고 예고하신다. 『**에돔**』이 무엇과 동의어라고 했는가? "로마"와 동의어다. 그러니까, 하나님께서는 "로마"로부터 『**사람과 짐승을 끊으리라.**』라고 말씀하시는 것이다. 이것은 물론 피상적으로는 에돔 땅을 황폐케 하신다는 말씀이지만, 우리는 이것이 그 이상의 의미를 담고 있음을 어렵지 않게 본다.

25:15 주 하나님이 이같이 말하노라. 필리스티아인들이 오랜 증오로 그것을 멸하기 위해 보복하며 멸시하는 마음으로 복수하였기에
16 그러므로 주 하나님이 이같이 말하노라. 보라, 내가 내 손을 필리스티아인들 위에 펴고 또 내가 크렛인들을 끊고 해안의 남은 자를 멸하리라.
17 내가 혹심한 질책으로 그들 위에 큰 복수로 행하리니 내가 그들 위에 내 원수를 갚을 때에 그들은 내가 주인 줄 알리라.

『**증오**』, 『**보복**』, 『**멸시**』, 『**복수**』(15절), 이런 것들이 인간에 의하여 자행되는 것을 하나님께서는 용서치 않으신다. 그러나 이스라엘 민족에게 대적하는 모든 이방 민족들은 이런 것으로 유대인들을 대적했다. 따라서 그들은 하나님께로부터 하나님의 『**내 복수**』, 『**내 성냄**』, 『**나의 분노**』(14절)로 응징을 받게 될 것이다.

『**크렛인들**』(16절)이란 필리스티아인들에 속한 일부 족속을 말한다. 암몬과 모압과 에돔 같은 이스라엘 동쪽의 민족들을 거론하고 나서, 이제 그 서쪽의 지중해 연안에 거하는 필리스티아인들을 거론함으로써 이스라엘을 둘러싼 모든 이방 나라들이 거의 다 망라되었지만, 다음 26장, 27장, 28장에서 보듯이 우리 앞에는 또 "투로"라는 존재가 떡 버티고 있다.

에스겔 26장

26:1 열한째 해, 그 달 첫째 날에 주의 말씀이 내게 임하여 말씀하시니라.
2 인자야, 투로가 예루살렘을 대적하여 말하기를 "아하, 백성의 문들이었던 그녀
가 깨어져서 내게로 돌이켰도다. 이제 그녀가 황폐케 되었으니 내가 다시 충
만해지리라." 하니
3 그러므로 주 하나님이 이같이 말하노라. 보라, 오 투로야, 내가 너를 대적하노
니 바다가 그 파도를 일으킴같이 많은 민족으로 너를 치러 오게 하리라.
4 그들이 투로의 성벽을 파괴하고 그 망대들을 헐어 낼 것이라. 내가 또한 그녀
에게서 그 티끌을 싹 쓸어서 바위의 꼭대기같이 되게 하리라.
5 그것은 바다 가운데 그물을 치는 곳이 되리니 이는 내가 그것을 말하였음이라.
주 하나님이 말하노라. 또 그것은 민족들에게 탈취물이 될 것이라.
6 또 들에 있는 그녀의 딸들은 칼에 죽을 것이요, 그러면 그들은 내가 주인 줄
알리라.

『**열한째 해, 그 달 첫째 날에 주의 말씀이 내게 임하여 말씀하시니라**』(1절). 예루살렘이 바빌론의 느부캇넷살에게 최종적으로 함락된 때로부터 11년째 되던 해 『**그 달**』 초하루에 에스겔에게 하나님의 말씀이 임한다. 여기서 날짜를 이야기하면서 달 이름을 밝히지 않은 채 그냥 『**그 달**』이라고 기술한 까닭은 예루살렘이 함락되던 해의 "넷째 달"이 워낙 충격적으로 유명한 "달"이 돼 버리는 바람에 구태여 그 달 이름을 밝히지 않고 그냥 『**그 달**』로 표기했다는 것이 대부분의 주석자들에게 정설로 돼 있다. 『**시드키야 제십일년 넷째 달, 그 달 구일에 그 성읍이 뚫렸더라**』(렘 39:2). 『**넷째 달, 그 달 구일에 그 성읍 안에 기근이 심하여 그 땅의 백성에게 아무 양식이 없었더라. 그때에 그 성읍이 부서지고 모든 전사들이 도망하여 왕의 동산 옆에 있는 두 성벽 사이 성문 길을 따라 밤에 성읍을 빠져 나가서 (그때 칼데아인들은 성읍을 에워 싸더라.) 그들이 평지 길을 따라가니라**』(렘 52:6,7). 그러니까 에스겔에게 지금 하나님의 말씀이 임한 것은 예루살렘이 최후를 맞은 지 만 11년째가 되는 날에서 여드레가 모자란 셈이다.

『**인자야, 투로가 예루살렘을 대적하여 말하기를 "아하, 백성의 문들이었던 그녀가 깨어져서 내게로 돌이켰도다. 이제 그녀가 황폐케 되었으니 내가 다시 충만해지리라." 하니**』(2절). 예루살렘이 함락되던 날 『**투로**』는 아주 기분이 흡족했던 게 분명한데, 유다 왕국이 『**깨어져... 황폐케 되었으니**』 그 덕분에 『**투로**』가 다시 번영케 되지 않겠느냐는 것이 그 이유였다.

"바위"(rock)라는 뜻의 투로는 팔레스타인 북쪽 지중해 연안에 위치한 항구 도시로서 역사적으로 상업이 매우 발달한 무역항이었는데, 여호수아가 각 지파에게 팔레스타인 땅을 분배했을 당시에도 『**강한 성읍**』(수 19:29)이었던 이 도시는 앗시리아의 살만에셀왕이 사마리아의 북왕국 이스라엘에 침공해올 때 그 군대에게 공격을 받아 완전 포위되었는데도 5년 동안이나 버텼을 만큼 강한 도시였다고 역사는 전한다. 솔로몬왕 이래로 상업의 중심지가 되었던 이스라엘 남쪽의 에돔 땅 지역으로 투로의 상인들이 무역을 위해 남북으로 왕래하자면 반드시 거쳐가야 될 관문이 바로 예루살렘이었는데, 이 성읍이 바빌론에 의해 함락되었으니 그야말로 눈엣가시 같은 장애물이 제거된 셈이었으므로 투로의 입장에서 보면 기분 좋은 일이 아닐 수가 없었을 것이다.

"투로"라고 말할 때, 지정학적으로는 보통 페니키아의 중심 도시로 알려져 있는 이 도시는 B.C. 2750년경에 건설되었고, B.C. 1440년경 여호수아에 의해 열두 지파에게 땅이 분배될 때 아셀 지파에게 속하게 되었지만, 워낙 강한 성읍이었던지라 이스라엘이 실질적으로 점령하지는 못했던 것으로 알려져 있다. 그러나 다윗이 이스라엘의 명실상부한 왕으로 등극했을 때에는 『**투로 왕 히람이 다윗에게 사자들과 백향목들과 목수들과 석공들을 보내어 그들이 다윗을 위하여 집을 지었으니**』(삼하 5:11)라고 말할 정도로 투로는 이스라엘과 친밀했다. 그런데 성경에는 이러한 투로가 이스라엘과 사이가 나빠지게 된 직접적인 역사적 이유에 대해 자세한 언급이 없이, 여기 에스겔 26장에서 단지 예루살렘의 함락을 보고 『**이제 그녀가 황폐케 되었으니 내가 다시 충만해지리라.**』라고 기분 좋게 생각했던 죄만 부각되고 있으며, 하나님께서는 투로에게 『**내가 너를 대적하노니**』라고 말씀하고 있는 것이다.

한편 에스겔 27장은 그 전체가 교역이 발달하고 물산이 풍부하였으며 넘치는 재물로 풍요를 누리는 투로에 대해 묘사하고 있고, 28장에서는 "마귀"를 상징하는 인물로 "투로왕"을 등장시킨다. 그렇다면 투로에 대해 다루고 있는 26,27,28장에서 26장은 단지 역사적으로 존재했던 투로 성읍만을 말하는 것을 넘어서, 28장에서 밝혀지는 마귀의 실체와 그의 운명에 관한 서술들에 대한 서곡 역할을 하고 있다고 봐야 할 것이다. 그리고 그것은 예수 그리스도의 재림 장면으로까지 우리를 이끌어 주고 있음을 주목해야 한다.

3절부터 언급되는 투로에 대한 예언 역시 피상적인 내용만을 근거로 한다면 역사적으로 적용해도 전혀 무리가 없다. 다만 『**많은 민족으로 너를 치러 오게 하리라.**』는 언급이 "한꺼번에" 많은 민족으로부터 공격받게 하겠다는 뜻인지, 아니면 두고두고 많은 민족들이 투로에 공격해 오도록 하겠다는 뜻인지에 대해서는 주석자들 간에 의견이 엇갈릴 뿐이다. 바빌론의 느부캇넷살왕이 침공해 올 때 그 군대가 칼데아인들만이 아니라 다른 민족들까지 혼성되어 있던 군대였다고 주장하면서 이미 지난 역사가 이 예언대로 되었다고 주장하는 주석자도 있는가 하면, 사실상 투로의 과거 역사를 되돌아볼 때, 이 도시가 여러 차례에 걸쳐 수많은 외적들에게 빈번하게 침공 당했다는 사실을 근거로 설명하는 주석자들도 있다.

사실 이 도시는 기원 전 8세기 초 앗시리아의 침공을 받았을 때나 기원 전 6세기 말경 바빌론의 침공을 받았을 때 완강하게 저항하며 잘 견뎌낸 것으로 알려져 있기는 하지만, 성읍 자체는 오랜 기간 동안 포위되는 바람에 피폐해질 대로 피폐해졌을 게 분명하고, B.C. 332년에는 마케도니아의 알렉산더 대제에 의하여 함락되었으며, 얼마 뒤 시리아의 손에 떨어졌고, 그 후 사라센 제국에 흡수되었다가 A.D. 1124년에는 십자군에 의해 함락되어 그 ⅓이 베니스의 일부로 합병되었고, 1391년에는 또 터키의 수중으로 들어갔었는데, 현재는 레바논에 속해 있다. 이 도시는 대환란 기간 중 적그리스도의 연합국 군대에 의하여 또 한 번 짓밟히게 될 것인데, 특히 그의 2차 팔레스타인 공격 때 결정적으로 황폐케 될 것이다.

이렇게 볼 때, 이 도시는 역사적으로도 3절에서 예언돼 있었던 길을 걸어야 했지만, 장차 대환란 때에도 문자 그대로 『**바다가 그 파도를 일으킴같이**』 몰려오는 『**많은 민족**』들에게 짓밟히게 될 운명에 놓여 있는 것이다(3절). 또한 그들은 투로의 발달한 무역과 풍부한 물산으로 『**티끌**』같이 쌓아 놓은 부유함을 싹 쓸어 버릴 것인데, 그때 적그리스도의 연합군에 짓밟히면 그 땅은 마치 『**바위의 꼭대기**』처럼 벌거벗은 상태로 전락하게 될 것이다(4절). 특별히 4절에서 투로를 파괴하는 자들을 『**그들**』이라고 말하는데, 이 『**그들**』이란 물론 표면상으로는 바빌론의 군대를 말한다. 하지만 다음 7절에서부터 11절에 이르기까지 바빌론의 느부캇넷살이 많은 군대를 몰고 침공해 왔을 때는 사실상 『**그들**』이라는 복수형 대명사보다는 『**그**』라는 단수형 대명사가 사용되다가, 12절에서 다시 『**그들**』로 바뀐다는 점을 감안한다면, 이것이 적그리스도의 군대라는 사실을 충분히 이해할 수 있을 것이다.

26:7 이는 주 하나님이 그렇게 말하였음이니, 보라, 내가 왕 중의 왕인 바빌론의 느부캇넷살왕을 북쪽으로부터 말과 병거와 기병과 군대와 많은 백성과 함께 투로로 데려오리라.

8 그가 들에서 네 딸들을 칼로 죽일 것이요, 또 그가 너를 대적하여 나무 운제를 만들고 너를 대적하여 토루를 쌓으며 너를 대적하여 방패를 들어올리리라.

9 그는 네 성벽을 향하여 전쟁 기계들을 장치할 것이며 그의 도끼로 네 망대들을 부술 것이라.

10 그의 말들이 많음으로 인하여 그들의 티끌이 너를 덮을 것이며 그가 마치 사람들이 파괴된 곳이 있는 성읍으로 들어가는 것같이 네 성문으로 들어갈 때 네 성벽이 기병들과 수레들과 병거들의 소리에 진동할 것이라.

『**왕 중의 왕인 바빌론의 느부캇넷살왕**』(7절). 느부캇넷살은 세계 대제국의 왕이었는지라 문자 그대로 『**왕 중의 왕**』(a king of kings)이었던 게 사실이나, 왕 중의 왕이라면 우리는 얼른 예수 그리스도를 머리에 떠올리게 된다. 왜냐하면 성경에서는 주님을 일컬어 『**만왕의** 왕』(King of kings)이시라고 말씀하기 때문이다(딤전 6:15, 계 17:14). 하지만 이 둘은 차이가 있다. 느부캇넷살은 왕들 중의 "한 왕"(a king)에 불과

하지만, 예수 그리스도는 만왕을 다스리시는 "그 왕"(the King)이시다. 느부캇넷살은 대표적인 적그리스도의 예표다. 적그리스도는 항상 예수 그리스도를 모방하는데, 여기서도 그리스도를 흉내내기 위해 "왕 중의 왕"으로 나타나는 것이다.

자, 이런 적그리스도가 투로를 공격해 온다.

어디로부터 오는가? 예수 그리스도와 마찬가지로 『**북쪽으로부터**』 온다.

무엇을 이끌고 오는가? 예수 그리스도와 마찬가지로 『**말**』과 『**병거**』를 이끌고 온다.

어떤 군대를 이끌고 오는가? 예수 그리스도와 마찬가지로 『**기병**』을 이끌고 온다(계 19장). 또 마찬가지로 예수 그리스도와 똑같이 『**많은 백성**』을 이끌고 쳐내려 올 것이다(계 19:14). 또 그는 『**칼**』로 죽일 것인데, 예수 그리스도께서도 그렇다(계 19:15).

26:11 그의 말발굽들이 네 모든 거리들을 밟을 것이요, 그가 네 백성을 칼로 죽일 것이며 네 견고한 거점들이 땅으로 무너지게 되리라.

12 그들은 네 재물을 탈취물로 만들 것이요, 네 상품들을 약탈물로 만들 것이라. 또 그들은 네 성벽들을 헐어 내고 네 즐거운 가정들을 파괴하리라. 또 그들은 네 돌들과 목재와 흙을 물 가운데에 버리리라.

13 내가 네 노래 소리를 그치게 할 것이요, 네 하프 소리도 다시 들리지 않게 하리라.

14 내가 너를 바위의 꼭대기같이 되게 하리니 너는 그 위에 그물을 펴 놓는 장소가 되고 더 이상 건축되지 못하리라. 이는 나 주가 그것을 말하였음이라. 주 하나님이 말하노라.

투로는 과거에도 그랬지만, 앞으로도 적그리스도의 군대에 의해 이렇게 될 것이다. 2억의 군대라면 그 성읍을 지나가기만 해도 그 말발굽에 거리는 폐허가 될 것이고 수비대의 거점들이 아무리 견고하다 해도 그 방어벽은 힘없이 무너져 내려 흔적도 없게 될 것이다.

주석자들에 따라서는 『**거점들**』(11절)에 해당하는 "garrisons"에 대해 수호신의 힘을 상징하여 높이 세워 놓은 "형상물"이나 "오벨리스크" 같은 첨탑으로 보기도 한다.

고고학자들에 의하면 투로의 구도시에 그리스의 헤라클레스 신상이 세워져 있었다고도 한다. 어쨌건 이 『**거점들**』이란 성읍의 수비 요충들이었고 그 완강한 힘을 과시하기 위하여 높다란 형상 구조물을 세워 놓았을 수도 있겠다. 더구나 『**땅으로 무너지게 되리라.**』는 서술로 보아 그럴 가능성이 높다.

12절에서 『**재물**』, 『**상품들**』 같은 표현들에서 투로의 풍요와 부유를 짐작할 수 있으며, 또 13절에서는 『**노래 소리**』와 『**하프 소리**』가 그치지 않던 번영의 도시였음을 알 수 있다.

자, 우리는 앞서 7절에서 공격자가 『**왕 중의 왕인 바빌론의 느부캇넷살왕**』인 것을 보았다. 8절에서도 투로에 대한 공격자가 『**그**』(he)였으며, 9절에서도 『**그**』였고, 10절, 11절의 주인공이 모두 단수형 『**그**』였는데, 여기 12절에서는 주인공이 복수형 『**그들**』(they)로 바뀐다는 데에 주목하라. 이것은 느부캇넷살로 예표되는 적그리스도가 "연합군"을 이끌고 와서 그들이 서로 경쟁적으로 피점령지의 재물을 약탈하는 모습을 나타낸다. 그들은 또 재물들만 약탈하는 게 아니라 성벽과 모든 건물들을 파괴해 버리고 거기서 나온 『**돌들과 목재와 흙**』 더미들을 바다로 쓸어 넣음으로써 성읍의 흔적 자체를 말살해 버리고 말 것이다. 투로는 특히 건축용 목재와 돌로 유명했는데, 솔로몬이 성전을 건축할 당시 이 건축자재들을 투로로부터 지원 받았음을 알 수 있다.

『**너는... 더 이상 건축되지 못하리라**』(14절). 바빌론의 느부캇넷살에 의한 침략으로 투로가 사실상 이렇게 되지는 않았다. 투로는 바빌론의 침략 이후에도 재건되었고, 마케도니아의 알렉산더에 의한 침략 이후에도 재건되었으며, 로마 시대에도 시리아의 항구 도시로서 중요한 위치에 있었고, 중세 시대에도 중요한 요새 역할을 담당하였다. 12세기에서 13세기 말에 걸쳐 십자군에 의하여 점령되기도 하다가 이슬람 시대에 거의 몰락하다시피 하여 지금에 이르러 옛 영화는 찾아볼 수 없게 되어 인구 1만 5천 명 가량밖에 안 되는 소도시로 전락하기는 했지만, 어쨌든 지상에서 사라지지 않고 지금도 레바논의 한 도시로 존속하고 있다. 그러나 대환란 때 적그리스도의 군대에 짓밟히게 되면, 그야말로 이 도시는 『**더 이상 건축되지 못하리라.**』는 예언대로 모래 바람만 휘몰아치는 폐허가 되고 말 것이다.

투로가 이같이 완전히 멸망하고 마는 것은 이스라엘이 마지막 구원에 앞서 극심한 고난에 처하게 될 팔레스타인의 전면적 황폐화의 전주곡과도 같을 텐데, 이사야 23장 전체가 이 전주곡에 대한 서술로 되어 있다.

26:15 주 하나님이 투로에게 이같이 말하노라. 네 가운데서 부상당한 자가 울부짖고
사람이 살해될 때 너의 넘어지는 소리에 섬들이 진동하지 아니하겠느냐?
16 그때 바다의 모든 통치자들이 그들의 보좌에서 내려와 그들의 의상을 제쳐놓
고 그들의 수놓은 옷을 벗으며 그들은 떨림으로 옷입고 땅에 앉아서 너를 보
고 매순간 떨며 놀라리라.
17 그들이 너를 위해 애가를 지어 네게 말하기를 "배를 타는 사람들의 처소였고
바다에서 견고하고 유명한 성읍이었으며 너와 너의 거민들이 너에게 왕래한
모든 자들 위에 공포를 일으켰는데 어찌하여 네가 멸망하였는가!" 하리라.
18 이제 너의 무너지는 날에 그 섬들이 떨 것이요, 정녕, 바다에 있는 섬들이 네
가 떠나는 것에 불안해 하리라.

여기서 『**섬들**』(15절)이 무엇을 말하는지 정확하게 알 수는 없지만, 어쩌면 이 도시를 중심으로 활발히 왕래하면서 무역 활동을 하던 지중해 주변의 여러 도시들을 말하는지도 모르겠다. 해상 무역의 거점 도시로 번영을 누리던 투로가 멸망하는 것을 보고 이 도시를 중심으로 활동하던 주변 도시들이 큰 충격을 받게 될 것인즉, 『**섬들이 진동하지 않겠느냐?**』라는 말은 이에 대한 묘사일 수도 있겠다. 그러나 이 역시 실제로는 대환란 때의 광경임을 잊지 말라.

『**그때 바다의 모든 통치자들이 그들의 보좌에서 내려와...**』(16절). 투로가 당하는 이러한 상황에 대해서 바다의 왕들이 두려워하며 떨고 있다. 그런데 우리는 이와 비슷한 상황을 요한계시록 18장에서 바빌론의 멸망에서 볼 수 있다. 『**그녀와 더불어 행음하고 즐기며 살던 땅의 왕들이 그녀가 불에 타는 연기를 볼 때 그녀로 인하여 울며 애곡하리니, 그들은 그녀가 당하는 고통이 두려워 멀리 서서 말하기를 '슬프도다, 슬프도다, 큰 도성 바빌론이여 견고한 도성이여! 일시에 너의 심판이 임하였구나!'라고 하리라. 또 땅의 상인들도 그녀로 인하여 울고 애통하리니 이는 이제 자기들의 상품을 사는 사람이 더 이상 없기 때문이니라... 그녀로 인하여 치부한 이런 상품들의 상**

인들이 그녀가 당하는 고통을 무서워하며, 멀리 서서 울고 통곡하여』(계 18:9-15).

『**큰 도성**』 바빌론은 어디를 말하는가? 그곳은 "마귀들의 거처"이고 "온갖 더러운 영의 소굴"이고, "모든 더럽고 가증한 새의 소굴"이다. 모든 민족들이 그녀와 음행했던 그 도시이다(계 18:2,3). 이사야 23:8에서는 투로를 『**면류관을 쓴 성읍**』이라고 묘사하고 있는데, 바로 이러한 『**큰 도성**』 바빌론의 최후가 투로의 최후와 똑같게 묘사되고 있는 것이다. 이렇게 볼 때, 우리는 투로 역시 『**마귀들의 거처**』인 바빌론의 또 다른 유형임을 알 수 있다. 『**큰 도성**』 바빌론이 거대한 종교 집단인 "로마 교회"를 지칭하면서 요한계시록에서 그 최후를 묘사하고 있다면, 에스겔 26장에서는 이사야 23장과 함께 『**면류관을 쓴 성읍**』 투로가 바로 그 종교 집단임을 지칭하면서 그 최후를 서술하고 있는 것이다. 따라서 『**바다의 모든 통치자들**』(겔 26:16)은 곧 스페인, 이태리, 남미제국들, UN 등과 같은 "로마 교회"의 동맹국들이다. 이들이 모두 가증한 거대 종교 집단인 "로마 교회"가 당하는 그 엄청난 파멸을 목도하면서 『**떨림으로 옷 입고 땅에 앉아서... 매순간 떨며**』 놀랄 것이다.

26:19 주 하나님이 이같이 말하노니 내가 너를 사람이 살지 않는 성읍들처럼 황폐한 성읍으로 만들리라. 내가 깊음을 네 위에 가져오고 큰 물로 너를 덮을 때
20 내가 옛날 사람들과 구렁 속으로 내려가는 자들과 함께 너를 데리고 내려와서 너를 땅의 낮은 부분들, 즉 옛날의 황폐한 처소에다 구렁에 내려간 그들과 함께 놓아두리니 이는 너로 사람이 거하는 곳이 되지 못하게 하려 함이라. 그러나 내가 산 자들의 땅에는 영광을 세우리라.
21 내가 너를 몰락하게 하리니 너는 더 이상 존재하지 못하리라. 주 하나님이 말하노니 사람들이 너를 찾는다 해도 결코 다시는 만나지 못하리라.

자, 이 구절들에서 『**깊음**』, 『**구렁 속**』, 『**땅의 낮은 부분들**』이 겨우 투로 앞 바다 지중해 정도로 여겨지는가? 천만에! 결코 그렇지는 않으리라. 요한계시록 20장을 보라. 『**또 내가 보니, 한 천사가 하늘에서 내려오는데, 그의 손에는 끝없이 깊은 구렁의 열쇠와 큰 사슬을 가졌더라. 그가 그 용을 잡으니, 곧 마귀요 사탄인 옛 뱀이라. 그를 천 년 동안 묶어 두니 그를 끝없이 깊은 구렁에 던져서 가두고 그 위에 봉인하여 천 년이 찰 때까지는 민족들을 다시는 미혹하지 못하게 하더라**』(계 20:1-3). 주님께서는

『**그 용**』, 즉 『**마귀요 사탄인 옛 뱀**』을 잡아 이 『**끝없이 깊은 구렁**』에 가두고 봉인해 버리실 것이다.

마귀에게는 문자 그대로 영원한 멸망이 기다리고 있을 뿐이다. 번영의 도시 투로가 지상에서 그 자취를 감추어 버리듯, 『**큰 도성**』 바빌론도 지상에서 사라져 없어질 것이다.

『**그러나 내가 산 자들의 땅에는 영광을 세우리라.**』 "죽은 자들"이 구원받지 못하고 『**구렁 속으로 내려가는**』 자들이라면, 『**산 자들**』은 구원받은 사람들이다. 이 구원받은 사람들의 땅에는 하나님의 영광을 세우시겠다고 말씀하신다. 이것은 물론 천년왕국 시대의 모습이다. 구원받은 우리들 가운데에는 말씀이 거하시는지라, 우리들은 지금 이미 그분의 은혜와 진리가 충만한 가운데서 영적으로 그분의 영광을 보고 있다(요 1:14). 그러나 천년왕국 시대에는 우리들 구원받은 사람들이 왕이신 예수 그리스도의 영광을 실제적으로 보는 가운데 땅의 유업을 다스리는 통치자들이 되어 있을 것이다.

에스겔 27장

27:1 주의 말씀이 다시 내게 임하여 말씀하시니라.
2 너 인자야, 이제 투로를 위해 애가를 지어
3 투로에게 말하라. 오 너 바다 어구에 위치한, 많은 섬들을 위한 백성들의 거래
상아, 주 하나님이 이같이 말하노라. 오 투로야, 네가 말하기를 "나는 완전하게
아름답다." 하였도다.
4 네 접경이 바다 가운데 있고 너를 세운 자들이 너의 아름다움을 완전하게 하였
도다.
5 그들은 스닐의 전나무들로 네 배의 모든 널을 만들었으며 레바논에서 백향목
을 가져다가 너를 위하여 돛대들을 만들었도다.
6 바산의 상수리나무로 네 노를 만들었으며 아술인들의 무리가 킷팀 섬에서 가
져온 상아로 네 갑판들을 만들었도다.

27장은 투로에 대한 애가로 시작한다. 이 "애가"란 단순히 슬픈 노래가 아니라 죽음을 슬퍼하는 "애곡"이요, 장송곡이다. 다시 말해서 투로가 영원한 죽음 속으로 이제 사라져 버리는 찰나에 와 있는 것으로 27장은 시작한다.

이 투로가 마귀와 관련된다는 사실은 3절의 『**"나는 완전하게 아름답다."**』는 말에서도 충분히 알 수 있다. 28:15에서는 투로왕에 대해서 『**네가 창조된 날로부터 죄악이 네게서 발견되기까지 너는 네 길에 완벽하였도다.**』라고 말하고 있으며, 28:12에서도『**너는 완전한 규모를 확정하는 자라. 지혜가 충만하고 아름다움이 완벽하도다.**』라고 말하고 있는데, 이는 실상 마귀에 대해서 하고 있는 말이다. 또 본문 3절에서 투로라는 도시를 향해『**오 투로야, 네가 말하기를...**』이라고 의인화해서 말한 것을 보면, 이 "투로"는 단순한 도시가 아니라 어떤 특정한 인격적인 존재임을 알 수 있는 것이다.

5,6절은 투로를 한 척의『**배**』로 묘사하고 있는데, 4절에서 언급되는『**너를 세운 자들**』이『**투로**』라는『**배**』를 건조하는 데에『**스닐의 전나무들**』과『**레바논의 백향목**』, 즉 고귀한 목재들을 사용하였다고 언급한다.

아모리인들은 헤르몬산을『**스닐**』(Senir)이라고 불렀다(신 3:9). 그러니까『**그들**』이 헤르몬산의 품질이 좋기로 유명한 전나무들을 갖다가 "투로호"라는 호화 선박을 건조했다는 것이다.

『**레바논**』(Lebanon)은 카나안 북쪽의 산악지대를 일컫는다. 레바논 지역은 유프라테스강 유역과 함께 하나님께서 이스라엘 백성에게 약속하셨던 땅의 가장 북쪽 경계에 위치한다(신 1:6,7; 11:24, 수 12:7).

헤르몬산은 전나무 산지로 유명하였고, 레바논 산지는 백향목으로 유명하였다. 솔로몬이 성전을 지을 때 이 레바논의 나무와 돌을 사용하였다(왕상 5:5-18).

『**바산**』(Bashan)은 아모리인 옥(Og)의 왕국으로, 남쪽으로는 길르앗으로부터 북쪽으로는 헤르몬산까지가 그 경계였는데, 양질의 상수리나무 산지로 유명하였다.

『**아술인들**』(Ashurites)은 이스르엘 북쪽 요단 서부지역에 살고 있던 족속이었다.

『**킷팀**』(Chittim)은 성경에서 흔히 그리스를 지칭하고, 때에 따라서는 이태리를 가리키기도 한다.『**킷팀 섬**』이라면 그리스의 쿠푸로 섬을 말한다.『**킷팀**』은 원래 야펫의 넷째 아들 야완의 후손들을 일컫는다. 아술인들이 킷팀 섬에서 가져온 상아로 배의 갑판들을 만들 정도라면 이 배는 그야말로 호화 선박이다.

27:7 이집트에서 들여온 수놓은 세마포로 항해하기 위해 펼치는 것을 만들었으며
엘리샤의 섬들에서 들여온 청색과 자색으로 너를 덮는 것을 만들었도다.
8 시돈과 아르왓 거민들이 네 선원들이 되었도다. 오 투로야, 네 가운데 있는 너
의 현자들이 네 선장들이 되었도다.

9 **그발의 노인들과 그곳의 현자들이 네 안에서 뱃밥으로 틈을 막는 자가 되었으**
며 바다의 모든 배들은 그들의 선원들과 더불어 네 안에서 네 상품을 차지하
였도다.
10 **페르시아와 룻과 풋의 사람들이 네 군대에서 네 전사들이 되었고 그들이 네**
안에 방패와 투구를 달았으며 그들이 네 아름다움을 나타냈도다.
11 **아르왓 사람들은 네 군대와 함께 네 성벽 주위에 있었고 감맛인들은 네 망대들**
안에 있었으며 그들은 네 성벽 주위에 그들의 방패들을 달았고 그들은 네 아
름다움을 완벽하게 하였도다.

『**엘리샤**』(Elishah, 7절)는 야벳의 아들 야완의 큰아들로 헬라인의 주류인 이올리안족(Aeolians)의 조상이 되었다. 그래서 『**엘리샤의 섬들**』이란 그리스나 마케도니아에 속한 섬들을 일컫는데, 가령 그리스의 펠로포네스 섬은 최상품의 세마포 산지로 유명하였다.

『**시돈**』(Zidon, 8절) 역시 팔레스타인의 거의 최북단에 위치한 지중해 연안 항구 도시로 『**투로**』의 북쪽에 위치하는데, 투로와 마찬가지로 해상 무역이 발달하고 물산이 풍요로웠던 것으로 전해진다.

『**아르왓**』(Arvad, 8절)은 시돈에서 멀지 않은 곳에 위치했던 섬으로 현재는 "루앗"이라 불리는데, 시돈과 마찬가지로 주민들 모두가 항해 기술이 뛰어났던 것으로 알려져 있다. 항구 도시나 섬들처럼 해상 교통이 발달한 도시의 주민들이 특히 고도의 항해 기술을 갖는다는 것은 당연한 일이겠지만, 이 구절에서 보듯이 『**선장**』급은 그래도 역시 투로의 『**현자들**』이 맡았고, 『**선원**』급은 시돈과 아르왓의 능숙한 뱃사람들로 충당했다.

『**그발**』(Gebal, 9절)은 페니키아의 한 도시로 현재의 베이루트와 트리폴리 사이에 있는데, 옛부터 일꾼들이 솜씨 좋기로 유명한 곳이었던 모양이다. 지금 에스겔 27장에서 언급되고 있는 투로나 시돈 등이 모두 고대 페니키아 지방의 성읍들이다.

"페니키아"란 현재의 시리아나 레바논 해안 지대의 고대 지명이다. 페니키아는 정치적으로 통일 국가를 이룩한 적은 없으나, 해안 도시들을 중심으로 도시 연맹의 형태를 띠면서 옛부터 해상 무역을 주로 하던 지역인데, 주민들은 히브리인 및 아람인과 함께 셈족인 카나안계에 속하지만 오래전에 혼혈을 이루고 살아 왔다. 지리적으로 메소포타미아와 이집트의 접점에 위치하여, B.C. 3000년 기에는 주로 이집트와의 통상이 활발하였으나, B.C. 2000년 기에 들어서면서 민족 이동의 영향으로 혼란이 일어났었고, 중간기에는 아리안계, 후르리계, 카나안계의 소도시 국가 군으로 분립하였다. 이 시기에 이집트의 상형문자와 크레타의 회화문자에 영향을 받아 발달한 페니키아 고대 문자는 히브리 문자 및 아람 문자와 함께 가장 오래된 알파벳 문자로 알려져 있는데, B.C. 15세기에 이미 22자로 된 자음문자가 완성되었고, 이것이 B.C. 11세기경 페니키아인들의 식민, 무역 활동에 의하여 지중해 연안에 전파되었으며, 그 후 이오니아를 거쳐 B.C. 8세기경 그리스에 전해짐으로써 여기에 모음이 추가되어 현재의 알파벳이 형성되었다.

자, 그러나 배만 크고 호화로운 게 아니다. 이 배에는 또 용감무쌍한 전사들이 타고 있어야 하는데, 『**페르시아와 룻과 풋의 사람들이**』 용병이 되어 화려한 복장에 방패와 투구를 쓰고 갑판 위에 도열함으로써 그 배의 『**아름다움**』을 한층 북돋우고 있다.

『**룻**』(Lud, 10절)은 엘람, 앗수르, 아르박삿, 아람과 함께 셈의 자손인데(창 10:22), 역대기상 1:17에 보면 셈의 자손들 가운데에는 또 우스와 훌과 게델과 메섹이 여기에 더 추가된다. 이사야 66:19에 보면 룻인들이 활쏘기에 능했던 모양인데, 소아시아에 주로 거주하던 이들의 후손들이 북아프리카에 이주하여 리디아국을 세웠다(겔 30:5).

『**풋**』(Phut, 10절)은 쿠스와 미스라임 및 카나안과 함께 함의 아들이었는데(창 10:6, 대상 1:8), 이집트 서쪽의 리비아 지방에 거주하였기 때문에 성경에서 이곳 거민들을 루빔인이라고도 부른다(대하 12:3, 나 3:9). 북아프리카의 에디오피아나 리비아, 그리고 리디아인들은 용맹스러워서 용병으로 많이 뽑혔다.

『**감맛인들**』(Gammadims, 11절)은 성경에서 유독 이 구절 한 군데서만 등장하는데, 이들에 대해서는 사람들마다 설명이 구구각각이어서, 누구는 왜소하지만 용감하기로 유명한 아프리카의 피그미족이라고도 하고, 누구는 또 어떤 거인족이라고도 주장하는가 하면, 또 어떤 사람들은 투로의 거민들로 시리아계 사람들을 일컫는다고도 하고, 누구는 또 어느 특정한 종족을 말하는 게 아니라 그냥 "용감한 전사들"을 일컫는 말이라고도 주장한다.

27:12 타시스는 각종 재물이 많음으로 인해 네 거래상이 되었고 은과 철과 주석과 납을 가지고 그들은 너의 장에서 거래하였도다.

13 **야완과 투발과 메섹은 네 거래상들이었고 그들은 너의 시장에서 사람들과 놋
그릇들을 교역하였도다.**
14 **토갈마 집의 사람들은 말들과 기병들과 노새를 가지고 네 장에서 교역하였도
다.**
15 **드단 사람들은 네 거래상들이었고 많은 섬이 네 손의 상품이 되었으니 그들
은 너에게 선물로 상아와 흑단을 가져왔도다.**

『**타시스**』(Tarshish, 12절)는 스페인의 한 지방으로 각종 금속의 산지로 유명하였는데, 지중해 연안의 각처로 수출되었다.

『**야완**』(Javan, 13절)은 고멜, 마곡, 마대, 투발, 메섹, 티라스 등과 함께 야펫의 아들이었는데, 소아시아 이오니아족의 조상이 되어 그리스인의 주축이 되었다. 그러니까 여기서 『**야완**』이라면, 필경 그리스를 일컫는 것이 분명하다.

『**투발**』(Tubal)과 『**메섹**』(Meshech, 13절) 역시 야펫의 아들들로 그 후손들이 흑해와 카스피해 사이의 지역으로까지 이주하였다는 사실에서 오늘의 러시아를 일컫는 것으로 받아들여지는 게 보통이다. 이들은 놋 그릇뿐만 아니라 『**시장에서 사람들**』을 교역하였다고 언급한다. 말하자면 노예상들이었다는 얘기다.

『**토갈마**』(Togarmah, 14절)는 아스크나스와 리팟과 함께 고멜의 아들이었다(창 10:3). 그러니까 야펫의 손자인 셈이고, 노아의 증손자였던 셈이다. 『**토갈마**』는 고멜의 후손이라는 점에서 아마도 오늘의 독일을 말하는지도 모른다. 학자들에 따라서는 아르메니아인들이라고도 주장한다.

『**드단**』(Dedan, 14절)은 함의 큰아들 쿠스의 아들들 가운데 하나였는데, 아라비아인들을 말한다. 『**상아와 흑단**』은 아프리카의 특산물들인데, 아라비아 상인들이 이런 귀한 상품들을 선물로 가져왔다.

27:16 **시리아는 네 제조품이 풍부함으로 네 거래상이 되었으며 그들은 에메랄드와
자주 옷감과 수놓은 제품과 세마포와 산호와 마노를 가지고 네 장을 차지하
였도다.**
17 **유다와 이스라엘 땅은 네 거래상이었으니 그들은 네 시장에 민닛과 판낙의
밀과 꿀과 기름과 유향으로 교역하였도다.**

18 다마스커스는 네 제조품이 많고 재물이 많으므로 헬본의 포도주와 흰 양털로 네 거래상이었도다.

19 단과 야완도 네 장을 왕래하며 차지하여 백철과 계피와 창포가 네 시장에 있었도다.

20 드단은 병거들을 위한 귀한 옷감으로 네 거래상이었도다.

21 아라비아와 케달의 모든 고관들은 어린양들과 숫양들과 염소들로 너와 거래하였으니 그들은 이것들로 너의 거래상이었도다.

여기서는 주변 국가들의 무역으로, 풍부해진 투로의 모습을 보여 준다.

팔레스타인 북부의 『**시리아**』(16절)는 그 북쪽 경계가 터키에 이르는 광대한 땅을 차지하고 있던 왕국으로 특히 풍부한 면화 생산으로 고급 면직물 공업이 발달하였고 귀금속 가공업도 발달하였는데, 시리아인들은 또 특히 상업적인 소질이 우수하였다.

『**유다와 이스라엘**』(17절)이라고 해서 이들과 교역을 하지 않았을 리가 없거니와, 유대인들은 특히 농산물을 이 시장에 내다 팔았다.

『**민닛**』(Minnith, 17절)은 암몬의 동쪽에 위치한 지명이었지만(판 11:33), 『**판낙**』(Pannag)은 그 위치가 확실치 않다. 이들 지역은 특히 양질의 밀 생산지였던 모양이다. 솔로몬이 성전을 건축할 당시 레바논의 목재를 공급해 주었던 투로 왕 히람은 솔로몬에게 식량 공급을 그 대가로 요청했던 것을 본다(왕상 5:9).

시리아의 『**다마스커스**』(18절) 역시 풍부한 농축산물 집산지였는지라, 『**투로**』와 교역하였을 것은 분명하다.

『**단**』(Dan, 19절)은 카나안 지역의 가장 북단에 위치한 성읍이었다. 『**백철**』이란 표면을 매끄럽게 가공한 철물을 일컫는데, 『**단**』은 특히 양질의 칼 생산으로도 유명하였다고 한다.

『**케달**』(Kedar, 21절)은 아라비아 북서부 지방의 유목민들 가운데 가장 큰 족속이었는지라, 그들의 상품은 역시 양들과 염소들이었다.

27:22 시바와 라아마의 상인들도 네 거래상이 되어 모든 향료 중 최상품과 모든 보석과 금으로 네 장을 차지하였도다.

23 하란과 칸네와 에덴과 시바와 앗수르와 킬맛의 상인들도 네 거래상들이었도

다.

24 **이들이 모든 품목에 있어 네 거래상들이었으니, 즉 푸른 옷감과 수놓은 제품**
이며 네 상품 가운데서 백향목으로 만들어 끈으로 묶은 값비싼 옷을 담은 상
자라.

25 **타시스의 배들은 네 시장에서 너를 노래하였고 너는 다시 채워졌으며 바다**
가운데서 심히 영화롭게 되었도다.

『**시바**』(Sheba, 22절)는 아라비아에서도 가장 부유했던 성읍이었고, 『**라아마**』(Raamah)는 시바의 인근 성읍이었다. 시바와 라아마의 상인들은 대상을 통하여 고급 향료들을 인도로부터 들여왔고, 그것을 투로의 시장에 내다 팔았다.

『**하란**』(Haran, 23절)은 아브라함이 우르를 떠나 이주해 살았던 메소포타미아 지역의 한 지방이었다. 『**칸네**』(Canneh)는 티그리스강 유역에 위치한 앗시리아의 한 도시였고, 『**에덴**』(Eden)은 아마도 유프라테스강 유역에 있던 아라비아의 한 곳이었을 것이다(사 37:12). 『**킬맛**』(Chilmad)은 유프라테스강 건너의 꽤 큰 성읍이었던 것으로 알려져 있다.

27:26 **네 노 젓는 자들이 너를 큰 바다로 데려왔더니 동풍이 바다 가운데서 너를**
파선시켰도다.

27 **네 재물과 네 장과 네 상품과 네 선원들과 네 선장들과 네 뱃밥으로 틈을 막**
는 자와 네 상품을 거래하는 자들과 네 안에 있는 네 모든 전사들과 네 가운
데 있는 모든 무리가 네 파멸의 날에 바다 한가운데로 빠질 것이라.

28 **그 주변이 네 선장들의 울부짖는 소리에 진동하리로다.**

29 **노를 잡은 모든 자들과 선원들과 바다의 모든 선장들이 그들의 배에서 내려**
와서 육지 위에 설 것이며

30 **그들의 목소리는 네게 들리게 되고 그들은 비통하게 울부짖으며 그들의 머리**
위에 티끌을 붓고 스스로 재 가운데서 뒹굴리라.

자, 투로가 어떻게 영화롭게 되었는지에 대한 환상적인 묘사는 25절에서 종결되었다. 그리고 이제부터는 그러한 투로가 몰락하여 더 이상 존재하지 못하게 하시는 하나님의 심판 이야기로 화제는 갑자기 바뀐다.

『**동풍이 바다 가운데서 너를 파선시켰도다**』(26절). 『**동풍**』이란 레바논 지역으로부터 지중해 쪽으로 불어오는 사나운 바람으로 유명하다. 『**동풍**』이라면 동쪽에서 서쪽으로 불어오는 바람이다. "동에서 서"로 불어오는 바람, 성경에서 좋은 일들은 대부분 "동에서 서로" 향했음을 우리는 잘 알고 있다. 예수 그리스도께서도 재림하실 때 동쪽 올리브산에서 서쪽 예루살렘을 향하여 내려오신다. 그분을 맞아드릴 천년왕국의 성전 대문은 그래서 "동문"이다. 그분께서는 이 동쪽 문을 통과하셔서 성전 뜰을 거쳐 서쪽에 있는 성소 안으로 들어가실 것이다. 반면 성경에서 나쁜 일들은 대부분 거꾸로 "서에서 동으로" 향하고 있음 또한 우리는 잘 알고 있다. 그런데 『**투로**』는 동에서 서로 불어오는 바람에 의하여 파선된다고 26절은 언급한다. 그러니까 이 선박을 파선시키는 그 『**동풍**』은 "좋은" 바람이다.

성경은 스페인의 선박들 역시 이 『**동풍**』으로 부수신다고 말씀한다. 『**주께서 동풍으로 타시스의 배들을 부수셨나이다**』(시 48:7). 마귀는 "동쪽"에서 오시는 예수 그리스도에 의하여 진멸되어 최후를 맞게 될 것이다.

『**네 재물과 네 장과 네 상품과... 네 파멸의 날에 바다 한가운데로 빠질 것이라**』(27절). "투로" 하면 언제나 따라붙는 것이 『**재물**』, 『**장**』, 『**상품**』 같은 장사나 교역과 관련되는 단어들인데, 여기 27장은 그 전체가 『**투로**』의 이러한 면모를 부각시키고 있는 장이다.

그런데 한편, 우리는 요한계시록 18장에서 『**큰 도성 바빌론**』(계 18:10)으로 지칭되는 마귀에게 심판이 임하는 것을 보고 땅의 상인들이 울고 애통하는 모습을 본다. 그 이유는 『**자기들의 상품을 사는 사람이 더 이상 없기 때문**』이다(계 18:11). 『**그 상품들은 금과 은과 보석과 진주와 세마포와 자주색 옷감과 비단과 주홍색 옷감과 각종 향목과 각종 상아 제품과 아주 진귀한 각종 목재 제품과 놋 제품과 철 제품과 대리석 제품과 계피와 향료와 향유와 유향과 포도주와 기름과 고운 가루와 밀과 짐승들과 양과 말과 마차와 노예들과 사람들의 혼들이라**』(계 18:12,13). 요한계시록 18장에서 언급되는 이러한 갖가지 상품들이 에스겔 27장의 투로에서 거래되던 상품들과 거의 어쩌면 이렇게 정확하게 일치할 수가 있을까! "사람들의 혼들"만 상품 목록에서 제외하면 요한계시록 18장이나 에스겔 27장이 다를 게 하나도 없다. 성령께서는 지금 투로라는 도시를 통해서 『**큰 도성 바빌론**』, 또 『**투로 왕**』이라는 마귀에게 심판을 예고하시는 것이다.

『**그 주변이 네 선장들의 울부짖는 소리에 진동하리로다**』(28절). "투로"라는 거대한 선박이 "동풍"에 파선하는 바람에 그녀와 거래하던 주변의 "선장들"이 울부짖는다. 이들이 애곡하는 장면이 요한계시록 18장에서도 서술되고 있고(계 18:9,10), 예레미야도 역사적으로 실재했던 바빌론의 멸망을 바라다보면서 똑같은 방식으로 마귀가 멸망하는 광경을 묘사하고 있으며(렘 50:46), 이사야 역시 바빌론에 대한 엄중한 말씀을 기록하고 있다(사 13:6-9).

『**큰 도성 바빌론**』의 멸망은 『**주의 날**』과 함께 이루어질 것을 예고한다. 이것은 에스겔 27장에서 예고되는 투로의 멸망, 바로 그것이다. 이때 로마 카톨릭의 앞잡이 노릇을 하던 모든 정치 세력과 종교 집단들과 이 "창녀 교회"와 야합하던 모든 "기독교계"의 종교 집단들은 함께 망할 것이다(29,30절).

27:31 또 그들은 너를 위하여 완전히 머리를 밀고 굵은 베로 띠를 두르며 마음의 아픔과 쓰라린 통곡으로 너를 위하여 울리라.

32 그들이 통곡할 때에 너를 위해 애가를 지어 너에게 애도하여 말하기를 "어떤 성읍이 바다 가운데서 파괴된 자, 곧 투로와 같은가?" 하리라.

33 네 제품들이 바다에서 나갈 때 너는 많은 사람들을 풍족하게 하였으며 너는 재물과 네 상품의 많은 것으로 세상의 왕들을 풍요하게 하였도다.

34 네가 물들의 깊은 곳에서 바다에 의해 파선될 때에 네 상품과 네 가운데 있는 네 모든 무리들이 빠지리라.

35 섬들의 모든 거민들이 너로 놀랄 것이며 그들의 왕들이 매우 두려워하리니 그들의 얼굴에 괴로움이 있으리라.

36 백성 가운데 있는 상인들이 너를 비웃으리니 너는 몰락하여 결코 더 이상 존재하지 못하리라.

이미 멸망하여 폐허가 돼버린 『**투로**』를 보고 애통해 하는 자들의 애도(32절)가 마치 요한계시록 18장에서 멸망하여 황폐케 된 "큰 도성 바빌론"을 두고 『**'이 큰 도성 같은 도성이 또 어디 있겠는가!'**』라고 탄식하는 장면과 정확하게 일치한다.

사람이 죽었을 때 애곡하면서 머리를 미는 것은(31절) 페니키아의 이교도들이나 하던 풍습이었고, 유대인들에게는 금지돼 있던 행위였다(신 14:1). 그러니까 "큰 도성 바빌론"이 멸망하더라도 그것을 슬퍼하며 머리를 밀고 애곡하는 사람들 가운데 "하나님의 거룩한 백성이요 독특한 백성"은 한 사람도 있을 수가 없다는 것을 우리는 여기서 볼 수 있다.

『**네가 물들의 깊은 곳에서 바다에 의해 파선될 때에**』(34절). 자, 큰 도성 바빌론, 곧 투로는 파선하게 된다. 요한계시록 13:1에서 일곱 머리와 열 뿔을 가진 이 짐승이 『**바다**』에서 올라오지만, 그것은 다시 "깊은 곳"으로 떨어지고 말 것이다. 이와 연관하여 이사야 14장은 이렇게 말씀한다. 『**오 아침의 아들 루시퍼야, 네가 어찌 하늘에서 떨어졌느냐! 민족들을 연약하게 하였던 네가 어찌 땅으로 끊어져 내렸느냐! ...그러나 너는 지옥까지 끌어내려질 것이요, 구렁의 사면에까지 끌어내려지리라. 너를 보는 자들이 너를 자세히 살펴보고 숙고하여 말하기를 "이 자가 땅을 떨게 하고, 왕국들을 진동시켰으며, 또 세상을 광야같이 만들었고, 그 성읍들을 멸망시켰으며, 그의 갇힌 자들의 집을 열어주지 않았던 그 사람이냐?" 하리라**』(사 14:12,15,16).

"아침의 아들 루시퍼," 곧 사탄은 하늘에서 떨어졌다. 이사야 14:23을 보면 마귀는 하나님의 "멸망의 빗자루"로 쓸어버림을 당하고 영원히 사라지고 만다. 그것이 언제인가? 바로 대환란 끝이다.

『**백성 가운데 있는 상인들이 너를 비웃으리니**』(36절). 그 자의 멸망을 보고 애곡하던 『**상인들**』이었지만, 이제는 멸망으로 끝나 『**더 이상 존재하지**』 못하게 된 그를 비웃게 된다. 그들은 미혹되었다는 것을 깨닫게 될 것이다(계 18:23). 그러나 그 자를 비웃는다고 해서 그들의 죄가 용서되거나 감면되는 게 아니다. 『**네 가운데 있는 모든 무리가 네 파멸의 날에 바다 한가운데로 빠질 것이라.**』(27절)라고 성경은 분명히 말씀하고 있기 때문이다.

에스겔 28장

28:1 주의 말씀이 다시 내게 임하여 말씀하시니라.
2 인자야, 투로의 통치자에게 말하라. 주 **하나님이 이같이 말하노라. 네 마음이**
높아졌으므로 네가 말하기를 "나는 하나님이라. 나는 바다들 가운데 있는 하나
님**의 자리에 앉아 있도다." 하는도다. 네가 네 마음을** 하나님**의 마음처럼 정할**
지라도 너는 사람이지 하나님**이 아니니라.**
3 보라, 네가 다니엘보다 더 현명하여 그들이 네게서 숨길 수 있는 비밀이 없고
4 네 지혜와 네 명철로 네가 재물을 얻었으며 네 창고에 금과 은을 채웠도다.
5 네 큰 지혜와 네 교역으로 네가 재물을 늘렸으며 네 마음이 네 재물로 인하여
높아졌도다.

『**인자야, 투로의 통치자에게 말하라.**』(2절). 여기서의 『**투로의 통치자**』는 12절의 『**투로 왕**』보다는 한 단계 "아래"에 있는 존재인데, 12절의 투로 왕이 마귀 자신을 말한다면, 여기서의 투로의 통치자는 적그리스도라고 말할 수 있다.

『**나는** 하나님**이라**』(2절). 교만은 마귀의 가장 두드러진 속성이다. 그래서 마귀는 『**모든 교만의 자식들을 다스리는 왕**』(욥 41:34)인데, 이사야 14장에서도 그의 이러한 면이 잘 나와 있다. 『"**내가 하늘에 올라가서 내가 내 보좌를** 하나님**의 별들보다 높일 것이요, 내가 또한 북편에 있는 회중의 산 위에 앉으리라. 내가 구름들의 높은 곳들**

위로 올라가, 내가 지극히 높으신 분**같이 되리라.**"』(사 14:13,14). "내가 ~하리라."라는 생각은 기본적으로 교만을 반영한다. 교만은 멸망의 길잡이라고 성경은 말씀한다. 『**교만은 멸망에 앞서 있으며 거만한 영은 몰락에 앞서 있느니라**』(잠 16:18). 교만한 자들은 하나님의 계명에서 떠난 자들인지라 하나님께서 꾸짖으시고 저주하신다(시 119:21). 그래서 성경에 등장하는 인물들 가운데 교만한 자로서 패망하지 않았던 사람은 하나도 없다.

『**나는** 하나님**이라. 나는 바다들 가운데 있는** 하나님**의 자리에 앉아 있도다.**』(2절)라는 구절은 『**멸망의 아들**』(살후 2:3)인 "사람," 즉 적그리스도가 데살로니가후서 2:4에서 하는 짓 그대로임을 서술한다. 『**그는 대적하는 자며, 또** 하나님**이라고 불리는 모든 것과 숭배받는 대상 위에 자신을 높여** 하나님**의 성전에 앉아** 하나님**처럼 보여 자신을** 하나님**이라고 하느니라**』(살후 2:4).

그런데 여기에 문제가 하나 있다. 에스겔 28:2에서는 이 자가 『하나님**의 성전**』에 있는 『하나님**의 자리**』에 앉아 있는 게 아니라 『**바다들 가운데 있는** 하나님**의 자리**』에 앉아 있다고 말하기 때문이다. 그러나 사실은 『하나님**의 자리**』, 곧 하나님의 보좌가 『**바다들 가운데**』 있다고 말해도 하나도 이상할 게 없는데, 이것은 시편 29:3에서도 충분히 알 수 있다. 『**주의 음성이 물 위에 있도다. 영광의** 하나님**께서 천둥 소리를 내시며 주께서 많은 물 위에 계시도다.**』 하나님의 보좌는 이처럼 "물들 위에" 있다. 마귀가 이것을 모를 리 없는지라 그는 『**나는 바다들 가운데 있는** 하나님**의 자리에 앉아 있도다.**』라고 말하고 있는 것이다. 성전은 하나님의 보좌가 있는 셋째 하늘의 모형이다. 그러니까 적그리스도가 『**자신을 높여** 하나님**의 성전에 앉아** 하나님**처럼 보여 자신을** 하나님**이라고**』 속인다는 말은 정확한 표현이다.

『**네가 네 마음을** 하나님**의 마음처럼 정할지라도 너는 사람이지** 하나님**이 아니니라**』(2절). 마귀는 "사람"으로 나타나기는 하지만 어디까지나 마귀이지, "사람"은 아니다. 그런데 여기 2절에서는 그를 향하여 『**너는 사람...**』이라고 지적하신다. 그 이유는 지금 여기 12절에서 『**투로 왕**』(the prince of Tyrus)이라는 한 "인물"을 상대로 말씀하기 때문이다.

이 구절은 마귀가 육화하여 지상에 나타날 때 『**사람**』으로 나타난다는 사실을 명백하게 천명한다. 그는 『**멸망의 아들**』(요 17:12, 살후 2:3)이라 일컬어지는 『**사람**』으로 지상에 등장한다. 그가 비록 "용"으로부터 권세를 받고 사람들에게 경배를 받으며, 『**성도들과 싸워 그들을 이기는 권세를 받았으며 모든 족속과 언어와 민족을 다스리는 권세**』를 받았을지언정(계 13:4-7), 그는 "사람"이다. 마귀가 "사람"의 몸을 입고 나타난 존재가 곧 적그리스도다. 예수 그리스도께서는 "사람"이셨지만, 주 하나님이셨다. 마찬가지로 적그리스도는 "사람"이지만, 마귀다. 그래서 여기 2절에서 "사람"으로 나타난 『**투로의 통치자**』(2절)는 적그리스도에 해당한다고 볼 수 있다.

『**보라, 네가 다니엘보다 더 현명하여 그들이 네게서 숨길 수 있는 비밀이 없고**』(3절). 2절에서는 마귀가 지상에 사람으로 육화하여 나타나 『**멸망의 아들**』이 된다는 사실을 밝혔다면, 이 3절은 마귀가 또 "선지자"로 나타난다는 사실을 밝힌다. 그는 "선지자"로서 『**다니엘보다 더 현명하여**』 모르는 것이 없는지라, 그에게 무엇 하나 숨길 수가 없다. 그래서 마귀는 무섭다. 마귀는 당신에 대하여 속속들이 다 알고 있다. 이것은 하나님께서 당신에 대하여 속속들이 다 알고 계신 것과 마찬가지인데, 한 가지 다른 점은 마귀의 경우 당신이 진리에 접근하면 할수록 당신에게 공격해 온다는 사실이다. 마귀는 이처럼 『**다니엘보다 더 현명**』한 지혜를 지니고 "선지자" 행세를 하게 되는데, 이것을 성경은 "거짓 선지자"라고 지칭한다. 또 "마귀"에 "마귀들"이라는 복수형이 있는 것처럼 "거짓 선지자"도 복수형이 되어 "거짓 선지자들"로 나타나기도 한다.

28:6 그러므로 주 하나님이 이같이 말하노라. 네가 네 마음을 하나님의 **마음처럼 정하였으니**

7 보라, 그러므로 내가 타국인들, 즉 민족들 중에서 무서운 자들을 네게 데려오리니 그들이 네 지혜의 아름다움을 치려고 그들의 칼을 뺄 것이요, 또 그들은 네 광채를 더럽히리라.

8 그들은 너를 구렁으로 내리리니 그리하면 너는 바다 가운데서 죽임당한 자들의 그 죽음으로 죽으리라.

9 네가 그래도 너를 죽이는 자 앞에서 나는 하나님**이라 말하겠느냐? 너는 너를 죽이는 자의 손에서 사람이지** 하나님**이 아니니라.**

10 너는 타국인들의 손에 의해 할례받지 않은 자의 죽음으로 죽으리라. 이는 내가 그것을 말하였음이니라. 주 하나님이 말하노라.

구약에서 투로는 특히 재물과 관련하여 언급되는 수가 많고, 따라서 그 멸망도 결국은 그 재물로 인한 교만에서 기인한다(슥 9:3,4). 여기 28:7에서도 『**투로의 통치자**』에 대한 하나님의 응징이 예언되는데, 그 이유가 교만에 있다.

이에 하나님께서는 그에게 응징을 예고하시는데, 『**민족들 중에서 무서운 자들**』(7절)을 데려다가 그들로 하여금 칼을 빼 그를 치게 하겠다는 것이다. 표면적으로는 『**민족들 중에서 무서운 자들**』이란 표독하기로 이름난 바빌론의 칼데아인들을 일컫는지도 모르지만, 여기서 『**투로의 통치자**』가 적그리스도를 지칭한다는 점에서 이 『**무서운 자들**』은 칼데아인들이 될 수가 없다. 요한계시록 19장에 보면 재림하시는 예수 그리스도께서 "하늘에 있는 군대들"을 이끌고 오시는 것을 우리는 보는데, 이 군대들은 모두가 구원받아 하늘에 올라가 있던 사람들이다. 성경에 의하면 구원받은 사람들은 『**거룩한 민족이요 독특한 백성**』(벧전 2:9)들이다. 그런데 이 『**거룩한 민족이요 독특한 백성**』이 또 『**타국인 같고 순례자 같은**』 사람들이다(벧전 2:11). 이 『**민족**』이 예수님께서 재림하실 때, 정결한 세마포를 입고 흰 말을 타신 그분을 따라 온다(계 19:14). 『**눈은 불꽃 같고 머리에는 많은 왕관이 있고... 피에 적신 옷을**』 입으셨으며, 『**입에서는 예리한 칼이 나와서 그것으로 민족들**』을 치시는 그분을 따라오는 이 『**민족**』들이야말로 『**민족들 중에서도 무서운 자들**』이 아닐 수 없다. 이들은 『**타국인**』이지만(벧전 2:11) 주님의 군대인지라 그야말로 천하무적이다.

이들이 『**네 광채를 더럽히리라.**』고 7절은 예고한다. 마귀는 "빛"이신 예수 그리스도를 흉내 내어 『**빛의 천사로 가장하기 때문**』에(고후 11:14) 그에게서도 광채가 난다. 그러나 마귀는 멸망당함으로써 그 광채 역시 사라지고 말 것이다. 이글이글 불타는 불못에 던져지면 그 불꽃에 그의 가짜 광채도 사그라들고 말 것인데, 실은 불못에 들어가기 전에 벌써 마귀 안에 있는 불이 나와 스스로를 불태워 버리게 될 것이다(18절).

『**그들은 너를 구렁으로 내리리니**』(8절). 사실 『**구렁**』은 마귀의 고향이나 다름없다. 왜냐하면 마귀는 『**끝없이 깊은 구렁의 천사**』이고 또 그 구렁의 『**왕**』이기 때문이다(계 9:11). 이 자는 전에는 지상에서 활동했다가 지금은 다시 구렁에 들어가 있다(계 17:8). 그러나 대환란 때 다시 깊은 구렁으로부터 나와 그리스도를 가장하며 활동하겠지만, 결국 『**멸망으로 들어갈**』 것이다(계 17:8).

『**바다 가운데서 죽임당한 자들의 그 죽음**』(8절). 이것은 어디로 도망칠 수 없는 상황에서 꼼짝없이 죽임을 당할 수밖에 없다는 것을 강조한 말이다. 성경에서 특히 이스라엘에 쳐들어온 이방 민족들의 침공이나 이스라엘 민족에 대한 박해를 표현할 때 흔히 "바다"나 "강물," 또는 "홍수"에 비유하는 경우가 많은데, 하나님께 범죄한 이스라엘이 자신들에게 내려진 하나님의 심판을 도저히 모면할 수 없음을 나타낼 때 특히 이런 표현을 쓴다(사 8:7,8; 17:12, 암 9:4-6). 『**홍수처럼 올라오며, 그의 물결이 강들처럼 움직이는 이 자는 누구냐? 이집트가 홍수처럼 일어나고, 그 물결이 강들처럼 움직이는도다. 그가 말하기를 "내가 올라가서 그 땅을 덮으리라. 내가 그 성읍과 그 안의 거민들을 멸하리라." 하는도다**』(렘 46:7,8).

『**너는 타국인들의 손에 의해 할례받지 않은 자의 죽음으로 죽으리라**』(10절). 『**타국인들**』이란 이방인들, 즉 할례를 받지 않은 자들을 말한다. 『**할례받지 않은 자**』는 유대인의 입장에서 보았을 때 경멸의 대상이 되는 사람들을 말한다. 영적으로 보면 거듭나지 못한 죄인들은 모두가 『**할례받지 않은 자**』에 속한다. 적그리스도는 이러한 『**타국인들의 손에 의해**』 죽임을 당할 것인즉, 그 죽음이 『**할례받지 않은 자의 죽음**』, 즉 구원을 받지 못한 죄인의 죽음처럼 "확실한 죽음"으로, 틀림이 없고 예외가 없이 죽게 될 것이다. 이런 뜻에서 『**할례받지 않은 자의 죽음**』은 『**바다 가운데서 죽임당한 자들의 그 죽음**』이라는 구절과 맥을 같이하는 표현으로서, 절대로 모면할 수 없는 확실한 죽음을 의미한다.

28:11 또 주의 말씀이 내게 임하여 말씀하시니라.

12 인자야, 투로 왕에게 애가를 지어 그에게 말하라. 주 하나님이 이같이 말하노라. 너는 완전한 규모를 확정하는 자라. 지혜가 충만하고 아름다움이 완벽하도다.

13 네가 하나님의 **동산 에덴에 있어 모든 귀한 돌인 홍보석과 황옥과 금강석과 녹보석과 얼룩마노와 벽옥과 사파이어와 에메랄드와 홍옥과 금으로 덮여 있었고 네 북들과 관악기들이 만들어짐이 네가 창조되던 날에 네 안에 예비되었도다.**

14 너는 기름부음을 받은 덮는 그룹이라. 내가 너를 그렇게 세웠더니 네가 하나

님의 거룩한 산 위에 있었고 네가 불의 돌들 가운데를 위아래로 걸었도다.
15 **네가 창조된 날로부터 죄악이 네게서 발견되기까지 너는 네 길에 완벽하였도**
다.

자, 여기서부터 투로 왕은 사탄 자신의 모습으로 등장한다. 적그리스도는 마귀가 인간의 육신을 입고 나타난 자다. 아버지 하나님께서 몸을 입으시고 아들 하나님이신 예수 그리스도로 이 땅에 오셨던 것처럼 “마귀”(the devil)도 “한 마귀”(a devil)가 되어 이 땅에 나타나는데, 그가 곧 적그리스도다. 이 자는 예수 그리스도께서 초림하셨을 당시 유다 이스카리옷으로 이 땅에 나타났던 것이다. 『예수**께서 그들에게 대답하시기를** “**내가 너희 열둘을 택하지 아니하였느냐**? **그러나 너희 중에 하나는 마귀니라**.”**고 하시니라. 주께서는 시몬의 아들 유다 이스카리옷에 대해 말씀하셨으니, 이는 그가 열둘 가운데 하나로 주를 배반할 자였음이라**』(요 6:70.71). 이 자는 『**멸망의 아들**』(요 17:12)인데, 데살로니가후서 2:3에서 언급되는 바로 그 『**멸망의 아들**』이다. 『**멸망**』(perdition)이란 단어는 요한계시록 9:11에서 언급되는 『**깊은 구렁의 천사**』의 이름인 『**아바돈**』, 또는 『**아폴루온**』과 같은 뜻이며 또 요한계시록 17:8에서 언급되는 『**멸망**』과 같은 단어다. 이 자는 『**멸망**』으로부터 인간의 육신을 입고 나와서 예수 그리스도와 함께 3년 반 동안 지냈고 지금은 『**자기 거처**』(행 1:25)인 『**깊은 구렁**』으로 들어가 그 『**깊은 구렁의 천사**』가 되어 있는데, 장차 대환란 때 다시 인간의 육신을 입고 거기서 나와 3년 반 동안 활동하면서 유대인들을 극심하게 박해하다가 다시 『**멸망**』으로 들어가게 된다. 그래서 유다 이스카리옷을 두고 『**멸망의 아들**』이라고 부르는 것이다.

적그리스도는 이처럼 공중에서 내려온 마귀의 혼과 구렁에서 올라온 유다 이스카리옷의 영이 합쳐져 인간의 육신을 입고 나타난 존재인 것이다. 이것이 에스겔 28장 2절에서 10절까지 언급되었던 『**투로의 통치자**』의 모습이고, 이제 12절부터 언급되는 『**투로 왕**』은 공중 권세의 통치자요, 불순종의 자녀들 안에서 역사하는 영(엡 2:2)이며 이 세상 죄인들의 왕인 “그 마귀”(the devil)인 것이다.

많은 주석서들이 이 『**투로 왕**』에 대한 모습을 역사적인 투로 지역의 왕에 대한 하나님의 심판으로 한정짓고 있지만, 이 『**투로 왕**』은 절대로 그렇게 적용할 수 없는 아주 특별한 왕이다. 그 한 예로 13절을 보자. 13절에서 이 『**왕**』은 『하나님**의 동산 에**

덴』에 있었다고 언급하는데, 역사적으로 실재했던 문자적인 투로 왕은 말할 것도 없고 그 어떤 왕도 『하나님**의 동산 에덴**』에 있었던 적이 없다. 당신은 창세기 4장 이후로는 『하나님**의 동산 에덴**』에 대한 그 어떤 언급도 성경에서 읽지 못한다. 더구나 14절에 이르면 더 큰 문제에 봉착하게 되는데, 『**너는 기름부음 받은 덮는 그룹**』이라고 언급하고 있기 때문이다. 투로에서 왕 노릇하던 어떤 인물이 어떻게 『**기름부음 받은 덮는 그룹**』이 될 수 있단 말인가? 그룹은 사람이 아니다. 사람이 그룹이 될 수는 없다는 말이다. 여기까지만 보아도 여기서 언급되는 『**투로 왕**』은 이 땅에 존재하는 그 어떤 인물도 아닌 게 분명해진다.

『**너는 완전한 규모를 확정하는 자라. 지혜가 충만하고 아름다움이 완벽하도다.**』(12절). 이러한 서술은 성경에서 사탄에 대해 기술하는 전형적인 묘사다. 12절부터 19절까지는 그래서 사탄에 대해 직접 기술하는 내용으로 돼 있는데, 성경에는 마귀에 대해서 이처럼 직접적으로 기술하는 곳이 몇 군데 있다. 그 중 한 군데가 욥기 40장이고, 또 한 군데가 41장이며, 요한계시록 13장도 그런 장들 중 하나이고, 시편에도 몇 군데가 있지만 한 장 전체가 적그리스도를 서술하는 데에 할애되고 있는 곳도 있다.

이 땅에 살다간 그 어떤 사람도, 지금 이 땅에 살고 있는 그 어떤 인간도, 또 앞으로 이 땅에 태어나게 될 여하한 인물도 『**완전한**』 규모를 갖추었고, 그 지혜가 『**충만**』하며 아름답기가 『**완벽**』하다고 서술될 만한 사람은 없었고, 지금도 없으며, 앞으로도 있을 수가 없다. 어떻게 한 인간이 『**창조된 날로부터 죄악이 네게서 발견되기까지는... 완벽하였도다.**』(15절)라고 묘사될 수 있겠는가? 아담이 과연 그랬던가? 죄는 결코 아담에게서 최초로 발견 된 게 아니었다. 아담은 죄를 짓기는 하였으되, 죄의 기원은 아니었다. 또 그가 죄를 짓게 되기 이전에도 『**완벽**』했다고는 말할 수 없다. 아담은 완벽하지 못했기 때문에 사탄에게 넘어간 이브의 말을 들었고, 그 때문에 죄를 짓게 되었던 것이다. 마귀는 죄 그 자체요, 죄악의 근원이다.

하나님께서는 지금 에스겔을 통해서 "사람"인 『**투로의 통치자**』에게 말씀을 하시지만 사실은 마귀에게 말씀하고 계신 것이다. 예수 그리스도께서도 한 인간을 상대하시면서 실제로는 마귀를 상대할 수 있다는 것을 실증적으로 보여주셨다. 『**주께서 돌아서서 베드로에게 말씀하시기를 "사탄아, 내 뒤로 물러가라..."고 하시더라**』(마 16:23). 예수님께서는 분명히 베드로라는 한 사람을 상대로 말씀하시지만, 사실은 마귀를 겨냥해서 말씀을 하고 계신 것이다. 따라서 『**너는 완전한 규모를 확정하는 자라. 지혜가 충만하고 아름다움이 완벽하도다.**』라는 말씀은 마귀에게 하신 말씀이기 때문에, 당시의 "투로 왕"이라는 그 사람에게는 아무 상관도 없는 말씀이다.

『**너는 완전한 규모를 확정하는 자라. 지혜가 충만하고 아름다움이 완벽하도다.**』 마귀는 그 지혜와 아름다움이라는 두 가지 면에서 『**완전한 규모**』를 갖춘 존재였다. 마귀는 그 아름다움이 완벽하다. 만약 이 지구상에 가장 아름다운 사람이 있다면 그는 필경 마귀를 닮은 사람이다. 또 이 지구상에 완벽하게 머리가 좋은 사람이 있다면 그는 필경 마귀거나 마귀에 가까운 사람이다.

그래서 죄와 관련된 것이면 무엇이나 "두뇌"와 "재능"과 "IQ"와 "계략"과 "책략"과 "음모"와 밀접하게 관련돼 있기 마련이고, 또 "장신구"와 "향수"와 "화려한 옷"과 "얼굴 치장"과 이런 것들을 뒷받침하기 위한 "돈"과 밀접한 관계가 있으며, 만약 현실적으로 그렇지 못할 경우 환각적으로 그렇다고 느끼게 만들어 주는 "마약"과 "술"과 "섹스"에 밀접한 관계가 있는 법이다. 이 세상 어느 구석을 보아도 범죄가 있는 곳에 이런 것들이 게재돼 있지 않은 경우가 없고, 이런 요소들이 있는 곳에 범죄가 일어나지 않는 경우가 없다.

『**네가** 하나님**의 동산 에덴에 있어 모든 귀한 돌인 홍보석과 황옥과 금강석과 녹보석과 얼룩마노와 벽옥과 사파이어와 에메랄드와 홍옥과 금으로 덮여 있었고**』(13절). 이 구절은 다음 14절과 함께 마귀가 지상에서 "제사장"으로 나타난다는 사실을 명백하게 밝힌다. 그는 제사장의 흉배를 장식하는 귀한 보석들과 똑같은 보석들로 몸을 덮고 있고, 또 기름부음을 받았으며, 『하나님**의 거룩한 산 위에**』(14절) 있었다. 마귀가 『하나님**의 동산 에덴**』에 있었던 것은 창세기 2장과 3장에서다. 그때 마귀는 모든 종류의 값진 보석들로 『**덮여**』 있었는데, 이때 벌써 그는 『**새 예루살렘**』(계 21장)을 모방하고 있었고 『**대제사장**』(히 9:11)의 영광과 위엄을 가장하고 있었던 것이다. 내가 성경에서 마귀에 대해 맨 처음 알게 된 것이 바로 이 사실이었다. 마귀는 모조품 대제사장이다. 성경에서 대제사장에 대해 어떻게 말씀하고 있는지 살펴보라(출 28:2,3). 하나님께서는 제사장에게 『**영광과 아름다움을 위한 거룩한 의복**』을 만들어 입히도록 명령하셨는데, 그 의복을 만들 재료들과 에봇과 흉배와 우림과 툼밈과 에봇의 겉옷과 관과, 하다못해 평상복에 이르기까지 그 만드는 방법들을 세세히 지시하셨다(출 28:15-20). 이만하면 에스겔 28:13에 나열된 마귀의 보석들이 무엇을 흉내 낸 것인지 충분히 짐작할 수 있을 것이다.

『**네 북들과 관악기들이 만들어짐이 네가 창조되던 날에 네 안에 예비되었도다**』(13절). 마귀는 갖가지 금은 보석으로 몸을 덮고 있는 것만이 아니다. 여기서 언급되는 『**북**』(tabrets)은 일종의 탬버린과 같은 악기이고 『**관악기들**』(pipes)은 입으로 불어 소리를 내는 각종 악기들을 말한다. 마귀는 음악과 얼마나 긴밀한 관계를 갖는지 그가 『**창조되던 날**』부터 각종 악기들이 그의 『**안에 예비되었도다.**』라고 언급할 정도다. 그가 음악과 이처럼 깊은 관계를 갖는다는 것에 대해 관련 구절들을 좀 더 알아보자.

먼저 욥기 38장을 보라. 어떤 사람들은 아름다운 음악 소리를 듣고 "하늘의 소리"라고 말하는 사람도 있는데, 그건 절대로 틀린 소리가 아니다. 음악의 대가가 바로 "하늘"에 있으니 말이다. 욥기 38장을 4절부터 읽어 내려가 보자. 『**내가 땅의 기초들을 놓을 때 네가 어디 있었느냐? 네게 명철이 있다면 분명히 밝히라. 누가 그 치수를 재었는지 네가 아느냐? 누가 그 위에 척량줄을 띄웠느냐? 그 기초들은 무엇 위에다 고정시켰으며 모퉁잇돌은 누가 놓았느냐?**』(욥 38:4-6) 하나님께서는 지금 창세기 1:1의 상황을 말씀하신다.

계속 읽어 내려가 보자. 『**언제 새벽별들이 함께 노래했으며** 하나님**의 아들들이 모두 기뻐서 소리쳤느냐?**』(욥 38:7). 어떤가? 하나님의 우주 창조를 보고 『**새벽별들이 함께 노래**』했다. 요한계시록 1장에 보면 주님께서는 오른손에 『**일곱 별**』들을 갖고 계신다. 요한계시록 1:20은 『**일곱 별은 일곱 교회의 천사들이요**』라고 말한다. 욥기 38:7에서 언급하는 『**새벽별들**』은 요한계시록 1:6의 이 『**일곱 별**』과 같은 그런 별들이다. 천사들 말이다. 이 『**천사들**』은 하나님의 창조의 아침에 『**아침의 아들 루시퍼**』(사 14:12)가 지휘하는 가운데 합창을 하며 하나님을 찬양했다. "별들이 노래한다."는 말을 들으면 사람들은 시적인 표현쯤으로 생각하지만, 별들은 진짜 음성학적으로 노래를 한다. 별들은 빛을 발하는데, 빛은 파장을 갖고 있다. 빛의 파장이 진동할 때 소리가 난다. 다만 사람의 청각 신경이 그것을 감지하지 못할 뿐이다.

마귀는 하늘에서 떨어지기 전에는 다른 『하나님**의 아들들**』과 함께 있었다. 물론 이 『**아들들**』은 아담 이전의 존재들이다. 이것은 위에서 살펴본 욥기 38:7에서도 입증된다. 하나님께서 창세기 1:1에서 창조사역을 마치셨을 때, 다시 말해서 아담이 아직 창조되기 이전에, 『하나님의 **아들들이 모두 기뻐서**』 함성을 외쳤고 또 『**함께 노래**』했다. 여기에 『**기름부음을 받은 덮는 그룹**』(겔 28:14)이었던 마귀가 그들과 함께 있었다. 이처럼 마귀는 창세기 1:1 이전부터 하나님의 아들들과 함께 있었고, 그가 창조되던 날에 각종 악기들이 그 안에 예비되어 있을 정도로 음악은 그가 수행하던 가장 기본적인 기능이었는지라, 천사들로 구성된 하늘의 성가대를 지휘하는 것은 당연했다.

마귀의 이러한 음악적 기능이 지구상에서 사람에게 부여된 최초의 인물이 다윗이었다. 역대기상 23장을 보면 그것을 알 수 있는데, 다윗의 본디 기능이 마귀와 마찬가지로 음악을 연주하고 지휘하는 일이었다. 『**레위인들을 삼십 세부터 그 이상으로 계수하니 명단에 있는 남자들의 수가 삼만 팔천 명이요, 그 중에서 이만 사천 명은 주의 전의 일을 돕는 자들이며 육천 명은 관원들과 재판관들이요, 사천 명은 문지기들이요, 사천 명은 다윗이 말하기를 "내가 찬양하려고 만들었노라."고 한 악기들로 주를 찬양하더라**』(대상 23:3-5). 다윗은 4천 명이나 되는 초거대 남성 관현악단 겸 찬양대를 거느리고 있었다! 더구나 그들 모두가 레위인들이었다. 지구상에서 이만한 규모의 악단을 직접 만들고 지휘했던 인물은 다윗이 처음이자 마지막이었다. 4천 명이나 되는 레위인 제사장들이 전문 음악인이 되어 하나님을 찬양하는 일 외에는 다른 어떤 일도 하지 않도록 했다는 것이 도저히 믿어지지 않을 정도이다.

이들이 하나님을 찬양했다는 이야기들이 역대기상 25장에서도 소개된다(대상 25:1-7). 악기를 연주하면서 하나님께 감사하며 찬양하는 데에 『**익숙하게 된**』 사람들만도 288명이나 되었다고 하는데, 이들이 합창하고 합주하는 장면을 한번 연상해 보라. 다윗이 아니고는 그 누구도 못해낼 일인데, 사실은 셋째 하늘에서 추방되기 전의 마귀가 수행하던 일이 바로 이런 것이었다.

『**너는 기름부음을 받은 덮는 그룹이라. 내가 너를 그렇게 세웠더니 네가** 하나님의 **거룩한 산 위에 있었고**』(14절). 마귀는 본디 『**기름부음을 받은 덮는 그룹**』으로 창조된 존재였다. 그가 언제 창조되었는지는 알 수가 없지만 창세기 1:1 이전 어느 때였을 것이다. 천지 창조가 시작되기도 전 사탄은 기름부음 받은 그룹으로 창조되어 하나님의 보좌 위를 덮고 있었다. 12절 말씀대로 충만한 지혜와 완벽한 아름다움을 지녔던 그는 바로 그 지혜와 아름다움 때문에 마음이 높아졌고, 그로 말미암아 셋째 하늘에서 쫓겨나 공식적으로 다시는 거기에 접근할 수 없게 되었다. 그러나 그는 첫째 하늘에서는 세상을 지배하고 있고 때로는 하나님의 보좌 앞으로 나아가 성도들을 고소하기도 하는 등, 최소한 요한계시록 12:10까지는 그 능력을 계속 행사하게 된다.

보통 사탄을 그릴 때 빨간색으로 묘사하지만 이것은 "붉은 용"(계 12:3-10)으로서의 현재 모습을 반영한 것이지, 그룹의 본디 모습을 나타내는 색은 아니다. 마귀는 원래 다섯 번째 그룹으로서, 찬란한 빛의 후광을 받고 있었으며 지혜가 충만하고 그 아름다움이 완벽하였고, 온몸이 귀한 보석들로 덮여 있으며, 하나님께서 아시는 모든 것들을 거의 다 알다시피 할 정도로 명철이 뛰어나고, 황소의 얼굴에 두 개의 뿔이 달려 있으며 네 개의 날개가 달려 있고(에스겔 1장과 10장의 "그룹"에 대한 설명을 참조하라.), 하나님의 보좌를 덮는 위치에 있었다.

원래 그룹들은 하나님의 보좌 가까이에서 하나님의 거룩하심을 찬양하는 존재들이었다(계 4:6-8). 그러나 그에게서 최초로 죄악이 발견됨으로써 그는 하나님의 보좌가 있는 셋째 하늘에서 쫓겨났고, "뱀"이라고 불리는 "붉은 용"으로 전락하고 만 마귀는 인간들에게 흔히 금송아지 형상으로 만들어져 아론과 여로보암에게 경배를 받았는가 하면, 바알이나 황소를 섬기는 자들로부터는 "황소"로 경배 받기도 했다. 그가 세상에 나타날 때는 그 어떤 그룹이나 황소나 뱀의 모습으로 나타나는 게 아니라 『**빛의 천사**』(고후 11:11-14)로 가장하여 나타난다. 말하자면 33세의 날개 없는 인간 남성으로 나타난다는 얘기다. 예수 그리스도를 가장한 "적그리스도" 말이다. 그는 원래 『**기름부음을 받은**』 존재였다. 『**기름부음**』을 받았다는 것은 구약적인 의미에서 "메시아"라는 뜻이고 신약적인 의미에서는 "그리스도"라는 뜻이다. 마귀는 그래서 또 하나의 "그리스도"인 것이다.

자, 마귀는 하나님께서 기름을 부어주셨던 그룹이었고 하나님의 보좌 위를 덮는 그룹이었으며, 하나님을 찬양하는 임무를 맡았던 그룹이었다. 마귀는 『**빛의 천사**』(고후 11:14)로 가장하기는 하지만 사실은 천사가 아니라 그룹이었다. 그러나 그는 이제 더 이상 그룹도 아니다. 그는 일곱 머리와 열 뿔이 있고 그 머리들 위에 일곱 왕관이 있는 붉은 용이다(계 12:3). 그는 현재 욥기 41장에서 묘사하고 있는 그런 존재로서 『**리비야단**』(욥 41:1)이라고 불리는 존재다. 이빨이 무섭게 둘려 있고(욥 41:14), 그가 자랑스럽게 여기는 비늘은 봉한 것처럼 서로 조밀하게 닫혀 있어 바람도 들어갈 수 없게 돼 있으며(욥 41:15,16), 재채기만 해도 빛이 비치고 눈은 아침의 눈꺼풀처럼 광채를 발하고(욥 41:18), 입에서는 타는 등불이 나오고 불똥이 튀어나오며 화염이 나온다

(욥 41:19,21). 그의 콧구멍에서는 연기가 나오고(욥 41:20), 특히 목에 힘이 집중돼 있으며(욥 41:22), 심장이 돌처럼 단단하고(욥 41:24), 그의 몸통 밑에는 뾰족한 돌들이 있어 진흙 위로 기어가면 자국이 남으며(욥 41:30), 바다를 솥같이 끓이고(욥 41:31), 지나간 자리에 빛을 내는 길이 생기며(욥 41:32), 그의 시선은 모든 것들을 바라보고 있다(욥 41:34). 그 모습이 어찌나 무섭고 또 힘이 얼마나 세던지 그가 일어서면 용사들도 무서워하고(욥 41:25), 칼이건, 창이건, 그 어떤 무기로도 그를 당해낼 도리가 없으며 아무리 튼튼한 갑옷을 입어도 그의 공격을 막을 수가 없고(욥 41:26), 철이나 놋을 마치 지푸라기나 썩은 나무 다루듯 하는가 하면(욥 41:27), 화살이나 돌이나 창살이나 투창으로 그에게 덤벼도 그는 비웃고 만다(욥 41:28,29).

이상이 <킹제임스성경>이 리비야단이라고 불리는 붉은 용 마귀에 대해서 우리에게 전해 주고 있는 숱한 정보들 가운데 일부다. 당신은 마귀에 대해서 성경이 제공하는 이런 정보들을 무슨 전설이나 동화처럼 여기고 믿으려 하지 않을지도 모르지만, 나는 절대로 믿는다. 나는 이런 마귀를 한 번도 본 일이 없지만 그래도 믿는데, 이것은 내가 주 예수 그리스도를 한 번도 본 일이 없으면서도 성경 말씀에 따라 그분을 믿는 것과 똑같이, 마귀에 대한 기록들도 남김 없이 다 믿는다. 그리스도인은 눈으로 보는 것으로 행하지 않고 믿음으로 행하는 사람들이다(고후 5:7).

또 음악과 깊은 관련을 갖는 마귀가 이 세상의 신이요, 이 세상의 통치자며, 공중 권세를 잡은 자가 되었기 때문에 음악은 만인 공통 언어가 되었던 것이다. 음악은 누구나 다 알아듣고 이해한다. 당신은 베토벤 음악을 이해하기 위하여 독일인이 될 필요가 없고, 차이콥스키의 음악을 이해하기 위하여 러시아어를 공부할 필요가 없으며, 아프리카 섹스 음악을 이해하기 위하여 아프리카 토인이 될 필요가 없다. 당신은 그 어떤 음악을 이해하기 위하여 반드시 고등 교육을 받아야 하는 것도 아니고, 원시 미개인으로 퇴보해야 하는 것도 아니다. 그래서 음악은 가장 효과적인 호소력을 갖고 사람들에게 다가오는데, 당신은 그 음악이 어디서 나온 것인지를 주의 깊게 점검해 볼 필요가 있다. 왜냐하면 이 시대에는 하나님을 찬양하고 경배하는 음악이 여간해서는 나오지 않는 시대이기 때문이다. 이 시대는 라오디케아 교회 시대란 걸 잊지 말라.

『**네가 하나님의 거룩한 산 위에 있었고 네가 불의 돌들 가운데를 위아래로 걸었도다**』(14절). 많은 주석자들이 이 구절에 대해 "지극히 신화적인 이야기"라는 둥, "재미

있게 꾸민 통속적인 이야기"라는 둥, "도저히 이해할 수 없는 은유적 서술"이라는 둥 여러 소리들을 하지만, 이것은 지극히 사실적인 서술이다. 이사야 6장을 보라. 『**그때 내가 말하기를 "내게 화로다! 내가 끊어졌도다. 이는 내가 불결한 입술을 가진 사람이며, 내가 불결한 입술을 가진 백성가운데 거하면서 내 눈으로 왕, 곧 만군의 주를 뵈었음이라." 하였더니 그때 스랍들 중 하나가 제단에서 핀 숯을 집게로 집어 그 손에 가지고 내게로 날아와서 그것을 내 입에 대며 말하기를 "보라, 이것이 네 입술에 닿았으니 네 죄악이 제하여졌고 네 죄가 깨끗게 되었도다." 하더라**』(사 6:5-7). 이것은 이사야가 환상 중에 셋째 하늘에 계신 하나님을 보고 나서 일어났던 일이다. 이사야는 죄로 불결한 인간인 자기가 하나님을 눈으로 뵙게 됨으로써 꼼짝없이 죽게 되었다고 탄식했는데, 그때 스랍 하나가 『**제단에서 핀 숯**』을 집어다가 그의 입에 대어 죄를 깨끗게 해 준다. 셋째 하늘에 있는 하나님의 보좌 바로 앞 아랫자락에는 뜨겁게 불에 달구어진 『**불의 돌들**』(the stones of fire)이 깔려 있다. 이 돌들은 말하자면 이글이글 시뻘겋게 "불붙은 석탄"(live coal)이다. 석탄은 돌이다.

『**네가 하나님의 거룩한 산 위에 있었고...**』 과거에 말이다.

『**네가 불의 돌들 가운데를 위아래로 걸었도다.**』 과거에 말이다. 마귀가 셋째 하늘에서 쫓겨나기 전 그는 하나님의 보좌를 덮은 그룹이었는지라, 보좌 주변에 있었고, 보좌 아래에 있는 『**불의 돌들 가운데를 위아래로**』 날아다녔다. 말하자면 하나님의 보좌 언저리를 왔다갔다할 수 있을 정도로 영광스러운 위치에 있었던 것이다.

『**네가 창조된 날로부터 죄악이 네게서 발견되기까지 너는 네 길에 완벽하였도다**』(15절). 죄악은 마귀에게서 최초로 발견되었다. 이로써 마귀의 『**완벽**』은 무너졌다. 이 마귀의 죄악이 최초의 인간 아담에게 들어왔고, 이 죄로 말미암아 인간은 영원한 생명을 상실하고 죽음을 모면할 수가 없게 되었으며, 아담의 후손인 모든 인류가 이 죄를 그에게서 물려받게 되었고, 따라서 누구나 죽지 않을 수 없게 된 것이다. 인간이 죽음을 극복하고 영원한 생명을 회복하려면 그 죄를 대신하여 죽으신 주 예수 그리스도를 믿고 영접하는 길 밖에는 없게 되었다. 죄악은 아담에게서 최초로 발견된 것도 아니고 이브에게서 최초로 나온 게 아니었다. 죄악은 마귀에게서 최초로 발견되었다. 죄악은 마귀의 본성이다. 이 죄가 마귀에게서 아담에게 들어갔고 아담을 통하여 세상에 들어왔으며, 세상에 죄가 들어온 이후로 이 세상은 모든 것이 "부정적"으로 바뀌게 되었고 "긍정적"인 것은 하나도 남지 않게 되었다.

오늘날 그리스도인이면서 "긍정적" 사고를 역설하는 자들은 마귀에게 속아넘어간 자들이다. 마귀에게서 죄가 발견됨으로써 그의 완벽함이 무너졌다는 사실 자체가 "부정적"인 현상인 것처럼, 죄가 세상으로 들어왔다는 것 자체가 이 세상이 "부정적"으로 바뀌었다는 뜻이다. 이 세상에서 가장 위험천만한 요소가 있다면, 그것은 인생에 대해서, 세상에 대해서, 지구의 장래에 대해서, 개인의 미래에 대해서, 매사를 "긍정적"으로 생각하려는 태도이다. 당신이 당신 자신에 대해서 "긍정적"으로 생각하는 한 당신에게는 희망이 없다. 이 세상에 대해서 "긍정적" 시각을 심어주려고 애쓰는 모든 자들은 이 세상의 모든 희망을 말살하려는 마귀의 자식들이다. 세상의 모든 것에 대해서 "긍정적" 시각을 갖도록 종용하는 것은 주 예수 그리스도를 믿지 않도록 하려는 음모에 불과하다. 당신이 이 음모에 희생당하지 않으려면 모든 것에 대해 "부정적" 시각을 갖고 오직 주 예수 그리스도, 그분만을 믿고 의지해야 한다.

28:16 네 상품이 풍부함으로 그들이 폭력으로 네 가운데를 채워서 네가 죄를 지었느니라. 그러므로 내가 너를 더럽게 여겨 하나님의 산에서 쫓아내리라. 오 덮는 그룹아, 내가 불의 돌들 가운데로부터 너를 멸하리라.

17 네 마음이 너의 아름다움으로 인하여 높아졌고 너는 네 지혜를 네 찬란함으로 인하여 변질시켰도다. 내가 너를 땅에다 던질 것이며 내가 너를 왕들 앞에 두어 그들로 너를 보게 하리라.

18 너는 네 죄악이 많음으로 인하여, 즉 네 거래의 죄악으로 인하여 네 성소들을 더럽혔느니라. 그러므로 내가 네 가운데로부터 불을 일으키리니 그 불이 너를 삼킬 것이요, 내가 너를 보는 모든 자들의 목전에서 너를 땅 위에 재가 되게 하리라.

19 백성 가운데서 너를 아는 모든 자들이 너를 보고 놀랄 것이며 너는 몰락하여 결코 더 이상 존재하지 못하리라.

『**상품**』(merchandise, 16절)이란 상인이 팔아서 이득을 얻는 수단인데, 여기서는 "탐욕"과 "거짓"과 관련된다. 성경에서도 예고한 바지만, 지금 이 시대에는 수많은 거짓 교사들이 진리에 대적하는 이단 교리들을 퍼뜨리며 사람들에게서 부당한 이득을 취하고 있는데, 이들이야말로 그런 점에서 『**상품이 풍부**』한 자들인 것이다(벧후

2:1-3).

또 마귀의 속성 가운데서 가장 두드러진 것이 있다면 그것은 『**지혜**』다. 에스겔 28장에서 마귀의 실체를 서술하면서 가장 많이 나오는 단어가 『**지혜**』다. 3절에서 『**현명하여**』, 4절에서 『**네 지혜와 네 명철로**』, 5절에서 『**네 큰 지혜와**』, 7절에서 『**네 지혜의 아름다움**』, 12절에서 『**지혜가 충만하고**』, 17절에서도 『**네 지혜를**』, 이런 식으로 마귀의 『**지혜**』를 강조하고 있음을 본다.

거짓은 아름다움을 교만으로 변질시킨다. 거짓은 지혜 역시 교만으로 변질시킨다. 지혜는 진리를 아는 능력이 되기도 하지만, 변질되고 부패시키기도 한다. 밥 존스 1세가 이런 말을 한 적이 있다. "이 세상의 모든 악한 일은 선한 것이 왜곡된 것이다." 『**아름다움**』도, 『**지혜**』도, 『**찬란함**』도 거짓과 손잡으면 곧 교만을 초래한다. 마귀가 그러했고, 그 결과 셋째 하늘에서 쫓겨나 땅으로 던져졌다. 마귀는 "교만"의 화신이다. 하나님께서 교만을 그토록 미워하시는 까닭이 여기에 있다. 교만을 응징하고 교만에 대해 경고하는 구절들은 성경에서 한두 군데가 아니다. 하나님께서는 교만을 꾸짖으시고(시 19:21), 싫어하시며(잠 6:16,17), 거절하신다(약 4:6). 거짓말, 폭력, 악한 마음, 악을 사랑함, 거짓 증언, 형제 간의 불화, 이런 것들이 모두 교만에서 나온다고 성경은 말씀한다(잠 6:16,17).

뭐니 뭐니 해도 교만의 무서운 점은 자기 자신을 속인다는 데에 있다. 『**오 너 바위 틈에서 거하고 산의 높은 곳을 차지한 자야, 너의 무서움과 네 마음의 교만이 너를 속였도다. 네가 너의 보금자리를 독수리처럼 높게 지었을지라도 내가 거기서 너를 끌어내리리라. 주가 말하노라**』(렘 49:16). 하나님께서는 교만한 자를 스스로가 스스로에게 속게 만드시고 스스로 멸망으로 치닫도록 만드신다.

『**그러므로 내가 네 가운데로부터 불을 일으키리니 그 불이 너를 삼킬 것이요**』(18절). 마귀는 결국 불로 멸망하게 되는데, 하나님께서는 그 불을 그 자신의 『**가운데로부터**』 일으키시겠다고 말씀하신다. 불이 마귀 안에서부터 나와서 그 불이 그를 삼켜 버리는 것이다. 마귀는 그 안에 불을 가지고 있다. 욥기 41:19-21을 보라. 『**그의 입에서는 타는 등불이 나오며 불똥이 튀는도다. 그의 콧구멍에서는 연기가 나오니 마치 끓는 솥이나 가마솥에서 나오는 것 같도다. 그의 숨결로 숯불을 피우며 화염이 그의 입에서 나오는도다.**』 중국이나 일본 등지에서 무슨 민속 축제 같은 것이 열릴 때 용의 모형을 만들고 그 안에 등불을 킨다든지 연기를 피우도록 장치를 해서 눈에서 광채가 나오고 입과 코에서 연기를 뿜는 모습을 연출하는데, 이런 것이 모두 욥기 41장에서 묘사되고 있는 마귀의 실제 모습을 그대로 본 뜬 것이다.

욥기 41장의 서른네 구절이 모두 마귀를 서술하고 있듯이 욥기 20장도 스물 아홉 구절 그 전체가 적그리스도를 서술하고 있는 장이다. 5절에서 『**악인의 승리는 짧고**』, 6절에서 『**탁월함이 하늘들까지 올라가고**』, 7절에서 『**영원히 망하리니**』, 10절, 11절, 12절, 13절, 14절에서 죽고, 15절에서 『**재물을 삼켰으나**』..., 그리고 23절부터 『**하나님께서 그의 진노의 맹렬함을 그에게 부으시리니**』로 시작하여 재림 구절이 끝까지 이어진다. 그런데 26절에서 마귀는 『**피워지지 않은 불**』에 삼켜진다. 마귀를 불로 멸하되, 그 불을 따로 피울 필요 없이 마귀 안에 있는 불을 이용하는 것이다.

28:20 주의 말씀이 다시 내게 임하여 말씀하시니라.
21 인자야, 네 얼굴을 시돈을 대적하여 두고 그것에 대하여 예언하여,
22 말하라. 주 하나님이 이같이 말하노라. 보라, 오 시돈아, 내가 너를 대적하노라. 내가 네 가운데서 영화롭게 되리라. 내가 그녀 안에서 심판을 행하고 그녀 안에서 거룩하게 될 때에 그들은 내가 주인 줄 알리라.
23 내가 그녀에게 전염병을, 그녀의 거리에는 피를 보내리니 상처 입은 자가 사면으로부터 그녀에게 오는 칼로 그녀 가운데서 심판을 받게 되리라. 그러면 그들은 내가 주인 줄 알리라.

20절부터는 『**시돈**』에 대한 심판이 언급되는데, 이 구절들은 문자 그대로 역사적인 사실에 적용될 수 있는 구절들이고, 이 예언들은 모두 역사적으로 실현된 것들이기도 하다. 그러면서도 또 한편으로는 『**내가 주인 줄 알리라.**』, 또는 『**내가 주 그들의 하나님인 줄 알리라.**』라는 말씀이 22절, 23절, 24절, 26절 등에서 반복됨으로써 이 구절들이 재림과 천년왕국에 관련되는 구절들임을 시사한다. 이것은 29장으로도 그대로 연결되어 29장 16절이나 21절에서 『**내가 주 하나님인 줄 알리라.**』 또는 『**내가 주인 줄 알리라.**』로 구절들을 마무리하면서 그 시간적 위치가 대환란 끝 무렵임을 분명하게 시사한다.

22절에서 시돈에 대해 말씀하는 가운데, 『**내가 그녀 안에서 심판을 행하고**』라든가, 23절에서 『**칼로 그녀 가운데서 심판을 받게 되리라.**』는 예언들이 역사적으로 실현되었다고는 하지만 그렇다고 해서 그들이 그러한 심판들을 통하여 그분께서 『**주인 줄**』 알게 되었느냐 하면 결코 그렇지가 않았다. 가령 1940년, 41년에 영국군의 폭격과 포격에 의하여 그 땅이 황폐케 되었고, 1945년에는 러시아가 독일군을 공격하면서 또 한 번 그 땅이 초토화되었지만, 그들은 그러한 심판이 하나님께로부터 내려진 심판이라고 생각지는 않았다.

『**시돈**』은 카나안의 큰아들이었다(창 10:15). 그의 후손들이 『**시돈**』 땅에 거하게 되었는데, 팔레스타인 북쪽 끝에 위치한 지중해 연안의 항구 도시로 『**투로**』와 마찬가지로 상업이 발달했었고, 특히 어업이 발달했었으며, 수공업 분야에 손재주가 많았던 것으로 알려져 있다. 시돈인들 역시 이방 민족이었는지라 우상 신들을 섬겼던 것은 두말할 나위도 없는데, 이스라엘 자손이 악을 행하고 갖가지 이방 신들을 섬겼을 때 역시 시돈의 신들도 섬겼음이 성경에 기록돼 있다(판 10:6, 왕상 11:33). 유다 왕 아합의 아내가 되었던 그 악명 높던 이세벨은 『**시돈인들의 엣바알왕의 딸**』(왕상 16:31)이었다. 이러한 시돈 역시 대환란 때 팔레스타인 땅이 황폐케 될 때 함께 몰락하게 될 것인즉, 그러고 나서 천년왕국 시대에 접어들어 그 땅에서 주님께서 영화롭게 되실 것이다.

『**내가 그녀에게 전염병을, 그녀의 거리에는 피를 보내리니 상처 입은 자가 사면으로부터 그녀에게 오는 칼로 그녀 가운데서 심판을 받게 되리라. 그러면 그들은 내가 주인 줄 알리라**』(23절). 대환란 기간 동안 하나님의 가혹한 심판을 받는 것은 비단 이스라엘만이 아니라는 사실이 이 구절에서 증명된다. 이 기간 동안 이스라엘 민족을 괴롭혔던 모든 이방 민족들이 함께 심판을 받게 될 것이다.

하나님의 심판은 언제나 전염병과 전쟁과 기근이다. 이러한 심판들을 겪는다고 해서 하나님께서 과연 주 하나님이신 줄을 알게 되는 것은 물론 아니다. 이것은 위에서도 언급한 것처럼 주 예수 그리스도께서 "왕"으로 이 땅에 다시 오실 때에야 비로소 가능하게 될 것이다.

28:24 이스라엘 집에는 찌르는 가시나 그들 주위에 있는 모든 자들, 즉 그들을 멸시하는 자들의 아프게 하는 가시가 더 이상 없으리라. 그러면 그들은 내가 주

하나님인 줄 알리라.
25 **주 하나님이 이같이 말하노라. 내가 백성들 가운데 흩어져 있는 이스라엘 집**
을 모으고 이방의 목전에서 그들 가운데서 거룩하게 될 때 그들은 내가 내 종
야곱에게 주었던 그들의 땅에 거하게 되리라.
26 **그들이 그 안에서 안전하게 거할 것이요, 집들을 짓고 포도원들을 만들리라.**
정녕 내가 그들 주위에서 그들을 멸시하는 모든 사람들에게 심판을 행할 때
그들은 확신을 가지고 거하리니 그러면 그들은 내가 주 그들의 하나님인 줄
알리라.

하나님께서 유대인들을 그들의 땅에다 회복시키시겠다는 말씀이다. 참으로 오랜 세월 동안 세계 각처에 뿔뿔이 흩어져 있던 이스라엘 백성을 모으는 것은 1918년부터 실질적으로 시작되었지만, 모든 이방 민족들의 목전에서 주님께서 거룩하게 높여지실 때, 즉 대환란이 끝날 때, 유대인들은 하나님께서 『**종 야곱에게 주었던 땅에 거하게**』 될 것인즉, 이것이 곧 천년왕국에서의 이스라엘의 민족적 회복이다.

그때 이스라엘 집을 『**찌르는 가시**』와 『**아프게 하는 가시**』는 사라질 것이다(24절). 비단 시돈뿐만 아니라 모압이나 암몬 자손이나 필리스티아인들처럼 이스라엘 주변의 모든 이방 민족들은 이스라엘 집에 대해서 "가시"였다. 이것은 지금도 그러하고 앞으로도 그러할 것이다. 그러나 예수 그리스도께서 다시 오셔서 모든 것을 끝장내실 때, 이들은 멸망하여 더 이상 이스라엘 집을 괴롭히지 못할 것이다.

이스라엘 집을 괴롭히는 것은 비단 물리적인 침략만이 아니다. 이방 민족들은 유대인들에게 우상 신들을 소개하고 우상 숭배 사상을 수출함으로써 먼저 정신적으로 부패하게 만들었고, 결국 이스라엘로 하여금 하나님의 심판을 받지 않으면 안 되게 만들었었다.

마태복음 15장에 보면, 예수 그리스도께서 이 땅에 오셔서 사역하시던 동안 한번은 시돈 지방에 여행하신 적이 있었는데, 거기서 한 카나안 여인으로부터 『**오 다윗의 아들이신 주여 나에게 자비를 베푸소서.**』라는 말을 들으셨지만, 주님께서는 『**자녀들의 빵을 가져다가 개들에게 던져 주는 것이 옳지 않도다.**』라고 가혹하게 응대하셨음을 본다. 그러나 이 카나안 여인은 주님께 대들기는커녕 『**그러하옵니다. 주여, 그러나 개들도 그들 주인의 식탁에서 떨어지는 부스러기를 먹나이다.**』라고 답변함으로써 주님으로부터 그 믿음을 크게 인정받았고 딸의 병도 고침 받을 수 있었다(마 15:21-28). 이처럼 이스라엘 집에 대해서 이방 민족들은 "개"나 다름없었거니와, 그 이유는 그들이 『**이스라엘 집**』에 대하여 정신적으로나 현실적으로 『**가시**』였기 때문이었다. 그들의 이러한 입장을 해소하는 데에는 이처럼 시돈의 카나안 여인이 보인 것과 같은 믿음과 『**다윗의 아들이신 주**』를 얼른 알아보고 그분께로 성큼 나아올 줄 아는 태도가 필요한데, 이방 민족들이 이렇게 되는 것은 주 예수 그리스도께서 재림하실 때에나 가능하다고 성경은 역설하고 있는 것이다.

『**가시**』는 최초의 인간이 죄를 범했을 때 하나님께서 땅을 저주하시며 생기게 하셨던 것으로(창 3:17,18), 성경에서는 악인들을 이 가시에 비유하기도 한다. 『**그러나 벨리알의 아들들은 모두 내다 버린 가시나무 같으리니, 이는 손으로 그들을 잡을 수 없음이라**』(삼하 23:6). 주 예수 그리스도께서 죄와 저주가 되셔서 갈보리 십자가에 매달리셨을 때, 그분께서는 가시관을 쓰고 계셨다.

에스겔 29장

29:1 **열째 해 열째 달, 그 달 십이일에, 주의 말씀이 내게 임하여 말씀하시니라.**
2 **인자야, 네 얼굴을 이집트 왕 파라오를 대적하여 두고 그와 모든 이집트에 대**
하여 예언하여,
3 **일러 말하라. 주 하나님이 이같이 말하노라. 보라, 이집트 왕 파라오야, 내가 너**
를 대적하노니 너는 자기 강들 가운데 누운 큰 용이라. 말하기를 "내 강은 내
자신의 것이요, 내가 그것을 나를 위해 만들었다." 하는도다.
4 **그러나 내가 갈고리로 네 아가리를 꿰고 네 강들의 물고기로 네 비늘에 붙게**
하며 네 강들에서 너를 끌어올리리니 네 강의 모든 물고기가 네 비늘에 붙으
리라.
5 **또 내가 너를 광야에 던져 버려 두리니 너와 네 강들의 모든 물고기라. 너는**
들판에 떨어지리니 네가 거둬지거나 모아지지 아니하리라. 내가 너를 들의 짐
승들과 하늘의 새들에게 먹이로 주었도다.
6 **이집트의 모든 거민이 내가 주인 줄 알리라. 이는 그들이 이스라엘 집에 갈대**
지팡이가 되었음이라.
7 **그들이 네 손을 잡을 때 너는 부러졌으며 그들의 모든 어깨를 찢었고 그들이**
네게 기대니 네가 부러져서 그들의 허리가 어찌할 바를 모르게 하였도다.

『**열째 해 열째 달, 그 달 십이일**』(1절). 『**열째 해**』, 이방인의 숫자다. 『**열째 달**』, 역시 이방인의 숫자다. 우리는 26:1에서 『**열한째 해**』가 예루살렘이 바빌론에 함락된 지 11년째 되는 해임을 보았다. 그런데 여기 29장에서는 『**열째 해**』로 소급해 간다. 어떤 주석자들은 이것을 시드키야왕 치리 『**열째 해**』로 보고 예루살렘이 완전히 함락되기 약 반 년 전쯤, 아직 예루살렘이 바빌론 군대에게 포위되어 있는 시점으로 설명하기도 한다. 그러나 예루살렘이 함락되기 전 바빌론에 완전 포위되어 있는 위급한 상황에서 하필이면 『**이집트 왕 파라오를 대적하여... 예언**』(2절)한다는 것은 문맥에 어울리지 않는다.

『**보라, 이집트 왕 파라오야, 내가 너를 대적하노니...**』(3절) 이번에는 예언이 이집트 왕 파라오에게 향하는데, 여기서 파라오는 『**큰 용**』, 즉 마귀로 제시된다. 우리는 앞에서 『**투로 왕**』이 마귀와 동일시되었음을 보았다. 그런가 하면 31장에서는 『**앗시리아인**』이 마귀와 동일시되고 있다(31:2,3,8). 또 바빌론 왕 느부캇넷살 역시 마귀와 동일시된다는 것을 앞에서 살펴보았거니와, 이렇게 볼 때, 우리는 이 세상의 신이요 통치자인 마귀가 지상의 몇몇 인간 통치자들을 앞세워 그 통치 행위를 수행한다는 결론에 도달하게 된다. 그 중의 하나가 바로 이집트의 파라오다.

『**그러나 내가 갈고리로 네 아가리를 꿰고 네 강들의 물고기로 네 비늘에 붙게 하며 네 강들에서 너를 끌어올리리니 네 강의 모든 물고기가 네 비늘에 붙으리라**』(4절). 역사적으로 볼 때, 이집트 왕 파라오에 대한 이 예언은 바빌론의 느부캇넷살에 의하여 문자 그대로 실현되었다. 이것은 18,19절에서도 확인된다. 『**인자야, 바빌론 왕 느부캇넷살이 그의 군대로 투로를 대적하여 큰 수고를 하게 하였더니 모든 머리들이 대머리가 되고 모든 어깨가 벗겨졌으나 그와 그의 군대가 투로를 대적하여 일한 수고에 대하여 투로에서 보수를 받지 못하였도다. 그러므로 주 하나님이 이같이 말하노라. 보라, 내가 이집트 땅을 바빌론 왕 느부캇넷살에게 주리니 그가 그 무리를 잡아가며 약탈물과 전리품을 가져가리라. 그리하면 그것이 그의 군대에게 보수가 되리라.**』 그렇다고 해서 4절을 역사적으로만 적용하여 그 예언이 이미 성취된 것으로 보는 것은 답답한 안목이다. 이 구절 역시 예수 그리스도의 재림 관련 구절이기 때문이다.

이때의 역사적 상황에 대해서는 예레미야 42장과 43장 및 46장에서 상세히 언급하고 있거니와, B.C. 606년 느부캇넷살이 쳐내려와 예루살렘을 불태워 버리고 유대인들을 포로로 사로잡아갔을 때, 이스라엘은 이집트에 구원을 요청하려고 했고, 예레미야는 그것을 만류했었다. 예레미야는 하나님께서 어째서 바빌론을 일으켜 예루살렘을 짓밟게 하시는지 그 이유를 너무나도 잘 알고 있었던 것이다. 그는 심지어 느부캇넷살이 이집트 땅을 침공하게 될 것까지도 하나님께로부터 직접 말씀을 듣고 있었다(렘 46:13). 그러니까 유다가 바빌론에 대적하기 위해 이집트에 원군을 요청해봤자 아무 소용이 없을뿐더러, 그것이 하나님의 뜻에 거역하는 것임을 그는 알고 있었던 것이다(렘 42:11-16). 이집트는 예언대로 바빌론의 느부캇넷살에 의하여 쑥밭이 되고 만다(렘 43:10-14).

이상은 이집트 왕 파라오에게 실제로 일어났던 역사적 사실들이다. 자, 그렇다면 "용"이요 마귀와 동일시되는 존재로서의 이집트 왕 파라오에게 이 예언이 어떻게 이루어지는가를 살펴보기로 하자.

『**이집트 왕 파라오야, 내가 너를 대적하노니 너는 자기 강들 가운데 누운 큰 용이라**』(3절). 『**그러나 내가 갈고리로 네 아가리를 꿰고...**』(4절) 『**큰 용**』은 괴물이고 파충류이기는 하되, 역시 『**용**』이지 "악어"나 "고래"가 아니다. 이것이 "악어"나 "고래"가 아니라는 사실은 욥기 41장에서 명백하게 드러난다. 그가 만약 "악어"나 "고래" 정도의 존재라면, 그 아가리를 갈고리로 꿰는 것쯤이야 누구라도 할 수 있는 일이다. 그러나 하나님께서는 『**리비야단**』이라 불리는 이 『**큰 용**』을 『**네가 갈고리로... 끌어낼 수 있느냐? ...끈으로 그의 혀를 맬 수 있겠느냐?**』(욥 41:1)라고 우리 인간들에게 힐난하신다. 어림도 없다는 얘기다. 그것은 하나님께서만이 하실 수 있는 엄청난 일이라는 말씀이다.

『**네 강들의 물고기로 네 비늘에 붙게 하며 네 강들에서 너를 끌어올리리니 네 강의 모든 물고기가 네 비늘에 붙으리라**』(4절). 이 큰 용 "리비야단"은 온몸이 비늘로 덮여 있는데, 어찌나 치밀하고도 단단하게 몸에 붙어 있는지 그 사이로 바람도 들어가지 못할 정도로 밀폐돼 있는지라 그 자신도 가장 뽐내는 무장이다(욥 41:15-17). 여기에 『**물고기**』가 달라붙어 있다. 바빌론의 느부캇넷살왕이 예루살렘에 쳐내려왔을 때 이스라엘 백성도 거기 달라붙어 있던 물고기들이었던 셈이다. 이스라엘은 하나님께 의존하는 대신 이집트에 달라붙어 보호받으려고 했지만, 이 『**큰 용**』이 하나님에 의하여 그 아가리가 갈고리에 꿴 채 강에서 끌어올려진 신세가 되는 바람에 함께 끌려 올려져 광야에 내팽개쳐짐으로써 『**들의 짐승들과 하늘의 새들에게 먹이**』가 될 참이다(5

절). 이집트는 이제 『**더 이상 민족들을 지배하지**』 못하게 된 상태고 거기에 기대 있던 자들도 마찬가지 신세가 된다. 언제 말인가? 대환란 때 말이다. 대환란 때 적그리스도가 출현하면 그에게 동조하던 많은 민족들이 모두 멸망당하게 될 것이다. 다음 절을 보라.

『**또 내가 너를 광야에 던져 버려 두리니 너와 네 강들의 모든 물고기라. 너는 들판에 떨어지리니 네가 거둬지거나 모아지지 아니하리라. 내가 너를 들의 짐승들과 하늘의 새들에게 먹이로 주었도다**』(5절). 여기서 우리는 대환란 끝 무렵으로 달려가 요한계시록 19:17,18의 상황을 보고 있다. 『**또 내가 보니, 한 천사가 해에 서 있는데 그가 큰 음성으로 외쳐 하늘 한가운데로 날아가는 모든 새들에게 말하기를 "와서 위대하신** 하나님**의 만찬에 다함께 모여 왕들의 살과 최고대장들의 살과 용사들의 살과 말들과 그 위에 탄 자들의 살과 자유인이나 종이나 작은 자나 큰 자나 할 것 없이 모든 자의 살을 먹으라."고 하니라.**』 그러니까 4절에서 그 비늘에 달라붙어 있던 물고기들, 즉 이 세상의 왕들, 최고대장들, 용사들, 말들과 그 위에 탄 자들, 자유인이나 종이나 작은 자나 큰 자나 할 것 없이 모든 자가 『하나님**의 만찬**』을 즐기기 위해 달려드는 들의 짐승들과 하늘의 새들에게 덩달아서 먹이가 되고 말 것이다.

『**이는 그들이 이스라엘 집에 갈대 지팡이가 되었음이라**』(6절). 이스라엘이 하나님을 신뢰하지 않고 이집트를 의지했지만, 실은 이집트가 『**갈대 지팡이**』에 지나지 않았다. 이것은 히스키야왕 시절에 예루살렘에 공격해 왔던 앗시리아 왕 산헤립이 이집트에 의존하려던 유다 왕국에 사신을 보내 꾸짖었을 때도 나왔던 말이었다. 『**랍사케가 그들에게 말하기를 ...보라, 네가 부러진 갈대 지팡이인 이집트를 의뢰하는도다. 사람이 그것을 의지하면 그것이 손에 들어가서 찌르리니 이집트 왕 파라오는 그를 의뢰하는 모든 사람들에게 그와 같으니라**』(사 36:4-6).

이 이집트는 의지하려고 붙잡았더니 부러졌고, 붙잡고 늘어졌더니 어깨가 무너져 내렸으며, 그냥 기대기만 해도 부러지고 마는 힘없는 존재가 돼 버렸는지라(7절), 이집트 왕 파라오로 예표되는 『**큰 용**』은 이스라엘에 아무 힘도 되어 주지 못했다.

29:8 그러므로 주 하나님이 이같이 말하노라. 보라, 내가 네게 칼을 가져가서 네게서

사람과 짐승을 끊으리라.

9 **그러면 이집트 땅이 황폐하고 삭막하게 되리니 그때에 그들은 내가 주인 줄 알리라. 이는 그가 말하기를 "그 강은 내 것이요, 내가 그것을 만들었다." 하였음이라.**

10 **보라, 그러므로 내가 너를 대적하고 네 강들을 대적하노라. 내가 이집트 땅을 완전히 삭막하고 황폐하게 하리니 시에네의 망루로부터 에디오피아의 접경까지 하리라.**

11 **사람의 발이 그곳을 지나가지 아니할 것이며 짐승의 발도 그곳을 지나가지 아니할 것이요, 그곳은 사십 년 동안 사람이 살지 아니할 것이라.**

12 **내가 이집트 땅을 황폐한 나라들 가운데서 황폐하게 하리니 삭막하게 버려진 성읍들 가운데서 그녀의 성읍들이 사십 년 동안 황폐하게 되리라. 또 내가 이집트인들을 민족들 가운데로 흩어 버리고 또 나라들 속에 그들을 분산시키리라.**

『**그러므로 주 하나님이 이같이 말하노라. 보라, 내가 네게 칼을 가져가서 네게서 사람과 짐승을 끊으리라**』(8절). 이집트에 『**칼**』이 임한 것은 역사적으로는 바빌론의 느부캇넷살에 의하여 당장 실현되었지만, 교리적으로는 재림에 관련된다. 이것은 그 어떤 주석자들도 눈치채지 못한 사실이다. 이 부분이 예수 그리스도의 재림에 관련되는 구절들이라는 것을 간파하지 못하는 바람에 그 누구도 다음 9절에서 언급되는 『**이는 그가 말하기를 "그 강은 내 것이요, 내가 그것을 만들었다." 하였음이라.**』라는 말씀을 이해하지 못했고, 기껏해야 이집트 왕 파라오가 "나일강은 내 것이요, 내가 나일강을 만들었다."고 자만했다고 설명하는 게 고작이다. 지금 에스겔 29장에서는 이집트에 대한 심판을 예언하고 있는 중이다. 그런데 3절에서 분명하게 언급되고 있는 그 징벌의 이유가 다름 아닌 『**"내 강은 내 자신의 것이요, 내가 그것을 나를 위해 만들었다."**』고 호언한 데 있다는 것이다. 그리고 다음 9절에서 다시 한번 더 그 이유를 설명한다. 그렇다면 어째서 이것이 하나님의 징벌의 이유가 되는 것일까? 다음 9절에서 살펴보자.

『**그러면 이집트 땅이 황폐하고 삭막하게 되리니 그때에 그들은 내가 주인 줄 알리라. 이는 그가 말하기를 "그 강은 내 것이요, 내가 그것을 만들었다." 하였음이라**』(9절). 여기서 『**강**』은 문자적으로 나일강을 말한다. 그리고 이 구절은 교리적으로 예수 그리스도의 재림에 직접 관련된다. 앞에서도 말한 것처럼 이집트에 대한 하나님의 응징은 이집트가 『**"그 강은 내 것이요, 내가 그것을 만들었다."**』고 말한 데 있다. 그렇다면 이집트가 언제 나일강을 만들었으며, 언제 자기가 만들었다고 호언했고, 또 어째서 그것이 징벌의 이유가 되는가?

아닌 게 아니라 이집트는 나일강을 "만들었다!"

무슨 소리를 하는 거냐고 눈을 부릅뜨지 말라. 이집트는 나일강에 아스완댐을 만들었고, 이 댐으로 인하여 나일강의 물길이 바뀌는 바람에 이전과는 전혀 딴판인 새로운 나일강이 형성되었다. 그러나 문제는 그들이 만든 이 "새로운 나일강" 때문에 이집트의 온갖 우상 신들을 모셔놓은 고대 신전들이 모두 물에 잠길 위험에 처하게 되었다는 데에 있었다. 그래서 어쨌는지 아는가? 이에 깜짝 놀란 UN이 유네스코를 통하여 이 신전을 댐 위로 옮겨 놓기로 했다. 여기에 소요되는 수백만 달러의 공사비를 주로 미국이 부담했다. 당신이 낸 세금으로 말이다. 미국 국민들은 이집트의 우상들을 보호하는 데 돈을 댔던 것이다. 하나님께서는 지금 이것을 엄중하게 문책하고 계신 것이다. 그리고 예수 그리스도께서 구름을 타고 재림하시면 이 우상들부터 쓸어버리실 것이다. 이렇게 말한다고 해서 내가 사사로운 추측을 하고 있다고 비난하지 말라. 나는 이 사실을 성경에서 읽고 당신에게 들려주고 있는 중이다. 이사야 19장을 보라. 『**이집트에 대한 엄중한 *말씀*이라. 보라, 주가 빠른 구름을 타고 이집트로 오시리라. 이집트의 우상들이 그의 면전에서 떨며 이집트의 마음이 그 한가운데서 녹으리라**』(사 19:1). 주님께서 재림하시면 이집트의 우상들이 떤다. 왜 그런가? 『**내가 이집트인들로 이집트인들을 대적하도록 선동하리니 모든 사람이 자기 형제를 대적하여 싸울 것이며... 또 내가 이집트인들을 잔인한 군주의 손에 넘기리니 흉포한 왕이 그들을 다스리리라. 주, 곧 만군의 주가 말하노라**』(사 19:2-4).

아스완댐은 나일강의 급류를 가로질러 건설한 세계 최대의 "로크필"(rock-fill)댐으로 1902년 나일강의 홍수 조절과 관개용수를 확보하기 위하여 영국이 아스완에 만들기 시작했는데, 그후 1950년대 중반에 나세르 대통령이 이보다 7km 상류에 새로이 하이댐 건설을 계획하여 1960년에 소련의 기술 원조로 공사에 착수하였고 1971년에 완공되었다. 이 하이댐은 높이가 111m에 제방 길이만도 3.6km나 되고 저수지의 총 길이가 자그마치 500km나 된다. 이 공사로 고대 유적들이 물에 잠기게 되었는데, 그것을 옮기는 공사 중에서도 최대의 것이 우상들의 신전을 이전하는 공사였다. 이 신전은 B.C. 13세기경에 나일강 연안의 절벽을 파서 만든 것으로 높이 20m에 너비가

60m에 이르는 구조물이었는데, 신전을 구성하는 바위들을 톱질하여 20~30톤의 블록으로 절단한 다음 하이댐 위로 옮겨 다시 세웠다. B.C. 13세기경에 만들어진 우상들이 3,300년이 지난 다음에도 사람들을 움직여 새로운 강을 만들게 한 다음 자신들이 온전히 보존되도록 만전을 기할 만큼 실로 대단한 위력을 발휘했던 것인데, 이때 미국이 유네스코를 통하여 돈을 댔다는 것이 예사롭지가 않다.

따라서 『**그 강은 내 것이요, 내가 그것을 만들었다.**』는 말은 바로 이 사실을 언급하는 것으로 수몰되기는커녕 하이댐 위에 버젓이 옮겨 세워진 이집트 신전의 우상들이 새로 생긴 나일강을 굽어보며 회심의 미소를 짓고 있다. 그러나 예수 그리스도께서 재림하시면 이 아스완댐과 나일강은 흔적도 없이 파괴되고 말 것이다. 그것을 어떻게 아는가? 성경이 그렇게 말씀하고 있기 때문이다. 『**물들이 바다로부터 없어지겠고 강이 다하여 마르리라. 그들이 강들을 멀리 돌리리니 방어용 시내들도 다하여 말라 버릴 것이요, 갈대들과 창포들도 마를 것이라. 시냇가의 초장들과 시내 어귀의 초장들과 시냇가에 심은 모든 것은 말라서 없어질 것이며 아무것도 더 없으리라**』(사 19:5-7). 그러나 나일강은 지금도 여전히 거기 있고, 아스완댐과 그 위의 우상들을 모신 신전도 아직은 그대로 있다. 그러니까 『**아무것도 더 없으리라.**』는 예언은 주님께서 재림하실 때 이루어질 미래의 일이다. 바로 그렇기 때문에 이 부분을 교리적으로 재림 관련 구절들로 설명해야 한다는 얘기다. 이런 내용들을 이미 지나간 과거의 역사적 사실들로 설명하려고 애쓰는 것은 성경에 무지한 자들이나 시도하는 무모한 짓이다.

『**보라, 그러므로 내가 너를 대적하고 네 강들을 대적하노라. 내가 이집트 땅을 완전히 삭막하고 황폐하게 하리니 시에네의 망루로부터 에디오피아의 접경까지 하리라**』(10절). 자, 이만하면 하나님께서 이집트를 대적하시되, 『**네 강들을 대적하리라.**』고 말씀하시는 이유를 충분히 이해할 수 있으리라. 아스완 하이댐의 건설로 언덕 위로 옮겨진 아부심벨의 두 개 신전들이나 이시스 신전들이 지금은 바다처럼 보이는 나일강 저수지를 내려다보며 『**그 강은 내 것이요, 내가 그것을 만들었다.**』라고 말하면서 거만하게 앉아 있지만, 주님께서 이집트 땅을 완전히 삭막하고 황폐하게 만들기 위해 "빠른 구름을 타고 이집트로 오시면"(사 19:1) 『이집트의 우상들이 그의 면전에서 떨며』 그 무서운 황폐화의 광경을 보게 될 것이다. 아스완 하이댐이 붕괴하면 『**시에네의 망루로부터 에디오피아의 접경까지**』 이집트 전역이 물바다가 된 다음 그 물이 다 말라버리고 말 것이다. 이렇게 되면 나일강 유역에서 생산하던 그 막대한 농산물이 사라지게 될 것이고, 나일강 연안에 발달했던 어업도 사라지게 될 것이다. 『**어부들도 탄식할 것이요, 시내에 낚시를 던지는 자들도 모두 슬퍼할 것이며, 물에 그물을 치는 자들도 힘이 빠지리라**』(사 19:8). 나일강 유역의 그 유명한 면화 생산도 사라져 없어질 것인즉, 『**세마포를 짜는 자들과 그물을 짜는 자들이 치욕을 당할 것**』이다(사 19:9).

『**사람의 발이 그곳을 지나가지 아니할 것이며 짐승의 발도 그곳을 지나가지 아니할 것이요, 그곳은 사십 년 동안 사람이 살지 아니할 것이라**』(11절). 이집트의 황폐화는 역사적으로도 여러 번에 걸친 외적의 침략으로 끊임없이 진행돼 왔지만, 그것은 정치적, 경제적 황폐화였을 뿐, 자연적, 기후 풍토적 황폐화는 아니었다. 여기서 언급하는 황폐화는 역시 재림 시기와 관련이 있는 것으로 문자 그대로의 자연 환경적 황폐화를 말한다. 말하자면 『**사십 년 동안 사람이 살지 아니할 것**』이라는 예언은 환경적으로 사람이 살 수 없는 황무지로 변하게 된다는 것으로 지금까지 없었던 미래의 일이라는 얘기다.

『**내가 이집트 땅을 황폐한 나라들 가운데서 황폐하게 하리니 삭막하게 버려진 성읍들 가운데서 그녀의 성읍들이 사십 년 동안 황폐하게 되리라. 또 내가 이집트인들을 민족들 가운데로 흩어 버리고 또 나라들 속에 그들을 분산시키리라**』(12절). 이 구절 역시 앞 절에 이어 재림 관련 구절이라는 것은 두말할 나위도 없다. 우리는 여기서 이집트의 과거 역사를 아주 간략하게나마 더듬어 보는 게 좋겠는데, 이집트의 고대사까지는 몰라도 최소한 지금 우리가 읽고 있는 에스겔 29장 언저리부터 시작하여 근대에 이르기까지 이집트라는 한 왕국이 얼마나 수치스러운 역사를 걸어왔는지를 한번 보기로 하자.

이집트는 느코 2세 시절 B.C. 605년 바빌론에 패망하기 이전에도 앗시리아의 침공으로 멤피스에서 패망하더니 그 뒤 얼마 안 되어 바빌론의 침공을 받게 되었고, B.C. 525년에는 페르시아의 침공을 받아 페르시아의 속주로 전락했으며, B.C. 332년에는 마케도니아의 알렉산더 대제에게 정복되었는가 하면, 알렉산더 대제가 사망한 뒤에는 프톨레마이오스가 새로운 왕조를 열었다. 프톨레마이오스에 의하여 신왕조가 건설되고 수도가 알렉산드리아로 옮겨졌다고는 하지만 정치적으로는 사실상 알렉산더 대제에 의해 이미 뿌리를 내린 그리스의 절대적인 지배하에 놓여 있는 상태 그대로였고, 그 영향으로 헬레니즘 문화가 여기에서 꽃피웠다고는 하지만, B.C. 30년에 클레오파트라 7세를 끝으로 프톨레마이오스 왕조마저 로마 제국의 치하로 들어갔다. 로마의 손에 들어간 이집트는 그 후 약 700년 동안 로마의 속주가 되어 이집트에서 생산되는 곡물과 기타 농산물들이 모두 로마에 의하여 수탈됨으로써 이집트인들은 말할 수 없는 고통을 겪어야만 했다. 이 시기에 알렉산드리아에서는 그리스어와 함께 라틴어가 공용어로 채택되었고 철학, 종교, 수학, 의학 등이 발달하였다고는 하지만, 그 모두가 로마인들에 의하여 이룩된 것이었는지라 이집트 자신의 토착 문화는 오히려 쇠락할 수밖에 없었다.

그러다가 로마가 멸망한 다음에는 이슬람교를 바탕으로 단결된 아랍인들이 A.D. 640년에 이집트를 정복하였고 알렉산드리아 역시 아랍인들의 손에 떨어지면서 바빌론 성이 있던 푸스타트가 아랍인들의 이집트 지배 거점 도시로 발전하게 되었다. 그 후로 이집트는 사라센 제국의 한 개 주로 취급되어 식민 정책에 의한 세금 수탈에 희생될 수밖에 없었는지라 이집트의 풍요한 농토에서 생산되는 모든 부가 시리아와 이라크를 위한 젖줄 노릇만 했을 뿐 이집트 자체의 번영에는 도움이 되지 못하였다. 정치적 황폐화가 경제적 황폐화를 초래하는 것은 다른 민족들의 경우에도 예외가 아님을 역사가 증명한다. 그 뒤 A.D. 969년에 북아프리카 지역에서 세력을 펴온 파티마조에 의하여 정복되어 이집트의 이슬람화가 급속도로 확산되기에 이르렀다. 아라비아인이 이집트를 정복했을 무렵 이집트 주민들은 대부분 원시 카톨릭 종교(역사책에서는 "기독교"라고 말하지만)를 신봉하고 있었고 지배 계급인 그리스인들은 그리스 정교를 신봉하고 있었는데, 아라비아인의 지배 시대로 접어들면서 200년도 지나지 않아 대다수가 이슬람교도화 되기에 이르렀다.

더구나 12세기 초 십자군을 격파하고 예루살렘을 탈환한 살라딘에 의하여 파티마조 대신 아이유브즈조가 세워진 다음부터는 이집트의 이슬람화가 더욱 가속화되었다. 그 와중에서 크고 작은 내전들을 여러 차례 겪고 있던 이집트는 한편으로는 인도양이나 지중해 무역으로 경제가 번영하여 시리아까지도 지배하기에 이르렀지만 인도항로의 발견에 따라 포루투칼에 해상 무역의 주도권을 넘겨야만 했고 동서 교통의 중계지로서의 역할을 상실하게 되었으며 16세기 초에는 오스만 터키에 정복됨으로써 세계의 한 변방으로 쇠퇴하게 되었고 문화적으로도 침체를 계속했다. 그러자 1798년 나폴레옹이 거느린 프랑스군이 알렉산드리아에 침공하여 카이로까지 정복해 들어갔는데, 1801년까지 계속된 프랑스 점령 기간 동안 수많은 문화 유산들이 프랑스에 의하여 탈취 당했다. 지금도 프랑스 파리를 위시한 도시들 광장 이곳저곳에 서 있는 오벨리스크들이 모두 이집트에서 가져간 것들이고, 루브르 박물관의 이집트관은 이때 탈취해간 수많은 유물들로 가득 차 있다. 19세기 초 프랑스군이 철수한 뒤에는 다시 터키족의 지배하로 되돌아갔고, 이때 카이로를 중심으로 저항하던 맘루크 왕조의 잔존 세력들과 터키 지배세력 사이에 충돌이 심하여 혼란에 빠졌으며, 그 와중에 영국과 프랑스의 세력이 또 이집트로 침투해 들어왔다.

1914년 제1차 세계대전의 발발과 함께 이집트는 영국의 보호 하에 놓이게 되었는데, 이때부터 민족 독립의 기운이 일기 시작하더니 마침내 1936년 거의 완전에 가까운 독립을 쟁취하기에 이르렀다. 그 후, 1948년에 일어난 이스라엘과의 전쟁에서 참패함으로써 1952년 민족사상으로 단결한 소장 장교들이 정변을 일으키더니 나기브 장군을 대통령으로 한 현재의 이집트 공화국이 세워졌다.

이상에서 간략하게 살펴본 것처럼 이집트는 B.C. 600년경 바빌론의 느부캇넷살에 의하여 정복된 이후로 무려 2,500년 동안 끊임없이 외족의 지배를 받았고 수탈을 당해왔거니와, 이러한 과거 역사만으로도 여기 에스겔 29장에서 예언되고 있는 이집트에 대한 하나님의 응징들이 모두 성취되었다고 설명하더라도 거의 무리가 없을 정도인 게 사실이다. 그러나 아무리 그렇다 하더라도 『**내가 이집트 땅을 황폐한 나라들 가운데서 황폐하게 하리니 삭막하게 버려진 성읍들 가운데서 그녀의 성읍들이 사십 년 동안 황폐하게**』(12절) 되어 『**사람의 발이 그곳을 지나가지 아니할 것이며 짐승의 발도 그곳을 지나가지 아니할 것이요, 그곳은 사십 년 동안 사람이 살지 아니할 것**』(11절)이라는 예언이 문자 그대로 성취된 적은 역사에서 찾아볼 수가 없다. 더구나 다음 13절에서 보듯이 이집트인들이 다른 나라들에 흩어져 있다가 『**사십 년의 끝에**』 다시 모아진 사례는 더더구나 찾아볼 수가 없다. 따라서 이러한 일들은 사실적으로 일어날 일들이지만 역시 예수 그리스도의 재림에 관련되는 미래의 일이라는 것을 알 수 있다.

29:13 또 주 하나님이 이같이 말하노라. 사십 년의 끝에 내가 이집트인들을 그들이 흩어져 있는 백성으로부터 모으리니

14 내가 이집트의 사로잡힌 자들을 다시 데려와서 그들로 파드로스 땅, 즉 그들

이 살던 땅으로 돌아가게 하리니 그들이 거기서 지위가 낮은 왕국이 되리라.
15 **이집트는 나라들 중에서 가장 낮은 왕국이 되리니 더 이상 민족들 위에 스스**
로를 높이지 못하리라. 이는 내가 그들을 미약하게 하여 그들로 더 이상 민족
들을 지배하지 못하게 할 것임이라.
16 **이집트가 더 이상 이스라엘 집에 신뢰가 되지 못할 것이요, 이스라엘이 그들**
을 바라볼 때에 그들의 죄악을 기억하게 되리라. 그러나 그들은 내가 주 하나
님인 줄 알리라.

『**또 주 하나님이 이같이 말하노라. 사십 년의 끝에 내가 이집트인들을 그들이 흩어져 있는 백성으로부터 모으리니**』(13절). 대환란 끝 무렵 언젠가 이집트는 기후 풍토적으로 황폐케 되어 40년 동안 사람이 살지 않는 곳으로 사막화될 것인데, 40년이 지난 후 다른 민족들 가운데로 뿔뿔이 흩어져 있던 이집트인들이 그러한 땅으로 다시 모여들게 되는 것은 천년왕국 시대에 있게 될 것이다. 그럴 수밖에 없는 것이 이집트의 사막화가 40년 동안 지속되는 데 반하여 대환란 기간은 겨우 7년밖에 되지 않는데다가 그것도 이 40년의 황폐화 기간이 대환란 끝 무렵에 시작될 것이기 때문이다. 그러니까 만약 이 40년의 황폐화가 대환란이 끝나기 2년 전에 시작된다고 가정하면 천년왕국 시대로 접으들면서 38년 동안 더 그 상태가 계속될 것이고, 만약 대환란이 끝나는 마지막 시점에 시작된다면 천년왕국 기간에 40년 동안 이 황폐화가 계속될 것이다. 어쨌든 이집트는 하나님의 징벌로 40년 동안 사람이 도저히 살 수 없는 땅으로 황폐케 되어 이집트인들은 다른 나라로 뿔뿔이 흩어지게 될 것이고, 주님께서 이 재앙을 철회하셔야만 자신들의 땅으로 다시 돌아갈 수 있을 것이다. 이 사실을 뒷받침하는 관련 구절로 우리는 스카랴 14장을 예로 들 수가 있겠다. 『**예루살렘을 치러 온 모든 민족들 가운데서 남아 있는 자도 각기 그 왕, 만군의 주께 경배하러, 또 장막절을 지키려고 해마다 올라올 것이라. 땅의 모든 족속 중에서 그 왕, 만군의 주를 경배하려고 예루살렘에 올라오지 아니하는 자들에게는 비가 내리지 아니하리라. 만일 이집트의 족속이 올라오지 아니하면, 비가 없을 것이며, 재앙이 있으리니 그 재앙으로 주께서 장막절을 지키려고 올라오지 아니하는 그 이방을 치시리라. 이것이 이집트의 벌이 될 것이요, 장막절을 지키려고 올라오지 아니하는 모든 민족들의 벌이 되리라**』(슥 14:16-19). 대환란이 끝나고 천년왕국이 시작되면 모든 민족들이 주님께 경배를 드리고 또 장막절을 지키기 위해 예루살렘으로 모여들 터인데, 이집트가 이것을 어기는 바람에 그들에게 재앙이 내려 비가 오지 않게 된다. 만약 40년 동안 비가 오지 않는다면 지구상 그 어떤 땅이라도 그 전체가 사막으로 변하여 더 이상 사람이 살 수 없는 황무지가 될 것인즉, 그렇게 되면 이집트인들은 다른 민족들 가운데로 피난해야 할 것이다.

장막절은 유월절 및 오순절과 함께 이스라엘의 3대 명절인데, 유월절과 오순절은 이 명절로 예표가 되시는 주님께서 지상에 직접 와 계시기 때문에 천년왕국 시대에 지켜질 필요가 없고 다만 장막절만 지켜질 것이다. 비단 이스라엘 민족의 40년 광야 생활뿐만 아니라 2천 년에 걸친 유랑생활을 거친 끝에 비로소 회복되기에 이른 것을 기념하기 위해서라도 장막절은 천년왕국 시대에 지켜질 명절로 남게 되는 것이다. 이스라엘 민족이 바빌론 포로에서 귀환한 뒤에 지켜졌던 명절도 바로 이 장막절이었다(느 8:14-17). 장막절과 관련되는 느헤미야의 이 구절들은 사실은 천년왕국에서 지켜질 명절의 미래 그림을 보여 준 것이었다.

『**내가 이집트의 사로잡힌 자들을 다시 데려와서 그들로 파드로스 땅, 즉 그들이 살던 땅으로 돌아가게 하리니 그들이 거기서 지위가 낮은 왕국이 되리라**』(14절). 천년왕국 시대 초기에 40년 동안의 재앙이 끝나면 이집트인들은 『**그들이 살던 땅**』으로 귀환할 수 있게 되는데, 그 땅을 『**파드로스 땅**』이라고 지칭한다. 어떤 사람들은 이것이 나일강 유역의 삼각주 지역이라고도 말하고, 어떤 사람은 북이집트의 파드루심을 말한다고도 설명한다. 분명한 것은 이 구절에서 해석해 주고 있듯이 여기가 『**그들이 살던 땅**』이라는 것이다.

그들은 자신들의 땅으로 귀환하더라도 『**지위가 낮은 왕국**』밖에는 회복하지 못할 것이다. 이집트는 바빌론의 느부캇넷살에 의하여 정복된 이후 오늘에 이르기까지 지난 2,500여 년간 사실상 『**지위가 낮은 왕국**』이었고 이것은 대환란을 거쳐 천년 왕국으로 들어가서까지 내내 이어질 것이다. 태양신을 섬긴 민족의 운명이란 이런 것이다.

『**이집트는 나라들 중에서 가장 낮은 왕국이 되리니 더 이상 민족들 위에 스스로를 높이지 못하리라. 이는 내가 그들을 미약하게 하여 그들로 더 이상 민족들을 지배하지 못하게 할 것임이라**』(15절).

이집트가 지난 날 언제 스스로를 높여 『**민족들 위에**』 군림하고 『**민족들을 지배**』했던 적이 있었던가? 소위 "피라미드 시대"라고 일컬어지는 B.C. 2680~2200년에 이르는 이집트의 고왕국 시대나, B.C. 2200~2050년에 이르는 중왕국 시대, 그리고 약 200년간의 중간기를 거쳐 B.C. 1560~1090년에 이르는 신왕국 시대와 B.C. 1090~332년에 이르는 후기 왕조시대를 되돌아 볼 때, 적어도 B.C. 600년경 바빌론에 의해 함락되기 전까지는 수차례에 걸쳐 실질적으로 다른 민족들 위에 군림했던 적이 있었던 게 사실이다.

고왕국 시대에 이집트는 벌써 피라미드와 신전들을 만들기 위한 양질의 건축 자재들을 구하기 위하여 시내 반도의 구리 광산이나 시리아의 채석장을 확보하기 위해 이 지역을 원정했었고, 특히 제5왕조 시대에는 그 영토가 남부의 제2 폭포 와디할파에까지에 이르렀다. 중왕국 시대에도 종교의 중심지로서의 테베를 거점으로 세력을 확장하여 멀리 제3폭포에까지 군대를 보내 금광을 개발하였는가 하면 또 팔레스타인까지 원정한 일도 있었으며, 신왕국 시대에는 특히 융성기를 맞아 그 영토를 아시아로까지 확대하는 제국 시대를 맞기도 했는데, 이때 특히 팔레스타인 정벌이 잦았으며, 그 영토가 북으로는 유프라테스강까지, 남으로는 제4폭포까지 이를 정도로 광대하였다.

그러나 후기 왕조 시대에 들어와 북방 민족들의 침입이 잦아지면서 국력이 쇠퇴하기 시작했고 이때 특히 앗시리아의 세 번에 걸친 침공과 바빌론의 침략, 그리고 이어서 페르시아의 침략 등으로 결국 B.C. 330년경에 이르러서는 이집트인에 의한 왕조시대는 막을 내리게 되었다. 한때 느코왕이 앗시리아를 정벌하기도 했지만 큰 성과를 거두지는 못했다. 바빌론 군대가 예루살렘을 공략하고 있던 동안에도 이집트 군대가 움직였고, 이에 바빌론 군대가 이집트 군대를 두려워했던 사실도 성경에 기록돼 있다. 『**칼데아인들의 군대가 파라오의 군대를 두려워하여 예루살렘으로부터 군대를 해산시켰을 때**』(렘 37:11). 그러나 이때도 이집트의 군대는 바빌론 군대의 반격으로 쫓겨갔고, 끝내는 느부캇넷살에게 굴복하고 말았다.

그러나 이집트는 이스라엘에 대해서만은 바빌론에 패망할 때까지는 기회 있을 때마다 압박을 가하기도 하고 동맹을 맺기도 하면서 큰 영향력을 행사하고 있었던 게 사실이다. 여기 15절에서 언급하는 『**민족들 위에 스스로를 높**』였다든지, 『**민족들을 지배**』했다는 사실은 주로 팔레스타인을 중심으로 한 민족들과 관련된 역사로 볼 수 있겠으나, 사실은 대환란 기간 동안 많은 이방 민족들이 적그리스도의 지휘하에서 그 세력을 행사하게 된다는 사실을 감안할 때, 역시 재림 관련 구절로 다루는 것이 좋을 것이다.

그러나 이집트는 결국 『**나라들 중에서 가장 낮은 왕국이**』이 되어 『**더 이상 민족들**

을 지배하지 못하게』 될 것인즉, 이것이 모두 하나님께서 그들을 『**미약하게**』 만드시기 때문이다.

『**이집트가 더 이상 이스라엘 집에 신뢰가 되지 못할 것이요, 이스라엘이 그들을 바라볼 때에 그들의 죄악을 기억하게 되리라. 그러나 그들은 내가 주 하나님인 줄 알리라**』(16절). 이스라엘의 입장에서 볼 때, 이집트가 『**더 이상... 신뢰가 되지 못할 것**』이라는 사실은 실로 많은 것을 반성하게 만들 것이다. 왜냐하면 이스라엘은 위기 때마다 이집트에 의존함으로써 이집트라는 이방 민족의 압력과 영향력 행사를 스스로 자초했기 때문이다. 특히 앗시리아와 바빌론의 침공을 받았을 때는 이스라엘이 하나님께 의지하지 않고 이집트에 기댐으로써 하나님의 진노를 샀다. 이스라엘이 천년왕국 시대에 접어들어 이러한 과거를 되돌아보는 가운데 자신들의 잘못을 반성하면서 주 하나님께서 그야말로 『주 **하나님**』이신 것을 재삼 깨닫게 될 것이다.

29:17 **스물일곱째 해 첫째 달, 그 달 첫째 날에 주의 말씀이 내게 임하여 말씀하시니라.**

18 **인자야, 바빌론 왕 느부캇넷살이 그의 군대로 투로를 대적하여 큰 수고를 하게 하였더니 모든 머리들이 대머리가 되고 모든 어깨가 벗겨졌으나 그와 그의 군대가 투로를 대적하여 일한 수고에 대하여 투로에서 보수를 받지 못하였도다.**

19 **그러므로 주 하나님이 이같이 말하노라. 보라, 내가 이집트 땅을 바빌론 왕 느부캇넷살에게 주리니 그가 그 무리를 잡아가며 약탈물과 전리품을 가져가리라. 그리하면 그것이 그의 군대에게 보수가 되리라.**

20 **그가 그것을 대적하여 행한 그의 수고에 대해 내가 이집트 땅을 그에게 주었나니 이는 그들이 나를 위하여 일하였음이라. 주 하나님이 말하노라.**

21 **그 날에 내가 이스라엘 집에서 뿔이 솟아나게 할 것이요, 또 내가 너로 그들 가운데서 입을 열게 하리니 그러면 그들은 내가 주인 줄 알리라.**

『**스물일곱째 해 첫째 달, 그 달 첫째 날에 주의 말씀이 내게 임하여 말씀하시니라**』(17절). 예루살렘이 불타고 이스라엘이 바빌론에 포로로 사로잡혀간 지도 벌써 27년이 넘었다. 이때 또 에스겔 선지자에게 하나님의 말씀이 임한다. 이번에는 바빌론 왕 느부캇넷살에 대한 예언으로써 이집트를 그의 손에 넘겨주시겠다는 것인데, 이 때, 이집트가 느부캇넷살에게 지불되는 하나님의 보수라는 사실이 여간 특이한 게 아니다.

『**인자야, 바빌론 왕 느부캇넷살이 그의 군대로 투로를 대적하여 큰 수고를 하게 하였더니 모든 머리들이 대머리가 되고 모든 어깨가 벗겨졌으나 그와 그의 군대가 투로를 대적하여 일한 수고에 대하여 투로에서 보수를 받지 못하였도다**』(18절). 투로를 공략하느라고 힘겨운 싸움을 하고도 얻은 게 없는 느부캇넷살에게 하나님께서는 그 대가로 이집트를 그의 손에 넘겨주신다. 역사 기록을 보면 바빌론 군대는 투로를 13년 동안이나 포위하고 있으면서 아닌 게 아니라 말할 수 없는 고생을 했음을 알 수 있는데, 그 성읍을 공격하기 위해 토루를 쌓을 흙을 삼태기에 담아 머리에 이고 나르느라고 병사들의 『**모든 머리들이 대머리가 되고**』, 운제를 쌓을 나무들을 지어 나르느라고 『**모든 어깨가 벗겨**』졌다는 것이 조금도 과장이 아니다. 그러고도 마침내 투로를 함락하고 성읍으로 진입하였지만, 정작 전리품으로 손에 넣을 수 있는 재물은 이미 고갈되어 없어진 뒤인지라 별 것이 없었던 모양이다. 하나님께서는 이것을 알고 계셨고, 이에 대해 느부캇넷살에게 적절한 대가를 지불해야 될 필요성을 느끼셨던 것이다.

『**그가 그것을 대적하여 행한 그의 수고에 대해 내가 이집트 땅을 그에게 주었나니 이는 그들이 나를 위하여 일하였음이라. 주 하나님이 말하노라**』(20절). 어째서 이집트가 그를 위한 보수 정도로 전락하고 말았던가? 그것은 이집트인들의 죄 때문이었다. 그러나 이것은 비단 이집트뿐만이 아니다. 어느 누구도 예외가 될 수 없다.

이 말씀을 한번 깊이 생각해 보라. 당신은 결코 그냥 가볍게 여기고 지나칠 수가 없을 것이다. 가령 여기 죄인이 하나 있다. 하나님께서는 이 죄인을 징계하시기 위해 마귀를 불러내신다.

"이 죄인을 네 손에 넘길 테니 네가 잘 알아서 처리하거라."

"예, 주님, 어떻게 처리할까요?"

"글쎄, 이 악한 놈이 평소 악한 방법으로 재산을 모으는 데만 몰두하였으니 그 놈의 사업체를 산산조각 내는 게 어떻겠느냐?"

"예, 그러죠." 마귀가 달려들어 그 악한 사람의 사업체를 파산시켜 버린다. 그런데 알고 보니 그 자가 모든 돈을 닥닥 긁어 다른 악한 일에 이미 투자해 놓은 다음인지라 마귀가 금고를 열고 보니 텅 비어 있는 게 아닌가!

"그래, 그 자를 거덜 내고 왔느냐?" 하나님께서 마귀에게 물으신다.

"예, 하지만, 금고가 텅 비어 있던데요." 마귀는 수고하고 얻은 게 없는지라 뾰루퉁해 있는 눈치다. "그럼 말이다, 또 다른 악한 자가 있는데, 그 녀석을 대신 네게 주마. 그놈을 치면 네가 톡톡히 전리품을 손에 넣을 수 있을 것이다." "예, 좋아요, 주님. 그 놈을 어떻게 처리할까요?"

"글쎄, 중병에 결려 앓아 눕게 만드는 게 좋겠구나. 탐욕이 심하고 제 몸밖에 모르는 이기주의자니까 말이다." "예, 잘 알겠습니다."

그래서 그 악한 사람이 갑자기 병에 걸려 병원으로 실려 간다. 마귀가 만약 먼저번 사람에게서 재미를 보았더라면, 이 사람은 괜찮을 뻔했지만, 사정이 그렇지가 않았는지라 하나님께서는 자신을 위해 일한 마귀에게 넉넉한 보수를 지불하기 위하여 다시 이 사람을 마귀에게 넘겨주신 것이었다. 자, 그렇다고 마귀가 만족할 것 같은가? 마귀의 욕심이 그것으로 끝날 것 같은가? 그는 계속해서 하나님 앞에서 입을 쑥 내밀고 불만스러운 눈치를 보일 것이고, 그때마다 하나님께서는 그에게 새로운 죄인들을 하나하나 넘겨주실 것이다. 그러다가 당신도 걸려들지 말란 법이 없지 않은가? 하나님께서는 민족들에 대해서도 이런 일을 계속하신다. 하나님께서는 유대인들을 죽이시기 위해 독일을 일으키셨고, 독일을 휩쓸어 버리시기 위해 영국과 미국과 러시아를 일으키셨으며, 그리고 러시아와 미국과 영국을 쓸어내기 위해 누군가 다른 나라를 일으키실 것이다. 여기서 살아남으려면 한 가지 방법밖에는 없는데, 그것은 하나님의 말씀을 사랑하고 지키고 순종하는 일뿐이다. 이 지구상 그 누구도, 그 어떤 민족도 하나님의 말씀을 두려워하고 사랑하고 지키지 않는다면, 그는 결국 멸망하고 말 것이다. 투로를 쓰러뜨리기 위해 바빌론을 일으키셨던 하나님이셨고, 바빌론의 느부캇넷살은 자신이 하나님께 쓰임 받고 있다는 사실을 알고 있었으며, 그 대가를 이집트로 받았다.

『그 날에 내가 이스라엘 집에서 뿔이 솟아나게 할 것이요』(21절). 언제 말인가? 주님께서 다시 오시는 그 날에 말이다. 그 날에 하나님께서는 이스라엘 집에서 **『뿔』**, 즉 권세가 나오게 하실 것이다.

에스겔 30장

30:1 주의 말씀이 다시 내게 임하여 말씀하시니라.
2 인자야, 예언하여 말하라. 주 하나님이 이같이 말하노라. 너희는 울부짖기를
"그 날에 화가 있도다!" 하라.
3 이는 그 날이 가까웠으니, 즉 주의 날이 가까웠음이요, 구름 낀 날이라. 그 날
은 이방의 때가 되리라.
4 이집트에 칼이 임할 것이며 살해당한 자가 이집트에서 쓰러질 때 에디오피아
에는 큰 고통이 있으리라. 그들은 이집트의 무리들을 데려가고 그녀의 기초는
무너지게 되리라.
5 에디오피아와 리비아와 리디아와 모든 혼혈 백성과 쿱과 또 그 땅의 동맹한
사람들이 그들과 더불어 칼에 쓰러질 것이라.

『**너희는 울부짖기를 "그 날에 화가 있도다!" 하라**』(2절). 마침내 『**그 날**』이 닥친다. 『**주의 진노의 날**』(습 1:18) 말이다. 『**그 날**』은 구원받은 모든 그리스도인들에게는 기다리고 기다리던 기쁨의 날이지만, 구원받지 못한 죄인들에게는 『**화**』가 미치는 고통과 고난의 무서운 날이다.

『**이는 그 날이 가까웠으니, 즉 주의 날이 가까웠음이요, 구름 낀 날이라. 그 날은 이방의 때가 되리라**』(3절). 『**주의 날**』이 얼마나 무서운 날인지에 대해서는 스파냐 1

장에서도 잘 묘사하고 있다. 『**주의 큰 날이 가깝도다. 그 날이 가깝고도 심히 급하니, 곧 주의 날의 음성이라. 용사가 거기에서 비통하게 부르짖으리라. 그 날은 진노의 날이요, 고난과 고통의 날이며, 황폐와 황량의 날이요, 어두움과 침침함의 날이며, 구름과 짙은 흑암의 날이요, 방벽 친 성읍들과 높은 망대들을 향한 나팔의 경고의 날이라. 내가 사람들에게 고통을 주리니, 그들이 눈먼 사람들처럼 걸을 것이라. 이는 그들이 주를 거슬러 죄를 지었음이라. 그들의 피가 티끌처럼 쏟아지고 그들의 살은 똥같이 쏟아지리라. 주의 진노의 날에는 그들의 은이나 금도 그들을 구해내지 못할 것이며, 그 온 땅이 그의 질투의 불로 삼켜지리니, 이는 그가 그 땅에 거하는 그들을 모두 신속히 제거할 것임이라**』(습 1:14-18). 이 얼마나 어둡고 침울한 장면인가! 그리스도인들이 주님의 재림을 설교하면서 "오, 기쁜 날!"이라고 외친다면 그것은 진짜 구원받은 그리스도인들 끼리나 통하는 소리지, 구원도 받지 못한 죄인들에게는 가당치 않는 소리다. 이것은 마치 눈보라치는 광경을 보고 따뜻한 집 안에서 벽난로 앞에 앉아 있던 사람이 창가로 달려가서 커튼을 젖히며 "오 하나님, 이 얼마나 아름다운지요!"라고 외치는 데 반하여, 집도 없이 길거리를 방랑하는 사람은 목을 잔뜩 옴추리며 수심에 가득 차 "오 하나님, 이 겨울을 어찌 견뎌야 할는지요!" 하고 한숨을 쉬는 것과 같다.

1870년대에서 1880년대에 걸쳐 활동했던 미국의 화가들은 요즘 화가들에 비해 한결 심오한 생각을 담고 있는 그림들을 그렸는데, 이 당시에 그려진 그림들 가운데 아직도 내 뇌리에서 떠나지 않는 그림 두 폭이 다 눈 내리는 마을 풍경이었다. 그 그림 중 하나는 집집마다 커튼 사이로 은은히 등불이 스며 나오고 있는 평화로운 저녁 무렵 털모자를 쓴 아이들이 길거리에 나와 장갑 낀 손으로 눈사람을 만들며 떠들고 노는 광경이었고, 다른 하나는 바람이 몰아쳐 집집마다 문을 꼭꼭 걸어 잠근 가운데 등불마저 비치지 않는 마을 거리에 사람 하나 보이지 않고 앙상한 나뭇가지들만이 쓸쓸히 서서 눈을 맞고 있는 을씨년스러운 풍경이었다. 주님의 재림은 이처럼 보는 이의 관점에 따라 정반대로 받아들여지는 법인데, 그 관점의 차이가 주 예수 그리스도의 "안에" 들어가 있는 사람이냐, "밖에" 있는 사람이냐 여부에 따라 달라지는 것이다. 당신이 예수 그리스도 안에 들어가 있는 사람이라면 "야, 주님께서 오신다!" 하고 환호성을 올리겠지만, 예수 그리스도 밖에 있는 사람이라면 "오, 맙소사!" 하고 비명을 질러야 한다는 말이다. 당신은 어느 쪽인가? 당신은 예수 그리스도께서 다시 오시는 날, "오 맙소사!" 하고 난감해 할 것인가, 아니면 "야, 주님께서 오신다!" 하고 환호성을 올릴 것인가?

『**그 날은 이방의 때가 되리라.**』 그럴 수밖에 없는 것이 대환란 때 그리스도인들은 한 사람도 지상에 남아 있지 않고 모두 하늘에 올라가 주님과 함께 있다. 그리고 이 세상은 이방인들에게 완전히 접수돼 있는 상태가 될 것이고, 적그리스도가 그 위에 군림하여 세상을 다스리고 있을 것이며, 적그리스도와 평화 협정을 맺고 있던 유대인들은 초기에 잠시 무사히 지내는가 싶다가 마침내 혹독한 박해를 받게 될 것이다. 주님께서 실제적으로 지상 재림하셔서 모든 곳을 끝장내시고 천년왕국을 세우시기까지는 말이다.

『**이집트에 칼이 임할 것이며 살해당한 자가 이집트에서 쓰러질 때 에디오피아에는 큰 고통이 있으리라**』(4절). 자, 이집트에 하나님의 진노의 칼이 임하여 다 죽어가고 있는데, 그때 또 에디오피아가 큰 고통을 겪는 것은 어찌된 일인가? 그런데 또 다음 절을 보면 비단 에디오피아뿐만이 아니다.

『**에디오피아와 리비아와 리디아와 모든 혼혈 백성과 쿱과 또 그 땅의 동맹한 사람들이 그들과 더불어 칼에 쓰러질 것이라**』(5절). 에디오피아, 리비아, 리디아, 그리고 모든 혼혈 백성, 쿱, 이들은 모두가 북아프리카의 함족들이다. 이들이 모두 이집트에 대적해 오고, 또 『**그 땅의 동맹한 사람들**』, 즉 적그리스도의 노선에 따르기로 합의한 몇몇 팔레스타인 민족들이 연합하여 이집트에 대적하여 공격해 와서 이집트인들을 모두 잡아다 죽이는 바람에 이집트의 기초가 무너지고 말겠지만, 이들 또한 이집트인들과 더불어 하나님의 칼에 쓰러진다.

이들은 모두가 북아프리카를 중심으로 산재해 있던 함족들이라는 데에 주목하라. 사실 적그리스도 자신이 육신으로는 함족의 피를 이어받은 인물로 출현하게 될 것인즉, 이에 대해서는 뒤에서 자세히 살펴보기로 하겠다.

30:6 주가 이같이 말하노라. 이집트를 지지하는 자들도 쓰러질 것이요, 그녀의 권세의 교만이 낮아질 것이라. 시에네의 망루로부터 그들이 그 안에서 칼에 의하여 쓰러질 것이라. 주 하나님이 말하노라.

7 그들은 황폐한 나라들 가운데서 황폐하게 될 것이요, 그녀의 성읍들은 삭막하게 된 성읍들 가운데 있게 되리라.

8 **내가 이집트에 불을 놓고 그녀의 모든 협력자들이 멸망하게 될 때에 그들은 내가 주인 줄 알리라.**
9 **그 날에 사자들이 내게서 배로 가서 근심 없는 에디오피아인들을 떨게 하리라. 이집트의 날에 있었던 것같이 큰 고통이 그들에게 임하리니, 보라, 그것이 오리로다.**
10 **주 하나님이 이같이 말하노라. 내가 또한 바빌론 왕 느부캇넷살의 손을 통해 이집트의 무리들을 끊으리라.**

『**주가 이같이 말하노라. 이집트를 지지하는 자들도 쓰러질 것이요, 그녀의 권세의 교만이 낮아질 것이라**』(6절). 이집트를 대적하는 자들, 즉 앞 절에서 언급되듯이 에디오피아, 리비아, 리디아, 혼혈 백성, 쿱, 그리고 팔레스타인의 연합 세력들이나 마찬가지로 이집트에 동조하던 지지 세력들도 하나님의 칼에 모두 쓰러질 것이다. 이것은 언뜻 생각하면 모순되는 것처럼 여겨지겠지만, 하나님의 방식은 인간의 방식과는 전혀 다르다는 것을 잊지 말라. 다시 말해서 지금 하나님께서 이집트에 징벌을 내리신다고 해서 그 징벌의 도구로 이용되는 민족들이 하나님 편이냐 하면 절대로 그렇지가 않다는 얘기다. 가령 바빌론의 느부캇넷살이 하나님의 도구가 되어 예루살렘을 짓밟았지만, 그 역시 적그리스도의 모형이었고, 따라서 하나님의 칼에 쓰러지게 돼 있는 것이다.

『**그들은 황폐한 나라들 가운데서 황폐하게 될 것이요, 그녀의 성읍들은 삭막하게 된 성읍들 가운데 있게 되리라**』(7절). 이집트를 중심으로 한 모든 주변 국가들이 황폐한 폐허로 바뀔 것인즉, 이집트는 그 폐허의 중심에 놓여 폐허의 대표적 기념비 노릇을 하게 될 것이다.

『**그 날에 사자들이 내게서 배로 가서 근심 없는 에디오피아인들을 떨게 하리라**』(9절). 이집트와 그의 협력자들이 멸망하는 것을 보고 있던 에디오피아가 자신은 괜찮으려니 하고 안심하고 있겠지만, 어느 날 그들은 주님께서 보내신 사자들이 배를 타고 와서 전하는 말을 들음과 동시에 이집트가 당한 것과 같은 『**큰 고통**』이 그들에게도 임할 것이다. 역사적으로 볼 때 바빌론의 느부캇넷살 군대도 배를 타고 홍해를 건너 이집트와 에디오피아를 침공한 사실이 있었거니와, 주님의 재림 때에는 아마도 유대인들이 실제로 배를 타고 홍해를 건너 그들에게 갈지도 모른다.

『주 **하나님이 이같이 말하노라. 내가 또한 바빌론 왕 느부캇넷살의 손을 통해 이집트의 무리들을 끊으리라**』(10절). 이것은 물론 역사적으로 실현된 사건이기도 하지만, 이집트의 무리들이 끊기게 된다는 점에서 대환란 때 일어날 미래의 역사로 보는 게 더 타당하다.

30:11 그와, 또 그와 함께한 그의 백성, 즉 민족들 중의 무서운 자들이 그 땅을 멸하러 오게 되리니 그들이 그들의 칼을 이집트를 대적하여 뺄 것이며 그 땅을 살해당한 자들로 채우리라.

12 또 내가 강들을 말리고 그 땅을 악인의 손에 팔리라. 내가 타국인들의 손을 통해 그 땅과 그 안에 있는 모든 것을 삭막하게 만들 것이라. 나 주가 그것을 말하였느니라.

13 주 하나님이 이같이 말하노라. 내가 또한 우상들을 파괴할 것이며 또 내가 그들의 형상들을 놉에서 끊어지게 하리라. 이집트 땅의 통치자가 더 이상 없을 것이며 또 내가 이집트 땅에 두려움을 두리라.

14 또 내가 파드로스를 황폐케 하여 소안에 불을 놓을 것이며 노에서는 심판을 행하리라.

15 내가 내 진노를 이집트의 견고한 곳, 신 위에 퍼붓고 노의 무리를 끊어 버리리라.

『**그와, 또 그와 함께한 그의 백성, 즉 민족들 중의 무서운 자들이 그 땅을 멸하러 오게 되리니**』(11절). 바빌론의 칼데아인들은 역사적으로도 『**민족들 중의 무서운 자들**』이었던 게 사실이다. 이 구절은 문자적으로 적용하는 것으로 충분하다.

『**또 내가 강들을 말리고 그 땅을 악인의 손에 팔리라. 내가 타국인들의 손을 통해 그 땅과 그 안에 있는 모든 것을 삭막하게 만들 것이라. 나 주가 그것을 말하였느니라**』(12절). 이 구절은 『**강들을 말리고**』라는 언급에 비추어 앞서 29장에서 살펴본 대로 재림 관련 구절로 보는 게 타당하다. 이집트와 관련하여 『**강**』이 언급될 경우, 그들이 자랑스럽게 여기는 아스완댐과 관련하여 생각해 보는 것이 예언을 이해하는 데 도움이 된다. 이집트 땅에는 대환란 기간에 시작하여 천년왕국 시대로까지 계속되는 40년간의 극심한 황폐화 현상이 일어날 것이다(29:11-13). 이때 이집트가 자랑하는 나일강도 말라버리고 말 것이다.

『주 **하나님이 이같이 말하노라. 내가 또한 우상들을 파괴할 것이며 또 내가 그들의 형상들을 놉에서 끊어지게 하리라. 이집트 땅의 통치자가 더 이상 없을 것이며 또 내가 이집트 땅에 두려움을 두리라**』(13절). 과거 바빌론의 느부캇넷살이 이집트를 정복했을 때도 그랬지만, 이집트를 침공한 세력들이 그 땅에서 『**우상들을 파괴**』했다는 기록은 발견되지 않는다(훗날 로마 제국의 데오도시우스 황제 때 이집트를 공략하여 일부 신전을 파괴했다는 기록은 역사에 잠깐 언급되기는 하지만 적어도 성경에는 그런 기록이 없다).

『**놉**』은 현재 폐허가 돼버린 멤피스(Memphis)의 옛 이름이다. 멤피스는 카이로 남쪽 20km 지점의 나일강 서안에 있었던 고대 도시였는데, B.C. 3100년경 제1왕조 시대에 수도가 되었고, 모든 왕들이 이 도시 서쪽에 피라미드를 쌓았다. 여기서 "피라미드의 아름다움은 영원하다."는 뜻의 헬라식 이름 "멤피스"가 후대에 유래했는데, 이 도시의 수호신인 "거룩한 소" 아피스 신을 모신 신전이 여기에 세워졌었다. 우리는 앞서 29장에서 아스완의 하이댐 건설과 관련하여 수몰될 뻔했던 신전들과 우상들이 유네스코를 통한 미국의 재정 지원으로 댐 위쪽으로 옮겨진 사실을 살펴보았거니와, 이 우상들은 주님의 재림과 함께 파괴될 것이며, 그 우상들의 본거지였던 놉에서 흔적조차 찾아볼 수 없게 말끔히 사라질 것이다.

또 앞서 29:14에서 이집트 땅이 40년 동안 황폐화되었다가 뿔뿔이 흩어져 살던 이집트인들이 귀환하게 되더라도 이집트는 『**지위가 낮은 왕국**』밖에는 되지 못할 것임을 보았거니와, 『**이집트 땅의 통치자가 더 이상 없을 것**』이라고 이 구절에서 언급한다. 천년왕국 시대에 이 땅의 통치자는 다윗의 보좌에 앉으신 왕 예수 그리스도이시기에 다른 통치자가 있을 수 없다는 것은 두말할 나위도 없다. 다만 구원받은 그리스도인들만이 주님과 함께 이 땅을 통치하게 될 것이다(계 3:21; 5:9,10).

『**또 내가 파드로스를 황폐케 하여 소안에 불을 놓을 것이며 노에서는 심판을 행하리라**』(14절). 『**파드로스**』는 북 이집트 지역을 말하고 그 중심 도시가 『**소안**』이며,

『**노**』는 남 이집트의 중심 도시다. 이집트 전역이 하나님의 심판에 의하여 황폐케 될 것을 말씀한다.

『**내가 내 진노를 이집트의 견고한 곳, 신 위에 퍼붓고 노의 무리를 끊어 버리리라**』(15절). 『**신**』은 이집트 북동쪽에 위치한 도시로 견고한 보루로 유명하였고, 이에 상응하는 남부 도시가 『**노**』였는지라, 『**신**』에서 『**노**』까지 멸망하면 이집트 전역이 멸망하는 셈이다.

30:16 내가 이집트에 불을 지르리니 신이 큰 고통을 당할 것이며 노는 찢겨질 것이요, 놉은 날마다 억압을 당하리라.

17 아웬과 피베셋의 청년들은 칼에 쓰러질 것이요, 이 성읍들은 사로잡혀갈 것이라.

18 내가 거기서 이집트의 멍에를 꺾을 때 드합느헤스에게는 또한 날이 어두워질 것이요, 그녀의 힘의 허세가 그녀 안에서 그치리라. 그녀에 대해서는 구름이 그녀를 덮을 것이며 그녀의 딸들이 사로잡혀가리라.

19 내가 이같이 이집트에 심판을 행하리니 그러면 그들은 내가 주인 줄 알리라.

『**아웬**』이고, 『**피베셋**』(17절)이고 하는 도시들은 사실상 지상에서 사라지고 없는 도시들이다. 그러나 이러한 도시들에서 자행되었던 가증스러운 우상 숭배 행위들은 절대로 응징될 것이다. 『**아웬**』은 이집트의 태양신을 모신 신전이 있던 곳으로 유명한 헬리폴리스를 말하고, 『**피베셋**』은 "피베셋" 여신을 모신 신전이 있었던 곳으로 유명한 곳이다. 물론 지금은 그 유적지의 잔해들만 남아 있지만 말이다. 지금 이 21세기의 모든 도시들이 사실상 현대판 『**아웬**』이고 『**피베셋**』이라는 사실을 자신 있게 부인할 사람은 하나도 없을 것이다.

『**드합느헤스**』(18절)는 예레미야 43:8,9에서 언급되는 『**타판헤스**』와 동일한 도시로, 여기에는 파라오의 왕궁이 있었다. 다윗이 에돔에 있을 때 군대 대장 요압이 에돔의 모든 남자를 살해한 일이 있었는데(왕상 11:15), 어린아이 하닷이 이집트로 도망하여 파라오의 눈에 띄어 왕의 총애를 받더니 왕후 타프네스의 언니를 아내로 얻게 되는 이야기가 열왕기상 11장에 나오는데, 이때 왕후의 이름 "타프네스"도 『**드합느헤스**』, 또는 『**타판헤스**』와 무관하지 않다.

『**이집트의 멍에를 꺾을 때**』(18절)에서 "멍에를 꺾는다."는 것은 멍에를 쓴 자의 입장에서 보면 자유롭게 되는 것이지만, 멍에를 씌운 왕의 입장에서 보면 권력이 무력해진 것을 말한다. 따라서 이 구절은 파라오의 왕궁이 있는 『**드합느헤스**』에 구름이 끼고 거기에 앉아 있는 왕의 위세가 꺾이게 된 것을 묘사한다.

30:20 열한째 해 첫째 달, 그 달의 칠일에 주의 말씀이 내게 임하여 말씀하시니라.
21 인자야, 내가 이집트 왕 파라오의 팔을 꺾었느니라. 보라, 그 팔은 고쳐지도록 싸매어지지 않을 것이며 감는 붕대를 대어 묶지도 못할 것이며 칼을 잡을 만큼 강하게 되지도 못하리라.
22 그러므로 주 하나님이 이같이 말하노라. 보라, 내가 이집트 왕 파라오를 대적하여 그의 팔들을 꺾으리니 강한 팔과 부러진 팔이라. 또 내가 그의 손에서 칼이 떨어지게 하리라.
23 내가 이집트인들을 민족들 가운데로 흩어 버리고 나라들 속에 분산시키리라.
24 또 내가 바빌론 왕의 팔을 힘있게 하고 내 칼을 그의 손에 주리라. 그러나 내가 파라오의 팔은 꺾으리니 그가 치명상을 입은 사람의 신음 소리로 바빌론 왕 앞에서 신음하리라.
25 그러나 내가 바빌론 왕의 팔을 힘있게 하고 파라오의 팔은 떨어뜨릴 것이라. 내가 내 칼을 바빌론 왕의 손에 주면 그가 이집트 땅 위에 그것을 뻗치리니 그리하면 그들은 내가 주인 줄 알리라.
26 내가 이집트인들을 민족들 가운데로 흩어 버리고 나라들 가운데로 분산시키리라. 그리하면 그들은 내가 주인 줄 알리라.

『**열한째 해 첫째 달, 그 달의 칠일에**』(20절). 26장에서 『**열한째 해, 그 달**』에 투로에 대한 심판의 예고를 하나님께로 받았던 에스겔이 29장에서는 다시 『**열째 해 열째 달**』로 소급하여 이집트에 대한 심판의 예고를 언급했었는데, 여기 30:20에 와서 다시 『**열한째 해**』로 가서 예언을 시작한다. 물론 이것은 예루살렘이 최종적으로 함락되고 시드키야왕이 바빌론에 포로로 잡혀간 이후 11년째 되는 해를 말한다.

『**인자야, 내가 이집트 왕 파라오의 팔을 꺾었느니라**』(21절). 자, 이집트 왕 파라오의 팔을 하나님께서 꺾으신다. 여기서 "팔"이란 군대를 의미한다. 이것은 다음 22절에서 명백해지는데, 『**내가... 그의 팔들을 꺾으리니 강한 팔과 부러진 팔이라.**』에서 "강한 팔"은 파라오의 실질적인 힘, 곧 그의 "군대"를 말한다. 파라오의 군대가 주님에 의하여 괴멸되면 다시는 그 세력을 복구하지 못하게 될 것이다.

사실상 21절은 적그리스도에 관련되는 구절이다. 적그리스도는 성경에서 팔 병신이 되기로 도처에서 언급되기 때문이다. 욥기 38:15을 보라. 『**악인들로부터는 그들의 빛이 억제되고 오만한 팔은 꺾이는도다.**』 팔 불구뿐만 아니라 그는 오른쪽 눈도 실명하여 눈 병신까지 되고 만다. 스카랴 11장을 보라. 『**양떼를 버려 둔 우상 목자에게 화 있으라! 칼이 그의 팔과 그의 오른 눈에 임하리니, 그의 팔은 바싹 마르고 그의 오른 눈은 완전히 어둡게 되리라**』(슥 11:17).

성경에서 적그리스도에 관한 서술은 놀랍게도 다른 그 어떤 인물들에 대한 서술보다도 훨씬 더 많이, 훨씬 더 상세하게 나온다. 성경은 모세나 여호수아나 다윗이나 베드로나 야고보나 요한이나 바울에 대해서는 적그리스도만큼 자세하고도 빈번하게 서술하지 않는다. 자, 적그리스도가 주님의 칼에 팔 불구자가 된다는 사실을 기술하고 있는 또 다른 성경 구절들을 찾아보자. 『**보라, 한 하나님의 사람이 주의 말씀에 의하여 유다로부터 벧엘로 왔는데 그때 여로보암은 분향하려고 제단 곁에 섰더라**』(왕상 13:1). 여로보암은 『**우상 목자**』였다. 열왕기상 12장을 보면 그는 벧엘과 단에 금송아지를 만들고, 그것이 이집트에서 그들을 인도한 신이라고 백성들을 속여, 그들로 예루살렘에 가지 못하도록 했다(왕상 12:28-33). 우상 목자는 자기 스스로를 우상시하는지라, 모든 권위를 자기가 독차지하고 하나님의 말씀과는 상관없이 모든 일들을 자기 마음대로 정하는 게 특징이다. 이러했던 여로보암에게 어떤 일이 일어났던가? 손이 말라버린다. 『**여로보암이 벧엘에 있는 제단을 향하여 외치는 그 하나님의 사람의 말을 듣고, 제단에서 손을 펴며 말하기를 "그를 잡으라." 하더라. 그때 여로보암이 그 사람을 향하여 편 손이 말라 버려서 자기에게로 다시 거두어들이지 못하더라**』(왕상 13:4). 여로보암의 비행을 한 선지자가 비난하자 그를 잡으라고 외치며 뻗었던 여로보암의 손이 갑자기 마비돼 버림으로써 그 우상 목자는 팔 병신이 되고 만다. 여로보암은 적그리스도의 예표였다.

적그리스도의 팔이 꺾인다는 사실은 시편 10:15에서도 볼 수 있다. 『**악인과 사악한 자의 팔을 꺾으소서. 그의 악을 남김없이 찾아내소서.**』 이 구절이 문맥상 예수 그리스도의 재림 관련 구절이라는 사실은 바로 다음의 16절에서 확인된다. 『**주께서는 영원무궁토록** 왕**이시며, 이방이 그의 땅에서 멸망하였나이다.**』 그리고 15절에서의 팔이 꺾이는 『**악인과 사악한 자**』가 적그리스도라는 사실을 18절에서 직설적으로 주석해 주고 있다. 『**아비 없는 자와 압제당하는 자에게 공의를 행하셔서 땅의 사람이 다시는 압제하지 못하게 하소서.**』 적그리스도는 곧 『**땅의 사람**』이다.

이번에는 시편 37:17을 보라. 『**이는 악인의 팔들은 부러질 것이나 의인은 주께서 붙드심이라.**』 여기서도 『**악인의 팔들은 부러질 것**』이라고 예고한다. 『**팔**』은 실세적으로는 군대를 말한다. 적그리스도의 군대도 진멸되어 부러지거나, 꺾여버리거나, "마른 손"처럼 마비되어 버릴 것이지만, 적그리스도 역시 신체상으로 팔 불구자가 될 것이다.

『**내가 이집트인들을 민족들 가운데로 흩어 버리고 나라들 속에 분산시키리라**』(23절). 이 일은 역사적으로는 이미 예레미야 시대에 바빌론의 느부캇넷살에 의하여 실현된 사건이다. 그러나 물론 문맥상으로는 이 역시 재림 관련 구절이다. 이 구절은 29:11-13에서 언급되는 40년간의 이집트 땅 황폐화와 관련해서 생각하는 것이 타당하다.

『**또 내가 바빌론 왕의 팔을 힘있게 하고 내 칼을 그의 손에 주리라. 그러나 내가 파라오의 팔은 꺾으리니 그가 치명상을 입은 사람의 신음 소리로 바빌론 왕 앞에서 신음하리라**』(24절). 역시 역사적으로 실현된 일이다. 그리고 대환란 때 적그리스도가 또 이렇게 될 것이다. 적그리스도가 『**치명상**』을 입게 되는데, 이 상처로 도저히 살아나지 못하리라고 여겨졌던 그가 상처를 치유하고 낫는 바람에 오히려 많은 사람들에게 깊은 인상을 심어주게 된다(계 13:3,4). 적그리스도는 마귀가 인간의 몸을 입고 나타난 존재인 데다가 "용"에게서 능력과 권세를 받았기 때문에 이적을 행할 수 있는 존재였는지라, 온 세상 사람들이 그를 따르고 경배하게 된다. 그야말로 "수퍼스타"가 되는 것이다.

마귀가 치명적인 상처를 입게 된다는 사실은 성경 여러 곳에서 언급되고 있다. 『**오 주의 팔이여, 깨소서, 깨소서, 힘을 내소서. 옛날처럼 옛 세대처럼 깨소서. 라합을 자르시고 용을 상하게 하신 분이 주가 아니시니이까?**』(사 51:9) "용"이 상하는 일은 아직 일어나지 않은 미래의 일이다.

이번에는 시편 74편을 보라. 『하나님은 **예로부터 나의 왕이시며 세상의 한가운데서 구원을 행하시나이다. 주께서는 주의 능력으로 바다를 가르셨으며 물들 가운데 있는 용들의 머리들을 부수셨나이다. 주께서는 리비아단의 머리들을 산산조각내셔서 광야에 거하는 백성들에게 식물로 주셨나이다**』(시 74:12-14).

마귀는 두 가지 방법으로 상처를 입는다. 그 중 한 가지가 마귀의 머리들이 상처를 입고 피를 흘리는 것이다. 그가 머리에 큰 상처를 입고 팔레스타인에 나가자빠져 있는 광경이 어느 날 저녁 10시 TV뉴스 시간에 전 세계에 위성중계로 보도될 것인데, 이 자가 몸으로는 로마카톨릭 교황이며, 혼으로는 마귀의 혼이요, 영으로는 유다 이스카리옷인 것을 보고 세계가 놀랄 것이지만, 이 자가 바로 "멸망의 아들"이요, 다시 육신을 입고 나타난 마귀다.

에스겔 31장

31:1 열한째 해 셋째 달, 그 달의 첫날에 주의 말씀이 내게 임하여 말씀하시니라.
2 인자야, 이집트 왕 파라오와 그의 무리에게 말하기를 "너는 네 위대함이 누구
같으냐?" 하라.
3 보라, 앗시리아인은 아름다운 작은 가지들과 그늘을 드리우는 가지를 지니며
키가 커서 그 끝이 빽빽한 큰 가지들 사이에 있는 레바논의 백향목이었느니라.
4 물들이 그를 크게 하며 깊은 물이 그의 식물들 주위로 흐르는 강들과 함께 그
를 높이 자라게 하며 작은 강들을 들의 모든 나무에게 보내었도다.
5 그러므로 그 나무의 높이가 들의 모든 나무보다 높으며 그 나무가 솟아날 때
물이 많으므로 그의 큰 가지들이 무성하고, 그의 작은 가지들이 길어졌도다.
6 하늘의 모든 새들이 그의 큰 가지들에 둥지를 만들며 그의 작은 가지 아래는
들의 모든 짐승들이 그들의 새끼들을 낳으며 그 그늘 아래는 모든 큰 민족들
이 거하였느니라.

『**"너는 네 위대함이 누구 같으냐?" 하라**』(2절). 이집트 왕 파라오가 적그리스도의 모형이 될 만큼 위대한 존재인 것을 성경은 인정한다. 역사적으로 볼 때 수천 년에 걸친 왕조를 유지하는 가운데 나일강 유역을 중심으로 한 풍요와 발달된 문명을 지닌 대왕국으로서 주변 국가들에 막대한 영향력을 행사한 이집트인지라, 그 나라의 왕이 적그리스도의 모형이 된다는 것은 인류 역사상 다른 제국들의 왕들이 또한 적그리스도의 모형이 된다는 사실로 미루어 조금도 이상하지가 않은 게 사실이다. 그런데, 이러한 이집트 왕 파라오의 그 위대함이 과연 "누구 같은가?"에 대해 이 구절은 지금 설명하려고 한다. 그것은 다음 3절부터 서술돼 내려간다.

『**보라, 앗시리아인은 아름다운 작은 가지들과 그늘을 드리우는 가지를 지니며 키가 커서 그 끝이 빽빽한 큰 가지들 사이에 있는 레바논의 백향목이었느니라**』(3절). 이집트 왕 파라오는 "앗시리아인 같이" 위대했다. 여기서 "위대하다"는 것은 그 영향력이 지대하다든지, 그 세력이 막강하다는 점에서 위대하다는 의미인데, 실제로 적그리스도의 또 다른 모형인 "앗시리아인"은 그렇게 위대했다. 앗시리아인은 "하나님의 진노의 막대기"로 사용될 정도로 위대했다(사 10:5-11).

그런데, 이 앗시리아인은 또 『**레바논의 백향목**』과도 같았다. 『**아름다운 작은 가지**』와 『**그늘을 드리우는 가지**』를 갖고 있고, 『**키가 커서 그 끝이**』 빽빽한 삼림들 위까지 치솟아 올라 있는 그런 위풍당당한 나무 말이다. "아름다움," "교만," "시기심," 이런 것들은 모두 마귀의 대표적인 속성들이지만, 우리는 여기서 "사람"으로 나타난 마귀가 갑자기 어떤 "나무"에 빗대어지는 것에 또 주목하게 된다.

『**하늘의 모든 새들이 그의 큰 가지들에 둥지를 만들며 그의 작은 가지 아래는 들의 모든 짐승들이 그들의 새끼들을 낳으며 그 그늘 아래는 모든 큰 민족들이 거하였느니라**』(6절). 앗시리아나 이집트나 바빌론은 다 같이 그들이 강성했을 때 주변국들에 끼쳤던 막대한 영향력으로 보아 이런 나무와 같았다. 바빌론이 그랬다는 것은 느부캇넷살의 꿈 이야기에서도 확인된다(단 4:11,12).

이 나무는 매우 커서 새들과 짐승들과 민족들이 그 아래 거한다. 이것은 마귀가 이 세상의 통치자요, 이 세상의 신이라는 사실과 절대로 무관하지 않다. 이 무성하고 거대한 "나무"에는 지금도 이 세상에서 『**모든 큰 민족들**』이 거한다. 적그리스도의 수하에 많은 큰 나라들이 들어가 있는 것이다. 이것은 지금 이 세상에 실제적으로 적용되는 문자 그대로 사실적인 묘사로 받아들여도 전혀 무리가 없다. 장차 대환란 시대에는 말할 것도 없고, 현재도 로마카톨릭 산하에는 이 지구상의 모든 『**큰 민족들**』이 들어가 있으니까 말이다. 지구상의 거의 모든 나라들과 민족들이 UN이라는 거대한 나무 가지에 깃들이고, 그 그늘 아래에 들어가 자신들도 모르는 사이에 로마카톨릭 집단의 우두머리에 의하여 조종되고 있다. 이것은 정확히 우리 주님께서 마태복음 13장에서 "겨자씨의 비유"로 말씀하신 바와 같다(마 13:32).

31:7 그렇기에 그의 작은 가지가 길고 그가 그의 위대함 가운데 그처럼 아름다웠으
니 이는 그 뿌리가 큰 물가에 있었음이라.
8 하나님의 동산에 있는 백향목들이 그를 가릴 수 없었으니 전나무들이 그의 큰
가지들 같지 아니하였으며 밤나무들이 그의 작은 가지들만 같지 아니하였고
하나님의 동산에 있는 어떤 나무들도 아름다움에는 그와 같지 못하였도다.
9 내가 그의 작은 가지들을 많게 함으로써 그를 아름답게 하였더니 하나님의 동
산에 있는 에덴의 모든 나무들이 그를 시기하였도다.

이 백향목이 그처럼 위대하고 아름다워진 것은 『**그 뿌리가 큰 물가에 있었음**』(7절)이라고 그 이유를 설명하는데, 이 『**큰 물가**』가 무엇인지는 사실적으로 설명하기가 어렵다. 한 가지 가상해 볼 수 있는 것은 『**강이 에덴에서 흘러 나가 그 동산을 적시고 그곳으로부터 갈라져서 네 원천이 되었으니... 세 번째 강의 이름은 힛데켈이라. 그것은 앗시리아 동편으로 흐르더라. 네 번째 강은 유프라테스더라.**』(창 2:10-14)라는 언급에서 에덴 동산에서 흘러나와 앗시리아 동편으로 흐르던 세 번째 강이 혹시 이 『**큰 물**』, 또는 『**깊은 물**』(4절)을 말하는 게 아닌가 하는 점이다. 앗시리아 동편에 흐르는 강 『**힛데켈**』은 현재 티그리스라고 불리는 강이다. 그리고 『**레바논의 백향목**』은 앗시리아인, 또는 앗시리아 땅을 빗대어 언급한 것이다. 티그리스강은 앗시리아 땅의 젖줄이요, 부의 근원이 되는 『**뿌리**』에 해당하는 강이다. 이렇게 볼 때, 4절이나 7절은 "앗시리아 땅은 큰 강 티그리스로 인하여 비옥해졌고, 앗시리아인은 이 강으로 인하여 부강해졌다."는 의미로 해석할 수도 있겠다. 그러나 이 구절을 이런 식으로만 해석하고 넘어가기에는 어딘가 미흡한 점이 한두 가지가 아닌데, 7절이 겨냥하고 있는 진짜 의미는 무엇인가 다른 데 있기 때문이다.

『**하나님의 동산에 있는 백향목들이 그를 가릴 수 없었으니**』(8절). 이 구절에서 느닷없이 『**하나님의 동산**』 에덴이 언급된다. 거기에는 백향목들이 있었고, 전나무들과 밤나무들도 있었으며, 또 『**그**』(him)라고 지칭되고 있는 나무도 있었는데, 에덴에 있던 다른 어떤 나무들도 『**그**』를 가릴 수가 없었고 『**그**』와 같이 아름답지가 못했다고 서술한다. 마귀는 처음 창조될 때 이처럼 아름다운 존재로 지어졌는데, 이러한 마귀에 빗대어지는 "나무"가 에덴 동산에도 있었다. 마귀는 창조되던 때 하나님의 보좌를 덮는 기름부음 받은 그룹이었기에(겔 28:14), 셋째 하늘에 있었던 존재였다.

이 나무가 많은 가지를 뻗고 아름답게 된 것은 하나님께서 그렇게 하셨다고 말씀한다(9절). 마귀를 『**아름답게**』 만드신 것은 하나님께서 하신 일이다. 그런데, 『**에덴의 모든 나무들**』이 그 나무를 시기하게 된다. 말하자면 문제가 생겼다는 얘기다. 정말 이상한 현상이 아닐 수 없다. 이집트 왕 파라오에 빗댄 이 나무가 적그리스도를 일컫는다면, 『**에덴의 모든 나무들**』은 누군지는 모르지만 어떤 초자연적인 "사람"들을 일컫는게 분명하다. 성경에서 "나무"는 흔히 "사람"에 빗대어 언급되는 경우가 많다(막 8:22-24, 시 37:35). 그렇다면, "사람"으로 등장하는 마귀를 어떤 "나무"에 빗댄 것도 예사로운 게 아니다.

31:10 그러므로 주 하나님이 이같이 말하노라. 네가 스스로 키를 높이고 그가 그의 끝을 빽빽한 큰 가지들 사이에서 내밀었으며 그의 마음이 그의 키 안에서 높여졌기에

11 내가 그를 이방의 막강한 자의 손에 넘겨주었으니 그가 그를 반드시 다루리라. 내가 그를 그의 사악함으로 인하여 쫓아내었음이라.

12 타국인들, 즉 민족들의 무서운 자들이 그를 베어서 버려 두었느니라. 산들 위에서와 모든 골짜기에서 그의 작은 가지들은 떨어졌고 그의 큰 가지들은 그 땅의 모든 강들에 의하여 꺾여졌으며 땅의 모든 백성들은 그의 그늘로부터 떠났고 그를 버려 두었느니라.

13 그의 파멸 위에 하늘의 모든 새가 거하며 들의 모든 짐승들이 그의 큰 가지들 위에 있으리니

14 물가에 있는 모든 나무들 중 아무것도 그들의 키로 인하여 스스로 자랑하지 못하게 하고 그들의 꼭대기가 빽빽한 가지들 사이로 치솟지 못하게 하며 물을 흡수한 그들의 나무로 하여금 그들의 키로 서지 못하게 함이니 이는 그들이 모두 죽음에 넘겨져서 사람들의 자손 가운데서 구렁으로 내려가는 자들과 함께 땅의 아랫부분들로 내려가게 되었음이라.

본문은 한 그루 나무를 어느새 한 "사람"으로 바꾸어 서술하고 있다. 적그리스도는 마귀가 사람으로 나타난 존재다. 사람으로 나타나는 마귀가 어떤 "나무"에 빗대어지고 있거니와, 마귀는 "사람"과 "나무"로 번갈아 가며 빗대지고 있는 것이다.

이 나무가 8절과 9절에서는 에덴에 있었던 어떤 나무에 비유되었고, 3절에서는 앗시리아인에 비유되었으며, 2절에서는 이집트 왕 파라오에 비유되었거니와, 어떤 경우에나 "스스로 키를 높이는"(10절) 교만한 마귀로 나타난다.

그런데 이 나무가 여기 11,12절에서는 베어지고, 그 나무에 깃들었던 모든 자들이 베어진 채 나동그라진 그 나무를 내버려두고 있다. 이런 장면은 다니엘 4장에서 느부캇넷살이 꾸었던 꿈에서도 나타난다(단 4:2-17).

에스겔 31장에서 언급되고 있는 "나무"들은 확실히 어떤 악한 영적 존재들의 세계와 연관되는 게 분명하다.

31:15 주 하나님이 이같이 말하노라. 그가 음부에 내려가던 날에 내가 애곡하게 하리니 내가 그를 위하여 깊음을 덮으며 내가 거기에 하수들을 억제시키고 큰 물들로 머무르게 하였느니라. 내가 레바논으로 그를 위하여 애곡하게 하였고 들의 모든 나무로 그를 위하여 쇠잔하게 하였느니라.

16 내가 그를 구렁으로 내려가는 자들과 더불어 지옥에 던질 때 그의 떨어지는 소리에 민족들이 진동하게 하였으니 에덴의 모든 나무, 즉 물을 흡수한 레바논의 아름답고 가장 좋은 것들이 땅의 아랫부분들에서 위로받게 되리라.

17 그들은 또한 그와 함께 지옥에 내려가, 칼로 살해된 자들에게 갔으며 그들은 그의 팔이었고 이방 가운데서 그의 그늘 아래 거하던 자들이니라.

18 너는 에덴의 나무들 가운데서 영광과 위대함이 누구와 같으냐? 네가 에덴의 나무들과 더불어 땅의 아랫부분들로 내려와서 칼에 살해된 자들과 더불어 할례받지 않은 자들 가운데서 누우리라. 이것이 파라오와 그의 모든 무리니라. 주 하나님이 말하노라.

『**그가 음부에 내려가던 날에 내가 애곡하게 하리니 내가 그를 위하여 깊음을 덮으며 내가 거기에 하수들을 억제시키고 큰 물들로 머무르게 하였느니라**』(15절). 이 구절은 모든 주석자들을 곤경에 빠뜨린다. 그 어떤 주석자도 이 구절에서 실낱같은 힌트마저 찾아내지 못해 앞이 캄캄한 것을 느낀다. 역시 문제는 "나무"에 있다. 그런데, 먼저 이 구절에서 언급되는 『**깊음**』과 『**큰 물들**』에 대해 주목하지 않으면 안 된다. 결론부터 이야기하자면, 이 『**깊음**』은 창세기 1장의 창공에 존재하는 『**물들**』이다. 그런즉 여기서 언급되는 "나무"들 역시 이 지구상에 자라는 나무들이 아니라는 결론이 나온다. 이 나무들은 유프라테스강이건, 티그리스강이건, 그런 물들을 흡수하여 성장하고 있는 그런 나무들이 아니라는 얘기다. 따라서 4절에서 나오는 『**물들**』, 『**깊은 물**』, 『**강들**』도 티그리스강이나 나일강처럼 지금 지구상의 어떤 지역에 있는 것들이 아니다. 이것은 창공의 우주 공간 어디인가에 있는 물들이요, 창세기 1장에서 언급되는 『**깊음**』이다.

『**내가 그를 구렁으로 내려가는 자들과 더불어 지옥에 던질 때 그의 떨어지는 소리에 민족들이 진동하게 하였으니**』(16절). 마귀는 지금 『**구렁**』에 있다. 마귀뿐만 아니라 그의 천사들 역시 거기에 있다. 이들이 요한계시록 9장에서 『**메뚜기**』(계 9:3)라는 초자연적인 존재로 언급된다. 이 『**메뚜기**』들이 초자연적인 존재들이라는 것은 요한계시록 9장을 읽어보면 누구나 쉽게 알 수 있다.

마귀가 구렁에 던져질 때 『**민족들이 진동**』하였다고 이 구절은 언급하는데, 나는 이것이 언제, 어디서, 어떻게 나타났던 사건인지는 정확하게 말할 수 없다. 하지만 『**에덴의 모든 나무**』, 즉 『**물을 흡수한 레바논의... 가장 좋은 것들**』(16절)이 위로받게 되는데, 그들은 『**땅의 아랫부분들**』, 즉 『**구렁**』에 있다. 이렇게 볼 때, 지금까지 살펴보았듯이 『**에덴의 모든 나무들**』이 사실은 초인적인 특성을 가진 어떤 존재들이라는 사실이 더욱 확실해진다. 이 초인적인 존재들이 또 어떤 한 존재와 연관이 있으며, "나무들"이 이 존재와 밀접한 관계를 갖고 마귀를 닮은 어떤 우상을 만들어, 이것을 "하나님"으로 떠받들었던 게 아니었나 짐작된다. 물론 이 "하나님"은 사람이 만든 우상인지라 가짜 "하나님"이다(시 115:4-7). 이 『**에덴의 모든 나무들**』이 만들어낸 마귀를 닮은 "하나님"은 "나무"로 만든 최초의 우상이었으리라. "나무"는 확실히 어떤 악한 존재와 관련된다.

마귀가 지옥에 떨어질 때 『**에덴의 모든 나무들**』, 즉 악한 영적 존재들이 『**위로받게 되리라.**』는 언급이 또 여간 예사롭지가 않다. 지금 이들은 지옥에 와 있다. 거기에 자신들의 "대장"이 합류한다. 그러니까 위로를 받게 된다. 이것은 마치 니코틴에 중독된 사람이 담배갑을 손에 쥐어야 위로가 되는 것과 같으며, 마약 중독자가 마약을 맞아야 위로가 되는 것과 같다. 지옥에 들어와 있는 자들은 모두가 죄로 물든 악한 자들이다. 그자들은 이 "죄"와 "악" 때문에 그 지긋지긋한 장소에 와 있는 것이다. 그러니까, "죄"나 "악"이라면 이가 갈릴 법하다. 하지만 그게 아니다. 그들에게는 놀랍게도 이 "죄"와 "악"이 오히려 "위로"가 된다! 이게 없으면 도무지 살 것 같지가 않은 것이다. 이 세상의 모든 사탄적인 존재들은 사탄에게 중독돼 있는 자들이다. 그들은 사탄적인 것이 아니면 도무지 기운을 차릴 수가 없게 된 자들인 것이다. 이렇게 죄와 악에 취한 자들이 구렁에 들어와 있던 차에 "죄"와 "악"의 원조인 마귀가 거기에 들어온다. 아, 이 얼마나 큰 "위로"인가! 16절에서 『**땅의 아랫부분들**』에 들어와 있는 『**에덴의 모든 나무**』, 즉 악한 초인적 존재들이 그를 보자 어찌나 "위로"를 받았던지 환호성을 지르며 덤벼든다. 이것을 16절에서는 『**그의 떨어지는 소리에 민족들이 진동하였으니**』라고 서술하고 있는 것이다. 여기에 합류한 마귀는 또 어떤가? 그자야말로 천군만마를 얻은 기분이리라. 마귀는 더더욱 "위로"를 받는다! 마귀는 지옥에서 자신의 "군대"를 만난 것이다! 에스겔 32:31을 읽어 보라. 『**파라오가 그들을 보고 그의 모든 무리들로 인하여 위로를 받으리니 칼에 살해된 파라오와 그의 모든 군대들이라**. 주 **하나님이 말하노라.**』 그들은 『**그의 팔**』이고(17절), 또한 『**그의 모든 무리**』인 것이다(18절).

에스겔 32장

32:1 열두째 해 열두째 달, 그 달의 첫날에 주의 말씀이 내게 임하여 말씀하시니라.
2 인자야, 이집트 왕 파라오를 위하여 애가를 지어 그에게 말하라. 너는 민족들
의 젊은 사자 같으며 너는 바다의 고래 같으니라. 네가 네 강들에서 솟아나와
네 발로 물을 흐리게 하여 그들의 강을 더럽혔도다.
3 주 하나님이 이같이 말하노라. 그러므로 내가 많은 백성의 무리와 함께 내 그
물을 네 위에 펼치리니 그들이 내 그물로 너를 끌어올리리라.
4 그리하여 내가 너를 육지에 남겨 두고 또 내가 너를 들판에 던져서 하늘의 새
들로 네 위에 머물게 할 것이며 또 내가 온 땅의 짐승들로 너를 먹어 배부르게
하리라.
5 내가 네 살을 산들 위에 두며 네 무더기로 골짜기를 채우리라.
6 내가 또한 네가 헤엄치는 땅에 네 피로 물을 대어 산들에까지 미치게 하리니
그 강들이 너로 가득 차게 되리라.

32장에서도 파라오에 대한 예언이 지속된다. 앞에서 보았듯이 파라오는 적그리스도의 모형 중 하나인데, 그의 멸망이 예고되는 것이다. 그는 30:21,22에서 팔이 꺾어져 팔 불구자가 되었다. 31:2,3에서는 적그리스도의 또 다른 모형인 『**앗시리아인**』(산헤립)에 빗대어져 그 멸망이 예고되기도 했었다. 이처럼 적그리스도의 모형이 되는 장본인들이나 그들이 이끌었던 나라들과 민족들의 멸망 또한 적그리스도의 멸망과

함께 똑같이 현실화되거니와, 성경에서 모형과 실체는 모든 면에서 그 운명을 같이하게 되는 것을 우리는 본다.

특별히 본문에서 파라오는 『**사자**』(2절)와 같다. 이는 마귀가 예수 그리스도를 흉내내기 때문인데, 예수 그리스도께서 『**유다 지파의** 사자』(계 5:5)이신 것처럼, 마귀도 "사자"다(벧전 5:8, 시 22:21, 딤후 4:17). 사도 요한은 예수 그리스도께서 큰 음성으로 외치실 때 그것은 마치 "사자의 포효"처럼 들리고 "일곱 천둥"이 소리를 발하는 것과 같다고 적고 있는데(계 10:3), 그것을 흉내 내는 마귀 역시 사자처럼 포효하지만, 그것은 "삼킬 자를 찾아 울부짖는" 소리다.

또한 파라오는 『**바다의 고래**』(2절)와도 같은데, 성경에서 "고래"를 말할 때, 때로는 문자 그대로의 고래를 가리키기도 하고 때로는 마귀를 나타내기도 한다. 마귀를 가리킬 경우 이 "고래"는 보통 "리비야단"이라고 지칭된다. 그렇다고 해서 "리비야단"이 진짜 고래냐 하면 절대로 그렇지 않은데, 그것은 "리비야단"에 대해 서술하고 있는 성경 구절들을 읽어보면 금방 확인할 수 있다. 『**그 날에 주께서 그의 격심하고 크고 강한 칼로 날쌘 뱀 리비야단을 벌하시리니, 즉 꼬부라진 뱀 리비야단이라. 또 주께서는 바다에 있는 그 용을 살해하시리라**』(사 27:1). 이 『**리비야단**』은 『**꼬부라진 뱀**』이요, 『**용**』이기 때문에 사실상 문자 그대로의 "고래"와는 전혀 다른 존재인데, 이 존재가 여러 개의 "머리들"을 갖고 있다는 점에서 더더욱 보통 고래와는 다르다. 『**주께서는 주의 능력으로 바다를 가르셨으며 물들 가운데 있는 용들의 머리들을 부수셨나이다. 주께서는 리비야단의 머리들을 산산조각내셔서 그를 광야에 거하는 백성들에게 식물로 주셨나이다**』(시 74:13,14).

이 구절들에서 보듯이 "리비야단"이라는 용은 하나의 머리가 아니라 여러 개의 머리들을 갖고 있다. 이렇게 볼 때, 리비야단은 사실상 고래나 악어가 아닌 게 너무나 확실하다. 따라서 리비야단이 있는 "바다" 역시 태평양이나 대서양이나 지중해 같은 지구상의 바다들과는 전혀 다른 바다임에 틀림이 없다. 『리비야단』이 있는 바다에는 "배"들도 다니고 기어다니는 것들과 크고 작은 짐승들이 셀 수가 없이 많지만, 역시 지구상의 바다와는 다른 바다인지라, 이 "배"들이나 짐승들 역시 지구상의 것들과는 다른 어떤 존재들인 게 분명하다. 『**이 크고 넓은 바다가 그러하오며 그 속에 기어다니는 것들, 즉 크고 작은 짐승들은 셀 수가 없나이다. 거기에 배들이 다니며 리비야단이 있으니 주께서 거기서 노니게 하신 것이니이다**』(시 104:25,26). 이 바다는 우주의 "창공" 어디인가에 있는 바다인 게 분명하고, 거기에 있는 "배들"

은 어떤 초자연적인 존재들이 우주 항해를 하며 타고 다니는 "우주선" 같은 것들일 것이다.

『주 하나님이 이같이 말하노라. 그러므로 내가 많은 백성의 무리와 함께 내 그물을 네 위에 펼치리니 그들이 내 그물로 너를 끌어올리리라』(3절). 하나님께서 "리비야단"을 "바다"에서 멸하실 때, 마치 물고기를 잡듯이 "그물로" 끌어올리시게 되는데, 그분께서 『내 그물』, 즉 하나님의 그물을 사용하신다는 데에 주목하라. 그리고 그것을 우리가 마치 큰 고기를 잡았을 때 하듯이 하나님께서도 "갈고리"로 끌어내신다든지(욥 41:1), "작살로 머리를 찌르신다"(욥 41:7)든지 하신다. 이 리비야단이 마치 물고기를 닮은 것은 그 몸이 "비늘로" 덮여 있다(욥 41:15)는 점에서도 그러하다. 욥기 41장은 그 전체가 마귀를 묘사하는 장으로 성경 안에서도 유명한 장이다.

자, 이러한 마귀를 당신은 어떻게 할 것인가? 마귀를 "결박한다"든지, 마귀를 "쫓아낸다"든지, 마귀를 "지옥에 던져버린다"든지 하는 것은 오순절파 은사주의자들이나 지껄이는 허튼소리요, 유치한 장난에 불과하다. 현대의 많은 변개된 역본들에는 마귀를 별 볼일 없는 우스운 존재로 묘사하고 있지만, 그것은 진짜 마귀가 자신의 정체를 숨기기 위해 해놓은 위장 전술일 뿐이다. 성경에는 우리에게 마귀와 맞서 싸우라고 말씀하시지만, 이것은 마귀의 속임수에 속지 말고 그 술책에 대항하라는 명령이지, 당신이 먼저 마귀에게 도전하고 한판 붙어 보라는 말씀이 아니다. 『**너희는 마귀의 술책에 대항하여 설 수 있도록** 하나님의 **전신갑옷을 입으라. 이는 우리의 싸움이 혈과 육에 대항하는 것이 아니라 정사들과 권세들과 이 세상 어두움의 주관자들과 높은 곳들에 있는 영적 악에 대항하는 것이기 때문이니라. 그러므로 너희는** 하나님의 **전신갑옷을 입으라. 이는 너희가 악한 날에 저항할 수 있으며 또 모든 일을 다 이루기까지 서 있게 하기 위함이니라**』(엡 6:11-13). 이처럼 성경은 당신더러 하나님의 전신갑옷을 입고 마귀의 공격에 저항하도록 권고하고 있지, 먼저 마귀에게 나가서 마귀를 때려 부수라고는 권고하지 않는다.

『**리비야단**』이라는 이 『**큰 물고기**』가 얼마나 큰지, 그것을 그물로 끌어올려 "산들" 위에 두고, "골짜기"를 그 고기 무더기로 채울 수 있을 정도이다! 그리고 하늘의 새들이란 새들이 다 모여들어 그 살을 쪼아먹고, 온 땅의 짐승들이 달려들어 그것을 배부르게 먹을 수가 있다(4절). (이 장면을 요한계시록 19:17,18,21과 비교해 보라.) 또 리비야단이 쏟은 피는 "산들"에까지 미치고, "강들"이 가득 찰 정도다(6절). (이 장면을 요한계시록 14:20과 비교해 보라.)

32:7 내가 너를 내쫓을 때는 하늘을 가리어 그곳의 별들을 어둡게 할 것이며 구름으로 해를 가리리니 달이 그 빛을 내지 못하리라.
8 하늘의 모든 밝은 빛들을 내가 네 위에서 어둡게 하고 네 땅 위에 어두움을 두리라. 주 하나님이 말하노라.
9 내가 민족들 가운데서 네 멸망을 네가 알지 못하는 나라들 안으로 가져올 때 나는 또한 많은 백성의 마음을 괴롭게 하리라.
10 참으로 내가 많은 백성으로 너를 보고 놀라게 할 것이요, 내가 그들 앞에서 내 칼을 휘두를 때에 그들의 왕들이 너로 인하여 심히 두려워할 것이며 또 그들은 네가 쓰러지는 날에 각자가 자기 생명을 인하여 순간마다 떨 것이라.

『**내가 너를 내쫓을 때는 하늘을 가리어 그곳의 별들을 어둡게 할 것이며 구름으로 해를 가리리니 달이 그 빛을 내지 못하리라**』(7절). 하나님께서 마귀를 영원히 세상으로부터 추방하실 때 하늘에 전무후무한 초자연적 현상들이 일어나게 될 터인즉, 별들이 빛을 잃고 땅에 떨어지며, 해도 구름에 가리고 또 새까만 천같이 검어지며, 달도 그 빛을 내지 못할 것이다. 요한계시록 6장에서도 이와 같이 예언하고 있다. 『**또 내가 보니, 어린양이 여섯째 봉인을 여실 때, 보라, 큰 지진이 나며 해가 머리털로 짠 천같이 검어지고 달은 피처럼 되었으며, 하늘의 별들이 마치 무화과나무가 강한 바람에 흔들려 설익은 무화과가 떨어지듯이 땅에 떨어지며**』(계 6:12,13).

자, 달이 피로 변한다. 마귀의 머리 하나만 잘려도 거기서 나오는 피가 달 전체를 피로 물들이고 달 전체의 토양 구조에 영향을 미쳐 그 토양의 요소를 뒤바꾸어 놓는다는 것은 얼마든지 가능한 일이다. 예수 그리스도의 피가 초자연적인 피였던 것처럼 마귀의 피 역시 그러하다. 예수 그리스도의 피는 영원한 생명을 주는 피다. 마귀의 피는 비록 그러한 의미에서 초자연적인 것은 아니지만, 어떤 초자연적인 "물성"을 지니고 있는 것만은 분명하다. 그렇기 때문에 그가 상처를 입고 피를 흘리게 되면, 그 피에 젖은 흙은 토양 자체의 물성에 초자연적인 변화가 일어난다. 마귀가 크게 다칠 때, 달이 피로 변하는 것은 이 때문이다.

『하늘의 모든 밝은 빛들을 내가 네 위에서 어둡게 하고 네 땅 위에 어두움을 두리라』(8절). 이것은 물론 미래의 그림이다. 그런데 이것은 문맥적으로 파라오에게 하시는 말씀이다(2절). 그런데 파라오가 과거에 언제 "하늘의 모든 밝은 빛들이 어둡게" 되고 "땅 위에 어두움이 뒤덮였던" 것을 본 적이 있었던가? 출애굽기 10장에서 있었다. **『주께서 모세에게 말씀하시기를 "하늘을 향하여 네 손을 내밀어 뻗쳐서 이집트 땅 위에 어두움, 곧 더듬을 만한 어두움이 있게 하라."하시니라. 모세가 하늘을 향하여 그의 손을 뻗치니 짙은 어두움이 이집트 땅 전역에 삼 일 동안 있어 삼 일 동안 그들이 서로를 보지 못하고 자기 처소에서 아무도 일어나는 자가 없더라. 그러나 모든 이스라엘 자손들은 그들의 거처에 빛을 가졌더라』**(출 10:21-23). 그래서 우리가 알 수 있는 것은 출애굽기에 나온 일들은 대환란과 재림에 대한 그림이라는 것이다. 출애굽기 1장, 2장, 3장..., 10장에서 보았던 그 모든 미래의 장면들은 지금 여기 에스겔에서 다시 한번 반복되고 있다.

자, 광채를 내어 지구를 밝혀주는 하늘의 모든 빛들, 태양과 달과 별들이 모두 빛을 잃고 만다. 그래서 이 땅은 캄캄해진다. 문자 그대로 "블랙 아웃"(black-out) 상태인데, 이렇게 되면 오히려 좋아하는 자들이 더 많을지도 모른다. **『사람들이 빛보다는 오히려 어두움을 더 사랑하니 이는 그들의 행위가 악하기 때문』**(요 3:19)이다. 그러나 이 **『어두움』**이 닥치게 될 미래의 그 날은 현재의 "블랙-아웃" 상태와는 그 상황이 전혀 다르다. 물론 "빛을 사랑했던 사람들," 즉 구원받은 그리스도인들은 이런 이변이 벌어지고 있는 현장에 있는 게 아니다. 그들은 이미 휴거되어 이 지상에서 사라지고 없다. 이런 현상은 요한계시록 6장에서 **『진노의 큰 날』**(계 6:17)에, 즉 어린양이 여섯 째 봉인을 여실 때 일어난다(계 6:12-17).

『내가 민족들 가운데서 네 멸망을 네가 알지 못하는 나라들 안으로 가져올 때 나는 또한 많은 백성의 마음을 괴롭게 하리라』(9절). 마흔두 달 동안 권세를 갖고 활동하며 사람들에게 경배를 받던 그 마귀가 멸망하게 되었으니, 그를 우러러보던 민족들의 놀람과 불안과 공포가 얼마나 클 것인가? 그 마음이 얼마나 착잡하고 또 괴롭겠는가?

32:11 주 하나님이 이같이 말하노라. 바빌론 왕의 칼이 네게 임하리라.
12 막강한 자들의 칼로 내가 네 무리를 쓰러지게 하고 민족들의 무서운 자들로

그들 모두를 쓰러지게 하리라. 그들은 이집트의 허세를 망가뜨리며 그곳의
그 모든 무리를 멸망시키리라.
13 **내가 또한 그곳의 모든 짐승들을 큰 물가에서 멸하리니 사람의 발이 다시는 그**
것들을 흐리게 하지 못하며 짐승의 굽도 그것들을 흐리게 하지 못할 것이라.
14 **그리고 나서 내가 그들의 물을 깊게 하고 그들의 강들로 기름처럼 흐르게 하**
리라. 주 하나님이 말하노라.
15 **내가 이집트 땅을 황폐하게 하여 그 나라에 풍요했던 것이 궁핍하게 될 때,**
곧 내가 그 안에 거하는 그들을 모두 칠 때에 그들은 내가 주인 줄 알리라.
16 **이것은 그들이 그녀에게 애도할 애가라. 민족들의 딸들이 그녀를 위하여 애도**
할 것이요, 그들이 그녀, 즉 이집트와 그녀의 모든 무리를 위하여 애도하리라.
주 하나님이 말하노라.

역사적으로 바빌론은 이집트를 침공하여 멸망시켰으며, 이로써 이집트의 위세는 무참히 꺾여버리고 말았으며, 그 후 현재까지 그 위세를 회복하지 못했다. (이집트 왕조의 멸망사에 대해서는 앞서 29:15에서 간략하게나마 전반적으로 살펴보았다.)

망가뜨려진 『**이집트의 허세**』(12절)는 지금까지도 계속되고 있다. 그러나 지금 여기서 언급하는 "이집트"는 적그리스도의 모형으로서의 이집트다. 따라서 대환란 때 마귀의 허세는 예수 그리스도의 칼에 망가뜨려질 것이고, 그를 따르던 모든 무리들 또한 멸망하게 될 것이다.

『**내가 또한 그곳의 모든 짐승들을 큰 물가에서 멸하리니 사람의 발이 다시는 그것들을 흐리게 하지 못하며 짐승의 굽도 그것들을 흐리게 하지 못할 것이라**』(13절). 바빌론의 침공으로 멸망한 이래로 이집트는 더 이상 다른 나라를 침략하거나 다른 민족들에게 영향력을 행사할 수 있는 자리에서 밀려난 게 사실인즉, 이 구절을 이렇게 문자적으로 적용해도 무리가 없고, 요한계시록에서 보듯이 짐승이 멸망당한 뒤 더 이상의 위세를 부리지 못하게 될 것에 대한 예언으로 얼마든지 영적으로 적용하는 것도 가능하다. 다만, 『**큰 물가**』가 과연 어디, 또는 무엇을 말하는 것인지는 정확히 알 수가 없다. 다만 이 구절에서 언급하는 『**짐승들**』이나 『**사람**』이 어떤 초자연적인 존재들이 아닌가 짐작된다는 점에서 『**큰 물가**』 역시 지구상의 어떤 곳을 가리키는 게 아니라는 예상을 해 볼 수 있겠다.

『그리고 나서 내가 그들의 물을 깊게 하고 그들의 강들로 기름처럼 흐르게 하리라』(14절). 물이 깊으면 깊을수록 그 흐름은 조용하고 요동치지 않는 법이다. 깊은 물이 흐르는 수면은 마치 기름처럼 매끄럽다. 대환란 끝에 마귀가 정복된 다음의 천년왕국 시대를 보여 주는 그림이다.

『내가 이집트 땅을 황폐하게 하여 그 나라에 풍요했던 것이 궁핍하게 될 때』(15절). 역사적으로 고대 이집트는 풍요의 땅이었다. 성경에서도 "이집트"가 "세상"의 예표가 될 만큼 옛 이집트는 사람들로 하여금 많은 유혹을 느끼게 했던 땅이었다. 그러나 바빌론에 멸망당한 이후 쇠락의 길을 걸어왔던 이집트는 현재 『**풍요**』와는 거리가 먼 『**궁핍**』의 땅이 되었다. 지금이라도 이집트의 수도 카이로 시내 거리를 걸어다니면서 당신에게 손을 내미는 수많은 거지 떼들을 보고 당신이 받는 첫 인상은 이집트가 정말 가난한 나라로구나 하는 것이다.

『이것은 그들이 그녀에게 애도할 애가라. 민족들의 딸들이 그녀를 위하여 애도할 것이요』(16절). 역사적으로도 이집트는 옛 영화를 모두 상실해 버린 멸망한 나라가 되었거니와, 이와 같이 이집트로 예표되는 적그리스도의 운명 또한 대환란이 끝남과 동시에 이 꼴이 될 것인즉, 그에게 남는 것은 『**애가**』, 즉 장송곡뿐이다.

32:17 열두째 해, 그 달의 십오일에도 주의 말씀이 내게 임하여 말씀하시더라.
18 인자야, 이집트의 무리를 위하여 통곡하고 그들, 즉 그녀와 유명한 민족들의 딸들을 구렁으로 내려가는 자들과 더불어 땅의 아랫부분들에 던지라.
19 너는 아름다움을 누구에게 넘겨주려느냐? 너는 내려가서 할례받지 않은 자들과 더불어 누울지니라.
20 그들은 칼로 살해당한 자들 가운데서 쓰러질 것이요, 그녀는 칼에 넘겨졌으니 그녀와 그녀의 모든 무리를 끌어당길지니라.
21 막강한 자들 사이에서 강한 자들이 그를 돕는 자들과 더불어 지옥 한가운데서 그에게 말할 것이니 그들은 내려와서 칼로 살해된 채로 할례받지 않고 누워 있도다.
22 앗수르와 그녀의 모든 무리가 거기 있으며 그의 무덤들이 그의 주위에 있으

니 그들 모두가 칼에 살해되어 쓰러진 자들이라.

23 **그의 무덤들이 구렁의 옆면에 자리잡았고 그녀의 무리는 그녀의 무덤 주위에 있으며 그들 모두는 칼에 살해되어 쓰러졌으니 그들은 산 자들의 땅에서 공포를 일으켰던 자들이라.**

17절부터 시작되는 32장의 후반부에서는 『**땅의 아랫부분들**』, 즉 "구렁"에 대한 언급이 여섯 번 나오고, 『**할례받지 않은 자들**』에 대한 언급이 열 번, 『**칼로 살해**』되는 데 대한 언급이 열두 번이나 반복되는데, 대환란 때 적그리스도 또는 마귀에게 협력했던 자들이 "민족들"로 지칭되는 가운데 이 부분에서 집중적으로 다루어지고 있다. 『**땅의 아랫부분들**』이란 지하 세계의 모든 것들을 총칭하는 것으로 "음부"를 말하고, 『**할례받지 않은 자들**』이란 구원받지 못한 자들을 말하며, 『**칼로 살해된 자들**』이란 마귀와 연합하여 그에게 협력했던 모든 이방인들을 말한다. 이들이 모두 "끝없이 깊은 구렁"에서 만나 탄식하게 될 것이다.

『**구렁으로 내려가는 자들과 더불어 땅의 아랫부분들에 던지라**』(18절). 여기서 언급되는 『**구렁**』이란 실제적으로 "끝없이 깊은 구렁"(계 9:1,2,11; 11:7; 17:8; 20:1,3)을 말한다. 이 『**구렁**』이 끝없이 깊은 이유는 이 구렁의 구조가 마치 "도넛"처럼 고리형이기 때문이다. 이 구렁은 어떤 우주 공간에 있는 게 아니라 지름이 약 13,000km에 달하는 공 모양의 이 지구 안에 존재한다. 성경은 이 구렁이 『**땅의 아랫부분들**』이라고 분명히 언급한다. 이것은 어떤 가상의 지하 공간도 아니고 영적인 것도 아니다. 이것은 이 지구 내부에 실제적으로 존재하는 『**끝없이 깊은 구렁**』이다. "끝없이 깊다."는 것은 결코 "수사학적인" 표현이 아니라 지극히 간단한 구조를 사실 그대로 서술하고 있는 표현이다. 일종의 거대한 "터널"인데, 그 형태가 원형 고리인지라 끝이 있을 수 없다. 보통 터널이라면 이쪽에서 들어가 저쪽으로 나오는 양쪽 끝이 있겠지만, 이 『**구렁**』은 양끝이 없다. 이 구렁은 다만 『**사면**』(사 14:15, 겔 32:23), 즉 "옆면"만이 있을 뿐이다. 이 구렁은 온도가 섭씨 수백 도가 훨씬 넘는 뜨거운 마그마가 그 중심에 자리잡고 있는 『**땅의 아랫부분들**』 어딘가에 있기 때문에 매우 뜨거워 문자 그대로 불과 유황이 타는 불못이다(계 20:10). 이 구렁이 땅속 어디쯤 존재하는지는 알 수 없지만, 지구의 중심이 지표면에서 6,300km가 넘는다는 점을 감안해 볼 때 어쨌든 땅속 깊은 곳에 있는 게 분명하다.

지금 이 『**구렁**』에는 온갖 악한 영적 세력들이 갇혀 있는데, 요한계시록 9장에서 다섯째 천사가 나팔을 불 때 하늘에서 별 하나가 땅에 떨어지는데 그가 이 『**끝없이 깊은 구렁**』의 열쇠를 받는 것을 요한은 보았고, 그가 이 열쇠로 구렁을 여니 『**큰 용광로의 연기 같은 연기가 구렁에서 올라오는데 해와 공기가 그 구렁의 연기로 말미암아 어두워지더라.**』(계 9:2)라고 적고 있다. 그리고 그 연기와 함께 초자연적인 『**메뚜기**』들이 나온다(계 9:7-10). 이 초자연적인 존재들에게는 "왕"이 있어 그가 이들을 총지휘하는데, 그가 바로 『**끝없이 깊은 구렁의 천사요, 그의 이름은 히브리어로 아바돈이며 헬라어로... 아폴루온**』(계 9:11)이라고 하는 자다. 이 『**천사**』가 바로 요한계시록 6:8에 등장하는 "창백한 말을 탄 자"다. 『**이에 내가 보니, 보라, 창백한 말 한 마리가 있는데 그 위에 탄 자의 이름은** 사망**이요** 지옥**이 그 뒤를 따르니...**』(계 6:8)

『사망』이란 이름의 이 인물은 죽이는 일을 위임받은 『**죄의 사람**』(살후 2:3), 곧 『**멸망의 아들**』(요 17:12, 살후 2:3)이라 불리는 적그리스도, 즉 유다 이스카리옷이다. 그가 대환란 때 『**끝없이 깊은 구렁**』에서 올라오는 것이다. 그래서 그는 예수 그리스도의 초림 당시 활동한 『**한 사람**』(계 13:18)으로 『**전에는 있었으나**』, 현재는 구렁에 들어가 있기 때문에 『**지금은 없는**』 짐승인데, 예수 그리스도의 재림을 흉내 내 지상에 다시 등장하였다가(계 11:8) 결국 대환란 끝에 『**멸망으로 들어**』가게 될 자다(계 17:11). 이 "짐승"은 대환란 때 지상에 올라와 『**잠시 동안 머물러야만**』 할 텐데, 그가 곧 마귀가 인간의 모습으로 육화하여 등장한 적그리스도요, 유다 이스카리옷이다. 이 때 짐승의 열 뿔로 나타나는 지상의 마지막 열 왕들이 그 짐승과 더불어 『**한 시간 동안 왕들로서의 권세를**』 받게 될 것이다(계 17:12). 바로 이 열 왕들로 대표되는 민족들이 여기 에스겔 32:18에서 언급되는 『**유명한 민족들의 딸들**』로서, 짐승과 함께 『**땅의 아랫부분들**』로 던져질 자들이다.

『**그들은 칼로 살해당한 자들 가운데서 쓰러질 것이요...**』(20절) 『**그들**』, 즉 적그리스도와 연합했던 자들이 모두 어디로 갔는지 찾아보려면 『**칼로 살해당한 자들 가운데서**』 찾아봐야 쉽게 찾을 수 있을 것이다. 『**그녀**』, 즉 "이집트"로 예표되는 적그리스도와 그를 추종하던 모든 무리들은 운명을 같이 할 멸망의 장소로 "이끌려오게" 될 것이다. 하나님께서는 멸망할 자들을 어디론가 "이끌어" 내셔서 누군가의 손에 넘겨 주시는 분이다(판 4:7). 그러니까 도망치려고 해도 아무 소용이 없다. 하나님께서 이끌어내시는 데야 누구라고 거기에 저항할 수 있겠는가?

대환란 때 "이집트"와 연합하게 될 『**그녀의 모든 무리**』 가운데에는 아프리카의 모든 민족들이 포함될 것이다. 가령 27장에서 언급되었던 다양한 족속들 가운데 "룻"(Lud), 즉 "리디아"(겔 30:5)와 "풋"(Phut), 즉 리비아, 또는 "루빔인들"(대하 12:3), "아르왓"(Arvad), "감맛인들"(Gammadims) 등과 에디오피아 말이다. 여기에 또 "타시스"(Tarshish), 즉 스페인, "야완"(Javan), 즉 그리스, "투발"(Tubal)과 "메섹"(Meshech), 즉 러시아, "토갈마"(Togarmah), 즉 독일, "드단"(Dedan), 즉 아라비아, 그리고 팔레스타인 지역의 "투로"(Tyrus), 즉 레바논, "민닛"(Minnith), 즉 시리아 지방의 어느 족속, "다마스커스"(Damascus), 즉 시리아와 소아시아의 어느 족속들, "단"(Dan), 즉 시리아 지역의 어느 족속, "케달"(Kedar)과 "시바"(Sheba)와 "라아마"(Raamah), 즉 아라비아 북서부 지방의 어느 족속, "하란"(Haran)과 "칸네"(Canneh)와 "킬맛"(Chilmad), 즉 메소포타미아 지방의 어느 여러 족속 등 많은 민족들이 또 포함될 것이다.

21절과 22절에서 『**지옥**』(hell)과 『**무덤들**』(graves)에 대해 주목할 필요가 있는데, 성경에서 "지옥"은 언제나 단수형으로 표기되고 "무덤"은 단수형이나 복수형 두 가지로 표기된다. 말하자면 『**지옥**』과 『**무덤**』은 엄연히 다르다는 얘기다. 다시 말해서, 사람이 죽어서 들어가는 문자적인 "무덤이 곧 지옥이다."라고 가르치는 여호와의 증인들의 주장은 틀렸다. 성경에서 "무덤"(grave)은 문자적인 "무덤," 즉 "묘"를 말하기도 하고 "지옥" 또는 "구렁"을 포함한 모든 지하 세계를 총칭하기도 한다. 22절과 23절에서 언급하는 『**무덤들**』(복수형) 또는 『**무덤**』(단수형)의 경우는 모두 『**지옥**』(21절)을 말한다.

32:24 그녀의 무덤 주위에 엘람과 그녀의 모든 무리가 있으니 그들 모두는 칼에 살해되어 쓰러졌고 땅의 아랫부분들로 할례받지 않고 내려갔으며 산 자들의 땅에서 그들의 공포를 일으켰도다. 그들이 이제는 구렁으로 내려가는 자들과 더불어 그들의 수치를 짊어졌도다.

25 그들은 그녀의 모든 무리와 더불어 살해된 자들 가운데 그녀에게 한 침상을 마련하였으며 그녀의 무덤들은 그의 주위에 있고 그들 모두는 할례받지 않았으며 칼에 살해된 자들이라. 그들의 공포가 산 자들의 땅에 일어났지만 그들

은 구렁으로 내려가는 자들과 더불어 그들의 수치를 짊어졌으며 그는 살해된
자들 가운데 놓였도다.
26 거기에 메섹과 투발과 그녀의 모든 무리가 있고 그녀의 무덤들은 그의 주위
에 있으며 그들은 산 자들의 땅에 그들의 공포를 일으켰지만 그들 모두는 할
례받지 아니하고 칼에 살해되었도다.
27 그들은 할례받지 않은 자들 가운데서 엎드러진 용사들, 즉 그들의 전쟁 무기
를 가지고 지옥에 내려간 자들과는 함께 눕지 아니할 것이니 그들은 칼을 자
기들의 머리 밑에 두었으나 그들이 산 자들의 땅에서는 용사들의 공포가 되
었을지라도 그들의 죄악들은 그들의 뼈 위에 있으리라.
28 참으로 너는 할례받지 않은 자들 가운데서 부서질 것이요, 칼로 살해된 자들
과 더불어 누우리라.

24절의 『**엘람**』이나 26절의 『**메섹과 투발**』, 그리고 29절의 『**에돔**』 등은 모두 유럽과 아시아의 이방인 나라들을 총칭한다. 어쩌면 여기에는 미국도 포함될지 모른다. C.I. 스코필드는 그의 <주석성경> 중 에스겔 37장 각주에서 『**메섹과 투발**』이 러시아의 "모스크바와 토볼스크"를 가리키는 것으로 주석해 놓았는데, 그럴 가능성은 얼마든지 있는 게 사실이지만, 반드시 그렇다고 입증할 만한 증거는 없다. 29절의 『**에돔**』은 히브리어로 "로마"를 가리키는 단어다. 암스트롱은 "앗시리아"가 독일을 의미하는 것이라고 설명했는데, 어떤 근거에서 그런 주장을 하게 되었는지 모르겠다.

『**그녀의 무덤 주위에 엘람과 그녀의 모든 무리가 있으니...**』(24절) 역사 지리적으로 본다면, 『**엘람**』은 앗시리아의 남부와 페르시아의 동부에 걸친 지역이었던 것으로 여기는 게 보통인데, 원래 셈의 아들이었다. 어떤 주석자는 이것이 페르시아를 지칭한다고 주장하기도 하지만, 확실한 증거는 없다.

『**그녀의 무덤들은 그의 주위에 있고...**』(25절) 이 구절에서는 『**그녀**』가 있고 또 『**그**』(he)가 따로 언급된다. 『**그들**』(they)은 물론 적그리스도를 추종하고 그에게 연합했던 모든 이방인 민족들을 일컫는다. 그런데 『**그녀**』는 누구이고 『**그**』는 또 누구인가? 『**그녀**』란 적그리스도의 모형인 "이집트"를 말한다. 그리고 『**그**』는 마귀를 말한다. 마귀인 『**그**』가 사람의 몸을 입고 육화하여 적그리스도로 나타날 때, 그 적그리스도는 여자가 아니라 남자지만, 그의 모형으로 지칭되고 있는 "이집트"는 나라(또는 민족)이기 때문에 여성 대명사 『**그녀**』로 지칭되고 있을 뿐이다. 결국 『**그녀**』나 『**그**』는 같은 존재인 셈이다. 삼위일체적 존재인 사탄의 세 인격이 모두 지옥에 함께 갇히게 되는 것이다. 마귀를 추종하던 『**할례받지 않았으며 칼에 살해된 자들**』(25절)과 모두 함께 말이다.

『**거기에 메섹과 투발과 그녀의 모든 무리가 있고...**』(26절) 스코필드의 말대로 이들이 러시아의 모스크바가 되었건, 토볼스크가 되었건, 어쨌든 "할례받지 아니한," 즉 구원받지 못한 이방인 민족들이다. 이들은 『**산 자들의 땅에 그들의 공포를 일으켰지만**』(26절) 결국에는 자신들이 『**끝없이 깊은 구렁**』 속 무덤에 들어가고 만다. 그래서 구렁 속 『**그의 주위**』에는, 즉 마귀의 주위에는 마귀와 함께 멸망한 모든 무리들이 모여 있는 것이다.

『**산 자들**』(26절)이란 문자 그대로 구원받은 자들이다. 대환란 시대에도 비록 구원받는 방식이 지금 이 교회 시대와는 다를지라도, 구원받는 자들이 있다. 대환란 시대에는 "끝까지 견디는" 자들이 구원을 받는다(마 10:22). 혹독한 대환란의 고난 가운데서도 "끝까지" 적그리스도의 세력에 저항하며 하나님의 계명들을 지키면서 인내해야만 한다. 이스라엘이 출애굽할 당시 많은 고난 가운데서 광야를 방황하는 동안, 하나님을 반역한 무리들이 많았음에도 불구하고 하나님의 보호하심을 받으며 "끝까지" 남은 자들이 있어 안식에 들어갈 수 있었던 것처럼(히 3,4장), 대환란 기간에도 하나님의 보호를 받으며 "끝까지" 믿음과 행위를 지키며 견뎌냄으로써(계 12:17) 구원에 이르고 천년왕국으로 들어가게 될 것이다. 대환란 기간 동안 "용"은 유대인들의 씨를 말리려고 갖은 박해를 가하며 격렬하게 덤비겠지만, 이스라엘의 "남은 자"들은 하나님의 보호하심을 받는 가운데 고난을 이겨낸다(계 12:13-17). 이들이 바로 에스겔 32:26에서 언급하고 있는 『**산 자들**』이다.

『**그들은 할례받지 않은 자들 가운데서 엎드러진 용사들, 즉 그들의 전쟁 무기를 가지고 지옥에 내려간 자들과는 함께 눕지 아니할 것이니**』(27절). 여기서 『**용사들**』(the mighty)이란 타락한 천사들인 "하나님의 아들들"을 가리키는 게 아닌가 짐작이 가지 않는 것은 아니지만, 이것을 입증할 길이 없다. 한 가지 분명한 것은 지금 이 『**끝없이 깊은 구렁**』에는 『**칼로 살해된 자들**』과는 전혀 다른 성격의 다른 한 부류가 있다는 사실이다. 또 요한계시록 17장에서는 짐승의 열 뿔로 나타나는 『**열 왕**』이 언급되고 있는데, 이들은 『**아직 왕국을 받지는 못하였으나 그 짐승과 더불어 한 시간 동안 왕들로서의 권세를**』(계 17:12) 받게 될 것으로 서술되거니와, 이들은 다니엘 2장에 등장하는 초인적이고 악마적인 열 왕들이다. 적그리스도가 대환란 기간에 3년 반 동안 이스라엘에 대적할 때, 그는 이 『**열 왕**』과 이들의 군대를 이끌고 진을 치게 될 텐데, 아마도 이 『**열 왕**』이 27절에서 언급되는 『**용사들**』의 일부가 아닌가 짐작되기도 한다. 그러나 이것을 입증할 만한 증거 구절들은 아직 찾아내지 못했다.

32:29 **거기에 에돔과 그녀의 왕들과 모든 고관들이 있으니 그들의 힘과 더불어 칼에 살해된 자들 곁에 누워 있도다. 그들은 할례받지 아니하고 구렁으로 내려가는 자들과 더불어 누우리라.**
30 **거기에는 살해당한 자들과 더불어 내려간 북쪽의 고관들 모두와 모든 시돈인들이 있으며 그들은 그들의 공포와 더불어 그들의 힘을 부끄럽게 여기는도다. 또한 그들은 할례받지 아니하고 칼에 살해된 자들과 더불어 눕고 구렁으로 내려가는 자들과 더불어 그들의 수치를 짊어지는도다.**
31 **파라오가 그들을 보고 그의 모든 무리들로 인하여 위로를 받으리니 칼에 살해된 파라오와 그의 모든 군대들이라.** 주 **하나님이 말하노라.**
32 **내가 산 자들의 땅에서 나의 공포를 일으켰으므로 그가 할례받지 않은 자들 가운데서 칼에 살해된 자들과 더불어 눕게 되리니, 곧 파라오와 그의 모든 무리들이라.** 주 **하나님이 말하노라.**

『**에돔**』(29절)은 로마를 지칭하는 히브리어 단어다. "로마"는 로마카톨릭 집단을 말한다. 정치적인 국가로서의 로마는 서로마제국이 A.D. 476년에 게르만인에게 멸망했고, 동로마제국(비잔틴제국)은 A.D. 1453년 오스만 터키에 의해 멸망했지만, "종교적 체제"의 교묘한 국가 형태인 이른바 "신성로마제국"의 전통을 고스란히 계승한 바티칸 정부로 오늘날까지 존속해 왔는데, 이것이 곧 로마카톨릭이다.

『**그녀의 왕들과 모든 고관들**』(29절)이란 로마카톨릭의 교황들은 물론 UN을 무대로 바티칸의 앞잡이로 활약했던 모든 나라의 통치자들을 말하는데, 특히 대환란 기간 동안의 "열 왕"들은 "땅의 왕들"이면서 신비로운 존재들이다.

『**그들의 힘**』(29절)이란 27절에서 언급된 『**용사들**』을 말한다. 이 용사들은 아마도 대환란 기간 동안 적그리스도가 이끄는 "열 왕"과 그 군대를 일컫는지도 모른다.

『**북쪽의 고관들**』(30절)이란 적그리스도의 군대를 이끌고 팔레스타인을 공격하기 위해 북쪽으로부터 쇄도해 내려온 군대 대장들을 말한다. (북쪽으로부터 진격해 오는 이방인 민족에 대해서는 38장과 39장의 곡과 마곡을 공부하면서 살펴보기로 한다.) 아마겟돈에서 참패한 뒤 모두 죽임을 당하고 구렁에 던져짐으로써 거기에 영원히 갇혀 있게 된 이들은 공포에 휩싸일 것이며, 거기에 들어온 다른 자들로 인해서 수치스러울 것이다.

『**내가 산 자들의 땅에서 나의 공포를 일으켰으므로...**』(32절) 이것은 아마겟돈 전쟁을 일컫는다. 대환란 기간에 적그리스도는 이스라엘을 공격하기 위해 무려 2억의 군대를 동원하여 아마겟돈에 집결한다. 그리고 그 군대를 지휘하는 『**용사들**』(27절)은 초인적인 존재들이며 초자연적인 능력을 가진 말들을 타고 있는 모습이 요한계시록 9장에서 그려진다(계 9:13-19). 그들이 타고 오는 말은, 머리는 사자 같고 그 입에서 불과 연기와 유황이 나오며, 꼬리는 뱀같이 생겼는데, 꼬리에도 머리가 달렸고, 그 머리로도 사람들을 공격하는 말이다. 이것은 필경 초자연적인 존재임에 틀림이 없고, 이런 초자연적인 말들 위에 탄 자들 역시 초자연적인 존재들임이 분명하다. 이것이 만약 초자연적인 존재들이 아니라면, 그것은 아마도 우리가 상상하기 어려운 최첨단 무기들일지도 모른다. 아무튼 이러한 군대가 주님과 그분의 군대와 아마겟돈에서 대치한다(계 19:19).

그러나 결과는 뻔하다. 그들은 흰 말을 타시고 많은 왕관을 쓰시고 재림하시는 주님 앞에, 포도즙틀에서 밟히듯이 완전히 진멸당할 것이다(계 19:15). 『**그러나 그 짐승이 잡히고, 짐승 앞에서 기적들을 행하던 거짓 선지자도 그와 함께 잡혔으니 그는 짐승과 더불어 그 짐승의 표를 받은 자들과 그의 형상에 경배한 자들을 속이던 자라. 이 둘이 유황으로 불타오르는 불못에 산채로 던져지더라. 그리고 그 남은 자들은 말 위에 앉으신 분의 칼, 즉 그의 입에서 나오는 칼로 살해되니 모든 새들이 그들의 살로 배를 채우더라**』(계 19:20,21). 이것이 아마겟돈 전쟁의 최종 결과이다.

에스겔 33장

33:1 주의 말씀이 다시 내게 임하여 말씀하시니라.
2 인자야, 네 백성의 자손들에게 고하여 그들에게 말하라. 내가 한 땅에 칼을 가져올 때 그 땅의 백성이 그들의 지경에서 한 사람을 택하여 그들의 파수꾼으로 세워
3 그가 칼이 그 땅에 임하는 것을 보고 나팔을 불어 백성에게 경고하였는데
4 누구든지 나팔 소리를 듣고 경고를 취하지 아니하여 그 칼이 그에게 임하여 그를 제거하였으면 그의 피는 그 자신의 머리로 돌아갈 것이라.
5 그가 나팔 소리를 듣고 경고를 받아들이지 아니하면 그의 피는 그의 머리로 돌아갈 것이나 그 경고를 받아들이는 자는 그의 생명을 구할 것이라.
6 그러나 그 파수꾼이 칼이 임하는 것을 보고서도 나팔을 불지 않아 백성들이 경고를 받지 못하여 칼이 임하여 그들 가운데 어떤 사람을 제거하게 되면 그는 그의 죄악 중에서 제거되지만 그의 피는 내가 파수꾼의 손에서 구할 것이니라.

하나님께서는 3:17에서 에스겔을 이스라엘 집의 파수꾼으로 세우셨다. 따라서 에스겔은 하나님의 경고에 귀를 기울일 뿐만 아니라 그 경고를 이스라엘 백성에게 전해야 하는 임무를 맡게 되었다. 이 말씀은 본 장 7절에서도 반복된다. 그리고 33:1-6까지 첫 여섯 절에서는 이 『**파수꾼**』의 책임이 얼마나 중한가에 대해 언급하고 있다.

에스겔은 지금 바빌론에 포로가 되어 크발 강가의 거주 제한 지역에 다른 유대인들과 함께 거하고 있다. 지금 여기에 사로잡혀와 있는 유대인들은 엄밀히 말해서 유다 왕국의 예루살렘 거민들이다. 그러나 에스겔은 "유다"의 파수꾼이 아니라 "이스라엘 집의 파수꾼"으로 임명되었다. 말하자면 에스겔은 바빌론에 사로잡혀와 있는 남왕국 유다나 앗시리아에 사로잡혀간 북왕국 이스라엘 할 것 없이 모든 이스라엘 백성을 향한 파수꾼인 것이다. 따라서 파수꾼으로서의 에스겔의 책임은 그만큼 막중한 것이었고, 하나님의 경고를 백성에게 전하는 데에 조금도 소홀함이 있어서는 안 되는 아주 중요한 선지자로 부르심을 받았던 것이다. 이 땅에 오셔서 아버지의 명령에 순종하셨던 예수 그리스도께서도 그 사명을 완수하시고 십자가에 달리시기 직전 아버지 하나님께 『**내가 땅에서 아버지를 영화롭게 하였으며 아버지께서 내게 하라고 주신 그 일을 완성하였나이다... 아버지께서 내게 주신 그 말씀들을 그들에게 전하였으니, 그들은 그 말씀들을 영접하여 내가 아버지께로부터 온 것을 분명히 알았으며, 또 아버지께서 나를 보내신 것을 믿었나이다.**』(요 17:4,8)라고 기도하심으로써, 그리스도께서 일차적으로는 이스라엘 집을 위한 『**파수꾼**』으로 오셨고, 하나님으로부터 받은 말씀들을 그들에게 전하는 임무를 완수하셨음을 알리셨다.

에스겔처럼 하나님의 경고를 백성에게 전하는 것만이 구약에서 말하는 파수꾼이 맡은 임무의 전부는 아니었다. 가령 파수꾼이 임무를 수행하는 장소들이 높은 곳에 위치한 『**망대**』(왕하 9:17)라든가, 『**성벽 위**』(사 62:6), 또는 『**성문과 성벽 위 지붕**』(삼하 18:24) 같은 곳들이었다는 점에서, 성읍으로 접근하는 모든 자들을 "감시"하는 것이 파수꾼의 기본 기능이었음을 알 수 있다. 그런가 하면 또 『**성읍을 순찰하는 파수꾼**』(솔 3:3)이라든가, 『**성읍을 돌아다니는 파수꾼**』(솔 5:7) 등과 같은 서술로 미루어 보아 순찰을 돌며 치안을 유지하는 것 또한 파수꾼의 임무들 가운데 하나였음을 알 수 있다. 그러나 어떤 유형의 임무를 수행하더라도 백성이나 치리자들에게 하나님의 경고를 잘 전달하는 것이 파수꾼의 궁극적인 임무인데, 이런 점에서 하나님의 부르심을 받은 이 시대의 모든 그리스도인들은 곧 파수꾼들인 것이다. 그리스도인들은 아직 구원받지 못한 죄인들에게 지옥을 경고하고 구원받은 형제 그리스도인들에게는 마귀의 미혹과 공격에 대해 경고를 발하는 파수꾼들이다. 이렇게 볼 때, 소위 구원받아 하나님의 자녀가 되었다고 자처하는 이 시대의 모든 그리스도인들이 하나님의 부르심을 받은 파수꾼으로서의 임무를 다하고 있느냐 하는 것은 매우 중요한 문제이며,

오늘날 소위 "기독교계"에서 이러한 경고의 소리가 들리지 않고 있다는 것은 매우 심각한 일이 아닐 수 없다. 문제는 지옥에 대한 경고가 사라지고 있다는 사실이다. 소위 "복음"을 전한다는 사람들이 "주님이 당신을 사랑해요."라고만 속닥거릴 뿐, 구원받지 않으면 지옥에 던져진다는 사실은 여간해서 외치려고 하지 않는다. 이것은 오늘의 교회들이 자기네 교회 출석 인원수만 늘리려는 데에 몰두할 뿐 하나님의 진짜 사역에는 관심이 없기 때문에 생긴 현상이다.

『**내가 한 땅에 칼을 가져올 때... 한 사람을 택하여 그들의 파수꾼으로 세워**』(2절). 『**파수꾼**』은 먼저 자신이 하나님의 부르심을 받은 하나님의 일꾼임을 사람들에게 알리고 그것을 입증할 수 있어야 한다. 그래야만 사람들이 그를 인정하고 그의 입에서 나오는 경고의 소리에 귀를 기울인다. 이렇게 되기 위해서는 『**파수꾼**』이 절대로 자신의 생각이나 예측을 사람들에게 말하는 것이 아니라 오직 하나님의 말씀만을 외칠 수 있어야 한다. 에스겔서에서 『**주의 말씀이 다시 내게 임하여 말씀하시니라.**』라는 말씀이 거듭거듭 반복되는 까닭이 바로 여기에 있다.

물론 파수꾼이 경고를 했다고 모든 사람들이 다 듣는 것은 아니다. 이스라엘 백성들은 에스겔의 경고를 듣지 않았기 때문에 그의 경고는 마치 『**아주 사랑스러운 노래**』(32절)에 불과한 것처럼 되어버렸다. 그럼에도 불구하고 하나님께서는 결코 포기하지 않으시고 끝까지 파수꾼을 통해 경고하시는 것이다. 그래서 복음을 전하는 우리도, 사람들이 듣든지 안 듣든지 끊임없이 복음을 외쳐야 한다는 것이다.

『**내가 한 땅에 칼을 가져올 때**』란 전쟁 같은 국가적 위기나, 기근이나 전염병 같은 사회적 위기, 또는 갖가지 천재지변 같은 사건들이 닥쳐올 때를 말하지만, 이 구절에서는 예수 그리스도의 재림의 때를 일컫는다. 주님께서 다시 오시는 때는 모든 신실한 그리스도인들에게는 반갑고 기쁜 날이지만, 구원받지 못한 사람들이나 신실하지 못했던 그리스도인들에게는 위기의 때다.

『**그가 칼이 그 땅에 임하는 것을 보고 나팔을 불어 백성에게 경고하였는데 누구든지 나팔 소리를 듣고 경고를 취하지 아니하여 그 칼이 그에게 임하여 그를 제거하였으면 그의 피는 그 자신의 머리로 돌아갈 것이라**』(3,4절). 파수꾼의 나팔 소리를 듣고도 그 경고에 적절히 대응하지 않고 재난에 처해 죽임을 당한다면, 당연히 『**그의 피는 그 자신의 머리로 돌아갈 것**』이다. 자기가 경고를 듣고도 그 경고에 합당하게 대처하지 못했기 때문에 변을 당했으므로 그에 대한 책임은 당사자에게 있는 것이지 경고를 발했던 사람에게 있는 게 아니라는 것은 지극히 당연하다.

특별히 『**그 칼이 그에게 임하여 그를 제거하였으면**』이라는 말씀에서 하나님의 『**칼**』이 이 땅에 임하는 것은 누군가를 『**제거**』하기 위함이란 것을 알 수 있다. 대환란은 하나님께서 이 땅에 위협을 가하기 위해 닥쳐오는 게 아니라 이 땅의 죄인들을 멸하기 위해 닥쳐오는 것이다. 그렇기 때문에 우리는 그 "제거하는 칼"이 임하기 전에 그 경고의 목소리를 아끼지 말아야 할 것이다.

『**그러나 그 파수꾼이 칼이 임하는 것을 보고서도 나팔을 불지 않아 백성들이 경고를 받지 못하여 칼이 임하여 그들 가운데 어떤 사람을 제거하게 되면 그는 그의 죄악 중에서 제거되지만 그의 피는 내가 파수꾼의 손에서 구할 것이니라**』(6절). 앞서 3절에서도 언급하였듯이 여기서 『**칼이 임하는 것**』이 실제적으로는 대환란 기간 동안의 처절한 파괴와 살육을 의미하는 것이지만, 영적으로 적용해서, 대환란과는 상관없이 일반적인 재앙으로 볼 수도 있다.

모든 그리스도인들이 하나님께서 세우신 파수꾼들이라는 점에서 이 구절을 영적으로 적용해 볼 때, 『**그의 피는 내가 파수꾼의 손에서 구할 것이니라.**』라는 말씀은 사실 우리 그리스도인들을 향한 경고인 것이다. 이와 연관해서 우리는 사도 바울의 말을 또 기억해야 할 것이다. 『**이제 보라, 내가 너희 가운데 왕래하며** 하나님**의 나라를 선포하였으나 너희 모두가 더 이상 나의 얼굴을 보지 못하게 될 줄을 내가 아노라. 그러므로 내가 오늘 너희에게 증거하노니 모든 사람의 피로부터 내가 깨끗하니 이는 내가** 하나님**의 모든 계획을 조금도 주저함이 없이 너희에게 전해 주었음이라**』(행 20:25-27).

33:7 그러므로 오 너 인자야, 내가 너를 이스라엘 집에게 파수꾼으로 삼았으니 너는
내 입에서 말을 듣고 나로부터의 경고를 그들에게 전하라.
8 내가 악인에게 말하기를 "오 악인아, 너는 반드시 죽으리라." 하였을 때 만일
네가 악인에게 그의 길에서 떠나도록 경고하여 말하지 아니하면 그 악인은 그
의 죄악 중에서 죽을 것이나 그의 피는 내가 네 손에서 구할 것이라.
9 그러나 네가 그 악인에게 그의 길에서 돌아서도록 경고하였는데도 그가 그의

길에서 돌아서지 아니하였다면 그는 그의 죄악 가운데서 죽을 것이나 너는 네 혼을 구했느니라.

10 **그러므로 오 너 인자야, 이스라엘 집에 말하라. 너희는 이같이 일러 말하기를 "만일 우리의 허물과 죄들이 우리에게 있어 우리가 그 가운데 쇠약해지면 우리가 어찌 살 수 있으리요?" 하라.**

11 **그들에게 말하기를 "주 하나님이 말하노라. 내가 살아 있는 한, 내가 악인의 죽음을 기뻐하지 아니하고 악인이 그의 길에서 돌이켜서 사는 것을 기뻐하노니 너희는 돌이키라. 너희는 너희 악한 길에서 돌이키라. 오 이스라엘 집아, 너희가 어찌하여 죽으려고 하느냐?" 하라.**

본문은 내용적으로 앞의 1-6절과 동일하기에 특별한 설명이 필요 없다.

그러나 우리는 여기서 『**악인**』(8절)과 『**의인**』(12,13절)이 구약에서 어떻게 구별되고 있는가에 대하여 주목할 필요가 있는데, 구약에서 "악인"(the wicked)과 "의인"(the righteous)은 곧 하나님께 "경건한 자"(the godly)와 "경건치 않은 자"(the ungodly), 도덕적으로 "옳은 자"(the just)와 "옳지 않은 자"(the unjust), 또는 "선한 자"(the good)와 "악한 자"(the bad)를 의미한다. 쉽게 말해서 구약에서는 "의인"이라면 "좋은 사람"이라는 뜻이고, "악인"이라면 "나쁜 사람"이라는 뜻이다. 신약에서는 『**모든 사람이 죄를 지었으므로 하나님의 영광에 이르지 못하다가**』(롬 3:23)라는 말씀에서 보듯이 "의인"과 "악인"이 따로 구별되지 않으나, 구약에서는 분명히 사람의 행위에 따라 의인과 악인이 구별되는 것이다.

이와 마찬가지로, 에스겔 33장에서 언급한 "의인"과 "악인"은 단순히 "선한 자"와 "악한 자"를 구별해서 언급하는 것에 지나지 않는다. 『**그러나 네가 그 악인에게 그의 길에서 돌아서도록 경고하였는데도 그가 그의 길에서 돌아서지 아니하였다면 그는 그의 죄악 가운데서 죽을 것이나 너는 네 혼을 구했느니라.**』(9절)라는 말씀 가운데서 우리는 『**악인**』이 『**죄악 가운데**』 있는 사람, 그래서 "악한 자"임을 의미한다는 것을 알 수 있고, 그의 악한 『**길에서 돌아서지 아니하였다면 그는 그의 죄악 가운데서 죽을 것**』이라고 언급하고 있는 것을 분명히 본다.

그러나 신약에서는 "악한 자"가 그의 악한 길에서 돌아선다고 해서 죽지 않는다는 논리는 통하지 않는다. 예수 그리스도께서는 『**"너희는 아래서 났고, 나는 위에서 났으며, 너희는 이 세상에 속하나, 나는 이 세상에 속하지 아니하노라. 그러므로**

내가 너희에게 말하기를 '너희는 너희 죄들 가운데서 죽으리라.'고 하였으니, 이는 너희가 내가 그인 줄 믿지 아니하면, 너희는 너희 죄들 가운데서 죽을 것이기 때문이라."』(요 8:23,24)라고 말씀하신다. 주의해서 잘 읽어 보라. 『**너희는 너희 죄들 가운데서 죽을 것**』이다. 왜? "너희가 너희 죄들로부터 돌이키지 않았기 때문이다."라고 말씀하시는가? 아니다! 그 이유는 『**너희가 내가 그인 줄 믿지 아니하면**』이라고 말씀하신다. 다시 말해서, 죄인이 죄의 길에서 돌아서라는 경고를 받고도 그의 악한 길에서 돌아서지 않았기 때문에 자신의 죄들 가운데서 죽는 게 아니라는 말씀이다. 이것은 구약적인 발상이다. 신약에서는 이것이 완전히 달라진다. 그리스도께서는 『**너희가 내가 그인 줄 믿지 아니하면, 너희는 너희 죄들 가운데서 죽을 것**』이라고 분명하게 말씀하시기 때문이다. 죽느냐, 사느냐의 문제가 자신이 스스로 노력하여 죄에서 돌이키고 안 돌이키고의 문제가 아니라, 주 예수 그리스도께서 자신의 구세주이신 것을 믿느냐, 안 믿느냐의 문제로 전환된 것이다. 구약에서는 죽느냐, 사느냐의 문제가 믿음(faith)과 행위(works)에 달려 있지만, 신약에서는 오직 믿느냐의 여부에만 달려 있는 것이다.

『"**만일 우리의 허물과 죄들이 우리에게 있어 우리가 그 가운데 쇠약해지면 우리가 어찌 살 수 있으리요?**"』(10절). 이 구절에서 허물과 죄들이 『**우리에게 있어**』("upon us")라는 말과 『**그 가운데**』("in them")라는 말에 주목하라. 당신은 죄들이 당신 "위에" 있고 또 당신이 죄들 "안에" 있기 때문에 죽는다. 죄가 당신 "위에" 있고 또 당신이 죄들 "안에" 있는데 당신이 『**어찌 살 수 있으리요?**』라고 이 구절은 말씀하는 것이다. 당신은 살 수가 없다. 예수 그리스도께서 갈보리 십자가에 달리셨을 때 좌우 양편에 두 행악자들이 함께 십자가에 달려 있었는데, 그 가운데 한 사람은 죄가 그의 "위에" 있을 뿐만 아니라 그가 죄들 "안에" 있는 채로 죽었고, 다른 한 사람은 비록 그가 죄들 "안에" 있었지만 그의 "위에" 죄들이 있는 상태로 죽지는 않았다. 그의 "위에" 있던 죄들은 예수 그리스도 "위로" 옮겨갔던 것이다. 그래서 그는 주님과 함께 낙원에 있게 되었다(눅 23:43). 몸은 죽었으되, 혼은 구원받았던 것이다. 다시 말해서, 이 강도는 죽었으되, 죽지 않고 영원한 생명을 얻을 수 있었다는 말이다.

반면에 예수 그리스도께서는 죄가 그분 "위에" 있었기에 죽으셨지, 그분께서 죄들 "안"에 계셨기 때문에 죽으신 게 아니었다. 당신은 구원받았는가? 그렇다면 당신은 죄들 "안에" 있을지언정 죄가 당신 "위에" 있는 것은 아니다. 당신 "위에" 있던 죄들은 그분 "위로" 전가되었기 때문이다. 당신은 아직 구원받지 못했는가? 그렇다면 당신은 죄들 "안에" 있을 뿐만 아니라 죄들이 또한 당신 "위에" 있는 채로 있다는 뜻이다. 그래서 당신은 죽을 수밖에 없다는 것이다.

『**내가 살아 있는 한, 내가 악인의 죽음을 기뻐하지 아니하고 악인이 그의 길에서 돌이켜서 사는 것을 기뻐하노니 너희는 돌이키라**』(11절). 실로 위대한 말씀이다! 이 말씀에 두 줄로 밑줄을 그어 두라! 주님께서는 『**내가 살아 있는 한**』이라고 맹세코 이 말씀을 하고 계신다! 『**악인의 죽음을 기뻐하지 아니하고**』라고 말이다. 주님께서는 당신더러 『**어찌하여 죽으려고 하느냐**?』라고 안타까워하신다. 하나님께서는 그 어떤 죄인이라도 멸하시기를 원치 않으신다. 그것은 하나님께서 기뻐하지도, 원하지도 않는 일이다. 아무리 마귀가 죽음의 세력을 가졌고(히 2:14), 그가 당신을 죽이려고 하나님께 열심히 기소하고 있다 할지라도(욥 1:9), 최종적인 재판관은 하나님이시다. 하나님께서는 공의의 하나님이시기에 자신의 판단에 따라 죽이기도 하시고 살리기도 하신다(신 32:39,40). 그러나 살고 죽는 것은 당신의 선택에 달렸다. 하나님께서는 악인이 돌이키는 것을 원하시지만, 그가 돌이키지 않으면 심판하실 수밖에 없는 것이다. 『**만일 내가 나의 번쩍이는 칼을 갈고 내 손이 심판을 쥐면, 내가 내 원수들게 복수하며 나를 미워하는 자들에게 보응하리라**』(신 32:41).

33:12 그러므로 너 인자야, 네 백성의 자손들에게 말하라. 의인의 의는 그의 허물의 날에 그를 구해 내지 못할 것이라. 악인의 악에 있어서는 그가 자기 악에서 돌이키는 날에 그것으로 인하여 쓰러지지 아니하리니 의인도 그가 범죄하는 날에는 그의 의로 인하여 살 수 없을 것이라.

13 내가 의인에게 그가 반드시 살리라고 말하였는데도 그가 자기 자신의 의를 신뢰하고 죄악을 저지르면 그의 모든 의는 기억되지 아니하고 그가 저지른 그의 죄악으로 인하여 그가 죽을 것이라.

14 다시, 내가 악인에게 말하기를 "너는 반드시 죽으리라." 하였으나 만일 그가 자기 죄에서 돌이켜서 합법적이고 옳은 것을 행하면

15 만일 그 악인이 저당물을 되돌리고 그가 강탈한 것을 다시 주며 생명의 규례들대로 행하고 죄악을 행하지 아니하면 그는 반드시 살고 죽지 아니하리라.

16 **그가 범한 그의 죄들 중 아무것도 그에게 언급되지 않을 것이며 그는 합법적이고 옳은 것을 행하였으니 그가 반드시 살리라.**

이것이 바로 구약적 의미에서의 "의인"이 갖는 한계였다. 그는 죄를 범했을 때, 이전까지 행하던 의로 인해 사는 것이 아니라, 다시 지은 죄 때문에 죽게 된다. 『**의인의 의는 그의 허물의 날에 그를 구해 내지 못할 것이라**』(12절). 이것은 신약의 구원의 교리에 적용시킬 수 없다. 왜냐하면 일단 우리는 우리 자신의 의로 구원받은 것이 아니기 때문이다. 또한 죄인이 예수 그리스도의 의를 받아 구원받았다면, 그가 다시 죄를 짓더라도 그의 죄 때문에 구원이 취소되지는 않기 때문이다. 교회 시대 때 구원받은 사람은 그 구원이 영원히 보장된다.

그러나 대환란 때에나 천년왕국 때에는 이 말씀이 다시 적용될 것이다. 어떤 "의인"이 자기의 의를 신뢰하고 죄를 짓게 되면, 그의 의는 기억되지 않을 것이다(13절). 생각해 보라. 당신이 구원받고 난 후 50년 동안 한 번도 죄를 짓지 않고 "의인"으로 살아 왔다고 가정해 보자. 그런데 그만 50년 만에 어쩔 수 없이 죄를 짓고 말았다고 가정하자. 그 순간 당신이 50년 동안 유지해온 당신의 "의"는 모두 무효가 되고 만다. 말하자면 당신은 지옥에 가야만 한다! 여기에는 "정상 참작"도 없다. 생각만 해도 아찔하지 않은가? 이것을 생각하면 지금 이 시대에 내가 구원받고 하나님의 은혜 가운데 살게 되었다는 것이 얼마나 천만다행인가! 이것이 바로 교회 시대 때 구원받는 사람과 환란 시대 때 구원받는 사람의 차이이다. 『**그가 자기 자신의 의를 신뢰하고 죄악을 저지르면 그의 모든 의는 기억되지 아니하고 그가 저지른 그의 죄악으로 인하여 그가 죽을 것이라**』(13절). 은혜 시대가 끝나고 대환란이 시작되면 이 구절이 적용될 것이다. 대환란 시대에는 끝까지 견디는 자가 아니면 구원받지 못한다. 『**그러나 끝까지 견디는 자는 구원을 받으리라**』(마 24:13). 그 기간 동안에는 믿음과 행위를 지키면서 끝까지 버텨내고서도 마지막 순간에 죄를 범하는 날에는 모든 것이 수포로 돌아가고 만다. 그리고 지옥에 던져지게 된다.

『**그가 범한 그의 죄들 중 아무것도 그에게 언급되지 않을 것이며 그는 합법적이고 옳은 것을 행하였으니 그가 반드시 살리라**』(16절). 이 구절의 말씀대로 된 아름다운 사례를 우리는 구약 가운데서 찾아볼 수 있다. 역대기하 33장을 보면 므낫세 왕이 자행했던 갖가지 악행들이 나열돼 있다. 므낫세는 겨우 열두 살 때 왕위에 올라 『**예루살렘에서 오십오 년을 치리**』했던 사람이다(대하 33:1). 그는 구약에서 가장 오랫동안 왕위에 앉아 있으면서 또 최악의 범죄 행위를 자행했던 인물이었다. 그는 『**그의 아버지 히스키야가 헐어 버린 산당들을 다시 짓고, 바알들을 위한 제단들을 쌓으며 아세라들을 만들고 하늘의 모든 군상에게 경배하고 그것들을**』 섬겼다(대하 33:3). 그뿐만이 아니었다. 그는 심지어 『**주의 전 안에**』 우상들을 위한 『**제단들을**』 지었고(대하 33:4), 『**그의 자녀들로 힌놈의 아들의 골짜기에서 불을 통과하게 하였고 또 때를 살피며 마법을 쓰고 요술을 쓰며 부리는 영들과 마술사들을 상대하여 주의 목전에 많은 악을 행하여 그분을 격노케**』 했다(대하 33:6). 이런 식으로 그의 범죄 행각은 계속 이어졌다. 성경에 의하면 그는 자신이 범죄를 자행할 뿐만 아니라 유다와 예루살렘 거민으로 하여금 악행을 자행하도록 방조하여 심지어는 『**주께서 이스라엘 자손 앞에서 멸하신 이방인보다 더 나쁜 짓을 행하게**』(대하 33:9) 했다. 그러니 하나님께서 가만히 계실 리가 없다. 하나님께서는 앗시리아의 군대 대장들을 보내셔서 『**므낫세를 붙잡아 족쇄로 결박하여 바빌론으로 끌고**』(대하 33:11) 가게 하셨다.

그런데 므낫세는 뒤늦게나마 회개했다. 『**그가 고난 가운데 있을 때 주 그의** 하나님을 **구하고 그의 조상의** 하나님 **앞에 크게 겸손해져서 그분께 기도하니...**』(대하 33:12,13) 그러자 하나님께서는 『**그의 간청을 받아주시고 그의 간구를 들으시어 그를 다시 예루살렘 그의 왕국으로 데려오셨더라. 그때 므낫세가 주, 그분이** 하나님**이신 것을 알았더라**』(대하 33:13).

33:17 그런데도 네 백성의 자손들이 말하기를 "주의 길이 공평하지 아니하도다." 하는도다. 그러나 그들로 말하면 그들의 길은 공평하지 않도다.

18 의인이 자기 의로부터 돌이켜 죄악을 저지르면 그가 그것으로 인하여 죽을 것이라.

19 그러나 만일 악인이 그의 악에서 돌이켜 합법적이고 옳은 것을 행하면 그는 그것으로 인하여 살리라.

20 그래도 너희는 말하기를 "주의 길이 공평하지 아니하도다." 하는도다. 오 너희 이스라엘 집아, 내가 너희 각자를 자기가 행한대로 심판하리라.

공평하지 않은 것은 사람이지 하나님이 아니다. 하나님께서는 사람이 반드시 살 수 있는 길을 열어 놓으셨다. 그런데도 인간은 그 길로 행하지 않고 반드시 죽는 길로 행한다. 그러고서도 인간은 하나님더러 공평하시지 않다고 투덜댄다. 이것이 바로 죄인이다.

33:21 우리가 사로잡힌 지 열두째 해 열째 달, 그 달의 오일에 예루살렘에서 도망쳐 온 자가 내게 말하기를 "그 성읍이 강타당했다."고 하더라.
22 그 도망친 자가 오기 전날 저녁에 주의 손이 내게 있어 내 입을 여시어 그가 아침에 내게 올 때까지 하셨으니 내 입이 열리므로 내가 더 이상 잠잠치 아니하였도다.

예레미야 52:12,13을 보면 예루살렘이 "**강타**"당한 것에 대해 『**바빌론의 느부캇넷살왕 제십구년 다섯째 달 그 달 십일에 바빌론 왕을 섬기는 경호대장 느부살아단이 예루살렘으로 와서 주의 전과 왕의 집을 불사르고 예루살렘의 모든 집들과 귀족의 모든 집들을 불로 사르니라.**』라고 기록하고 있다. 예루살렘은 『**유다의 시드키야왕 제구년 열째 달에, 바빌론의 느부캇넷살왕과 그의 모든 군대**』에 의해 포위되었고(렘 39:1), 실제로 함락된 것은 『**시드키야 제십일년 넷째 달, 그 달 구일**』(렘 39:2)이었다. 그러니까, 예루살렘은 바빌론에 포위된 지 1년 6개월만에 함락된 것이었다. 그러고도 에스겔이 그 소식을 접한 것은 상당한 시간이 경과한 뒤였는데, 그럴 수밖에 없는 것이 에스겔은 지금 바빌론에 포로로 사로잡혀와 크발 강가에 머물고 있는 중이다.

33:23 주의 말씀이 내게 임하여 말씀하시니라.
24 인자야, 이스라엘 땅의 저 삭막한 곳에 사는 자들이 고하여 말하기를 "아브라함은 한 사람인데도 그 땅을 유업으로 받았도다. 그런데 우리는 수가 많으니 그 땅을 우리에게 유업으로 주신 것이라." 하는도다.
25 그러므로 그들에게 말하라. 주 하나님이 이같이 말하노라. 너희가 피와 함께 먹고 너희의 우상들을 향하여 너희 눈을 들고 피를 흘렸으니 너희가 그 땅을 차지하겠느냐?

**26 너희가 너희 칼에 의지하여 가증함을 행하였도다. 너희는 각자가 자기 이웃의
아내를 더럽혔으니 너희가 그 땅을 차지하겠느냐?**
**27 너는 그들에게 이렇게 말하라. 주 하나님이 이같이 말하노라. 내가 살아 있는
한, 삭막한 곳에 사는 자들은 반드시 칼에 쓰러질 것이요, 들판에 거하는 자
는 내가 짐승들에게 내주어 먹히게 하리라. 산성과 굴에 사는 자들은 전염병
으로 죽으리라.**
**28 내가 그 땅을 아주 황폐하게 두리니 그 힘의 허세가 그치리라. 이스라엘의 산
들이 황폐하게 되어 아무도 지나갈 사람이 없으리라.**
**29 그들이 범한 그들의 모든 가증함으로 인하여 내가 그 땅을 아주 황폐하게 둘
때에 그들은 내가 주인 줄 알리라.**

『**주의 말씀이 내게 임하여 말씀하시니라**』(23절). 하나님의 말씀이 누구에게 임했다는 것은 곧 하나님께서 그에게 어떤 말씀을 들려 주셨거나 하나님의 말씀이 전달되었다는 것을 의미하는데, 구약에서 "주의 말씀이 내게 임했다."로 시작하는 구절이 모두 100구절도 넘는다. 그런데, 『**주의 말씀**』이 사실상 누구신가? 주 예수 그리스도시다. 『**태초에** 말씀**이 계셨고, 그** 말씀**이** 하나님**과 함께 계셨으니, 그** 말씀**은** 하나님**이셨느니라. 그 말씀이 태초에** 하나님**과 함께 계셨느니라. 만물은 그에 의하여 지은 바 되었으며, 이미 지음을 받은 것 가운데 그가 없이 지어진 것은 아무것도 없더라. 그분 안에 생명이 있었으니 그 생명은 사람들의 빛이라**』(요 1:1-4). 따라서 『**주의 말씀**』이 임했다는 것은 사실상 주 예수 그리스도께서 계시되었다는 뜻이나 마찬가지다. 에스겔 선지자에게는 사실상 예수 그리스도께서 계시되고 있었던 것이다.

『**인자야, 이스라엘 땅의 저 삭막한 곳에 사는 자들이 고하여 말하기를 "아브라함은 한 사람인데도 그 땅을 유업으로 받았도다. 그런데 우리는 수가 많으니 그 땅을 우리에게 유업으로 주신 것이라." 하는도다**』(24절). 바빌론에 포로로 사로잡혀가고 예루살렘이 파괴되는 등 나라가 쑥밭이 되었는데도 변방에 살고 있던 덕분에 포로로 사로잡혀가는 것을 잠시 모면한 자들이 남아서 하는 말이 자못 자만심으로 가득 차 있다. 그들은 말하기를 "아브라함은 혼자인데도 그 많은 땅을 하나님께로부터 유업으로 받았거늘 우리는 혼자가 아니라 이렇게 수가 많지 않느냐? 그러므로 하나님께서는 결코 그 땅을 우리에게서 빼앗아 가시지 않을 것인즉, 아무 걱정도 할 필요가 없

다."라고 하면서 자만하고 있었던 것이다. 사실 이것은 전통적으로 유대인들의 머리 속에 박혀 있던 뿌리깊은 생각이었다. 그래서 침례인 요한은 『**오 독사들의 세대야, 누가 너희에게 다가오는 진노에서 피하라고 경고하더냐? 그러므로 너희는 회개에 합당한 열매들을 맺고, '이브라함이 우리의 조상이라.'고 너희 속으로 말하려 하지 말라. 내가 너희에게 말하노니** 하나님**께서는 이 돌들로도 아브라함의 자손이 되게 하실 수 있느니라.**』(눅 3:7,8)라고 경고했고, 예수 그리스도께서도 『**너희가 아브라함의 자손이었다면 아브라함의 일을 행하였으리라.**』(요 8:39)라고 유대인들을 힐난하셨다.

『**그러므로 그들에게 말하라.** 주 **하나님이 이같이 말하노라. 너희가 피와 함께 먹고 너희의 우상들을 향하여 너희 눈을 들고 피를 흘렸으니 너희가 그 땅을 차지하겠느냐?**』(25절). 하나님께서는 자만하고 있는 자들에게 그들의 죄를 지적하시며 경고를 발하신다. 피와 함께 먹는 것은 율법으로 금지된 죄였다. 우상들에게 『**눈을 들고**』 우러러보아서도 안 된다. 살인하고 『**피를 흘렸으니**』 그 죄를 용서받을 희생제물이 없다. 유대인들이 하나님께서 주신 카나안 땅에서 이런 범죄를 자행했으니 그러고도 『**너희가 그 땅을 차지하겠느냐?**』라고 하나님께서는 책망하신다.

『**너희가 너희 칼에 의지하여 가증함을 행하였도다. 너희는 각자가 자기 이웃의 아내를 더럽혔으니 너희가 그 땅을 차지하겠느냐?**』(26절). 약탈과 간음을 자행하고서도 하나님의 약속된 땅을 유업으로 받을 수 있다고 생각한다면, 그것은 헛된 몽상임을 일깨워 주신다.

『**너는 그들에게 이렇게 말하라.** 주 **하나님이 이같이 말하노라. 내가 살아 있는 한, 삭막한 곳에 사는 자들은 반드시 칼에 쓰러질 것이요, 들판에 거하는 자는 내가 짐승들에게 내주어 먹히게 하리라. 산성과 굴에 사는 자들은 전염병으로 죽으리라**』(27절). 하나님의 징벌은 피할 방법이 없다. 하나님의 진노로부터 몸을 숨길 방도가 없는 것이다. 변방이나 사막이나 들판에 산다고 해서 적의 공격으로부터 안전하다고 생각하면 착각이다. 하다못해 짐승들에게 잡혀 먹히게라도 하시겠다고 말씀하신다. 그리고 설사 산성이나 굴에 몸을 숨기고 있다 하더라도 전염병으로 죽게 하겠다고 말씀하신다.

『**내가 그 땅을 아주 황폐하게 두리니 그 힘의 허세가 그치리라. 이스라엘의 산들이 황폐하게 되어 아무도 지나갈 사람이 없으리라**』(28절). 말하자면 바빌론에 포로로 사로잡혀가는 것을 가까스로 모면했다고 자만하고 있는 자들이라고 해서 하나님의 진노로부터 안전한 것은 아니다. 『**내가 그 땅을 아주 황폐하게 두리니 그 힘의 허세가 그치리라.**』 벌써 얼마나 오랜 세월 동안 이스라엘에 대한 하나님의 이러한 징계가 계속돼 왔던가! 지금도 팔레스타인 땅의 거의 대부분은 황폐하기가 이루 말할 수 없고, 어찌나 황폐했던지 그곳으로 『**지나갈 사람이**』 없는 게 사실이다. 팔레스타인 땅에 실제로 가보지 않고 그곳의 사진들만 본 사람들도 "팔레스타인 땅" 하면 맨 처음 머리에 척 떠오르는 이미지가 "황폐한 땅"이라는 생각이다. 따라서 이 구절의 예언은 역사적으로도 이미 성취되었다.

『**그들이 범한 그들의 모든 가증함으로 인하여 내가 그 땅을 아주 황폐하게 둘 때에 그들은 내가 주인 줄 알리라**』(29절). 하나님의 징계를 통해서 그들은 비로소 하나님을 알고 자신들의 죄악을 되돌아보게 될 것이다.

33:30 너 인자야, 또 네 백성의 자손이 아직도 담 곁에서와 집 문에서 너를 거역하여 말하나니 서로 말하여 각자 자기 형제에게 말하기를 "오라, 내가 청하노니 주께로부터 나오는 말씀이 무엇인지 들어 보자." 하는도다.

31 백성이 나올 때에 그들이 네게로 와서 내 백성처럼 네 앞에 앉아서 네 말을 들으나 그들이 그것들대로 행하지 아니하니 이는 그들이 그들의 입으로는 많은 사랑을 보여도 그들의 마음은 그들의 욕심을 따라감이라.

32 보라, 네가 그들에게 아름다운 음성을 지니고 악기를 잘 다룰 수 있는 사람의 아주 사랑스러운 노래같이 되나니 이는 그들이 네 말을 듣고서도 그것들을 행하지 아니함이라.

33 이것이 이루어지리니 (보라, 이일이 이루어지리라.) 그때에 그들은 선지자가 그들 가운데 있는 것을 알게 되리라.

하나님의 말씀에 대하여 어떤 마음가짐을 갖느냐로 분류해 볼 때, 세상에는 네 부류의 그리스도인들이 있는데, 하나는 하나님의 말씀을 듣지도 않고 행하지도 않는 사람들이요, 또 하나는 하나님의 말씀에는 전혀 귀를 기울이지 않으면서 제 생각대로 "의로운" 행동을 스스로 알아서 행하려고 덤벼드는 자들이며, 또 한 부류는 하나님의 말씀을 듣는 척은 하지만 도무지 그것을 실행하려고 들지는 않는 자들이다. 그리고 마지막으로 하나님의 말씀에 열심히 귀를 기울이면서 말씀대로 실행하거나, 최소한 실행하려고 노력하는 신실한 그리스도인들이다.

하나님의 진리의 말씀을 듣고서도 그것을 실천하지 않으면, 진리의 말씀을 전하는 사람은 마치 아름다운 악기의 선율에 맞춰 아름다운 목소리로 『**사랑스러운 노래**』(32절)를 한바탕 불러 제친 것이나 다름없게 되고 만다. 요즘에는 "목사"라는 사람들이 아예 처음부터 『**사랑스러운 노래**』를 부르는 "가수"임을 솔직하게 자인하면서 "사랑, 사랑, 사랑!"을 목청껏 노래하며 사람들의 귀를 즐겁게 해 주는 세상이 되었다. 그런 사람들은 모두가 성경이 말씀하는 하나님의 그 거룩한 사랑을 저속하기 짝없는 육신적인 차원의 사랑으로 끌어내려서 유행가 가사에나 써먹는 형편없는 가수들이다. 진정으로 사랑을 실천하기 원한다면 죄인들을 구령하라. 제아무리 선한 일을 행한다 해도 그것이 죄인들의 혼을 구원하는 일과 무관하다면, 그것은 하나님의 말씀을 짓밟는 일임을 명심해 두라. 아무리 좋은 일이라도 제일 먼저 사람을 살려 놓고 나서야 좋은 일이 좋은 일이 될 수 있는 법이다. 사람은 죽어 가는데 그의 귀에 대고 『**사랑스러운 노래**』나 불러준들 무슨 소용이 있단 말인가?

『**이것이 이루어지리니 (보라, 이일이 이루어지리라.) 그때에 그들은 선지자가 그들 가운데 있는 것을 알게 되리라**』(33절). 선지자를 통하여 경고하셨던 하나님의 모든 말씀들이 실현되고 나서야 그들은 마침내 자기들 안에 진정한 선지자가 있어 하나님의 말씀들을 전해주고 있다는 사실을 알게 될 것이다. 그러나 그때는 이미 늦었을 것이고, 진작 선지자의 입을 통하여 외쳐지던 하나님의 경고들에 귀를 기울이고 받아들일 것을! 하고 크게 후회할 것이다. 이것은 과거나 지금이나 어느 시대에나 마찬가지다. 하나님께서는 어느 시대에나 적절한 방법으로 인간들에게 경고를 발해 오셨고, 하나님의 그러한 경고들은 어김없이 실현돼 왔으며 앞으로도 그럴 것이다. 지금 이 시대의 인류에게 던져지고 있는 경고는 무엇일까? 그것은 오직 한 가지, 주 예수 그리스도를 믿고 그분을 구세주로 영접하여 구원받고 지옥에 가지 않도록 하라는 것, 오직 이것이다. 이를 위해서 예수 그리스도께서는 이미 2천 년 전에 갈보리에서 십자가에 달리셨고 장사지낸 바 되었다가 죽은 자들로부터 다시 살아나셨다. 더 늦기 전에 이것을 알라! 그리고 그분을 당신의 구세주로 영접하라! 그분께서는 다시 오신다. 그분께서 다시 오시면 더 이상 이런 기회는 주어지지 않는다. 지금이 마지막 찬스이다. 그분께서는 속히 오실 것이다!

에스겔 34장

34:1 주의 말씀이 내게 임하여 말씀하시니라.
2 인자야, 이스라엘의 목자들을 대적하여 예언하라. 그들에게 예언하여 말하라.
주 하나님이 목자들에게 이같이 말하노라. 자신들만 먹는 이스라엘의 목자들
에게 화가 있도다! 목자들이 양무리들을 먹여야 하지 아니하냐?
3 너희가 살진 양들을 잡아 기름을 먹고 양털로 옷을 입어도 양무리는 먹이지
아니하는도다.
4 너희가 환자에게 힘을 돋우어 주지 아니하고 병든 자를 치유하지 아니하며 상
한 자를 싸매어 주지 아니하고 쫓겨난 자를 다시 데려오지 아니하며 잃어버린
자를 찾지 아니하였도다. 그 대신 너희가 폭력과 잔인함으로 그들을 다스렸도
다.
5 그들은 목자가 없으므로 흩어졌고 그들이 흩어졌을 때 들의 모든 짐승들에게
먹이가 되었도다.
6 내 양이 모든 산들과 높은 언덕마다 유리하였으며, 정녕 내 양무리가 땅의 모
든 지면에 흩어졌으나 그들을 찾거나 찾아 나선 자가 아무도 없도다.

이제 하나님께서는 이스라엘의 목자들을 "대적하여" 말씀하신다. 왜 그런가? 이 목자들은 "가짜 목자들"이었기 때문이다. 목자의 사명은 양무리를 먹이고 보호하는 것이다. 그런데 그들은 『**자신들만 먹는**』(2절) 목자들이었던 것이다. 요즘으로 치면 『**우**

리 주 예수 그리스도를 **섬기는 것이 아니라 자기들의 배를 섬기는**』 자들이요, 『**정중한 말과 그럴듯한 언변으로 순진한 사람들의 마음을 미혹**』(롬 16:18)하는 가짜 목사들 말이다. 이런 자들은 하나님의 진리의 말씀으로 양무리를 먹이는 자들이 아니다. 당신이 다니는 교회의 목사가 성경에 있지도 않은 말을 함부로 지껄이고 가르치거나, 성경을 왜곡하여 가르치거나, 성경의 어느 한 부분에 대해서만이라도 부정적인 태도를 나타내거나, 아예 성경을 가르치지 않는다면, 당신을 이것만 보고도 그들이 『**자신들의 배를 섬기는**』 가짜 목사들이라고 판단해도 틀림이 없다. 그런 목자들에게서 떠나라.

여기서 『**목자들**』이란 물론 이스라엘 백성의 통치자들을 말한다. 다윗이 왕위에 올랐을 때 이스라엘의 모든 지파는 그를 "백성을 먹이는 자"로 받아들였다(삼하 5:2).

구약에서는 주 하나님께서도 『**목자**』로 불리셨고 장차 오실 주님에 대해서도 『**목자**』라고 불렀다. 『**주는 나의 목자시니, 내가 부족한 것이 없으리로다**』(시 23:1). 『**오 이스라엘의** 목자여, **요셉을 양떼처럼 인도하시는 주여, 귀를 기울이소서. 그룹들 사이에 거하시는 주여, 빛을 비추소서**』(시 80:1). 『**그는 목자처럼 그의 양떼를 먹이실 것이요, 자기 팔로 어린양들을 모아 그의 품에 안으시며 젖먹이와 함께 있는 것들을 유순하게 인도하시리라**』(사 40:11). 『**오 너희 민족들아, 주의 말을 듣고 먼 섬들에서 그것을 선포하여 말하라. 이스라엘을 흩으셨던 이가 그를 모으시고 지키시리니 마치 목자가 양떼에게 하는 것같이 하시리라**』(렘 31:10). 신약에서도 예수 그리스도께서는 주님 자신을 『**목자**』라고 부르셨고, 『**선한 목자**』(요 10:14)라고 말씀하셨다. 또한 베드로전서 5장에서는 교회의 "장로"들에게 "양무리를 치는 자"라고 말한다(벧전 5:1-4). "목사"는 양무리를 이끄는 "목자"요, 주님께서는 "목자장"이시다. 부활하신 예수 그리스도께서 베드로를 바닷가에서 만나셨을 때에도, 『**내 어린양들을 먹이라.**』(요 21:15)라고 말씀하셨다.

『**병든 자를 치유하지 아니하며 상한 자를 싸매어 주지 아니하고...**』(4절) 예수 그리스도께서는 우리의 『**치유**』를 위해 채찍으로 맞으셨고, 우리의 죄악으로 인해 몸소 상하셨다(사 53:5). 주님께서는 또 『**너희 가운데 누가 양 일백 마리를 가졌는데, 그 중 한 마리를 잃었다면 아흔아홉 마리를 광야에 두고 그 잃어버린 양을 찾을 때까지 찾아다니지 아니하겠느냐? 그러다가 그가 그 양을 찾으면 자기 어깨에 메고 기뻐하며**

집에 돌아와서는 친구들과 이웃들을 함께 불러서 말하기를 '내가 잃어버린 양을 찾았으니 나와 함께 기뻐하자.'고 하리라.』(눅 15:4-6)라고 말씀하신다. 이것이 바로 참된 목자의 모습인 것이다.

『**그들은 목자가 없으므로 흩어졌고 그들이 흩어졌을 때 들의 모든 짐승들에게 먹이가 되었도다**』(5절). 목자가 양들을 보살피지 않았으니 양무리는 흩어졌고 짐승들의 밥이 된 것은 당연한 일이었다. 주님께서 초림하셨을 때, 모든 성읍들과 마을들을 돌아다니시면서 회당에서 가르치시고, 왕국 복음을 전파하시며, 또 백성의 모든 질병과 허약함을 고쳐주셨을 때에도 『**주께서 무리를 보시고 그들을 가엾게 여기시니, 이는 그들이 목자 없는 양과 같이 지치고 흩어졌음이라.**』(마 9:36)라고 성경은 적고 있다. 에스겔 당시의 이스라엘의 상황이 바로 이러했은즉, 이스라엘 주변에는 시리아, 앗시리아, 암몬, 모압, 바빌론 등과 같은 『**짐승들**』이 늘 들끓고 있었다.

『**내 양이 모든 산들과 높은 언덕마다 유리하였으며**』(6절). 양들이 뿔뿔이 흩어져 산과 언덕에서 유리하면서 결국 자행한 짓이 우상 숭배였다. 그런데도 치리자들이 양들을 보살피고 이들의 영적 타락을 감독하기는커녕, 오히려 그것을 방조한 자들이 더 많았다.

34:7 그러므로 너희 목자들아, 주의 말을 들으라.
8 주 하나님이 말하노라. 내가 살아 있거니와 분명히 내 양무리가 약탈물이 되었고 내 양무리가 들의 모든 짐승들에게 먹이가 된 것은 목자가 없었음이요, 또 내 목자들이 내 양무리를 찾지도 않고 자신들만 먹고 내 양무리는 먹이지 아니하였기 때문이라.
9 그러므로 오 너희 목자들아, 주의 말을 들으라.
10 주 하나님이 이같이 말하노라. 보라, 내가 목자들을 대적하노라. 내가 내 양무리를 그들의 손에서 찾고 그들이 양무리를 먹이는 것을 그치게 하며 목자들이 더 이상 자신들만 먹지 못하게 하리니 이는 내가 나의 양무리를 그들의 입에서 구해 내서 그들에게 먹이가 되지 못하게 할 것임이라.

하나님께서 단호히 선언하신다. 『**내가 목자들을 대적하노라**』(10절). 2절에서는 목자들에 대해 『**자신들만 먹는**』 자들로 규정했고, 4절에서는 양무리를 전혀 돌보지 않는다고 규정했으며, 5절에서는 양무리를 흩어지게 했고 짐승들에게 먹이가 되게 만든 자들로 단정하더니 6절에서는 양무리가 하나님을 섬기는 대신 우상을 섬기도록 타락시킨 장본인들로 지탄하고 있고, 8절에서는 그럼에도 불구하고 양무리를 찾을 생각도 하지 않는 태만자들로 규정했으며, 드디어 여기 10절에서는 오히려 양무리를 먹이로 삼는 자들로 규탄하고 있다. 목자가 양무리를 지키는 게 아니라 오히려 양무리를 잡아먹는다! 이것이 바로 하나님께서 그들을 대적하노라고 선언하시게 된 배경이다. 하나님께서는 『**내가 나의 양무리를 그들의 입에서 구해 내서 그들에게 먹이가 되지 못하게 할 것임이라.**』(10절)라고 선언하신다. 하나님께서 대적하시는 목자들이라면, 그들은 이미 목자들이 아니다! 이제 하나님께서는 가짜 목자들을 몰아내시고 그들의 『**입에서**』 구해 내시겠다고 말씀하신다. 당신은 어떤 교회에 다니고 있는가? 혹시 당신은 당신이 다니는 교회의 "목자"라는 자의 『**입**』에 물려 있지는 않은가?

34:11 주 하나님이 이같이 말하노라. 보라, 나, 곧 내가 나의 양을 찾을 것이며 또 그들을 찾아내리라.

12 목자가 흩어져 있는 자기 양들 가운데 있는 날에 그가 자기 양무리를 찾아냄 같이 나도 내 양을 찾아내고 그 양들이 흐리고 어두운 날에 흩어졌던 모든 곳에서 그들을 구해 내리라.

13 내가 그들을 그 백성들로부터 데리고 나오고 나라들로부터 그들을 모아서 그들의 본토로 데려와서 강가에 있는 이스라엘의 산들 위에서와 그 나라의 사람이 사는 모든 곳에서 그들을 먹이리라.

14 내가 그들을 좋은 초장에서 먹이고 그들의 우리는 이스라엘의 높은 산들 위에 있으리니, 그들은 거기 좋은 우리에 누울 것이며 그들은 이스라엘 산들 위의 기름진 초장에서 먹으리라.

15 내가 내 양무리를 먹일 것이요, 내가 그들을 눕게 하리라. 주 하나님이 말하노라.

『**나, 곧 내가 나의 양을 찾을 것이며 또 그들을 찾아내리라**』(11절). 하나님께서 몸소 『**나의 양을 찾을 것**』이라고 다짐하신다! 하나님께서는 실제로 양들을 찾으러 이 땅에 몸소 오셨다. 그리고 말씀하셨다. 『**나는 선한 목자라. 선한 목자는 양들을 위하여 자기 생명을 내어 놓으나 삯꾼은 목자가 아니요, 양들도 자기 양들이 아니므로 이리가 오는 것을 보면 양들을 버려 두고 도망치느니라. 그리하여 이리가 양들을 채가고 흩어지게 하느니라... 나는 선한 목자라. 나는 내 양들을 알고 내 양들도 나를 아느니라. 이는 아버지께서 나를 아시는 것같이 나도 아버지를 아는 것과 같으니 나는 양들을 위하여 나의 생명을 내어 놓느니라. 또 나에게 이 양우리에 들지 아니한 다른 양들이 있어 내가 그들도 데려와야 하리니, 그들도 나의 음성을 듣게 되리라. 그리하여 한 양떼에 한 목자만 있으리라**』(요 10:11-16). 선한 목자이신 주 예수 그리스도께서는 정말로 양들을 위하여 목숨을 내어 놓으셨다. 이것은 에스겔 33장의 예언의 성취였다. 그리스도께서 자신이 선한 목자이심을 선언하시면서 『**내 앞에 온 자는 다 도둑들이요 강도들이라.**』(요 10:8)라고 말씀하셨다. 이만하면 에스겔 33:10에서 『**내가 목자들을 대적하노라... 내가 나의 양무리를 그들의 입에서 구해 내서 그들에게 먹이가 되지 못하게 할 것임이라.**』라고 선언하신 이유가 충분히 이해되리라. 누가복음 15장에서는 또 잃어버린 양에 대한 위대한 비유의 말씀을 들려 주신다. 『**너희 가운데 누가 양 일백 마리를 가졌는데, 그 중 한 마리를 잃었다면 아흔아홉 마리를 광야에 두고 그 잃어버린 양을 찾을 때까지 찾아다니지 아니하겠느냐?**』(눅 15:4) 예수 그리스도의 이 말씀은 하나님께서 에스겔 33:11에서 하신 그 다짐의 말씀을 상기시켜 주신 말씀이다. 『**주 하나님이 이같이 말하노라. 보라, 나, 곧 내가 나의 양을 찾을 것이며 또 그들을 찾아내리라**』! 하나님께서 잃은 양을 이처럼 직접 찾아내시는 목적에 대해 예수 그리스도께서는 이렇게 말씀하신다. 『**내가 너희에게 말하노니, 이와 같이 하늘에서는 회개할 필요가 없는 아흔아홉 명의 의인들보다 회개하는 한 사람의 죄인을 더 기뻐하리라**』(눅 15:7).

『**나도 내 양을 찾아내고 그 양들이 흐리고 어두운 날에 흩어졌던 모든 곳에서 그들을 구해 내리라**』(12절). 이 구절에서 『**양들**』이란 물론 문자적으로는 이스라엘을 지칭한다. 이스라엘은 장구한 세월 동안 『**흐리고 어두운 날에 흩어졌던**』 민족이었다. 그러나 1948년 그들은 국가를 회복했다. 『**모든 곳에서 그들을 구해내리라.**』라는 하나님의 예언이 성취된 것이었다. 그러나 이 구절은 궁극적으로는 대환란 끝의 이스라엘의 완전한 회복을 언급하는 재림에 관련한 구절이다.

『**내가 그들을 그 백성들로부터 데리고 나오고 나라들로부터 그들을 모아서 그들의 본토로 데려와서 강가에 있는 이스라엘의 산들 위에서와 그 나라의 사람이 사는 모든 곳에서 그들을 먹이리라**』(13절). 이것은 B.C. 587년에 한 예언이었다. 이 예언이 1948년에 극적으로 성취되었다. 이 극적인 역사적 사건이 무려 2,535년 전에 예언되어 있었던 것이다. 이 예언이 얼마나 정확하게 성취되었는지를 알려면 멀리 갈 것도 없이 에스겔 36장을 보면 된다. 『**그러나 너희 오 이스라엘의 산들아, 너희가 너희 가지들을 내고 너희 열매를 나의 이스라엘 백성에게 내리니 이는 그들이 오는 것이 가까움이라... 내가 너희 위에 사람들을 늘리리니 이스라엘의 온 집, 즉 전체에게라. 성읍들에는 사람이 살게 될 것이요, 폐허에는 집을 짓게 되리라. 내가 너희 위에 사람과 짐승을 늘릴 것이니 그들은 번성하고 소산을 낼 것이라. 내가 너희를 너희의 옛 땅을 따라 정착시키며 너희의 처음보다 너희에게 더 잘해 주리라. 그러면 너희는 내가 주인 줄 알리라**』(겔 36:8-11). 어떤가? 오늘의 이스라엘 국가를 보라. 2,500여 년 전의 이 예언의 말씀 그대로 실현되지 않았는가? 구약에는 여기 말고도 도처에서 이스라엘의 회복에 대한 예언들이 반복되고 있음을 본다. 어디를 보나 이스라엘은 돌아오리라, 유대인들은 본토로 귀환하리라, 흩어졌던 그들은 세계 모든 곳에서 다시 모여들게 되리라는 예언들이 거듭되고 있는 것이다.

이 예언들의 성취는 우리들에게 무엇을 말해 주는가? 이것은 로마카톨릭은 말할 것도 없고 "기독교"를 포함하여 지금까지 정치활동을 일삼아온 모든 종교 집단의 지도자들이 다 거짓말쟁이들이었음을 말해 준다. 가령 로마카톨릭의 교황들이라든가, 마틴 루터 킹이라든가, 랩 브라운 같은 사람들, 서크만 피일, 브레이크, 드갈라, 간디 등등과 모든 국제 카톨릭 운동주의자들은 한결같이 이스라엘의 영원한 종결을 주장했고 "교회"가 이스라엘의 영적 계승자가 되었다고 주장했다. 그들은 유대인들의 본토 귀환을 절대로 믿지 않았고 이스라엘의 국가 재건 가능성에 대해 코웃음을 침으로써 에스겔 선지자를 거짓말쟁이로 만들어 버렸지만, 사실은 그들이야말로 희대의 거짓말쟁이들이었음을 에스겔의 예언 성취가 입증해 주고 있는 것이다. 『**그들에게 말하라. 주 하나님이 이같이 말하노라. 보라, 내가 이스라엘의 자손을 그들이 간 이방 가운데서 빼어 내어 사면에서 그들을 모아서 그들의 본토로 데려와 이스라엘의 산들 위에 있는 땅에서 그들을 한 민족으로 만들 것이니 한 왕이 그들 모두에게 왕이 될 것이요... 그들이 결코 다시는 두 왕국으로 나뉘지 아니하리라**』(겔 37:21,22). 얼마나 기막히게 예언이 성취되었는가! 그런데도 자유주의자들이나 마틴 루터 킹으로 대표되던 미국 남침례교가 루이스빌에서 개최했던 한 세미나에서는 이 에스겔 37:21,22을 어떻게 풀이했는지 아는가? "주 하나님이 이같이 말하노라. 내가 이스라엘의 자손을 그들이 길을 잃고 갔었던 구원받지 못한 자들에게서 빼어 내어 그들을 사면에서 모아 하늘에 있는 그들의 땅으로 데려와 그들을 하나님의 집이요 그리스도의 몸된 교회 안에서 한 민족으로 만들 것이니 한 왕이신 예수 그리스도께서 그들의 왕이 될 것이요, 그들이 다시는 왕국에서 이탈하지 않으리라." 이렇게 어처구니없는 해석을 했던 그들은 바로 그 다음 24절에서 언급하는 명백한 사실마저 사람들의 눈앞에서 슬쩍 피해 가버렸다. 『**내 종 다윗이 그들 위에 왕이 될 것이며...**』라고 언급함으로써 그들의 왕이 예수 그리스도가 아니라 "다윗"임을 명백하게 언명하고 있는데도 그들은 "그리스도께서 그들의 왕이 될 것이요"라고 성경을 제멋대로 뜯어고쳤던 것이다.

『**내가 그들을 좋은 초장에서 먹이고 그들의 우리는 이스라엘의 높은 산들 위에 있으리니, 그들은 거기 좋은 우리에 누울 것이며 그들은 이스라엘 산들 위의 기름진 초장에서 먹으리라**』(14절). 유대인의 "회심"은 아직 이루어지지 않았지만, 이스라엘 국가의 회복을 예언하고 있는 이 구절들은 역사적으로 1948년에 이미 성취되었다. 1917년만 해도 팔레스타인 땅에는 겨우 25,000명의 유대인밖에는 없었던 것이 1922년에는 83,000명으로 증가했고, 1932년에는 180,000명으로 배가되더니 1937년에는 430,000명으로 급증했으며, 1945년에 500,000명, 1955년에는 1백만 명 이상, 그리고 1960년에는 유대인 인구가 2백만 이상으로 증가했고 현재는 거의 4백만 명에 육박하고 있다. 팔레스타인 땅에서 경작된 농작물의 생산량도 1920년에는 겨우 1,800상자의 그레이프프루트가 해외로 수출되었던 것이 1932년에는 150,000상자 이상으로 증가했고, 1924년에서 25년 사이에는 1,131,000갤런의 우유를 생산했던 그들이 1941년에서 42년 사이에는 26,000,000갤런으로 증가했다. 이런 식으로 모든 산업 분야에서 유례를 찾아보기 힘들 정도로 기록적인 발전을 거듭해온 것이 신생 재건 국가 이스라엘이다. 이스라엘은 1948년부터 자체 화폐를 사용하기 시작했는데, 이것은 그들이 A.D. 135년까지 자체 동전을 사용했던 이후 실로 1,800년 만의 일이었다.

『**내가 내 양무리를 먹일 것이요, 내가 그들을 눕게 하리라. 주 하나님이 말하노라**』(15절). 이 구절들은 어떤 점에서는 그리스도의 초림에 관련되고, 또 어떤 점에서는 재림에 관련된다고 말할 수 있다. 에스겔 34:16에서 『**내가 잃어버린 자를 찾을 것이요**』라고 말씀하셨는데, 초림하셨던 그리스도께서 『인자**가 온 것은 잃어버린 자를 구원하려는 것이라.**』(마 18:11)라고 말씀하셨으니까 말이다. 여기서 양무리는 이스라엘을 말한다. 예수 그리스도께서는 이스라엘 집의 잃어버린 양을 찾으셨던 것이다(마 10:6). 그러나 이것은 그분의 초림 때 성취되지 않았다. 유대인들이 자신들의 "왕"이신 메시아 그리스도를 거부하고 말았기 때문이다. 그 결과 하나님의 왕국 건설은 대환란 이후로 연기되었던 것이다. 그래서 이 구절은 재림 때에 주님께서 이스라엘을 회복시키고 인도하시는 것에 적용될 것이다.

34:16 **내가 잃어버린 자를 찾을 것이요, 쫓겨났던 자를 다시 데려오고 상한 자를 싸매 주며 병든 자를 강건케 해 주리라. 그러나 나는 살지고 강한 자를 멸할 것이며 심판으로 그들을 먹이리라.**

17 **너희로 말하자면 오 내 양무리야,** 주 하나님**이 이같이 말하노라. 보라, 내가 송아지와 송아지 사이와 숫양과 숫염소 사이에서 심판하노라.**

18 **좋은 꼴을 먹은 것이 너희에게는 작은 일로 여겨져서 너희는 너희 꼴의 남은 것을 너희 발로 밟아야만 하느냐? 깊은 물을 마신 것이 작은 일로 여겨져서 남은 물을 너희 발로 더럽혀야만 하겠느냐?**

19 **나의 양무리로 말하자면 너희가 너희 발로 밟았던 것을 그들이 먹으며 너희가 너희 발로 더럽혔던 것을 그들이 마시는도다.**

20 **그러므로** 주 하나님**이 그들에게 이같이 말하노라. 보라, 나, 곧 내가 살진 송아지 사이와 여윈 송아지 사이에서 심판하리라.**

『**보라, 내가 송아지와 송아지 사이와 숫양과 숫염소 사이에서 심판하노라**』(17절). 이스라엘의 회복과 함께 이방 민족들에 대한 심판을 강력하게 말씀하신다. 이것은 예수 그리스도께서 이 땅에 오셨을 때도 하신 말씀이었다. 『인자**가 영광 중에 오고, 또 모든 거룩한 천사들이 그와 함께 오면 그때에 그가 그의 영광의 보좌에 앉으리니 그 앞에 모든 민족들을 모아 놓고 마치 목자가 양들을 염소들에서 갈라놓듯이 그들을 따로 갈라놓으리라. 그리하여 양들은 그의 오른편에, 염소들은 그의 왼편에 세워 두고**』(마 25:31-33). 이방 민족들은 예수 그리스도의 재림 시에 양과 염소로 갈라져서

심판받을 것이다. (저자의 마태복음 주석 25:31 부분을 볼 것)

『나의 양무리로 말하자면 너희가 너희 발로 밟았던 것을 그들이 먹으며 너희가 너희 발로 더럽혔던 것을 그들이 마시는도다』(19절). 먹고 남은 찌꺼기나마 그대로 두지 않고 땅바닥에 매대기친 후 **『발로 밟아』** 짓이겨 버린 것을 **『나의 양무리』**가 먹고, 마시고 남은 물을 그냥 놔두지 않고 일부러 더러운 발로 더럽혀 놓은 물을 **『나의 양무리』**가 마셨다고 말씀한다. 하나님께서는 **『푸른 초장에 눕게 하시며 잔잔한 물가로 나를 인도하시는』**(시 23:2) 분이시다. 그분께서는 **『내 앞에 식탁을 마련』**(시 23:5)해 주는 분이시다. 주님께서는 **『와서 먹으라.』**(요 21:12)라고 부르신다. 그리스도인이 먹는 음식이 무엇인가? 하나님의 말씀이다. 이 장면에서 우리는 양들을 먹이시는 목자를 본다. 자신의 몸을 쪼개어 먹여주시는 주님 말이다. 주님께서는 자신의 몸을 쪼개 나누어주시며 이것을 먹고 또 다른 사람에게도 나누어주도록 우리에게 주셨다. 그것이 곧 성경이다. 그런데 사람들은 심술궂게도 그것을 땅바닥에 매대기친 후 발로 짓이겨 놓고 더러운 발로 온통 흙탕을 만들어 놓은 뒤 그걸 다른 사람더러 먹으라고 한다. ASV, RSV, NASV, NIV, <리빙 바이블>, <굳뉴스 바이블>, <앰플리파이드> 등등 모든 쓰레기 역본들이 바로 이런 것들이다. 이런 것들을 우리가 "더럽다"고 말하는 것은 실은 하나님께서 그렇게 표현하셨기 때문이다. 하나님께서는 이런 쓰레기들을 만들어 놓은 자들을 향하여 **『너희 발로 더럽혀야만 하겠느냐?』**라고 힐난하신다.

많은 양들이 이런 쓰레기들을 먹고 오염된 물을 마시는 바람에 병들고 영양실조에 걸려 죽어가고 있다. 한 번은 빌리 그래함이 설교를 하면서 "성경이 말씀하기를..., 성경이 말씀하기를..., 성경이 말씀하기를..."이라는 말을 연발했다. 그는 물론 <킹제임스성경>을 들고 부지런히 인용하고 있었다. 이것은 말하자면, "자, 여기 먹을 게 있으니 받아 먹으라" "자, 여기 물이 있으니 받아 마셔라." 하는 말이다. 여기까지는 아무 문제가 없다. 문제는 설교가 끝난 뒤 누가 그에게 물었을 때 발생했다. "어떤 성경을 읽을까요?" 말하자면, "어떤 음식을 먹을까요?" 하고 물은 셈이다. 그때 빌리 그래함이 내민 음식이 무엇이었는지 아는가? <리빙 바이블>이었다. 그는 자기 손에는 <킹제임스성경>을 들고 있으면서도 다른 사람들에게는 "<리빙 바이블>을 읽으시오."라고 말했다. 그는 쓰레기를 먹으라고 내밀었던 것이다. 그는 악취가 풍기는 썩은 물을 마시라고 내미는 것이었다. 이에 대해 하나님께서 무어라고 말씀하시는가? 하나님의 말씀을 그렇게 함부로 매대기치는 자들을 향하여 『**너희 꼴의 남은 것을 너희 발로 밟아야만 하느냐?**』라고 하나님께서는 힐난하신다. 『**남은 물을 너희 발로 더럽혀야만 하겠느냐?**』 『**너희가 너희 발로 밟았던 것을 그들이 먹으며 너희가 너희 발로 더럽혔던 것**』을 다른 사람이 먹으라고 내미느냐? 이것이 『**너희에게는 작은 일로 여겨**』지느냐? 하나님께서는 그런 자들에게 이렇게 꾸짖고 계신다.

34:21 이는 너희가 옆구리와 어깨로 밀쳐 내고 모든 병든 자를 너희 뿔로 받아 그들을 밖으로 흩어 버릴 때까지 하였음이니

22 그러므로 내가 내 양무리를 구해 내서 그들로 다시는 약탈물이 되지 않게 하리니 그러면 내가 송아지와 송아지 사이에서 심판하리라.

23 내가 한 목자를 그들 위에 세우면 그가 그들을 먹이리니, 곧 나의 종 다윗이라. 그가 그들을 먹일 것이요, 그가 그들의 목자가 되리라.

24 나 주는 그들의 하나님**이 되고 내 종 다윗은 그들 가운데 통치자가 되리라. 나 주가 그것을 말하였노라.**

『**곧 나의 종 다윗이라**』(23절). 하나님께서는 『**나의 종 다윗**』을 이스라엘의 목자로 세우시고 그가 유대인들을 먹이게 하시리라고 말씀하신다. 다윗은 하나님의 『**종**』이고, 이스라엘 가운데 『**통치자**』(a prince)가 될 것이다. 신약에 보면 다윗은 단순한 『**통치자**』가 아니다. 그의 보좌로 말하면 『**야곱의 집안을 영원히 통치할**』 『가장 높으신 분**의** 아들』에게 주어질 만큼 엄청난 권위를 가진 보좌다(눅 1:32,33). 그리스도의 재림을 이야기할 때 성경은 종으로서의 다윗과 통치자로서의 다윗뿐만 아니라, 그리스도께서 다윗의 보좌에 앉으시리라는 말씀을 빼놓지 않는다. 여기서 사람들은 "어떻게 다윗과 그리스도가 함께 한 보좌에 앉아 이스라엘을 다스릴 수 있단 말인가?" 하고 의문을 제기한다. 그러면서 대부분의 사람들이 다윗은 그리스도의 예표일 뿐이고, 에스겔 34:23,24에서 말하는 『**나의 종 다윗**』은 실제로 그리스도를 의미한다고 주장한다. 그래야만 말이 된다는 것인데, 그들은 자기네들 생각만 말이 되고 성경 말씀은 문자적으로만 보면 말이 안 되는 소리를 할 경우가 많다고 믿는다. 그러나 이것은 그들이 잘못 생각한 것이다.

자, 천년왕국 시대의 통치자 중 한 사람은 희생제를 드려야 하는 "죄인"이라는 사실을 내가 성경에서 찾아 보여주겠다. 천년왕국 시대의 통치자 중 한 사람은 "속죄제물"을 드려야 되는데, 예수 그리스도께서 천년왕국 시대에 속죄제물이 되신다는 것은 있을 수 없는 일이다. 이 말은, 희생제물을 드려야 할 책임이 있는 이스라엘의 통치자가 따로 있고, 천년왕국의 왕으로서의 통치자, 즉 주님께서 따로 계신다는 뜻이다.

에스겔 45:17을 주의해서 읽어 보라.

『또 명절들과 새 달들과 안식일들과 이스라엘 집의 모든 정한 절기에 번제물과 음식제물과 술붓는 제물을 드리는 것은 통치자의 몫이 될지니라. 그는 이스라엘 집을 위한 화해를 이루기 위하여 속죄제물과 음식제물과 번제물과 화목제물을 예비할지니라.』 천년왕국 시대 동안 이스라엘의 통치자는 『**이스라엘 집을 위한 화해를 이루기 위하여**』 모든 정한 절기에 각종 희생제물을 예비할 책임이 있다. 이것은 왕국의 왕이신 그리스도께서 하실 몫이 아니라 다른 어떤 『**통치자의 몫**』이다. 이것은 바로 다윗이 해야될 몫이다.

이번에는 에스겔 46장을 보라.

『통치자는 바깥 대문의 현관 길로 들어와서 대문의 문설주 옆에 설 것이요...』(2절) 이 통치자는 대문의 문설주 옆에 서 있어야 한다. 그리스도께서는 다윗의 보좌에 앉아 계신다. 그러니까 천년왕국 시대에 다윗의 보좌는 다윗이 앉아 있을 보좌가 아니다.

『통치자가 안식일에 주께 드리는 번제는 흠 없는 어린양 여섯 마리와 흠 없는 숫양 한 마리니라』(4절). 보라, 분명히 『**통치자**』가 따로 있고 『**주**』께서 따로 계신다. 한 사람은 흠 없는 어린양과 숫양으로 주님께 번제를 드리는 통치자고, 다른 한 사람은 그 번제를 받으시는 통치자다.

『통치자가 들어올 때에는 그 대문의 현관 길로 행할 것이며 그 길로 나갈지니라』(8절). 이 통치자는 대문의 현관 길로 들어가고 나오도록 출입 통로가 정해져 있을 뿐만 아니라 **『통치자는 무리 가운데서 그들이 들어갈 때 들어가고 그들이 나올 때 나올지니라.』**(10절)에서 보듯이 들어가고 나오는 때가 정해져 있다. 아무리 통치자라도 "왕"이신 주님 앞에서는 자기 마음대로 할 수 있는 입장이 아닌 것이다. 다시 말하거니와, 이스라엘을 다스리는 이 통치자는 "왕"께 희생제물을 드려야하는 죄인이다.

이번에는 또 에스겔 44장을 보라.

『그때 주께서 내게 말씀하시더라. 이 대문이 닫히고 다시 열리지 아니하리니 아무

도 그곳을 통해 들어가는 사람이 없으리라. 이는 주 이스라엘의 하나님**이 그곳을 통해 들어갔음이라. 그러므로 그 대문은 닫혀 있으리라**』(2절). 이스라엘의 하나님이신 주님께서는 왕국의 왕으로서 다윗의 보좌에 앉아 계시는데, 그 보좌에 앉기 위해 대문으로 들어가시더니 대문이 닫혀 버린다.

『**그 대문은 통치자를 위한 것이라. 통치자가 그 대문에 앉아서 주 앞에서 빵을 먹으리라. 그가 대문의 현관 길을 통하여 들어가서 같은 길로 나갈 것이니라**』(3절). 이 구절에서도 역시 『**통치자**』는 주 예수 그리스도가 아닌 게 명백하다. 이 『**통치자**』는 『**주 앞에**』 있는 사람이고 『**대문에 앉아서**』 먹는 사람이다.

이상의 구절들을 종합해 볼 때, 천년왕국 기간 동안 이 땅에는 그리스도께서 이 지상에 내려와 계시고 이스라엘의 『**통치자**』가 또한 그분과 함께 있는데, 이 『**통치자**』는 보좌에 앉아 있는 게 아니라 주님의 보좌로 향하는 대문 곁에 앉아 있는 사람이고, 각종 희생제물들에 관계하는 사람이다. 대문 곁에 앉아 있다고 해서 마치 거지 행색이냐 하면 물론 그런 것은 아니다. 열왕기상 9:10을 보라. 『**솔로몬이 두 집, 즉 주의 전과 왕궁 건축하기를 이십 년 만에 마친 후**』라고 언급한다. 천년왕국 시대의 예표인 솔로몬의 통치 기간에 "한 집"이 아니라 『**두 집**』이 건축되는데, 하나는 『**주의 전**』이고 또 하나는 『**왕궁**』이다. 이것은 천년왕국 시대에 "왕"이신 주님께서 다윗의 보좌에 앉아 계실 성전과 "통치자" 다윗이 주님을 섬기며 앉아 있게 될 "대문"을 그림으로 보여 준 것이었다.

이번에는 호세아 3:4,5를 보라. 『**이는 이스라엘 자손들이 많은 날들 동안 왕도 없고 통치자도 없고 희생제도 없고 형상도 없고 에봇도 없고 드라빔도 없이 거하다가 그 후에 이스라엘 자손들이 돌아와서, 주 그들의** 하나님**과 그들의 왕 다윗을 찾아서, 훗날들에 주와 그의 선하심을 두려워할 것임이라.**』 이스라엘 자손들이 많은 날 동안 왕도 없고 통치자도 없이 지내는 기간은 곧 교회 시대를 일컫는다. 『**왕도 없고 통치자도 없고**』와 유사한 어구들에서 "왕과 통치자," "왕과 통치자" 같은 나열 식 표현에 주목하라. 이것은 명백하게 한 사람이 아니라 두 사람을 열거하는 표현이다. 또한 이 구절에서 보듯이 교회 시대 동안에는 이스라엘에 성전이 없기 때문에 희생제도 없다. 그러나 천년왕국 시대가 시작되면 앞서 에스겔 45,46장의 위 몇 구절에서 보았듯이 각종 희생제가 부활된다. 지금은 그들에게 『**왕도 없고 통치자도 없고 희생제도**』 없다. 실로 여러 날들 동안 그래 왔다. 그러나 『**그후에**』, 즉 그리스도께서 재림하실 때, 첫 단계로 이스라엘 자손들이 돌아오고, 두 번째 단계로 "주 그들의 하나님과 그들의 왕 다윗"을 찾게 된다.

자, 그렇다면, 천년왕국 시대에 『**왕**』과 『**통치자**』가 어떻게 다윗의 보좌에 앉는지 차근차근 살펴보자.

첫째, 천년왕국 때 그리스도께서 지상에 오셔서 다윗의 보좌에 앉으신다.

둘째, 천년왕국 때 유대인들이 자신의 땅 팔레스타인으로 돌아온다. 그러나 다윗은 "왕"(king)이 아니라 "통치자"(prince)다. 이 "통치자"는 이스라엘 민족을 대표하는 동시에 이스라엘 집의 화해를 이루기 위한 희생제를 드린다. 이것은 죄를 위한 개인적 피의 속죄가 아니다. 이것은 민족을 위한 민족적 속죄다.

셋째, 천년왕국이 끝나고 새 하늘과 새 땅이 펼쳐지며 하나님께로부터 새 예루살렘이 하늘에서 내려온다(계 21:1,2). 이때 주님께서는 새 예루살렘에 계시게 된다(계 21,22장). 말하자면 왕국 기간 동안 땅 위에 있는 다윗의 보좌에 앉아 계시던 주님께서 그 보좌를 다윗에게 양도하고 자신은 새 예루살렘으로 옮겨가시는 것이다. 이때 이스라엘의 "통치자"였던 다윗은 팔레스타인 땅에서 비로소 이스라엘 집을 다스리는 "왕"이 되어 왕국 기간 동안 주님께서 앉아 계시던 보좌에 앉게 된다. 말하자면 다윗이 땅에서 "왕"이 되어 보좌에 앉는 것은 천년왕국 다음의 영원 시대요, 주님께서 "왕"으로서 땅 위의 다윗의 보좌에 앉아 계셨던 것은 천년왕국 기간이었던 것이다. 영원 시대에서 "새 땅"은 유대인의 몫이고, 교회는 "새 예루살렘"에 있게 된다. 그리고 "새 하늘"은 이방인들의 몫이 된다.

34:25 내가 그들과 화평의 언약을 세우고 악한 짐승들을 그 땅에서 그치게 하리라.
그리하면 그들이 광야에서 안전하게 거하며 수림 가운데서 잠자리라.
26 내가 그들과 내 산 사면에 있는 곳들을 복이 되게 할 것이며 또 내가 때를
따라 소나기를 내리게 하리니 거기에는 복된 소나기가 있게 되리라.
27 들의 나무들은 열매를 맺고 땅은 그 소산을 내리라. 그들은 그들의 땅에서 안
전할 것이니라. 내가 그들의 멍엣줄을 꺾고 그들로 자신들을 섬기게 했던 자
들의 손에서 그들을 구해 낼 때 그들은 내가 주인 줄 알리라.

28 그들이 다시는 이방에게 약탈물이 되지 아니할 것이며 그 땅의 짐승도 그들을 삼키지 아니하리라. 그러나 그들은 안전하게 거하리니 아무도 그들을 두렵게 하지 아니하리라.
29 내가 그들을 위하여 유명한 한 초목을 일으키리니 그들이 다시는 그 땅에서 배고픔으로 소멸되지 아니할 것이요, 더 이상 이방의 수치를 짊어지지 아니할 것이라.
30 그리하여 그들은 나 주 그들의 하나님이 그들과 함께 있는 줄 알 것이며 그들, 즉 이스라엘 집이 나의 백성인 줄 알리라. 주 하나님이 말하노라.
31 내 양무리, 내 초장의 양무리인 너희는 사람들이요, 나는 너희의 하나님이라. 주 하나님이 말하노라.

『**내가 그들과 화평의 언약을 세우고 악한 짐승들을 그 땅에서 그치게 하리라. 그리하면 그들이 광야에서 안전하게 거하며 수림 가운데서 잠자리라**』(25절). 대환란이 끝나고 천년왕국이 시작됨과 동시에 주님께서는 유대인들에게 『**화평의 언약**』을 세우시게 될 것이다. 그리되면 유대인들은 그 무엇으로부터, 그 누구로부터도 여하한 위협도 받지 않고 『**안전하게**』 거하게 될 것이다. 특히 『**수림 가운데서 잠자리라.**』라는 말씀에 주목하라. 하나님께서 아담과 이브를 지으셨을 때 그들에게 집을 지어 주신 게 아니라 동산을 만들어 거기에 살도록 하셨다. 천년왕국 때에도 사람들이 아담과 이브처럼 동산에서 살면서 『**수림 가운데서**』 잠잘 수 있도록 기후도 지금과는 전혀 다르게 바뀔 것이다.

『**내가 그들과 내 산 사면에 있는 곳들을 복이 되게 할 것이며 또 내가 때를 따라 소나기를 내리게 하리니 거기에는 복된 소나기가 있게 되리라**』(26절). 이것은 아름다운 한 편의 노래요 시다. 『**복**』을 따로 주시는 게 아니라 『**사면에 있는 곳들**』 자체가 『**복**』이 된다!

『**들의 나무들은 열매를 맺고 땅은 그 소산을 내리라. 그들은 그들의 땅에서 안전할 것이니라. 내가 그들의 멍엣줄을 꺾고 그들로 자신들을 섬기게 했던 자들의 손에서 그들을 구해 낼 때 그들은 내가 주인 줄 알리라**』(27절). 유대인들은 지금 아직 『**그들의 땅에 안전**』하지 못하다. 안전하기는커녕 한시도 마음을 놓을 수 없을 정도로 불안하기 짝없다. 오죽하면 팔레스타인 지역을 "세계의 화약고"라고 하겠는가! 그러나 천년왕국 시대가 오면 그들은 안전하게 될 것이다.

여기서 잠시 호세아 2장으로 가서 이스라엘이 장차 회복된 뒤의 그들의 땅이 어떤 모습이 될는지 한번 살펴보자. 『**그 날에는 내가 그들을 위하여 들의 짐승들과 하늘의 새들과 땅에 기는 것들과 언약을 세우며, 또 활과 칼을 꺾어 땅에서 전쟁을 없게 하고 그들로 평안하게 눕게 하리라**』(호 2:18). 이른바 "자연의 갱생과 해방"(regeneration and liberation of nature)이라는 것이 바로 이것이다. 이렇게 되면 『**젖 먹는 아이가 독사의 구멍에서 장난하며, 젖뗀 아이가 독사의 굴에 손을**』(사 11:8) 넣어도 독사에게 물리지 않는다.

그런데 문제는 이러한 약속들이 이스라엘이 아니라 교회에 대한 약속들이라고 철없이 주장하는 자들이 있다는 점이다. 어거스틴 이래로 "경건하고 헌신된" 그리스도인 학자들은 이스라엘이 회복되고 난 후 안전하게 거하게 되리라는 하나님의 이 약속들을 훔쳐다가 제멋대로 교회에 적용해 왔다. "적그리스도는 하나님의 성전에 앉되, 유독 예루살렘에 있는 하나님의 성전에만 앉는 게 아니라 모든 교회에 앉아 있게 될 것이다." 이것은 크리소스톰이 한 말이다. "적그리스도는 어느 특정한 성전에만 앉아 있는 게 아니다. 그는 교회가 세운 모든 성전에 앉아 통치하게 될 것이다. 사도는 마귀 경배의 장소로 어느 특정한 성전을 일컫지 않고 다만 하나님의 성전이라고만 말했다." 이것은 어거스틴이 한 말이다. 이들이 한 말은, "적그리스도"라는 말이 적그리스도 한 사람만을 의미하는 게 아니라 그 통치자에게 속한 지체들 모두를 포함한 "적그리스도의 몸" 전체를 의미한다는 것이다. 말하자면 그 통치자에게 가담한 모든 사람들을 한 집단으로 일컫는다는 것이다. 그러나 우리가 성경에서 정확하게 읽는 바로는, 적그리스도가 앉게 될 곳이 "하나님의 성전"으로서의 교회가 절대로 아니다.

『**그들이 다시는 이방에게 약탈물이 되지 아니할 것이며 그 땅의 짐승도 그들을 삼키지 아니하리라. 그러나 그들은 안전하게 거하리니 아무도 그들을 두렵게 하지 아니하리라**』(28절). 이 구절은 명백히 이스라엘에 대한 약속이다. 『**그들**』이 누구인가? 유대인들이다. 유대인들이 『**다시는 이방에게 약탈물이 되지 아니할**』 시대는 천년왕국 시대다.

『**내가 그들을 위하여 유명한 한 초목을 일으키리니 그들이 다시는 그 땅에서 배고픔으로 소멸되지 아니할 것이요, 더 이상 이방의 수치를 짊어지지 아니할 것이라**』(29절). 유대인을 위하여 『**유명한 한 초목**』을 일으키시겠다고 말씀한다. 이 『**한 초목**』이 무엇을 말하는지 얼마나 많은 사람들이 의문을 가졌는지 모른다. 이사야 11장을 펼쳐 보라. 『**이새의 줄기에서 한 막대기가 나며 그의 뿌리들에서 한** 가지**가 자랄 것이라**』(사 11:1). 이스라엘의 『**뿌리들에서**』 나오는 『**한** 가지』라면 그게 누구를 의미하는지 분명하다. 이사야 53장을 보면 이 『**초목**』이 누구를 가리키는지 더욱 분명하고도 직접적으로 언급하고 있다. 『**우리의 전한 것을 누가 믿었으며, 주의 팔이 누구에게 나타났느냐? 이는 그가 그 앞에서 연한 싹 같고 마른 땅에서 나온 뿌리같이 자랄 것이며, 그는 모양도 우아함도 없으시니 우리가 볼 때에 그를 흠모할 아름다움도 없음이라. 그는 사람들에게서 멸시받고 거부되었으며 슬픔의 사람이요 질고에 익숙한 사람이라. 우리가 우리의 얼굴을 그로부터 숨긴 것같이 그는 멸시받았고 우리는 그를 존중하지 아니하였도다**』(사 53:1-3). 그리고 4절, 5절, 6절, 계속해서 맨 마지막 12절까지 예수 그리스도의 대속에 대해 언급하고 있다. 따라서 에스겔 34:29에서 언급되는 『**초목**』이란 이사야 11장이나 53장에서 언급하는 『**한 싹**』, 『**한** 가지』, 『**연한 싹**』, 즉 예수 그리스도를 지칭한다.

『**그리하여 그들은 나 주 그들의** 하나님**이 그들과 함께 있는 줄 알 것이며 그들, 즉 이스라엘 집이 나의 백성인 줄 알리라. 주 하나님이 말하노라**』(30절). 에스겔 34장이 마무리되면서 이 장에서 언급되는 예언들이 모두 『**이스라엘 집**』을 향한 하나님의 약속들임을 더욱 분명히 하고 있다.

에스겔 35장

35:1 **또 주의 말씀이 내게 임하여 말씀하시니라.**
2 **인자야, 네 얼굴을 세일 산에 대적하여 두고 그것에 대하여 예언하여**
3 **그것에게 말하라. 주 하나님이 이같이 말하노라. 보라, 오 세일 산아, 내가 너를**
대적하노라. 내가 너를 향하여 내 손을 펴서 너를 심히 황폐하게 하리라.
4 **내가 네 성읍들을 삭막하게 하리니 네가 황폐하게 될 것이요, 그러면 너는 내**
가 주인 줄 알리니
5 **이는 네가 영속하는 증오를 가졌고 그들의 재난의 때에 그들의 죄악이 마지막**
에 이르렀을 때에 칼의 힘으로 이스라엘 자손의 피를 흘렸기 때문이라.

『**인자야, 네 얼굴을 세일 산에 대적하여 두고 그것에 대하여 예언하여**』(2절). 세일 산은 남부 팔레스타인 중에서도 사해 남쪽에 위치한 산이다. 원래 사해 남쪽 산간 지역을 "세일"이라 불렀다. 신명기 2장에서 모세가 이스라엘 백성을 이끌고 『**홍해 길을 따라 광야로 들어가서 우리가 여러 날 동안**』(신 2:1) 세일 산을 돌았더니 하나님께서 북쪽으로 돌이킬 것을 명하시면서 『**너희가 세일에 거하는 너희의 형제 에서의 자손의 지경을 통과**』(신 2:4) 하더라도 그들과 다투지 않도록 조심하라고 말씀하셨고, 그 이유로 『**내가 에서에게 세일 산을 소유로 주었음이니라.**』(신 2:5)라고 말씀하신다. 그래서 에서는 『**세일 산에 있는 에돔인의 조상**』(창 36:9)이라고 성경은 기록하고 있다. 에서의 자손들이 세일을 정복하고 거기에 정착하기 이전에는 호리인(Horims)들도 이 지역에 거주하였었다고 성경은 또한 전하고 있다(신 2:12).

하나님께서는 이 『**세일 산에 대적하여**』 예언하라고 에스겔에게 명하신다. 말하자면, 세일 지역의 에돔인들에게 문제가 있다는 말씀이다. 그리고 그 이유가 5절에서 설명된다.

『**이는 네가 영속하는 증오를 가졌고 그들의 재난의 때에 그들의 죄악이 마지막에 이르렀을 때에 칼의 힘으로 이스라엘 자손의 피를 흘렸기 때문이라**』(5절). 하나님께서 세일 산을 대적하시는 이유는, 에돔이 이스라엘의 『**죄악이 마지막에 이르렀을 때**』에 이스라엘 자손을 박해했기 때문이다. 세일 땅의 에돔인들이 언제 이스라엘 자손들을 못살게 굴었던가?

이스라엘의 『**죄악이 마지막에 이르렀을 때**』란 유대인들의 죄악이 거두어져서 그 죄가 종결되는 때를 말한다. 그들의 죄악이 종결되자면 하나님의 용서가 있지 않으면 절대로 안 된다. 그러니까 이스라엘의 『**죄악이 마지막에 이르렀을 때**』는 아직까지 실현된 바 없는 미래의 일이다. 그 때는 아직 오지 않았다는 얘기다. 성경 말씀에 따르면, 유대인들의 『**죄악이 마지막**』에 이르게 되는 때는 대환란 끝에 가서야 비로소 가능하다. 그러나 이와 관련하여 무엇보다도 중요한 점은 그게 언제가 되었건, 유대인의 죄가 하나님의 용서하심으로 종결되는 때가 있으리라는 사실이다. 우리는 여기에 주목해야 한다.

이 지상에 대환란이 닥치면 유대인들은 시내산 광야로 도망쳐 일천이백육십 일 동안 거기서 피난생활을 하게 되는데, 이 광야가 바로 사해 남쪽에 있는 세일 지역이다. 이 광야에는 이스라엘을 『**일천이백육십 일 동안 부양하려고** 하나님**께서 그녀를 위하여 마련해 놓으신 곳**』(계 12:6)이 있는데, 에돔인들이 유대인들을 죽이려고 덤벼올 때, 하나님께서는 유대인들을 에돔 땅 페트라에 데려다가 부양하시게 될 것이다. 지금 에스겔 선지자를 통하여 하나님께서 세일산에 대적하여 호령을 하시면서 『**내가 네 성읍들을 삭막하게 하리니 네가 황폐하게 될 것**』(4절)이라고 경고를 보내시는 이유로 『**그들의 재난의 때에 그들의 죄악이 마지막에 이르렀을 때에 칼의 힘으로 이스라엘 자손의 피를 흘렸기 때문이라**』(5절)고 말씀하시는 까닭이 바로 여기에 있다. 대환란 끝 무렵에 이르러 유대인들의 피를 흘린 대가로 세일 지역의 에돔인들은 그 땅과 함께 황폐케 되는 반면에 유대인들은 하나님의 용서를 받아 그 죄악이 마지막 날들에 이르러 종결될 것이다. 하나님께서는 이에 대해 이사야 선지자를 통해서도 거듭 말씀하신다. 『**너희는 위로하라. 너희는 내 백성을 위로하라. 너희의** 하나님**이 말하노라. 너희는 예루살렘에 다정하게 말하며 그녀에게 부르짖으라. 그녀의 싸움이 다 되었고, 그녀의 죄악이 용서받았나니 이는 그녀가 그녀의 모든 죄에 대하여 주의 손에서 배로 받았음이라**』(사 40:1,2). 이 구절과 관련하여 흥미로운 사실이 한 가지 있는데, 대환란이 끝나는 시점이 성경에서 창세기 39장과 40장 사이, 예레미야 39장과 40장 사이, 에스겔 39장과 40장 사이, 그리고 이 구절에서처럼 이사야 39장과 40장 사이라는 사실이다. 뿐만 아니라 시편에서도 하필이면 39편과 40편 사이에 대환란이 끝나는 시점이 다루어지고 있다. 이런 사실들이 단순히 우연의 일치라고 볼 수만은 없기 때문에 이 점은 앞으로도 관심을 갖고 연구해볼 만한 대목이라고 생각한다. 성경을 읽다 보면 종종 이처럼 뜻하지 않게 흥미로운 대목들이 발견되곤 하는데, 그럴 때마다 무심히 넘겨 버릴 게 아니라 반드시 메모를 해두었다가 기회가 있을 때 한번 깊이 연구해 보는 게 좋다.

35:6 주 **하나님이 말하노라. 그러므로 내가 살아 있는 한, 너를 피에 예비하리니 피가 너를 좇으리라. 네가 피를 미워하지 아니하였으니 피가 너를 좇으리라.**
7 **내가 세일 산을 심히 황폐하게 만들고 거기에서 나가는 자와 들어오는 자를 끊으리라.**
8 **내가 그의 산들을 그의 살해된 자들로 채우리니 네 언덕들과 네 골짜기들과 네 모든 강들에 칼로 살해된 자들이 쓰러지리라.**
9 **내가 너를 영속적으로 황폐케 하리니 네 성읍들이 회복되지 못하리라. 너희는 내가 주인 줄 알리라.**

하나님께서는 세일산을 돌보지 않으신다. 오바댜를 보자. 성경 66권 중에서 책 한 권 전체를 한 민족을 대적하는 것으로 가득 채워 놓은 책이 있다면, 그것은 바로 오바댜이다. 오바댜는 비록 1장 21절로 되어 있는 아주 짤막한 책이지만, 이 역시 하나님께서 쓰신 엄연한 한 권의 책이다. 성경은 하나님께서 『**야곱은 사랑하였고, 에서는 미워**』하셨노라고 말씀한다(말 1:2,3, 롬 9:13). 하나님께서 이 지구상에서 아무짝에도 쓸모가 없다고 여기시는 민족이 딱 하나 있는데, 그것이 바로 세일 지역에 사는 에돔인들이다. 이들은 하나님께서 금하셨음에도 불구하고 이방 민족 힛(Hittites)인들과 혼인하여 혼혈 자손을 낳은 민족이다.

『**오바다의 환상이라.** 주 **하나님께서 에돔에 관하여 이같이 말씀하시나니 우리가 주로부터 온 한 소식을 들은 것이며, 한 대사가 이방 가운데 보냄을 받아 "너희는 일어나라. 우리가 그녀를 대적하여 일어나 싸우자." 하는 것이라**』(옵 1:1). 하나님께서 에돔(세일)에 관하여 오바댜에게 환상을 통해 한 소식을 넌지시 전해주시는데, 그 내용인즉, 어떤 이방 나라가 에돔에 대사를 파견해 올 것이고, 그 대사를 통하여 자기네와 함께 이스라엘에 대적해 전쟁을 일으키자고 제안해 오리라는 것이었다. 이 구절에서 그 이방 나라가 어떤 나라인지는 밝히고 있지 않지만, 아무튼 이방의 어떤 나라가 "키신저"를 에돔에 파견하여 이스라엘에 대적하여 싸움을 일으키자고 선동하리라는 것이다.

『**보라, 내가 너를 이방 가운데 작게 만들었더니 네가 크게 멸시를 받는도다**』(옵 1:2). 그리고 3절, 4절, 5절, 6절, 7절, 8절, 9절까지 에돔에 대한 하나님의 심판이 계속 이어진다.

『...**거기서 내가 너를 끌어내리리라**』(옵 1:4).

『...**도둑들이 네게 오고 강도들이 밤에 네게 온다면(네가 어찌 그리 끊어졌는고!) 그들이 충분할 때까지 도둑질을 하지 않겠느냐?**』(옵 1:5).

『...**에서의 산에 있는 모든 자는 끝까지 살육을 당하여 끊어지리라**』(옵 1:9).

"세일 산," 또는 "에서의 산"이라고 불리는 에돔인은 이처럼 하나님의 심판으로 끝까지 살육을 당하여 끊어지리라는 것이다. 그 이유가 무엇인가? 10절을 계속 보라. 『**네 형제 야곱을 대적한 네 폭력**』 때문이라는 것이다. 이것 때문에 에돔은 『**수치가 너를 덮으리니 네가 영원히 끊어지리라.**』라는 것이다.

성경에 의하면 대환란이 끝나고 천년왕국 시대가 열리면서 어딘가에 『**유황으로 불타오르는 불못**』(계 19:20)이 영원히 있게 되는데, 그 불못의 위치가 바로 이 에돔인의 땅 세일산이다. 에돔인들이 도대체 무슨 잘못을 저지르게 되는가? 11절을 보라. 『**네가 저쪽 편에 섰던 날, 곧 타국인들이 그의 군대를 사로잡아가고 외국인들이 그의 성문으로 들어가서 예루살렘을 놓고 제비를 뽑았던 그날에 너도 그들 중에 하나 같았느니라.**』 에돔인들은 적그리스도의 편에 서서 유대인들에게 대적하게 될 것이다. 언제 말인가? 대환란 때 말이다. 그래서 에돔인들에 대한 하나님의 통렬한 질책이 12절, 13절, 14절에 계속 이어진다. 『**그러나 너는 네 형제의 날, 곧 그가 타국인이 되던 날에 방관하지 말았어야 했고 너는 유다 자손이 멸망하던 날에 그들을 기뻐하지도 말**

았어야 했으며 고난의 날에 너는 오만하게 말하지도 말았어야 했느니라.』(오 1:12). 『**형제의 날**』, 『**그가 타국인이 되던 날**』, 『**유다 자손이 멸망하던 날**』, 『**고난의 날**』, 말하자면 "야곱의 고난의 때," 즉 대환란 기간 동안 유대인들이 말할 수 없는 고통을 받고 있는데도 에돔인들은 『**방관**』하고, 『**기뻐**』하고, 『**오만하게**』 말할 것인데, 그들은 그러지 말았어야 했다는 것이다. 뿐만 아니라 이들은 유대인들을 공격하여 『**내 백성의 성문으로**』 쳐들어갈 것이고, 『**그들의 재물에 손을**』 댈 것이며(13절), 도피하는 이스라엘 사람들을 『**차단**』하고, 남아 있던 유대인들을 적그리스도의 군대에 『**넘겨**』주게 될 것이다(14절). 이만하면 에돔이 하나님의 심판으로 영원히 끊어지게 되는 무시무시한 형벌을 받아 마땅하다는 게 충분히 이해가 갈 것이다.

그런데 이런 일들은 모두 장래에 있을 일들이다. 성경은 역사책이되, 여느 역사책과는 달리 과거의 역사뿐만 아니라 현재의 역사, 그리고 미래의 역사까지도 미리 기록해 놓은 아주 특이한 역사책이다. 에돔인들이 "~하지 말았어야" 했고, "~하지 말았어야" 했으며, "~하지 말았어야" 했는데, 이처럼 에돔인들이 "~하지 말았어야" 했던 것들이 모두 과거시제로 되어 있다. 그렇다면, 과거 언제 그러지 "말았어야" 했단 말인가? 에돔인들이 과거에 유대인들을 이토록 못살게 군 적은 없지 않은가? 그렇다. 이것은 과거가 아니라 미래에 그러지 말았어야 했다는 것이다. 이상하게 들리는가? 성경이 예언의 책이라는 사실을 분명히 이해하고 있다면 당신은 이것이 조금도 이상하게 여겨지지 않을 것이다. 성경이 예언하고 있는 사실들은 반드시 성취될 필연적인 미래의 일들이기 때문에 하나님께서는 얼마든지 미래의 역사를 미리 쓰실 수가 있다. 성경은 정말 대단한 책이다! 이 세상에 성경 말고는 그 어떤 책도 이렇게 말할 수가 없다!

35:10 네가 말하기를 "이 두 민족과 이 두 나라는 내 것이 되리니 우리가 그것을 차지하리라." 하였도다. 그러나 주가 거기 있었느니라.

11 그러므로 주 하나님이 말하노라. 내가 살아 있는 한, 네가 네 증오를 그들에게 행사하였던 바, 너의 분노와 너의 시기에 따라 내가 행하리니 내가 너를 심판할 때에 그들 가운데서 나 자신을 알게 하리라.

12 너는 내가 주인 줄 알 것이요, 네가 이스라엘의 산들을 대적해서 고하여 말하기를 "그 산들이 황폐하여 버려졌고 그들은 우리에게 주어져 소멸되리라." 한

네 모든 모독하는 말들을 내가 들었다는 것도 *네가 알리라.*

13 **너희 입으로 너희가 나를 거역하여 뽐내었고 나를 거역하여 너희의 말을 많이 하였으니 내가 그 말들을 들었도다.**

14 **주 하나님이 이같이 말하노라. 온 땅이 즐거워할 때 내가 너를 황폐하게 하리라.**

15 **이스라엘 집의 유업이 황폐하게 됨으로 인하여 네가 기뻐한 것같이 내가 너에게 그리하리니 오 너 세일 산과 온 이두메와 그 모든 것들아, 네가 황폐케 되리라. 그러면 그들이 내가 주인 줄 알리라.**

10절에서 15절까지 에돔에 대한 하나님의 심판이 집요하게 이어지고 있다. 에스겔 선지자의 입을 통한 심판의 예언은 그 이유에 대한 상세한 설명을 곁들이고 있는데, 뭐니 뭐니 해도 그 가장 큰 이유가 그들이 하나님의 존재를 무시한 데 있었음을 알 수 있다. 각 구절마다 끝에 가서 『**그러나 주가 거기 있었느니라**』(10절), 『**나 자신을 알게 하리라**』(11절), 『**네 모든 모독하는 말들을 내가 들었다는 것도 *네가 알리라***』(12절), 『**내가 그 말들을 들었도다**』(13절), 『**그러면 그들이 내가 주인 줄 알리라.**』(15절) 등과 같이 하나님 자신의 존재를 강력하게 시사하고 있다는 사실로 이것을 알 수 있다. 그들이 주 하나님께서 거기 계시다는 것을 안다면, 그들이 주 하나님을 진정코 안다면, 그분께서 다 들으셨고 지금도 듣고 계시다는 것을 그들이 정말로 마음에 되새긴다면, 대환란 기간 중 감히 유대인들을 괴롭히지 않을 것이요, 따라서 하나님의 가혹한 심판도 모면할 수 있겠지만, 그들은 하나님의 존재를 가볍게 생각하고 그분을 우습게 여기는 바람에 하나님의 무서운 심판을 자초하게 되는 것이다. 하나님께서는 그들이 이럴 줄을 미리부터 잘 알고 계시기에 미래의 역사를 기정 사실처럼 서술하고 계신 것이다.

에스겔 36장

**36:1 너 인자야, 또한 이스라엘의 산들에게 예언하여 말하라. 너희 이스라엘의 산들
아, 주의 말을 들으라.**
**2 주 하나님이 이같이 말하노라. 적이 너희를 대항하여 말하기를 "아하, 옛 산당
들까지도 우리의 소유가 되었도다." 하였느니라.**
**3 그러므로 너는 예언하여 말하라. 주 하나님이 이같이 말하노라. 그들이 너희를
황폐케 하고 사방에서 너희를 삼켰으니 이는 너희로 이방의 잔류자에게 소유
가 되게 하여 너희로 말쟁이들의 입술에 올려지고 백성들의 치욕이 되게 하였
음이라.**
**4 그러므로 너희 이스라엘의 산들아, 주 하나님의 말을 들으라. 주 하나님이 산들
과 작은 산들과 강들과 골짜기들과 황폐한 폐허와 사면에 있는 이방의 잔류자
에게 약탈물과 조롱거리가 되어 버려진 성읍들에게 이같이 말하노라.**
**5 그러므로 주 하나님이 이같이 말하노라. 내가 내 질투의 불로 이방의 잔류자와
온 이두메에게 확실히 말하였나니 그들은 온통 그들 마음의 기쁨과 멸시하는
마음으로 내 땅을 그들의 소유로 정하여 약탈물로 삼기 위해 내던졌도다.**

35장에서 세일산에 대해 말씀하셨다면, 36장에서는 이스라엘의 산들에게 말씀하신다. 대환란 기간 중 이스라엘을 괴롭히게 될 에돔인들에 대한 하나님의 심판이라면, 그들에게 고통받는 이스라엘에 대한 회복을 예언한다는 것은 짐작하기 어렵지 않다.

하나님께서는 먼저 유대인들을 괴롭힌 자들에 대한 복수에 대해 말씀하심으로써 유대인들에게 위로가 되게 하시는데, 그에 앞서 2절에서 5절까지 에돔에 대한 복수의 이유를 먼저 낱낱이 밝혀 주신다.

『**"아하, 옛 산당들까지도 우리의 소유가 되었도다."**』(2절) 에돔인들이 유대인들에게 야유까지 하면서 괴롭히는 것은『**옛 산당들**』에 대해서다. 유대인들은 하나님을 저버리고 우상들을 섬기고 산당들을 지음으로써 하나님의 진노를 샀다. 대환란을 거치기까지 하면서 유대인들이 고난을 겪게 된 이유가 실은 여기에 있었다. 에돔인들은 유대인들이 "하나님의 백성"이라는 사실에 대해 시기하고 있다. 하나님의 백성이라는 너희도 산당들을 짓고 우상을 섬긴 것을 보니 너희들의 하나님도 별 수 없는 분이로구나 하면서 그들은 간접적으로 하나님에게까지 야유를 보내고 있는 것이다. 그러면서, 어쨌거나 그 모두가 우리 손에 들어온 것을 보니 하나님께서 너희를 지키신다는 것은 헛말이었구나 하고 또 비웃고 있는 것이다.

『**그들이 너희를 황폐케 하고 사방에 있는 너희를 삼켰으니 이는 너희로 이방의 잔류자에게 소유가 되게 하여 너희로 말쟁이들의 입술에 올려지고 백성들의 치욕이 되게 하였음이라**』(3절). 대환란 때 에돔인들은 적그리스도의 군대에 협력하면서 이스라엘에 공격해와서는 유대인들을 괴롭히고 이방인들의 손에 넘겨주며 유대인들에 대하여 갖은 험담을 퍼뜨림으로써 이스라엘에 대한 치욕이 가중되게 할 것이다. 이런 모든 것들이 하나님께는 가증한 죄가 되어 그들 스스로가 하나님의 무서운 심판을 더욱 자초하게 된다.

『**내가 내 질투의 불로 이방의 잔류자와 온 이두메에게 확실히 말하였나니 그들은 온통 그들의 마음의 기쁨과 멸시하는 마음으로 내 땅을 그들의 소유로 정하여 약탈물로 삼기 위해 내던졌도다**』(5절). 이두메(Idumea)란 에돔, 즉 세일산을 일컫는데, 이 지역의 원주민은 세일(Seir)의 손자 호리(Hori)에서 기원한 호리인들이었지만, 후에 에서의 자손들이 이 지역을 점령했다. 따라서 5절에서『**이방의 잔류자와 이두메**』란 바로 호리인들과 에돔인들을 일컫는 것이다. 이들은 유대인들을 멸시하였고, 유대인들이 고난에 처한 것을 보고 기뻐하였으며, 그 기회를 틈타 유대인들의 땅을 유린하였다. 이것을 하나님께서는 응징하실 것이고, 이 응징 사실을 그들에게도『**확실히 말**

하였나니』라고 밝혀 주신다. 하나님께서는 지금 『**조롱거리가 되어 버려진**』 유대인들에게 위로의 말씀을 해 주고 계신 것이다.

36:6 그러므로 이스라엘 땅에 관하여 예언하고 산들과 작은 산들과 강들과 골짜기들에게 말하라. 주 하나님이 이같이 말하노라. 보라, 내가 내 질투와 분노로 말하였나니 이는 너희가 이방의 수치를 당하였음이라.

7 그러므로 주 하나님이 이같이 말하노라. 내가 내 손을 들어올렸으니 너희 사면에 있는 이방이 정녕 그들의 수치를 당하리라.

이번에는 하나님께서 에스겔에게 『**이스라엘 땅에 관하여**』 예언하되 그것을 『**산들과 강들과 골짜기들에게**』, 즉 이스라엘 땅에게 예언하여 말하도록 명하신다. 이스라엘 땅이 『**이방의 수치를**』 당하였기 때문에 이스라엘에게 수치를 준 세일산을 향하여 35장에서 하나님의 『**질투와 분노로**』 심판을 예고했노라고 먼저 일러주시는 것도 잊지 않으신다. 7절에서 『**내가 내 손을 들어올렸으니**』라는 말은, 하나님께서 세일의 이방 민족에 대하여 틀림없이 심판하실 것을 "서약"하시는 것이다.

36:8 그러나 너희 오 이스라엘의 산들아, 너희가 너희 가지들을 내고 너희 열매를 나의 이스라엘 백성에게 내리니 이는 그들이 오는 것이 가까움이라.

9 보라, 이는 내가 너희를 위하여 너희에게로 돌이키리니 너희가 밭을 갈고 씨를 뿌릴 것임이라.

10 내가 너희 위에 사람들을 늘리리니 이스라엘의 온 집, 즉 전체에게라. 성읍들에는 사람이 살게 될 것이요, 폐허에는 집을 짓게 되리라.

11 내가 너희 위에 사람과 짐승을 늘릴 것이니 그들은 번성하고 소산을 낼 것이라. 내가 너희를 너희의 옛 땅을 따라 정착시키며 너희의 처음보다 너희에게 더 잘해 주리라. 그러면 너희는 내가 주인 줄 알리라.

『**그러나 너희 오 이스라엘의 산들아, 너희가 너희 가지들을 내고 너희 열매를 나의 이스라엘 백성에게 내리니 이는 그들이 오는 것이 가까움이라**』(8절). 이 비유적인 표현은 유대인들이 팔레스타인으로 귀환할 때가 가까웠음을 나타내고 있는 것이다. 실제로 1910년부터 1912년, 1914년을 거쳐 유대인들의 팔레스타인 귀환 조짐들이 나타나기 시작하더니 1917년의 밸푸어 선언이 있었고, 1948년에는 드디어 이스라엘 건국이 선포되었다.

『**보라, 이는 내가 너희를 위하여 너희에게로 돌이키리니 너희가 밭을 갈고 씨를 뿌릴 것임이라**』(9절). 팔레스타인 땅으로 귀환한 유대인들이 회복한 땅으로 들어와 흙을 일구어 밭을 갈고 씨를 뿌림으로써 황무지가 푸른 농장지대로 바뀐 게 이미 역사적 현실로 나타났다.

『**내가 너희 위에 사람들을 늘리리니 이스라엘의 온 집, 즉 전체에게라. 성읍들에는 사람이 살게 될 것이요, 폐허에는 집을 짓게 되리라**』(10절). 세계 도처에 뿔뿔이 흩어졌던 유대인들이 팔레스타인 땅으로 귀환하여 국가를 재건하고 폐허 위에 집을 짓고 황무지를 일구어 옥토로 바꾼 이야기는 사실 20세기의 가장 극적인 역사적 사실인데, 이 사건을 다룬 기록들이 수없이 많다. 유대인들은 오랜 세월 동안 세계 도처에 뿔뿔이 흩어져 살고 있으면서도 언젠가는 자신들의 옛 땅으로 귀환하여 국가를 재건하고 자신들의 메시아를 맞이하리라는 생각을 한시도 잊은 적이 없었다. 일찍이 1878년에 벌써 "알리야"라고 알려진 소수의 유대인 개척 농부들이 팔레스타인 땅으로 들어가 키부츠를 형성하였고 1882년 동유럽에 분산되어 있던 유대인들이 이에 합류함으로써 키부츠를 더욱 확대하기 시작하였으며 유대 민족의 규합과 이스라엘 국가 재건의 기초를 닦기 시작하였다. 1878년과 1882년에 이스라엘 민족이 팔레스타인 땅으로 귀환하여 국가를 재건하게 될 조짐을 보이기 시작한 이러한 사건들은 한편으로는 교회 시대의 종말이 가까워졌음을 알리는 중대한 표적들 가운데 일부였다. 1860년에서 1900년에 이르기까지 일어난 몇 번의 전쟁들이라든가, 노예해방 관련 입법이라든가, 여성의 선거권 인정이라든가, 유대인들의 귀환 같은 사건들이 모두 교회 시대의 종말을 알리는 표적들이고 그 전조들이었던 것이다. 세계 도처에 분산되어 있던 유대인들 사이에 "이제 순례는 끝났다. 고향으로 돌아가자!"는 분위기가 점차 무르익어 가다가 마침내 1887년 오스트리아의 테오도르 헤르츨이 스위스의 바젤에서 시오니스트 대회를 개최함으로써 시오니즘에 불을 붙이게 되었고, 팔레스타인 땅에 대한 유대인들의 소유권 주장을 옹호하는 움직임이 점차 보이기 시작하였다.

1914년 제1차 세계대전이 발발하였을 당시 이스라엘에는 이미 85,000명의 유대인들이 정착해 있었다. 1917년 영국이 당시 중동에서의 영국군 작전기지 역할을 맡고 있던 팔레스타인 땅을 지키기 위하여 전 세계 유대인의 협력을 얻고자 밸푸어선언을 발표하고 전후 유대인의 팔레스타인 이주와 이스라엘의 민족적 국가 건설을 허락한다고 약속하였다.

1918년 팔레스타인은 영국의 군정하에 놓여 있었고, 1920년에는 영국의 위임 통치하에 놓이더니, 1922년 7월 24일 영국 의회는 1917년의 밸푸어선언의 후속 조치로 팔레스타인에 대한 유대인들의 역사적 소유권을 인정하는 법률을 입법하기에 이르렀다. 1947년 영국은 이스라엘 문제를 UN에 상정하였고 그 해 11월 팔레스타인에 유대와 아랍의 개별 국가를 건설하여 예루살렘을 국제 관리하에 두도록 하는 영국의 분할 안을 채택하게 되었다. 1948년 당시 팔레스타인의 유대인 공동체 총 인구는 650,000명이었다. 1948년 5월 14일 영국의 위임 통치가 끝나고 영국군의 철수 완료와 함께 유대 국가 건국 위원회 의장 벤 구리온이 텔아비브에서 이스라엘 건국을 선언하였다. 이와 함께 이스라엘은 즉시 주변을 둘러싼 아랍국가들과의 생존을 위한 투쟁을 시작하지 않으면 안 되게 되었지만, 구 예루살렘을 수복하려는 그들의 오랜 숙원은 쉽게 이룩되지 못하고 있다가 1967년 중동전쟁으로 옛 예루살렘의 요르단령을 비롯하여 요르단, 시리아, 이집트 등 인접 아랍 여러 나라 영토를 점령함으로써 한때 국토를 3배로까지 늘리기도 했다. 고대 솔로몬왕 통치 시절 팔레스타인 남쪽 팀나의 구리 광산지역에 사람들을 이주시킨 바 있었는데, 이들은 그후로도 거기에 영구히 정착하게 되었다. 이 지방은 훗날 예멘이라는 아랍 국가가 되었다. 유대인들이 이 지방에 정착한 지 3천 년이라는 오랜 세월이 흘렀지만, 약 49,000명의 유대인들이 독자성을 유지하며 그곳에 살고 있었다. 그곳에 예멘이라는 아랍국이 건설되자 49,000명의 유대인 전체를 항공편을 이용하여 5년 동안에 걸쳐 이스라엘로 이주시킴으로써 오늘날 예멘에는 단 한 사람의 유대인도 잔존하지 않게 되었다. 말이 그렇지 3천 년 동안 뿌리를 내리고 살아왔던 유대인 49,000명 전체를 5년 이내에 완전히 다시 고향 땅으로 이주시켰다는 것이 어디 간단한 일인가? 그러나 그들은 이런 엄청난 일도 너끈히 해낼 수 있었는데, 이 모두가 유대 민족이 팔레스타인 땅을 회복하게 되는 극적인 사건들의 일환이었다.

『내가 너희 위에 사람과 짐승을 늘릴 것이니 그들은 번성하고 소산을 낼 것이라.

내가 너희를 너희의 옛 땅을 따라 정착시키며 너희의 처음보다 너희에게 더 잘해 주리라. 그러면 너희는 내가 주인 줄 알리라』(11절). 구약에서 『**처음보다... 더 잘해 주리라.**』라는 말씀과 유사한 장면이 바로 욥기에서 발견된다. 사실 알고 보면 욥기는 이스라엘의 회복을 보여 주는 그림이다. 성경을 성경으로 해석할 수 있는 것은 성경이 이런 식으로 장래의 일들을 모형과 그림으로 미리 보여 주고 있는 책이기 때문이다. 욥기는 성경의 여러 책들 가운데서 참 이상한 일들이 가장 많이 기록돼 있는 책이다. 가령 욥은 사탄에게 모진 박해를 받아 모든 재산을 날려버려야 했고 모든 자식들을 일시에 잃어야 했으며, 그 자신은 온몸에 불치의 종기를 앓게 되었다. 하나님께서 후에 모든 것들을 회복해 주시고 그의 질병도 치료해 주셨는데, 하나님께서 욥을 치료해 주시겠다든지, 또는 치료해 주셨다든지 하는 말이 단 한마디도 언급되지 않고 있다. 그런가 하면 또, 욥은 누구에게 포로로 잡혀간 적이 한 번도 없었는데, 하나님께서 욥을 사로잡힘에서 돌이키셨다고 언급하기도 한다. 욥기 42:10을 보라. 『**욥이 그의 친구들을 위하여 기도하였더니 주께서 욥의 사로잡힘을 돌이키셨고 또 주께서는 욥에게 전에 소유했던 것의 두 배를 주시니라.**』 이 구절을 읽다 보면 한 군데 어리둥절한 부분이 눈에 띈다. 욥이 언제 사로잡혔던 적이 있었던가? 욥은 결코 누구에게 포로로 사로잡혀간 적이 없다. 그런데도 이 구절에서 성경은 『**주께서 욥의 사로잡힘을 돌이키셨고**』라고 말씀하고 있는 것이다. 주님께서 왜 이렇게 말씀하셨겠는가? 성경에서 "사로잡힘"(captivity)에서 "돌이켜지는"(turned) 민족은 유일하게 유대인뿐이다. 바로 이런 점에서 욥은 포로로 잡혀가 박해받는 이스라엘의 모형이었던 것이다. 이런 욥에게 『**전에 소유했던 것의 두 배를**』 주셨던 것처럼 하나님께서는 이스라엘에게 『**옛 땅을 따라 정착시키며 너희의 처음보다 너희에게 더 잘해 주리라.**』라고 약속하고 계신 것이다.

36:12 **참으로 내가 사람들로 너희 위에 행하도록 하리니, 즉 내 백성 이스라엘이라. 그들이 너를 소유할 것이며 너는 그들의 유업이 될 것이요, 네가 그 때부터 다시는 사람들 중에서 그들을 빼앗기지 아니하리라.**

13 **주 하나님이 이같이 말하노라. 그들이 너희에게 말하기를 "너 땅아, 너는 사람을 삼키며 네 민족들의 생명을 빼앗는도다." 하니**

14 **그러므로 너는 사람을 다시는 삼키지 아니하며 더 이상 네 민족들을 빼앗지**

아니하리라. 주 **하나님이** 말하노라.

15 **또 내가 사람들로 네게서 더 이상 이방의 수치를 듣지 않게 할 것이요, 네가 더 이상 백성의 비난을 당하지 아니하게 할 것이며 네가 네 민족들을 더 이상 넘어뜨리지 않게 하리라.** 주 **하나님이** 말하노라.

『**참으로 내가 사람들로 너희 위에 행하도록 하리니, 즉 내 백성 이스라엘이라. 그들이 너를 소유할 것이며 너는 그들의 유업이 될 것이요, 네가 그 때부터 다시는 사람들 중에서 그들을 빼앗기지 아니하리라**』(12절). 이 구절을 37:25과 비교해 보라. 『**그들은 내가 내 종 야곱에게 주어 너희 조상들이 살았던 그 땅에서 거하리니 그들, 즉 그들과 그들의 자손과 그들 자손의 자손이 영원히 그 안에서 거하리라. 내 종 다윗은 영원히 그들의 통치자가 되리라.**』 물론 이 구절은 재림 관련 구절이다. 『**내 백성 이스라엘**』에 대한 하나님의 예언들은 천년왕국의 도래와 함께 완전히 성취될 것이요, 이 예언들은 이미 그 성취의 진행 과정을 거치고 있는 중이다.

『주 **하나님이 이같이 말하노라. 그들이 너희에게 말하기를 "너 땅아, 너는 사람을 삼키며 네 민족들의 생명을 빼앗는도다." 하니 그러므로 너는 사람을 다시는 삼키지 아니하며 더 이상 네 민족들을 빼앗지 아니하리라.** 주 **하나님이 말하노라**』(13,14절). 역사적으로 볼 때, 팔레스타인에 사는 민족들은 사람들을 닥치는 대로 삼켰다. 누구든지 그들의 손에 떨어졌다 하면 파리 목숨이나 다름없었다. 고대 시대에 팔레스타인을 휩쓸었던 많은 전쟁들을 우리는 성경을 통해서 잘 알 수 있다. 한때 폐허가 되었던 이곳을 다시 재건하였으나 마카비전쟁 중 다시 완전 파괴되었고, 그후 헤롯이 재건하자 로마의 티투스에 의하여 다시 완전히 파괴되었으며, 하드리안 왕조에 의해 재건되자 이번에는 터키가 쳐들어와 다시 파괴했는가 하면, 십자군에 의해 재건되자 또 이슬람 세력을 모은 살라딘이 쳐들어와 함락시켰고, 16세기 초 오스만 터키 제국의 셀림 1세가 시리아의 맘룩 왕조의 세력을 꺾고 예루살렘도 손아귀에 넣은 뒤 거의 제1차 세계대전 말기까지 터키령으로 존속하다가 1920년에 와서야 영국의 위임 통치하에 들어갔다. 이처럼 수많은 전쟁들 가운데 십자군전쟁 때만 해도 무려 2백만 명 이상이 목숨을 잃었다. 이처럼 팔레스타인 땅은 무수한 사람들을 삼켜버렸던 곳이다.

36:16 또 주의 말씀이 내게 임하여 말씀하시니라.

17 인자야, 이스라엘 집이 그들의 본토에 거할 때 그들 자신의 행위와 그들의 행실대로 그 땅을 더럽혔나니 그들의 행위가 내 앞에는 따로 떨어져 있는 여인의 불결함과 같았느니라.

18 그리하여 나는 그들이 땅 위에 흘렸던 피와 그들이 땅을 더럽혔던 그들의 우상으로 인하여 그들 위에 내 진노를 부어서

19 내가 그들의 행위와 행실에 따라 그들을 심판하여 이방 중에 그들을 흩었으니 그들이 나라들 속에 분산되었도다.

20 그들이 이방에 들어갔을 때 그들이 들어간 곳에서 내 거룩한 이름을 더럽혔나니 그때 이방이 그들에게 말하기를 "이들은 주의 백성인데 주의 땅에서 내보낸 자들이라." 하였도다.

간음한 여자는 돌로 쳐죽이기 전에 먼저 격리시켜 놓는다. 이것을 두고 『**따로 떨어져 있는 여인**』이라고 17절은 표현하고 있는 것이다. 간음한 여인은 불결하다. 불결하기 때문에 돌로 쳐죽임을 당하기 전부터 따로 떨어져 있어야 한다. 이스라엘의 더럽고 악한 행위가 하나님 보시기에는 이처럼 『**따로 떨어져 있는 여인의 불결함**』이나 다름없이 더러웠던 것이다.

하나님께서는 결코 이스라엘의 범죄를 못 본 체하지 않으셨다. 『**그들이 땅 위에 흘렸던 피**』(18절)와 그들이 더럽혔던 땅이 계속 하나님께 그들의 죄악을 일일이 고하고 있었던 것이다. 이스라엘이 그토록 오랜 세월 동안 뿔뿔이 흩어지지 않으면 안 되었던 까닭은 그들이 더럽혔던 땅이 그들에게 보응을 요구하였기 때문이었고, 그 요구에 하나님께서 『**진노를 부어서 내가 그들의 행위와 행실에 따라 그들을 심판**』(18,19절)하셨기 때문이었다.

『**그들이 이방에 들어갔을 때**』(20절), 즉 유대인들이 폴란드, 독일, 러시아, 미국 등지로 들어갔을 때, 그들은 가는 곳마다 "우리는 하나님의 백성이다." 하고 유대인 티를 내며, 자기네들이 자신들의 땅에서 쫓겨난 민족임을 수치스러운 줄도 모르고 드러냄으로써 이방 나라 사람들이 누구라도 그들을 한눈에 알아볼 수가 있었다. 그러니 하나님께서 얼마나 창피(?)를 당하신 셈인가? 이방 나라 사람들은 유대인을 보기만

하면 척 알아보고는 "원 저런! 자기네들 땅에서 쫓겨난 저 가련한 '하나님의 백성'을 좀 보게나!" 하고 손가락질을 했으니 말이다. 그래서 하나님께서는 이 구절에서 『**내 거룩한 이름을 더럽혔나니**』라고 말씀하고 계신 것이다. 이방 민족들은 유대인들을 보고 손가락질만 한 게 아니라 "그래! 너희들이 살고 있는 이곳은 너희 땅이 아니다! 그러니 여기서 나가라!" 하고 끊임없이 압박을 가했던 것이다. 이것이 유대인들에 대한 전 세계 이방 민족들의 공통된 반응이었다.

36:21 그러나 나는 이스라엘 집이 그들이 간 곳, 이방 가운데서 더럽혔던 내 거룩한 이름을 안타깝게 여겼노라.

22 그러므로 이스라엘 집에 말하라. 주 하나님이 이같이 말하노라. 오 이스라엘 집아, 내가 너희를 위하여 이것을 행하는 것이 아니라 너희가 간 이방 가운데서 너희가 더럽혔던 나의 거룩한 이름을 위해서니라.

23 나는 이방 가운데서 더럽혀진, 즉 너희가 그들 가운데서 더럽힌 나의 위대한 이름을 거룩하게 하리니 내가 그들의 눈 앞, 너희 안에서 거룩하게 될 때에 이방은 내가 주인 줄 알리라. 주 하나님이 말하노라.

24 내가 너희를 이방 가운데서 빼내고 모든 나라에서 너희를 모아 너희의 본토로 데려오리라.

이것은 하나님께서 이스라엘에게 2,600여 년 전에 하셨던 약속의 말씀이었다. 그런데 어찌 되었는가? 『**내가 너희를 이방 가운데서 빼내고**』(24절), 1918년에 약속대로 이행하셨다. 『**모든 나라에서 너희를 모아**』(24절), 이 약속 역시 1928년에 성취되었다. 『**너희의 본토로 데려오리라.**』(24절) 1948년에 이미 실현되었다. 그리고 여기서 문단의 단락이 일단 끝난다. 왜 그럴까? 뿔뿔이 흩어져 살던 이스라엘이 이방 나라들로부터 본토로 귀환하고 나서도 그들의 민족적인 회심은 당장 이루어지지 않는 것이다. 그들의 회심은 새로 시작하는 다음 문단의 25절을 거치고 26절을 거친 다음, 27,28,29,...37절을 거친 후 38절에 가서야 비로소, 대환란이 끝나고 천년 왕국이 시작됨과 함께 이루어질 것이다. 그러니까 그들은 회심하지 않은 상태에서 귀환해, 대환란을 거친 후 회심하게 될 것이다. 에스겔 20:33-38 부분을 다시 한번 잘 읽어 보라.

그런데 하나님께서 이스라엘을 이렇게 회복하시는 것은 이스라엘 자신을 위해서가 아니라 하나님의 거룩하신 이름을 위해서이다. 『**오 이스라엘 집아, 내가 너희를 위하여 이것을 행하는 것이 아니라 너희가 간 이방 가운데서 너희가 더럽혔던 나의 거룩한 이름을 위해서니라**』(22절). 하나님께서 어떤 일을 하시는 목적은 하나님 자신의 온전하심과 진실하심을 지키기 위해서이지 인간의 명예를 지키시기 위해서가 아니다. 우리가 마귀에게 지배받아 악을 행하면서 하나님의 거룩하신 이름을 더럽혔던 적이 얼마나 많았던가? 이에 대하여 하나님께서는 우리들에게 얼마나 많은 자비를 베풀어 오셨던가? 우리가 하나님의 명령들을 얼마나 자주 어기면서 우리에게 맡겨진 사명들을 또 얼마나 가볍게 내팽개쳐 버렸던가? 그런데도 하나님께서는 우리들에게 일일이 벌을 주시지 않고 꾹 참아 오셨다. 이것은 우리들을 위해서가 아니라 우리와 끝까지 함께하시겠다는 자신의 약속을 지키시기 위해서였던 것이다. 인간은 하나님께 드린 약속을 한 번도 지켜 본 적이 없다. 그러나 하나님께서는 자신이 한 약속을 절대로 어기신 적이 없다. 하나님께서는 주 예수 그리스도의 의에 따라 우리를 용서하시는 것이지, 우리의 온전함과 우리의 신실함 때문에 우리를 용서하시고 인내하시는 게 아니다.

36:25 그때 너희 위에 깨끗한 물을 뿌리리라. 그리하면 너희가 깨끗게 되리니 너희 모든 더러움과 너희의 모든 우상들로부터 내가 너희를 깨끗게 하리라.

26 내가 또 너희에게 새 마음을 주고 너희 안에 새 영을 넣으리라. 내가 너희 육체에서 돌 같은 마음을 제거하고 살 같은 마음을 주리라.

27 또 내가 나의 영을 네 안에 두어 너희로 나의 규례대로 행하게 하리니 너희가 나의 명령을 준수하고 행하리라.

28 너희는 내가 너희 조상들에게 주었던 땅에서 거하리니 너희는 나의 백성이 되고 나는 너희 하나님**이 되리라.**

29 내가 또한 너희를 너희의 모든 더러움으로부터 구원할 것이며 또 내가 곡식을 가져와서 풍성케 하여 너희에게 기근을 두지 아니하리라.

30 내가 나무의 열매와 밭의 소산을 많게 하여 너희로 다시는 이방 가운데서 기근의 비난을 받지 않게 하리라.

31 그때에 너희는 너희 자신의 악한 행위와 선하지 아니한 너희의 행실을 기억

하고 너희의 죄악과 가증함으로 인하여 너희 자신의 목전에서 자신들을 싫어 하리라.

여기서 『**그때 너희 위에 깨끗한 물을 뿌리리라. 그리하면 너희가 깨끗게 되리니**』(25절)라는 말씀은 "유아 세례"의 정당성을 주장하는 자들이나, "세례를 통한 중생"의 교리를 가르치는 자들이 한결같이 증거 구절로 내세우는 구절이다. 즉 물뿌려 세례를 받으면 죄가 용서되고 깨끗하게 된다는 것이다. 요한복음 3:5의 『**사람이 물과 성령으로 태어나지 아니하면...**』에서 "물"을 세례로 보는 것도 마찬가지다. 그러나 이 물은 그런 물이 아니다. 25절에서는 이 물을 뿌림으로써 깨끗하게 된다고 말하고 있고, 26절에서는 새 마음과 새 영을 넣어 준다고 하셨다. 자, 지금 하나님께서는 누구에게 말씀하고 계시는 것인가? 물론 유대인들에게 말씀하고 계신다. 하나님께서는 지금 "이스라엘 집"(22절), 즉 민족적인 이스라엘에게 말씀하고 계신 것이다.

이것은 지금 이스라엘이 민족적으로 회심하게 되는 것을 직접적으로 언급하고 있는 것이다. 그들은 회심하지 않은 채로 그 땅에 돌아오게 되지만, 하나님께서는 그들에게 새 마음과 새 영을 주셔서 회심하게 하실 것이다. 『**또 내가 나의 영을 네 안에 두어 너희로 나의 규례대로 행하게 하리니 너희가 나의 명령을 준수하고 행하리라. 너희는 내가 너희 조상들에게 주었던 땅에서 거하리니 너희는 나의 백성이 되고 나는 너희** 하나님**이 되리라**』(27,28절). 그때 이스라엘은 문자적이고도 실제적인 복을 받게 될 것이다. 『**또 내가 곡식을 가져와서 풍성케 하여 너희에게 기근을 두지 아니하리라. 내가 나무의 열매와 밭의 소산을 많게 하여...**』(29,30절)

그때에 이스라엘은 자신들의 악한 행위와 선하지 않은 행실을 기억하고, 그들의 죄악으로 인해 자신들을 부끄럽게 여길 것이다(31절). 1948년에 국가로 재건된 이스라엘은 네게브 프로젝트와 키부츠 농장의 건설 등 대대적인 농업개발 정책에 따라 『**나무의 열매와 밭의 소산**』이 많아졌고, 그 땅에서 『**기근**』이란 말은 사라진 지 오래지만, 그러나 그들은 아직 『**자신의 악한 행위와 선하지 아니한 행실을 기억하고**』(31절) 그것을 부끄럽게 여기거나 하나님께로 회심하지도 않았다. 즉 그들의 회복에 대한 예언은 아직은 부분적으로 성취된 것이다. 그들은 아직 하나님께 회심하지 않았기 때문이다. 그들은 아직도 여전히 2천 년 전에 그들에게 오셨던 주 예수 그리스도를 구세주로 영접하지 않고 있다. 그들은 아직도 성경을 성경대로 믿지 못하고 "탈무드"나 "토라"에 더 매달린다. 이렇게 함으로써 그들은 하나님께서 그들을 위해 준비해 두신 대환란의 정당성을 한층 더 스스로 정당화시키고 있는 셈이다.

36:32 주 하나님이 말하노라. 내가 너희를 위하여 이것을 행하지 않음을 너희로 알게 하려는 것이라. 오 이스라엘 집아, 너희 자신의 행위로 인하여 부끄러워하며 수치를 알라.

33 주 하나님이 이같이 말하노라. 내가 너희를 너희의 모든 죄악에서 깨끗게 하는 날에 내가 또한 너희로 그 성읍들에서 살게 하리니 폐허에 집을 짓게 되리라.

34 지나가는 모든 사람들의 목전에 황폐하게 버려졌던 곳, 황폐한 땅이 경작되리라.

35 그러면 그들이 말하기를 "황폐했던 이 땅이 에덴의 동산같이 되었도다. 삭막하고 황폐하고 파괴된 성읍들이 성벽이 세워지고 사람들이 살고 있도다." 하리라.

36 그러면 너희 사면에 남은 이방은 나 주가 폐허를 세우고 황폐한 곳에 심는 줄을 알리라. 나 주가 그것을 말하였으니 그대로 행하리라.

37 주 하나님이 이같이 말하노라. 이스라엘 집이 그들을 위하여 그것을 해 달라고 구하여야, 내가 그들을 위하여 그것을 행하리니 내가 그들에게 사람들을 양떼처럼 늘려 주리라.

38 거룩한 양떼처럼, 예루살렘의 정한 명절들에 그녀의 양떼처럼, 삭막한 성읍들이 사람들의 떼로 채워지리니 그리하면 그들이 내가 주인 줄 알리라.

자, 25절부터 유대인들을 위하여 하나님께서 행하시는 일들이 나열된다.

『**내가 너희를 깨끗게 하리라**』(25절). 이스라엘의 민족적 죄를 거둬 주신다.

『**너희에게 새 마음을 주고 너희 안에 새 영을 넣으리라**』(26절). 하나님의 백성으로 새롭게 태어난다.

『**내가 나의 영을 네 안에 두어 너희로 나의 규례대로 행하게 하리니**』(27절). 성령께서 그들과 함께 거하시고 하나님의 율법들과 규례들을 지키게 하신다.

『**너희는 내가 너희 조상들에게 주었던 땅에서 거하리니**』(28절). 땅을 주신다. 그리고 더 이상의 민족 분산과 같은 비극은 없을 것이다.

『**내가 곡식을 가져와서 풍성케 하여 너희에게 기근을 두지 아니하리라**』(29절). 풍요를 약속하신다.

『**나무의 열매와 밭의 소산을 많게 하여**』(30절). 역시 풍요를 약속하신다.

『**너희 자신의 악한 행위와 선하지 아니한 너희의 행실을 기억하고... 자신들을 싫어하리라**』(31절). 양심을 소생시켜 주신다. 양심이 살아나고 새로운 영을 받으며 성령께서 함께하시는 가운데 하나님을 바르게 섬기는 복 받은 백성이 된다.

『**내가 또한 너희로 그 성읍들에서 살게 하리니, 폐허에 집을 짓게 되리라**』(33절). 그들은 하나님의 백성으로서의 모든 지위를 회복하게 된다.

『**황폐한 땅이 경작되리라**』(34절). 천년왕국 때 그 땅은 다시 한번 더 경작되는 땅으로 회복될 것이다. 그때는 그 땅이 『**에덴의 동산같이**』 될 것이다(35절).

『**거룩한 양떼처럼, 예루살렘의 정한 명절들에 그녀의 양떼처럼, 삭막한 성읍들이 사람들의 떼로 채워지리니**』(38절). 유대인들은 결국 하나님의 『**거룩한 양떼**』가 될 것이다.

그런데 37절을 주목하라. 『**이스라엘 집이 그들을 위하여 그것을 해 달라고 구하여야, 내가 그들을 위하여 그것을 행하리니**』(37절). 이 일은 유대인들의 간구를 통해 이루어질 것이다. 우리는 여기서 대환란 기간에 "끝까지 견디는" 유대인들의 자세를 엿볼 수 있다. 그들은 단순히 어디 숨어서 연명하면서 고난을 이겨내는 정도가 아니다. 그들은 하나님께 열심히 구하면서 버텨내고 있는 것이다. 그들은 어떤 단순한 "극기 훈련" 같은 것을 받고 있는 게 아니라 믿음과 행위를 지키면서 하나님을 바라보고 있는 것이다. 여기에 하나님의 영광이 있고, 전 세계 이방 민족들은 이러한 유대인들에게서 하나님의 영광을 바라보게 될 것이다. 따라서 대환란이 끝나고 그들에게 복이 내려지는 것은 이에 대한 보상인 것이다.

에스겔 37장

37:1 **주의 손이 내게 임하시어 주의 영으로 나를 데리고 가셔서, 뼈로 가득 찬 골짜**
기 가운데에 나를 세우시고
2 **나를 그 사면에 지나가게 하셨는데 보라, 그 열린 골짜기에는 심히 많은 뼈가**
있더라. 보라, 그 뼈들이 심히 말랐더라.
3 **주께서 내게 말씀하시기를 "인자야, 이 뼈들이 살 수 있겠느냐?" 하시기에 내**
가 대답하기를 "오 주 하나님이여, 주께서 아시나이다." 하였더니
4 **다시 주께서 내게 말씀하시기를 "이 뼈들에게 예언하여 그들에게 말하라. 오**
너희 마른 뼈들아, 주의 말을 들으라.
5 **주 하나님이 이 뼈들에게 이같이 말하노라. 보라, 내가 너희에게 숨이 들어가게**
하리니 너희가 살리라.
6 **또 내가 너희 위에 힘줄을 놓고 너희 위에 살을 자라게 하고 피부로 덮고 너희**
에게 숨을 넣으리니 너희가 살리라. 그리하면 너희는 내가 주인 줄 알리라."
하시니라.

37장에서는 하나님의 영이 에스겔을 『**뼈로 가득 찬 골짜기 가운데**』로 옮겨다 놓으셨는데, 그 뼈들은 이미 죽은 지 오래되어 심히 말라 있는 뼈들이다.

『주께서 내게 말씀하시기를 "인자야, 이 뼈들이 살 수 있겠느냐?" 하시기에 내가

대답하기를 "오 주 하나님이여, 주께서 아시나이다." 하였더니』(3절). 죽은 지 너무 오래되어 살은 이미 새들이 쪼아먹고 풍화되어 사라져 없어졌고 뼈들은 바짝 말라 있었는데, 그런 뼈들이 다시 살아날 수 있겠느냐고 하나님께서는 에스겔에게 물으신다. 이에 대해 에스겔은 "말도 되지 않는 소리"라든가, "하나님께서 하시면 살아날 수도 있겠다."든가 하는 식으로 대답하지 않는다. 말하자면 에스겔은 결코 자신의 의견이나 생각을 말하지 않는 것이다. 모든 것을 다 알고 계시는 주님 앞에서 어줍잖은 인간의 생각을 어쩌고저쩌고 지껄인다는 것 자체가 참으로 부질없는 짓이란 것을 그는 잘 알고 있었던 것이다. 그래서 그는 단지 "저는 모릅니다. 오직 주님께서만 아십니다."라고 대답한다. 그러자 하나님께서는 선지자에게 그 뼈들에게 예언하여 말하되, 주 하나님께서 그 뼈들에게 『**숨이 들어가게**』 하시고, 『**힘줄을 놓고**』, 『**살을 자라게 하고 피부로 덮고**』 다시 살아나게 하실 것이라고 말하라고 명하신다(4,5,6절). 쉽게 말해서 죽은 뼈들이 부활한다는 것이다. 하나님께서는 생명을 창조하신 분이시니 그 분께서 생명을 재창조하실 수 있다는 것이야 의심의 여지가 없다. 당신도 죽어서 땅에 묻히고 오랜 세월이 지나 누가 손만 대어도 가루로 부스러져 버릴 정도로 삭아버리겠지만, 그래도 하나님께서 당신의 뼈들에 생명을 주시고 부활시키실 수 있다는 데에는 전혀 문제가 없다. 하나님께서는 무에서도 유를 창조하시는 분이 아니신가? 당신은 이것을 믿어야 한다. 쓸데없이 현대 과학이 어쩌니 운운하면서 당신 자신의 어리석음을 드러내지 말라. 그분께서는 창조주이시다. 그분 앞에서 함부로 진화론이 어쩌고 하는 바보 같은 소리는 입 밖에 꺼내지도 말라.

5절 말씀은 사람의 몸에 숨이 들어가기 전에는 생명이 시작되지 않는다는 것을 강력하게 증명한다. 창세기 2:7이나 욥기 27:3 및 33:4 등에서 이것을 재확인해 보라.

37:7 그러므로 내가 명령을 받은 대로 예언하였도다. 내가 예언하였더니 소리가 나고, 보라, 진동이 있고 뼈들이 모여들어 뼈가 자기 뼈에 붙더라.

8 내가 보았더니, 보라, 힘줄과 살이 그 뼈들 위에 오르고 피부가 그 위를 덮었으나 그들 속에 숨이 없더라.

9 그때에 주께서 내게 말씀하시기를 "바람에게 예언하라. 인자야, 예언하여 바람에게 말하라. 주 하나님이 이같이 말하노라. 오 숨아, 네 바람으로부터 와서 이 살해된 자들 위에 숨을 넣어 주어 그들로 살아나게 하라." 하시니라.

10 그래서 내가 주께서 내게 명령하신 대로 예언하였더니 숨이 그들 속으로 들어
갔고 그들이 살아나 그들의 발로 서니 심히 큰 군대더라.

『**그러므로 내가 명령을 받은 대로 예언하였도다. 내가 예언하였더니 소리가 나고, 보라, 진동이 있고 뼈들이 모여들어 뼈가 자기 뼈에 붙더라**』(7절).

에스겔은 하나님의 명령대로 뼈들에게 『**오 너희 마른 뼈들아, 주의 말을 들으라**』! 하고 큰 소리로 외쳐 예언한다. 그랬더니 소리가 나고 진동이 울리는가 싶더니 『**뼈들이 모여들어 뼈가 자기 뼈에 붙더라.**』는 것이다. 성경을 믿지 않는 사람들이야 "세상에 그런 일이 어떻게 일어날 수 있단 말인가?" 하고 펄쩍 뛰거나 "농담이 좀 심하군." 하고 빈정거리겠지만, 그러거나 말거나 성경은 그렇다고 말씀한다. 당신은 어떤가? 성경대로 믿는가? 성경이 그렇다면 그런 것이다. 그러니까 군소리 말고 믿는 게 좋다. 못 믿겠다면 당신은 하나님께서 창조주시란 사실 자체를 부인하는 것이다. 그분께서 창조주란 사실을 부인한다면 당신은 자신의 구원을 인정하지 않는 것이다. 그렇다면 당신은 그야말로 아무것도 아니다.

이 『**뼈로 가득 찬 골짜기**』에는 아마 4백만 명 이상의 사람들이 죽은 뼈들로 가득 차 있을 텐데, 4천 년 동안의 구약 성도들이라면 이만한 숫자가 넉넉히 될 것이다. 이렇게 산더미처럼 쌓여 있는 뼈들을 향해 에스겔 선지자는 『**주 하나님이 이 뼈들에게 이같이 말하노라.**』 하고 소리치니 뼈들이 우걱우걱 움직이기 시작하고 뼈들끼리 제 자리를 찾아 척척 맞추어 나간다. 하나님의 말씀이 이처럼 능하시단 말인가? 그렇다. 창세기 1장을 읽어 보라. 『하나님**께서 말씀하시기를 "빛이 있으라." 하시니, 빛이 있더라.**』(창 1:3)라고 말씀하지 않는가? 『하나님**께서 말씀하시기를 "땅은 땅 위에 풀과 씨를 맺는 채소와 그 종류대로 열매 맺는 씨를 가진 과실수를 내라." 하시니**』, 그 다음 어떻게 되었는가? 『**그대로 되니라.**』(창 1:11)라고 성경은 대답한다. 『하나님**께서 말씀하시기를 "물들은 생명이 있는 동물들과 땅 위 하늘의 넓은 창공에 나는 새를 풍성히 내라." 하시며,** 하나님**께서 큰 고래들과 물들에서 풍성하게 나온 움직이는 모든 생물을 그 종류대로, 날개 있는 모든 새들을 그 종류대로 창조하시니라.** 하나님**께서 보시니 그것이 좋았더라**』(창 1:20,21).

『**내가 보았더니, 보라, 힘줄과 살이 그 뼈들 위에 오르고 피부가 그 위를 덮었으나 그들 속에 숨이 없더라**』(8절). 에스겔 선지자는 지금 죽은 시체들이면서 움직이는

"좀비"들의 계곡을 바라다보고 있다. 뼈들이 움직여 제자리에 맞추어지고 거기에 살과 피부가 달라붙고 힘줄이 생겨 사람의 형체가 완전히 갖추어지기는 했지만 아직 숨을 쉬고 있지 않은 것이다.

『**그때에 주께서 내게 말씀하시기를 "바람에게 예언하라. 인자야, 예언하여 바람에게 말하라. 주 하나님이 이같이 말하노라. 오 숨아, 네 바람으로부터 와서 이 살해된 자들 위에 숨을 넣어 주어 그들로 살아나게 하라." 하시니라.**』(9절). "예언"이란 일종의 설교를 말한다. 설교란 생명을 주는 일을 말한다. 당신이 하나님의 말씀을 설교하면 생명을 전하게 된다. 하나님의 말씀은 생명을 준다. 하나님의 말씀을 붙잡으면 당신의 영이 살아나고 혼이 생명을 얻어 지옥에 가지 않게 된다. 거듭난다는 것은 하나님의 말씀을 받아먹음으로써 썩어 없어질 몸이 장차 썩지 않는 몸으로 전환되도록 보장받게 되는 것을 말한다. 하나님의 말씀은 죽은 영에게 "살아라!" 하고 명령한다. 당신의 영이 "살아라!" 하는 명령을 듣는 순간 살아나게 된다. 참으로 놀랍지 않은가? 『**바람에게 예언하라. 인자야, 예언하여 바람에게 말하라.**』라고 하나님께서 에스겔에게 바람에게 명하여 "좀비"들에게 들어가도록 하라고 명하신다. "바람"은 성령의 예표다. 성령께서 들어가시면 그 순간 죽었던 당신이 살아난다.

『**그래서 내가 주께서 내게 명령하신 대로 예언하였더니 숨이 그들 속으로 들어갔고 그들이 살아나 그들의 발로 서니 심히 큰 군대더라**』(10절). 에스겔이 하나님의 명령대로 바람에게 예언하였더니 "좀비"들 속으로 숨이 들어가 살아 일어났는데, 어찌나 수가 많았던지 『**심히 큰 군대더라.**』라고 서술한다. "군대"가 무엇을 말하는지는 다음 11절에서 명확하게 설명해준다.

37:11 그때에 주께서 내게 말씀하시니라. 인자야, 이 뼈들은 이스라엘의 온 집이라. 보라, 그들이 말하기를 "우리의 뼈들은 말랐고 우리의 소망은 사라졌으며 우리의 부분은 완전히 끊어졌도다." 하느니라.

12 그러므로 그들에게 예언하여 말하라. 주 하나님이 이같이 말하노라. 보라, 오 내 백성아, 내가 너희 무덤들을 열어서 너희로 너희의 무덤들로부터 나오게 하여 너희를 이스라엘 땅으로 데려오리라.

13 **오 내 백성들아, 내가 너희의 무덤들을 열어서 너희의 무덤들로부터 너희를 나오게 할 때 너희는 내가 주인 줄 알 것이며**

14 **내 영을 너희 안에 두리니 그리하면 너희가 살리라. 또 내가 너희를 너희의 본토에 두리니 그때에 너희는 나 주가 그것을 말하였고 수행한 줄 알리라. 주가 말하노라.**

『**그때에 주께서 내게 말씀하시니라. 인자야, 이 뼈들은 이스라엘의 온 집이라. 보라, 그들이 말하기를 "우리의 뼈들은 말랐고 우리의 소망은 사라졌으며 우리의 부분은 완전히 끊어졌도다." 하느니라**』(11절). 『**심히 큰 군대**』를 이룬 뼈들이란 곧 『**이스라엘의 온 집**』을 말하는 것이라고 정의를 내려준다. 북쪽 끝에서 남쪽 끝까지 걸쳐 있던 이스라엘 열두 지파 중에서 지금까지 죽었던 사람들 전체를 말한다는 것이다. 에스겔 이전까지 살다가 죽은 모든 이스라엘 사람들 말이다.

『"**우리의 뼈들은 말랐고 우리의 소망은 사라졌으며 우리의 부분은 완전히 끊어졌도다.**"』 직접적으로는 바빌론에 포로로 잡혀가 있던 이스라엘의 처지를 묘사하지만, 길게는 이스라엘이 완전히 회복되기까지의 죽어 있는 상태를 서술한다. 대환란 기간 동안 이스라엘 민족이 겪어야 할 모든 상황들을 지금 내다보더라도 그들의 처지는 문자 그대로 "우리의 뼈들은 말랐고 우리의 소망은 사라졌으며 우리의 부분은 완전히 끊어졌도다."라고 탄식할 수밖에 없는 실로 참담하고 절망적인 극한 상황일 것이 분명하다.

『**그러므로 그들에게 예언하여 말하라. 주 하나님이 이같이 말하노라. 보라, 오 내 백성아, 내가 너희 무덤들을 열어서 너희로 너희의 무덤들로부터 나오게 하여 너희를 이스라엘 땅으로 데려오리라**』(12절). "너희 무덤들을 연다."는 것은 죽은 자들의 부활을 의미한다. 장차 언젠가는 전 세계에 흩어져 있는 유대인들의 무덤들이 열리고 그들이 살아 일어나 이스라엘 땅으로 귀환하게 될 것을 예고한다.

『**오 내 백성들아, 내가 너희의 무덤들을 열어서 너희의 무덤들로부터 너희를 나오게 할 때 너희는 내가 주인 줄 알 것이며 내 영을 너희 안에 두리니 그리하면 너희가 살리라. 또 내가 너희를 너희의 본토에 두리니 그때에 너희는 나 주가 그것을 말하였고 수행한 줄 알리라. 주가 말하노라**』(13,14절). 이 구절들에서 언급하는 부활과 관련하여 참조해 볼 곳이 두 군데 있는데, 그 한 군데가 예수 그리스도께서 "첫열매들"이 되셔서 부활의 그림을 보여 주고 있는 마태복음 27장이다. 그리고 또 다른 한 군데는 욥이 잃었던 아들들과 딸들을 다시 얻게 되는 욥기 42장이다.

그리스도께 "첫열매들"이 되셔서 부활의 그림을 보여 주시는 마태복음 27장에서는 구약 성도들의 첫 번째 부활이 언급되고 있다. 『예수**께서 다시 큰 음성으로 소리지르신 후, 숨을 거두시더라. 그런데, 보라, 성전의 휘장이 위에서 아래까지 둘로 찢어지고 땅이 흔들리며, 바위들이 갈라지고 무덤들이 열리며 잠들었던 많은 성도들의 몸이 일어났으며 주께서 부활하신 후에 무덤에서 나와 거룩한 도성으로 들어가 많은 사람들에게 나타나더라**』(마 27:50-53). 이 구절에서 『**많은 성도들의 몸**』이 부활했다고 언급한다. 다시 말해서, 이미 죽은 구약 성도들 "전부"가 아니라 "일부"가 부활했다는 얘기다. 이 말은 앞으로 부활하게 될 구약 성도들이 더 남아 있다는 것을 의미한다. 예수 그리스도께서 숨을 거두셨을 때 무덤들이 열리고 죽었던 성도들의 일부가 살아 일어났던 사건은 앞으로 있게 될 전면적인 부활의 그림에 지나지 않았다.

자, 이번에는 욥기 42장을 보자. 『**그리하여 주께서는 욥의 후반을 그의 처음보다 더 복 주셨으니 그가 양 일만 사천과 낙타 육천과 소 일천 겨리와 암나귀 일천을 가졌더라. 그는 또한 아들 일곱과 딸 셋을 두었으니**』(욥 42:12,13). 욥의 시련이 다 끝난 뒤 하나님께서는 욥에게 모든 것을 두 배로 복을 주셨다고 말씀한다. 과연 그런지 이 구절을 욥기 1:2과 비교해 보라. 『**그에게 일곱 아들과 세 딸이 태어났으며**』라고 언급한다. 이 자녀들이 원래 모두 어떻게 되었던가? 그들은 집이 무너지는 바람에 일시에 몰살하고 말았다(욥 1:19). 그때 욥에게는 모두 몇 명의 자녀들이 있었던가? 『**일곱 아들과 세 딸**』, 모두 열 명의 자녀들이 있었다. 이들이 모두 몰살을 당했던 것이다. 그런데 욥은 42:13에서 그 일곱 아들들과 세 명의 딸들, 즉 정확하게 열 명의 자녀들을 모두 다시 찾는다. 다시 말해서, 다른 것은 모두 두 배로 복을 받았지만 자녀들만은 처음과 똑같이 열 명뿐이다.

모든 주석자들은, 욥이 42장에서 다시 얻은 열 명의 자녀들은 처음에 잃었던 자녀들과는 다른 자녀들이라고 주장한다. 다시 말해서 새로 태어난 자녀들이라는 것이다. 그러나 이것은 주석자들이 잘못 짚은 것이다. 욥은 42장에서 다른 복들은 모두 두 배로 받았다. 욥은 1장에서 원래의 재산이 양 칠천이었는데 42장에서 일만 사천을 받는다. 낙타가 삼천이었는데, 42장에서 그 두 배인 육천 겨리를 받는다. 소가 오백 겨리였는데, 42장에서는 일천 겨리, 암나귀가 오백이었는데 42장에서 역시 그 두 배인 일천 겨리를 받는다. 그런데 몰살당했던 일곱 아들들과 세 딸들은 어떻게 되었는가? 욥은 이 열 명의 자녀들만은 두 배가 아니라 원래대로 다시 일곱 아들들과 세 딸들을 얻는다. 이것은 그가 1장에서 잃었던 자녀들이 42장에서 다시 부활했음을 명백하게 말한다. 42장에서 다시 얻은 열 명의 자녀들은 사실은 1장에서 죽었던 열 명의 자녀들이 다시 살아난 것이었다. 주석자들은 욥이 다른 것은 다 두 배로 복을 받았는데 어째서 자녀들만은 원래 숫자대로 받게 되었는지 이해가 잘 안 되는지라 고개를 갸웃거리면서도 욥이 42장에서 아내까지 두 배로 받아 두 명의 아내를 갖게 되지는 않았다는 점에 대해서는 이상하게도 전혀 궁금하게 여기지 않는다. 욥은 두 명의 아내는커녕 한 명의 아내도 되돌려 받지 못한다. 그는 잃었던 가족들 중 단지 열 명의 자녀들만 되돌려 받았을 뿐 아내는 결코 되돌려 받지 못했다. 아내를 되돌려 받지 못했으니 자녀들이 새로 태어날 수 없었다.

이렇게 모든 상황들을 종합해 볼 때, 욥기 42장에서 보는 욥의 자녀들의 부활은 대환란 끝 무렵에 있게 될 환란 성도들의 부활을 보여 주는 그림으로 보아야 한다. 그러나 마태복음 27장에서 미처 부활하지 못했던 나머지 구약 성도들의 부활이 이때 모두 포함되는지는 확실치 않다. 마태복음 27장에서 부활했던 유대인들은 "모든" 구약 성도들이 아니라 『**많은**』 구약 성도들이었다. 말하자면 아직 부활하지 못한 구약 성도들이 땅 속에 남아 있는 것이다. 이스라엘의 조상 아브라함은 자신의 죽은 아들을 다시 되돌려 받게 되리라는 것을 믿어 의심치 않았다. 『**아브라함이 그의 청년들에게 말하기를 "너희는 나귀와 함께 여기에서 머물라. 나와 아이는 저기로 가서 경배드리고, 다시 너희에게로 돌아오리라." 하고**』(창 22:5). 욥 또한 훗날에 있을 부활을 굳게 믿고 있었다. 『**이는 나의 구속주가 살아 계시고 훗날 그가 땅에 서실 것임을 내가 앎이라**』(욥 19:25). 이스라엘의 죽은 자들이 후일 다시 살아나는 것은 이사야 26장에서도 확인된다. 『**주의 죽은 자들은 살아나리니 그들이 나의 죽은 몸과 함께 일어나리이다. 흙에 거하는 너희는 깨어서 노래하라. 주의 이슬은 수풀의 이슬 같으니 땅이 죽은 자들을 던져 버릴 것임이니이다**』(사 26:19).

이처럼 후일 이스라엘이 죽은 자들을 되돌려 받게 되는 것만은 확실하지만, 그 시점이 언제인지는 확실하지 않다.

한편, 교회는 그리스도의 몸 안에 들어가 있다. 교회의 부활은 유대인들의 부활과 다르다. 교회는 그리스도께서 대환란 직전 공중 재림하실 때 휴거될 것이다. 그리스도 안에서 잠들어 있는 교회는 그리스도께서 공중 재림하실 때 부활하여 휴거되어 공중에서 주님을 만나게 될 것이고, 살아남아 있던 그리스도인들은 죽음을 맛보지 않고 살아 있는 채로 썩지 않을 새 몸을 입고 휴거되어, 무덤에서 살아 일어난 성도들과 함께 공중에서 주님을 만나게 될 것이다(고전 15:51-53, 살전 4:13-17).

37:15 주의 말씀이 다시 내게 임하여 말씀하시니라.
16 너 인자야, 또 너는 막대기 하나를 취하여 그 위에 "유다와 그의 동반자 이스라엘의 자손을 위하여."라고 쓰고 그 다음에 또 다른 막대기를 취하여 그 위에 "요셉, 즉 에프라임의 막대기와 그의 동반자 이스라엘의 온 집을 위하여." 라고 써서
17 그들을 서로 결합하여 한 막대기가 되게 하라. 그들이 네 손에서 하나가 되리라.

17절에서 두 막대기를 취하여 한 막대기로 결합시키라고 명하시는데, 한 막대기는 『**유다**』와 『**그의 동반자 이스라엘의 자손**』을 위한 것이고, 다른 한 막대기는 『**요셉, 즉 에프라임**』과 『**그의 동반자 이스라엘의 온 집**』을 위한 것이다. 그러니까 이 두 막대기가 모두 네 그룹의 집단을 대표하고 있다. 『**유다**』는 남쪽의 지파였고 『**이스라엘의 자손**』은 북쪽의 지파들로 유다의 동반자다. 그리고 『**요셉, 즉 에프라임의 막대기**』라는 별도의 그룹이 또 있다. 그리고 『**이스라엘의 온 집**』이 이 별도 그룹의 동반자가 된다. 그래서 모두 네 그룹의 집단이 이 구절에서 언급된다. 그러나 실제로는 모두 세 그룹인 셈인데, 『**이스라엘 온 집**』이란 남쪽의 『**유다**』와 북쪽의 『**이스라엘 자손**』을 합친 것이기 때문이다.

별도의 그룹 『**요셉, 즉 에프라임의 막대기**』가 바로 조 스미스가 몰몬교를 정당화시키는 데에 이용하는 근거 구절이다. 그들은 몰몬교도들이 바로 『**요셉, 즉 에프라임의 막대기**』에서 나온 그룹이라고 가르친다. 성경 구절을 사사로이 악용하면 무슨 이야기라도 꾸며댈 수 있고 무슨 짓이라도 할 수 있는 법이다.

37:18 네 백성의 자손들이 네게 말하여 이르기를 "당신은 이것들이 무엇을 뜻하는지 우리에게 보여 주지 아니하겠나이까?" 하거든

19 **너는 그들에게 말하기를 "주 하나님이 이같이 말하노라. 보라, 내가 에프라임**
의 손에 있는 요셉의 막대기와 그의 동료 이스라엘의 족속들을 취하여 그들
을 그와 함께, 즉 유다의 막대기와 함께 놓아 한 막대기가 되게 하리니 그들
이 내 손에서 하나가 되리라." 하라.

그러니까 크게 보면 유다와 이스라엘이 하나가 되리라는 것이고, 세분해서 보면 남쪽의 유다와 유다의 동반자인 북쪽의 이스라엘의 자손, 그리고 요셉 지파와 그의 동반자 이스라엘 온 집, 외형상으로는 이렇게 모두 네 그룹이 모여서 하나가 되리라는 것인데, 실제로는 유다와 이스라엘 자손 및 별도의 그룹인 요셉의 지파, 이렇게 세 그룹이 하나가 된다는 것이다.

37:20 **네가 쓴 막대기들을 그들의 눈 앞에서 네 손에 쥐고**
21 **그들에게 말하라. 주 하나님이 이같이 말하노라. 보라, 내가 이스라엘의 자손**
을 그들이 간 이방 가운데서 빼어 내어 사면에서 그들을 모아서 그들의 본토
로 데려와
22 **이스라엘의 산들 위에 있는 땅에서 그들을 한 민족으로 만들 것이니 한 왕이**
그들 모두에게 왕이 될 것이요, 그들이 다시는 두 민족이 되지 아니할 것이며
그들이 결코 다시는 두 왕국으로 나뉘지 아니하리라.

전 세계 이방 나라들 이곳저곳에 흩어져 살고 있던 유대인들이 사방으로부터 팔레스타인 땅으로 귀환하여 자신들의 본토로 모여들게 하시겠다는 이 약속은 1918년부터 1928년을 거쳐 1948년에 이르기까지 이미 역사적으로 실현되었다. 이렇게 본토로 귀환한 이스라엘 민족은 이제 더 이상 "유다"가 따로 있고, "이스라엘 자손"이 따로 있으며, "요셉, 즉 에프라임" 지파가 또 따로 있는 게 아니다. 그들은 이제 하나님의 『**이스라엘 온 집**』을 이루었다.

그러나 『**한 왕이 그들 모두에게 왕이 될 것이요**』(22절)라는 예언은 아직 실현되지 않았다. 장차 이스라엘은 『**한 왕**』을 갖게 될 것이다. 그 왕이 이미 한 민족이 된 유다와 그의 동반자 이스라엘의 자손, 요셉과 이스라엘의 온 집의 왕이 되실 것이다. 그 『**한 왕**』이란 누구를 지칭하는 것일까? 다음 구절들을 계속 읽어 내려가 보자.

37:23 그들은 그들의 우상들로나 그들의 혐오스러운 것들로나 그들의 범법 중 어떤 것으로도, 그들 자신들을 더 이상 더럽히지 아니하리라. 내가 그들이 죄를 지은 모든 처소에서 그들을 구원하여 그들을 깨끗게 하리니 그들은 나의 백성이 되고 나는 그들의 하나님**이 되리라.**

24 내 종 다윗이 그들 위에 왕이 될 것이며 그들 모두에게는 한 목자가 있으리라. 그들은 또한 나의 명령대로 행하고 나의 규례들을 준수하며 그것들을 행하리라.

다윗이 다시 살아나 유대인을 다스리는 왕이 된다(24절). 이것이야말로 아주 먼 장래의 일이다. 천년왕국 기간 동안에는 예수 그리스도께서 왕이신 상태에서 다윗이 이스라엘을 다스릴 것이고, 천년왕국이 끝난 다음에는 예수 그리스도께서 새 예루살렘에 계실 것이기에 다윗이 완전히 통치하는 것이다. 에스겔 34:23,24 주석을 다시 한번 살펴보라.

37:25 그들은 내가 내 종 야곱에게 주어 너희 조상들이 살았던 그 땅에서 거하리니 그들, 즉 그들과 그들의 자손과 그들 자손의 자손이 영원히 그 안에서 거하리라. 내 종 다윗은 영원히 그들의 통치자가 되리라.

26 또 내가 그들과 더불어 화평의 언약을 맺으리니 그것이 그들과 더불어 영원한 언약이 되리라. 내가 그들을 세우고 번성케 하며 그들 가운데 내 성소를 영원 무궁토록 세우리라.

27 나의 장막도 그들과 더불어 있으리니 정녕 나는 그들의 하나님**이 되고 그들은 나의 백성이 되리라.**

28 나의 성소가 그들 가운데 영원무궁토록 있을 때에 이방들은 나 주가 이스라엘을 거룩케 하는 것을 알리라.

위의 구절들은 모두 "새 하늘과 새 땅"이 열리는 영원 시대에 적용되는 구절들이다. 이 때 "새 예루살렘"이 하나님께로부터 하늘에서 내려온다(계 21:1,2).

『그들은 내가 내 종 야곱에게 주어 너희 조상들이 살았던 그 땅에서 거하리니 그

들, 즉 그들과 그들의 자손과 그들 자손의 자손이 영원히 그 안에서 거하리라. 내 종 다윗은 영원히 그들의 통치자가 되리라』(25절). 이 구절에서 두 군데 『**영원히**』라는 단어에 밑줄을 그어 두라. 『**영원히**』란 문자 그대로 “영원”을 말한다. 이것은 “아주 오랫동안”이란 뜻이 아니다. 이것은 그야말로 『**영원히**』이다. 다시 말해서, 이스라엘 백성이 『**그 땅**』에 살고 다윗이 『**그들의 통치자**』가 되는 것은 천년왕국 기간 동안만이 아니라는 얘기다. 이것은 영원 시대로 이어진다. 천년이란 세월도 결코 짧은 세월은 아니다. 그러나 『**영원히**』는 아니다. “영원”에 비하면 “천 년”은 눈깜짝할 사이에 지나지 않는다.

『**또 내가 그들과 더불어 화평의 언약을 맺으리니 그것이 그들과 더불어 영원한 언약이 되리라**』(26절). 이 구절에서도 『**영원한 언약**』이라는 단어에 밑줄을 그어 두라.

『**내가 그들을 세우고 번성케 하며 그들 가운데 내 성소를 영원무궁토록 세우리라**』(26절). 여기서도 『**영원무궁토록**』이란 어구에 밑줄을 그어 두라.

이 구절에서 언급되는 『**내 성소**』는 『**그들 가운데**』 즉, 이스라엘 가운데 세워진다는 점에서 요한계시록 21장의 『**새 예루살렘**』과는 명백하게 다르다. 요한계시록 21장에서 요한은 『**거룩한 도성 새 예루살렘**』(계 21:2)이 『하나님**께로부터 하늘에서 내려오는 것**』을 본다. 그런데 이 『**큰 도성 거룩한 예루살렘**』(계 21:10)을 보여 주면서 일곱 천사 가운데 하나가 요한에게 『**신부인** 어린양**의 아내를 보여 주리라.**』고 말한다. 그러니까 이 새 예루살렘은 유대인들 가운데 영원무궁토록 세워질 성소와는 다를 수밖에 없다. 새 예루살렘은 그리스도의 신부인 교회를 위한 것이다. 당신이 구원받은 그리스도인이라면 이 새 예루살렘에서 영원무궁토록 주님과 함께 살게 될 것이다. 이 『**거룩한 도성 새 예루살렘**』은 땅에 “세워지는” 게 아니라 『하나님**께로부터 하늘에서 내려오는**』 도성이다. 그 도성은 길이와 너비가 똑같은데 한 변의 길이가 일만 이천 스타디온인 네모 반듯한 모양으로 그 높이까지도 똑같다(계 21:16). 이것을 현대적 치수로 고치면 한 변의 길이가 약 1,500마일(약 2,500킬로미터)에 이르는 거대한 도성인데, 마치 두 개의 피라미드를 겹쳐 놓은 형태다. 새 예루살렘은 하늘에서 내려오는데 이것이 지상에 착륙하게 되는 것은 아니다. 그러나 이것이 땅 위의 공중에 놓여질지 아니면, 땅 주변을 회전할지는 분명치 않지만, 아무튼 이 도성이 땅에 상륙한다는 언급은 없다. 어쩌면 두 개의 피라미드가 겹쳐진 형태의 정팔면체인 이 도성의 한 꼭지점이 새 땅에 닿아 있게 될지도 모른다. 이 때, 이 땅은 지금의 지구가 아니라 물론

『**새 땅**』(계 21:1)이다. 이 때에는 지금의 지구는 이미 사라지고 없다(계 21:1). 이 땅에는 지상의 예루살렘이 영원무궁토록 존재하게 될 텐데, 그것을 26절에서 『**내 성소**』로 언급하고 있다. 지상의 예루살렘에는 다윗의 보좌가 있게 될 것이고, 다윗은 『**영원히 그들의 통치자가**』 될 것이다(25절).

『**나의 성소가 그들 가운데 영원무궁토록 있을 때에 이방들은 나 주가 이스라엘을 거룩케 하는 것을 알리라**』(28절). 이 구절에서도 『**영원무궁토록**』이란 어구에 밑줄을 그어 두라. 이스라엘이 거하는 새 땅에 하나님의 성소, 즉 이 땅의 예루살렘이 세워지고 영원히 존속하게 될 것이다.

에스겔 38장

우리는 바야흐로 성경에서 가장 까다로운 주제들 가운데 하나와 직면하게 되었다. 현재까지 미국에서 성경의 예언들을 가르치는 성경 교사들 쳐놓고 에스겔 38장과 39장에 이르러 다람쥐 쳇바퀴 돌 듯 헛걸음질 치지 않는 사람이 하나도 없는데, 많은 주석가들이 손을 대봤지만, 다루어지고 있는 예언들의 절반 가까이도 제대로 풀지 못한 곳이 바로 이 부분이다. 에스겔 38장과 39장은 장차 닥쳐올 어떤 전쟁들을 다루고 있는데, 어떤 사람들은 이것이 교회의 휴거 이전에 일어날 것으로 내다보기도 하고, 또 어떤 사람들은 대환란 중간에 일어날 것이라고 주장하는가 하면, 또 어떤 사람들은 그게 아니라 대환란 끝 무렵에 일어날 것이라고 주석하는데, 여기서 끝나지 않고 또 어떤 사람들은 천년왕국 시대 끝에 일어날 것이라고 설명하는 등, 사람들마다 그 견해가 제각기 달라 혼란스럽기 짝이 없다. 성경의 예언들을 가르친다고 나선 선생들이 큼직한 성경 주제들 앞에서는 누구 할 것 없이 모두가 이 모양들인데, 특히 에스겔 38,39장에서 헛다리짚고 헤매지 않은 예언 학자들은 단 한 사람도 없다. 이만큼 에스겔 38,39장은 아주 어려운 장들인데, 특히 전쟁들의 시점을 정확하게 읽어내기가 여간 어려운 게 아니다. 이 부분은 그 누구도 자기가 완전한 이해에 도달했다고 자신만만하게 말할 수 있는 장이 아니기 때문에 여기서는 어떤 주석자도 자신의 견해가 옳다고 장담할 수가 없다. 여기에 손대 본 주석자들 대부분이 마치 에스겔서 전문가들이나 되는 것처럼 큰소리들을 치지만, 나로서는 이 부분의 주석이 정말 어렵다고 솔직히 고백하지 않을 수 없다.

38:1 주의 말씀이 내게 임하여 말씀하시니라.

2 인자야, 너는 곡과, 마곡 땅과, 메섹과 투발 왕을 대적하여 네 얼굴을 두고 그
에 대하여 예언하여

3 말하라. 주 하나님이 이같이 말하노라. 보라, 오 메섹과 투발의 최고 통치자 곡
아, 내가 너를 대적하노라.

4 내가 너에게 돌이켜 네 아가리에 갈고리를 꿰어 너를 끌어내리니 네 모든 군대
와 말들과 기병들이라, 그들 모두가 모든 종류의 완전한 갑옷을 입었으며 작은
방패들과 큰 방패들을 가진 큰 무리로 그들 모두가 칼을 든 무리요

5 그들과 함께한 페르시아와 에디오피아와 리비아인데 그들 모두는 방패와 투구
로 갖추었고

6 고멜과 그의 모든 부대인데 북쪽 지방의 토갈마의 집과 그의 모든 부대이며
너와 함께한 많은 백성들이라.

7 너는 예비하고 너와 네게 모인 모든 집단은 스스로 예비하며 너는 그들에게
감시자가 되라.

『**오 메섹과 투발의 최고 통치자 곡아, 내가 너를 대적하노라**』(3절). 여기서 『**곡**』은 나라 이름도 아니고 민족의 이름도 아니다. 우리는 흔히 『**곡과 마곡**』이라는 복합적인 이름에 익숙해져 있는 편이어서 이것이 어느 나라나 민족을 나타내는 이름이거나 아니면, "곡"과 "마곡"이란 이름의 두 인물들을 동시적으로 지칭하거나, 그것도 아니면 『**곡과 마곡**』이라는 복합명을 가진 한 인물로 받아들이는 게 보통이지만, 여기서는 단지 『**곡**』이라는 어떤 "한 인물"을 지칭하고 있다. 그는 "파라오"처럼 이집트 왕의 타이틀 같은 복합적인 인물들을 말하는 것이 아니라 어떤 특정 인물이다.

2절의 『**그에 대하여**』에서 『**그**』(him)가 명백한 인칭대명사이고, 이 『**그**』라는 인물이 바로 『**곡**』이라는 이름을 가진 인물이다. 그러니까 문제는 이 구절에서 단지 어떤 "나라"나 어떤 "땅"만을 언급하는 게 아니라 어떤 "사람"을 언급하고 있다는 점이 우선 중요하다. 3절은 『**오 메섹과 투발의 최고 통치자 곡아**』라고 말하고 있다. 여기서 보다시피, 『**너**』라고 지칭되는 『**곡**』이라는 이름의 인물은 『**마곡 땅**』을 대표하는 동시에 또 『**메섹과 투발의 최고 통치자**』이기도 한 인물이다.

주석자들은 "메섹"이 모스크바이고 "투발"은 러시아의 토볼스크라고 주장한다. 나도 거기에 동의한다. 그렇지만 이 『**왕**』은 도대체 누구를 말하는 것일까? <스코필드 주석성경>을 보면 각주에서 『**곡**』은 왕을 가리키고 『**마곡**』은 그의 나라를 말한다고 설명한다. 이것은 문맥을 정확하게 짚고 하는 말이다. 그러나 유감스럽게도 『**곡**』이라는 인물이 누구인지에 대해서는 아무 설명이 없다.

<스코필드 주석성경>을 펴낸 편집자들은 성경대로 믿는 사람들로서, 성경의 예언들에 대해 놀랄 만큼 깊은 통찰력을 가진 사람들이라고 나는 자신 있게 말할 수 있는데, 그 주석성경의 각주에서 "곡"과 "마곡"에 대해 이렇게 설명한다. "러시아가 이끄는 북방(유럽)의 권세들을 일컫는 것이라는 데에 모두가 의견을 같이한다. 문단 전체는 스카랴 12:1-4; 14:1-9, 마태복음 24:14-30, 요한계시록 14:14-20; 19:17-21 등과 관련하여 읽어야 한다." 그런데 여기에 또 문제가 있다. 스코필드는 에스겔 38:2의 주석에서 요한계시록 19:17-21을 관련 구절로 제시한다. 그러나 아무리 눈 씻고 찾아보아도 요한계시록 19장에는 "곡"과 "마곡"이라는 단어가 보이지 않는다. 나는 <스코필드 주석성경>을 편집한 사람들이 그 누구보다도 경건하고 훌륭한 그리스도인들이며 누구보다도 깊은 통찰력을 가진 사람들이라는 데에는 결코 이의를 달지 않는다. 그런 터에 이 부분에 대한 그의 주석에서 요한계시록 19장을 참조 구절로 제시한 것이 참 이상하다고 강한 의문을 제기하는 것이 결례(?)인지는 모르겠지만, 이 부분에서만큼은 도저히 그들의 주석에 동의할 수 없는 게 사실이다.

에스겔 38:2의 관련 구절을 요한계시록에서 찾아볼 때, 나 같으면 요한계시록 20장으로 달려가겠다. 성경 구절은 성경 구절로 풀어야 한다. 요한계시록 20:7-9을 보라. 『**그 천 년이 끝나면 사탄이 그의 감옥에서 풀려나, 땅의 사방에 있는 민족들, 곧 곡과 마곡을 미혹하려고 나가서 그들을 함께 모아 전쟁을 일으키리니 그 수가 바다의 모래 같으니라. 그들이 땅의 넓은 데로 올라가서 성도들의 진영과 사랑하시는 도성을 포위하니, 하늘에서 불이** 하나님**께로부터 내려와 그들을 삼켜 버리더라.**』 "곡"과 "마곡"이 바로 여기에 등장하고 있지 않은가! 그리스도의 천년왕국 통치가 끝나는 시점인 요한계시록 20장에서 『**곡과 마곡**』이 사탄에게 동원되어 예루살렘 주변을 포위하고 있는 것이다. 그러니까 『**곡과 마곡**』은 지금 대환란 이전이나 그 중간이나 끝 무렵에 등장하고 있는 게 아니라 대환란이 끝나고 천년왕국 시대마저 거의 다 지난 끝 무렵에 등장하고 있는 것이다. 요한계시록 20:8에서 보면 『**곡과 마곡**』은 두 인물이 아니라 한 인물일 가능성이 높다. 『**땅의 사방에 있는 민족들, 곧 곡과 마곡을 미혹하려고**』라는 구절로 미루어볼 때, 『**곡과 마곡**』이라는 한 인물은 『**땅의 사방에 있는 민**

족들』을 대표하고 있는 어떤 한 인물임이 분명하다.

다행히 스코필드는 이 부분의 주석 끝에 "또한 왕국 시대의 끝에 있게 될 민족들의 최종적인 반란까지도 포함하고 있다(계 20:7-9)."라고 말함으로써, 이 일이 "천년왕국 시대 끝"에까지 관련될 가능성을 완전히 배제하지는 않았다.

『**말들과 기병들**』(4절). 이 부분에서 몇 번 반복적으로 언급되는 이것들은 절대로 상징적이거나 비유적이 아닌 문자 그대로의 『**말들과 기병들**』을 말하는 게 분명하다. 『**말들과 기병들**』이 문자 그대로의 말들과 기병들을 의미할 때, 이것은 언제나 러시아와 관계가 있다. 러시아는 시베리아 지방에서 영하의 기후에도 잘 견뎌내는 "슈퍼" 품종의 말들을 사육, 훈련시키고 있고, 현재 세계 전체 말의 70%를 러시아가 보유하고 있다. 미국이 기병대를 완전 해체해 버린 데 반해 러시아는 오히려 기병대를 은밀히 육성하고 있고 시베리아에서 전쟁용 말을 훈련시키고 있거니와, 이것은 그들에게 무슨 생각인가가 있어서다. 미국과 러시아 간에 대륙간 핵탄두 미사일로 서로 공격하며 멀찍이 떨어져서 전쟁을 한바탕 치르고 난 뒤, 그야말로 승자도 패자도 없는 상태가 되었을 때 러시아 기병대가 육로를 통해 말을 타고 어디론가 진격해 와서는 땅을 석권해 버리면 제아무리 핵탄두 미사일로 공격한다 해도 결국 헛방만 날리다가 제풀에 녁아웃 당하고 마는 권투선수 꼴이 될 것이다. 최신형 T-65 탱크가 있고 장갑차가 있고 하다못해 군대 수송용 트럭이 있다고 해도 광선총 때문에 이러한 장비들의 엔진은 모두 마비돼버릴 것이고 핵공격으로 연료 창고는 모두 날아가 버릴 것이라는 게 러시아군 당국의 현명한 예상이다. 그렇게 될 때 가장 효율적인 공격 전술은 잘 훈련받은 말들과 기병대들에 의해서만 수행될 수 있을 것이다. 기병대가 말을 타고 어떻게 그 광활한 대륙을 가로질러 므깃도 계곡까지 온단 말이냐고 바보 같은 질문일랑 제발 하지도 말라. 벌써 13세기 중반에 원나라의 징키스칸은 기병대를 이끌고 유러시아 북방 초원지대까지 석권한 바가 있었다. 한국전 당시 중공군이 참전하면서 압록강을 도하하는 데 밤사이에 무려 5천 명 꼴의 대병력이 나귀에 탄약을 싣고 건너왔지만, 어찌나 고요했던지 아무도 그 소리를 듣거나 눈치채지 못했고 미군과 한국군은 삽시간에 포위되고 말았다. 지금도 야간을 틈타 은밀히 진격하는 데에는 뭐니 뭐니 해도 기병대가 최고다. 러시아군이 말과 기병대가 아닌 다른 종류의 병력 수송수단을 사용한다면 그들은 절대로 므깃도 계곡 근처에 당도하기도 전에 배터리가 못쓰게 된다거나 내연기관의 어느 부분이 마비돼버려 오도가도 못하게 될 것이다. 그래서 그들은 말과 기병대를 여전히 육성하고 있는 것이다.

『**그들과 함께한 페르시아와 에디오피아와 리비아인데 그들 모두는 방패와 투구로 갖추었고**』(5절). 『**곡**』이 이스라엘을 공격할 때 그는 페르시아 군대, 즉 이라크와 이란 군대도 동맹군으로 이끌고 쳐들어온다는 것이 성경의 예언이다. 『**곡**』이 이스라엘에 공격해 올 때 팔레스타인 땅을 둘러싸고 있는 『**곡**』의 동맹국들 가운데 이스라엘의 동편에 위치하고 있는 나라가 바로 옛 페르시아의 일부인 이라크와 이란이 될 것이다.

에디오피아는 팔레스타인의 남쪽에 위치하고 리비아는 서쪽에 위치한다. 이스라엘의 북쪽으로는 『**곡**』의 마곡이 위치하고 있고, 동쪽으로는 페르시아가 있다. 그러니까, 이들 동맹국들은 동서남북 사방으로 이스라엘을 완전 포위하고 있다가 누군가가 후에 등장함과 동시에 공격을 개시하게 될 것이다.

『**고멜과 그의 모든 부대인데 북쪽 지방의 토갈마의 집과 그의 모든 부대이며 너와 함께한 많은 백성들이라**』(6절). 대부분의 성경 주석자들은 『**고멜**』이 독일을 지칭한다고 주장하는데, 확실한 증거가 있는 것은 아니다. 유대인들은 독일이 성경에 나오는 "아스크나스"로 보고 있다(창 10:3). <국제 표준 성경 백과사전, *International Standard Bible Encyclopedia*> 325페이지에 보면 터키에서는 "토가곤의 집"(house of Togargon)이라고 스스로를 자칭하는 사람들이 많다고 한다. 또 이 백과사전의 부록 역사편 제1권 204페이지에 보면 『**고멜**』이 "아쉬케나즈"라고 서술하고 있는데, "아쉬케나즈"는 유대인들이 독일을 지칭할 때 부르는 "아스크나스"와 동일한 말이다. 이렇게 볼 때, 『**고멜**』이 독일을 지칭할 가능성이 크다는 것은 사실이다. 그렇기는 하지만, 『**고멜**』이 독일을 지칭한다는 확실한 증거는 없다. 그런데 독일이 여기서 도대체 무슨 일을 하게 된다는 것인지, 그게 의문이다. 동독과 서독이 분리되어 냉전 체제가 유지되던 동안에는 혹시 동독이 서독을 점령하고 독일 전역을 공산화시킨 다음 명실공히 러시아의 강력한 동맹국이 되지 않을까 하는 예상도 없지 않았지만, 역사는 오히려 그 반대 방향으로 흘렀다. 또 어떤 사람들은 미국이 공산화되어 서독까지 공산화의 길을 걷게 됨으로써 러시아의 팔레스타인 공격에 가담할지도 모른다고 내다보기까지 했다. 만약 이렇게 된다면, 팔레스타인은 공산주의 세력으로부터 공격을 받게 되는 셈이다. 그러나 이 모든 것들이 그럴듯한 추측일 뿐 그 어디에도 이런 견해들을 뒷받침할 만한 확실한 근거가 있는 것은 아니다.

『**북쪽 지방의 토갈마의 집과 그의 모든 부대**』. 이스라엘의 북쪽 지방에는 튀르키예가 있고, 러시아가 있으며, 또 독일이 있다. 독일은 제2차 세계대전 때도 남진하여 불가리아와 유고슬라비아, 그리스를 점령하였고, 싸이프러스까지 내려왔으며, 이집트까지 사실상 유린했던 경험이 있다. 독일은 심지어 인도까지 공격해 들어갈 계획을 세워놓고 있을 정도였다.

『**너는 예비하고 너와 네게 모인 모든 집단은 스스로 예비하며 너는 그들에게 감시자가 되라**』(7절). 이 구절에서 『**너**』는 물론 『**곡**』을 말한다. 『**곡**』은 『**고멜**』과 『**토갈마**』와 페르시아와 에디오피아 및 리비아에 대해서 『**감시자**』가 될 것이다. 『**고멜**』이 독일이고 『**토갈마**』가 튀르키예인 것이 사실이라면 『**곡**』은 아랍국들과 아프리카의 에디오피아 및 리비아뿐만 아니라 독일과 튀르키예에 대해서까지도 『**감시자**』가 될 것이다. 여기서 『**감시자**』(guard)란 일종의 "보호자" 내지 "후견인"이란 뜻을 갖는다. 다시 말해서, 『**곡**』과 동맹을 맺은 독일과 튀르키예 및 아랍국들과 아프리카 나라들이 『**곡**』에게 의존하여 모든 지휘권을 그에게 일임하게 될 것을 말한다.

자, 이제부터 시작되는 8절부터는 문맥이 바뀐다. 1-7절 부분이 요한계시록 20장에 관련된다면, 이제 8절부터는 요한계시록 19장의 상황으로 들어갈 참이다. 또 어쩌면 8절부터 새로 시작되는 문단이 요한계시록 19장과 20장에 다 연관될 수 있을지도 모른다. <킹제임스성경>은 여기에서 단락 구분을 해 놓고 있다.

38:8 여러 날 후에 네가 감찰받게 되리니 말년에 네가 칼로부터 되찾고 많은 백성 가운데서 모아진 그 땅에 이르러 항상 황폐하였던 이스라엘의 산들을 대적하리라. 그러나 그 땅은 민족들에서 나왔으니 그들 모두는 안전하게 거하리라.
9 네가 올라오되 폭풍같이 올 것이며 너와 네 모든 부대와 너와 함께한 많은 백성이 구름처럼 땅을 덮으리라.
10 주 하나님이 이같이 말하노라. 또한 동시에 일들이 네 마음속에 들어오리니 네가 악한 생각을 하게 되어

11 **네가 말하기를 "내가 성벽이 없는 고장들의 땅으로 올라가 성벽이 없이 빗장 이나 문도 없이 모두가 평안하고 안전하게 사는 그들에게로 가리라." 하고,**
12 **전리품을 취하며 약탈물을 취하고 네 손을 지금은 사람이 사는 황폐한 처소들 위와 민족들에서 모여든 백성들 위에 돌리리라. 이들은 가축과 재물을 얻는 자요, 그 땅의 한가운데 거하는 자들이라.**
13 **시바와 드단과 타시스의 상인들이 거기 있는 모든 젊은 사자들과 더불어 네게 말하기를 "네가 약탈하려고 왔느냐? 너는 물건을 탈취하려고 네 무리들을 모았느냐? 은과 금을 가져가고 가축과 재물을 빼앗아 가며 크게 약탈해 가려느냐?" 하리라.**

『**여러 날 후에 네가 감찰받게 되리니 말년에 네가 칼로부터 되찾고 많은 백성 가운데서 모아진 그 땅에 이르러 항상 황폐하였던 이스라엘의 산들을 대적하리라. 그러나 그 땅은 민족들에서 나왔으니 그들 모두는 안전하게 거하리라**』(8절). 이 구절에서 『**네가... 이스라엘의 산들을 대적**』하게 된다고 예언하는데, 그게 어느 시점이냐 하는 데 대해서는 어느 주석자들도 주의 깊게 살펴보지 않았지만 우리는 이 구절 마지막 부분에서 『**그들 모두는 안전하게 거하리라.**』는 언급에 주목하지 않을 수 없다. 적그리스도가 아마겟돈에서 공격해 올 때 이스라엘에는 그 누구도 『**안전하게**』 거할 수 있는 사람이 있을 수 없다. 주석자들은 8절에 대한 관련 구절로 한결같이 요한계시록 19장을 제시하지만 8절을 요한계시록 19장의 상황에 연관시킬 경우 『**그들 모두는 안전하게 거하리라.**』는 바로 이 구절에서 문제가 생긴다는 것을 간파하지 못한다. 요한계시록 19장에서는 아무리 생각해 보아도 유대인들이 『**안전하게**』 거할 수 있을 만한 상황이 아니다.

요한계시록 19장은 대환란의 끝 무렵이다. 이때 적그리스도는 예루살렘에 있다. 팔레스타인 땅은 적그리스도에게 정복당했고 성전은 더럽혀졌으며, 적그리스도는 "거룩한" 존재가 되어 보좌에 앉아 있는데, 유대인들은 144,000명을 제외하고는 모두 죽임을 당해야 할 만큼 처절하고 절박한 상황은 최악의 상태다. 바로 이런 이유로 해서 8절을 대환란 끝 무렵의 상황으로 몰고 갈 수는 없다. 대환란 끝 무렵에 유대인들은 『**안전하게 거하리라.**』는 예언과는 정반대의 상황에 놓여 있다는 사실을 그렇게 가볍게 간과해 버릴 수가 없기 때문이다.

반면에 8절을 천년왕국 끝 무렵에 갖다놓으면, 아무런 문제가 없다. 천년왕국 끝 무렵 같으면 『**그들 모두는 안전하게 거하리라.**』는 언급이 자연스럽게 모든 상황에 어울린다. 유대인들이 명실공히 『**안전하게**』 거하는 때가 바로 천년왕국 기간이기 때문이다. 따라서 8절에서 문맥이 바뀐다고 해서, 이 부분을 요한계시록 19장의 대환란 끝 무렵의 아마겟돈 전쟁에만 적용시키는 것은 잘못이다.

만약 8절을 천년왕국 시대 끝 무렵으로 시대를 설정하는 게 무리라면 차라리 대환란 중반기까지의 삼 년 반 동안으로 잡는 편이 대환란 끝 무렵보다는 더 이치에 맞는다. 왜냐하면 적그리스도는 이스라엘과 언약을 맺기 때문에(단 9:27) 유대인은 대환란 전반기 3년 반 동안만은 그런 대로 큰 문제없이 『**안전하게**』 거할 수 있을 테니까 말이다.

『**네가 올라오되 폭풍같이 올 것이며 너와 네 모든 부대와 너와 함께한 많은 백성이 구름처럼 땅을 덮으리라**』(9절). 이 구절은 첨단 무기들이 총동원되는 미래전의 양상을 그림처럼 나타내 보여 주는 정말 대단한 예언이다. 『**네가 올라오되 폭풍같이 올 것이며**』라는 말이나 『**많은 백성이 구름처럼 땅을 덮으리라.**』는 말에서 어떤 장면이 연상되는가? 하늘을 뒤덮은 대규모 비행 편대들이 눈앞에 선하지 않는가? 어떤가? 구름 떼처럼 하늘을 뒤덮고 폭풍처럼 몰아닥치는 초음속 전투폭격기들, 그리고 새까맣게 공중에 쏟아놓은 공정대원들 같은 것이 연상되지 않는가? 설사 비행기들이 아니고 공정부대도 아니라 할지라도 아무튼 무엇인가 공중에 구름 떼처럼 날아와 땅을 덮는 것만은 분명하다.

『주 **하나님이 이같이 말하노라. 또한 동시에 일들이 네 마음속에 들어오리니 네가 악한 생각을 하게 되어 네가 말하기를 "내가 성벽이 없는 고장들의 땅으로 올라가 성벽이 없이 빗장이나 문도 없이 모두가 평안하고 안전하게 사는 그들에게로 가리라." 하고,**』(10,11절). 성경의 예언들을 연구하는 주석자들이 에스겔 38장의 상황들을 시대적으로 구분하면서 도무지 종잡지 못하는 까닭은 우선 무엇보다도 그들이 군데군데 성경 구절들을 부주의하게 건너뛰거나 허둥대면서 빠뜨려 읽기 때문인데, 위에서 살펴본 에스겔 38:8이라든가, 지금 여기 38:11 등이 그 좋은 예다. 그들은 이 구절들에서 『**그들 모두는 안전하게 거하리라.**』는 말이나, 『**성벽이 없이 빗장이나 문도 없이 모두가 평안하고 안전하게 사는 그들**』이라는 말에 전혀 주의를 기울이지 않고 아무 생각없이 지나쳐 버렸지만, 한번 곰곰이 생각해 보라. 이것은 실로 대단한 예언이 아닌가? 인류 역사상 이 지구에 『**성벽이 없이 빗장이나 문도 없이 모두가 평안하고 안전하게 사는**』 때가 단 한 번이라도 있었던가? 그러나 이런 때가 장차 있게 될 것이라고 이 구절은 예언하고 있지 않은가? 그리스도께서 지상에 재림하시고 적그리스도가 산채로 불못에 던져진 후 천년왕국이 세워지면 이런 상황이 실제로 전개될 것을 생각해 볼 때 이 예언은 마치 눈앞의 사실처럼 생생하게 다가온다.

따라서 38:8-13 부분의 예언을 휴거 이전의 상황으로 몰고 가기 위해서는 앞으로 2,3년 내에 이스라엘과 적대국들 간에 완전한 평화협정이 맺어져서 이스라엘이 무장을 해제하는 사태가 벌어지지 않으면 안 된다. 그러나 그리스도께서 재림하시기 전 이스라엘에 진정한 평화가 정착된다는 것은 도저히 예상할 수 없는 상황이다. 곡과 마곡의 등장을 휴거 이전의 상황으로 보기보다는 오히려 대환란 중반기까지의 상황으로 보는 편이 훨씬 나을 것이다. 왜냐하면 그때까지 이스라엘과 적그리스도 사이에는 평화협정이 맺어져 있을 것이기 때문이다. 그러나 앞에서도 말한 것처럼, 이 평화협정은 대환란 중반기에 파기될 것이기 때문에 곡과 마곡의 등장을 이 시대에 적용하는 것도 어울리지 않는다. 말하자면 이스라엘과 적그리스도 간의 평화협정은 진정한 의미에서의 평화를 보장하는 것이 아니라 잠정적인 상황에 불과하고 양측이 모두 그것을 모르고 있을 리가 없을 테니까 말이다.

이상에서 살펴본 바와 같이 에스겔 38:8-13 부분은 휴거 이전의 상황도, 대환란 중반까지의 상황도, 대환란 끝 무렵의 상황도 아니다. 이 부분은 명백하게 천년왕국 시대 끝 무렵의 상황이다. 에스겔 38:8-13 부분이 갑자기 천년왕국 시대 끝 무렵으로 달려가는 바람에 38장 전체의 이야기 흐름에서 돌출적으로 벗어나 있다고 그것을 다른 시대 상황에 억지로 갖다 맞출 필요는 없다. 사람의 생각을 성경의 의도에 맞추어야지 어떻게 성경의 생각을 사람의 의도에 맞추려고 한단 말인가? 성경을 해석하면서 범한 모든 실수와 왜곡 현상들이 모두 성경을 사람의 생각에 갖다 맞추려고 무리를 한 데서 나왔음을 우리는 잘 알고 있는 터다.

『**전리품을 취하며 약탈물을 취하고 네 손을 지금은 사람이 사는 황폐한 처소들 위와 민족들에서 모여든 백성들 위에 돌리리라. 이들은 가축과 재물을 얻는 자요, 그 땅의 한가운데 거하는 자들이라**』(12절). 이 구절만 본다면, 아닌 게 아니라 상황은 바로 지금 이 시대처럼 보인다. 세계 도처에 흩어져 있던 유대인들이 팔레스타인 옛 본토로 돌아와 1948년 정식으로 이스라엘 국가 재건을 선포한 이래 지금 팔레스타인 땅 한가운데 자리잡고 앉아서 주변에 스무 나라도 넘는 적대국 아랍 나라들에 둘러싸여 있지만, 그 누구도 감히 이스라엘을 건드리지 못한다. 그리고 주변의 그 어떤 나라들도 이루지 못한 눈부신 농업과 공업 개발로 이스라엘은 가축과 재물에서 주변 국가들을 압도하고 있다. 이렇게 볼 때, 이 구절을 지금 이 시대에 적용해도 아무 문제가 없는 것처럼 보이고, 많은 주석자들이 또한 그렇게 하고 있는 게 사실이다. 하지만 이 구절을 지금(또는 그리스도의 재림 시기 언저리)에 적용하려면 당신은 8절과 11절을 잊어버리거나 고의적으로 깔아뭉개야 한다. 왜냐하면 8절과 11절에서는 『**그들 모두는 안전하게**』 거하고 있고 『**빗장이나 문도 없이 모두가 평안하고 안전하게 사는 그들**』이라고 언급하고 있기 때문이다. 지금 이스라엘이 과연 그런 상황에 놓여 있지 않다는 것은 이미 앞에서 살펴보았다.

『**시바와 드단과 타시스의 상인들이 거기 있는 모든 젊은 사자들과 더불어 네게 말하기를 "네가 약탈하려고 왔느냐? 너는 물건을 탈취하려고 네 무리들을 모았느냐? 은과 금을 가져가고 가축과 재물을 빼앗아 가며 크게 약탈해 가려느냐?" 하리라**』(13절). 시바의 여왕은 아라비아로부터 왔었다. 그렇다면 『**시바**』는 아라비아로 확인된다. 『**드단**』은 리비아의 한 지역으로 확인된다. 타시스는 성경에서 언제나 스페인으로 확인되지만, 대부분의 성경 예언 학자들은 『**타시스의 상인**』이라고 말할 때, 『**타시스**』는 영국을 지칭한다는 데에 의견이 일치한다. 잭 베니라든가, 라킨, 스코필드, 펨버, 게이블란, 디한 같은 사람들이나 나머지 모든 주석자들이 『**타시스**』는 영국을 말하고 『**젊은 사자들**』은 오스트레일리아와 미국 및 캐나다를 지칭한다는 데에 의견이 일치한다. 이 구절을 다니엘 7장에 연관시켜 생각해 볼 때, 『**타시스**』가 영국일지도 모르고, 『**젊은 사자들**』이 영국과 오스트레일리아일지도 모르겠지만, 글쎄, 『**타시스**』가 영국인지 아닌지 나는 잘 모르겠다. 바울이 스페인으로 가면서 "스페인"이라고 말했지 "타시스"라고 말한 적은 한 번도 없으니까 말이다. 어쨌든 나는 확실하게 알지 못한다. 내가 아는 것은 다른 주석자들의 주장들 역시 그것을 확실하게 증명해 줄 만한 근거가 없다는 사실이다.

성경 주석자들이나 예언학자들이 가르치는 바로는 11절, 12절에서 러시아가 팔레스타인을 점령하고 나면 영어를 사용하는 나라들, 즉 영국, 오스트레일리아, 미국,

캐나다 같은 나라들이 『곡』에게 『**네가 약탈하려고 왔느냐**? **너는 물건을 탈취하려고 네 무리들을 모았느냐**? **은과 금을 가져가고 가축과 재물을 빼앗아 가며 크게 약탈해 가려느냐**?』 하고 묻게 된다는 것이다. 현대 주석자들의 말로는 대환란 기간에 러시아가 튀르키예를 거쳐 팔레스타인으로 침공해 온다는 것인데, 어떤 사람은 이것이 대환란 중간의 전쟁이라고도 하고, 또 어떤 사람들은 그냥 대환란 끝의 전쟁이라고 가르친다. 이에 대해 제임스 맥긴리는 러시아의 이러한 공격이 반드시 휴거 이전에 있게 될 것으로 시종일관 내다보았다. 맥긴리는 러시아가 팔레스타인에 공격해 올 때, 튀르키예는 러시아군이 자국 영토를 통과하도록 허용하거나 아니면, 러시아와 합세하여 군대를 움직일 것으로 보았다. 따라서 이 전쟁 중 팔레스타인은 북으로는 튀르키예와 러시아, 동으로는 이란과 이라크 같은 아랍국가, 남과 서로는 리비아와 이집트 및 에디오피아에 의해 완전히 포위될 것이다. 러시아와 그 동맹국들이 팔레스타인에 공격해오는 이 전쟁이 휴거 이전에 있을 것으로 내다본 맥긴리의 이러한 주장이 어쩌면 옳을는지도 모른다. 이것이 사실이라면, 전쟁이 있기 전 이스라엘 땅에는 UN에 의한 평화가 수립되어 있어야 할 것이다. 그래서 유대인들은 평화 무드에 젖어 있다가 갑자기 러시아의 침공을 받고 혼비백산하겠지만, 이스라엘은 곧 세상이 알지 못했던 어떤 비장의 무기를 사용하여 러시아에 반격을 가하게 될 것이다. 그게 어떤 무기인지는 잘 모르겠지만, 38:19에서 그 무기가 『**땅에 큰 진동**』을 일으킬 것이라고 언급하고 있는 것으로 미루어 엄청난 위력을 갖고 있는 무기인 것만은 충분히 짐작이 간다. 제2차 세계대전이 끝나고 1945년, 46년 사이에 수많은 독일 과학자들이 예루살렘으로 들어와 자신들의 죄를 속죄하기 위하여 20여 년이 넘도록 무슨 일인가를 비밀리에 수행하며 이스라엘을 도왔는데, 이들은 아마도 어떤 특별한 무기를 비밀리에 개발하는 데 참여했는지도 모른다. 제임스 맥긴리는 러시아가 팔레스타인을 휩쓸고 나면 미국이 러시아의 협조를 받아 "기독교"라는 종교를 세계 종교로 확립하는 데 앞장서게 될 것이고, 그런 다음 로마카톨릭 교황이 UN을 장악하게 될 것이라고 주장했다.

38:14 그러므로 인자야, 곡에게 예언하여 말하라. 주 하나님이 이같이 말하노라. 내 백성 이스라엘이 안전하게 거하는 날에 네가 그것을 알지 못하겠느냐?
15 네가 북방에서 많은 백성과 더불어 네 지역으로부터 오리니 그들 모두가 말

을 탄 큰 집단이며, 막강한 군대라.

16 **네가 내 백성 이스라엘을 대적하여 구름이 땅을 덮듯이 올라오리라. 이것은**
훗날들에 있을 것이라. 내가 너를 내 땅으로 인도하리니 오 곡아, 이방의 눈
앞에서 내가 네 안에서 거룩하게 될 때에 이방이 나를 알게 하려 함이라.

지금까지 살펴본 바와 같이 에스겔 38장에 언급되고 있는 사실들 중에서 어떤 것들은 명확해서 다들 잘 알고 있는 반면에 또 어떤 사실들은 확실하지가 않다. 한 가지 분명한 사실은, 그 위치가 러시아로 지목되는 북방으로부터 누군가가 팔레스타인에 침공해 오리라는 것이다. 물론 러시아는 다른 동맹국들과 함께 공격해 올 터인데, 그 동맹국들의 이름은 앞서 5,6,7절에 열거해 놓고 있다. 그리고 13절에서 드러나는 또 한 가지 분명한 것은 누군가가 이 공격에 대해 『**네가 약탈하려고 왔느냐**? ...**무리들을 모았느냐**? ...**크게 약탈해 가려느냐**?』 하고 질문을 해온다는 사실이다. 질문해 온다는 것은 일종의 이의를 제기해 온다는 뜻이다. 이것은 본격적인 항거는 아니지만 어쨌든 동의하는 것만은 아닌 게 분명하다. 그런데 문제는 그 침공의 시기가 언제냐 하는 데 있다.

『**그러므로 인자야, 곡에게 예언하여 말하라. 주 하나님이 이같이 말하노라. 내 백성 이스라엘이 안전하게 거하는 날에 네가 그것을 알지 못하겠느냐**?』(14절) 이 구절을 보더라도 러시아가 팔레스타인을 침공해오는 전쟁은 『**이스라엘이 안전하게 거하는 날에**』 있게 될 것이 분명하다. 그런데 아무리 성경을 여기저기 뒤져봐도 대환란 끝 무렵에 이스라엘이 『**안전하게**』 거한다는 것은 있을 것 같지 않다.

『**네가 북방에서 많은 백성과 더불어 네 지역으로부터 오리니 그들 모두가 말을 탄 큰 집단이며, 막강한 군대라**』(15절). 팔레스타인에 대한 러시아의 공격은 『**북방에서**』 많은 백성으로 『**큰 집단**』을 이루고 『**막강한 군대**』가 되어 사방으로부터 감행해올 게 분명하다. 이때 러시아는 시베리아에서 특별히 훈련시킨 전 세계 70%에 달하는 수많은 말들과 기병대를 이끌고 예루살렘에 침공해 올 것이다. 그렇다고 해서 그들이 초현대적 첨단 무기들을 사용치 않는다는 뜻은 결코 아니다. 현대 무기들은 현대 무기들대로 총동원될 것이고 거기에 또 말들과 기병대들이 동원될 텐데, 이것은 첨단 무기만으로는 수행될 수 없는 작전을 수행키 위해서다. 이에 대해서는 앞에서 이미 설명했다. 사실상 15절부터 22절까지는 핵전쟁의 결과를 서술하고 있다.

『**네가 내 백성 이스라엘을 대적하여 구름이 땅을 덮듯이 올라오리라. 이것은 훗날들에 있을 것이라. 내가 너를 내 땅으로 인도하리니 오 곡아, 이방의 눈 앞에서 내가 네 안에서 거룩하게 될 때에 이방이 나를 알게 하려 함이라**』(16절). 러시아 기병대들 머리 위로는 또 비행기들이 구름처럼 몰려들어 공정대를 투입하거나 보급품과 무기들을 투하하게 될 것이다. 『**오 곡아,**』 하고 부른 것은 역시 그가 한 인물임을 말한다. 지금 에스겔 선지자의 입을 통하여 하나님의 예언을 듣고 있는 자는 『**곡**』이라는 이름의 한 "사람"이다. 어떤 사람들은 이것이 히브리어로 "*로스*"라는 단지 "왕"의 지위를 나타내는 것으로 알고 넘어가 버리지만, "로스"건, "왕"이건, 어쨌거나 "사람"은 "사람"이다.

『**이것은 훗날들에 있을 것이라.**』 "훗날들"이 언제인가? 성경에서 "~날," "그날," "그날들"이라고 말할 때, 이 날들은 내용에 따라 여러 가지 다양한 날들을 가리킨다. 그리스도께서는 "나의 때가 아직 이르지 아니하였다."는 말씀을 자주 하셨는데, "나의 때가 왔도다."라고 말씀하셨을 때는 이미 십자가에 처형되시는 그 때가 24시간 이내로 다가와 있었다. 구약에서는 "그날"이라는 말이 아주 빈번하게 나오고 있는데, 어떤 때는 죽음을 가져오는 기근의 때를 말하고, 어떤 때는 적그리스도가 나타나는 때를 가리키기도 하며, 어떤 때는 이스라엘이 광야로 인도되는 때, 어떤 때는 그리스도의 재림, 어떤 때는 천년왕국 시대의 통치, 또 어떤 때는 백보좌 심판을 가리키기도 한다. "그날"이라는 말이 이처럼 미래의 여러 때를 가리키기 때문에 여러 사건들이 겹쳐 있는 것처럼 여겨질 때가 많고, 아닌 게 아니라 성경이 여러 사건들을 겹쳐서 언급하는 경우가 흔한 것도 사실이다. 예를 들면, 『**롯이 소돔에서 나가던 날 하늘에서 불과 유황이 비오듯하여 그들 모두를 진멸시켰느니라. 이와 같이** 인자**가 나타나는 날에도 그러하리라.**』(눅 17:29,30)라고 그리스도께서 말씀하셨다. "불꽃같은 눈"을 가지신 그리스도께서 "피에 적신 옷"을 입으시고 "머리에는 많은 왕관"을 쓰신 채 "흰 말"을 타고 나타나실 때가 따로 있고, 『**하늘에서 불과 유황이 비오듯**』하는 때가 따로 있어 그 시간적 간격이 적어도 6개월은 되겠지만, 주님께서는 이 두 사건이 마치 같은 날에 일어나는 것처럼 겹쳐서 말씀하신다. 이렇게 볼 때, 38:8이나 38:11에서 이스라엘이 "안전하게" 거하는 날들을 언급한 것은 적그리스도가 다시 등장하는 그 날들, 즉 천년왕국 끝 무렵에 있을 최후의 전쟁을 멀찍이 내다보고 있는 상태에서 대환란 기간 동안에 이스라엘에 대적하여 전쟁(아마겟돈)을 일으킬 것으로 기술하고 있다고 생각할 수도 있다. 다시 말해서, 대환란 기간 동안에는 이스라엘이 『**안전하게**』 거하는 때가 결코 아니지만, 이스라엘이 안전하게 거하는 천년왕국 시대를 내다보면서 아마겟돈 전쟁을 서술하고 있는 것으로 볼 수도 있다는 얘기다. 이런 시각에서 본다면, 에스겔 38:2을 주석하는 가운데 스코필드가 요한계시록 19장을 직접적인 참조 구절로 제시하면서도 동시에 요한계시록 20장도 추신처럼 제시하면서 "예언 전체가 미래의 '주의 날'과 아마겟돈 전쟁에 속하지만, 또한 왕국 시대의 끝에 있게 될 민족들의 최종적인 반란까지도 포함하고 있다."라고 언급한 것은 타당한지도 모른다. 분명한 것은 스코필드가 천년왕국 시대 끝 무렵의 무엇인가를 어렴풋이나마 내다보고 있었다는 사실이고, 따라서 그의 통찰력은 높이 평가할 만하다는 사실이다.

16절에서 22절에 이르기까지 묘사되고 있는 양상은 핵폭탄이 투하된 결과다. 19절에서는 『**이스라엘 땅에 반드시 큰 진동이**』 있게 되리라고 언급하고 있고 20절에서는 바다와 하늘과 지상의 모든 동물들과 『**모든 사람들이 내 면전에서 떨 것**』이며 도시가 바닥으로 무너져 내릴 것이라고 말씀한다. 22절의 『**비를 내리리니 ...불과 유황으로 내리리라.**』라는 언급 역시 이것을 암시한다. 핵폭발이 일어나면 그 폭발로 인한 열과 폭풍 및 방사능의 직접적인 파괴도 무섭지만 그 후에 내리게 될 방사능 비 또한 두고두고 가공할 만한 피해를 가져오는데, 놀랍게도 22절은 이것까지 상세히 묘사하고 있는 것이다.

38:17 주 하나님이 이같이 말하노라. 너는 내가 옛날에 내 종 이스라엘의 선지자들로 너에 대해 말하게 했던 그 사람이 아니냐? 그들이 그 때에 여러 해 동안 예언하였으니, 곧 내가 그들을 대적하여 너를 불러올 것이라는 것이라.

18 주 하나님이 말하노라. 곡이 이스라엘 땅을 치러 오는 그 때에 내 진노가 내 얼굴에 나타나리라.

19 내가 내 질투와 내 진노의 불 속에서 말하였나니 그 날에는 이스라엘 땅에 반드시 큰 진동이 있어서

20 바다의 고기들과 하늘의 새들과 들의 짐승들과 땅 위를 기어다니는 모든 기는 것들과 지면에 있는 모든 사람들이 내 면전에서 떨 것이요, 산들이 무너져

내리고 절벽들이 떨어지며 모든 성벽이 바닥으로 무너져 내리리라.

『주 **하나님이 이같이 말하노라. 너는 내가 옛날에 내 종 이스라엘의 선지자들로 너에 대해 말하게 했던 그 사람이 아니냐? 그들이 그 때에 여러 해 동안 예언하였으니, 곧 내가 그들을 대적하여 너를 불러올 것이라는 것이라**』(17절). 『**곡**』은 이미 하나님께서 『**옛날에**』 선지자들의 입을 통하여 언급하셨던 인물임이 분명하다. 하나님께서는 『**곡**』이 적그리스도를 가리킨다는 사실을 벌써 일찌감치 선지자들을 통하여 예언해 놓으셨던 것이다. 17절의 말씀으로 미루어 보건대, 적그리스도가 이스라엘에 대적하여 공격하게 되는 것은 하나님께서 그렇게 하도록 그를 불러내시기 때문이다. 하나님께서는 『**내가 그들을 대적하여 너를 불러올 것이라**』고 선지자들을 통하여 여러 해 동안 예언하셨다고 분명하게 말씀하신다.

『주 **하나님이 말하노라. 곡이 이스라엘 땅을 치러 오는 그 때에 내 진노가 내 얼굴에 나타나리라**』(18절). 이 구절 역시 꽤 까다롭다. 『**곡이 이스라엘 땅을 치러 오는 그 때**』가 일차적으로는 휴거 이전일는지도 모른다. 그가 예루살렘에 들어오는 것은 이 시점이고, 자신의 형상을 세우고 성전에 앉아 자신이 하나님처럼 군림하는 때는 또 대환란 중간일지도 모른다. 다시 말해서, 적그리스도가 이스라엘 땅에 들어오는 때는 휴거 이전이고 성전에 앉아 하나님으로 가장하는 때는 대환란 기간 동안이 될 수도 있다는 얘기다. 그러니까 적그리스도가 이스라엘과의 전쟁을 치르고 나서 3년 반이 지난 후 성전을 세우고 하나님 행세를 하는 것이다. 그렇다면 하나님께서 얼굴에 진노를 나타내시는 때가 언제인가 하는 의문이 생기지만, 18절은 『**곡이 이스라엘을 치러 오는 그 때에**』라고만 말씀한다.

다니엘 11장을 살펴보자. 『**그는 또한 영광스러운 땅에 들어갈 것이요 많은 나라들이 무너질 것이라. 그러나 이들 곧 에돔과 모압 그리고 암몬 자손의 우두머리는 그의 손에서 피하리라**』(단 11:41). 여기서 『**그**』란 물론 적그리스도를 지칭한다. 적그리스도가 『**영광스러운 땅에 들어갈**』 때가 에스겔 38:18에서 말하는 『**곡이 이스라엘 땅을 치러 오는 그 때**』에 해당한다고 볼 수도 있다.

『**그가 또한 다른 나라들에게 그의 손을 뻗치리니 이집트 땅도 피하지 못하리라. 그러나 그가 이집트의 금 재물과 은 재물과 모든 진귀한 것들을 관장하는 권세를 가질 것이며...**』(단 11:42,43) 이때의 적그리스도는 마치 솔로몬과도 같다. 그는 이스라엘

뿐만 아니라 다른 나라들에게까지도 손을 뻗쳐 위세를 떨치고 국가 자산을 관장하는 권세를 쥐게 될 것이다.

『**리비아인들과 에디오피아인들이 그의 발치에 있으리라**』(단 11:43). 리비아인들과 에디오피아인들이 적그리스도와 함께 있는 상황은 에스겔 38:5에서 이미 서술되고 있었다. 그런데 에스겔 38:5은 휴거 이전의 상황이다. 이것은 순전히 나의 추측이지만, 이탈리아반도는 마치 발처럼 보인다. 그리고 리비아와 에디오피아 및 이집트는 바로 이 발 모양의 이탈리아반도 『**발치에**』 위치하고 있다. 그런데 리비아와 에디오피아가 『**그의 발치**』, 즉 적그리스도의 발치에 있을 것이라고 언급한다.

『**그러나 동쪽과 북쪽에서 오는 소식이 그를 번민케 하므로 그가 큰 분노로 나가서 멸할 것이며 많은 사람을 완전히 없애리라. 또 그가 자기의 궁전 장막을 바다들 사이에 있는 영광스러운 거룩한 산에 세울 것이라**』(단 11:44,45). 이 상황은 일단 사라졌던 적그리스도가 다시 등장하는 장면이다. 적그리스도는 대환란 끝에 유황으로 불타오르는 불못에 던져질 것이다(계 19:20). 그러나 천년왕국 끝 무렵에 다시 등장할 것이다. 그리고 영원토록 불과 유황 못에 던져질 것이다(계 20:10). 『**그러나 그가 그의 종국에 이르게 되리니 아무도 그를 도와주지 못하리라**』(단 11:45). 적그리스도가 종국에 이르게 되는 것은 천년왕국 시대 끝에 최종적인 패배를 맛보고 나서다.

『**내가 내 질투와 내 진노의 불 속에서 말하였나니 그 날에는 이스라엘 땅에 반드시 큰 진동이 있어서 바다의 고기들과 하늘의 새들과 들의 짐승들과 땅 위를 기어다니는 모든 기는 것들과 지면에 있는 모든 사람들이 내 면전에서 떨 것이요, 산들이 무너져 내리고 절벽들이 떨어지며 모든 성벽이 바닥으로 무너져 내리리라**』(19,20절). 앞에서 이미 언급한 것처럼 이 두 구절은 끔찍한 핵전쟁 장면을 연상케 하는데, 그 상황 묘사가 현 시대에 사는 우리들의 서술보다도 더 생생하다. 말이 그렇지, 지금까지 수많은 전쟁들이 이 땅에 있어 왔고, 그 파괴력이 엄청났던 것도 여러 번 경험해 보았지만, 이 구절들에서 서술되는 것만큼 끔찍한 상황은 아직 한 번도 벌어지지 않았다.

38:21 주 하나님이 말하노라. 내가 내 모든 산 구석구석에서 그를 대적할 칼을 부를

것이요, 각 사람의 칼이 자기 형제를 칠 것이라.
22 **또 내가 전염병과 피로 그를 대적하여 항변할 것이요, 내가 그와 그의 부대와**
그와 함께한 많은 백성들 위에 비를 내리리니 범람한 비와 큰 우박과 불과 유
황으로 내리리라.
23 **내가 이같이 나 자신을 높이고 나 자신을 거룩케 하여 많은 민족들의 눈에**
나를 알게 하리니 그들은 내가 주인 줄 알리라.

『주 **하나님이 말하노라. 내가 내 모든 산 구석구석에서 그를 대적할 칼을 부를 것이요, 각 사람의 칼이 자기 형제를 칠 것이라**』(21절). 요한계시록 19장의 상황이다. 『**그를 대적할 칼**』에서 『**그**』란 역시 『**곡**』을 말한다. 제미에슨이나 포셋, 브라운 같은 주석자들은 이 구절을 역대기하 20:23에 연결하지만, 이것이야말로 시대착오도 이만저만이 아니다. 『**이는 암몬 자손과 모압 자손이 세일 산의 거민들을 대적하여 일어나 그들을 완전히 죽이고 멸했기 때문이더라. 그들이 세일의 거민들을 진멸시킨 후 각자가 서로 죽이니라.**』 역대기하 20:23의 이 상황은 에스겔이 38장에서 예언하고 있는 시점보다 거의 200년 전에 있었던 역사적 사실이다. 그런데 위 21절은 과거를 언급하고 있는 게 아니라 『**칼을 부를 것이요... 칠 것이라.**』고 미래를 예언하고 있다. 설사 이 구절이 역대기하 20:23과 관련이 있다면, 이 구절 역시 "미래"에 일어날 어떤 사건의 그림을 보여 주는 구절로 보아야 할 것이다.

『**또 내가 전염병과 피로 그를 대적하여 항변할 것이요,**』(22절). 재림 장면이다. 성경에 보면 "전염병"이 "주의 천사"가 휘두르는 "주의 칼" 중의 한 가지로 묘사되기도 한다는 것을 알 수 있다. 주의 천사가 한꺼번에 많은 수의 사람들을 죽일 때는 진짜 칼로 한 사람 한 사람 목을 베어 죽이기만 하는 게 아니라, 때로는 일시에 전염병을 퍼뜨려 죽게 한다든지, 한꺼번에 심장마비를 일으켜 모두 죽게 한다든지, 혈병을 일으켜 몰살시킨다든지, 한 칼에 다 쓰러뜨린다든지, 아니면 다른 어떤 질병으로 일시에 쓰러지게 만든다(대상 21:12,16, 대하 32:21, 왕하 19:35, 행 12:23). 아마겟돈 전쟁 때든, 언제든 병을 일으킬 때, 또 마치 암 같은 어떤 질병을 정상보다 수만 배 빠르게 진행시켜 일시에 많은 사람들이 몸의 피부나 살이 순식간에 녹아 없어져 죽게도 하는데, 그 예가 주님의 재림과 함께 시작되는 아마겟돈 전쟁을 묘사하고 있는 스카랴 14:12이다. 『**주께서 예루살렘을 대적하여 싸운 모든 백성을 치실 재앙이 이러하리니,**

그들이 그 발로 서 있을 때에 그들의 살이 녹아 없어질 것이요, 그들의 눈이 그 구멍 속에서 녹아 없어질 것이며, 그들의 혀가 그 입에서 녹아 없어질 것이라.』 이것은 어쩌면 가속적으로 진행된 질병이라기보다는 무슨 강력한 핵폭발이나 코발트탄, 또는 가공할 만한 살인 광선무기의 결과일는지도 모른다.

『**내가 그와 그의 부대와 그와 함께한 많은 백성들 위에 비를 내리리니 범람한 비와 큰 우박과 불과 유황으로 내리리라**』(22절). 요한계시록 8:7의 장면이다. 역시 핵전쟁의 끔찍한 양상을 암시한다. 『**첫째 천사가 나팔을 부니, 피가 섞인 우박과 불이 따르더라. 그것들이 땅에 쏟아지니 나무의 삼분의 일이 타버리고 모든 푸른 풀도 타버리더라**』(계 8:7). 말이 쉽지 순식간에 20억 이상의 사람들이 죽임을 당하고 지상의 모든 푸른 초목들이 다 타버린다면, 이 얼마나 가공할 만한 일인가!

『**내가 이같이 나 자신을 높이고 나 자신을 거룩케 하여 많은 민족들의 눈에 나를 알게 하리니 그들은 내가 주인 줄 알리라**』(23절). 이방인들이 회심하게 된다.

자, 이상에서 본 것처럼 에스겔 38장의 시점에 대해서는 다양한 의견들이 제시된다. 그러나 이 시점에 대해서는 다음의 다섯 가지 사항을 깊이 생각해 봐야 할 것이다.

(1) 곡과 마곡이 많은 민족을 이끌고 내려온다. 말하자면 전 세계적 규모의 동맹체를 곡과 마곡이 결성하는 것이다. 그러나 38:1-7 부분에서 나타나는 공격자는 전 세계적 규모의 동맹체가 아니다. 38:5,6에서 보면 『**그들과 함께한 페르시아와 에디오피아와 리비아... 고멜과 그의 모든 부대... 토갈마의 집과 그의 모든 부대이며 너와 함께한 많은 백성들**』만이 곡의 동맹 세력일 뿐 전 세계 나라는 아니다. 38:8-13 부분 역시 『**시바와 드단과 타시스의 상인들이 거기 있는 모든 젊은 사자들과 더불어**』(13절) 공격자 『**곡**』에게 이의를 제기하고 있는 것으로 보아 이들이 러시아의 동맹체에 가담하고 있는 않은 게 명백하다. 이런 점으로 보아 적어도 에스겔 38:1-13에서 언급되는 전쟁은 러시아와 그의 동맹국들이 일으키는 것이지 전 세계적 규모의 동맹체가 팔레스타인에 대적하는 전쟁은 아니다.

(2) 또 한 가지 유의해야 할 것은 38:1-13 부분에서 이들의 공격이 그리스도를

대적하여 싸우는 전쟁이 아니라 이스라엘에 대적하여 일으킨 전쟁이라는 사실이다. 이에 반하여 19장의 아마겟돈 전쟁은 그리스도를 대적하여 싸우는 전쟁이다. 요한계시록 19:19를 보라. 『**또 내가 보니, 그 짐승과 땅의 왕들과 그들의 군대가 그 말 탄 분과 그의 군대에 대적하여 전쟁을 하려고 다함께 모였더라.**』 이 구절에서 『**말 탄 분**』이 누구신가? 그 이름이 『하나님**의** 말씀』(계 19:13)이라고 불리는 분, 『**만왕의 왕, 또 만주의 주**』(계 19:16)이신 분, 『**신실과** 진실**이라 불리며 의로 심판**』(계 19:11)하시는 분, 즉 예수 그리스도시다. 이 아마겟돈 전쟁 상황은 요한계시록의 다른 부분에서도 반복적으로 묘사되고 있는데, 역시 이 전쟁에서 대적자들이 그리스도를 겨냥하고 있지 이스라엘을 겨냥하고 있는 게 아니라는 사실을 분명하게 밝히고 있다. 요한계시록 17:13,14을 보라. 『**이들이 한 생각을 가지고 자기들의 권세와 능력을 그 짐승에게 넘겨주리라. 이들이** 어린양**과 맞서 싸우겠으나** 어린양**이 그들을 이기시리라. 이는 그가 만주의 주**요 **만왕의** 왕**이시며, 그와 함께한 자들은 부르심을 받았고, 택함을 받았으며, 신실한 자들임이라.**』 이 구절에서도 『**이들이** 어린양**과 맞서**』 싸운다고 언급하지 이스라엘에 맞서 싸운다고는 말하지 않는다. 이에 반하여 에스겔 38:1-13에서의 전쟁은 그리스도를 대적하여 일으킨 전쟁이 아니라 팔레스타인 땅을 대적하여 일으킨 것이다. 따라서 에스겔 38장에서 적어도 13절까지만 보면 이 전쟁이 일어나는 때는 천년왕국 끝 무렵이거나 아니면, 대환란 이전 어느 시점이거나, 그것도 아니면 대환란 중간이지 결코 대환란 끝 무렵의 아마겟돈일 수는 없다.

(3) 에스겔 38장을 읽으면서 문단 구분 표시대로 잘 나누어 생각해 보면 이 전쟁이 아마겟돈일 수 없는 이유를 이해하기가 더욱 쉬울 텐데, 무엇보다도 이스라엘이 『**안전하게**』 거하는 때라는 사실을 유의하면 이 전쟁의 시점이 천년왕국 끝이거나 아니면, 적그리스도가 이스라엘과 평화협정을 맺고 있는 대환란 중간일 가능성이 높다는 것을 이해할 수 있을 것이다. 이런저런 이유로 해서 많은 주석자들은 이 전쟁이 대환란 이전에 러시아와 튀르키예가 팔레스타인을 침공함으로써 일어나게 될 것으로 설명하고 있는데, 특히 제임스 맥긴리는 시종일관 대환란 이전설을 고집했다. 대환란 이전설 가운데에도 현대의 주석자들 대부분이 교회의 휴거 직후에 러시아가 공격해 올 것으로 보고 있는 데 반하여 제임스 맥긴리는 휴거 이전이라고 주장했다.

(4) 이 전쟁이 아마겟돈일 수가 없는 또 다른 이유는 아마겟돈 전쟁 이후 그리스도께서 민족들을 심판하시게 된다는 사실이다. 그리스도께서 재림하시면 영광의 보좌

에 앉아 민족들을 심판하시게 된다. 『인자**가 그의 영광 중에 오고, 또 모든 거룩한 천사들이 그와 함께 오면 그때에 그가 그의 영광의 보좌에 앉으리니 그 앞에 모든 민족들을 모아 놓고 마치 목자가 양들을 염소들에서 갈라놓듯이 그들을 따로 갈라놓으리라**』(마 25:31,32). 그러나 에스겔 38장에서는 누가 누구를 심판한다는 이야기는 눈을 씻고 찾아봐도 없다. 38장이나 39장 어디를 보아도 그리스도 앞에서 심판 받는 민족은 발견할 수가 없는 것이다.

(5) 이 전쟁이 아마겟돈일 수가 없는 또 다른 이유는 에스겔 38장의 맨 마지막 절인 23절을 보면 많은 민족들이 믿고 회심하게 된다는 사실이다. 다시 말해서, 민족들이 심판을 받는 게 아니라 주 하나님을 찬양하게 된다는 사실이다. 『**내가 이같이 나 자신을 높이고 나 자신을 거룩하게 하여 많은 민족들의 눈에 나를 알게 하리니 그들은 내가 주인 줄 알리라.**』 이거야말로 일종의 "부흥"이 일어나는 셈이다. 이렇게 볼 때, 에스겔 38장에서의 이 전쟁은 아마겟돈 전쟁일 수는 없다. 또한 이런 점에서라면 대환란 중간일 수도 없다. 왜냐하면 대환란 중간에 민족들이 회심하여 하나님께 돌아오는 일은 일어나지 않기 때문이다. 대환란이라는 하나님의 심판이 펼쳐지는데도 그들은 회개하지 않는다. 회개하기는커녕 오히려 하나님의 이름을 저주하고 모독한다. 『**넷째 천사가 자기 호리병을 해에 쏟으니, 해에게 불로 사람들을 태우는 권세가 주어지더라. 그리하여 큰 열기로 사람들을 태우니 그들이 이러한 재앙에 권세를 가진** 하나님**의 이름을 모독하더라. 그들이 회개하지 아니하고 그분께 영광을 돌리지 아니하니라.**』(계 16:8,9). 대환란 기간 중 모세와 엘리야 두 선지자가 부활하여 예루살렘 거리에 나타났다가 죽임을 당했을 때도 누구 하나 애도하기는커녕 크리스마스라도 맞이한 듯 선물들을 보내고 축제를 벌렸다. 『**또 백성들과 족속들과 언어들과 민족들 중에서 온 사람들이 그들의 죽은 몸들을 사흘 반 동안 구경하며 그 죽은 몸들을 무덤에 장사하는 것을 허락하지 아니하리라. 땅에 사는 자들은 그들로 인하여 즐거워하고 또 기뻐하며 서로 선물을 보내리니 이는 이 두 선지자가 땅에 사는 자들을 괴롭게 하였기 때문이라**』(계 11:9,10). 이런 판국에 대환란 중간에 사람들이 회개하고 하나님께로 돌이키는 상황은 상상도 할 수 없다.

이와 같이, 적그리스도와 맺은 언약으로 인해 이스라엘이 『**안전하게**』 거하는 때라는 점에서 보면 이 전쟁의 시점이 대환란 중간일 것으로 예상할 수도 있지만, 민족들이 회심하여 일종의 부흥 운동이 일어난다는 점에서 보면 이 시점은 결코 대환란 중간일 수가 없다. 이처럼 어떤 몇 가지 상황으로 보면 이렇고, 또 다른 몇 가지 여건을 보면 그렇지도 않기 때문에 지금쯤 당신은 극도의 혼란에 빠져 있을 것이다. 나는 당신이 에스겔 38,39장에 대한 주석을 공부하면서 혼란에 빠지는 게 오히려 다행이라고 생각한다. 왜냐하면 그래야만 어떤 주석자가 이렇게 말하면 그것을 덥석 받아먹고, 다른 주석자가 저렇게 말하면 또 그것을 덥석 믿어 버리는 버릇을 고칠 수 있기 때문이다. 당신은 어떤 주석자가 이렇다고 설명하면, 그것을 곧이곧대로 받아들이기 전에 과연 그 설명이 옳은가를 성경을 읽고 공부하며 면밀히 조사해 보아야 한다. 지금까지 사람들은 성경의 예언을 가르치는 선생들의 가르침들을 너무 쉽게 받아들여 왔다. 나는 에스겔 38,39장의 예언들이 어렵기도 하지만, 원체 많은 예언학자들의 견해가 구구각각인 데다가 이렇게 보면 이렇고 또 저렇게 보면 저러한 요소가 워낙 많기 때문에, 아주 명백한 근거가 성경에서 발견되지 않는 한 내 의견을 보류해 둔 채 지금 이 부분을 주석하고 있는 중이다. 모르는 것은 모르는 것이다. 확실하지도 않으면서 억지로 어떤 결론을 내리는 것은 결과적으로 성경을 훼손하게 된다는 점에서 아주 위험천만한 일이다. 아직도 우리에게는 시간이 있다. 성경의 예언들을 공부하면서 지나치게 성급할 필요는 없다. 시간을 갖고 면밀하게 성경을 읽으면서 새로운 사실들을 찾아낼 수 있도록 항상 기도하라.

지금까지 여러 가지 요인들을 종합해 본 결과 에스겔 38장 전반부에서 언급되는 이 전쟁은 다른 어떤 예언학자들보다도 제임스 맥긴리가 가장 타당한 시점에 접근하고 있다고 말할 수 있는데, 그는 이것을 휴거 이전으로 못박았다. 사람들은 휴거 이전에 그런 일이 일어날 만한 표적이 나타나지 않는다고 말하지만, 휴거란 어느 때라도 일어날 수 있는 사건이다.

이상에서 우리는 최소한 몇 가지 사실을 확실히 알 수 있는데, 그 가운데 가장 확실한 사실 한 가지가 이스라엘이 공격을 받게 된다는 것이고, 그 공격이 북쪽으로 온다는 사실이며 튀르키예를 거쳐오는 러시아가 공격자가 되리라는 사실이다. 이렇게 되기 위해서는 튀르키예가 러시아 군대에 남진할 수 있는 루트를 제공해야 한다. 이렇게 볼 때 다음 번 전쟁은 지중해를 중심으로 발발하게 될 것이고, 이스라엘은 이 전쟁에서 비밀 병기를 사용하게 될 것이다. 사실 지금까지의 역사를 보더라도 획기적인 비밀 병기의 개발에는 언제나 유대인들이 깊숙하게 개입돼 있었다. 제1차 세계대전 때는 이스라엘 공화국 건설의 아버지라 불리는 시오니즘 운동의 지도적 정치가이며 화학자였던 와이츠만(Chaim Weismann)이 폭약의 대량생산에 쓰이는 아세톤의 대량 생산법을 개발하여 영국에 그 비법을 가르쳐 주었다. 이 기술은 제1차 세계대전 동안에 발명된 혁명적인 무기였다. 제2차 세계대전 때는 아인슈타인이 미국을 도와 원자탄 개발계획에 참여하였고 그 가공할 무기의 완성을 도왔다. 이런 점으로 보아 러시아가 장차 이스라엘에 공격해 올 때에는 이스라엘이 무엇인가 새로운 무기를 사용하게 될 것이 확실히 예상되는데, 그것이 살인광선 무기건, 코발트탄이건, 특정 목표물 선별 폭격 무기건, 아주 새로운 형태의 획기적인 무기가 될 것이다. 언제 터지든 이 전쟁이 터지고 나면, 러시아는 이스라엘의 신무기 앞에 무릎을 꿇고 국가적으로 응징될 것이며, 바로 이때 적그리스도가 등장하여 러시아를 접수할 준비를 갖추게 될 것이다. 이렇게 볼 때, 적그리스도는 절대로 러시아인이 아니다. 적그리스도는 세상 사람들에게 경배의 대상이 되어 엄청난 권력 기반을 닦게 될 것이고. 이런 권력 기반을 토대로 하여 이스라엘에 패배한 러시아를 자연스럽게 접수하게 될 것이다.

또 한 가지 확실한 사실은 러시아가 팔레스타인에 침공해 오는 이 전쟁은 아마겟돈 전쟁과는 다른 전쟁이라는 사실인데, 많은 주석자들이 이 시점을 대환란 이전으로 잡고 특히 휴거 이전으로 잡는데, 나는 여기에 동의할 수가 없다. 교회의 휴거가 있은 다음 이 전쟁이 발발할 것이라는 게 나의 견해인데, 그 이유는 다니엘의 70째 주가 교회의 휴거 직후에 바로 시작되라는 법은 없기 때문이다. 이 사실을 간파하지 못한 대부분의 성경학자들은 휴거가 있은 다음 곧바로 다니엘의 70째 주가 시작되는 것으로 시간표를 그려놓고 설명하면서 휴거와 다니엘의 70째 주 사이에 잠시 동안의 시간적 간격이 있을 수 있는 가능성은 전혀 고려하지 않는 게 보통이지만, 나는 그 사이에 얼마든지 막간이 있을 수 있고, 그런 다음에 러시아가 팔레스타인에 침공해올 가능성을 배제하지 않는다. 말하자면 지금이라도 당장 우리들 구원받은 성도들이 휴거되어 하늘에 있는 본향으로 올라가고 그 직후에 가령 여섯 달쯤의 간격이 있은 다음에 러시아가 팔레스타인에 쳐들어올 가능성이 없지 않다는 얘기다. 휴거와 대환란의 시작 사이의 기간에 대해서는 성경에 전혀 언급이 없다. 이것은 휴거의 시기가 전혀 언급돼 있지 않은 것과 마찬가지다. 휴거는 지금 이 순간에라도 당장 일어날 수 있다. 다니엘의 70째 주가 시작됨과 동시에 7년간의 대환란이 있게 되리라는 것이야 다 알고 있는 사실이지만, 다니엘의 70째 주가 시작되는 시점을 알 수 없는 것은 휴거의 시기를 모르는 것이나 마찬가지다. 문제는 70째 주의 시작과 휴거가 반드시 동시적인 사건만은 아닐 수도 있다는 것이고, 그 간격이 어느 정도나 될지 아무도 모른다는 데에 있다.

위에서 살펴 본 것처럼 에스겔 38장에서 언급하는 모든 전쟁 상황들이나 39장에서 언급하는 모든 전쟁 상황들을 종합해 볼 때 그 시점이 한결같이 "곡과 마곡의 전쟁"이라 일컬어지는 천년왕국 끝의 전쟁으로 귀결되는 것만은 아니라는 사실이 분명하다.

그런데 한 가지, 성경의 예언들을 다루면서 우리가 염두에 두어야 할 것은 이른바 "이중적 성취"(dual fulfilment)라는 것인데, 전도서 기자는 『**이미 있었던 것이 앞으로 있을 것이며 이미 된 것이 앞으로도 될 것이니, 해 아래 새 것이 없도다.**』(전 1:9)라고 말한다. 그래서 주님께서 어떻게 일을 진행하시게 될지 나보고 짐작해 보라고 한다면, 나는 38장과 39장의 모든 구절들을 종합해 볼 때, 곡과 마곡이 모두 세 차례에 걸친 공격을 감행하게 되리라고 본다. 이렇게 말하면, 당신은 어리둥절해질지도 모르지만 성경을 자세히 읽어보면, 예루살렘에 대해서 모두 세 차례의 파괴에 대해 성경에 언급되고 있음을 알 수 있다. 예루살렘의 제1차 파괴는 느부캇넷살이 B.C. 598년에 쳐들어와 예루살렘을 파괴했을 때 일어났거니와, 이때 이스라엘 백성이 바빌론에 포로로 잡혀갔고, 70년이 지난 뒤 이스라엘이 포로에서 귀환하여 느헤미야가 일단의 사람들을 이끌고 성전을 재건했다. 제2차는 A.D. 70년 로마 제국의 티투스가 침공해 오더니 예루살렘을 파괴한다. 제3차 예루살렘 파괴는 교회 시대가 끝나고 다니엘의 70째 주가 시작되는 요한계시록 11장에서 그 70째 주의 중간에 적그리스도가 이스라엘과의 언약을 파기하고 『**그 거룩한 도성을 짓밟을**』(계 11:2) 때 일어난다.

이와 같은 세 번에 걸친 예루살렘의 파괴를 장차 있게 될 세 번의 전쟁의 그림으로 보고 성경 예언들의 "이중적 성취"를 토대로 생각해 볼 수도 있겠는데, 가령 예레미야 52장이나 역대기하 36장의 느부캇넷살의 공격을 휴거 이전이나 대환란 중간의 전쟁에 대비해 볼 수 있겠다. 그야말로 『**이미 있었던 것이 앞으로 있을 것이며 이미 된 것이 앞으로도 될 것이니**』라는 말씀 그대로 예언의 "이중적 성취"가 기막히게 이루어지는 셈이다.

이와 같이 러시아의 팔레스타인 침공과 관련하여 에스겔 38장과 39장은 세 차례의 전쟁을 서술하고 있고, 휴거를 전후한 어떤 때가 그 첫 번째이고, 아마겟돈이 두 번째이며, 곡과 마곡의 전쟁이 그 세 번째가 아닌가 나는 결론적으로 추측한다. 이렇게 볼 때, 러시아의 제1차 팔레스타인 공격과 관련하여 튀르키예의 동정이 관심의 초점이 되지 않을 수 없는데, 현재로서는 아랍 국가들의 움직임이 심상치 않지만, 나는 앞으로 15년 이내에 어떤 큰 전쟁이 터진다면 그게 어디서 터지건 튀르키예가 여하한 형태로든 연루될 것이고 북아프리카 지역이 되었건, 아라비아가 되었건, 사막전의 양상으로 전쟁이 전개될 것으로 예상한다. 어찌 되었든 요다음 전쟁에 튀르키예가 가담하리라는 것만은 분명해 보이는데, 튀르키예는 지리적으로도 팔레스타인과 러시아 사이에 위치하고 있지만 이 전쟁에서도 이 양자 사이에서 어떤 역할을 맡게 될 것이 틀림없어 보인다. 러시아가 팔레스타인으로 남진해 올 때 튀르키예는 어떤 형태로든 러시아에 협력할 것이고, 따라서 러시아가 튀르키예를 경유하여 팔레스타인에 들이닥칠 가능성은 결코 배제할 수가 없는 것이다.

에스겔 39장

39:1 그러므로 너 인자야, 곡에게 예언하여 말하라. 주 하나님이 이같이 말하노라. 보라, 오 메섹과 두발 왕 곡아, 내가 너를 대적하노라.
2 내가 너를 돌이켜서 너의 여섯째 부분만을 남기고 북방으로부터 너를 올라오게 하여 이스라엘의 산들 위로 너를 인도하리라.
3 내가 네 왼손에서 네 활을 쳐서 네 오른손에서 화살들이 떨어지게 하리라.
4 네가 이스라엘의 산들 위에 쓰러지리니 너와 너의 온 부대와 너와 함께한 백성들이라. 내가 너를 몹시 굶주린 각종 새들과 들의 짐승들에게 주어 삼키게 하리라.
5 네가 들판에 쓰러지리라. 이는 내가 그것을 말하였음이라. 주 하나님이 말하노라.
6 또 내가 마곡과 섬들에서 태평하게 살고 있는 자들 가운데로 불을 보내리니 그들은 내가 주인 줄 알리라.
7 그리하여 내가 나의 거룩한 이름을 내 백성 이스라엘 가운데 알게 할 것이요, 또 그들로 나의 거룩한 이름을 더 이상 더럽히지 못하게 하리니 이방으로 내가 주, 곧 이스라엘에 계신 거룩한 분임을 알게 하리라.

『**그러므로 너 인자야, 곡에게 예언하여 말하라. 주 하나님이 이같이 말하노라. 보라, 오 메섹과 두발 왕 곡아, 내가 너를 대적하노라**』(1절). 앞서 38장에서 살펴보았듯이

<스코필드 주석성경>은 『**메섹과 투발**』이 러시아의 모스크바와 토볼스크라고 자신있게 말하고 있다. 『**곡**』이 실제로 어떤 인물이 될지는 현재로서는 알 수 없지만, 스코필드의 말대로 『**메섹과 투발**』이 러시아의 모스크바와 토볼스크를 지칭하는 것이 확실하다면(그럴 가능성이 매우 높다고 나도 생각하지만), 『**메섹과 투발 왕 곡**』은 그가 진짜 러시아인이냐 여부와는 상관없이 어쨌든 러시아를 통치하는 인물일 게 분명한데, 이 인물이 또 38:2에서처럼 『**마곡 땅과 메섹과 투발의 최고 통치자**』로 지칭된다는 점에서 그가 러시아뿐만 아니라 『**마곡 땅**』도 함께 통치하고 있다는 것을 알 수 있다. 또한 『**마곡 땅**』은 러시아가 이끄는 "북방(유럽)의 권세들"을 일컫는다는 데에 모두들 의견이 일치한다고 스코필드는 그의 주석성경에서 말한다. 이스라엘의 북방 세력들이라면 유럽의 여러 나라들이 거의 모두 다 포함되겠지만, 역시 38장에서 살펴보았듯이 『**토갈마의 집**』으로 지칭되는 튀르키예가 러시아의 연합 세력이 될 것이 틀림없어 보이고(그러나 튀르키예는 지리적으로는 아시아의 서쪽 끝의 소아시아 반도에 위치하고 있는 아시아 국가이지 유럽 국가는 아니다. 그러면서도 튀르키예는 그 지정학적 위치 때문에 유럽연합 EU의 회원국이 되었다. - 역자 주), 『**고멜**』로 지칭되는 독일 역시 러시아를 도와 어떤 역할을 담당하게 될 것으로 보인다. 그 외에는 유럽의 어떤 나라들이 또 『**마곡 땅**』에 포함될지는 불분명하다. 사실상 유럽의 "북방" 권세들이라면 뭐니 뭐니 해도 러시아가 그 핵심 세력임에 틀림없는데, 러시아가 팔레스타인에 대한 침공 전쟁을 일으킬 때 과연 유럽의 몇 나라들이 러시아를 도와 그 전쟁에 합류하게 될지는 지금으로서는 객관적으로 확실한 게 아무것도 없다. 38장에 보면 페르시아와 에디오피아 및 리비아 역시 『**곡**』의 연합세력의 일원이 되어 이스라엘에 공격해 올 것으로 언급되고 있으나 이들 나라들은 이스라엘에서 볼 때 "북방" 권세들이 아니라 페르시아는 동쪽, 리비아는 서쪽, 그리고 에디오피아는 남쪽 세력이다. 따라서 이들 나라들은 『**마곡 땅**』으로 서술되는 북방의 유럽 나라들에 포함되지 않는다.

『**오 메섹과 투발 왕 곡아, 내가 너를 대적하노라.**』라는 구절에서 보듯이 『**곡**』이 이스라엘에 대적하여 침공해 오지만, 하나님께서 그 『**곡**』을 대적하겠다고 선언하신다. 그렇다면 이 전쟁 또한 그 승패는 애당초부터 결정되어 있는 셈이다. 38:3에서도 『**오 메섹과 투발의 최고 통치자 곡아, 내가 너를 대적하노라.**』라는 구절이 똑같이 나왔었다. 그러나 38:3과 39:1이 『**곡**』을 대적한다는 점에서는 똑같지만, 그 상황이나 전쟁의

시점은 다르다는 사실을 유념해야 한다. 마귀는 대환란 기간에도 반란을 일으키지만 천년왕국 끝에도 반란을 일으킨다. 『**첫 번째 부활에 참여하는 자는 복되고 거룩하도다. 둘째 사망이 그들을 다스리는 권세가 없고, 오히려 그들이 하나님과 그리스도의 제사장들이 되어 천 년 동안 그와 함께 통치하리라. 그 천 년이 끝나면 사탄이 그의 감옥에서 풀려나, 땅의 사방에 있는 민족들, 곧 곡과 마곡을 미혹하려고 나가서 그들을 함께 모아 전쟁을 일으키리니 그 수가 바다의 모래 같으리라**』(계 20:6-8). 이미 살펴본 것처럼 38장의 전반부는 이처럼 천년왕국 끝 무렵의 상황이었다. 그러나 여기 39장은 대환란 끝 무렵의 상황이다.

『**내가 너를 돌이켜서 너의 여섯째 부분만을 남기고 북방으로부터 너를 올라오게 하여 이스라엘의 산들 위로 너를 인도하리라**』(2절). 여기서 팔레스타인 땅이 공격 목표가 되고 있다는 사실이 다시 한번 더 명백하게 드러난다. 그래서 이 전쟁은 곧 아마겟돈 전쟁임이 분명하게 나타난다.

그러나 이 구절에서 언급되는 『**너의 여섯째 부분만을 남기고**』가 무엇을 말하는지는 알 수 없다. 변개된 성경들은 이 말을 빼버렸다. 어떤 주석자들은 이것을 38:22에서 언급하는 『**전염병**』, 『**피**』, 『**비**』, 『**범람**』, 『**우박**』, 그리고 『**유황**』 등 "여섯 가지 재앙으로 너를 치겠다."는 말이라고 설명하기도 하지만, 구약에서 "친다"(strike)는 말을 구태여 "남긴다"(leave)는 말로 바꾸어 쓰는 예가 없다. 더구나 38:22은 여기 39:2과는 시대가 다르다. 38:22은 천년왕국 시대 끝이고 39:2은 대환란 끝이다. 따라서 이 구절을 그런 식으로 푸는 것은 대부분의 주석자들이 그렇듯이, 모르는 것을 모른다고 말하는 것을 무슨 수치나 되는 것처럼 여긴 데서 나온 무리한 주석이다.

『**내가 네 왼손에서 네 활을 쳐서 네 오른손에서 화살들이 떨어지게 하리라**』(3절). 자, 여기서 『**곡**』의 실체에 대한 힌트를 비로소 찾아낼 수 있다. 『**활**』은 적그리스도와 관련된다. 요한계시록 6:1,2에 보면 『어린양』이 일곱 봉인들 중 첫째 봉인을 여실 때 이 적그리스도가 출현하고 있다. 『**내가 보니, 보라, 흰 말 한 마리가 있는데 그 위에 탄 자가 활을 가졌더라. 그에게 한 면류관이 주어졌고 그는 나가서 정복하고 정복하려 하더라**』(계 6:2). 이 구절에 나오는 "흰 말 탄 자"를 두고 그가 예수 그리스도냐, 아니면 적그리스도냐 하고 열띤 논쟁이 벌어지고는 있지만, 여러 소리할 것 없이 이 자는 적그리스도다. 사람들이 『**흰 말**』이라든가, 『**면류관**』 같은 어휘에 현혹되어 이

자가 곧 예수 그리스도라고 쉽게 생각해 버렸고, 게다가 『**그는 나가서 정복하고 정복하려 하더라.**』라는 구절이 "점진적 확장"을 암시하는 듯한 인상을 풍기는 바람에, 20세기 후천년주의 신학이 고수하는, "점점 더 좋아지리라"식의 진화론적 관점과 기막히게 맞아떨어진다고 착각하고, 더욱더 거짓 교리를 퍼뜨리게 되었다. (이에 대해서는 저자의 주석 <요한계시록>의 6:2 주석 부분을 보라.)

이 자는 요한계시록 19장의 "흰 말 탄 자"와는 전혀 다른 인물이다. 마귀는 예수 그리스도의 흉내를 내는 데 천재적 재능을 갖고 있다는 사실을 항상 염두에 두라. 요한계시록 6:2에서 적그리스도는 『**활**』을 들고 있다(요한계시록 19장에서의 예수 그리스도께서는 『**예리한 칼**』이 입에서 나온다). 이처럼 『**활**』을 들고 있는 적그리스도가 지금 에스겔 39:3에서 등장하고 있다. 『**내가 네 왼손에서 네 활을 쳐서**』라고 말씀하고 있으니 말이다. 이렇게 볼 때, 이스라엘에 침공해 오는 『**곡**』이 어떤 인물로 둔갑하고 등장할지는 몰라도 한 가지 분명한 것은 『**곡**』이라고 지칭되는 인물의 실체가 다름 아닌 적그리스도라는 사실이다. 나는 앞서 38장 주석 초반부에서 성경 주석자들이 『**메섹과 투발**』에 대해서는 어디 어디를 가리킨다고 확인하고 있으면서도 『**곡**』이란 인물에 대해서만큼은 한마디도 제대로 주석하지 못하고 있다고 말했었는데, 사실상 이 자가 적그리스도라는 사실마저도 그들은 성경에서 찾아내지 못했다.

3절에서 『**곡**』이 『**활**』을 가지고 있다는 사실에서 이 자가 적그리스도임이 분명하다면, 에스겔 39장의 이 부분이 대환란 끝 무렵의 상황이라는 사실 또한 분명해진다.

『**네가 이스라엘의 산들 위에 쓰러지리니 너와 너의 온 부대와 너와 함께한 백성들이라. 내가 너를 몹시 굶주린 각종 새들과 들의 짐승들에게 주어 삼키게 하리라**』(4절). 아마겟돈의 상황을 묘사하고 있는 요한계시록 19:17,18을 보면 여기 에스겔 39:4의 상황 묘사와 얼마나 흡사한가를 알 수 있을 것이다. 아마겟돈에서는 장차 각종 새들과 들의 짐승들을 위한 『하나님**의 만찬**』이 한바탕 벌어질 것이다. 대환란 때 적그리스도가 이끌던 2억의 군대는 팔레스타인 땅에 공격해 오다가 이렇게 최후를 맞게 될 것이다.

『**네가 들판에 쓰러지리라. 이는 내가 그것을 말하였음이라. 주 하나님이 말하노라. 또 내가 마곡과 섬들에서 태평하게 살고 있는 자들 가운데로 불을 보내리니 그들은 내가 주인 줄 알리라**』(5,6절). 『**곡**』이 들판에 쓰러진다. 이스라엘을 대적하여 침공해 왔던 『**곡**』은 1절에서 예언되었던 대로 이렇게 멸망하고 만다. 이스라엘 북쪽의 마곡 땅과 함께 카리브, 몰타, 싸이프러스 같은 섬들 위에 하나님께서 『**불**』을 보내 심판하실 것이다.

에스겔 39장이 아마겟돈의 상황이라는 점을 확인하기 위하여 잠시 요한계시록 19장으로 가보자. 『**또 내가 보니, 한 천사가 해에 서 있는데 그가 큰 음성으로 외쳐 하늘 한가운데로 날아가는 모든 새들에게 말하기를 "와서 위대하신** 하나님**의 만찬에 다함께 모여 왕들의 살과 최고 대장들의 살과 용사들의 살과 말들과 그 위에 탄 자들의 살과 자유인이나 종이나 작은 자나 큰 자나 할 것 없이 모든 자의 살을 먹으라."고 하니라. 또 내가 보니, 그 짐승과 땅의 왕들과 그들의 군대가 그 말 탄 분과 그의 군대에 대적하여 전쟁을 하려고 다 함께 모였더라**』(계 19:17-19). 요한계시록 19장의 이 장면이 아마겟돈 전쟁이라는 점은 의심의 여지가 없다. 18절에 보면 『**자유인이나 종이나**』 할 것 없이 다 와서 살을 먹으라고 언급하고 있다. 이것으로 우리는 이 시대가 『**종**』이 있는 시대인 것을 확실히 알 수 있다. 자유인과 종의 구별이 완전히 없어지려면 천년왕국 시대로 들어가야 한다. 사람들은 미국의 남북전쟁 이후 노예가 다 해방되었기 때문에 이 지상에 노예란 없다고 말하지만, 이것은 말도 안 되는 소리다. 과거 30년 동안 지구상에서 노예로 붙잡혀 간 사람들의 수가 지금까지 미국 땅에서 살았던 사람들의 총수보다 훨씬 더 많았다는 사실을 알라. 노예는 예수 그리스도께서 오셔야만 사라진다. 그래서 요한계시록 19장은 대환란 기간 끝무렵의 아마겟돈 전쟁 상황이다. 그런데 요한 계시록의 19장의 장면 묘사가 에스겔 39장과 똑같다. 이것은 에스겔 39장이 아마겟돈 전쟁 상황이라는 사실을 명백하게 증명한다. 에스겔 39장이 천년왕국 시대 끝 무렵의 상황이 될 수 없는 이유들은 다음의 구절들에서도 속속 발견된다.

『**그리하여 내가 나의 거룩한 이름을 내 백성 이스라엘 가운데 알게 할 것이요, 또 그들로 나의 거룩한 이름을 더 이상 더럽히지 못하게 하리니 이방으로 내가 주, 곧 이스라엘에 계신** 거룩한 분**임을 알게 하리라**』(7절). 이 구절에서 하나님의 『**거룩한 이름을 내 백성 이스라엘 가운데 알게 할 것이요**』라는 말씀도 그렇지만, 무엇보다도 이방이 하나님께서 『**주**』시요, 『거룩한 분』이심을 알게 하시되, 『**이스라엘에 계신**』 거룩한 분이심을 알게 하겠다고 말씀하신다. 주님께서 다른 곳이 아닌 『**이스라엘에 계신** 거룩한 분』이심을 이방이 알게 되는 때가 과연 언제이겠는가? 8절에서는 이런 일이 이루어지는 그 때가 바로 『**그 날이니라.**』라고 언급한다. 그리고 또 11절에서도 『**그 날에는**』 『**곡**』에게 무덤자리가 주어지게 된다. 22절에서는 또 『**그 날 이후부터**』 이스라엘은 그분께서 자신들의 하나님이신 줄을 알게 된다. 다시 말해서 이스라엘이 회심하게 된다. 바울이 로마서 11장에서 언급하고 있는 이스라엘의 민족적 구원이 바로 이것을 말한다. 그렇다면, 이 『**그 날**』이 무슨 날인가? 선지자 요엘이 말하고 있는 『**그 날**』(욜 2:1), 즉 『**흑암과 암영의 날, 구름과 짙은 어두움의 날이 산들 위에 펼쳐진 아침**』 같은 날(욜 2:2), 그리고 아마겟돈 전쟁이 끝나고 바야흐로 천년왕국 시대가 열리는 그 날, 즉 『**주의 날**』(욜 2:1)이다. 그러니까 에스겔 39장은 예수 그리스도께서 재림하시는 대환란 끝 무렵의 상황이다. 이스라엘은 대환란 끝에 가서야 민족적인 죄가 용서되고 민족적으로 회심하여 민족적으로 구원받게 된다.

대환란 끝에 민족적으로 회복되고 회심하고 구원받는 이 상황은 에스겔 39:25에서 더욱더 강력하게 시사되고 있다. 『**이제 내가 다시 야곱의 사로잡힌 자를 데려오고 이스라엘의 온 집 위에 자비를 베풀 것이며 나의 거룩한 이름을 위하여 질투하리라.**』 에스겔 39장이 대환란 끝 무렵의 상황임을 가장 확실하게 시사하고 있는 말씀은 29절에서 그 절정을 이룬다. 『**내가 더 이상 그들로부터 내 얼굴을 숨기지 아니하리니 이는 내가 나의 영을 이스라엘 집 위에 부었음이라. 주 하나님이 말하노라.**』 대환란이 끝나면 회심한 이스라엘 집 위에 하나님의 영이 부어진다.

천년왕국 시대에는 하나님의 영이 각 개인 안으로 들어와 거하시는 게 아니라 모든 육체 위에 부어진다. 이것은 요엘 선지자가 예언했던 바였다. 『**그후에, 내가 내 영을 모든 육체 위에 부으리라. 그러면 너희 아들들과 너희 딸들이 예언할 것이요, 너희 노인들은 꿈들을 꿀 것이며, 너희 청년들은 환상을 보리라. 또 그 날들에는 내가 남종들과 여종들 위에도 내 영을 부어 주리라.**』(요엘 2:28,29). 사도행전 2장에서 베드로가 설교했던 내용도 바로 이것이었다(행 2:14-21). 하나님께서 모든 육체 위에 성령을 부어주시는 일은 지금 이 시대의 일이 아니라, 천년왕국 시대의 일인 것이다.

『**이방으로 내가 주, 곧 이스라엘에 계신** 거룩한 **분임을 알게 하리라.**』 천년왕국 시대가 펼쳐지면서 이방 민족들은 하나님을 알게 된다. 주님께서 돌아오셔서 아마겟돈에서의 심판이 끝내시면 이스라엘은 회심하고 이방 민족들은 하나님을 알게 될 것이다.

39:8 보라, 그 일이 이르고 그 일이 이루어지리니 이날이 내가 말했던 그 날이니라. 주 하나님이 말하노라.

9 이스라엘의 성읍들에 거하는 자들이 나가서 무기들에 불을 놓아 태우리니 큰 방패들과 작은 방패들과 활들과 화살들과 몽둥이들과 창들이라. 그들이 불로 이 무기들을 칠 년간 태우리라.

10 그리하여 그들은 들에서 어떤 나무도 취하지 아니하고 삼림에서 어떤 나무도 자르지 아니하리니 이는 그들이 불로 무기들을 태울 것임이라. 또 그들은 그들을 약탈한 자들을 약탈할 것이요, 그들을 강탈한 자들을 강탈하리라. 주 하나님이 말하노라.

『**보라, 그 일이 이르고 그 일이 이루어지리니 이날이 내가 말했던 그 날이니라. 주 하나님이 말하노라**』(8절). 『**이날이 내가 말했던 그 날**』이라고 말씀한다. 『**이날**』이 곧 주님께서 재림하시는 『**그 날**』이다. 이 『**그 날**』이 "주의 날"을 가리킨다는 것은 성경에서 백 번도 넘게 언급하고 있는 사실이다. 성경에서는 『**그 날**』이라는 말이 수백 번도 넘게 나온다. 『**그 날**』은 천년왕국이 시작되면서 이스라엘 집이 회복되고 하나님과의 모든 관계가 정상화되는 매우 중대한 날이다.

성경에는 수없이 많은 날들이 있지만, 나에게 있어 지구 역사상 가장 위대하고 중대한 의미가 있는 날은 예수 그리스도께서 내 죄를 위해 죽으신 날이다. 하지만 하나님의 입장에서 보면 그 날이 중요한 날이긴 하되, 그렇다고 가장 위대하고 가장 중대한 날은 결코 아니다. 그 날은 하나님의 아들께서 버림받아 십자가에 달려 돌아가시던 침통한 날이 아니었던가?(막 15:33,34, 마 27:45,46) 오히려 자신의 아들께서 자신에게 속한 이 땅에 돌아와 보좌에 앉으시게 될 그날이야말로 하나님께서 가장 중대한 날로 여기고 계실 게 분명하다. 그래서 성경의 가장 위대한 주제는 그분께서 왕으로 통치하실 왕국인 것이다.

『**이스라엘의 성읍들에 거하는 자들이 나가서 무기들에 불을 놓아 태우리니 큰 방패들과 작은 방패들과 활들과 화살들과 몽둥이들과 창들이라. 그들이 불로 이 무기들을 칠 년간 태우리라**』(9절). 에스겔 39장을 천년왕국 시대 끝에 적용할 수 없는 이유가 이 구절에서도 발견된다. 전쟁이 끝나고 모든 무기들을 7년간 불에 태우게 되는데, 천년왕국 끝에는 7년간 무기들을 불에 태울 겨를이 없다. 천년왕국 끝에 반란을 일으킨 마귀는 짐승과 거짓 선지자와 함께 불과 유황 못에 영원무궁토록 던져지고, 그 직후 백보좌 심판이 열리는데, 그때는 땅과 하늘이 이미 간 곳 없이 사라진 뒤다(계 20:10,11).

에스겔 38장과 39장에서 『**곡과 마곡**』의 전쟁이 다 같이 언급되지만, 어떤 장면은 대환란 끝의 아마겟돈이고 또 어떤 장면은 천년왕국 끝의 상황이며, 어떤 상황은 심지어 휴거 이전이기 때문에, 『**곡과 마곡**』이 관련되는 어떤 사건이 어떤 시점에 해당하는가를 정확하게 구별하기란 여간 어렵지가 않은지라 아주 주의해서 살펴보지 않으면 안 된다. 그러나 에스겔 39장만은 모든 정황이 대환란 끝의 아마겟돈 전쟁에 정확하게 맞아떨어지는 게 분명하게 드러나기 때문에 읽고 이해하기가 비교적 쉬운 편이다.

반면 바로 다음에 살펴보게 될 40장은 천년왕국의 상황에 해당한다. 40장에는 재건된 미래의 성전 모습이 등장하고 있기 때문이다. 41장 역시 이 성전에 대한 묘사가 나오고, 42장, 43장 모두가 천년왕국 시대의 성전에 대해 상세하게 묘사하고 있다. 44장 역시 천년왕국 시대 성전에서의 제사와 그 규례들이 자세히 언급되고 있다. 45장도 마찬가지다. 그리고 46장에서는 천년왕국의 통치자와 그에게 경배드리는 백성들 이야기가 나오고, 47장에서는 천년왕국 시대의 예루살렘과 팔레스타인에 대해서, 48장에서는 아브라함에게 약속되었던 모든 땅에 대해서 언급하고 있다. 따라서 39장은 천년왕국으로 들어가기 직전 대환란 끝 무렵의 상황을 묘사하고 있는 것이다.

아마겟돈이 끝나고 천년왕국 시대로 접어들면 모든 것이 전적으로 새로워진다. 이 시대에는 지금 세상의 모든 제도, 모든 생활방식, 모든 시스템이 통하지 않는 전혀 다른 차원의 세상이 된다. 천년왕국 시대를 내다보면서 현재와 같은 사고방식과 의식으로 생각한다면 그 자체가 난센스다. 주님께서 이 땅에 왕으로 오셔서 통치하시는 그 시대에는 인간이 아담 이래로 배워왔던 모든 것들이 일시에 쓸모가 없게 된다. 그 때에는 인간의 건강이나 수명을 위해서 무엇을 연구하고 발견하고 발명할 필요가 없다. 암 퇴치를 위해서 그 연구에 막대한 연구비를 쏟아부을 필요도 없고 달나라다 별나라다 하면서 우주여행 로켓을 개발할 필요도 없으며 컴퓨터도 필요 없고 여하한 수송 수단들도 다 쓸모 없게 된다. 당신이 지금 당장 미국에 날아가야겠다고 생각하는 순간 당신은 이미 그곳에 가 있게 된다. 에스겔 39장에 의하면 천년왕국 기간에는 주택도 필요 없고 냉난방 시설도 필요 없으며 심지어 전기도 필요 없고 밤에 조명등도 필요가 없게 된다. 천년왕국 시대의 인간의 생활 양태를 현재의 시각으로 본다면 그것은 지극히 원시적으로 보일지도 모르겠지만, 원시적이되 모든 점에서 완벽한 삶의 양식을 갖추게 될 것이다. 그 시대에는 다른 사람보다 더 행복해지고 더 부자가 되기 위해서 더 머리를 싸매고 더 일을 열심히 해야 한다는 따위가 도무지 불필요하다. 도대체 행복과 불행의 구별이 없는 완벽한 세상일 테니 말이다. 그 때에 우리가 할 일은 단지 주님을 경배하고 찬양하며 그분께 영광을 돌리는 일 뿐이다. 이것을 생각한다면 지금 어째서 당신이 구원받아 하나님의 자녀가 되어야 하는지 그 이유를 알고도 남음이 있을 것이다. 지금 구원받지 못하면 당신은 영원토록 지옥 불못에 던져져 영원한 고통 가운데서 살아야 한다.

『**그리하여 그들은 들에서 어떤 나무도 취하지 아니하고 삼림에서 어떤 나무도 자르지 아니하리니 이는 그들이 불로 무기들을 태울 것임이라. 또 그들은 그들을 약탈한 자들을 약탈할 것이요, 그들을 강탈한 자들을 강탈하리라. 주 하나님이 말하노라**』(10절). 아마겟돈이 끝나고 천년왕국 시대가 시작되면서부터는 풀 한 포기, 나무 한 그루라도 자연을 훼손하는 일도, 훼손할 필요도, 훼손할 수도 없을 것이며 모든 무기들은 불에 태워져 하나도 남지 않게 될 것이다. 아마겟돈에서 이스라엘에 대적하여 공격해 왔던 적그리스도와 그를 추종하던 모든 무리들이 완전히 무장 해제되고 진멸당할 것이기 때문이다.

39:11 그 날에는 내가 곡에게 이스라엘에서 무덤으로 한 장소를 주리니 바다 동편에 있는 행인들의 골짜기라. 그것이 행인들의 길을 막으리라. 또 그들은 곡과 그의 모든 무리를 그곳에 매장하리니 그들이 그곳을 하몬곡 골짜기라 부르리라.

12 이스라엘 집이 그들을 일곱 달 동안 매장하여 그 땅을 깨끗게 할 것이라.

13 참으로 그 땅의 모든 백성이 그들을 매장하리니 그 일이 그들에게 유명하게 되어 그 날에 내가 영광을 받게 되리라. 주 하나님이 말하노라.

14 그들이 사람들을 늘 하는 일에서 격리시켜 그들로 그 땅을 거쳐가면서 지면에 남은 자들을 행인들과 함께 매장하게 하여 그 땅을 깨끗게 하리니 일곱 달이 지난 후에 그들이 살펴보리라.

15 그 땅을 통과하는 행인들이 사람의 뼈를 보면 그 곁에 표식을 세워 매장하는

자들이 하몬곡 골짜기에 매장할 때까지 두리라.
16 **그 성읍의 이름도 하모나라 하리라. 그들이 이같이 그 땅을 깨끗게 하리라.**

『그 날에는 내가 곡에게 이스라엘에서 무덤으로 한 장소를 주리니 바다 동편에 있는 행인들의 골짜기라. 그것이 행인들의 길을 막으리라. 또 그들은 곡과 그의 모든 무리를 그곳에 매장하리니 그들이 그곳을 하몬곡 골짜기라 부르리라』(11절). 이 구절에 의하면 하나님께서는 『**곡**』과 그의 군대에게 자신의 무덤을 이스라엘의 한 장소에 마련토록 하실 텐데 그 위치가 『**바다 동편에 있는 행인들의 골짜기**』라고 말씀한다. 이곳은 아마도 지중해 동쪽에 위치한 어느 장소인 듯한데, 어쩌면 아마겟돈 계곡을 말하는지도 모른다. 아마겟돈 골짜기는 전멸 당한 『**곡**』과 그의 군대의 시체로 가득히 메워져 『**행인들의 길을**』 막게 될 것인즉, 이스라엘이 이 시체더미를 치우고 매장하는 데에만 일곱 달이나 걸릴 것이다.

『이스라엘 집이 그들을 일곱 달 동안 매장하여 그 땅을 깨끗게 할 것이라』(12절). 전쟁이 끝나고 유대인들은 일곱 달 동안 죽임을 당한 적들의 시체를 매장하는 장례파티를 연다. 천년왕국 시대 끝에는 이럴 만한 시간적 여유가 없다. 땅과 하늘이 사라져 없어지고 백보좌 심판이 즉각 열리기 때문이다.

아무리 전쟁이 치열하고 많은 사람들이 죽었기로서니 골짜기를 가득 메우고 있는 시체들을 치우고 매장하는 데에 일곱 달씩이나 걸리겠느냐고 어떤 사람들은 미덥지 않게 여긴다. 나도 역시 상상하기가 어려울 정도인 것은 마찬가지지만, 그러나 성경이 그렇다고 말씀하니 그대로 믿을 수밖에 없다. 성령께서는 사람들이 믿거나 말거나 사실을 사실대로 성경에 쓰셨을 따름이다.

『그 땅을 통과하는 행인들이 사람의 뼈를 보면 그 곁에 표식을 세워 매장하는 자들이 하몬곡 골짜기에 매장할 때까지 두리라. 그 성읍의 이름도 하모나라 하리라. 그들이 이같이 그 땅을 깨끗게 하리라.』(15,16절). 아마겟돈 전쟁에서 죽임을 당하고 하몬곡 골짜기에 매장될 시체들의 수가 자그마치 2억이나 된다. 전쟁이 끝나고 나서도 수개월 동안 사람들이 그 골짜기를 지나면서 시체의 뼈들을 보게 될 것이고 그 뼈들이 눈에 띌 때마다 그 곁에 표식을 세워 매장자들이 『**하몬곡 골짜기**』에 매장하게 할 것이다.

아마겟돈 전쟁은 그 규모에 있어서 상상을 초월한다. 무려 2억이나 되는 군대가 그것도 일시에 마치 포도즙틀에 짓밟히듯 죽임을 당하고 그 피가 흘러나와 말고삐까지 닿을 정도며 일천육백 스타디온, 즉 160마일이나 되는 피의 강을 이룬다(계 14:19, 20). 이것은 팔레스타인 전역의 남북을 잇는 거리만큼이나 엄청난 길이다. 이 전쟁은 워낙 초자연적인 힘으로 종결되기 때문에 실제 전쟁은 단 1분 만에 끝나고 말 것이다. 2억의 군대를 주님의 입에서 나오는 칼로 살해해 버리니까 말이다(계 19:20,21). 주님의 입에서 나오는 칼은 우리가 상상할 수조차 없이 엄청난 영적인 힘으로 2억의 군대를 순식간에 멸해 버릴 것이다. 『**불법의 신비가 이미 활동하고 있나니 현재는 막는 자가 있어 막을 것이나 그가 그 길에서 옮겨질 때까지만 그리하리라. 그리고 나서 그 악한자가 나타나리니 주께서 그를 자기 입에서 나오는 영으로 소멸하시고 그의 찬란한 오심으로 제거하시리라**』(살후 2:7,8). 주님의 『**입에서 나오는 칼**』(계 19:21), 즉 그분의 『**입에서 나오는 영**』(살후 2:8)이 이스라엘을 대적해온 군대를 치실 때 내려지는 재앙에 대해 스카랴 14장에서는 또 이렇게 묘사하고 있다. 『**주께서 예루살렘을 대적하여 싸운 모든 백성을 치실 재앙은 이러하리니, 그들이 그 발로 서 있을 때에 그들의 살이 녹아 없어질 것이요, 그들의 눈이 그 구멍 속에서 녹아 없어질 것이며, 그들의 혀가 그 입에서 녹아 없어질 것이라**』(슥 14:12). 주님의 입에서 나오는 영은 마치 순간적으로 번쩍하는 섬광 같은 것으로 이 섬광이 닿는 순간 살이 녹아 없어지고 눈이 녹아 없어지고 혀가 녹아 없어진다고 말씀한다. 주님께서 흰 말을 타고 내려오시면서 지상의 군대들을 향하여 입으로부터 무엇인가 강력한 광선 같은 것을 훅 내뿜으시는 순간 아마겟돈 골짜기는 순식간에 아수라장이 되고 마는 것이다.

39:17 **너 인자야, 주 하나님이 이같이 말하노라. 너는 모든 깃 달린 새와 들의 모든 짐승들에게 이르라. 모여 오라. 내가 너희를 위하여 베푸는 나의 제물, 즉 이스라엘의 산들 위에서 베푸는 큰 제물 사면에 모여서 너희는 살을 먹고 피를 마실지어다.**

18 **너희가 용사의 고기를 먹고 땅의 통치자들과 바산의 모든 살진 짐승인 숫양과 어린양과 염소와 수송아지의 피를 마실지니라.**

19 **너희는 내가 너희를 위하여 베푼 내 제물에서 배가 부를 때까지 기름을 먹고 취할 때까지 피를 마실지니라.**

20 그리하여 너희는 나의 식탁에서 말들과 병거들과 용사들과 모든 전사들로 배
부를지니라. 주 하나님이 말하노라.
21 또 내가 내 영광을 이방 중에 두노니 모든 이방이 내가 행한 나의 심판과 내
가 그들 위에 놓은 내 손을 보리라.
22 그리하여 이스라엘 집이 그 날 이후부터 내가 주 그들의 하나님인 **줄 알리라.**
23 이방은 이스라엘 집이 그들의 죄악으로 인하여 사로잡혀갔던 것을 알 것이라.
그들이 나를 거역하여 범죄하였기에 내가 내 얼굴을 그들로부터 숨겼고 그들
을 그들의 원수들의 손에 넘겨주었더니 그들이 모두 칼에 쓰러졌느니라.
24 그들의 불결함과 그들의 범죄함에 따라 내가 그들에게 행하였고 내 얼굴을
그들로부터 숨겼느니라.

17절부터 20절까지 아마겟돈 골짜기에서는 『**모든 깃 달린 새와 들의 모든 짐승들**』을 위한 살과 피의 잔치가 한바탕 벌어진다. 이것은 주님께서 새들과 짐승들을 위해 베푸시는 제물의 잔치다.

우리는 시편에서 모든 새들과 짐승들이 주님의 재림을 기다리고 있다는 것을 안다. 왜냐하면 이것들이 모두 하나님의 창조물들이기 때문이다. 『**이것들이 모두 주를 기다리오니 이는 주께서 때를 따라 그들에게 먹을 것을 주심이니이다. 주께서 그들에게 주시면 그들이 모으고, 주께서 주의 손을 펴시면 그들이 좋은 것으로 채워지나이다. 주께서 얼굴을 숨기시면 그들은 곤란해지며, 주께서 그들의 숨을 거두어 가시면 그들이 죽어서 그들의 흙으로 돌아가나이다.**』(시 104:27-29). 새들과 모든 짐승들이 주님을 기다린다. 주님께서 오셔서 아마겟돈에서 적그리스도의 군대를 멸하신 다음 맨 먼저 하시는 일이 무엇인가? 『**내가 너희를 위하여 베푼 내 제물에서 배가 부를 때까지 기름을 먹고 취할 때까지 피를 마실지니라.**』라고 말씀하시면서 이들을 『**나의 식탁**』에 초대하시는 일이다. 시편 104편이 천년왕국 시대에 적용된다는 사실은 다음 30,31절을 보면 더욱 분명해진다. 『**주께서 주의 영을 보내시어 그들이 창조되었으니 주께서 지면을 새롭게 하시나이다. 주의 영광은 영원토록 지속되리니 주께서 자기의 작품들을 기뻐하시리로다.**』 하나님께서 『**지면을 새롭게**』 하시는 것은 천년왕국 시대의 일이다. 『**주의 영광은 영원토록 지속**』되는 것이나 『**주께서 자기의 작품들을 기뻐**』하시는 것 역시 그 모두가 주님의 천년왕국 통치를 의미한다.

『**그가 땅을 바라보시니 땅이 진동하고 그가 산들을 만지시니 그것들이 연기를 내**

는도다』(시편 104:32). 이 역시 주님의 재림 장면을 묘사한다.

『**죄인들은 땅에서 소멸될지어다**』(시 104:35). 인류 역사상 지구상에서 죄인들이 소멸되었던 때는 전무후무하다. 이것은 천년왕국 시대라는 새 시대가 아니면 절대로 불가능한 일이다.

『**악인들은 더 이상 있지 못할지어다**』(시 104:35). 천년왕국 시대에는 당연히 이렇게 된다. 그 때에는 바로 주 예수 그리스도께서 이 땅을 통치하시기 때문에 악인이 있을 수가 없다.

죄인들이 땅에서 소멸되고 악인들이 더 이상 존재하지 못하는 새로운 세상! 이것을 생각만 해도 짜릿함이 느껴지지 않는가? 그래서 다윗은 외친다. 『**오 내 혼아, 너는 주를 송축하라. 너희는 주를 찬양할지어다**』(시 104:35)! 당신도 한번 이렇게 큰 소리로 외쳐 보라.

적그리스도는 잡혀서 유황으로 불타오르는 불못에 산 채로 던져지고(계 19:20), 그의 군대는 아마겟돈에서 진멸되는데, 나머지 사람들은 어떻게 되고 또 대환란 기간을 거쳐 천년왕국 시대로 들어가는 사람들은 어떤 사람들일까에 대해서 한번 살펴보기로 하자.

한 부류는 다니엘 11:41에서 언급된다. 『**그는 또한 영광스러운 땅에 들어갈 것이요 많은 나라들이 무너질 것이라. 그러나 이들 곧 에돔과 모압 그리고 암몬 자손의 우두머리는 그의 손에서 피하리라.**』 대환란 기간 중 『**에돔과 모압 그리고 암몬 자손의 우두머리**』는 어떤 방법으로든지 적그리스도의 손에서 용케 피하는 바람에 적그리스도가 이들 민족들의 씨를 말리는 데에는 실패한다. 따라서 에돔과 모압, 그리고 암몬 자손의 우두머리는 대환란을 거쳐 천년왕국에 들어간다. 오바댜를 보면 책 한 권 전체가 에돔에 대한 심판으로 일관하고 있음을 본다. 성경 66권 중에서 어느 책 한 권 전체가 어느 한 민족의 심판을 다루고 있는 것은 오바댜뿐이다. 비록 한 장으로 된 짤막한 책이지만 말이다. 여기에 보면, 주의 날에 처한 에돔의 처지가 이렇게 서술되고 있다. 『**주의 날이 모든 이방 위에 가까우니 네가 행했던 대로 네게 행해지리라. 네 보응이 네 자신의 머리로 돌아가리라. 너희가 내 거룩한 산 위에서 마신 것같이 모든 이방도 끊임없이 마시리니 정녕, 그들이 마시고 삼켜서 마치 그들이 없었던 것처럼 되리라. 그러나 시온 산 위에 구원이 있으리니 거룩함이 있을 것이요, 야곱의 집은 그들의 소유를 차지하리라. 야곱의 집은 불이 되고 요셉의 집은 불꽃이 되며 에서의 집은 그루터**

기가 되리라. 그들이 그들에게 불을 붙여 그들을 삼키리니 에서의 집에는 남는 것이 없으리라. 이는 주가 그것을 말하였음이라... 구원자들이 시온 산에 올라와 에서의 산을 심판할 것이요, 그 왕국은 주의 것이 되리로다』(옵 1:15-21). 여기서 『**에서의 집**』이란 곧 에돔을 말한다. 에돔은 삼켜져서 그의 집에는 『**남는 것이 없으리라.**』고 예언되고 또 『**그 왕국은 주의 것이 되리로다.**』라고 예언된다. 그러니까 에서의 후손들 극소수가 대환란 끝에 가까스로 살아남더라도 그들이 천년왕국에서 차지할 땅은 손바닥만큼도 없을 것이다. 그리하여 그들의 처지는 마치 『**없었던 것처럼**』 될 것이다.

대환란을 거쳐 천년왕국에 들어가는 또 하나의 부류는 마태복음 25장에서 양과 염소들을 갈라놓는 예언에서 언급된다. 『인자**가 그의 영광 중에 오고, 또 모든 거룩한 천사들이 그와 함께 오면 그때에 그가 그의 영광의 보좌에 앉으리니 그 앞에 모든 민족들을 모아 놓고 마치 목자가 양들을 염소들에서 갈라놓듯이 그들을 따로 갈라놓으리라. 그리하여 양들은 그의 오른편에, 염소들은 그의 왼편에 세워 두고 왕이 그의 오른편에 있는 사람들에게 말하기를 '오라, 내** 아버지**의 복을 받은 자들아, 세상의 기초가 놓인 이래로 너희를 위하여 준비한 그 왕국을 이어받으라. 이는 내가 굶주렸을 때에 너희가 먹을 것을 주었으며, 내가 목마를 때에 마실 것을 주었고 내가 나그네였을 때에 대접하였고**』(마 25:31-35). 이 부류는 대환란 기간 동안에 고통받는 유대인들을 돌봐준 사람들이다.

대환란 기간 동안에는 적그리스도가 짐승의 표를 받지 아니한 사람들은 남녀노소를 불문하고 모두 죽여 버리겠지만, 그런 가운데서도 짐승의 표를 받지 않고 대환란 기간을 통과하는 사람들이 있다. 요한계시록 7장과 14장을 보면 유대인 144,000명이 나오는데, 이들은 환란 끝에 휴거된다. 이들은 셋째 하늘에 가 있기 때문에 천년왕국 시대에는 주님과 함께 이 땅에 내려올 것이다. 한편 이 144,000명의 유대인들 외에도, 하나님께서 마련하신 시내 광야의 페트라에 피난하여 대환란 기간을 넘긴 유대인들이 또 있고, 이방인들 가운데도 어디론가 도망쳐 몸을 숨긴 채 대환란 기간을 거친 사람들이 또 있다. 짐승의 표를 받지 않고도 적그리스도에게 들키지 않고 무사히 숨어 산 이런 사람들은 모두가 자연계의 동물들과 같은 극도의 고난 속에서 삶을 영위하며 연명한 사람들인데, 이런저런 과정 동안 그 어려운 상황하에서도 유대인들에게 호의를 베풀고 도와주어야 한다.

이들이 천년왕국 시대 동안 주님의 통치하에서 살아가겠지만, 천년왕국 끝 무렵에 가면 또 주님께 모반을 품는 자들이 지하 활동을 하게 될 것인데, 때마침 잠시 지옥에서 풀려나게 될 사탄이 이들을 모아 또 한 번 주님께 대적하여 반란을 일으킬 것이다. **『그 천 년이 끝나면 사탄이 그의 감옥에서 풀려나, 땅의 사방에 있는 민족들, 곧 곡과 마곡을 미혹하려고 나가서 그들을 함께 모아 전쟁을 일으키리니 그 수가 바다의 모래 같으리라. 그들이 땅의 넓은 데로 올라가서 성도들의 진영과 사랑하시는 도성을 포위하니, 하늘에서 불이** 하나님**께로부터 내려와 그들을 삼켜 버리더라』**(계 20:7-9). 인간의 본성은 정말이지 알다가도 모를 것이다. 이토록 이상야릇한 인간의 본성이야말로 성경 주석의 영원한 주제가 아닐 수 없다. 이것은 인류가 이 땅에 창조된 이래 지금까지 계속된 본성이었고 천년왕국이 끝나는 시점에까지 계속될 본성이다.

『또 내가 내 영광을 이방 중에 두노니 모든 이방이 내가 행한 나의 심판과 내가 그들 위에 놓은 내 손을 보리라』(21절). 2억의 대군을 이끌고 이스라엘을 침공했던 곡의 군대가 아마겟돈에서 맞이한 처절한 결과를 보고 모든 이방 민족들은 주님의 심판이 어떤 것이었나를 아주 생생하게 실감하게 될 것이다.

『그리하여 이스라엘 집이 그 날 이후부터 내가 주 그들의 하나님**인 줄 알리라』**(22절). 아마겟돈 전쟁이 끝나고 천년왕국으로 진입하면서 모든 유대인들은 민족적으로 회심하게 될 것이고 그때 가서야 주님께서 자신들의 하나님이신 것을 알고 경배하게 될 것이다.

『이방은 이스라엘 집이 그들의 죄악으로 인하여 사로잡혀갔던 것을 알 것이라. 그들이 나를 거역하여 범죄하였기에 내가 내 얼굴을 그들로부터 숨겼고 그들을 그들의 원수들의 손에 넘겨주었더니 그들이 모두 칼에 쓰러졌느니라』(23절). 우리는 여기까지 오면서 앞에서 북쪽의 군대가 이스라엘의 산들 위에서 멸망당하는 모습을 보았고 수많은 군대가 죽임을 당한 결과 산더미처럼 쌓인 시체들을 매장하는 작업이 진행되는 것을 보았으며(12절), 무기들을 모두 불에 태우는 광경들을 또한 보았거니와(9절), 그 어느 장면이나 상황을 보아도 모두가 아마겟돈의 정황을 묘사하는 것들임을 알 수가 있었다. 전쟁이 끝나고 나서 일곱 달 동안의 후처리 기간이 있다는 사실로 보거나, 그 일곱 달 후에 유대인들이 후처리가 말끔히 되었는지 살펴보는(14절) 상황으로 보아 이 모두가 아마겟돈 전쟁 때의 이야기지 결코 천년왕국 끝의 이야기가 아니다. 천년왕국이 끝나고 사탄이 감옥에서 풀려나 땅의 사방에 있는 민족들을 모아 전쟁을 일으킬 때 『**곡과 마곡**』의 운명에 대해서는 『**하늘에서 불이 하나님께로부터 내려와 그들을 삼켜 버리더라.**』(계 20:9)라고 성경은 기록하고 있는데, 여기서는 아마겟돈 전쟁에서처럼 일곱 달 동안의 후처리 기간이 전혀 설정되어 있지가 않다. 천년왕국 끝에는 하늘과 땅이 뜨거운 열에 모두 녹아 사라져 없어진다. 그러므로 이런 일이 일어나지 않는 아마겟돈 상황을 천년왕국 끝 무렵에 적용하는 것은 이치에 맞지 않는다. 어떤 사람들은 39장의 상황이 어쩌면 대환란 중간에 해당할 수도 있지 않겠느냐고 말한다. 그러나 관련 구절들을 자세히 들여다보면, 역시 대환란 끝 무렵의 상황이 분명하다는 것을 확인할 수 있다.

『**그들이 나를 거역하여 범죄하였기에 내가 내 얼굴을 그들로부터 숨겼고**』(23절). 지금의 교회 시대는 하나님께서 이스라엘에 대하여 얼굴을 숨기고 계신 기간이다. 다시 말해서, 이스라엘을 숨겨 놓으신 기간이 아니라 이스라엘 민족에 대하여 하나님께서 숨고 계신 기간이란 얘기다. 이것을 비유로 나타낸 구절이 마태복음 13:44이다. 『**또 천국은 밭에 숨겨진 보물과 같으니, 어떤 사람이 그것을 찾은 후에 *다시* 숨기고 그 기쁨으로 가서 자기의 모든 소유를 팔아 그 밭을 사느니라**』(마 13:44). 출애굽기 19:5에 의하면, 『**보물**』은 이스라엘이다. 마태복음 13장에서 밭에서 보물을 찾은 이 사람은 그 보물을 다시 숨겼는데, 이것은 그 사람이 보물로부터 숨어버린 것과도 같다. 교회 시대에는 하나님께서 유대인들로부터 얼굴을 숨기시기 때문에 그들이 그분을 볼 수가 없다. 하나님께서는 이스라엘의 눈이 어두워져서 자신을 보지 못하도록 하셨던 것이다. 하나님께서 이스라엘을 이렇게 만드신 데에는 『**그들이 나를 거역하여 범죄하였기에**』(23절)라고 그 이유를 밝히고 있는데, 이것은 그들이 자신들의 메시아를 거부하였고 그분의 사역을 거절하였기 때문이었으며, 또한 자기들의 행위들만 내세웠기 때문이었다.

『**그들의 불결함과 그들의 범죄함에 따라 내가 그들에게 행하였고 내 얼굴을 그들로부터 숨겼느니라**』(24절). 하나님께서는 아무에게나 이유없이 자신을 숨기시지 않으신다. 하나님께서 자신을 숨기시는 까닭은 『**그들의 범죄함에 따라**』 그렇게 하시는 것이다. 죄가 없는데도 하나님께서 까닭없이 자신의 얼굴을 숨기실 경우가 있고, 이것은 전적으로 하나님의 주권적인 의지에 따른 것이라고 어떤 사람들은 주장하기도 하지만, 적어도 성경에 의하면 그런 일은 없다. 이것은 이스라엘에 대해서도 마찬가지였다. 하나님께서는 『**그들의 불결함과 그들의 범죄함**』 때문에 그에 알맞게 보응하셨고 그들로부터 자신의 얼굴을 숨기셨던 것이다.

39:25 그러므로 주 하나님이 이같이 말하노라. 이제 내가 다시 야곱의 사로잡힌 자를 데려오고 이스라엘의 온 집 위에 자비를 베풀 것이며 나의 거룩한 이름을 위하여 질투하리라.

26 그후 그들이 그들의 땅에 평안히 거하고 아무도 그들을 두렵게 하지 않았을 때 그들은 그들의 수치와 나를 거역하여 범죄한 그들의 모든 범죄를 짊어졌도다.

27 내가 그들을 다시 백성들로부터 데려오고 그들의 원수의 땅으로부터 그들을 모으고 내가 많은 민족들의 목전에서 그들로 인하여 거룩하게 되었을 때에

28 내가 그들을 이방 가운데로 사로잡혀가게 하였으나 내가 그들을 그들의 본토로 모았으며 그들 중 아무도 더 이상 거기에 남기지 아니하였으니 그들이 나를 주 그들의 하나님인 **줄 알리라.**

29 내가 더 이상 그들로부터 내 얼굴을 숨기지 아니하리니 이는 내가 나의 영을 이스라엘 집 위에 부었음이라. 주 하나님이 말하노라.

『**그러므로 주 하나님이 이같이 말하노라. 이제 내가 다시 야곱의 사로잡힌 자를 데려오고 이스라엘의 온 집 위에 자비를 베풀 것이며 나의 거룩한 이름을 위하여 질투하리라**』(25절). 하나님께서는 이미 『**야곱의 사로잡힌 자**』를 데려오셨다. 이것은 1948년, 이스라엘 국가가 재건됨으로써 성취된 일이다. 그 이전 수천 명의 학자들이 그런 일은 결코 일어날 수 없다고 부인했었지만, 하나님께서는 그들이 뭐라고 생각하고 짐작하고 주장하건 전혀 상관하지 않으시고 자신이 예언해 놓으신 일들만을 착착 성취해 오셨던 것이다.

『**그후 그들이 그들의 땅에 평안히 거하고 아무도 그들을 두렵게 하지 않았을 때 그들은 그들의 수치와 나를 거역하여 범죄한 그들의 모든 범죄를 짊어졌도다**』(26절).

『**그후**』, 즉 25절에서 이스라엘 국가가 재건되고 하나님의 자비가 베풀어지며 이스라엘을 대적하는 나라에 대해서 하나님의 질투가 작용하여 이스라엘이 하나님의 보호를 받게 된 "이후에" 유대인들이 평안히 거할지라도 이스라엘의 죄는 아직 면제된 것이 아니다. 그들은 지금도 『**그들의 수치와... 모든 범죄를**』 여전히 짊어지고 있다고 26절은 분명히 밝히고 있다.

『**내가 그들을 다시 백성들로부터 데려오고 그들의 원수의 땅으로부터 그들을 모으고 내가 많은 민족들의 목전에서 그들로 인하여 거룩하게 되었을 때에**』(27절). 이 구절에서 『**다시... 데려오고**』라는 말씀에 주목하라. 이스라엘의 회복은 한 번이 아니라 두 번임을 명백히 언급하고 있기 때문이다. 유대인들의 본토 귀환은 한 번이 아니라 두 번 있을 것이다. 말하자면 1948년의 이스라엘 국가 재건을 전후하여 전 세계 도처에 흩어져 있던 수많은 유대인들이 팔레스타인 땅으로 귀환하였지만, 그것으로 그들의 본토 귀환이 다 끝난 것도 아니요, 그들의 회복이 완성된 게 아니라는 얘기다. 계속해서 다음 절을 보라.

『**내가 그들을 이방 가운데로 사로잡혀가게 하였으나 내가 그들을 그들의 본토로 모았으며 그들 중 아무도 더 이상 거기에 남기지 아니하였으니 그들이 나를 주 그들의 하나님인 줄 알리라**』(28절). 이스라엘이 이방 나라들로 뿔뿔이 흩어지게 된 것이나 그들이 다시 본토로 귀환하게 된 것은 모두가 하나님께서 하신 일이었다. 그런데 이 구절에서 『**더 이상 거기에 남기지 아니하였으니**』라고 언급한다. 그러나 어떤가? 유대인들이 지금 과연 더 이상 이방 나라들에 남아 있지 않는 게 사실인가? 이곳 펜사콜라만 해도 아직 팔레스타인으로 귀환하지 않은 유대인들이 잔존하고 있다. 하다못해 알라스카 페어뱅크스에도 유대인들이 아직 남아 있고, 중국 상해나 홍콩 등지에도 유대인들이 살고 있고, 베를린이나 모스크바나 로마, 리스본 등등 세계 곳곳에 아직도 귀환하지 않은 유대인들이 살고 있다. 말하자면 유대인들의 팔레스타인 본토 귀환은 아직 완수된 게 아니라는 얘기다. 이들 잔존자들은 대환란 중 대부분의 기간 동안 팔레스타인 땅에 있지 않게 되는데, 대환란이 거의 끝나갈 무렵 주님께서 『**권세와 큰 영광으로 하늘의 구름을 타고**』 오실 때쯤 비로소 이들의 완전한 본국 송환이 이루어질 것이다. 말하자면 유대인의 완전 귀환은 2차 귀환 때에 성취되는 것이다.

이들이 본토로 귀환하는 데에는 아마 특별 항공을 이용한 긴급 수송 방법이 이용되거나, 아무튼 무엇인가 공중을 통하여 특별한 방식으로 본토에 돌아가게 될 것인데, 이것이 하나도 이상하지 않은 것은, 성경에서 주의 영이 빌립을 어떻게 순식간에 다른 곳으로 옮겨가셨는지(행 8:39,40), 하나님께서 엘리야가 어떻게 회오리바람을 타고 하늘로 올라가게 하셨는지(왕하 2:11), 하나님의 영이 바빌론에 포로로 잡혀가 있던 에스겔을 어떻게 들어올려서 텔아비브의 크발 강가로 옮겨다 놓으셨는지(겔 3:12,15)에 대해 생생하게 그 사례들을 설명해 주고 있기 때문이다.

마태복음 24장을 보라. 『**그후에 하늘에 있는** 인자**의 표적이 나타나리니 땅의 모든 지파들이 통곡할 것이며**, **또 그들은** 인자**가 권세와 큰 영광으로 하늘의 구름을 타고 오는 것을 보리라. 또 주께서 큰 나팔 소리와 함께 천사들을 보내시리니, 그들이 하늘 이편 끝에서 저편 끝까지 사방에서 그의 택하신 사람들을 함께 모을 것이라**』(마 24:30,31). 마태복음의 이 구절을 주석자들은 흔히들 교회에 적용하여 잘못 가르치고 있지만, 이 구절들은 절대로 교회에 적용되는 것이 아니라 유대인들에게 적용된다. 이것은 30절의 『**땅의 모든 지파들**』이라는 언급에 의해서도 명백하게 입증되지만, 32절에서 『**무화과나무의 한 비유를 배우라.**』라는 말씀으로도 충분히 입증되는데, 『**무화과나무**』가 이스라엘을 예표한다는 사실은 재론의 여지가 없다. 아무튼 대환란 끝 무렵 『**해가 어두워지며, 달이 그 빛을 내지 아니하며, 별들이 하늘에서 떨어지고, 또 하늘들의 권능들이 흔들릴**』 때(마 24:29), 하늘에 계신 주님의 표적이 나타나고 땅에 있는 유대인 모든 지파들이 통곡을 할 터인데, 이때 『**큰 나팔 소리와 함께 천사들을 보내시리니, 그들이 하늘 이편 끝에서 저편 끝까지 사방에서 그의 택하신 사람들을 함께 모을 것이라.**』라고 언급하고 있다. 이것은 이스라엘의 회복을 언급하고 있는 구절이다. 칼빈은 『**그의 택하신 사람들**』이라는 말에 귀가 번쩍 뜨여 이것을 신약 성도들을 의미하는 것으로 주저없이 해석하지만, 그가 뭐라고 말하든 이들은 유대인들이다.

마태복음 24:31에서 울리는 『**큰 나팔소리**』는 고린도전서 15:52이나 데살로니가전서 4:16에서 죽은 성도들이 일어나 휴거되는 "나팔소리"와는 전혀 다른 나팔소리다. 이 나팔소리는 이사야서 27장에서 언급되는 바로 그 나팔소리다. 『**그 날에 주께서 강의 수로로부터 이집트의 시내에 이르기까지 격퇴하시리니 그러므로, 오 너희 이스라엘 자손들아, 너희가 하나씩 모여지리라. 그 날에 큰 나팔이 불려지리니 그러면 앗시리아 땅에서 멸절케 된 자들과 이집트 땅에서 쫓겨난 자들이 와서 예루살렘에 있는 거룩한 산에서 주께 경배하리라**』(사 27:12,13). 이스라엘의 회복에 관련되는 이 구절들에서 보듯이 『**이스라엘 자손들**』이 또 한 번의 귀환이 이루어질 때도 『**큰 나팔이**

불려지리니』라고 말씀하고 있다. 그런데 이때의 귀환은 집단적인 송환이 아니라 『**하나씩**』 귀환되는 아주 특이한 귀환인 데다가 그 수송 방법 또한 매우 특이한 방법으로 이루어질 것을 암시하고 있다.

『**내가 더 이상 그들로부터 내 얼굴을 숨기지 아니하리니 이는 내가 나의 영을 이스라엘 집 위에 부었음이라. 주 하나님이 말하노라**』(29절). 이스라엘 민족 가운데 누구 한 사람도 이방 나라에 잔존하지 않게 되는 천년왕국 시대에 들어가서야 비로소 하나님께서는 『**내가 더 이상 그들로부터 내 얼굴을 숨기지 아니하리니**』라고 약속하신다. 드디어 이스라엘의 민족적 죄가 온전히 용서되는 것이다. 말하자면 이스라엘의 완전 회복이 성취되는 것이다. 그리고 『**이는 내가 나의 영을 이스라엘 집 위에 부었음이라.**』라고 말씀하신다. 『**부었음이라.**』라고 분명히 과거시제로 되어 있지만, 이것은 미래의 역사를 미리 기록해 놓으시는 하나님의 특이한 역사 기록 방식에 따른 것일 뿐이다.

에스겔 40장

40장에서는 하나님께서 에스겔 선지자를 그리스도께서 통치하시는 천년왕국 시대로 데리고 가셔서 성전의 모습을 보여 주시는데, 대강 둘러보도록 하시는 게 아니라 마치 건축 전문가가 섬세한 설계도를 놓고 설명하듯이 그 전체 구조와 부분부분들의 치수까지 아주 세세하고도 구체적으로 보여 주신다. 예수 그리스도의 전천년 재림을 믿지 않는 자들이 성경에서 가장 골치 아프게 생각하는 부분이 바로 에스겔 40장부터 48장에 이르는 아홉 장인 까닭이 바로 여기에 있는데, 여기서 제시되는 성전은 예수 그리스도께서 재림하시고 난 뒤의 천년왕국을 너무나도 명백하게 제시하는 바람에 전천년설을 부인하는 그들로서는 여간 곤혹스러운 게 아니다. 예수 그리스도의 전천년 재림이 사실이 아니라면 성경에서 이 아홉 장은 제거되어야 한다. 따라서 당신이 만약 천년왕국 이전에 예수 그리스도께서 다시 오신다는 사실을 믿지 않는다면, 세상없어도 에스겔서의 마지막 아홉 장은 그 어느 부분도 이해할 수가 없다. 그래서 전천년설을 부정하는 후천년주의자들 및 무천년주의자들은 에스겔서 마지막 아홉 장에 이르러 앞이 캄캄해져서 꼼짝없이 벽에 부닥쳐 허우적거릴 수밖에 없는지라, 그들은 마치 이 부분이 성경에 있지도 않은 것처럼 여기고 슬쩍 피해가 버리는 것이다.

40:1 우리가 사로잡힌 지 이십오년째, 성읍이 함락된 후 십사년째 해가 시작되는 그 달 십일 그 날에, 주의 손이 내게 임하시어 나를 그곳으로 데려가신지라.

2 **하나님의 환상들 중에 주께서 나를 이스라엘 땅으로 데려가셔서 매우 높은 산 위에 나를 두셨는데 그 옆에는 남쪽으로 성읍의 형태 같은 것이 있더라.**
3 **주께서 나를 그곳에 데려가셨는데 보라, 거기에 한 사람이 있더라. 그의 모습은 놋의 모습 같으며 그의 손에는 삼줄과 측량대를 가지고 대문에 서 있더라.**
4 **그 사람이 내게 말하기를 "인자야, 네 눈으로 보고, 네 귀로 듣고, 내가 네게 보여 주려 하는 모든 것 위에 네 마음을 두라. 내가 너에게 그것들을 보여 줄 생각으로 너를 이곳으로 데려왔으니 네가 본 모든 것을 이스라엘 집에 선포하라." 하시니라.**

이 구절에서 『**우리**』는 물론 유대인들을 지칭하고, 『**성읍**』은 예루살렘을 말한다. 에스겔은 지금 다른 유대인들과 함께 25년째 바빌론에 포로로 사로잡혀와 있다. 그가 포로가 된 것은 예루살렘이 함락되기 11년 전이었다. 다시 말해서, 그는 바빌론에 포로로 잡혀와 있는 동안에 예루살렘 함락 소식을 들었던 것이다. 포로 신세도 암울하기만 한데, 거기다 또 예루살렘이 바빌론의 손에 떨어졌다는 소식까지 들려왔으니 한층 더 침통했을 것이다.

그러던 어느 날 에스겔 선지자는 하나님의 초자연적인 손에 의해 『**그곳으로**』 옮겨진다. 『**그곳**』이란 먼 미래 천년왕국 시대의 예루살렘 도성을 말한다. 에녹을 순식간에 하늘로 데려가시고(창 5:24) 엘리야를 불말들이 끄는 불병거에 태우고 회오리바람과 함께 하늘로 데려가신(왕하 2:11) 하나님께서 에스겔이라고 해서 한 곳에서 다른 곳으로 순식간에 초자연적으로 옮겨 놓지 못하실 이유가 없다. 사도 바울도 이런 체험을 했던 사람이다. 그는 이에 대해서 아주 조심스러우면서도 명백하게 셋째 하늘로 끌려 올라갔었던 일에 대해 언급한다. 『**정녕 자랑하는 것이 나에게 유익하지 못하나 내가 주의 환상들과 계시들을 말하리라. 내가 십사 년 전에 그리스도 안에서 한 사람을 알았는데 (그가 몸 안에 있었는지 나는 말할 수 없고 몸 밖에 있었는지 나는 말할 수 없지만 하나님께서는 아시느니라.) 그 사람이 셋째 하늘로 끌려 올라갔느니라... 그가 낙원으로 끌려올라 가서 말로 다 설명할 수 없는 말을 들었는데 그것은 사람들에게 말하도록 허락되지 않은 것이로다**』(고후 12:1-4). 사도 요한도 셋째 하늘까지 다녀온 사람이다. 『**내가 주의 날에 성령 안에 있었으며...**』(계 1:10). 『**또 내가 즉시 영 안에 있게 되었는데, 보라, 하늘에 한 보좌가 놓여 있고 한 분이 그 보좌에 앉으셨는데**』(계 4:2). 이처럼 에스겔에게도 『**주의 손이... 임하시어**』 그를 천년왕국 시대에 펼쳐질 미래의 예루살렘으로 데려가셨던 것이다.

『하나님**의 환상들 중에 주께서 나를 이스라엘 땅으로 데려가셔서 매우 높은 산 위에 나를 두셨는데 그 옆에는 남쪽으로 성읍의 형태 같은 것이 있더라**』(2절). 『**환상들**』이라고 해서 에스겔이 LSD같은 마약에 취하여 정신이 몽롱한 상태에서 눈앞에 헛것을 봤다는 얘기가 아니다. 그것은 『하나님**의 환상들**』이었고 영적으로 나타난 실제적인 현실이었다. 이것은 결코 꿈도 아니었고 에스겔이 상상으로 본 헛것도 아니었다. 에스겔은 현실적으로 미래의 이스라엘 땅으로 옮겨져 높은 산에 서 있게 되었다. 거기 서서 산아래 남쪽으로 예루살렘 성읍을 내려다보고 있었는데, 이 광경은 마치 갈보리에서 예루살렘을 내려다보고 있는 것과 흡사한 장면이다.

『**주께서 나를 그곳에 데려가셨는데 보라, 거기에 한 사람이 있더라. 그의 모습은 놋의 모습 같으며 그의 손에는 삼줄과 측량대를 가지고 대문에 서 있더라**』(3절). 에스겔이 영적으로 이동하여 예루살렘의 높은 산 위에 당도해 보니 거기에 『**한 사람**』이 있었다. 천사는 언제나 사람으로 등장한다. 결코 날개가 달리지 않은 사람 말이다. 성경에서 천사는 하나님의 현현이다. 이 천사가 손에 길다란 줄자와 측량대를 들고 대문에 서 있는 것으로 보아 에스겔을 성전 구석구석으로 데리고 다니면서 여기저기를 측량해 보여 줄 모양이다. 이 측량대는 일종의 곧은 대나무로 된 자이다. 이와 유사한 장면이 요한계시록 11장에서도 묘사되고 있는데, 물론 그 건물은 지금 에스겔이 보고 있는 것과는 전혀 다른 것이다(계 11:1,2). 요한계시록 11장에서 등장하는 성전과 도성은 이방인들에게 마흔두 달 동안 짓밟히게 될 도성이다. 따라서 에스겔이 지금 안내를 받고 있는 미래의 도성이나 성전과는 전혀 다르다.

『**그 사람이 내게 말하기를 "인자야, 네 눈으로 보고, 네 귀로 듣고, 내가 네게 보여 주려 하는 모든 것 위에 네 마음을 두라. 내가 너에게 그것들을 보여 줄 생각으로 너를 이곳으로 데려왔으니 네가 본 모든 것을 이스라엘 집에 선포하라." 하시니라**』(4절). 주님께서 에스겔을 이리로 데려오신 것은 무엇인가를 보여 주시기 위함이었고, 그가 본대로 이스라엘 백성에게 알려주도록 하기 위함이었다. 그러나 그가 여기서 본 것을 "교회"에게 알려주도록 하시려는 것이 아니다. 하나님께서는 에스겔더러 그가 본 것을 『**이스라엘 집에 선포**』하라고 명하신다.

따라서 이 성전은 유대인들의 성전인데, 그렇다고 이방인들에게 파괴되고 짓밟히게 될 그런 성전이 아니다. 이 성전은 그들 가운데 영원무궁토록 있을 것이다(겔 37:28). 그렇다고 해서 이 성전이 새 예루살렘이 될 수는 없다. 왜냐하면 새 예루살렘에는 성전이 없기 때문이다. 어린양이 계신 도성에는 성전이 있을 필요가 없다.

40:5 집 사면 밖에 있는 담을 보니 그 사람의 손에는 여섯 큐빗의 측량대가 있는데 그 큐빗은 한 큐빗과 한 손 너비의 길이더라. 그러므로 그가 구조물의 너비를 재니 일 리드요, 그 높이도 일 리드더라.
6 그가 동쪽을 향해 보는 대문에 와서 그 계단에 올라가서 문지방을 재었더니 일 리드 너비요, 다른 쪽 문지방도 일 리드 너비더라.
7 각 작은 방은 일 리드 길이요, 일 리드 너비이며 작은 방들 사이는 다섯 큐빗이고 안쪽 대문의 현관 옆 문지방은 일 리드더라.
8 그가 또한 안쪽 대문의 현관을 재었더니 일 리드요,
9 또 대문의 현관을 재었더니 여덟 큐빗이고 그곳 기둥들은 이 큐빗이며 대문의 현관은 안쪽으로 향하였더라.

『**집 사면 밖에 있는 담을 보니 그 사람의 손에는 여섯 큐빗의 측량대가 있는데 그 큐빗은 한 큐빗과 한 손 너비의 길이더라. 그러므로 그가 건물의 너비를 재니 일 리드요, 그 높이도 일 리드더라**』(5절). 자, 여기서부터 아주 따분할 정도로 치수 이야기가 계속 나오기 시작하므로 이 부분을 읽으면서 따분하지 않게 해달라고 당신은 기도하면서 읽어야 한다. 에스겔을 안내하고 있는 사람(천사)의 손에는 『**측량대**』가 들려 있는데, 그 길이가 『**여섯 큐빗**』이되, 이 "큐빗"이 보통의 큐빗보다 『**한 뼘**』이 더 "긴 큐빗"으로 『**여섯 큐빗**』이라는 것이다. 그러니까 여기서의 1큐빗은 보통의 큐빗보다 긴 약 22인치짜리인 셈이다. 그렇다면 여기서 천사가 손에 들고 있는 『**측량대**』, 즉 1리드는 약 132인치 정도인 셈이다(약 3.3미터). 이런 자로 『**구조물**』, 즉 담장 "구조물"을 재었더니 그 폭 1리드나 되고 높이 또한 1리드였다고 말씀한다. 여기서 말하는 『**건물**』(building)이란 "집"이 아니라 성전 사면 밖에 둘러 있는 『**담**』을 말한다.

그리고 나서 다음 6,7,8, 9...19절에서 보듯이 『**동쪽을 향해 보는 대문**』, 말하자면 "동대문"부터 살펴보기 시작하는데, 대문 건물의 바깥쪽 문지방을 재고, 『**다른 쪽 문지방**』,

즉 안쪽 문지방을 재고, 대문 건물에 딸린 『**작은 방**』들의 치수를 재고 『**방들 사이**』도 재고, 대문의 바깥쪽 현관과 안쪽 현관도 측량하고 기둥들까지도 측량한다. 측량할 뿐만 아니라 성경은 몇 리드, 몇 큐빗이라고 일일이 그 치수를 구체적으로 밝힌다.

『**그가 동쪽을 향해 보는 대문에 와서 그 계단에 올라가서 문지방을 재었더니 일 리드 너비요, 다른 쪽 문지방도 일 리드 너비더라**』(6절). 처음 "동문"부터 살펴보는데, 『**계단**』이 있는 걸 보니 대문 건물뿐만 아니라 성전 터 전체가 지면보다는 높은 토대 위에 세워진 게 분명하다. 19절에서도 『**낮은 쪽 대문의 전면에서 안쪽 뜰 전면까지**』라고 서술하고 있는 것으로 보아 대문 전면의 지면이 성전 터보다 낮은 것이 틀림없는데, 그 높이가 얼마나 되는지는 불확실하지만 『**일곱 계단**』이라고 22절에서 언급한다.

먼저 제일 처음 만나는 『**문지방**』부터 재보니 그 너비가 1리드(6큐빗)다. 여기 『**너비**』는 동서 간의 길이를 말하고 『**길이**』는 남북 간의 길이를 말한다. 이 문지방의 『**길이**』는 기둥의 돌출된 부분을 제하면 그 폭이 10큐빗이 된다. 이 문지방은 양쪽 담 뒤의 양쪽 현관 사이 복도로 들어가는 공간의 첫 번째 문지방을 말하고, 『**다른 쪽 문지방**』이란 건물 안쪽 끝의 두 번째 문지방을 말한다. 이 안쪽 문지방은 기둥의 폭을 포함해서 동서 간 너비가 6큐빗이다.

『**각 작은 방은 일 리드 길이요, 일 리드 너비이며 작은 방들 사이는 다섯 큐빗이고 안쪽 대문의 현관 옆 문지방은 일 리드더라**』(7절). 동문 건물 안에는 작은 방들이 좌우 양편에 3개씩 배열돼 있다(10절). 길이와 너비가 1리드, 즉 6큐빗씩인 정사각형으로 된 이 『**작은 방**』들은 연이어 있는 게 아니라 너비 5큐빗의 『**방들 사이**』만큼 떨어져 있다. 『**안쪽 대문 현관 옆 문지방**』이란 바깥쪽 현관 문지방과 너비나 길이가 같다. 5큐빗의 『**방들 사이**』는 빈 공간인 듯하다.

『**그가 또한 안쪽 대문의 현관을 재었더니 일 리드요.**』(8절). 『**안쪽 대문의 현관**』, 대문 안쪽 현관은 작은 방들과 마찬가지로 길이와 너비가 1리드, 즉 6큐빗씩인 정사각형이다.

『**또 대문의 현관을 재었더니 여덟 큐빗이고 그곳 기둥들은 이 큐빗이며 대문의 현관은 안쪽으로 향하였더라**』(9절). 『**대문의 현관**』을 재었더니 동서 간 길이가 8큐빗이다. 그러니까 이 현관은 8×6큐빗의 직사각형으로, 방들(6×6큐빗의 정사각형)보다도 더 크다. 『**안쪽으로 향하였더라.**』는 대문 안쪽에 있음을 말한다.

40:10 동편으로 향한 대문의 작은 방들은 이쪽에 세 개요, 저쪽에 세 개며 그들 셋이 한 치수요, 그 기둥들은 이편과 저편에 한 치수더라.
11 그가 대문 입구의 너비를 재었더니 열 큐빗이요, 대문의 길이는 십삼 큐빗이더라.
12 작은 방들 앞에도 공간이 있는데 이쪽이 일 큐빗이요, 저쪽에 있는 공간도 일 큐빗이며 그 작은 방들은 이쪽이 여섯 큐빗이고 저쪽도 여섯 큐빗이더라.
13 그가 또 한 작은 방의 지붕에서 다른 방의 지붕까지 대문을 재었더니 그 너비는 이십오 큐빗이요, 문이 서로 마주보더라.

『**동편으로 향한 대문의 작은 방들은 이쪽에 세 개요, 저쪽에 세 개며 그들 셋이 한 치수요, 그 기둥들은 이편과 저편에 한 치수더라**』(10절). 동문 건물 내에는 복도 양쪽에 크기가 똑같은 작은 방들이 마주보며 나란히 3개씩 배열돼 있어 모두 6개의 방들이 있는 셈이다.

『**그가 대문 입구의 너비를 재었더니 열 큐빗이요, 대문의 길이는 십삼 큐빗이더라**』(11절). 『**대문 입구의 너비**』란 동서 간의 길이를 말하는데, 그 길이가 10큐빗이며, 이것은 대문 문지방 양쪽의 기둥을 포함한 치수이다. 『**대문의 길이**』란 남북 간의 길이를 말하는데, 13큐빗이다.

『**작은 방들 앞에도 공간이 있는데 이쪽이 일 큐빗이요, 저쪽에 있는 공간도 일 큐빗이며 그 작은 방들은 이쪽이 여섯 큐빗이고 저쪽도 여섯 큐빗이더라**』(12절). 대문 건물의 작은 방들은 양쪽에 3개씩 복도를 사이에 두고 서로 마주 보고 배열돼 있는데, 방들 앞에는 폭이 1큐빗 되는 『**공간**』이 있다고 언급한다. 이것은 마치 좁은 툇마루나 댓돌이라도 있을 법한 자리다. 방들은 6×6큐빗의 크기로 정사각형 모양이고 6개의 방들이 모두 동일한 규격이다.

『**그가 또 한 작은 방의 지붕에서 다른 방의 지붕까지 대문을 재었더니 그 너비는 이십오 큐빗이요, 문이 서로 마주보더라**』(13절). 방들의 길이가 6큐빗에 복도의 폭 또한 13큐빗이기 때문에 양쪽의 방과 복도를 합한 전체 길이는 정확하게 25큐빗이 된다.

40:14 그는 육십 큐빗의 기둥들도 만들었으니, 즉 대문 사면 뜰의 기둥까지니라.
15 출입하는 대문의 면으로부터 안쪽 대문의 현관의 면까지는 오십 큐빗이며
16 작은 방들에는 좁은 창문들이 있고 사면 대문 안의 기둥들에도 있으며 아치문도 마찬가지라. 창문들은 안쪽으로 둘려 있으며 각 기둥 위에는 종려나무들이 있더라.
17 그러자 그가 나를 바깥 뜰로 데려갔는데 보라, 방들이 있고 뜰 사면에는 포장을 했는데 삼십 개의 방들이 그 포장된 길 위에 있더라.
18 대문들이 길이로 마주보고 있는 대문 옆에 포장된 길은 낮게 포장된 길이더라.
19 그가 낮은 쪽 대문의 전면에서 안쪽 뜰 바깥 전면까지 그 너비를 재었더니 동편과 북편이 일백 큐빗이더라.

『**그는 육십 큐빗의 기둥들도 만들었으니, 즉 대문 사면 뜰의 기둥까지니라**』(14절). 성전 본 건물도 아니고 대문 건물인데도 기둥의 높이가 자그마치 60큐빗이나 된다. 이것은 무려 33미터나 되는 높이다.

『**출입하는 대문의 면으로부터 안쪽 대문의 현관의 면까지는 오십 큐빗이며**』(15절). 지금까지 살펴본 동문의 경우 대문 건물 전체의 동서 간 길이는 총 50큐빗이다. 뒤에 공부할 때 알게 되겠지만 『**출입하는 대문**』이란 "동문"을 제외한 남북의 두 대문을 말한다. 동문은 아무나 출입할 수 있는 문이 아니다. 이 성전에는 또 서문은 없다. 이 성전을 출입하는 사람들은 남문으로 들어와 북문으로 나가거나 아니면 북문으로 들어와 남문으로 나가게 돼 있다. 이에 대해서는 나중에 자세히 더 살펴보게 된다.

『**작은 방들에는 좁은 창문들이 있고 사면 대문 안의 기둥들에도 있으며 아치문도**

마찬가지라. 창문들은 안쪽으로 둘려 있으며 각 기둥 위에는 종려나무들이 있더라』(16절). 방에는 또 『**좁은 창문들**』이 있어 다른 방과 기둥 및 아치문이 내다보인다. 그리고 건물의 기둥들 앞에는 종려나무들이 서 있다. 이 종려나무에 대해서는 뒤에서 더 살펴보기로 한다.

『**그러자 그가 나를 바깥 뜰로 데려갔는데 보라, 방들이 있고 뜰 사면에는 포장을 했는데 삼십 개의 방들이 그 포장된 길 위에 있더라**』(17절). 동문 건물을 살펴본 천사는 에스겔을 성전 안 『**바깥 뜰**』로 데리고 들어간다. 성전은 크게 나누어 외곽 둘레에 『**바깥 뜰**』과 가운데 있는 『**안 뜰**』(27,28절)로 구분되는데, 성전 본 건물은 이 『**안뜰**』에 있다. 『**바깥 뜰**』은 포장돼 있다.

『**바깥 뜰**』에는 또 30개의 방들이 있다고 언급하는데, 성전 바깥 뜰을 동서남북으로 둘러싸고 있는 담 중에서 서쪽 담을 제외한 삼면에 이 방들이 각기 10개씩 나란히 배열돼 있는 것이다.

『**대문들이 길이로 마주보고 있는 대문 옆에 포장된 길은 낮게 포장된 길이더라**』(18절). 바깥에서 대문을 통하여 성전 안으로 들어가면 성전 『**바깥 뜰**』이 나오고 이 『**바깥 뜰**』에서 다시 안 뜰로 들어가자면 또 성전 대문을 거쳐야 하는데, 바깥 대문들과 안 뜰 대문들이 서로 일직선으로 나 있다. 대문 옆으로 난 길들은 포장돼 있는데, 이 길들이 『**낮게**』 돼 있다는 것으로 미루어 바깥 뜰의 지면이 길보다 약간 높다는 것을 알 수 있다.

『**그가 낮은 쪽 대문의 전면에서 안쪽 뜰 바깥 전면까지 그 너비를 재었더니 동편과 북편이 일백 큐빗이더라**』(19절). 『**낮은 쪽 대문**』이라면 성전 터의 제일 바깥 쪽 대문들이고 『**안쪽 뜰 바깥 전면**』은 안뜰로 들어가는 대문 전면을 말한다.

40:20 북쪽을 향한 바깥 뜰의 대문은 그가 그대로 그 길이와 너비를 재었으며
21 작은 방들은 이쪽에 세 개가 있고 저쪽에 세 개가 있으며 그 기둥들과 아치문
들은 첫 번째 대문의 치수와 같고 그 길이는 오십 큐빗이요, 그 너비는 이십
오 큐빗이더라.

22 그것들의 창문들과 아치문들과 종려나무들은 동편을 향한 대문의 치수와 같더라. 그들이 일곱 계단을 통과하여 그곳에 올라가니 아치문이 그들 앞에 있더라.

23 안쪽 뜰의 대문은 북쪽과 동쪽을 향한 대문을 마주 보고 있는데 그가 대문에서부터 대문까지를 재었더니 일백 큐빗이더라.

24 그가 나를 남쪽 방향으로 데려온 후에 남쪽을 향한 대문을 보니라. 그가 그 기둥들과 아치문들을 그 치수대로 재더라.

25 그 안과 그 사면에 있는 아치문에는 창문들이 있는데 먼저 창문들과 같고 그 길이는 오십 큐빗이며 그 너비는 이십오 큐빗이더라.

26 거기에 올라가는 일곱 계단들이 있고 아치문이 그것들 앞에 있더라. 또 종려나무들도 있는데 이편에도 하나, 저편에도 기둥들 위에 하나가 있더라.

27 안뜰에도 남쪽을 향한 대문이 있는데 그가 대문에서 남쪽을 향한 대문까지를 재었더니 일백 큐빗이더라.

28 그가 나를 남쪽 대문을 지나 안쪽 뜰까지 데려와서 먼저 치수대로 남쪽 대문을 재고

29 먼저 치수대로 그곳에 작은 방들과 기둥들과 아치문들을 재더라. 그 안과 아치문 둘레에는 창문들이 있더라. 길이는 오십 큐빗이요, 너비는 이십오 큐빗이더라.

30 아치문 둘레는 길이가 이십오 큐빗이요, 너비가 오 큐빗이더라.

31 그 아치문은 바깥뜰을 향해 있고 종려나무들은 그 기둥들 위에 있으며 거기로 올라가는 데는 여덟 계단이 있더라.

32 또 그가 나를 동편으로 향한 안쪽 뜰로 데려가서 그 대문을 먼저 치수대로 재더라.

33 거기 작은 방들과 기둥들과 아치문은 먼저 치수대로였고 그 안과 아치문 둘레에는 창문들이 있는데 길이는 오십 큐빗이요, 너비는 이십오 큐빗이더라.

34 그 아치문은 바깥뜰로 향하였고 종려나무들이 그 기둥 위에 있는데 이편에도 있고 저편에도 있으며 거기에 올라가는 데는 여덟 계단이 있더라.

35 또 그가 나를 북쪽 대문으로 데리고 가서 먼저 치수대로 재었으니

36 그 작은 방들과 그 기둥들과 아치문과 그 사면에 창문들인데 길이는 오십 큐빗이요, 너비는 이십오 큐빗이더라.

37 그 기둥들은 바깥뜰을 향하였고 그 기둥들 위에는 종려나무들이 있는데 이편 과 저편에 있으며 거기로 올라가는 데는 여덟 계단이 있더라.

『**북쪽을 향한 바깥뜰의 대문은 그가 그대로 그 길이와 너비를 재었으며 작은 방들은 이쪽에 세 개가 있고 저쪽에 세 개가 있으며 그 기둥들과 아치문들은 첫 번째 대문의 치수와 같고 그 길이는 오십 큐빗이요, 그 너비는 이십오 큐빗이더라. 그것들의 창문들과 아치문들과 종려나무들은 동편을 향한 대문의 치수와 같더라. 그들이 일곱 계단을 통과하여 그곳에 올라가니 아치문이 그들 앞에 있더라**』(20-22절). 아까는 6절에서 16절까지 『**동쪽을 향해 보는 대문**』을 살펴보았는데, 이번에는 『**북쪽을 향한 바깥뜰의 대문**』으로 옮겨가 그곳의 대문 건물을 살핀다. 그리고 그 구조와 치수가 『**첫 번째 대문**』, 즉 『**동쪽을 향해 보는 대문**』과 동일하다는 것을 확인한다. 이 『**북쪽을 향한 바깥뜰의 대문**』에 들어서자면 『**일곱 계단**』을 올라가야 하는데, 이것으로 미루어 바깥뜰이 담 밖의 지면보다는 높다는 것을 알 수 있다. 대문들 앞에는 『**아치문**』들이 있고, 또 그 앞에는 종려나무들이 있다.

『**안쪽 뜰의 대문은 북쪽과 동쪽을 향한 대문을 마주 보고 있는데 그가 대문에서부터 대문까지를 재었더니 일백 큐빗이더라**』(23절). 이것은 얼른 이해하기가 어렵지만, 어느 쪽 대문에서 보더라도 좌우 양쪽의 다른 대문들이 눈에 들어온다는 것을 묘사한다고 보면 된다.

24절부터 29절까지는 바깥뜰의 『**남쪽을 향한 대문**』과 안뜰의 『**남쪽을 향한 대문**』을 서술하는데, 그 모든 구조나 치수가 다른 대문들과 동일하다.

『**아치문 둘레는 길이가 이십오 큐빗이요, 너비가 오 큐빗이더라. 그 아치문은 바깥뜰을 향해 있고 종려나무들은 그 기둥들 위에 있으며 거기로 올라가는 데는 여덟 계단이 있더라**』(30,31절). 안뜰로 들어가는 각 대문들 앞에는 아치문들이 또 서 있는데, 폭 5큐빗에 길이 25큐빗으로 된 일종의 터널과도 같은 형태다. 그 대문들로 들어서자면 또 『**여덟 계단**』을 올라가야 하는 것으로 미루어 성전 안뜰은 바깥뜰보다 지면이 더 높다는 것을 알 수 있다. "한 계단"의 높이가 얼마나 되는지는 모르지만, 성 전 밖에서 『**일곱 계단**』을 올라가 바깥 대문에 들어서고, 다시 『**여덟 계단**』을 올라가 안쪽 뜰 대문에 이르게 되므로, 성전 안뜰은 모두 15계단만큼 바깥 지면보다 더 높은 셈이다. 그래서 성전 건물은 담 밖에서도 그 전경을 훤히 볼 수 있을 만큼 우뚝 세워져 있다.

32절에서 37절까지는 성전 안뜰로 들어가는 "동문"과 "북문"에 대해 서술하는데, 그 구조나 치수 및 모양이 모두 "남문"과 동일하다.

40:38 대문 기둥 옆에는 방들과 입구들이 있는데 그곳에서 사람들이 번제물을 씻더라.

39 대문 현관에는 이쪽에 상이 둘, 저쪽에 상이 둘 있는데 그 위에서 번제물과 속죄제물과 속건제물을 잡기 위함이더라.

40 북쪽 대문 입구로 올라가는 바깥편 쪽에 상 둘이 있고, 맞은편 쪽에 대문의 현관에도 상 둘이 있더라.

41 대문 옆에 이쪽으로 상 넷이 있고 저쪽으로 상 넷이 있는데, 상 여덟 개 위에서 사람들은 그들의 희생제물들을 잡더라.

42 깎은 돌로 만든 상 네 개는 번제물을 위한 것으로 길이가 한 큐빗 반이며 너비도 한 큐빗 반이고 높이는 한 큐빗인데 사람들이 그 위에 도구들을 놓고 그것들을 가지고 번제물과 희생제물들을 잡더라.

43 안쪽에는 손바닥만한 갈고리들이 사면에 박혔으며 상들 위에는 제물의 고기가 있더라.

44 안쪽 대문 밖에는 노래하는 자들의 방들이 있으니 북쪽 대문 옆에 있는 안쪽 뜰에 있으며, 그 전망이 남쪽을 향하였고 동쪽 대문 편에 있는 방은 전망이 북쪽을 향하고 있더라.

45 또 그가 내게 말하기를 "그 전망이 남쪽을 향한 이 방은 제사장들, 즉 전의 책무를 지키는 자들을 위한 것이라.

46 그 전망이 북쪽을 향한 방은 제사장들, 즉 제단의 책무를 지키는 자들을 위한 것이라. 이들은 레위의 아들들 가운데서 나온 사독의 아들들로 주께 가까이 나와서 섬기는 자들이라." 하더라.

47 그리하여 그가 뜰을 재니 길이가 일백 큐빗이고 너비가 일백 큐빗인 정사각

형이며 제단은 전 앞에 있더라.

48 또 그가 나를 전의 현관으로 데려가서 현관의 각 기둥을 재니 이쪽이 오 큐빗
이요, 저쪽이 오 큐빗이며 대문의 너비는 이쪽이 삼 큐빗이요, 저쪽이 삼 큐
빗이더라.

49 현관의 길이는 이십 큐빗이며 그 너비는 십일 큐빗이더라. 그가 나를 사람들
이 올라 다니는 계단 옆으로 데려갔는데 작은 기둥 옆에는 큰 기둥들이 있어
이편에 한 개와 저편에 한 개가 있더라.

지금까지 에스겔 40장은 천년왕국의 성전에 대해 빈틈없이 묘사해 내려왔다. 그러고도 다 끝난 게 아니라 다음 41장, 42장, 43장, 44장, 계속해서 성전 묘사가 이어진다. 천년왕국 시대의 성전과 그 주변을 둘러싸고 있는 바깥뜰과 안뜰 및 대문 건물들에 대해서 이처럼 세세하고 구체적으로 묘사하는 특별한 이유가 분명 있을 텐데, 다른 것은 몰라도 한 가지 분명한 것은 하나님께서 천년왕국의 성전에 대해 그만큼 대단한 관심을 갖고 계시다는 사실이다. 이 성전은 주 예수 그리스도께서 천 년 동안 이 땅을 통치하시게 될 영광의 보좌(마 25:31)와 관련이 있다는 점만으로도 하나님께서 관심을 가지시지 않을 수 없는 성전일 것이 분명하다. 그렇기 때문에 우리는 이 부분을 한 자 한 자 읽으면서 성전의 모습을 머릿속에 그려가며 하나님께서 갖고 계신 관심을 조금이라도 헤아려 보는 게 좋을 것이다. 머릿속에 그려보느니 차라리 한 구절 한 구절을 읽어가면서 흰 종이에 성전의 모습을 일일이 스케치해 보기를 나는 권유한다. 이렇게 하면 남들이 따분해 하는 부분을 읽으면서 당신만은 재미를 만끽할 수가 있을 것이다. 클라렌스 라킨은 그의 위대한 저서 <세대적 진리>(1997년 말씀보존학회 역간) 안에 갖가지 그림들을 아주 상세하게 그려 놓았는데, 에스겔 40장부터 언급되는 천년왕국의 성전과 땅에 대한 그림을 먼저 참조해 보는 것이 좋다. 거기에 보면, 성전의 구조와 바깥뜰의 모습 및 방들의 배치와 동쪽, 남쪽, 북쪽 문들의 위치, 번제를 드리는 제단과 제사장들이 거룩한 것들을 먹는 곳, 옷을 갈아입는 곳, 제물을 씻는 곳, 삶는 곳, 노래하는 자들을 위한 방, 부엌, 그리고 성소와 지성소 등등 아주 자세한 스케치를 제공하고 있다.

『대문 기둥 옆에는 방들과 입구들이 있는데 그곳에서 사람들이 번제물을 씻더라』(38절). 당신이 그려가고 있는 스케치를 잘 들여다 보라. 여기서 기술되고 있는 대문들은 성전 안뜰로 들어가는 안쪽 대문들을 말한다.

『**대문 기둥 옆에는 방들과 입구들이 있는데...**』 바깥쪽 대문들이 서문은 없고 동문, 북문, 남문, 이렇게 3개이듯이, 안쪽 대문들도 동쪽 문과 남쪽 문과 북쪽 문, 이렇게 모두 세 개다. 서쪽 문은 없다. 바깥뜰의 경우 서쪽 문이 있을 만한 위치에는 성전의 "성별된 곳"이 담에 붙어 있고, 안뜰의 경우에는 성전 본 건물이 있기 때문에 여기에 대문이 있을 수가 없다.

『**대문 현관에는 이쪽에 상이 둘, 저쪽에 상이 둘 있는데 그 위에서 번제물과 속죄제물과 속건제물을 잡기 위함이더라**』(39절). 자, 이번에는 클라렌스 라킨의 그림을 들여다 보자. 『**대문 현관에는 이쪽에 상이 둘, 저쪽에 상이 둘 있는데...**』 그런데 대문 현관 어디의 이쪽에 상이 둘, 저쪽에 둘이란 말인가? 이것만은 클라렌스 라킨도 미쳐 그림에 표시를 해놓지 않았다. 동쪽 문, 남쪽 문, 동쪽 문, 그 어디를 보아도 『**번제물과 속죄제물과 속건제물을 잡기**』 위한 상들이 그려져 있지 않은 것이다. 그러나 걱정할 필요는 하나도 없다. 그것은 당신이 그려 넣으면 되니까 말이다.

『**북쪽 대문 입구로 올라가는 바깥편 쪽에 상 둘이 있고, 맞은편 쪽에 대문의 현관에도 상 둘이 있더라**』(40절). 자, 이것도 당신의 스케치에 그려 넣거나 라킨의 그림에 추가해 넣는 데 아무 문제가 없다.

『**대문 옆에 이쪽으로 상 넷이 있고 저쪽으로 상 넷이 있는데, 상 여덟 개 위에서 사람들은 그들의 희생제물들을 잡더라**』(41절). 어떻게 해서 갑자기 희생제물을 잡는 상이 모두 여덟 개가 되었는가? 39절에서 『**대문 현관에는 이쪽에 상이 둘, 저쪽에 상이 둘**』, 그러니까 현관 양편에 모두 네 개의 상이 있었다. 그런데 40절에 보면, 대문 입구의 『**바깥편**』 현관과 그 『**맞은편 쪽**』, 즉 안쪽 현관에도 각기 두 개씩의 상이 있다. 그러니까 모두 여덟 개의 상이 있는 것이다.

『**깎은 돌로 만든 상 네 개는 번제물을 위한 것으로 길이가 한 큐빗 반이며 너비도 한 큐빗 반이고 높이는 한 큐빗인데 사람들이 그 위에 도구들을 놓고 그것들을 가지고 번제물과 희생제물들을 잡더라. 안쪽에는 손바닥만한 갈고리들이 사면에 박혔으며 상들 위에는 제물의 고기가 있더라**』(42,43절). 이번에는 제물을 잡는 상의 크기와 제물을 잡는 도구들 및 갈고리들과 상에 올려져 있기도 하고 사면 벽에 걸려 있기도 한 장면이 묘사되는가 하면, 잡기 위해 상 위에 올려놓은 제물의 고기까지 묘사된다.

『안쪽 대문 밖에는 노래하는 자들의 방들이 있으니 북쪽 대문 옆에 있는 안쪽 뜰에 있으며, 그 전망이 남쪽을 향하였고 동쪽 대문 편에 있는 방은 전망이 북쪽을 향하고 있더라』(44절). **『안쪽 대문』**을 거쳐 안뜰로 들어가 보니 뜰 주위에 북쪽 문, 남쪽 문, 그리고 동쪽 문, 이렇게 대문이 세 개 있는데, 그 중 북쪽 대문 옆에 노래하는 자들의 방이 있다. 천년왕국 성전에는 성가대석까지 있다! 그리고 성가대석의 **『전망』**은 남쪽을 향하고 있다.

『또 그가 내게 말하기를 "그 전망이 남쪽을 향한 이 방은 제사장들, 즉 전의 책무를 지키는 자들을 위한 것이라. 그 전망이 북쪽을 향한 방은 제사장들, 즉 제단의 책무를 지키는 자들을 위한 것이라. 이들은 레위의 아들들 가운데서 나온 사독의 아들들로 주께 가까이 나와서 섬기는 자들이라." 하더라』(45,46절). 제사장들이나 제단의 책무를 맡은 사람들은 모두 레위의 자손들 중 사독의 아들들이다. 44:15에 의하면 이들은 이스라엘 자손이 하나님에게서 떨어져 곁길로 갔을 때 주의 성소의 책무를 지켰던 사독의 아들들 레위인 제사장들이다. **『사독의 아들들 레위인 제사장들이 내게로 와서 나를 섬기리니 그들이 내게 기름과 피를 드리려고 내 앞에 서리라.』**(44:15)라는 말씀은 이들 레위인 제사장들이 대환란 끝에 부활하여 천년왕국 시대로 들어간 사람들임을 암시한다.

『그리하여 그가 뜰을 재니 길이가 일백 큐빗이고 너비가 일백 큐빗인 정사각형이며 제단은 전 앞에 있더라』(47절). 뜰의 길이가 일백 큐빗이고 전 앞에 제단이 있다면 이것은 안 뜰을 말한다. 이것은 안 뜰의 안쪽 치수인 것이다.

『또 그가 나를 전의 현관으로 데려가서 현관의 각 기둥을 재니 이쪽이 오 큐빗이요, 저쪽이 오 큐빗이며 대문의 너비는 이쪽이 삼 큐빗이요, 저쪽이 삼 큐빗이더라. 현관의 길이는 이십 큐빗이며 그 너비는 십일 큐빗이더라. 그가 나를 사람들이 올라다니는 계단 옆으로 데려갔는데 작은 기둥 옆에는 큰 기둥들이 있어 이편에 한 개와 저편에 한 개가 있더라』(48,49절). 성전의 구조와 치수에 대한 이런 상세한 정보들은 건축가나 건축 공학을 연구하는 전문가들이 아닌 다음에야 아무도 흥미를 갖지 않을 것이다. 그리고 이러한 성경 구절들을 읽으면서 "은혜를 받았다."고 말할 사람은 솔직히 아무도 없을 것이다. 그러나 한 가지 우리가 명심해야 할 사실은 이러한 구절들 한마디 한마디가 모두 하나님의 순수한 진리의 말씀들이라는 사실이다. 레위기에는 치수 이야기가 더 많이 나오지만, 하다못해 이런 치수 하나하나라도 하나님께서는 사실을 진지하게 말씀하고 계시고, 이것이 우주에서 사용되는 치수들임을 우리들에게 암시해 주신다. 한 가지 분명한 것은 하나님께서 성전에 대해 세세히 묘사하고 계신 것은 우리에게 무엇인가 우주적 실체에 대한 어떤 모형을 보여 주시기 위함이란 사실이다. 히브리서 6장, 7장, 8장, 9장에도 성소가 언급되고 있거니와, 이것은 이 우주의 모형인 것이다. 그러므로 이 성소는 가공의 어떤 것이 아니라 우리 눈앞에 실재하는 우주, 바로 그것이다!

에스겔 41장

41:1 그후 그가 나를 성전으로 데려와서 기둥들을 재니, 이편 너비가 육 큐빗이요,
저편 너비가 육 큐빗이라. 그것은 성막의 너비와 같더라.
2 문의 너비는 십 큐빗이며 문의 옆면은 이쪽이 오 큐빗이요, 저쪽도 오 큐빗이
더라. 그가 그 길이를 재니 사십 큐빗이요, 그 너비도 이십 큐빗이더라.
3 그리고 나서 그가 안쪽으로 들어가서 문설주를 재니 이 큐빗이요, 문은 육 큐
빗이며 그 문의 너비는 칠 큐빗이더라.
4 그리하여 그가 성전 앞에서 그 길이를 재니 이십 큐빗이요, 그 너비가 이십 큐
빗이더라. 그가 내게 말하기를 "이것이 지성소라." 하더라.

『**그후 그가 나를 성전으로 데려와서 기둥들을 재니 이편 너비가 육 큐빗이요, 저편 너비가 육 큐빗이라. 그것은 성막의 너비와 같더라**』(1절). 이제 성전 본 건물의 현관을 지나 성소로 들어가기 직전이다. 현관의 구조와 치수에 대해서는 앞서 40:48,49에서 언급되었었다. 여기서 『**기둥**』이란 현관을 지나 성소로 들어가는 문설주 벽에 댄 기둥으로서 칸막이 벽 중앙에 부착돼 있는 일종의 문틀과도 같은 구조물이라고 생각하면 된다. 그 『**기둥**』의 너비를 재니 6큐빗이었고, 이것은 『**성막의 너비와 같더라.**』고 언급한다. 말하자면 문틀과도 같은 양쪽 기둥의 너비가 그것이 부착돼 있는 문설주 벽의 두께와 같다는 말이다. 그렇다면 칸막이 벽의 두께 역시 6큐빗이 되는 셈이다. 실은 이 칸막이 벽만 그런 게 아니라 성전의 내벽 전체가 6큐빗의 두께로 된 아주 견고한 벽이다. 그러나 성소와 지성소를 나누는 칸막이 벽의 두께는 다음 3절에서 보듯이 2큐빗으로 얇다.

『**문의 너비는 십 큐빗이며 문의 옆면은 이쪽이 오 큐빗이요, 저쪽도 오 큐빗이더라. 그가 그 길이를 재니 사십 큐빗이요, 그 너비도 이십 큐빗이더라**』(2절). 여기서 『**문의 너비**』란 현관을 지나 "성소"로 들어가는 문의 광을 말하는데, 그 폭이 10큐빗이라고 말한다. 성소 내부의 너비(남북의 길이)는 40:49에서 20큐빗이었으므로 입구의 광이 10큐빗이라면 입구 양쪽 문설주 벽의 길이는 각기 5큐빗씩이어야만 한다. 그리고 성소의 『**길이를 재니 사십 큐빗이요**』라고 언급하는데, 이것은 성소 내부의 동서 길이를 말한다. 그러니까 "성소"는 가로가 40큐빗, 세로가 20큐빗 규모의 직사각형 모양이다.

『**그리고 나서 그가 안쪽으로 들어가서 문설주를 재니 이 큐빗이요, 문은 육 큐빗이며 그 문의 너비는 칠 큐빗이더라**』(3절). 자, 이번에는 "성소"를 거쳐 "지성소"로 들어가는 입구에 당도했다. "지성소"로 들어가는 입구의 『**문설주를 재니 이 큐빗**』, 즉 문설주 벽면의 두께가 2큐빗이다. 그리고 『**문은 육 큐빗이며 그 문의 너비는 칠 큐빗이더라.**』 즉 입구 문의 너비는 6큐빗이지만, 문설주가 부착돼 있는 칸막이 벽의 길이는 양쪽 각기 7큐빗씩이다. 그래야만 "지성소"의 폭 20큐빗과 정확하게 일치한다. 앞서 2절에서 "성소"로 들어가는 문의 너비가 10큐빗이었는데, 여기 3절에서 "지성소"로 들어가는 문의 너비는 6큐빗으로 훨씬 좁아진다. 현관 입구 벽면의 폭은 양쪽이 3큐빗씩이었으므로(40:48) 입구의 너비는 14큐빗이 되는 셈이었다. 따라서 현관 문과 "성소"의 문, 그리고 "지성소"의 문은 안으로 들어갈수록 4큐빗씩 좁아진다는 것을 알 수 있다.

『**그리하여 그가 성전 앞에서 그 길이를 재니 이십 큐빗이요, 그 너비가 이십 큐빗이더라. 그가 내게 말하기를 "이것이 지성소라." 하더라**』(4절). "지성소" 내부의 규모는 가로, 세로가 20큐빗씩인 정사각형이다.

41:5 그후 그가 전의 벽을 재니 육 큐빗이요, 모든 주위 사면에 방이 있고 각 곁방의 너비는 사 큐빗이더라.

6 **결방은 삼층이며 결방 위에 결방이 있어 삼십 개가 정연하더라. 그 방들은 사**
면의 결방들을 향한 전의 벽 안으로 들어가 있으니 그것들이 단단히 붙어 있
고 전의 벽에는 붙어 있지 않았더라.
7 **결방으로 돌아 올라갈수록 넓어졌으니 이는 전의 사면을 돌아갈수록 올라가게**
되었으므로 전의 너비는 맨 밑 방에서 중간을 거쳐 맨 위까지 올라갈수록 커
졌더라.
8 **내가 또 전 사면의 높이를 보았더니 결방들의 기초가 큰 큐빗 여섯인 한 리드**
라.
9 **바깥 결방의 벽의 두께는 오 큐빗이요, 안쪽에 있는 결방들의 자리는 남겨 두**
었더라.

『**그후 그가 전의 벽을 재니 육 큐빗이요, 모든 주위 사면에 방이 있고 각 결방의 너비는 사 큐빗이더라**』(5절). 이 구절에서 『**전의 벽**』이란 성전 내벽을 말한다. 이 성전 내벽의 두께가 6큐빗이다. 그러나 성전 외벽의 두께는 5큐빗이다(9절).

그런데 아주 특이한 것은 전의 『**모든 주위 사면에 방이 있고**』라고 언급한다. 여기서 『**모든 주위 사면**』이란 사실상 남쪽 벽, 북쪽 벽, 서쪽 벽의 세쪽 면 벽을 말한다. 왜냐하면 동쪽 벽은 입구이기 때문에 결방이 있을 수가 없다. 『**결방의 너비**』가 4큐빗씩이라고 언급하는데, 사실상 1층 결방의 크기만 가로, 세로 4큐빗씩의 정사각형이고 2층, 3층은 폭만 그렇고 길이는 1층보다 더 길다. 이 결방들은 성소 외벽과 내벽 사이에 숨어 있어 성소 안에서나 성소 밖에서는 보이지 않는다. 성소 밖 북쪽 외벽과 남쪽 외벽에 각기 출입구가 하나씩 있어서(11절) 이 출입구를 통하여 외벽과 내벽 사이의 복도(9절)로 들어가고 이 복도 쪽으로 결방들의 문들이 나 있다(11절).

『**결방은 삼층이며 결방 위에 결방이 있어 삼십 개가 정연하더라. 그 방들은 사면의 결방들을 향한 전의 벽 안으로 들어가 있으니 그것들이 단단히 붙어 있고 전의 벽에는 붙어 있지 않았더라**』(6절). 우선 결방의 개수가 1층만 30개다. 『**정연하더라.**』라는 것은 크기가 똑같은 방이 나란히 배열돼 있음을 말한다. 이 1층 결방의 크기는 5절에서 4큐빗×4큐빗이었다. 그런데 남쪽 벽, 서쪽 벽, 북쪽 벽의 3면에 정연하게 30개의 결방들이 배열돼 있자면 그 치수를 계산해 볼 때, 남쪽과 북쪽 벽에 각기 열두 개씩, 그리고 서쪽 벽에 6개가 있어야 도합 30개가 될 수 있다. 그리고 남쪽과 북쪽 벽 안쪽의 나머지 공간은 중앙부에 계단실이 차지한다.

이 곁방들은 3층으로 돼 있고 『**곁방 위에 곁방이**』 있다고 언급한다. 그러니까 한 층에 30개씩이면 3층까지 해서 모두 90개의 방이 있는 셈인데, 성경에서는 이에 대한 구체적인 설명이 없이 다만 『**곁방 위에 곁방이 있어**』(one over another)라고만 언급하고 있다.

『**그 방들은 사면의 곁방들을 향한 전의 벽 안으로 들어가 있으니 그것들이 단단히 붙어 있고 전의 벽에는 붙어 있지 않더라.**』 이 구절은 이해하기가 꽤 어렵지만, 성전의 벽이 이중으로 돼 있고 이 이중 벽 사이에 곁방들이 있다고 생각하면 이해하기 쉽다. 그리고 이 이중 벽 사이에는 곁방들뿐만 아니라 너비가 5큐빗이나 되는 넓은 복도가 또 있다(11절). 이 곁방들은 성전의 이중 벽 가운데 바깥쪽 벽에만 『**그것들이 단단히 붙어 있고**』, 안쪽 벽, 즉 『**전의 벽**』에는 『**붙어 있지**』 않은 매우 특이한 구조다. 성경에는 언급이 없지만, 이 곁방들로 들어가고 나오는 출입구는 성전의 북쪽 외벽과 남쪽 외벽 중앙에 있었을 것으로 보인다. 다시 말해서, 성전 안에서 이 곁방들로 출입할 수는 없었고 바깥쪽에서만 출입할 수 있게 입구가 설계돼 있었던 것이다. 만약 바깥쪽 남북의 두 입구만 폐쇄한다면 이 곁방들은 마치 이중 벽 속에 감추어진 비밀 아지트와도 같았을 것이다.

『**전의 벽 안으로 들어가 있으니 그것들이 단단히 붙어 있고**』. 여기서 『**전의 벽**』이란 성전 외벽을 말한다. 2층과 3층의 바닥을 떠받치는 일종의 석가래들이 외벽 『**안으로 들어가**』 단단히 삽입돼 있기 때문에 그 힘으로 방 무게를 지탱한다. 2층과 3층의 바닥 마루대가 좌우 양쪽에 걸쳐 있으면 무게를 지탱하기가 한결 쉽겠지만, 성전 내벽에는 접촉돼 있지 않다. 그래서 『**전의 벽에는 붙어 있지 않더라.**』라고 서술하고 있는 것이다. 성소의 내벽만큼은 그 어떤 이유로도 밖에서 건드리지 못하도록 돼 있는 것이다. 그러므로 이 곁방의 2층과 3층은 마치 베란다처럼 외벽에만 걸쳐 있는 모습이다. 『**벽 안으로 들어가**』 있는 이 곁방들이 어떻게 채광되었는지는 설명이 없다. 성전 건물의 외벽에 창이 있다는 언급은 없다.

『**곁방으로 돌아올라 갈수록 넓어졌으니 이는 전의 사면을 돌아갈수록 올라가게 되었으므로 전의 너비는 맨 밑 방에서 중간을 거쳐 맨 위까지 올라갈수록 커졌더라**』(7절). 『**전의 사면을 돌아갈수록 올라가게 되었으므로**』라는 말은 2층, 3층으로 올라가는 층계가 나선형(winding stairs)으로 돼 있음을 말한다. 이와 같은 설계는 솔로몬의 성전도 마찬가지였다. 『**전의 오른편에 중간층 방의 문이 있어, 사람들이 나선형의 계단으로 중간층 방으로 올라가고 또 중간층에서 삼층으로 올라가더라**』(왕상 6:8).

또 『**곁방으로 돌아 올라갈수록 넓어졌으니**』라는 말은 아래층 곁방보다 2층 곁방이 더 넓어지고 2층 곁방보다 3층 곁방이 더 넓어진다는 것을 말한다.

『**내가 또 전 사면의 높이를 보았더니 곁방들의 기초가 큰 규빗 여섯인 한 리드라**』(8절). 곁방들이 성전 외벽에 단단히 매달려 있자면 그 바닥이 튼튼해야 할 것이다. 그런데, 『**큰 규빗**』이라는 척량이 여기서 등장한다. 이것은 "규빗"에도 그 척수가 다른 한 가지 이상이 있었음을 의미한다. 앞서 40장에서 사용하던 『**측량대**』는 6규빗짜리였지만 1규빗에 한 뼘이 더 긴 규빗으로 6규빗이었다. 1규빗의 표준 길이는 18인치인데, 어떤 책에서는 22인치라고도 한다. 이것을 감안해 볼 때 『**큰 규빗**』이란 25인치 내지 30인치 정도의 길이가 아니었나 짐작된다. 창세기 6장에서 노아의 방주와 관련하여 언급되는 규빗은 방주의 규모로 보아 표준 규빗보다 훨씬 길었던 것이 분명하다. 노아의 방주는 그 총 넓이가 축구장 3개를 합친 것보다 더 넓었다. 『**이것이 네가 만들 방주의 규격이니, 방주의 길이가 삼백 규빗이요 너비가 오십 규빗이며, 높이가 삼십 규빗이니라**』(창 6:15). 노아 당시의 "규빗"은 분명히 『**큰 규빗**』, 즉 25인치 내지 30인치는 족히 되는 길이였을 것이다. 왜냐하면 그 당시에는 『**거인들**』이요, 『**용사들로 유명한 사람들**』(창 6:4)이 지배계급이었기 때문이다. 어쩌면 한 규빗이 30인치 이상 40인치 정도까지 되었는지도 모른다. 1규빗은 팔꿈치에서 손끝까지의 길이를 말한다. 가령 그 당시의 1규빗이 30인치였다고 가정하면 노아의 방주는 한 층의 면적이 9,000×1,500인치, 거의 8,500평방 미터나 되었으므로(축구장의 넓이는 약 7,400평방 미터다) 3층 연면적은 25,500평방 미터나 되었다.

『**바깥 곁방의 벽의 두께는 오 규빗이요, 안쪽에 있는 곁방들의 자리는 남겨 두었더라**』(9절). 곁방의 바깥 벽은 곧 성전 외벽이다. 이 외벽의 두께가 5규빗이다. 『**안쪽에 있는 곁방들의 자리는 남겨 두었더라.**』는 것은 통행을 위한 복도를 말한다. 이것은 11절에서 말하는 『**남겨둔 자리**』에 해당하는 공간이다. 이 복도의 너비가 5규빗이라고 11절에서 밝힌다.

41:10 방들 사이는 이십 큐빗의 너비로 성전 사면에 둘려 있더라.
11 곁방들의 문들은 남겨 둔 자리로 향하였는데 문 하나는 북쪽으로 또 다른 문
은 남쪽으로 향하였으며 남겨 둔 자리의 너비는 오 큐빗으로 둘려 있더라.

『**방들 사이는 이십 큐빗의 너비로 성전 사면에 둘려 있더라**』(10절). 여기서『**방들 사이**』란 북쪽 입구나 남쪽 입구로 들어갔을 때 그 좌우로 방들이 여섯 개씩 일렬로 배열돼 있는데 입구에 들어서면서 좌우 양쪽 방까지의 간격을 말한다. 가령 북쪽 입구로 들어갔을 때 오른쪽으로 6개의 방들이 일렬로 늘어서 있고, 또 왼쪽으로도 6개의 방들이 나란히 늘어서 있는데, 오른쪽과 왼쪽이 20큐빗의 간격을 두고 떨어져 있는 것이다. 그러니까 입구에 들어섰을 때, "현관"에 해당하는 공간은 9×20큐빗으로 널직하다는 것을 알수 있다(복도의 폭 5큐빗, 방의 길이 4큐빗, 도합 9큐빗). 이 공간 어딘가에 위 층으로 올라가는 나선형 층계가 양쪽에 하나씩 있을 것이다. 이것은 남쪽 입구로 들어갔을 경우도 마찬가지다. 서쪽 벽에 배열돼 있는 6개의 방들은 좌우로 3개씩 두 부분으로 나뉘어 있고 그 간격은 4큐빗이었을 것으로 추정된다. 그리고 이 공간에 위 층으로 올라가는 층계가 있었을 것으로 보인다.

『**곁방들의 문들은 남겨 둔 자리로 향하였는데 문 하나는 북쪽으로 또 다른 문은 남쪽으로 향하였으며 남겨 둔 자리의 너비는 오 큐빗으로 둘려 있더라**』(11절). 외벽과 내벽으로 된 이중 벽 사이에 끼여 있는 곁방들로 출입하려면 성전 외벽 북쪽 중앙과 남쪽 중앙에 위치한 출입구를 이용하여야 한다.『**남겨 둔 자리**』란 곧 복도와도 같은 공간으로 방의 길이가 4큐빗(5절)인 데 비해 복도의 폭은 5큐빗이니까, 통행에 넉넉한 공간을 확보해 두고 있는 셈이다.

41:12 서쪽으로 향한 끝에 따로 떨어진 곳 앞에 있는 건물은 그 너비가 칠십 큐빗이
며 그 건물의 벽은 빙 둘러서 두께가 오 큐빗이요, 그 길이는 구십 큐빗이더라.
13 그러므로 그가 전을 재었더니 길이가 일백 큐빗이요, 따로 떨어진 곳과 그 건
물은 벽을 포함해서 그 길이가 일백 큐빗이더라.
14 또 전의 전면과 동편을 향한 따로 떨어진 곳의 너비도 일백 큐빗이더라.
15 그가 그 뒤에 있는 따로 떨어진 곳을 향한 건물의 길이와 이편과 저편에 있는

난간들을 재니 안쪽 성전과 뜰의 현관을 포함해서 일백 큐빗이더라.

『**서쪽으로 향한 끝에 따로 떨어진 곳 앞에 있는 건물은 그 너비가 칠십 큐빗이며 그 건물의 벽은 빙 둘러서 두께가 오 큐빗이요, 그 길이는 구십 큐빗이더라**』(12절). 성전 바깥 뒤편 서쪽에 일종의 별관이라고 할 수 있는 건물이 있는데, 안 치수로 동서 길이가 70큐빗, 남북 길이가 90큐빗의 규모로서 면적으로는 성전 본 건물보다 규모가 훨씬 더 크다. 성전 건물은 전면의 현관을 제외하고 그 규모가 88×60큐빗이다.

『**따로 떨어진 곳**』(the separate place)이란 성전 건물 사면 둘레에 만들어 놓은 회랑 공간으로, 일종의 난간과도 같은 부분이다. 이 서쪽 별관의 벽 두께는 성전 외벽과 같이 5큐빗이다.

『**그러므로 그가 전을 재었더니 길이가 일백 큐빗이요, 따로 떨어진 곳과 그 건물은 벽을 포함해서 그 길이가 일백 큐빗이더라**』(13절). 『**따로 떨어진 곳과 그 건물**』이란 성전 뒤의 서쪽 별관을 말하는데, 두께 5큐빗짜리 이 별관의 양쪽 벽을 포함해서 남북 총 길이가 100큐빗이다.

『**또 전의 전면과 동편을 향한 따로 떨어진 곳의 너비도 일백 큐빗이더라**』(14절). 성전은 전면이 동쪽을 향하고 있기 때문에, 전면의 『**동편을 향한 따로 떨어진 곳**』이란 번제단이 있는 성전 앞 안뜰을 말한다. 성전 앞뜰의 너비가 100큐빗인데, 길이 또한 100큐빗이므로 정사각형 모양인데, 이 부분은 전체 성전 터의 정중앙에 위치하고 있고 이 안뜰의 정중앙에 또 번제단이 놓여 있다(40:47). 이 성전 앞뜰에서 성전으로 들어가려면 계단을 따라 올라가게 돼 있다(40:49).

『**그가 그 뒤에 있는 따로 떨어진 곳을 향한 건물의 길이와 이편과 저편에 있는 난간들을 재니 안쪽 성전과 뜰의 현관을 포함해서 일백 큐빗이더라**』(15절). 이 구절에서 『**그 뒤에 있는 따로 떨어진 곳을 향한 건물**』이란 12절에서 살펴본 서쪽 별관을 지칭하는 것인지, 아니면 안뜰 『**뒤에 있는**』 성전 본 건물을 지칭하는지는 분명치 않지만, 『**안쪽 성전과 뜰의 현관**』이라는 언급으로 미루어 성전 건물을 일컫는 것으로 짐작된다.

41:16 문설주들과 좁은 창들과 문 너머 그 세 개의 층 둘레에 있는 난간들은 땅으로부터 창문까지 빙 둘러 나무판으로 입혔으며 창문들은 덮였더라.

17 문 위쪽, 즉 안쪽 전과 바깥까지 빙 둘러 있는 안쪽과 바깥쪽 모든 벽을 잰 것이라.

18 그 나무판에는 그룹들과 종려나무가 새겨졌으며 한 종려나무가 그룹과 그룹 사이에 있고 그룹은 두 얼굴을 가졌으며

19 사람의 얼굴은 이쪽에 있는 종려나무를 향해 있고 젊은 사자의 얼굴은 저쪽 종려나무를 향해 있으며 그 나무판은 모든 전의 사면 둘레를 둘렀더라.

20 땅에서부터 문 위까지는 그룹들과 종려나무가 새겨졌으며 성전의 벽 위에도 그러하더라.

21 성전의 기둥들은 네모졌고 성소의 면은 한쪽 모양이 다른쪽 모양과 같더라.

22 나무 제단은 높이가 삼 큐빗이고 그 길이가 이 큐빗이며 그 구석과 길이와 벽은 나무로 만들었더라. 그가 내게 말하기를 "이것은 주 앞에 있는 상이라." 하더라.

23 성전과 성소에는 두 문이 있고

24 그 문들은 두 짝이 있으니 두 개의 겹치는 문짝이며 이 문에도 두 짝이요, 저 문에도 두 짝이더라.

25 성전의 문들 위에는 그룹들과 종려나무들이 새겨져 있는데 마치 벽에 새겨진 것과 같더라. 바깥 현관의 전면 위에는 두꺼운 널판자가 있더라.

26 현관의 양 면 이편과 저편에는 좁은 창문들과 종려나무들이 있고 전의 곁방들 위에는 두꺼운 널판자가 있더라.

『**문설주들과 좁은 창들과 문 너머 그 세 개의 층 둘레에 있는 난간들은 땅으로부터 창문까지 빙 둘러 나무판으로 입혔으며 창문들은 덮였더라**』(16절). 성전 건물이 『**세 개의 층**』으로 되어 있는 것에 주목하라. 이것은 우주가 세 하늘로 돼 있음을 나타낸다(고후 12:2). 말하자면 성전은 우주를 나타내는 모형인 것이다. 첫째 하늘은 이 지구의 하늘이고, 둘째 하늘은 별들이 있고 은하계가 있는 우주 공간이며, 은하계 저 너머에 있는 하늘이 셋째 하늘이다. 대환란이 닥치면 하나님께서 이 첫째 하늘과 둘째 하늘에 큰 이변을 일으키실 것이다(사 24:18-23).

이 성전이 『**세 개의 층**』으로 돼 있다고 해서 층마다 막혀 있는 3층짜리 건물이란 뜻이 아니라 벽 둘레에 『**난간**』들을 둘러서 층을 구분하고 있을 뿐이다. 일종의 발코니처럼 생긴 이 난간은 『**문 너머**』, 즉 문 위의 높이로 둘러 있다. 그리고 바닥에서 창문까지는 나무판으로 덮어 맨 벽이 드러나지 않게 해놓았는데, 요즘처럼 밋밋한 합판 같은 것으로 댄 것이 아니라 그 나무판들 위에는 그룹들과 종려나무가 조각돼 있다(18절). 창문들은 안팎을 들여다보거나 내다볼 수 없도록 가려져 있다.

『**문 위쪽, 즉 안쪽 전과 바깥까지 빙 둘러 있는 안쪽과 바깥쪽 모든 벽을 잰 것이라**』(17절). 측량이 얼마나 세밀했던지 성전 안쪽뿐만 아니라 바깥쪽으로도 재었고 또 모든 벽도 다 쟀다고 언급한다.

『**그 나무판에는 그룹들과 종려나무가 새겨졌으며 한 종려나무가 그룹과 그룹 사이에 있고 그룹은 두 얼굴을 가졌으며**』(18절). 나무판에 조각된 그룹들은 모두 두 얼굴을 갖고 있다. 그리고 종려나무가 그룹들 사이사이에 새겨져 있다. 달리 말하면 종려나무들 사이사이에 그룹들이 새겨져 있다고도 말할 수 있겠다. 종려나무가 새겨져 있다는 것은 거룩한 장소임을 나타낸다. 우리는 앞서 40장에서 성전의 대문들을 살펴보면서 건물 기둥들 앞에 종려나무들이 서 있는 것을 보았다.

『**사람의 얼굴은 이쪽에 있는 종려나무를 향해 있고 젊은 사자의 얼굴은 저쪽 종려나무를 향해 있으며 그 나무판은 모든 전의 사면 둘레를 둘렀더라**』(19절). 그룹들의 두 얼굴 가운데 하나는 사람의 얼굴이고 다른 하나는 사자의 얼굴인데, 이 두 얼굴이 서로 반대편 종려나무를 향하고 있다. 원래 그룹들에게는 그 외에도 독수리의 얼굴과 소의 얼굴이 있지만, 여기서는 사람의 얼굴과 사자의 얼굴 두 개를 갖고 있는 것으로 묘사된다. 이것은 필경 천년왕국을 통치하시게 될 예수 그리스도를 일컬어 『**유다 지파의 사자인 다윗의 뿌리**』(계 5:5)라고 언급한 것과 깊은 관련이 있을 것이다.

종려나무는 구약에서 또 "의인," 또는 "의"에 비유되기도 한다. 『**의인은 종려나무같이 번성하며...**』(시 92:12) 이런 점에서 종려나무는 그리스도를 예표하기도 하고 예수 그리스도를 믿는 성도들을 예표하기도 한다. 주님께서 예루살렘에 입성하실 때는 많은 무리가 종려나무 가지를 손에 들고 주님을 맞았다(요 12:12,13).

『**땅에서부터 문 위까지는 그룹들과 종려나무가 새겨졌으며 성전의 벽 위에도 그러**

하더라』(20절). 16절에서는 나무판이 『**땅으로부터 창문까지 빙 둘러**』 벽에 부착돼 있다고 언급했는데, 여기서는 『**땅에서부터 문 위까지**』라고 언급한다. 그러나 이것은 결국 같은 말이다. 왜냐하면 창문들의 높이가 바로 문 위이기 때문이다. 그룹들과 종려나무들이 번갈아 가며 조각돼 있는 그림은 나무판 위에만이 아니라 그 위의 성전 벽 표면도 마찬가지였다고 언급한다.

『**성전의 기둥들은 네모졌고 성소의 면은 한쪽 모양이 다른 쪽 모양과 같더라**』(21절). 성전의 기둥들은 사실상 현관에서 성소로 들어가는 문 및 지성소로 들어가는 문의 문설주 역할을 하는 기둥들이다. 이 기둥들은 벽면에 접해 있기 때문에 네모져야만 조화를 이룬다. 좌우 양쪽에 서 있는 네모진 이 기둥들의 면이 모양이 같아야 대칭의 균형미를 이룰 것이기 때문이다.

『**나무 제단은 높이가 삼 큐빗이고 그 길이가 이 큐빗이며 그 구석과 길이와 벽은 나무로 만들었더라. 그가 내게 말하기를 "이것은 주 앞에 있는 상이라." 하더라**』(22절). 이 『**나무 제단**』은 성소 안에 있는 것으로 성전 안뜰 중앙에 놓인 번제단과는 다르다. 성전 뜰에 있는 번제단은 3층으로 돼 있고, 맨 윗단의 한 면 길이만도 12큐빗이나 되는 크기에 높이가 7큐빗이나 된다(43:13-17).

『**성전과 성소에는 두 문이 있고 그 문들은 두 짝이 있으니 두 개의 겹치는 문짝이며 이 문에도 두 짝이요, 저 문에도 두 짝이더라**』(23,24절). 자, 현관을 거쳐 성소로 들어가는 문과 성소에서 지성소로 들어가는 문이 있는데, 보통 대문처럼 좌우 양쪽으로 열리는 두 짝의 대문들이지만, 그 한 짝이 또 둘로 접힐 수 있도록 된 문이다. 그러니까 문짝 수로 말하면 한 대문에 문짝이 모두 네 짝인 셈이다.

『**성전의 문들 위에는 그룹들과 종려나무들이 새겨져 있는데 마치 벽에 새겨진 것과 같더라. 바깥 현관의 전면 위에는 두꺼운 널판자가 있더라**』(25절). 사면 벽 나무판 위에 새겨진 그룹들 및 종려나무들과 동일한 그림들이 성소나 지성소로 들어가는 대문의 문짝들 위에도 조각돼 있다. 현관 전면에 있는 『**두꺼운 널판자**』는 일종의 디딤판이다.

『**현관의 양 면 이편과 저편에는 좁은 창문들과 종려나무들이 있고 전의 곁방들 위에는 두꺼운 널판자가 있더라**』(26절). 현관의 양 면에 『**좁은 창문들**』이 있는 것으로 보아 양쪽 현관은 벽으로 막혀 있는 게 분명하다. 그리고 양쪽 벽면에 조각이 아닌 실제 종려나무들이 있다. 곁방들 바닥 위에는 두꺼운 널판자가 깔려 있다.

에스겔 42장

42:1 그때 그가 나를 바깥뜰 북쪽으로 향한 길로 데리고 나가 따로 떨어진 곳 건너
편에 있고, 북쪽을 향한 건물 앞에 있는 방으로 나를 데려가더라.
2 북쪽 문의 전면 길이는 일백 큐빗이며, 그 너비는 오십 큐빗이더라.
3 세 개의 층에서 난간이 난간을 마주 보는 것은 안 뜰의 이십 큐빗을 마주 보고
있고 바깥뜰의 포장된 길을 마주 보고 있더라.

『**그때 그가 나를 바깥뜰 북쪽으로 향한 길로 데리고 나가 따로 떨어진 곳 건너편에 있고 북쪽을 향한 건물 앞에 있는 방으로 나를 데려가더라**』(1절). 에스겔은 성전 안뜰과 성전 건물 내부를 둘러본 뒤 이제 성전 바깥뜰로 나와 『**북쪽을 향한 건물**』, 즉 "북문" 담장에 나란히 배열돼 있는 방들로 안내된다. 이 구절에서 『**따로 떨어진 곳**』이란 성전 안뜰을 둘러싼 건물을 말한다.

『**북쪽 문의 전면 길이는 일백 큐빗이며, 그 너비는 오십 큐빗이더라**』(2절). 이 구절에서 『**북쪽 문의 전면 길이는 일백 큐빗이며**』란 안뜰의 북문을 나서자마자 바깥뜰 북문까지의 길이를 말한다.

성전 뜰로 들어가는 대문은 바깥뜰과 안뜰 모두 북문, 남문, 동문의 세 군데가 있는데, 40장에서 우리는 이 대문들의 건물 구조에 대해 살펴보았다.

『**세 개의 층에서 난간이 난간을 마주 보는 것은 안 뜰의 이십 큐빗을 마주 보고**

있고 바깥뜰의 포장된 길을 마주 보고 있더라』(3절). 대문 양쪽으로 방들을 가진 건물도 이처럼 3층으로 돼 있는 것은 성전 본 건물의 경우와 마찬가지인데, 하나님께서 노아에게 방주를 지을 때도 마찬가지 구조로 건조하도록 명하셨다(창 6:15,16). 하나님께서 창조하신 우주 만물은 모두가 세 개의 요소로 구성돼 있다. 시간도 과거, 현재, 미래의 세 부분으로 나뉘고, 공간도 가로, 세로, 높이로 구분되며, 인간도 영, 혼, 몸의 세 부분으로 되어 있는가 하면, 하나님 자신께서도 아버지와 아들과 성령의 세 신격이시다. 성경도 히브리어와 헬라어와 아람어로 기록되었고, 구약성경은 율법서와 예언서와 성문서로 구성되어 있고, 신약성경은 복음서와 사도행전과 서신서로 구성되어 있고, 하늘 또한 첫째 하늘, 둘째 하늘, 그리고 셋째 하늘의 세 하늘들로 되어 있다. 성전의 본 건물이나 성전으로 들어가는 문들의 구조가 3층으로 되어 있는 것은 모두가 세 하늘들의 모형임을 나타낸다.

42:4 그 방들 앞에는 안쪽으로 십 큐빗 너비의 보도와 일 큐빗의 길이 있고 그 문들은 북쪽을 향해 있더라.

5 윗쪽 방들은 더 좁으니 이는 난간들이 이쪽 방들보다도 더 낮은 부분보다도 건물의 중간보다도 더 높음이라.

6 그 방들이 세 개의 층에 있어도 뜰의 기둥 같은 기둥들이 없으므로 그 건물은 땅으로부터 낮은 층과 중간 층보다도 더 좁아졌더라.

7 방들을 마주 보는 밖에 있는 벽이 방들의 앞부분에 있는 바깥뜰을 향하고 있는데 그 길이는 오십 큐빗이더라.

『**그 방들 앞에는 안쪽으로 십 큐빗 너비의 보도와 일 큐빗의 길이 있고 그 문들은 북쪽을 향해 있더라**』(4절). 방들 앞에는 『**안쪽으로**』 인도하는 10큐빗 너비의 보도가 있고 방들 앞에는 1큐빗 너비의 툇마루 같은 공간이 있다. 이것은 40:12에서도 언급되었었다.

『**윗쪽 방들은 더 좁으니 이는 난간들이 이쪽 방들보다도 더 낮은 부분보다도 건물의 중간보다도 더 높음이라**』(5절). 2층과 3층으로 올라갈수록 방들이 아래층보다 더 좁아지는데, 이것은 2층, 3층의 방들 앞에 난간이 있기 때문이다. 앞서 41장에서 성전 건물의 외벽과 내벽 사이에 있는 3층짜리 곁방들과는 반대로, 여기 대문 건물에 있는 3층짜리 방들은 위로 올라갈수록 좁아진다.

『**그 방들이 세 개의 층에 있어도 뜰의 기둥 같은 기둥들이 없으므로 그 건물은 땅으로부터 낮은 층과 중간 층보다도 더 좁아졌더라**』(6절). 3층으로 된 구조물에 기둥이 없기 때문에 2층과 3층의 하중을 줄이기 위해 윗층으로 올라갈수록 방을 좁게 만들었다.

『**방들을 마주 보는 밖에 있는 벽이 방들의 앞부분에 있는 바깥뜰을 향하고 있는데 그 길이는 오십 큐빗이더라**』(7절). 여기서 『**밖에 있는 벽**』이란 방의 뒷면 벽을 말한다. 이 뒷면 벽에서부터 바깥뜰까지의 길이가 50큐빗이다.

42:8 바깥뜰에 있는 방들의 길이는 오십 큐빗인데 보라, 성전 앞의 것들은 일백 큐빗이더라.
9 이 방들 아래로부터 동편에는 입구가 있으니 이는 바깥뜰로부터 그들 안으로 들어가는 것이더라.
10 그 방들은 동편을 향한 뜰의 벽으로 두껍게 되어 있고 따로 떨어진 곳과 또 건물과 마주 보고 있더라.
11 그들 앞에 있는 길은 북쪽을 향한 방들의 모양 같아서 길이도 그만하고 너비도 그만하더라. 그들의 모든 출구도 그들의 양식과 문들을 따랐더라.
12 남쪽을 향한 방들의 문들을 따라서 길머리에 사람이 들어가는 문 하나가 있고 그 길은 동쪽을 향한 벽 앞으로 곧장 나 있더라.

『**바깥뜰에 있는 방들의 길이는 오십 큐빗인데 보라, 성전 앞의 것들은 일백 큐빗이더라**』(8절). 자, 이제 북쪽 담장에 나란히 연해 있는 방들로부터 성전 안뜰의 담장에 접해 있는 방들로 옮겨간다. 이 방들이 성전 안뜰 담장에 접해 있으므로 그 위치가 당연히 『**성전 앞**』이 된다. 이 방들은 훨씬 규모가 커서 그 길이가 100큐빗이나 된다. 성전 안뜰 북쪽 담장과 남쪽 담장에 배열돼 있으면서 가운데 번제단을 사이에 두고 서로 마주 보고 있는 이 방들은 『**거룩한 방들**』(13절)이다.

『**이 방들 아래로부터 동편에는 입구가 있으니 이는 바깥뜰로부터 그들 안으로 들어가는 것이더라**』(9절). 성전 안뜰 담장에 접해 있는 이 방들은 성전 안뜰을 거쳐 출입할 수 있도록 문이 나 있다. 그래서 이 방들을 살피려면 당연히 성전 안뜰로 들어가야 하는데, 안뜰로 들어가는 동쪽 입구에서 안을 들여다보면 성전 본 건물 전면이 보일 것이고 그 성전 앞 중앙에 놓여 있는 번제단이 눈에 들어올 것이다.

『**그 방들은 동편을 향한 뜰의 벽으로 두껍게 되어 있고 따로 떨어진 곳과 또 건물과 마주 보고 있더라**』(10절). 이 구절에서 『**동편을 향한 뜰의 벽**』이란 동쪽 담장과 평행을 이루는 벽들을 말한다. 다시 말해서, 안뜰로 들어가 이 방들을 정면으로 향했을 때 각 방들의 양 벽들을 말한다. 『**따로 떨어진 곳**』이란 성전 본 건물 주변에 둘러 있는 높은 지대의 공간을 말한다. 성전 본 건물은 이 높은 지대 위에 세워져 있는 셈이고, 건물이 차지하는 공간을 제외한 사면의 나머지 공간이 바로 『**따로 떨어진 곳**』이다.

『**그들 앞에 있는 길은 북쪽을 향한 방들의 모양 같아서 길이도 그만하고 너비도 그만하더라. 그들의 모든 출구도 그들의 양식과 문들을 따랐더라**』(11절). 여기서 『**북쪽을 향한 방들**』이란 1절에서 살펴보았던 방들, 즉 성전 바깥 북쪽 담장에 나란히 배열돼 있는 방들을 말한다.

『**남쪽을 향한 방들의 문들을 따라서 길머리에 사람이 들어가는 문 하나가 있고 그 길은 동쪽을 향한 벽 앞으로 곧장 나 있더라**』(12절). 『**남쪽을 향한 방들**』이란 성전 안뜰 남쪽 담장에 나란히 연해 있는 방들을 말한다.

42:13 그때 그가 내게 말하기를 "따로 떨어진 곳 앞에 있는 북쪽 방들과 남쪽 방들은 거룩한 방들이라. 주께 다가가는 제사장들이 가장 거룩한 것들을 먹는 곳이며 그곳은 지극히 거룩한 것들과 음식제물과 속죄제물과 속건제물을 놓는 곳이니 이는 그곳이 거룩함이라.
14 제사장들이 그 안으로 들어가면 그 성소에서는 바깥뜰로 나가지 못하며 그들

은 그들이 섬긴 그곳에 그들의 옷을 벗어 놓으리니 이는 그것들이 거룩하기 때문이라. 또 그들은 다른 옷으로 갈아입고 백성을 위하여 그것들에 다가갈 지니라." 하더라.

성전 안뜰에 있는 이 방들은 제사를 지내는데 사용되는 물건들과 제물들을 두는 곳이며 또 제사장들이 제사를 지내고 난 음식을 먹는 곳이므로 『**거룩한 방들**』이다. 이렇게 볼 때, 바깥 뜰 삼면 담장에 연해 있는 작은 방들은 일반적인 다용도실들이라고 볼 수 있다.

『**속죄제물**』이라든지 『**속건제물**』(13절) 같은 제물들이 등장하는 것만 보아도 이 성전에서 속죄제와 속건제가 드려진다는 사실이 명백한데, 그렇다면 이 성전이 교회 시대의 성전이 될 수 없다는 사실이 더욱 분명해진다. 지금의 교회 시대에는 이런 제사가 필요없는 시대다. 예수 그리스도께서 단번에 속죄제물이 되셨기 때문이다.

『**제사장들이 그 안으로 들어가면 그 성소에서는 바깥뜰로 나가지 못하며 그들은 그들이 섬긴 그곳에 그들의 옷을 벗어 놓으리니 이는 그것들이 거룩하기 때문이라. 또 그들은 다른 옷으로 갈아입고 백성을 위하여 그것들에 다가갈지니라." 하더라**』(14절). 안뜰에 있는 방들이나 번제단 및 성전 건물 등에서 제사 업무에 몰두하는 제사장들이 제의를 입은 채로 바깥뜰로 그냥 나가서는 안 되고 반드시 옷을 갈아입고 나가야만 했다. 거룩한 것들은 반드시 거룩한 곳에만 보관하거나 사용되어야 했기 때문이었다.

여기서도 『**제사장들**』이 등장한다. 이들은 『**백성을 위하여**』 제사를 지내는 문자 그대로의 제사장들이다. 지금의 교회 시대에는 문자적인 제사장들이 존재하지 않는다. 속죄제나 속건제가 필요없는 시대이기 때문이다. 그러나 이런 제사가 필요한 시대가 장차 다시 찾아올 것이다. 그것이 바로 예수 그리스도께서 왕으로 오셔서 통치하시게 될 천년왕국 시대이다. 이 기간에는 이스라엘이 구약 시대처럼 이런 제사 율법을 엄격하게 지켜야만 할 것이다. 에스겔 45:17을 보라. 『**또 명절들과 새 달들과 안식일들과 이스라엘 집의 모든 정한 절기에 번제물과 음식제물과 술붓는 제물을 드리는 것은 통치자의 몫이 될지니라. 그는 이스라엘 집을 위한 화해를 이루기 위하여 속죄제물과 음식제물과 번제물과 화목제물을 예비할지니라.**』 그러나 지금 이 교회 시대에는 이런 제사가 모두 불필요하다. 이에 대해 바울이 무어라고 말하는가? 『**그러므로 음식으로나 마시는 것으로나 거룩한 날이나 새 달이나 안식일들에 관해서는 아무도 너희를 판단하지 못하게 하라. 이런 것들은 다가올 것들의 그림자이나 몸은** 그리스도**의 것이니라**』(골 2:16,17). 예수 그리스도께서 갈보리 십자가에서 희생제물이 되셨기에 이제는 이런 제물들이 필요가 없게 되었고, 이제는 안식일이고, 새 달이고, 명절이고, 다 무의미한 것들이 되고 말았다. 그런데도 현대 교회들이 사순절이니, 오순절이니, 맥추절이니, 심지어는 성탄절이니, 부활절이니, 추수감사절 등등, 별의별 절기를 만들어 놓고 "특별 예배"를 드리고 있는 것은 그 모두가 성경을 무시한 채 종교행위에만 매달리는 로마카톨릭적 발상을 따른 것이고, 더 나아가 성도들로부터 "특별 헌금" 명목으로 돈이나 거두어들이려는 속이 훤히 들여다보이는 술수에 지나지 않는다.

천년왕국 시대에 부활될 이런 제사들은 전적으로 이스라엘 민족에게만 적용되는 율법들이다. 에스겔 45:22을 보라. 『**그 날에 통치자는 자신과 그 땅의 모든 백성을 위한 속죄제물로 수송아지 한 마리를 준비할지니라.**』 여기서 말하는 『**통치자**』란 이스라엘 민족의 통치자(prince)를 말하는 것으로, "왕"이신 예수 그리스도가 아니다. 이스라엘의 통치자는 『**그 땅의 모든 백성**』, 즉 이스라엘 땅의 모든 유대인들을 위하여 속죄제물을 준비하지 않으면 안 될 것이다. 천년왕국 시대에는 사람들이 구원받더라도 지금처럼 그리스도의 몸이 되지 못한다. 그 시대에는 사람들이 구원받더라도 자신의 몸 안에 거하게 된다. 따라서 이들은 죄를 씻기 위해 구약 시대처럼 계속 제사를 드리고 제물을 드려야 한다.

이스라엘이 민족적으로 회복되어 천년왕국 시대로 들어간다 하더라도 그들은 자신들이 그 땅에서 흘린 피에 대하여 그 피를 흘린 사람의 피로써 씻어야만 깨끗해지기 때문이다. 민수기 35:33을 보라. 『**그러므로 너희는 너희가 거하는 땅을 더럽히지 말라. 이는 피로 인해 그 보복이 그 땅을 더럽힘이니, 그 땅은 피를 흘린 사람의 피에 의하지 아니하고는, 그곳에 흘려진 피에 대해 깨끗해질 수 없느니라.**』

이스라엘이 예수 그리스도의 피를 흘린 곳은 팔레스타인 땅이다. 유대인들이 예수 그리스도의 피로 더럽힌 팔레스타인 땅을 깨끗하게 하려면 유대인들이 피를 흘리되, 팔레스타인 땅에 흘려야만 한다. 유대인들이 팔레스타인 땅에 피를 흘려 그 땅을 깨끗하게 하려면 천년왕국 시대가 와야만 한다. 그래서 그들은 천년왕국 시대에도 구약 시대와 마찬가지로 짐승의 피를 흘려 자신들의 피를 대신해야 한다.

42:15 그가 안쪽 건물을 재는 것을 마치고 나서 그 전망이 동쪽을 향한 대문 쪽으로 나를 데리고 가 그 사방을 재더라.
16 그가 측량대로 동편을 재고 그 사방을 재니 측량대로 오백 리드요,
17 그가 측량대로 북쪽을 재고 그 사방을 재니 오백 리드요,
18 그가 측량대로 남쪽을 재고 그 사방을 재니 오백 리드더라.

『**그가 안쪽 건물을 재는 것을 마치고 나서 그 전망이 동쪽을 향한 대문 쪽으로 나를 데리고 가 그 사방을 재더라**』(15절). 지금까지 성전 경내를 살펴보면서 "바깥뜰"이니 "안뜰"이니 했던 부분들은 사실은 성전의 경내에 있는 것들이었지 성전 터 전체에 걸쳐 있는 부분들이 아니었다. 이 성전은 크게 나누어 성전 외곽 터가 있고, 그 안에 성전 터가 있으며, 이 성전 터 안에 지금까지 살펴본 "바깥뜰"과 "안뜰"이 있다. 성전 외곽 터 전체는 이제부터 살펴볼 것이다.

『**그가 측량대로 동편을 재고 그 사방을 재니 측량대로 오백 리드요, 그가 측량대로 북쪽을 재고 그 사방을 재니 오백 리드요, 그가 측량대로 남쪽을 재고 그 사방을 재니 오백 리드더라**』(16,17,18절). 성전 전체 구역은 한 면이 500리드(3,000큐빗)인 정사각형 모양이다. 500리드라면 통상적인 큐빗으로 계산하더라도 약 5,500피트(약 1,700미터) 정도가 된다.

42:19 그가 서편으로 돌이켜 측량대로 재니 오백 리드요,
20 그가 사방에 벽이 있는 그 대문의 사면을 재니 길이가 오백 리드요, 너비가 오백 리드로 성소와 불경한 장소 사이에 구별을 짓더라.

『**성소와 불경한 장소 사이에 구별을 짓더라.**』라는 말은 성전 터 주위에 담을 쌓아 외곽지대와 구별지은 것은 물론 성전 뜰 내에서도 성전 본 건물 주위에 20큐빗 너비의 "따로 떨어진" 공간을 두어 성전 건물의 거룩함을 구별지었음을 의미한다.

에스겔 43장

43:1 **그후에 그가 나를 대문, 즉 동편을 향한 대문으로 데려왔는데,**
2 **보라, 이스라엘의** 하나님**의 영광이 동편의 길로부터 임하였으니 그분의 음성이**
많은 물 소리 같으며 땅이 그의 영광과 함께 빛나더라.
3 **그런데 그것은 내가 본 환상의 모양, 즉 내가 그 성읍을 멸하려고 왔을 때 보았**
던 환상대로였더라. 그 환상들은 내가 크발 강가에서 본 환상과 같기에 내가
내 얼굴을 대고 엎드렸더니
4 **그 전망이 동쪽을 향한 대문 길을 통하여 주의 영광이 그 전으로 들어오더니**
5 **그 영이 나를 들어 안쪽 뜰로 데려갔는데, 보라, 주의 영광이 그 전을 가득 채**
웠더라.
6 **나는 그가 그 전에서 내게 말씀하시는 것을 들었는데 그 사람이 내 곁에 서더**
라.

『**그후에 그가 나를 대문, 즉 동편을 향한 대문으로 데려왔는데**』(1절). 성전의 이곳저곳으로 안내 받으며 그 규모를 일일이 측량해 본 뒤 에스겔은 다시 "동문"으로 인도된다. 앞에서 살펴본 것처럼 성전의 본 건물 전면이 동쪽을 향하고 있다는 점만 보아도 "동문"은 북쪽 문이나 남쪽 문에 비해 매우 중요한 의미를 갖는 문임에 틀림이 없다.

『**보라, 이스라엘의** 하나님**의 영광이 동편의 길로부터 임하였으니 그분의 음성이**

많은 물 소리 같으며 땅이 그의 영광과 함께 빛나더라』(2절). 하나님의 영광이 『**동편의 길로부터 임하였으니**』라는 언급에 주목하라. 구약을 볼 때, 동쪽에서 서쪽 방향으로 진행하였던 모든 이동은 선하고 좋은 이동이었고, 악한 이동은 무엇이나 서쪽에서 동쪽 방향으로 진행하였던 것과 맥을 같이한다.

지금 이 천년왕국 시대의 성전은 『**거룩한 예물**』의 정중앙에 위치하게 될 터인데 (겔 48:21), 가로 세로가 25,000리드에 이르는 정사각형 모양의 이 『**거룩한 예물**』은 그 가운데에 하나님께 예물로 드려지는 『**거룩한 구역**』(겔 45:1)이 있고, 성소는 이 구역 내에 위치하게 될 것이다. 이 성전은 예루살렘 동쪽의 올리브산에서 내려다 볼 때 서쪽 방향에 위치하게 될 것인즉, 예수 그리스도께서 재림하실 때 올리브산 위에 "착륙"하시면, "동쪽에서 서쪽으로" 진행하셔서 곧바로 성전의 "동문"을 향하시게 된다. 『**그의 발이 그 날에 예루살렘 앞 동편에 있는 올리브 산 위에 서시리니**...』(슥 14:4) 요한복음 15장, 16장, 17장에서 보는 것처럼 이 길은 주님께서 제자들과 함께 예루살렘 시내 건너편 겟세마네로 향해 가시던 바로 그 길이기도 하다. 주님께서 재림하실 때 그분께서는 이 길을 거쳐 다시 예루살렘에 있는 천년왕국 성전 "동문"으로 들어오시게 되겠지만, 그 방향은 정반대다. 2천 년 전 제자들과 함께 겟세마네로 향하셨을 때는 그 진행 방향이 "서쪽에서 동쪽으로" 향한 것이었지만, 다시 오실 때는 "동쪽에서 서쪽으로" 진행 방향이 바뀐다.

그런데 이 동문에 대해 에스겔 44장에서 무어라고 예언하는지 살펴보라. 예수 그리스도께서 이 땅에 오실 때, 주님께서는 이 동쪽 문을 통과하여 성소로 들어가신 다음 이 동문을 닫아버리시고 그 후로는 아무도 이 문을 열지 못한다. 『**그후에 그가 나를 동쪽이 바라보이는 바깥 성소의 대문이 있는 길로 데리고 돌아가시니, 그 문이 닫히더라. 그때 주께서 내게 말씀하시더라. 이 대문이 닫히고 다시 열리지 아니하리니 아무도 그곳을 통해 들어가는 사람이 없으리라. 이는 주 이스라엘의** 하나님**이 그곳을 통해 들어갔음이라. 그러므로 그 대문은 닫혀 있으리라**』(겔 44:1,2). 이 말씀은 정말이지 엄청난 예언이 아닐 수 없다. 과거에도 튀르키예가 이 성읍을 정복했었지만, 그들은 이 문을 열지는 못했다. 회교도가 이 성읍을 점령했었지만, 그들 역시 이 문을 열지 못했고, 십자군이 이 도성을 점령했었지만, 그들도 이 동문을 열지는 못했으며, 영국 군대가 이 도시를 장악했었지만, 그들도 이 성전 동쪽 문을 열지는 못했고, 아랍이 이 지역을 차지하고 있을 동안에도 이 문을 통해 들어가지 못했으며, 이제 유대인들이 이 도시를 다시 찾았지만, 그들 역시 아직 이 문을 열지는 못하고 있는 것이다. 이것은 앞으로 세워지게 될 천년왕국 시대의 성전에서도 마찬가지다.

지난날 그러잖아도 실제로는 잘 사용되지 않고 있던 이 문을 1543년 튀르키예의 술탄왕이 아예 폐쇄해 버리도록 명함으로써 벽돌과 몰탈로 입구를 막아 버렸고, 그 후로 아무도 이 문을 통과하지 못하게 되었다. 1914년 독일의 황제 겸 프로이센 왕이었던 카이저 빌헬름은 베를린에서 이라크의 바그다드에 이르는 철도를 부설하려고 계획했었는데, 아마도 그는 이라크에 바빌론 성을 재건하고 페르시아 만을 개발한 뒤 그 대역사를 성공적으로 이룩한 승전 장군처럼 흰말을 타고 팔레스타인 땅을 누비는 가운데 예루살렘의 이 문을 통과해 보려는 야망을 품고 있었던 게 아니었나 생각되지만, 결국 제1차 세계대전에 패전함으로써 그의 야망은 물거품이 되고 말았고, 훗날 결국 영국의 알렌 베이 장군이 빌헬름 카이저 대신에 팔레스타인 땅을 누비게 되었다. 그러나 알렌 베이 장군 역시 예루살렘에 방문했다가 동문으로는 통과하지 못하고 대신 북문을 통과해 예루살렘으로 들어갔다. 언젠가 교황 요한 바오로 2세가 예루살렘에 방문했을 때도 그는 이 문을 멀리서 바라다보기만 했지 감히 그 문으로 들어가는 것은 엄두도 내지 못했다. 그가 그 문을 통과하려면 폐쇄된 문을 먼저 다이너마이트로 폭파해야만 했으니 그에게 그럴만한 용기나 기회가 주어졌겠는가?

역사를 움직이시는 하나님께서는 인간들이 무슨 계획을 세우고 무슨 짓을 자행하려고 대들어도 그들 자신도 모르는 사이에 일이 마음대로 되지 않고 뒤틀리게 만들어 놓으신다. 하나님께서는 무엇을 어떻게 하시겠다고 일단 예고해 놓으셨으면 예외없이 그 계획을 밀고 나가신다. 하나님께서 닫아 버리신 그 대문은 아직까지도 열리지 않고 있으며 앞으로도 주님께서 오시기까지는 열리지 않을 것이다. 인간이 아무리 영리하다 해도 하나님께서 금지해 놓으신 일을 역행할 능력을 발휘하지는 못한다. 적어도 하나님의 시간표가 허락하기 전에는 말이다. 천년왕국의 성전도 예수 그리스도께서 그 동쪽 대문을 통과해 들어가신 다음에야 『**통치자가 그 대문 앞에 앉아서 주 앞에서 빵을 먹으리라.**』(겔 44:3)라고 성경은 말씀한다.

예수 그리스도께서 재림하시면 그분께서는 동쪽 대문이 콘크리트로 막혀 있거나 말거나 흰말을 타고 그 문을 통과해 성소 안으로 들어가실 것이다. 성경이 그렇게 말씀하면 그런 것이다.

『**그분의 음성이 많은 물 소리 같으며**』(2절). 재림하시는 주 예수 그리스도의 음성이 『**많은 물 소리**』 같다는 사실은 비단 에스겔만이 들은 게 아니었다. 이러한 음성은 2,500년 뒤 사도 요한도 들었다. 『**그의 발은 용광로에 달군 듯한 빛나는 놋 같고, 음성은 많은 물 소리와도 같으며**』(계 1:15)라고 언급하고 있지 않은가? 사도 요한이 들었던 그분의 음성은 또 『**많은 물 소리와도 같고 큰 천둥 소리와도**』 같았다(계 14:2). 『**많은 물 소리**』가 어떤 소리일까 궁금하다면 나이아가라 폭포의 굉음을 연상해 보면 알 것이다. 나이아가라는 고사하고 웬만한 폭포수 앞에만 다가가도 당신은 그 엄청난 물소리에 다른 소리는 전혀 귀에 들려오지 않을 것이다. 이것은 천둥소리도 마찬가지다. 재림하신 주님의 음성이 어째서 이처럼 엄청난 굉음이어야만 하는지 당신은 짐작하고도 남을 것이다. 그분께서 말씀하실 때, 이 세상의 다른 모든 잡소리들은 그분의 음성에 파묻히고 말 것이다.

『**그런데 그것은 내가 본 환상의 모양, 즉 내가 그 성읍을 멸하려고 왔을 때 보았던 환상대로였더라. 그 환상들은 내가 크발 강가에서 본 환상과 같기에 내가 내 얼굴을 대고 엎드렸더니**』(3절). 이 구절에서 언급하는 『**그 성읍을 멸하려고 왔을 때 보았던 환상대로였더라.**』는 것은 언제 보았던 환상을 말하는 것일까? 에스겔 9장으로 되돌아가 보라. 9장에서 예루살렘은 처절하게 파괴되고 사람들이 살해된다. 『**늙은이나 젊은이나, 처녀나 어린아이나 여자를 전부 죽이되 표가 있는 사람에게는 접근하지 말며 또 내 성소에서 시작할지니라... 전을 더럽히고 살해된 자들로 뜰을 채우라... 이스라엘과 유다 집의 죄악이 심히 크고 그 땅이 피로 가득하며 그 성읍이 위법으로 가득하도다**』(겔 9:6-9). 그런데 여기 『**표가 있는 사람**』이 있다. 이 사람들은 『**예루살렘... 가운데서 행해지는 모든 가증한 짓들로 인하여 탄식하고 울부짖는 사람들**』로서 하나님의 천사가 그들의 이마에 표를 해놓은 사람들이다. 이들은 요한계시록 14장에서 언급되는 144,000명의 유대인들이다. 『어린양**이 시온 산 위에 서 있고 그와 함께 십사만 사천 명이 있는데 그들의 이마에는 그의** 아버지**의 이름이 쓰여 있더라**』(계 14:1).

『**그 전망이 동쪽을 향한 대문 길을 통하여 주의 영광이 그 전으로 들어오더니 그 영이 나를 들어 안쪽 뜰로 데려갔는데, 보라, 주의 영광이 그 전을 가득 채웠더라**』(4,5절). 이 구절들은 환란 성도들의 휴거와 관계가 있다. 『**그 영이 나를 들어 안쪽 뜰로 데려갔는데**』라는 구절에서 에스겔은 또 한 번 초자연적인 영적 이동을 하게 되는데, 이것은 휴거의 그림이다. 예수 그리스도께서 재림하실 때 흰말을 타고 갈보리에 당도하셔서 아마겟돈 전쟁을 끝내시게 될 때, 그 전에 먼저 어떤 사람들을 하늘로 들어올리시는 일부터 단행하시게 될 것이다. 이때 주님께서는 구름 위에 앉아 계신데, 손에는 낫을 들고 계신다. 주님께서는 이 낫을 땅에 대어 마치 곡식을 거두어들이듯이 사람들을 거두셔서 하늘로 끌어올리시게 될 것이다(계 14:14-16). 그 후에 한 천사가 또 나타나 그 역시 예리한 낫으로 이번에는 『**땅의 포도송이**』(계 14:18)를 거둔다. 이 『**땅의 포도송이**』는 앞서 거두어들인 곡식처럼 창고에 넣어지는 게 아니라 『하나님**의 진노의 큰 포도즙틀에 던져**』 넣어진다(계 14:19). 이 『**땅의 포도송이**』는 발효된 포도주로 예수 그리스도의 피를 흉내 내는 자들로서, 요한계시록 17:4-6이나 18:3에서 언급되는 『**큰 바빌론**』, 또는 『**땅의 창녀들**』이라 일컬어지는 "여자"를 지칭하는데, 구원받지 못한 어떤 거대한 종교집단을 일컫는다. 이들은 예수 그리스도께서 재림하실 때 『하나님**의 진노의 큰 포도즙틀에 던져**』 넣어져 『**그 포도즙틀이 도성 밖에서 짓밟히니 그 틀에서 피가 흘러 나와 말고삐까지 닿고 일천육백 스타디온까지**』 퍼질 것이다(계 14:20).

예수 그리스도께서 재림하실 때, 그 직전에 먼저 그분의 영광의 빛이 하늘로부터 이 땅에 쏟아져 내리면서 『어린양**이 시온 산 위에**』 서 계시는데, 이마에 『**그의** 아버지**의 이름**』을 가진 144,000명의 유대인들이 그분과 함께 있다(계 14:1). 예수 그리스도의 재림이 있기 직전에 먼저 이들이 수확되어 창고에 넣어진 다음에, 그분께서 재림하심과 아울러 『**땅의 포도들**』이 거두어져 포도즙틀에 던져 넣어지고 거기서 무참하게 살육되는 참극이 벌어질 것이다.

대환란 직후에 휴거되는 이들 대환란 성도들은 지금 이 교회 시대의 성도들이 아니다. 교회 시대의 성도들은 대환란이 일어나기 직전에 먼저 휴거되었고 주님께서 지상 재림하시기 전에 하늘에서 『어린양**의 혼인식**』을 치르게 된다. 대환란 이후의 휴거를 대환란 이전의 휴거와 구별하지 못하는 자들이 지금 이 교회 시대의 성도들 전체 또는 일부가 대환란을 거치게 될 것이라고 잘못 가르치는 것은 성경 말씀들을 기록된 그대로 믿지 않은 데서 나온 혼란에 지나지 않는다.

『**그 전망이 동쪽을 향한 대문 길을 통하여 주의 영광이 그 전으로 들어오더니**』(4절). 주님께서 재림하시면 성전의 동쪽 문을 통하여 그 전으로 들어오신다. 그리고 그분께서 성전으로 들어가신 다음 이 동쪽 문은 다시 닫힐 것이다(겔 44:1). 이 대문은 예수 그리스도께서만 들어가실 수 있는 문이다.

43:7 그가 내게 말씀하시더라. 인자야, 내 보좌의 자리와 내 발바닥의 둘 자리는 내
가 이스라엘 자손 가운데서 영원히 살 곳이라. 이스라엘 집, 즉 그들이나 그들
의 왕들도 그들의 음란으로나 그들의 산당들에 있는 그들 왕들의 시체로도 나
의 거룩한 이름을 다시는 더럽히지 못하리라.
8 그들의 문지방을 내 문지방들 곁에, 그들의 기둥을 내 기둥들 곁에, 나와 그들
사이에 벽을 두고 그들은 그들이 행한 가증함으로 내 거룩한 이름을 더럽혔으
므로 내가 내 분노로 그들을 소멸하였으나
9 이제는 그들로 그들의 음란과 그들 왕들의 시체를 내게서 멀리 치우도록 해야
하리니 그래야 내가 그들 가운데 영원히 거하리라.

『**그가 내게 말씀하시더라. 인자야, 내 보좌의 자리와 내 발바닥의 둘 자리는 내가 이스라엘 자손 가운데서 영원히 살 곳이라. 이스라엘 집, 즉 그들이나 그들의 왕들도 그들의 음란으로나 그들의 산당들에 있는 그들 왕들의 시체로도 나의 거룩한 이름을 다시는 더럽히지 못하리라**』(7절). 그리스도의 초림 때에는 이런 일들이 일어나지 않았다. 주님께서 『**이스라엘 자손 가운데서 영원히**』 사시는 가운데, 그분의 『**이름을 다시는 더럽히지**』 못하게 되는 일은 그분께서 재림하신 뒤에나 있게 될 것이다. 이것은 솔로몬이 성전 건축을 완료한 뒤 언약궤를 지성소에 모셔 놓고 나서 이스라엘 백성에게 행했던 설교가 마침내 성취되는 일이기도 한데, 『**그때 솔로몬이 말하기를 "주께서는 짙은 흑암 속에 거하시겠다고 말씀하셨으나 내가 실로 주께서 거하실 한 전을 지었사오니 주께서 영원히 거하시도록 마련된 처소니이다." 하고**』(왕상 8:12,13)라는 기록으로 보아 솔로몬이 성전을 세우고 나서 하나님께서 거기에 『**영원히 거하시도록 마련된 처소**』로 삼으실 것을 기원했음을 본다. 그러나 주님께서는 솔로몬의 성전에 『**영원히**』 거하지도 않으셨고, 이 땅에 초림하셨을 때도 예루살렘에서 영원히 거하시지 않으셨다. 그것은 이스라엘이 그분의 『**거룩한 이름을**』 더럽혔기 때문이었다.

예수 그리스도께서는 예루살렘에 대하여 『**그분의 발판**』이요, 『**위대한 왕의 도성**』(마 5:35)이라고 말씀하셨다. 그리고 지금 이 구절에서는 예루살렘에 대하여 『**내 발바닥의 둘 자리**』요, 『**내가 이스라엘 자손 가운데서 영원히 살 곳**』이라고 말씀하신다. 주님께서 예루살렘에 『**영원히**』 사시는 일은 그분의 초림 때에는 결코 일어나지 않았다. 이것은 그분께서 재림하셔야만 비로소 있게 될 일이다. 예수 그리스도께서 초림하셨을 당시에 예루살렘이 그분의 『**보좌의 자리**』요, 그분의 『**발바닥의 둘 자리**』인 것을 이스라엘이 알았더라면, 그분을 도성 밖으로 끌고 나가 갈보리의 십자가에 매달아 못 박는 바보 같은 짓은 결코 자행하지 않았을 것이다.

『**내 보좌의 자리**』란 본디 성전의 지성소에 해당하는 장소를 말하고, 『**내 발바닥의 둘 자리**』는 성소에 해당하는 자리를 일컫는 말이다. 『**그때 다윗왕이 자기 발로 일어서서 말하기를 "나의 형제들과 나의 백성들아, 내게 들으라. 나로 말하면 주의 언약궤와 우리** 하나님의 **발판을 위하여 쉴 집을 지으려고 마음먹고 그 건축을 위하여 준비하였으나**』(대상 28:2)라는 언급이나, 『**우리가 그의 성막들에 들어가서 그의 발판 앞에서 경배하리라.**』(시 132:7)라는 언급, 또 『**너희는 주 우리** 하나님을 **높이고 그의 발판에서 경배하라. 이는 그가 거룩하심이라.**』(시 99:5) 등과 같은 언급을 보면 그것을 알 수 있다. 그러나 이 『**자리**』는 결국 넓은 의미에서 예루살렘 전체를 거룩한 성전에 빗대어 하는 말이다. 예레미야에서도 『**그 때에 사람들은 예루살렘을 주의 보좌라 부를 것이며 주의 이름으로 모든 민족들이 그곳 예루살렘에 모일 것이며 사람들은 더 이상 그들의 악한 마음의 상상을 따라 행하지 아니하리라.**』(렘 3:17)라고 언급하고 있고 또, 『**영광스러운 높은 보좌는 태초부터 우리 성소가 있는 곳이라.**』(렘 17:12)라고 언급하고 있다.

『**그들의 문지방을 내 문지방들 곁에, 그들의 기둥을 내 기둥들 곁에, 나와 그들 사이에 벽을 두고 그들은 그들이 행한 가증함으로 내 거룩한 이름을 더럽혔으므로 내가 내 분노로 그들을 소멸하였으나**』(8절). 솔로몬은 성전과 벽 하나를 사이에 두고 자신의 궁전을 세웠다. 세속적인 궁전 건물이 거룩한 성전과 경계를 이루고 우뚝 섰던 것이다. 그리고 이 궁전에서 이스라엘 왕들에 의하여 갖가지 우상 숭배가 행해질 때마다 벽 하나를 사이에 둔 성전은 더럽혀졌고, 심지어는 성전 안에서조차 더러운 우상 숭배 행위가 자행되기도 했다(왕하 21:1-6). 훗날 요시야왕이 성전과 성전 주변에서 자행되었던 이같이 더럽고 가증스러운 행위들의 잔재를 말끔히 치운 데 대한 성경 기록을 보면, 심지어는 성전 주변에 남성 동성 연애자들이 우글거리기까지 했던 것을 본다(왕하 23:4-7). 천년왕국 시대에는 이스라엘이 이런 방자한 행위들을 버젓이 자행한다는 것은 어림도 없는 일일 것이다.

『**이제는 그들로 그들의 음란과 그들 왕들의 시체를 내게서 멀리 치우도록 해야 하**

리니 그래야 내가 그들 가운데 영원히 거하리라』(9절). 가령 므낫세가 죽자 그의 시체는 『**그의 조상들과 함께 잠들어 그의 궁의 동산, 즉 웃사의 동산에 장사**』되었다든가(왕하 21:18), 그의 아들 아몬도 악을 행하다가 신하들에게 살해된 뒤 『**그가 웃사의 동산에 있는 그의 묘에 장사**』되었던 것을 성경에서 보는데, 이 "웃사의 동산"이 바로 오늘날 "오말 사원"(the mosque of Omar)이라는 마호메트의 이슬람 사원이 서 있는 자리로서, 『**그들 왕들의 시체**』가 매장돼 있는 『**그들의 산당들**』(7절)과 동일한 장소인 것이다. <킹제임스성경>에서 『**산당들**』을 "높은 곳들"(high places)이라고 표기하고 있는 것으로 보아 이 산당들이 꽤나 높은 장소에 위치해 있었던 게 분명한데, 그 높은 위치가 성전의 높이를 압도하고 있기도 했다. 가증한 우상 숭배를 자행하던 이스라엘의 왕들은 죽은 뒤에도 그 시체가 이 "높은 곳들"에 묻혀서 하나님의 성전을 저 아래로 "내려다보고" 있었던 것이다. 주 예수 그리스도께서 재림하셔서 거룩한 보좌에 앉아 세상을 통치하시게 될 천년왕국 시대에 『**이제는 그들로 그들의 음란과 그들 왕들의 시체를 내게서 멀리 치우도록 해야 하리니**』라는 것은 그러므로 너무나도 당연한 일이 아닐 수 없다.

43:10 너 인자야, 그 전을 이스라엘 집에 보여 주어서 그들로 그들의 죄악을 부끄럽게 여기게 하고 그들로 그 양식을 재도록 하라.

11 만일 그들이 자기들이 행한 모든 일을 부끄러워한다면 그들에게 그 전의 형식과 양식과 나가는 것과 들어가는 것과 거기에 따른 모든 형식과 또 모든 율례들과 거기에 따른 형식과 모든 법을 보여 주고 또 그들의 목전에 그것을 써서 그들로 거기에 따른 온전한 형식과 모든 율례를 지켜 행하게 하라.

12 전의 법은 이러하니라. 산 정상의 주변의 온 지경은 지극히 거룩하리라. 보라, 전의 법이 이러하니라.

『**너 인자야, 그 전을 이스라엘 집에 보여 주어서 그들로 그들의 죄악을 부끄럽게 여기게 하고 그들로 그 양식을 재도록 하라**』(10절). 자, 이스라엘은 하나님의 성전과 그 주변에서 가증한 행위를 자행했지만, 그 성전은 이미 파괴되고 없다. 이제 하나님께서는 에스겔에게 천년왕국 시대의 새로운 『**그 전**』을 보여 주시면서 그것을 『**이스라엘 집에 보여 주어서**』 그들로 하여금 새로운 면모를 보고 과거에 자행했던 자신들의 더러운 행위들을 부끄럽게 여기도록 하고, 이 새로운 성전의 『**양식**』을 재면서 마음을 새롭게 하도록 하라고 명하신다. 이 성전은 이스라엘이 지난날 건축했던 성전과는 전혀 다른 성전일 뿐만 아니라 이스라엘이 다시는 그분의 거룩한 이름을 더럽혀 가며 악행을 자행하는 장소가 절대로 되지 않을 것이다. 이 새로운 성전은 주님께서 『**그들 가운데 영원히**』 거하시게 될 곳이다.

『**만일 그들이 자기들이 행한 모든 일을 부끄러워한다면 그들에게 그 전의 형식과 양식과 나가는 것과 들어가는 것과 거기에 따른 모든 형식과 또 모든 율례들과 거기에 따른 형식과 모든 법을 보여 주고 또 그들의 목전에 그것을 써서 그들로 거기에 따른 온전한 형식과 모든 율례를 지켜 행하게 하라**』(11절). 이스라엘은 모세의 율법에도 불구하고 갖은 악행을 저질렀고 우상 숭배로 하나님의 이름을 더럽혔다. 그러나 천년왕국 시대에는 이스라엘이 온전히 회복됨과 동시에 이 『**모든 율례들과 거기에 따른 형식과 모든 법**』이 또한 회복되어서 그것을 『**지켜 행하게**』 될 것이며, 지켜 행하되 『**온전한 형식과 모든 율례를**』 지켜 행하게 될 것이다. 여기서 언급되는 『**형식**』과 『**양식**』과 『**율례들**』과 『**모든 법**』은 절대로 상징적이거나 "영적인" 것이 아니라 천년왕국 시대에 문자 그대로 수립될 실제적인 것들이다.

『**전의 법은 이러하니라. 산 정상의 주변의 온 지경은 지극히 거룩하리라. 보라, 전의 법이 이러하니라**』(12절). 지금 하나님께서는 『**전의 법**』에 대하여 설명하기 시작하신다. 따라서 지금 이 교회 시대에 구원받은 당신과 나에게는 아무 상관이 없는 『**법**』이다. 당신과 나는 율법 아래에 있는 게 아니니까 말이다. 당신과 나는 하나님을 경배하되, 반드시 건물 속에서 경배해야 되는 게 아니다(사 66:1,2). 이 『**전의 법**』은 이 시대의 모든 그리스도인들과는 무관하다. 이것은 『**산 정상**』에 세워질 전에 관련되는 법으로 시온산에서 하나님께 경배드려야 할 사람들, 즉 이스라엘 민족에게나 해당되는 법이다. 당신과 나는 시온산 위에서 하나님을 경배하지 않는다. 예수 그리스도께서는 사마리아 여인에게 이렇게 말씀하셨다. 『**여인아, 나를 믿으라. 너희가 이 산에서나 예루살렘에서도** 아버지**께 경배하지 않을 그 때가 오리라... 참된 경배자들이** 아버지**께 영과 진리로 경배드릴 때가 오나니 바로 지금이라. 이는** 아버지**께서 자기에게 경배드리는 그런 자들을 찾으심이니라.** 하나님은 **한** 영**이시니 그분께 경배드리는 자들은 영과 진리로 경배드려야만 하리라**』(요 4:21-24).

그러나 천년왕국 시대에 유대인들은 성전에서 하나님께 경배드리고 『**그 전의 형식과 양식과 나가는 것과 들어가는 것과 거기에 따른 모든 형식과 또 모든 율례들과 거기에 따른 형식과 모든 법... 온전한 형식과 모든 율례를 지켜**』 행하지 않으면 안 될 것이다. 어떤 사람들은 지금 에스겔서에서 언급되고 있는 이런 내용들을 "영적으로" 해석하려고 들지만, 그런 자들일수록 이 시대의 그리스도인들에게 『**전의 법**』을 오히려 은근히 강요하려는 이율배반적 종교행위를 하는 자들일 경우가 대부분이라는 것을 우리는 잘 알고 있다.

『**산 정상의 주변의 온 지경은 지극히 거룩하리라**』(12절). 그러나 지금은 그 산 정상도, 산 정상 주변도 전혀 거룩하지가 않다. 당신은 그 산 정상에 올라 침을 뱉어도 된다. 그 산 정상에는 하다못해 회교 사원이 자리잡고 있을 정도니까 말이다. 그러나 천년왕국 시대가 되면 사정은 완전히 달라진다. 그 때에는 그 시온산 정상과 그 주변 『**온 지경이 지극히 거룩**』하게 될 것이다.

어떤 사람들은 에스겔에서 언급되는 성전이 영원 시대에 해당하는 것으로 여기기도 한다. 그래서 여기서 말하는 성전이란 실재하게 될 건물이 아니라 영적인 건물이라고 주장한다. 그들은 가령, 『**내가 보니, 성 안에는 성전이 없더라. 이는** 전능하신 주 하나님**과 그** 어린양**이 그곳의 성전임이라.**』(계 21:22)라는 구절을 근거로 내세우면서 이런 주장을 하지만, 이들이야말로 천년왕국 시대와 영원 시대도 올바로 나누지 못하는 소경들이다. 요한계시록 21장은 명백하게 영원 시대이고, 더구나 22절은 새 예루살렘에 대한 언급이다. 새 예루살렘은 지금 이 교회 시대에 구원받은 성도들이 영원 시대에 들어가 살게 될 곳이다. 그렇기 때문에 그곳에 성전 건물이 있을 턱이 없다. 그러나 에스겔 43장에서 언급하는 『**전**』은 경우가 다르다. 이 성전은 천년왕국 시대의 이스라엘을 위한 새로운 성전이다.

43:13 큐빗으로 잰 제단의 치수는 이러하니 그 큐빗은 한 큐빗과 한 손 너비이며 바닥은 한 큐빗이고 그 너비도 한 큐빗이라. 그 사면 가장 자리는 한 뼘이며 이곳이 제단의 높은 부분이 되리라.

14 땅 위의 바닥으로부터 밑판까지는 이 큐빗이요, 그 너비는 일 큐빗이며 더 작

은 판에서 큰 판까지는 사 큐빗이며 그 너비는 일 큐빗이 되게 하라.
15 **그러므로 제단은 사 큐빗으로 하고 제단에서 위쪽으로는 네 뿔이 있게 할지니라.**
16 **제단은 길이가 십이 큐빗, 너비가 십이 큐빗으로 네모가 반듯한 정사각형이 되게 하며**
17 **밑판은 길이가 십사 큐빗, 그 너비가 십사 큐빗으로 정사각형이요, 그 사면의 가장자리는 반 큐빗이며 그 밑은 일 큐빗으로 두를지니라. 그 층계는 동쪽을 향하게 할지니라.**

『**큐빗으로 잰 제단의 치수는 이러하니 그 큐빗은 한 큐빗과 한 손 너비이며 바닥은 한 큐빗이고 그 너비도 한 큐빗이라. 그 사면 가장 자리는 한 뼘이며 이곳이 제단의 높은 부분이 되리라**』(13절). 12절에서 『**전의 법은 이러하니라.**』라고 말씀하신 주님께서는 먼저 에스겔에게 제단의 치수부터 상세하게 설명해 주신다. 이 제단은 성전의 정중앙에 위치한다는 점으로 보아 그 중요성을 알 수 있다. 이 제단의 구조는 아래로부터 『**땅 위의 바닥**』(the bottom upon the ground)과 그 위의 『**밑판**』(lower settle), 즉 『**큰 판**』(greater settle)과 그 위의 『**작은 판**』(lesser settle), 즉 『**제단**』 등 3층으로 돼 있는 구조물인데, 13절에서는 『**제단의 높은 부분**』(the higher place of the altar), 즉 『**땅 위의 바닥**』 위에 축조된 『**큰 판**』과 그 위의 『**작은 판**』 중 먼저 『**큰 판**』이 어떻게 놓여져야 하는가에 대해 언급한다. 여기서 사용된 "큐빗"은 『**한 큐빗과 한 손 너비**』짜리 단위이기 때문에 보통의 22인치짜리 큐빗보다 더 긴 28인치짜리 큐빗이다.

『**큰 판**』, 즉 『**밑판**』은 땅 위의 바닥 위에 축조되는데, 바닥 사방에 1큐빗씩 여유 공간을 두되, 그 사면은 한 뼘 너비의 테를 돌출되게 두른다.

『**땅 위의 바닥으로부터 밑판까지는 이 큐빗이요, 그 너비는 일 큐빗이며 더 작은 판에서 큰 판까지는 사 큐빗이며 그 너비는 일 큐빗이 되게 하라**』(14절). 『**밑판**』, 즉 『**큰 판**』의 높이는 바닥 면으로부터 2큐빗이고, 그 가장자리 여유 공간은 1큐빗이다. 제일 꼭대기의 제단, 즉 『**작은 판**』의 높이는 그 바로 아래의 『**큰 판**』으로부터는 4큐빗이요, 바닥 면으로부터는 6큐빗이고, 『**큰 판**』 가장자리 둘레에 1큐빗의 여유 공간이 있다.

『**그러므로 제단은 사 큐빗으로 하고 제단에서 위쪽으로는 네 뿔이 있게 할지니라**』(15절). 제단의 높이는 4큐빗이고 제단 네 모퉁이에 네 뿔을 세운다.

『**제단은 길이가 십이 큐빗, 너비가 십이 큐빗으로 네모가 반듯한 정사각형이 되게 하며**』(16절). 맨 위층 제단의 크기는 가로×세로가 12큐빗×12큐빗이다. 이것은 출애굽기에서 모세에게 명한 구약의 성막 제단과도 규모가 다르고, 솔로몬의 성전 제단과도 다르다. 구약 성막의 제단에 대해서는 하나님께서 이렇게 명하셨다. 『**너는 싯팀나무로 제단을 만들되 길이가 오 큐빗, 너비가 오 큐빗이며 제단은 네모 반듯하고 그 높이는 삼 큐빗이 되게 하라**』(출 27:1). 말하자면 구약 성막의 제단은 천년왕국 시대의 성전 제단보다 그 규모가 훨씬 작았다. 이에 반하여 솔로몬 궁전의 제단은 그 규모가 천년왕국 성전의 제단 보다 오히려 더 컸었다. 『**또 솔로몬이 놋으로 제단을 만들었으니, 그 길이가 이십 큐빗이요, 그 너비가 이십 큐빗이며, 높이가 십 큐빗이더라**』(대하 4:1). 또 모세에게 명하신 구약의 제단은 그 재료가 싯팀나무였는데, 솔로몬은 놋으로 그 제단을 만들었다. 그런데 천년왕국 성전의 이 제단은 재료가 무엇인지 언급돼 있지 않다.

『**밑판은 길이가 십사 큐빗, 그 너비가 십사 큐빗으로 정사각형이요, 그 사면의 가장자리는 반 큐빗이며 그 밑은 일 큐빗으로 두를지니라. 그 층계는 동쪽을 향하게 할지니라**』(17절). 맨 위 제단의 규모가 16절에서 12×12큐빗이었으므로 바로 그 아래 밑판이 14×14큐빗이라면, 밑판 둘레에 1큐빗만큼의 여유 공간이 남는다는 것을 말한다. 그리고 또 이 밑판 아래의 바닥에 1큐빗의 여유 공간이 있으므로 『**땅 위의 바닥**』의 크기는 16×16큐빗이라는 뜻이다.

『**그 층계는 동쪽을 향하게 할지니라.**』라는 말씀에 주목하라. 제단의 층계가 동쪽을 향한다는 것은 성전 동쪽 문으로부터 제단을 향해 갈 때, "동에서 서로" 이동해 간다는 것을 의미한다. 이처럼 성경에서 모든 선하고 거룩한 "좋은" 이동은 언제나 "동에서 서로" 진행되었음을 또 한번 확인해 준다. 재림하시는 주님께서 올리브산에 내려오신 후 성전으로 들어오실 때 "동에서 서로" 진행하시면서 동쪽 문에 들어서시면 성전 안으로 이 제단이 눈에 띌 것이고, 제단 뒤 더 서쪽으로는 성전 본 건물 현관이 바라다 보일 것이다. 그리고 제단을 지나 성전 현관을 통과하고 성소로 들어가고 또 지성소로 들어가는 그 모든 진행 방향이 "동에서 서로" 향하고 있다.

성경에서 "나쁜" 이동, 또는 "잘못된" 이동은 또 모두가 "서쪽에서 동쪽으로" 향했음을 우리는 본다. 아담과 이브가 에덴 동산에서 쫓겨난 것도 서쪽에서 동쪽 방향으로 쫓겨났으며, 살인자 카인도 추방당한 후 서쪽에서 동쪽으로 이동하여 에덴의 동쪽 놋 땅(창 4:16)에 거주하였다. 야곱도 목숨을 건지기 위해 서쪽에서 동쪽으로 도망쳤다. 유대인들이 포로로 잡혀갔던 것도 서쪽에서 동쪽으로의 이동이었다. 알렉산더가 죽음을 맞이했던 것 역시 서쪽에서 동쪽으로 이동한 뒤였다. 예수 그리스도께서 십자가에 못 박히시기 전날 밤 겟세마네 동산으로 가신 것도 서쪽에서 동쪽으로 옮겨가신 것이었다. 콜론 사일러스가 아시아에 복음을 전파하려는 계획은 허용되지 않았다. 주님께서는 그가 서쪽에서 동쪽으로 이동하는 것을 용납하지 않으셨기 때문에 그 진로를 반대 방향으로 잡아야만 했던 것이다.

그렇다면 성경에서 "좋은" 이동, 또는 "잘된" 이동은 어떠했던가? 하나님께서 아브라함을 고향 땅 칼데아 우르에서 불러내셔서 하나님께서 보여 주실 땅으로 가라고 명하셨을 때, 그것은 곧 동쪽에서 서쪽으로 이동하라는 명령이었다. 유대인들이 포로로 잡혀갔다가 귀환한 경로도 동쪽에서 서쪽으로의 이동이었다. 야곱이 라반에게서 도주하여 카나안으로 이동한 것도 동쪽에서 서쪽으로 간 것이었다. 하나님께서 전도자들로 하여금 복음을 전하도록 사명을 맡기실 때도 그들이 동쪽에서 서쪽으로 복음을 들고 가도록 하셨다. 주님께서 지상에서 역사하시는 모든 일의 진행 방향은 이처럼 동쪽에서 서쪽으로 향한 것이다. 주 예수 그리스도께서 재림하시는 경로 역시 동쪽 올리브산으로부터 요단강을 건너 서쪽으로 진행하시게 된다. 『**그의 발이 그 날에 예루살렘 앞 동편에 있는 올리브 산 위에 서시리니**...』(슥 14:4) 주님께서 예루살렘으로 입성하셔서 성전으로 들어가시는 경로 역시 동쪽에서 서쪽 방향이다. 하나님께서 이스라엘 민족을 이집트에서 꺼내 오셨을 때도 그들이 서쪽에서 동쪽으로 이동하는 것을 허용치 않으셨다. 그들은 사해를 우회해서라도 동에서 서로 이동하여 요단 강을 건너야만 했다. 호레스 그리디는 "젊은이들이여, 서쪽으로! 서쪽으로!"라고 외쳤다. 인류 역사의 진행 방향은 언제나 동에서 서를 향한 것이었고, 태양의 진행 방향 역시 동쪽에서 서쪽이며, 모든 기독교 부흥 운동들 역시 동쪽에서 서쪽으로 향한 것이었다. 성령의 바람은 언제나 동쪽에서 서쪽으로 분다. 미국의 발전 역사를 보라. 동쪽 대서양 연안에서 애팔라치아 산맥을 넘어 중부 평원지대를 건너서 록키 산맥을 넘어 서부로, 서부로, 태평양 연안을 향해 개척돼 간 역사가 아니었는가? 인류 역사에서 동쪽에서 서쪽을 향해 진행된 사건들은 하나님께서 복을 주셨고, 그 반대 방향으로의 이동에 대해서는 하나님께서 외면하셨다.

43 : 18 **그가 내게 말씀하시니라. 인자야, 주 하나님이 이같이 말하노라. 그들이 그 제단을 만드는 날에 그 위에 번제물을 드리고 피를 뿌리는 제단의 율례가 이러하니라.**

19 **나에게 다가와서 나를 섬기는 사독의 씨 레위인 제사장들에게 너는 어린 수송아지 한 마리를 속죄제물로 줄지니라. 주 하나님이 말하노라.**

20 **너는 그 피를 취하여 제단의 네 뿔과 밑판의 네 모퉁이와 사면의 가장자리에 바를지니 그리하여 너는 제단을 깨끗게 하고 정결케 할지니라.**

21 **너는 속죄제물의 수송아지도 취하여 전의 정해진 장소, 성소 밖에서 그것을 불사를지니라.**

22 **둘째 날에 너는 속죄제물로 흠 없는 숫염소 새끼를 드릴 것이요, 그들은 수송아지로 제단을 정결케 하듯이 정결케 할지니라.**

23 **제단을 정결케 함을 마친 후에 너는 흠 없는 어린 수송아지 한 마리와 양무리 가운데서 흠 없는 숫양 한 마리를 드릴지니라.**

『**그가 내게 말씀하시니라. 인자야, 주 하나님이 이같이 말하노라. 그들이 그 제단을 만드는 날에 그 위에 번제물을 드리고 피를 뿌리는 제단의 율례가 이러하니라**』(18절). 여기서 언급되는 율례는 정규의 제사 율례라기보다는 『**제단을 만드는 날**』에 특별히 거행하는 일종의 봉헌 제사에 관한 율례이다.

천년왕국 시대에 『**번제물을 드리고 피를 뿌리는**』 제사가 다시 회복된다는 데에 주목하라. 모든 근본주의자들은 이 사실을 도저히 믿지 못한다. 그들은 예수 그리스도께서 단번에 드려진 희생제물이 되심으로써 신약이 시작된 이후로는 그 어떤 유형의 희생제사도 더 이상 있을 수 없다고 주장하면서 에스겔서에서 언급되는 모든 율례들을 "영적으로" 해석하려고 든다. 그러나 이것은 부분적으로만 옳은 생각이다. 히브리서 10장은 이렇게 언급한다. 『**이분은 한 번의 속죄제를 영원히 드린 후 하나님의 오른편에 앉으셔서 그후로는 그의 원수들을 자기 발판으로 삼으실 때까지 기다리시느니라. 이는 그가 한 번의 제사로써 거룩하게 된 자들을 영원히 온전케 하셨기 때문이라**』(히 10:12-14). 이 구절에서 『**그가 한 번의 제사로써 거룩하게 된 자들을 영원히**

온전케』 하셨다는 말씀에 주목하라. 말하자면 그분 자신이 드려진 한 번의 제사로 거룩하게 된 모든 구원받은 사람들은 『**영원히 온전케**』 되었기 때문에 더는 희생제사를 드릴 필요가 없다. 그러나 한 민족 단위로서의 이스라엘은 경우가 전혀 다르다. 이스라엘 민족은 그분의 『**한 번의 제사로써**』 거룩하게 되지 않았으니까 말이다. 그들은 그분을 거부하였다. 그들은 자신들의 메시아를 영접하지 않았다. 그래서 그들은 결코 『**영원히 온전케**』 되지 못했다. 그러므로 천년왕국 시대에 민족 단위로 회복된 이스라엘은 다시 구약 시대와 마찬가지로 희생제사를 드려야만 한다.

지금 에스겔서는 유대인에 관련되는 문제들을 언급하고 있는 중이다. 이 부분들은 죄인들을 위해 죽으신 예수 그리스도의 피와는 아무런 상관이 없고, 따라서 지금 이 교회 시대의 그리스도인들과는 아무런 관련이 없다. 근본주의자들은 진리의 말씀을 올바로 나누지 못하기 때문에 걸핏하면 "영적으로" 말씀을 해석하고 적용하여 수많은 실수를 저지르고 스스로 혼란에 빠진다. 하나님께서는 이스라엘을 하나의 민족 단위로 다루시고 그리스도의 "몸"과는 별도로 그들을 상대하신다.

『**나에게 다가와서 나를 섬기는 사독의 씨 레위인 제사장들에게 너는 어린 수송아지 한 마리를 속죄제물로 줄지니라. 주 하나님이 말하노라**』(19절). 그리스도의 몸 안으로 들어간 이 시대의 모든 그리스도인들에게는 『**사독의 씨 레위인 제사장들**』이 있을 수 없다. 이들은 오직 유대인들에게나 있는 사람들이다. 에스겔 40:46에서도 "사독의 씨," 즉 "사독의 아들들"에 대하여 『**이들은 레위의 아들들 가운데서 나온 사독의 아들들로 주께 가까이 나와서 섬기는 자들이라.**』라고 정의를 내리고 있다. 제사장들은 원래 아론의 두 아들 엘르아살과 이다말 가운데 어느 한 사람의 후손들이 맡게 되어 있었다. 다윗은 제사장들의 봉사의 직무에 따라 엘르아살의 아들들 중에서 사독과 이다말의 아들들 중 아히멜렉에게 제사장의 직분을 나누어 주었다(대상 24:3). 천년왕국 시대가 되면 이스라엘 민족에게는 레위인 후손들이 맡는 제사장들이 다시 등장하게 될 것이다.

이 구절에서 속죄제물을 맡은 제사장들은 다른 레위인 제사장들과도 구별되는 듯한데, 에스겔 42:13에 보면 『**주께 다가가는 제사장들이 가장 거룩한 것들을 먹는 곳**』으로 『**따로 떨어진 곳 앞에 있는 북쪽 방들과 남쪽 방들**』이 별도로 지정돼 있는 것으로 이것을 짐작할 수 있다.

『**너는 그 피를 취하여 제단의 네 뿔과 밑판의 네 모퉁이와 사면의 가장자리에 바를 지니 그리하여 너는 제단을 깨끗게 하고 정결케 할지니라**』(20절). 지금 이 신약 시대에 들어와서 짐승의 피를 제단에 발라서 죄가 정결케 되는 일은 결코 있을 수 없다. 그렇다고 해서 지금 이 구절이 구약 시대의 유대인들에게 적용되었던 율법을 논하고 있는 것도 아니요, 지금 이 교회 시대를 "영적으로" 이야기하고 있는 것은 더더구나 아니다. 지금 이 구절은 천년왕국 시대에 시행될 문자 그대로의 실제적인 일들을 여실히 서술하고 있는 것이다.

근본주의자들이 이런 구절들을 "영적으로" 해석한다는 말은 예수 그리스도께서 희생제물로 드려지신 목적을 지금 이 시대에 성령의 능력으로 성취해 가고 있는 과정을 묘사하는 그림으로 본다는 뜻이다. 그런가 하면 또 어떤 자들은 에스겔서의 이런 구절들이 헤롯 성전의 복구를 나타내는 것으로 보기도 한다. 그러나 이 모두가 성경 구절들을 있는 그대로 믿지 않고 자의적으로 해석한 데서 나온 혼란에 지나지 않는다.

『**너는 속죄제물의 수송아지도 취하여 전의 정해진 장소, 성소 밖에서 그것을 불사를지니라**』(21절). 『**전의 정해진 장소**』란 성전 뜰 안의 어느 장소, 그러나 성소 밖의 어느 장소를 말하는데, 아마도 41:12에서 언급되는 『**서쪽으로 향한 끝에 따로 떨어진 곳**』을 말하는 듯하다.

『**속죄제물**』이 예수 그리스도가 아니라 『**수송아지**』다. 이것은 천년왕국 시대에 제단에 바쳐질 문자 그대로의 짐승 제물이다.

『**둘째 날에 너는 속죄제물로 흠 없는 숫염소 새끼를 드릴 것이요, 그들은 수송아지로 제단을 정결케 하듯이 정결케 할지니라. 제단을 정결케 함을 마친 후에 너는 흠 없는 어린 수송아지 한 마리와 양무리 가운데서 흠 없는 숫양 한 마리를 드릴지니라**』(22,23절). 속죄제물이 7일 동안 매일 드려지게 되는데, 첫째 날에는 수송아지를 속죄제물로 드리고(21절), 둘째 날에는 『**흠 없는 숫염소 새끼**』가 속죄제물에 추가된다. 그리고 나머지 날들 동안에는 『**흠 없는 어린 수송아지 한 마리와 양무리 가운데서 흠 없는 숫양 한 마리**』를 드리게 되는데, 25절에 보면 7일 동안 『**매일 속죄물로 숫염소를 예비**』하라고 또 말씀하고 있다.

출애굽기 29장에 보면 성막에서 제단에 드릴 희생제물이 7일 동안 날마다 『**어린양**

두 마리』를 드리되, 아침저녁으로 한 마리씩 드리도록 돼 있다(출 29:38,39). 그런데 여기 천년왕국에서는 『**어린양**』이 드려지지 않는다는 데에 주목하라. 천년왕국 성전의 제단에 드려질 제물들은 수송아지와 숫염소 및 숫양이지, 『**어린양**』이 아니다. 2천년 전 갈보리에서 드려지셨던 『**어린양**』은 "영원한" 희생제물이셨기 때문에 그 한 번으로 충분했던 것이다.

43:24 너는 그 제물들을 주 앞에 드릴 것이요, 제사장들은 그 위에 소금을 뿌려서
주 앞에 그것들을 번제물로 드릴지니라.
25 칠 일 동안 너는 매일 속죄물로 숫염소를 예비할 것이며 그들도 흠 없는 어린
수송아지와 양떼에서 숫양을 예비할지니라.
26 칠 일 동안 그들은 제단을 깨끗게 하고 정결케 할 것이며 그들은 자기 자신을
성결케 할지니라.
27 이 날들이 지나고 제팔일째와 그 다음에 제사장들은 제단 위에 너희 번제물
과 화목제물들을 드릴지니라. 그리하면 내가 너희를 받겠노라. 주 하나님이
말하노라.

『**너는 그 제물들을 주 앞에 드릴 것이요, 제사장들은 그 위에 소금을 뿌려서 주 앞에 그것들을 번제물로 드릴지니라**』(24절). 번제물에 소금을 뿌려서 그 제물을 한층 더 성결케 한다. 마가복음 9장에서는 벌레도 죽지 않고 불도 꺼지지 않는 지옥을 주님께서 설명하시면서 『**모든 사람이 불로 소금치듯함을 받을 것이며, 모든 제물이 소금으로 소금치듯함을 받으리라.**』(막 9:49)라고 말씀하신다. 불에 타는 것도 고통스러운데 그 위에 소금까지 뿌려진다면 그 고통이야말로 문자 그대로 『**소금치듯함**』과 같을 것이다.

『**칠 일 동안 그들은 제단을 깨끗게 하고 정결케 할 것이며 그들은 자기 자신을 성결케 할지니라. 이 날들이 지나고 제팔일째와 그 다음에 제사장들은 제단 위에 너희 번제물과 화목제물들을 드릴지니라. 그리하면 내가 너희를 받겠노라. 주 하나님이 말하노라**』(26, 27절). 7일간의 제단 봉헌 제사가 끝나고 8일째부터는 번제물과 화목제물로 정규적인 희생제사가 계속 드려지게 된다. 그러면 주님께서 『**너희를**』, 즉 이스라엘 민족을 받으시겠다고 말씀한다.

다시 말하거니와 지금 이 시대에는 번제물과 화목제물을 드릴 필요가 없다. 이것은 주 예수 그리스도께서 이미 자신을 희생제물로 한 번에 다 드리셨기 때문이다. 지금 우리들이 하나님께 드릴 것은 단지 우리의 "몸"을 거룩한 산 제물로 드리는 일 뿐이다. 『**그러므로 형제들아, 내가** 하나님**의 모든 자비하심으로 너희에게 권고하노니, 너희 몸을** 하나님**께서 기뻐하시는 거룩한 산 제물로 드리라. 이것이 너희가 드릴 합당한 예배니라**』(롬 12:1). 지금 이 교회 시대에는 제사를 드리는 직분을 맡은 제사장들이 따로 있는 것도 아니다. 구원받은 모든 성도들이 거룩한 제사장들이기 때문이다. 『**너희도 산 돌들로서 영적인 집으로 지어지고** 예수 그리스도**로 인하여** 하나님**께서 기뻐하실 영적인 제물들을 드리는 거룩한 제사장이 되느니라.**』(벧전 2:5)라고 성경은 말씀한다.

에스겔 44장

44:1 그후에 그가 나를 동쪽이 바라보이는 바깥 성소의 대문이 있는 길로 데리고
돌아가시니, 그 문이 닫히더라.
2 그때 주께서 내게 말씀하시더라. 이 대문이 닫히고 다시 열리지 아니하리니 아
무도 그곳을 통해 들어가는 사람이 없으리라. 이는 주 이스라엘의 하나님이 **그**
곳을 통해 들어갔음이라. 그러므로 그 대문은 닫혀 있으리라.
3 그 대문은 통치자를 위한 것이라. 통치자가 그 대문에 앉아서 주 앞에서 빵을
먹으리라. 그가 대문의 현관 길을 통하여 들어가서 같은 길로 나갈 것이니라.

『**그후에 그가 나를 동쪽이 바라보이는 바깥 성소의 대문이 있는 길로 데리고 돌아가시니 그 문이 닫히더라**』(1절). 이 구절에서 『**바깥 성소**』는 성전 건물 자체와는 구별되는 구역으로 제사장들을 위한 공간인데, 3절에 보면, 이 바깥 성소의 동쪽 대문 문설주 옆에 "통치자"가 서게 될 것이다. 이 사실은 46:2에서도 다시 한번 더 확인된다.

『**그때 주께서 내게 말씀하시더라. 이 대문이 닫히고 다시 열리지 아니하리니 아무도 그곳을 통해 들어가는 사람이 없으리라. 이는 주 이스라엘의** 하나님이 **그곳을 통해 들어갔음이라. 그러므로 그 대문은 닫혀 있으리라**』(2절). 여기서 『**대문**』은 동쪽을 향한 문, 즉 "동문"을 말한다. 이에 대해서는 앞서 43:2을 공부할 때 상세히 설명했다.

과거의 성전도 "동문"은 폐쇄된 채 그 누구도 그리로 통과하지 못했었거니와, 그것은 천년왕국 시대의 성전에서 이 동문이 그렇게 되리라는 것을 예고해 주는 그림이었다. "동문"은 『**주 이스라엘의** 하나님**이 그곳을 통해**』 들어가셨으므로 거룩한 문이다. 그래서 사람은 통행이 허용되지 않는 것이다.

『**그 대문은 통치자를 위한 것이라. 통치자가 그 대문에 앉아서 주 앞에서 빵을 먹으리라. 그가 대문의 현관 길을 통하여 들어가서 같은 길로 나갈 것이니라**』(3절). 이에 대해서는 46:2에서도 언급된다. 여기서 『**통치자**』는 부활한 다윗이다. 그는 『**대문에 앉아서 주 앞에서 빵을**』 먹는 자이기 때문이다.

45:22은 또 이렇게 말씀한다. 『**그 날에 통치자는 자신과 그 땅의 모든 백성을 위한 속죄제물로 수송아지 한 마리를 준비할지니라.**』 『**통치자**』가 속죄제물을 준비해야 하는데, 이 제물이 모든 백성만을 위한 것이 아니라 『**자신과 그 땅의 모든 백성을 위한**』 것이다. 그렇다면 이 『**통치자**』가 예수 그리스도가 아니라는 것은 명백하다. 이 땅의 왕으로 재림하신 예수 그리스도께서 천년왕국 성전에서 『**자신**』을 위한 속죄제물을 드린다는 것은 어불성설이기 때문이다. 또 46:2에서는 이 통치자가 『**대문의 문지방에서 경배**』를 드릴 것이다. 주 예수 그리스도께서는 천년왕국 시대에 "왕"으로서 제물을 받으시는 분이지 제물을 드리는 분이 절대로 아니시다.

"빵을 먹는다."는 것은 레위기 2:3이나 24:9에서 보듯이 『**아론과 그의 아들들**』, 즉 제사장들이 음식제사의 남은 것을 먹게 돼 있는 것을 말한다. 『**그것은 불로 드리는 주의 제물 중에서 가장 거룩한 것**』(레 2:3)이기 때문에 오직 제사장들만이 먹을 수 있도록 규정돼 있었고 심지어 왕들도 그것을 먹을 수가 없었지만, 여기 44:3에서는 『**통치자가 그 대문에 앉아서**』 빵을 먹는다고 언급한다. 천년왕국 시대가 되면 다윗은 제사장은 아니지만 통치자로서 음식제사의 남은 것, 즉 제물 중에서 가장 거룩한 것을 먹을 수 있는 특권이 부여된다. 그것은 천년왕국 시대의 『**통치자**』가 제사장들이나 마찬가지로 성결하고 거룩하기 때문이다.

44:4 그리고 나서 그가 나를 전 앞에 있는 북쪽 문의 길로 데려가더라. 내가 보았더니, 보라, 주의 영광이 주의 전에 가득 찼기에 내가 얼굴을 대고 엎드리니

5 **주께서 내게 말씀하시더라. 인자야, 명시하여 주의 성전의 모든 율례와 모든**
율법에 관하여 내가 너에게 말한 모든 것을 네 눈으로 보고 네 귀로 들으라.
또 성전으로 들어오는 곳과 성소에서 가는 모든 곳을 명시하라.
6 **또 너는 반역자, 즉 이스라엘 집에 말할지니라. 주 하나님이 이같이 말하노라.**
오 너희 이스라엘 집아, 너희 모든 가증한 일로 너를 충족할지니라.
7 **너희는 마음에 할례받지 아니하고 몸에도 할례받지 아니한 타국인들을 내 성**
소로 데려와서 너희가 내 빵과 기름과 피를 드릴 때에 내 성소에 있게 하여
내 집을 더럽혀서 그들이 너희 모든 가증함들로 인하여 내 언약을 깨었느니라.
8 **너희가 내 거룩한 것들에 대한 책무를 지키지 아니하고 너희는 내 성소에다**
나의 책무를 지킬 자를 너희 자신들을 위해 두었느니라.

『**그리고 나서 그가 나를 전 앞에 있는 북쪽 문의 길로 데려가더라. 내가 보았더니, 보라, 주의 영광이 주의 전에 가득 찼기에 내가 얼굴을 대고 엎드리니**』(4절). 『**전 앞에 있는 북쪽 문**』이면 곧 안뜰의 북문을 말한다. 이 북쪽 문은 8장에서 『**질투의 형상이 있는 제단 대문**』으로 언급되고 있는 문이다(8:5). 하나님의 "질투"는 이스라엘 백성의 우상 숭배와 관련이 있다. 『**그들은 이방 신들로 주께 질투를 일으켰으며**』(신 32:16)라든가, 『**그들이 자기들의 산당으로 그를 노하게 하였으며 자기들의 조각한 형상들로 그를 질투하게 하였으니**』(시 78:58) 등과 구절들이 구약에는 많이 나온다. 이처럼 하나님의 『**질투의 형상**』이 있는 북쪽 문에 당도했을 때, 에스겔은 이스라엘 백성의 범죄를 상기하고 고개를 들 수가 없었던 것이다. 그런데 바로 거기서 성전을 바라다 보니 『**주의 영광이 주의 전에 가득 찼기에**』 에스겔은 더더구나 몸둘 바를 몰랐으리라. 그래서 그는 얼굴을 땅에 대고 엎드렸던 것이다.

『**주께서 내게 말씀하시더라. 인자야, 명시하여 주의 성전의 모든 율례와 모든 율법에 관하여 내가 너에게 말한 모든 것을 네 눈으로 보고 네 귀로 들으라. 또 성전으로 들어오는 곳과 성소에서 가는 모든 곳을 명시하라**』(5절). 천년왕국 시대에 이스라엘 민족이 지켜야 할 『**주의 성전의 모든 율례와 모든 율법**』은 매우 엄격할 것이다. 그래서 에스겔은 『**명시하여... 네 눈으로 보고 네 귀로 들으라.**』는 명령을 받는다. 이것은 성소에 대한 더 이상의 성전 모독을 용납하지 않으시겠다는 하나님의 강력한 의지의 천명이라고 할 수 있다.

『**또 너는 반역자, 즉 이스라엘 집에 말할지니라. 주 하나님이 이같이 말하노라. 오 너희 이스라엘 집아, 너희 모든 가증한 일로 너를 충족할지니라**』(6절). 이스라엘 집에 대하여 『**반역자**』라고 말씀한다. 우상 숭배로 하나님께 가증한 죄를 범한 그들이기에 『**반역자**』라는 낙인이 찍히는 것은 당연하다. 그러나 그들은 지금 천년왕국 시대라는 이 시점에서 과거의 죄가 용서되었고 하나님의 백성으로서 완전히 회복돼 있는 상태이다. 그들이 과거에 자행했던 『**가증한 일**』은 그것으로 충분하여 더 이상의 범죄가 용납되지 않을 것이다. 이것이 『**너희 모든 가증한 일로 너를 충족할지니라.**』라는 말씀의 뜻이다.

『**너희는 마음에 할례받지 아니하고 몸에도 할례받지 아니한 타국인들을 내 성소로 데려와서 너희가 내 빵과 기름과 피를 드릴 때에 내 성소에 있게 하여 내 집을 더럽혀서 그들이 너희 모든 가증함들로 인하여 내 언약을 깨었느니라**』(7절). 레위기에 보면 타국인의 손으로는 여하한 음식도 하나님께 드리지 못하도록 엄격히 금지돼 있는 것을 본다(레 22:25). 그러나 유대인들과 함께 기거하는 타국인들이 『**향기로운 냄새로 불로 드리는 제사를 드리고자 하면**』 이것만은 허용되었다(민 15:14). 또 솔로몬이 성전 건축을 마치고 하나님께 봉헌하면서 드린 기도를 보면, 타국인이 비록 제물을 드리지는 못했지만 "전을 향하여 기도"하는 것은 허용되었다(왕상 8:41-43).

『**너희가 내 거룩한 것들에 대한 책무를 지키지 아니하고 너희는 내 성소에다 나의 책무를 지킬 자를 너희 자신들을 위해 두었느니라**』(8절). 성소에 있는 『**거룩한 것들**』이란 제단과 희생제물들, 그리고 제사에 관련되는 갖가지 기명들을 말한다. 이런 것들은 거룩한 것들이었으므로 그 다루는 책무 또한 중요하게 여겨졌었다. 그러나 지난날 유대인들은 그 책무를 지키지 않았던 것이다.

44:9 주 하나님이 이같이 말하노라. 이스라엘 자손 가운데 있는 어떤 타국인 중에서도 마음에 할례받지 아니하고 몸에도 할례받지 아니한 타국인은 내 성소에 들어오지 못할지라.

10 이스라엘이 곁길로 갔을 때 내게서 떠난 레위인들도 그들의 우상을 따라 나를 떠나 곁길로 갔으니 그들도 그들의 죄악을 담당하리라.

11 이제 그들이 내 성소에서 섬기는 자들이 되어 전의 문들에서 명령을 수행할 것이며 전에서 섬길 것이라. 그들은 번제물과 백성을 위한 희생제물을 잡을 것이며 그들은 백성을 섬기고자 백성 앞에 설 것이라.

12 그들이 그들의 우상들 앞에서 백성들을 섬겨 이스라엘 집이 죄악에 떨어지게 하였으므로 내가 그들을 대적하여 내 손을 들어올렸나니 그들이 그들의 죄악을 담당하리라. 주 하나님이 말하노라.

13 그들은 내게 가까이 와서 내게 제사장의 직분을 행하지도 못하며 내 지성소에 있는 나의 어떤 거룩한 물건에도 접근하지 못하리라. 그 대신 그들은 그들의 수치와 그들이 지은 그들의 가증함들을 짊어지게 되리라.

14 그 안에서의 모든 봉사와 그 안에서 해야 될 모든 일들을 위하여 내가 그들을 전의 책무를 지키는 자들이 되게 하리라.

『**주 하나님이 이같이 말하노라. 이스라엘 자손 가운데 있는 어떤 타국인 중에서도 마음에 할례받지 아니하고 몸에도 할례받지 아니한 타국인은 내 성소에 들어오지 못할지라**』(9절). 지금 이 교회 시대에 그리스도인이 된 이방인은 『**마음에 할례**』를 받았지만, 『**몸에도 할례**』를 받은 것은 아니고 또 그래야 할 의무가 있는 것도 아니다. 아무리 그런다고 해서 이방인이 유대인이 되지는 못한다. 유대인은 유대인이고, 이방인은 이방인이며, 교회는 어디까지나 교회다. 그러한 반면에 성경에 의하면, 유대인이 "몸에 할례를 받았다"고 해서 다 유대인이 되는 것도 아니다. 『**표면적 유대인이 유대인이 아니요, 표면적 육체의 할례가 할례가 아니라 내면적 유대인이 유대인이요, 할례는 마음의 할례이니 영에 있고 법문에 있지 않은 것이라.**』(롬 2:28,29)라고 성경은 말씀한다. 이 말은 유대인들이 율법을 지킨다면 모르되, 율법을 지키지 않는다면 할례도 무용지물이라는 뜻이다.

천년왕국 시대에는 구약 시대와 마찬가지로 할례받지 않은 이방인들은 여하한 사람이라도 성소에 들어갈 수는 없다. 이것으로 우리는 여기서 다루어지고 있는 천년왕국의 성전이 유대인들을 위한 것임을 또 한번 확인하게 된다.

『**이스라엘이 곁길로 갔을 때 내게서 떠난 레위인들도 그들의 우상을 따라 나를 떠나 곁길로 갔으니 그들도 그들의 죄악을 담당하리라**』(10절). 이스라엘은 지난날 우상숭배로 하나님께서 정해 주셨던 자신들의 길을 버리고 『**곁길로**』 갔다. 『**레위인들도**

그들의 우상을 따라』 하나님을 버리고 곁길로 간 자들이 있었다. 요시야왕이 개혁을 단행하였을 때의 기록을 보면 이런 구절들이 나온다. 『**그러자 왕이 대제사장 힐키야와 차서열의 제사장들과 문지기들에게 명하여, 주의 전에서 바알과 아세라와 하늘의 모든 군상들을 위하여 만든 모든 기명들을 끌어내게 하여, 예루살렘 밖 키드론 들에서 그것들을 불사르고 그 재를 벧엘로 옮겼더라. 또 그가 우상을 섬기는 제사장들을 폐하였으니, 유다의 왕들이 명하여 유다 성읍들에 있는 산당들과 예루살렘 주위의 장소들에서 분향하게 하였던 자들과 또 바알과 태양과 달과 행성들과 하늘의 모든 군상들에게 분향하던 자들이었더라**』(왕하 23:4,5). 이렇게 『**곁길로**』 간 레위인들은 천년왕국 시대에도 자신들의 본래 지위와 특권을 회복하지 못하고 『**그들의 죄악을 담당하리라.**』고 이 구절은 말씀하고 있는 것이다. 이로써 레위인의 아들들이라고 해서 천년왕국 시대에도 다 제사장들이 될 수 있는 것은 아님을 알 수 있다.

『**이제 그들이 내 성소에서 섬기는 자들이 되어 전의 문들에서 명령을 수행할 것이며 전에서 섬길 것이라. 그들은 번제물과 백성을 위한 희생제물을 잡을 것이며 그들은 백성을 섬기고자 백성 앞에 설 것이라**』(11절). 10절에서 『**곁길로**』 간 레위인들이 『**그들의 죄악을 담당**』하게 된다고 말씀한 대로 『**성소에서 섬기는 자들**』이 되기는 하되, 『**백성을 위한**』 희생제물을 잡는 일로 백성을 섬기는 직책을 맡게 된다. 이것은 그들이 더 이상 『**제사장 직분**』을 회복하지는 못한다는 것을 의미하며, 레위인으로서는 엄청난 신분상의 격하가 아닐 수 없다(13절).

『**그들이 그들의 우상들 앞에서 백성들을 섬겨 이스라엘 집이 죄악에 떨어지게 하였으므로 내가 그들을 대적하여 내 손을 들어올렸나니 그들이 그들의 죄악을 담당하리라. 주 하나님이 말하노라**』(12절). 이 구절은 앞의 11절과 같은 맥락이다. 하나님께서 "맹세코" 말씀하실 때 "내 손을 들어 올렸다."는 표현을 쓰신다. 지금도 우리는 무슨 서약을 할 때 이렇게 손을 들고 하는 관습이 있다. 문제는 인간의 경우 제아무리 손을 들어 맹세했어도 그것을 지키지 않는다는 점인데, 하나님께서 『**내 손을 들어올렸나니**』라고 말씀하시면, 그것은 천하없어도 취소되거나 변경되지 않는다. 사람의 서약이나 맹세가 헛소리라는 것을 익히 알고 있는 사람들은 하나님의 맹세도 그러한 줄로 여기는 게 보통이지만, 이거야말로 위험천만한 착각이다.

『그들은 내게 가까이 와서 내게 제사장의 직분을 행하지도 못하며 내 지성소에 있는 나의 어떤 거룩한 물건에도 접근하지 못하리라. 그 대신 그들은 그들의 수치와 그들이 지은 그들의 가증함들을 짊어지게 되리라』(13절). 지난날 하나님을 버리고 『**곁길로**』 갔던 레위인들은 『**제사장의 직분을 행하지도**』 못하는 것은 물론 지성소에 있는 거룩한 기명들에 접근조차 하지 못하게 된다. 아론이 살아 있을 때도 레위인들은 성소와 제단의 기명들에는 접근할 수 없도록 금지돼 있었다(민 18:3).

『그 안에서의 모든 봉사와 그 안에서 해야 될 모든 일들을 위하여 내가 그들을 전의 책무를 지키는 자들이 되게 하리라』(14절). 범죄한 레위인들의 직분이 격하될 것임을 언급하는데, 이 역시 아론의 생존 시 여건과 흡사하다(민 18:4).

44:15 그러나 이스라엘 자손이 내게서 떨어져 곁길로 갔을 때 내 성소의 책무를 지켰던 사독의 아들들 레위인 제사장들이 내게로 와서 나를 섬기리니 그들이 내게 기름과 피를 드리려고 내 앞에 서리라. 주 하나님이 말하노라.

16 그들이 내 성소에 들어와서 내 상에 가까이 와서 나를 섬길 것이요, 그들은 내 책무를 지킬 것이라.

17 그들이 안쪽 뜰의 문에 들어서면 가는 베옷을 입을 것이요, 그들이 안쪽 뜰의 문들과 그 안에서 섬길 때에는 양털 옷은 입지 말지니라.

18 그들의 머리에는 가는 베 두건을 쓰며 그들의 허리까지 오는 가는 베 바지를 입을 것이요, 땀을 내게 하는 어떤 것으로도 그들 자신을 동이지 말지니라.

19 그들이 바깥뜰로, 즉 바깥뜰에 있는 백성들에게로 나갈 때에는 섬길 때 입었던 옷을 벗어 거룩한 방에 두고 다른 옷을 입을 것이요, 그리하여 그들로 그들의 옷으로 백성을 거룩하게 하지 않게 할지니라.

『그러나 이스라엘 자손이 내게서 떨어져 곁길로 갔을 때 내 성소의 책무를 지켰던 사독의 아들들 레위인 제사장들이 내게로 와서 나를 섬기리니 그들이 내게 기름과 피를 드리려고 내 앞에 서리라. 주 하나님이 말하노라. 그들이 내 성소에 들어와서 내 상에 가까이 와서 나를 섬길 것이요, 그들은 내 책무를 지킬 것이라』(15,16절). 민수기 25장에 보면 이스라엘이 싯팀에 거하였던 시절 모압의 딸들과 음행하였고 그들의 우상 신 바알프올에게 절을 함으로써 하나님의 진노를 샀기 때문에 모세는 거기에 가담하였던 모든 남자들을 죽이도록 명령했다. 거기에 또 이스라엘 사내 하나가 모세와 이스라엘 온 회중이 뻔히 보고 있는 자리에 미디안 여인을 데리고 버젓이 들어왔다. 이것을 보자 아론의 손자(엘르아살의 아들) 피느하스가 벌떡 일어나 이 두 남녀를 창으로 배를 꿰뚫어 죽여버린다. 이로써 진노를 거두신 하나님께서 이렇게 말씀하신다. 『**제사장 아론의 손자, 엘르아살의 아들 피느하스가 그들 가운데서 나를 위해 열심을 내어, 이스라엘 자손으로부터 나의 진노를 돌이켰으니, 내가 나의 질투심으로 이스라엘 자손을 진멸하지 않았도다. 그러므로 말하라. 보라, 내가 그에게 나의 화평의 언약을 주리라. 그와 그 뒤를 잇는 그의 씨가 그것을 가지리니, 곧 영원한 제사장 직분의 언약이라. 이는 그가** 하나님을 **위하여 열성이 있어, 이스라엘 자손을 속죄하였음이라**』(민 25:11-13). 이렇게 하나님께서는 자신을 위해 열심을 낸 사람의 자손을 영원한 제사장들로 삼으시겠다고 약속하셨다. 아론의 후손 가운데 사독 또한 신실한 사람으로 다윗 시절 아비아달과 함께 제사장이었고, 다윗의 아들 솔로몬에게 기름을 부어 이스라엘을 다스릴 왕으로 삼도록 하라는 명령을 받았다. 아비아달은 솔로몬왕 시절 아도니야의 반란에 가담하는 바람에 처형당함으로써 그의 후손들은 제사장 직분을 더 이상 맡을 수 없게 되었고, 사독의 후손들만 제사장 직분을 맡게 되었는데, 그들이 거룩한 제사장들이 되어 『**이스라엘 자손이 잘못 갔을 때에 레위인들이 잘못 간 것처럼 잘못 가지 않았느니라.**』(48:11)라고 성경은 말씀한다. 그래서 같은 레위인 자손들이라 하더라도 사독 자손의 레위인들만이 천년왕국 시대에 성소에서 하나님을 섬기고 『**기름과 피를 드리려고**』 주님 앞에 설 것이다. 이처럼 하나님께서는 신실한 자들과 그 후손들만을 거룩한 제사장들로 세우시고 그렇지 않은 자들은 물리치신다. 하나님께서 사무엘을 세우실 때도 선지자 엘리에게 이렇게 말씀하셨다. 『**그리고 내가 한 신실한 제사장을 일으키리니, 그가 내 마음과 내 뜻대로 행할 것이라. 내가 그에게 견고한 집을 지어 주리니, 그가 나의 기름부음 받은 자 앞에서 영원히 행하리라**』(삼상 2:35).

하나님께서 신실했던 사독의 자손들을 천년왕국 성전의 성소에서 하나님을 섬기는 제사장들로 세우시되 이것을 영원한 규례로 삼으시겠다는 약속은 이미 구약 시대에 일찌감치 해놓으셨던 약속이었다. 『**아론과 그의 아들들에게 허리띠를 띠게 하고 모자를 씌워서 제사장의 직분이 그들에게 영속하는 규례가 되게 하고, 아론과 그의 아들들을 성결케 할지니라**』(출 29:9). 이들에 대한 하나님의 약속은 이처럼 『**영속하**

는 규례』일 뿐만 아니라 『**내가 만들 새 하늘들과 새 땅이 내 앞에 항상 있는 것같이 너희 씨와 너희 이름도 항상 있으리라.**』(사 66:22)라고까지 보장하신다. 뿐만 아니라 그들을 바다의 모래처럼, 하늘의 별들처럼 번성케 하겠다고 약속하셨다. 『**하늘의 군상을 헤아릴 수 없고 바다의 모래도 측량할 수 없듯이, 내가 나의 종 다윗의 씨와 나를 섬기는 레위인들도 그처럼 번성케 하리라**』(렘 33:22).

『**그들이 안쪽 뜰의 문에 들어서면 가는 베옷을 입을 것이요, 그들이 안쪽 뜰의 문들과 그 안에서 섬길 때에는 양털 옷은 입지 말지니라**』(17절). 구약 시대에도 제사장들이 성소에서 주님을 섬길 때 입는 옷은 항상 베옷이어야 했는데, 이것은 『**양털 옷**』보다 식물성 섬유가 훨씬 더러움을 덜 타고 부정한 곤충들이 서식하지 못할 뿐더러 땀이 쉽게 차지도 않기 때문일 뿐만 아니라, 동물성 섬유 자체는 성결한 것으로 간주되지 않았기 때문이다. 천년왕국 시대에 드려지는 제물들 가운데서 "어린양"이 포함되지 않는 것과도 맥을 같이한다고 보는 사람도 있지만, "숫양"은 제물로 드려지고(45:24), 안식일에는 어린양도 번제와 음식 제사로 드려지게 되며(46:4-7), 『**백성을 위한 화해를 이루기 위하여**』서도 어린양이 제물로 드려진다(45:15).

『**그들의 머리에는 가는 베 두건을 쓰며 그들의 허리까지 오는 가는 베 바지를 입을 것이요, 땀을 내게 하는 어떤 것으로도 그들 자신을 동이지 말지니라**』(18절). 구약 시대에도 성전 내에서 땀을 흘리는 것은 성결하지 못한 것으로 간주되었다. 제사장들이 입는 옷은 속옷까지 베로 만들어야 하였고, 허리띠와 두건까지도 베로 만들어야 했다. 제사장들이 제단에 가까이 갈 때에 이런 복장을 하지 않으면 죽임을 당했다(출 28:39-43). 그러나 『**땀을 내게 하는 어떤 것으로도**』 몸을 두르지 말라는 규례는 구약 어디에도 없다. 이것은 오직 천년왕국 시대의 새로운 율례 가운데 하나인 것이다.

『**그들이 바깥뜰로, 즉 바깥뜰에 있는 백성들에게로 나갈 때에는 섬길 때 입었던 옷을 벗어 거룩한 방에 두고 다른 옷을 입을 것이요, 그리하여 그들로 그들의 옷으로 백성을 거룩하게 하지 않게 할지니라**』(19절). 옷을 갈아입는 『**거룩한 방**』은 42장에서 『**따로 떨어진 곳 앞에 있는 북쪽 방들과 남쪽 방들**』(42:13)을 말하는데, 옷을 갈아입을 뿐만 아니라 제사장들이 『**지극히 거룩한 것들을 먹는 곳**』(42:13)이기도 하고, 『**지극히 거룩한 것들과 음식제물과 속죄제물과 속건제물을 놓는 곳**』(42:13)이기도 하다.

제사장들이 제단에서 섬길 때 입었던 옷은 성전 안뜰의 경내에서는 갈아입을 필요가 없었지만 이 안뜰에서 바깥뜰로 나갈 경우에는 반드시 이 『**거룩한 방**』에서 옷을 갈아입어야 했다. 왜냐하면 바깥뜰에는 백성들이 들어와 있는 곳이므로 그들 앞에 거룩한 옷을 그대로 입고 나아가서는 안 되기 때문이다.

『**그들의 옷으로 백성을 거룩하게 하지 않게 할지니라.**』라는 말씀은 제사장들이 제단에서 섬길 때 입었던 거룩한 옷을 그대로 입은 채 다른 사람이나 물건에 접촉되면 그 사람이나 물건이 거룩한 존재로 구별되는 결과를 가져오게 되기 때문에 그렇게 해서는 안 된다는 말씀이다. 성소의 제단을 거룩하게 하는 데에는 제사장이 7일 동안 제단을 위하여 속죄해야만 했고(출 29:37), 거룩한 것에 접촉되는 것은 무엇이나 거룩해졌다(출 30:25-29). 이것은 천년왕국 시대에도 마찬가지가 될 것이다.

44:20 그들은 머리를 밀지 말 것이며 그들의 머리 타래를 길게 자라게도 하지 말고 오직 그들의 머리를 자를지니라.
21 어떤 제사장이든지 안쪽 뜰로 들어갈 때면 포도주를 마시지 말 것이며
22 또 제사장들은 과부나 이혼당한 여자는 아내로 취하지 말 것이며 오직 이스라엘 집의 씨의 처녀나 전에 제사장과 살았던 과부를 취할지니라.
23 또 그들은 내 백성에게 거룩한 것과 속된 것의 차이점을 가르칠 것이며 백성들로 불결과 정결의 차이를 분별하게 할지니라.

『**그들은 머리를 밀지 말 것이며 그들의 머리 타래를 길게 자라게도 하지 말고 오직 그들의 머리를 자를지니라**』(20절). 제사장들이 머리를 미는 것이 금지된 것은 구약 때도 마찬가지였다. 『**제사장들인 아론의 아들들에게 고하여 그들에게 말하라... 그들은 자기들 머리를 대머리가 되게 하지 말고, 턱수염 가를 밀지도 말 것이며, 살을 베지도 말지니라**』(레 21:1-5).

『**어떤 제사장이든지 안쪽 뜰로 들어갈 때면 포도주를 마시지 말 것이며**』(21절). 이 구절은 오늘날의 모든 그리스도인들이 정신차려 들어두는 게 좋을 말씀이다. 어떤 제사장이든지 거룩한 성소에 접근할 때면 술을 마셔서는 안 된다. 그런데 그리스도인은 그 몸이 하나님의 성전이고, 그리스도인 자신이 『**거룩한 제사장**』(벧전 2:5, 계 1:6)이다. 그렇다면 구원받은 그리스도인이 어느 때 어떤 곳에서도 술을 마시지 말아야 한다는 것은 너무나 당연하다. 이것은 하나님의 명령이다.

『**또 제사장들은 과부나 이혼당한 여자는 아내로 취하지 말 것이며 오직 이스라엘 집의 씨의 처녀나 전에 제사장과 살았던 과부를 취할지니라**』(22절). 제사장이 아내로 삼을 여자의 자격 제한과 함께 예외 규정을 언급하고 있는데, 어디까지나 그 기본 정신은 제사장의 성결 유지에 초점이 맞춰지고 있다.

『**또 그들은 내 백성에게 거룩한 것과 속된 것의 차이점을 가르칠 것이며 백성들로 불결과 정결의 차이를 분별하게 할지니라**』(23절). 제사장들의 직무 가운데 하나가 사람들에게 『**거룩한 것과 속된 것의 차이점**』을 가르치고 『**불결과 정결의 차이**』를 분별토록 하는 일이다. 인간이 『**거룩한 것과 속된 것**』, 그리고 『**불결과 정결**』의 차이를 알고 분별하는 능력은 결국 영적 분별력에 있고, 이것은 근원적으로 구원받은 사람이 아니면 가질 수 없으며 하나님의 말씀을 믿지 않으면 나올 수 없는 능력이다. 천년왕국 시대에는 제사장들이 이스라엘 백성을 위한 영적 교육의 책임을 지게 된다. 이것은 오늘날 지역 교회 내에서 영적 지도자가 성도들에게 하나님의 말씀을 가르치고 양육하는 책임을 지고 있는 것이나 마찬가지라고 할 수 있다.

44:24 그들은 논쟁시 재판에 설 것이나 내 명령대로 재판할 것이요 그들은 나의 모든 집회에서 내 율법과 규례를 지킬 것이며 그들은 내 안식일들을 거룩케 할 지니라.

25 그들은 어떤 죽은 사람에게도 가까이 가서 스스로를 더럽히지 아니할 것이나 아비나 어미나 아들이나 딸이나 형제나 남편이 없는 자매를 위해서는 그들 스스로를 더럽힐 수 있느니라.

26 그가 정결케 된 후, 칠 일을 더 그에게 계산할지니라.

27 그가 성소에서 섬기기 위하여 안쪽 뜰로 성소에 들어가는 날에는 그의 속죄제를 드릴지니라. 주 하나님이 말하노라.

『**그들은 논쟁시 재판에 설 것이나 내 명령대로 재판할 것이요 그들은 나의 모든**

집회에서 내 율법과 규례를 지킬 것이며 그들은 내 안식일들을 거룩케 할지니라』(24절). 역시 천년왕국 시대에 적용되는 일들이라는 것을 잊지 말라. 천년왕국 시대에는 율법과 규례가 다시 삶의 규범으로 적용될 것이다.

구약 시대에도 제사장들에게는 이와 같은 직무가 부여되어 있었는데, 가령 율법을 가르치고(레 10:11, 신 33:10), 재판하고(신 17:8-13; 19:17), 절기에 따라 하나님의 법과 율례를 지키며, 안식일을 거룩하게 지키는 일(출 20:8-11; 31:13-17, 레 23:3) 등이 그것이다.

『**그들은 어떤 죽은 사람에게도 가까이 가서 스스로를 더럽히지 아니할 것이나 아비나 어미나 아들이나 딸이나 형제나 남편이 없는 자매를 위해서는 그들 스스로를 더럽힐 수 있느니라**』(25절). 구약 시대에도 시체는 부정한 것으로 간주되었었다(레 21:1-4, 민 6:6,7). 아담 이래로 죽음은 죄의 삯이다. 사람의 시체는 죄의 결과를 보여주는 가장 극명한 저주의 증거다. 따라서 제사장이 사람의 시체에 접근하는 것은 금지되었었다. 그러나 자신의 직계 가족과 결혼하지 않은 누이가 죽었을 경우에는 예외 규정을 두었었는데, 그렇다고 해서 직계 가족의 시체를 만지는 것이 스스로를 더럽히는 일이 아닌 것은 아니었다. 천년왕국 시대에는 이러한 규정이 다시 부활하게 된다.

『**그가 정결케 된 후, 칠 일을 더 그에게 계산할지니라. 그가 성소에서 섬기기 위하여 안쪽 뜰로 성소에 들어가는 날에는 그의 속죄제를 드릴지니라. 주 하나님이 말하노라**』(26,27절). 구약 시대에도 제사장이 사람의 시체에 접근하여 스스로를 더럽히게 되면 정결례를 올려야 했다(민 6:9-12).

44:28 그들에게 한 유업이 있으리니 내가 그들의 유업이라. 너희가 이스라엘에서는 그들에게 줄 소유가 없을 것이나 내가 그들의 소유니라.

29 그들은 음식제물과 속죄제물과 속건제물을 먹을 것이요, 이스라엘에서 바쳐진 모든 것들은 그들의 것이니라.

30 모든 것 중에서 첫열매의 첫째 것과 너희의 각종 예물 중에서 모든 예물은 제사장들의 몫이 될 것이요, 너희는 또 반죽의 첫째 것을 제사장에게 주어 그로 네 집에 복이 있도록 하게 할지니라.

31 **제사장은 새이든지 짐승이든지 스스로 죽었거나 찢겨진 것은 어떤 것도 먹지 말지니라.**

『**그들에게 한 유업이 있으리니 내가 그들의 유업이라. 너희가 이스라엘에서는 그들에게 줄 소유가 없을 것이나 내가 그들의 소유니라**』(28절). 구약 시대의 제사장들 역시 땅을 유업으로 받지는 못했지만, 그러나 그들의 유업은 곧 주 하나님이셨다(민 18:20). 이것은 신명기 10:9에서도 다시 확인된다. 여호수아가 카나안 땅을 정복하고 나서 각 지파에게 땅을 분배할 때에도 레위 지파에게만은 아무 유업도 주지 않았는데, 이는 희생제물이 그들의 유업이라고 말하고 있다(수 13:14). 이러한 관례는 천년왕국 시대에도 그대로 적용될 것이지만, 이스라엘이 『**제비뽑아 땅을 유업으로 나눌 때에 땅의 거룩한 구역은 주께 예물로**』 드리게 될 것인데(45:1), 이 거룩한 구역이 『**주를 섬기려고 다가오는 성소의 일꾼들인 제사장들을 위한 곳**』이 되어 그들의 집들과 성소를 위한 장소가 된다(45:4). 이에 대한 상세한 내용은 45장에서 살펴보기로 한다.

『**그들은 음식제물과 속죄제물과 속건제물을 먹을 것이요, 이스라엘에서 바쳐진 모든 것들은 그들의 것이니라**』(29절). 구약 시대에 땅의 유업을 받지 못하는 제사장들은 그 대신 『**이스라엘에서 바쳐진 모든 것들**』을 자신들의 몫으로 가질 특권이 부여돼 있었는데, 이것은 천년왕국 시대에도 마찬가지지만, 앞에서 언급한 바와 같이 『**거룩한 구역**』은 사실상 제사장들의 소유가 될 것이다.

『**모든 것 중에서 첫열매의 첫째 것과 너희의 각종 예물 중에서 모든 예물은 제사장들의 몫이 될 것이요, 너희는 또 반죽의 첫째 것을 제사장에게 주어 그로 네 집에 복이 있도록 하게 할지니라**』(30절). 이 구절은 제사장들에 대한 거룩한 헌물들에 관련된다. 『**첫열매의 첫째 것**』은 물론 『**각종 예물 중에서 모든 예물**』이 제사장의 몫이다. 구약 시대에 백성이 바친 『**각종 예물**』의 종류는 출애굽기 25:2-7에 상세히 나열돼 있는데, 『**금과 은과 놋**』 같은 귀금속에서부터 각종 천과 모피 및 보석들이 포함돼 있었다. 그 대신 제사장들은 예물을 가져오는 사람들에게 축복해 주었다. 이런 관례들 역시 천년왕국 시대에 똑같이 부활될 것이다.

『**제사장은 새이든지 짐승이든지 스스로 죽었거나 찢겨진 것은 어떤 것도 먹지 말지니라**』(31절). 이 역시 모세 율법에 포함돼 있던 규정이었는데(출 22:31), 그 기본 정신은 여전히 제사장들이 성결하고 거룩한 사람으로서의 신분을 유지하는 데 있었다.

에스겔 45장

45:1 또 너희가 제비뽑아 땅을 유업으로 나눌 때에 땅의 거룩한 구역은 주께 예물로 드릴지니라. 그 길이는 이만 오천 리드요, 그 너비는 일만 리드라. 그 주변의 모든 접경이 거룩하니라.
2 이 중에서 성소를 위한 곳이 있으리니 길이가 오백이요, 너비가 오백으로 둘레가 정사각형이며 또 사면의 오십 큐빗은 외곽이 될지니라.
3 이 측량한 것 중에서 너는 길이 이만 오천과 너비 일만을 재어 그 안에 성소와 지성소를 둘지니라.
4 그 땅의 거룩한 구역은 주를 섬기려고 다가오는 성소의 일꾼들인 제사장들을 위한 곳이 되게 할지니 그들의 집들을 위한 장소와 성소를 위한 거룩한 곳이 되리라.
5 또 길이 이만 오천과 너비 일만은 전의 일꾼들인 레위인들을 위한 소유로 이십 개의 방을 둘지니라.
6 너희는 거룩한 구역의 예물 건너편에 너비 오천과 길이 이만 오천의 성읍의 소유를 정하여 그것으로 이스라엘의 온 집을 위한 것이 되게 할지니라.

『**또 너희가 제비뽑아 땅을 유업으로 나눌 때에 땅의 거룩한 구역은 주께 예물로 드릴지니라. 그 길이는 이만 오천 리드요, 그 너비는 일만 리드라. 그 주변의 모든 접경이 거룩하니라**』(1절). 이 구절에서는 우선 『**땅의 거룩한 구역**』 중에서 『**주께 예물로**

드릴』 구역에 대해 언급하는데, 동서의 『**길이**』가 25,000리드, 남북의 『**너비**』가 10,000리드다. 1리드가 약 132인치, 즉 3.3미터이므로 이 『**거룩한 구역**』의 크기가 약 82.5km×33km나 되는 방대한 규모다. 『**땅의 거룩한 구역**』 전체는 25,000×25,000리드나 되는 규모로, "레위인 구역"(4절)과, 성소가 있는 "『**예물로 드릴**』 구역"(1절), 그리고 "성읍의 소유"(6절) 등 세 구역으로 나뉜다.

『**그 주변의 모든 접경이 거룩하니라.**』 7절에 보면 『**통치자의 몫**』이라는 구역이 또 있는데, 『**거룩한 구역**』은 이 『**통치자의 몫**』 사이에 위치하고 있어 그 동쪽과 서쪽 양쪽이 『**통치자의 몫**』과 접경을 이루고 있으며, 북쪽으로는 『**유다의 몫**』(48:7), 남쪽으로는 『**베냐민의 몫**』(48:23)과 각각 경계를 이룬다. 『**거룩한 구역**』을 제외하고는 어느 몫이나 서쪽 끝은 모두 지중해에 연해 있다.

이 『**거룩한 구역**』 내에서 『**주께 예물로 드릴**』 구역은 48:10에서는 『**거룩한 헌물**』이라고 불리는데, 동서 간 가로가 25,000리드에 남북 간 세로가 10,000리드에 달한다. 그리고 『**거룩한 구역**』 전체 주에서 『**유다의 몫**』과 접경하고 있는 가장 북쪽 지역 10,000리드 너비가 레위인들의 구역이 되고, 그 남쪽 구역 10,000리드 너비가 제사장의 구역으로 성소가 들어서 있는 지역이며, 따라서 『**거룩한 헌물**』로 불리고, 『**베냐민의 몫**』과 접경하고 있는 가장 남쪽 5,000리드 너비는 성읍이다.

『**거룩한 구역**』 정 중앙에 40장에서 44장까지 살펴보았던 천년왕국의 성소가 소재하게 되는데(48:21), 성소의 위치가 『**거룩한 구역**』 전체로 보면 그 정 중앙이 되겠지만 『**거룩한 헌물**』로 보면 남북으로는 정 중앙이 아닐 것이다. 클라렌스 라킨은 자신의 저서 <세대적 진리, *Dispensational Truth*>(말씀보존학회 1997년 간, p.173)에서 이 성소의 위치가 여호수아 18:1에서 성막을 세웠던 『**실로**』와 동일한 위치인 것으로 표기하고 있다. 이렇게 본다면 『**거룩한 구역**』의 남단인 『**성읍의 소유**』 지역의 동남쪽 끝자락은 사해의 북단 일부가 들어와 있게 된다. 47:8,9에서 이렇게 언급하고 있음을 본다. 『**그때 그가 내게 말씀하시더라. 이 물은 동쪽 지역으로 흘러 사막으로 내려가서 바다로 들어가나니 바다로 들어갈 때 그 물들이 치유를 받으리라. 이 강물이 이르는 곳마다 살아 있고 움직이는 모든 것들이 살 것이라. 또 이 물이 거기로 들어가므로 거기에는 매우 큰 고기떼가 있으리니 이는 그 물들이 치유될 것이요, 강이 흐르는 곳에는 모든 것이 살 것이라.**』 47장을 공부할 때, 이 『**강**』에 대해 상세히 알아보겠지만, 사해 바다로 이 강물이 흘러감으로써 그 바다가 치유되어 천년왕국 시대에는 더 이상 "죽어 있는 바다," 즉 "사해"가 아니라 "살아 있는 바다"가 될 것이다.

『**이 중에서 성소를 위한 곳이 있으리니 길이가 오백이요, 너비가 오백으로 둘레가 정사각형이며 또 사면의 오십 큐빗은 외곽이 될지니라. 이 측량한 것 중에서 너는 길이 이만 오천과 너비 일만을 재어 그 안에 성소와 지성소를 둘지니라**』(2,3절). 앞에서도 언급한 것처럼 『**거룩한 구역**』의 『**거룩한 헌물**』 안에 성소가 위치하게 될 텐데, 그 전체 외곽 성전 터의 규모는 42:16-18에서 이미 살펴본 것처럼 500×500리드이고, 그 사면에 폭 50큐빗의 외곽 테가 설치되어 있어 『**성소와 불경한 장소 사이에 구별**』을 짓게 된다(42:20). 전체 500×500리드 규모의 성전 터 한가운데에 또 500×500큐빗 규모의 성전 터가 또 있고, 이 안에 성전이 있다. 그러니까 『**성소를 위한 곳**』이란 500×500리드 규모의 성전 외곽 터 전체를 말한다. 따라서 여기서 『**길이가 오백이요, 너비가 오백**』이란 "500리드"란 뜻이다. 이것은 3절에서 『**길이 이만 오천과 너비 일만**』의 단위가 명백하게 "리드"란 점에서 알 수 있다. 『**길이 이만 오천과 너비 일만**』이란 물론 『**거룩한 헌물**』 구역을 말하는데, 이 안에 『**성소와 지성소**』, 즉 성전 건물을 두라고 명한다.

『**그 땅의 거룩한 구역은 주를 섬기려고 다가오는 성소의 일꾼들인 제사장들을 위한 곳이 되게 할지니 그들의 집들을 위한 장소와 성소를 위한 거룩한 곳이 되리라**』(4절). 『**거룩한 구역**』 중에서 가운데 남북 너비 1만 리드가 『**거룩한 헌물**』이라 불리는데, 여기 4절에서는 이 구역을 『**제사장들을 위한 곳이 되게 할지니**』라고 언급하면서, 그 안에 성소가 있고 또 제사장들이 사는 집들이 들어서게 된다고 말한다. 이것은 하나님께서 44:28에서 『**내가 그들의 소유니라.**』라고 말씀하신 것과 맥락을 같이하는 것으로, 하나님께 『**예물**』로 드려진 헌물이 곧 제사장의 몫이 된다는 것은 자연스러운 일이다.

『**또 길이 이만 오천과 너비 일만은 전의 일꾼들인 레위인들을 위한 소유로 이십 개의 방을 둘지니라**』(5절). 여기서 말하는 『**레위인들**』이란 『**전의 일꾼들**』이긴 하되, 제사장 그룹은 되지 못하는 레위인들이다. 이들 역시 『**거룩한 구역**』내 북단에 남북으로 너비 1만 리드를 자신들의 소유로 받게 되는데, 44:10에 언급된 것처럼 『**...나를 떠**

나 곁길로 갔으니 그들도 그들의 죄악을 담당하리라.』는 말씀에 비추어 볼 때, 이것은 파격적인 대우라고도 할 수 있다. 하나님께서는 참으로 신실하시다.

『**너희는 거룩한 구역의 예물 건너편에 너비 오천과 길이 이만 오천의 성읍의 소유를 정하여 그것으로 이스라엘의 온 집을 위한 것이 되게 할지니라**』(6절). 이 『**성읍의 소유**』 지역은 예루살렘 성읍을 포용하는 지역으로서 각 지파의 몫에 상관없이 『**이스라엘의 온 집**』이 소유하게 된다.

45:7 한 구역은 통치자의 몫이 되리니 거룩한 구역의 예물과 성읍의 소유 이편과 저편이며 거룩한 구역의 예물 앞과 성읍의 소유 앞에 서편으로 향한 서쪽과 동편으로 향한 동쪽으로부터이며 그 길이는 그 구역 중의 하나와 마주 보게 될 것이니, 즉 서쪽 경계에서부터 동쪽 경계까지라.

8 그의 소유는 이스라엘에서 그 땅에 있으리니 내 통치자들이 다시는 내 백성을 억압하지 아니하리라. 또 그들이 그 땅의 나머지를 그들의 지파대로 이스라엘 집에 주리라.

1절부터 6절까지는 『**주께 예물로**』(1절) 드려진 구역, 즉 북쪽으로부터 "레위인들의 구역," "제사장들의 구역"(또는 "거룩한 헌물"이라고도 불림. 성소도 여기에 소재함), 그리고 "성읍의 소유"로 분할되는 『**거룩한 구역**』에 대한 설명이 있었고, 여기 7절에서는 『**통치자의 몫**』이 될 구역에 대해 언급한다. 이 『**통치자의 몫**』에 해당하는 구역은 서쪽 편으로 중간쯤에 25,000평방 리드나 되는 『**거룩한 구역**』이 자리잡고 있기는 하지만, 남북의 너비가 2,5000리드나 되기 때문에 다른 지파들의 몫들보다 훨씬 넓은 셈이다. 이렇게 방대한 유업을 받게 될 천년왕국 시대의 『**통치자**』는 그 대신에 『**억압으로 백성의 유업을 취하여 그들의 소유에서 그들을 쫓아내지 못할 것**』이다(46:18). 그러나 이 유업을 자기 아들들에게 상속하는 것은 허용된다(46:18).

『**그의 소유는 이스라엘에서 그 땅에 있으리니 내 통치자들이 다시는 내 백성을 억압하지 아니하리라. 또 그들이 그 땅의 나머지를 그들의 지파대로 이스라엘 집에 주리라**』(8절). 구약 시대 이스라엘의 왕이 백성을 억압하여 땅을 탈취한 사례들 가운데 열왕기상 21장에 아합왕이 나봇의 포도원을 탈취한 이야기가 있다. 천년왕국 시대의 통치자는 이처럼 백성을 억압하지 못한다. 그는 자기의 몫으로 할당된 유업을 제외한 나머지 모든 땅을 성경에 명시돼 있는 대로 모든 지파에게 나누어 주어야 한다. 백성은 자신의 유업을 통치자에게 강압적으로 탈취당할 염려를 할 필요가 없이 안정된 생활을 할 수 있을 것이다(46:18).

45:9 주 하나님이 이같이 말하노라. 오 이스라엘의 통치자들아, 너희는 그 일이 충분하도록 하라. 너희는 폭력과 약탈을 제거하고 공의와 정의를 시행하여 내 백성으로부터 너희는 강제 징수를 그만둘지니라. 주 하나님이 말하노라.

10 너희는 공평한 저울들과 공평한 에바와 공평한 밧을 쓸지니라.

11 에바와 밧은 한 가지 계량이 될지니 밧은 호멜의 십분의 일을 담고 에바도 호멜의 십분의 일을 담을 것이요, 그 계량은 호멜을 따를지니라.

12 세켈은 이십 게라이며 이십 세켈, 이십오 세켈, 십오 세켈이 너희 마네가 될지니라.

『**주 하나님이 이같이 말하노라. 오 이스라엘의 통치자들아, 너희는 그 일이 충분하도록 하라. 너희는 폭력과 약탈을 제거하고 공의와 정의를 시행하여 내 백성으로부터 너희는 강제 징수를 그만둘지니라. 주 하나님이 말하노라**』(9절). 구약성경에는 통치자들이 백성들에게 폭력으로 재산을 약탈하지 말라는 경고가 여러 군데 나온다. 천년왕국 시대에는 비록 이스라엘을 다스리는 통치자가 있지만, 그 위에 진정한 "왕"으로 오신 주 예수 그리스도께서 지상의 성소에 실제로 계신다. 그러므로 『**폭력과 약탈**』, 『**강제 징수**』 따위의 불의를 행하는 것은 불가능할 것이다. 더군다나 마태복음 19:28에서는 예수 그리스도께서 『**나를 따르는 너희들은 인자가 자기 영광의 보좌에 앉을 새 세대에, 너희도 열두 보좌에 앉아 이스라엘 열두 지파를 심판하리라.**』라고 말씀하신 것을 본다. 이런 판국에 이스라엘의 통치자가 불의로 백성을 억압하고 재산을 탈취한다는 것은 불가능할 수밖에 없다.

『**너희는 공평한 저울들과 공평한 에바와 공평한 밧을 쓸지니라**』(10절). 이 시대에는 『**공의와 정의**』(9절)만이 시행되는 시대이므로 이것은 당연하다. 『**밧**』이란 포도주

같은 액체를 측정하는 용기인데, 요즘으로 말하면 약 8갤런 정도의 용량에 해당하는 일종의 됫박이다.

『에바와 밧은 한 가지 계량이 될지니 밧은 호멜의 십분의 일을 담고 에바도 호멜의 십분의 일을 담을 것이요, 그 계량은 호멜을 따를지니라』(11절). 1호멜은 10에바로서, 요즘으로 치면 약 220리터의 용량이다. 『**에바**』는 마른 곡식 등을 되고 『**밧**』은 액체를 되는 용기지만 그 용량에 있어서는 『**한 가지 계량**』이기 때문에 1밧은 곧 1에바가 된다.

『세겔은 이십 게라이며 이십 세겔, 이십오 세겔, 십오 세겔이 너희 마네가 될지니라』(12절). 『**세겔**』은 중량의 단위인데, 요즘으로 치면 약 11.4그램이고, 1세겔은 『**게라**』로 치면 20게라라고 언급한다. 『**마네**』는 원래 60세겔에 해당하는데, 금의 경우에는 100세겔에 해당한다(왕상 10:17, 대하 9:16).

45:13 너희가 드릴 예물이 이것이니 밀 한 호멜에서 육분의 일 에바를 드리고 보리 한 호멜에서 육분의 일 에바를 드릴지니라.

14 기름의 율례, 즉 기름의 밧에 관해서는 너희는 열 밧이요 한 호멜인 코르에서 한 밧의 십분의 일을 드릴지니라. 이는 열 밧이 한 호멜임이라.

15 이스라엘의 기름진 초장에 있는 이백 마리의 양떼 중에서 어린양 한 마리를 백성을 위한 화해를 이루기 위하여 음식제물과 번제물과 화목제물로 드릴지니라. 주 하나님이 말하노라.

16 그 땅의 모든 백성은 이스라엘에 있는 통치자를 위하여 이 예물을 드릴지니라.

17 또 명절들과 새 달들과 안식일들과 이스라엘 집의 모든 정한 절기에 번제물과 음식제물과 술붓는 제물을 드리는 것은 통치자의 몫이 될지니라. 그는 이스라엘 집을 위한 화해를 이루기 위하여 속죄제물과 음식제물과 번제물과 화목제물을 예비할지니라.

『너희가 드릴 예물이 이것이니 밀 한 호멜에서 육분의 일 에바를 드리고 보리 한

호멜에서 육분의 일 에바를 드릴지니라』(13절). 천년왕국 시대에는 이스라엘 백성이 통치자에게 예물을 드려야 하는데, 이에 대한 제 규정이 17절까지 언급되고 있다. 통치자는 백성으로부터 이들 예물들을 거두어 주님께 제물로 드리게 된다.

예물 중 밀과 보리는 1호멜 당 1/6에바씩의 비율로 바치게 된다.

『**기름의 율례, 즉 기름의 밧에 관해서는 너희는 열 밧이요 한 호멜인 코르에서 한 밧의 십분의 일을 드릴지니라. 이는 열 밧이 한 호멜임이라**』(14절). 기름은 1호멜 당 1/10밧을 예물로 드린다. 여기서 『**코르**』는 『**호멜**』과 같은 용량을 나타내는 단위다.

『**이스라엘의 기름진 초장에 있는 이백 마리의 양떼 중에서 어린 양 한 마리를 백성을 위한 화해를 이루기 위하여 음식제물과 번제물과 화목제물로 드릴지니라.** 주 하나님이 말하노라. **그 땅의 모든 백성은 이스라엘에 있는 통치자를 위하여 이 예물을 드릴지니라**』(15,16절). 양의 경우에는 200마리당 한 마리를 예물로 드리는데, 『**음식제물과 번제물과 화목제물로**』 드리도록 돼 있다. 이것은 백성이 통치자에게 바치는 예물이 아니라 통치자로 하여금 백성으로부터 제물들을 거두어 주님께 드리도록 하는 것을 말한다.

『**또 명절들과 새 달들과 안식일들과 이스라엘 집의 모든 정한 절기에 번제물과 음식제물과 술붓는 제물을 드리는 것은 통치자의 몫이 될지니라. 그는 이스라엘 집을 위한 화해를 이루기 위하여 속죄제물과 음식제물과 번제물과 화목제물을 예비할지니라**』(17절). 통치자가 백성들로부터 받은 예물들을 모아 각종 제물들을 하나님께 드리는데, 그리스도인 성도들도 아니요, 개인적인 죄인들도 아니며, 『**이스라엘 집을 위한 화해를 이루기 위하여**』라고 분명하게 언급돼 있음에 유념하라. 이것은 에스겔 40-48장 부분이 천년왕국 시대의 이스라엘에 적용되는 내용임을 다시 한번 명확하게 보여 준다. 이스라엘은 천년왕국 시대에 이러한 제사를 통하여 민족적인 구속을 받게 될 것이다. 『**명절들과 새 달들과 안식일들과 이스라엘 집의 모든 정한 절기에**』 제사를 드리는 것은 모두 구약 시대와 동일하다.

45:18 주 하나님이 이같이 말하노라. 첫째 달 그 달 첫째 날에 너는 흠 없는 어린

수송아지 한 마리를 취하여 성소를 깨끗게 할지니라.
19 **제사장은 속죄제물의 피를 취하여 전의 기둥들과 제단 밑판의 네 모퉁이와**
안뜰 대문의 문설주 위에 바를지니라.
20 **또 그 달 칠일에도 잘못을 저지른 모든 자와 어리석은 자를 위하여 그렇게**
하라. 그리하여 그 전으로 화해케 할 것이라.

『주 **하나님이 이같이 말하노라. 첫째 달 그 달 첫째 날에 너는 흠 없는 어린 수송아지 한 마리를 취하여 성소를 깨끗게 할지니라**』(18절). 이제 성소를 정결케 하는 규례들이 언급된다. 『**첫째 달**』은 "아빕 월"(출 13:4), 또는 "니산 월"(느 2:1)이라고 불린 달로서 원래는 아빕 월이었다가 바빌론 포로에서 귀환한 다음부터는 니산 월이라고 불렸다. 이 『**첫째 달**』은 출애굽 직전 하나님께서 모세와 아론을 통하여 직접 정해 주셨다. 『**주께서 이집트 땅에서 모세와 아론에게 일러 말씀하시기를 "이 달이 너희에게는 달들의 시작이 될 것이요, 그것이 너희에게는 해의 첫째 달이 되리라**』(출 12:1,2). 하나님께서는 이 첫째 달을 정해 주신 다음 이 달 14일을 유월절로 정해 주셨다. 유대력의 『**첫째 달**』은 요즘으로 치면 3,4월에 해당한다.

『**제사장은 속죄제물의 피를 취하여 전의 기둥들과 제단 밑판의 네 모퉁이와 안뜰 대문의 문설주 위에 바를지니라**』(19절). 성경은 정말이지 놀라운 책이다. 성전에 대한 상세한 언급들이 어느 한 곳도 소홀한 데가 없이 빈틈이 없는 데다가, 하나님을 섬기는 일에 있어서 인간이 제멋대로 이렇게도 하고 저렇게도 하도록 그냥 놔두지 않는다. 지금 에스겔이 이것을 기록하고 있던 시점이나 현재 우리가 읽고 있는 문제의 성소는 아직 존재하지도 않는 미래의 성소다. 그럼에도 불구하고 마치 눈앞에 실재하는 성전인 것처럼 그 관련된 모든 것들을 세세히 그림처럼 설명해 나가면서 그에 따른 규례들을 명령하고 있다.

『**또 그 달 칠일에도 잘못을 저지른 모든 자와 어리석은 자를 위하여 그렇게 하라. 그리하여 그 전으로 화해케 할 것이라**』(20절). 이것은 일종의 구약 시대 속죄제와 유사하다.

45:21 첫째 달, 그 달 십사일에 너희는 칠 일간의 명절로 유월절을 지키며 누룩 없

는 빵을 먹을지니라.

22 그 날에 통치자는 자신과 그 땅의 모든 백성을 위한 속죄제물로 수송아지 한
마리를 준비할지니라.

23 명절의 칠 일 동안에 그는 주께 번제를 준비하되 칠 일 동안 매일 흠 없는
수송아지 일곱 마리와 숫양 일곱 마리이며 또 매일 숫염소 새끼 한 마리를 속
죄제물로 준비할지니라.

24 그는 음식제물을 준비하되 수송아지 한 마리에 한 에바며 숫양 한 마리에도
한 에바며 한 에바에는 기름 한 힌이라.

25 일곱째 달, 그 달 십오일에 그는 칠 일간의 명절에 그와 같이 행할 것이요,
속죄제물과 번제제물과 음식제물과 기름에 따라 그같이 행할지니라.

『**첫째 달, 그 달 십사일에 너희는 칠 일 간의 명절로 유월절을 지키며 누룩 없는 빵을 먹을지니라**』(21절). 출애굽기 12장에 보면 유월절의 기원이 나온다. 천년왕국 시대에도 이스라엘은 유월절을 지키게 되는데, 아닌 게 아니라 유월절의 율례는 이스라엘이 영원히 지키도록 규정돼 있었다(출 12:24).

『**명절의 칠 일 동안에 그는 주께 번제를 준비하되 칠 일 동안 매일 흠 없는 수송아지 일곱 마리와 숫양 일곱 마리이며 또 매일 숫염소 새끼 한 마리를 속죄제물로 준비할지니라**』(23절). 구약 시대에는 유월절 7일 동안 수송아지 2마리, 숫양 1마리, 일 년 된 "어린양" 7마리를 드리도록 규정돼 있었다. 그러나 천년왕국 시대의 유월절에는 "어린양" 7마리가 삭제되고 그 대신 『**숫양**』이 7마리로 증가하며, 수송아지도 7마리로 늘어난다. 그러나 유월절 이외의 날에는 "어린양"이 수송아지와 숫양과 함께 번제로 드려지게 된다(46:6).

『**그는 음식제물을 준비하되 수송아지 한 마리에 한 에바며 숫양 한 마리에도 한 에바며 한 에바에는 기름 한 힌이라**』(24절). 『**힌**』은 기름이나 포도주 같은 액체 용량을 재는 단위로서 1/6밧에 해당한다(약 3.66리터).

『**일곱째 달, 그 달 십오일에 그는 칠 일간의 명절에 그와 같이 행할 것이요, 속죄제물과 번제제물과 음식제물과 기름에 따라 그같이 행할지니라**』(25절). 유대력으로 7

월 15일이면 구약 시대의 장막절에 해당한다. 장막절이 시작되는 첫째 날과 끝난 다음 여덟째 날은 안식일로 지켰다. 『**너희가 그 땅의 열매들을 거두면 일곱째 달의 십오일에는 또한, 너희는 칠 일 동안 주께 명절을 지킬지니, 그 첫날도 안식일이 되고 여덟째 날도 안식일이 될지니라**』(레 23:39).

에스겔 46장

46:1 주 하나님이 이같이 말하노라. 동쪽을 바라보는 안쪽 뜰의 대문은 일하는 육
일 동안은 닫아 둘 것이나, 안식일에는 열어 두고, 또 새 달의 날에도 열어 둘
지니라.
2 통치자는 바깥 대문의 현관 길로 들어와서 대문의 문설주 옆에 설 것이요, 제
사장들은 통치자의 번제물과 화목제물을 준비할 것이며 통치자는 대문의 문
지방에서 경배한 후 나갈 것이라. 그러나 대문은 저녁까지 닫지 말지니라.
3 이 땅의 백성도 마찬가지로 안식일들과 새 달들에 이 대문의 문간에서 주 앞에
경배할지니라.

『**주 하나님이 이같이 말하노라. 동쪽을 바라보는 안쪽 뜰의 대문은 일하는 육 일 동안은 닫아 둘 것이나, 안식일에는 열어 두고, 또 새 달의 날에도 열어 둘지니라**』(1절). 모든 그리스도인들은 예수 그리스도께서 "일곱째 날"에 다시 오실 것을 믿는다. 이런 점에서 보면 모든 그리스도인들이 "제칠일 재림주의자들"인 셈이다. 예수 그리스도께서 재림하시면 왕국을 세우시고 천 년의 안식을 이 땅에 펼치시게 된다. 그래서 일곱째 날 안식일과 새 달의 첫날에는 성소 안쪽 뜰의 대문이 열린다. 아담 이래로 예수 그리스도의 재림 때까지는 이 성전의 문이 굳게 닫혀 있었다. 그렇다면 지금 이 시대는 『**일하는 육 일 동안**』의 끝 무렵에 해당한다. 당신은 그리스도인인가? 그렇다면 당신은 그리스도의 일꾼으로서 일해야 한다. 당신은 일곱째 날 천 년의 안식을

내다보면서 구원받지 못한 죄인들을 주 예수 그리스도께 인도하며 부지런히 일해야 한다.

『통치자는 바깥 대문의 현관 길로 들어와서 대문의 문설주 옆에 설 것이요, 제사장들은 통치자의 번제물과 화목제물을 준비할 것이며 통치자는 대문의 문지방에서 경배한 후 나갈 것이라. 그러나 대문은 저녁까지 닫지 말지니라』(2절). 솔로몬의 통치 기간에는 성전 제사를 위해서 제사장과 왕, 그리고 백성이 각기 맡는 일이 따로 정해져 있었다. 그러나 훗날 왕들은 우상 숭배로 하나님을 버리고 어떤 왕들은 제사장의 특권을 잠식하기도 했다. 그러나 천년왕국 시대에는 이런 범죄가 재발될 수가 없다. 이 시대에는 이스라엘의 『**통치자**』가 백성들의 우두머리가 되어 안쪽 뜰 대문의 문설주 옆에 서서 경배를 드리고 제사장들이 그 앞에서 제물들을 드린다. 이때 통치자는 마치 솔로몬이 했던 것과 유사한 직책을 수행하게 된다. **『솔로몬이 이스라엘의 온 회중의 면전에서 주의 제단 앞에 서서 그의 양손을 펴더라. 솔로몬이 전에 놋 단상을 만들었으니... 그가 그 위에 서서 이스라엘의 온 회중 앞에서 그의 무릎을 꿇고 하늘을 향하여 그의 양손을 펴며 말하기를 "오 이스라엘의 주** 하나님**이여, 주와 같은** 하나님**은 하늘에도 없고 땅에도 없사오니 주께서는 주 앞에서 마음을 다하여 행하는 주의 종들에게 언약을 지키시고 자비를 베푸시나이다. 주께서 주의 종 내 아버지 다윗에게 약속하신 것을 지키셨사오니 주의 입으로 말씀하시고 그것을 주의 손으로 이루신 것이 오늘과 같나이다』**(대하 6:12-15). 사실 솔로몬의 이 기도는 천년왕국 시대의 『**통치자**』 다윗의 기도를 보여 주는 그림이었다.

『이 땅의 백성도 마찬가지로 안식일들과 새 달들에 이 대문의 문간에서 주 앞에 경배할지니라』(3절). 천년왕국 시대에는 백성들도 대문의 문간에까지 와서 하나님께 경배를 드리게 된다.

46:4 통치자가 안식일에 주께 드리는 번제는 흠 없는 어린양 여섯 마리와 흠 없는 숫양 한 마리니라.

5 음식제사는 숫양 한 마리에 한 에바요, 어린양들에 대한 음식제사는 자기가 할 수 있는 만큼 할 것이요, 한 에바에는 기름 한 힌이니라.

6 **새 달의 날에는 흠 없는 어린 수송아지 한 마리와 어린양 여섯 마리와 숫양**
한 마리를 드릴 것이며 그것들은 흠 없는 것이어야 되리라.
7 **통치자는 음식제사를 준비할 것이며 수송아지 한 마리에 한 에바요, 숫양 한**
마리에도 한 에바며 어린양들에는 자기 손이 얻을 만큼 할 것이며 한 에바에
는 기름 한 힌이니라.
8 **통치자가 들어올 때에는 그 대문의 현관 길로 행할 것이며 그 길로 나갈지니**
라.

골로새서 2장에서 바울은 이렇게 말한다. 『**그러므로 음식으로나 마시는 것으로나 거룩한 날이나 새 달이나 안식일들에 관해서는 아무도 너희를 판단하지 못하게 하라**』(골 2:16). 이것은 오늘날의 구원받은 성도들에게 있어 구약 시대의 모든 율법과 규례들이 무효임을 천명한 말이다. 그는 다음 절에서 이렇게 밝힌다. 『**이런 것들은 다가올 것들의 그림자이나**』(골 2:17). 여기서 『**다가올 것들**』이 무엇인가? 바로 에스겔서 40-48장에서 언급되고 있는 천년왕국 시대의 모든 상황을 말한다. 그는 이어서 이렇게 언급한다. 『**몸은 그리스도의 것이니라.**』 이스라엘도 아니요, 이방인도 아닌 『**몸**』, 즉 그리스도인들은 천년왕국 시대에도 지금의 교회 시대와 마찬가지로 유대인들을 위한 율법과는 상관이 없다. 그리스도인들은 그리스도의 몸이기 때문이다.

스카랴 14:21은 이렇게 언급한다. 『**정녕, 예루살렘과 유다에 있는 모든 솥이 만군의 주께 거룩함이 될 것이요, 희생제를 드리는 자들이 모두 와서 솥들을 가져다가 거기에 삶으리라. 또 그 날에는 만군의 주의 집에 카나안인이 더 이상 있지 아니하리라.**』 얼마나 극명한가! 이스라엘도 아니요, 그리스도인들도 아닌 『**카나안인**』, 즉 이방인은 『**그 날에는 만군의 주의 집에**』, 즉 천년왕국 시대 주님의 성소에 『**있지 아니하리라.**』라고 언급한다. 이것은 모두 천년왕국 시대 성소에서의 주님에 대한 경배가 교회와 이방인과는 상관이 없고 오직 이스라엘 백성에게만 관계가 있다는 것을 분명하게 입증하는 구절들이다.

『**음식제사는 숫양 한 마리에 한 에바요, 어린양들에 대한 음식제사는 자기가 할 수 있는 만큼 할 것이요, 한 에바에는 기름 한 힌이니라**』(5절). 『**음식제사**』는 『**향기로운 냄새를 위하여**』(출 29:41) 주로 곡식을 불에 태워 번제로 드리는 것을 말한다.

『**자기가 할 수 있는 만큼 할 것**』이라는 말은 "능력에 따라 자원하여"(고후 8:3) 드리는 것을 말한다.

『**새 달의 날에는 흠 없는 어린 수송아지 한 마리와 어린양 여섯 마리와 숫양 한 마리를 드릴 것이며 그것들은 흠 없는 것이어야 되리라**』(6절). 그리스도인들에게 있어서 『**새 달**』("new moon")은 곧 "허니문"(honey moon)에 해당한다. 그리스도인들은 지금 이 교회 시대에 그리스도와 약혼관계에 있고, 대환란 기간 동안에 혼인식을 올리게 되며, 천년왕국 시대에 그리스도와 "허니문"을 즐기게 될 것이다.

45:23에 보면 번제로 드릴 제물 가운데서 "어린양"이 제외되었었지만, 유월절이 아닌 안식일(4절)과 새달의 첫날(6절)에 드리는 제물들 가운데는 『**어린양 여섯 마리**』가 포함된다.

『**통치자는 음식제사를 준비할 것이며 수송아지 한 마리에 한 에바요, 숫양 한 마리에도 한 에바며 어린양들에는 자기 손이 얻을 만큼 할 것이며 한 에바에는 기름 한 힌이니라**』(7절). 5절에서 언급한 바와 같이 『**음식제사**』는 『**향기로운 냄새를 위하여**』(출 29:41) 주로 곡식을 불에 태워 번제로 드리는 것을 말한다. 『**자기 손이 얻을 만큼**』이란 5절의 "자기가 할 수 있는 만큼"과 같은 뜻으로 보면 된다. 어디까지나 억지로 드리지 아니하고 하나님께서 번성케 해 주신 대로 자신의 능력에 따라 기쁜 마음으로 자원하여 드리는 것을 말한다.

『**통치자가 들어올 때에는 그 대문의 현관 길로 행할 것이며 그 길로 나갈지니라**』(8절). 이 대문은 안쪽 뜰의 동쪽 문을 말한다. 이 대문은 『**일하는 육 일 동안은 닫아 둘 것이나, 안식일에는 열어 두고**』 통치자가 이 안식일에만은 제물들을 갖고 안으로 들어올 수 있게 된다. 그러나 주님을 경배하러 오는 백성들은 이 안쪽 뜰의 대문으로 들어올 수가 없고 바깥뜰의 대문들도 동문이 아닌 남문이나 북문으로 출입하게 된다(9절).

46:9 그러나 그 땅의 백성이 정한 명절에 주 앞에 나올 때 경배하려고 북쪽 대문 길로 들어오는 자는 남쪽 대문 길로 나갈 것이며 남쪽 대문 길로 들어오는 자

는 북쪽 대문 길로 나갈지니라. 자기가 들어온 대문 길로는 돌아가지 말고 그 곳에 마주 보는 곳으로 나갈지니라.

10 **통치자는 무리 가운데서 그들이 들어갈 때 들어가고 그들이 나올 때 나올지니라.**

11 **명절들과 정한 절기들의 음식제사는 수송아지 한 마리에 한 에바며 숫양 한 마리에도 한 에바고 어린양들에도 자기가 드릴 수 있는 만큼 할 것이요, 한 에바에는 기름 한 힌이라.**

『**그러나 그 땅의 백성이 정한 명절에 주 앞에 나올 때 경배하려고 북쪽 대문 길로 들어오는 자는 남쪽 대문 길로 나갈 것이며... 자기가 들어온 대문 길로는 돌아가지 말고 그곳에 마주 보는 곳으로 나갈지니라**』(9절). 백성이 성전으로 들어와 경배드리고자 할 때, 성전 바깥뜰의 남쪽 문과 북쪽 문 두 곳으로만 출입이 가능한데, 들어왔다 나갈 때는 반드시 반대편 쪽 문으로 나가야 한다. 이를 두고 어떤 사람들은 혼란을 방지하고 질서 정연한 출입을 위해서라고 말하지만, 어차피 어떤 사람들은 남쪽 문으로 들어오기도 하고 또 사람들은 북쪽 문으로 들어오기도 하기 때문에 들어오는 사람들과 나가는 사람들이 서로 부딪히기는 마찬가지이므로 별로 설득력을 갖지 못한다. 또 어떤 사람들은 왔던 길로 되돌아가는 것은 하나님께 "등을 돌리는 것"과 같으므로 이러한 "믿음의 후퇴"를 용납지 않는다는 상징성을 갖는다고도 말하는데, 영적으로 적용할 때 일리가 없는 것도 아니지만, 좀 비약된 느낌이 없지 않다.

『**통치자는 무리 가운데서 그들이 들어갈 때 들어가고 그들이 나올 때 나올지니라**』(10절). 명절 제사 때는 통치자도 백성과 행동을 같이하도록 규정돼 있다. 시편에서 다윗은 이렇게 언급하고 있다. 『**내가 이 일들을 생각할 때 내 안에 있는 혼을 토해 내나니 이는 내가 *전에* 무리와 함께 갔었고 거룩한 날을 지키는 무리와 더불어 기쁨과 찬양으로 소리지르며** 하나님의 **집으로 갔었음이니이다**』(시 42:4). 다윗은 『**무리와 함께**』 성전으로 들어갔었고, 『**무리와 더불어**』 찬양을 드렸다고 말하고 있는 것이다.

『**명절들과 정한 절기들의 음식제사는 수송아지 한 마리에 한 에바며 숫양 한 마리에도 한 에바고 어린양들에도 자기가 드릴 수 있는 만큼 할 것이요, 한 에바에는 기름 한 힌이라**』(11절). 음식제사의 경우 수송아지나 숫양에 대해서는 1에바씩 양이 정해져 있는데, 어린 양들에 대해서는 곡식 얼마라는 규정이 없이 다만 『**자기가 드릴 수 있는 만큼**』 자원하여 능력껏 하도록 돼 있다.

46:12 **통치자가 주께 자원하는 번제물이나 화목제물들을 자원하여 준비할 때면 동쪽을 바라보는 대문을 그에게 열어 줄 것이라. 그러면 통치자는 안식일에 했던 것처럼 자기의 번제물과 화목제물들을 준비한 후 나갈 것이요, 그가 나간 후에 대문을 닫을지니라.**

13 **너는 날마다 흠 없는 일년생 어린양으로 주께 번제를 준비할 것이요, 너는 매일 아침 그것을 준비할지니라.**

14 **또 너는 매일 아침 번제를 위한 음식제물을 준비하되 육분의 일 에바와 기름 삼분의 일 힌을 고운 가루와 함께 섞을 것이며 음식제물을 주께 드릴 영원한 율례로 계속해서 드릴지니라.**

15 **그들은 이와 같이 매일 아침 계속되는 번제를 위하여 어린양과 음식 제물과 기름을 준비할지니라.**

『**통치자가 주께 자원하는 번제물이나 화목제물들을 자원하여 준비할 때면 동쪽을 바라보는 대문을 그에게 열어 줄 것이라. 그러면 통치자는 안식일에 했던 것처럼 자기의 번제물과 화목제물들을 준비한 후 나갈 것이요, 그가 나간 후에 대문을 닫을지니라**』(12절). 10절에서 명절 제사 때는 통치자가 백성과 같이 행동하도록 돼 있었는데, 여기서는 통치지가 제물들을 『**자원하여**』 준비하고 하나님께 경배드리고자 할 때 동문으로 출입하는 것이 허용된다. 통치자가 성전 안에 들어와 경배드리고 있는 동안에는 동문을 닫지 않고 열어둔 채 놔두었다가 그가 나간 뒤에야 닫도록 규정하고 있다.

『**너는 날마다 흠 없는 일년생 어린양으로 주께 번제를 준비할 것이요, 너는 매일 아침 그것을 준비할지니라**』(13절). 이것은 물론 유월절 양이 아니라 매일 드리는 번제를 위한 어린양이다. 구약 때에도 일년생 어린양을 『**매일**』 번제로 드리도록 규정돼 있었는데(민 28:3,4), 아침에 한 마리와 저녁에 한 마리씩 번갈아 드리도록 돼 있었다. 매일 드리는 이 번제가 중단되는 것은 곧 이스라엘 국가의 멸망을 의미하는 것이었다(단 8:11-13; 11:31; 12:11).

『또 너는 매일 아침 번제를 위한 음식제물을 준비하되 육분의 일 에바와 기름 삼분의 일 힌을 고운 가루와 함께 섞을 것이며 음식제물을 주께 드릴 영원한 율례로 계속해서 드릴지니라』(14절). 구약 시대와는 달리 매일 드리는 번제가 천년왕국 시대에서는 『**매일 아침**』에만 드리게 된다.

『그들은 이와 같이 매일 아침 계속되는 번제를 위하여 어린양과 음식 제물과 기름을 준비할지니라』(15절). 역시 저녁 번제에 대해서는 언급이 없다. 구약 시대 이야기가 아니기 때문이다.

46:16 주 하나님이 이같이 말하노라. 만일 통치자가 자기 아들들 중 누구에게 선물을 준다면 그 유업이 자기 아들들의 것이 되리니 그것이 유업으로 말미암아 그들의 소유가 되리라.

17 그러나 만일 통치자가 자기 유업을 그의 종들 중 하나에게 준다면 그 유업은 자유의 해까지 그의 것이 될 것이나 그후에는 통치자에게로 돌아가고 통치자의 유업은 그의 아들들의 것이 될 것이니라.

18 또한 통치자는 또 억압으로 백성의 유업을 취하여 그들의 소유에서 그들을 쫓아내지 못할 것이라. 그러나 자신의 소유에서 유업을 자기 아들들에게 주리니 이는 내 백성이 그의 소유에서 각 사람을 흩어지지 않게 하려 함이라.

『주 하나님이 이같이 말하노라. 만일 통치자가 자기 아들들 중 누구에게 선물을 준다면 그 유업이 자기 아들들의 것이 되리니 그것이 유업으로 말미암아 그들의 소유가 되리라』(16절). 이 『**통치자**』는 다윗이기 때문에 자연인으로서 자녀들을 낳는다. 여기서 통치자는 물론 부활한 다윗이다. 그는 천년왕국 기간 동안 아들들을 낳는다! 그는 아들들에게 재산을 상속할 수가 있고 아들들은 그 선물을 유업으로 받을 수 있다.

『그러나 만일 통치자가 자기 유업을 그의 종들 중 하나에게 준다면 그 유업은 자유

의 해까지 그의 것이 될 것이나 그후에는 통치자에게로 돌아가고 통치자의 유업은 그의 아들들의 것이 될 것이니라』(17절). 구약의 율법에 따르면 오십 번째 되는 해를 거룩하게 여겨 모든 거민들에게 모든 땅에 두루 자유를 공포하도록 돼 있었는데, 이것을 "환희의 해"라고 불렀고, 종으로 부리고 있던 모든 사람은 자기 소유, 자기 가족에게로 돌아가도록 했다(레 25:10). 천년왕국 기간에도 이러한 구약 시대 율법이 부활되어, 50년이 차면 종들을 자유롭게 놓아주게 된다. 따라서 종은 통치자로부터 받았던 땅을 다시 통치자에게 돌려주고 떠나게 될 것이다.

『또한 통치자는 또 억압으로 백성의 유업을 취하여 그들의 소유에서 그들을 쫓아내지 못할 것이라. 그러나 자신의 소유에서 유업을 자기 아들들에게 주리니 이는 내 백성이 그의 소유에서 각 사람을 흩어지지 않게 하려 함이라』(18절). 천년왕국 기간에는 그리스도께서 이 땅에 왕으로 임하시고 계신다. 따라서 통치자가 백성을 억압하여 유업을 탈취한다는 것은 현실적으로 불가능하다. 통치자가 자신의 아들들에게 땅을 상속하려면 자신의 유업에서 떼어 나누어주게 된다. 백성은 각자 자신의 유업을 안전하게 소유할 수 있기 때문에 유업을 잃고 유리하는 일이 없게 될 것이다.

46:19 그후에 그가 나를 데리고 대문 옆에 있는 입구를 통하여 북쪽을 바라보는 제사장들의 거룩한 방으로 들어가시니 보라, 서쪽을 향한 두 편에 한 장소가 있더라.

20 그때 그가 내게 말씀하시기를 "이곳은 제사장들이 속건제물과 속죄제물을 삶으며 음식제물을 굽는 곳이니 그것들을 바깥뜰로 가지고 나가 백성을 거룩하게 하지 않도록 하려 함이라." 하시고

21 그가 나를 바깥뜰로 데리고 나가서 나로 뜰의 네 구석을 지나가게 하셨는데 보라, 그 뜰의 모퉁이마다 뜰이 있더라.

22 뜰의 네 모퉁이에는 길이 사십 큐빗과 너비 삼십 큐빗의 연결된 뜰이 있는데 이 네 모퉁이는 한 치수더라.

23 그 뜰들 사면, 네 뜰 사면에 건물이 한 줄로 있고 사면의 그 줄들 아래에는 삶는 자리가 만들어져 있더라.

24 그때 그가 내게 말씀하시기를 "이 자리들은 삶는 곳이니 이곳에서 전을 섬기

는 자들이 백성의 희생제물을 삶을지니라." 하시더라.

『**그후에 그가 나를 데리고 대문 옆에 있는 입구를 통하여 북쪽을 바라보는 제사장들의 거룩한 방으로 들어가시니 보라, 서쪽을 향한 두 편에 한 장소가 있더라**』(19절). 에스겔이 다시 성전 안뜰로 인도되어 『**제사장들의 거룩한 방**』으로 안내된다. 이 방들은 42:13에서 『**주께 다가가는 제사장들이 지극히 거룩한 것들을 먹는 곳이며 그곳은 지극히 거룩한 것들과 음식제물과 속죄제물과 속건제물을 놓는 곳**』으로 설명되었던 바로 그 방들이다. 이 방들은 성전 건물을 사이에 두고 북쪽 편과 남쪽 편에 대칭으로 있는데, 에스겔은 그 가운데 북쪽에 있는 방으로 안내된 것이다.

『**서쪽을 향한 두 편에 한 장소가 있더라.**』는 것은 『**거룩한 방**』 서쪽 곁에 있는 장소를 말하는데, 『**거룩한 방**』이 성전 건물을 사이에 두고 북쪽과 남쪽에 대칭으로 있으므로 이 『**한 장소**』 역시 『**두 편**』에 있는 것은 당연하다. 이 장소는 다음 20절에서 언급되는 바와 같이 제물을 삶고 굽는 일종의 부엌이다.

『**그때 그가 내게 말씀하시기를 "이곳은 제사장들이 속건제물과 속죄제물을 삶으며 음식제물을 굽는 곳이니 그것들을 바깥뜰로 가지고 나가 백성을 거룩하게 하지 않도록 하려 함이라." 하시고**』(20절). 제사장들의 속건제물과 속죄제물을 삶고 음식제물을 굽는 장소는 성전 안뜰에 있는데, 백성들의 희생제물을 위한 부엌은 다음 24절에서 보듯이 바깥뜰에 있다. 제사장들의 제물들은 바깥뜰로 가지고 나갈 수 없도록 되어 있다.

『**그가 나를 바깥뜰로 데리고 나가서 나로 뜰의 네 구석을 지나가게 하셨는데 보라, 그 뜰의 모퉁이마다 뜰이 있더라**』(21절). 바깥뜰 네 모퉁이마다 또 같은 크기의 작은 뜰이 있는데, 이 네 곳이 바로 백성의 희생제물들을 삶는 곳이다(24절). 이 장소를 『**뜰**』이라고 부르는 것은 일종의 노천 부엌이기 때문이다.

『**뜰의 네 모퉁이에는 길이 사십 큐빗과 너비 삼십 큐빗의 연결된 뜰이 있는데 이 네 모퉁이는 한 치수더라**』(22절). 『**연결된 뜰**』이란 네 모퉁이의 작은 뜰들 사면을 구조물로 막아 바깥뜰과 구획이 나누어져 있음을 말한다.

『**그 뜰들 사면, 네 뜰 사면에 건물이 한 줄로 있고 사면의 그 줄들 아래에는 삶는 자리가 만들어져 있더라**』(23절). 이 구절에서 『**건물**』이란 일종의 구조물을 말하는 것으로 백성의 희생제물을 삶는 부엌으로 사용하는 장소를 구획짓고 있는 담벼락을 말한다. 담벼락 구조물이 한 줄로 늘어서 있는 안쪽 밑으로 『**삶는 자리**』, 쉽게 말해서 "부뚜막"이 놓여 있다.

『**그때 그가 내게 말씀하시기를 "이 자리들은 삶는 곳이니 이곳에서 전을 섬기는 자들이 백성의 희생제물을 삶을지니라." 하시더라**』(24절). 백성의 희생제물을 삶는 곳이 이렇게 따로 마련돼 있으나 그것을 백성이 직접 삶는 것은 아니고 『**전을 섬기는 자들**』, 즉 레위인들이 삶는다. 이 레위인들은 제사장까지는 못되어도 성전에서의 허드렛일들과 제물들을 다루는 일들을 맡는다.

에스겔 47장

47:1 **그후에 그가 다시 나를 전의 문으로 데려갔는데, 보라, 물이 전의 문지방 아래**
에서 나와 동편으로 흘러 나가더라. 이는 그 전의 전면이 동쪽을 향해 서 있고,
물이 오른편 아래에서 나와 제단 남쪽에서 흘러 내려감이라.
2 **그리고 나서 그가 나를 북쪽을 향한 대문 길에서 데리고 나와 바깥 길로 나를**
이끌어 동편을 바라보는 길 옆 바깥 대문에 이르니라. 보라, 거기에는 물이 오
른편에서 흘러 나오더라.
3 **그때 손에 줄을 잡은 사람이 동쪽으로 나가서 일천 큐빗을 재고 그가 물을 통**
과하여 나를 데려가는데 그 물이 발목에 차더라.
4 **그가 다시 일천 큐빗을 재고 물을 통과하여 나를 데려가니 그 물이 무릎에 차**
더라. 다시 그가 일천을 재고 나를 통과시켜 데려가니 그 물이 허리에 차더라.
5 **그후에 그가 일천을 재니 그 물은 내가 건널 수 없는 강이 되었더라. 그 물이**
불어나니 헤엄칠 물이요 건널 수 없는 강이더라.

『**그후에 그가 다시 나를 전의 문으로 데려갔는데, 보라, 물이 전의 문지방 아래에서 나와 동편으로 흘러 나가더라. 이는 그 전의 전면이 동쪽을 향해 서 있고, 물이 오른편 아래에서 나와 제단 남쪽에서 흘러 내려감이라**』(1절). 여기서 우리는 성령의 아름다운 예표를 본다. 성전의 동쪽 문 『**문지방 아래에서**』 나오는 이 물은 문자 그대로 한 줄기 강이지만, 예표로서는 성령을 나타내는 그림이다. 성전의 『**오른편**』, 『**문지방**

아래에서』 나오는 이 물은 두 갈래로 나뉘어져 한 갈래는 사해로 흘러 들어가고, 또 한 갈래는 지중해로 흘러 나가는데, 이 강물이 흘러 들어간 "죽음의 바다" 사해는 『**치유**』되어(8절) 생명력이 소생됨으로써 『**모든 것들이 살 것**』(9절)이다. 올리브 산위에 재림하시는 예수 그리스도(슥 14:4)의 영이 생명의 물이 되어 성소에서 흘러나오는 것이다. 그래서 『**이 강물이 이르는 곳마다 살아 있고 움직이는 모든 것들이 살 것**』이다(9절). 따라서 천년왕국 시대에는 사해가 "사해"가 아니라 살아 있는 바다, "생해"로 바뀌어 『**고기들은 그들의 종류대로 있을 것이며 큰 바다의 고기처럼 심히 많으리라.**』라고 성경은 말씀한다(10절).

천년왕국의 성소에서 흘러나오는 이 생수에 대해서는 스카랴서에서도 예언되고 있다. 『**그 날에는 생수가 예루살렘으로부터 솟아나서 그 절반은 앞 바다로 그 절반은 뒤 바다로 흐르리니, 여름과 겨울에도 그러하리라**』(슥 14:8). 이 구절에서 『**앞 바다**』는 사해를 말하고 『**뒤 바다**』는 지중해를 일컫는다.

이 강물이 사해로 흘러 들어갈 때 그 바다는 다시 생명력을 얻게 되어 물고기들이 살 수 있게 될 텐데, 그것도 『**종류대로 있을 것이며 큰 바다의 고기처럼 심히 많으리라.**』는 것을 지금 누가 감히 예상할 수 있으랴만, 성경은 그러하리라고 분명하게 예언하고 있다. 지금 당신이 예루살렘에 가서 유대인 중 아무나 붙잡고 이렇게 한번 말을 던져 보라. "사해에서 낚시를 즐길 수 있게 된다죠?" 그 사람은 당신더러 "정신 나갔군!" 하고 대꾸도 하지 않으려 할 것이다. 그러나 하나님께서는 그렇게 될 것이라고 분명하게 말씀하시기 때문에 우리는 이것을 믿어야만 한다.

『**물이 오른편 아래에서 나와 제단의 남쪽에서 흘러 내려감이라**』(1절). 성전 건물은 동쪽을 바라다보고 있고 그 앞에 번제단이 놓여 있다. 성전 건물의 동편 전면은 현관이고, 이 현관의 좌우 두 기둥 사이가 바로 성전의 문지방인데, 그 문지방 오른편 아래에서 물이 발원하여 강을 이루고 번제단 남쪽을 거쳐 성전 안뜰 동문과 바깥뜰 동문으로 흘러나가 거기서 남쪽으로 방향을 틀 다음, "제사장들의 구역" 남단에 있는 "성읍" 어딘가 쯤에서 두 갈래로 나뉘고, 한줄기는 동남쪽 사해로, 또 한 줄기는 서쪽 지중해로 흘러 들어가는 것이다.

휴 파일 목사님은 에스겔 47:1을 본문 삼아 성령에 대해 설교하기를 아주 좋아했는데, 그는 성령님께서 제단으로부터 나오신다는 사실을 지적하며 이 구절을 자주 인용했다. 제단은 수많은 짐승들을 희생제물로 삼아 피의 속죄제가 드려진 곳이기에 거기서 생명의 물이 나온다는 것이었고, 이것은 예수 그리스도께서 희생제물로 드려지심으로써 거기서 수많은 생명이 나오게 된 것과 마찬가지라는 것이었다.

『그리고 나서 그가 나를 북쪽을 향한 대문 길에서 데리고 나와 바깥 길로 나를 이끌어 동편을 바라보는 길 옆 바깥 대문에 이르니라. 보라, 거기에는 물이 오른편에서 흘러 나오더라』(2절). 이번에는 에스겔이 성전 뜰에서 북쪽 문을 통해서 밖으로 인도되는데, 성전에서 나오는 물이 동편으로 흘러나가고 있으므로 그 물길을 따라 동쪽 문으로 나옴직 하련만 그러지 않았다. 그럴 수가 없었던 것이다. 동쪽 문은 주 예수 그리스도께서 올리브산 위에 재림하실 때까지는 절대로 열리지 않을 것이기 때문이기도 했고, 그분께서 재림하신 뒤에 그 동쪽 문으로 들어오셔서 성전 보좌에 앉으신 다음에는 다시 닫혀질 것이기 때문이었다. 그 문에는 통치자 다윗이 서 있게 될 문이고 명절 때 제물을 드리게 될 때나 그가 들어가고 나올 수 있을 뿐인 것을 우리는 앞에서 이미 공부했다. 그리하여 에스겔은 북쪽 문으로 나와 바깥 길로 해서 동쪽 문 앞으로 인도되는데, 거기서 보니 물이 성전 바깥 동쪽 대문 오른편에서 흘러나온다.

『그때 손에 줄을 잡은 사람이 동쪽으로 나가서 일천 큐빗을 재고 그가 물을 통과하여 나를 데려가는데 그 물이 발목에 차더라』(3절). 동쪽 문에서 물길을 따라 1,000큐빗쯤 되는 지점에 이르러 그 물을 건너가 보니 물 깊이가 발목에 찬다. 성전 외곽 둘레의 한 변이 500큐빗인 점을 감안해 볼 때, 에스겔이 물을 건너가 본 1,000큐빗 지점이 어디쯤인가를 가늠해 볼 수 있다.

『그가 다시 일천 큐빗을 재고 물을 통과하여 나를 데려가니 그 물이 무릎에 차더라. 다시 그가 일천을 재고 나를 통과시켜 데려가니 그 물이 허리에 차더라』(4절). 거기서 1,000큐빗을 더 내려가서 물을 건너가 보니 이번에는 수심이 무릎에 찬다. 그리고 또 거기서 1,000큐빗을 더 가서 건너가 보니 이번에는 허리까지 물이 찬다. 말하자면 성소 문지방 아래에서 발원한 물이 흘러 나가면서 멀리 가면 갈수록 큰 강을 이루며 점점 더 깊어지는 것이다.

『그후에 그가 일천을 재니 그 물은 내가 건널 수 없는 강이 되었더라. 그 물이 불어

나니 헤엄칠 물이요 건널 수 없는 강이더라』(5절). 이번에는 동쪽 문에서 총 4,000큐빗쯤 떨어진 지점에 이르러 강을 건너가 보려고 했더니 물이 너무 깊어서 헤엄치지 않고는 건널 수 없을 만큼 깊은 강이 되었다.

어떤 그리스도인은 성령 충만한 정도가 발목까지밖에 차지 않고, 어떤 성도는 무릎까지 차는가 하면, 또 어떤 성도는 허리에까지 찬다. 하지만 정말로 신실한 그리스도인이라면 몸이 푹 잠길 정도로 성령이 충만하다. 성령 충만한 정도가 발목까지밖에 차지 않는 성도는 아무 걱정 없이 제 발로 개울을 첨벙첨벙 걸어가려고 한다. 물이 무릎에까지 차도 너끈히 제 발로 건너갈 수 있다고 생각되므로 그 정도의 물을 건너면서 기도 따위는 하려고 하지 않는다. 물이 이번에는 허리에까지 차면, 그제서야 좀 겁을 먹고 기도하기 시작한다. 그러나 발이 땅에 닿지 않을 정도로 깊어져 헤엄을 쳐서 건너지 않을 수 없게 되면, 당신은 필경 물에 들어가기도 전에 기도부터 하면서 성령님의 인도하심을 간구하게 된다. 이처럼 성령 충만하면 할수록 그 사람은 그만큼 더 하나님께 의지하게 되고 자신의 능력을 신뢰하지 않게 되는 법이다.

47:6 그가 내게 말씀하시기를 "인자야, 네가 이것을 보았느냐?" 하시더니 나를 데리고 나를 강가로 돌아가게 하시더라.

7 이제 내가 돌아왔더니 보라, 둑 이편과 저편에 심히 많은 나무가 있더라.

8 그때 그가 내게 말씀하시더라. 이 물은 동쪽 지역으로 흘러 사막으로 내려가서 바다로 들어가나니 바다로 들어갈 때 그 물들이 치유를 받으리라.

9 이 강물이 이르는 곳마다 살아 있고 움직이는 모든 것들이 살 것이라. 또 이 물이 거기로 들어가므로 거기에는 매우 큰 고기떼가 있으리니 이는 그 물들이 치유될 것이요, 강이 흐르는 곳에는 모든 것이 살 것이라.

10 어부들이 그 위에 서리니 엔게디에서부터 엔에글라임까지라. 이곳들은 그물을 치는 곳이 될 것이라. 그들의 고기들은 그들의 종류대로 있을 것이며 큰 바다의 고기처럼 심히 많으리라.

『그가 내게 말씀하시기를 "인자야, 네가 이것을 보았느냐?" 하시더니 나를 데리고 나를 강가로 돌아가게 하시더라. 이제 내가 돌아왔더니 보라, 둑 이편과 저편에 심히 많은 나무가 있더라』(6,7절). 강 양변 둑에 많은 나무들이 무성하게 줄지어 서 있다.

성경에서 "강가에 심겨진 나무"는 복 있는 그리스도인의 비유가 된다. 『**복 있는 사람은... 강가에 심겨진 나무 같아서 계절을 따라 열매를 맺으며, 그의 잎사귀도 마르지 아니하리니, 그가 무엇을 하든지 번성하리로다.**』(시 1:1-3)라고 다윗은 노래했다. 예레미야 17장에서도 하나님을 신뢰하는 그리스도인의 모습을 강가에 심겨진 나무에 견주는 아름다운 말씀이 나온다. 『**주를 신뢰하고 주께서 그의 소망인 사람은 복이 있도다. 그는 물가에 심겨진 나무가 강가에 그 뿌리를 뻗침과 같아서 더위가 오는 때를 보지 못하고 그 잎이 푸르러 가뭄의 해에도 염려하지 않고 열매를 맺는 것도 그치지 아니할 것임이라**』(렘 17:7,8).

이에 반하여 하나님을 신뢰하지 않고 인간을 신뢰하는 사람에 대하여는 성경은 또 이렇게 말씀한다. 『**주가 이같이 말하노라. 사람을 신뢰하는 사람과 육신을 그의 무기로 삼는 사람과 그의 마음이 주로부터 떠난 사람은 저주를 받으리라. 그는 사막에 히스 나무같이 되어 좋은 일이 오는 때를 보지 못하고 광야와 소금 땅과 사람이 살지 않는 바싹 마른 곳들에 거하리라**』(렘 17:5,6). 하나님을 신뢰하는 사람은 강가에 심겨진 나무처럼 **걱정하지 않고** 『**염려하지 않고**』 살게 되고 『**열매를 맺는 것도 그치지 아니할 것**』이라고 말씀한다. 그렇다면 이 세상에는 자신에게 돌아온 복을 놓치고 사는 그리스도인들이 무수히 많다는 얘기가 아닌가? 이 세상에 **걱정하지 않고** 『**염려하지 않고 열매를 맺는 것도 그치지**』 않는 그리스도인들보다도 그렇지 못한 그리스도인들이 훨씬 더 많은 게 사실 아닌가? 이 얼마나 애석하고 억울한 일인가? 기왕 구원받고 거듭나 그리스도인이 되었다면 성경에서 말씀하고 있는 것처럼 『**강가에 심겨진 나무**』같이 복을 누리며 살아가야 하지 않겠는가? 만일 당신이 그렇지 못하다면 그것은 당신이 하나님을 신뢰하며 살지 않고 있다는 반증이다.

『**그때 그가 내게 말씀하시더라. 이 물은 동쪽 지역으로 흘러 사막으로 내려가서 바다로 들어가나니 바다로 들어갈 때 그 물들이 치유를 받으리라**』(8절). 성소에서 나온 물이 사해로 흘러 들어갈 때 그 바다가 『**치유**』되어 생명력을 갖게 된다는 것은 천년왕국 시대에 실제적으로 일어나게 될 미래의 역사적 사실이지만, 이 말씀은 또 죽었던 영이 성령으로 거듭나는 것에 대한 영적 적용도 가능하다. 그리고 거듭난 사람 안으로 들어오신 성령께서 계속 역사하실 때 그는 지속적으로 하나님께서 주시는 복을 누리게 된다.

『**이 강물이 이르는 곳마다 살아 있고 움직이는 모든 것들이 살 것이라. 또 이 물이 거기로 들어가므로 거기에는 매우 큰 고기떼가 있으리니 이는 그 물들이 치유될 것이요, 강이 흐르는 곳에는 모든 것이 살 것이라**』(9절). 천년왕국 시대 팔레스타인 땅의 새로운 모습들이 그림처럼 펼쳐진다. 천년왕국 시대의 이러한 모습들은 여러 가지 점에서 영원 시대의 모습들과 흡사한지라, 많은 성경 학자들이 요한계시록 21장을 천년왕국 시대로 끌어내려 설명하는 오류를 범한다. 그러나 이 두 시대 사이에는 분명한 차이점들이 있다. 가령 그 한 예로 우리가 지금 에스겔 47장에서 읽고 있는 강을 보자. 이 강은 성소에서부터 흘러나와 『**동쪽 지역으로 흘러 사막으로 내려가서**』(8절), 즉 요단강을 건너 사해로 흘러 들어간다(그리고 또 한 줄기는 지중해로 흘러 들어간다). 그리고 『**바다로 들어갈 때 그 물들이 치유를**』 받는다(8절).

그러나 새 예루살렘의 강은 그렇지가 않다. 『**또 그가 나에게** 하나님**과** 어린양**의 보좌에서 흘러 나오는 수정처럼 맑은 생명수의 정결한 강을 보여 주더라**』(계 22:1). 영원 시대의 새 예루살렘의 강은 사해를 치유하지 않는다. 이 강은 "동쪽 지역으로 흘러 사막으로" 내려가는 게 아니라, 곧바로 거룩한 도성으로 흘러 들어간다. 따라서 이 두 강은 서로 다른 강이다.

에스겔에서 언급하는 천년왕국 시대의 모습과 요한계시록 21,22장에서 언급하는 영원 시대의 모습이 차이가 있는 또 다른 예로 강 둑 양편에 있는 나무가 또 서로 다르다. 에스겔 47:12은 이렇게 언급한다. 『**둑 위에 강가로 이편과 저편에는 양식이 될 모든 나무가 자라고 그 잎사귀들은 시들지 아니하며, 그 과실도 다하지 아니하고 달마다 새로운 과실을 내리니 이는 그 물이 성소에서 나옴이라. 또 과실은 양식이 되고 그 잎사귀는 약이 될 것이라.**』 이 나무들은 그 열매가 『**양식**』이 되고 그 잎은 『**약**』이 된다. 자, 이번에는 요한계시록 22:2을 보라. 『**그 도성의 거리 한가운데와 그 강의 양편에는 생명 나무가 있어 열두 가지 과실을 맺으며 달마다 과실을 내더라. 그리고 그 나무의 잎사귀들은 민족들을 치유하기 위한 것이더라.**』 이 생명 나무의 잎사귀들은 단순한 『**약**』이 아니라 『**민족들을 치유하기 위한 것**』이다. 그리고 이 나무들은 도성 안에서 자라고 있다. 이 나무들은 에스겔에서처럼 도성 밖 요단강 건너 사막으로 내려가 사해와 지중해로까지 흘러 들어가는 강을 따라 그 양편에 늘어서 있는 게 아니다.

에스겔에서 묘사되고 있는 천년왕국 시대의 예루살렘은 지상에 있는 도성이다. 그러나 요한계시록 21장에서 언급하는 새 예루살렘은 『하나님**께로부터 하늘에서**』 내려오는 『**큰 도성 거룩한 예루살렘**』(계 21:10)이다. 그런데도 이 두 가지 다른 상황들을 혼동하는 사람들이 한둘이 아닌데, 가령 요한계시록 21장을 천년왕국 시대로 끌어내리고 에스겔 47:7의 『**나무**』에 대한 관련 구절로 요한계시록 22:2을 끌어다 붙이는 것이다. 빌 라이스 역시 요한계시록 22:14의 『**생명 나무**』를 에스겔의 나무와 동일한 것으로 간주하는가 하면, 오헤어, 스템, 벌링거, 베이커, 벌링거, 무어 등등과 같은 학자들은 새 예루살렘이 이스라엘을 위한 것으로 설명하는 오류를 범한다. 이러한 모든 착오는 에스겔의 천년왕국 시대와 요한계시록의 영원 시대를 혼동한 데서 비롯된 것으로, 그 혼동이 성경 구절들을 면밀하게 읽지 않는 데서 나왔으며 성경 구절들을 성경 구절들에 비교하여 해석하는 기본적인 원칙을 소홀히 했기 때문에 나온 결과이다.

에스겔에서 설명하고 있는 도성의 규모에 대해 48:35은 이렇게 명기하고 있다. 『**그 사면의 규격이 일만 팔천이며 그 날로부터 그 성읍의 이름이 '주께서 거기 계시다.'가 될 것이라.**』 그렇다면 새 예루살렘의 규모는 어떤가? 『**그 도성은 네모가 반듯하며 길이와 너비가 같더라. 그러므로 그가 갈대로 그 도성을 측량하니 일만 이천 스타디온이요 길이와 너비와 높이가 같더라**』(계 21:16).

에스겔에서 언급하는 천년왕국 시대의 성읍은 그 규모가 요새로 치면 9평방 마일에 불과한데, 요한계시록 21장의 새 예루살렘은 무려 1,200~1,500평방 마일이나 된다. 이 두 도성이 서로 다르다는 것은 이렇게 규모만으로도 큰 차이가 난다. 그런가 하면 또 새 예루살렘은 높이를 가진 "입방체"라는 점에서 여느 도성들과는 전혀 다른 특이한 도성이다.

이 두 도성이 서로 다르다는 사실은 이뿐만이 아니다. 우리는 앞서 에스겔 45,46장을 공부하면서 성전 제사가 다시 드려지는 것을 보았다. 그리고 44장에서는 성전 제사의 일을 맡는 제사장에 관한 규례들을 살펴보았다. 그러나 요한계시록 21장에서 언급하는 새 예루살렘에는 성전도 없고 성전 제사도 없다. 『**내가 보니, 성 안에는 성전이 없더라. 이는** 전능하신 주 하나님**과 그** 어린양**이 그곳의 성전임이라**』(계 21:22).

이처럼 천년왕국 시대에 건설될 새 성읍과 영원 시대에 하늘에서 내려오게 된 새 예루살렘이 서로 다르다는 것은 매우 중요한 사실인데, 그것은 주님께서 서로 다른 두 민족을 위해 마련해 놓으신 유업이 서로 다르기 때문이다. 주님께서는 이스라엘 민족을 위하여 물리적으로 존재하는 실제적이고도 가시적인 성읍을 이 지상에 마련하실 텐데, 그것은 물리적으로 실재하는 이 땅 위의 예루살렘이고, 유대인들이 그 안에 살게 될 곳이다. 이것이 바로 "여호와 하나님 아버지"께서 이스라엘을 위해 마련해 두신 유업이다.

이에 반하여, 그의 아들이신 주 예수 그리스도께서 마련하신 유업은 하늘에서 내려오는 영적인 유업으로서, 썩지 않고 더럽혀지지 않는 영적인 도성이며, 장차 하늘에서 내려오되, 지상에 착륙하지는 않는 도성이다. 여기에는 유대인이 아니라 교회(그리스도인들)가 들어가 살게 된다. 이처럼 하나님께서 마련하시는 두 도성 가운데 하나는 유대인을 위한 유업이고, 다른 하나는 그리스도인들을 위한 유업인 것이다. 이 두 가지는 많은 유사점을 갖고 있는 게 사실이지만, 그렇다고 이것과 저것이 동일한 것은 아니다. 천년왕국 시대의 예루살렘은 영원 시대에 하늘에서 내려오게 될 새 예루살렘의 예표는 될 수 있을지언정 그 자체가 새 예루살렘은 아닌 것이다.

『**어부들이 그 위에 서리니 엔게디에서부터 엔에글라임까지지라. 이곳들은 그물을 치는 곳이 될 것이라. 그들의 고기들은 그들의 종류대로 있을 것이며 큰 바다의 고기처럼 심히 많으리라**』(10절). 『**엔게디**』는 사해 서쪽 해안 중간 지점에 있고 『**엔에글라임**』은 그 건너편 동쪽에 있다. 사해 바다는 치유되어 생명력을 갖게 되는지라 거기에는 물고기가 살게 되는데, 그 종류도 다양하여 물고기란 물고기는 다 그곳에 있고, 그것도 『**심히 많으리라.**』고 말씀한다.

47:11 그러나 거기 진흙 구덩이와 늪은 치유되지 못하고 소금이 주어지게 될 것이라.

12 둑 위에 강가로 이편과 저편에는 양식이 될 모든 나무가 자라고 그 잎사귀들은 시들지 아니하며, 그 과실도 다하지 아니하고 달마다 새로운 과실을 내리니 이는 그 물이 성소에서 나옴이라. 또 과실은 양식이 되고 그 잎사귀는 약이 될 것이라.

『**그러나 거기 진흙 구덩이와 늪은 치유되지 못하고 소금이 주어지게 될 것이라**』(11절). 천년왕국 시대에도 사해 어딘가에는 치유되지 못하는 곳이 있는데, 『**진흙 구덩이와 늪**』이 바로 그것이다. 영원 시대에는 이런 곳이 있을 수 없다. 그러나 천년왕국 시대에는 이런 곳이 있다. 장차 불못이 있게 될 사해 남단은 소금지대로 존속하면서 치유되지 못할 것이며, 따라서 생명력을 갖지 못한 채 남아 있게 될 것이다.

『**둑 위에 강가로 이편과 저편에는 양식이 될 모든 나무가 자라고 그 잎사귀들은 시들지 아니하며, 그 과실도 다하지 아니하고 달마다 새로운 과실을 내리니 이는 그 물이 성소에서 나옴이라. 또 과실은 양식이 되고 그 잎사귀는 약이 될 것이라**』(12절). "나무"는 열매를 맺는 그리스도인을 예표한다(시 1:3). 그렇다. 그리스도인은 바로 이러해야 한다. 천년왕국 시대가 되었건, 영원 시대가 되었건, 강가에 심겨진 나무는 지금의 그리스도인을 예표한다. 바울이 말한 것처럼 그리스도인은 『**때를 얻든지 못 얻든지**』(딤후 4:2) 복음을 전파하며 주님이 다시 오실 날을 항상 대비하면서 『**계절을 따라 열매를**』 맺어야 한다(시 1:3). 당신이 그리스도인이라면 당신은 주님께 열매를 갖다드려야 할 "당신의 때"가 있기 마련이다. 당신은 지금까지 그 때를 번번히 놓쳐 버렸는지도 모른다. 포도는 포도대로 열매를 맺고 익혀야 되는 때가 있고, 토마토는 토마토대로, 옥수수는 옥수수대로 열매를 맺고 그 열매가 무르익도록 해야 할 때가 있는 법이다. 어떤 그리스도인은 거듭난 지 10년이 지났건만 매년 열매를 맺어야 할 계절을 놓치며 살아왔고, 또 어떤 그리스도인은 3년이고, 5년이고, 전혀 열매를 맺지 못한 채 살아가는 사람도 있다. 당신이 만약 『**강가에 심겨진 나무**』라면, 당신은 매년 봄이 되면 싹을 틔우고 꽃을 피우게 되는데, 그것은 열매를 맺기 위해서다. 당신이 포도나무가 되었건, 사과나무가 되었건, 당신이 사막에 심겨진 게 아니라 강가에 심겨졌을 때, 당신은 제철에 포도나 사과 열매를 맺어야만 그게 정상이라는 말이다.

『**이는 그 물이 성소에서 나옴이라**』(12절). 그리스도인이 달마다 새로운 열매를 맺을 수 있는 것은 바로 하나님께로부터 나오는 물을 빨아들이기 때문이다. 진리의 말씀들 말이다.

『**또 과실은 양식이 되고 그 잎사귀는 약이 될 것이라.**』 그리스도인은 "의사"의 열매를 맺는다. 당신이 그리스도인이라면 당신은 의사인 셈이다. 당신이 거듭나는 순간 당신은 대학을 졸업하고 학사가 된 것이나 같다. 그 다음 계속 열심히 성경을 읽고 공부하면 하나님의 말씀으로 양육되어 박사가 된다. 그리고 영적으로 어떤 병에 걸렸는지 진단하고 무슨 약을 먹어야 할지 그 처방전을 써주는 의사 노릇을 하게 된다. 당신이 그리스도인이라면, 당신은 질병을 진단할 수 있어야 하고, 그 질병을 고치는 처방을 내릴 수 있어야 한다. 당신이 그렇게 할 수 있으려면 성경을 열심히 읽고 열심히 공부하는 길밖에 다른 길은 없다.

**47:13 주 하나님이 이같이 말하노라. 이것이 경계가 되리니, 너희는 그 경계대로 이스라
엘의 열두 지파에 따라 이 땅을 유업으로 받을 것이요, 요셉은 두 몫을 가지리라.
14 너희는 그것을 서로 똑같이 유업으로 받으리니 그것은 내가 너희 조상들에게
주기로 나의 손을 높이 들었던 곳이라. 이 땅이 너희에게 유업이 되리라.**

『**주 하나님이 이같이 말하노라. 이것이 경계가 되리니, 너희는 그 경계대로 이스라엘의 열두 지파에 따라 이 땅을 유업으로 받을 것이요, 요셉은 두 몫을 가지리라**』(13절). 천년왕국 시대에 팔레스타인 땅은 이스라엘의 열두 지파에게 유업으로 분배된다. 레위인들에게는 유업이 없지만 45:1에서 살펴본 바와 같이 『**거룩한 구역**』 내에 "레위인들의 구역"이 할당되기 때문에 이것이 그들의 유업인 셈이다.

요셉이 두 몫을 받게 되는 것은 요셉의 아들 에프라임과 므낫세 때문인데, 이것은 창세기 48장에서 언급되는 야곱의 약속과 관련이 있다.

『**너희는 그것을 서로 똑같이 유업으로 받으리니 그것은 내가 너희 조상들에게 주기로 나의 손을 높이 들었던 곳이라. 이 땅이 너희에게 유업이 되리라**』(14절). 팔레스타인 땅은 하나님께서 이스라엘에게 주신 땅이다(창 13:14; 15:18-21). 그러나 이스라엘은 아직 하나님께서 약속하신 그 땅 전부를 받지는 못했다. 이 땅은 천년왕국 시대에 가서야 이스라엘 열두 지파가 똑같이 유업으로 분배받게 된다.

**47:15 그 땅의 경계는 이러하리니 북편으로는 대해로부터 헤들론 길로 해서 사람들
이 스닷까지 가는 길이요,
16 하맛과 브로다와 시브라임이니 이는 다마스커스 경계와 하맛 경계 사이에 있
는 것이며 하살핫티콘은 하우란 지경 옆에 있는 것이라.
17 바다로부터의 경계는 다마스커스 경계에 있는 하살에난까지요, 또 북으로 향
한 북쪽과 하맛의 경계까지라. 이것이 북쪽이라.**

천년왕국 시대에 이스라엘 민족 열두 지파에게 분배될 팔레스타인 땅 전체의 경계가 상세하게 설명되는데, 그 최북단의 경계는 지중해 연안부터 하맛을 거쳐 하살에난까지다. 이것은 창세기 15장에서 아브람에게 약속하셨던 대로 북동쪽은 『**큰 강 유프**

라테스까지』(창 15:18) 이른다.

47:18 **동쪽은 너희가 하우란과 다마스커스와 길르앗과 요단 강 옆에 있는 이스라엘 땅으로부터 잴 것이며 그 경계로부터 동해까지니 이것이 동쪽이라.**
19 **남으로 향한 남방은 타말에서부터 카데스에 있는 분쟁의 물가와 대해에 이르는 강까지니 이것이 남쪽이라.**
20 **서쪽은 또한 그 경계로부터 대해까지며 사람이 하맛 맞은편에 오기까지니, 이것이 서쪽이라.**
21 **그러므로 너희는 이스라엘의 지파대로 이 땅을 너희에게 나눌 것이니라.**

이스라엘 열두 지파에게 분배되는 팔레스타인 땅의 최남단 경계는 카데스를 지나게 되는데, 카데스에서 서쪽으로 그은 연장선 끝은 창세기 15:18의 말씀대로 『**이집트 강**』, 즉 나일강에 닿게 될 것이다.

동쪽 경계에 대해서는 많은 주석자들이 착오를 일으키는데, 『**하우란과 다마스커스와 길르앗과 요단 옆에 있는 이스라엘 땅으로부터 잴 것**』을 명시하고 있다는 점에 주목하지 않기 때문에 이런 결과가 나왔다. 『**요단 옆에 있는 이스라엘 땅**』이란 요단 강 서편이 아니라 그 동편 땅을 말한다. 그럼에도 불구하고 많은 주석자들은 이 땅의 동쪽 끝 경계가 요단강과 사해까지라고 잘못 짚는다. 이들이 이렇게 가르치는 것은 민수기에서 이스라엘이 들어갈 카나안 땅의 경계를 설정하면서 『**그 지경은 세팜으로부터 리블라로 내려가 아인 동편에 이르고 또 그 경계는 내려가서 킨네렛 동편 해변에 이르며 그 경계는 요단으로 내려가고 그 뻗치는 길은 염해에 이를 것이며 사방 지경을 포함시킨 너희 땅이 이러하니라.**』(민 34:11,12)라는 말씀에 근거하기 때문인데, 그들은 여전히 에스겔서에서 지금 이야기하고 있는 내용이 천년왕국 시대라는 사실을 망각하고 있는 것이다.

지금 에스겔서에서는 출애굽 당시의 이스라엘을 언급하고 있는 게 아니라 장차 오게 될 천년왕국 시대를 언급하고 있고, 그때 이스라엘이 받게 될 땅의 유업에 대해 설명하고 있는 중이다. 만약 그들의 말대로 동쪽 끝 경계가 겨우 요단강과 사해 정도라면 그 땅이 유프라테스와 접할 수 있는 방법이 없고, 이렇게 되면 창세기 15장에서의 하나님의 약속은 영원히 물거품이 되고 만다. 천년왕국 시대에 이스라엘 각 지파가 받게 될 유업은 그 동쪽 경계가 요단강 동쪽 멀리 하란 광야까지 뻗어나갈 것이다. 이렇게 되면 전체 지형은 북쪽이 좁고 남쪽은 넓은 피라밋 형에 가까운 모습이 될 것이고, 요단 강과 사해는 전체 유업의 한 가운데 쯤에 위치하게 될 것이다. 서쪽 경계는 지중해 연안이기 때문에 설명할 필요도 없이 뚜렷하다.

47:22 너희는 그 땅을 제비뽑아 나누어 너희와 너희 가운데 기거하며 너희 가운데서 자식을 낳은 타국인들에게 유업이 되게 할지니, 그들은 이스라엘 자손 가운데서 그 나라에서 태어난 것같이 너희에게 있으리라. 그들은 이스라엘 지파 가운데서 너희와 더불어 유업을 얻으리라.

23 타국인이 기거하는 그 지파에서 너희는 그에게 그의 유업을 줄지니라. 주 하나님이 말하노라.

구약 시대 같으면 아무리 이스라엘 민족 가운데 기거하며 그들 가운데서 자식을 낳았다 하더라도 『**타국인들**』에게 유업을 나누어준다는 것은 상상도 못할 일이다. 그러나 천년왕국 시대에는 유대인들과 섞여 살며 유대인에 동화된 타국인들에 대한 대우가 구약 시대와는 딴판으로 달라지게 된다. 그리하여 그들은 『**이스라엘 지파 가운데서**』 "유대인과 더불어" 유업을 얻을 것이다.

에스겔 48장

48:1 이제 지파들의 이름이 이러하니라. 북쪽 끝에서부터 헤들론 길의 지경까지, 즉
하맛까지 이르러 북쪽 다마스커스의 경계 하살에난과 하맛 지경까지니, 이것
은 동편에서 서편에 있는 것이요, 단의 몫이라.
2 단의 접경 옆으로 동편에서 서편까지는 아셀의 몫이요,
3 아셀의 접경 옆으로 동편에서 서편까지는 납탈리의 몫이요,
4 납탈리 접경 옆으로 동편에서 서편까지는 므낫세의 몫이요,
5 므낫세 접경 옆으로 동편에서 서편까지는 에프라임의 몫이요,
6 에프라임 접경 옆으로 동편에서 서편까지는 르우벤의 몫이요,
7 르우벤 접경 옆으로 동편에서 서편까지는 유다의 몫이요,

지금 우리는 대환란 끝 무렵에 예수 그리스도께서 재림하시고 천년왕국 시대가 열릴 때, 회복된 이스라엘 민족에게 실제적으로 나누어주게 될 팔레스타인 땅의 유업에 대해 살펴보고 있는 중이다. 장차 있게 될 천년왕국 시대를 묘사하는 구절들로서는 성경 어느 부분도 에스겔 40-48장 부분만큼 생생하고 강력한 데가 없다. 에스겔 40-48장에 속해 있는 어느 구절도 역사적으로 지금까지 성취된 바가 없는 미래의 실제적인 역사를 이야기한다. 따라서 이 부분을 공부하면서 구약 시대에는 어떠했던가를 참고하고 비교해 볼 수는 있어도 그 어느 것 하나 구약 시대의 일로 후퇴시켜서는 안 된다는 점을 깊이 명심해야 한다.

또한 이 부분은 예수 그리스도께서 실질적으로 지상에 왕으로 임하셔서 지상 통치를 하시는 천년왕국 기간에 대한 언급이기 때문에 여기에 수록된 그 어떤 이야기도 천년왕국 시대 이후의 영원 시대와 혼동해서도 안 된다. 뿐만 아니라 에스겔 40-48장에서의 천년왕국 시대 이야기는 부분부분 우리에게 영적 교훈을 주기 때문에 영적으로 적용할 수는 있을지 모르지만, 교리적으로는 철저하게 이스라엘 민족에게만 관련되기 때문에 지금 이 시대의 교회나 이방인들에게 적용하지 않도록 주의해야 한다. 내용에 따라 영적으로 "적용"할 수 있는 부분이 있다고 해서 그 부분을 영적으로 "해석"하는 것도 우리는 경계해야 한다.

에스겔서의 마지막 장인 48장에서는 하나님께서 창세기에서부터 약속하셨던 "땅"을 천년왕국 시대에 이스라엘 각 지파에게 어떻게 분배할 것인가에 대해서 먼저 설명하고, 그러는 가운데 "통치자의 몫"과 "거룩한 구역"에 대한 언급과 아울러 제사장들과 레위인들을 위한 몫, 그리고 도성에 대해 언급하는데, 역시 미래의 사실이지 과거의 사실이 아니라는 것을 유의하는 것이 중요하다. 가령 48:27에 보면 『**갓**』 지파가 팔레스타인 땅의 최남단에 있는 땅을 유업으로 받게 되는 것을 보는데, 이것은 과거 구약 시대와 비교할 때 전혀 내용이 다르다는 것을 알 수 있다. 『**갓**』 지파는 원래 길르앗라못을 포용하는 요단강 동편에 거주하였었지 결코 사해 남쪽에 거주했던 적이 없었다.

앞서 47장에서도 언급한 바와 같이 하나님께서 아브라함을 통하여 이스라엘에 약속하셨던 유업의 경계는 일반적으로 생각하는 "카나안 땅"보다 훨씬 광활한 지역으로서, 남쪽으로는 이집트의 나일강과 카데스를 잇는 경계선의 연장선이 될 것이고, 북쪽으로는 하맛에서 서쪽 유프라테스강에 접하기까지의 연장선이 그 경계가 될 것이다.

1절부터 7절에 이르기까지는 『**단**』 지파로부터 시작하여 『**유다**』 지파까지 북쪽에서부터 각각의 분배가 실시되고 있다.

48:8 유다 접경 옆으로 동편에서 서편까지는 너희가 드릴 예물이 되리니 너비가 이만 오천 리드요, 길이는 다른 쪽인 동편에서 서편까지와 같으며 성소는 그 중

앙에 있으리라.

9 너희가 주께 드릴 예물은 길이가 이만 오천이요, 너비가 일만이라.

지형을 남북으로 보았을 때, 유다 지파의 바로 남쪽 땅, 또는 베냐민 지파의 바로 북쪽 땅이 어느 지파에게도 속하지 않은 이른바 『**통치자의 몫**』(45:7)인데, 그 중에 『**거룩한 구역**』(45:1)이 설정되고, 이 『**거룩한 구역**』의 북단 2/5가 "레위인들의 구역"이고, 남단 1/5이 "성읍의 소유"이며, 그 중간 2/5가 『**주께 드릴 예물**』이다. 성소는 이 『**주께 드릴 예물**』 안에 소재하고 제사장들도 이 구역 내에 산다. 이에 대해서는 45:1-6 부분을 다시 한번 더 참조하기 바란다. 『**통치자의 몫**』은 그 가운데 『**거룩한 구역**』이 들어서기 때문에 동서로 양분되지만 가장 넓은 지역이다.

『**너희가 주께 드릴 예물은 길이가 이만 오천이요, 너비가 일만이라**』(9절). 예물로 드려지는 이 "거룩한 헌물"은 남북으로 레위인들의 구역과 성읍의 소유 중간에 끼여 있는데, 남북의 길이가 10,000리드이고, 동서 간의 너비가 25,000리드이다. 이 구역 중앙에 성소가 놓인다.

48:10 이 거룩한 헌물은 그들, 즉 제사장들을 위함이니 북쪽으로 길이가 이만 오천
이요, 서쪽으로 너비가 일만이요, 동쪽으로 너비가 일만이며 남쪽으로 길이가
이만 오천이라. 주의 성소는 그 중앙에 있으리라.
11 이 땅은 사독의 아들들 중에서 거룩하게 된 제사장들을 위한 것이니 그들은
내 책무를 지켰으며 그들은 이스라엘 자손이 잘못 갔을 때에 레위인들이 잘
못 간 것처럼 잘못 가지 않았느니라.
12 바쳐진 그 땅 중에서 이 예물은 레위인들의 접경 옆에 있는 그들에게 가장
거룩한 것이 되리라.
13 제사장들의 접경 맞은편에 레위인들은 길이 이만 오천과 너비 일만을 가질
것이며 전체 길이는 이만 오천이요, 그 너비는 일만이 되리라.
14 그들은 그 땅을 팔지도 못하고 교환하지도 못하며 그 땅의 첫열매들을 남에
게 주지도 못하리니 이는 그것이 주께 거룩한 것임이라.

『**이 거룩한 헌물은 그들, 즉 제사장들을 위함이니 북쪽으로 길이가 이만 오천이요, 서쪽으로 너비가 일만이요, 동쪽으로 너비가 일만이며 남쪽으로 길이가 이만 오천이라. 주의 성소는 그 중앙에 있으리라**』(10절). 성소가 소재하게 될 『**거룩한 헌물**』 구역은 『**주께 예물로**』 드려진 『**거룩한 구역**』(45:1) 내 중앙에 설정되는데, 남북 간 거리가 10,000리드에 동서 간 거리가 25,000리드인 직사각형 모양이다. 이 『**거룩한 헌물**』 구역은 성소가 소재하는 가운데 또 『**제사장들을 위함**』이라고 언급함으로써 천년왕국 시대에는 제사장들도 사실상의 유업을 받는 셈이다.

『**이 땅은 사독의 아들들 중에서 거룩하게 된 제사장들을 위한 것이니 그들은 내 책무를 지켰으며 그들은 이스라엘 자손이 잘못 갔을 때에 레위인들이 잘못 간 것처럼 잘못 가지 않았느니라**』(11절). 구약 시대에 레위인들은 제사장의 직분을 맡는 그룹으로 영적 지도 계급이었으면서도 『**이스라엘 자손이 잘못 갔을 때에**』 그 직분을 다하지 못했을 뿐만 아니라 백성과 똑같이 『**잘못 간**』 계층으로 낙인찍히고 말았는데, 이것은 그들이 우상 숭배로 하나님께 반역했기 때문이다. 그러나 그들 중 『**사독의 아들들**』은 다른 레위인들처럼 『**잘못 가지 않았**』기 때문에 천년왕국 시대에 제사장의 직분을 전담하는 영광을 안게 된다.

『**바쳐진 그 땅 중에서 이 예물은 레위인들의 접경 옆에 있는 그들에게 가장 거룩한 것이 되리라**』(12절). 사실상 『**거룩한 구역**』 전체가 이스라엘 각 지파에게 분배된 땅이 아니기 때문에 『**바쳐진**』 땅인데, 그 가운데서도 성소가 소재하고 제사장들이 살게 될 『**거룩한 헌물**』 구역은 『**가장 거룩한**』 구역일 수밖에 없다. 이 『**거룩한 헌물**』은 동서 양쪽으로는 통치자의 몫과 접경하고 있고, 북쪽으로는 레위인의 구역, 그리고 남쪽으로는 성읍의 소유와 접경함으로써, 어느 "지파"의 유업과도 접촉되지 않는다.

『**제사장들의 접경 맞은편에 레위인들은 길이 이만 오천과 너비 일만을 가질 것이며 전체 길이는 이만 오천이요, 그 너비는 일만이 되리라**』(13절). 레위인들이 비록 제사장의 직분을 맡지는 못하지만 『**거룩한 구역**』 내 일부를 유업으로 받는데, 그 크기는 『**거룩한 헌물**』과 동일하다.

『**그들은 그 땅을 팔지도 못하고 교환하지도 못하며 그 땅의 첫열매들을 남에게 주**

지도 못하리니 이는 그것이 주께 거룩한 것임이라』(14절). 레위인들은 자신들에게 할당된 땅을 팔거나 사거나 교환하지 못하며, 그 땅에서 나오는 첫열매들은 『**주께 거룩한 것**』이어서 다른 사람에게 주지 못하고 제물로 바쳐야만 한다.

48:15 이만 오천 맞은편에 남아 있는 너비 오천은 성읍과 거주 지역과 외곽 지역으로 삼는 속된 곳이 될 것이요, 성읍은 그 중앙에 있으리라.
16 그 규격은 이러하리니 북편은 사천오백이요, 남편도 사천오백이며 동편도 사천오백이요, 서편도 사천오백이라.
17 또 성읍의 외곽은 북으로 이백오십이요, 남으로 이백오십이며, 동으로 이백오십이며 서로 이백오십이 되리라.

『**이만 오천 맞은편에 남아 있는 너비 오천은 성읍과 거주 지역과 외곽 지역으로 삼는 속된 곳이 될 것이요, 성읍은 그 중앙에 있으리라**』(15절). 이번에는 성읍 소유 구역에 대해 언급하는데, 이것은 45:6에서도 이미 언급되었던 내용이다. 중앙에 성읍이 들어서고 거주 지역이 되는 이 구역이 『**속된 곳**』이 되는 이유는 이 구역이 『**이스라엘의 온 집을 위한 것**』(45:6), 즉 제사장들이나 성전 일을 맡은 사람들이 아닌 이스라엘 열두 지파의 일반인들을 위한 구역이기 때문이다.

『**그 규격은 이러하리니 북편은 사천오백이요, 남편도 사천오백이며 동편도 사천오백이요, 서편도 사천오백이라**』(16절). 전체 규모가 5,000×25,000리드 크기인 성읍의 소유 지역 내 중앙에 소재하게 될 성읍의 규모에 대해 언급하는데, 그 크기가 4,500×4,500리드의 정사각형 모양이다.

『**또 성읍의 외곽은 북으로 이백오십이요, 남으로 이백오십이며, 동으로 이백오십이며 서로 이백오십이 되리라**』(17절). 이 성읍은 사방에 외곽 지대가 테를 두르듯 감싸고 있는데, 그 외곽 지대의 폭이 동서남북 250리드이다. 결국 성읍의 북쪽 경계는 이 외곽 테로 『**거룩한 구역**』과 접하고 있고 남쪽 경계는 베냐민의 몫과 접하고 있는 셈이다.

48 : 18 거룩한 구역의 예물 맞은편의 남아 있는 땅 길이는 동쪽으로 일만이요, 서쪽
으로 일만이 되리라. 이곳은 거룩한 구역의 예물 맞은편에 있을 것이며 그 땅
의 소산은 성읍에서 종사하는 자들을 위한 식량으로 삼을지니라.
19 성읍에서 종사하는 자들은 이스라엘 모든 지파에서 나와 그 땅을 경작할지니라.
20 모든 봉헌된 땅은 이만 오천에 이만 오천이라. 너희는 성읍의 소유로 정사각
형의 거룩한 예물을 드릴지니라.

『**거룩한 구역의 예물 맞은편의 남아 있는 땅 길이는 동쪽으로 일만이요, 서쪽으로 일만이 되리라. 이곳은 거룩한 구역의 예물 맞은편에 있을 것이며 그 땅의 소산은 성읍에서 종사하는 자들을 위한 식량으로 삼을지니라**』(18절). 여기서 『**거룩한 구역의 예물 맞은편의 남아 있는 땅**』이란 성소가 있는 제사장들의 구역인 『**거룩한 헌물**』(10절)의 남쪽에 접해 있는 땅, 즉 "성읍 소유의 땅"을 말한다. 이 땅 한가운데에 성읍이 위치하고 있는데, 그 남북 길이가 외곽지역(250리드×2 = 500리드)까지 합쳐서 5,000리드다. 그러므로 성읍 동서 양쪽에 있는 땅은 그 동서 길이가 각각 10,000리드씩이다. 이 땅에서 나오는 모든 소산은 『**성읍에서 종사하는 자들을 위한 식량**』이 된다.

『**성읍에서 종사하는 자들은 이스라엘 모든 지파에서 나와 그 땅을 경작할지니라**』(19절). 성읍에서 종사하는 자들을 위한 식량을 경작하는 데에는 열두 지파 모두에게서 차출된 경작자들이 작업을 하게 된다.

『**모든 봉헌된 땅은 이만 오천에 이만 오천이라. 너희는 성읍의 소유로 정사각형의 거룩한 예물을 드릴지니라**』(20절). 『**봉헌된 땅**』은 10절에서 언급되는 제사장들을 위한 『**거룩한 헌물**』과 혼동해서는 안 된다. 『**봉헌된 땅**』은 45:1에서 『**주께 예물로**』 드려진 『**거룩한 구역**』이라 불렸던 바로 그 구역을 말한다. 따라서 이 구역은 레위인들의 구역, 제사장들의 구역, 그리고 성읍의 소유를 모두 포함한다. 성읍 역시 『**봉헌된 땅**』, 또는 『**거룩한 구역**』에 속해 있는지라 그 안에 정사각형으로 된 성읍 역시 『**거룩한 예물**』이 된다.

48 : 21 거룩한 예물과 성읍의 소유 이편과 저편에 남은 땅은 통치자의 몫이 될지니

동쪽 경계를 향한 예물의 이만 오천과 서쪽 경계를 향한 맞은편 이만 오천으로 통치자의 몫 맞은편에 있는 것이라. 또 그곳이 거룩한 예물이 되리니 성전의 성소가 그 중앙에 있으리라.

22 **또 레위인의 소유와 성읍의 소유로부터 유다 접경과 베냐민 접경 사이에 통치자의 것이라고 한 그 중앙에 있는 것이 통치자를 위한 곳이 되리라.**

45:7에서 보았듯이 『**통치자의 몫**』은 『**거룩한 구역의 예물**』과 『**성읍의 소유 이편과 저편**』뿐만이 아니다. 『**통치자의 몫**』은 레위인들의 구역을 합친 전체 『**거룩한 구역**』의 동쪽과 서쪽이 모두 해당되는 광대한 구역이다. 이렇게 볼 때, 이 구절에서 『**거룩한 예물**』이란 성소가 있는 제사장들의 구역인 『**거룩한 헌물**』과 레위인들의 구역을 합친 구역을 일컫는다.

『**또 레위인의 소유와 성읍의 소유로부터 유다 접경과 베냐민 접경 사이에 통치자의 것이라고 한 그 중앙에 있는 것이 통치자를 위한 곳이 되리라**』(22절). 이것이 바로 위에서 설명한 그대로인데, 레위인 소유와 성읍의 소유에서부터 양쪽이 모두 통치자의 소유가 된다.

48:23 **남은 지파에 대하여는 동편에서 서편까지는 베냐민의 몫이요,**
24 **베냐민 접경 옆으로 동편에서 서편까지는 시므온의 몫이요,**
25 **시므온 접경 옆으로 동편에서 서편까지는 잇사갈의 몫이요,**
26 **잇사갈 접경 옆으로 동편에서 서편까지는 스불룬의 몫이요,**
27 **스불룬 접경 옆으로 동편에서 서편까지는 갓의 몫이요,**
28 **갓 접경 옆으로 남향한 남편은 그 접경이 타말에서부터 카데스에 있는 분쟁의 물에 이르고 대해에 이르는 강까지라.**
29 **이것이 너희가 이스라엘 지파에게 준 유업을 제비뽑아 나눌 땅이니라. 또 이것들이 그들의 몫이니라. 주 하나님이 말하노라.**

1절부터 7절까지는 『**통치자의 구역**』 북쪽 부분의 땅을 단, 아셀, 납탈리, 므낫세, 에프라임, 르우벤, 유다의 순으로 일곱 지파에게 분배되었고, 여기 23절부터 29절까지는 나머지 다섯 지파, 즉 베냐민, 시므온, 잇사칼, 스불론, 갓 지파들에게 남쪽 부분의 땅이 분배된다.

48:30 북편에 있는 성읍에서 나가는 곳이 이러하니, 규격이 사천오백이라.
31 성읍의 대문들은 이스라엘 지파들의 이름을 따를 것이라. 북쪽으로 세 개의
문이 있는데 하나는 르우벤의 문이요, 하나는 유다의 문이요, 하나는 레위의 문이라.
32 또 동편으로 사천오백이요, 세 개의 문이 있는데 하나는 요셉의 문이요, 하나
는 베냐민의 문이요, 하나는 단의 문이라.
33 남편으로 사천오백이요, 세 개의 문이 있는데 하나는 시므온의 문이요, 하나
는 잇사칼의 문이요, 하나는 스불룬의 문이라.
34 서편으로 사천오백이요, 그들의 세 개 문이 있는데, 하나는 갓의 문이요, 하나
는 아셀의 문이요, 하나는 납탈리의 문이라.
35 그 사면의 규격이 일만 팔천이며 그 날로부터 그 성읍의 이름이 '주께서 거기
계시다.'가 될 것이라.

이제 마지막으로 성읍의 사면에 배치돼 있는 문들에 대해 언급하는데, 『**'주께서 거기 계시다.'**』(35절)라는 이름의 이 성읍은 새 예루살렘의 예표가 된다. 다시 말해서 "예표"이지 새 예루살렘 그 자체는 아니라는 얘기다. 어디까지나 여기서 언급되는 성읍은 이스라엘을 위한 곳이지 교회를 위한 곳이 아니다. 따라서 성읍 사면에 배치돼 있는 문들의 이름도 역시 이스라엘 열두 지파의 이름을 따서 붙이게 된다.

여기서 성읍의 문들에 붙이는 이스라엘 각 지파의 이름들은 앞에서 유업을 분배할 때 나열되었던 열두 지파의 이름들과 약간 차이가 나는데, 므낫세와 에프라임 대신에 요셉으로 대표되고 있는 점이 그러하고, 유업으로 땅을 분배받지 못한 레위 지파가 여기서는 문의 이름으로 다시 등장하고 있다는 점 또한 그러하다.

그런데 지금 여기서 나열되고 있는 지파들의 이름이 요한계시록 7장에서 나열되는 지파들의 이름과도 정확하게 일치하지 않는다는 것을 우리는 발견한다. 요한계시록 7장에 보면 대환란 기간에 이스라엘 각 지파에서 12,000명씩 인장으로 표시를 받는 것을 우리는 읽는다. 『**또 내가 인장으로 표시를 받은 자들의 숫자를 들었는데 이스라엘 자손의 모든 지파에서 십사만 사천 명이 인장으로 표시를 받았더라. 유다 지파에서 일만 이천이 인장으로 표시를 받았고, 르우벤 지파에서 일만 이천 명이... 갓 지파에서 일만 이천 명이... 아셀 지파에서... 납탈리 지파에서... 므낫세 지파에서... 시므온 지파에서... 레위 지파에서... 잇사칼... 스불룬... 요셉... 베냐민 지파에서 일만 이천 명이 인장으로 표시를 받았더라**』(계 7:4-8). 대환란 기간에 인장으로 표시를 받은 이스라엘 지파들 가운데 "단" 지파가 빠져 있다. 그리고 "요셉" 지파가 있음에도 불구하고 "므낫세" 지파가 또 있다. 그리고 "에프라임"은 빠져 있다. 말하자면 "요셉" 지파가 "에프라임" 지파를 대신하고 있고, "단" 지파가 빠진 대신 "레위" 지파가 등장하고 있는 것이다. 대환란 기간 동안에 에프라임 지파와 "단" 지파는 인장으로 표시를 받지 못한다.

『**그 사면의 규격이 일만 팔천이며 그 날로부터 그 성읍의 이름이 '주께서 거기 계시다.'가 될 것이라**』(35절). 성읍의 한 면 길이가 4,500리드씩이므로 사면 전체의 길이는 18,000리드밖에 되지 않는다. 이것은 새 예루살렘(12,000스타디온)에 비교도 되지 않을 만큼 작은 규모다. 한 면이 4,500리드인 정사각형이라면 전체 넓이가 9평방 마일밖에는 안 되는 셈이다. 그러나 새 예루살렘은 무려 1,200~1,500평방 마일이나 되는 크기다.

천년왕국 시대의 성읍에는 새 예루살렘처럼 『**크고 높은 성벽**』(계 21:12)도 없다. 이 성읍에는 또 새 예루살렘처럼 『어린양**의 열두 사도의 이름**』이 있는 『**열두 기초석**』(계 21:14)도 없다. 천년왕국 시대의 성읍은 새 예루살렘처럼 그 성곽이 『**벽옥으로 지어**』(계 21:18) 지지도 않고, 그 도성이 『**순금으로 맑은 유리**』(계 21:18) 같지도 않다. 그리고 그 도성의 거리가 새 예루살렘처럼 『**투명한 유리**』(계 21:21) 같은 순금으로 되어 있지도 않다. 그리고 뭐니 뭐니 해도 새 예루살렘에는 성전이 없는데(계 21:22), 이에 반하여 천년왕국의 성읍이 속해 있는 『**거룩한 구역**』 내 『**거룩한 헌물**』 안에는 성전이 있다. 천년왕국 시대의 예루살렘은 예수 그리스도의 재림을 기리는 목적으로 팔레스타인 땅에 실제적으로 세워지는 도성인 데 반하여, 새 예루살렘은 영원 시대에 『어린양**의 아내**』(계 21:9), 즉 교회를 위한 것으로 『하나님**께로부터 하늘에서**』 내려온다. 요한계시록에서는 새 예루살렘을 아예 『어린양**의 아내**』라고 부르고 있다(계 21:9-11).

이 성읍의 이름은 『'**주께서 거기 계시다.**'』이다. 재림하신 예수 그리스도께서는 지상의 예루살렘에 이스라엘과 함께 계시게 된다. 참으로 "임마누엘," 즉 '우리와 함께 계시는 하나님'이라는 성경이 유대인들에게 이루어지는 것이다(마 1:23).

천년왕국의 정치적인 "왕"이 되셔서 통치하시게 될 예수 그리스도께서는 교회가 아니라 팔레스타인에서 통치하시게 될 것이다. 『**만군의 주께서 시온 산과 예루살렘에서 그리고 그의 장로들 앞에서 영광스럽게 통치하실 때...**』(사 24:23)라고 성경은 분명하게 언급하고 있다. 그분께서는 "새 하늘"도 아니요, "새 땅"도 아니며, "새 예루살렘"도 아니고, 더구나 "교회"도 아닌 『**시온 산과 예루살렘**』에서 통치하시게 된다는 것이다. 구약의 가장 핵심적인 주제가 바로 이것이다. 따라서 이런 언급들은 구약 성경에서 얼마든지 더 찾아볼 수가 있다.

하던 일을 멈추고 한번 생각해 보라. 장차 팔레스타인의 예루살렘시는 전 세계 뉴스의 초점이 되고 모든 방송국들과 신문사들의 시선이 이 도시에 집중되어 거기서 나오는 뉴스거리를 취재하려고 혈안이 되어 아우성치는 가운데 당신은 당신을 구원해 주신 바로 그 구세주를 혹시 뵈올 수 있지나 않을까 하고 TV 화면을 뚫어지게 응시하고 있을 터인즉, 이거야말로 "환상적인" 이야기가 아닌가? 나는 나를 구원해 주신 그분께서 이 지상의 어느 도시에 있는 성전의 보좌에 앉아 계시게 되리라는 생각만 해도 흥분으로 가슴이 두근거린다. 나는 아무리 바쁘고 아무리 많은 경비가 필요하고 시간이 필요하다고 해도 만사를 제쳐두고 예루살렘으로 날아가 보좌에 앉아 계신 그분을 꼭 한 번 뵈어야겠다고 이미 다짐해 두었다. 물론 그렇게 하지 않더라도 우리들 구원받은 그리스도인들은 그때 이미 그분을 실제로 만나 뵈온 지가 하루 이틀이 아니요, 그분의 아내가 되어 그분과 함께 살고 있지만 말이다. 말하자면 지금의 심정이 그렇다는 얘기다. 나를 위해 죽으신 그분을 만나 뵙는 것 이상으로 더 복된 일이 어디 있으랴!

『**그 날에 큰 나팔이 불려지리니 그러면 앗시리아 땅에서 멸절케 된 자들과 이집트 땅에서 쫓겨난 자들이 와서 예루살렘에 있는 거룩한 산에서 주께 경배하리라**』(사 27:13).

『**예루살렘에 있는 거룩한 산**』이면 갈보리가 아니다. 갈보리는 예루살렘 성읍 밖에 있으니까 말이다. 성경에서 누군가가 오신다는 언급을 접할 때마다 당신은 항상 『**예루살렘에 있는 거룩한 산**』을 바라다보게 된다. 이것은 절대로 영적으로 해석되는 "교회"가 아니다. 매튜 헨리 같은 사람들은 "예루살렘"이라든가, "거룩한 산"이라든가, "시온산" 같은 말만 나오면 생각해볼 것도 없이 "교회"로 해석해 버리는 버릇이 있는데, 그의 이런 버릇은 거의 병적이라고 할 만큼 고질적이다. 그가 말하는 "교회"라는 것도 그리스도인이 아니라 회중들로 구성된 "지역 교회"다. 이런 사람들의 주석을 읽다 보면 두어 줄도 읽기 전에 책을 덮어버리게 된다.

재림하신 예수 그리스도의 "통치"에 관련된 또 다른 구절의 하나로 이사야 62:1,2을 예로 들어보자. 『**시온의 의가 광명같이 나가고, 예루살렘의 구원이 등불같이 타기 전에는 내가 시온을 위하여 잠잠하지 아니하며, 예루살렘을 위하여 쉬지 아니하리라. 이방인들이 네 의를, 모든 왕들이 네 영광을 볼 것이요, 너는 주의 입이 명명할 새 이름으로 불리리라.**』

매튜 헨리는 이 구절에 대하여 뒤도 돌아보지 않고 대뜸 "하나님께서 교회를 위해서 하실 일들: (1) 하나님의 대변자인 선지자를 통하여 '교회를 위하여' 잠시도 쉬지 않고 기도해 주고 설교를 계속해 주실 것이다. (2) 자신의 개인적인 이익을 위해서가 아니라 오직 시온을 위하여, 예루살렘을 위하여, 즉 '교회를 위하여' 이렇게 해 주는 까닭은 그의 마음속에 교회에 대한 사랑이 끓어오르고 있기 때문이다. (3) 교회의 의가 광명같이 나가고 교회의 구원이 등불같이 타게 될 때까지 그의 이러한 일들은 끝나지 않고 지속될 것이다. (4) 그의 이러한 도움으로 인하여 교회는 대단히 숭앙을 받게 될 것이다. (5) 하나님께서는 영광의 원천이시요, 교회의 영광 또한..."

그의 주석은 이런 식으로 장황하게 계속 이어진다. 얼마나 답답하고 유치하고, 게다가 또 얼마나 엉터리인가? 이런 식의 "영적 해석"이 초래하는 결과가 무엇인지 아는가? "무지," 바로 그것이다. 무지가 무지를 낳고 그 무지가 또 무지를 낳은 다음, 이 무지가 결국에는 배교로 인도하게 된다. 이런 식으로 성경을 대하게 되는 것은 성령님의 조명을 받지 못하기 때문인데, 조명을 받지 못하는 이유는 또 그 필요성을 느끼지 못하기 때문이다. 성경을 읽는 사람이 성령님의 조명에 대한 필요성을 느끼지 못하는 까닭은 가련하게도 그가 자신의 생각에만 도취돼 있기 때문이다. 한마디로 참 불쌍한 사람이다. 내가 "불쌍하다."고 말하는 것은 그가 마귀에게 사로잡혀 있기 때문에 하는 말이다. 성경 구절들을 성경 구절들로 찾아 비교해 가며 해석하지 않고 그렇게 할 수 있도록 환히 조명해 주시는 성령님의 도우심을 구하지 않은 채 사람의 사사로운 생각을 앞세우는 성경 주석자들은 모두가 다 예외 없이 마귀에게 쓰임받는 사람들임을 알아 두라. 매튜 헨리는 그런 사람들 가운데 전형적인 한 사람인데, 솔직히 말한다면, 그런 주석자들 중에서도 매튜 헨리는 최악에 속하는 사람이다. 마귀가 어찌나 멍청이를 만들어 놓았던지 그의 주석을 읽노라면 젖비린내가 물씬물씬 풍긴다. 그래서 나는 그가 불쌍하다고 생각한다.

『시온의 의가 광명같이 나가고, 예루살렘의 구원이 등불같이 타기 전에는 내가 시온을 위하여 잠잠하지 아니하며, 예루살렘을 위하여 쉬지 아니하리라. 이방인들이 네 의를, 모든 왕들이 네 영광을 볼 것이요, 너는 주의 입이 명명할 새 이름으로 불리리라.』

이 구절을 내가 한번 "영적으로" 해석해 보면 어떨까?

"하나님이신 예수 그리스도의 의가 사도들을 통하여 광명같이 나가고 신약의 구원이 예루살렘으로부터 등불같이 타기 전에는 내가 시온을 위하여 잠잠하지 아니하며, 예루살렘을 위하여 쉬지 않으리라. 사도행전 10장의 이방인들이 사도행전 2장의 의를, 사도행전 27장의 모든 왕들이 네 영광을 볼 것이요, 그리스도인들은 주의 입이 명명할 새 이름으로 불리리라."

어떤가? 정말 그럴듯하지 않은가? 그러나 이것은 엉터리다! 이것이 엉터리일 수밖에 없는 이유는 아주 간단한데, 그것은 이 구절이 이렇게 말씀하고 있지 않기 때문이다. 이 구절 어디에도 "예수 그리스도의 의"에 대해 언급하고 있지 않다. 이 구절은 『**시온의 의**』라고 분명하게 언급한다. 2절에서도 이방인들이 『**네 의**』를 볼 것이라고 말씀하고 있지 결코 "그리스도의 의"를 볼 것이라고 말씀하고 있는 게 아니다. 이 구절에서는 『**예루살렘의 의**』에 대해 언급하고 있다는 말이다. 지금 당장 이 시대에는 『**예루살렘의 의**』 따위는 없다. 그래서 지금 이 시대에 그 어떤 이방인도 『**시온의 의**』, 『**예루살렘의 의**』 따위는 볼 수가 없다.

『오 예루살렘아, 내가 네 성벽 위에 파수꾼을 세웠고 그들로 밤이나 낮이나 잠잠하지 않게 하였느니라. 주를 말하는 너희는 잠잠하지 말며 또 그가 예루살렘을 세워 그것으로 땅에서 찬양이 되게 하시기 전에는 그로 쉬지도 못하게 하라』(사 62:6,7). 어떤가? 주님께서는 『**오 루살렘아... 잠잠하지 말며...**』라고 말씀하신다. 성경은 곳곳에서 주 예수 그리스도께서 "다시 오신다, 다시 오신다, 그분께서는 이 땅에 다시 오신다. 돌아오신다, 돌아오신다!" 하고 끊임없이 말씀한다. 그분께서 다시 오시는 그 때는 아무도 알 수 없지만, 그분께서 오신다는 사실만은 누구나 다 알고 있는 사실이다. 그러므로 쉬지도 말고 잠잠하지도 말며, 그분으로 하여금 쉬실 수 있도록 하지도 말라고 성경은 말씀한다.

그분께서 다시 오셔서 예루살렘의 보좌에 앉으시면, 그리하여 예루살렘 그 자체가 주님의 보좌가 되는 날, 사람들은 더 이상 마음속의 악한 생각대로 행동할 엄두도 내지 못하게 될 것이다. 『**그 때에 사람들은 예루살렘을 주의 보좌라 부를 것이며 주의 이름으로 모든 민족들이 그곳 예루살렘에 모일 것이며 사람들은 더 이상 그들의 악한 마음의 상상을 따라 행하지 아니하리라**』(렘 3:17). 이것은 결코 그분의 초림 때 있었던 일이 아니다. 이것은 장차 있게 될 미래의 일이다. 예루살렘의 『**주의 보좌**』는 실질적으로 이 땅에 존재할 "영광의 보좌"가 될 것이다. 사람들은 "영광의 보좌"라고 말하며 너나 할 것 없이 하늘에 있는 보좌만 연상하지만, 사실인즉 "영광의 보좌"는 지상에 존재하게 될 것이다. 마태복음 25장을 보라. 『인자**가 그의 영광 중에 오고, 또 모든 거룩한 천사들이 그와 함께 오면 그때에 그가 그의 영광의 보좌에 앉으리니 그 앞에 모든 민족들을 모아 놓고...**』(마 25:31,32) 주 예수 그리스도께서 영광 중에 재림하시면 그때에 그분께서 이 지상에 있는 『**그의 영광의 보좌에 앉으리니**』라고 말씀하신다. 이번에는 마태복음 19:28을 보라. 『예수**께서 그들에게 말씀하시기를 "진실로 내가 너희에게 말하노니, 나를 따르는 너희들은** 인자**가 자기 영광의 보좌에 앉을 새 세대에, 너희도 열두 보좌에 앉아 이스라엘 열두 지파를 심판하리라.**』 이 『**영광의 보좌**』는 하늘에 있는 보좌도 아니요, 하나님의 우편에 있는 보좌도 아니며, 그리스도의 심판석도 아니다. 이 보좌는 재림하신 예수 그리스도께서 앉으실 예루살렘에 있는 다윗의 보좌다. 다시 말하거니와 주 예수 그리스도께서 문자 그대로 이 땅에 재림하셔서 지상에서 통치하시는 정치적인 왕이 되신다는 얘기다. 이 사실은 구약의 핵심 주제가 되고 있다. 그리고 하나님께서 갖고 계신 가장 중요한 날은 그분의 아들께서 문자 그대로 실제로 이 땅에서 통치하시기 위하여 재림하시게 될 날이다.

구원받은 우리들에게 있어서도 이 날은 매우 중대하다. 유대인들에게 있어서는 더욱더 중대한 날이 바로 이 날이다. 주님의 재림을 기다리는 유대인들의 심정을 예레미야 선지자는 이렇게 적고 있다. 『**주의 이름을 위하여 우리를 미워하지 마소서. 주의 영광의 보좌를 욕되게 하지 마소서. 우리와 더불어 세우신 주의 언약을 기억하시고 파기하지 마소서**』(렘 14:21).

그런데도 무지한 주석자들이 예수 그리스도의 재림을 언급하는 구절들을 매튜 헨리처럼 그분의 초림과 지금 이 시대에 관련되는 것처럼 "영적으로" 해석하는 것은 하나님의 가장 중대한 계획을 감추려는 마귀의 교묘한 술책에 넘어간 데서 비롯된 것이다. 그러나 절대로 잊지 말라. 주 예수 그리스도께서 재림하셔서 예루살렘에 가시적으로 실재하는 『**영광의 보좌**』에 앉으시게 될 때, 그분께서는 정치적으로나, 군사적으로나, 통치체제로나, 이념적으로나, 문자 그대로 완벽한 "독재자"가 되실 것이다. 히틀러나 미국의 CIA나 소련의 스탈린 같은 독재자들은 비교할 수조차 없을 만큼 지독한 독재 정치를 그분께서는 펼치실 터인데, 그것도 아주 공개적으로 눈에 띄게 당당히 행하실 것인즉, 그분께서는 공공연하게 "나에게 경배하라!"고 모든 민족, 모든 개인들에게 드러내놓고 요구하실 것이며, 이에 대해 그 누구도 "No."라고 말할 수가 없게 될 것이다.

한 구절만 더 살펴보기로 하자. 스가랴 14:16,17을 보자. 『**예루살렘을 치러 온 모든 민족들 가운데서 남아 있는 자도 각기 그** 왕, **만군의 주께 경배하러**, **또 장막절을 지키려고 해마다 올라올 것이라. 땅의 모든 족속 중에서 그** 왕, **만군의 주를 경배하려고 예루살렘에 올라오지 아니하는 자들에게는 비가 내리지 아니하리라.**』

한때는 이스라엘에 대적하여 예루살렘에 공격해 왔던 민족들조차도 그리스도께서 다윗의 보좌에 앉으시면 『**그** 왕, **만군의 주를 경배하려고 예루살렘에**』 올라오지 않을 수가 없게 될 것이다. 『**예루살렘**』에 말이다. 14절에서도 『**예루살렘**』이요, 21절에서도 『**예루살렘**』이고, 2절에서도 『**예루살렘**』, 4절에서도 역시 『**예루살렘**』이라고 언급한다. 그리고 『**주께서는 온 땅을 치리할 왕이 되시리니**』(슥 14:9), 그분께서는 문자 그대로 『**온 땅을 치리할... 한 분 주**』이신 완벽한 정치적 절대 독재자가 되실 것이다. 그분께서 오시면 로마의 "교황"이니, "교황청"이니 하는 따위는 파리채로 파리 잡듯 짓이겨져 버리고 말 것이다.

피터 럭크만의 주석서

에 스 겔

2001년 1월 20일 초판1쇄
2024년 4월 20일 초판4쇄

지은이 피터 S. 럭크만
옮긴이 편 집 부
펴낸이 말씀보존학회
펴낸곳 말씀보존학회

서울시 강서 우체국 사서함 제90호
전화 (02) 2665-3743 / 팩스 (02) 2665-3302
인터넷 / www.biblemaster.co.kr
등록 / 제409-2022-000036호

값 35,000 원